Jürgen Baumert, Eckhard Klieme, Michael Neubrand
Manfred Prenzel, Ulrich Schiefele, Wolfgang Schneider
Petra Stanat, Klaus-Jürgen Tillmann, Manfred Weiß
(Hrsg.)

Deutsches PISA-Konsortium

PISA 2000

Basiskompetenzen von Schülerinnen und Schülern
im internationalen Vergleich

Leske + Budrich, Opladen 2001

Revidierter Nachdruck der Erstausgabe

Gedruckt auf säurefreiem und alterungsbeständigem Papier.

Die Deutsche Bibliothek – CIP-Einheitsaufnahme
Ein Titeldatensatz für diese Publikation ist bei Der Deutschen Bibliothek erhältlich

ISBN 3-8100-3344-8

© 2001 Leske + Budrich, Opladen

Druck: Druck Partner Rübelmann, Hemsbach
Printed in Germany

PISA 2000

Inhalt

Kapitel 1
PISA 2000: Untersuchungsgegenstand, theoretische Grundlagen und Durchführung der Studie

Jürgen Baumert, Petra Stanat & Anke Demmrich

Kapitel 2
Lesekompetenz: Testkonzeption und Ergebnisse

Cordula Artelt, Petra Stanat, Wolfgang Schneider & Ulrich Schiefele

Kapitel 3
Mathematische Grundbildung: Testkonzeption und Ergebnisse

Eckhard Klieme, Michael Neubrand & Oliver Lüdtke

Kapitel 4
Naturwissenschaftliche Grundbildung: Testkonzeption und Ergebnisse
Manfred Prenzel, Jürgen Rost, Martin Senkbeil, Peter Häußler & Annekatrin Klopp

Kapitel 5
Geschlechterunterschiede in Basiskompetenzen

Petra Stanat & Mareike Kunter

Kapitel 6
Selbstreguliertes Lernen

Cordula Artelt, Anke Demmrich & Jürgen Baumert

Kapitel 7
Kooperation und Kommunikation

Petra Stanat & Mareike Kunter

Kapitel 8
Familiäre Lebensverhältnisse, Bildungsbeteiligung und Kompetenzerwerb

Jürgen Baumert & Gundel Schümer

Kapitel 9
Lebens- und Lernbedingungen von Jugendlichen

*Gundel Schümer • Manfred Weiß & Brigitte Steinert • Jürgen Baumert &
Gundel Schümer • Klaus-Jürgen Tillmann & Ulrich Meier*

Anhang A

Anhang B

Tabellenverzeichnis

Abbildungsverzeichnis

Vorwort der
Präsidentin der Kultusministerkonferenz

Die Frage nach dem Leistungsvermögen deutscher Schülerinnen und Schüler ist seit einiger Zeit Gegenstand der öffentlichen bildungspolitischen Debatte. Mit ihrem Beschluss vom Oktober 1997 (Konstanzer Beschluss) und ihrer Beteiligung an der internationalen Vergleichsuntersuchung PISA der OECD hat die Kultusministerkonferenz diese Frage aktiv aufgegriffen. Ihr geht es darum, über Spekulation und subjektive Einschätzungen hinaus zu gesicherten Befunden über Stärken und Schwächen deutscher Schülerinnen und Schüler in zentralen Kompetenzbereichen zu kommen. Sie sollen Grundlage gezielter und wirksamer Anstrengungen zu Leistungsverbesserungen im Bildungswesen werden. PISA ist dabei Teil einer längerfristig und breit angelegten Strategie der Qualitätssicherung. Sie umfasst: eine periodische Wiederholung der Untersuchungen (PISA 2000, PISA 2003, PISA 2006), bundesinterne Ländervergleiche (PISA-E), komplementäre Untersuchungen in weiteren wichtigen Kompetenzbereichen (DESI: aktive Sprachbeherrschung im Deutschen und Fremdsprachenkompetenz), Untersuchungen auf anderen Schulstufen (IGLU: Grundschulleseuntersuchung), Untersuchungen auf der Ebene einzelner Länder und die Intensivierung der inhaltlichen Debatte über Leistungsziele und Curricula (vgl. die von der Kultusministerkonferenz in Auftrag gegebenen Expertisen zur Situation des Oberstufenunterrichts in H. E. Tenorth (Hrsg.), *Kerncurriculum Oberstufe. Mathematik – Deutsch – Englisch*).

Die Kultusministerkonferenz hat den Diskussions- und Entscheidungsprozess so angelegt, dass nicht nur Untersuchungen in Auftrag gegeben, sondern auch auf den verschiedenen Ebenen und in den zuständigen Gremien Konsequenzen aus den Befunden gezogen werden, und zwar in curricularer und didaktischer Hinsicht, im Hinblick auf die Strategien der Qualifizierung von Lehrkräften und Schulen, im Hinblick auf die weitere Entwicklung der empirischen Bildungsforschung und der fachdidaktischen Forschung sowie schließlich im Hinblick auf die Verfahren der Steuerung im Bildungswesen.

Dieses Vorgehen folgt der Überzeugung, dass die Frage nach dem Leistungsstand der Schülerinnen und Schüler an deutschen Schulen alle Länder in gleicher Weise angeht und dass die Klärung von Ursachenzusammenhängen und Möglichkeiten der Reaktion auf manifest werdende Probleme in gemeinsamer Anstrengung geschehen muss. Dies lässt die Möglichkeiten der Länder unberührt, auf der Basis der das erforderliche Maß an Einheitlichkeit des deutschen Bildungswesens sichernden Rahmenregelungen je auch eigene Lösungswege zu beschreiten.

Die Komplexität und das Gewicht der Befunde schließen es aus, bereits jetzt ein abgeschlossenes Handlungsprogramm vorzulegen. Die Vorbereitung eines solchen Programms setzt eine breite bildungspolitische Diskussion unter Beteiligung vieler Betroffener voraus. Diese Diskussion findet in den Ergebnissen von PISA eine Grundlage, welche zur Genauigkeit und zu differenzierten Analysen der Situation anhand empirischer Befunde und nicht nur auf der Basis ungeprüfter Behauptungen und politischer oder pädagogischer Rhetorik zwingt.

Bonn, im Dezember 2001

Dr. Annette Schavan
Präsidentin der Ständigen Konferenz der Kultusminister der Länder

Vorwort des
Vorsitzenden des PISA-Beirats

PISA ist die bisher umfassendste und differenzierteste Vergleichsuntersuchung zum Leistungsstand von Schülerinnen und Schülern. In der Bundesrepublik Deutschland sind insgesamt über 50.000 Schülerinnen und Schüler an fast 1.500 Schulen in die Untersuchungen einbezogen worden. Es ist ein gutes Zeichen für das konstruktive Engagement von Schülerinnen und Schülern, Lehrkräften und Eltern wie auch für die Professionalität der Wissenschaftlerinnen und Wissenschaftler, die diese Untersuchungen durchführen, dass die Erhebungen in den Schulen ohne Probleme und mit hohen Beteiligungsraten verlaufen sind.

An früheren Vergleichsuntersuchungen hat sich die Bundesrepublik entweder nicht beteiligt oder die Ergebnisse der Studien wurden – mit Ausnahme von TIMSS – kaum zur Kenntnis genommen. Breit angelegte Untersuchungen zu Schulleistungen haben deshalb in Deutschland – im Unterschied zu anderen Nationen – keine Tradition. Insoweit ist der Umgang mit deren Ergebnissen erst zu lernen. Hier haben andere Länder einen Vorsprung, den es aufzuholen gilt.

In PISA werden gleichzeitig unterschiedliche Kompetenzbereiche einbezogen (Lesekompetenz, mathematische Kompetenz, naturwissenschaftliche Kompetenz sowie fachübergreifende Kompetenzen wie selbstreguliertes Lernen, Kooperation und Kommunikation) und die Zusammenhänge zwischen ihnen untersucht. Dass Lesekompetenz, mathematische Kompetenz und ein grundlegendes Verständnis naturwissenschaftlicher Konzepte und Prozesse im Mittelpunkt der Untersuchungen stehen, hat seinen guten Grund. Es geht nicht – wie Kritiker gelegentlich behaupten – darum, „rasch veraltendes Wissen" abzufragen, sondern um „Schlüsselqualifikationen" im wirklichen Sinne: Lesekompetenz ist die Voraussetzung für Lernen in allen Bereichen ebenso wie für politische und gesellschaftliche Teilhabe, auch (und gerade) im Zeitalter der modernen Kommunikationstechnologien. Nicht nur rechnen zu können, sondern quantitative Zusammenhänge zu verstehen und mathematische Modelle zur adäquaten Interpretation der Wirklichkeit entwickeln zu können, ist für berufliche Ausbildungen auf allen Niveaus genauso wichtig wie für das Verstehen ökonomischer und sozialer Zusammenhänge im Rahmen politischer

Urteilsbildung. Ebenso ist ein grundlegendes Verständnis naturwissenschaftlicher Konzepte und Prozesse eine wichtige Voraussetzung für das Verständnis der modernen Welt.

Die Ergebnisse werden nicht nur in Form von „Mittelwerten", sondern auch in Form von Leistungsverteilungen berichtet. Damit wird der Frage nachgegangen, ob die verschiedenen Leistungsgruppen gleichermaßen zu ihrem Recht kommen, ob zusätzliche Fördermaßnahmen für leistungsschwächere Schülerinnen und Schüler notwendig sind oder ob leistungsstärkere in den Schulen stärker gefördert werden müssen. Es werden des Weiteren die biografischen Hintergründe der Schülerinnen und Schüler sowie die Familien- und Lebensverhältnisse analysiert, unter denen Kinder und Jugendliche aufwachsen. PISA soll zeigen, ob es in ausreichender Weise gelingt, die unterschiedlichen Startchancen der Kinder auszugleichen und für Bildungsgerechtigkeit zu sorgen.

Die Ergebnisse des internationalen Vergleichs werden nunmehr in einem ersten zusammenfassenden Bericht vorgestellt. Ergänzend sollen vertiefte Auswertungen vorgelegt werden. Diese thematischen Berichte werden die Implikationen der Befunde für curriculare und didaktische Veränderungen genauer herausarbeiten, den Zusammenhang zwischen sozialen Kontextfaktoren und Schulleistungen – auch im Hinblick auf die Bildungsbiografien von Kindern aus Familien mit Migrationshintergrund – detaillierter analysieren und im Hinblick auf notwendige schulpolitische Entscheidungen im Einzelnen überprüfen sowie die Bedeutung institutioneller und verfahrensmäßiger Rahmenbedingungen des Schulwesens (z.B. Ressourcenausstattung, Schulklima, Regelungen zur Einschulung) für Schulleistungen klären. Für diese Analysen steht mit der von den Ländern in Auftrag gegebenen Stichprobenerweiterung eine ungewöhnlich breite Datenbasis zur Verfügung. Die große Zahl der dabei einbezogenen Schülerinnen und Schüler sowie der Schulen macht es insbesondere möglich, auch die Situation bestimmter „Risikogruppen" (z.B. Kinder aus einzelnen Ethnien) genauer zu analysieren. Sie lässt ein hinreichendes Ausmaß an Varianz erwarten, um vielfältige Zusammenhänge zu klären, die für bildungspolitische Entscheidungen wichtig sind.

Die Kultusministerkonferenz hat bereits eine Reihe von Diskussionsforen mit Vertretern der betroffenen wissenschaftlichen Disziplinen, mit Vertretern der bildungspolitischen Öffentlichkeit (Lehrerverbände, Eltern, Schülerinnen und Schüler) und mit Experten der Aus- und Fortbildung von Lehrerinnen und Lehrern vorgesehen, die in den nächsten Monaten stattfinden werden. Eine sorgfältige Analyse der Befunde und eine breite bildungspolitische Diskussion unter vielen Beteiligten sind das Gebot der Stunde, nicht aber ein Ranking oder plakative Verkündungen unmittelbar nach Vorlage der Ergebnisse. Dass Vergleiche Unterschiede aufdecken, kann niemanden überraschen. Entscheidend ist, ob es gelingt, die Ursachen für Unterschiede zu klären, aus den Vergleichen zu lernen und die notwendigen bildungspolitischen Konsequenzen zu ziehen. Dies wird alle Beteiligten in unterschiedlicher Weise betreffen. Jeder wird von jedem lernen können und lernen müssen.

Bonn, im Dezember 2001

Dr. h.c. Hermann Lange
Vorsitzender des PISA-Beirats der Kultusministerkonferenz

Jürgen Baumert
Petra Stanat
Anke Demmrich

1 PISA 2000: Untersuchungsgegenstand, theoretische Grundlagen und Durchführung der Studie

1. Anliegen von PISA

PISA steht für *„Programme for International Student Assessment"* – ein Programm zur zyklischen Erfassung basaler Kompetenzen der nachwachsenden Generation, das von der Organisation für wirtschaftliche Zusammenarbeit und Entwicklung (OECD) durchgeführt und von allen Mitgliedsstaaten gemeinschaftlich getragen und verantwortet wird. PISA ist Teil des Indikatorenprogramms der OECD, dessen Ziel es ist, den OECD-Mitgliedsstaaten vergleichende Daten über die Ressourcenausstattung, individuelle Nutzung sowie Funktions- und Leistungsfähigkeit ihrer Bildungssysteme zur Verfügung zu stellen (OECD, 1999). Die Bundesrepublik Deutschland beteiligt sich an diesem Programm gemäss einer Vereinbarung zwischen dem Bundesministerium für Bildung und Forschung und der Ständigen Konferenz der Kultusminister der Länder.

Die allgemeinen Zielsetzungen von PISA – jedenfalls die konsensuell durch die Teilnehmerstaaten definierten – lassen sich knapp zusammenfassen. Welche bildungstheoretischen Optionen damit eröffnet und verschlossen werden, kann im Rahmen dieses Berichts nicht systematisch abgehandelt, wohl aber fachspezifisch entfaltet werden, wie dies in den folgenden Kapiteln geschieht. Primäre Aufgabe des Programms ist es, den Regierungen der teilnehmenden Länder auf periodischer Grundlage Prozess- und Ertragsindikatoren zur Verfügung zu stellen, die für politisch-administrative Entscheidungen zur Verbesserung der nationalen Bildungssysteme brauchbar sind. Dabei ist der Begriff der politisch-administrativen Entscheidung weit gefasst. Er bezieht alle Ebenen des Bildungssystems bis hin zur Entwicklung der Einzelschule und alle Unterstützungssysteme von der Lehrerausbildung bis zur Schulberatung ein. Die Indikatoren beziehen sich auf die Bereiche Lesekompetenz *(Reading Literacy)*, mathematische Grundbildung *(Mathematical Literacy)*, naturwissenschaftliche Grundbildung *(Scientific Literacy)* und fächerübergreifende

---

Teile dieses Kapitels greifen auf den Aufsatz von Baumert u.a. (2001) zurück.

Kompetenzen *(Cross-Curricular Competencies)*. Zu den fächerübergreifenden Kompetenzen gehören im ersten Zyklus – wenn man einmal vom Leseverständnis als fächerübergreifender Basiskompetenz absieht – Merkmale selbstregulierten Lernens und Vertrautheit mit Computern. Zielpopulation sind 15-jährige Schülerinnen und Schüler – also eine Altersgruppe, die in fast allen OECD-Mitgliedsstaaten noch der Vollzeitschulpflicht unterliegt oder aber faktisch eine Vollzeitschule besucht.

Nach der Vorstellung der OECD werden mit PISA Basiskompetenzen erfasst, die in modernen Gesellschaften für eine befriedigende Lebensführung in persönlicher und wirtschaftlicher Hinsicht sowie für eine aktive Teilnahme am gesellschaftlichen Leben notwendig sind. Die PISA zu Grunde liegende Philosophie richtet sich also auf die Funktionalität der bis zum Ende der Pflichtschulzeit erworbenen Kompetenzen für die Lebensbewältigung im jungen Erwachsenenalter und deren Anschlussfähigkeit für kontinuierliches Weiterlernen in der Lebensspanne. Die OECD möchte mit PISA vier Arten von Indikatoren bereitstellen:

- Basisindikatoren, die ein Grundprofil jener Kenntnisse und Fähigkeiten der nachwachsenden Generation bilden, die für eine aktive gesellschaftliche Teilhabe und für kontinuierliches Weiterlernen grundlegend sind. Damit ist nicht gesagt, dass diese Kompetenzen auch hinreichend seien.
- Kontextindikatoren, welche die demographische, soziale und wirtschaftliche Einbettung von Bildungssystemen beschreiben und über deren institutionelle Verfassung Auskunft geben.
- Relationale Maße, die international variierende Zusammenhänge zwischen individuellen Hintergrundmerkmalen und schulischen Kontextvariablen einerseits und Leistungsergebnissen andererseits sichtbar machen. Dazu gehören auch Prozessindikatoren.
- Trendindikatoren, die sich aus dem zyklischen Charakter der Datenerhebung ergeben und Veränderungen des Leistungsniveaus, der Leistungsverteilungen und der Zusammenhänge zwischen schüler- bzw. schulbezogenen Merkmalen und Leistungsresultaten im Zeitverlauf zeigen.

Die OECD versteht PISA als Ausdruck einer neuen Selbstverpflichtung ihrer Mitgliedsstaaten, sich durch Messung von Schülerleistungen auf der Grundlage einer gemeinsamen internationalen Rahmenkonzeption ein Bild von der Leistungsfähigkeit ihrer Bildungssysteme zu verschaffen – jedenfalls soweit funktionale Basiskompetenzen betroffen sind. PISA ist ein Kooperationsprojekt, bei dem Leitentscheidungen von den Regierungen aller Teilnehmerstaaten konsensuell auf der Basis gemeinsamer politischer Interessen getroffen werden und die wissenschaftliche Kompetenz aus den beteiligten Ländern zusammengeführt wird. Konkretisierung und Umsetzung der Leitentscheidungen beruhen auf der Arbeit internationaler Expertengruppen, die gewährleisten sollen, dass die politischen Zielsetzungen von PISA mit der nötigen fachwissenschaftlichen und verfahrenstechnischen Kompetenz auf dem Gebiet des internationalen Leistungsvergleichs verknüpft werden (OECD, 1999).

Will man PISA gegen andere internationale Schulleistungsstudien abgrenzen, sind vor allem folgende Punkte herauszustellen:

- PISA ist ein durch die Regierungen der OECD-Mitgliedsstaaten politisch konzipiertes und gestaltetes Programm. Die politische Gestaltung beschränkt sich nicht nur auf das

Indikatorenprogramm im engeren Sinne; sie ist vielmehr durchgehend und prozessbegleitend realisiert, insofern alle konzeptuellen Entscheidungen in einem Gremium der teilnehmenden Staaten gemeinsam getroffen und verantwortet werden.

- PISA erweitert die Untersuchungsbereiche systematisch auf ein breites Spektrum fachlicher und überfachlicher Basiskompetenzen. Das Indikatorenprofil hat noch keine endgültige Gestalt gefunden, sondern wird als entwicklungsoffen verstanden.
- PISA folgt relativ konsequent einem funktionalistisch orientierten Grundbildungsverständnis, für das die Anwendung – oder vorsichtiger: die Anschlussfähigkeit – erworbener Kompetenzen in authentischen Lebenssituationen den eigentlichen Prüfstein darstellt.
- PISA versucht systematischer als alle bisherigen internationalen Schulleistungsstudien die wissenschaftliche Qualität der Untersuchung durch die Berufung internationaler

---

Was ist OECD/PISA? – Die wichtigsten Merkmale im Überblick

Grundlegendes
- PISA ist eine international standardisierte Leistungsmessung, die von den Teilnehmerstaaten gemeinsam entwickelt wurde und mit 15-jährigen Schülerinnen und Schülern in ihren Schulen durchgeführt wird.
- Teilnehmer sind 32 Staaten, davon 28 Mitgliedsstaaten der OECD.
- In jedem Land werden zwischen 4.500 und 10.000 Schülerinnen und Schüler getestet.

Inhalt
- PISA erfasst drei Bereiche: Lesekompetenz *(Reading Literacy)*, mathematische Grundbildung *(Mathematical Literacy)* und naturwissenschaftliche Grundbildung *(Scientific Literacy)*.
- Die Definition der Bereiche deckt nicht nur die Beherrschung des im Curriculum vorgesehenen Lehrstoffs ab, sondern auch wichtige Kenntnisse und Fähigkeiten, die man im Erwachsenenleben benötigt. Die Untersuchung von fächerübergreifenden Kompetenzen ist integraler Bestandteil von PISA.
- Das Hauptaugenmerk liegt auf der Beherrschung von Prozessen, dem Verständnis von Konzepten sowie auf der Fähigkeit, innerhalb eines Bereichs mit unterschiedlichen Situationen umzugehen.

Methoden
- Die Tests bestehen aus einer Mischung von *Multiple Choice*-Aufgaben und Fragen, für die die Schülerinnen und Schüler eigene Antworten ausarbeiten müssen. Die Items sind in Gruppen zusammengefasst, die sich jeweils auf eine Beschreibung einer realitätsnahen Situation beziehen.
- Insgesamt werden Items für eine Testdauer von sieben Stunden eingesetzt, von denen die Schülerinnen und Schüler jeweils unterschiedliche Kombinationen bearbeiten.
- Die Schülerinnen und Schüler beantworten außerdem einen Schülerfragebogen mit Hintergrundfragen über sie selbst, und die Schulleiter werden gebeten, Fragen über ihre Schule zu beantworten. Die Bearbeitung des Schülerfragebogens nimmt 20 bis 30 Minuten, die des Schulfragebogens etwa 30 Minuten in Anspruch.

Erhebungszyklus
- Die erste Erhebung fand im Jahr 2000 statt. Danach erfolgen die Erhebungen in einem Dreijahreszyklus.
- In jedem Zyklus wird ein „Hauptbereich" gründlicher getestet, dem dann zwei Drittel der Testzeit zugeteilt werden; in den beiden anderen Bereichen werden jeweils nur zusammenfassende Leistungsprofile erfasst. Die Hauptbereiche sind: Lesekompetenz im Jahr 2000, mathematische Grundbildung im Jahr 2003 und naturwissenschaftliche Grundbildung im Jahr 2006.

Ergebnisse
- Ein Profil der Kenntnisse und Fähigkeiten von Schülerinnen und Schülern gegen Ende der Pflichtschulzeit.
- Kontextbezogene Indikatoren, mit denen ein Zusammenhang zwischen den Ergebnissen und den Merkmalen von Jugendlichen und Schulen hergestellt wird.
- Trendindikatoren, die zeigen, wie sich die Ergebnisse im Zeitverlauf ändern.

Offenheit für nationale Optionen
- Zusätzlich zu den 15-Jährigen kann auch eine Jahrgangsstufe untersucht werden (in Deutschland wurde die 9. Jahrgangsstufe gewählt).
- Das Programm kann durch nationale Komponenten erweitert werden.

Expertengruppen zu sichern, die jeweils fach- oder domänenspezifisch für die Entwicklung des konzeptuellen Untersuchungsrahmens verantwortlich sind. Diese Expertengruppen sind gleichzeitig die Kooperationspartner der nationalen Forschungsgruppen. Sie supervidieren auch die Umsetzung des konzeptuellen Rahmens in Testaufgaben.
* PISA lässt grundsätzlich Raum für nationale Ergänzungen, solange diese nicht mit dem internationalen Untersuchungsprogramm interferieren.

2. Wer nimmt an PISA teil?

Weltweit nahmen im Frühsommer 2000 rund 180.000 Schülerinnen und Schüler aus 32 Staaten an der PISA-Untersuchung teil. In jedem Teilnehmerstaat (vgl. Abb. 1.1) wurde eine repräsentative Stichprobe gezogen, mit der die Schulbevölkerung der 15-Jährigen abgebildet wird. In der Bundesrepublik besteht diese repräsentative Stichprobe aus etwa 5.000 Schülerinnen und Schülern aus insgesamt 219 Schulen, wobei im Durchschnitt 23

Abbildung 1.1: PISA-Teilnehmerstaaten

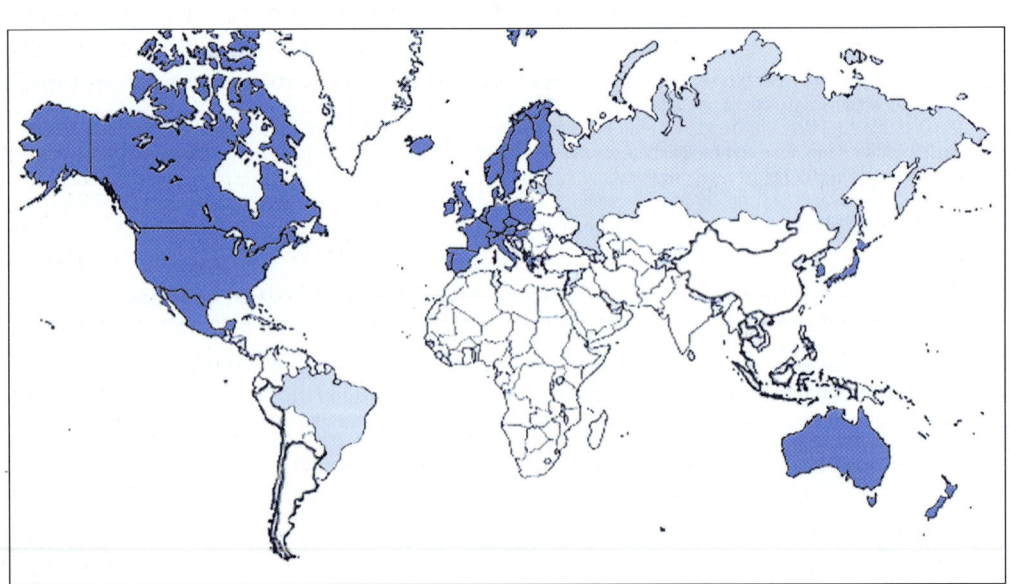

An PISA 2000 teilnehmende OECD-Mitgliedsstaaten

Australien	Japan	Portugal
Belgien	Kanada	Schweden
Dänemark	Korea	Schweiz
Deutschland	Luxemburg	Spanien
Finnland	Mexiko	Tschechische Republik
Frankreich	Neuseeland	Ungarn
Griechenland	Niederlande	Vereinigtes Königreich
Irland	Norwegen	Vereinigte Staaten
Island	Österreich	
Italien	Polen	

An PISA 2000 teilnehmende nicht OECD-Mitgliedsstaaten

Brasilien	Liechtenstein
Lettland	Russische Föderation

15-Jährige pro Schule untersucht wurden. Damit die Ergebnisse der PISA-Studie innerhalb Deutschlands jedoch auch auf der Ebene der Länder verwertbar sind, wurde diese 219 Schulen umfassende Stichprobe auf 1.466 Schulen erhöht (nationale Stichprobenergänzung PISA-E). Diese große Zahl von Schulen mit insgesamt über 50.000 Schülern ist notwendig, um statistisch abgesicherte Aussagen über die Ergebnisse in den einzelnen Ländern und pro Schulform machen zu können. Über diese Befunde wird in der zweiten Hälfte des Jahres 2002 berichtet.

3. Theoretische Grundlagen

3.1 Das Grundbildungskonzept von PISA

Die funktionalistische Orientierung der Rahmenkonzeption von PISA, die der Bewährung von Kompetenzen in authentischen Anwendungssituationen besondere Bedeutung zumisst, ist nicht neu. Bereits der mathematisch-naturwissenschaftliche Grundbildungstest von TIMSS folgte dieser Konzeption. Im Rahmen von TIMSS wurde allerdings noch versucht – und dieser Versuch war durchaus strittig –, einen Kompromiss zwischen Anwendungsorientierung und curricularer Anbindung der Testaufgaben an Standardstoffe der Sekundarstufe I zu erreichen. PISA dagegen lässt Fragen der curricularen Validität weiter in den Hindergrund treten und setzt entschieden auf die Erfassung von Basiskompetenzen in variierenden Anwendungssituationen. In den Fachgebieten, in denen die Schule praktisch ein Vermittlungsmonopol besitzt, orientiert sich die Aufgabenauswahl von PISA am Standardrepertoire der Sekundarstufe I, ohne auf den kleinsten gemeinsamen Nenner der Lehrpläne der beteiligten Länder reduziert zu werden. Über die zu berücksichtigenden Klassen von Verwendungs- und Lebenssituationen und deren Gewichtung wird relativ pragmatisch entschieden. In diesem Pragmatismus unterscheidet sich PISA von früheren situationsorientierten Ansätzen der Curriculumentwicklung, die letztlich an ihrem Rationalitäts- und Begründungsanspruch gescheitert sind (Robinsohn, 1971). PISA geht also keineswegs von dem rationalistischen Fehlschluss aus, dass sich ein schulischer Kanon aus den Analysen beruflicher Qualifikationsanforderungen oder Lebenssituationen ableiten ließe. Man muss sich darüber im Klaren sein, dass die PISA-Tests mit ihrem Verzicht auf transnationale curriculare Validität – wie eingeschränkt diese auch immer realisierbar sein mag – und der Konzentration auf die Erfassung von Basiskompetenzen ein didaktisches und bildungtheoretisches Konzept mit sich führen, das normativ ist. Um dieses inhaltliche *Benchmarking* (Vergleichsnormierung) auch bei der Darstellung und Interpretation der Ergebnisse bewusst zu halten und damit auch die Freiheit zu eröffnen, es nicht oder nur eingeschränkt zu akzeptieren, hat die domänenspezifische Ausformulierung der theoretischen Rahmenkonzeption von PISA weitaus größere Bedeutung als bei anderen internationalen Vergleichsuntersuchungen. Dies ist auch der Grund, weshalb die theoretischen – und im Falle von Mathematik und den Naturwissenschaften – vor allem die bildungstheoretischen Grundlagen der Testkonstruktion in den nachfolgenden Kapiteln ausführlich dargestellt werden.

Die funktionale Sicht auf muttersprachliche, mathematische und naturwissenschaftliche Kompetenzen als basale Kulturwerkzeuge ist ein charakteristisches Merkmal der angelsächsischen *Literacy*-Konzeption, die mit Literalität oder Grundbildung nur unzutreffend ins Deutsche übersetzt werden kann. Literalität ruft das Bild der elementaren Alphabetisierung hervor und wird damit dem Anspruchsniveau von *Reading Literacy* oder *Mathematics* bzw. *Science Literacy* nicht gerecht. Im Rahmen der kontinentaleuropäischen Versuche zur Neubestimmung moderner *Allgemein- oder Grundbildung* hat die funktionale Perspektive durchaus ihren Platz, etwa wenn Tenorth (1994) Kommunikations- und Lernfähigkeit als zentrale Merkmale universalisierter Grundbildung beschreibt. Das Konzept der Allgemein- oder Grundbildung reicht aber weiter. Es schließt auch immer normativ die Weltorientierung vermittelnde Begegnung mit zentralen Gegenständen unserer Kultur ein, die stellvertretend für unterschiedliche, nicht wechselseitig austauschbare Formen der Weltaneignung und Rationalität stehen. Der Aspekt der Eröffnung von unterschiedlichen Horizonten des Weltverstehens spielt in der angelsächsischen *Literacy*-Diskussion eine untergeordnete Rolle, ist aber in den zentralen curricularen Entwürfen der *American Association for the Advancement of Science* (AAAS, 1993, 1997, 1998) oder des *National Council of Teachers of Mathematics* (NCTM, 1989, 1991, 2000) immer präsent.

Die Beherrschung der Muttersprache in Wort und Schrift sowie ein hinreichend sicherer Umgang mit mathematischen Symbolen und Modellen gehören in allen modernen Informations- und Kommunikationsgesellschaften zum Kernbestand kultureller Literalität. In beiden Fällen handelt es sich um sprachliche Kompetenzen, die grundlegende Formen des kommunikativen Umgangs mit der Welt repräsentieren. Die Muttersprache ist das Medium der sprachlichen Aneignung der eigenen Kultur und Mathematik eine formalisierte Sprache, die sich in einem langen historischen Prozess entwickelt hat und in unterschiedlicher Form zu einem selbstverständlichen Kommunikationsmittel in vielen Berufen und wissenschaftlichen Disziplinen geworden ist. Insofern ist es nahe liegend, in beiden Fällen von Literalität zu sprechen. Die Metapher von der naturwissenschaftlichen Literalität impliziert einen analogen Gedankengang. In einer naturwissenschaftlich und technologisch bestimmten Welt erhalte eine naturwissenschaftliche Basisqualifikation den Charakter eines Kulturwerkzeugs, dessen Beherrschung zur Voraussetzung einer verständigen und verantwortungsvollen Teilnahme am gesellschaftlichen Leben geworden sei. Ob diese Analogie zutreffend ist und die naturwissenschaftliche Grundbildung einen vergleichbaren Status als zentrale Schlüsselqualifikation wie das Leseverständnis oder die mathematische Kompetenz beanspruchen kann, ist selbst in der Naturwissenschaftsdidaktik strittig (Shamos, 1995).

Der Gedanke der notwendigen Universalisierung von Basisqualifikationen wird in der angelsächsischen *Literacy*-Diskussion mit dem Argument neuer und infolge des sich beschleunigenden Wandels von der Industrie- zur Wissensgesellschaft steigender Qualifikationsanforderungen verknüpft. Die Messlatte für muttersprachliche, mathematische und naturwissenschaftliche Literalität wird sichtbar höher gelegt; schlichte Alphabetisierung genügt diesem Anspruch nicht. Dieses Konzept von Literalität steht auch im Hintergrund der internationalen Rahmenkonzeption von PISA. Um zwischen *Literacy* und Grundbildung eine Brücke zu schlagen, sind für die deutsche Implementation der PISA-Studie in Mathematik und den naturwissenschaftlichen Fächern ergänzende Testteile entwickelt worden, die der Grundbildungskonzeption gerechter werden sollen.

Lesekompetenz wird in der deutschen Umsetzung von PISA als fächerübergreifende Schlüsselqualifikation betrachtet, für deren Aneignung in der Phase des Schriftspracherwerbs die Hauptverantwortung zunächst beim muttersprachlichen Unterricht liegt, die dieser mit zunehmender Schulbesuchsdauer mehr und mehr mit allen anderen Unterrichtsfächern teilt. Spätestens in der Sekundarstufe I ist die Kultivierung des Leseverständnisses Sache aller Unterrichtsfächer. Dies bedeutet gleichzeitig, dass Leseverständnis Voraussetzung und Teil sprachlich-literarischer Grundbildung ist, mit dieser aber selbstverständlich nicht deckungsgleich ist. Insofern gibt PISA auch keine annähernd erschöpfende Auskunft über diesen zentralen Bereich der Allgemeinbildung. Es ist ebenfalls nicht versucht worden, den Bereich durch nationale Ergänzungen breiter zu repräsentieren. Ein solcher Versuch hätte den vorgegebenen Rahmen der Untersuchung gesprengt. Um einen Teil dieser Lücke zu schließen, hat die Kultusministerkonferenz eine gesonderte Studie ausgeschrieben.

Man kann gar nicht nachdrücklich genug betonen, dass PISA keineswegs beabsichtigt, den Horizont moderner Allgemeinbildung zu vermessen, oder auch nur die Umrisse eines internationalen Kerncurriculums nachzuzeichnen. Es ist gerade die Stärke von PISA, sich solchen Allmachtsfantasien zu verweigern und sich stattdessen mit der Lesekompetenz und mathematischen Modellierungsfähigkeit auf Basiskompetenzen zu konzentrieren, die nicht die einzigen, aber wichtige Voraussetzungen für die – wie Tenorth (1994) es ausdrückt – *Generalisierung* universeller Prämissen für die Teilhabe an Kommunikation und damit auch für Lernfähigkeit darstellen. Die Universalisierung dieser Kommunikationsvoraussetzungen ist im Wesentlichen ein Ergebnis der Weltbildungsrevolution der Nachkriegszeit (Meyer u.a., 1977; Meyer, Ramirez & Soysal, 1992). Ob man naturwissenschaftliche Kompetenzen zu diesen Kulturwerkzeugen rechnen soll, ist Gegenstand der internationalen bildungstheoretischen Diskussion (vgl. Baumert, 1997; Shamos, 1995). Sicher ist jedoch, dass ein basales Verständnis naturwissenschaftlicher Konzepte und naturwissenschaftlichen Argumentierens und Arbeitens, das durch den experimentellen Durchgriff auf Realität gekennzeichnet ist, weltweit zum Bestandteil eines modernen Kerncurriculums gehört (Benavot u.a., 1991; Meyer & McEneany, 1999). Die latente Struktur dieses Kerncurriculums ist jedoch nicht auf der Ebene von Themen, Fächern oder gar Problemen – mögen es auch Schlüsselprobleme sein – beschreibbar. Kanonbildend wirkt vielmehr der *reflexive* Zugang zu unterschiedlichen, nicht wechselseitig substituierbaren Modi der Welterfahrung, die Humboldt im königsberger und litauischen Schulplan (1809) *linguistisch, historisch, mathematisch* und *gymnastisch-ästhetisch* nennt und die im Anschluss an Wilhelm Flitner (1960) als Aufgabenfelder in der gymnasialen Oberstufe strukturbildend wirken (vgl. dazu KMK, 1995; Tenorth, 2000). In der Substanz geht es um die Orientierungswissen vermittelnde Begegnung mit kognitiver, moralisch-evaluativer, ästhetisch-expressiver und religiös-konstitutiver Rationalität. Gegenüber diesen kanonischen Prinzipien moderner Allgemeinbildung sind Fächer und Themen variabel, nicht aber die in PISA untersuchten kulturellen Basiskompetenzen. Wenn die deutschen Mathematik- und Naturwissenschaftsexperten versuchen, die funktionale Perspektive der internationalen Rahmenkonzeption zu erweitern, um einen breiteren Ausschnitt der Allgemeinbildung in den Blick zu nehmen, thematisieren sie immer noch am Beispiel zweier Fachgebiete den reflexiven Umgang mit institutionalisierter kognitiver Rationalität. Dies heißt aber nicht, dass andere Formen der Rationalität und

Welterfahrung bildungstheoretisch überhaupt nicht mitbedacht oder gar gering ge-schätzt würden.

Im Rahmen von PISA wird der Gedanke notwendiger Basisqualifikationen über die Do-mänen Lesen, Mathematik und die Naturwissenschaften hinaus auf fächerübergreifende Kompetenzen erweitert, wobei wir bereits das Leseverständnis als eine zentrale fächer-übergreifende Kompetenz betrachten. In einem ersten Schritt wurden Merkmale selbstre-gulierten Lernens als internationale Option in das Erhebungsprogramm einbezogen. In der deutschen Umsetzung von PISA sind mit nationalen Optionen, die der Beschlusslage der Kultusministerkonferenz folgen, erste Schritte zur Einbeziehung von Problemlösen und Aspekten von Kommunikations- und Kooperationsfähigkeit unternommen worden. Dabei hat der Untersuchungsteil zum Problemlösen die Aufgabe, überhaupt zu prüfen, ob sich Problemlösen in sinnvoller Weise domänenunspezifisch bestimmen und erfassen lässt.

Mit der Ausweitung der Untersuchungsgegenstände auf fachübergreifende Qualifika-tionen wie selbstreguliertes Lernen oder Kommunikations- und Kooperationsfähigkeit ver-ändert sich auch der in PISA verwendete Kompetenzbegriff. Dies hat erhebliche Folgen für die Erfassung der jeweiligen Qualifikationen oder Kompetenzen. Wenn im Rahmen von PISA von mathematischer oder naturwissenschaftlicher Kompetenz sowie Problemlösefä-higkeit gesprochen wird, liegt dem ein kognitiver Kompetenzbegriff zu Grunde, der sich auf prinzipiell erlernbare, mehr oder minder bereichsspezifische Kenntnisse, Fertigkeiten und Strategien bezieht. Diese werden in der kognitiven Psychologie und Wissenserwerbs-forschung als unterschiedliche Formen des Wissens aufgefasst, und als solche sind sie mitteil- und vermittelbar. Dieser breite und in sich differenzierte Wissensbegriff der Psychologie ist also in aller Deutlichkeit von einem in pädagogischen Feldern häufig an-zutreffenden umgangssprachlichen Wissensbegriff abzusetzen, der Wissen auf reprodu-zierbares Faktenwissen reduziert und wirklichem Verstehen entgegensetzt. Beim selbstre-gulierten Lernen und bei der Kommunikations- und Kooperationsfähigkeit handelt es sich dagegen um komplexe *Handlungs*kompetenzen, die auf dem Zusammenspiel kognitiver, motivationaler und emotionaler Komponenten beruhen. Das Konzept der Handlungskom-petenz verbindet intellektuelle Fähigkeiten, bereichsspezifisches Vorwissen, Fertigkeiten und Routinen, motivationale Orientierungen, metakognitive und volitionale Kontrollsyste-me sowie persönliche Wertorientierungen in einem komplexen handlungsregulierenden System (Weinert, 1999). Die Erfassung solcher Handlungskompetenzen ist vergleichsweise schwierig und wird sich in der Regel auf Teilaspekte konzentrieren müssen.

3.2 Bereichsspezifische Konkretisierung

Erfassung der Lesekompetenz

Im Zentrum des ersten Zyklus von PISA steht die Erfassung der Lesekompetenz. Nach der internationalen Rahmenkonzeption ist Lesekompetenz mehr als einfach nur lesen können. Unter Lesekompetenz versteht PISA die Fähigkeit, geschriebene Texte unterschiedlicher Art in ihren Aussagen, ihren Absichten und ihrer formalen Struktur zu verstehen und sie in einen größeren sinnstiftenden Zusammenhang einzuordnen, sowie in der Lage zu sein, Texte für verschiedene Zwecke sachgerecht zu nutzen. In der Entfaltung dieser Definition unterscheidet PISA unterschiedliche Textsorten, typische Anwendungssituationen und eine Reihe von Leseaufgaben, die verschiedene Aspekte des Textverständnisses erfassen (vgl. Abb. 1.2).

Jugendliche und Erwachsene begegnen in ihrem privaten oder beruflichen Alltag und im öffentlichen Leben verschiedensten Arten von Texten. Daher wird in PISA eine breite Palette von Textsorten eingesetzt. Während sich bisherige Studien weitgehend auf Prosatexte bzw. fortlaufende Texttypen beschränkt haben (Erzählungen, Kommentare, Argumentationen und anderes), bezieht PISA Texte ein, in denen die Information nicht fortlaufend und auch nicht allein verbal dargestellt wird. Dazu gehören Formulare, Graphiken,

Abbildung 1.2: Zusammenfassende Darstellung der PISA-Dimensionen

Bereich	Lesekompetenz	Mathematische Grundbildung	Naturwissenschaftliche Grundbildung
Definition	Geschriebene Texte zu verstehen, zu nutzen und über sie zu reflektieren, um eigene Ziele zu erreichen, das eigene Wissen und Potenzial weiterzuentwickeln und am gesellschaftlichen Leben teilzunehmen.	Die Rolle zu erkennen und zu verstehen, die die Mathematik in der Welt spielt, fundierte mathematische Urteile abzugeben und sich auf eine Weise mit der Mathematik zu befassen, die den Anforderungen des gegenwärtigen und künftigen Lebens einer Person als konstruktivem, engagiertem und reflektierendem Bürger entspricht.	Naturwissenschaftliches Wissen anzuwenden, naturwissenschaftliche Fragen zu erkennen und aus Belegen Schlussfolgerungen zu ziehen, um Entscheidungen zu verstehen und zu treffen, die die natürliche Welt und die durch menschliches Handeln an ihr vorgenommenen Veränderungen betreffen.
Komponenten/ Dimensionen des Bereichs	Verschiedene Arten von *Texten* lesen: kontinuierliche Texte, klassifiziert nach Typen (z.B. Beschreibung, Erzählung), und Dokumente, klassifiziert nach Struktur.	Mathematische *Inhalte* – primär „mathematische Leitideen". Im ersten Zyklus werden die Leitideen Veränderung und Wachstum sowie Raum und Form verwendet. In künftigen Zyklen werden auch Zufall, quantitatives Denken, Ungewissheit sowie Abhängigkeiten und Beziehungen einbezogen.	*Naturwissenschaftliche Konzepte* – z.B. Energieerhalt, Anpassung, Zerfall –, ausgewählt aus den Hauptbereichen der Physik, Biologie, Chemie usw., wobei sie auf Angelegenheiten angewendet werden, die mit Energieverbrauch, Artenerhalt oder Gebrauch von Materialien zu tun haben.
	Verschiedene Arten von *Leseaufgaben* ausführen, etwa bestimmte Informationen heraussuchen, eine Interpretation entwickeln oder über den Inhalt oder die Form eines Textes reflektieren.	Mathematische *Kompetenzen*, z.B. Modellierung, Problemlösen; unterteilt in drei Klassen: i) Verfahren ausführen ii) Verbindungen und Zusammenhänge herstellen iii) Mathematisches Denken und Verallgemeinern.	*Prozedurale Fähigkeiten* – z.B. Belege bzw. Nachweise identifizieren, Schlussfolgerungen ziehen, bewerten und kommunizieren. Diese Fähigkeiten hängen nicht von einem bereits vorhandenen Bestand an naturwissenschaftlichen Kenntnissen ab, können jedoch auch nicht ohne einen naturwissenschaftlichen Inhalt angewendet werden.
	Texte lesen, die für verschiedene *Situationen* geschrieben wurden, z.B. für persönliche Interessen oder um Arbeitsanforderungen zu genügen.	Anwendung von Mathematik in unterschiedlichen *Situationen*, z.B. Probleme, die Individuen, Gemeinschaften oder die ganze Welt betreffen.	Anwendung naturwissenschaftlicher Kenntnisse in unterschiedlichen *Situationen*, z.B. auf Probleme, die Individuen, Gemeinschaften oder die ganze Welt betreffen.

Karten, Diagramme, Tabellen oder bildliche Veranschaulichungen, die in ganz unterschiedlichen textlichen Zusammenhängen eingebettet sein können. Langfristig ist weiterhin vorgesehen, auch elektronische Texte, die spezifische Anforderungen an das Textverstehen stellen, einzubeziehen. Dennoch kann keine Rede davon sein, dass literarisch-narrative Texte unterrepräsentiert seien. Um eine möglichst große Vielfalt von Anwendungssituationen abzubilden, enthält der PISA-Test Texte, die für verschiedene Lesesituationen geschrieben wurden. Dabei werden Texte unterschieden, die vornehmlich in privaten (z.B. Auszüge aus Erzählungen), öffentlichen (z.B. amtliche Dokumente), berufsbezogenen (z.B. Handbücher) oder bildungsbezogenen (z.B. Lehrbücher) Zusammenhängen gelesen werden. Alle in PISA verwendeten Texte sind authentisch.

Den Kern der internationalen Rahmenkonzeption bilden die theoretischen Annahmen zur Struktur der Lesekompetenz, die auch die zentrale Grundlage für die Testentwicklung sind. Die internationale Konzeption von PISA beruht auf einem pragmatischen Strukturmodell, das auf die Vorarbeiten von Kirsch und Mosenthal zurückgreift, die sich in amerikanischen (NAEP) und internationalen (IALS) Studien bewährt haben (Kirsch, Jungeblut & Mosenthal, 1998). Dieses Modell des Textverstehens geht von einer Situation aus, die man als Arbeiten mit Texten bezeichnen kann. Es wird nicht wie bei anderen kognitionspsychologischen Modellen des Textverstehens zwischen einer Lese- bzw. Lernphase einerseits und einer Testphase andererseits unterschieden, sondern der Text bleibt auch während der Beantwortung der Verständnisfragen ständig verfügbar. Daher spielen Lern- oder Gedächtnisleistungen bei der Beantwortung der Testfragen eine geringe Rolle; im Mittelpunkt des Interesses steht die Erfassung von Verstehensleistungen. Das PISA-Modell unterscheidet grob textimmanente von wissensbasierten Verstehensleistungen, die jeweils in sich noch einmal nach Gesichtspunkten der Komplexität oder der formalen Anforderungen ausdifferenziert werden. Im ersten Fall sind die im Text selbst enthaltenen Informationen ausreichende Grundlage für die Beantwortung der Textfragen; im zweiten Fall muss eine situationsadäquate Interpretation unter Rückgriff auf nicht im Text enthaltenes Vorwissen entwickelt werden.

Ein wichtiger Vorzug des internationalen Ansatzes liegt darin, dass in erster Linie Verstehensleistungen erfasst werden. Diese Stärke ist aber zugleich auch Begrenzung. Denn Lesekompetenz umfasst nicht nur die Fähigkeit, Texte zu verstehen, sondern auch Inhalte von Texten zu behalten und sich zu eigen zu machen. Diese Fähigkeit ist insbesondere für Schülerinnen und Schüler und für alle anderen Personen, die sich in einem Ausbildungsverhältnis befinden, von großer Bedeutung. Lesekompetenz bedeutet also nicht nur, in der Lage zu sein, mithilfe eines Textes Verständnisfragen zu beantworten, sondern auch eine sinnvolle Textrepräsentation im Gedächtnis aufzubauen, die es erlaubt, zu einem späteren Zeitpunkt auf den Text zurückzugreifen. Deshalb wurden im nationalen Ergänzungsteil von PISA zusätzliche Texte eingesetzt, bei deren Bearbeitung eine Lese- bzw. Lernphase von einer Testphase unterschieden wird, in der ein nochmaliger Einblick in den vorgelegten Text nicht möglich ist. Das in der nationalen Ergänzung zu Grunde gelegte Kompetenzmodell basiert auf der kognitionspsychologischen Theorie des Textverstehens, die von Kintsch (1994, 1998) und van Dijk und Kintsch (1983) entwickelt wurde.

Erfassung von Aspekten der mathematischen Grundbildung

Die Erfassung mathematischer Kompetenzen ist im ersten Zyklus von PISA eine Neben-komponente. Erst im zweiten Zyklus wird die Mathematik ins Zentrum der Untersuchung rücken. Aus dieser Verschiebung des Schwerpunkts werden sich auch Änderungen für die vorliegende internationale Rahmenkonzeption zur Erfassung von *Mathematical Literacy* ergeben.

Das Konzept der mathematischen Grundbildung, auf das man sich im Rahmen von PISA verständigt hat, lehnt sich an das Modell eines realistischen, an der Wirklichkeit orientierten Mathematikunterrichts an. Nach der PISA-Konzeption gehört zur mathema-tischen Grundbildung ein Verständnis der Rolle, die Mathematik in der sozialen, kulturel-len und technischen Welt spielt, und die Fähigkeit, Sachverhalte unter mathematischen Gesichtspunkten angemessen zu beurteilen. Mathematische Grundbildung schließt aber auch die Fähigkeit ein, Mathematik aktiv zu nutzen, um Anforderungen des Alltags zu be-wältigen. Die dieser Definition zu Grunde liegende epistemologische Vorstellung von Ma-thematik geht davon aus, dass ein *begriffliches* Verständnis mathematischer Sachverhal-te Voraussetzung verständiger Anwendung im Alltag sei (vgl. Abb. 1.2).

Der *National Council of Teachers of Mathematics* (NCTM) legte 1989 mit der Veröf-fentlichung der *Curriculum and Evaluation Standards for School Mathematics*, die kürzlich in überarbeiteter Fassung erschienen (NCTM, 2000), eine in mancher Hinsicht vorbildliche Konkretisierung der Kompetenzvorstellungen vor, die mit *Mathematical Literacy* verbun-den sind. Der Mathematikunterricht soll danach folgende Qualifikationen vermitteln (NCTM, 1989, S. 4):
- Vorbereitung auf offene Aufgabenstellungen, da realistische Probleme und Aufgaben in der Regel nicht gut definiert sind,
- Fähigkeit, die Anwendbarkeit mathematischer Konzepte und Modelle auf alltägliche und komplexe Problemstellungen zu erkennen,
- Fähigkeit, die einem Problem zu Grunde liegende mathematische Struktur zu sehen,
- Fähigkeit, Aufgabenstellungen in geeignete Operationen zu übersetzen, sowie
- ausreichende Kenntnis und Beherrschung von Lösungsroutinen.

In dieser Konzeption sind im Hinblick auf Zieldimensionen und Standards direkte und in-direkte Einflüsse Hans Freudenthals unübersehbar, der in seiner Konzeption der „Realisti-schen Mathematik" eine umfassende Idee moderner mathematischer Allgemeinbildung vorgelegt hat (Freudenthal, 1977). Die Freudenthal'sche mathematikdidaktische Theorie stand auch Pate für das internationale PISA-Framework. Die Bedeutung der Definition von *Mathematical Literacy* erschließt sich erst in diesem Kontext. Für PISA sind insbesondere jene Überlegungen maßgeblich, die Freudenthal in seinem umfassenden Werk *Didactical Phenomenology of Mathematical Structures* (1983) entwickelt hat. Freudenthals zentrale Aussage lautet, dass mathematische Konzepte, Strukturen und Ideen als Werkzeuge zur Erschließung und Strukturierung der Phänomene der physischen, sozialen und geistigen Welt erfunden wurden. Zur Erschließung der Welt kommen gerade die mathematischen Begriffe infrage und nicht etwa nur das Beherrschen von alltagstauglichen Rechenver-fahren. Demgemäß stehen in der internationalen PISA-Rahmenkonzeption mathemati-sche Konzepte und damit verbunden die Fähigkeit zur Vernetzung und Modellierung als Ziele des Mathematikunterrichts im Vordergrund.

Die mathematischen Inhalte des PISA-Tests werden in erster Linie durch Leitideen bestimmt, die das mathematische Denken strukturieren. Zu diesen gehören etwa Konzepte wie Veränderung und Wachstum, Zufall, Raum und Form oder Wahrscheinlichkeit. Erst in zweiter Linie werden die in Lehrplänen unterschiedenen Stoffgebiete (Algebra, Arithmetik oder Geometrie) als Ordnungskategorien herangezogen. Da Mathematik im ersten Zyklus eine Nebenkomponente darstellt, konzentriert sich PISA 2000 auf zwei Leitideen: Veränderung und Wachstum sowie Raum und Form. Die beiden Leitideen erlauben eine weitgehende Berücksichtigung zentraler Inhalte des Mathematikunterrichts der Mittelstufe, beugen aber gleichzeitig einer Verengung der Tests auf die Erfassung von Rechenfertigkeiten vor. In den Testaufgaben müssen mathematische Kenntnisse in der Regel situationsbezogen angewendet werden. Die Anwendungssituationen reichen vom privaten und schulischen Bereich bis hin zu einfachen wissenschaftlichen Fragen oder Problemstellungen, die das öffentliche Leben betreffen.

Die nationale Mathematikexpertengruppe betrachtet die internationale Rahmenkonzeption als einen allgemeinen normativen Horizont, vor dem man auch die Leistungen der deutschen Schülerinnen und Schüler sehen darf, schlägt aber gleichzeitig einige Ergänzungen vor. Diese Ergänzungen sollen sowohl dem Allgemeinbildungsauftrag des Mathematikunterrichts gerechter werden, in dem die Begegnung mit Mathematik als einer Welt eigener Art und einer spezifischen Kulturleistung eigenen Rechts eine Rolle spielt, als auch der vorherrschenden Kalkülorientierung des deutschen Mathematikunterrichts durch stärkere Berücksichtigung technischer Fertigkeiten Rechnung tragen. Die deutsche Expertengruppe betrachtet die internationale Rahmenkonzeption und die deutschen Ergänzungen ausdrücklich als komplementär.

Erfassung von Aspekten der naturwissenschaftlichen Grundbildung

Die Erfassung von Aspekten der naturwissenschaftlichen Grundbildung ist ebenso wie Mathematik im ersten Zyklus von PISA eine Nebenkomponente. Auch für die Naturwissenschaften gilt, dass die internationale Rahmenkonzeption weiterentwickelt wurde. Nach der Definition, auf die man sich im Rahmen des ersten Zyklus von PISA verständigt hat, gehört zur naturwissenschaftlichen Grundbildung ein Verständnis grundlegender naturwissenschaftlicher Konzepte, die Vertrautheit mit naturwissenschaftlichen Denk- und Arbeitsweisen sowie die Fähigkeit, dieses Konzept- und Prozesswissen vor allem bei der Beurteilung von naturwissenschaftlich-technischen Sachverhalten anzuwenden. Zur naturwissenschaftlichen Grundbildung in diesem Sinne gehören ferner das Erkennen von Fragen, die naturwissenschaftlich untersucht und bearbeitet werden können, das Ziehen von Schlussfolgerungen aus Beobachtungen und Befunden, das Prüfen der Gültigkeitsbedingungen solcher Schlussfolgerungen sowie das Wissen um die Grenzen naturwissenschaftlicher Erkenntnis (vgl. Abb. 1.2).

Die internationale Rahmenkonzeption unterscheidet drei naturwissenschaftliche Literalitätsdimensionen: (1) naturwissenschaftliche Konzepte, (2) wissenschaftliche Prozesse und (3) naturwissenschaftliche Anwendungssituationen. Diese Dimensionen bilden die Ordnungsmatrix der Testkonstruktion. Ein Verständnis naturwissenschaftlicher Konzepte ist notwendig, um Vorgänge in der Natur und durch den Menschen bewirkte Veränderungen zu verstehen. Die PISA-Aufgaben berücksichtigen zentrale Konzepte aus der Physik,

Chemie, Biologie sowie den Geowissenschaften (z.B. Wärmeleitfähigkeit, Reaktionsge-schwindigkeit, Zelle, Kontinentalverschiebung). Diese Konzepte werden jedoch nicht ein-fach abgefragt, sondern sie müssen auf wirklichkeitsnahe naturwissenschaftliche Frage-stellungen angewendet werden. Dabei stehen drei Anwendungsbereiche im Vordergrund: Leben und Gesundheit, Erde und Umwelt sowie Technologie. Die naturwissenschaftlichen Testaufgaben von PISA sollen ferner erfassen, ob Jugendliche ein ausreichendes Ver-ständnis naturwissenschaftlicher Denk- und Arbeitsweisen erworben haben. Die Aufgaben stellen jedoch nicht die eigene Erhebung von Daten oder das selbstständige Experimen-tieren in den Vordergrund, sondern die Fähigkeit, vorliegende Befunde zu beurteilen, aus Experimenten und Ergebnissen begründete Schlüsse zu ziehen und deren Gültigkeitsbe-dingungen und -grenzen zu beurteilen.

In PISA werden die Anwendungssituationen hauptsächlich dem Alltagsleben entnom-men. Sie reichen von persönlichen und privaten Angelegenheiten, zum Beispiel der Er-nährung, bis hin zu Fragen von allgemeinem Interesse, zu denen etwa die Trinkwasser-aufbereitung oder der Treibhauseffekt gehören.

Mit der Integration von Konzept, Prozess und Anwendung folgt die internationale Rah-menkonzeption zur Erfassung naturwissenschaftlicher Kompetenzen dem angelsächsi-schen *Literacy*-Verständnis, wie es etwa in den *Benchmarks for Science Literacy* der *American Association for the Advancements of Science* (AAAS, 1993) formuliert und in späte-ren Veröffentlichungen weiter entfaltet worden ist (AAAS, 1997, 1998).

Die deutsche Expertengruppe, der Naturwissenschaftlerinnen und Naturwissenschaft-ler aus den Fächern Biologie, Chemie und Physik angehören, folgt im Wesentlichen der internationalen Konzeption als einer übergeordneten Zielbeschreibung für naturwissen-schaftliche Grundbildung. Im Anschluss an Bybee (1997) unterscheidet sie vier Literali-tätsniveaus, die sich qualitativ voneinander abheben:

(1) Nominale Literalität: Bestimmte Fachausdrücke sind bekannt. Das Verständnis einer Situation ist jedoch im Wesentlichen auf die Ebene naiver Theorien beschränkt.

(2) Funktionale Literalität: Personen sind in der Lage, naturwissenschaftliche Begriffe zu benutzen, deren Gebrauch ist jedoch auf Einzeltätigkeiten beschränkt.

(3) Konzeptuelle und prozedurale Literalität: Diese Ebene entspricht weitgehend dem, was nach Auffassung der internationalen Expertengruppe das Verständnis naturwissen-schaftlicher Konzepte und die Anwendung von prozeduralen Fähigkeiten ausmacht.

(4) Multidimensionale Literalität: Auf diesem Niveau wird ein Verständnis vom Wesen der Naturwissenschaften, ihrer Geschichte und ihrer Rolle in Kultur und Gesellschaft er-reicht.

Der internationale PISA-Naturwissenschaftstest prüft insbesondere das Verständnis na-turwissenschaftlicher Denk- und Arbeitsweisen. Dies sind auch Anforderungen der deut-schen Lehrpläne. Die nationale Untersuchungskomponente ergänzt diesen Schwerpunkt jedoch um Aufgaben, die eine getrennte Darstellung der Leistungen in den Fächern Bio-logie, Chemie und Physik erlauben (für viele Staaten mit integriertem naturwissenschaft-lichen Unterricht ist diese Unterscheidung zweitrangig), das Spektrum zentraler Konzep-te des naturwissenschaftlichen Unterrichts in der Sekundarstufe I verbreitern und damit für eine bessere Passung mit deutschen Lehrbüchern sorgen und Aspekte naturwissen-schaftlicher Grundbildung einbeziehen, die im internationalen Test weniger berücksichtigt sind. Dazu gehören Aufgaben, die eng begrenzte Kenntnisse von Terminologien, Gesetzen oder Definitionen erfassen – also Dinge, die häufig im Zentrum des naturwissenschaftlichen Unterrichts der Mittelstufe stehen –, aber auch solche Aufgaben, die naturwissenschaftliches Problemlösen verlangen und Auskunft über den aktiven und kreativen Gebrauch des erworbenen Wissens geben.

Erfassung von Komponenten selbstregulierten Lernens

Die Entwicklung der Fähigkeit zum selbstregulierten Lernen wird gerade im Zusammenhang mit der Vermittlung von Sach- und Fachwissen als eine der Hauptaufgaben institutionalisierter Bildungsprozesse angesehen. Selbstreguliertes Lernen ist gleichzeitig Ziel und Mittel schulischer Lernprozesse. Die Erfassung von Komponenten selbstregulierten Lernens ist Gegenstand einer internationalen Option von PISA. Das Untersuchungskonzept für diesen Teilbereich geht von einem dynamischen Modell lebenslangen Lernens aus, das kontinuierliches Weiter-, Um- und Neulernen verlangt. Damit setzt sich PISA von allen statischen Vorstellungen des Wissenserwerbs und der Wissensanwendung ab, die Weinert einmal als „Bevorratungsmodelle" bezeichnet hat (Weinert, 1998b). Selbst die Vorstellung beliebig transferierbarer Schlüsselqualifikationen oder die Kritik am trägen (inerten) Wissen beruhen letztlich auf Vorstellungen, dass erworbene Fähigkeiten und Fertigkeiten ohne jeden Umlern- und Adaptationsprozess auf neue Situationen anwendbar seien. Dagegen ist der theoretische Ausgangspunkt der PISA-Komponente zum selbstregulierten Lernen, dass authentische Anwendungssituationen in der Regel auch Lernsituationen darstellen. Zentrale Elemente in diesem Modell des dynamischen Wissenserwerbs sind die Anschlussfähigkeit des erworbenen Wissens und die Selbstregulationsfähigkeit des Lernens.

Selbstregulation beim Lernen bedeutet, in der Lage zu sein, Wissen, Fertigkeiten und Einstellungen zu entwickeln, die zukünftiges Lernen fördern und erleichtern und die – mit den nötigen Anpassungs- und Abstimmungsleistungen – auf andere Lernsituationen übertragen werden können. Eingebettet in ein Rahmenmodell des dynamischen Wissenserwerbs lässt sich selbstreguliertes Lernen als ein zielorientierter Prozess des aktiven und konstruktiven Wissenserwerbs beschreiben, der auf dem reflektierten und gesteuerten Zusammenspiel kognitiver und motivational-emotionaler Ressourcen einer Person beruht. Bei der Fähigkeit, selbstreguliert lernen zu können, handelt es sich also um eine komplexe Handlungskompetenz.

Boekaerts (1997) hat ein theoretisches Modell des selbstregulierten Lernens vorgeschlagen, in dem drei Regulationssysteme unterschieden werden, die im Lernprozess zusammenspielen und diesen steuern. Sie unterscheidet das kognitive und metakognitive vom motivationalen Regulationssystem. Zur kognitiven und metakognitiven Regulation zählen das bereichsspezifische Wissen sowie kognitive und metakognitive Lernstrategien. Zum bereichsspezifischen Wissen gehört das Wissenskorpus des jeweiligen Inhaltsbereichs, also das gesamte Begriffs- und Prozedurwissen. Das Wissen über kognitive Strategien hängt wiederum stark vom deklarativen Wissen im jeweiligen Inhaltsbereich ab. Wissensdefizite in einem Bereich dieses Modells erschweren oder verhindern das selbstregulierte Lernen. Zur motivationalen Regulation zählt Boekaerts dispositionale motivationale Orientierungen (wie z.B. Aspekte des Selbstkonzepts, Kontrollüberzeugungen, motivationale Präferenzen, Prüfungsangst oder subjektive Theorien der Begabung), Merkmale des situationalen Motivationszustands (wie Aufmerksamkeit oder Ausdauer) sowie volitionale Komponenten der Handlungssteuerung, die dazu beitragen, dass eine einmal begonnene Handlung auch zielstrebig durchgehalten und gegen konkurrierende Intentionen abgeschirmt wird.

Erfassung von Aspekten gelingender Kooperation und Kommunikation

Um ein in beruflicher, wirtschaftlicher und privater Hinsicht zufriedenstellendes Leben führen zu können, müssen Heranwachsende nicht nur kognitive, sondern auch soziale Kompetenzen erwerben. Daher werden in PISA Aspekte von Kommunikation und Kooperation einbezogen. Mit diesem Teil der Studie, der im Rahmen der nationalen Ergänzungen durchgeführt wird, ist erstmals innerhalb einer Schulleistungsstudie der Versuch unternommen worden, auch den sozialen Bereich schulischen und außerschulischen Lernens zu untersuchen.

Ähnlich wie die Fähigkeit zum selbstregulierten Lernen, werden Kooperation und Kommunikation im Rahmen von PISA als komplexe Handlungskompetenzen verstanden, die durch verschiedene Fähigkeiten, Fertigkeiten und Einstellungen bestimmt werden. Nach dieser Konzeptualisierung handelt es sich bei Kommunikations- und Kooperationsfähigkeit bzw. sozialer Kompetenz also nicht um singuläre Persönlichkeitsmerkmale, die als solche gemessen werden können, sondern um die Manifestation des Zusammenspiels kognitiver, emotionaler und motivationaler Faktoren. In PISA wurde eine Auswahl dieser Faktoren erhoben und untersucht. Gegenstand der Analyse sind unter anderem die Fähigkeit und Bereitschaft von Schülerinnen und Schülern, Situationen aus der Sicht anderer Personen zu betrachten (Perspektivenübernahme) und Tendenzen, in sozialen Situationen bestimmte Ziele zu verfolgen (z.B. egalitäre oder aggressive Tendenzen).

3.3 Basiskompetenzen und Lebensführung

PISA beansprucht, Basiskompetenzen zu erfassen, die in modernen Gesellschaften für eine befriedigende Lebensführung in persönlicher und wirtschaftlicher Hinsicht sowie für eine aktive Teilnahme am gesellschaftlichen Leben notwendig sind. Die eigentliche Bewährungsprobe hat dieser funktionalistische Ansatz mit der Überprüfung seiner Vorhersagegültigkeit zu bestehen. Lassen sich tatsächlich systematische Zusammenhänge zwischen dem Niveau dieser Basiskompetenzen und Lebensverläufen nachweisen, wenn soziale Herkunft und darüber hinaus auch die Verfügbarkeit formaler Bildungspatente kontrolliert werden? Diese Annahme ist keineswegs unbestritten. So haben Meyer und Scott (1983) eine *Chartering*-Theorie vorgelegt, die besagt, dass Bildungszertifikate und tatsächlich erworbene Kompetenzen weitgehend unabhängig voneinander variieren können und für soziale Platzierungsprozesse primär die symbolische Bedeutung des Bildungspatents und die Reputation der sie verleihenden Institution verantwortlich sind, nicht aber die mit dem Zertifikat versprochenen Kompetenzen, Wertorientierungen und Haltungen (Meyer & Scott, 1983; Scott & Meyer, 1994). Ausgangspunkt der Autoren ist die starke institutionelle Stratifizierung des amerikanischen Hochschulsystems und die damit verbundenen differenziellen Karrierechancen von Absolventen aus Einrichtungen mit unterschiedlicher

Reputation. Die Autoren generalisieren diese Beobachtung dann auf andere Bildungseinrichtungen. Gero Lenhardt hat diesen theoretischen Ansatz für die Analyse des deutschen
Berechtigungssystems adaptiert (Lenhardt, 1984).

In jüngster Zeit ist diese Entkopplungsthese von Peter Zedler in gewisser Weise radi-
kalisiert worden. Zedler schreibt: „Eine strikte Reduktion auf die von TIMSS und PISA gemessenen Kompetenzen" – also: der verständige Umgang mit kontinuierlichen und nicht-
kontinuierlichen Texten unterschiedlichster Art, das Lernen aus Texten, die mathematische Modellbildung in inner- und außermathematischen Kontexten, das Verständnis
naturwissenschaftlichen Argumentierens und Arbeitens und basaler naturwissenschaftlicher Konzepte, epistemologische Überzeugungen über Mathematik und die Naturwissenschaften, Problemlösen bei alltagsnahen Planungsaufgaben, Lernen aus der Explora-
tion komplexer Computersysteme, Selbstregulierung des Lernens und Verfügung über
grundlegende soziale Kompetenzen und Orientierungen –

> „(...) würde vermutlich dazu führen, dass zahlreiche Erziehungselemente durch Outscourcing von anderen Institu-
> tionen übernommen werden müssten. Auch wenn wir wüssten, was nicht der Fall ist, wie entsprechende Kompe-
> tenzen optimal erzeugt werden, ist absolut ungeklärt, was sie nutzen. Weder ist ihre Transferwirkung im Hinblick
> auf berufliche Anforderungen bzw. Anforderungen des Beschäftigungssystems geklärt, noch ihre Rolle, die sie für
> Individuen im Rahmen eines absehbaren gesellschaftlichen Entwicklungskontextes spielen. Ihre curriculare Vali-
> dität wird zwar abgesichert, nicht jedoch ihre bildungstheoretische Validität. (...) Wir unterstellen, dass ein höhe-
> res Kompetenzniveau im Fach Mathematik oder im Lernbereich Lesefähigkeit eine günstigere Voraussetzung im
> Hinblick auf die Anforderungen der Informations- und Wissensgesellschaft sind, und wir vermuten lediglich, dass
> im Durchschnitt bessere Schülerleistungen die Wettbewerbsfähigkeit des nationalen Humankapitalstockes stär-
> ken." (Zedler, 2000, S. 33)

Hier wird nicht nur die Indifferenz der Qualität und des Niveaus schulischer Bildungsprozesse gegenüber einer erfolgreichen und befriedigenden Berufstätigkeit und Lebensführung suggeriert. Selbst eine kulturelle Basisqualifikation wie die Lesekompetenz, die Voraussetzung für jedes selbstständige Weiterlernen in allen sprachabhängigen Domänen ist,
soll mit den Anforderungen einer Wissensgesellschaft wenig zu tun haben.

Es mag dahingestellt bleiben, ob ein bildungstheoretischer Segen der allgemeinen Didaktik oder allgemeinen Pädagogik die prognostische Validität von schulisch erworbenen
Kompetenzen erhöht. Entscheidend ist an dieser Stelle festzuhalten, dass Zedlers Argumentation auf einem Bildungsverständnis beruht, in dem schulisches Wissen in seinem
Kern – um mit Mittelstraß (1989, 2000) zu sprechen – als „Verfügungswissen", also ein
Wissen um Ursachen, Wirkungen und Mittel, begriffen wird, das unmittelbare instrumentelle Bedeutung für die Bewältigung von Berufs- und Lebensanforderungen hat. Schulisches Wissen wird gleichsam auf Vorrat erworben und auf neue Anwendungssituationen
transferiert – eine Vorstellung, die empirisch wohl nur scheitern kann (Weinert, 1998a).
Wir möchten dagegenhalten, dass eine Konzeption schulischer Bildungsprozesse als einer
selbsttätigen, in der Regel sozial vermittelten, aber immer auch idiosynkratischen Aneignung eines für Weiterlernen anschlussfähigen Orientierungswissens das normativ und
empirisch angemessenere Modell darstellt. Schulisch erworbenes Wissen bewährt sich
nicht, indem es auf spätere Berufs- und Lebenssituationen angewendet wird, sondern
dann, wenn es die Chancen verbessert, neue Anforderungen situationsadäquat unter Berücksichtigung von Werten, Zwecken und Zielen zu interpretieren, und das zur Bewältigung der Anforderungen notwendige Um- und Neulernen erleichtert.

Selbstverständlich ist nicht zu bestreiten, allemal nicht angesichts des deutschen Berechtigungssystems, dass Bildungspatente im Vergleich zur tatsächlichen Qualifikation

einer Person überschießende symbolische Bedeutung haben. Bildungszertifikate sind generalisierte Kompetenzversprechen, die gegenüber Abweichungen im Einzelfall relativ enttäuschungsfest sind. Solange dies der Fall ist, wirken sie handlungsentlastend, da sie die Einzelfallprüfung ersetzen oder zumindest erleichtern. Die Kehrseite ist Ungerechtigkeit im Einzelfall. Bei gleicher Kompetenz liegt der Vorteil beim Besitzer des besseren Bildungspatents. Wir wissen mittlerweile aus mehreren Untersuchungen, wie groß die Überlappungen der Leistungsverteilungen der unterschiedlichen Bildungsgänge sind, um daraus ein starkes Argument für das Offenhalten von Bildungswegen ableiten zu können (Baumert, 1997). In den Kapiteln 2, 3 und 4 wird dies noch einmal untermauert werden. Gleichzeitig gilt aber auch, dass die symbolische Bedeutung eines Bildungszertifikats und die damit in Aussicht gestellte Qualifikation nicht unabhängig voneinander sind. Der Tauschwert eines Zertifikats hängt letztlich von der Glaubwürdigkeit des Kompetenzversprechens ab. Auch hier sind die Befunde klar. Die Unterschiede zwischen den mittleren Kompetenzniveaus der Bildungsgänge sind in allen Leistungsbereichen groß bis sehr groß. Diese Unterschiede scheinen auch über die Lebensspanne weitgehend stabil zu bleiben. Jedenfalls zeigt der *International Adult Literacy Survey* (IALS) der OECD (2000), dass in der Bevölkerung unterschiedlichen Alters Lesekompetenz und mathematische Fähigkeiten in ausgeprägter Weise mit dem erworbenen Bildungsniveau zusammenhängen.

Die entscheidende Prüfung der begrenzten Gültigkeit der Entkopplungsthese ist jedoch der Nachweis, dass schulisch erworbene Kompetenzen auch bei Kontrolle des Bildungsabschlusses in systematischem Zusammenhang mit beruflichen Platzierungsprozessen und Merkmalen erfolgreicher Lebensführung stehen. Auch wenn die Forschungslage keineswegs befriedigend ist, reichen die Befunde aus, um radikalen Entkopplungsthesen eine Absage zu erteilen. Baumert, Köller und Schnabel (in Vorbereitung) können in einer prospektiven Längsschnittstudie (BIJU) zeigen, dass die durch Schulnoten und Leistungstests erfassten sprachlichen und mathematischen Kompetenzen auch bei Kontrolle von Bildungsabschluss, sozialer Herkunft und Geschlecht einen substanziellen Beitrag zur Vorhersage der sozialen Position des tatsächlich erreichten Ausbildungsberufs leisten. Büchel und Pollmann-Schult (2001) berichten, dass Schulnoten im Fall vergleichbarer mittlerer Bildungsabschlüsse ein protektiver Faktor gegen inadäquate Beschäftigung sind. Ergebnisse des *International Adult Literacy Survey* wiederum belegen, dass mit steigender Lesekompetenz die Wahrscheinlichkeit, einen Beruf mit höheren Qualifikationsanforderungen auszuüben, zunimmt, und zwar auch dann, wenn gleichzeitig der Beschäftigungssektor, der Bildungsabschluss, der Besuch von Fortbildungsveranstaltungen und das Geschlecht des Beschäftigten kontrolliert werden. In derselben Studie erweist sich Literalität auch als Schutzfaktor gegen Arbeitslosigkeit, wiederum unter Kontrolle von Bildungsabschluss, Geschlecht und Alter (OECD, 2000, S. 64 ff.). Schließlich konnten Köller, Baumert und Schnabel (1999) zeigen, dass bei der Öffnung von parallelen Bildungswegen zur Hochschulreife für eine eher gymnasialferne Klientel Probleme bei der Sicherung von Mindeststandards und der Aufrechterhaltung vergleichbarer Maßstäbe der Beurteilung auftreten können. Wie die Autoren berichten, konnte anhand einer Reanalyse der Zulassungstests zum Medizinstudium belegt werden, dass bei der Senkung von Standards Schulnoten deutlich geringere prognostische Validität zur Vorhersage von Prüfungsergebnissen im Studium hatten, während die Zulassungstests für beide Absolventengruppen gleiche Vorhersagegültigkeit zeigten.

Weitaus leichter ist es, Evidenzen herbeizuschaffen, die gegen Zedlers Variante der Entkopplungstheorie sprechen, wenn man Bereiche berücksichtigt, in denen soziale Platzierungsprozesse keine Rolle spielen. Kulturelles Engagement und kulturelle Entfaltung, Wertorientierungen und politische Partizipation kovariieren über die gesamte Lebensspanne systematisch mit dem erreichten Bildungsniveau (Baumert, 1991; Braun & Müller, 1997, Inglehart, 1977; Kaase & Marsh, 1979; Maag, 1991; Uehlinger, 1988; vgl. die Zusammenstellung bei Müller, 1998). Das Spektrum der Bereiche lässt sich leicht erweitern. In der Gesundheits- und Altersforschung werden stabile systematische Zusammenhänge zwischen Bildungsniveau, Lebensplanung, sozialen Kontakten, Gesundheit, Bewältigung von Lebenskrisen und Lebenserwartung nachgewiesen (Argyle, 1999; Baltes & Mayer, 1999; Meeks & Murrell, 2001; Mookherjee, 1992; Pinquart & Sørensen, 2000; Reynolds & Ross, 1998; Ross & Vanwilligen, 1997). Dies sind keine Zusammenhänge, die auf instrumentelles Wissen in einzelnen schulischen Fächern zurückzuführen wären, sondern auf ein in der Schule grundgelegtes und über den Lebensverlauf kumuliertes Orientierungswissen, das sich als Können oder Lebensform manifestiert. Vor dem Hintergrund dieser Befunde ist man gut beraten, schulisch erworbene Kompetenzen und insbesondere die in PISA erfassten Basisqualifikationen als protektive Faktoren und aktive Ressourcen der Berufs- und Lebensgestaltung aufzufassen.

3.4 Kompetenzerwerb in der Schule: Ein allgemeines Erklärungsmodell

Im Zentrum aller international vergleichenden Schulleistungsstudien stehen die Beschreibung und Analyse schulisch erworbener Kompetenzen. Dies gilt insbesondere für PISA, da hier zum ersten Mal die theoretischen Grundlagen der Testkonstruktion in einer Rahmenkonzeption ausformuliert vorgelegt und zur Erfassung der Lesekompetenz ein ungewöhnlich breites Spektrum auch offener Aufgaben entwickelt wurden. Damit sind sehr gute Voraussetzungen für Profilanalysen gegeben, über die in den Kapiteln 2, 3 und 4 berichtet werden wird. Darüber hinaus wurden in PISA aber auch – breiter und auf einer solideren Basis, als dies bisher in internationalen Vergleichen möglich war – familiäre und institutionelle Kontextbedingungen, individuelle Lernvoraussetzungen und Indikatoren für individuelle Verarbeitungsprozesse erhoben. Die Auswahl der erfassten Merkmale wurde auf der Grundlage eines allgemeinen theoretischen Rahmenmodells zur Erklärung schulischer Leistungen getroffen. Dieses Rahmenmodell ist in Abbildung 1.3 wiedergegeben. Es resümiert und systematisiert den einschlägigen Forschungsstand, den Helmke und Weinert (1997) präzise zusammengefasst haben. Das Erhebungsprogramm von PISA deckt beispielhaft den Bereich der sozialen und kulturellen Herkunft ab. Hier ist es in PISA gelungen, den neuesten Stand der Sozialforschung zu erreichen. Ferner wird durch die internationale Option, Komponenten selbstregulierten Lernens zu untersuchen, nicht nur das Spektrum der erfassten individuellen Lernvoraussetzungen – vor allem durch motivationale Merkmale – erweitert, sondern es wird damit auch zum ersten Mal in *Large-Scale Assessment* Studien der Schritt zur Erfassung individueller Verarbeitungsprozesse getan. Größere Aufmerksamkeit erhalten weiterhin die institutionellen Rahmenbedingungen der Schule sowie die Sozialisationskontexte der Altersgruppe und Medienumwelt. Merkmale des elterlichen Erziehungs- und Unterstützungsverhaltens werden in PISA berücksichtigt,

Abbildung 1.3: Bedingungen schulischer Leistungen – Allgemeines Rahmenmodell

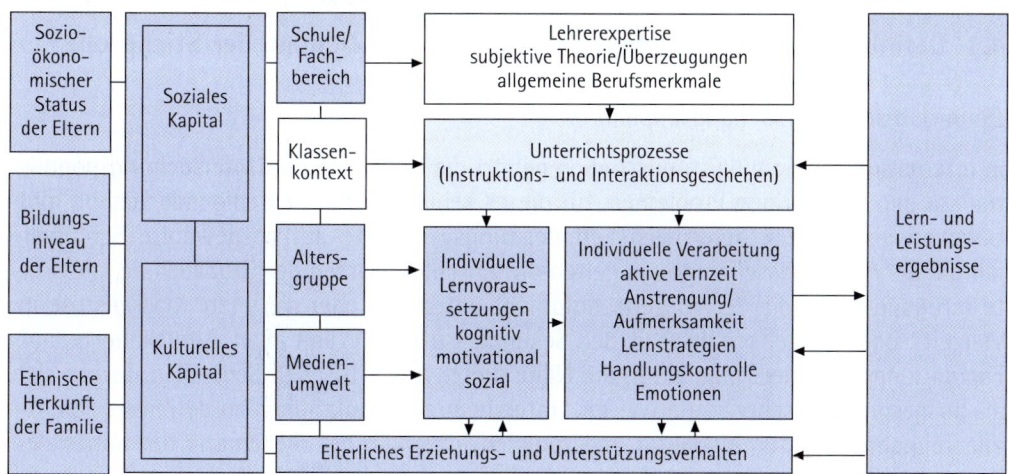

Nach Haertel, Walberg und Weinstein (1983), Wang, Haertel und Walberg (1993) und Helmke und Weinert (1997).

stehen jedoch nicht im Zentrum. Aufgrund der altersbasierten Stichprobe, die keine ganzen Klassen enthält, sind Klassenkontexte sowie das Wissen und Handeln von Lehrerinnen und Lehrern kein expliziter Untersuchungsgegenstand. Zentrale Qualitätsmerkmale von Unterrichtsprozessen wurden zwar fachspezifisch aus Schülersicht erfasst; sie sind jedoch aufgrund der Anlage der Untersuchung nicht auf Klassenebene aggregierbar. In Abbildung 1.3 sind die zentralen Untersuchungskomponenten von PISA blau unterlegt.

Insgesamt deckt das Erhebungsprogramm von PISA zentrale Teile eines allgemeinen Erklärungsmodells schulischer Leistungen gut ab. Damit eröffnet PISA die Möglichkeit, theoretisch gehaltvolle Modelle quantitativ zu schätzen. In den nachfolgenden Kapiteln wird gezeigt werden, dass diese Modelle nicht nur das Verständnis schulischer Wissenserwerbsprozesse verbessern, sondern auch gezielte Hinweise auf Interventions- und Verbesserungsmöglichkeiten geben. Trotz der theoriegeleiteten Programmentwicklung muss auch immer wieder auf die Grenzen der Aussagefähigkeit von PISA hingewiesen werden, wenn es um kausale Schlussfolgerungen geht. Aufgrund der querschnittlichen Anlage von PISA sind belastbare kausale Aussagen in der Regel nicht möglich. PISA ist aber ein hervorragendes exploratives Instrument, das sehr wohl geeignet ist, unsere Wissensbasis in dem komplexen Anwendungsfeld von Schule, Unterricht und Lernen erheblich zu erweitern und damit die Voraussetzung rationaler Diskurse zu verbessern.

4. Technische Grundlagen

4.1 Definition der Untersuchungspopulation und Ziehung der Stichprobe

Definition der Untersuchungspopulation

In internationalen Schulleistungsstudien gehört die Definition der Untersuchungspopulation zu den schwierigen Problemen, für die es keine generell befriedigende Lösung gibt. Üblicherweise konzentrieren sich Schulleistungsvergleiche auf ausgewählte Schlüsseljahrgänge. Als Schlüsseljahrgänge gelten die Abschlussklassen der Grundschule, die letzte Jahrgangsstufe, die der Vollzeitschulpflicht unterliegt, oder die letzte Klassenstufe im Vollzeit- oder Teilzeitschulwesen der Sekundarstufe II. Wählt man Alterskohorten als Populationen, platziert man sie in die Nähe dieser drei kritischen Schwellen. Es hat sich als ausgesprochen schwierig erwiesen, Untersuchungspopulationen zu definieren, die für alle Teilnehmerstaaten eindeutig und zugleich innerhalb des Systematik der nationalen Bildungssysteme sinnvoll sind. Es ist kein Zufall, dass die IEA in ihren Schulleistungsuntersuchungen mit mehreren Populationsdefinitionen experimentiert hat.

Je nach theoretischer Perspektive kann man Populationen für Schulleistungsuntersuchungen nach dem Lebensalter zu einem bestimmten Stichtag, oder nach dem Schulalter, definiert über die Zugehörigkeit zur Jahrgangsstufe zum Testzeitpunkt, festlegen. Entsprechend der leitenden Fragestellung, der untersuchten Wissensdomäne und der Abhängigkeit des Wissenserwerbs von schulischen Lerngelegenheiten wird man eher an einer Lebensalter- oder an einer Schulalterdefinition interessiert sein. Im Falle der Untersuchung des Leseverständnisses kann man bei Jugendlichen – weniger bei Grundschülern – einer Festlegung der Population über das Lebensalter den Vorzug geben, da Leseerfahrungen in dieser Altersgruppe möglicherweise stärker vom Lebensalter als von der besuchten Klassenstufe abhängen. Bei der Erhebung mathematischer Kompetenzen wird eine Populationsdefinition nach Schulalter näher liegen, da der Erwerb von mathematischem Wissen in hohem Maße von den schulischen Lerngelegenheiten abhängig ist. Ist man an Informationen auf der Ebene von Schulklassen interessiert, um Lernentwicklungen zu erklären, kommt nur eine Definition nach Schulalter infrage, die eine Stichprobenziehung von ganzen Klassen erlaubt.

Bei einer Definition der Untersuchungspopulation über das Lebensalter wird die Stichprobe in der Regel Schülerinnen und Schüler unterschiedlicher Klassenstufen enthalten. Die zu berücksichtigenden Klassenstufen unterscheiden sich international in Abhängigkeit von Einschulungs- und Klassenwiederholungsregelungen erheblich. Bei der Festlegung einer Untersuchungspopulation über das Schulalter hat man wiederum damit zu rechnen, dass das Lebensalter von Schülern einer Jahrgangsstufe von Land zu Land beträchtlich variiert. Eine optimale Kombination beider Definitionskriterien ist in internationalen Vergleichsstudien bislang nicht realisiert worden.

Im Rahmen von PISA ist in Übereinstimmung mit dem der Untersuchung zu Grunde liegenden *Literacy*-Konzept eine Entscheidung für die lebensalterbasierte Populationsdefinition gefallen. In PISA wurden Schülerinnen und Schüler untersucht, die zum Beginn des Testzeitraums zwischen 15 Jahren/drei Monaten und 16 Jahren/zwei Monaten alt waren – unabhängig von der besuchten Jahrgangsstufe oder Art der Bildungseinrichtung.

Unter der Voraussetzung, dass die Alterskohorte der 15-Jährigen in allen teilnehmenden Ländern vollständig oder fast vollständig noch eine Schule besucht, erlaubt PISA mit dieser Definition der Zielpopulation Aussagen über die Kompetenz einer eindeutig bestimmten Altersgruppe, die aber von Land zu Land ganz unterschiedliche Bildungserfahrungen innerhalb und außerhalb der Schule gemacht haben kann. Abhängig vom Einschulungsalter und den Versetzungsregularien in den einzelnen an PISA teilnehmenden Ländern können sich die Jugendlichen über unterschiedliche Jahrgangsstufen, ja sogar Schulstufen verteilen. Der Vorzug dieses Ansatzes liegt in der zuverlässigen Erfassung des kumulativen Bildungsertrags innerhalb einer definierten Lebensspanne. Als Kosten muss man in Kauf nehmen, dass die Möglichkeiten, gefundene Unterschiede auf institutionelle Bedingungen zurückzuführen, eingeschränkt sind. Erhebliche Probleme der Vergleichbarkeit ergeben sich insbesondere dann, wenn die Zielpopulation, die durch die altersgleiche Schulbevölkerung definiert ist, nicht weitgehend mit der Alterskohorte insgesamt zusammenfällt.

Alle teilnehmenden Länder waren gehalten, in ihren nationalen Untersuchungen die PISA-Zielpopulation möglichst weitgehend auszuschöpfen. Insbesondere war es nicht zulässig, Personen, die Einrichtungen im Sonderschulbereich besuchten, von vornherein aus der Untersuchungspopulation auszuschließen. Als Ergebnis erreichte PISA in allen Ländern einen Ausschöpfungsgrad der Population, der in anderen internationalen Untersuchungen bislang nicht verwirklicht werden konnte. Ausschlüsse aus der Zielpopulation waren in begrenztem Umfang aus ethischen Gründen oder Gründen der technischen Durchführbarkeit der Untersuchung dennoch möglich. Sie konnten auf der Ebene von Schulen und innerhalb von Schulen vorgenommen werden. Um die Grundlage eines fairen Vergleichs zwischen den teilnehmenden Ländern nicht zu gefährden, durften die Ausschlüsse 5 Prozent der PISA-Zielpopulation des jeweiligen Landes nicht überschreiten. Schülerinnen und Schüler innerhalb von Schulen wurden aus der Zielpopulation herausgenommen, wenn sie (a) aus geistigen, emotionalen oder körperlichen Gründen nicht in der Lage waren, selbstständig an den Testsitzungen teilzunehmen oder (b) die Testsprache nicht ihre Muttersprache war und sie weniger als ein Jahr in der Testsprache unterrichtet worden waren. Ein Ausschluss von Schülern aufgrund üblicher Disziplin- und Motivationsprobleme war unzulässig. Der Anteil der innerhalb von Schulen ausgeschlossenen 15-Jährigen durfte 2,5 Prozent der Zielpopulation nicht überschreiten. Auf der Schulebene konnten Ausschlüsse vorgenommen werden, wenn Schulen geographisch sehr schwer erreichbar waren oder die Durchführung der Untersuchungen administrativ nicht realisierbar erschien. Ferner konnten Schulen unberücksichtigt bleiben, die nur von Schülerinnen und Schülern besucht wurden, auf die innerschulische Ausschlusskriterien zutrafen. Der mit den Schulen ausgeschlossene Anteil von 15-Jährigen durfte wiederum 2,5 Prozent der Zielpopulation nicht überschreiten.

In Deutschland wurden Schulen für geistig, körperlich und mehrfach Behinderte sowie Kranke ausgeschlossen. Nicht ausgeschlossen wurden Schulen für Lernbehinderte oder Verhaltensauffällige. Aus administrativen Gründen blieben ebenfalls Waldorfschulen unberücksichtigt. Innerhalb von Schulen wurden im Wesentlichen Jugendliche ausgeschlossen, die in jüngerer Zeit zugewandert waren und über unzureichende Deutschkenntnisse verfügten. Insgesamt betrug der Anteil ausgeschlossener 15-Jähriger 2 Prozent der PISA-Zielpopulation. Mit einem Ausschöpfungsgrad von 98 Prozent unterscheidet sich die nationale PISA-Untersuchung von allen bisher in Deutschland durchgeführten internationa-

Tabelle 1.1: PISA-Zielpopulation und Ausschöpfungsgrad in Deutschland

Population der 15-Jährigen[1]	15-Jährige in schulischer Ausbildung[2]	Ausschlüsse auf Schulebene		Ausschlüsse innerhalb von Schulen[3]		Erreichte Population	
		absolut	in Prozent der Ziel-population	absolut	in Prozent der Ziel-population	absolut	in Prozent der Ziel-population
927.473	924.549	5.423	0,59	9.163	1,10	909.903	98

PISA-Zielpopulation

[1] Geburtsjahrgang 1984; Quelle: Statistisches Bundesamt, Fachserie 11, Reihe 1, Allgemeinbildende Schulen, Schuljahr 1997/98.

[2] Quelle: Statistisches Bundesamt, Fachserie 11, Reihe 1, Allgemeinbildende Schulen, Schuljahr 1997/98; Statistisches Bundesamt, Fachserie 11, Reihe 2, Berufsbildende Schulen, Schuljahr 1997/98.

[3] Aus der gewichteten Stichprobe geschätzt.

len Vergleichsstudien der Sekundarstufe I, in denen in der Regel nur ein Ausschöpfungsgrad von 90 Prozent einer – oft auch regional begrenzten – Zielpopulation erreicht werden konnte. Tabelle 1.1 stellt die PISA-Zielpopulation in Deutschland und den erreichten Ausschöpfungsgrad in einer Übersicht zusammen.

Prüft man den in den einzelnen PISA-Teilnehmerstaaten erreichten Ausschöpfungsgrad der Zielpopulation, so konnten die meisten Länder die vorgegebenen Grenzwerte einhalten. In den wenigen Fällen, in denen Abweichungen auftraten, ergaben Nachprüfungen, dass für die erhöhten Ausschlussraten technische Gründe verantwortlich waren, die keine Verschiebung der Vergleichsbasis erwarten ließen. Eine Ausnahme ist Polen, wo der geringe Ausschöpfungsgrad der Zielpopulation zu einer leichten Überschätzung der Leistungswerte führen kann. Gravierender als geringfügig unterschrittene Ausschöpfungsquoten sind Differenzen zwischen der Besetzung der einschlägigen Geburtskohorte und der Größe der entsprechenden Schulbevölkerung. In fast allen Ländern ist ein geringer Teil der 15-Jährigen nicht mehr in schulischen Einrichtungen anzutreffen. Nimmt dieser Anteil einen nennenswerten Umfang an, handelt es sich fast immer um leistungsschwächere Frühabgänger aus unteren Sozialschichten. Der Anteil dieser Frühabgänger ist in einigen Ländern, die an PISA teilnahmen, erheblich. Dies ist in Brasilien und Mexiko offensichtlich. In beiden Ländern werden rund 50 Prozent der 15-Jährigen nicht mehr beschult. Aber auch in einigen anderen Ländern beträgt die Differenz zwischen Geburtskohorte und altersgleicher Schulbevölkerung mehr als 5 Prozent. Zu diesen Ländern gehören Liechtenstein (21 %), Korea (15 %), Lettland (10 %), Australien (7 %) und Österreich (5 %). In diesen Fällen ist ebenfalls mit einer gewissen Überschätzung der Leistungswerte zu rechnen.

Ziehung der Stichprobe

Die Ziehung der Stichprobe erfolgte in Deutschland aufgrund eines auch im internationalen Vergleich ungewöhnlich komplizierten Stichprobenplans. Dieser Stichprobenplan war notwendig, um trotz der Gliederung des deutschen Schulsystems mit einer vertretbaren Stichprobengröße zu hinreichender Messgenauigkeit zu gelangen. Der Stichprobenplan und die Stichprobenziehung sind im Anhang ausführlich erläutert. An dieser Stelle soll nur eine knappe Zusammenfassung gegeben werden. In Deutschland wurde eine mehrfach – teils proportional, teils disproportional – stratifizierte Wahrscheinlichkeitsstichprobe von Schulen unabhängig von ihrer Trägerschaft gezogen, in denen 15-jährige Jugendliche als Schülerinnen und Schüler eingeschrieben waren. Die Ziehungswahrscheinlichkeit einer Schule war proportional zu ihrer Größe (*Probability Proportion to Size Sampling* [PPS]). Die durch die Stichprobenziehung entstehenden Verzerrungen wurden durch anschließende Gewichtung wieder ausgeglichen.

Auf der ersten Stufe wurden 220 Schulen nach dem festgelegten Stichprobenplan ausgewählt. Auf der zweiten Stufe wurden innerhalb der ausgewählten Schulen Zufallsstichproben von 15-Jährigen gezogen. In beruflichen Schulen wurden alle 15-Jährigen berücksichtigt; in Integrierten Gesamtschulen betrug die Stichprobengröße 35 und in allen übrigen Schulen 28. Um neben den 15-Jährigen auch eine Jahrgangsstufenstichprobe zu erhalten, wurden anschließend aus den nicht 15-Jährigen Neuntklässlern zehn weitere Schülerinnen und Schüler gezogen. Diese erweiterte Stichprobe wird ausschließlich in nationalen Analysen berücksichtigt.

Die Qualität einer Stichprobe und damit auch ihrer Aussagekraft für die Grundgesamtheit hängt maßgeblich vom Ausschöpfungsgrad der realisieren Stichprobe ab. Unter dem Ausschöpfungsgrad einer Stichprobe versteht man das Ausmaß, mit dem Personen der geplanten Stichprobe bei der Untersuchung auch tatsächlich erreicht werden. Der Ausschöpfungsgrad der PISA-Stichprobe etwa würde gemindert, wenn Schulen, die in die Stichprobe aufgenommen worden sind, insgesamt die Teilnahme verweigerten, oder sich innerhalb der Schulen nennenswerte Ausfälle durch die Teilnahmeverweigerung von Schülern und Eltern ergäben. Wenn diese Ausfälle systematisch mit dem Untersuchungskriterium – also mit den in PISA gemessenen Kompetenzen – zusammenhängen, könnten sie die Aussagekraft der Untersuchung erheblich einschränken. Um die Untersuchungsqualität von PISA zu sichern, wurden deshalb international Mindestraten für die Beteiligung von Schulen und Schülerinnen und Schülern vereinbart. Für die Schulstichprobe wurde eine Ausschöpfungsquote von 85 Prozent festgelegt. Wenn die anfängliche Teilnahmebereitschaft der gezogenen Schulen zwischen 65 und 85 Prozent lag, konnten Ersatzschulen gezogen werden. Auf Schülerebene verlangten die internationalen PISA-Vorgaben eine Ausschöpfungsquote von 80 Prozent über alle Schulen hinweg.

In Deutschland beteiligten sich alle 220 in die Stichprobe aufgenommenen Schulen. Eine Schule wurde nachträglich aus der Stichprobe ausgeschlossen, da die Beteiligungsquote der Schülerinnen und Schüler 50 Prozent nicht erreichte. Damit beträgt die Ausschöpfungsquote auf Schulebene in Deutschland 95 Prozent. Auf Schülerebene wurde eine durchschnittliche Teilnahmequote von 86 Prozent erreicht. Damit genügt die in Deutschland realisierte Stichprobe allen internationalen Qualitätsanforderungen. Auch in allen anderen Staaten wurden die vorgegebenen Standards weitgehend eingehalten. Eine Ausnahme sind nur die Niederlande. Hier beträgt die Ausschöpfungsquote auf Schulebene nur 27 Prozent. Damit sind Rückschlüsse auf die PISA-Zielpopulation nicht mit hinreichender Sicherheit möglich. Infolgedessen bleiben die Niederlande bei Mittelwertvergleichen unberücksichtigt.

Die Tabellen 1.2 und 1.3 geben Auskunft über die Ausschöpfungsquote der Stichprobe der 15-Jährigen in Deutschland und die Verteilung der realisierten Stichprobe auf die einzelnen Schulformen. Alle Angaben sind ungewichtet. Die Verzerrungen der realisierten

Tabelle 1.2:   Untersuchungsbeteiligung von 15-jährigen Schülerinnen und Schülern nach Schulform in Prozent der Sollzahlen (Ausschöpfungsgrad der Stichprobe in Deutschland)

Sonderschule	Hauptschule	Realschule	Gymnasium	Schule mit mehreren Bildungsgängen	Integrierte Gesamtschule	Berufliche Schulen
66,2	84,3	88,3	92,1	87,0	76,3	44,0

Tabelle 1.3:   15-Jährige der realisierten Stichprobe nach Jahrgangsstufe und Schulform (ungewichtet)

Jahrgangsstufe	Sonderschule	Hauptschule	Realschule	Gymnasium	Schule mit mehreren Bildungsgängen	Integrierte Gesamtschule	Berufliche Schulen	Insgesamt
unter 8	–	36	10	5	11	2	–	64
8	23	252	189	96	57	58	–	675
9	20	646	847	1.120	278	297	–	3.208
10	4	48	217	509	94	125	126	1.123
über 10	–	–	–	3	–	–	–	3
Insgesamt	47	982	1.263	1.733	440	482	126	5.073

Stichprobe, die durch die disproportionale Stratifizierung und die schulformspezifischen Beteiligungsraten entstanden sind, wurden durch Gewichtung ausgeglichen. Das Gewichtungsverfahren ist im technischen Anhang beschrieben.

4.2 Testentwicklung

Die Entwicklung der PISA-Tests orientierte sich an Rahmenkonzeptionen, die von internationalen und nationalen Expertengruppen erarbeitet wurden (OECD, 1999). In den Rahmenkonzeptionen werden die bildungstheoretischen Grundlagen von PISA geklärt und domänenspezifisch konkretisiert. Gleichzeitig werden die zu erfassenden Kompetenzbereiche definiert und im Hinblick auf ihre Dimensionen und Facetten abgesteckt. Die theoretischen Grundlagen der jeweiligen Bereiche werden in den Kapiteln 2, 3 und 4 dieses Bandes jeweils ausführlich dargestellt und kommentiert. Im Folgenden soll beschrieben werden, wie – ausgehend von den Rahmenkonzeptionen – der Prozess der Aufgabenentwicklung für die internationalen und nationalen Tests verlief.

Internationale Tests

Die für die Entwicklung und Auswahl von Aufgaben des internationalen Tests maßgeblichen Rahmenkonzeptionen wurden von Expertengruppen, denen international renom-

Abbildung 1.4:   Ablauf der Entwicklung der PISA-Tests

I.   Definition der allgemeinen bildungstheoretischen Grundlage der Untersuchung durch die Teilnehmerstaaten

II. Entwicklung von Rahmenkonzeptionen für die Erhebungsbereiche

III. Entwicklung von Testaufgaben auf der Basis der Rahmenkonzeptionen

   1. Systematische Sammlung und Dokumentation von Stimulusmaterial (Texte, Tabellen, Problemstellungen u.Ä.) und Aufgaben: Vorschläge aus Teilnehmerstaaten, vom internationalen Konsortium entwickeltes Material sowie Material aus früheren Studien
   2. Erste Vorauswahl durch das internationale Konsortium
   3. Begutachtung des Materials durch nationale Experten in den Teilnehmerstaaten
   4. Endgültige Auswahl für den Feldtest
   5. Übersetzung des Materials in die Testsprachen
   6. Feldtest Frühjahr 1999: Erprobung der Aufgaben in allen Teilnehmerstaaten
   7. Zweite Vorauswahl durch das internationale Konsortium aufgrund der Ergebnisse des Feldtests
   8. Begutachtung des Materials durch nationale Experten in den Teilnehmerstaaten
   9. Begutachtung des Materials durch ein *Cultural Review Panel*
  10. Endgültige Auswahl für den Haupttest
  11. Haupttest Frühjahr 2000

mierte Fachdidaktiker und Fachwissenschaftler angehörten, erstellt. Die Mitglieder der Expertengruppen (siehe Abschnitt 6) wurden vom internationalen Konsortium vorgeschlagen und durch die Vertreterinnen und Vertreter der Regierungen der Teilnehmerstaaten im *Board of Participating Countries* (BPC) bestätigt. Das BPC begleitete auch den Prozess der Entwicklung der Rahmenkonzeptionen und der Testinstrumente. Alle grundlegenden konzeptuellen Entscheidungen wurden in diesem Gremium der teilnehmenden Staaten gemeinsam und einvernehmlich getroffen.

In Abbildung 1.4 ist der Ablauf der Entwicklung der internationalen PISA-Tests in Stichworten zusammengefasst und Abbildung 1.5 enthält eine Auflistung der wichtigsten Kriterien, an denen sich die Auswahl der Aufgaben orientierte. Vorrangiges Ziel der Testentwicklung war es, die in den Rahmenkonzeptionen definierten Dimensionen und Facetten der Kompetenzbereiche angemessen abzudecken.

Nachdem die Rahmenkonzeptionen für die Kompetenzbereiche entwickelt worden waren, wurden die Teilnehmerstaaten aufgefordert, Ideen, Material und Aufgaben für die Tests zu entwickeln oder vorzuschlagen. Weitere Items wurden von professionellen Aufgabenentwicklern des internationalen PISA-Konsortiums entworfen oder aus anderen internationalen Studien, wie zum Beispiel dem *International Adult Literacy Survey* (IALS), übernommen. Aus diesem Item-Pool wurden unter anderem anhand von Rückmeldungen durch die Teilnehmerstaaten Vorauswahlen getroffen. Beurteilungskriterien waren unter anderem:
- die fachliche Qualität einer Aufgabe,
- die Eignung des Materials für 15-Jährige,
- die Vertrautheit der Schülerinnen und Schüler eines jeweiligen Landes mit der spezifischen Einbettung und Präsentation des Stoffs,
- adäquate Übersetzbarkeit der Vorlage oder der Aufgabe.

In Deutschland wurden diese Einschätzungen durch die Mitglieder der nationalen Expertengruppen vorgenommen.

Abbildung 1.5:   Kriterien für die Auswahl von PISA-Aufgaben

Passung mit der Rahmenkonzeption:

– Entspricht die Aufgabe der Definition der zu erfassenden Kompetenz?
– Kann die Aufgabe den Dimensionen und Facetten des Kompetenzbereichs zugeordnet werden?
– Werden die Dimensionen und Facetten des Kompetenzbereichs durch die Aufgaben angemessen abgedeckt?

Statistische Kriterien:

– Ist die Schwierigkeit der Aufgabe angemessen?
– Decken die Aufgaben das Leistungsspektrum in angemessener Weise ab?
– Ist die Aufgabe im Sinne des Rasch-Modells skalierbar (vgl. Abschnitt 4.4)?
– Kommen unabhängige Codierer bei der Bewertung von Schülerantworten auf offene Fragen zu vergleichbaren Ergebnissen?
– Sind die relativen Schwierigkeiten der Items in den Teilnehmerstaaten vergleichbar (Prüfung auf Item × *Country Interaction* zur Sicherung transkultureller Äquivalenz)?
– Sind die relativen Schwierigkeiten der Items für Jungen und Mädchen sowie für Gruppen mit unterschiedlichem sozioökonomischem Hintergrund vergleichbar (Prüfung auf Item × *Gender* (SES) *Interaction* zur Sicherung der Testfairness)?
– Werden falsche Alternativen (Distraktoren) in Mehrfachwahl-Aufgaben von leistungsstärkeren Schülerinnen und Schülern seltener gewählt als von leistungsschwächeren Jugendlichen (negative Korrelation zwischen der Auswahl eines Distraktors und der Gesamtleistung im Test)?

Aufgabenformat:

– Enthält der Test den angestrebten relativen Anteil von offenen und geschlossenen Antwortformaten?

Qualitative Kriterien:

– Bilden der Stimulus (Text, Tabelle o.Ä.) und die dazugehörenden Aufgaben eine in sich geschlossene, sinnvolle Einheit?
– Sind die Aufgaben kulturell und im Hinblick auf ihren Bezug zu den Curricula der Teilnehmerstaaten international vergleichbar?
– Decken die Aufgaben ein breites, ausgewogenes Spektrum von Themen ab?

Der für den Feldtest ausgewählte Aufgabensatz, der mehr als doppelt so viele Aufgaben umfasste als letztlich benötigt wurden, wurde in allen PISA-Teilnehmerstaaten im Frühjahr 1999 an Stichproben erprobt. In Deutschland umfasste die Feldteststichprobe 151 Schulen. Die Feldtestdaten wurden anschließend umfassenden Analysen unterzogen, um festzustellen, welche Aufgaben den empirischen Kriterien, die an internationale Schulleistungsuntersuchungen anzulegen sind, entsprechen. Ein zentrales Kriterium ist dabei, dass die Schwierigkeit der Aufgaben hinreichend breit streut, sodass das gesamte Leistungsspektrum der in die Studie einbezogenen Schülerinnen und Schüler abgedeckt wird. Darüber hinaus ist zu gewährleisten, dass die Aufgaben nach dem in der Studie verwendeten Rasch-Modell skalierbar sind (vgl. Abschnitt 4.4), und dass unabhängige Codierer bei der Bewertung der Antworten von Schülerinnen und Schülern auf offene Fragen zu vergleichbaren Ergebnissen kommen (siehe unten).

Die transkulturelle Äquivalenz der Aufgaben wurde durch Testung der *Item × Country Interactions* im Rahmen des verwendeten testtheoretischen Modells, das in Anhang A ausführlicher vorgestellt wird, überprüft. Eine derartige Wechselwirkung, die als differenzielle Itemfunktion (DIF) bezeichnet wird, liegt vor, wenn Testaufgaben für Personengruppen gleicher Fähigkeit, aber unterschiedlicher Länderherkunft unterschiedliche Lösungswahrscheinlichkeiten besitzen (Camilli & Shepard, 1994). Derartige differenzielle Itemfunktionen können eine mangelnde transkulturelle Äquivalenz der jeweiligen Aufgabe anzeigen. Meistens sind die Mängel jedoch auf Übersetzungsprobleme oder curriculare

Besonderheiten eines Landes zurückzuführen (van de Vijver & Hambleton, 1996). Aufgaben mit erheblichen DIF-Werten wurden nicht in die Hauptuntersuchung übernommen.

Nachdem anhand der empirischen Befunde der Feldtestdaten eine weitere Auswahl getroffen worden war, hatten die nationalen Projektgruppen noch einmal Gelegenheit, die Testaufgaben zu beurteilen und mögliche Bedenken zu äußern. Darüber hinaus wurden die Testaufgaben von einer Gruppe internationaler Experten, die sich in ihrer wissenschaftlichen Arbeit mit Fragen der kulturellen Äquivalenz von Messungen beschäftigen, noch einmal im Hinblick auf kulturelle Vergleichbarkeit überprüft. Anschließend wurde der endgültige Test für die PISA-Hauptuntersuchung zusammengestellt.

Übersetzung der internationalen Tests

Bei allen internationalen Vergleichsuntersuchungen – und nicht nur bei Leistungsstudien – ist die Übersetzung der Instrumente und Aufgaben ein dorniges Problem, von dessen adäquater Lösung die Güte des Vergleichs insgesamt abhängt. Dies gilt in besonderem Maße für eine international vergleichende Untersuchung des Leseverständnisses. Bei der Übertragung eines Quelltextes in die Zielsprache kann sich allzu leicht das Schwierigkeitsniveau insgesamt verschieben. Wiederholt sich dies über verschiedene Aufgaben und Texte hinweg, lässt sich der dann entstehende Textbias auch nicht mehr empirisch nachweisen. Aus diesem Grunde wurden in PISA ungewöhnliche Anstrengungen unternommen, um die Qualität und die Äquivalenz von Übersetzungen zu sichern.

Für die Übersetzung der PISA-Tests in die Landessprachen der teilnehmenden Staaten wurde ein Verfahren mit doppelter Übersetzung und anschließender Zusammenführung der zwei Versionen gewählt. Dieses Verfahren wurde der sonst häufig verwendeten Vorgehensweise, bei dem ein Test zunächst in die Zielsprache übertragen und anschließend zur Überprüfung in die Ursprungssprache rückübersetzt wird, aus verschiedenen Gründen vorgezogen. So besteht beim Rückübersetzungsverfahren die Gefahr, dass systematische Fehler, die durch eine zu direkte Übersetzung entstehen, unentdeckt bleiben.

Die vom internationalen Konsortium vorgegebene Übersetzungsprozedur umfasste die folgenden Schritte:

(1) *Parallele Übersetzung der Tests in die jeweilige Landessprache durch zwei unabhängige Übersetzer.* Der Test stand dabei in einer englischen und einer französischen Fassung zur Verfügung, die vom internationalen Konsortium erstellt worden waren und als äquivalent betrachtet wurden. Es wurde empfohlen, dass bei der Erstellung der zwei nationalen Versionen einmal die englische und einmal die französische Fassung zu Grunde gelegt wird. Damit sollte unter anderem vermieden werden, dass die Übersetzungen zu stark durch die Eigenheiten einer einzelnen Ursprungssprache geprägt werden.

(2) *Zusammenführung der zwei nationalen Versionen durch einen dritten, unabhängigen Übersetzer.*

(3) *Überprüfung der resultierenden Version durch Mitglieder der nationalen Projektgruppe.* In Deutschland sowie in den meisten anderen Teilnehmerstaaten wurden die Aufgaben zusätzlich von Experten geprüft[1].

(4) *Überprüfung der nationalen Versionen der Tests durch das internationale Konsortium.* Mit dieser Aufgabe wurden Übersetzer betraut, die vom internationalen Konsortium

für den Verifikationsprozess geschult worden waren. Diese Personen kontrollierten gleichzeitig auch das Layout der nationalen Testhefte.

(5) *Überarbeitung der Übersetzungen aufgrund von Ergebnissen des Feldtests.* Alle vorgenommenen Modifikationen wurden protokolliert und mit dem internationalen Konsortium abgestimmt.

(6) *Überprüfung der Testhefte für die Hauptuntersuchung durch die Übersetzer des internationalen Konsortiums.*

Die deutschsprachige Version der PISA-Tests wurde in Zusammenarbeit mit den nationalen PISA-Projektgruppen Luxemburgs, Österreichs und der Schweiz erstellt. Nur wenige Items dieser Version erwiesen sich im Feldtest als problematisch und mussten modifiziert werden.

Codierung von Schülerantworten bei offenen Fragen im internationalen Test

In allen in PISA untersuchten Bereichen haben zwischen 35 und 45 Prozent der Testaufgaben offene Formate, die den Bearbeiter zwingen, Antworten selbstständig zu entwickeln und aufzuschreiben, ohne dass Auswahlen zwischen Alternativen möglich sind. In der Regel wurde von den Schülern verlangt, alle Arbeitsschritte im Testformular zu dokumentieren.

Die Antworten der Schülerinnen und Schüler auf die offenen Fragen wurden von geschulten Codierern anhand von detaillierten Codieranweisungen bewertet. In Deutschland wurde diese Aufgabe hauptsächlich von Studentinnen und Studenten höherer Semester übernommen, die ein einschlägiges Fach mit dem Ziel, ein Lehramt zu übernehmen, studieren. Ihre Eignung wurde mithilfe von Probecodierungen festgestellt. Nach einem vom internationalen Konsortium vorgegebenen Ablaufplan fand eine Schulung statt, bei der die Codierer mithilfe von Übungen und Feedback die Anwendung der Codieranweisungen auf Schülerantworten erlernten. Im Anschluss an diese Schulung wurde erneut ein Test durchgeführt, und es wurden nur Personen für die Aufgabe übernommen, die in diesem Test ein akzeptables Ergebnis erzielt hatten. Zusätzlich wurden während des Codierprozesses in regelmäßigen Abständen Stichproben zur Überprüfung der Stabilität der Codiererübereinstimmung gezogen. Bei Abweichungen wurde nachcodiert und nachgeschult.

Um sicherzustellen, dass die Codierungen zu zuverlässigen Ergebnissen führen, wurden im Feldtest etwa 30 Prozent der Testhefte vierfach codiert. Kodieranweisungen für Aufgaben, bei denen sich die Übereinstimmung der unabhängigen Bewertungen als nicht zufriedenstellend erwies, wurden anschließend modifiziert. Eine Zusatzuntersuchung des internationalen Konsortiums, bei der zufällig ausgewählte Testhefte aus allen teilnehmenden Staaten zentral erneut codiert wurden, ergab eine hohe Übereinstimmung zwischen den Bewertungen (durchschnittlich 92 %). Dieses Ergebnis zeigt, dass die Bewertungen in international vergleichbarer Weise vorgenommen worden sind.

Nationale Ergänzungen

Die Entwicklung der nationalen Ergänzungstests folgte in weiten Teilen der internationalen Vorgehensweise. Auch auf nationaler Ebene wurden von Expertengruppen Rahmenkonzeptionen entwickelt, die das internationale Vorhaben in systematischer Weise ergänzen (vgl. Abschnitt 3.2). In den nationalen Expertengruppen, die diese Rahmenkonzeptionen entwickelt haben, arbeiteten zusätzlich zu Fachdidaktikern und Fachwissenschaftlern Mitarbeiterinnen und Mitarbeiter aus verschiedenen Landesinstituten und Kultusministerien mit (siehe Abschnitt 6). Auf der Grundlage der nationalen Rahmenkonzeptionen wurden die Aufgaben des nationalen Tests, der am zweiten Testtag eingesetzt wurde, entwickelt. Auch die Erprobung der Aufgaben und der Codieranweisungen fand parallel zum internationalen Teil der Studie statt.

Weitere nationale Ergänzungen wurden nur in einer Teilstichprobe („Validierungsstichprobe") eingesetzt. Sie dienen primär dazu, Zusammenhänge zwischen verschiedenen Dimensionen und Facetten von Kompetenzen zu analysieren, um so die Struktur der Kompetenzbereiche näher bestimmen zu können. Im Bereich Mathematik wurden Aufgaben aus einem breiten Kranz verschiedener Tests verwendet (z.B. aus TIMSS, der QUASUM-Studie Brandenburgs, Ländertests Bayerns und Baden-Württembergs), um die Zusammenhänge zwischen den mit diesen Aufgaben erfassten Aspekten zu explorieren.

Curriculare Validierung

Die Entwicklung der internationalen PISA-Tests folgte einem normativen Ansatz, der sich zwar an Stoffen der Mittelstufe orientierte, aber nicht durch spezifische Lehrplanvorgaben der Teilnehmerstaaten einengen ließ. Um abzuschätzen, inwieweit der Test der Hauptuntersuchung den Curricula deutscher Schulen entspricht, wurde eine Zusatzuntersuchung durchgeführt, in der Lehrplanexperten der Länder in der Bundesrepublik Deutschland gebeten wurden, die Aufgaben hinsichtlich ihrer curricularen Validität zu beurteilen. In diese Zusatzuntersuchung wurden auch die Aufgaben der nationalen PISA-Tests einbezogen. Weiterhin beurteilten die Lehrplanexperten die zum Zwecke der Strukturanalysen in die Validierungsstichprobe einbezogenen Aufgaben aus anderen Tests. Den Lehrplanexperten wurden die Testaufgaben in zufälliger Reihenfolge vorgelegt, sodass nicht erkennbar war, aus welchem Test die Aufgabe stammte.

Die PISA-Beauftragten der Länder wurden gebeten, für jedes der ausgewählten Fächer (Deutsch, Mathematik, Physik, Biologie, Chemie und Erdkunde) und jede Schulform[2] eine Person zu benennen, die mit dem jeweiligen Lehrplan des Landes vertraut war und die Beurteilung der Aufgaben durchführen sollte. Insgesamt waren 220 Lehrplanexpertinnen und -experten an der Zusatzuntersuchung beteiligt[3].

Die Mathematik- und Naturwissenschaftsaufgaben wurden jeweils anhand von fünf Kategorien beurteilt: Zeitpunkt der Behandlung des in der Aufgabe angesprochenen Stoffs im Unterricht; Wichtigkeit des Stoffs für den Schulabschluss; Vertrautheit der Schülerinnen und Schüler mit dem Stoff; Vertrautheit der Schülerinnen und Schüler mit der Art und Weise der Aufgabenstellung; Anteil von Schülerinnen und Schülern der 9. Klassen, die in der Lage sein müssten, die Aufgabe zu lösen. Bei der Einschätzung der Leseaufgaben wurden zusätzlich auch die Texte beurteilt. Hier wurden die folgenden Kategorien verwendet: Zeitpunkt der Behandlung der jeweiligen Textsorte im Unterricht; Zeitpunkt der Behandlung von Texten des jeweiligen Schwierigkeitsgrades; Zeitpunkt ab dem erwartet wird, dass Schülerinnen und Schüler die in der Aufgabe gestellte Anforderung bewältigen; Vertrautheit der Schülerinnen und Schüler mit der Art und Weise der Aufgabenstellung; Bedeutung der Fähigkeit, die Aufgabe lösen zu können, für den Schulabschluss; Anteil von

Schülerinnen und Schülern der 9. Klassen, die in der Lage sein müssten, die Aufgabe zu lösen. Ergebnisse von Analysen dieser Beurteilungen sind in den folgenden Kapiteln zur Lesekompetenz, mathematischen Grundbildung und naturwissenschaftlichen Grundbildung dargestellt.

4.3 Fragebogenentwicklung

Mit PISA will die OECD den teilnehmenden Ländern Indikatoren zur Verfügung stellen, die Auskunft über Kompetenzen 15-Jähriger geben. Darüber hinaus soll PISA auch zur Aufklärung der ökonomischen, sozialen und pädagogischen Bedingungen beitragen, die für Leistungsunterschiede zwischen den einzelnen Ländern verantwortlich sind. Die Analysen zum Zusammenhang von Kompetenzen und Kontextbedingungen sollen dazu dienen, das Verständnis für die Entwicklung und den Erwerb von Kompetenzen zu erweitern und Einsichten in die Möglichkeiten und Grenzen schulischer Leistungsförderung zu vertiefen. Auch wenn diese Analysen aufgrund der querschnittlichen Anlage von PISA in vielen Fällen nur explorativen Ansprüchen genügen, könnte damit die erklärte Absicht der OECD erreicht werden, den beteiligten Ländern Anregungen zur Weiterentwicklung ihrer Schulsysteme zu geben.

Die Untersuchung der Kontextbedingungen wurde von einer internationalen Gruppe von Experten theoretisch vorbereitet. Sie unterscheiden im Anschluss an Scheerens und Bosker (1997) Strukturbedingungen, die durch die Schulsysteme der einzelnen Länder vorgegeben sind, von den spezifischen Bedingungen, unter denen die einzelnen Schulen in den verschiedenen Ländern arbeiten. Zur Beschreibung der generellen Funktionsbedin-

Abbildung 1.6:   Fragebogen zum selbstregulierten Lernen

Der Fragebogen zum selbstregulierten Lernen erfasst folgende Komponenten der Selbstregulation:

- Strategien des selbstregulierten Lernens von denen abhängt, wie tief und systematisch Informationen verarbeitet werden
- motivationale Präferenzen und Zielorientierungen, die Einfluss auf die für das Lernen aufgewendete Zeit haben und Anstrengungsbereitschaft sowie die Auswahl von Lernstrategien beeinflussen
- selbstbezogene Kognitionen, die Handlungsziele und Handlungsabläufe regulieren
- Strategien der Handlungskontrolle, insbesondere Anstrengungen und Beharrlichkeit, die den Lernprozess vor konkurrierenden Intentionen schützen und zur Überwindung von Lernschwierigkeiten beitragen sowie
- Präferenzen für bestimmte Typen von Lernsituationen, Lernstilen und sozialen Verhaltensweisen, die für kooperatives Lernen erforderlich sind

Abbildung 1.7:   Themen des internationalen Schulleiter- und Schülerfragebogens

Mit den Schüler- und Schulleiterfragebögen, deren Bearbeitung jeweils 20 bis 30 Minuten in Anspruch nahm, wurden Informationen über folgende Sachverhalte erhoben:

- das ökonomische, soziale und kulturelle Kapital von Jugendlichen und ihren Familien
- Aspekte des familiären und schulischen Lebens von Schülerinnen und Schülern – etwa ihre Einstellung zum Lernen, Lesegewohnheiten, Freizeittätigkeiten oder schulisches Engagement
- Merkmale von Schulen, etwa personelle und finanzielle Ressourcen, Organisationsstrukturen, Entscheidungsprozesse und Personalpolitik
- und den Kontext des Unterrichts, unter anderem institutionelle Strukturen, Größe von Lerngruppen und Grad der Elternbeteiligung

Abbildung 1.8:   Thematische Schwerpunkte der Schüler-, Eltern- und Schulleiterbefragungen

1. Schülerfragebogen (Schü) (internationaler und nationaler Teil) • Unterrichtsqualität/Schulklima • Lernaktivitäten der Schülerinnen und Schüler • Familiärer/sozialer Hintergrund • Persönliche und biographische Merkmale • Bindung an die Altersgruppe • Freizeitaktivitäten	**2. Schulfragebogen (SL)** (internationaler und nationaler Teil) • Systemischer Kontext von Schule • Arbeitsbedingungen der Schule **3. Elternfragebogen (El)** (nur national) • Familiärer/sozialer Hintergrund • Schullaufbahn des Kindes

gungen von Schulsystemen in OECD-Ländern verweisen sie auf das Indikatorenprogramm der OECD und die verfügbare Fachliteratur. Zur Beschreibung der sozialen und kulturellen Lebensverhältnisse der an der Untersuchung beteiligten Schülerinnen und Schüler und der konkreten Arbeitsbedingungen, unter denen die einzelnen Schulen ihre Aufgabe erfüllen, wurden dagegen eigene Schüler- und Schulleitungsfragebogen entwickelt.

Im ersten PISA-Zyklus wurde außerdem ein weiterer Schülerfragebogen zur Erfassung der Selbstregulation des Lernens eingesetzt (Artelt, 2000; Baumert u.a., 1999; Abb. 1.6).

Aufgrund von Überlegungen einer nationalen Expertengruppe, deren Mitglieder im Abschnitt 6 aufgeführt sind, wurden in Deutschland zusätzlich zu den international verwendeten Untersuchungsinstrumenten Fragebögen für Schulleitungen, Schülerinnen und Schüler sowie Eltern entwickelt. Sie ergänzen die internationalen Instrumente um Fragen, die besser auf die Verhältnisse in Deutschland zugeschnitten sind und erweitern sie um einige Themen, die aus deutscher Sicht besonderes Interesse verdienen (vgl. Abb. 1.7). Dazu gehören im Schulleiterfragebogen vor allem die Fragen zur Qualitätssicherung und zur regionalen Kooperation. Der nationale Schülerfragebogen erweitert die Perspektive, indem er Fragen nach den Beziehungen zu Gleichaltrigen und ihrer Teilhabe an der über die Medien vermittelten Jugendkultur stellt. Damit bezieht er Erfahrungsfelder ein, die neben Schule und Elternhaus gerade in der Altersstufe der 15-Jährigen besonderes Gewicht haben. Einen Überblick über die Erhebungsthemen gibt Abbildung 1.8.

Es soll betont werden, dass die nationale Expertengruppe, die für die Fragebogenentwicklung verantwortlich war, versucht hat, den internationalen und nationalen Ansatz unter einem integrativen theoretischen Dach zusammenzuführen. Für die Konzipierung des Verhältnisses von Umweltbedingungen und Lernergebnissen bezieht sich die Expertengruppe auf sozialökologische Sozialisationskonzepte (Bronfenbrenner, 1976) und das damit verbundene Modell einer aktiven Verarbeitung von Lern- und Arbeitsbedingungen durch die Beteiligten (Fend, 1991, 1998; Hurrelmann, 1986; Tillmann, 2000). Damit wird vor allem herausgestellt, dass sich schulische und außerschulische Kontextbedingungen nicht unmittelbar im Kompetenzerwerb von Schülern niederschlagen, sondern dass sowohl die pädagogischen Prozesse in der Schule als auch die konstruktive Lernleistung des Individuums eine zentrale Vermittlungsrolle spielen. Unter dieser theoretischen Leitidee hat die nationale Expertengruppe versucht, das in Abschnitt 3 des 1. Kapitels dargestellte allgemeine Erklärungsmodell des Kompetenzerwerbs in Schulen operational auszufüllen.

Familiärer und sozialer Hintergrund

PISA ist die erste international vergleichende Schulleistungsstudie, in der versucht wird, Merkmale der familiären Lebensverhältnisse von Schülerinnen und Schülern systematisch zu berücksichtigen und im Anschluss an die Sozialstruktur- und Sozialisationsforschung theoretisch b ründet zu erfassen. Die theoretische Verankerung der einzelnen verwendeten Konstrukte wird in den Kapiteln 8 und 9 ausführlich dargestellt. Abbildung 1.9 gibt einen Überblick über das Erhebungsprogramm.

Abbildung 1.9:   Familiäre Lebensverhältnisse

Soziale Lage
- Berufstätigkeit der Eltern (Schü, El)
- Bildungsabschluss der Eltern (Schü, El)
- Wohlstandsindikatoren (Schü)
- Soziales Kapital (Schü)

Familienstruktur
- Mitglieder des Haushalts (Schü)
- Erwerbstätigkeit von Vater und Mutter (Schü)
- Zahl der Geschwister (Schü)

Sprache/Migration
- Geburtsland der Eltern (Schü)
- Geburtsland des Schülers oder der Schülerin (Schü)
- Umgangssprache in der Familie (Schü)
- Muttersprache des Schülers oder der Schülerin (Schü)
- Schulbesuchszeit In-/Ausland (Schü)

Erziehungsklima und häusliche Unterstützung
- Restriktives Familienklima (Schü)
- Akzeptierendes Familienklima (Schü)
- Kontrolle, Regeln (Schü)
- Lernunterstützung, Leseförderung (Schü, El)
- Medienausstattung (Schü)

Die Lebenswelt von Jugendlichen

Familie und Schule sind nicht die einzigen Erzieher. Im Jugendalter gewinnt die Gruppe der Altersgleichen als Sozialisationsinstanz zunehmend an Bedeutung. Je nach normativer Orientierung und kulturellen Präferenzen kann die Jugendgruppe in mehr oder minder deutlicher Konkurrenz zu den schulischen Verhaltenserwartungen treten oder aber eine soziale und kulturelle Ressource darstellen, die das Lernen in der Schule unterstützt und persönliche Belastungen abfedert (Behnken u.a., 1997; Ferchhoff & Neubauer, 1997; Tillmann u.a., 1999; Zinnecker, 1985; Zinnecker & Silbereisen, 1996). Abbildung 1.10 gibt einen Überblick über die in PISA erfassten Merkmale jugendlicher Lebenswelten. Die theoretische Grundlage der Konstrukte wird in Kapitel 9 ausführlicher beschrieben.

Abbildung 1.10:   Merkmale der Lebenswelt von Jugendlichen

Bindung an die Altersgruppe
- Cliquenzugehörigkeit (Schü)
- Vereinszugehörigkeit (Schü)
- Aggressive Orientierung in der *peer group* (Schü)
- Leseorientierung in der *peer group* (Schü)

Freizeitaktivitäten
- Jugendnormiertes Freizeitverhalten (Schü)
- Nutzung von Bildschirmmedien (Schü)
- Individuelle Lesepraxis (Schü)
- Individuelle Schreibpraxis (Schü)

Bildungsverläufe, Unterrichtsqualität und Schulklima

PISA ist hervorragend geeignet, individuelle Schulkarrieren systematisch zu rekonstruieren und mit Leistungsmerkmalen in Verbindung zu bringen. Die dafür notwendigen Informationen wurden über den nationalen Schülerfragebogen erfasst und erste Auswertungen werden im Kapitel 9 vorgestellt. Augrund der altersbasierten Stichprobe ist PISA aber wenig geeignet, Merkmale der Unterrichtsqualität in ihrer Beziehung zu fachlichen Lernprozessen zu untersuchen, denn die Stichprobe einer Alterskohorte erlaubt keine Identifikation ausreichend besetzter Lerngruppen. Zwar ist es wohl möglich, Merkmale der Unterrichtsqualität aus Schülersicht zu erheben, diese Angaben können jedoch nicht auf Lerngruppenebene aggregiert werden. Damit sind die Chancen, systematische Zusammenhänge zwischen Unterrichtsqualität und erworbenen Kompetenzen zu entdecken, reduziert (vgl. dazu Gruehn, 2000). Im Bewusstsein dieser Einschränkungen wurden im Schülerfragebogen Informationen zur Unterrichtsqualität erhoben. Die Auswahl der Konstrukte orientierte sich an zentralen Befunden der Unterrichtsforschung (Köller & Baumert, 2001; Gruehn, 2000; Helmke & Schrader, 2001; Helmke & Weinert, 1997).

Die empirische Schulqualitätsforschung hat in vielen Studien vor allem das Schulklima in den Blick genommen, und zwar sowohl als Bedingungsvariable für Lernleistungen als auch als eigenständiges Qualitätskriterium (Fend, 1998). Unterschiedliche Aspekte des Schulklimas sind in vielen Untersuchungen als wesentliche Merkmale „guter Schulen" herausgestellt worden (Eder, 1998). Beim Schulklima handelt es sich um ein zentrales Qualitätsmerkmal des pädagogischen Prozesses in der Schule, das sowohl das didaktisch-methodische Arrangement des Fachunterrichts als auch die schulische Lebenswelt durchdringt. Mit der Erfassung von Merkmalen des Schulklimas werden subjektiv wahrgenommene Umwelten rekonstruiert. In diesem Bereich konnte die Expertengruppe auf erprobte Messinstrumente zurückgreifen. Abbildung 1.11 gibt einen Überblick über die erfassten Dimensionen.

Abbildung 1.11: Schullaufbahn, Unterrichtsqualität und Schulklima

Schullaufbahn
- Einschulung
- Zurückstellung
- Klassenwiederholung
- Schulwechsel/Gründe für Schulwechsel
- Zuwanderungszeitraum bei Migranten
- Schulnoten

Schulklima	**Unterrichtsqualität Deutsch**	**Unterrichtsqualität Mathematik**
• Allgemeine Schulzufriedenheit (Schü, El)	• Leistungsdruck (Schü)	• Leistungsdruck (Schü)
• Schüler-Lehrer-Beziehung (Schü, SL)	• Über- vs. Unterforderung (Schü)	• Überforderung (Schü)
• Schüler-Schüler-Beziehung (Schü)	• Disziplinprobleme (Schü)	• Disziplinprobleme (Schü)
• Physische Gewalt (Schü)	• Klarheit und Regeltreue (Schü)	• Klarheit und Regeltreue (Schü)
• Leistungs- und Disziplindruck (SL)	• Unterstützung (Schü)	• Unterstützung (Schü)
• Kommunikation im Kollegium (SL)	• Aufmerksamkeit (Schü)	• Aufmerksamkeit (Schü)
	• Bezugsnorm-Orientierung (Schü)	• Bezugsnorm-Orientierung (Schü)
		• Praxis des Übens (Schü)

Schulische Bedingungen von Unterricht und Lernen

Ein Hauptaugenmerk gilt im internationalen Schulleiterfragebogen den personellen und materiellen Ressourcen, über die eine einzelne Schule verfügt. In dieser Prioritätensetzung kommt die besondere Bedeutung zum Ausdruck, die den schulischen Ressourcen als bildungspolitischen Gestaltungsparametern zugeschrieben wird. Darüber hinaus haben sich Aspekte der Schulorganisation und des Schulmanagements („Qualitätssicherung") als bedeutsam erwiesen. Diese bilden im nationalen Schulfragebogen ebenso einen Schwerpunkt wie die Einbindung einer Schule in lokale Netzwerke. Für alle schulischen Kontextmerkmale gilt, dass sie durch die Sicherung institutioneller Voraussetzungen und die Vorgabe organisatorischer Rahmen schulische Lernprozesse gewährleisten und zugleich begrenzen. Gegenüber den pädagogischen Prozessen stellen sie distale Bedingungsvariablen dar. Zwar hat die empirische Schulwirkungsforschung durch den Nachweis stabiler Korrelationen zu einem gewissen Konsens über leistungsrelevante Merkmale der Einzelschule beigetragen (Fend, 1998; Mortimore, 1998; Steffens & Bargel, 1993; Visscher, 1999); eine komplementäre theoretische Fundierung der daraus hervorgegangenen Zusammenstellung von leistungsrelevanten Kriterien guter Schulen ist allerdings erst in Umrissen erkennbar (Scheerens & Bosker, 1997; Visscher, 1999). Im Anschluss an die Forschungsliteratur wurden mit dem in PISA entwickelten Schulleiterfragebogen die in Abbildung 1.12 aufgeführten Kontextbedingungen für Schule, Unterricht und Lernen erfasst.

Abbildung 1.12: Schulische Bedingungen für Unterricht und Lernen

Schulische Ressourcen
personell
- Lehrerversorgung, Klassengröße (SL)
- Lehrerqualifikation (SL)
- Engagement, Fortbildung (SL)

materiell
- Sachmittel (SL)
- Räumliche Bedingungen (SL)
- Ausstattung: Computer, Bibliothek usw. (SL)

Schulorganisation
- Schulform (SL)
- Schulgröße (SL)
- Schulträgerschaft (SL)
- Entscheidungsstrukturen (SL)

Sozialkapital der Schule
- Kooperation und Netzwerke der Schule (SL)
- Ressourcenmobilisierung (SL)

Lernangebote und ihre Nutzung
- Jährliche und wöchentliche Unterrichtszeit (Schü, SL)
- Zeitinvestition in schulische und außerunterrichtliche Lernaktivitäten (Schü)
- Schulische Schwerpunktsetzung, Schulprofil (SL)
- Angebote zur Leseförderung (SL)
- Schulleben (Schü)

Qualitätssicherung
- Häufigkeit der Leistungsbeurteilungen (SL)
- Einstellung zu standardisierten Leistungstests und zur Verwendung von Leistungsinformationen (SL)
- Maßnahmen der Qualitätsentwicklung und Qualitätssicherung (SL)
- Positionierung der Schule im „Wettbewerb" (SL)

4.4 Grundzüge des PISA-Testdesigns und Testskalierung

Zentrales Anliegen von PISA ist es, mit hinreichender Genauigkeit Kompetenzmerkmale einer definierten Schülerpopulation zu schätzen. Dabei sollen die Domänen, also das Leseverständnis, die mathematische und naturwissenschaftliche Grundbildung sowie die fächerübergreifenden Kompetenzen in den Testaufgaben in genügender Breite abgebildet werden. Gleichzeitig gilt die Rahmenbedingung, dass Schülerinnen und Schüler sowie Schulen durch die Testadministration nicht über Gebühr belastet werden dürfen. Hieraus ergibt sich eine grundsätzliche Spannung zwischen wünschenswerter Breite der Repräsentation von Stoffen und Sachgebieten auf der einen und der bei limitierter Testzeit erreichbaren Schätzgenauigkeit auf der anderen Seite. Dies ist ein Dilemma, mit dem man im Rahmen der klassischen Testtheorie schlecht umgehen kann. Eine effiziente aber statistisch anspruchsvolle Lösung stellt ein Design mit *Multi-Matrix Sampling* dar. Bei diesem Untersuchungsplan werden nicht allen Schülerinnen und Schülern alle Testaufgaben vorgelegt, sondern zufällig gezogene Substichproben erhalten jeweils zum Teil unterschiedliche, zum Teil gleiche Aufgabenmengen. Da jede Person nur eine Auswahl der verfügbaren Testaufgaben bearbeitet, wird die individuelle Testzeit in einem vertretbaren Rahmen gehalten. Durch die im Gesamttest repräsentierten Sachgebiete kann jedoch zumindest auf Populationsebene ein breites Kompetenzspektrum erfasst werden.

Der Grundgedanke des Testdesigns mit *Multi-Matrix Sampling* besteht in der systematischen und selektiven Zuweisung von Itembündeln zu unterschiedlichen Testheften. Die Testhefte werden dann innerhalb der jeweiligen Zielgruppe nach Zufall oder einem festgelegten Rotationsschema den Schülerinnen und Schülern zur Bearbeitung vorgelegt. Durch das *Multi-Matrix Sampling* wird eine Datenmatrix erzeugt, die in geplanter Weise zufällig verteilte fehlende Werte aufweist. Datensätze dieses Typs kann man im Rahmen der so genannten *Item-Response*-Theorie effizient handhaben. Die Anwendung der probabilistischen Testtheorie hat mittlerweile in internationalen Vergleichsstudien und in großen nationalen Erhebungen Tradition (Baumert, Bos & Lehmann, 2000).

Die Testaufgaben in PISA wurden in kleineren Einheiten organisiert, die in der Regel so genanntes „Stimulusmaterial" (ein Text, eine Graphik u.Ä.) und mehrere zugeordnete Testitems enthielten. Der Lesetest der Hauptstudie umfasste 37 Einheiten mit insgesamt 141 Aufgaben. Die Tests der beiden Nebenkomponenten bestanden aus 16 mathematischen Einheiten mit 32 Aufgaben und 14 naturwissenschaftlichen Einheiten mit 35 Aufgaben. Das gesamte Lesematerial beanspruchte eine Bearbeitungszeit von 270 Minuten. Die Bearbeitungszeit für die Mathematik- und Naturwissenschaftseinheiten betrug jeweils 60 Minuten. Für jeden einzelnen PISA-Teilnehmer betrug die Testzeit zweimal 60 Minuten.

Um das gesamte Aufgabenmaterial bei der begrenzten Testzeit des einzelnen Schülers bearbeiten zu lassen, wurden die Aufgabeneinheiten in neun 30-minütigen Leseblöcken und jeweils vier 15-minütigen Mathematik- und Naturwissenschaftsblöcken zusammengefasst, die anschließend über neun Testhefte hinweg rotiert wurden. Die Rotation wurde so durchgeführt, dass alle Schülerinnen und Schüler Leseaufgaben, aber nur jeweils ein Teil der Stichprobe Mathematik- und Naturwissenschaftsaufgaben bearbeitete.

Für die nationalen Ergänzungstests, die am zweiten Testtag durchgeführt wurden, ist ebenfalls ein Testdesign mit rotierten Blöcken verwendet worden, die allerdings überlappende Testaufgaben enthielten. Alle übrigen Instrumente – Tests der Lesegeschwindigkeit und des schlussfolgernden Denkens, Problemlöseaufgaben und Schülerfragebogen – wurden von allen PISA-Teilnehmerinnen und -Teilnehmern bearbeitet. Abbildung 1.13 gibt einen Überblick über das in Deutschland implementierte Testdesign.

Abbildung 1.13a: In Deutschland implementiertes Testdesign (erster Testtag)

Testhefte								
1	2	3	4	5	6	7	8	9
R_1	R_2	R_3	R_4	R_5	R_6	R_7	M_4/M_2	S_4/S_2
R_2	R_3	R_4	R_5	R_6	R_7	R_1	S_1/S_3	M_1/M_3
Pause								
R_4	R_5	R_6	R_7	R_1	R_2	R_3	R_8	R_9
M_1/M_2	S_1/S_2	M_3/M_4	S_3/S_4	M_2/M_3	S_2/S_3	R_8	R_9	R_8
Pause								
Lesegeschwindigkeit								
Internationaler Schülerfragebogen								
Selbstreguliertes Lernen								
Computererfahrung								

R = Blöcke mit Leseaufgaben
M = Blöcke mit Mathematikaufgaben
S = Blöcke mit naturwissenschaftlichen Aufgaben

Abbildung 1.13b: In Deutschland implementiertes Testdesign (zweiter Testtag)

Testhefte								
1	2	3	4	5	6	7	8	9
Testbezogene Motivation								
Math. A	Math. B	Math. C	Math. D	Math. E	Math. F	Nat. A	Nat. B	Nat. C
Nat. A	Nat. B	Nat. C	Nat. D	Nat. E	Nat. F	Math. G	Math. H	Math. I
Testbezogene Motivation								
Pause								
Testhefte zum Problemlösen (über die obigen Testhefte 1–9 rotiert)								
1			2			3		
Schlussfolgerndes Denken								
Problemlösen								
Gruppenaufgabe (Rolle A)			Gruppenaufgabe (Rolle B)			Gruppenaufgabe (Rolle C)		
Pause								
Kooperation und Kommunikation								
Nationaler Schülerfragebogen								

Math. = Aufgabengruppe Mathematik
Nat. = Aufgabengruppe Naturwissenschaften

Skalierung der Leistungstests

Eine technische Darstellung der Skalierung der PISA-Leistungstests befindet sich im Anhang A. An dieser Stelle soll nur ein knapper Überblick gegeben werden. Wie bereits in der Dritten Internationalen Mathematik- und Naturwissenschaftsstudie der IEA basieren die in PISA verwendeten Modelle zu Bestimmung individueller Leistungswerte auf der so genannten *Item-Response*-Theorie (IRT) (vgl. Fischer & Molenaar, 1995; Rost, 1996). Im Deutschen spricht man üblicherweise von der probabilistischen Testtheorie, deren bekannteste Version das Rasch-Modell (Rasch, 1960) ist. Dieser Ansatz bietet derzeit die besten Möglichkeiten für die Überprüfung der Dimensionalität, die Berechnung der Messgenauigkeit und die Normierung von Tests. Vor allem aber haben die IRT-Modelle gegenüber der klassischen Testtheorie den Vorzug, dass sich Personen, auch wenn sie unterschiedliche Aufgaben bearbeitet haben, in ihren Leistungen auf einer gemeinsamen Skala abbilden lassen. Diese Eigenschaft ist für PISA von entscheidender Bedeutung, da das Testkonzept des *Multi-Matrix Sampling* vorsieht, einzelnen Schülern nur wenige Testaufgaben vorzugeben, gleichzeitig jedoch durch mehrere Testversionen Stoffgebiete breit abzudecken.

In PISA wurde die internationale Skalierung der Leistungstests auf der Basis einer Stichprobe von 13.500 Schülerinnen und Schülern vorgenommen. Hierzu wurden aus jedem OECD-Teilnehmerland - ausgenommen Luxemburg - stratifizierte Zufallsstichproben von jeweils 500 Personen gezogen. In einem ersten Schritt wurden anhand eindimensionaler Rasch-Modelle Itemkennwerte für jede Domäne (Lesen, Mathematik und Naturwissenschaften) berechnet. Die Itemparameter wurden dann in einem zweiten Schritt zur Berechnung von Personenparametern für alle Schülerinnen und Schüler des internationalen Datensatzes verwendet. Dabei kam das mehrdimensionale Rasch-Modell zur Anwendung.

Wie in TIMSS basieren die individuellen Leistungswerte der Schülerinnen und Schüler nicht auf den herkömmlichen Personenparametern des Rasch-Modells, da diese bei unvollständigen Datenmatrizen, wie sie in PISA vorliegen, zwar zu erwartungstreuen Schätzungen der Populationsmittelwerte, nicht jedoch zu korrekten Schätzungen der Populationsvarianzen führen. Um dennoch zu erwartungstreuen Schätzungen sowohl von Populationsmittelwerten als auch von Populationsvarianzen zu gelangen, wurde in PISA die aus der TIMS-Studie bekannte *Plausible Value*-Technik verwendet (Mislevy u.a., 1992). Dieses Verfahren ist derzeit der statistisch eleganteste Weg, um mit solchen Datenstrukturen umzugehen.

Interpretation der Testwerte in PISA

Die ermittelten Testleistungen wurden auf einer Leistungsdimension abgetragen, die jeweils durch einen internationalen Mittelwert von 500 und eine Standardabweichung von 100 definiert waren. Diese Definition ist natürlich beliebig. Um Leistungsunterschiede in ihrer Größenordnung auf diesem Maßstab einordnen zu können, bedarf es üblicherweise einiger Interpretationshilfen. Abbildung 1.14, die den Zusammenhang zwischen Skalenwerten und Prozenträngen bei normal verteilten Leistungswerten zeigt, gibt eine erste Orientierung.

Abbildung 1.14: Zusammenhang von Testwerten und Prozenträngen unter der Annahme
von Normalverteilung

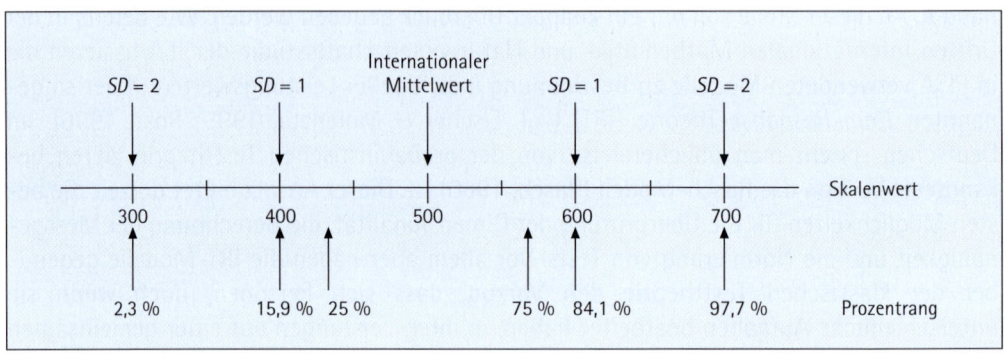

Der internationale Mittelwert ist in PISA auf 500 festgelegt; im Wertebereich zwischen 400 und 600 Punkten (± eine Standardabweichung = SD) liegen die Fachleistungen von ungefähr zwei Dritteln aller in PISA untersuchten Schülerinnen und Schüler aus OECD-Ländern. Ein erzielter Wert von genau 400 Punkten weist demnach aus, dass der betreffende Jugendliche im Test besser als 15,9 Prozent der PISA-Teilnehmer abgeschnitten hat. Umgekehrt bedeutet eine Leistung von 600 Punkten, dass nur 15,9 Prozent über diesem Wert liegen. Von besonderer Bedeutung bei der Definition von Leistungsmaßen in PISA ist die Eigenschaft der Skala, dass Personen und Aufgaben auf derselben Metrik angeordnet werden können. Eine Aufgabenschwierigkeit von 600 bedeutet, dass Personen mit einer Fähigkeit von 600 diese Aufgabe mit hinreichender Sicherheit lösen (Lösungswahrscheinlichkeit $p = .62$). Auf dieser Eigenschaft beruht die im Folgenden vorgestellte kriteriumsorientierte Testinterpretation.

Die für die nationalen Ergänzungstests ermittelten Leistungsmaße für Leseverständnis, Mathematik, Naturwissenschaften, Problemlösen und schlussfolgerndes Denken wurden jeweils auf einer Metrik mit einem nationalen Mittelwert von 100 und einer Standardabweichung von 30 verankert. Auf dieser Metrik liegen im Wertebereich zwischen 70 und 130 Punkten (± eine Standardabweichung = SD) die Fachleistungen von ungefähr zwei Dritteln aller in Deutschland untersuchten Schülerinnen und Schüler.

Kriteriumsorientierte Testinterpretation durch inhaltliche Verankerung der Skalen: Definition von Fähigkeitsniveaus

Testwerte, wie oben geschehen, normorientiert zu interpretieren, verlangt lediglich die Angabe, welcher Anteil einer Vergleichspopulation über bzw. unter dem erreichten Testwert liegt. Aus einer stärker didaktischen, aber auch psychologischen Perspektive ist eine kriteriumsorientierte Interpretation von Testwerten erheblich aufschlussreicher. In PISA wird dazu die Eigenschaft des zu Grunde liegenden testtheoretischen Modells genutzt, dass sich Personen und Aufgaben auf demselben Maßstab anordnen lassen, sodass anhand der Aufgaben, die eine Person mit hinreichender Sicherheit löst, geschlossen werden kann, über welches Kenntnisniveau (Kompetenzniveau) sie verfügt bzw. welche kognitiven

Operationen sie auszuführen in der Lage ist. Die Kompetenz einer Person wird somit an dem Kriterium wohldefinierter Operationen gemessen, die sie beherrscht. Ein solches verhaltensnahes Kriterium lässt sich am besten spezifizieren, indem man Aufgabenklassen beschreibt, die von Personen der betreffenden Kompetenzstufe erfolgreich bearbeitet werden, und sie von jenen Aufgabenklassen abgrenzt, die auf der betreffenden Stufe noch nicht mit hinreichender Sicherheit gelöst werden können. Dieses aus der TIMS-Studie bekannte Verfahren (vgl. Klieme, 2000; Watermann, 2001) wird auch in PISA zur kriteriumsorientierten Interpretation von Testwerten genutzt. Zur Bestimmung dieser Kompetenzstufen für die verschiedenen Sachgebiete sei an dieser Stelle auf die Kapitel 2, 3 und 4 verwiesen.

4.5 Durchführung der Erhebung

Nach der Stichprobenziehung wurden die ausgewählten Schulen von den zuständigen Ministerien angeschrieben und um Mitarbeit gebeten. Alle Schulen erklärten sich bereit, an der Studie teilzunehmen. Die Schulleitungen erhielten weiterhin ein Schreiben des nationalen Konsortiums, in dem die Ziele und Inhalte der Studie sowie der Ablauf der Erhebung dargelegt wurden. Darüber hinaus hatte das Konsortium den Ländern angeboten, auf Veranstaltungen für die Schulleitungen der ausgewählten Schulen teilzunehmen und dort ausführlich über die Studie zu informieren. Fast alle Länder machten von diesem Angebot Gebrauch.

Mit der Durchführung der Erhebung wurde das *IEA Data Processing Center* (DPC) in Hamburg betraut, das in Absprache mit der Projektleitung des Max-Planck-Instituts für Bildungsforschung die internationalen Vorgaben umsetzte. Die Betreuung der 220 Schulen der internationalen Stichprobe lag ausschließlich in Händen des DPC, während im Falle der 1.246 Schulen der PISA-Erweiterung die Projektkoordinatoren der Länder diese Aufgabe übernahmen. Da sich die im vorliegenden Band dargestellten Befunde auf die Daten der 220 PISA-Schulen beziehen, wird im Folgenden nur das Verfahren für diese Stichprobe beschrieben.

Für die Organisation der Testdurchführung in den Schulen waren im Wesentlichen drei Gruppen von Personen verantwortlich: (1) die Mitarbeiterinnen und Mitarbeiter des DPC, (2) die Testleiterinnen und Testleiter sowie (3) die von den Schulleitungen benannten Schulkoordinatorinnen und -koordinatoren in den einzelnen Schulen. Die Rollen und Aufgaben dieser Personen wurden in Handreichungen des internationalen Konsortiums genau definiert. Die Handreichungen für die Testleiterinnen und Testleiter sowie für die Schulkoordinatorinnen und -koordinatoren wurden in die Landessprachen der Teilnehmerstaaten übersetzt und die nationalen Versionen anschließend von Übersetzern des internationalen Konsortiums geprüft.

Die Testleiterinnen und Testleiter waren in der Regel Studierende in höheren Semestern eines Lehramtsstudiums oder den Fächern Psychologie bzw. Erziehungswissenschaft. Sie wurden von den Mitarbeiterinnen und Mitarbeitern des DPC in einer halbtägigen Sitzung mit den Verfahren vertraut gemacht und geschult. In Absprache mit den Schulkoordinatoren und dem DPC vereinbarten sie mit den Schulen, für die sie jeweils zuständig waren, Testtermine und trafen die notwendigen Vorbereitungen.

Die Tests für die Hauptuntersuchung fanden im Zeitraum Mai bis Juni 2000 jeweils an zwei Testtagen statt[4]. Die Erhebungen dauerten jeweils etwas über drei Stunden. In Sonderschulen wurde eine verkürzte, einstündige Version des internationalen Tests eingesetzt, und auch der Fragebogen wurde dort auf ein Minimum reduziert, sodass die Bearbeitung lediglich etwa 20 Minuten in Anspruch nahm. Auf den zweiten Testtag wurde in Sonderschulen verzichtet.

Die Erhebung wurde im Beisein der Schulkoordinatorin bzw. des Schulkoordinators oder einer anderen Lehrkraft der Schule durchgeführt. Um die Vergleichbarkeit der Durchführungsbedingungen zu gewährleisten, folgten die Testleiterinnen und Testleiter dabei einem detaillierten Ablaufplan und lasen die Instruktionen aus einem Skript vor. Fehlten an einem Testtag vier oder mehr der ausgewählten Schülerinnen und Schüler, so wurde ein Nachtest vereinbart. Dies kam in nur einer der 220 PISA-Schulen vor.

Am Ende des ersten Testtages erhielten die Schülerinnen und Schüler einen Brief an ihre Eltern, in dem diese gebeten wurden, den beigelegten Elternfragebogen auszufüllen und ihren Kindern am nächsten Tag in einem versiegelten Umschlag wieder mitzugeben. Die Umschläge wurden von den Testleiterinnen und Testleitern eingesammelt und zusammen mit dem Testmaterial an das DPC zurückgeschickt. Auch die Schulleiterfragebogen, die etwa zwei Wochen vor dem Testtermin direkt an die Schulen geschickt worden waren, gingen auf diese Weise zurück an das DPC.

Testsicherheit und Datenschutz

In einer internationalen Studie wie PISA ist es von größter Bedeutung, dass die Sicherheit der Tests gewährleistet bleibt. Daher wurden umfassende Vorsichtsmaßnahmen getroffen, um sicherzustellen, dass keine der Aufgaben vorab bekannt wird. So wurde beispielsweise international vereinbart, dass jede Person, die Einsicht in das PISA-Material erhält, sich schriftlich verpflichtet, dieses vertraulich zu behandeln. Während der Testphase wurde die benötigte Anzahl von Testheften und Fragebogen kurz vor der Durchführung der Erhebung in einer Schule vom DPC direkt an die zuständige Testleiterin bzw. den zuständigen Testleiter geschickt. Diese Person öffnete das Paket dann im Beisein des Schulkoordinators kurz vor Beginn der Testsitzung und beide quittierten mit ihrer Unterschrift, dass die angegebene Anzahl der Instrumente im Paket enthalten war. Nach Beendigung der Testsitzung wurde die Vollständigkeit des Materials wiederum schriftlich bestätigt und das Paket versiegelt.

Die Verfahren der Datenerhebung und Datenverarbeitung wurden in enger Zusammenarbeit mit den Datenschutzbeauftragten der Länder den gesetzlichen Vorgaben entsprechend gestaltet. So wurden verschiedene Maßnahmen getroffen, um die Anonymität der erhobenen Informationen zu gewährleisten. Die Tests und Fragebogen wurden mit Ordnungsnummern versehen, die dazu dienten, alle zu einer Person gehörenden Informationen zusammenzuführen. Diese Ordnungsnummern wurden ausschließlich kurz vor Beginn einer Testsitzung mit den Namen der teilnehmenden Schülerinnen und Schüler zusammengebracht, um zu gewährleisten, dass die Instrumente richtig verteilt werden. Die Namensliste hat jedoch zu keinem Zeitpunkt die Schule verlassen und wurde spätestens eine Woche nach der letzten Testsitzung vernichtet. Nach Übertragung der Angaben auf Datenträger wurden die Ordnungsnummern schließlich durch Zufallszahlen ersetzt. Es ist also nicht möglich, die erhobenen Daten einzelnen Personen zuzuordnen.

Die Schülerinnen und Schüler sowie ihre Eltern wurden ausführlich über die Ziele der Studie sowie über die Inhalte der Befragung und die Erhebungsverfahren informiert. Die Teilnahme war ihnen freigestellt, und die Schülerinnen und Schüler wurden nur zum Test zugelassen, wenn für sie eine schriftliche Einwilligungserklärung der Eltern vorlag.

Qualitätskontrollen

Um zu gewährleisten, dass die vorgegebenen Prozeduren eingehalten und die Tests in allen Teilnehmerstaaten unter vergleichbaren Bedingungen durchgeführt werden, wurden vom internationalen Konsortium Qualitätskontrollen auf verschiedenen Ebenen durchgeführt. Vor Beginn der Erhebungsphase wurden die nationalen Projektzentren von Mitarbeitern des internationalen Konsortium besucht und zu den einzelnen Schritten der Implementation der Studie befragt (Übersetzung der Tests, Auswahl und Schulung der Testleiterinnen und Testleiter, Stichprobenziehung, Maßnahmen zur Gewährleistung der Testsicherheit usw.). Diese Person schulte auch so genannte *School Quality Monitors* (SQMs), die einen Teil der Schulen am Testtag unangekündigt besuchten und dem internationalen Konsortium über den Ablauf der Testsitzung Bericht erstatteten. Die SQMs wurden vom internationalen Konsortium betreut und bezahlt. Die nationale Projektgruppe wurde nicht darüber informiert, in welchen Schulen Besuche stattfinden würden.

In Deutschland besuchten die SQMs insgesamt 35 Schulen in fünf Regionen. Ihre Berichte enthalten nur sehr wenige Hinweise auf Abweichungen von den vorgegebenen Prozeduren. Demnach wurden die Tests in Deutschland ordnungsgemäß durchgeführt.

Befragung der Schulkoordinatorinnen und -koordinatoren sowie der Testleiterinnen und Testleiter zum Ablauf der Erhebung

Die positiven Berichte der SQMs wurden auch durch Ergebnisse systematischer Befragungen von Schulkoordinatorinnen und -koordinatoren sowie von Testleiterinnen und Testleitern zum Ablauf der Studie bestätigt. Nach Abschluss der Erhebungsphase schickte das nationale Konsortium den Schulen einen Fragebogen zu, in dem die für die Organisation der Erhebung verantwortlichen Lehrkräfte gebeten wurden, auf einer Reihe von Skalen anzugeben, wie die Testdurchführung in ihrer Schule verlaufen sei. Der Bitte, den Fragebogen auszufüllen und ihn anonym an das Max-Planck-Institut zurückzuschicken, folgten 1.274 (85 %) der angeschriebenen Personen. Die Fragen bezogen sich erstens auf den organisatorischen Ablauf der Studie und zweitens auf das Verhalten der Schülerinnen und Schüler während der Testsitzungen. Die Angaben der Schulkoordinatorinnen und -koordinatoren weisen darauf hin, dass sie mit der Vorbereitung der Erhebung zufrieden waren. 98 Prozent bejahten die Frage, ob sie im Vorfeld durch die ihnen zugegangenen Materialien hinreichend über die Inhalte der PISA-Studie informiert worden waren, und 96 Prozent gaben an, dass sie sich bei den schulintern zu erledigenden Aufgaben hinreichend unterstützt fühlten. Auch im Hinblick auf das Engagement der Schülerinnen und Schüler während der Testsitzungen berichteten die Schulkoordinatorinnen und -koordinatoren positive Eindrücke (siehe Abb. 1.15): Fast 70 Prozent gaben an, dass sich die Schülerinnen und Schüler bei der Bearbeitung der PISA-Tests genauso sehr angestrengt haben wie bei

Abbildung 1.15:   Angaben der Schulkoordinatorinnen und -koordinatoren zur Frage, wie sehr sich Schülerinnen und Schüler bei der Bearbeitung der PISA-Testaufgaben angestrengt haben (in %)

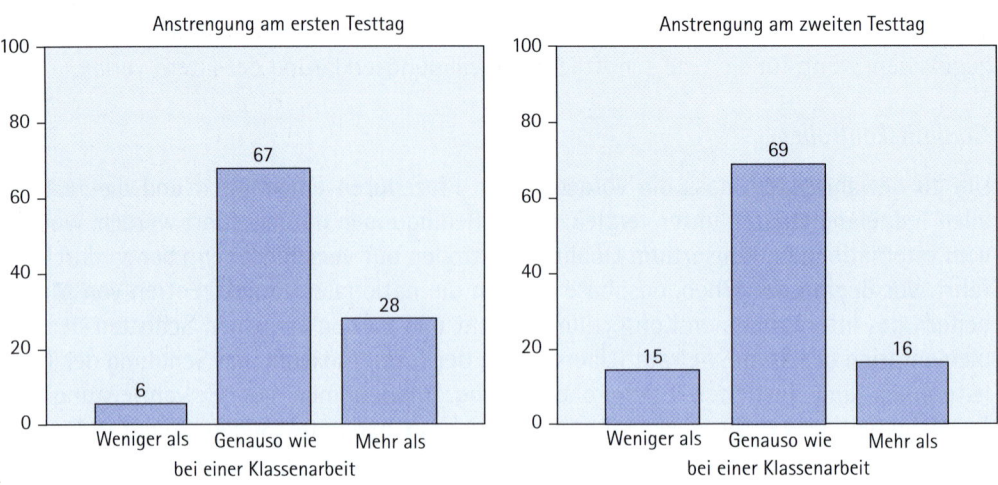

einer Klassenarbeit, und 28 Prozent hatten sogar den Eindruck, dass sich die Jugendlichen am ersten Testtag noch mehr bemühten als bei einer Klassenarbeit. Ein solches überdurchschnittliches Engagement beobachteten am zweiten Tag zwar etwas weniger – nämlich 16 Prozent – der Befragten, aber in 85 Prozent der Schulen wird auch für diesen zweiten Teil der Erhebung angegeben, dass sich die Jugendlichen mindestens so sehr angestrengt haben, wie bei einer Klassenarbeit.

Um Informationen aus einer weiteren Perspektive über den Ablauf der Erhebung zu erhalten, wurde in zwei Ländern auch eine Befragung der Testleiterinnen und Testleiter durchgeführt. Ziel dieser Befragung war es, eine möglichst konkrete Beschreibung der Situation während der Testsitzungen zu erhalten. Es wurden daher keine globalen Eindrücke erhoben, sondern spezifische Verhaltensweisen bzw. Ereignisse beschrieben und gefragt, wie häufig diese auftraten. So sollten die Testleiterinnen und Testleiter zum Beispiel angeben, wie viele Schülerinnen und Schüler nach den Pausen zu spät kamen und wie häufig die beaufsichtigende Lehrkraft die Jugendlichen zur Ruhe ermahnen musste. Von den 180 versendeten Fragebogen wurden 147 (82 %) ausgefüllt zurückgeschickt.

Auch die Rückmeldungen der Testleiterinnen und Testleiter ergeben das Bild eines weitgehend störungsfreien und konzentrierten Ablaufs der Erhebung. So traten beispielsweise in fast 60 Prozent der Schulen gar keine externen Störungen auf (z.B. starker Lärm von außen, Schülerinnen oder Schüler platzen in die Klasse herein), und in 38 Prozent der Fälle kamen solche Störungen maximal zweimal pro Testtag vor. Entsprechende Befunde finden sich auch bei den Fragen, die sich auf Disziplinprobleme oder Unruhe während der Testsituation beziehen (z.B. Herumlaufen in der Klasse, Werfen von Gegenständen, Ermahnungen durch die beaufsichtigende Lehrkraft). In mehr als der Hälfte aller Schulen trat unruhiges Verhalten überhaupt nicht auf, und in den Schulen, in denen es zu beobachten war, betraf es nur sehr wenige Schülerinnen und Schüler (in 40 % der Fälle war es lediglich eine Person). Betrachtet man weiterhin, wie häufig sich diese Schülerinnen und Schüler unruhig verhielten, so zeigt sich, dass dies in mehr als 90 Prozent der Schulen nur ein- bis zweimal pro Testtag bzw. alle 45 Minuten einmal der Fall war.

Diese Befunde, wie auch die Protokolle der Testleiterinnen und Testleiter über den Ablauf der einzelnen Testsitzungen sowie die Beobachtungen von PISA-Projektmitarbeitern bei Besuchen einzelner Schulen während der Erhebung, weisen darauf hin, dass sich die Bedingungen, unter denen die PISA-Tests durchgeführt wurden, kaum von denen einer durchschnittlichen Klassenarbeit unterscheiden. In der Regel herrschte während der Testdurchführung eine konzentrierte Atmosphäre, die lediglich durch die üblichen kleinen Störungen, wie die gelegentliche Frage nach einem Taschentuch oder die vereinzelte Randbemerkung, unterbrochen wurde. Dies ist umso bemerkenswerter, als die Bearbeitungszeit der Tests und Fragebogen mehr als drei Stunden betrug und damit die Dauer einer normalen Klassenarbeit deutlich überstieg. Die Befunde widerlegen also die Annahme, die auch in Fachkreisen häufig anzutreffen ist, Schülerinnen und Schüler würden Testsituationen im Rahmen von Schulleistungsstudien nicht ernst nehmen.

5. Testmotivation: Strengen sich deutsche Schülerinnen und Schüler bei internationalen Vergleichsstudien ausreichend an?

Von Kritikern internationaler Schulleistungsstudien wie TIMSS wird gelegentlich das Argument angeführt, dass sich insbesondere deutsche Schülerinnen und Schüler bei solchen Studien nicht anstrengten, da ihre Testleistungen ohne Konsequenzen blieben. Infolgedessen würden die Schulleistungen in Deutschland im Vergleich zu anderen Ländern, in denen Schülerinnen und Schüler stärker leistungsmotiviert seien, systematisch unterschätzt (Keitel & Kilpatrick, 1998). Haenisch (1998) etwa führt die mittelmäßigen Ergebnisse deutscher Achtklässler in TIMSS umstandslos auf deren mangelnde Testmotivation zurück. Empirische Belege für diese Vermutungen gibt es bislang nicht. Auch die Teilnahme an PISA ist freiwillig, und die Schülerinnen und Schüler erhalten weder eine Rückmeldung über die von ihnen erzielten Leistungen noch werden ihre Testergebnisse benotet. Es werden lediglich die mittleren Leistungen aller Teilnehmer an die Schule zurückgemeldet. Dabei ist es nicht möglich, die Leistungen einzelner Personen zu identifizieren.

Um zu untersuchen, welche Effekte verschiedene Anreize auf Testmotivation und Testleistungen haben, wurde während der Vorbereitung von PISA eine experimentelle Zusatzuntersuchung durchgeführt, deren Anlage und Ergebnisse ausführlich von Baumert und Demmrich (2001) dargestellt wurden. Die Schülerinnen und Schüler der 9. Jahrgangsstufe, die an dieser Studie teilnahmen, bearbeiteten einen Teil der nationalen Mathematikaufgaben aus PISA entweder unter den Standard-PISA-Instruktionen oder einer von drei anderen Bedingungen, bei denen die Konsequenzen, die zu erwarten waren, systematisch variiert wurden:

– Ähnlich wie in TIMSS wird in der Testinstruktion von PISA die große internationale Bedeutung des Programms herausgestellt, das herausfinden will, was Schülerinnen und Schüler in verschiedenen Ländern der Welt lernen; das Ziel sei, den Unterricht zu verbessern. Die Testinstruktion betont also den kollektiven, nicht den individuellen Informationswert der Studie (Bedingung: Bildungsstudie).

–   Einer zweiten Gruppe von Schülerinnen und Schülern wurde erklärt, dass sie an einer Leistungsuntersuchung teilnehmen und im Anschluss an den Test eine individuelle Rückmeldung über ihre Ergebnisse erhalten würden. Unter dieser Bedingung bestand der Wert der Untersuchungsteilnahme in einer Information über die eigene Leistungsfähigkeit (Bedingung: Rückmeldung).

–   Einer dritten Schülergruppe wurde mitgeteilt, dass der Test eine Klassenarbeit ersetze und die Testleistung durch den Mathematiklehrer bzw. die Mathematiklehrerin benotet werde (Bedingung: Noten). Auch unter dieser Bedingung erhalten die Schülerinnen und Schüler Informationen über ihren Leistungsstand, die jedoch im Fall schlechter Noten mit negativen Folgen verbunden sind. Dabei hängt die Vergabe der Note nicht nur von den eigenen Leistungen, sondern auch von denen der Mitschülerinnen und -schüler ab.

–   Unter der vierten Versuchsbedingung wurde den Untersuchungsteilnehmern eine Belohnung von DM 10,– versprochen, wenn sie mehr Aufgaben lösten, als aufgrund ihrer derzeitigen Mathematiknote zu erwarten sei (Bedingung: Geld). Unter dieser Instruktion wurde also eine materielle Belohnung an einen individuellen Leistungsmaßstab gebunden.

Die Untersuchung wurde an drei Gymnasien und fünf Hauptschulen in Niedersachsen durchgeführt. Es nahmen jeweils alle Schülerinnen und Schüler der 9. Jahrgangsstufe teil. Ihre Zuweisung zu den unterschiedlichen Versuchsbedingungen erfolgte nach dem Zufallsprinzip. Der Test dauerte 40 Minuten und bestand aus 20 PISA-Mathematikaufgaben unterschiedlicher Schwierigkeit (Lösungswahrscheinlichkeiten von $p = .10$ bis $p = .79$). Es

Abbildung 1.16:   Mittlere Anstrengungsbereitschaft (vor dem Test) und tatsächlich berichtete Anstrengung (nach dem Test) für Gymnasiasten und Hauptschüler, getrennt nach Instruktionsbedingungen

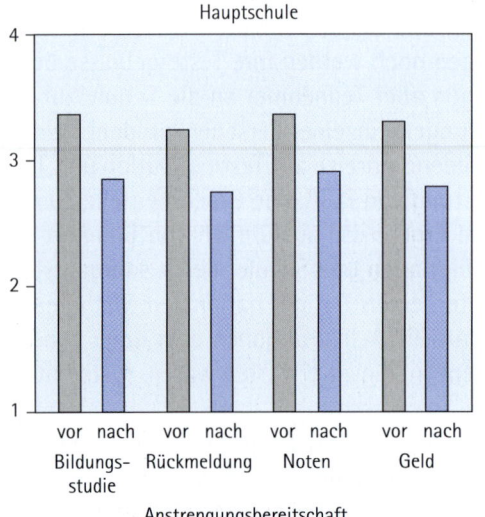
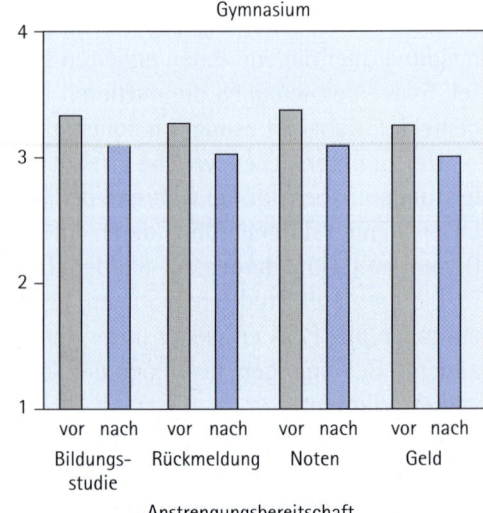

wurden verschiedene motivationale Variablen jeweils vor und nach dem Test erhoben, unter anderem die Anstrengungsbereitschaft, die Einschätzung der Nützlichkeit des Tests und die persönliche Bedeutung guter Testergebnisse. Es wurden vierstufige Antwortskalen verwendet; ein Wert von 2,5 entspricht jeweils einer mittleren Ausprägung auf der Skala. Nach Durchführung des Tests wurde in allen Gruppen die erfolgreiche Implementation der Versuchsbedingungen geprüft. Anschließend wurde den Teilnehmern das experimentelle Vorgehen erläutert.

In Abbildung 1.16 ist die Anstrengungsbereitschaft vor dem Test und die von den Schülerinnen und Schülern nach dem Test berichtete investierte Anstrengung abgetragen. Weder die verschiedenen Gruppen noch die beiden Schulformen unterschieden sich in der Anstrengungsbereitschaft. Alle Schülerinnen und Schüler beabsichtigten, sich sehr anzustrengen (Werte über 3,5). Bei der nach dem Test berichteten tatsächlich investierten Anstrengung gab es ebenfalls keine Unterschiede zwischen den Versuchsgruppen; das trifft sowohl für Gymnasiasten als auch für Hauptschüler zu. Schülerinnen und Schüler beider Schulformen berichteten nach dem Test, sich weniger angestrengt zu haben als ursprünglich beabsichtigt. Diese Differenz war bei Hauptschülern größer als bei Gymnasiasten. Jedoch ist das Ausmaß der rückblickend berichteten Anstrengung immer noch als hoch einzustufen (Werte um 3,0).

Für wie nützlich halten die Schülerinnen und Schüler die Teilnahme an einem solchen Test und wie wichtig ist es für sie, gut abzuschneiden? In der Studie gaben 78,5 Prozent der Schülerinnen und Schüler an, dass es für sie wichtig bzw. sehr wichtig war, in dem Test gute Leistungen zu erzielen. Dabei gab es keine Unterschiede zwischen den vier Gruppen. Generell war der Testerfolg den Mädchen wichtiger als den Jungen und den Hauptschülern wichtiger als den Gymnasiasten. Die mittleren Werte der Einschätzung der Nützlichkeit einer Testteilnahme sind aus Abbildung 1.17, aufgeschlüsselt nach Gruppenzuge-

Abbildung 1.17: Subjektive Einschätzung der Nützlichkeit des Tests in den verschiedenen Instruktionsbedingungen und Schulformen

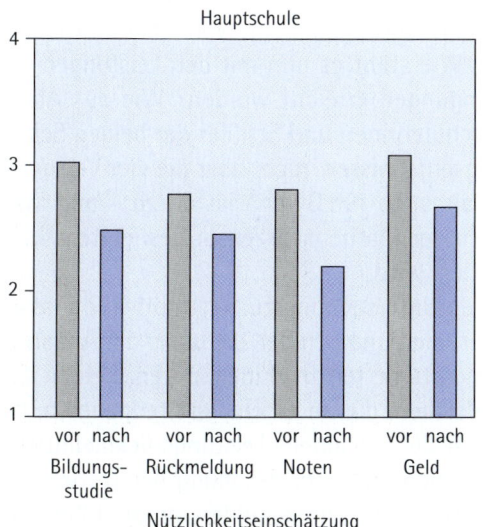

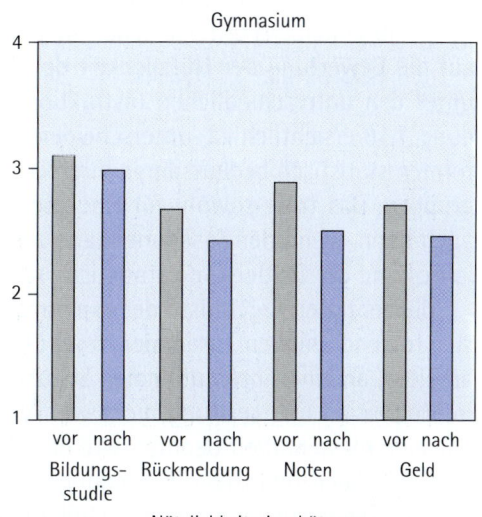

Abbildung 1.18:   Mittlere Anzahl erzielter Punkte im Mathematiktest für Gymnasiasten und Hauptschüler, getrennt nach Instruktionsbedingungen

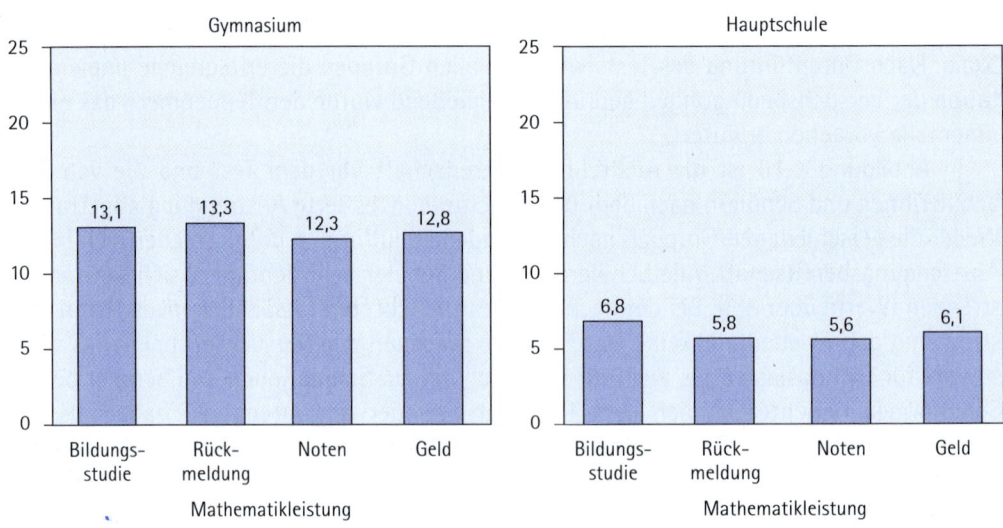

hörigkeit und Schulform, zu entnehmen. Vor dem Test lagen die Einschätzungen aller Schülerinnen und Schüler deutlich über 2,5; dies entspricht einer mittleren wahrgenommenen Nützlichkeit. Unabhängig von der Versuchsbedingung hielten alle Schülerinnen und Schüler den Test vorher für wichtiger als danach. Mädchen bewerteten dabei den Nutzen einer Testteilnahme höher als ihre männlichen Mitschüler. In der Beurteilung der Nützlichkeit des Tests zeigten sich in Abhängigkeit von der Schulform Unterschiede zwischen den Versuchsgruppen. Hauptschüler schätzten die Nützlichkeit unter der Bedingung *Geld*, Gymnasiasten unter der Bedingung *Bildungsstudie* am höchsten ein. Bemerkenswert ist, dass Gymnasiasten die Teilnahme an der Bildungsstudie nach dem Test für genauso nützlich hielten wie vorher.

Im Hinblick auf die Anstrengungsbereitschaft und die persönliche Wichtigkeit eines guten Abschneidens unterschieden sich die Versuchsgruppen nicht, wohl aber im Hinblick auf die Bewertung der Nützlichkeit des Tests. Wie steht es nun mit den Leistungen, die unter den unterschiedlichen Instruktionsbedingungen erreicht wurden? Wie aus Abbildung 1.18 ersichtlich ist, unterscheiden sich Schülerinnen und Schüler der beiden Schulformen statistisch bedeutsam in ihren Leistungsergebnissen, nicht aber die vier Versuchsgruppen. Das trifft sowohl für Hauptschüler als auch für Gymnasiasten zu - und zwar auch dann, wenn der Zusammenhang zwischen der Mathematikzensur des letzten Halbjahres und der Testleistung statistisch kontrolliert wird.

Die zentralen Ergebnisse der experimentellen Untersuchung zur Testmotivation lassen sich folgendermaßen zusammenfassen: Schülerinnen und Schüler, die unter der Annahme arbeiten, an einer internationalen Schulleistungsstudie teilzunehmen, unterscheiden sich in Motivation und Leistung nicht von Altersgleichen, die an einem Test teilnehmen, der wie eine Klassenarbeit benotet wird oder für den sie individuelle Leistungsrückmeldungen erhalten. Auch finanzielle Belohnungen tragen nicht zu einer Erhöhung der Testleistungen bei. Tendenziell erbrachten Schülerinnen und Schüler, die glaubten, an der PISA-Studie teilzunehmen, sogar bessere Leistungen als diejenigen, deren Testergebnisse benotet werden sollten.

Auch für den amerikanischen Sprachraum werden in der Literatur ähnliche Befunde berichtet (Kiplinger & Linn, 1995; O'Neil, Sugrue & Baker, 1996); weder die Erhöhung der persönlichen Bedeutsamkeit der Teilnahme noch finanzielle Anreize führten in diesen Studien konsistent zu einer Steigerung der Testleistungen. Wenn vereinzelt Effekte auftraten, waren diese auf jüngere Schüler und leichte Aufgaben beschränkt.

Der Anreiz, an einer internationalen Bildungsstudie wie PISA teilzunehmen, scheint zu keiner geringeren Motivation zu führen, als sie im „normalen" Schulunterricht bei Klassenarbeiten erreicht wird. Die Teilnahme an einer Studie wie PISA kann – auch wenn damit keine persönlichen Konsequenzen verbunden sind – für die beteiligten Schülerinnen und Schüler durchaus attraktiv sein und eine Herausforderung darstellen. Diese Befunde widersprechen den Vermutungen, dass ein schwächeres Abschneiden deutscher Schülerinnen und Schüler in internationalen Schulleistungsstudien auf eine im Vergleich zu benoteten Klassenarbeiten unzureichende Motivation zurückzuführen sei (Haenisch, 1998; Keitel & Kilpatrick, 1998). Möglicherweise ist die gelegentlich anzutreffende Überzeugung, dass Lernen und Leisten in Schulen maßgeblich von externen Anreizen abhänge, selbst Teil des Problems, auf das TIMSS aufmerksam gemacht hat.

6. PISA: Ein kooperatives Unternehmen

PISA ist ein kooperatives Unternehmen, das wissenschaftliche Expertise aus allen Teilnehmerländern zusammenführt und von den Regierungen der Länder gemeinsam auf der Grundlage geteilter Interessen gelenkt wird. Die wichtigsten Entscheidungen werden im *Board of Participating Countries* (BPC) getroffen, in dem jeder Teilnehmerstaat eine Stimme hat. Den Vorsitz in diesem Gremium hat Eugen Owen (NCES, Vereinigte Staaten). Vertreter des Bundes und der Länder sind Helga Hinke (Bayerisches Staatsministerium für Unterricht und Kultus), Jochen Schweitzer (Senatsverwaltung für Bildung und Wissenschaft, Bremen) und Gudrun Stoltenberg (Bundesministerium für Bildung und Forschung). Die übergreifende Managementverantwortung für das gesamte Projekt liegt beim OECD-Sekretariat in Paris. Andreas Schleicher (OECD) ist dort für die Koordination von PISA und die internationale Zusammenarbeit der teilnehmenden Länder verantwortlich.

Zur Sicherung der Qualität des Erhebungsprogramms und der Messinstrumente wurden internationale Expertengruppen eingerichtet, an denen auch Wissenschaftler aus Deutschland beteiligt sind:
- Internationale Expertengruppe für Lesen (Vorsitz: Irwin Kirsch, Educational Testing Service, Vereinigte Staaten)
- Internationale Expertengruppe für Mathematik (Vorsitz: Jan de Lange, Utrecht University, Niederlande)
- Internationale Expertengruppe für die Naturwissenschaften (Vorsitz: Wynne Harlen, University of Bristol, Vereinigtes Königreich)
- Technische Beratergruppe (Vorsitz: Raymond Adams, Australian Council for Educational Research [ACER], Australien)

Mit der praktischen Planung und wissenschaftlichen Koordination der Studie wurde ein internationales Konsortium beauftragt, in dem folgende Forschungseinrichtungen zusammenarbeiten:

– Australian Council for Educational Research (ACER);
– The Netherlands National Institute for Educational Measurement (CITOGROEP), Niederlande;
– National Institute for Educational Research (NIER), Japan;
– Educational Testing Service (ETS), Vereinigte Staaten und
– WESTAT, Vereinigte Staaten.

Das Konsortium arbeitet unter der Federführung von ACER. Projektdirektor des PISA-Konsortiums ist Ray Adams, Melbourne. Besonders Ray Adams und seinem Team ist es zu verdanken, dass PISA nicht nur hoch professionell geleitet wurde, sondern sich darüber hinaus zu einem einzigartigen Programm des Wissenstransfers zwischen Forschungseinrichtungen in der ganzen Welt entwickelt hat. Diese Entwicklung wurde beispielhaft durch Andreas Schleicher und seine Arbeitsgruppe im Sekretariat der OECD unterstützt.

In den PISA-Teilnehmerländern waren nationale Projektmanager für die Ausgestaltung und Durchführung des Programms verantwortlich. In Deutschland wurde die PISA-Studie von der Kultusministerkonferenz in Auftrag gegeben. Verantwortlich für ihre Durchführung ist ein nationales Konsortium unter der Federführung des Max-Planck-Instituts für Bildungsforschung in Berlin. Dem Konsortium gehören die folgenden Wissenschaftler an:

Jürgen Baumert, Max-Planck-Institut für Bildungsforschung, Berlin
Helmut Heid, Universität Regensburg (assoziiertes Mitglied)
Eckhard Klieme, Max-Planck-Institut für Bildungsforschung, jetzt Deutsches Institut für Internationale Pädagogische Forschung (DIPF), Frankfurt a.M.
Michael Neubrand, Universität Flensburg
Manfred Prenzel, Leibniz-Institut für die Pädagogik der Naturwissenschaften (IPN) an der Universität Kiel
Ulrich Schiefele, Universität Bielefeld
Wolfgang Schneider, Universität Würzburg
Klaus-Jürgen Tillmann, Universität Bielefeld
Manfred Weiß, Deutsches Institut für Internationale Pädagogische Forschung (DIPF), Frankfurt a.M.

Für die Projektkoordination am Max-Planck-Institut sind Petra Stanat (PISA), Cordula Artelt (PISA E) und Gundel Schümer (Kontextfragebogen) verantwortlich. Die Organisation der Datenerhebung sowie die Datenverarbeitung hat das Data Processing Center der *International Association for the Evaluation of Education Achievement* (IEA-DPC) unter der Leitung von Heiko Sibberns übernommen.

Dem *PISA-Team am Max-Planck-Institut für Bildungsforschung* gehören an:
Cordula Artelt, Jürgen Baumert, Anke Demmrich, Andrea Derichs, Susannah Goss, Eckhard Klieme, Viktoria Kußerow, Mareike Kunter, Oliver Lüdtke, Gundel Schümer, Susan Shakery, Petra Stanat und Joachim Wirth

Für *PISA sind im DPC, Hamburg,* zuständig:
Jens Brockmann, Svenja Bundt, Jens Gomolka, Steffen Knoll und Heiko Sibberns

Die Skalierung der nationalen Ergänzungstests wurde von Claus Carstensen (Leibniz-Institut für die Pädagogik der Naturwissenschaften [IPN] an der Universität Kiel/ACER) durchgeführt.

Für die Herstellung und Gestaltung der Druckvorlage dieses Buches waren die Mitarbeiterinnen des zentralen Sekretariats des Max-Planck-Instituts für Bildungsforschung, Berlin, zuständig: Doris Gampig, Renate Hoffmann, Madeline Hoyt, Dagmar Stenzel

Analog zur internationalen Organisation wurden auch in Deutschland zu einzelnen Untersuchungskomponenten nationale Expertengruppen gebildet, die für die Entwicklung der Rahmenkonzeptionen und Erhebungsverfahren verantwortlich sind. Darüber hinaus kooperieren sie auch mit den entsprechenden internationalen Expertengruppen. Die nationalen Expertengruppen setzen sich wie folgt zusammen:

Leseverständnis

Ulrich Schiefele (Sprecher, Mitglied des Konsortiums), Universität Bielefeld
Wolfgang Schneider (Mitglied des Konsortiums), Universität Würzburg
Bettina Hurrelmann, Universität zu Köln

Mathematik

Michael Neubrand (Sprecher, Mitglied des Konsortiums), Universität Flensburg
Rolf Biehler, Universität Gesamthochschule Kassel
Werner Blum, Universität Gesamthochschule Kassel
Elmar Cohors-Fresenborg, Universität Osnabrück
Lothar Flade, Kultusministerium des Landes Sachsen-Anhalt, Magdeburg
Norbert Knoche, Universität Essen
Detlef Lind, Universität Wuppertal
Wolfgang Löding, Institut für Lehrerfortbildung, Hamburg;
Gerd Möller, Ministerium für Schule und Weiterbildung, Wissenschaft und Forschung des Landes Nordrhein-Westfalen, Düsseldorf
Alexander Wynands, Universität Bonn

Naturwissenschaften

Manfred Prenzel (Sprecher, Mitglied des Konsortiums), Leibniz-Institut für die Pädagogik der Naturwissenschaften (IPN) an der Universität Kiel
Horst Bayrhuber, Didaktik der Biologie, IPN Kiel
Götz Bieber, Pädagogisches Landesinstitut Brandenburg, Ludwigsfelde
Reinhard Demuth, Didaktik der Chemie, IPN Kiel
Reinders Duit, Didaktik der Physik, IPN Kiel
Manfred Euler, Didaktik der Physik, IPN Kiel
Hans E. Fischer, Didaktik der Physik, Universität Dortmund
Christa Herwig, Thüringer Institut für Lehrerfortbildung, Bad Berka
Lore Hoffmann, Erziehungswissenschaft, IPN Kiel

Rainer Klee, Didaktik der Biologie, Universität Gießen
Wolfgang Koch, Ministerium für Schule und Weiterbildung, Wissenschaft und Forschung des Landes Nordrhein-Westfalen, Düsseldorf
Manfred Lehrke, Erziehungswissenschaft, IPN Kiel
Jürgen Mayer, Didaktik der Biologie, Universität Gießen
Peter Nentwig, Didaktik der Chemie, IPN Kiel
Kurt Riquarts, Erziehungswissenschaft, IPN Kiel
Jürgen Rost, Methodenlehre, IPN Kiel
Elke Sumfleth, Didaktik der Chemie, Universität-Gesamthochschule Essen

Problemlösen

Eckhard Klieme, Max-Planck-Institut für Bildungsforschung, Berlin, jetzt Deutsches Institut für Internationale Pädagogische Forschung (DIPF), Frankfurt a.M.
Peter Frensch, Humboldt-Universität zu Berlin
Joachim Funke, Universität Heidelberg
Detlev Leutner, Universität Erfurt
Peter Reimann, Universität Heidelberg

Kontextbedingungen von Schulleistungen

Klaus-Jürgen Tillmann (Sprecher, Mitglied des Konsortiums), Universität Bielefeld
Heinz Günter Holtappels, Universität Dortmund
Franz Huber, Staatsinstitut für Schulpädagogik und Bildungsforschung, München
Hans-Jürgen Lambrich, Pädagogisches Landesinstitut Brandenburg, Ludwigsfelde
Ulrich Meier, Universität Bielefeld
Gerd Orth, Ministerium für Schule und Weiterbildung, Wissenschaft und Forschung des Landes Nordrhein-Westfalen, Düsseldorf
Gundel Schümer, Max-Planck-Institut für Bildungsforschung, Berlin
Ulrich Steffens, Hessisches Landesinstitut für Pädagogik, Wiesbaden
Brigitte Steinert, Deutsches Institut für Internationale Pädagogische Forschung (DIPF), Frankfurt a.M.
Horst Weishaupt, Pädagogische Hochschule Erfurt
Manfred Weiß (Mitglied des Konsortiums), Deutsches Institut für Internationale Pädagogische Forschung (DIPF), Frankfurt a.M.

An der Vorbereitung, Durchführung und Auswertung waren viele studentische Hilfskräfte beteiligt, die an dieser Stelle nicht alle namentlich genannt werden können. Ihnen sei für ihre engagierte Mitarbeit ausdrücklich gedankt.
Das nationale PISA-Konsortium arbeitet in enger Abstimmung mit der Amtschefskommission „Qualitätssicherung" der Kultusministerkonferenz (KMK) zusammen. Die Kommission tagt unter dem Vorsitz von Staatsrat Hermann Lange grundsätzlich länderoffen. In gewisser Weise stellt diese Kommission die nationale Entsprechung für das internationale *Board of Participating Countries* der OECD dar. Aus der Zusammenarbeit hat sich eine neue, effiziente Form der Abstimmung und des wechselseitigen Austauschs zwischen Schulforschung, Schulverwaltung und Schulpraxis entwickelt.

Die Arbeit der Amtschefskommission für Qualitätssicherung und des nationalen PISA-Konsortiums wurde durch einen wissenschaftlichen Beirat unterstützt, dem folgende Personen angehören oder angehörten:

Dietrich Benner, Humboldt-Universität zu Berlin

Andreas Helmke, Universität Koblenz-Landau

Helmut Fend, Universität Zürich

Heinz-Elmar Tenorth, Humboldt-Universität zu Berlin

Reinhard Pekrun, Universität München

Klaus Klemm, Universität-Gesamthochschule Essen

Kurt A. Heller, Universität München

Die Leitung des Beirats obliegt dem Vorsitzenden der Amtschefskommission Qualitätssicherung.

In den Ländern wird das nationale PISA-Konsortium durch die von den jeweiligen Landesregierungen ernannten PISA-Beauftragten unterstützt, die nicht nur die Verbindung zu den Einrichtungen der Lehrerfortbildung in den Ländern herstellten, sondern auch zusammen mit den jeweiligen Projektkoordinatoren der Länder die zusätzlichen Erhebungen, die im Rahmen der PISA-Erweiterung (PISA-E) durchgeführt wurden, betreuten.

Ganz besonderer Dank gilt denen, um die es in PISA geht: Den Schülerinnen und Schülern, ihren Lehrerinnen und Lehrern sowie ihren Eltern. Sie haben mit großem Engagement an der Studie mitgewirkt. Die hohen Beteiligungsquoten bezeugen, dass uns in den Schulen viel Interesse, Hilfsbereitschaft und Vertrauen entgegengebracht wurde. Für diese konstruktive und freundliche Zusammenarbeit möchten wir allen Beteiligten herzlich danken.

7. Überblick über den Bericht „PISA 2000"

Der vorliegende Bericht über den ersten Erhebungszyklus von PISA (PISA 2000) soll den internationalen *Initial Report,* der gleichzeitig vorgelegt wird, nicht ersetzen, sondern in zweifacher Hinsicht ergänzen. Er wird die Ergebnisse stärker unter einer nationalen Perspektive analysieren und dabei auch über Befunde der nationalen Zusatzerhebungen berichten. Dies ermöglicht es auch, einzelne Themen vertiefter zu behandeln, als dies im internationalen Report möglich ist. Dennoch heißt dies nicht, dass mit dem vorliegenden Bericht die Ergebnisse von PISA erschöpfend dargestellt werden könnten. Um ihr konstruktives Potenzial zur Geltung zu bringen, erfordern gerade die didaktischen Themen eigenständige Analysen. Eine Reihe von Fragen kann überdies erst auf der Grundlage der größeren PISA-E Stichprobe in der wünschenswerten Differenzierung behandelt werden. Deshalb hat die Kultusministerkonferenz thematisch fokussierte Berichte zu folgenden Bereichen erbeten:
- Soziale Herkunft und Schulleistungen
- Die Rolle von Schule, Familie und Peers für fachliches und überfachliches Lernen
- Lesekompetenz
- Mathematische Grundbildung

- Naturwissenschaftliche Grundbildung
- Problemlösekompetenzen

Der vorliegende Bericht ist in vier große Abschnitte gegliedert, denen in der Regel mehrere Kapitel zugeordnet sind. Das Kapitel 1 gibt einen Überblick über das Anliegen und die bildungstheoretische Konzeption von PISA und stellt in Verbindung mit Anhang A die technischen Grundlagen dar, die zum Verständnis des Berichts erforderlich sind.

Kapitel 2 bis 4 bilden den zweiten und größten Block, der ausführliche Darstellungen der Testkonzeptionen sowie Datenanalysen und Ergebnisse für die Domänen Lesen, Mathematik und Naturwissenschaften enthält. Hinzu kommt die gesonderte Analyse von Geschlechterunterschieden, die in Kapitel 5 zu finden ist. Alle drei den verschiedenen Kompetenzbereichen gewidmeten Kapitel versuchen eine sorgfältige Einführung in die theoretischen Grundlagen der Testentwicklung zu geben. Im Falle von Mathematik und Naturwissenschaften gehört dazu ein Überblick über die sich in den beiden Fachgebieten vollziehende Grundbildungsdiskussion.

Die Kapitel 6 und 7 sind den fächerübergreifenden Themen des selbstregulierten Lernens und der Kooperation und Kommunikation gewidmet. Mit beiden Bereichen beschreitet PISA als *Large-Scale Assessment*-Studie Neuland.

Die Kapitel 8 und 9 bilden den vierten Block, in dem Fragen der kontextuellen Einbettung von Bildungsprozessen behandelt werden. Kapitel 8 konzentriert sich auf die Untersuchung des Zusammenhangs zwischen familiären Lebensverhältnissen einerseits und Bildungsbeteiligung und Kompetenzerwerb andererseits. Im Zentrum stehen Analysen zur sozialen und ethnischen Herkunft. Kapitel 9 untersucht systematisch institutionelle Kontextbedingungen, und zwar aus Schulleiter- und Schülerperspektive. Insbesondere das Kapitel 9 stellt einen ersten explorativen Zugriff auf das Thema dar, das in einem thematischen Bericht vertieft behandelt werden wird.

Anmerkungen

[1] Frau Marion Kelly, Staatsinstitut für Schulpädagogik und Bildungsforschung, München, und Herr Dr. habil. Jürgen Elsner, Kiel, haben diese Aufgabe für die Mathematik und Herr Gerd Boysen, Max-Planck-Gymnasium, Kiel, und Herr Dr. Erhard Lipkow, Molfsee, für die Naturwissenschaften übernommen. Ihnen möchten wir für ihre Unterstützung sehr danken.

[2] Die Beurteilungen für Integrierte Gesamtschulen wurden nach Kursen getrennt vorgenommen (z.B. G-Kurse und E-Kurse).

[3] Wir möchten allen Beteiligten an dieser Stelle nochmals ganz herzlich für ihre Unterstützung danken. Sie haben die Beurteilungen, die insbesondere in den Fächern Mathematik und Deutsch sehr aufwändig waren, mit großer Sorgfalt durchgeführt und damit einen wichtigen Beitrag zur Aussagekraft der PISA-Studie geleistet.

[4] In einer kleinen Teilstichprobe von 30 Schulen wurden darüber hinaus an einem dritten Testtag, der jeweils etwa ein bis vier Wochen nach den ersten beiden Testtagen stattfand, computergestützte Verfahren zur Erfassung allgemeiner Problemlösekompetenzen eingesetzt. Über die Befunde dieser Komponente wird an anderer Stelle – im thematischen Band zum Bereich Problemlösen – berichtet werden.

Literatur
(Für hier nicht aufgeführte Literaturangaben siehe das Literaturverzeichnis von Kapitel 8.)

Adams, R. J., Wilson, M. R. & Wang, W. C. (1997). The multidimensional random coefficients multinomial logit. *Applied Psychological Measurement, 21,* 1–24.

Adams, R. J., Wu, M. L. & Macaskill, G. (1997). Scaling methodology and procedures for the mathematics and science scales. In M. O. Martin & D. L. Kelly (Eds.), *Third international mathematics and science study. Technical report: Vol. II. Implementation and analysis. Primary and middle school years* (Chap. 7, pp. 111–146). Chestnut Hill, MA: Boston College.

American Association for the Advancement of Science (AAAS). (Ed.). (1993). *Benchmarks for science literacy.* Project 2061. New York: Oxford University Press.

American Association for the Advancement of Science (AAAS). (Ed.). (1997). *Resources for science literacy. Professional development.* Project 2061. New York: Oxford University Press.

American Association for the Advancement of Science (AAAS). (Ed.). (1998). *Blueprints for reform.* Project 2061. New York: Oxford University Press.

Andrich, D. (1978). A rating formulation for ordered response categories. *Psychometrika, 43,* 561–573.

Andrich, D. (1982). An extension of the Rasch model for ratings providing both location and dispersion parameters. *Psychometrika, 47,* 105–113.

Artelt, C. (2000). *Strategisches Lernen.* Münster: Waxmann.

Barrett, B., Brick, M., Ewald, M., James, P., Murphy, A., Rogers, J. & Valliant, R. (2000). *WesVarTM 4.0 users guide.* Westat: Rockville.

Baumert, J. (1992). Koedukation oder Geschlechtertrennung? *Zeitschrift für Pädagogik, 38* (1), 83–110.

Baumert, J. (1997). Scientific literacy – A German perspective. In W. Gräber & C. Bolte (Eds.), *Scientific literacy – An international symposium* (pp. 167–180). Kiel: Institut für die Pädagogik der Naturwissenschaften.

Baumert, J., Artelt, C., Klieme, E. & Stanat, P. (2001). PISA – Programme for International Student Assessment. Zielsetzung, theoretische Konzeption und Entwicklung von Messverfahren. In F. E. Weinert (Hrsg.), *Leistungsmessungen in Schulen* (S. 285–310). Weinheim: Beltz.

Baumert, J., Bos, W. & Lehmann, R. H. (2000). *TIMSS/III. Dritte Internationale Mathematik- und Naturwissenschaftsstudie – Mathematische und naturwissenschaftliche Bildung am Ende der Schullaufbahn* (2 Bde.). Opladen: Leske + Budrich.

Baumert, J. & Demmrich, A. (2001). Test motivation in the assessment of student skills: The effects of incentives on motivation and performance. *European Journal of Psychology of Education, 16* (3), 441–462.

Baumert, J., Klieme, E., Lehrke, M. & Savelsbergh, E. (2000). Konzeption und Aussagekraft der TIMSS-Leistungstests. Zur Diskussion um TIMSS-Aufgaben aus der Mittelstufenphysik (Teil 1). *Die Deutsche Schule, 92* (1), 102–115; (Teil 2). *Die Deutsche Schule, 92* (2), 196–217.

Baumert, J., Klieme, E., Neubrand, M., Prenzel, M., Schiefele, U., Schneider, W., Tillmann, K.-J. & Weiß, M. (1999). *Fähigkeit zum selbstregulierten Lernen als fächerübergreifende Kompetenz.* PISA Konsortium [http://www.mpib-berlin.mpg.de/pisa/pdfs/CCCdt.pdf].

Baumert, J., Köller, O., Lehrke, M. & Brockmann, J. (2000). Anlage und Durchführung der Dritten Internationalen Mathematik- und Naturwissenschaftsstudie zur Sekundarstufe II (TIMSS/III) –Technische Grundlagen. In J. Baumert, W. Bos & R. H. Lehmann (Hrsg.), *Dritte Internationale Mathematik- und Naturwissenschaftsstudie – Mathematische und naturwissenschaftliche Bildung am Ende der Schullaufbahn. Kapitel III in Band I: TIMSS – Mathematische und naturwissenschaftliche Grundbildung am Ende der Pflichtschulzeit* (S. 31–84). Opladen: Leske + Budrich.

Behnken, I. u.a. (1997). *Lesen und Schreiben aus Leidenschaft. Jugendkulturelle Inszenierung von Schriftkultur.* Weinheim: Juventa.

Benavot, A., Cha, Y.-K., Kamens, D., Meyer, J. & Wong, S.-Y. (1991). Knowledge for the masses: World models and national curricula, 1920–1986. *American Sociological Review, 56* (1), 85–100.

Bronfenbrenner, U. (1976). *Ökologische Sozialisationsforschung.* Stuttgart: Klett.

Camilli, G. & Shepard, L. A. (1994). *Methods for identifying biased test items* (Vol. 4). Thousand Oaks, CA: Sage

Eder, F. (1998). Schul- und Klassenklima. In D. H. Rost (Hrsg.), *Handwörterbuch der Pädagogischen Psychologie* (S. 424–430). Weinheim: Psychologie Verlags Union.

Fend, H. (1991). *Identitätsentwicklung in der Adoleszenz. Lebensentwürfe, Selbstfindung und Weltaneignung in beruflichen, familiären und politisch-weltanschaulichen Bereichen.* Bd. 2. Bern: Huber.

Fend, H. (1998). *Qualität im Bildungswesen. Schulforschung zu Systembedingungen, Schulprofilen und Lehrerleistung.* Weinheim: Juventa.

Ferchhoff, W. & Neubauer, G. (1997). *Patchwork-Jugend. Eine Einführung in postmoderne Sichtweisen.* Opladen: Leske + Budrich.

Fischer, G. H. & Molenaar, I. W. (Eds.). (1995). *Rasch models. Foundation, recent developments, and applications.* New York: Springer.

Flitner, W. (1960). *Hochschulreife und Gymnasium: vom Sinn wissenschaftlicher Studien und von der Aufgabe der gymnasialen Oberstufe.* Heidelberg: Quelle & Meyer.

Gruehn, S. (2000). *Unterricht und schulisches Lernen: Schüler als Quellen der Unterrichtsbeschreibung* (Pädagogische Psychologie und Entwicklungspsychologie, Bd. 12, hrsg. von D. H. Rost). Münster: Waxmann.

Haenisch, H. (1998). *Warum TIMSS nicht geeignet ist, etwas über die Leistungsfähigkeit deutscher Schulen auszusagen.* GGG aktuell. (Gemeinnützige Gesellschaft Gesamtschule e.V.)

Hambleton, R. K. & Swaminathan, H. (1989). *Item response theory. Principles and applications.* Boston, MA: Kluwer.

Helmke, A. & Weinert, F. E. (1997). Bedingungsfaktoren schulischer Leistungen. In F. E. Weinert (Hrsg.), *Psychologie des Unterrichts und der Schule* (S. 71–176) (Enzyklopädie Psychologie, Serie Pädagogische Psychologie, Bd. 3). Göttingen: Hogrefe.

Helmke, A. & Schrader, F.-W. (2001). Jenseits von TIMSS: Messungen sprachlicher Kompetenzen, komplexe Längsschnittstudien und kulturvergleichende Analysen. Ergebnisse und Perspektiven ausgewählter Leistungsstudien. In F. E. Weinert (Hrsg.), *Leistungsmessungen an Schulen* (S. 237–250). Weinheim: Beltz.

Honaker, J., Joseph, A., King, G. & Scheve, K. (2000). *Amelia: A program for missing data* (Version 2.0). Harvard University.

Humboldt, W. von (1964). *Werke: Bd. 4. Schriften zur Politik und zum Bildungswesen,* hrsg. von A. Flitner & K. Giel. Darmstadt: Wissenschaftliche Buchgesellschaft.

Hurrelmann, K. (1986). Das Modell des produktiv realitätsverarbeitenden Subjekts in der Sozialisationforschung. In K. Hurrelmann (Hrsg.), *Lebenslage, Lebensalter, Lebenszeit* (S. 11–13). Weinheim: Beltz.

Judkins, D. (1990). Fay's method for variance estimation. *Journal of Official Statistics, 6,* 223–240.

Keitel, C. & Kilpatrick, J. (1998). Mathematikunterricht zwischen Wissenschaft und Politik: Rationalität und Irrationalität internationaler vergleichender Studien. *Neue Sammlung, 38,* 513–532.

Kipliner, V. L. & Linn, R. L. (1995). Raising the stakes of test administration: The impact of student performance on the national assessment of educational progress. *Educational Assessment, 3,* 111–133.

Kish, L. (1995). *Survey sampling.* New York: Wiley.

Klieme, E. (2000). Fachleistungen im voruniversitären Mathematik- und Physikunterricht: Theoretische Grundlagen, Kompetenzstufen und Unterrichtsschwerpunkte. In J. Baumert, W. Bos & R. H. Lehmann (Hrsg.), *TIMSS/III. Dritte Internationale Mathematik- und Naturwissenschaftsstudie – Mathematische und naturwissenschaftliche Bildung am Ende der Schullaufbahn. Mathematische und physikalische Kompetenzen am Ende der gymnasialen Oberstufe* (S. 57–128). Opladen: Leske + Budrich.

Klieme, E., Ebach, J., Didi, H.-J., Hensgen, A., Heilmann, K. & Meisters, K.-H. (1997). Problemlösetest für die 7. Jahrgangsstufe. In R. H. Lehmann & I. Steinbach (Hrsg.), *Schulleistungstests für sechste und siebte Klassen.* Göttingen: Hogrefe.

Kubinger, K. D. (Hrsg.). (1989). *Moderne Testtheorie.* Weinheim: Beltz.

Little, R. J. & Rubin, D. B. (1987). *Statistical analysis with missing data.* New York: Wiley.

Lord, F. M. & Novick, M. R. (1968). *Statistical theories of mental test scores.* Reading, MA: Addison-Wesley.

Masters, G. N. (1982). A Rasch model for partial credit scoring. *Psychometrika, 47,* 149–174.

Meyer, J. W. & McEneany, E. (1999). Vergleichende und historische Reflektionen über das Curriculum: Die sich wandelnde Bedeutung von Wissenschaft. In I. F. Goodson, S. Hopmann & K. Riquarts (Hrsg.), *Das Schulfach als Handlungsrahmen* (S. 177–190). Köln: Böhlau Verlag.

Meyer, J., Ramirez, F. & Soysal, Y. (1992). World expansion of mass education, 1870–1970. *Sociology of Education, 65* (2), 128–149.

Mislevy, R. J., Beaton, A. E., Kaplan, B. & Sheehan, K. M. (1992). Estimating population characteristics from sparse matrix samples of item responses. *Journal of Educational Measurement, 29* (2), 133–161.

Mislevy, R. J., Johnson, E. G. & Musaki, E. (1992). *Scaling procedures in NAEP. Journal of Educational Statistics, 17* (2), 131–154.

Mortimore, P. (1998). *The road to improvement.* Lisse: Swets & Zeitlinger.

O'Neil, H. F., Jr., Sugrue, B. & Baker, E. L. (1996). Effects of motivational interventions on the national assessment of educational progress mathematics performance. *Educational Assessment, 3,* 135–157.

Rasch, G. (1960). *Probabilistic models for some intelligence and attainment tests.* Copenhagen: Nielsen & Lydicke.

Rost, J. (1996). *Lehrbuch Testtheorie, Testkonstruktion.* Bern: Huber.

Rubin, D. B. (1987). *Multiple imputation for nonresponse in surveys.* New York: Wiley.

Scheerens, J. & Bosker, R. J. (1997). *The foundations of educational effectiveness.* Oxford, UK: Pergamon.

Shamos, M. H. (Ed.). (1995). *The myth of scientific literacy.* New Brunswick, NJ: Rutgers University Press.

Steffens, U. & Bargel, T. (1993). *Erkundungen zur Qualität von Schule.* Neuwied: Luchterhand.

Tenorth, H.-E. (1994). *„Alle alles zu lehren": Möglichkeiten und Perspektiven allgemeiner Bildung.* Darmstadt: Wissenschaftliche Buchgesellschaft.

Tenorth, H.-E. (2000). Erziehungswissenschaftliche Forschung im 20. Jahrhundert und ihre Methoden. In D. Benner & H.-E. Tenorth (Hrsg.), *Bildungsprozesse und Erziehungsverhältnisse im 20. Jahrhundert: Praktische Entwicklungen und Formen der Reflexion im historischen Kontext* (S. 264–293). Weinheim: Beltz.

Tillmann, K. J. u.a. (1999). *Schülergewalt als Schulproblem.* Weinheim: Juventa.

Tillmann, K.-J. (2000). *Sozialisationstheorien. Eine Einführung in den Zusammenhang von Gesellschaft, Institution und Subjektwerdung* (10. erw. und überarb. Aufl.). Reinbek: Rowohlt.

Vijver, F. van de & Hambleton, R. K. (1996). Translating tests: Some practical guide-lines. *European Psychologist, 1* (2), 89–99.

Visscher, A. J. (Ed.). (1999). *Managing schools towards high performance.* Lisse: Swets & Zeitlinger.

Watermann, R. (2001, März). *Die Erfassung fachlicher Kompetenz jenseits eindimensionaler Leistungsskalen: Latent-Class-Modelle für Kompetenzstufen in der voruniversitären Mathematik.* Vortrag auf der 60. Tagung der Arbeitsgruppe für Empirische Pädagogische Forschung in Bamberg.

Weinert, F. E. (1998a). Neue Unterrichtskonzepte zwischen gesellschaftlichen Notwendigkeiten, pädagogischen Visionen und psychologischen Möglichkeiten. In Bayerisches Staatsministerium für Unterricht, Kultus, Wissenschaft und Kunst (Hrsg.), *Wissen und Werte für die Welt von morgen.* Dokumentation zum Bildungskongress des Bayerischen Staatsministeriums für Unterricht, Kultus, Wissenschaft und Kunst am 29./30. April 1998 in der Ludwig-Maximilians-Universität München (S. 101–125). München.

Weinert, F. E. (1998b). Vermittlung von Schlüsselqualifikationen. In S. Matalik & D. Schade (Hrsg.), Entwicklungen in Aus- und Weiterbildung. Anforderungen, Ziele, Konzepte (S. 23–43). Baden-Baden: Nomos.

Weinert, F. E. (1999). *Konzepte der Kompetenz. Gutachten zum OECD Projekt „Definition and Selection of Competencies: Theoretical and Conceptual Foundations (DeSeCo)".* Neuchâtel, Schweiz: Bundesamt für Statistik.

Wolter, K. M. (1985). *Introduction to variance estimation.* New York: Springer.

Zinnecker, J. (1985). Literarische und ästhetische Praxen in Jugendkultur und Jugendbiographie. In Jugendwerk der Deutschen Shell: Jugend '85, Bd. 2, S. 143–348.

Zinnecker, J. & Silbereisen, R. K. (1996). Kindheit in Deutschland. *Aktueller Survey über Kinder und ihre Eltern.* Weinheim: Juventa.

Cordula Artelt
Petra Stanat
Wolfgang Schneider
Ulrich Schiefele

2 Lesekompetenz: Testkonzeption und Ergebnisse

1. Einleitung

1.1 Wozu lesen?

Eine Vielzahl von Informationen, die wir im täglichen Leben aufnehmen und verarbeiten, basiert auf Geschriebenem. Über die Schrift werden neben Informationen und Fakten aber auch Ideen, Wertvorstellungen und kulturelle Inhalte vermittelt. Das Lesen eröffnet die Möglichkeit, diese aufzunehmen und sich damit im Laufe der Zeit auch ganze Lebensbereiche zu erschließen.

Die intensive Teilhabe an der Lesekultur bezeichnet Saxer (1991) als eine elementare Voraussetzung für eine breite Partizipation am sozialen Leben und an den kulturellen Gütern. Eine bedeutende Rolle kommt dabei dem Informationslesen und dem Lesen zur Wissenserweiterung zu. Gezieltes Informationslesen kann etwa darin bestehen, ein Möbelstück gemäß einer schriftlichen Anleitung zusammenzubauen oder die politischen Mehrheitsverhältnisse nach einer Wahl aus einer Tageszeitung zu entnehmen. Lesen als Mittel zum Aufbau von Wissensstrukturen kennzeichnet einen Leseprozess, bei dem bestehende Vorstellungen durch das Gelesene erweitert, revidiert oder bestätigt werden. Lesen hat hier den Charakter des Denkens bzw. Nachdenkens über die im Text vermittelten Ideen und Inhalte. Gerade dieser Bereich ist vor dem Hintergrund der immer wieder betonten Notwendigkeit zum lebenslangen Lernen von großer Bedeutung. Aber Lesen stellt nicht nur ein Mittel zur Wissensanreicherung dar. Das Lesen von Literatur eröffnet eine Perspektive, die mit der Möglichkeit der Identifikation mit Romanfiguren, des stellvertretenden Erlebens, der Planung von Lebensentwürfen, der Fantasieerweiterung und der impliziten Schulung der Fähigkeit, die Perspektive anderer Personen einzunehmen, nur angedeutet werden kann. Literatur als Genre bietet die Möglichkeit der Lebensbewältigung, des ästhetischen Erlebens, der Befriedigung von Unterhaltungsbedürfnissen sowie der Sinnfindung und der Persönlichkeitsentfaltung (Hurrelmann, 1994; Spinner, 1989). Wells (1985), der das Abwägen und Planen von Handlungsalternativen beim Lesen von fiktiven Geschichten unter anderem als eine Schulung des Denkens und der Intelligenz bezeichnet hat, stellt die offene Frage, ob unser Leben nicht sogar mehr durch Fiktion als durch Fakten bestimmt ist.

Die Flexibilität und die Einsatzmöglichkeiten des Lesens machen es zu einem effektiven „Werkzeug" für die Aneignung, Organisation und Anwendung von Wissen (Baker & Escarpit, 1973). Nach Schön (1997) ist die Bedeutung des Lesens heute größer als jemals zuvor in der Kulturgeschichte. Dies hängt nicht nur mit der rapiden Entwicklung im Bereich der Medien zusammen, sondern vor allem auch mit der immer größeren Bedeutung der Schrift in vielen Berufen und mit dem Bedarf an lebenslangem Lernen. Besonders im historischen Vergleich wird das Eindringen der Schrift in alle Lebensbereiche deutlich. Ausdruck dieser Entwicklung ist unter anderem ein sich abzeichnender Trend in den Lesegewohnheiten der Deutschen, der sich – im Vergleich zu früheren Untersuchungen – in einem Anstieg an „Informationslesen" (Sach- und Gebrauchstexte) und dem Lesen zur beruflichen Qualifikation bemerkbar macht (Stiftung Lesen, 2001).

Auch in einer sich verändernden Medienlandschaft ist „Lesen können" eine zentrale Fähigkeit, die eine notwendige Voraussetzung für den kompetenten und selbstbestimmten Gebrauch aller Medien darstellt (vgl. Hippler, 2001; Oerter, 1999). So gibt es Hinweise darauf, dass die Wissenskluft *(knowledge gap)* zwischen Lesern und Nicht-Lesern größer wird. Zum Beispiel weist die Stiftung Lesen (Franzmann, 2001) darauf hin, dass es – in diesem Fall bezogen auf eine repräsentative Befragung in Deutschland – einerseits die Gruppe der regelmäßigen Leser gibt, die viel lesen und gleichzeitig auch andere Medien kompetent nutzen, während andererseits Wenig- oder Nicht-Leser Verstehensdefizite auch bei der Nutzung anderer Medien (z.B. Computer, Fernsehen) aufweisen (siehe auch Saxer, 1991).

Das Lesen ist mit unterschiedlicher Akzentuierung in allen Lebensphasen von Bedeutung. Neben dem Hineinwachsen in die Kultur im Rahmen der Lesesozialisation (vgl. Abschnitt 1.3) ist hier vor allem auch die Relevanz des Lesens als Voraussetzung für schulische und berufliche Erfolge zu nennen. Lesen als kulturelle Schlüsselqualifikation eröffnet die Teilhabe am gesellschaftlichen Leben und bietet die Möglichkeit der zielorientierten und flexiblen Wissensaneignung. Umgekehrt bedeutet eine geringe Lesefähigkeit bis hin zum modernen Analphabetismus einen enormen Chancennachteil. Geringe Lesefähigkeit und -bereitschaft werden daher zunehmend als soziales und politisches Problem ernst genommen.

1.2 Zum Begriff der Lesekompetenz

PISA zielt auf die Erfassung von Lesekompetenz von 15-Jährigen ab. In dieser Altersgruppe kann die Fähigkeit, Texte zu entziffern – wenn auch mit interindividuellen Effizienzunterschieden (Lesegeschwindigkeit) –, als gegeben vorausgesetzt werden. Unter Lesekompetenz ist indessen nicht lediglich die Fähigkeit zum Entziffern von schriftlichem Material (Decodieren) zu verstehen. Lesekompetenz wird in PISA in Einklang mit der Forschung zum Textverstehen vielmehr als aktive Auseinandersetzung mit Texten aufgefasst. In der psychologischen Literatur zum Textverstehen besteht Einigkeit darüber, dass der Prozess des Textverstehens als Konstruktionsleistung des Individuums zu verstehen ist.

Lesen ist keine passive Rezeption dessen, was im jeweiligen Text an Information enthalten ist, sondern aktive (Re-)Konstruktion der Textbedeutung. Die im Text enthaltenen Aussagen werden aktiv mit dem Vor-, Welt- und Sprachwissen des Lesers verbunden. Die Auseinandersetzung mit dem Text lässt sich als ein Akt der Bedeutungsgenerierung verstehen, bei dem das Vorwissen der Leser und die objektive Textvorgabe interagieren. In diese Text-Leser-Interaktion gehen neben den Wissensstrukturen des Lesers vor allem auch seine konkreten Zielvorstellungen und Erwartungen ein. Weiterhin hängt die Effizienz der Verarbeitung nicht nur von den Verarbeitungszielen und dem Textmedium, sondern auch von den Kompetenzen der Lesenden (z.B. deren Lern- und Verarbeitungsstrategien; siehe auch Kap. 6) ab. Während des Lesens versucht der Leser zuerst, Inhalte in vorhandene Wissensstrukturen einzuordnen. Bei objektiven Widersprüchen und Verständnisproblemen wird es dann jedoch nötig, diese Strukturen zu verändern. Unter Nutzung der Piaget'schen Begrifflichkeit kann dieser Prozess auch als Wechselwirkung von Assimilation und Akkomodation beschrieben werden.

Lesen ist ein höchst komplexer Vorgang der Bedeutungsentnahme, der aus mehreren Teilprozessen besteht. Auf der untersten Ebene besteht Lesen aus dem Erkennen von Buchstaben und Wörtern sowie aus der Erfassung von Wortbedeutungen. Auf der nächsthöheren Ebene steht die Herstellung semantischer und syntaktischer Relationen zwischen Sätzen im Vordergrund und – auf der Textebene – die satzübergreifende Integration von Sätzen zu Bedeutungseinheiten sowie der Aufbau einer kohärenten mentalen Repräsentation der Bedeutung eines Textes. Die am Lesen beteiligten Teilprozesse können auf allen Ebenen als höchst flexibel und kontextabhängig angesehen werden (vgl. Christmann & Groeben, 1999). Selbst auf der Ebene der Worterkennung stehen dem Lesenden mehrere Wege offen: der direkte visuelle Zugang über eine Aktivationsausbreitung für Wörter, die bereits im mentalen Lexikon gespeichert sind, der indirekte Zugang über eine phonologische Vermittlung und bei neuen und komplexen Wörtern die morphologische Struktur. Auf der Satzebene und bei kürzeren Texten reicht es in den meisten Fällen aus, die Prozesse beim Textverstehen über semantische Relationen innerhalb des Textes in Form von Propositionen und über einfache Prozesse der Überprüfung der Kohärenz diese Propositionen zu beschreiben. Der Syntax kommt bei der Textverarbeitung vorrangig die Rolle einer Hilfsfunktion zu, auf die in mehrdeutigen Fällen zurückgegriffen wird (vgl. Christmann & Groeben, 1999; siehe auch Kintsch, 1992). Bei längeren Texten spielt neben der Kohärenzprüfung auf der Mikroebene auch die Bildung von Makrostrukturen eine Rolle. Die Textinformation wird dabei auf das Wesentliche verdichtet, indem Makroregeln (Auslassen, Generalisieren, Selegieren, Konstruieren und Integrieren) zur Reduzierung verwendet werden. Bezüglich der Frage, welche Art von Schlussfolgerungen (Inferenzen) beim „gewöhnlichen" Lesen vorkommen, gibt es in der Literatur unterschiedliche Auffassungen (vgl. Graesser, Singer & Trabasso, 1994). Die Frage, wann welche Art von Inferenzen gebildet werden (ob direkt beim ersten Lesen oder erst beim Nachdenken über den Text oder beim zweiten Lesen oder gar nicht), hängt dabei vom Grad des jeweiligen Vorwissens und von den Zielen bzw. der Motivation der Lesenden ab, sodass auch auf dieser Ebene von einer flexiblen Textrezeption gesprochen werden kann.

In der Grundlagenforschung haben sich Modelle, die auf semantischen Relationen beruhen, als sehr erfolgreich erwiesen. Bei der Verarbeitung längerer Texte, die in der Grundlagenforschung seltener Gegenstand der Untersuchung sind, stoßen diese Modelle jedoch an ihre Grenzen. Das hat unter anderem dazu geführt, zusätzlich Theorien zu so genannten mentalen Modellen zu entwickeln (Johnson-Laird, 1983; van Dijk & Kintsch, 1983). Sie gehen davon aus, dass Wissen nicht nur symbolisch, in Form von mehr oder minder komplexen Informationseinheiten repräsentiert ist, sondern dass zusätzlich ein internes Modell des im Text beschriebenen Sachverhalts gebildet wird, und zwar im Sinne einer analogen, inhaltsspezifischen, anschaulichen Repräsentation, die von sprachlichen Strukturen losgelöst ist. Dies wird im Rahmen der Textforschung oft Situationsmodell bzw. situative Textrepräsentation genannt. Die zahlreichen Arbeiten hierzu (vgl. Rinck, 2000) verdeutlichen, dass die situative Textrepräsentation multidimensional ist. Dies bedeutet, dass sowohl Informationen über räumliche und zeitliche Aspekte der Situation, über handelnde Personen, deren Charakteristika, Emotionen, Ziele als auch über Kausalzusammenhänge enthalten sind. Das Situationsmodell ist nicht notwendigerweise eine inhaltlich korrekte Abbildung der im Text enthaltenen Informationen (Coté, Goldman & Saul, 1998). Die Informationsaufnahme geschieht in Abhängigkeit von der Bedeutung für das Verstehen des jeweiligen Textes. Hierbei kommt es unter anderem zu persönlichen Akzentuierungen und Auslassungen. Die Bildung eines Situationsmodells ist also flexibel, vorwissens- und zielabhängig (siehe auch Schnotz, 1994).

Zur Charakterisierung von Situationsmodellen verwendet Zwaan (1999) das Beispiel eines Radsportlers, der einen technischen Text über die Veränderung der Haltung eines Mountainbikefahrers bei einer Bergabfahrt mit Sprüngen liest. Dieser Radsportler wird eine wesentlich reichhaltigere Repräsentation der beschriebenen Situation aufbauen als ein nicht radfahrender Leser. Hierin enthalten sind etwa auch optische und haptische Eindrücke, die sich durch die „Versetzung in diese Situation" ergeben. Diese Eindrücke sind zwar über Sprachsymbole vermittelt, stellen jedoch eher eine analoge Repräsentation der Situation dar (z.B. episodisch). Ähnliches stellt sich auch beim Lesen von Geschichten und Romanen ein. Da hier meist nur einzelne Elemente von räumlich, zeitlich und sozial situierten Ereignisfolgen beschrieben werden, muss das entsprechende Szenario vom Leser selbst vervollständigt werden. Auf diese Weise gehen die persönlichen Erfahrungen des Lesers in sein Situationsmodell ein und es entsteht eine individuelle Repräsentation der beschriebenen Situation.

Ein wesentliches Element beim Aufbau eines Situationsmodells ist die Integration des Gelesenen in das inhaltliche Vorwissen der Lesenden. Alle Vorwissensarten zeichnen sich durch schnellen und akkuraten Zugriff sowie durch eine starke Vernetzung aus (Schneider & Bjorklund, in Druck). In dem gebräuchlichen Bild von Wissensrepräsentation im Gedächtnis in Form eines Netzes mit Knoten und Verbindungen (zwischen Knoten) lässt sich Vorwissen als Bereich eines Netzes beschreiben, das durch eine hohe Zahl und Stärke der Verbindungen zwischen den Knoten gekennzeichnet ist. Beim Lesen von narrativen Texten, die sehr nahe an Alltagserfahrungen sind, wird in erster Linie allgemeines Weltwissen benötigt. Diese Form des Wissens besteht aus Skripten, Schemata, Vorurteilen und Gedächtnisrepräsentationen spezifischer Erfahrungen und ist hochgradig überlernt und automatisiert. Der Rückgriff auf diese Form des Vorwissens geschieht daher oft, ohne dass dem Leser seine gedächtnisbasierten Aktivitäten beim Schließen von Kohärenzlücken oder beim Bilden von lokalen Inferenzen überhaupt bewusst werden. Das Weltwissen bezieht sich dabei auch auf die Art und Weise, in der Geschichten geschrieben sind. So konnten Kintsch und Greene (1978) die Bedeutung dieses Wissens zum Beispiel als Organisationshilfe beim Verstehen und Wiedergeben eines Textes nachweisen. Beim Lesen von Sach-texten (expositorischen Texten) ist hingegen neben allgemeinem Weltwissen oft auch spezifisches inhaltliches Wissen gefragt. Die Verständnis- und Erinnerungsleistungen för-dernde Wirkung einer reichhaltigen Wissensbasis wurde in der Literatur immer wieder be-legt (siehe auch Reusser, 1994; Schneider, 2001). Unter anderem besteht die förderliche Wirkung darin, dass nicht vorhandene Textkohärenz durch wissensbasierte Inferenzen ausgeglichen werden kann.

Textverstehen kann bis zu einem gewissen Grad als automatisch ablaufender Prozess angesehen werden (siehe auch Kintsch, 1998). Sobald Verständnisprobleme oder logische Widersprüche auftauchen, wird allerdings eine bewusste Steuerung notwendig, bei der zum Beispiel aktiv logische Schlussfolgerungen gezogen werden. Ein tieferes Verstehen eines Textes, der nicht allein auf leicht verfügbarem Weltwissen beruht, bedarf der inten-tionalen und strategischen Steuerung des Lernprozesses (siehe auch Coté & Goldman, 1999). So ist es beispielsweise notwendig, dass die Kohärenz einer entstehenden Reprä-sentation überprüft wird und dass Reparaturmaßnahmen bei eventuell auftretenden Ver-ständnislücken ergriffen werden. Insbesondere beim Lesen eines längeren Textes ist es notwendig, bisheriges Wissen für die Identifikation von relevanten Informationen zu ver-wenden, um bestimmte vorher gelesene Textpassagen zu rekonstruieren bzw. entspre-chende Informationen aus dem Langzeitgedächtnis abzurufen (Ericsson & Kintsch, 1995). Insgesamt lassen die vorliegenden Befunde darauf schließen, dass sich schlechte von guten Lesern vor allem hinsichtlich der Bewusstheit über die eigenen Fähigkeiten sowie hinsichtlich der Fähigkeit zum strategischen, aufgaben- und zielbezogenen Lesen unter-scheiden (Christmann & Groeben, 1999; siehe auch Kap. 6).

Leseverständnis ist das Resultat einer aktiven Auseinandersetzung mit Geschriebenem. Die jeweils erzielte Leseleistung hängt von verschiedenen Merkmalen des Lesers und des gelesenen Textes ab. Neben den basalen Lesefähigkeiten gehören auf Seiten des Lesers hierzu vor allem auch kognitive Grundfähigkeiten, Sprach-, Welt- und inhaltliches Vor-wissen, strategische Kompetenz und auch motivationale Faktoren wie Wertorientierungen und Interessen, die dazu beitragen, dass in gegebenen Situationen die zur Verfügung ste-henden „Ressourcen" auch verwendet werden. Lesekompetenz, in einem umfassenden Sinne verstanden, ist das situationsangepasste Zusammenspiel dieser verschiedenen Kom-ponenten. Diese Auffassung von Lesekompetenz kann mit Weinert (1999) als eine Form der Handlungskompetenz bezeichnet werden. Sie enthält nicht nur die kognitive Leis-tungskomponente, sondern auch Haltungen, Einstellungen und förderliche Strategien und Routinen, die einen aktiven Leser auszeichnen. Vor dem Hintergrund einer lebenslangen Lernperspektive ist es vor allem auch die Einstellung zum Lesen, die zu einer regelmäßi-gen Praxis und Integration des Lesens ins tägliche Leben führt. Lesekompetenz ist also die Verfügbarkeit und das effektive Zusammenspiel der am Lesen beteiligten Komponenten.

1.3 Wie entsteht Lesekompetenz? (Lesesozialisation)

Vom Beginn des regulären Schriftspracherwerbs bis zur zielorientierten Nutzung von Tex-ten durchlaufen Schüler im Laufe der Lesesozialisation einen Entwicklungsprozess, der sich als komplexes Zusammenspiel verschiedener Teilfähigkeiten beschreiben lässt. Dieser Prozess wird in einem erheblichen Maße durch den Schriftspracherwerb in der Grundschule geprägt, er beginnt jedoch schon früher. Bereits im Vorschulalter wird der Grundstein für eine erfolgreiche Lesesozialisation und den kompetenten und zielorientierten Umgang mit Texten gelegt.

Im Rahmen der familiären Lesesozialisation werden vor allem Wissen über die Funktion des Lesens und Schreibens sowie metasprachliche Kompetenzen vermittelt. Von besonderer Bedeutung ist dabei die Form der Kommunikation zwischen Eltern und Kindern. Sprache kann auf vielfältige Weise benutzt und thematisiert werden. Neben ihrer Funktion als Medium zur Übermittlung von Handlungsanweisungen und Informationen dient sie auch dazu, Gedanken auszudrücken und zum Austausch hierüber anzuregen. Torrance und Olson (1985) bezeichnen eine Kommunikation zwischen Grundschulkindern und ihren Eltern als förderlich, bei der es nicht (nur) um die Konstatierung von Fakten, sondern auch um einen Austausch von Gedanken geht. Das Kind lernt hierdurch, Sprache als Instrument des Denkens zu benutzen (Wygotski, 1969). Besondere Aufmerksamkeit galt von Seiten der Forschung immer wieder der Interaktion zwischen Eltern und Kind in der Vorlesesituation bzw. bei dem gemeinsamen Betrachten eines Bilderbuchs. In der mittlerweile klassischen Studie von Ninio und Bruner (1978) wurden die Mechanismen des Spracherwerbs in der Eltern-Kind-Interaktion nachgezeichnet. Demnach ist keine Alltagssituation für den Spracherwerb so ergiebig wie die Vorlesesituation bzw. das gemeinsame Betrachten eines Bilderbuchs. Die Autoren konnten zeigen, dass die Sprache, die die Eltern beim gemeinsamen Betrachten eines Bilderbuchs wählen, weitaus elaborierter ist als in allen sonstigen Spiel- und Gesprächssituationen mit dem Kind.

Der ideale Umgang mit dem Kinderbuch stellt quasi einen „Schaukelstuhl" zwischen Mündlichkeit und Schriftlichkeit dar (Hurrelmann, 1994). Kinderliteratur funktioniert wie ein interaktives Medium, bei dem Eltern und Kinder im Rahmen eines Dialogs die Textbedeutung „aushandeln". Auf diese Weise schließt dieser Prozess an die natürliche Sprache innerhalb der Familie an. Bei diesem Aushandeln von Bedeutung kann sich das Kind zunächst am „kompetenten Anderen" orientieren und die Erfahrung machen, dass man sich beim Textverstehen auf geteilte Konzepte verlassen kann (siehe auch Oerter, 1999; Wygotski, 1969). Die Nutzung der Sprache lässt sich in diesem Zusammenhang auch als ein Herauslösen aus einem primär an Handlungen gebundenen Kontext verstehen.

Schriftsprache basiert auf Symbolen (Buchstaben, Propositionen, Wörtern), die nur über einzelne, auf Konventionen beruhende Beziehungen an die sie bezeichnenden Gegenstände, Phänomene usw. gebunden sind und die je nach Kontext unterschiedlich interpretiert werden können. Im Prozess der Dekontextualisierung werden in der Eltern-Kind-Interaktion von den Eltern zunächst immer wieder inhaltliche Bezüge zur Erfahrungswelt des Kindes hergestellt und über die Thematisierung anderer denkbarer und realer Kontexte eine allmähliche Loslösung erzielt. Durch das Herauslösen von Wörtern aus spezifischen (Handlungs-)Kontexten bilden sich dabei allmählich Konzepte und Schemata heraus (siehe auch Christmann & Groeben, 1999; Oerter, 1999; Wells, 1985).

Durch das Vorlesen bzw. das spätere eigenständige Lesen werden Kinder angeregt, die gelesenen Geschichten zu ihren eigenen Erfahrungen in Beziehung zu setzen, sich Fragen zum weiteren Verlauf der Geschichte zu stellen und über die Gründe und Konsequenzen von Handlungen nachzudenken. Gleichzeitig wird über den Text und das sich daran anschließende Gespräch eine große Anzahl von kulturspezifischen Inhalten, Mustern und Wertvorstellungen vermittelt. Hierdurch wird beim Kind die innere Repräsentation der Welt zunehmend bereichert. Das Kind macht die Erfahrung, dass Sprache allein in der Lage ist, mögliche Welten mit einer inneren Kohärenz und Logik zu erschaffen, und es wird sich der Arten und Weisen bewusst, in denen Sprache im Umgang mit diesen Repräsentationen benutzt werden kann. Die zunehmende Vertrautheit mit der Art, in der Schriftsprache im Unterschied zur gesprochenen Sprache typischerweise verwendet wird, sieht Wells (1985) im Rahmen der Lesesozialisation als entscheidender an als die Kenntnis der Mechanismen des Lesens.

In weiten Teilen besteht die frühe Lesesozialisation darin, den Unterschied zwischen gesprochener und geschriebener Sprache kennen zu lernen und das begriffliche und sprachliche Wissen zu schulen. Im Rahmen der vorschulischen familiären Interaktion werden zunehmend auch wichtige metasprachliche Kompetenzen ausgebildet und geschult. Als zentrale Vorläuferkompetenz für die späteren Leseleistungen hat sich dabei die phonologische Bewusstheit herausgestellt (vgl. Schneider, 2001). Sie wird als die Fähigkeit verstanden, die Lautstruktur der gesprochenen Sprache korrekt zu erfassen (z.B. Wörter in Sätzen und Silben in Wörtern erkennen und unterscheiden, Ähnlichkeiten von größeren Worteinheiten erkennen). Grundschulkinder mit ausgeprägter phonologischer Bewusstheit haben sich in verschiedenen Studien als die besseren Leser erwiesen (z.B. Lundberg, Frost & Petersen, 1988; Schneider u.a., 1994). Neben der phonologischen Bewusstheit ist als weitere wichtige Vorläuferkompetenz die frühe Buchstabenkenntnis der Kinder (z.B. vor Schuleintritt den eigenen Namen schreiben können) zu nennen, die im Rahmen der Münchener Längsschnittstudie LOGIK lange nachweisbare Effekte auf die gezeigten Leistungen hatte (Schneider & Näslund, 1999; Weinert, 1998). Es spricht viel dafür, dass die Eltern-Kind-Interaktion, aber auch die Kommunikation des Kindes mit Gleichaltrigen wichtige Voraussetzungen für die normale Herausbildung der phonologischen Bewusstheit darstellen (Oerter, 1999).

Familiäre Lesesozialisation baut auf alltäglichen Kommunikationsformen auf. Sie besteht neben dem expliziten Vorlesen und den begleitenden Dialogen auch darin, dass über Bücher bzw. gelesene Geschichten gesprochen wird, Leseopportunitäten geschaffen werden, Leseempfehlungen gegeben werden und Kinder ihre Eltern lesend erleben (vgl. Hurrelmann, 1994). Diese Prozesse sind auch für die schulische Lesesozialisation bedeutsam. Mit dem Eintritt in die Grundschule wird die Lese- und Schreibentwicklung der Schülerinnen und Schüler parallelisiert. Lesen und Schreiben wird von fast allen Schülerinnen und Schülern in der Grundschule gelernt. Nur wenige kommen als Frühleser in die Schule und nur wenige verlassen sie als funktionale Analphabeten. Durch den aktiven Umgang mit der Schriftsprache entwickeln sich insbesondere auch metasprachliche Kompetenzen weiter. In der Phase des Schriftspracherwerbs liegt die Hauptverantwortung für die Vermittlung und Kultivierung der Lesekompetenz zunächst beim Deutschunterricht. Mit zunehmender Schulbesuchsdauer teilt sich die Verantwortung mehr und mehr auf und bezieht – spätestens in der Sekundarstufe I – alle Unterrichtsfächer mit ein. Obwohl der Grundschule bei der Vermittlung der Kulturtechniken des Lesens und Schreibens eine besondere Stellung zukommt, darf die Rolle der familiären Lesesozialisation auch nach der Einschulung nicht unterschätzt werden. Die Entwicklung der Lesekompetenz wird auch in späteren Jahren in beträchtlichem Ausmaß von Lesegewohnheiten und -praktiken im Elternhaus beeinflusst und kann daher nicht allein auf Unterrichtsmerkmale zurückgeführt werden (vgl. Elley, 1994; Lehmann u.a, 1995). In einer Studie der Stiftung Lesen zum Leseverhalten in Deutschland zeigte sich darüber hinaus, dass die Lesepraxis von Schülerinnen und Schülern („Vielleser" vs. „Kaumleser"; vgl. Stiftung Lesen, 2001) sehr stark mit der elterlichen Lesepraxis zusammenhängt. Siebenundsiebzig Prozent der als „Vielleser" klassifizierten Schülerinnen und Schüler haben Eltern, von denen mindestens einer regelmäßig liest. Lesepraxis ist natürlich nicht mit Lesekompetenz gleichzusetzen, eine intensive Lesepraxis ist jedoch eine wichtige Voraussetzung für den Kompetenzerwerb.

Die immer wieder betonte Rolle des Elternhauses bei der Ausbildung von Lesegewohnheiten und Lesekompetenz soll nicht in Abrede stellen, dass die schulische Förderung, Anregung und Etablierung von Kompetenzen und Gewohnheiten wichtig und unverzichtbar ist. In den letzten Jahren wird immer wieder die kompensatorische Rolle der Schule betont (Hurrelmann, 1994; Saxer, 1991). Die Möglichkeiten der institutionellen Förderung werden unter anderem im nächsten Abschnitt thematisiert.

1.4 Möglichkeiten der Förderung von Lesekompetenz: Interventionsansätze und Modellvorstellungen

Aus dem im Abschnitt 1.3 erläuterten Verständnis von Lesekompetenz im Sinne eines ausgewogenen Zusammenspiels von kognitiven Komponenten, Werthaltungen, Strategien, Routinen und Wissen auf Seiten des Lesers ergibt sich, dass eine Förderung von Lesekompetenz auf verschiedenen Ebenen ansetzen kann und sollte. Vorrangige Aufgabe der Grundschule ist die erfolgreiche Vermittlung der Techniken des Lesens und Schreibens. Aufgabe der Sekundarstufe I ist die Förderung von Lesekompetenz im Sinne einer effektiven Informationsverarbeitung (Leseverständnis) und der Vermittlung von Werteinstellungen, motivationalen Orientierungen und Gewohnheiten, die einen selbstverständlichen und lustvollen Umgang mit Texten und Literatur widerspiegeln.

Lesekompetenz im Sinne effektiver Informationsverarbeitung bedarf einer intentionalen und strategischen Steuerung des Lern- und Leseprozesses (siehe auch Coté & Goldman, 1999; Schneider & Pressley, 1997; siehe Abschnitt 1.2). Der Bedarf an strategischen und metakognitiven Maßnahmen wird deutlich, wenn man sich die Forschungslage zu Verstehensdefiziten und zur Tendenz von Personen, schwierige oder widersprüchliche Textstellen zu überlesen (Markman, 1979), vor Augen führt. Schlechte Leser scheinen nicht zu bemerken, wenn sie etwas nicht verstehen, oder tendieren dazu, schwierige Passagen zu übergehen (Körkel, 1987)[1]. Gute Leser hingegen gehen eher strategisch vor, indem sie zum Beispiel den Kontext heranziehen, um sich die Bedeutung zu erschließen, aktiv das Gedächtnis nach relevantem Vorwissen absuchen und/oder versuchen, Zusammenhänge zwischen verschiedenen Textteilen herzustellen. Wie bereits erwähnt, zeigt sich in empirischen Studien immer wieder, dass sich gute Leser ihrer eigenen kognitiven Fähigkeiten bewusst sind und über die Fähigkeit zum strategischen, aufgaben- und zielbezogenen Lesen verfügen (Christmann & Groeben, 1999).

Von Pressley, Borkowski und Schneider (1987, 1989; siehe auch Schneider & Pressley, 1997) wurde der Begriff des „guten Informationsverarbeiters" geprägt und mit einem empirisch begründeten Entwicklungsmodell untermauert. Im Sinne eines Idealzustands vereinigt der gute Informationsverarbeiter in sich eine Reihe von Merkmalen, die zum effektiven Lernen und Lesen beitragen. Der Schwerpunkt liegt hierbei auf strategischer und metakognitiver Kompetenz. Beim effektiven Lesen ist wichtig, über ein breites Repertoire an spezifischen und allgemeinen Strategien sowie über eine reichhaltige Wissensbasis hinsichtlich ihrer Nützlichkeit und Anwendbarkeit zu verfügen. Als Strategie der textbasierten Informationsverarbeitung kann unter anderem das Überwachen der beim Lesen ablaufenden Verstehensprozesse angesehen werden. Spezifischere Textverarbeitungsstrategien bestehen zum Beispiel im Paraphrasieren des Gelesenen, im wiederholten Lesen, im Suchen nach Wenn-Dann-Verbindungen innerhalb des Textes, im Anfertigen von Zusammenfassungen, im Formulieren von Fragen zum Text und darin, Vorhersagen zum Inhalt nachfolgender Abschnitte zu machen. Andere Strategien bestehen im Bilden von Eselsbrücken, um sich an besonders schwere Passagen bzw. Informationen zu erinnern, im Suchen nach Schlüsselwörtern oder darin, sich eine bildliche Vorstellung zu konstruieren, in die die Textinhalte eingebettet werden.

Bezüglich der strategischen Kompetenz beim Umgang mit Texten besteht erheblicher Förderbedarf (siehe auch Artelt, 2000; Baker & Brown, 1984; Weinert, 1994). Dies ist vor allem bei lernschwachen Kindern und bei Grundschulkindern der Fall, jedoch auch im Erwachsenenalter kommt es oft dazu, dass eigene Verstehenslücken nicht erkannt werden oder dass über Widersprüche hinweggelesen wird. Bei der Vermittlung von Strategien zur Texterschließung brauchen Schüler konkretes Wissen darüber, wann und unter welchen Umständen es effektiv ist, bestimmte Techniken und Strategien zu verwenden, welcher Nutzen damit verbunden ist und wie sie Aufgabenanforderungen adäquat einschätzen können (vgl. Kap. 6; siehe auch Schneider, 1989). Eine erfolgreiche Vermittlung von Wissen über gelingende Lese- und Lernprozesse ist durch vielfältige Lern- und Leseerfahrungen geprägt. Darüber hinaus führen eine explizite Thematisierung der beim Lesen ablaufenden Denkprozesse eines „kompetenten Anderen" (vgl. Abschnitt 1.3; siehe auch Palincsar & Brown, 1984) und der aktive Austausch hierüber zur allmählichen Verinnerlichung und zum Kompetenzerwerb. Auf einem höheren Niveau sind also die in Abschnitt 1.3 beschriebenen Prozesse beim gemeinsamen Erarbeiten von Textbedeutung zwischen Kindern und Eltern in einer Vorlesesituation auch für die schulische Vermittlung von Bedeutung. Der kompetente Andere kann dabei sowohl eine Lehrperson als auch ein Mitschüler sein. Neben der Offenlegung von Denkprozessen beim Lesen spielt in der Schule vor allem auch die Thematisierung des Lernens und der verschiedenen Möglichkeiten, zu Textverständnis und Interpretationen zu kommen, eine Rolle. Eine Orientierung an Lernergebnissen und richtigen und falschen Lösungen allein ist diesem Anliegen eher entgegengesetzt.

Neben der Vermittlung von Wegen zur Erschließung von Textbedeutung sind die Entwicklung von Lesefreude und Leseinteresse sowie die Etablierung von leseförderlichen Haltungen und Gewohnheiten ein weiterer zentraler Faktor zur Förderung von Lesekompetenz. So sieht Saxer (1991) gerade in der Schaffung bzw. Erhaltung von Lesemotivation, im Zugänglichmachen von Lesestoff und in der Hilfe bei der Lektürewahl wichtige Handlungsfelder der Leseförderung in der Schule. Gerade Kinder aus lesefernen Elternhäusern brauchen schulische Kompensationsmaßnahmen. Sie profitieren wenig von einem Literaturunterricht, der bereits voraussetzt, was ihnen aus ihren Familien unbekannt ist

(Hurrelmann, 1994). Stattdessen benötigen sie elementare Leseförderung, die auf ihre Startbedingungen eingeht, sowie auch die Erfahrung, dass Lesen lohnend ist und auch im sozialen Zusammenhang Sinn macht.

Nach der Präsentation der PISA-Ergebnisse zum Lesen wird in einem abschließenden Abschnitt noch genauer auf potenzielle Handlungsfelder der Leseförderung eingegangen.

Lesen ist eine universelle Kulturtechnik und ermöglicht die Teilhabe am sozialen und kulturellen Leben einer modernen Gesellschaft. Eine erfolgreiche Lesesozialisation beginnt bereits im Vorschulalter in der Familie. Im Einklang mit der Forschungsliteratur wird Lesen in PISA als aktive Auseinandersetzung mit Texten gesehen. Die Verstehensleistung stellt eine Konstruktionsleistung des Lesers bzw. der Leserin dar, bei der der Inhalt des Textes aktiv mit bereits vorhandenem Wissen in Beziehung gesetzt wird. Schulische und außerschulische Förderung von Lesekompetenz sollte unter anderem an zwei Punkten ansetzen: der Verbesserung der Informationsverarbeitung beim Lesen durch die Vermittlung von Lesestrategien und Regulationstechniken und der langfristigen Entwicklung von Lesefreude und Leseinteresse.

---

2. Was versteht PISA unter Lesekompetenz und wie wird sie gemessen?

2.1 Die internationale Konzeption: „Reading Literacy"

Das Verständnis von Lesekompetenz in PISA orientiert sich an der angelsächsischen *Literacy*-Konzeption. Nach der Vorstellung der OECD (2000b) sollen Basiskompetenzen erfasst werden, die in modernen Gesellschaften für eine befriedigende Lebensführung in persönlicher und wirtschaftlicher Hinsicht sowie für eine aktive Teilnahme am gesellschaftlichen Leben notwendig sind. Die PISA zu Grunde liegende Philosophie richtet sich also auf die Funktionalität der bis zum Ende der Pflichtschulzeit erworbenen Kompetenzen für die Lebensbewältigung im jungen Erwachsenenalter und deren Anschlussfähigkeit für kontinuierliches Weiterlernen über die gesamte Lebensspanne.

In der angelsächsischen *Literacy*-Diskussion ist die Idee einer Universalisierung von Basisqualifikationen zentral. Ihr liegt unter anderem die Annahme zu Grunde, dass der sich beschleunigende Wandel von der Industrie- zur Wissensgesellschaft mit steigenden Qualifikationsanforderungen verknüpft ist. Dies beinhaltet eine funktionale Sicht auf Kompetenzen als basale Kulturwerkzeuge. Die Beherrschung der Muttersprache in Wort und Schrift gehört in allen modernen Gesellschaften zum Kernbestand kultureller und sprachlicher Literalität. *Reading Literacy* bezeichnet daher eine grundlegende Form des kommunikativen Umgangs mit der Welt. „Literalität" wäre jedoch eine unzutreffende Übersetzung des Begriffs *Reading Literacy*. Der Begriff Literalität ruft vor allem das Bild einer elementaren Alphabetisierung hervor und wird damit dem Anspruchsniveau des *Reading Literacy*-Konzepts, wie es auch dem unter Abschnitt 1.2 dargestellten Verständnis von Lesekompetenz entspricht, nicht gerecht. Daher wird im Rahmen von PISA der Begriff *Lesekompetenz* verwendet. Die inhaltlichen Besonderheiten der im PISA-Test zu

Grunde gelegten *Literacy*-Konzeption werden im Laufe dieses Kapitels noch genauer erläutert.

Die in PISA zu Grunde gelegte Fassung von Lesekompetenz als *Reading Literacy* ist Teil sprachlich-literarischer Grundbildung, fällt mit dieser aber selbstverständlich nicht zusammen. Insofern gibt PISA auch keine annähernd erschöpfende Auskunft über diesen zentralen Bereich der Allgemeinbildung. Es ist auch nicht versucht worden, diesen Aspekt der Allgemeinbildung durch nationale Ergänzungen breiter zu repräsentieren. Ein solcher Versuch hätte den vorgegebenen Rahmen der Untersuchung gesprengt. Zum besseren Verständnis der in PISA zu Grunde gelegten Konzeption erfolgt unter Abschnitt 2.7 ein Vergleich der in Lehrplänen für den Deutschunterricht der Sekundarstufe I formulierten Anforderungen und Kriterien mit dem in PISA realisierten Lesekompetenzverständnis.

2.2 Die nationale Konzeption: Warum ein nationaler Ergänzungstest zum Lesen?

Die internationale Testkonzeption zielt auf die Erfassung verschiedener Aspekte von Lesekompetenz auf Basis einer breiten Auswahl von Textsorten, typischen Anwendungssituationen und Leseaufgaben ab (siehe unten). Dabei wird Lesekompetenz als *verstehender Umgang* mit Texten gemessen. Im Mittelpunkt steht die Erfassung von Verstehensleistungen beim Arbeiten mit Texten. Daher standen den Schülerinnen und Schülern bei der Beantwortung der Testfragen die zu Grunde liegenden Texte ständig zur Einsicht zur Verfügung. Lern- oder Gedächtnisleistungen spielen eine untergeordnete Rolle, da die Antworten jeweils am Text überprüft und gegebenenfalls verändert werden konnten.

Lesekompetenz umfasst jedoch nicht nur die Fähigkeit, Texte zu verstehen, sondern auch, Inhalte von Texten zu behalten und sich zu Eigen zu machen. Diese Fähigkeit ist insbesondere für Schule und Ausbildung von großer Bedeutung. Aber auch im Alltag hat man nicht immer Gelegenheit, Quellen ausführlich zu studieren und mit sich zu führen. Oft ist es erforderlich, innerhalb kurzer Zeit Informationen aus Texten zu entnehmen und mehr oder weniger dauerhaft zu behalten. So kann man etwa im Rahmen von Prüfungen, Arbeitsbesprechungen oder privaten Diskussionen in der Regel nicht auf die Texte zugreifen, auf deren Inhalte man sich beziehen möchte. Lesekompetenz bedeutet also nicht nur, in der Lage zu sein, mithilfe eines Textes Verständnisfragen zu beantworten, sondern beinhaltet auch die Fähigkeit, eine sinnvolle Textrepräsentation im Gedächtnis aufzubauen, die es erlaubt, zu einem späteren Zeitpunkt auf die Textinformationen zurückzugreifen.

Um diesen stärker gedächtnisabhängigen Aspekt der Lesekompetenz *(Lernen aus Texten)* abbilden zu können, wurde ein nationaler Zusatztest entwickelt. Darin bearbeiteten die Schülerinnen und Schüler Aufgaben, ohne nochmals Einblick in den Text, auf den sich die Fragen beziehen, nehmen zu können. Die gleichzeitige Erhebung des *verstehenden Umgangs mit Texten* (internationaler Test) und des *Lernens aus Texten* (nationaler Test) ermöglicht es, in PISA ein differenzierteres Bild der Lesekompetenzen 15-jähriger Schüler und Schülerinnen zu zeichnen. Zusätzlich zu dieser inhaltlichen Erweiterung verbindet sich mit der nationalen Ergänzung das Ziel, einen Test zu entwickeln, mit dem Erkenntnisse der neueren psychologischen Textverstehensforschung umgesetzt werden. Als

Grundlage diente dabei insbesondere der kognitionspsychologische Ansatz von Kintsch (1994, 1998; van Dijk & Kintsch, 1983), der beim Aufbau einer mentalen Textrepräsentation zwischen verschiedenen Repräsentationsformen unterscheidet. Ein tiefes Verständnis des Textes wird insbesondere mit der situativen Textrepräsentation erreicht. Sie stellt eine sinnstiftende Integrations- und Lernleistung dar, da die Textinformation aktiv mit bereits vorhandenem Wissen in Beziehung gesetzt wird. Bei der aktiven Konstruktion von Textbedeutung sind dabei sowohl Verstehens- als auch Gedächtnisleistungen bedeutsam.

2.3 Der internationale Lesekompetenztest (verstehender Umgang mit Texten)

Grundlagen der Testkonstruktion

Der funktionalistisch orientierten Ausrichtung von PISA (vgl. Abschnitt 2.1) entsprechend wurde bei der Entwicklung des internationalen Tests die folgende Definition von Lesekompetenz *(Reading Literacy)* zu Grunde gelegt: „Lesekompetenz *(Reading Literacy)* heißt, geschriebene Texte zu verstehen, zu nutzen und über sie zu reflektieren, um eigene Ziele zu erreichen, das eigene Wissen und Potenzial weiterzuentwickeln und am gesellschaftlichen Leben teilzunehmen." (OECD, 2000b) Bei der Konzeptualisierung und Operationalisierung von Lesekompetenz wurde auf Vorarbeiten von Kirsch und Mosenthal zurückgegriffen, die sich in amerikanischen (NAEP) und internationalen (IALS) Studien bewährt haben (Kirsch, 1995; Kirsch, Jungeblut & Mosenthal, 1998; Mosenthal, 1996).

Ein zentrales Anliegen bei der Testkonstruktion bestand darin, eine möglichst große Bandbreite von Anlässen für Leseaktivitäten abzudecken. Dies geschah unter anderem dadurch, dass vorab eine Reihe von Texttypen und Lesesituationen unterschieden wurden, auf die sich eine jeweils festgelegte Zahl der Testaufgaben inhaltlich beziehen sollte. Anhand der Merkmale Texttyp und Lesesituation sowie der gewählten Antwortformate soll im Folgenden zunächst erläutert werden, wie der Test aufgebaut ist und welche Inhaltsbereiche er abdeckt. Im Anschluss daran wird beschrieben, welche Maße zur Beschreibung der Leistungen von Schülerinnen und Schülern im Lesekompetenztest herangezogen werden (Berichtsskalen).

Jugendliche und Erwachsene begegnen in ihrem privaten oder beruflichen Alltag und im öffentlichen Leben verschiedensten Arten von Texten. In PISA wurde deshalb eine große Bandbreite an Texttypen, die für Jugendliche als praktisch relevant eingeschätzt wurden, verwendet. Neben fortlaufend geschriebenen Texten (kontinuierliche Texte) werden dabei auch bildhafte Darstellungen wie Diagramme, Bilder, Karten, Tabellen oder Graphiken einbezogen (nicht-kontinuierliche Texte). Kontinuierliche Texte bestehen normalerweise aus Sätzen, die in Absätzen organisiert sind. Sie können Teil von größeren Strukturen wie Abschnitten, Kapiteln oder Büchern sein. Zu den kontinuierlichen Texten zählen unter anderem Erzählungen, Sachbeschreibungen, Kommentare und Argumentationen. Nicht-kontinuierliche Texte liegen häufig in Matrix-Format vor und beruhen auf Kombinationen von Listen. Der internationale Lesetest umfasst 141 Aufgaben, die sich auf insgesamt 37 verschiedene Texte beziehen. Der überwiegende Teil der Aufgaben (etwa zwei Drittel) bezieht sich auf kontinuierliche Texte (vgl. Tab. 2.1).

Tabelle 2.1: Verteilung der Aufgaben aus dem Lesetest nach Art der Texte

Kontinuierliche Texte		Nicht kontinuierliche Texte	
Art des Textes	Prozent der Aufgaben	Art des Textes	Prozent der Aufgaben
Erzählung	12	Diagramme/Graphen	11
Darlegung	22	Tabellen	11
Beschreibung	9	Schematische Zeichnungen	4
Argumentation	13	Karten	3
Anweisung	6	Formulare	6
Insgesamt	**62**	Anzeigen	3
		Insgesamt	**38**

Um eine möglichst große Vielfalt von Anwendungssituationen abzubilden, enthält der PISA-Test Texte, die für verschiedene Lesesituationen geschrieben wurden. Eine Lesesituation definiert sich über die Funktion des Lesens, den allgemeinen Inhalt der Texte sowie über die im Text oder der Aufgabe implizit oder explizit enthaltenen Bezüge zu anderen Personen. Die Lesesituationen werden im Hinblick darauf differenziert, ob das Lesen eines bestimmten Textes in der Regel eher privaten (z.B. Auszüge aus Erzählungen) oder öffentlichen Zwecken (z.B. amtliche Dokumente), der beruflichen Weiterqualifikation (z.B. Lehrbücher) oder dem allgemeinen Bildungsinteresse (z.B. Sachbücher) dient. Das Lesen eines Schulbuchs wäre danach ein Beispiel für eine Bildungssituation, da der primäre Nutzen dieser Tätigkeit im Erwerb von Informationen im Rahmen einer bildungsrelevanten Aufgabe besteht.

Bei der Konstruktion des Tests wurden weiterhin die Antwortformate und Auswertungsrichtlinien festgelegt. Antwortformate geben vor, in welcher Form die Schülerinnen und Schüler ihre Kompetenzen bei der jeweiligen Aufgabe nachweisen sollen, und Auswertungsrichtlinien legen fest, wie die Antworten der Schülerinnen und Schüler zu bewerten sind. Bei den Antwortformaten wird grob zwischen Mehrfachwahlaufgaben *(Multiple Choice)* und Aufgaben mit frei zu formulierenden Antworten (offene Formate) unterschieden. Im Vergleich zu früheren Studien ist der Anteil von Aufgaben mit frei zu formulierenden Antworten mit 45 Prozent in PISA sehr hoch. Während bei den *Multiple Choice*-Items die Bewertung der Richtigkeit der Schülerantworten (Codierung) relativ einfach ist, da nur überprüft werden muss, ob aus den vorgegebenen Antwortalternativen die richtige ausgewählt wurde, stellt sie bei den offenen Antwortformaten eine größere Herausforderung dar. Die Richtlinien für die Bewertung der freien Schülerantworten sind entsprechend umfangreich und enthalten neben zahlreichen Beispielen eine präzise Beschreibung der Kriterien zur Beurteilung der Richtigkeit bzw. Teilrichtigkeit der Antworten. In entsprechenden Analysen erwiesen sich die Auswertungsrichtlinien als so präzise, dass hohe Übereinstimmungen in den Codierungen der offenen Antworten durch unabhängige Auswerter erreicht werden konnten (vgl. Kap. 1).

Fast alle in PISA verwendeten Texte sind authentisch und wurden in einem aufwendigen Verfahren aus den von den an PISA beteiligten Ländern eingereichten Vorschlägen ausgewählt. Die Vielfalt der eingesetzten Texte stellt ein besonderes Merkmal dieser Stu-

die dar. In Abschnitt 2.6 werden einige Beispielaufgaben aus dem internationalen Lesekompetenztest dargestellt, anhand derer die inhaltliche Breite, Authentizität und spezifische Färbung der Aufgaben deutlich wird.

Berichtsskalen

Den eigentlichen Kern der internationalen Rahmenkonzeption bilden theoretische Annahmen zur Struktur der Lesekompetenz, aus denen sich die Berichtsskalen herleiten lassen
(vgl. Abb. 2.1). Das PISA-Modell unterscheidet grob textimmanente von wissensbasierten
Verstehensleistungen, die jeweils noch einmal nach Gesichtspunkten der Komplexität oder
formaler Anforderung unterschieden werden. Im ersten Fall sind die im Text selbst enthaltenen Informationen ausreichende Grundlage für die Beantwortung der Fragen; im
zweiten Fall muss eine situationsadäquate Interpretation unter Rückgriff auf nicht im
Text enthaltenes Vorwissen entwickelt werden. Abbildung 2.1 stellt die theoretischen
Strukturannahmen, die der Erfassung der Lesekompetenz in PISA zu Grunde liegen, im
Überblick dar. Die Aufgaben, die sich auf eine textimmanente Verstehensleistung beziehen, sind im Test am stärksten repräsentiert. Etwa 70 Prozent der Aufgaben messen die
Fähigkeit, Informationen aus dem vorgegebenen Text herauszusuchen, ein allgemeines
Textverständnis zu entwickeln oder eine Textinterpretation vorzunehmen. Bei den restlichen 30 Prozent der Aufgaben müssen die Schülerinnen und Schüler über die im Text
selbst vorhandenen Informationen hinausgehen, um die Inhalte oder die Form bzw. Struktur des Textes zu reflektieren und zu bewerten.

Im unteren Teil der Abbildung 2.1 werden fünf Aspekte der Lesekompetenz differenziert. Diese fünf Aspekte wurden für die Berichterstattung zu drei Berichtsskalen zu-

Abbildung 2.1: Theoretische Struktur der Lesekompetenz in PISA

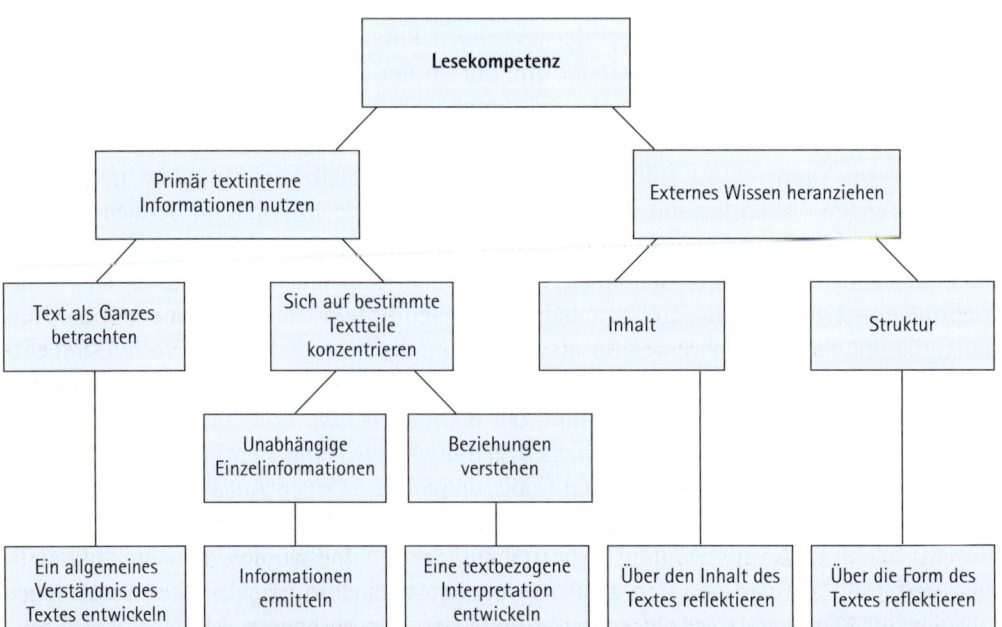

Tabelle 2.2: Von fünf Aspekten des Lesens zu drei Subskalen

Aspekte des Lesens		Subskalen
• Informationen ermitteln	→	Informationen ermitteln
• Ein allgemeines Verständnis des Textes entwickeln • Eine textbezogene Interpretation entwickeln	→	Textbezogenes Interpretieren
• Über den Inhalt des Textes reflektieren • Über die Form des Textes reflektieren	→	Reflektieren und Bewerten

sammengefasst (vgl. Tab. 2.2). Diese Zusammenfassung wurde einerseits auf Basis empirisch ermittelter Kriterien (Dimensionsprüfung)[2], andererseits aufgrund inhaltlicher Überlappungen zwischen den Verstehensaspekten vorgenommen. Die inhaltlichen Gemeinsamkeiten lassen sich folgendermaßen beschreiben: Beim Entwickeln eines allgemeinen Verständnisses eines Textes und beim textbezogenen Interpretieren müssen die Informationen aus dem Text vom Leser auf vergleichbare Art und Weise verarbeitet werden. Im Falle des allgemeinen Verständnisses muss dabei der gesamte Text, im Falle des textbezogenen Interpretierens müssen hingegen Teile des Textes und deren Verhältnis untereinander betrachtet werden. Empirisch ließen sich diese Aspekte jedoch nicht trennen. Auch die beiden ursprünglich differenzierten Skalen zum Reflektieren (1. über den Inhalt und 2. über die Form des Textes reflektieren) wurden zu einer Skala zusammengefasst, weil sich die Unterscheidung zwischen Inhalt und Form als empirisch nicht haltbar erwies. Vermutlich werden beim Lesen eines Textes Inhalt und Form nicht unabhängig voneinander betrachtet.

Zusammenfassend lassen sich die drei inhaltlichen Subskalen hinsichtlich ihrer Anforderungen folgendermaßen charakterisieren: Aufgaben der Subskala *„Informationen ermitteln"* verlangen vom Leser, eine oder mehrere Informationen bzw. Teilinformationen im Text zu lokalisieren. Dies erfordert eine sorgfältige Analyse von Textabschnitten mit dem Ziel, Detailinformationen (wie etwa die Abfahrtszeit eines Zuges oder das Vorhandensein eines bestimmten Arguments) zu finden. Je nach Komplexität der Aufgabe ist dafür ein unmittelbares Verstehen größerer Textteile und ein Vergleich von im Text vorhandenen Angaben erforderlich. Darüber hinaus kommt es vor, dass die gesuchte Information nicht explizit im Text enthalten ist, sondern gefolgert werden muss.

Bei den Aufgaben der Subskala *„textbezogene Interpretation"* muss der Leser Bedeutung konstruieren und Schlussfolgerungen aus einem oder mehreren Teilen des Textes ziehen. Hierzu gehören auch schlussfolgerndes Denken und der Vergleich von Textteilen im Hinblick auf Evidenz, die mit der bevorzugten Interpretation kompatibel ist. Eine Aufgabe dieser Subskala kann vom Leser auch verlangen, Schlüsse über die Absichten des Autors zu ziehen.

Die Aufgaben der Subskala *„Reflektieren und Bewerten"* verlangen vom Leser, den Text mit eigenen Erfahrungen, Wissensbeständen und Ideen in Beziehung zu setzen. Es kann beispielsweise darum gehen, die Schlussfolgerungen des Autors bzw. die Botschaft eines Textes mit Wissen in Verbindung zu bringen, über das man hinsichtlich der angesprochenen Thematik schon verfügt. Mögliche Aufgabenstellungen beziehen sich auf die Generierung von Evidenz für die Gültigkeit zentraler Textaussagen auf der Basis allgemeinen Weltwissens, die Bewertung der Aussagen anhand eines Vergleichs mit alternativen Positionen oder die Beurteilung der Beschaffenheit und Angemessenheit einer Textart. Hierzu muss der Leser unter anderem in der Lage sein, Textmerkmale wie Ironie, Humor und logischen Aufbau kritisch zu bewerten und in ihren Auswirkungen zu verstehen. So sollen die Schülerinnen und Schüler etwa herausarbeiten, inwieweit die Textstruktur dazu geeignet scheint, die Ziele des Verfassers zu erreichen.

Neben diesen drei beschriebenen Skalen zur Beschreibung der Lesekompetenz wurde noch eine *Gesamtskala* gebildet, die die Schülerleistungen bei allen Aufgaben des Lesetests zusammenfasst. Die drei inhaltlichen Berichtsskalen sowie die Gesamtskala bilden die Basis für die Berichterstattung über die Ergebnisse des internationalen Vergleichs. Zusätzlich hierzu wurde auf Basis der deutschen Daten noch eine Differenzierung nach Verstehensleistungen bei *kontinuierlichen* und bei *nicht-kontinuierlichen* Texten vorgenommen. Eine Unterscheidung in Teilfähigkeiten beim Lesen kontinuierlicher und nicht-kontinuierlicher Texte lässt sich wiederum empirisch begründen und bietet die Möglichkeit einer weiteren Spezifizierung der Stärken und Schwächen von Schülerinnen und Schülern. Dem Umgang mit nicht-kontinuierlich geschriebenen Texten (z.B. Fahrplänen oder Quittungen) kommt im praktischen Leben eine große Bedeutung zu. Ob dies in ausreichendem Maße gefördert wird, lässt sich durch einen vergleichenden Bericht über Leistungen deutscher Schülerinnen und Schüler bei fortlaufend und nicht fortlaufend geschriebenen Texten ermitteln.

2.4 Der nationale Lesekompetenztest (Lernen aus Texten)

Grundlagen der Testkonstruktion

Das vorrangige Ziel der nationalen Ergänzung bestand darin, ausgewählte Aspekte von Lesekompetenz differenzierter zu erfassen und genauere Aussagen über potenzielle Interventionsmöglichkeiten machen zu können (vgl. Abschnitt 2.2). Während der internationale Lesekompetenztest auf den *verstehenden Umgang* mit Texten abzielt, wurde im Rahmen der nationalen Ergänzung ein Test konstruiert, der zusätzlich Behaltens- und Erinnerungsleistungen erfasst *(Lernen aus Texten)*. Beim Lernen aus Texten geht es primär darum, eine Textrepräsentation im Gedächtnis aufzubauen, sodass die Inhalte auch zu einem späteren Zeitpunkt noch abrufbar sind. Entsprechend wurden die Verstehensleistungen der Schülerinnen und Schüler im nationalen Ergänzungstest nach einer Lesephase ohne weitere Einsichtnahme in das zu Grunde liegende Textmaterial überprüft. Bei dieser Art der Aufgabenstellung kann eine falsche oder fehlende Antwort auf mangelndes Verstehen und/oder mangelnde Gedächtnisleistung zurückgeführt werden. Ist bei der Bearbeitung der Aufgabe dagegen ein Rückgriff auf den Text möglich, kommt nur mangelndes Verstehen als Erklärung in Betracht. Es ist jedoch zu beachten, dass bei einer Testung ohne vorliegenden Text nicht nur Gedächtniseffekte wirksam werden. Die Testung ohne Texteinsicht ist vor allem auch von der Qualität der Verarbeitung des Gelesenen abhängig. Wird Einsicht in den Text gegeben, kann er beim Lesen relativ oberflächlich verarbeitet werden, ohne dass Einbußen in einem Verstehenstest auftreten, da bei der Beantwortung von Fragen die Verarbeitung wiederholt und „nachgebessert" werden kann.

Die Grundlage der Konstruktion des nationalen Ergänzungstests bilden insbesondere kognitionspsychologische Arbeiten von Kintsch (1994, 1998; van Dijk & Kintsch, 1983), in denen verschiedene Repräsentationsformen unterschieden werden: eine wörtliche Repräsentation, eine propositionale Repräsentation und eine Repräsentation in Form eines Situationsmodells (siehe auch Abschnitt 1.2). Die wörtliche Repräsentation bildet die Textoberfläche (z.B. Wortlaut eines Satzes) ab und ist das Ergebnis grundlegender Verarbeitungsprozesse (Buchstaben- und Worterkennung, syntaktische Verarbeitung). Die propositionale Repräsentation beinhaltet die Bedeutung eines Textes (syntaktisch-semantische Verarbeitung). Sie beruht auf der Textbasis und ist das Ergebnis der semantisch-syntaktischen Verknüpfung aufeinander folgender Sätze bzw. Textteile. Im Gegensatz zur wörtlichen Repräsentation wird hier die Bedeutung des Textes abgebildet, allerdings wird diese nicht mit externen Informationen verknüpft. Die situative Repräsentation ist ein Abbild bzw. mentales Modell der im Text beschriebenen Sachverhalte und Ereignisse. Sie entsteht, wenn die Textinformation in das Vorwissen des Lesers integriert wird, und stellt die höchste Form des Textverständnisses dar. Der Leser versteht den Text nicht nur, sondern entwickelt auch ein inneres Abbild oder Modell der im Text beschriebenen Sachverhalte und Ereignisse. Wird im Text zum Beispiel ein komplexes naturwissenschaftliches Phänomen beschrieben, dann beinhaltet ein situatives Verständnis nicht nur eine bedeutungsmäßige Erfassung des Textes, sondern auch eine bildliche Vorstellung des Phänomens. Bei der Bildung eines Situationsmodells kommt es zu einer subjektiven Rekonstruktion der im Text beschriebenen Sachverhalte und Ereignisse, indem die Textinformation aktiv mit bereits vorhandenem Wissen in Beziehung gesetzt wird.

Bei einem Teil der Texte des nationalen Lesetests wurde auf Grundlage der Theorie von Kintsch ein Lesetest in Form eines Lerntests eingesetzt, mit dem die Ausprägung der wörtlichen, propositionalen und die situative Textrepräsentation einzeln gemessen werden können (siehe auch Schiefele, 1996). Dies geschieht mithilfe von Aufgaben, in denen Originalsätze und veränderte Sätze aus dem Text wiedererkannt oder hinsichtlich ihrer Richtigkeit bewertet werden sollen.

Zusätzlich zu diesem Test zur Erfassung verschiedener Repräsentationsformen wurde im Rahmen der nationalen Option bei einem weiteren Teil der Texte ein Textverstehenstest eingesetzt, der sich aus *Multiple Choice*-Aufgaben und Aufgaben mit offenen Antwortformaten zusammensetzt. Für die Aufgaben mit offenen Antwortformaten wurden entsprechende Auswertungsrichtlinien ausgearbeitet, nach denen die Antworten der Schülerinnen und Schüler hinsichtlich der Richtigkeit bzw. Teilrichtigkeit beurteilt wurden. Dieser Test dient dem Vergleich mit dem internationalen Test und der Überprüfung der Frage, ob der verstehende Umgang mit Texten (internationaler Test) und das Lernen aus Texten (nationaler Test) voneinander abgrenzbare Teilfähigkeiten darstellen (siehe Abschnitt 2.5).

Textauswahl

Insgesamt basiert der nationale Ergänzungstest zum Lesen auf fünf verschiedenen Texten. Drei davon sind Sachtexte (expositorische Texte) mit naturwissenschaftlichen Inhalten (Eigenschaften des Wassers, Entstehung des Mondes, Entstehung der Erde). Zwei weitere Texte beziehen sich auf die Themen Computerspiele und Aids. Die beiden letztgenannten Texte sowie einer der Sachtexte (Mond) dienen vor allem dem Vergleich mit entsprechenden Texten im internationalen Testteil. Zu diesen Texten wurden Aufgaben mit offenen und geschlossenen Antwortformaten konstruiert, die mit den Items des internationalen Tests vergleichbar sind (siehe oben). Der einzige Unterschied besteht in der Möglichkeit der Texteinsicht[3].

Die drei Sachtexte wurden mit unterschiedlichen Tests kombiniert. Für zwei der Texte (Erde, Wasser) wurde der oben beschriebene Lerntest zur Differenzierung verschiedener Textrepräsentationsformen eingesetzt. Bei dem „Wassertext" wurden zusätzlich ein konventioneller *Multiple Choice*-Test sowie offene Fragen zur Verstehensmessung konstruiert. Der dritte Text (Mond) beinhaltet ausschließlich *Multiple Choice*-Items und offene Fragen.

Prädiktoren der Lesekompetenz

Im internationalen Teil von PISA wurde wenig Gewicht auf die Erfassung von Schülermerkmalen gelegt, die Leistungsunterschiede zwischen den Schülern unmittelbar erklären könnten. Die meisten der berücksichtigten Faktoren wie etwa Merkmale der sozialen Herkunft oder des elterlichen Unterstützungsverhaltens befinden sich in einem relativ weiten Erklärungsabstand zum eigentlichen Leseprozess. Das nationale Erhebungsprogramm wurde deshalb auf der Grundlage theoretischer Überlegungen erweitert. Zu diesem Zweck wurden einige Variablen einbezogen, die als wichtige Bedingungen des Textverstehens gelten (z.B. Verfügbarkeit von Lese- bzw. Lernstrategien, Vorwissen, Decodierfähigkeit und Interesse der Schülerinnen und Schüler). Anhand der Analyse dieser Variablen können zumindest ansatzweise Aussagen über die Ursachen niedriger oder hoher Verstehensleistungen gewonnen werden. Erwartet wird, dass sich Schülerinnen und Schüler mit verschiedenen Ausprägungen der genannten Merkmale (Decodierfähigkeit, Vorwissen, Interesse usw.) signifikant hinsichtlich der gezeigten Lesekompetenz unterscheiden und dass diese Schülermerkmale einen Effekt auf die Qualität des Leseverstehens und Textlernens haben. Die Berücksichtigung von prozessnahen Determinanten des Leseverständnisses auf individueller Ebene und insbesondere solcher Faktoren, die potenziell beeinflussbar sind (wie z.B. Motivation und Interesse, Leseerfahrungen und Lesestrategien), eröffnet die Möglichkeit, Ansatzpunkte für Fördermaßnahmen zu identifizieren.

2.5 Lesekompetenz als verstehender Umgang und/oder Lernen: Messen der internationale und der nationale Lesekompetenztest dieselbe Lesefähigkeit?

Wie in den vorangehenden Abschnitten beschrieben, setzen die Rahmenkonzeptionen für den internationalen und den nationalen Test unterschiedlich Schwerpunkte. Es stellt sich nun die empirische Frage, ob die zusätzlichen Gedächtnisanforderungen, die im nationalen Lesetest enthalten sind, tatsächlich qualitativ andere Anforderungen an die Leser stellen als die im internationalen Test gestellten Verstehensanforderungen.

Auf der Basis psychologischer Modelle des Textverstehens kann vermutet werden, dass die Entwicklung einer Textrepräsentation im Gedächtnis, so wie sie im nationalen Test geprüft wird, eine schwierigere Anforderung darstellt als der durch Korrekturschleifen und erneutes Nachschauen gekennzeichnete Umgang mit Texten, wie ihn der internationale

Lesetest erhebt. Um eine Repräsentation von gelesener Information im Gedächtnis aufzubauen, ist es beispielsweise notwendig, die beim Lesen eines Textes auftretenden Kohärenzlücken zu schließen, Inferenzen zu bilden und den voranschreitenden Verstehensprozess zu überwachen und zu regulieren. Die hierbei stattfindenden Prozesse und Anforderungen sind in der Forschungsliteratur gut dokumentiert (z.B. Britton & Graesser, 1996; Kintsch 1998; Oostendorp & Goldman, 1999; für den deutschsprachigen Raum vgl. Schiefele, 1996; Schnotz, 1994). Auch für die im internationalen Test erfasste Lesekompetenz sind diese Prozesse der Informationsverarbeitung von Bedeutung. Allerdings kann vermutet werden, dass intentionales Lernen, bei dem der Lernende aktiv versucht, sich den Inhalt des gelesenen Textes als Ganzes einzuprägen bzw. zu verstehen, beim Lernen aus Texten stärker zum Tragen kommt.

Die empirisch ermittelten Indikatoren[4] zur Prüfung der Frage, ob der nationale und der internationale Test unterscheidbare Fähigkeiten erfassen, weisen auf zwei separate Dimensionen bzw. Teilkompetenzen hin[5]. Die messfehlerbereinigte Korrelation zwischen der im internationalen und der im nationalen Test gemessenen Lesekompetenz liegt mit .81 etwa in der Höhe der Zusammenhänge, die sich zwischen Leistungen in den Bereichen Mathematik, Naturwissenschaften und Lesen finden. Inhaltlich bedeutet dies, dass der internationale Lesetest und die nationale Ergänzung unterschiedliche Facetten von Lesekompetenz erfassen. Die Unterschiede zwischen den erfassten Teilfähigkeiten lassen sich dabei nicht allein auf die unterschiedliche Schwierigkeit der Tests zurückführen. Der stärker gedächtnisbasierte nationale Test stellt also offenbar qualitativ andere Anforderungen als der auf den verstehenden Umgang ausgerichtete internationale Lesekompetenztest.

Aufgrund dieser Ergebnisse wird kein gemeinsamer Lesekompetenzwert für die Schülerleistungen im nationalen und im internationalen Lesekompetenztest gebildet, sondern die Ergebnisse werden für die beiden Skalen separat berichtet.

In Ergänzung zum internationalen Test wurde in Deutschland zusätzlich das „Lernen aus Texten" erhoben. Schülerinnen und Schüler mussten dazu ohne Texteinsicht Verständnis- und Erinnerungsfragen zum Text beantworten. Der „verstehende Umgang mit Texten" (internationaler Test) lässt sich empirisch vom „Lernen aus Texten" (nationaler Test) abgrenzen.

Die Schülerleistungen im nationalen Test können über alle Texte hinweg betrachtet werden (Gesamtskala Lesekompetenz im nationalen Test), aber auch als Teilleistung bei einzelnen Texten (siehe Abschnitt 3.4).

Zusätzlich drückt die Skala „Situative Textrepräsentation" aus, inwieweit bei den Schülerinnen und Schülern ein tiefer gehendes Textverständnis vorliegt. Die Leistungen im nationalen Test können nur für die deutsche Stichprobe berichtet werden.

Der internationale Lesekompetenztest wurde auf der Grundlage eines funktionalistischen Grundbildungsverständnisses entwickelt. Die zur Messung der Lesekompetenz ausgewählten Texte sind authentisch und beinhalten neben Erzählungen, Kommentaren und Argumentationen auch nicht-kontinuierlich geschriebene Texte, wie zum Beispiel Tabellen und schematische Darstellungen. Für Vergleiche innerhalb Deutschlands werden diese Teilleistungen als Subskala „kontinuierliche Texte" und als Subskala „nicht-kontinuierliche Texte" separat berichtet. Die Leistungen 15-jähriger Schülerinnen und Schüler werden im internationalen Vergleich sowohl als Gesamtleistung (Gesamtskala Lesekompetenz), als auch als Leistungen in verschiedenen Teilbereichen berichtet. Die Leistungen in diesen Teilbereichen bilden die drei Subskalen „Informationen ermitteln", „Textbezogenes Interpretieren" und „Reflektieren und Bewerten" ab.

2.6 Inhaltliche Verankerung der internationalen Testmetrik: Kompetenzstufen

Für Vergleiche der Lesekompetenz der Jugendlichen wurde auf Basis ihrer Leistungen bei den einzelnen Aufgaben ein Gesamttestwert für jede Person ermittelt. Der Gesamtwert bezieht sich dabei entweder nur auf die Aufgaben der einzelnen Subskalen („Informationen ermitteln", „textbezogenes Interpretieren" und „Reflektieren und Bewerten") oder aber – bei der Gesamtskala – auf alle Aufgaben des internationalen Lesetests. Zum Zwecke der internationalen Vergleichbarkeit wurde der Mittelwert aller an PISA teilnehmenden OECD-Staaten für die Gesamtskala wie auch für die Subskalen auf 500 gesetzt[6]. Bis auf die Tatsache, dass es sich um den Mittelwert dieser Staaten handelt, und die Mittelwerte anderer Länder hierzu zufallskritisch ins Verhältnis gesetzt werden können, kommt dem Wert 500 keine inhaltliche Bedeutung zu. Dieser Wert könnte – wie es beim nationalen Ergänzungstest geschehen ist – auch auf 100 festgelegt werden. Um Werte wie beispielsweise 614, 500 oder 350 inhaltlich interpretieren zu können, besteht die Möglichkeit, die abstrakte Fähigkeitsskala in einzelne Stufen zu unterteilen, die anhand von typischen Aufgabenmerkmalen genauer gekennzeichnet werden können. Genau dies geschieht beim *Proficiency Scaling*. Die Unterteilung einer kontinuierlichen Fähigkeitsskala in einzelne Stufen basiert grundsätzlich auf den Informationen darüber, wie häufig die einzelnen Aufgaben von den Schülerinnen und Schülern gelöst wurden. Die empirisch ermittelte Stufenabfolge von Anforderungen und Aufgaben impliziert nicht notwendigerweise, dass eine entsprechende Reihenfolge von leichten zu schweren Aufgaben auch im Unterricht praktiziert werden sollte. Das empirische Kompetenzmodell sollte daher nicht als didaktisches Modell missverstanden werden.

Ein *Proficiency Scaling* wurde für den internationalen Lesekompetenztest durchgeführt (vgl. Kasten 1). Die Unterteilung in Kompetenzstufen erfolgte für die drei Subskalen „Informationen ermitteln", „textbezogenes Interpretieren" und „Reflektieren und Bewerten" sowie – indirekt – für die internationale Gesamtskala. Die Kompetenzstufen der Gesamtskala Lesekompetenz wurden über die Aufgaben der entsprechenden Kompetenzstufen aus den drei Subskalen bestimmt[7]. Entsprechend wurden auch die inhaltlichen Beschreibungen der charakteristischen Merkmale der drei Subskalen in ihre Summe für die Gesamtskala übernommen.

Zur Beschreibung der Aufgabenmerkmale bzw. Anforderungen, die für eine Kompetenzstufe typisch sind, wurde auf eine von Kirsch entwickelte Systematisierung von Aufgabenanforderungen zurückgegriffen, welche auch schon im Rahmen anderer internationaler und amerikanischer Studien zur Lesekompetenz von Schülerinnen und Schülern verwendet wurde. Die Aufgaben der einzelnen Kompetenzstufen wurden von den Mitgliedern der internationalen Expertengruppe als homogen beurteilt. Weiterhin unterscheiden sich die zentralen Merkmale und Anforderungen der Aufgaben der verschiedenen Kompetenzstufen in systematischer Weise voneinander.

Eine Darstellung der einzelnen Kompetenzstufen anhand von spezifischen Anforderungen wird in der Tabelle 2.3 vorgenommen.

Bei allen drei Subskalen wird die Schwierigkeit einzelner Aufgaben unter anderem durch den Komplexitätsgrad des Textes und die Vertrautheit mit dem Kontext bestimmt. Darüber hinaus tragen bei den Aufgaben der Subskala „Informationen ermitteln" und

Tabelle 2.3:   Beschreibung der typischen Anforderungen pro Kompetenzstufe und Subskala

	Subskala „Informationen ermitteln"	Subskala „Textbezogenes Interpretieren"	Subskala „Reflektieren und Bewerten"
	Aufgaben auf der jeweiligen Kompetenzstufe erfordern vom Leser ...		
Stufe V	... verschiedene, tief eingebettete Informationen zu lokalisieren und geordnet wiederzugeben. Üblicherweise sind der Inhalt und die Form des Textes unbekannt, und der Leser muss entnehmen, welche Information im Text für die Aufgabe relevant ist.	... ein vollständiges und detailliertes Verstehen eines Textes, dessen Format und Thema unbekannt sind.	... die kritische Bewertung oder das Bilden von Hypothesen, unter Zuhilfenahme von speziellem Wissen. Typischerweise verlangen Aufgaben dieses Niveaus vom Leser den Umgang mit Konzepten, die der Erwartung widersprechen.
Stufe IV	... mehrere eingebettete Informationen zu lokalisieren. Üblicherweise sind der Inhalt und die Form des Textes unbekannt.	... z.B. das Auslegen der Bedeutung von Sprachnuancen in Teilen des Textes, die unter Berücksichtigung des Textes als Ganzes interpretiert werden müssen. Andere Aufgaben erfordern das Verstehen und Anwenden von Kategorien in einem unbekannten Kontext.	... z.B. die kritische Bewertung eines Textes oder das Formulieren von Hypothesen über Informationen im Text, unter Zuhilfenahme von formalem oder allgemeinem Wissen. Leser müssen ein akkurates Verstehen von langen und komplexen Texten unter Beweis stellen.
Stufe III	... Einzelinformationen herauszusuchen und dabei z.T. auch die Beziehungen dieser Einzelinformationen untereinander zu beachten, die mehrere Voraussetzungen erfüllen. Die Auswahl wird durch auffallende und konkurrierende Informationen erschwert.	... die in verschiedenen Teilen des Textes enthaltenen Aussagen zu berücksichtigen und zu integrieren, um eine Hauptidee zu erkennen, eine Beziehung zu verstehen oder die Bedeutung eines Wortes oder eines Satzes zu schlussfolgern. Beim Vergleichen, Kontrastieren oder Kategorisieren müssen viele Merkmale berücksichtigt werden. Oft ist die erforderliche Information nicht auffallend oder es gibt andere Textschikanen, wie z.B. Ideen, die das Gegenteil zu einer Annahme ausdrücken oder negativ formuliert sind.	... entweder Verbindungen, Vergleiche und Erklärungen, oder sie erfordern vom Leser, bestimmte Merkmale des Textes zu bewerten. Einige Aufgaben erfordern vom Leser ein genaues Verständnis des Textes im Verhältnis zu bekanntem Alltagswissen. Andere Aufgaben verlangen kein detailliertes Textverständnis, aber erfordern vom Leser, auf wenig verbreitetes Wissen Bezug zu nehmen. Der Leser muss die relevanten Faktoren teilweise selber ableiten.
Stufe II	... eine oder mehrere Informationen zu lokalisieren, die beispielsweise aus dem Text geschlussfolgert werden müssen und die mehrere Voraussetzungen erfüllen müssen. Die Auswahl wird durch einige konkurrierende Informationen erschwert.	... z.B. das Erkennen eines wenig auffallend formulierten Hauptgedankens eines Textes. Andere Aufgaben erfordern das Verstehen von Beziehungen oder das Erfassen einer Bedeutung innerhalb eines Textteils auf der Basis von einfachen Schlussfolgerungen. Aufgaben auf diesem Niveau, die analoges Denken beinhalten, erfordern üblicherweise Vergleiche oder Kontraste, die auf nur einem Merkmal des Textes basieren.	... z.B. einen Vergleich von mehreren Verbindungen zwischen dem Text und über den Text hinausgehendem Wissen. Bei anderen Aufgaben müssen Leser auf ihre persönlichen Erfahrungen und Einstellungen Bezug nehmen, um bestimmte Merkmale des Textes zu erklären. Die Aufgaben erfordern ein breites Textverständnis.
Stufe I	... eine oder mehrere unabhängige, aber ausdrücklich angegebene Informationen zu lokalisieren. Üblicherweise gibt es eine einzige Voraussetzung, die von der betreffenden Information erfüllt sein muss, und es gibt, wenn überhaupt, nur wenig konkurrierende Informationen im Text.	... das Erkennen des Hauptgedankens des Textes oder der Intention des Autors bei Texten über bekannte Themen. Der Hauptgedanke ist dabei entweder durch Wiederholung oder durch früheres Erscheinen im Text auffallend formuliert.	... z.B. eine einfache Verbindung zwischen Information aus dem Text und weit verbreitetem Alltagswissen herzustellen. Der Leser wird ausdrücklich angewiesen, relevante Faktoren in der Aufgabe und im Text zu beachten.

Kasten 1: Bildung von Kompetenzstufen im Lesen

Basis für die Unterteilung eines Kompetenzkontinuums in einzelne Fähigkeitsstufen ist die empirisch nachgewiesene Annahme, dass Personen, die Aufgaben eines bestimmten Schwierigkeitsgrades meistern, mit hoher Wahrscheinlichkeit auch alle leichteren Testaufgaben lösen. Weiterhin kann davon ausgegangen werden, dass die auf einem bestimmten Schwierigkeitsniveau geforderte Lesekompetenz als diejenige Leistung betrachtet werden kann, die von Personen des entsprechenden Fähigkeitsniveaus gerade eben noch erbracht werden kann. Da sich im Rahmen des Rasch-Modells Personenfähigkeit und Aufgabenschwierigkeit auf einer Skala abbilden lassen, können wahrscheinlichkeitsbasierte Aussagen über die Lösungshäufigkeit von Aufgaben auf Basis der Personenfähigkeit getroffen werden. Auf diesen Voraussetzungen aufbauend lassen sich Klassen von Aufgaben beschreiben, die hinsichtlich ihrer Anforderungen relativ homogen sind und sich von Anforderungen auf einem höheren Schwierigkeitsniveau (höhere Kompetenzstufe) abgrenzen lassen. Die Etablierung solcher Kompetenzstufen wird als *Proficiency Scaling* bezeichnet. Das Leistungsniveau der Schülerinnen und Schüler, die sich auf einer bestimmten Kompetenzstufe befinden, lässt sich anhand der spezifischen Anforderungen von Aufgaben dieses Schwierigkeitsniveaus beschreiben.

Zur Bildung von Kompetenzstufen im Rahmen des Rasch-Modells gibt es verschiedene Ansätze und Vorarbeiten (Beaton & Allen, 1992; Sheehan, 1997; Klieme u.a., 2000). Die Verfahren variieren danach, inwieweit sie theoretische Annahmen über schwierigkeitsbestimmende Merkmale von Aufgaben a priori bestimmen und zur Vorhersage von Kompetenzstufen nutzen, wobei die Entscheidung darüber, welche Aufgabenlösung kennzeichnend für welche Kompetenzstufen ist, auf Basis der empirisch gewonnenen Modellparameter gefällt wird. Besonders aufschlussreich wird diese Methode, wenn zur Bildung und Beschreibung von Kompetenzstufen auf zu Grunde liegende allgemeinere Konzepte zurückgegriffen werden kann und nicht lediglich die Summe von Merkmalen, die sich anhand der konkreten Beschreibung von spezifischen Aufgabenanforderungen dieser Stufe ergeben, zur inhaltlichen Verankerung von Kompetenzstufen verwendet wird. Neben diesem inhaltlichen Zugang besteht eine weitere Möglichkeit darin, lediglich technische Kriterien zu postulieren und dann post hoc die Kompetenzklassen zu beschreiben.

Aufgrund der durch Vorgaben des *Board of Participating Countries* festgelegten Kriterien bestanden für die internationale Bildung von Kompetenzstufen im Bereich der Lesekompetenz relativ wenig Freiheitsgrade. Das internationale Konsortium orientierte sich deshalb eher an pragmatischen Kriterien. Die hiermit verbundenen Einschränkungen hinsichtlich der Nutzung des Potenzials des Materials für eine stärker theoretisch fundierte Beschreibung von Kompetenzstufen werden im Rahmen eines thematischen Bandes zum Lesen genauer analysiert. Dem internationalen Verfahren soll dort ein alternatives Kompetenzstufenmodell gegenüber gestellt werden. Im Rahmen dieses Berichts werden jedoch ausschließlich die international entwickelten Kompetenzstufen verwendet.

„textbezogenes Interpretieren" die Deutlichkeit von Hinweisen auf die relevanten Informationen oder Ideen sowie die Anzahl und das Ausmaß von irrelevanten, aber attraktiven und somit konkurrierenden Informationen im Text zur Schwierigkeit der Aufgaben bei.

Bei der Subskala „Informationen ermitteln" nimmt die Schwierigkeit der Aufgaben zusätzlich in Abhängigkeit von der Anzahl der Einzelinformationen, die herauszusuchen sind, und der Anzahl der Voraussetzungen, die diese Informationen erfüllen müssen, zu. Weiterhin steigt die Schwierigkeit in dem Maße, in dem die ermittelten Informationen organisiert werden müssen.

Die Art der geforderten Interpretation (z.B. Hauptidee identifizieren, Beziehungen verstehen, Verstehen von Sprache im Kontext oder analoges Schlussfolgern) trägt bei Aufgaben zum „textbezogenen Interpretieren" zur Schwierigkeit bei. Einen ähnlichen Einfluss auf die Schwierigkeit von Aufgaben zum „Reflektieren und Bewerten" haben die Art der verlangten Reflexion (z.B. einfache Verbindungen oder Erklärungen; Bilden von Hypothesen, Bewertungen) und der Grad des benötigten Textverstehens. Auch das Ausmaß der Hinweise auf relevante Elemente im Text und in der Aufgabe sowie der Vertrautheitsgrad mit dem nicht im Text enthaltenen Wissen bestimmen die Schwierigkeit der Aufgaben dieser Skala.

Nachfolgend werden die Unterschiede zwischen den Kompetenzstufen der einzelnen Subskalen anhand von Beispielaufgaben verdeutlicht.

Die Abbildung mit den Kompetenzstufen der Subskala „Reflektieren und Bewerten" (Abb. 2.4) – wie auch die korrespondierenden Abbildungen zu den zwei anderen Subska-

Abbildung 2.2: Kompetenzstufen der Subskala „Informationen ermitteln"[1]

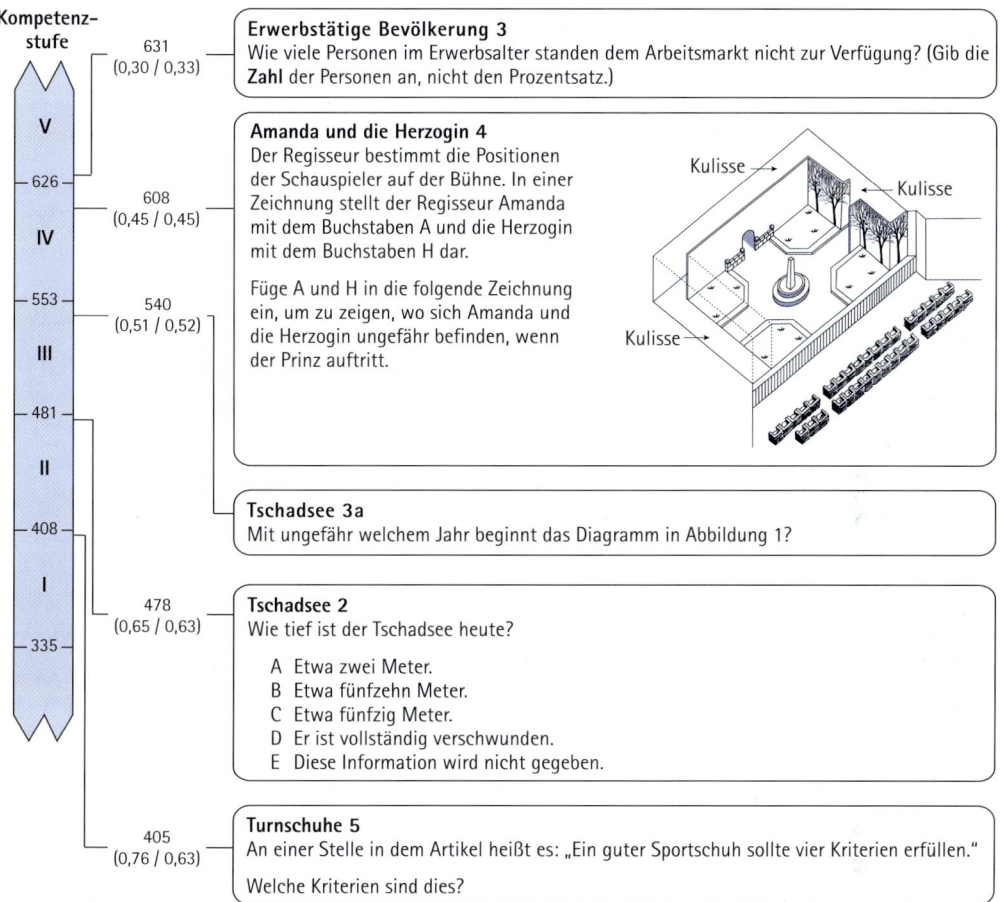

Kompetenz-
stufe

631
(0,30 / 0,33)

Erwerbstätige Bevölkerung 3
Wie viele Personen im Erwerbsalter standen dem Arbeitsmarkt nicht zur Verfügung? (Gib die
Zahl der Personen an, nicht den Prozentsatz.)

V

626

608
(0,45 / 0,45)

Amanda und die Herzogin 4
Der Regisseur bestimmt die Positionen
der Schauspieler auf der Bühne. In einer
Zeichnung stellt der Regisseur Amanda
mit dem Buchstaben A und die Herzogin
mit dem Buchstaben H dar.

Füge A und H in die folgende Zeichnung
ein, um zu zeigen, wo sich Amanda und
die Herzogin ungefähr befinden, wenn
der Prinz auftritt.

Kulisse

Kulisse

Kulisse

IV

553

540
(0,51 / 0,52)

III

481

II

408

Tschadsee 3a
Mit ungefähr welchem Jahr beginnt das Diagramm in Abbildung 1?

I

478
(0,65 / 0,63)

Tschadsee 2
Wie tief ist der Tschadsee heute?

    A Etwa zwei Meter.
    B Etwa fünfzehn Meter.
    C Etwa fünfzig Meter.
    D Er ist vollständig verschwunden.
    E Diese Information wird nicht gegeben.

335

405
(0,76 / 0,63)

Turnschuhe 5
An einer Stelle in dem Artikel heißt es: „Ein guter Sportschuh sollte vier Kriterien erfüllen."

Welche Kriterien sind dies?

Die Werte an den Verbindungslinien zwischen den Beispielen und der Fähigkeitssäule geben das für eine 62-prozentige
Lösungswahrscheinlichkeit erforderliche Fähigkeitsniveau und die Werte in Klammern die relativen internationalen (OECD-
Durchschnitt) und deutschen Lösungshäufigkeiten an.

[1] Die Texte zu den einzelnen Aufgaben befinden sich im Anhang B.

len (Abb. 2.2 und 2.3) – enthält für jede Kompetenzstufe zur Illustration eine typische Beispielaufgabe. Die Texte zu diesen Aufgaben sind im Anhang B wiedergegeben. Die für die
jeweiligen Beispielaufgaben charakteristischen Werte sind an der Verbindungslinie zwischen Fähigkeitssäule und Beispielaufgabe abgetragen. Der dreistellige Wert oberhalb der
Linie gibt die Schwierigkeit der Aufgabe bzw. das entsprechende erforderliche Fähigkeitsniveau der Schülerinnen und Schüler auf der internationalen Skala mit einem Mittelwert
(OECD-Länder) von 500 und einer Standardabweichung von 100 an. Die zwei Dezimal-
zahlen unterhalb der Verbindungslinie kennzeichnen die empirisch gefundenen Lösungshäufigkeiten der jeweiligen Aufgabe. Das Wertepaar 0,30/0,33 der Aufgabe „Erwerbstätige Bevölkerung 3" aus Abbildung 2.2 bedeutet, dass 30 Prozent aller an PISA teilneh-

Abbildung 2.3: Kompetenzstufen der Subskala „Textbezogenes Interpretieren"[1]

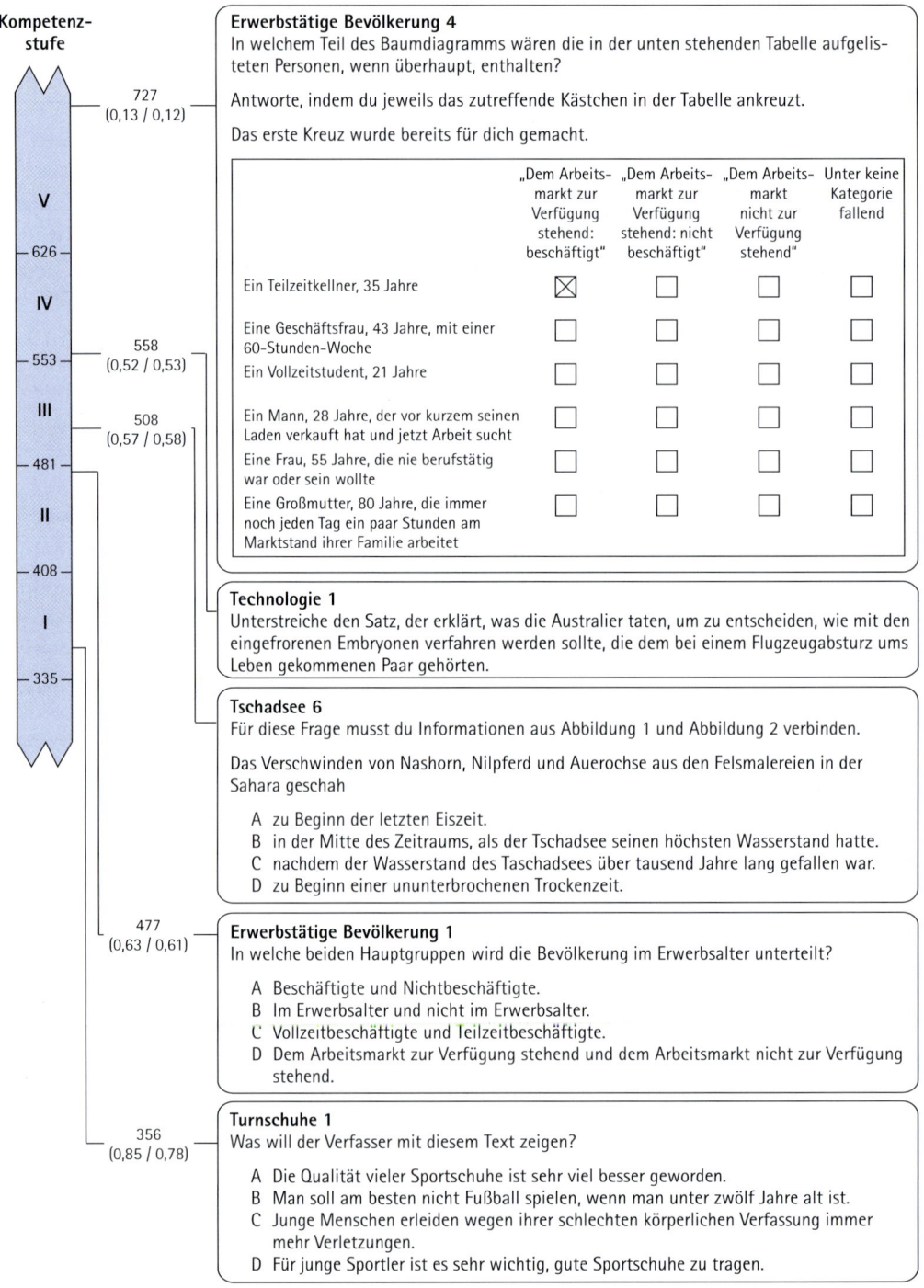

**Kompetenz-
stufe**

727
(0,13 / 0,12)

V

626

IV

558
(0,52 / 0,53)

553

III

508
(0,57 / 0,58)

481

II

408

I

335

477
(0,63 / 0,61)

356
(0,85 / 0,78)

Erwerbstätige Bevölkerung 4
In welchem Teil des Baumdiagramms wären die in der unten stehenden Tabelle aufgelisteten Personen, wenn überhaupt, enthalten?

Antworte, indem du jeweils das zutreffende Kästchen in der Tabelle ankreuzt.

Das erste Kreuz wurde bereits für dich gemacht.

	„Dem Arbeits-markt zur Verfügung stehend: beschäftigt"	„Dem Arbeits-markt zur Verfügung stehend: nicht beschäftigt"	„Dem Arbeits-markt nicht zur Verfügung stehend"	Unter keine Kategorie fallend
Ein Teilzeitkellner, 35 Jahre	☒	☐	☐	☐
Eine Geschäftsfrau, 43 Jahre, mit einer 60-Stunden-Woche	☐	☐	☐	☐
Ein Vollzeitstudent, 21 Jahre	☐	☐	☐	☐
Ein Mann, 28 Jahre, der vor kurzem seinen Laden verkauft hat und jetzt Arbeit sucht	☐	☐	☐	☐
Eine Frau, 55 Jahre, die nie berufstätig war oder sein wollte	☐	☐	☐	☐
Eine Großmutter, 80 Jahre, die immer noch jeden Tag ein paar Stunden am Marktstand ihrer Familie arbeitet	☐	☐	☐	☐

Technologie 1
Unterstreiche den Satz, der erklärt, was die Australier taten, um zu entscheiden, wie mit den eingefrorenen Embryonen verfahren werden sollte, die dem bei einem Flugzeugabsturz ums Leben gekommenen Paar gehörten.

Tschadsee 6
Für diese Frage musst du Informationen aus Abbildung 1 und Abbildung 2 verbinden.

Das Verschwinden von Nashorn, Nilpferd und Auerochse aus den Felsmalereien in der Sahara geschah

A zu Beginn der letzten Eiszeit.
B in der Mitte des Zeitraums, als der Tschadsee seinen höchsten Wasserstand hatte.
C nachdem der Wasserstand des Taschadsees über tausend Jahre lang gefallen war.
D zu Beginn einer ununterbrochenen Trockenzeit.

Erwerbstätige Bevölkerung 1
In welche beiden Hauptgruppen wird die Bevölkerung im Erwerbsalter unterteilt?

A Beschäftigte und Nichtbeschäftigte.
B Im Erwerbsalter und nicht im Erwerbsalter.
C Vollzeitbeschäftigte und Teilzeitbeschäftigte.
D Dem Arbeitsmarkt zur Verfügung stehend und dem Arbeitsmarkt nicht zur Verfügung stehend.

Turnschuhe 1
Was will der Verfasser mit diesem Text zeigen?

A Die Qualität vieler Sportschuhe ist sehr viel besser geworden.
B Man soll am besten nicht Fußball spielen, wenn man unter zwölf Jahre alt ist.
C Junge Menschen erleiden wegen ihrer schlechten körperlichen Verfassung immer mehr Verletzungen.
D Für junge Sportler ist es sehr wichtig, gute Sportschuhe zu tragen.

Die Werte an den Verbindungslinien zwischen den Beispielen und der Fähigkeitssäule geben das für eine 62-prozentige Lösungswahrscheinlichkeit erforderliche Fähigkeitsniveau und die Werte in Klammern die relativen internationalen (OECD-Durchschnitt) und deutschen Lösungshäufigkeiten an.

[1] Die Texte zu den einzelnen Aufgaben befinden sich im Anhang B.

Abbildung 2.4: Kompetenzstufen der Subskala „Reflektieren und Bewerten"[1]

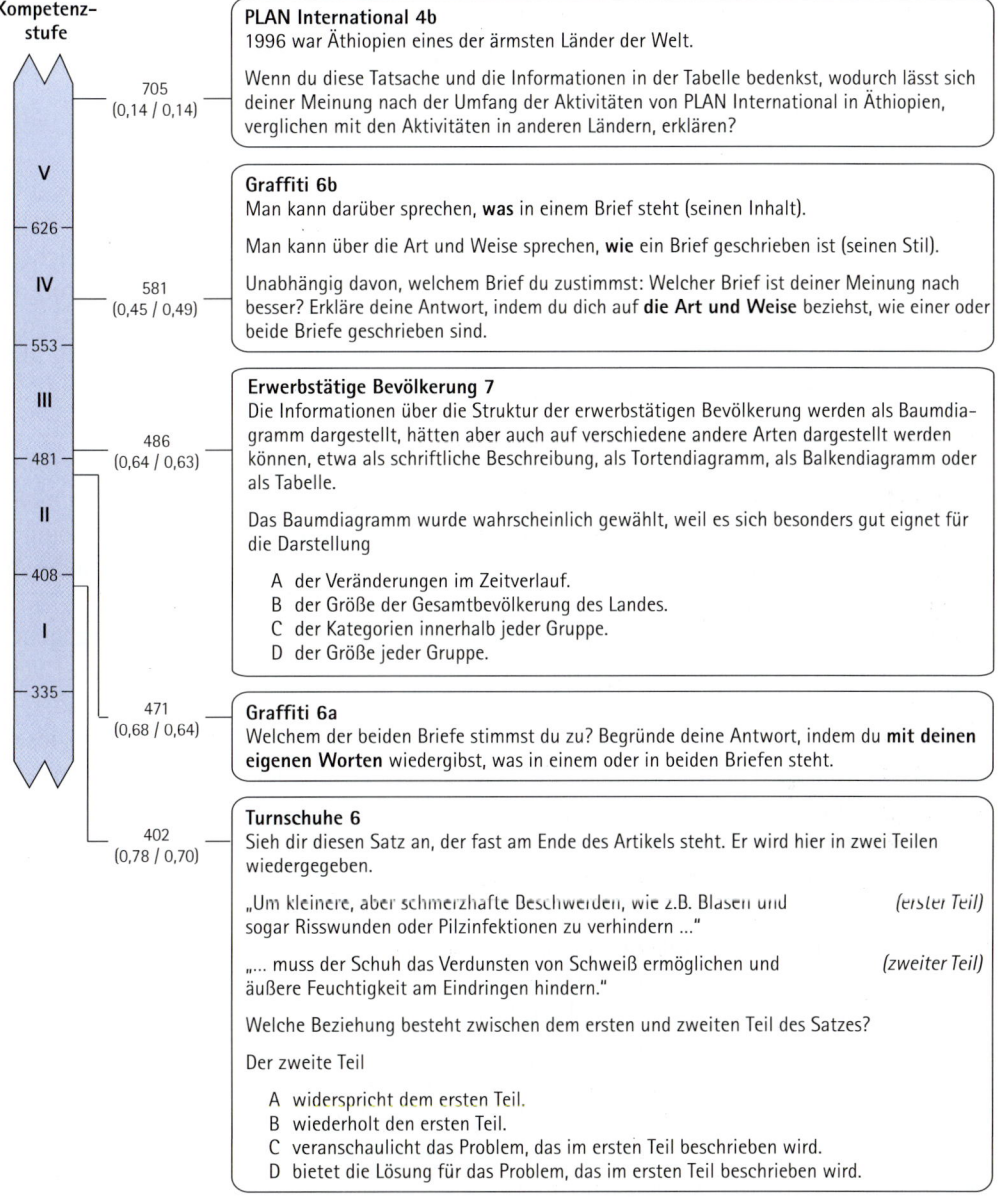

Kompetenz-stufe

705
(0,14 / 0,14)

PLAN International 4b
1996 war Äthiopien eines der ärmsten Länder der Welt.

Wenn du diese Tatsache und die Informationen in der Tabelle bedenkst, wodurch lässt sich deiner Meinung nach der Umfang der Aktivitäten von PLAN International in Äthiopien, verglichen mit den Aktivitäten in anderen Ländern, erklären?

V

— 626 —

581
(0,45 / 0,49)

Graffiti 6b
Man kann darüber sprechen, **was** in einem Brief steht (seinen Inhalt).

Man kann über die Art und Weise sprechen, **wie** ein Brief geschrieben ist (seinen Stil).

Unabhängig davon, welchem Brief du zustimmst: Welcher Brief ist deiner Meinung nach besser? Erkläre deine Antwort, indem du dich auf **die Art und Weise** beziehst, wie einer oder beide Briefe geschrieben sind.

IV

— 553 —

III

486
(0,64 / 0,63)

Erwerbstätige Bevölkerung 7
Die Informationen über die Struktur der erwerbstätigen Bevölkerung werden als Baumdiagramm dargestellt, hätten aber auch auf verschiedene andere Arten dargestellt werden können, etwa als schriftliche Beschreibung, als Tortendiagramm, als Balkendiagramm oder als Tabelle.

— 481 —

Das Baumdiagramm wurde wahrscheinlich gewählt, weil es sich besonders gut eignet für die Darstellung

II

    A der Veränderungen im Zeitverlauf.
    B der Größe der Gesamtbevölkerung des Landes.
    C der Kategorien innerhalb jeder Gruppe.
    D der Größe jeder Gruppe.

— 408 —

I

— 335 —

471
(0,68 / 0,64)

Graffiti 6a
Welchem der beiden Briefe stimmst du zu? Begründe deine Antwort, indem du **mit deinen eigenen Worten** wiedergibst, was in einem oder in beiden Briefen steht.

402
(0,78 / 0,70)

Turnschuhe 6
Sieh dir diesen Satz an, der fast am Ende des Artikels steht. Er wird hier in zwei Teilen wiedergegeben.

„Um kleinere, aber schmerzhafte Beschwerden, wie z.B. Blasen und   *(erster Teil)*
sogar Risswunden oder Pilzinfektionen zu verhindern ..."

„... muss der Schuh das Verdunsten von Schweiß ermöglichen und   *(zweiter Teil)*
äußere Feuchtigkeit am Eindringen hindern."

Welche Beziehung besteht zwischen dem ersten und zweiten Teil des Satzes?

Der zweite Teil

    A widerspricht dem ersten Teil.
    B wiederholt den ersten Teil.
    C veranschaulicht das Problem, das im ersten Teil beschrieben wird.
    D bietet die Lösung für das Problem, das im ersten Teil beschrieben wird.

Die Werte an den Verbindungslinien zwischen den Beispielen und der Fähigkeitssäule geben das für eine 62-prozentige Lösungswahrscheinlichkeit erforderliche Fähigkeitsniveau und die Werte in Klammern die relativen internationalen (OECD-Durchschnitt) und deutschen Lösungshäufigkeiten an.

[1] Die Texte zu den einzelnen Aufgaben befinden sich im Anhang B.

menden Schülerinnen und Schüler (OECD-Staaten) diese Aufgabe richtig gelöst haben (0,30). In Deutschland lag der Anteil von Schülerinnen und Schülern mit einer richtigen Lösung bei dieser Aufgabe bei 33 Prozent (0,33).

Bei der Erläuterung der Zuordnung von Aufgaben zu Kompetenzstufen wird nicht im Detail auf alle Stufen eingegangen, sondern es soll primär ihr Bezug zu den in deutschen Lehrplänen genannten Anforderunen verdeutlicht werden, da diese einen Maßstab dafür bilden, was erwartet werden kann und soll (siehe Abschnitt 2.7).

Die Aufgabe auf dem unteren Fähigkeitsniveau (Kompetenzstufe I) der Subskala „Reflektieren und Bewerten" – „Turnschuhe 6" – erfordert vom Leser eine rein lokale Analyse. Die dargestellten Satzteile müssen formal danach bewertet werden, in welchem Verhältnis sie zueinander stehen. Diese Aufgabe wurde in Deutschland von 70 Prozent, international von 78 Prozent aller Schülerinnen und Schüler richtig gelöst (vgl. Lösungswahrscheinlichkeiten in Abb. 2.4). Im Vergleich dazu erfordert die Aufgabe „Graffiti 6b", die auf Kompetenzstufe IV angesiedelt ist, eine globale Formalanalyse. Zur richtigen Beantwortung dieser Aufgabe müssen nicht nur der Kontext des Satzes, sondern sämtliche Informationen aus den beiden Briefen sowie über den Text hinausgehendes Wissen über Stil und Passung von Stil, Inhalt und beabsichtigter Botschaft berücksichtigt werden. Diese Aufgabe ist im Deutschunterricht als Abschlussaufgabe geeignet. Die für Kompetenzstufe II typische Aufgabe – „Graffiti 6a" – stellt eine typische Einstiegsaufgabe im Deutschunterricht dar.

Die Beispielaufgabe für die unterste Kompetenzstufe der Subskala „textbezogenes Interpretieren" (vgl. Abb. 2.3 „Turnschuhe 1") verlangt vom Leser, das Anliegen des Verfassers bzw. den Hauptgedanken des Textes zu erfassen. Die Aufgabe ist unter anderem deshalb sehr einfach (85 % aller an PISA teilnehmenden Schülerinnen und Schüler lösen sie korrekt), weil der Hauptgedanke in der zweizeiligen Zusammenfassung über dem Text bereits enthalten ist. Bei der Aufgabe „Erwerbstätige Bevölkerung 1", mit der die Anforderungen der nächsthöheren Kompetenzstufe verdeutlicht werden können, muss zur korrekten Beantwortung die Struktur des Textes (Baumdiagramm) verstanden werden. Typisch für die Anforderungen auf Kompetenzstufe III ist weiterhin die Aufgabe „Tschadsee 6", bei der die in unterschiedlichen Formaten dargebotenen Informationen aus zwei Graphiken miteinander verbunden werden müssen. Hierzu ist es notwendig, Beziehungen zwischen den in den Abbildungen enthaltenen Informationen herzustellen und zu interpretieren. Die schwierigste Aufgabe dieser Subskala („Erwerbstätige Bevölkerung 4", Kompetenzstufe V) verlangt vom Leser, die im Schaubild enthaltenen Informationen zur Kategorisierung der erwerbstätigen Bevölkerung auf eine Reihe von Personen anzuwenden. In Deutschland ordneten nur 12 Prozent der Schülerinnen und Schüler alle fünf beschriebenen Personen richtig den Kategorien zu.

Die Kompetenzstufen der Skala „Informationen ermitteln" sind schließlich in Abbildung 2.2 beispielhaft dargestellt. Auch diese Subskala enthält Aufgaben, die auf einem vergleichbar hohen Schwierigkeitsniveau angesiedelt sind wie Aufgaben der höchsten Kompetenzstufen der beiden anderen Skalen. Auf Kompetenzstufe V der Skala „Informationen ermitteln" erfordert die dargestellte Beispielaufgabe („Erwerbstätige Bevölkerung 3") vom Leser, alle verfügbaren Informationen zu nutzen, die in der Überschrift der Aufgabe, dem Baumdiagramm und den Anmerkungen enthalten sind. Bei dieser auf den ersten Blick leicht erscheinenden Aufgabe müssen die im Diagramm dargebotenen Zahlen (und nicht die ebenfalls dargebotenen Prozentzahlen) mit der Information, dass die Anzahl der Personen in Tausend dargestellt ist, verbunden werden. Diese Detailinformationen, die bei Nichtbeachtung zur Angabe der Zahl 949,9 führten, wurden von vielen Schülerinnen und Schülern nicht berücksichtigt bzw. verarbeitet. Lediglich 33 Prozent der deutschen Jugendlichen lösten diese Aufgabe korrekt. Auch die Beispielaufgabe der nächstniedrigeren Kompetenzstufe („Amanda und die Herzogin 4") verlangt vom Leser, bei der Interpretation Informationen zu verwenden, die an weniger prominenten Stellen des Textes stehen. In diesem Fall müssen die kursiv gesetzten Regieanweisungen für ein Theaterstück räumlich umgesetzt werden. International wie national wurde sie von 45 Prozent der Schülerinnen und Schüler korrekt gelöst.

Die Beispielaufgabe für die niedrigste Kompetenzstufe („Turnschuhe 5") verlangt vom Leser, ausdrücklich im Text genannte Informationen zu entnehmen, die lediglich eine Voraussetzung erfüllen müssen. Bei Aufgaben der nächsthöheren Kompetenzstufe müssen dagegen mehrere Informationen gleichzeitig beachtet werden. So verlangt die Aufgabe der Kompetenzstufe II („Tschadsee 2"), dass Informationen aus der Abbildungsüberschrift und dem Schaubild berücksichtigt werden. Die sich auf denselben Aufgabenstamm beziehende Beispielaufgabe der Kompetenzstufe III („Tschadsee 3a") hingegen verlangt zusätzlich zur Beachtung mehrerer Informationsquellen, dass aus dem Diagramm ein Wert ermittelt wird, der nicht explizit angegeben ist. Durch die Beschriftung der Abbildung, die die Angabe von Jahreszahlen vor und nach Christus enthält, ergibt sich eine zusätzliche Anforderung, da dieser Wechsel beim Ermitteln des Wertes berücksichtigt werden muss.

Was bedeutet Kompetenzstufenzugehörigkeit?

Schülerinnen und Schüler, die einer bestimmten Kompetenzstufe zugeordnet werden, haben nicht zwangsläufig alle Aufgaben gelöst, die für diese Stufe charakteristisch sind. Die Kompetenzstufen wurden international so konzipiert, dass durchschnittlich fähige Schülerinnen und Schüler einer Stufe eine durchschnittlich schwierige Aufgabe dieser Stufe in 62 Prozent der Fälle lösen. Von allen Schülerinnen und Schülern, die sich einer Kompetenzstufe zuordnen lassen, kann weiterhin erwartet werden, dass sie mindestens die Hälfte der Aufgaben dieser Stufe korrekt lösen. Jugendliche am unteren Ende der Kompetenzstufe lösen die leichtesten Aufgaben dieser Stufe in 62 Prozent der Fälle, die schwersten Aufgaben hingegen in 42 Prozent der Fälle. Schülerinnen und Schüler am oberen Ende der Kompetenzstufe lösen die schwersten Aufgaben in 62 Prozent der Fälle und die leichtesten Aufgaben in 78 Prozent der Fälle.

Schülerinnen und Schüler einer bestimmten Kompetenzstufe verfügen demnach über die Kompetenz, die Aufgaben dieser Stufe mit einiger Sicherheit zu meistern. Gleichzeitig lösen sie die Aufgaben niedrigerer Stufen mit entsprechend höherer Wahrscheinlichkeit. Umgekehrt werden von einem Jugendlichen, dessen Lesekompetenz beispielsweise der Kompetenzstufe II zuzuordnen ist, die Aufgaben der Kompetenzstufe III in weniger als 50 Prozent der Fälle korrekt gelöst.

Wenn im Folgenden die prozentualen Anteile von Schülerinnen und Schülern auf einer Stufe im internationalen und nationalen Vergleich dargestellt werden, ist zu beachten, dass jeweils nur die Jugendlichen gezählt werden, deren Fähigkeit genau auf dieser Stufe liegt. Obwohl die Schülerinnen und Schüler einer höheren Kompetenzstufe sehr wahr-

Abbildung 2.5: Verhältnis zwischen den prozentualen Anteilen von Schülerinnen und Schülern, die den einzelnen Kompetenzstufen zugeordnet werden, und dem Anteil von Schülerinnen und Schülern, die Aufgaben einer Stufe sowie der darunter liegenden Stufen lösen

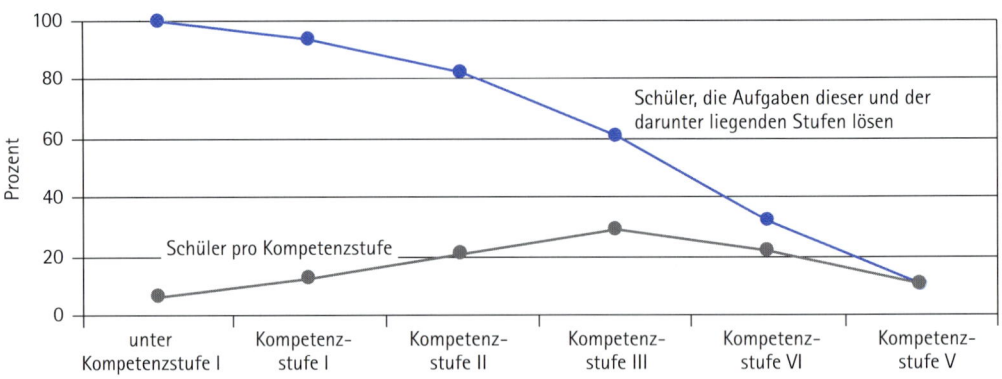

scheinlich ebenfalls die auf der nächstniedrigeren Stufe geforderten Leistungen unter Beweis gestellt haben, wurden sie in den Prozentsatz der Schülerinnen und Schüler auf dieser Stufe nicht eingerechnet. Die Aussage, dass sich 34 Prozent der Schülerinnen und Schüler auf Stufe III befinden, bedeutet demnach, dass diese Jugendlichen maximal die mit dieser Stufe verknüpften Anforderungen bewältigen. Das Verhältnis zwischen dem Anteil der Schülerinnen und Schüler, die den Anforderungen einer Kompetenzstufe gerade eben gewachsen sind, und dem Gesamtanteil der untersuchten Schülerinnen und Schüler, die Aufgaben dieser Schwierigkeit insgesamt meistern, ist in Abbildung 2.5 dargestellt.

Obwohl die hohen Korrelationen zwischen den Subskalen darauf schließen lassen, dass Schülerinnen und Schüler mit hohen Leistungen auf einer Subskala (z.B. „Informationen ermitteln") in der Regel auch hohe Leistungen auf einer anderen Subskala (z.B. „Reflektieren und Bewerten") aufweisen, ist darauf hinzuweisen, dass es Schülerinnen und Schüler gibt, die beim Ermitteln von Informationen auf Kompetenzstufe I, beim Reflektieren und Bewerten hingegen auf der höchsten Kompetenzstufe (V) liegen, und vice versa. Ähnliches gilt auch für den Vergleich der Kompetenzstufenzugehörigkeit beim textbezogenen Interpretieren und beim Reflektieren und Bewerten sowie beim textbezogenen Interpretieren und Ermitteln von Informationen. Fast alle Kombinationen von Kompetenzstufen kommen vor. Der Großteil der Schülerinnen und Schüler befindet sich jedoch in den verschiedenen Subskalen auf einem vergleichbaren Kompetenzniveau.

Wie Abbildung 2.5 veranschaulicht, befindet sich ein Teil der Schülerinnen und Schüler auf einem Niveau unterhalb der niedrigsten definierten Kompetenzstufe I. Im eigentlichen Sinne handelt es sich hierbei nicht mehr um eine Kompetenzstufe, sondern um ein Fähigkeitsniveau unterhalb der beschriebenen Stufen. Von einem Großteil der Schülerinnen und Schüler im Kompetenzbereich unterhalb von Stufe I wurde keine der dargebotenen Aufgaben richtig gelöst. Dies bedeutet nicht, dass diese Schülerinnen und Schüler nicht über basale Lesefähigkeiten verfügen, ihre Kompetenz reichte jedoch nicht aus, um eine im Rahmen des PISA-Tests sinnvoll interpretierbare Fähigkeit abzubilden.

> Die Schülerinnen und Schüler wurden auf Basis ihrer Leistungen im PISA Lesetest einzelnen Kompetenzstufen zugeordnet. Kompetenzstufen wurden sowohl für die Gesamtskala als auch für die drei Subskalen zum „Informationen ermitteln", zum „Textbezogenen Interpretieren" und zum „Reflektieren und Bewerten" gebildet. Schülerinnen und Schüler einer Kompetenzstufe lösen die Aufgaben dieser wie auch die der niedrigeren Stufen mit hinreichender Sicherheit. Aufgaben höherer Stufen werden von ihnen in der Regel nicht mehr gelöst.

2.7 Curriculare Validität

Weder der internationale noch der nationale Lesekompetenztest wurde mit dem Ziel konstruiert, die Lehrpläne der teilnehmenden Länder für den muttersprachlichen Unterricht abzubilden. Maßgebend war vielmehr ein Grundbildungskonzept, in dem Lesekompetenz als Fähigkeit verstanden wird, Texte zu verstehen, zu nutzen und über sie zu reflektieren, um eigene Ziele zu erreichen, das eigene Wissen und Potenzial weiterzuentwickeln und am gesellschaftlichen Leben teilzunehmen. Die Aufgaben des PISA-Tests bilden dieses Lesekompetenzverständnis ab, indem sie auf der Basis von authentischen Texten aus für die Altersgruppe relevanten Lebensbereichen prüfen, inwieweit Schülerinnen und Schüler in der Lage sind, diese zu nutzen.

Auch wenn das zu Grunde gelegte Lesekompetenzverständnis in seiner praktischen Relevanz überzeugt, ist eine Verortung in Bezug auf die in deutschen Lehrplänen thematisierten Inhalte und Anforderungen sinnvoll und für die Interpretation der Ergebnisse hilfreich. Um zu beurteilen, inwiefern der internationale PISA-Test mit deutschen Lehrplänen kompatibel ist, also curriculare Validität besitzt, haben wir zwei Zugänge gewählt. Erstens einen Vergleich der Lehrplananforderungen für das Fach Deutsch der Sekundarstufe I[8], zweitens eine Befragung von Lehrplanexpertinnen und -experten der Bundesländer. Eine Zusammenfassung der Ergebnisse beider Zugänge wird im Folgenden referiert. Ausführlichere Darstellungen hierzu erfolgen im Rahmen des thematischen Berichts zum Thema Lesen.

Dem in Abschnitt 2.1 entwickelten Begriff von Lesekompetenz entsprechend reichen die Lehrpläne für den Deutschunterricht auf der Sekundarstufe I nicht aus, um die curriculare Validität der Leseverständnistests zu bestimmen. Denn erstens wird Lesekompetenz bereits in der Grundschule vermittelt und zweitens wird Lesekompetenz auf der Sekundarstufe I in den verschiedensten Fächern (z.B. in naturwissenschaftlichen Fächern sowie in Mathematik, aber auch in Sozialkunde, Politik und Geschichte) erwartet und zum Teil auch gefördert. Die Leseanforderungen beziehen sich in einigen Fächern vorrangig auf die Entnahme und Nutzung von Informationen aus Tabellen, Graphiken und schematischen Darstellungen (z.B. beim Periodensystem im Chemieunterricht), in anderen Fächern eher auf das Bewerten von und Reflektieren über Texte (z.B. beim Einordnen und Bewerten der Angemessenheit historischer Quellen im Geschichtsunterricht). Eine rein auf den Deutschunterricht beschränkte Analyse der Lehrpläne kennzeichnet daher nur einen Ausschnitt der im Rahmen des Unterrichts der Sekundarstufe I thematisierten und erwarteten Bereiche.

Die Kultusministerkonferenz der Länder (KMK, 1995) hat bei der Formulierung von Standards für den mittleren Schulabschluss im Fach Deutsch auf der Sekundarstufe I die fachlichen Schwerpunkte *Sprechen, Schreiben, Umgang mit Texten und Medien* sowie *Reflexion über Sprache* benannt. Ähnlich formuliert auch Willenberg (2001) *Lesen, Schreiben, Kommunizieren* und *Reflektieren von Sprache* als die vier zentralen Kategorien der Konstruktion von Lehrplänen für den Deutschunterricht der Sekundarstufe I, die durch die folgenden Schwerpunkte ergänzt werden:

(1) Informationen verstehen und verständlich übermitteln,

(2) Beachtung von Sprachnormen,

(3) Beherrschung verschiedener Textsorten im Mündlichen und im Schriftlichen,

(4) Menschen verstehen und sie argumentativ und emotional überzeugen oder in das Verstehen einbeziehen,

(5) Wahrnehmungen, Empfindungen und Befindlichkeiten der eigenen Person auch emotional äußern, das eigene Ich sprachlich ausdrücken.

Die meisten dieser Anforderungen werden auch im PISA-Test überprüft und thematisiert, allerdings mit unterschiedlichen Akzentuierungen und unter Auslassung des mündlichen Austauschs. So lassen sich etwa die zur Veranschaulichung der Kompetenzstufen II und VI der Subskala „Reflektieren und Bewerten" verwendeten Aufgaben („Graffiti", vgl. Abb. 2.4) den in vielen Lehrplänen thematisierten Zielen „Menschen verstehen und sie argumentativ und emotional überzeugen oder in das Verstehen einbeziehen" zuordnen. Aber auch die für die höchste Kompetenzstufe charakteristischen Anforderungen (z.B. „Plan International 4b") werden in deutschen Lehrplänen genannt. Den Standards der KMK entsprechend heißt Schreiben: „Appellieren, Argumentieren, Erörtern: zu kontroversen Themen einen eigenen Standpunkt entwickeln, Argumente finden, folgerichtig ordnen, sprachlich und gedanklich verknüpfen sowie wirkungsvoll darstellen".

Ein Unterschied zwischen den Lehrplänen für den Deutschunterricht und der Konzeption des PISA-Tests besteht allerdings darin, dass der Schwerpunkt der Textsorten und -gattungen anders gelagert ist. Die große Bandbreite von literarischen Genres und Texten (Lang- und Kurzprosa, Dramatik, Hörspiel, Lyrik, Lieder, z. T. auch mediale Texte, Filme, Trivialliteratur und Jugendliteratur) wird im PISA-Test nicht abgebildet. Hingegen steht die Behandlung von Sachtexten, die in 11 der 16 Länder im Lehrplan thematisiert wird, in der PISA-Lesekonzeption stärker im Vordergrund. Auch die Behandlung nicht-kontinuierlicher Texte (z.B. Tabellen und schematische Darstellungen) ist laut Lehrplänen seltener Gegenstand des Unterrichts[9], während sich insgesamt 38 Prozent der Aufgaben des PISA-Tests auf nicht-kontinuierliche Texte beziehen. Der kompetente Umgang mit dieser Art von Texten wird jedoch in anderen Unterrichtsfächern weitgehend erwartet.

Weder in den Lehrplänen noch in den von der KMK formulierten Standards für den mittleren Schulabschluss im Fach Deutsch werden explizit Fähigkeitsabstufungen oder Mindeststandards genannt. Eine Beurteilung von eventuell geforderten Mindeststandards ist daher nur indirekt und – wie weiter unten dargestellt – ansatzweise auch empirisch möglich. Aus der Darstellung der typischen Anforderungen der einzelnen Kompetenzstufen (Abschnitt 2.6) lässt sich ableiten, dass die Anforderungen der Kompetenzstufe II in der Regel als Mindeststandard anzusehen sind. Bezogen auf die Subskala „textbezogenes Interpretieren" kann zum Beispiel angenommen werden, dass das Entwickeln einer Interpretation im Sinne der Herausarbeitung eines Hauptgedankens eines Textes bzw. das interpretierende In-Beziehung-Setzen von eingebetteten Informationen Mindestanforderungen darstellen, die kennzeichnend für die charakteristischen Anforderungen der Kompetenzstufen II bzw. III sind. Auch für die Subskala „Reflektieren und Bewerten" scheinen Anforderungen der Kompetenzstufe II als Minimalkriterium sinnvoll, da diese Aufgaben oft als Einstiegsaufgaben im Deutschunterricht verwendet werden. Die Definition von Kompetenzstufe II als ein Mindeststandard des Deutschunterrichts basiert dabei unter anderem auf der Annahme, dass es auch im Berufsleben notwendig ist, verschiedenste Leseanforderungen zu bewältigen. So dürfte das Nicht-Erreichen von Kompetenzstufe II zu Problemen bei der Ausübung einer Vielzahl von Berufen führen: Schülerinnen und Schüler, die diese Stufe nicht erreicht haben, sind nicht in der Lage, den zentralen Hauptgedanken eines kurzen Textes zu erschließen oder einer Tabelle Informationen zu entnehmen, die zwar nicht explizit genannt, jedoch geschlussfolgert werden können.

Im Rahmen einer Zusatzstudie zur curricularen Validität wurden Lehrplanexpertinnen und -experten aller Bundesländer gebeten, die Aufgaben der Lesetests hinsichtlich einer Reihe von Kriterien einzuschätzen. Unter anderem wurden sie gebeten, jede einzelne Aufgabe danach zu bewerten, ab welcher Klassenstufe laut Lehrplan (pro Schulform) erwartet werden kann, dass die in der jeweiligen Aufgabe gestellte Anforderung bewältigt wird, wie viel Prozent der Neuntklässler in der Lage sein sollten, diese Aufgabe zu lösen, und wie wichtig die gestellten Anforderungen der Aufgabe für den jeweiligen Schulabschluss sind. Tabelle 2.4 gibt einen Überblick über die gemittelten Ergebnisse der Befragung von insgesamt 60 Experten, differenziert nach Kompetenzstufen.

Im Vergleich zu den empirisch ermittelten Lösungshäufigkeiten der Aufgaben (vgl. Abb. 2.2 bis 2.4) schätzen die Lehrplanexperten den Anteil der Schülerinnen und Schüler, von denen sie auf Basis der Lehrpläne erwarten, dass sie die Aufgaben lösen können, insgesamt höher ein. So erwarten sie von etwa 60 Prozent der Neuntklässlerinnen und Neuntklässler, dass sie Aufgaben der Kompetenzstufe V lösen können. Bis zum Ende von Klassenstufe 9 erwarten sie die Bewältigung der Aufgaben dieser Kompetenzstufe von rund 86 Prozent der Schülerinnen und Schüler. Die in Abschnitt 2.6 dargestellten Beispielaufgaben dieser Kompetenzstufe wurden jedoch je nach Subskala nur von 33, 12 bzw. 14 Prozent der in Deutschland untersuchten Jugendlichen korrekt gelöst. Wie aufgrund der Schwerpunktsetzung des internationalen Tests zu erwarten war, erwarten die Lehrplanexperten von einigen Aufgaben überhaupt nicht, dass die jeweils gestellten Anforderungen im Rahmen des Deutschunterrichts bewältigt werden müssen. Insbesondere auf der höchsten Kompetenzstufe und in der Hauptschule ist der Anteil der für den Deutschunterricht untypischen Aufgaben mit rund 19 Prozent relativ hoch. In der Regel wird jedoch die Lösung der Aufgaben aller Kompetenzstufen bereits vor der 9. Klassenstufe erwartet. Diese Ergebnisse verdeutlichen, dass das tatsächliche Leistungsniveau der 15-jährigen Schülerinnen und Schüler von den Lehrplanexperten deutlich überschätzt wird.

In der letzten Spalte der Tabelle sind die Einschätzungen der Experten hinsichtlich der Wichtigkeit des Stoffs bzw. des Inhalts für den jeweiligen Schulabschluss dargestellt. Die Beurteilungsskala reicht dabei von 1 = „sehr wichtig" über 2 = „wichtig" und 3 = „eher unwichtig" bis 4 = „unwichtig". Dabei zeigen sich keine großen Unterschiede zwischen den Aufgaben der fünf Kompetenzstufen. Insgesamt wird die Wichtigkeit des Stoffs für den Schulabschluss mit Werten knapp über 2 (wichtig) eingeschätzt. Auch zwischen den Schulformen bestehen diesbezüglich kaum Unterschiede.

Tabelle 2.4: Ergebnisse der Befragung der Lehrplanexperten zur curricularen Validität der Aufgaben des internationalen Lesekompetenztests

Kompetenzstufe	Schulart	Ab welcher Klasse wird erwartet, dass diese Anforderung bewältigt wird?				Neuntklässler, von denen erwartet wird, dass sie die Aufgabe lösen können (in %)		Wichtigkeit des Stoffs für den Abschluss	
		Experten, die die Bewältigung in keiner Klasse erwarten (in %)	M	SD	Experten, die die Bewältigung bis Ende Klasse 9 erwarten (in %)	M	SD	M	SD
V	Gesamt	12,00	8,70	1,03	85,60	59,82	23,94	2,24	0,82
	Hauptschule	18,80	8,56	1,11	79,20	49,34	25,57	2,36	0,87
	Realschule	13,80	8,72	1,08	84,70	59,97	23,27	2,20	0,89
	Gymnasium	5,80	8,65	1,09	90,00	68,00	21,69	2,12	0,78
IV	Gesamt	6,70	8,17	1,08	92,60	70,09	20,31	2,14	0,73
	Hauptschule	7,70	8,09	1,12	91,60	60,55	23,40	2,26	0,72
	Realschule	8,50	8,20	1,21	90,20	70,02	18,71	2,14	0,82
	Gymnasium	6,00	8,14	1,09	93,10	77,46	17,51	2,07	0,73
III	Gesamt	7,40	8,29	1,07	92,20	69,11	21,19	2,09	0,75
	Hauptschule	8,70	8,27	1,11	91,10	58,96	23,79	2,16	0,72
	Realschule	8,50	8,34	1,15	91,30	69,64	19,75	2,04	0,82
	Gymnasium	7,00	8,20	1,10	92,10	76,68	17,99	2,07	0,78
II	Gesamt	7,10	8,10	1,11	92,50	72,63	20,51	2,11	0,79
	Hauptschule	7,20	8,03	1,17	92,80	63,50	23,29	2,15	0,75
	Realschule	11,80	8,09	1,28	88,20	72,45	20,07	2,14	0,88
	Gymnasium	6,00	8,04	1,06	92,90	80,53	16,48	2,09	0,80
I	Gesamt	5,60	7,71	1,18	94,10	77,51	17,61	2,05	0,74
	Hauptschule	3,40	7,74	1,23	96,20	69,12	20,14	2,06	0,63
	Realschule	8,80	7,66	1,25	91,20	78,97	16,29	2,08	0,88
	Gymnasium	6,50	7,68	1,17	93,50	83,65	14,34	2,10	0,80

Die curriculare Validität der Aufgaben des nationalen Lesekompetenztests wurde von den Lehrplanexperten insgesamt als geringer eingeschätzt. Gleichwohl wird im Durchschnitt auch im Falle der Aufgaben des nationalen Tests erwartet, dass 80 Prozent der Schülerinnen und Schüler sie am Ende der Klassenstufe 9 lösen können. Die Wichtigkeit des Stoffs für den Abschluss wird mit 2,4 (zwischen „wichtig" und „eher unwichtig") jedoch etwas geringer als beim internationalen Test eingeschätzt. Angesichts der praktischen Bedeutung dieses Kompetenzaspekts erscheint diese Beurteilung bemerkenswert.

Die Befragung der Lehrplanexperten macht insgesamt deutlich, dass die beiden Lesekompetenztests – besonders jedoch der internationale Test – Anforderungen an die Schülerinnen und Schüler stellen, die auch im Rahmen des Schulcurriculums von ihnen erwartet werden. Auch Aufgaben der höchsten Schwierigkeitsstufe des internationalen Lesetests sollten laut Lehrplan von über 80 Prozent der Schülerinnen und Schüler gelöst werden können.

Die Ergebnisse der Befragung der Lehrplanexperten der Länder können ebenfalls zum Anlass genommen werden, das Erreichen der Kompetenzstufe II als einen Mindeststandard des Deutschunterrichts zu definieren. Der Anteil an Neuntklässlern aus Hauptschulen, von denen die entsprechenden Lehrplanexperten erwarten, dass sie die Anforderungen der Aufgaben auf Kompetenzstufe II bewältigen, liegt mit knapp zwei Drittel sehr hoch. Im Mittel wird die Bewältigung der Anforderungen der Kompetenzstufe II von den Experten in allen Schulformen ab der 8. Klassenstufe erwartet.

Der internationale PISA Lesetest wurde nicht mit dem Ziel konstruiert, den Lehrplan des Unterrichtsfachs Deutsch abzubilden. Die Befragung der Lehrplanexpertinnen und -experten der Bundesländer zeigt jedoch, dass die Lösung der im Test gestellten Aufgaben von 15-Jährigen in Deutschland laut Lehrplan durchaus erwartet wird.

Der Anteil der Jugendlichen, die in der Lage sein sollten, die Aufgaben des Tests korrekt zu lösen, wird von den Lehrplanexpertinnen und Lehrplanexperten weit überschätzt.

Als Mindeststandard für den Deutschunterricht der Sekundarstufe I wurde das Erreichen der Kompetenzstufe II definiert.

---

3. Befunde

3.1 Ergebnisse des internationalen Vergleichs

Nachdem die in PISA erfasste Lesekompetenz in ihren Subskalen und Kompetenzstufen beschrieben wurde, soll nun dargestellt werden, welches Niveau der Lesekompetenz Schülerinnen und Schüler in den PISA-Teilnehmerstaaten erreichen. Dies geschieht anhand einer Reihe von Kennwerten. Mithilfe der im Abschnitt 2.6 beschriebenen Kompetenzstufen ist es möglich, die Leistungen von Schülerinnen und Schülern im PISA-Test inhaltlich zu interpretieren. Da diese Art der Darstellung höheren Informationsgehalt besitzt als einfache Mittelwertsvergleiche, soll zunächst beschrieben werden, wie sich die Schülerinnen und Schüler der PISA-Teilnehmerstaaten auf die Kompetenzstufen verteilen. In dieser Analyse zeichnet sich bereits ab, dass die Spannweite der Leistungen in Deutschland vergleichsweise groß ist. Dieser Aspekt wird daher im zweiten Schritt gründlicher untersucht und mithilfe von Vergleichen der unteren und oberen Leistungsbereiche genauer bestimmt. Im Anschluss an diese differenzierten Analysen werden die Ergebnisse des internationalen Vergleichs auch in Bezug auf die Gesamtmittelwerte dargestellt und vor dem Hintergrund von Befunden früherer Studien diskutiert. Der letzte Teil des Abschnitts beschäftigt sich schließlich mit den Lesegewohnheiten der Schülerinnen und Schüler und ihren Einstellungen zum Lesen und stellt diese international vergleichend dar.

Verteilung der Schülerinnen und Schüler auf die Kompetenzstufen

Im internationalen Vergleich der Verteilung von Schülerinnen und Schülern auf die verschiedenen Kompetenzstufen ist insbesondere die Betrachtung von Extremgruppen aufschlussreich. Abbildung 2.6 stellt dar, wie viele Schülerinnen und Schüler in den Teilnehmerstaaten jeweils sehr schwache Leistungen (linke Hälfte der Abb.) und wie viele sehr

Abbildung 2.6: Prozentualer Anteil von Schülerinnen und Schülern unter Kompetenzstufe I und auf Kompetenzstufe V: Gesamtskala Lesen

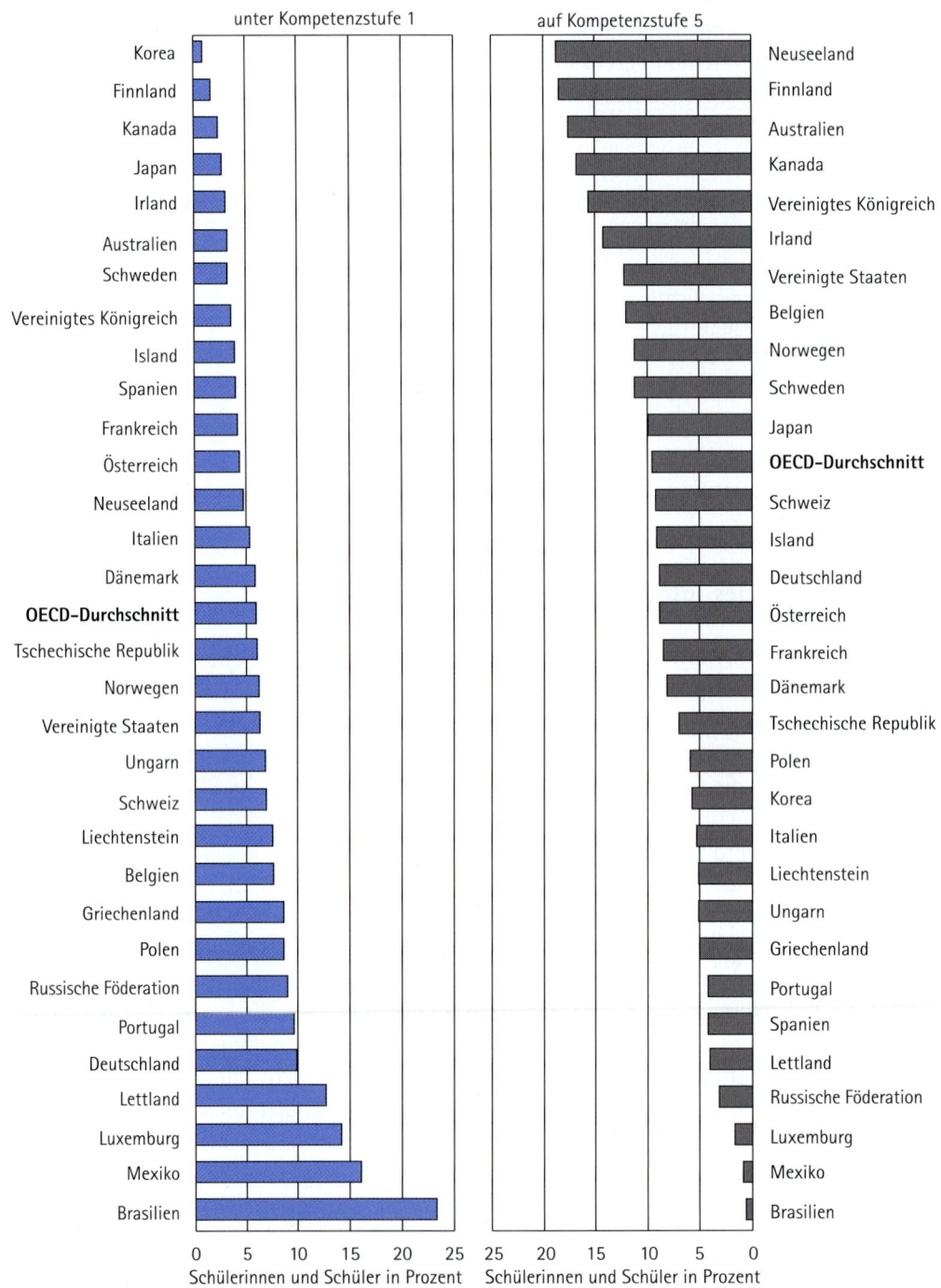

Abbildung 2.7:   Prozentualer Anteil von Schülerinnen und Schülern auf den Kompetenzstufen in der Gesamtskala Lesen

	Prozent Schüler ...	OECD Gesamt	Deutschland
V	auf Stufe V	9,5	8,8
	die Aufgaben auf Stufe V und darunter lösen	9,5	8,8
IV	auf Stufe IV	22,3	19,4
	die Aufgaben auf Stufe IV und darunter lösen	31,8	28,2
III	auf Stufe III	28,7	26,8
	die Aufgaben auf Stufe III und darunter lösen	60,5	55,0
II	auf Stufe II	21,7	22,3
	die Aufgaben auf Stufe II und darunter lösen	82,2	77,3
I	auf Stufe I	11,9	12,7
	die Aufgaben auf Stufe I und darunter lösen	94,1	90,0
	unter Stufe I	6,0	9,9
	die Aufgaben unter Stufe I lösen	100,0	100,0

gute Leistungen (rechte Hälfte der Abb.) im Lesen erzielen. Der Anteil der Jugendlichen, deren Leistungen unterhalb der Kompetenzstufe I liegen, ist in Deutschland vergleichsweise groß (siehe auch Abb. 2.7). Während im Durchschnitt aller OECD-Mitgliedsstaaten 6 Prozent der Schülerinnen und Schüler den Anforderungen der Kompetenzstufe I nicht gewachsen sind, liegt der Anteil in Deutschland bei fast 10 Prozent. Höhere Anteile finden sich nur in Brasilien, Mexiko, Lettland und Luxemburg. In Ländern wie zum Beispiel Australien, Finnland, dem Vereinigten Königreich, Japan, Kanada und Schweden liegt der Anteil dagegen deutlich niedriger, nämlich bei unter 5 Prozent.

Weitere 12,7 Prozent der in Deutschland erfassten Schülerinnen und Schüler befinden sich auf Kompetenzstufe I (siehe Abb. 2.7). Damit sind insgesamt fast 23 Prozent der Jugendlichen in der Regel nicht in der Lage, die mit der Kompetenzstufe II verknüpften Anforderungen zu bewältigen, also beispielsweise die in Abschnitt 2.6 dargestellten Aufgaben mit einiger Sicherheit zu lösen. Der entsprechende Anteil liegt in den OECD-Mitgliedsstaaten insgesamt bei knapp 18 Prozent, in einigen unserer Nachbarländer wie zum Beispiel Schweden, Österreich und Frankreich sogar noch darunter.

Ein Vergleich der Befunde für die drei Subskalen im Bereich Lesen (vgl. Abb. 2.8 bis 2.10) zeigt, dass Schülerinnen und Schüler in Deutschland insbesondere bei den Aufgaben relative Schwächen aufweisen, die das Reflektieren und Bewerten von Texten erfordern. Auf dieser Subskala entsprechen die Leistungen von 13,5 Prozent der Schülerinnen und Schüler der Kompetenzstufe I, und bei weiteren 13 Prozent liegen die Leistungen sogar unterhalb dieses Niveaus. Insgesamt sind also mehr als 26 Prozent der 15-Jährigen in Deutschland bei dieser Art von Aufgaben nicht in der Lage, Anforderungen zu erfüllen, die Kompetenzstufe II kennzeichnen. Dieser Anteil liegt deutlich über dem entsprechenden Durchschnittswert von etwas über 18 Prozent (11,4 % auf Kompetenzstufe I und 6,8 % unter Kompetenzstufe I) für die OECD-Staaten.

Wie in der rechten Hälfte der Abbildung 2.6 zu erkennen ist, sind die Ergebnisse der deutschen Stichprobe im oberen Leistungsbereich innerhalb des internationalen Rahmens anders zu verorten als die Ergebnisse im unteren Leistungsbereich: Mit fast 9 Prozent der

Abbildung 2.8: Prozentualer Anteil von Schülerinnen und Schülern auf den Kompetenzstufen in der Subskala „Informationen ermitteln"

	Prozent Schüler ...	OECD Gesamt	Deutschland
V	auf Stufe V die Aufgaben auf Stufe V und darunter lösen	11,6 11,6	9,3 9,3
IV	auf Stufe IV die Aufgaben auf Stufe IV und darunter lösen	21,2 32,8	19,0 28,3
III	auf Stufe III die Aufgaben auf Stufe III und darunter lösen	26,1 58,9	26,8 55,1
II	auf Stufe II die Aufgaben auf Stufe II und darunter lösen	20,7 79,6	21,8 76,9
I	auf Stufe I die Aufgaben auf Stufe I und darunter lösen	12,3 91,9	12,6 89,5
	unter Stufe I die Aufgaben unter Stufe I lösen	8,1 100,0	10,5 100,0

Schülerinnen und Schüler, die Kompetenzstufe V erreichen, liegt der Anteil in Deutschland nur knapp unter dem Mittelwert der OECD-Mitgliedsstaaten (9,5 %) und ist ähnlich hoch wie zum Beispiel in Dänemark, Frankreich, Österreich, Island und der Schweiz. In etlichen Ländern werden jedoch auch im Spitzenbereich deutlich bessere Ergebnisse erzielt. So ist der Anteil der Schülerinnen und Schülern, deren Leistungen der Kompetenzstufe V entsprechen, in Finnland und Neuseeland mit über 18 Prozent mehr als doppelt so hoch wie der entsprechende Anteil in Deutschland. Kompetenzstufe IV ist in Deutschland ebenfalls deutlich schwächer besetzt als in vielen anderen Teilnehmerstaaten, und zwar auch im Vergleich zu einigen der Länder, die sich auf Kompetenzstufe V nicht vom deutschen Ergebnis unterscheiden (z.B. Frankreich und Österreich).

Abbildung 2.9: Prozentualer Anteil von Schülerinnen und Schülern auf den Kompetenzstufen in der Subskala „Textbezogenes Interpretieren"

	Prozent Schüler ...	OECD Gesamt	Deutschland
V	auf Stufe V die Aufgaben auf Stufe V und darunter lösen	9,9 9,9	9,5 9,5
IV	auf Stufe IV die Aufgaben auf Stufe IV und darunter lösen	21,7 31,6	19,7 29,2
III	auf Stufe III die Aufgaben auf Stufe III und darunter lösen	28,4 60,0	26,4 55,6
II	auf Stufe II die Aufgaben auf Stufe II und darunter lösen	22,3 82,3	22,0 77,6
I	auf Stufe I die Aufgaben auf Stufe I und darunter lösen	12,2 94,5	13,2 90,8
	unter Stufe I die Aufgaben unter Stufe I lösen	5,5 100,0	9,3 100,0

Abbildung 2.10:   Prozentualer Anteil von Schülerinnen und Schülern auf den Kompetenzstufen in der Subskala „Reflektieren und Bewerten"

Prozent Schüler ...	OECD Gesamt	Deutschland
V auf Stufe V	10,9	10,2
die Aufgaben auf Stufe V und darunter lösen	10,9	10,2
IV auf Stufe IV	22,5	18,9
die Aufgaben auf Stufe IV und darunter lösen	33,4	29,1
III auf Stufe III	27,6	24,0
die Aufgaben auf Stufe III und darunter lösen	61,0	53,1
II auf Stufe II	20,7	20,4
die Aufgaben auf Stufe II und darunter lösen	81,7	73,5
I auf Stufe I	11,4	13,5
die Aufgaben auf Stufe I und darunter lösen	93,1	87,0
unter Stufe I	6,8	13,0
die Aufgaben unter Stufe I lösen	100,0	100,0

Insgesamt weist der Vergleich der Verteilungen der Schülerinnen und Schüler auf die
Kompetenzstufen darauf hin, dass in Deutschland vor allem im unteren Leistungsbereich
vergleichsweise niedrige Ergebnisse erzielt werden. Besonders auffällig ist dabei der relativ hohe Anteil der Schülerinnen und Schüler, deren Leistungen unterhalb der Kompetenzstufe I liegen. Im oberen Leistungsbereich sind die deutschen Ergebnisse dagegen mit
denen der anderen OECD-Staaten vergleichbar, allerdings sind auch in diesem Bereich
keine überdurchschnittlichen Befunde zu verzeichnen.

Streuung der Leistungen 15-jähriger Schülerinnen und Schüler

Das Muster der Verteilung der in Deutschland getesteten Schülerinnen und Schüler auf
die verschiedenen Kompetenzstufen lässt vermuten, dass die Leistungen der 15-Jährigen
im Lesen sehr breit streuen. Dieser Eindruck wird durch die graphische Darstellung der
Mittelwerte und Perzentile in Abbildung 2.11 in anschaulicher Weise bestätigt (siehe Kasten 2). Wie an der Länge der Perzentilbänder zu erkennen ist, ist der Leistungsabstand
zwischen den 5 Prozent leistungsschwächsten und den 5 Prozent leistungsstärksten Schülerinnen und Schülern in Deutschland im Vergleich mit den anderen Ländern deutlich am
größten (vgl. auch Tab. 2.5). Der von den 5 Prozent leistungsschwächsten Schülerinnen
und Schülern maximal erreichte Testwert liegt in Deutschland 366 Punkte unter dem Ergebnis, das von den 5 Prozent besten Schülerinnen und Schülern mindestens erreicht
wird. Dieser Abstand ist um 38 Punkte größer als die über alle OECD-Teilnehmerstaaten
gemittelte Differenz. Damit liegen die Leistungen dieser Schülergruppen in Deutschland
mehr als eine halbe Kompetenzstufe weiter auseinander als im Durchschnitt der OECD-
Teilnehmerstaaten. Selbst die zweitgrößte Differenz, die in Neuseeland auftritt, ist mit
355 Punkten bereits um 11 Punkte kleiner als der für Deutschland ermittelte Wert.

Auch ein Vergleich der Standardabweichungen bestätigt, dass die Streuung der Schülerleistungen in Deutschland besonders ausgeprägt ist. Die Standardabweichung (*SD*)
kennzeichnet, wie stark im Durchschnitt die Testleistungen der Schülerinnen und Schüler

Abbildung 2.11: Testleistungen der Schülerinnen und Schüler in den Teilnehmerstaaten: Gesamtskala Lesen

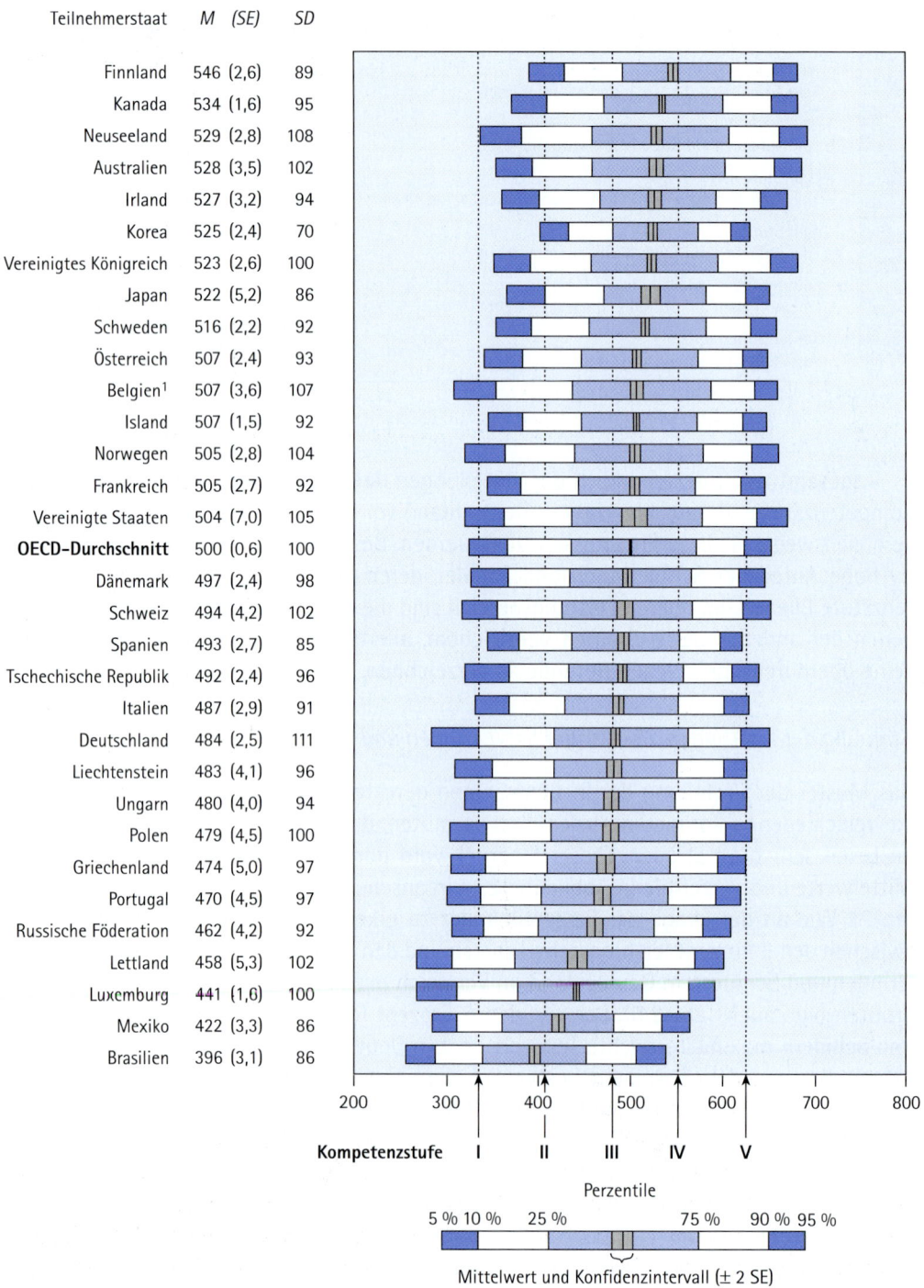

Teilnehmerstaat	M	(SE)	SD
Finnland	546	(2,6)	89
Kanada	534	(1,6)	95
Neuseeland	529	(2,8)	108
Australien	528	(3,5)	102
Irland	527	(3,2)	94
Korea	525	(2,4)	70
Vereinigtes Königreich	523	(2,6)	100
Japan	522	(5,2)	86
Schweden	516	(2,2)	92
Österreich	507	(2,4)	93
Belgien[1]	507	(3,6)	107
Island	507	(1,5)	92
Norwegen	505	(2,8)	104
Frankreich	505	(2,7)	92
Vereinigte Staaten	504	(7,0)	105
OECD-Durchschnitt	500	(0,6)	100
Dänemark	497	(2,4)	98
Schweiz	494	(4,2)	102
Spanien	493	(2,7)	85
Tschechische Republik	492	(2,4)	96
Italien	487	(2,9)	91
Deutschland	484	(2,5)	111
Liechtenstein	483	(4,1)	96
Ungarn	480	(4,0)	94
Polen	479	(4,5)	100
Griechenland	474	(5,0)	97
Portugal	470	(4,5)	97
Russische Föderation	462	(4,2)	92
Lettland	458	(5,3)	102
Luxemburg	441	(1,6)	100
Mexiko	422	(3,3)	86
Brasilien	396	(3,1)	86

Kompetenzstufe   I   II   III   IV   V

Perzentile

5 % 10 %   25 %   75 %   90 % 95 %

Mittelwert und Konfidenzintervall (± 2 SE)

[1] Im flämischen Teil Belgiens liegt der Mittelwert bei 532 (*SE* = 4,3, *SD* = 96), im wallonischen Teil bei 476 (*SE* = 7,2, *SD* = 111).

Tabelle 2.5: Mittelwerte und Streuungen der Testwerte in den Teilnehmerstaaten:
             Gesamtskala Lesen

Land	Mittelwert (Standardfehler)		Standardabweichung	Perzentile						95–5*
				5	10	25	75	90	95	
Finnland	546	(2,6)	89	390	429	492	608	654	681	291
Kanada	534	(1,6)	95	371	410	472	600	652	681	310
Neuseeland	529	(2,8)	108	337	382	459	606	661	692	355
Australien	528	(3,5)	102	354	394	458	602	656	685	331
Irland	527	(3,2)	94	360	401	468	593	641	669	309
Korea	525	(2,4)	70	402	433	481	573	608	629	227
Vereinigtes Königreich	523	(2,6)	100	352	391	458	595	651	682	330
Japan	522	(5,2)	86	366	407	471	582	625	650	284
Schweden	516	(2,2)	92	353	392	456	581	630	657	304
Österreich	507	(2,4)	93	341	383	447	573	621	648	307
Belgien	507	(3,6)	107	308	354	437	587	634	659	351
Island	507	(1,5)	92	345	383	447	573	621	647	302
Norwegen	505	(2,8)	104	320	364	440	579	631	660	340
Frankreich	505	(2,7)	92	344	381	444	570	619	645	301
Vereinigte Staaten	504	(7,0)	105	320	363	436	577	636	669	349
OECD-Durchschnitt	**500**	**(0,6)**	**100**	**324**	**366**	**435**	**571**	**623**	**652**	**328**
Dänemark	497	(2,4)	98	326	367	434	566	617	645	319
Schweiz	494	(4,2)	102	316	355	426	567	621	651	335
Spanien	493	(2,7)	85	344	379	436	553	597	620	276
Tschechische Republik	492	(2,4)	96	320	368	433	557	610	638	318
Italien	487	(2,9)	91	331	368	429	552	601	627	296
Deutschland	484	(2,5)	111	284	335	417	562	619	650	366
Liechtenstein	483	(4,1)	96	309	350	417	551	601	625	316
Ungarn	480	(4,0)	94	320	354	414	548	598	626	306
Polen	479	(4,5)	100	304	343	414	551	603	630	326
Griechenland	474	(5,0)	97	305	342	409	543	595	625	320
Portugal	470	(4,5)	97	300	337	403	541	592	620	320
Russische Föderation	462	(4,2)	92	305	340	400	526	579	608	303
Lettland	458	(5,3)	102	283	322	390	530	586	617	334
Luxemburg	441	(1,6)	100	267	311	378	513	564	592	325
Mexiko	422	(3,3)	86	284	311	360	482	535	565	281
Brasilien	396	(3,1)	86	255	288	339	452	507	539	284

* Differenz zwischen dem 95. und dem 5. Perzentil.

vom Mittelwert des jeweiligen Landes abweichen. Auf der Gesamtskala im Lesen ist dieser Wert mit 111 Punkten für die 15-Jährigen in Deutschland am größten (vgl. Abb. 2.11 bzw. Tab. 2.5). Der zweithöchste Wert (108 Punkte) wird in Neuseeland erreicht, gefolgt von Belgien, den Vereinigten Staaten und Norwegen. Vergleicht man die entsprechenden Werte für die Subskalen, so wird deutlich, dass die Streuung der Testwerte insbesondere bei Aufgaben zum Reflektieren und Bewerten sehr hoch ist (vgl. Tab. 2.1 bis 2.3 im Anhang B). Dies ist zwar tendenziell in allen Teilnehmerstaaten der Fall, in Deutschland ist die breite Streuung beim Reflektieren und Bewerten jedoch besonders auffällig. Die geringste Streuung ist für die Subskala zum textbezogenen Interpretieren zu verzeichnen: Hier liegt die Standardabweichung in Deutschland bei 109 Punkten (OECD-Mittelwert: 100), und der Abstand zwischen den 5 Prozent leistungsschwächsten und den 5 Prozent leistungsstärksten Schülerinnen und Schülern beträgt 360 Punkte (OECD-Mittelwert: 326). Beim Reflektieren und Bewerten dagegen steigen die entsprechenden Werte in Deutschland auf 124 Punkte für die Standardabweichung (OECD-Mittelwert: 106) und auf

409 Punkte für den Perzentilabstand (OECD-Mittelwert: 346). Eine vergleichbar große Streuung wird von keinem anderen Land auch nur annähernd erreicht; die nächstgrößten Perzentilabstände auf der Skala zum Reflektieren und Bewerten liegen unterhalb von 385 Punkten. In Deutschland ist also insgesamt eine sehr große Bandbreite von Leistungen 15-jähriger Schülerinnen und Schüler im Lesen zu verzeichnen, und bei Aufgaben, die eine kritische Auseinandersetzung mit Texten erfordern, ist diese besonders ausgeprägt.

Kasten 2: Erläuterung der Perzentile in Abbildung 2.11 und Tabelle 2.5

Die Perzentile kennzeichnen jeweils denjenigen Testwert, der den angegebenen Anteil der Leistungsverteilung abschneidet. Unterhalb des 5. Perzentils befinden sich 5 Prozent, unterhalb des 25. Perzentils 25 Prozent aller Testwerte. Diese Darstellung ist vor allem für den Vergleich von Extremgruppen von Bedeutung. So weist zum Beispiel der in Deutschland erzielte Wert für das 5. Perzentil von 284 Punkten auf der Gesamtskala im Lesen (OECD-Mittelwert: 324 Punkte) darauf hin, dass die 5 Prozent leistungsschwächsten 15-Jährigen in Deutschland deutlich niedrigere Werte im PISA-Test erzielten als die 5 Prozent leistungsschwächsten 15-Jährigen in den Teilnehmerstaaten insgesamt.

Der untere Leistungsbereich

Wie sich bereits im Vergleich der Verteilungen von Schülerinnen und Schülern auf die Kompetenzstufen andeutete, ist die große Spannweite der Leistungen vor allem – aber nicht nur – auf besonders ausgeprägte relative Schwächen im unteren Leistungsbereich zurückzuführen. Dies soll noch einmal anhand eines Vergleichs der unteren Perzentile verdeutlicht werden. In Deutschland erreichten die 5 Prozent leistungsschwächsten Schülerinnen und Schüler maximal 284 Punkte im Gesamttest. Das sind 51 Punkte weniger, als für Kompetenzstufe I erforderlich sind. In 14 Teilnehmerstaaten liegt der entsprechende Wert dagegen innerhalb der Grenzen der Kompetenzstufe I. In diesen Staaten, zu denen unter anderem auch die Länder Österreich, Frankreich, die Niederlande und Schweden gehören, sind also die 5 Prozent leistungsschwächsten Schülerinnen und Schüler mindestens in der Lage, Anforderungen zu bewältigen, die mit Kompetenzstufe I verknüpft sind. In Deutschland ist dies nicht der Fall. Hier liegt erst das 10. Perzentil innerhalb der Kompetenzstufe I, und zwar genau auf der unteren Grenze des mit dieser Stufe abgesteckten Leistungsbereichs.

Ein Vergleich der 5. Perzentile für die Subskalen im Bereich Lesen verdeutlicht weiterhin, dass die relativen Schwächen im unteren Leistungsbereich bei Aufgaben zum Reflektieren und Bewerten besonders ausgeprägt sind (siehe Tab. 2.1 bis 2.3 im Anhang B). Während auf der Skala zum Ermitteln von Informationen das 5. Perzentil in Deutschland 30 Punkte unter dem OECD-Mittelwert liegt, ist die entsprechende Differenz beim Reflektieren und Bewerten mehr als doppelt so groß.

Die Ergebnisse des internationalen Vergleichs für die leistungsschwächsten Jugendlichen weisen also darauf hin, dass diese Gruppe in Deutschland größere Schwierigkeiten im Lesen hat als die entsprechenden Schülerinnen und Schüler in vielen anderen Ländern. Geht man davon aus, dass die Anforderungen in den Lehrplänen für den Deutschunterricht in dieser Altersgruppe in etwa der Kompetenzstufe II entsprechen (vgl. Abschnitt 2.7), so ist festzustellen, dass ein vergleichsweise großer Anteil der Schülerinnen und Schüler diesen Mindeststandard nicht erreicht. Es scheint daher insbesondere im unteren Leistungsbereich Handlungsbedarf zu bestehen. Um diesen Handlungsbedarf zu spezifizieren, wird in Abschnitt 3.2 die Gruppe der schwächsten Leserinnen und Leser in ihrer Zusammensetzung genauer charakterisiert. In Kapitel 8 wird dann untersucht, welche Faktoren mit schwachen Leistungen im Lesen einhergehen. Dieses Thema wird auch zentraler Gegenstand der geplanten vertiefenden Berichte zur Lesekompetenz und zur Rolle des sozialen Hintergrunds für Schülerleistungen sein.

Der obere Leistungsbereich

Anhand der Verteilung der Schülerinnen und Schüler auf die Kompetenzstufen war bereits zu erkennen, dass die deutschen Ergebnisse im oberen Leistungsbereich nur geringfügig vom Durchschnitt der OECD-Mitgliedsstaaten abweichen. Auch dieser Befund soll anhand der Perzentile verdeutlicht werden. Während auf der Gesamtskala im Bereich Lesen die Werte des 5. und 10. Perzentils 40 bzw. 31 Punkte von den entsprechenden OECD-Mittelwerten abweichen, betragen die Differenzen für das 90. und 95. Perzentil nur 4 bzw. 2 Punkte. Im Vergleich der Subskalen zeigt sich weiterhin, dass die Differenz lediglich beim Ermitteln von Informationen höher ausfällt. Auf dieser Subskala erreichten die 15-Jährigen mit den 10 bzw. 5 Prozent höchsten Testwerten in Deutschland 13 bzw. 15 Punkte weniger als die entsprechenden Schülergruppen im Durchschnitt der OECD-Teilnehmerstaaten.

Insgesamt erzielen die 10 und 5 Prozent leistungsstärksten Schülerinnen und Schüler in Deutschland im Lesen ähnliche Ergebnisse wie die 10 und 5 Prozent der leistungsstärksten Schülerinnen und Schüler aller OECD-Teilnehmerstaaten zusammengenommen. Während also im unteren Bereich der Leistungsverteilung in der deutschen Stichprobe ausgeprägte relative Schwächen zu verzeichnen sind, entsprechen die Leistungen im oberen Bereich weitgehend den internationalen Ergebnissen. Dabei ist allerdings darauf hinzuweisen, dass auch im oberen Bereich keine überdurchschnittlichen Ergebnisse erreicht werden. So sind die Testwerte der 10 Prozent besten Schülerinnen und Schüler in Deutschland zwar unter anderem mit denen von Jugendlichen aus Österreich, Frankreich und der Schweiz vergleichbar, sie liegen jedoch signifikant unter den entsprechenden Ergebnissen anderer PISA-Teilnehmerstaaten wie Finnland, Kanada, Belgien und Norwegen. In diesen Ländern liegt die minimale Testleistung der 10 Prozent leistungsstärksten Schülerinnen und Schüler bereits innerhalb der Kompetenzstufe V, während in Deutschland nur die besten 5 Prozent diese Stufe erreichen.

Mittelwertunterschiede

Zusätzlich zu den Perzentilen sind in Abbildung 2.11 und Tabelle 2.5 auch die Mittelwerte der Testleistungen von Schülerinnen und Schülern der einzelnen Teilnehmerstaaten im Lesen eingetragen (siehe Kasten 3). Auf der Gesamtskala liegt der Mittelwert der 15-Jährigen in Deutschland bei 484 Punkten und damit 16 Punkte unter dem OECD-Mittelwert. Im Vergleich der Subskalen zeigt sich weiterhin, dass die Differenz vor allem beim Reflektieren und Bewerten sehr groß ist (vgl. Tab. 2.1 bis 2.3 im Anhang B): Hier erreichen deutsche Schülerinnen und Schüler im Durchschnitt 24 Punkte weniger als die 15-Jährigen in den OECD-Teilnehmerstaaten insgesamt. Da die Aufgaben der drei Subskalen im Bereich Lesen jeweils das gesamte Schwierigkeitsspektrum abdecken, kann dieses Muster nicht durch eine relative Schwäche beim Bearbeiten besonders anspruchsvoller Aufgaben erklärt werden. Bei Aufgaben zum Reflektieren und Bewerten kommt es allerdings häufiger vor, dass die Fragestellungen relativ offen formuliert sind und mehrere Lösungen zulassen. So werden die Schülerinnen und Schüler bei dieser Art von Aufgaben häufiger nach einem eigenen Urteil gefragt, das sie mit Informationen aus dem Text stützen sollen (vgl. z.B. Beispielaufgabe „Graffiti 6b" in Abb. 2.4). Inwieweit die Bearbeitung solcher Fragestellungen den Schülerinnen und Schülern in Deutschland besonders schwer fällt, soll im thematischen Bericht genauer untersucht werden.

Kasten 3: Erläuterung der Konfidenzintervalle in Abbildung 2.11

Die Konfidenzintervalle, die um die Mittelwerte in Abbildung 2.11 grau gekennzeichnet sind, stecken jeweils denjenigen Bereich ab, in dem der Mittelwert der gesamten Population 15-jähriger Schülerinnen und Schüler des jeweiligen Landes mit hoher Wahrscheinlichkeit tatsächlich liegt (hier: mit einer Wahrscheinlichkeit von 95 %). Da in den Teilnehmerstaaten nicht alle Schülerinnen und Schüler getestet wurden, kann nicht mit absoluter Sicherheit gesagt werden, wie gut die gesamte Population abschneiden würde. Anhand der Stichproben, die an PISA teilgenommen haben, kann man jedoch die Populationsmittelwerte mit einiger Genauigkeit schätzen. Das Konfidenzintervall ist ein Maß für die Unsicherheit, die mit diesen Schätzungen verbunden ist. Man kann nicht davon ausgehen, dass die in den Abbildungen dargestellten Mittelwerte für die Stichproben genau den Populationsmittelwert treffen, aber es ist in hohem Maße wahrscheinlich, dass dieser innerhalb des grau markierten Wertebereichs liegt.

In Abbildung 2.12 ist dargestellt, welche der in Abbildung 2.11 eingezeichneten Mittelwerte der PISA-Teilnehmerstaaten für den Gesamttest Lesen sich voneinander und vom OECD-Mittelwert unterscheiden. Wie anhand der dunkelblauen Hinterlegung zu erkennen ist, gehört Deutschland zu den 14 Ländern, in denen die Leistungen der 15-jährigen Schülerinnen und Schüler signifikant unter dem OECD-Mittelwert liegen. In dieser Gruppe befinden sich neben Deutschland alle fünf der ehemaligen Ostblockländer, die an PISA teilgenommen haben, vier Länder aus dem südeuropäischen Raum sowie zwei südamerikanische Staaten. Lediglich zwei weitere mitteleuropäische Länder weisen neben Deutschland Mittelwerte auf, die unter dem OECD-Durchschnitt liegen, nämlich Luxemburg und Liechtenstein.

Im Einzelvergleich liegt das mittlere Testergebnis der deutschen Schülerinnen und Schüler signifikant unter den entsprechenden Werten von 15 Teilnehmerstaaten. Hierzu gehören auch die Länder Schweden, Österreich, Belgien, Norwegen, Frankreich und Dänemark. In zehn Vergleichen konnte dagegen kein signifikanter Unterschied zum deutschen Mittelwert identifiziert werden. Acht dieser Vergleiche betreffen Länder, deren Ergebnisse ebenfalls unter dem OECD-Mittelwert liegen. Aber auch die Leistungen der Schülerinnen und Schüler aus den Vereinigten Staaten und der Schweiz, die sich vom OECD-Durchschnitt nicht unterscheiden, weichen nicht signifikant vom deutschen Mittelwert ab[10]. Signifikant höhere Testwerte erreichten die deutschen Jugendlichen nur im Vergleich zu Schülerinnen und Schülern in der Russischen Föderation, Lettland, Luxemburg, Mexiko und Brasilien.

Abbildung 2.12: Multiple Vergleiche der mittleren Testleistungen in den Teilnehmerstaaten: Gesamtskala Lesen

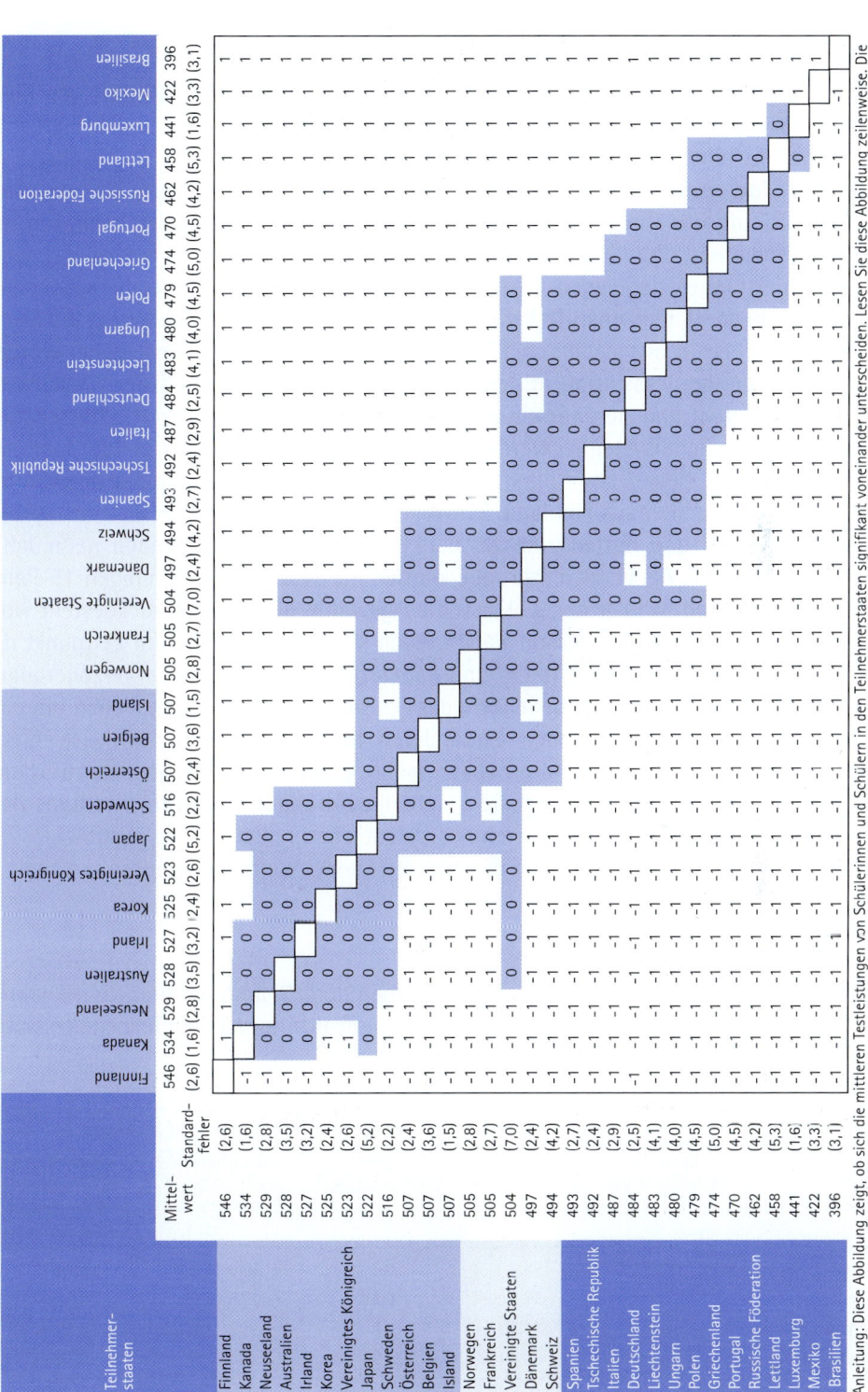

Anleitung: Diese Abbildung zeigt, ob sich die mittleren Testleistungen von Schülerinnen und Schülern in den Teilnehmerstaaten signifikant voneinander unterscheiden. Lesen Sie diese Abbildung zeilenweise. Die Symbole geben an, ob der Mittelwert des in der Zeile angegebenen Landes signifikant höher (1) bzw. signifikant niedriger (–1) ist als der Mittelwert des in der Spalte eingetragenen Vergleichslandes oder ob sich die mittleren Testleistungen nicht signifikant unterscheiden (0).

Leistungen von 15-jährigen Schülerinnen und Schülern der 9. Klassenstufe

Aufgrund von Unterschieden in der Einschulungspraxis und in der Häufigkeit von Klassenwiederholungen ist die Bandbreite der Klassenstufen, in denen sich 15-jährige Schülerinnen und Schüler befinden, in Deutschland relativ groß (vgl. Kap. 9, Abschnitt 1). Insbesondere der Anteil der Schülerinnen und Schüler, die niedrigere Klassenstufen besuchen, als aufgrund ihres Alters zu erwarten wäre, ist vergleichsweise hoch. Um abzuschätzen, inwieweit dies die Ergebnisse des internationalen Vergleichs beeinflusst, wurden die Testleistungen derjenigen 15-jährigen Schülerinnen und Schüler herausgenommen, die sich in der 9. Klassenstufe befinden, und mit den Befunden für die entsprechenden Teilstichproben in ausgewählten PISA-Teilnehmerstaaten verglichen. Dabei wurden nur solche Länder berücksichtigt, in denen die überwiegende Mehrheit der 15-Jährigen die 9. Klasse besucht und sich nur ein sehr kleiner Anteil bereits in der 10. Klassenstufe befindet. In diesen Schulsystemen werden die Schülerinnen und Schüler in dem Jahr eingeschult, in dem sie sieben Jahre alt werden. Die für die folgende Analyse ausgewählten Schülerinnen und Schüler aus Finnland, Schweden und Dänemark haben also das System regulär durchlaufen und hatten zum Zeitpunkt des PISA-Tests alle knapp neun Jahre Unterricht hinter sich. Als Vergleichsgruppe wurden für Deutschland diejenigen 15-jährigen Schülerinnen und Schüler der 9. Klassen ausgewählt, die weder zurückgestellt worden sind noch eine Klasse wiederholt haben. Auch sie befanden sich zum Zeitpunkt des Tests seit neun Jahren im Schulsystem und haben dieses ohne zeitliche Verzögerungen durchlaufen. Dabei ist jedoch zu bedenken, dass es sich bei diesen Jugendlichen um eine im Vergleich zu den Teilstichproben der anderen Teilnehmerstaaten positiv selegierte Gruppe handelt. Da in Deutschland erheblich mehr Schülerinnen und Schüler zurückgestellt werden bzw. eine Klasse wiederholen, werden aufgrund des Auswahlkriteriums viele der leistungsschwächsten Jugendlichen aus der deutschen Teilstichprobe ausgeschlossen, während sie in den Vergleichsgruppen der anderen Länder weitgehend enthalten sind.

Tabelle 2.6: Mittelwerte für die Gesamtstichproben der 15-Jährigen und für 15-jährige Schülerinnen und Schüler der 9. Klassenstufe in ausgewählten Teilnehmerstaaten: Gesamtskala Lesen

Teilnehmerstaat	Verteilung der 15-Jährigen auf Klassenstufen (in %)			Mittelwert auf der Gesamtskala Lesen	
	Unter der 9. Klassenstufe	In der 9. Klassenstufe	Über der 9. Klassenstufe	Gesamtstichprobe der 15-Jährigen (Standardfehler)	Teilstichprobe der 15-Jährigen in der 9. Klassenstufe (Standardfehler)
Finnland	11,2	88,8	0,0	546 (2,6)	553 (2,3)
Schweden	2,1	97,5	0,4	516 (2,2)	519 (2,1)
Dänemark	5,9	91,3	2,8	497 (2,4)	502 (2,4)
Deutschland	15,9	60,5 (40,6)[a]	23,6	484 (2,5)	503[b] (3,1)

[a] Die Zahl in der Klammer gibt den Anteil der 15-Jährigen an, die sich in der 9. Klassenstufe befinden und das System ohne zeitliche Verzögerungen durchlaufen haben, die also weder zurückgestellt worden sind noch eine Klasse wiederholt haben.
[b] Bei der Berechnung des Mittelwerts für Deutschland wurden nur Schülerinnen und Schüler berücksichtigt, die das System ohne zeitliche Verzögerungen durchlaufen haben.

Angesichts dieser positiven Selektion verwundert es nicht, dass die durchschnittlichen Testwerte dieser Teilstichprobe deutlich höher sind als der Mittelwert für die Gesamtstichprobe in Deutschland (siehe Tab. 2.6). Während bei Betrachtung aller 15-Jährigen die mittleren Leistungen in Deutschland bei 484 Punkten liegen, beträgt der entsprechende Wert für die 41 Prozent der 15-Jährigen, die sich in der 9. Klasse befinden und das Schulsystem ohne Verzögerungen durchlaufen haben, 503 Punkte. Die Leistungen dieser Teilgruppe unterscheiden sich nicht signifikant von den Ergebnissen der Neuntklässler in Dänemark, wohl aber von den schwedischen und finnischen Schülerinnen und Schülern.

Lesehäufigkeiten und Einstellungen zum Lesen

Warum die Schülerinnen und Schüler eines Landes gute oder weniger gute Leistungen im Lesen erzielen, ist selbstverständlich nicht monokausal zu erklären, sondern hängt von einer Vielzahl von Faktoren ab (vgl. auch Abschnitt 3.4). Dabei können in verschiedenen Ländern unterschiedliche Faktoren von zentraler Bedeutung sein. So wird beispielsweise in Finnland angenommen, dass dort eine allgemeine, in der Kultur des Protestantismus und der Aufklärung verwurzelte Wertschätzung des Lesens eine wichtige Rolle spielt, die unter anderem mit einem hohen Maß an freiwilligen Leseaktivitäten einhergeht (Eskola, 1995; Linnakylä, 1993). Wie in Abbildung 2.13 zu erkennen ist, spiegelt sich diese generelle Einstellung zum Lesen auch in den PISA-Daten wider: Der Anteil der Schülerinnen und Schüler, die nicht zum Vergnügen lesen, ist in Finnland vergleichsweise klein. Ein ebenfalls sehr niedriger Prozentsatz von Schülerinnen und Schülern, die nicht zum Vergnügen lesen, findet sich auch in Mexiko, Lettland, Portugal und Brasilien. Bei der Interpretation dieser Werte ist jedoch zu beachten, dass sie relativ zur Lebenswelt der Schülerinnen und Schüler gesehen werden müssen. Die tatsächliche Möglichkeit, zum Vergnügen zu lesen, und damit auch der Stellenwert des Lesens, dürfte zwischen den Ländern erheblich variieren (siehe Abb. 2.14). Auch die Zusammenhänge zwischen den freiwilligen Leseaktivitäten und der Leseleistung variieren zwischen den PISA-Teilnehmerstaaten. Während beispielsweise in Deutschland eine Korrelation mittlerer Höhe zwischen der Zeit, die Schülerinnen und Schüler täglich damit verbringen, zum Vergnügen zu lesen, und ihren Leistungen zu verzeichnen ist, sind die entsprechenden Zusammenhänge beispielsweise in Japan und Mexiko erheblich weniger eng[11]. Die Bedeutung des Lesens in der Freizeit für die Lesekompetenz von Schülerinnen und Schülern scheint also in den verschiedenen Ländern unterschiedlich groß zu sein. Dies spiegelt sich auch darin wider, dass in einigen der Teilnehmerstaaten, in denen relativ hohe Leistungen erzielt werden, Schülerinnen und Schüler eher wenig zum Vergnügen lesen (z.B. Japan) und dass umgekehrt in anderen Ländern, in denen Jugendliche offenbar relativ häufig zum Vergnügen lesen, vergleichsweise niedrige mittlere Leistungen zu verzeichnen sind.

Aus diesen Gründen erscheint es aufschlussreicher, den Vergleich des absoluten Ausmaßes freiwilliger Leseaktivitäten auf Länder zu konzentrieren, bei denen es Hinweise darauf gibt, dass die Bedeutung dieses Faktors für Leistungen im Lesen vergleichbar ist. In den Abbildungen 2.13 und 2.14 wurden daher diejenigen 14 Länder farblich gekennzeichnet, in denen der Zusammenhang zwischen der Zeit, die Jugendliche mit freiwilligen Leseaktivitäten verbringen, und ihren Leseleistungen ähnlich eng ist wie in Deutschland[12]. Beim Vergleich dieser Länder zeigt sich, dass der Anteil der 15-Jährigen, die angeben,

Abbildung 2.13: Prozentualer Anteil von Schülerinnen und Schülern, die angeben, sie würden nicht zum Vergnügen lesen

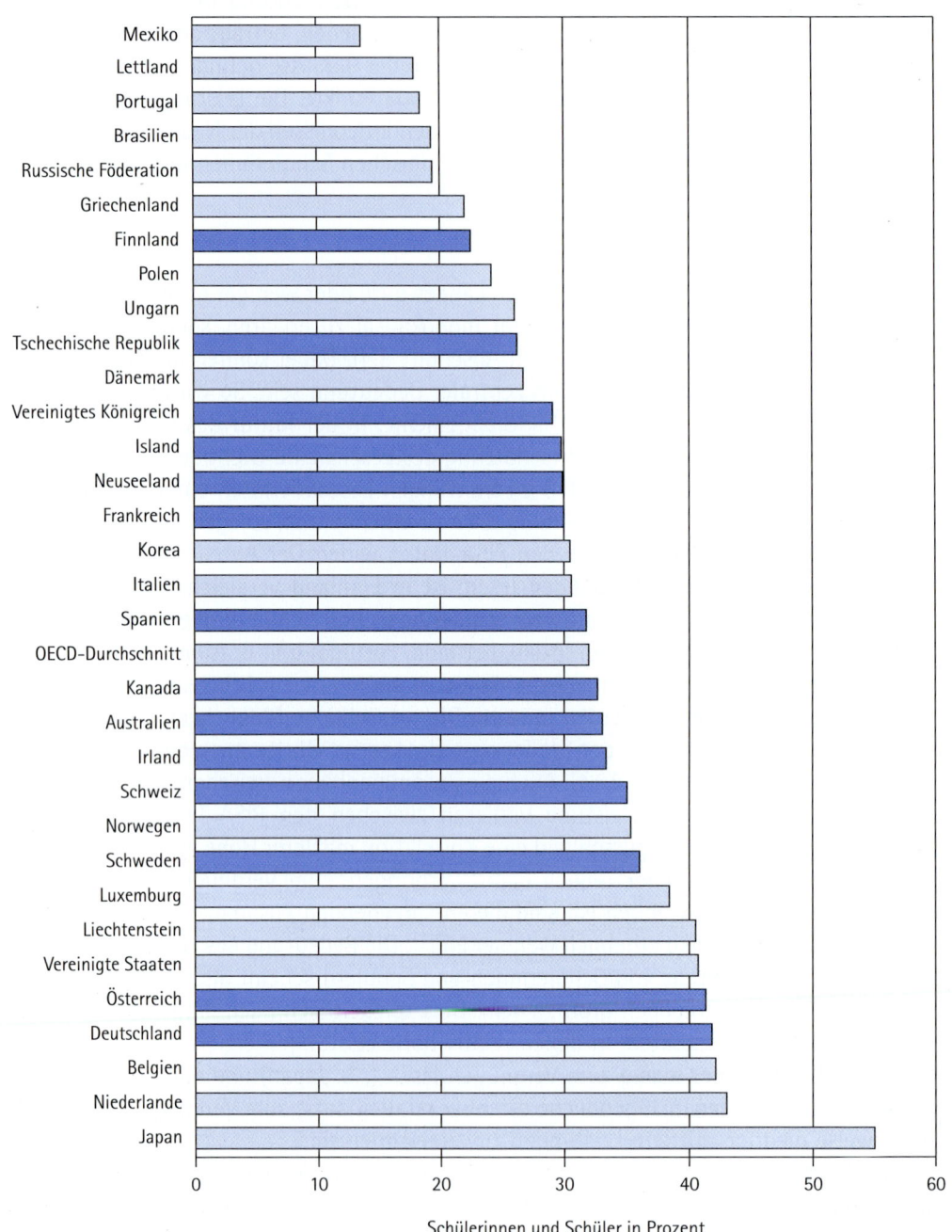

Schülerinnen und Schüler in Prozent

In diesen Ländern besteht ein vergleichbar hoher Zusammenhang zwischen der Zeit, die Schülerinnen und Schüler damit verbringen, zum Vergnügen zu lesen, und ihren Leseleistungen.

Abbildung 2.14: Prozentualer Anteil von Schülerinnen und Schülern, die angeben, sie würden täglich mindestens eine Stunde zum Vergnügen lesen

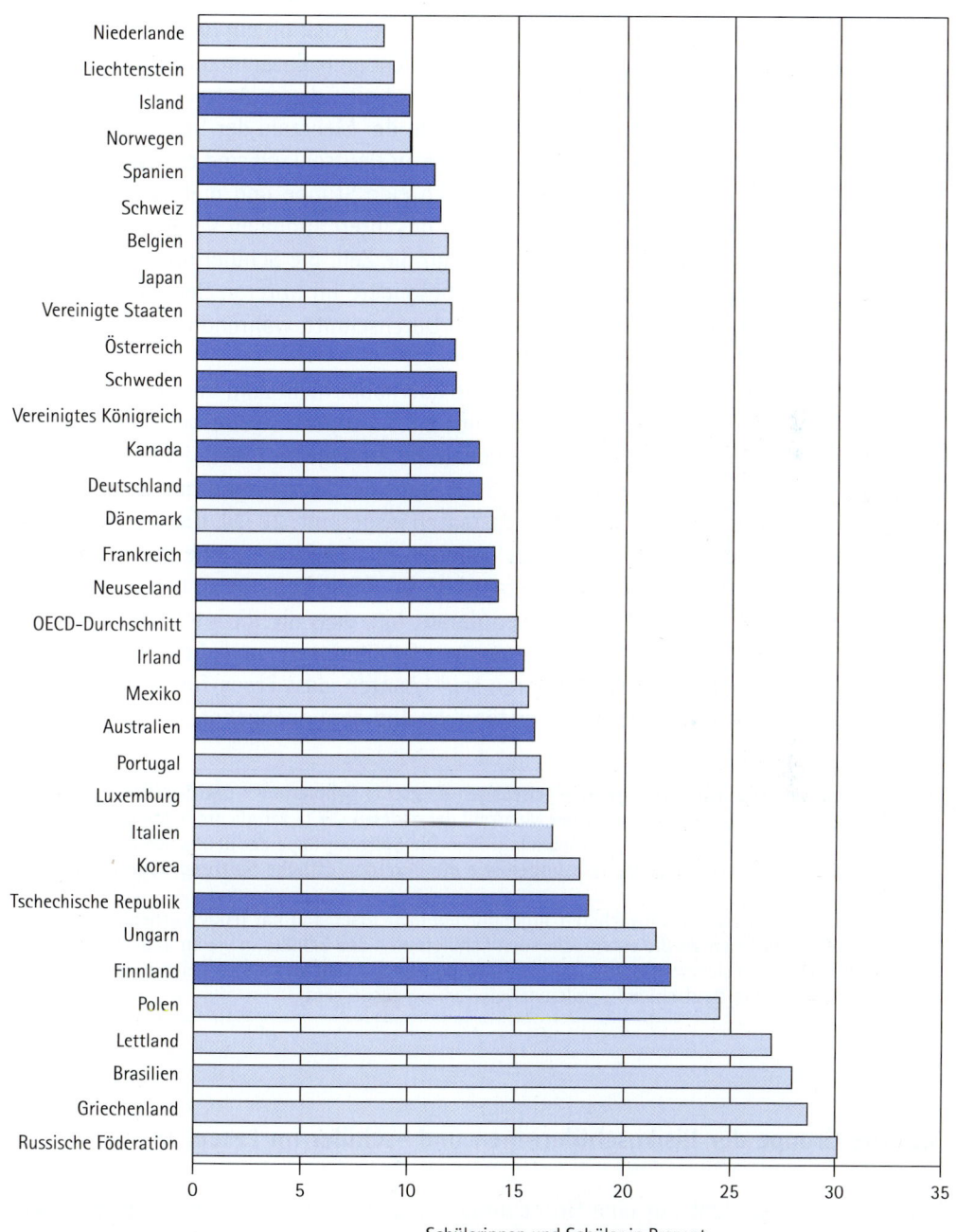

Schülerinnen und Schüler in Prozent

In diesen Ländern besteht ein vergleichbar hoher Zusammenhang zwischen der Zeit, die Schülerinnen und Schüler damit verbringen, zum Vergnügen zu lesen, und ihren Leseleistungen.

überhaupt nicht zum Vergnügen zu lesen, in Deutschland bei 42 Prozent liegt und von keinem anderen Land übertroffen wird (vgl. Abb. 2.13). Im Hinblick auf den Anteil der Schülerinnen und Schüler, die täglich mindestens eine Stunde zum Vergnügen lesen, nimmt Deutschland dagegen eine stärker zur Mitte tendierende Position ein (vgl. Abb. 2.14). Betrachtet man wiederum nur die Länder mit vergleichbaren Zusammenhängen zwischen freiwilliger Leseaktivität und Leseleistung, so bewegt sich dieser Anteil zwischen knapp 10 Prozent in Island und 22 Prozent in Finnland. In der Mehrzahl der Staaten sind dabei Werte zwischen 10 und 15 Prozent zu beobachten, in Deutschland sind es etwas mehr als 13 Prozent der 15-Jährigen, die angeben, täglich eine Stunde und mehr zu ihrem Vergnügen zu lesen. Ähnlich wie bei den Befunden des internationalen Vergleichs der Testleistungen ergeben sich also auch im Hinblick auf die Zeit, die Schülerinnen und Schüler mit freiwilligen Leseaktivitäten verbringen, insbesondere im unteren Bereich der Verteilung starke Abweichungen vom internationalen Durchschnitt, während die Ergebnisse im oberen Bereich näher zur Mitte liegen.

Der Anteil der Schülerinnen und Schüler, die überhaupt nicht zum Vergnügen lesen, ist in Deutschland also relativ groß. Dies geht mit einer vergleichsweise negativen Einstellung zum Lesen einher. Auf die Frage, wie genau die Aussage „für mich ist Lesen Zeitverschwendung" für sie zutrifft, antworteten 31 Prozent der 15-Jährigen mit „stimmt eher" oder „stimmt ganz genau" (OECD-Mitgliedsstaaten insgesamt: 22 %), und bei der Aussage „Lesen ist eins meiner liebsten Hobbys" wählten nur 29 Prozent eine dieser Antwortkategorien (OECD-Mitgliedsstaaten insgesamt: 35 %). Diese Befunde zu den Leseaktivitäten und zur Einstellung zum Lesen weisen darauf hin, dass die im internationalen Vergleich relativ niedrigen Leistungen deutscher Schülerinnen und Schüler im Lesen zumindest teilweise darauf zurückzuführen sein könnten, dass Lesen für viele von ihnen keine Tätigkeit darstellt, der sie selbstverständlich und gern nachgehen.

> Gemessen an den Mittelwerten liegen die Leistungen deutscher Schülerinnen und Schüler im unteren Teil des Feldes der OECD. Verglichen mit der Mehrzahl der anderen OECD-Mitgliedsstaaten ist die Streubreite der Leistungen in Deutschland erheblich größer. Die Spitzengruppe der deutschen Schülerinnen und Schüler erreicht vergleichbare Leistungen wie die durchschnittliche Spitzengruppe der OECD-Mitgliedsstaaten.
>
> Die Gruppe der leistungsschwächsten Jugendlichen in Deutschland hat jedoch erheblich größere Schwierigkeiten im Lesen als die entsprechenden Schülerinnen und Schüler in vielen anderen Ländern. In Deutschland finden sich vergleichsweise viele Jugendliche mit sehr schlechten Leistungen. Auch die Freude am Lesen ist in Deutschland vergleichsweise gering ausgeprägt.

3.2 Die Gruppe der Risikoschülerinnen und -schüler im Lesen

Lesekompetenz ist nicht nur eine Grundvoraussetzung für die Teilhabe am gesellschaftlichen Leben und für lebenslanges Lernen, sondern auch für den beruflichen Erfolg. Befunde des *International Adult Literacy Survey* der OECD (2000a) weisen beispielsweise darauf hin, dass Erwachsene, die im Lesen ein höheres Kompetenzniveau erreichen, tendenziell über ein höheres Einkommen verfügen und seltener von Arbeitslosigkeit betroffen sind als weniger gute Leser. Diese Zusammenhänge scheinen auch dann noch nachweisbar zu sein, wenn man Merkmale des sozialen und kulturellen Hintergrunds sowie der Bildungslaufbahn kontrolliert. So konnten Raudenbush und Kasim (1998) zeigen, dass *Literacy* – hier im Sinne eines etwas breiteren Konstrukts, das neben Lesekompetenz in Bezug auf Prosatexte und Dokumente auch basale Fertigkeiten im Umgang mit Zahlen umfasst – auch bei Konstanthaltung des ethnischen Hintergrunds, des Geschlechts, des Bildungsstands der Eltern, der in der Ausbildung verbrachten Zeit, des Bildungsabschlusses sowie der Berufserfahrung – zur Erklärung von Arbeitslosigkeit bzw. Einkommen beiträgt. Betrachtet man also zwei Personen, die im Hinblick auf diese Merkmale vergleichbar sind (gleiches Geschlecht, ähnliche Bildungslaufbahn usw.), so wird diejenige Person ein geringeres Einkommen haben und eher von Arbeitslosigkeit betroffen sein, deren Lesekompetenz und Fertigkeiten im Umgang mit Zahlen weniger ausgeprägt sind.

Auch für das Erlernen und Ausüben eines Berufs ist es notwendig, in der Lage zu sein, Texte unterschiedlicher Schwierigkeitsgrade zu lesen und zu verstehen. Anhand der PISA-Daten ist es zwar nicht möglich zu bestimmen, welches minimale Niveau der Lesekompetenz erreicht sein muss, um eine Ausbildung erfolgreich abschließen zu können. Betrachtet man jedoch die Definition der Kompetenzstufe I, ist zu vermuten, dass Jugendliche, die den entsprechenden Anforderungen nicht gewachsen sind, erhebliche Schwierigkeiten beim Übergang in das Berufsleben haben werden. So dürfte es kaum eine qualifizierte Tätigkeit geben, die es nicht erfordert, ausdrücklich gegebene Informationen aus einem Text heraussuchen zu können oder in der Lage zu sein, eine einfache Verbindung zwischen Informationen aus einem Text und weit verbreitetem Alltagswissen herzustellen. Zumindest in Bezug auf Gebrauchs- und Sachtexte dürften solche Tätigkeiten Bestandteil der Ausübung fast jeden Berufs sein.

Ausgehend von diesen Überlegungen, werden im Folgenden 15-Jährige, die die Kompetenzstufe I nicht erreicht haben, im Hinblick auf ihre Aussichten auf beruflichen Erfolg als Risikogruppe definiert. Um erste Anhaltspunkte darauf zu erhalten, wo man ansetzen müsste, um diese Schülerinnen und Schüler gezielt zu fördern, soll zunächst beschrieben werden, wie sich die Risikogruppe zusammensetzt. Schulische Einflussmöglichkeiten im Hinblick auf die Entwicklung von Lesekompetenz werden in den Abschnitten 1.4 und 4 dargestellt und diskutiert.

Insgesamt erreichen in Deutschland fast 10 Prozent der 15-Jährigen nicht die Kompetenzstufe I. Wie aufgrund von früheren Studien zu Geschlechterunterschieden im verbalen Bereich zu erwarten ist, bestehen zwei Drittel dieser Gruppe aus Jungen (vgl. auch Kap. 5). Erwartungsgemäß ist ebenfalls der Befund, dass sich die Gruppe der 15-Jährigen, die Kompetenzstufe I nicht erreichen, überwiegend aus Schülerinnen und Schülern aus Haupt- und Sonderschulen zusammensetzt; etwa 34 Prozent dieser Jugendlichen besuchen Sonderschulen[13] und weitere 50 Prozent sind in Hauptschulen zu finden. Die restlichen Schülerinnen und Schüler der Risikogruppe verteilen sich auf Integrierte Gesamtschulen (7 %), Berufsschulen (5 %) und Realschulen (4 %).

Betrachtet man die Herkunft der Schülerinnen und Schüler sowie ihrer Eltern, so lassen sich zwei größere Gruppen von Jugendlichen unterscheiden, die Kompetenzstufe I nicht erreichen (vgl. mittlere Spalte von Tab. 2.7). Bemerkenswert ist dabei der Befund, dass der größte Anteil (47 %) Schülerinnen und Schüler sind, die selbst und deren Eltern in Deutschland geboren sind. Alle Jugendlichen in dieser Gruppe geben weiterhin an, dass die Umgangssprache in ihrer Familie Deutsch ist. Weitere 36 Prozent der Schülerinnen

Tabelle 2.7: Zusammenhänge zwischen Migrationshintergrund und Zugehörigkeit zur Gruppe der Risikoschülerinnen und -schüler (in %)

	Anteil von Schülerinnen und Schülern mit unterschiedlichem Migrationshintergrund innerhalb der Risikogruppe	Anteil von Risikoschülerinnen und -schülern innerhalb der Gruppen mit unterschiedlichem Migrationshintergrund
Jugendlicher selbst und mindestens ein Elternteil im Ausland geboren	35,6	24,9
Jugendlicher in Deutschland geboren und mindestens ein Elternteil im Ausland geboren	17,0	14,3
Jugendlicher selbst und beide Elternteile im Deutschland geboren	47,1	5,8

und Schüler, die den Anforderungen der Kompetenzstufe I nicht gewachsen sind, sind im Ausland geboren und haben mindestens einen Elternteil, der ebenfalls nicht aus Deutschland stammt. In den verbleibenden 17 Prozent der Fälle schließlich ist der Jugendliche in Deutschland und mindestens ein Elternteil im Ausland geboren. Dieses Muster weist darauf hin, dass im Bemühen, die Anzahl der Risikoschülerinnen und -schüler zu reduzieren, nicht ausschließlich bei Jugendlichen mit Migrationshintergrund anzusetzen ist. Vielmehr muss auch der bemerkenswert hohe Anteil der Schülerinnen und Schüler, die selbst und deren Eltern aus Deutschland kommen, eingeschlossen werden.

Wechselt man die Perspektive und betrachtet den Anteil der Schülerinnen und Schüler unterschiedlicher Herkunft, deren Leistungen unter Kompetenzstufe I liegen, so wird jedoch deutlich, dass Migrantenkinder insgesamt wesentlich häufiger zur Gruppe der Risikoschüler gehören (vgl. rechte Spalte in Tab. 2.7). Während von den 15-Jährigen, die selbst und deren Eltern in Deutschland geboren sind, insgesamt nur knapp 6 Prozent die Kompetenzstufe I nicht erreichen, beträgt der entsprechende Anteil bei im Ausland geborenen Jugendlichen 25 Prozent. Bemerkenswert ist dabei vor allem, dass bei Jugendlichen aus Familien mit Migrationshintergrund die Wahrscheinlichkeit auch dann noch vergleichsweise hoch ist, zur Gruppe der Risikoschüler zu gehören, wenn sie in Deutschland geboren sind und durchgehend deutsche Schulen besucht haben. In dieser Gruppe liegt der Anteil der Schülerinnen und Schüler, die die Kompetenzstufe I nicht erreichen, bei 14 Prozent (vgl. auch Kap. 8).

Ein Blick auf die Schullaufbahn der Schülerinnen und Schüler schließlich zeigt, dass nur ein Viertel der 15-Jährigen, die den Anforderungen von Kompetenzstufe I nicht gewachsen sind, die Schule ohne zeitliche Verzögerungen durchlaufen haben (vgl. Tab. 2.8). Etwas mehr als 20 Prozent dieser Schülerinnen und Schüler wurden bei der Einschulung zurückgestellt und die Hälfte hat eine Klasse wiederholt. Die entsprechenden Anteile für 15-Jährige, deren Leistungen mindestens der Kompetenzstufe I entsprechen, sind dagegen weniger als halb so groß. Da diese Jugendlichen trotz der Zurückstellungen und Klassenwiederholungen den Anforderungen der Kompetenzstufe I nicht gewachsen sind, ist es unwahrscheinlich, dass diese Maßnahmen zu nennenswerten Steigerungen ihrer Lesekompetenz geführt haben (vgl. auch Kap. 9).

Tabelle 2.8: Schullaufbahn von Schülerinnen und Schülern, die Kompetenzstufe I nicht erreichen, und von Schülerinnen und Schülern, die mindestens Kompetenzstufe I erreichen (in %)

	Schülerinnen und Schüler, die Kompetenzstufe I nicht erreichen	Schülerinnen und Schüler, die Kompetenzstufe I erreichen
Regulärer Durchlauf	25,2	63,3
Zurückgestellt (Stichtag 30.6.)	23,3	10,9
Klasse wiederholt (mit oder ohne Zurückstellung)	51,5	25,8

Diagnose schwacher Leser

In Schulen mit Hauptschulbildungsgang wurden die für die Durchführung der PISA-Tests zuständigen Schulkoordinatorinnen und -koordinatoren gebeten, bei den Klassen- bzw. Deutschlehrkräften Auskunft darüber einzuholen, welche der Schülerinnen und Schüler in der PISA-Stichprobe über eine so geringe Lesefähigkeit verfügen, dass sie erhebliche Schwierigkeiten beim Übergang in das Berufsleben haben dürften. Die in der Anweisung enthaltene Definition schwacher Leser lautet wie folgt:

> Als schwache Leser werden jene Schülerinnen und Schüler aus *Hauptschulen bzw. Hauptschulzweigen* gekennzeichnet, deren Lesefähigkeit so gering ausgeprägt ist, dass sich dies als ernsthaftes Problem beim Übergang ins Berufsleben erweisen wird. Die Lesefähigkeit dieser Schülerinnen und Schüler liegt deutlich unterhalb der Lesefähigkeit gleichaltriger Schülerinnen und Schüler derselben Schulform.

Als deutlicher Befund zeigt sich hierbei, dass die meisten der schwachen Leserinnen und Leser von den Lehrkräften unerkannt bleiben. Insgesamt wurden von den Lehrkräften nur 55 dieser Riskoschülerinnen und -schüler im hier definierten Sinne als schwache Leser identifiziert[14]. Von diesen Jugendlichen erzielten 28 Leistungen im PISA-Test, die unterhalb der Kompetenzstufe I liegen, 13 erreichten die Kompetenzstufe I, bei weiterer 13 Fällen lagen die Leistungen dagegen innerhalb der Kompetenzstufe II, und einer der als schwacher Leser identifizierten Jugendlichen erreichte Kompetenzstufe III.

Wechselt man nun die Perspektive und fragt, welcher Anteil der Schülerinnen und Schüler, die aufgrund ihrer PISA-Testergebnisse im Hinblick auf ihre Lesekompetenz als Risikoschülerin bzw. -schüler einzustufen sind, von ihren Lehrerinnen und Lehrern als schwache Leser angegeben wurde, ergibt sich ein relativ kleiner Überlappungsbereich

Tabelle 2.9: Anteil von Schülerinnen und Schülern innerhalb der Kompetenzstufen, die von ihren Lehrerinnen oder Lehrern als „schwache Leser" identifiziert wurden (in %)

Diagnose der Lehrkraft	Leistung im PISA-Test		
	Unter Kompetenzstufe I	Kompetenzstufe I	Über Kompetenzstufe I
Schwacher Leser	11,4	3,7	2,8
Nicht schwacher Leser	88,6	96,3	97,2

(siehe Tab. 2.9). Innerhalb von Schulen mit Hauptschulbildungsgang wurden etwa 11 Prozent der Schülerinnen und Schüler, die den Anforderungen der Kompetenzstufe I nicht gewachsen sind, von ihren Lehrerinnen und Lehrern als schwache Leser eingestuft, und bei den Jugendlichen, die Kompetenzstufe I erreichten, waren es 4 Prozent.

Da PISA keine umfassende Erhebung der diagnostischen Kompetenz von Lehrkräften beinhaltet, kann die Ursache für den relativ hohen Anteil unerkannt gebliebener Risikoschülerinnen und -schüler nicht genauer bestimmt werden. Die Ergebnisse sprechen jedoch dafür, dass es lohnenswert sein könnte, diesem Aspekt weiter nachzugehen und die Diagnose der Lesefähigkeiten von Schülerinnen und Schülern durch Lehrkräfte systematisch zu untersuchen.

> Jugendliche, die den Anforderungen der niedrigsten Kompetenzstufe nicht gewachsen sind, werden als „Risikogruppe" definiert. Nach dieser Definition gehören 10 Prozent der 15-jährigen Deutschen zur Risikogruppe. Der überwiegende Anteil der Schülerinnen und Schüler dieser Gruppe ist männlich und besucht die Haupt- bzw. Sonderschule. Jugendliche, die selbst und deren Eltern in Deutschland geboren wurden, machen knapp 50 Prozent dieser Gruppe aus. Gemessen an der Bevölkerungszusammensetzung ist der Anteil an Kindern aus Migrationsfamilien, die zur Risikogruppe gehören, mit 25 Prozent ebenfalls sehr groß.
>
> Die von den Lehrkräften vorab als „schwache Leser" benannten Schülerinnen und Schüler bilden nur einen kleinen Teil der Risikogruppe. Der größte Teil der Schülerinnen und Schüler der Risikogruppe wird von den Lehrkräften nicht erkannt.

3.3 Leistungsverteilungen in den Bildungsgängen

Unterschiede zwischen Bildungsgängen im internationalen Lesekompetenztest (verstehender Umgang mit Texten)

Im folgenden Abschnitt werden die Leistungsverteilungen im internationalen Lesekompetenztest für die Schülerinnen und Schüler der verschiedenen Bildungsgänge dargestellt und die Anteile der verschiedenen Kompetenzstufen pro Bildungsgang erläutert. Anschließend werden die bildungsgangspezifischen Ergebnisse des nationalen Ergänzungstests dargestellt. Bei der Darstellung der Ergebnisse wurde nicht nach Schulformen, sondern nach Bildungsgängen unterschieden. Schülerinnen und Schüler aus Schulen mit mehreren Bildungsgängen wurden dem Bildungsgang der Hauptschule zugewiesen, wenn sie eine Hauptschulklasse besuchten, und dem Bildungsgang der Realschule, wenn sie eine Realschulklasse besuchten.

Die Systematik der Ergebnisdarstellung ist für alle Bildungsgänge gleich. Dabei ist jedoch zu beachten, dass die Integrierte Gesamtschule im Gegensatz zu den Schulformen des gegliederten Schulsystems keine leistungshomogene Schülerschaft anstreben und entsprechend auch nicht auf der Basis von Grundschulleistungen auswählen kann. Die Interpretation des Gesamtmittelwerts der Schülerinnen und Schüler aus Integrierten Gesamtschulen ist daher insgesamt weniger aussagekräftig.

Wie zu erwarten war, gibt es zwischen den Bildungsgängen erhebliche Überlappungen. Die mittleren Leistungsniveaus der Schülerinnen und Schüler der vier Bildungsgänge unterscheiden sich jedoch erheblich. Der Mittelwert der Hauptschule liegt bei 394, der der

Abbildung 2.15: Verteilung der Leistungen auf der Gesamtskala Lesen nach Bildungsgang[1]

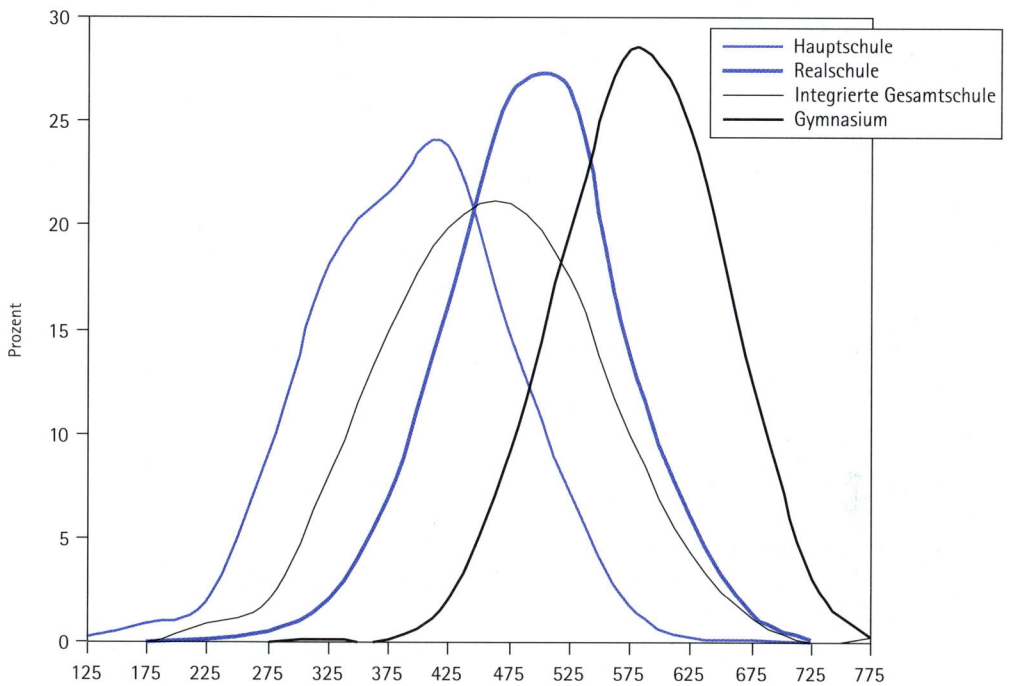

[1] Schüler aus Schulen mit mehreren Bildungsgängen (19 Schulen) wurden ihren Bildungsgängen entsprechend auf die anderen Bildungsgänge aufgeteilt.

Integrierten Gesamtschule bei 459[15], der der Realschule bei 494 und der des Gymnasiums bei 582. Alle Mittelwerte unterscheiden sich signifikant voneinander. Die Überlappung zwischen den Leistungsverteilungen ist insbesondere bei der Integrierten Gesamtschule aufschlussreich. Die Leistungsverteilung reicht hier von 175 (Minimum) bis 725 (Maximum) und ist damit breiter als bei den anderen Bildungsgängen. Von den Schülerinnen und Schülern aus Integrierten Gesamtschulen erreichen knapp 7 Prozent ein Leistungsniveau, das oberhalb des gymnasialen Durchschnitts liegt (582). Auf einem Leistungsniveau unterhalb des Niveaus eines durchschnittlichen Hauptschülers liegen 23 Prozent der Schülerinnen und Schüler aus Integrierten Gesamtschulen. Die übrigen 70 Prozent der Gesamtschülerinnen und -schüler liegen mit ihren Leistungen zwischen dem Niveau von durchschnittlichen Hauptschülern und Gymnasiasten; 41 Prozent davon unterhalb des Realschul- und oberhalb des Hauptschulniveaus. Insgesamt können 48 Prozent der Varianz der Gesamtskala Lesekompetenz durch die Bildungsgangzugehörigkeit erklärt werden. Weitere 10 Prozent lassen sich darüber hinaus auf Unterschiede zwischen Einzelschulen innerhalb von Bildungsgängen zurückführen. Der Anteil von 10 Prozent, der auf die Zugehörigkeit zu Einzelschulen innerhalb der Bildungsgänge zurückzuführen ist, liegt zwar bedeutend niedriger als der auf den Bildungsgang zurückführbare Anteil, verdeutlicht jedoch, dass es auch innerhalb von Bildungsgängen spezifische Ausprägungen der Lesekompetenz gibt. Worauf diese Unterschiede zwischen Einzelschulen zurückzuführen sein können, ist unter anderem Gegenstand der Kapitel 8 und 9.

Ordnet man den Mittelwerten der Bildungsgänge Kompetenzstufen zu, bedeutet dies, dass sich Leistungen der Schülerinnen und Schüler aus Hauptschulen im Durchschnitt auf Kompetenzstufe I, aus Gesamtschulen auf Kompetenzstufe II, aus Realschulen auf Kompetenzstufe III und aus Gymnasien auf Kompetenzstufe IV befinden. Diese Abfolge der mittleren Kompetenzstufen findet sich auch, wenn für den Vergleich nicht die Gesamtskala im Lesen, sondern die Subskalen „textbezogenes Interpretieren" und „Reflektieren und Bewerten" zu Grunde gelegt werden. Beim „Informationen ermitteln" hingegen liegt das mittlere Leistungsniveau der Real- und Gesamtschulen auf Kompetenzstufe III, während das mittlere Kompetenzniveau der Schülerinnen und Schüler aus Gymnasien auf Stufe IV und aus Hauptschulen auf Stufe I liegt. Vergleichbar große Unterschiede zwischen den Bildungsgängen finden sich auch bei einer getrennten Betrachtung der Schülerleistungen bei kontinuierlich und nicht-kontinuierlich geschriebenen Texten. Die Unterschiedlichkeit im Leistungsniveau der Bildungsgänge spiegelt natürlich zu einem erheblichen Teil das mit der Zuweisung zu einem Bildungsgang verbundene Auswahlverfahren wider. Insofern sind die gefundenen Unterschiede nicht verwunderlich. Auch der Überlappungsbereich zwischen den Bildungsgängen ist bereits aus anderen Untersuchungen bekannt (z.B. aus den Hamburger Untersuchungen zur Lernausgangslage und aus der IEA-Lesestudie, z.B. Lehmann u.a., 1995).

Ein genaueres Bild über die Leistungsstreuung innerhalb der vier Bildungsgänge vermitteln die Abbildungen 2.16a bis 2.16c. Pro Subskala und Bildungsgang wurde einerseits der Prozentsatz an Schülerinnen und Schülern dargestellt, die sich auf dieser Kompetenzstufe befinden, zum anderen ist angegeben, wie viele Schülerinnen und Schüler insgesamt in der Lage sind, Aufgaben auf diesem Schwierigkeitsniveau zu meistern.

Bezüglich der Subskala „Informationen ermitteln" befinden sich 7,3 Prozent der Schülerinnen und Schüler aus Gymnasien auf einem Fähigkeitsniveau von Stufe II und darunter. Knapp 93 Prozent der Gymnasiastinnen und Gymnasiasten sind in der Lage, Aufgaben, die

Abbildung 2.16a: Prozentualer Anteil von Schülerinnen und Schülern pro Kompetenzstufe in der Subskala „Informationen ermitteln" nach Bildungsgang

	Prozent Schüler ...	Hauptschule	Integrierte Gesamtschule	Realschule	Gymnasium
V	auf Stufe V	0,4	3,1	3,8	26,9
	die Aufgaben auf Stufe V und darunter lösen	0,4	3,1	3,8	26,9
IV	auf Stufe IV	2,0	10,3	18,6	39,3
	die Aufgaben auf Stufe IV und darunter lösen	2,3	13,3	22,4	66,2
III	auf Stufe III	12,7	27,6	36,6	26,5
	die Aufgaben auf Stufe III und darunter lösen	15,1	41,0	59,0	92,7
II	auf Stufe II	29,2	30,4	28,6	6,6
	die Aufgaben auf Stufe II und darunter lösen	44,3	71,4	87,6	99,3
I	auf Stufe I	32,0	20,4	9,9	0,6
	die Aufgaben auf Stufe I und darunter lösen	76,3	91,8	97,5	99,9
	unter Stufe I	23,7	8,2	2,5	0,1
	die Aufgaben unter Stufe I lösen	100,0	100,0	100,0	100,0

Abbildung 2.16b: Prozentualer Anteil von Schülerinnen und Schülern pro Kompetenzstufe in der Subskala „Textbezogenes Interpretieren" nach Bildungsgang

	Prozent Schüler ...	Hauptschule	Integrierte Gesamtschule	Realschule	Gymnasium
V	auf Stufe V	0,3	3,8	3,9	27,4
	die Aufgaben auf Stufe V und darunter lösen	0,3	3,8	3,9	27,4
IV	auf Stufe IV	2,3	11,1	18,5	40,8
	die Aufgaben auf Stufe IV und darunter lösen	2,6	14,9	22,3	68,2
III	auf Stufe III	13,6	26,7	37,1	25,4
	die Aufgaben auf Stufe III und darunter lösen	16,1	41,6	59,4	93,5
II	auf Stufe II	28,8	30,3	29,3	5,9
	die Aufgaben auf Stufe II und darunter lösen	44,9	71,8	88,8	99,4
I	auf Stufe I	33,4	21,2	9,5	0,5
	die Aufgaben auf Stufe I und darunter lösen	78,3	93,0	98,2	99,9
	unter Stufe I	21,7	7,0	1,8	0,1
	die Aufgaben unter Stufe I lösen	100,0	100,0	100,0	100,0

auf Kompetenzstufe III angesiedelt sind, zu lösen. Der Anteil der Schülerinnen und Schüler aus Gymnasien, der gerade noch in der Lage ist, Aufgaben der Kompetenzstufe III dieser Skala zu lösen, liegt bei 26,5 Prozent. Aufgaben auf Kompetenzstufe IV werden hingegen von insgesamt 66 Prozent der Gymnasiastinnen und Gymnasiasten richtig gelöst, die höchste Kompetenzstufe auf der Skala „Informationen ermitteln" wird von 27 Prozent der Gymnasiastinnen und Gymnasiasten erreicht. Weitaus niedrigere Anteile finden sich in den drei anderen Bildungsgängen. Aus der Gruppe der Realschülerinnen und -schüler sind 59 Prozent in der Lage, Aufgaben auf Kompetenzstufe III korrekt zu lösen, in Gesamtschulen sind dazu 41 Prozent, in Hauptschulen rund 15 Prozent in der Lage. Der Anteil der Schülerinnen und Schülern pro Kompetenzstufe sowie der Anteil der Schülerinnen

Abbildung 2.16c: Prozentualer Anteil von Schülerinnen und Schülern pro Kompetenzstufe in der Subskala „Reflektieren und Bewerten" nach Bildungsgang

	Prozent Schüler ...	Hauptschule	Integrierte Gesamtschule	Realschule	Gymnasium
V	auf Stufe V	0,3	4,0	4,8	28,8
	die Aufgaben auf Stufe V und darunter lösen	0,3	4,0	4,8	28,8
IV	auf Stufe IV	2,4	10,3	19,0	37,7
	die Aufgaben auf Stufe IV und darunter lösen	2,7	14,3	23,9	66,5
III	auf Stufe III	12,1	24,6	32,7	24,4
	die Aufgaben auf Stufe III und darunter lösen	14,8	38,9	56,6	90,9
II	auf Stufe II	23,8	27,1	27,2	7,9
	die Aufgaben auf Stufe II und darunter lösen	38,5	66,0	83,8	98,9
I	auf Stufe I	30,8	19,7	12,7	1,0
	die Aufgaben auf Stufe I und darunter lösen	69,4	85,7	96,5	99,9
	unter Stufe I	30,6	14,3	3,5	0,1
	die Aufgaben unter Stufe I lösen	100,0	100,0	100,0	100,0

und Schüler, die insgesamt in der Lage sind, Aufgaben dieser Schwierigkeitsstufe zu lösen, unterscheidet sich kaum zwischen den drei Subskalen zum Lesen. Ähnlich wie schon bei den Mittelwerten lässt sich auch bezüglich der Schüleranteile pro Kompetenzstufe eine Rangreihe der Bildungsgänge ausmachen. Ein Vergleich der Kompetenzstufen mit den größten Schüleranteilen über die Bildungsgänge ergibt für alle drei Skalen ein einheitliches Bild: Im Gymnasium kann die Leseleistung des größten Schüleranteils mit Kompetenzstufe IV beschrieben werden (39,3 % beim Informationen heraussuchen, 40,8 % beim textbezogenen Interpretieren und 37,7 % beim Reflektieren und Bewerten), der größte Teil der Realschülerinnen und -schüler erreicht Kompetenzstufe III (36,6 %, 37,1 %, 32,7 %), der größte Teil der Gesamtschülerinnen und -schüler erreicht Kompetenzstufe II (30,4 %, 30,3 %, 27,1 %), und der größte Teil der Hauptschülerinnen und -schüler erreicht auf allen drei Subskalen Kompetenzstufe I (32 %, 33,4 %, 30,8 %).

Zur Verdeutlichung der Schülerleistungen in den vier Schulformen seien nachfolgend einige Beispiele genannt. Die Tatsache, dass die durchschnittlichen Leistungen in Hauptschulen auf Kompetenzstufe I anzusiedeln sind, bedeutet, dass Aufgaben auf dem nächsthöheren Niveau vom Durchschnitt der Schülerinnen und Schüler dieses Bildungsgangs nur mit einer sehr geringeren Wahrscheinlichkeit gelöst werden. Bei der Subskala „Informationen ermitteln" etwa stellen Anforderungen, bei denen Informationen nicht explizit im Text genannt werden, sondern geschlussfolgert werden müssen (ab Kompetenzstufe II), offensichtlich zu hohe Anforderungen an mehr als die Hälfte der Hauptschülerinnen und -schüler (vgl. Abb. 2.16a: lediglich 44,3 % der Hauptschülerinnen und -schüler sind in der Lage, Aufgaben der Kompetenzstufe II zu lösen). Insgesamt nur etwas über 2 Prozent der Hauptschülerinnen und -schüler lösen Aufgaben, die auf Kompetenzstufe IV anzusiedeln sind. Die Anforderung, die Bühnenpositionen von Schauspielern aus Regieanweisungen zu ermitteln (vgl. Abb. 2.2), die charakteristisch für Kompetenzstufe IV ist, wird demnach nur von rund 2 Prozent der Hauptschülerinnen und -schüler korrekt gelöst.

Für die durchschnittlichen Realschülerinnen und -schüler sind Aufgaben auf der Kompetenzstufe III noch lösbar. Bezogen auf die Skala „Reflektieren und Bewerten" bedeutet dies, dass sie in der Lage sind, bestimmte Merkmale von Texten (Abb. 2.4) zu bewerten. Insgesamt 56,6 Prozent der Realschülerinnen und -schüler meisterten Aufgaben dieser Schwierigkeitsstufe. Im Vergleich dazu liegt der Anteil der Schülerinnen und Schüler aus Gesamtschulen (38,9 %) und Hauptschulen (14,6 %) deutlich niedriger. Der Vorteil eines Baumdiagramms, der zum Beispiel darin besteht, Kategorien innerhalb von Gruppen zu veranschaulichen (Kompetenzstufe III), wurde hingegen von 90,9 Prozent der Gymnasiastinnen und Gymnasiasten richtig aus den vier dargebotenen Antwortalternativen ausgewählt. Aufgaben der Kompetenzstufe IV beim „Reflektieren und Bewerten" erfordern vom Leser eine kritische Bewertung der Form und des Inhalts von Texten. Abbildung 2.4 verdeutlicht eine typische Aufgabe, bei der Schülerinnen und Schüler die Qualität von zwei kurzen Briefen beurteilen sollen. Während 66,5 Prozent der Schülerinnen und Schüler aus Gymnasien und 23,9 Prozent aus Realschulen in ihren Antworten auf Stil und Form der Briefe Bezug nahmen, gaben nur 14,3 der Gesamt- und 2,7 Prozent der Hauptschülerinnen und -schüler Begründungen für ihre jeweiligen Beurteilungen ab. Aufgaben der Kompetenzstufe II sind für Gesamtschülerinnen und -schüler charakteristisch. Bezogen auf die Skala „textbezogenes Interpretieren" bedeutet dies, dass sie zum Beispiel in der Lage sind, die Hauptgruppen eines Baumdiagramms zu erkennen und die Beziehung zwischen den dargebotenen Informationen zu erkennen. Aufgaben der nächsthöheren Stufe verlangen vom Leser unter anderem, Informationen aus zwei verschiedenen graphischen Darstellungen zu verbinden. Zur korrekten Beantwortung dieser Aufgabe (vgl. Abb. 2.3) muss die Struktur beider Darstellungen erkannt werden. Die Übertragung der Informationen von einer in die andere Darstellungsform wird von insgesamt 41,6 Prozent der Gesamtschülerinnen und -schüler korrekt vorgenommen. Im Vergleich dazu lösen 16,1 Prozent der Schülerinnen und Schüler aus Hauptschulen, 59,4 Prozent aus Realschulen und 93,5 Prozent aus Gymnasien Aufgaben dieses Typs.

Die Veranschaulichung der Leistungen der Schülerinnen und Schüler einzelner Bildungsgänge verdeutlicht, dass ein großer Teil der Hauptschülerinnen und -schüler nicht in der Lage ist, die Aufgaben der niedrigsten Kompetenzstufe zu lösen. Einem Text Informationen zu entnehmen, die ausdrücklich genannt und auffällig dargestellt sind (vgl. Aufgabe „Turnschuhe 5" in Abb. 2.2), stellt offenbar für knapp 24 Prozent der Schülerinnen und Schüler aus Hauptschulen eine zu hohe Anforderung dar. Nach den oben skizzierten Mindeststandards des Deutschunterrichts auf der Sekundarstufe I, die den Anforderungen der Kompetenzstufe II zugeordnet wurden, erreichen nur knapp 43 Prozent[16] der Hauptschülerinnen und Hauptschüler dieses Leistungsniveau.

Unterschiede zwischen Bildungsgängen im nationalen Lesekompetenztest (Lernen aus Texten)

Neben den Befunden aus dem internationalen Lesetest werden im Folgenden die Ergebnisse der einzelnen Bildungsgänge für den nationalen Lesetest dargestellt. Wie im Abschnitt 2.2 erläutert, handelt es sich bei der Fähigkeit, Texte so zu lesen, dass zu einem späteren Zeitpunkt Verständnisfragen ohne Texteinsicht beantwortet werden können, in einem stärkeren Maße um eine gedächtnisbasierte Leseanforderung, als dies beim internationalen Lesetest der Fall ist. Beide Lesetests haben sich im Rahmen der Dimensionsanalysen als voneinander unterscheidbare Teilfähigkeiten herausgestellt. Während der internationale Lesekompetenztest eher den verstehenden Umgang mit Texten misst, bildet der nationale Test stärker Lern- und Gedächtniseffekte ab.

Um zu kennzeichnen, dass es sich beim nationalen Test um eine Erweiterung des internationalen Tests handelt, dessen Werte nicht mit denen anderer Länder verglichen werden können, wurde für die Darstellung der Ergebnisse dieses Tests eine andere Metrik gewählt. Hierzu wurde der Mittelwert der 15-Jährigen auf 100 und die Standardabweichung auf 30 festgelegt. Folglich liegen rund 68 Prozent der deutschen 15-Jährigen im Bereich von 70 bis 130 Skalenpunkten.

Um weiterhin Vergleiche zwischen dem Abschneiden der Schülerinnen und Schüler im internationalen Vergleich und im nationalen Test durchführen zu können, wurde die Metrik bei den nachfolgenden Analysen für den internationalen Test ebenfalls transformiert, sodass der Mittelwert der deutschen 15-Jährigen ebenfalls bei 100 (und die Standardabweichung bei 30) liegt. Aufgrund dieser Standardisierung der Werte findet sich für die Gesamtgruppe der 15-jährigen Schülerinnen und Schüler kein Unterschied im durchschnittlichen Leistungsniveau in den beiden Tests. Dieses Bild verändert sich jedoch, wenn die Mittelwerte der einzelnen Bildungsgänge betrachtet werden (vgl. Abb. 2.17).

Abbildung 2.17: Streuung der Leistungen im nationalen und internationalen Lesetest nach Bildungsgang

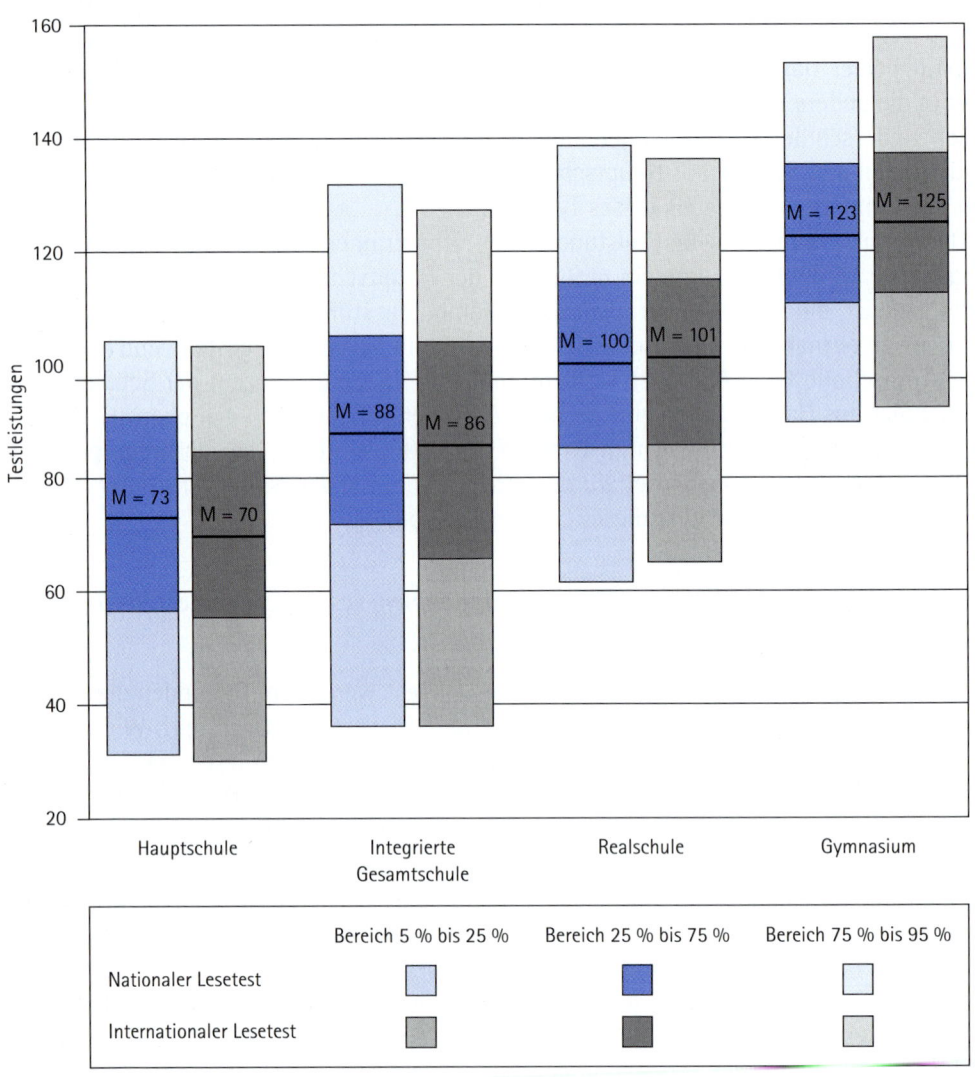

In drei der vier Bildungsgänge finden sich signifikante Unterschiede zwischen den Testleistungen im nationalen und im internationalen Test. Während in Haupt- und Gesamtschulen im nationalen Test jeweils bessere Leistungen als im internationalen Test gezeigt wurden, zeigt sich im Gymnasium genau das umgekehrte Bild. Gymnasiastinnen und Gymnasiasten schneiden durchschnittlich im stärker gedächtnisbasierten nationalen Lesetest schlechter ab als im internationalen Test. In Realschulen finden sich vergleichbare Leistungen in beiden Tests. Bei der Interpretation der Unterschiede sollte jedoch beachtet werden, dass es sich lediglich um eine Differenz von maximal 3 Punkten handelt. Diese

Unterschiede sind zwar statistisch bedeutsam, kennzeichnen jedoch einen recht geringen Effekt, der wenig praktische Relevanz besitzt.

Darüber hinaus unterscheiden sich die vier Schulformen auch im nationalen Lesetest deutlich im Niveau. Diese Unterschiede liegen dabei in vergleichbarer Größenordnung wie beim internationalen Lesetest. In beiden Lesetests ist der Leistungsabstand zwischen Schülerinnen und Schülern aus Gesamtschulen und Realschulen am geringsten (15 bzw. 12 Skalenpunkte[17]), während zwischen Schülerinnen und Schülern aus Realschulen und Gymnasien die größten Leistungsunterschiede bestehen (22 bis 25 Skalenpunkte). Der Abstand zwischen der durchschnittlichen Testleistung in Gesamtschulen und Hauptschulen liegt im nationalen Test bei 16, im internationalen Test bei 17 Skalenpunkten.

Die mittleren Leistungen der Schülerinnen und Schüler aus den Bildungsgängen Hauptschule, Realschule, Integrierte Gesamtschule und Gymnasium unterscheiden sich erheblich. Im Vergleich zu dem internationalen Mittelwert (OECD-Staaten) von 500 liegt die mittlere Leistung von Realschülern knapp darunter (494) und von Gymnasiasten (582) erheblich darüber. Hauptschüler liegen im Durchschnitt (394) etwa eine Standardabweichung unter dem internationalen Mittelwert, Schülerinnen und Schüler aus Integrierten Gesamtschulen (459) im Durchschnitt eine halbe Standardabweichung darunter. Insbesondere die Leistungsverteilung der Integrierten Gesamtschule weist deutliche Überlappungen mit den Verteilungen der anderen Bildungsgänge auf.

Der Anteil der Schülerinnen und Schüler mit geringer Lesekompetenz ist besonders in Hauptschulen, zum Teil auch in Integrierten Gesamtschulen und Realschulen sehr hoch. 25 Prozent der Hauptschülerinnen und Hauptschüler sind nicht in der Lage, Aufgaben der niedrigsten Kompetenzstufe zu lösen, und nur knapp 43 Prozent der Hauptschüler erreichen das als Mindeststandard definierte Leistungsniveau (Kompetenzstufe II).

3.4 Individuelle Schülervoraussetzungen und Lesekompetenz: Vorhersage-modelle

Die Frage, von welchen Faktoren die Lesekompetenz abhängt, soll im Rahmen dieses Abschnitts anhand einer Auswahl von Schülermerkmalen überprüft werden. PISA bietet unter anderem die Möglichkeit, Variablen des familiären und sozioökonomischen Hintergrunds sowie der Schul- und Unterrichtsqualität in ihren Auswirkungen auf die erzielte Lesekompetenz zu betrachten. Da der Rolle dieser Faktoren jeweils eigenständige Kapitel gewidmet sind, werden an dieser Stelle nur individuelle Schülermerkmale analysiert, die sich im Rahmen pädagogisch-psychologischer Studien als bedeutsam erwiesen haben (siehe auch Abschnitt 1.4). Hierbei stehen vor allem solche Faktoren im Vordergrund, die sich durch Interventionen verändern lassen und die relativ nah am tatsächlichen Leseprozess liegen. Einige dieser teilweise bereichsspezifischen, teilweise textspezifischen Erklärungsvariablen, wie zum Beispiel das inhaltliche Vorwissen zum Thema eines Textes oder auch das Interesse an diesen Themen, wurden nur im Rahmen des nationalen Ergänzungsprogramms zum Lesen erhoben. Da sich diese Erklärungsvariablen konkret auf spezifische Inhalte der gelesenen Texte beziehen, sind sie auch nur zur Vorhersage der Leseleistung bei eben diesen Texten geeignet. Für die dem internationalen Lesetest zu Grunde liegenden Texte bzw. Inhalte wurden keine bereichs- bzw. textspezifischen Erklärungsvariablen erfasst, da die Bandbreite der abgedeckten Inhaltsbereiche sehr breit ist. Die nachfolgend vorgestellten Modelle zur Vorhersage des verstehenden Umgangs mit Texten (internationaler Lesetest) und des Lernens aus Texten (nationaler Lesetest) unterscheiden sich daher im Hinblick auf die darin enthaltenen Erklärungsvariablen.

Ein Vorhersagemodell für den verstehenden Umgang mit Texten (Leistung im internationalen Test)

Zur Erklärung von Kompetenzunterschieden beim verstehenden Umgang mit Texten wurden sowohl interventionsferne als auch interventionsnahe Variablen berücksichtigt. Hierbei handelt es sich um die kognitive Grundfähigkeit der Schülerinnen und Schüler, ihre Decodierfähigkeit, ihr Lernstrategiewissen, ihren bevorzugten (habituellen) Einsatz von Lernstrategien, ihr generelles Interesse am Lesen und ihr verbales Selbstkonzept (siehe auch Kap. 6). Die kognitive Grundfähigkeit der Schülerinnen und Schüler, als relativ interventionsfernes Merkmal, wurde mit verbalen und figuralen Subtests erhoben, die Komponenten abstrakter räumlicher und verbaler Intelligenz abbilden. Zur Abschätzung der Effekte anderer Variablen ist es sinnvoll, Unterschiede zwischen den Jugendlichen hinsichtlich ihrer kognitiven Grundfähigkeit konstant zu halten und damit zu prüfen, inwiefern andere Schülermerkmale einen zusätzlichen Beitrag zur Erklärung von Leistungsunterschieden leisten. Eine ebenfalls vorhersagemächtige Variable ist die Decodierfähigkeit der Schülerinnen und Schüler, die sich in der Schnelligkeit des Erfassens der korrekten Bedeutung von Sätzen eines längeren Textes äußert. Für einen effektiven Umgang mit Texten ist hohe Decodierfähigkeit unter anderem deshalb förderlich, weil durch schnelleres Lesen Ressourcen für eine tiefere Verarbeitung des Textes zur Verfügung stehen. Wie bei der kognitiven Grundfähigkeit handelt es sich bei der Decodierfähigkeit um ein Schülermerkmal, das nur begrenzt förderbar ist, zur Beurteilung der Effekte interventionsnäherer Variablen jedoch konstant gehalten werden sollte. Beim Lernstrategiewissen bzw. dem habituellen Einsatz von Lernstrategien handelt es sich hingegen um Faktoren, die durch eine Reihe von Maßnahmen beeinflusst werden können. Das Wissen über Lernstrategien wurde mit einem Test erhoben, in dem Schülerinnen und Schüler bei vorgegebenen Lern- und Lesesituationen bewerten sollten, welche der aufgelisteten Techniken bzw. Strategien die effektivsten wären, um die beschriebenen Ziele zu erreichen. Der habituelle Lernstrategieeinsatz hingegen bildet ab, welche Präferenzen Schülerinnen und Schüler beim Einsatz von Lernstrategien allgemein haben (siehe auch Kap. 6). Wie in Abschnitt 1.4 dargestellt, spielt das Lernstrategiewissen der Schülerinnen und Schüler für die Lesekompetenz eine bedeutende Rolle. Lesekompetenz hängt jedoch auch in einem erheblichen Maße von der motivationalen Basis der Schülerinnen und Schüler ab. Im Rahmen des internationalen Vergleichs (vgl. Abschnitt 3.1) konnte gezeigt werden, dass die Lust am Lesen bzw. die Häufigkeit der freiwilligen Leseaktivitäten in vielen Ländern – unter anderem in Deutschland – mit der erzielten Lesekompetenz zusammenhängt. Als Indikatoren für die motivationale Orientierung der Schülerinnen und Schüler haben wir im Vorhersagemodell das Interesse am Lesen verwendet, das sowohl den Aspekt der Leselust als auch die Häufigkeit der freiwilligen Leseaktivitäten beinhaltet. Als weiterer Prädiktor der Lesekompetenz wurde das verbale Selbstkonzept der Schülerinnen und Schüler berücksichtigt, das abbildet, inwiefern sie glauben, den Anforderungen des Deutschunterrichts gewachsen zu sein (siehe Kap. 6).

Abbildung 2.18: Modell zur Vorhersage der Lesekompetenz im internationalen Lesetest

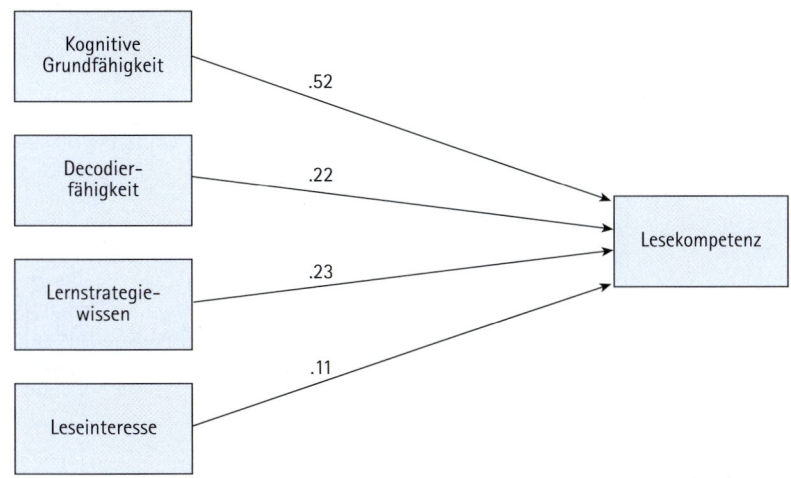

Die Effekte der genannten Variablen wurden im Rahmen eines multiplen Regressionsmodells geschätzt. In Abbildung 2.18 ist das resultierende Vorhersagemodell für die Leseleistung im internationalen Lesetest dargestellt[18].

Die Analysen haben vier statistisch bedeutsame Prädiktoren der Lesekompetenz ergeben: kognitive Grundfähigkeiten, Decodierfähigkeit, Lernstrategiewissen und Leseinteresse. Insgesamt wird eine Varianzaufklärung von 64 Prozent erreicht. Der eindeutig beste Prädiktor der Lesekompetenz ist die kognitive Grundfähigkeit der Schülerinnen und Schüler, gefolgt von Lernstrategiewissen und Decodierfähigkeit. Einen zwar geringen, aber nicht zu vernachlässigenden Prädiktionswert hat auch das generelle Interesse der Schülerinnen und Schüler am Lesen.

Der wohl wichtigste Befund dieser Analyse besteht darin, dass die Variablen Lernstrategiewissen, Decodierfähigkeit und Leseinteresse neben der kognitiven Grundfähigkeit einen eigenständigen Beitrag zur Erklärung interindividueller Unterschiede in der Lesekompetenz leisten. Da mit gutem Grund angenommen werden kann, dass die drei genannten Faktoren beeinflussbar sind, geben die Ergebnisse wertvolle Hinweise für gezielte Fördermaßnahmen.

Ein Vorhersagemodell für das Lernen aus Texten (Leistung im nationalen Test)

Die Analyse von Vorhersagemodellen für die im nationalen Lesetest ermittelte Lesekompetenz (Lernen) führt zu sehr ähnlichen Ergebnissen. Es können hier drei verschiedene Maße der Lesekompetenz betrachtet werden:
(1) die Verstehensleistung bei den Texten zu den Themen „Aids" und „Computerspiele",
(2) die Verstehensleistung bei den Sachtexten „Entstehung des Mondes" und „Eigenschaften des Wassers",
(3) die Ausprägung der situativen Textrepräsentation bei den Sachtexten zu den Themen „Entstehung der Erde" und „Eigenschaften des Wassers".

Abbildung 2.19: Modell zur Vorhersage der situativen Textrepräsentation im nationalen Lesetest

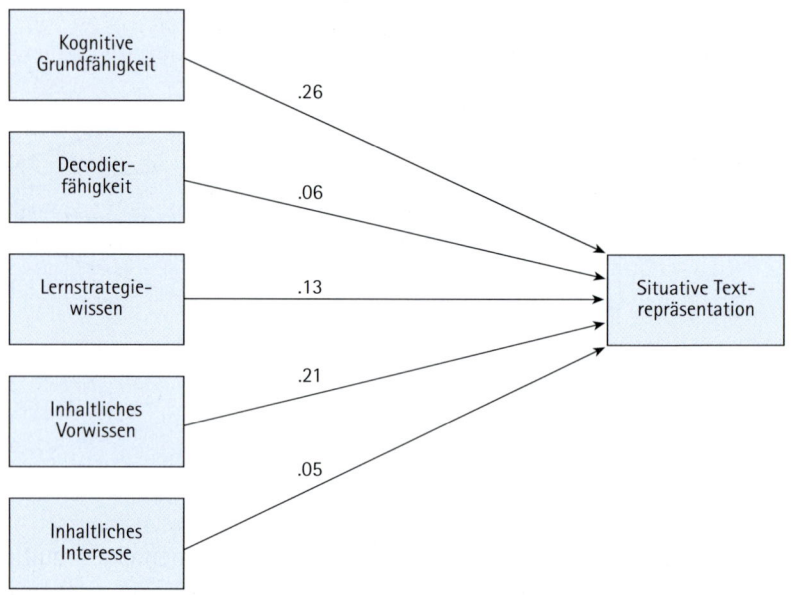

Die Ergebnisse hinsichtlich der Verstehensleistung bei den beiden eher erzählerischen Texten zu den Themen Aids und Computerspiele bestätigen die Befunde für den internationalen Test. Die kognitive Grundfähigkeit hat ein Vorhersagegewicht von .45, das Lernstrategiewissen von .18, die Decodierfähigkeit von .14 und das Leseinteresse von .07 (Gesamtvarianzaufklärung: 41 %). Nahezu identische Ergebnisse erhält man bei den beiden Sachtexten, mit der Ausnahme, dass das Vorwissen mit einem Vorhersagegewicht von .16 noch als signifikanter Prädiktor hinzutritt (Gesamtvarianzaufklärung: 44 %).

Die Ergebnisse zur Vorhersage der situativen Textrepräsentation werden nachfolgend in den Mittelpunkt gestellt. Diese Komponente der Lesekompetenz gilt als zentral, weil sich in ihr das Verstehen der Sachverhalte zeigt, die ein Text beschreibt. Das Vorhersagemodell für die situative Textrepräsentation ist in Abbildung 2.19 dargestellt. Dieses Modell basiert auf den beiden Texten des nationalen Tests, zu denen nach dem Modell von Kintsch Aufgaben konstruiert wurden, um das wörtliche, propositionale und situative Verstehen zu prüfen (Erde- und Wassertext). In der Analyse der Leistungen im nationalen Test können weiterhin zwei zusätzliche Prädiktoren hinzugezogen werden: das Interesse am Textinhalt und (bei den Sachtexten) das textspezifische Vorwissen.

Die Ergebnisse zur Vorhersage der Stärke der situativen Repräsentation zeigen zunächst, dass insgesamt 27 Prozent der Leistungsvarianz aufgeklärt werden konnten (siehe Abbildung 2.19)[19]. Auch in diesem Fall ist die kognitive Grundfähigkeit der Prädiktor mit dem größten Vorhersagegewicht, gefolgt vom Vorwissen, dem Lernstrategiewissen, der Decodierfähigkeit und dem inhaltlichen Interesse. Das Leseinteresse bleibt in diesem Fall ohne Einfluss.

Schülerinnen und Schüler mit ausgeprägter Lesekompetenz verfügen über ein hohes Maß an kognitiver Grundfähigkeit, sind in der Lage, die korrekte Bedeutung von Sätzen schnell zu erfassen (Decodierfähigkeit), verfügen über ein breites Wissen hinsichtlich der Effektivität und Anwendbarkeit von Lernstrategien (Lernstrategiewissen) und haben Interesse am Lesen. Diese Schülermerkmale sind sowohl beim verstehenden Umgang mit Texten (internationaler Test) als auch beim Lernen aus Texten (nationaler Test) bedeutsam.

Für ein tieferes Textverständnis (situative Textrepräsentation) sind zusätzlich ein breites inhaltliches Vorwissen zum Thema des Textes sowie inhaltliches Interesse am Thema erforderlich.

Der hohe Erklärungswert von veränderbaren Faktoren (Lernstrategiewissen, Interesse am Lesen, inhaltliches Interesse) bei statistischer Kontrolle der kognitiven Grundfähigkeit und der Lesegeschwindigkeit bedeutet, dass Schülerinnen und Schüler mit hohem Lernstrategiewissen und Interesse im Vergleich zu Schülerinnen und Schülern mit niedrigem Lernstrategiewissen und Interesse, aber mit vergleichbar hoher kognitiver Grundfähigkeit und Decodierfähigkeit höhere Werte im Lesekompetenztest erzielen. Diese Befunde weisen auf wichtige Bereiche der Förderung hin (siehe auch Kap. 6).

4. Konsequenzen aus den Befunden und Möglichkeiten der Intervention

Das Niveau der Lesekompetenz der in Deutschland getesteten Schülerinnen und Schüler ist im internationalen Vergleich eher niedrig und der Anteil von Schülerinnen und Schülern mit sehr schwacher Leseleistung ist vergleichsweise hoch. Diese Ergebnisse geben Anlass, um über Konsequenzen nachzudenken.

Wie bereits im Abschnitt 1.4 erläutert, ergeben sich für die Förderung von Lesekompetenz zwei wesentliche Ansatzpunkte. Zum einen geht es um die Verbesserung der Informationsverarbeitungskompetenz (Textverstehen), zum anderen um die Entwicklung einer dem Lesen gegenüber aufgeschlossenen motivationalen Grundhaltung und Werteinstellung. Beide Faktoren haben sich im Rahmen der hier vorgestellten Analysen als zentral erwiesen. Schülerinnen und Schüler mit strategischer Kompetenz (Lernstrategiewissen) und mit inhaltlichem Interesse bzw. Interesse am Lesen zeigen durchgängig bessere Leistungen im verstehenden Umgang mit Texten (internationaler Test) wie auch beim Lernen aus Texten (nationaler Test). Darüber hinaus zeigen sich deutliche Leistungsvorsprünge bei Schülerinnen und Schülern, die über eine textrelevante Wissensbasis sowie über hohe Lesegeschwindigkeit und kognitive Grundfähigkeiten verfügen.

Für alle genannten Schülermerkmale – wenn auch mit unterschiedlichen Erfolgsaussichten und durch unterschiedliche Interventionsmaßnahmen – besteht die Möglichkeit der Förderung und Stützung. Dies gilt im besonderen Maße für das strategische und inhaltliche Wissen sowie die Motivation, aber auch für Lesegeschwindigkeit und kognitive Grundfähigkeit. Im Folgenden sollen daher Bereiche und Methoden zur Förderung skizziert werden, die sich in der Literatur als fruchtbar erwiesen haben. Grundlage hierfür ist unter anderem das Modell des „guten Informationsverarbeiters" (Pressley, Borkowksi & Schneider, 1987, 1989).

Der Schwerpunkt der meisten Förderprogramme und -maßnahmen liegt im didaktischen Bereich. Gegenstand dieser Programme ist die Förderung von interventionsnahen Schülerfaktoren wie zum Beispiel Interesse, Lernstrategiewissen und Vorwissen. Traditionelle Instruktion im Lesen in der Schule beinhaltet unter anderem das gründliche Lesen von Texten, das Nacherzählen des Inhalts, das Identifizieren von syntaktischen und grammatikalischen Komponenten sowie das Diskutieren des Inhalts im Detail. (Letzteres soll der Aktivierung und Nutzung von Vorwissen dienen.) In den letzten Jahrzehnten wurden in der pädagogisch-psychologischen Literatur zunehmend auch Fragen der Steuerung, der aktiven Gestaltung und der Überwachung des Lernfortschritts diskutiert. So haben Brown, Campione und Day (1981) in einer Studie, bei der Texte auswendig gelernt werden sollten, herausgefunden, dass die Behaltens- und Transferleistungen dann am höchsten waren, wenn nicht nur die Anwendung von Strategien und Techniken trainiert, sondern gleichzeitig die Bedeutung dieser Methoden vermittelt wurde und Hinweise darauf gegeben wurden, wie sie eingesetzt, überwacht, überprüft und evaluiert werden können. Die in der Literatur oft berichtete Bedeutung des Wissens über effektive Lernstrategien wird durch die PISA-Ergebnisse bestätigt.

Zur Frage, wann und wie Wissen über Lese- bzw. Lernstrategien, ihre Nützlichkeit, Anwendbarkeit sowie ihre Vor- und Nachteile entsteht, gibt es unter dem Begriff Metagedächtnis bzw. Metakognition eine reichhaltige Forschungsliteratur (im Überblick in Schneider 1989; Schneider & Pressley, 1997; siehe auch Christmann & Groeben, 1999). Aus der Befundlage wird insbesondere deutlich, dass es externer Unterstützung bedarf, um beim Leser oder Lerner ein breites Wissen über die Prozesse auszubilden, die effektives Lesen oder Lernen kennzeichnen. Es bedarf vieler Gelegenheiten, Strategien zu verwenden und zu üben. Das Wissen über effektive Strategien der Textverarbeitung und des verstehenden Lesens und Lernens aus Texten wird nach Schneider und Pressley (1997; siehe auch Weinert, 1994) im schulischen Unterricht viel zu selten thematisiert und entwickelt. Eine zentrale Voraussetzung für eine optimale Förderung ist eine ausreichende diagnostische Kompetenz der Lehrkräfte, also die Fähigkeit, den Kenntnisstand, die Verarbeitungs- und Verstehensprozesse sowie die aktuellen Leseschwierigkeiten der Schülerinnen und Schüler korrekt einzuschätzen zu können.

Eine Methode, mit der sowohl die strategischen Kompetenzen von Schülerinnen und Schülern als auch die diagnostischen Kompetenzen von Lehrenden „geschult" werden, ist der Ansatz des reziproken Lehrens und Lernens (Palincsar & Brown, 1984). Diese Methode, bei der vorrangig Lesestrategien und deren Steuerung vermittelt werden, hat sich bei Personen unterschiedlichster Altersstufen (von Viertklässlern bis zu Erwachsenen) und sowohl bei „schlechten" wie bei „guten" Leserinnen und Lesern als sehr erfolgreich erwiesen. Das reziproke Lehr-Lernverfahren wurde auch im Rahmen des Klassenunterrichts erprobt. Anhand von vier für die Textverarbeitung zentralen Strategien wird der konkrete Umgang mit Texten trainiert. Die Strategien dienen vorrangig der Kontrolle und Überwachung des eigenen Textverständnisses. Hierzu gehört das *Zusammenfassen* (von Textabschnitten bzw. des gesamten Textes), das Formulieren von *Fragen* an den Text, das *Klären* von Unklarheiten und das *Vorhersagen* der weiteren Textinhalte. Die Aneignung effektiver Lernstrategien beim Lesen geschieht über die Vermittlung durch kompetente Partner (Mitschüler und/oder Lehrer), die sich Stück für Stück aus einem gemeinsam strukturierten Lern- und Leseprozess zurückziehen und somit eine allmähliche Übernahme von Verantwortung für das Gelingen des Lernprozesses beim Lerner bewirken. Dabei kommt es immer wieder zu einem Tausch der Rollen von Lehrern und Schülern. Zum einen initiieren die Schüler in der Rolle des Lehrenden Strategieanwendungen, zum anderen wenden sie in der Rolle des Lernenden die Strategie selber an. Gerade hierdurch wird der Prozess der metakognitiven Überwachung und Steuerung beim Lernen aus Texten bewusst (da ausgesprochen) und kann vom Schüler allmählich verinnerlicht werden (siehe auch Abschnitt 1.3).

Die Vermittlung von Strategien der Planung, Überwachung und Kontrolle des eigenen Lern- und Verstehensprozesses stellt eine sehr wirksame Methode der Förderung von Lesekompetenz dar (siehe auch Jacobs & Paris, 1987; Pressley, Harris & Marks, 1992; siehe auch Kap. 6). Aber auch die Wirksamkeit von Förderprogrammen zur Vermittlung von Strategien ist von Faktoren wie zum Beispiel dem inhaltlichen Vorwissen des Lesers oder seiner Lesefähigkeit abhängig. Gute Leser profitieren von fast jeder Trainingsmethode, während schlechte Leser mehr Instruktionen benötigen und in besonderem Maße von der Vermittlung von Strategien zur Überwachung und Steuerung ihres Lernens profitieren.

Eine weitere zentrale Aufgabe der Leseförderung besteht in der Förderung der Lesemotivation. Dies vor allem deshalb, weil die Freude am Lesen bzw. das Interesse daran, sich Lebensbereiche lesend zu erschließen, dazu führt, dass tatsächlich und kontinuierlich gelesen wird. Um Leser zu werden, braucht man eine anregende Leseumwelt und Lesevorbilder, die ihre Orientierung verbindlich und kompetent zu erkennen geben (Hurrelmann, 1994). Hierzu gehört auch das Erleben, dass das Lesen belohnend ist und auch im sozialen Zusammenhang Sinn macht. Trotz kritischer Stimmen dazu (z.B. Schön, 1995) scheint der Begriff der Lesekultur die insgesamt leseförderliche und -motivierende Haltung von Familien, Schulen und außerschulischen gesellschaftlichen Institutionen gut zu umschreiben. Lesekultur bezieht sich dabei nicht nur auf die Art des Umgangs mit Geschriebenem, sondern auch auf die gewählten Inhalte und die gesellschaftliche Akzeptanz. Mit Lesekultur ist keinesfalls nur die literarische Lesekultur gemeint, sondern eine von verschiedenen Seiten getragene Einstellung dem Lesen gegenüber, die sich leseförderlichen Lesepraxen sowie in vielfältigen Anregungen und Unterstützungsmöglichkeiten äußert, so zum Beispiel in Form von Gesprächspartnern, um Verständnisschwierigkeiten auszuräumen, um Leseeindrücke auszutauschen oder das eigene Urteil zu schärfen. Hurrelmann (1994) betont auch die Notwendigkeit eines Konsenses, dass Lesen Freude und Genuss bereiten kann und der je persönlichen intellektuellen Neugier folgen darf.

Als einen zentralen Faktor zur Erklärung von Länderunterschieden in internationalen Schulleistungsvergleichen nennt auch Baumert (1998) kulturelle Unterschiede in der gesellschaftlichen Akzeptanz und Wertschätzung. Bezogen auf mathematische und naturwissenschaftliche Leistungen sind hierbei vor allem einzelne Wissensgebiete und Schulfächer gemeint, bezogen auf das Lesen reicht die Frage der gesellschaftlichen Akzeptanz allerdings weiter. Lesen ist eine kulturelle Praxis, deren Erwerb ganz entscheidend auf stützende soziale Kontexte angewiesen ist.

Lesen ist mehr denn je erforderlich, um die notwendigen Grundlagenkompetenzen für eine selbstbestimmte, bedürfnisgerechte und bedächtige Nutzung des gesamten Medienensembles zu schaffen. Schule ist und bleibt die wichtigste Sicherungsagentur hierfür. Schulen, die hinsichtlich der Leseförderung als effektiv bezeichnet werden können, widmen in der Regel große Anteile des Unterrichts explizit der Leseerziehung (vgl. Lehmann u.a., 1995). Handlungsfeld der Leseförderung ist dabei der Unterricht in allen Fächern – nicht nur der Deutschunterricht.

Übergangsentscheidungen am Ende der Grundschule werden zu einem großen Teil auf der Basis der in den ersten Schuljahren entwickelten Lesekompetenz gefällt. Deshalb kommt der frühen Förderung dieser Kompetenz eine große Bedeutung zu. Aus den Erkenntnissen der idealtypischen Lesesozialisation in der Familie lässt sich ableiten, dass auch der spielerische und mündlich dominierte Umgang mit Schriftsprache phonologische Bewusstheit und damit auch spätere Leseleistungen fördert. Dieser Aspekt der frühen Leseförderung kann dezidiert Gegenstand von vorschulischen Programmen sein. Von besonderer Bedeutung ist hierbei die Förderung von Kindern aus Migrationsfamilien und aus anregungsarmen und lesefernen Elternhäusern. Während es bei Letzteren vor allem um Kompensation und Motivation geht, stellt sich die Situation bei Migrationskindern aufgrund der Sprachunterschiede noch einmal anders dar. Die hier dargestellten Ergebnisse zum hohen Anteil von Migrationskindern in der Gruppe der Leser mit besonders niedrigen Lesekompetenzen geben Anlass, über die Angemessenheit der Förderung von Schülerinnen und Schülern nachzudenken, die Deutsch als zweite Sprache erlernen. Eine differenzierte Betrachtung von Kindern aus Migrationsfamilien unterschiedlicher Herkunft lässt sich erst auf der Basis der großen Stichprobe (PISA-E) der Bundesländer anstellen. Dies wird unter anderem Gegenstand der thematischen Berichte sein.

Die Vermittlung grundlegender Leseerfahrungen sowie die Vermittlung von Wegen zur kompetenten und zielorientierten Nutzung von Texten sind eine Aufgabe, vor der nach der Primarstufe dann auch alle Schulformen und Fächer der Sekundarstufe I stehen. Lesekompetenz als Basisqualifikation ist mit dem Schriftspracherwerb in der Grundschule keineswegs abgeschlossen. Das auf Erkenntnisgewinn, auf Informations- und Sinnfindung sowie auf Kulturvermittlung ausgerichtete Lesen benötigt vielmehr auch hier eine differenzierte Förderung und Thematisierung in unterschiedlichen Fächern. Eine solche Förderung besteht neben der Vermittlung von fachspezifischen Terminologien, Wissen und Denkarten vor allem in dem Thematisieren von Interpretationsmöglichkeiten, alternativen Schreibarten, optimierter Gestaltung von Texten sowie Möglichkeiten ihrer Erschließung.

Wenn in der Familie nicht die Erfahrung gemacht wird, dass Lesen zum selbstverständlichen Bestandteil der sozialen Wirklichkeit gehört, sind soziale Netzwerke und Institutionen gefragt, um diese Erfahrungen zu ermöglichen und die Lesekompetenz zu fördern.

> Die PISA-Ergebnisse machen deutlich, dass in deutschen Schulen vielfältige Maßnahmen zur Förderung der Lesekompetenz von Schülerinnen und Schülern ergriffen werden sollten. Ansatzpunkte hierfür sind zum einen die Förderung von Informationsverarbeitungskompetenz durch Vermittlung von Textverarbeitungsstrategien, zum anderen die Entwicklung von Leseinteresse.

Anmerkungen

[1]   Ein Befund, der sich durchaus auch noch bei Studenten zeigt (siehe Glenberg & Epstein, 1987; Schneider & Pressley, 1997).

[2]   Im thematischen Band zum Lesen wird ausführlich über die Kriterien und Ergebnisse der Dimensionsprüfung auf der Basis der deutschen Daten berichtet. Die Zusammenhänge zwischen den resultierenden drei Skalen sind so hoch – die latenten, das heißt messfehlerbereinigten Korrelationen liegen bei .90, .93 und .95 –, dass von Subskalen einer zu Grunde liegenden Lesekompetenz statt von qualitativ verschiedenartigen Kompetenzen gesprochen wird.

[3]   Die beiden Texte „Computer" und „Aids" waren ursprünglich für den internationalen Teil vorgesehen. Die bereits vorhandenen Aufgaben wurden übernommen und ergänzt.

4   Über die Prüfung der Dimensionalität im Rahmen des Rasch-Modells wird im thematischen Bericht zum Lesen ausführlich berichtet. Als Kriterien wurden hierzu die Schwierigkeits- und Fit-Parameter der Aufgaben, die Gesamtmodellanpassung *(deviance)* und die latenten Korrelationen zwischen den Subskalen verwendet (vgl. Begar, 1980; Klauer, 1991; Wu, Adams & Wilson, 1998).

5   Hiermit soll nicht behauptet werden, dass es keine weiteren separaten Teilleistungen beim Leserverständnis gibt (z.B. Sprachverständnis, Decodierfähigkeit, Wortschatz), sondern lediglich, dass diese bei der Beantwortung aller Testaufgaben einer als eindimensional aufgefassten Kompetenz auf gleiche oder zumindest sehr ähnliche Weise zusammenwirken.

6   Die Standardabweichung wurde gleichzeitig auf 100 festgelegt, was bedeutet, dass sich im Bereich von 400 bis 600 Punkten zwei Drittel aller an PISA teilnehmenden Schüler befinden.

7   Da die Schwierigkeitsparameter der Aufgaben für die Gesamtskala auch für die Subskalen verwendet wurden und die Übergänge zwischen den Kompetenzstufen für die Subskalen und die Gesamtskala ebenfalls identisch waren, ergibt sich aus der Zuordnung von Aufgaben zu Kompetenzstufen pro Subskala eine Aufgabenmenge, die die Kompetenzstufen der Gesamtskala Lesekompetenz ausmachen. Sowohl für die Gesamtskala als auch für die Subskalen sind die Kompetenzstufen durch die folgenden Werte auf dieser Skala definiert. Fähigkeitsparameter zwischen 334.75 und 407.67 entsprechen Stufe I, Werte zwischen 407.67 und 480.18 entsprechen Stufe II, Werte zwischen 480.18 und 552.89 entsprechen Stufe III, Werte zwischen 552.89 und 625.61 entsprechen Stufe IV und Werte oberhalb von 625.61 entsprechen Stufe V.

8   An dieser Stelle sei Prof. Heiner Willenberg für seine Unterstützung bei der Übertragung der für die Kompetenzstufen typischen Anforderungen auf die in deutschen Lehrplänen genannten Kategorien und Anforderungen gedankt.

9   Tabellen, Grafiken und Statistiken als expliziter Unterrichtsgegenstand werden nur in den Lehrplänen von Sachsen, Bremen und Thüringen erwähnt.

10   Dass diese Unterschiede statistisch nicht abgesichert werden können, ist auf die relativ großen Standardfehler der Mittelwerte für die Schweiz und für die Vereinigten Staaten zurückzuführen.

11   Deutschland: $r = .28$, $p < .001$; Japan: $r = .12$, $p < .001$; Mexiko: $r = .024$, ns.

12   In diesen Ländern liegt der Korrelationskoeffizient zwischen $r = .23$ und $r = .33$ (in Deutschland: $r = .28$).

13   In Sonderschulen sollte die Bearbeitungszeit für die PISA-Instrumente möglichst knapp gehalten werden, und es wurde deshalb eine verkürzte Form des Schülerfragebogens eingesetzt (vgl. Kap. 1). Da die meisten der für die Analysen notwendigen Hintergrundinformationen für Schülerinnen und Schüler aus Sonderschulen nicht zur Verfügung stehen, sind diese in den folgenden Beschreibungen nicht enthalten.

14   In die Analysen wurden – der Instruktion für die Schulkoordinatorinnen und -koordinatoren entsprechend – nur Nennungen in Hauptschulen bzw. Schulen mit einem Hauptschulzweig einbezogen.

15   Unterscheidet man bei Gesamtschulen nach Kursen, so ergibt sich für die Schülerinnen und Schüler, die den oberen Kurs besuchen, ein Mittelwert von 493, was etwa dem Leistungsniveau von durchschnittlichen Realschülern entspricht. Für Schülerinnen und Schüler, die nicht den oberen Kurs in Gesamtschulen besuchen, ergibt sich ein Gesamtmittelwert von 413, was 19 Skalenpunkte oberhalb des Niveaus der Hauptschüler und -schülerinnen liegt.

16   Mittelwert über die Subskalen.

17   Gerundete Werte.

18   In diesem Modell sind nur signifikante Prädiktoren und solche mit Vorhersagegewichten (semipartielle Regressionskoeffizienten) $< .05$ dargestellt.

19   Der Unterschied in der Varianzaufklärung zwischen den beiden Modellen ist unter anderem auf die geringere Reliabilität des Tests zur Messung der situativen Textrepräsentation zurückzuführen.

Literatur

Artelt, C. (2000). *Strategisches Lernen.* Münster: Waxmann.

Baker, L. & Brown, A. L. (1984). Metacognitive skills and reading. In P. D. Pearson, M. Kamil, R. Barr & P. Mosenthal (Eds.), *Handbook of reading research* (pp. 353–394). New York: Longman.

Baker, R. & Escapit, R. (Eds.). (1973). *The book hunger.* Paris: Unesco.

Baumert, J. (1998). Internationale Schulleistungsvergleiche. In D. H. Rost (Hrsg.), *Handwörterbuch Pädagogische Psychologie* (S. 219–225). Weinheim: Beltz.

Beaton, A. E. & Allen, N. L. (1992). Interpreting scales through scale anchoring. *Journal of Educational Statistics, 17* (2), 191–204.

Britton, B. K. & Graesser, A. C. (Eds.). (1996). *Models of understanding text.* Mahwah, NJ: Erlbaum.

Brown, A. L., Campione, J. C. & Day, J. D. (1981). Learning to learn: On training studies to learn from texts. *Educational Researcher, 10,* 14–21.

Christmann, U. & Groeben, N. (1999). Psychologie des Lesens. In B. Franzmann, K. Hasemann, D. Löffler & E. Schön (Hrsg.), *Handbuch Lesen* (S. 145–223). München: Saur.

Coté, N. & Goldman, S. R. (1999). Building representations of informational text: Evidence from children's think-aloud protocols. In H. van Oostendorp & S. R. Goldman (Eds.), *The construction of mental representations during reading* (pp. 169–193). Mahwah, NJ: Erlbaum.

Coté, N., Goldman, S. R. & Saul, E. U. (1998). Students making sense of informational text: Relations between processing and learning. *Discourse Processes, 25*, 1–53.

Elley, W. B. (Ed.). (1994). *The IEA study of reading literacy: Achievement and instruction in thirty-two school systems.* Oxford, UK: Pergamon.

Ericsson, K. A. & Kitsch, W. (1995). Long-term working memory. *Psychological Review, 102*, 211–245.

Eskola, K. (1995). *Lesen und Lesestudien in Finnland. In Stiftung Lesen (Hrsg.), Lesen im internationalen Vergleich, Dänemark, Finnland, Israel, Japan, Kanada, Niederlande, Rußland, Schweden, Spanien, USA* (Bd. 2, S. 131–152). Berlin: Quintessenz.

Franzmann, B. (2001). Die Deutschen als Leser und Nichtleser. Ein Überblick. In Stiftung Lesen/Spiegel Verlag (Hrsg.), *Leseverhalten in Deutschland im neuen Jahrtausend* (S. 7–31). Hamburg: Spiegel.

Glenberg, A. M. & Epstein, W. (1987). Inexpert calibration of comprehension. *Memory & Cognition, 15*, 84–93.

Graesser, A. C., Singer, M. & Trabasso, T. (1994). Constructing inferences during narrative text comprehension. *Psychological Review, 101* (3), 371–395.

Hippler, H.-J. (2001). Tummelplatz Internet oder: Ist Lesen eine veraltete „Technologie"? In Stiftung Lesen (Hrsg.), *Leseverhalten in Deutschland im neuen Jahrtausend: Eine Studie der Stiftung Lesen* (S. 165–174). Hamburg: Spiegel.

Hurrelmann, B. (1994). Leseförderung. *Praxis Deutsch, 127*, 17–127.

Jacobs, J. E. & Paris, S. G. (1987). Children's metacognition about reading: Issues in definition, measurement, and instruction. *Educational Psychologist, 22* (3 & 4), 255–278.

Johnson-Laird, P. N. (1983). *Mental models: Towards a cognitive science of language, inferences, and consciousness.* Cambridge, UK: Cambridge University Press.

Kintsch, W. (1992). How readers construct situation models for stories: The role of syntactic cues and causal inferences. In A. F. Healy & M. S. Kosslyn (Eds.), *Essays in honor of William K. Estes: From learning theory to connectionist theory: Vol. 1. From learning processes to cognitive processes* (pp. 261–278). Hillsdale, NJ: Erlbaum.

Kintsch, W. (1994). Discourse processing. In G. d'Ydewalle, P. Eelen & P. Bertelson (Eds.), *International perspective on psychological science* (Vol. 2, pp. 135–155). Hillsdale, NJ: Erlbaum.

Kintsch, W. (1998). *Comprehension. A paradigm for cognition.* Cambridge, UK: Cambridge University Press.

Kintsch, W. & Greene, E. (1978). The role of culture specific schemata in the comprehension and recall of stories. *Discourse Processes, 1*, 1–13.

Kirsch, I. S. (1995). Literacy performance on three scales: Definition and results. In OECD (Ed.), *Literacy, economy and society: Results of the first international adult literacy survey* (pp. 27–53). Paris: OECD.

Kirsch, I. S., Jungeblut, A. & Mosenthal, P. B. (1998). The measurement of adult literacy. In T. S. Murray, I. S. Kirsch & L. Jenkins (Eds.), *Adult literacy in OECD countries: Technical report on the first international adult literacy survey.* Washington DC: U.S. Department of Education, National Center for Education Statistics.

Klieme, E., Baumert, J., Köller, O. & Bos, W. (2000). Mathematische und naturwissenschaftliche Grundbildung: Konzeptuelle Grundlagen und die Erfassung und Skalierung von Kompetenzen. In J. Baumert, W. Bos & R. H. Lehmann (Hrsg.), *TIMSS/III: Dritte Internationale Mathematik- und Naturwissenschaftsstudie. Mathematische und naturwissenschaftliche Bildung am Ende der Schullaufbahn* (Bd. 1, S. 85–133) Opladen: Leske + Budrich.

Körkel, J. (1987). *Die Entwicklung von Gedächtnis- und Metagedächtnisleistungen in Abhängigkeit von bereichsspezifischen Vorkenntnissen.* Frankfurt a.M.: Lang.

Lehmann, R. H., Peek, R., Pieper, I., & Stritzsky, R. von (1995). *Leseverständnis und Lesegewohnheiten deutscher Schüler und Schülerinnen.* Weinheim: Beltz.

Linnakylä, P. (1993). Exploring the secret of Finnish reading literacy achievement. *Scandinavian Journal of Educational Research, 37* (1), 63–74.

Lundberg, I., Frost, J. & Petersen, O. (1988). Effects of an extensive program for stimulating phonological awareness in preschool children. *Reading Research Quarterly, 23* (3), 263–284.

Markman, E. M. (1979). Realizing that you don't understand: Elementary school children's awareness of inconsistencies. *Child Development, 50*, 643–655.

Mosenthal, P. B. (1996). Understanding the strategies of document literacy and their conditions of use. *Journal of Educational Psychology, 88* (2), 314–332.

Ninio, A. Z. & Bruner, J. S. (1978). The achievement and antecedents of labelling. *Journal of Child Language, 5*, 1–16.

Organisation for the Économic Co-operation and Development (OECD). (2000a). *Literacy in the information age: Final report of the international adult literacy survey.* Paris: OECD.

Organisation for the Economic Co-operation and Development (OECD). (Ed) (1999). *Measuring student knowledge and skills. A new framework for assessment.* Paris: OECD [Schülerleistungen im internationalen Vergleich. Eine Rahmenkonzeption für die Erfassung von Wissen und Fähigkeiten. Berlin: Max-Planck-Institut für Bildungsforschung].

Oerter, R. (1999). Theorien der Lesesozialisation – Zur Ontogenese des Lesens. In N. Groeben (Hrsg.), *Lesesozialisation in der Mediengesellschaft* (S. 27–55). Tübingen: Max Niemeyer Verlag (10. Sonderheft Internationales Archiv für Sozialgeschichte der deutschen Literatur).

Oostendorp van, H. & Goldman, S. R. (1999). Introduction: Some initial considerations. In H. Oostendorp van & S. R. Goldman (Eds.), *The construction of mental representations during reading* (pp. 7–14). Mahwah, NJ: Erlbaum.

Palincsar, A. S. & Brown, A. L. (1984). Reciprocal teaching of comprehension-fostering and comprehension-monitoring activities. *Cognition and Instruction, 1* (2), 117–175.

Pressley, M., Borkowski, J. G. & Schneider, W. (1987). Cognitive strategy users coordinate metacognition, and knowledge. In R. Vasta & G. Whitehurst (Eds.), *Annals of child development* (pp. 89–129). New York: Jai Press.

Pressley, M., Borkowski, J. G. & Schneider, W. (1989). Good information processing: What it is and how education can promote it. *International Journal of Educational Research, 13*, 857–867.

Pressley, M., Harris, K. R. & Marks, M. B. (1992). But good strategy instructors are constructivists. *Educational Psychology Review, 4,* 3–21.

Raudenbush, S. W. & Kasim, R. M. (1998). Cognitive skills and economic inequality: Findings from the national adult literacy survey. *Harvard Educational Review, 68* (1), 33–79.

Reusser, K. (1994). Die Rolle von Lehrerinnen und Lehrern neu denken. *Beiträge zur Lehrerbildung, 1,* 19–37.

Rinck, M. (2000). Situationsmodelle und das Verstehen von Erzähltexten: Befunde und Probleme. *Psychologische Rundschau, 51* (3), 115–122.

Saxer, U. (1991). Lese(r)forschung – Lese(r)förderung. In A. Fritz (Hrsg.), *Lesen im Medienumfeld* (S. 99–132). Gütersloh: Bertelsmann Stiftung.

Schneider, W. (1989). *Zur Entwicklung des Meta-Gedächtnisses bei Kindern.* Bern: Huber.

Schneider, W. (2001). Giftedness, expertise, and (exceptional) performance: A developmental perspective. In K. A. Heller, F. J. Mönks, R. J. Sternberg & R. F. Subotnik (Eds.), *International handbook of research and development of giftedness and talent* (2nd ed.). London: Elsevier Science.

Schneider, W. & Bjorklund, D. F. (in press). Memory and knowledge development. In J. Valsiner & K. Connolly (Eds.), *Handbook of developmental psychology.* London: Sage.

Schneider, W. & Näslund, J. C. (1999). Impact of early phonological processing skills on reading and spelling in school: Evidence from the Munich longitudinal Study. In F. E. Weinert & W. Schneider (Eds.), *Individual development from 3 to 12* (pp. 126–147). Cambridge, UK: Cambridge University Press.

Schneider, W. & Pressley, M. (1997). *Memory development between two and twenty* (2nd ed.). Mahwah, NJ: Erlbaum.

Schneider, W., Visé, M., Reimers, P. & Blaesser, B. (1994). Auswirkungen eines Trainings der sprachlichen Bewusstheit auf den Schriftspracherwerb in der Schule. *Zeitschrift für Pädagogische Psychologie, 8,* 177–188.

Schiefele, U. (1996). *Motivation und Lernen mit Texten.* Göttingen: Hogrefe.

Schnotz, W. (1994). *Aufbau von Wissensstrukturen: Untersuchungen zur Kohärenzbildung bei Wissenserwerb mit Texten* (Bd. 20). Weinheim: Beltz.

Schön, E. (1995). „Lesekultur" – Einige historische Klärungen. In C. Rosebrock (Hrsg.), *Lesen im Medienzeitalter. Biographische und historische Aspekte literarischer Sozialisation* (S. 137–164). Weinheim: Juventa.

Schön, E. (1997). Entwicklung des Lesens – Zukunft des Lesens. In H. Balhorn & H. Niemann (Hrsg.), *Sprachen werden Schrift* (S. 132–136). Lengwil, CH: Libelle.

Sheehan, K. M. (1997). A tree-based approach to proficiency scaling and diagnostic assessment. *Journal of Educational Measurement, 47* (4), 333–352.

Spinner, K. H. (1989). Literaturunterricht und moralische Entwicklung. *Praxis Deutsch, 16* (95), 13–19.

Ständige Konferenz der Kultusminister der Länder der Bundesrepublik Deutschland (KMK). (1995). *Standards für den mittleren Schulabschluss in den Fächern Deutsch, Mathematik und erste Fremdsprache. Beschluss der Kultusministerkonferenz vom 12.05.1995.* Bonn: Sekretariat der Ständigen Konferenz der Kultusminister der Länder in der Bundesrepublik Deutschland.

Stiftung Lesen. (Hrsg.). (2001). *Leseverhalten in Deutschland im neuen Jahrtausend: Eine Studie der Stiftung Lesen* (Bd. 3). Hamburg: Spiegel.

Torrance, N. & Olson, D. R. (1985). Oral and literate competencies in the early school years. In D. R. Olson, N. Torrance & A. Hildyard (Eds.), *Literacy, language and learning* (pp. 256–283). Cambridge, UK: Cambridge University Press.

van Dijk, T. A. & Kintsch, W. (1983). *Strategies of discourse comprehension.* New York: Academic Press.

Weinert, F. E. (1994). Lernen lernen und das eigene Lernen verstehen. In K. Reusser & M. Reusser-Weyeneth (Hrsg.), *Verstehen. Psychologischer Prozess und didaktische Aufgabe* (S. 183–205). Bern: Huber.

Weinert, F. E. (1998). (Hrsg.). *Entwicklung im Kindesalter.* Weinheim: Beltz.

Weinert, F. E. (1999). *Konzepte der Kompetenz.* Paris: OECD.

Wells, G. (1985). Preschool literacy-related activities and success in school. In D. R. Olson, N. Torrance & A. Hildyard (Eds.), *Literacy, language and learning* (pp. 229–255). Cambridge, UK: Cambridge University Press.

Willenberg, H. (2001). *Rahmenkonzeption zur Erfassung sprachlicher Kompetenzen, Teil II: Theoretische Grundlegung zur Konzeptualisierung sprachlicher Komptenzen und ihrer Operationalisierung im Deutschen.*

Wygotski, L. S. (1969). *Denken und Sprechen.* Frankfurt a.M.: S. Fischer Verlag.

Zwaan, R. A. (1999). Embodied cognition, perceptual symbols, and situation models. *Discourse Processes, 28* (1), 81–88.

Eckhard Klieme
Michael Neubrand
Oliver Lüdtke

3 Mathematische Grundbildung: Testkonzeption und Ergebnisse

Die mathematischen Leistungen deutscher Schülerinnen und Schüler stehen seit der Veröffentlichung der „Dritten internationalen Mathematik- und Naturwissenschaftsstudie" TIMSS (Baumert u.a., 1997; Baumert, Bos & Lehmann, 2000) im Zentrum vieler öffentlicher Debatten. TIMSS zeigte, dass die deutschen Schülerinnen und Schüler – sowohl in der 8. Jahrgangsstufe als auch in den verschiedenen Bildungsgängen der Sekundarstufe II – international im Mittelfeld liegen, ein Ergebnis, das für viele Experten und Praktiker enttäuschend war. Die TIMS-Studie konnte aber auch differenzierte Hinweise auf kognitive und fachbezogene Einflussgrößen, motivationale Faktoren und Unterrichtsmerkmale geben, die das Niveau mathematischer Leistungen beeinflussen. TIMSS hat dadurch die Basis für Reformmaßnahmen und fachdidaktische Verbesserungen geschaffen (vgl. Blum & Neubrand, 1998; Klieme & Baumert, 2001b).

Der besondere Charakter des mathematischen Testprogramms in PISA liegt nun in einer noch stärkeren fachdidaktischen Ausrichtung. Das internationale PISA-Rahmenkonzept zeichnet sich durch eine innovative Vorstellung von mathematischem Denken und Lernen aus: PISA richtet sich dezidiert *nicht* auf die Beherrschung von mathematischen Verfahren und Faktenwissen und auch nicht auf ein nur schematisches Anwenden von Mathematik zur Lösung „eingekleideter" Aufgabenstellungen. Vielmehr untersucht der PISA-Mathematiktest, inwieweit mathematisches Wissen funktional, flexibel und mit Einsicht zur Bearbeitung vielfältiger kontextbezogener Probleme eingesetzt werden kann (OECD,1999). Diese Fähigkeit wird als *Mathematical Literacy* bezeichnet. Das PISA-Konzept setzt damit das Verständnis von Mathematik als Werkzeug zur Modellierung von realen Problemen, das dem TIMSS-Test zur mathematischen Grundbildung in der Sekundarstufe II zu Grunde lag, konsequent fort (Klieme u.a., 2000; Klieme, Köller & Stanat, 2001; vgl. Abschnitt 1).

Das nationale Ergänzungsprogramm des deutschen PISA-Konsortiums zeichnet sich darüber hinaus durch einen besonders breiten Untersuchungsrahmen im Fach Mathematik aus. Im internationalen Untersuchungsdesign stand im Jahr 2000 für die Mathematik ebenso wie für die Naturwissenschaften weniger Testzeit zur Verfügung als für das Lesen, sodass nur relativ wenige Aufgaben – im Haupttest 31 Items – genutzt werden konnten.

Konsequenterweise beschränkt sich der international eingesetzte Test auf zwei exemplarisch ausgewählte zentrale Bereiche des mathematischen Denkens *(big ideas)*, nämlich „Veränderung und Wachstum" sowie „Raum und Form". Das nationale PISA-Konsortium und die mit der Testentwicklung beauftragte Expertengruppe von Fachdidaktikern[1] haben das mathematikbezogene Untersuchungsprogramm in PISA jedoch in mehrfacher Hinsicht ausgeweitet:

– Der *theoretische Rahmen* wurde auf der Basis der fachdidaktischen Diskussion über „mathematische Grundbildung" breiter gefasst. Insbesondere spielt das Verständnis innermathematischer Zusammenhänge eine stärkere Rolle als im internationalen Konzept. Zusätzlich werden technische Fertigkeiten einbezogen, und es wird eine Ausgewogenheit über die traditionelle Systematik mathematischer Stoffgebiete angestrebt.

– Dies führte zu einem entsprechend *erweiterten Aufgabenbestand.* Zusätzlich zu den 31 internationalen Items wurden im PISA-Test 86 nationale Items vorgelegt. Damit kann auch das Spektrum von einfachen zu sehr komplexen Aufgaben besser abgedeckt werden.

– Durch den Einsatz der nationalen PISA-Aufgaben am zweiten Testtag wurde erreicht, dass nicht nur knapp die Hälfte, wie international vorgegeben, sondern nahezu alle im deutschen PISA-Programm getesteten Schülerinnen und Schüler einen Testwert für Mathematik erhalten konnten. Diese *vergrößerte Stichprobe* wird im vorliegenden Bericht für *komplexe Erklärungsmodelle* der mathematischen Leistung genutzt.

– Auch wurde zusätzlich geprüft, inwieweit sich PISA-Aufgaben von einigen in jüngster Zeit in Deutschland durchgeführten *landesspezifischen lehrplanbezogenen Tests* systematisch unterscheiden. Zu diesem Zweck wurden einem Teil der Untersuchungsgruppe zusätzliche Mathematikaufgaben vorgelegt, die aus Leistungstests einiger Bundesländer sowie aus TIMSS stammen.

– Schließlich wurden alle eingesetzten Testaufgaben durch verschiedene Gruppen von Experten detailliert eingeschätzt. Mathematikdidaktiker und speziell trainierte Lehrkräfte bewerteten die *kognitiven Anforderungen;* parallel dazu urteilten insgesamt 54 Lehrplanexperten aller Bundesländer über die *Passung der Aufgaben mit Lehrplänen und Unterrichtspraxis.*

In diesem Kapitel werden die Grundzüge und wesentlichen Befunde von PISA dargestellt. Vertiefungen – insbesondere zum nationalen Ergänzungsprogramm – und weitergehende mathematikdidaktische Auswertungen werden zu einem späteren Zeitpunkt in einem gesonderten thematischen Bericht veröffentlicht.

Kapitel 3 teilt sich in 7 Abschnitte. In Abschnitt 1 und 2 werden zunächst die bildungstheoretischen und didaktischen Leitvorstellungen diskutiert und anhand zahlreicher Beispielaufgaben illustriert. Mathematische Fähigkeiten werden unter Bezug auf die internationale Diskussion zu *Mathematical Literacy* und die nationale Diskussion zu „mathematischer Grundbildung" beschrieben. Im Anschluss daran werden in den Abschnitten 3 und 4 Anforderungsmerkmale von Testaufgaben untersucht und verschiedene empirische Modelle zur Beschreibung der mathematischen Grundbildung vorgestellt. In Abschnitt 3 geht es um Fähigkeitsmodelle, die mögliche Teildimensionen der mathematischen Grundbildung unterscheiden, und in Abschnitt 4 um Schwierigkeitsmodelle, das heißt um die Abstufung unterschiedlich schwieriger Aufgabenstellungen. Unter Zuhilfenahme der nationalen Ergänzungsaufgaben lässt sich schließlich ein differenziertes Bild von Stufen mathematischer Kompetenz zeichnen. In Abschnitt 5 werden Lehrplanvalidität und Anforderungsstruktur des PISA-Tests im Vergleich zu länderspezifischen Tests auf der Grundlage der Umfrage in allen 16 Ländern analysiert.

Abschnitt 6 ist der empirische Kern des Kapitels. Die Leistungen deutscher Schülerinnen und Schüler im PISA-Mathematiktest werden beschrieben und im internationalen Vergleich eingeordnet. Neben dem mittleren Niveau der mathematischen Grundbildung sollen das Leistungsvermögen in der Spitze und bei schwachen Schülern dargestellt und die relativen Stärken und Schwächen der deutschen Schüler sichtbar gemacht werden. Der Abschnitt 7 beschäftigt sich schließlich mit der Erklärung des Niveaus mathematischer Grundbildung im nationalen Rahmen. Hier wird den Einflüssen des persönlichen Hintergrunds (kognitive Grundfähigkeiten, soziale Herkunft, Geschlecht und Selbstkonzept der mathematischen Befähigung) und des institutionellen Hintergrunds (hier: der Bildungsgänge) nachgegangen, die in einem Erklärungsmodell zusammengefasst werden.

1. Begriffliches Verstehen und Modellieren als Kern von „Mathematical Literacy"

1.1 Leitidee: „Mathematical Literacy"

Das internationale Rahmenkonzept nutzt den Begriff der *Mathematical Literacy*, um festzulegen, welche Art mathematischer Kompetenz in der PISA-Studie untersucht werden soll. *Mathematical Literacy* wird in aller Knappheit als die Fähigkeit definiert, die Rolle, die Mathematik in der Welt spielt, zu erkennen und zu verstehen, begründete mathematische Urteile abzugeben und sich auf eine Weise mit der Mathematik zu befassen, die den Anforderungen des gegenwärtigen und künftigen Lebens einer Person als eines konstruktiven, engagierten und reflektierenden Bürgers entspricht (OECD, 1999, S. 41). Mathematische Kompetenz besteht also für PISA nicht nur aus der Kenntnis mathematischer Sätze und Regeln und der Beherrschung mathematischer Verfahren. Mathematische Kompetenz zeigt sich vielmehr im verständnisvollen Umgang mit Mathematik und in der Fähigkeit, mathematische Begriffe als „Werkzeuge" in einer Vielfalt von Kontexten einzusetzen. Mathematik wird als ein wesentlicher Inhalt unserer Kultur angesehen, gewissermaßen als eine Art von Sprache, die von den Schülerinnen und Schülern verstanden und funktional genutzt werden sollte. In Analogie zur sprachlichen Literalität verwendet man daher den Begriff der *Mathematical Literacy.*

In der angelsächsischen Diskussion ist dieser Begriff bildungstheoretisch breit entfaltet und bis hinein in die Empfehlungen des *National Council of Teachers of Mathematics* (NCTM) der Vereinigten Staaten konkretisiert worden (NCTM, 1989, 2000). Wesentliche Zieldimensionen bilden demnach über fachliche Kenntnisse und Fertigkeiten hinaus das mathematische Denken und die Anwendung auf innermathematische und außermathematische Aufgabenstellungen. Die Schülerinnen und Schüler sollen befähigt werden, die Anwendbarkeit mathematischer Konzepte und Modelle auf alltägliche – vor allem auch offene, nicht gut definierte – Problemstellungen zu erkennen, die einem Problem zu Grunde liegende mathematische Struktur zu sehen und Aufgabenstellungen in mathematische

Operationen zu übersetzen. Den Kern von *Mathematical Literacy* bildet somit das Anwenden, verstanden als Prozess des Modellierens von Situationen mithilfe mathematischer Begriffe. Mit diesem Konzept greifen die Standards des NCTM didaktische Konzepte und psychologische Theorien auf, die im Folgenden näher diskutiert werden.

Zusätzlich zu diesen kognitiven Aspekten umschließt *Mathematical Literacy* eine kommunikative Dimension sowie mathematikbezogene Einstellungen. Zu den typischen *Literacy*-Anforderungen gehören – auch im PISA-Test – die Interpretation von Diagrammen und Graphiken und das eigenständige Formulieren von Argumenten, da Schülerinnen und Schüler auch in der Lage sein sollen, mithilfe der Mathematik zu kommunizieren. Einstellungen und Haltungen wie zum Beispiel die Wertschätzung von Mathematik oder das Vertrauen in die eigenen mathematischen Fähigkeiten wurden in PISA über den Schülerfragebogen erfasst und mit der Testleistung, dem eigentlichen Maß mathematischer Fähigkeiten, in Beziehung gesetzt (vgl. Abschnitt 7).

1.2 Mathematik als System begrifflicher Werkzeuge nach Freudenthal

Das PISA-Konzept von *Literacy* sieht Mathematik demnach nicht bloß als beziehungslose Sammlung von Verfahren und Regeln, sondern als ein System begrifflicher Werkzeuge, mit dem sich Schülerinnen und Schüler Phänomene ihrer natürlichen, technischen, geistigen und sozialen Umwelt erschließen können. Damit folgt die internationale Testkonzeption einem didaktischen Ansatz, der wesentlich auf den Ideen des niederländisch-deutschen Mathematikers Hans Freudenthal (1977) fußt. „Beziehungshaltigkeit" ist einer der von Freudenthal immer wieder gebrauchten charakteristischen Begriffe. Den epistemologischen Grundgedanken seiner Auffassungen über Lernen und Lehren von Mathematik, der von einer bestimmten Dynamik mathematischen Arbeitens ausgeht, hat Freudenthal (1983) selbst so ausgedrückt: „Unsere mathematischen Begriffe, Strukturen und Vorstellungen sind erfunden worden als Werkzeuge, um die Phänomene der natürlichen, sozialen und geistigen Welt zu ordnen." Alles Lernen und Lehren von Mathematik muss daher die „Phänomenologie mathematischer Begriffe" zum Ausgang nehmen und nicht die „fertige Mathematik", wie Freudenthal sich ausdrückte. Freudenthals Grundkonzept beinhaltet somit eine Orientierung an der „Welt". Es erschöpft sich aber nicht darin, sondern steuert auf die mathematischen Begriffe zu. Ziel der Verankerung in den Phänomenen ist die Ausbildung tragfähiger „mentaler Modelle für mathematische Begriffe" (Freudenthal, 1983). Damit grenzt sich Freudenthal auch klar gegen ein rein instrumentelles Verständnis von Mathematik ab.

Freudenthals Sichtweise wird in der Mathematikdidaktik inzwischen international weitgehend geteilt. Die niederländische Konzeption der *Realistic Mathematics Education* stellt eine konkrete Umsetzung dieser Ideen in die Schulwirklichkeit dar. Für den Unterricht wurde eine Vielzahl von Aufgabenserien entwickelt. Diese Aufgaben gehen häufig von einer „realistischen" Problemstellung aus, an der, entlang systematisch aufgebauter Teilprobleme, mathematische Begriffe entwickelt werden. Der Kontext muss freilich nicht unbedingt „realistisch" im Sinne von handlungs- oder alltagsbezogen sein, vielmehr werden oft gleichzeitig mit realitätsnahen Problemen auch innermathematische Beziehungen eingebracht, etwa wenn bei geometrischen Mustern auch nach algebraischen Beschreibungen gefragt wird oder reale Bilder und schematische Skizzen schon von Anfang an gegenübergestellt werden. Das Adjektiv *realistic* ist daher wohl eher missverständlich. Es geht wesentlich um die Aneignung mathematischer Begriffe:

> „Eine realistische Problemstellung *(real world problem)* wird benutzt, um mathematische Konzepte zu entwickeln. Dieser Prozess kann begriffliche Mathematisierung genannt werden: Es geht nicht in erster Linie darum, die Problemstellung zu lösen, um Problemlösefähigkeiten zu entwickeln, sondern die entscheidende Bedeutung liegt in der damit ermöglichten Erkundung neuer mathematischer Begriffe." (de Lange, 1996)

Es ist also die begriffliche Vertiefung, nicht eine handlungsorientierte Umwelterschließung allein, die durch realitätsbezogene Aufgaben angestoßen werden soll.

Die Aufgabenkonstruktion des internationalen PISA-Tests hat sich mit einigen Items an diesem Typus von Aufgaben orientiert, sie allerdings den speziellen Bedingungen eines Tests angepasst, in dem natürlich weniger als im Unterricht der Entwicklungsgesichtspunkt beachtet werden kann. Ziel des PISA-Tests ist es vielmehr zu prüfen, ob Schülerinnen und Schüler grundlegende mathematische Konzepte so verstanden haben, dass sie mit diesen Werkzeugen Problemsituationen aus unterschiedlichen Kontexten behandeln können.

1.3 Die Lösung mathematischer Aufgaben als Modellierungsprozess

Wie hat man sich die Nutzung begrifflicher Werkzeuge im Einzelnen vorzustellen? Der Prozess der Bearbeitung mathematischer Aufgaben soll im Folgenden in idealisierter Form, aber basierend auf psychologischen und mathematikdidaktischen Analysen beschrieben werden. Diese Darstellung wird weiter unten auch helfen, Anforderungen der Testaufgaben differenziert zu untersuchen und Kompetenzstufen zu identifizieren.

Im Kern geht es um das Verknüpfen von Situationen – diese können realitätsbezogen oder auch innermathematisch sein   mit mathematischen Ansätzen. Der mathematische Ansatz dient als Modell der Ausgangssituation. Die Bearbeitung und Lösung der Aufgabenstellung kann daher als Prozess der Erstellung, Verarbeitung und Interpretation eines mathematischen Modells beschrieben werden. Am Beispiel der Bearbeitung so genannter „Sachaufgaben" haben Kintsch und Greeno (1985) sowie Reusser (1992, 1996) diesen Prozess kognitionspsychologisch rekonstruiert, aufbauend auf der in Kapitel 2 dargestellten Theorie des Textverstehens von Kintsch (vgl. auch Klieme & Baumert, 2001a). Ähnlich wird in der Mathematikdidaktik der gesamte Vorgang des Lösens einer anwendungsbezogenen Aufgabe als Prozess des Modellierens bezeichnet (*Mathematical Modelling;* vgl. Blum 1996). Er besteht aus einigen Teilprozessen, die – terminologischen Vorschlägen von Schupp (1988) folgend – mit mathematisieren → verarbeiten → interpretieren → validieren bezeichnet werden können. Diese Teilprozesse vermitteln zwischen „der Welt" und „der Mathematik" bzw. zwischen „dem Problem" und „der Lösung" (nach Schupp, 1988), wie es Abbildung 3.1 bildlich darstellt. Komplexe Aufgabenlösungen verlangen häufig ein wiederholtes Durchlaufen dieser Teilprozesse: Ergebnisse einer Modellierung werden in die Ausgangssituation eingebracht, was möglicherweise zu einer Revision des Modells führt, usw. Somit entsteht ein komplexer und in seiner Grundstruktur zirkulärer Prozess. Auch die Bearbeitung von Aufgaben, die nicht im engeren Sinne anwendungsbezogen

Abbildung 3.1: Der Prozess des Mathematisierens

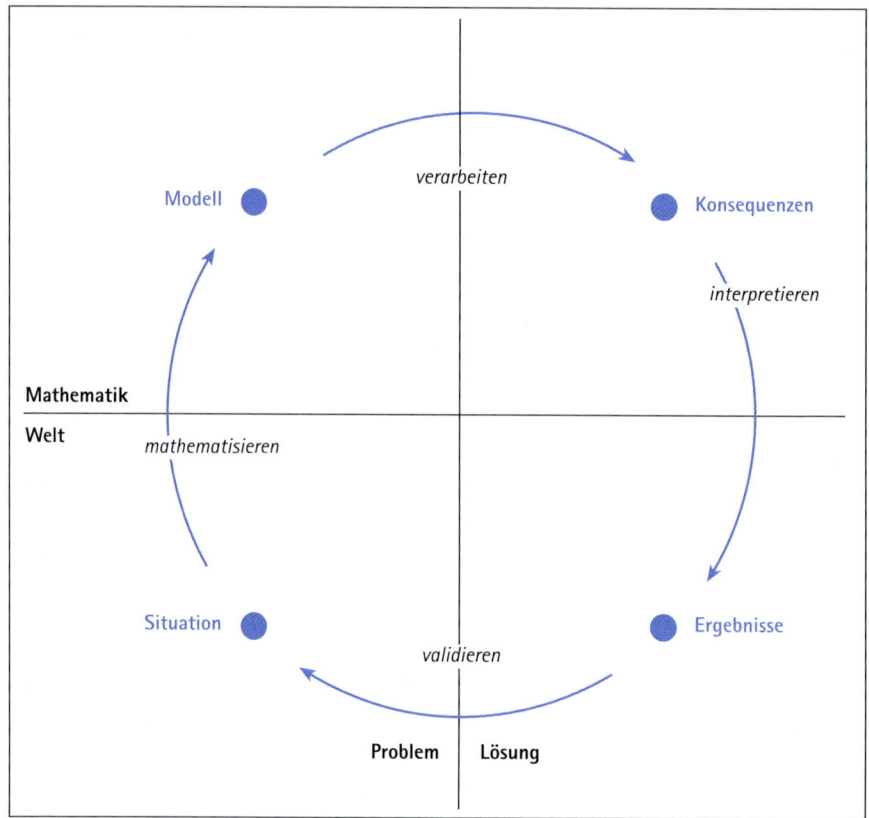

sind, kann mithilfe dieser Teilprozesse beschrieben werden. Es wird daher das Konzept des Modellierungsprozesses als theoretischer Rahmen betrachtet, mit dem sich die Bearbeitung von PISA-Aufgaben darstellen und mathematikdidaktische bzw. psychologische Anforderungsmerkmale identifizieren lassen.

In der Regel beginnt ein Modellierungsprozess dann, wenn „in der Welt" (untere Halbebene der Figur) eine problemhaltige „Situation" vorliegt (links unten). Es kann sich hierbei um eine konkrete reale Situation, um die Vorlage authentischen oder realitätsbezogenen Materials, auch um ein komplexes Problemfeld, das durch innermathematische Gegenstände beschrieben wird, handeln. In den meisten Fällen, wie zum Beispiel bei Aufgaben, die in Tests gestellt oder in einem Schulbuch gegeben sind, wird eine Aufgabe in Textform vorgelegt. Der Bearbeiter ist jedenfalls herausgefordert, das vorgelegte situative Problem in ein mathematisches zu verwandeln.

Dazu ist eine Übersetzung vorzunehmen. Dies wird der Teilprozess des Mathematisierens genannt. Dieser ist sicher unter allen vorkommenden Teilprozessen der komplexeste, weil vielfältige Arten des Verstehens involviert sein können. Es muss entweder ein Text decodiert werden, was die Prozesse der Aufnahme, der Präzisierung und in der Mathematik oft auch der Formalisierung der im Text vorliegenden Informationen beinhaltet (Cohors-

Fresenborg, 1996; Reusser, 1992), oder es muss einer konkret gegebenen Situation eine mathematische Struktur aufgeprägt werden. In beiden Fällen muss man gezielt von bestimmten in der Situation vorhandenen Aspekten absehen. Der Teilprozess des Mathematisierens ist auch deshalb so schwierig, weil es, jedenfalls idealerweise, nicht von vornherein feststeht, welches Modell zu dem Problem gebildet werden soll. Er erfordert vom Aufgabenlöser also das Herstellen von Zusammenhängen und beinhaltet somit eine konzeptuelle und kreative geistige Tätigkeit (Hiebert, 1986). Aus psychologischer Sicht kann davon ausgegangen werden, dass in diesem Prozess mehrere Repräsentationsschritte durchlaufen werden: Die – zumeist verbale – Ausgangsinformation wird in einer propositionalen Repräsentation erfasst und – unter Rückgriff auf Vorwissen – in einem Situationsmodell integriert (vgl. Kintsch & Greeno, 1985, sowie die in Kap. 2 referierte Textverstehenstheorie).

In Schulbüchern und im Schulunterricht findet man allerdings oft die so genannten eingekleideten Aufgaben, die den Mathematisierungsprozess praktisch ausblenden oder weitgehend trivialisieren, weil sie den Eindruck erwecken, genau eine Weise der Mathematisierung sei „richtig". Dann wird also der für den Erwerb von *Mathematical Literacy* zentrale, ja charakteristische Vorgang des Mathematisierens abgeschnitten und die Aufgabe erscheint unmittelbar auf der Modellebene. Manche Autoren sprechen dann davon, dass mit der Aufgabe sogleich ein „Realmodell" mitgeliefert sei (Blum, 1996).

Der Vorgang des Mathematisierens führt schließlich – über allgemeines Textverstehen hinaus – zu einem mathematischen Modell. Bei den klassischen Textaufgaben spricht man dabei meist vom Lösungsansatz. Damit hat man den Bereich der Situation – in der Figur: die Halbebene „Welt" – verlassen und befindet sich nun innerhalb der Mathematik. An Modellen stellt die Mathematik eine große Vielfalt zur Verfügung, und man kann die Mathematik gut als die Wissenschaft von den möglichen Modellen kennzeichnen. („Mathematics is the science of patterns"; Devlin, 1997). Modelle können demnach nicht nur Ansätze im Sinne von Formeln oder Gleichungen sein, sondern es kann sich auch um die Herstellung einer Zeichnung, um die Angabe eines strukturellen Zusammenhangs, das Aufstellen eines geschickt gegliederten Plans und Ähnliches handeln. Der nun einsetzende innermathematische Verarbeitungsprozess – von Schupp (1988) etwas eng als „Deduzieren" bezeichnet – kann dementsprechend sehr unterschiedlich gestaltet sein. Man kann bei der Bearbeitung des Modells eine Lösung ausrechnen, man kann graphisch weiter arbeiten, logische Folgerungen zu ziehen, einen Plan konsequent abarbeiten usw. Beim Rechnen, aber auch bei der Durchführung geometrischer Konstruktionen nach einem festen Plan dominieren algorithmische Vorgehensweisen. Begriffliche Verarbeitungen sind etwa beim Beweisen oder bei der Abgabe eines qualitativen Urteils, zum Beispiel über das Verhalten der Größen in einer Formel (vgl. unten Aufgabe „Äpfel 3" in Abb. 3.2), erforderlich. Der obere Pfeil in der Abbildung 3.1 bezeichnet also jegliche Verarbeitung des aufgestellten mathematischen Modells innerhalb der Mathematik. Diese Verarbeitung führt schließlich zu „Konsequenzen", womit sowohl die Angabe eines Zahlenwerts als rechnerisches Resultat gemeint sein kann als auch eine durch eine Argumentation gewonnene Aussage.

Die Konsequenzen, die nach der Verarbeitung des Modells noch innerhalb der Mathematik gezogen werden, sind nicht in jedem Falle auch in der Situation, von der ursprünglich ausgegangen wurde, brauchbar. So können sich beispielsweise durch die Lösung einer

Gleichung mehrere Lösungswerte ergeben, wovon aber einige in der Problemsituation unbrauchbar sind. Die Entscheidung, welche sachlichen Ergebnisse – Schupp spricht von „Information", die das Modell liefert – man den mathematischen Konsequenzen des Modells entnehmen kann und will, nennt man den Teilprozess des „Interpretierens". Es handelt sich also um die Rückübersetzung aus der Mathematik in die situative Einbettung. Die Modellierung als Gesamtprozess ist aber erst beendet, wenn man sich klar darüber wird, dass die gewonnenen Ergebnisse nur insoweit gültig sind, wie es das zuvor aufgestellte Modell ist. Darüber zu urteilen ist der Kern des Teilprozesses „Validieren". Gegebenenfalls ist der gesamte Modellierungsprozess mit einem veränderten Modell abermals zu durchlaufen. Auch hier ist wieder zu bemerken, dass bei schulischen Standardaufgaben oft die Prozesse „Interpretieren" und „Validieren" recht knapp gehalten werden, weil man unhinterfragt von der „Richtigkeit" des Modells ausgeht. Unter dem Fokus *Mathematical Literacy* gewinnen aber gerade auch diese Teilprozesse an Bedeutung.

Begriffliches (konzeptuelles) Verstehen im Sinne von Freudenthal kommt in diesem Modellierungsprozess an zwei markanten Stellen zum Ausdruck: Zum einen stützt sich der Teilprozess des Mathematisierens wesentlich auf die Herstellung bzw. Ausnutzung von Zusammenhängen jeglicher Art. Zum anderen gibt es Verarbeitungsprozesse, die – gerade auch bei anwendungsorientierten Aufgaben – begriffliches Vorgehen im Sinne von qualitativem Denken und Schlussfolgern erfordern. Diese Art der begrifflich geprägten Verarbeitung und ihre Abgrenzung von einer rein rechnerischen Verarbeitung des mathematischen Modells ist für das Testkonzept in PISA von zentraler Bedeutung. Die nationale Expertengruppe hat daher eine Klassifikation aller Aufgaben eingeführt, bei der zwischen zwei Arten der Modellierung unterschieden wird (vgl. Neubrand u.a., 2001):

- *Rechnerische Modellierungsaufgaben:* Dies sind Aufgaben, bei denen die Mathematisierung auf rechnerisch durchzuführende Modelle hinausläuft. Typische Beispiele sind „klassische" Textaufgaben, von eingekleideten Aufgaben bis hin zu komplexeren Anwendungsproblemen.
- *Begriffliche Modellierungsaufgaben:* Hierzu gehören vor allem jene Aufgaben, zu deren Lösung ein begrifflich geprägter Zusammenhang herzustellen ist, was bis zur strukturellen Verallgemeinerung einer Situation oder dem Entwerfen einer umfassenden Strategie reichen kann (Beispiel: Aufgabe „Äpfel 3" in Abb. 3.2). Zum Bereich der begrifflichen Modellierung gehören auch Aufgaben, die im Teilprozess „Verarbeiten" überwiegend qualitatives Denken und Schlussfolgern erfordern und nicht nur das Abarbeiten von festen Verfahren.

> Mathematische Kompetenz zeigt sich nach der internationalen Rahmenkonzeption im verständnisvollen Umgang mit Mathematik und in der Fähigkeit, mathematische Begriffe als „Werkzeuge" in einer Vielfalt von Kontexten einzusetzen. In Analogie zur sprachlichen Literalität wird diese Fähigkeit als *Mathematical Literacy* bezeichnet. Die konkrete Bearbeitung und Lösung einer mathematischen Aufgabenstellung wird als Prozess der Erstellung, Verarbeitung und Interpretation eines mathematischen Modells verstanden. Die Aufgaben des PISA-Tests lassen sich nach zwei Arten der Modellierung klassifizieren: rechnerische und begriffliche Modellierungsaufgaben.

1.4 Beispiel: Internationale PISA-Aufgabengruppe „Äpfel"

Die Aufgabengruppe „Äpfel" (Abb. 3.2) illustriert das internationale PISA-Konzept recht gut. Wie die meisten der internationalen PISA-Aufgaben beginnt sie mit einer allgemeinen Beschreibung der Problemsituation. Daran schließen sich drei Fragen an, die immer weiter in einen Prozess des mathematischen Modellierens hineinführen[2].

Mit der „Geschichte" vom Bauern, der einen Apfelgarten anlegt und durch Nadelbäume gegen Wind schützen will, wird zunächst ein außermathematischer Kontext eingeführt. Jedoch ist sogleich von einem „Muster" die Rede, und die nachfolgenden Angaben – symbolische Zeichnungen und die explizite Einführung einer Variablen n für die Anzahl der Apfelbaumreihen – machen deutlich, dass es in der Aufgabe um dieses abstrakte Schema geht.

Die den Testteilnehmern als erste vorgegebene Aufgabe erweist sich auch als die einfachste (Frage „Äpfel 1", Abb. 3.2). Wie die Kennziffern anzeigen, die zu dieser Frage in Klammern angegeben sind, wurde die Aufgabe sowohl auf der OECD-Ebene als auch in der deutschen Stichprobe von etwa der Hälfte der Schülerinnen und Schüler richtig gelöst. Bis zur Zeile $n = 4$ kann sie mit Abzählen der Apfel- und Nadelbäume in den vier Diagrammen gelöst werden, also durch elementare Tätigkeiten. Allerdings könnte ein Bearbeiter bereits hier auch mathematische Strukturen erkennen, das heißt die Situation selbstständig mathematisieren und die gesuchten Werte durch rechnerisches Verarbeiten ermitteln. Spätestens in der letzten Zeile der Tabelle muss eine Verallgemeinerung vorgenommen werden. Auch hierfür gibt es zahlreiche Möglichkeiten. So kann man graphisch vorgehen und die noch fehlende Zeichnung selbst skizzieren oder die Anzahl der Apfelbäume mittels Quadratbildung aus der Anzahl der Reihen errechnen. Der Bearbeiter kann anschaulich überlegen, wie aus dem Quadrat für $n = 4$ das Quadrat für $n = 5$ entsteht, oder rein schematisch schließen, indem er die Zahlenfolgen in den Spalten sinnvoll fortsetzt. Immer müssen mathematische Strukturen erkannt werden wie „Quadratzahlen", „Flächeninhalt

---

Kasten 1: Zum Verständnis der Kompetenzskala und der Beispielabbildungen

Die einzelnen Teilfragen sind in den Abbildungen 3.2 bis 3.4 entsprechend ihrer Schwierigkeit auf der PISA-Skala für mathematische Grundbildung angeordnet.

Die Skala ist so festgelegt, dass der Wert 500 dem mittleren Leistungsniveau in den Teilnehmerstaaten aus der OECD entspricht. Die Standardabweichung der Leistungen beträgt 100.

Einordnung der Testpersonen: Auf dieser Skala lassen sich – basierend auf dem so genannten Rasch-Modell, dem Standardmodell der modernen Testtheorie (Rost, 1996) – die individuellen Fähigkeiten aller getesteten Personen einordnen. Die Einordnung hängt im Wesentlichen davon ab, welchen Teil der Aufgaben ein Testteilnehmer korrekt gelöst hat.

Einordnung der Aufgaben: Auch die eingesetzten Aufgaben können auf der Skala verankert werden. Hierzu wird für jede Aufgabe bestimmt, welchen Fähigkeitswert ein Bearbeiter haben muss, um sie mit ausreichender Wahrscheinlichkeit lösen zu können. Als ausreichend gilt bei PISA – wie auch bei anderen großen Schulleistungsstudien – eine Wahrscheinlichkeit von 62 Prozent. Die Aufgaben sind an dem betreffenden Fähigkeitswert (= Kennwert für die Schwierigkeit der Aufgabe) auf der Skala eingeordnet.

Eingetragene Kennwerte: Der Kennwert für die Schwierigkeit wird bei jeder Aufgabe genannt. Zusätzlich ist jeweils in Klammern angegeben, wie groß der Anteil der Schülerinnen und Schüler ist, die die Aufgabe korrekt gelöst haben. Der erste Wert gibt die Lösungshäufigkeit OECD-weit an, der zweite die Häufigkeit für Deutschland.

Kompetenzstufen: Die Gesamtskala ist in fünf Stufen untergliedert, die später systematisch charakterisiert werden (vgl. Abschnitt 4). Schülerinnen und Schüler, die einer bestimmten Kompetenzstufe zugeordnet werden, können die Aufgaben der betreffenden Stufe mindestens zu etwa 50 Prozent korrekt lösen.

Abbildung 3.2: Kompetenzstufen im PISA-Mathematiktest am Beispiel des internationalen Aufgabenblocks „Äpfel"

Ein Bauer pflanzt Apfelbäume an, die er in einem quadratischen Muster anordnet. Um diese Bäume vor dem Wind zu schützen, pflanzt er Nadelbäume um den Obstgarten herum.

Im folgenden Diagramm siehst du das Muster, nach dem Apfelbäume und Nadelbäume für eine beliebige Anzahl (n) von Apfelbaumreihen gepflanzt werden:

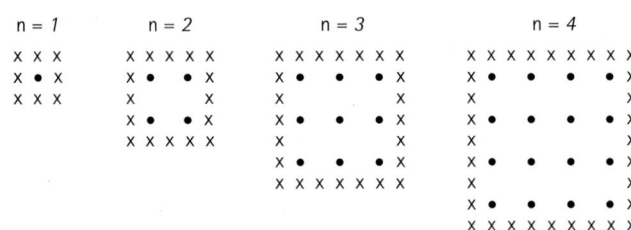

Kompetenz-stufe

V
— 696 —

722
(0,08 / 0,10)

Äpfel 3
Angenommen, der Bauer möchte einen viel größeren Obstgarten mit vielen Reihen von Bäumen anlegen. Was wird schneller zunehmen, wenn der Bauer den Obstgarten vergrößert: die Anzahl der Apfelbäume oder die Anzahl der Nadelbäume? Erkläre, wie du zu deiner Antwort gekommen bist.

IV
— 604 —

655
(0,25 / 0,25)

Äpfel 2
Es gibt zwei Formeln, die man verwenden kann, um die Anzahl der Apfelbäume und die Anzahl der Nadelbäume für das oben beschriebene Muster zu berechnen:

Anzahl der Apfelbäume = n^2

Anzahl der Nadelbäume = $8n$

wobei n die Anzahl der Apfelbaumreihen bezeichnet.

Es gibt einen Wert für n, bei dem die Anzahl der Apfelbäume gleich groß ist wie die Anzahl der Nadelbäume. Bestimme diesen Wert und gib an, wie du ihn berechnet hast.

III
— 512 —

II
— 421 —

547
(0,50 / 0,48)

Äpfel 1
Vervollständige die Tabelle:

n	Anzahl Apfelbäume	Anzahl Nadelbäume
1	1	8
2	4	
3		
4		
5		

I
— 329 —

eines Quadrats", „Umfang eines Quadrats" usw., freilich ohne dass diese auch so benannt werden müssten. Jedenfalls erfordert die Aufgabe eine Mathematisierung unter Nutzung begrifflicher Werkzeuge mit anschließenden Verarbeitungs- und Interpretationsschritten. Die Diagramme und die vorgegebene Tabellenform unterstützen den Modellierungsprozess visuell. Dies könnte den im Vergleich zu anderen begrifflichen Modellierungsaufgaben relativ niedrigen Schwierigkeitsgrad von 547 erklären, der zur Einstufung in Kompetenzstufe III führt.

Bei der Frage „Äpfel 2" muss das mathematische Modell nicht mehr aus einer Problemsituation heraus erstellt werden; die Formeln sind vielmehr in der Aufgabe vorgegeben. Die visuelle Unterstützung tritt zurück und stattdessen ist der abstrakt vorgelegte funktionale Zusammenhang rechnerisch zu verarbeiten. Es handelt sich also um eine rechnerische Modellierungsaufgabe. Sie stellt offenbar eine große Hürde für viele Schülerinnen und Schüler der OECD-Länder dar: Mehr als die Hälfte geben gar keine Antwort, und selbst unter jenen 25 Prozent, deren Antworten noch als richtig bewertet wurden, machte nur jeder Vierte den Gang seiner Überlegungen klar. Zumeist wurde die Gleichung $n^2 = 8n$ algebraisch nach n aufgelöst, aber auch andere Lösungswege, zum Beispiel die Weiterführung der Tabelle, traten auf[3]. Die Offenheit des Lösungsprozesses und das im Rahmen des Curriculums der Sekundarstufe I durchaus anspruchsvolle algebraische Verfahren könnten das Schwierigkeitsniveau (656, somit Stufe IV) mit bestimmt haben.

Die Frage „Äpfel 3" liegt sogar auf der höchsten Kompetenzstufe V. Die Antwort wurde nur dann als vollständig richtig bewertet, wenn der Bearbeiter selbstständig begründen konnte, dass n^2 stärker wächst als $8n$. Das Argument konnte zum Beispiel in verbaler Form oder mittels einer graphischen Darstellung gegeben werden. Die Bearbeiter mussten jedenfalls in irgendeiner Weise eine mathematische Struktur entwickeln, das heißt die beschriebene Situation mithilfe anspruchsvoller begrifflicher Werkzeuge mathematisieren. Die Testdaten zeigen, dass in Deutschland wie auch auf OECD-Ebene weniger als 10 Prozent der Schülerinnen und Schüler hierzu in der Lage waren. Weitere etwa 10 Prozent hatten erkannt, dass die Zahl der Apfelbäume schneller wächst, konnten hierfür aber keine korrekte Erklärung abgeben.

2. Erweiterungen und Arrondierungen im nationalen PISA-Ergänzungstest

2.1 „Mathematische Grundbildung" unter Einschluss innermathematischer und technischer Leistungen

Innerhalb des Konstrukts *Mathematical Literacy* bei PISA gibt es, wie oben beschrieben, eine dezidierte Ausrichtung auf begriffliches Verstehen als Grundlage für das funktionale Verwenden von Mathematik. Dies wird auch in den in Deutschland geführten fachdidaktischen Diskussionen über „mathematische Grundbildung" so gesehen (vgl. Heymann, 1996; Winter, 1995). Am ausgewogensten hat wohl Heinrich Winter die wesentlichen Aspekte formuliert. Er nennt drei Grunderfahrungen, die im Mathematikunterricht ermöglicht werden sollten: Erscheinungen aus Natur, Gesellschaft und Kultur in einer spezifischen Art aufzunehmen, die Mathematik als geistige Schöpfung eigener Art kennen zu lernen und durch aktive Beschäftigung mit der Mathematik allgemeine Problemlösefähigkeiten zu erwerben (nach Winter, 1995). In der internationalen PISA-Konzeption und in Winters Ideen zur „mathematischen Grundbildung" werden in gleicher Weise inhaltliche, begriffliche und formale Kenntnisse verbunden, die offenbar notwendig sind, um den gesamten Modellierungsprozess wie in Abbildung 3.1 dargestellt durchlaufen zu können. Stärker ist allerdings in Winters Konzeption hervorgehoben, dass zur „mathematischen Grundbildung" auch gehört, Mathematik als „deduktiv geordnete Welt eigener Art" (Winter, 1995) zu sehen.

Das Rahmenkonzept der nationalen PISA-Expertengruppe (Neubrand u.a., 2001) bezieht daher auch mathematisches Arbeiten, das nicht in außermathematische Kontexte eingebettet ist, ein. Ein Aspekt mathematischer Grundbildung besteht danach im Erschließen von Zusammenhängen innerhalb der Mathematik, zum Beispiel indem ein geometrischer Sachverhalt algebraisch modelliert wird. Ein weiterer Aspekt, der in rein funktionalen *Literacy*-Konzepten manchmal unterbewertet erscheint, sind technische Fertigkeiten und Fähigkeiten im Sinne des Abrufs von Faktenwissen und der Ausführung mathematischer Verfahren ohne kontextuelle Anbindung. Im nationalen PISA-Konzept werden solche Fähigkeiten und Fertigkeiten als notwendige Voraussetzungen mathematischer Grundbildung verstanden. Sie können durchaus unterschiedliche Schwierigkeitsgrade aufweisen. Typische Beispiele sind algebraische Verfahren bis hin zur Auflösung einer vorgegebenen Gleichung oder eines Gleichungssystems.

Damit ist die in Abschnitt 1 eingeführte Klassifikation von Testaufgaben nach der Qualität mathematischen Arbeitens um eine dritte Kategorie erweitert. Neben die „begrifflichen Modellierungsaufgaben" und die „rechnerischen Modellierungsaufgaben" treten die „technischen Aufgaben", die nur Fertigkeiten oder Faktenwissen erfordern. Sie lassen sich gut charakterisieren, wenn man sie in unsere allgemeine Darstellung der Bearbeitung von Mathematikaufgaben als Modellierungsprozess (siehe Abschnitt 1) einordnet. Bei den technischen Items sind nämlich die Teilprozesse des Mathematisierens, des Interpretierens und des Validierens nicht zur Lösung erforderlich. Der Bearbeitungserfolg hängt ausschließlich vom Teilprozess Verarbeitung ab, und zwar ist dieser so ausgerichtet, dass vorgegebene Algorithmen abzuarbeiten sind.

Das nationale Ergänzungskonzept berücksichtigt schließlich auch, dass mathematische Lehr- und Lernprozesse in unserem Schulalltag üblicherweise nach Stoffgebieten wie zum Beispiel Arithmetik, Algebra und Geometrie strukturiert sind. Diese curriculare Struktur bleibt im internationalen Konzept, das normativ von der Leitidee der *Mathematical Literacy* ausgeht, ausgeblendet. Im Rahmen der nationalen Ergänzung wurde jedoch angestrebt, die herkömmlichen Stoffgebiete ausgewogen im Test abzubilden und auch bei der empirischen Analyse die Leistungen differenziert nach Stoffgebieten zu betrachten.

Ob das erweiterte Testkonzept des nationalen Teils tatsächlich in der Praxis der Testkonstruktion realisiert werden konnte, wird am Ende dieses Abschnitts geprüft. Zunächst sollen jedoch an einigen Beispielen die Spezifika des nationalen Erweiterungstests erläutert werden. Es werden hierfür die Bereiche Geometrie und Proportionalität/Prozentrechnung ausgewählt.

2.2 PISA-Aufgaben aus der Geometrie

Im Mittelpunkt von Abbildung 3.3 steht die Aufgabengruppe „Bauernhöfe" aus dem internationalen Test, die ebenfalls als typisches Beispiel für den *Realistic Mathematics Education*-Ansatz bezeichnet werden kann. Charakteristisch ist vor allem wieder, dass eine außermathematische Situation (Foto) sogleich durch eine schematische Zeichnung ergänzt wird, sodass beides, außer- und innermathematische Zusammenhänge, gleichzeitig angezeigt sind.

Das Item „Bauernhöfe 1" fragt nach dem Flächeninhalt des Dachbodens. Dies erfordert eine rechnerische Modellierung, die auf einen einfachen Standardalgorithmus (Berechnung des Flächeninhalts eines Quadrats) führt. Mit diesen Anforderungen liegt die Aufgabe noch auf Kompetenzstufe II. „Bauernhöfe 2" ist ebenfalls eine rechnerische Modellierungsaufgabe. Die Berechnung der Länge des Balkens EF erfordert jedoch, zusätzliche schulische Kenntnisse heranzuziehen. Solches Wissen kann – dahingestellt, ob es bewusst angewandt wird oder nicht und ob es vom Bearbeiter so benannt wird oder nicht – Kenntnis der Strahlensätze oder Kenntnisse über die Mittellinie eines Dreiecks bedeuten. Allerdings ist auch denkbar, dass man die korrekte Antwort (6 m) intuitiv abschätzt.

In dem deutschen Ergänzungstest sind zwei Aufgaben aufgenommen worden, die man als dekontextualisierte Versionen dieser beiden Fragen betrachten kann: Es sind der Inhalt der Grundfläche einer Pyramide (Frage „Pyramide 1") und die Länge der Mittellinie eines Dreiecks (Frage „Dreieck"), beides jeweils als rein mathematische Gegenstände vorgestellt, zu berechnen. Im Fall der Standardmodellierung (Berechnung der Grundfläche der Pyramide bzw. der Dachbodenfläche) zeigen beide Varianten praktisch denselben Schwierigkeitsgrad. Bezeichnenderweise ist aber die Berechnung der Mittellinie des Dreiecks etwas schwerer als die analoge „Bauernhof"-Aufgabe. In der kontextualisierten Version scheint es den Schülerinnen und Schülern leichter zu fallen, auf geometrische Kenntnisse zurückzugreifen oder die Lösung intuitiv abzuschätzen.

Der nationale PISA-Test zeichnet sich also zum einen dadurch aus, dass er – den internationalen Fokus ausgleichend – auch dekontextualisierte Aufgaben, teilweise systematisch als Parallelversionen, einbezieht. Zum anderen verfolgt der nationale PISA-Teil damit den Zweck, das Spektrum der Aufgabenschwierigkeiten zu erweitern. Auch rein technische Aufgaben werden hierfür herangezogen.

Für den unteren Leistungsbereich (Kompetenzstufe I) ist die Aufgabe „Rechteck" ein gutes Beispiel. Die Berechnung des Flächeninhalts eines vorgegebenen Rechtecks wird bereits in der Grundschule behandelt. Am oberen Ende der Schwierigkeitsskala ist mit der Frage „Pyramide 2" eine für die Schülerinnen und Schüler äußerst anspruchsvolle Aufgabe eingefügt, die einen innermathematischen Modellierungsprozess erfordert. Es wird also verlangt, ein auf einem rein mathematischen Gegenstand definiertes Problem anzugehen. Man muss ebenso wie bei anwendungsbezogenen Aufgaben einen „Ansatz", also ein mathematisches Modell konstruieren. Dieses Mathematisieren besteht hier darin, dass man in die geometrische Darstellung eine Hilfskonstruktion mit geeigneten Stützdreiecken einbringt, wofür es mehrere Möglichkeiten gibt, und in der rechnerischen Behandlung dieses Modells, wofür in irgendeiner Weise der Satz des Pythagoras benötigt wird. Die Schwierigkeit der Aufgabe resultiert wohl daraus, dass hier (1) geometrisches Wissen auf relativ fortgeschrittenem curricularem Niveau angewendet werden muss, (2) die Anzahl

Abbildung 3.3: Kompetenzstufen im PISA-Mathematiktest am Beispiel internationaler und nationaler Geometrieaufgaben

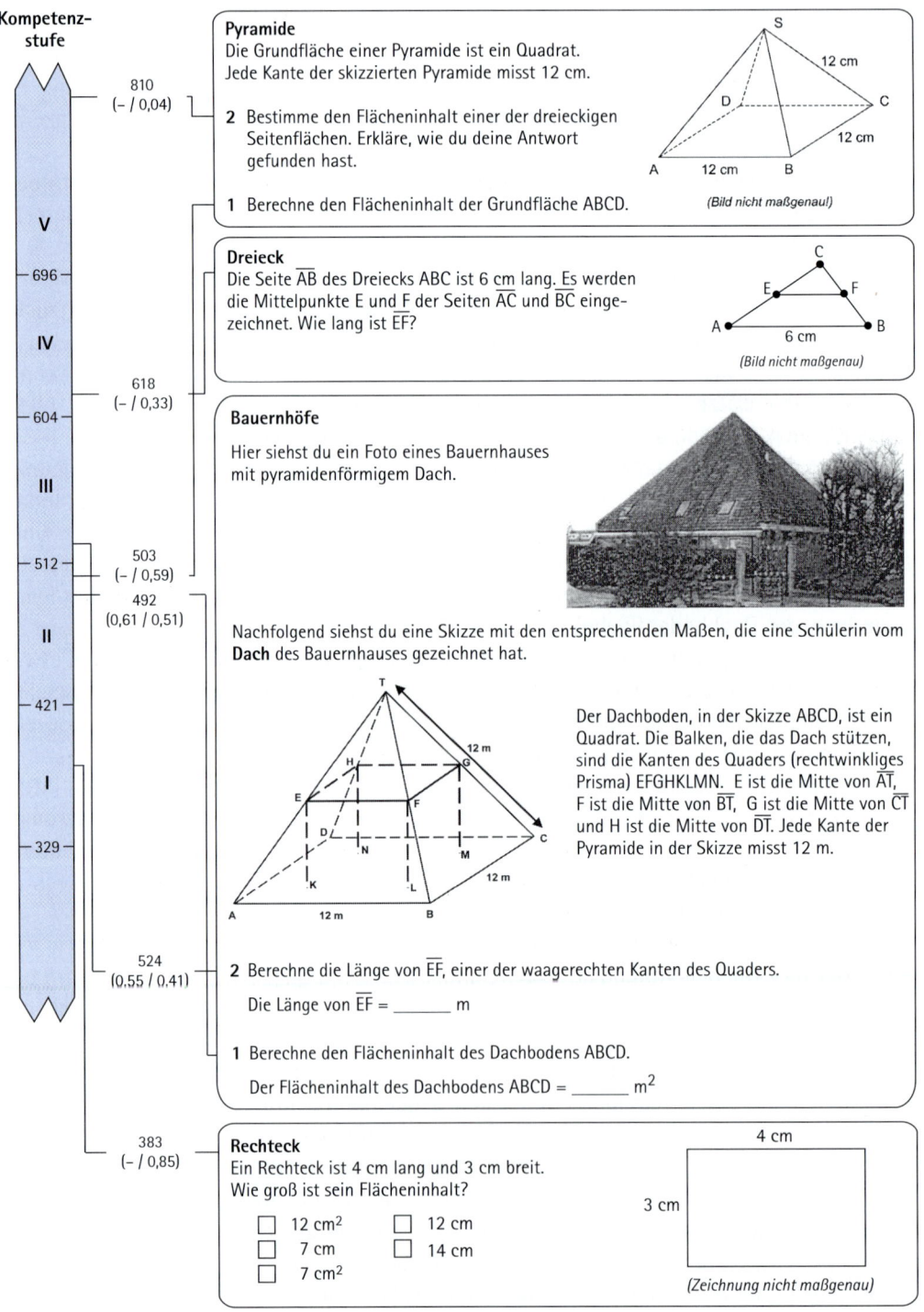

Kompetenz-
stufe

810
(– / 0,04)

V

696

618
(– / 0,33)

604

III

512

503
(– / 0,59)

492
(0,61 / 0,51)

II

421

I

329

524
(0,55 / 0,41)

383
(– / 0,85)

Pyramide
Die Grundfläche einer Pyramide ist ein Quadrat.
Jede Kante der skizzierten Pyramide misst 12 cm.

2 Bestimme den Flächeninhalt einer der dreieckigen
Seitenflächen. Erkläre, wie du deine Antwort
gefunden hast.

1 Berechne den Flächeninhalt der Grundfläche ABCD.

(Bild nicht maßgenau!)

Dreieck
Die Seite $\overline{AB}$ des Dreiecks ABC ist 6 cm lang. Es werden
die Mittelpunkte E und F der Seiten $\overline{AC}$ und $\overline{BC}$ eingezeichnet. Wie lang ist $\overline{EF}$?

(Bild nicht maßgenau)

Bauernhöfe

Hier siehst du ein Foto eines Bauernhauses
mit pyramidenförmigem Dach.

Nachfolgend siehst du eine Skizze mit den entsprechenden Maßen, die eine Schülerin vom
Dach des Bauernhauses gezeichnet hat.

Der Dachboden, in der Skizze ABCD, ist ein
Quadrat. Die Balken, die das Dach stützen,
sind die Kanten des Quaders (rechtwinkliges
Prisma) EFGHKLMN. E ist die Mitte von $\overline{AT}$,
F ist die Mitte von $\overline{BT}$, G ist die Mitte von $\overline{CT}$
und H ist die Mitte von $\overline{DT}$. Jede Kante der
Pyramide in der Skizze misst 12 m.

2 Berechne die Länge von $\overline{EF}$, einer der waagerechten Kanten des Quaders.

Die Länge von $\overline{EF}$ = _____ m

1 Berechne den Flächeninhalt des Dachbodens ABCD.

Der Flächeninhalt des Dachbodens ABCD = _____ m²

Rechteck
Ein Rechteck ist 4 cm lang und 3 cm breit.
Wie groß ist sein Flächeninhalt?

☐ 12 cm²   ☐ 12 cm
☐ 7 cm   ☐ 14 cm
☐ 7 cm²

(Zeichnung nicht maßgenau)

der durchzuführenden Schritte relativ hoch ist und (3) der gesamte Mathematisierungsprozess wirklich vom Bearbeiter durchgeführt und koordiniert werden musste, weil beim Test keine Formelsammlung zur Verfügung stand. Man kann diese Leistung als „komplexe rechnerische Modellierung auf hohem curricularem Niveau" kennzeichnen. Der PISA-Test wird auch durch derartige innermathematische Modellierungsaufgaben sinnvoll am oberen Leistungsniveau ergänzt.

2.3 PISA-Aufgaben zum Themenkreis „Proportionalität und Prozentrechnung"

Abbildung 3.4 besteht ausschließlich aus Aufgaben, die speziell für die deutsche Ergänzung entwickelt wurden. Proportionalität und Prozentrechnung sind Themen, die im internationalen Test eher implizit aufgenommen sind, im nationalen Ergänzungstest aber als wichtige Aspekte von mathematischer Grundbildung und im Interesse einer Verbreiterung des Tests auch in stoffdidaktischer Hinsicht systematisch eingefügt wurden.

Alle diese Items gehören zu der Gruppe der Aufgaben, die auf ein rechnerisch zu behandelndes mathematisches Modell hinauslaufen. In den empirischen Schwierigkeitsstufen spiegeln sich aber auch Abstufungen im jeweiligen konzeptuellen Anspruch der Modellfindung, vor allem sichtbar bei den drei Varianten von „Glasfabrik".

Die Versionen 1 und 2 – Berechnung des Prozentwerts und des Grundwerts – fallen Schülerinnen und Schülern am leichtesten. Man kann diese Aufgaben als „Standardmodellierungen mit einfachen Begriffen" beschreiben wie oben bereits die Frage „Bauernhof 1", die ebenfalls zur Kompetenzstufe II gehörte. Schulische Kenntnisse der Prozentrechung haben einen größeren Einfluss auf die Version 3, die Berechnung des Prozentsatzes. Dies schlägt sich offenbar in der höheren Schwierigkeit nieder.

Das Item „Sparen" markiert die Grenze des Übergangs zur (höchsten) Kompetenzstufe V. Noch gehen die curricularen Erfordernisse nicht über die einfachen Begriffe der Sekundarstufe I hinaus, jedoch wird nun komplexes Modellieren durch den Vergleich beider Sparmodelle erforderlich. Die Lösung erfordert eine Verknüpfung mehrerer Berechnungen, zusätzlich den Vergleich der beiden Resultate und vor allem ein eigenständiges Argumentieren als besonders anspruchsvolle mathematische Tätigkeit. Das Item „Miete" dagegen ist typisch für die Stufe IV: Die Konzepte stammen ebenfalls aus dem Kernbereich der Sekundarstufe I, der Modellierungsprozess erreicht aber nicht die hohe Komplexität wie bei „Sparen", weil die mehrfache Wiederholung gleicher Berechnungsschritte genügt.

Abbildung 3.4: Kompetenzstufen im PISA-Mathematiktest am Beispiel nationaler Aufgaben zum Bereich Proportionalität/Prozentrechnung

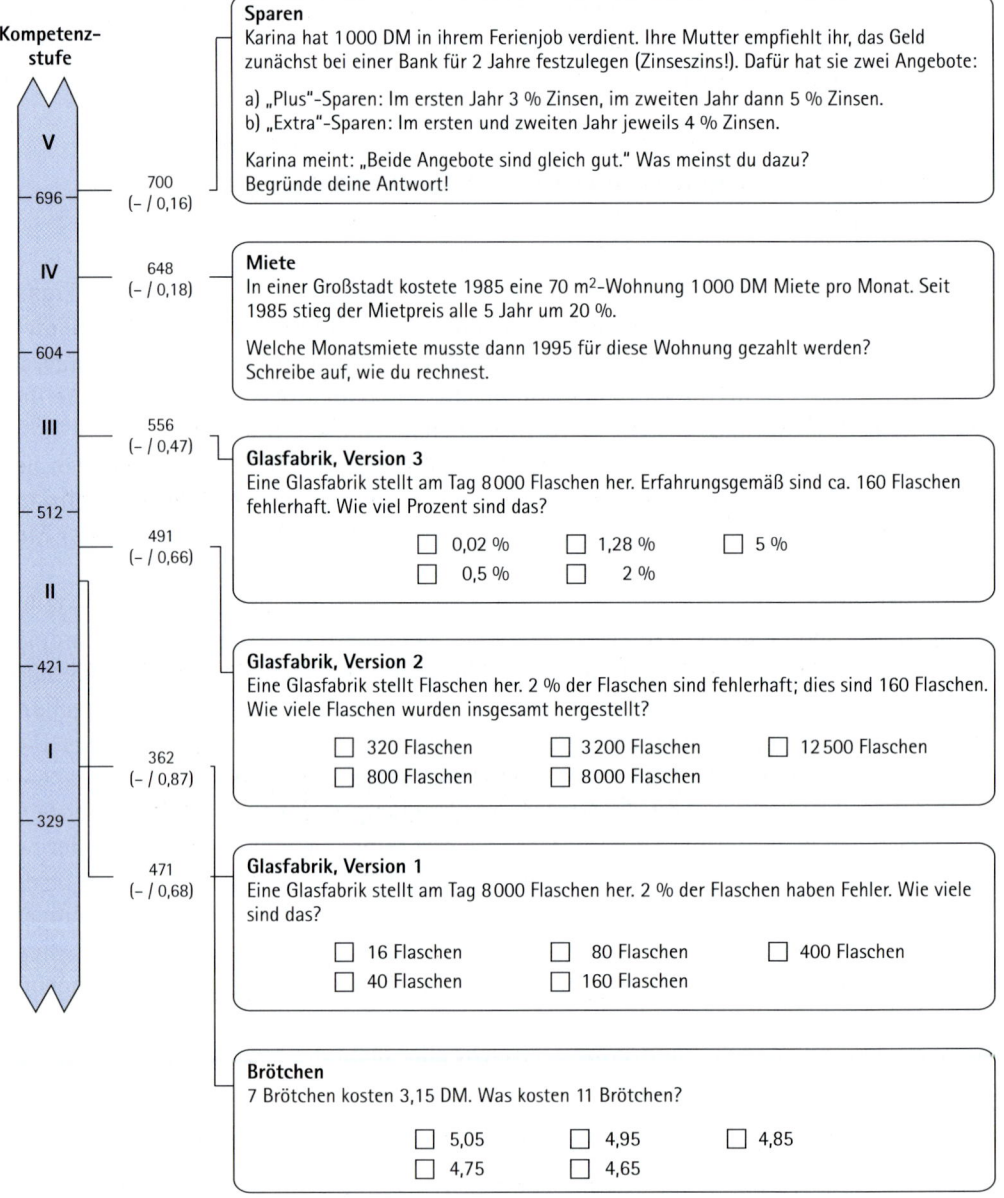

Kompetenz-stufe

V

696 — 700 (– / 0,16)

Sparen
Karina hat 1 000 DM in ihrem Ferienjob verdient. Ihre Mutter empfiehlt ihr, das Geld zunächst bei einer Bank für 2 Jahre festzulegen (Zinseszins!). Dafür hat sie zwei Angebote:

a) „Plus"-Sparen: Im ersten Jahr 3 % Zinsen, im zweiten Jahr dann 5 % Zinsen.
b) „Extra"-Sparen: Im ersten und zweiten Jahr jeweils 4 % Zinsen.

Karina meint: „Beide Angebote sind gleich gut." Was meinst du dazu? Begründe deine Antwort!

IV

648 (– / 0,18)

Miete
In einer Großstadt kostete 1985 eine 70 m²-Wohnung 1 000 DM Miete pro Monat. Seit 1985 stieg der Mietpreis alle 5 Jahr um 20 %.

Welche Monatsmiete musste dann 1995 für diese Wohnung gezahlt werden? Schreibe auf, wie du rechnest.

604 —

III

556 (– / 0,47)

Glasfabrik, Version 3
Eine Glasfabrik stellt am Tag 8 000 Flaschen her. Erfahrungsgemäß sind ca. 160 Flaschen fehlerhaft. Wie viel Prozent sind das?

☐ 0,02 %   ☐ 1,28 %   ☐ 5 %
☐ 0,5 %   ☐ 2 %

512 —

491 (– / 0,66)

II

Glasfabrik, Version 2
Eine Glasfabrik stellt Flaschen her. 2 % der Flaschen sind fehlerhaft; dies sind 160 Flaschen. Wie viele Flaschen wurden insgesamt hergestellt?

☐ 320 Flaschen   ☐ 3 200 Flaschen   ☐ 12 500 Flaschen
☐ 800 Flaschen   ☐ 8 000 Flaschen

421 —

I

362 (– / 0,87)

Glasfabrik, Version 1
Eine Glasfabrik stellt am Tag 8 000 Flaschen her. 2 % der Flaschen haben Fehler. Wie viele sind das?

☐ 16 Flaschen   ☐ 80 Flaschen   ☐ 400 Flaschen
☐ 40 Flaschen   ☐ 160 Flaschen

329 —

471 (– / 0,68)

Brötchen
7 Brötchen kosten 3,15 DM. Was kosten 11 Brötchen?

☐ 5,05   ☐ 4,95   ☐ 4,85
☐ 4,75   ☐ 4,65

2.4 Vergleich von Schwerpunkten des nationalen und des internationalen Testteils

Insgesamt erfüllt der nationale Test tatsächlich seine Funktion, den internationalen Test konzeptionell zu erweitern, wie die Tabellen 3.1 und 3.2 belegen. Tabelle 3.1 unterscheidet die eingesetzten Aufgaben nach den drei zentralen didaktischen Kategorien, die im vorigen Abschnitt diskutiert wurden: begriffliche Modellierung, rechnerische Modellierung und technische Fähigkeiten. Das Gesamtmaterial (117 Aufgaben) wurde durch die nationale Expertengruppe diesen Aufgabenklassen zugeordnet. Demnach ist der internationale Test ganz eindeutig ein reiner Test zu mathematischen Modellierungen, wobei – wie in Anlehnung an Freudenthal vorgesehen – ein Schwergewicht auf der begrifflichen Modellierung liegt. Der deutsche Ergänzungstest hingegen hat ein anderes Profil. Auch hier sind rechnerische und begriffliche Modellierungsaufgaben ausbalanciert, hinzu kommt jedoch eine nennenswerte Anzahl von Aufgaben, die technische Fähigkeiten prüfen.

Auch stofflich sorgt der deutsche Ergänzungstest für eine Abrundung. Um dies darzustellen, wurden alle Aufgaben, auch die internationalen, den Stoffgebieten des Mathematikunterrichts der Sekundarstufe I zugewiesen, wie sie üblicherweise in Deutschland differenziert werden[4]: Tabelle 3.2 macht deutlich, dass die nationale Ergänzung um Ausgewogenheit im Hinblick auf fachliche Inhalte bemüht ist und damit die Breite des Tests sichert.

Tabelle 3.1: Anzahl der PISA-Mathematikaufgaben nach Art des mathematischen Arbeitens und Testteil

	Technische Aufgaben	Rechnerische Modellierungs- aufgaben	Begriffliche Modellierungs- aufgaben	Aufgaben insgesamt
Internationale PISA-Aufgaben	1	14	16	31
Nationale PISA-Aufgaben	23	33	30	86
Insgesamt	24	47	46	117

Tabelle 3.2: Verteilung der PISA-Mathematikaufgaben auf die Stoffgebiete

	Arithmetik	Algebra	Funktionen	Proportionalität und Prozent- rechnung	Geometrie	Umgehen mit Daten und Stochastik	Aufgaben insgesamt
Internationale PISA-Aufgaben	1	1	6	2	13	8	31
Nationale PISA-Aufgaben	12	11	14	15	19	15	86
Insgesamt	13	12	20	17	32	23	117

> Das Testkonzept des nationalen Teils wurde gegenüber dem internationalen Teil erweitert. Es wurden vermehrt innermathematische Fragestellungen aufgenommen und auch „technische Aufgaben", die nur Fertigkeiten und Faktenwissen erfordern. Zusätzlich wurde die nationale Ergänzung dazu benutzt, die herkömmlichen Stoffgebiete (z.B. Arithmetik, Algebra, Geometrie usw.) ausgewogen im Test abzubilden.

3. Lässt sich mathematische Grundbildung auf einer einzigen Gesamtskala abbilden? Ergebnisse zur Dimensionalität des PISA-Tests

3.1 Fragestellungen und Hypothesen

Die Beispielaufgaben und die Beschreibung des internationalen und des nationalen Testkonzepts sollten verdeutlicht haben, dass PISA eine große Bandbreite von Aufgabenstellungen abbildet. Es liegt daher nahe, zu vermuten, dass man mathematische Grundbildung gar nicht als einen homogenen Fähigkeitsbereich erfassen kann, sondern unterschiedliche Teildimensionen ausdifferenzieren muss. Dies würde bedeuten, dass man Schüler, aber auch Schulen oder Nationen nicht nur hinsichtlich ihrer mathematischen Gesamtleistung vergleichen kann, sondern mit differenziellen Befunden in verschiedenen Teilbereichen rechnen muss. Ein Beispiel für eine solche mehrdimensionale Fähigkeitsstruktur stellt der PISA-Lesetest mit seinen drei Teilfähigkeiten (Information entnehmen, Interpretieren und Reflektieren) dar. Im internationalen Vergleich zeigen sich hier spezifische Leistungsprofile deutscher Schülerinnen und Schüler, und im intranationalen Vergleich ergeben sich spezifische Profile der Bildungsgänge.

Andererseits sprechen einige Argumente dafür, dass die mathematische Grundbildung einen homogeneren Leistungsbereich bildet als die Lesekompetenz. Eine bestimmte Kombination von kognitiven Fähigkeiten ist in allen Teilbereichen der Mathematik gleichermaßen erforderlich; hierzu gehören das logisch-deduktive Denken, aber auch die Fähigkeit, Regeln und Muster analog auf neue Situationen zu übertragen und induktiv zu verallgemeinern, ein Verständnis für abstrakte Symbolsysteme und die Verknüpfung von quantitativen, räumlich-figuralen und verbalen Informationen. Mathematik ist zudem eine „Sprache" eigener Art, eine Wissensdomäne, für deren Vermittlung – von elementarsten Rechnungen mit natürlichen Zahlen abgesehen – die Schule in unserer Kultur ein Monopol besitzt. Mathematische Teilfähigkeiten entwickeln sich also in enger Verzahnung innerhalb desselben Kontextes – auch desselben sozialen Kontextes – und sind deshalb, selbst wenn sie logisch unterschieden werden können, empirisch – wenn man im Test die Leistungsergebnisse prüft – so stark verknüpft, dass man vermutlich von einer gemeinsamen Dimension ausgehen kann.

Aus der Erfahrung mit internationalen Schulleistungsstudien hat sich inzwischen unter Testexperten die Erkenntnis durchgesetzt, dass bei großen Aufgabenmengen und heterogenen Populationen mit guter Passung Skalen gebildet werden können, die eine Domäne wie die Mathematik als inhaltlich komplexes, aber eindimensionales Fähigkeitssyndrom abbilden. Die Aussagen zur Dimensionalität eines Leistungstests dürfen jedoch nicht verwechselt werden mit der Frage, welche kognitiven Prozesse im Einzelnen bei der Bearbeitung der Aufgaben ablaufen. Der Bearbeitungsprozess, die dabei auftretenden spezifischen Hürden und somit der Schwierigkeitsgrad einer Aufgabe hängen von vielen Faktoren ab, die in Abschnitt 4 aus mathematikdidaktischer und psychologischer Perspektive diskutiert werden. Die Eindimensionalität der Skala ist also nicht gleichbedeutend damit, dass alle Aufgaben mithilfe der gleichen kognitiven Prozesse gelöst werden. Eindimensionalität bedeutet vielmehr im Kern, dass Leistungsunterschiede zwischen Schülerinnen und Schülern konsistent bei allen Aufgaben auftreten, und dass umgekehrt Schwierigkeitsunterschiede zwischen Aufgaben konsistent bei allen Schülergruppen beobachtet werden können. Die Dimensionalität von Schulleistungstests sagt also lediglich etwas darüber aus, wie homogen die Lernwege und die daraus resultierenden Leistungsprofile von Schülerinnen und Schülern sind.

Auch bei einem eindimensionalen Test muss mit Abweichungen gerechnet werden, die das Grundmodell nicht infrage stellen, aber Hinweise auf unterschiedliche Lernerfahrungen, beispielsweise nationale didaktische Traditionen, geben (Keeves & Masters, 1999; Klieme & Baumert, 2001a; van der Linden, 1998). Unterschiedliche Lernwege bestimmter Schülergruppen können sich darin niederschlagen, dass einzelne Aufgabenarten, die besonders stark bzw. besonders wenig geübt werden, ihre Lage auf der Fähigkeitsdimension verschieben. (Genau dies wird weiter unten mithilfe so genannter differenzieller Itemanalysen geprüft.)

3.2 Empirische Befunde zum PISA-Test

Zunächst wurde die Hypothese geprüft, dass der internationale Mathematiktest (31 Items) und der nationale Ergänzungstest (86 Items) getrennte Dimensionen bilden. Zu diesem Zweck wurden die Daten aller Bearbeiter nach einem zweidimensionalen testtheoretischen Modell analysiert. Zugleich wurde geschätzt, wie eng der Zusammenhang zwischen den beiden Dimensionen in der Population aller Schülerinnen und Schüler ist. Der Index für diese so genannte latente Korrelation erreicht den Wert von $r = .91$. Dieser Zusammenhang kann als sehr eng angesehen werden. Er bedeutet, dass faktisch, wenn man Leistungsunterschiede untersuchen will, der internationale und der nationale Mathematiktest zu denselben Ergebnissen führen. Sie erfassen also offenbar eine gemeinsame Dimension. Dieser Befund bestätigt sich, wenn man weitere Kriterien für die Dimensionalität des Tests heranzieht.

Dieses Ergebnis berechtigt, im Folgenden von einem einheitlichen Bereich der mathematischen Grundbildung zu sprechen, der gemeinsam durch den nationalen und internationalen PISA-Aufgabensatz definiert wird. Wo immer Aufgabenbeispiele untersucht und Anforderungsmerkmale identifiziert werden, wird auf die Gesamtheit aller 117 Items Bezug genommen. Um deren Schwierigkeit auf der internationalen PISA-Skala zu verankern, haben wir eine gemeinsame Skalierung vorgenommen, bei der die Schwierigkeitskennwerte der 31 internationalen Items auf die von der OECD vorgegebenen Ziffern fixiert wurden. Dadurch erst ist es möglich, schwierigkeitsbestimmende Anforderungsmerkmale zu benennen und Kompetenzstufen inhaltlich zu beschreiben (vgl. Abschnitt 4), die sich allein auf der Basis der 31 internationalen Items nicht identifizieren lassen würden.

Eine weitergehende und für das Verständnis mathematischer Fähigkeiten besonders wichtige Frage besteht darin, ob sich das eindimensionale Modell auch dann bewährt, wenn man es gegen mehrdimensionale Alternativmodelle testet, bei denen nicht „äußerlich" nach der Quelle der Aufgaben (national/international), sondern inhaltlich nach der Art der Anforderung unterschieden wird. Wenn es identifizierbare Teildimensionen gäbe, wäre ja zu vermuten, dass diese nach kognitiven Anforderungen, didaktischen Kategorien oder Inhaltsbereichen zu unterscheiden wären. Dies wurde in drei verschiedenen Analysen geprüft. Es wurde dabei (a) nach Art des mathematischen Arbeits (technische Aufgaben, rechnerische Modellierungen sowie begriffliche Modellierungen), (b) nach der Komplexität des Modellierungsprozesses (Reproduktion – Verknüpfung – Verallgemeinerung; vgl. dazu Abschnitt 4) und (c) nach Stoffgebieten unterschieden.

Bei allen diesen Analysen ergaben sich sehr enge Zusammenhänge zwischen den jeweils identifizierten Teildimensionen. Die latenten Korrelationen lagen zumeist zwischen .88 und .96. Etwas niedriger fielen lediglich einzelne Zusammenhänge zwischen Stoffgebieten aus. So korrelieren die Leistungen in „Stochastik/Umgehen mit Daten" nur zu .80 bis .83 mit den traditionellen Inhaltsbereichen Arithmetik, Algebra und Geometrie. Dies dürfte darauf zurückzuführen sein, dass stochastische Themen in den deutschen Lehrplänen noch keinen Standardplatz besitzen. Insgesamt kann aber auch über die Stoffgebiete hinweg in guter Annäherung von einer eindimensionalen Struktur gesprochen werden.

> Das Fazit der verschiedenen Dimensionsanalysen lautet: Es ist angemessen, bei der Auswertung der PISA-Ergebnisse von einer einheitlichen Gesamtdimension der mathematischen Grundbildung auszugehen. Ergänzende Untersuchungen unter Einschluss von Mathematikaufgaben, die in verschiedenen Bundesländern oder in TIMSS eingesetzt worden waren, belegen, dass sogar diese länderspezifischen Tests und der TIMSS-Test sehr hoch mit den PISA-Ergebnissen korrelieren (siehe Abschnitt 5). Solange man an vergleichenden Aussagen über das Niveau der mathematischen Grundbildung in verschiedenen Schülergruppen und an Bedingungsanalysen interessiert ist, kann man also von einer eindimensionalen Fähigkeitsskala ausgehen. Vergleichende Schulleistungsstudien erhalten so eine feste methodische Basis.

4. Stufen der mathematischen Grundbildung

Anforderungsmerkmale und Schwierigkeit der Testaufgaben

Die Item-Beispiele vermitteln bereits einen Eindruck davon, welche Aufgaben den Schülerinnen und Schülern bei PISA schwerer oder leichter gefallen sind. Der Frage, aufgrund welcher Einflüsse eine Aufgabe schwierig wird, soll nun systematischer nachgegangen werden. Ziel der Analysen ist es, die inhaltliche Bedeutung der Skala „mathematische Grundbildung" aufzuklären.

Ausgangspunkt ist eine Systematik von Anforderungsmerkmalen für mathematische Aufgaben. Gemäß der in Abschnitt 1 dargestellten Auffassung, dass das Lösen von Aufgaben essenziell ein Modellierungsprozess ist, kann man die Komplexität dieses Prozesses als grundlegendes Aufgabenmerkmal betrachten. Wie im internationalen PISA-Konzept (OECD, 1999) soll zwischen *Reproduktion, Verknüpfung* und *Verallgemeinerung* unterschieden werden. Weitere Aspekte des Modellierungsprozesses sind das Vorhandensein vielfältiger Lösungsmöglichkeiten (*Offenheit:* Spielräume für die Mathematisierung), der *Umfang der Verarbeitung* (gemessen an der Zahl der zu verarbeitenden Größen) und die Notwendigkeit des *Argumentierens.* Mit dem Merkmal *curriculare Wissensstufe* wird beschrieben, ob das in einer Aufgabe enthaltene mathematische Wissen auf *Grundkenntnisse,* auf *einfaches* oder auf *anspruchsvolles Wissen der Sekundarstufe I* zurückgreift. Schließlich werden Aufgaben auch hinsichtlich des *Kontextes* (inner- oder außermathematische Modellierung) unterschieden.

Jede einzelne der 117 PISA-Aufgaben wurde nun im Hinblick auf die ausgewählten Merkmale eingeschätzt – teils von der Expertengruppe Mathematik selbst, teils von speziell geschulten Lehrerinnen und Lehrern. Ein Vergleich zwischen internationalem und nationalem Testteil bestätigt, dass der nationale Ergänzungstest tatsächlich das Spektrum der Anforderungen erweitert hat. So nehmen innermathematische Fragestellungen – wie beabsichtigt – im Ergänzungsteil einen größeren Raum ein als im internationalen Teil. Zur Kategorie „Reproduktion", die international unterbesetzt ist, gehört im nationalen Testteil jedes zweite Item.

Alle genannten Merkmale sind schwierigkeitsrelevant. Über die 117 Aufgaben hinweg haben die Komplexität des Modellierungsprozesses und die curriculare Wissensstufe den größten Einfluss. Berücksichtigt man außerdem spezielle Aspekte des Modellierungsprozesses (Offenheit, Umfang der Verarbeitung, Argumentieren) und die Art des Kontextes, so lässt sich insgesamt knapp die Hälfte der Schwierigkeitsvarianz aufklären (genau: 46 %).

Differenziertere Erklärungsansätze ergeben sich, wenn man die drei Typen des mathematischen Arbeitens getrennt betrachtet: Technische Aufgaben sind primär durch ihre Wissensanforderungen und den Verarbeitungsaufwand bestimmt, Aufgaben des begrifflichen Typs hingegen durch die Komplexität des Modellierens und das Vorhandensein mehrerer Lösungswege. Bei den in der Schule üblichen, hier als „rechnerisch" bezeichneten Modellierungsaufgaben kommt es sowohl auf Wissen und Verarbeitungsumfang als auch auf die Komplexität des Modellierungsprozesses an. (Zu weiteren Analysen zur Aufgabenschwierigkeit vgl. Klieme, Neubrand & Lüdtke, in Vorbereitung).

Kompetenzstufen

Personen mit ihren Fähigkeiten und Aufgaben mit ihren Schwierigkeitskennwerten werden bei der Konstruktion des PISA-Tests auf ein und derselben Skala angeordnet. Will man verstehen, wodurch sich Personen mit hoher (resp. niedriger) mathematischer Kompetenz im Sinne von PISA auszeichnen, muss man demnach die Anforderungsmerkmale der schwierigen (resp. leichten) Aufgaben betrachten. Erklärungsansätze für die Schwierigkeit von Testaufgaben, wie sie zuvor entwickelt wurden, können daher genutzt werden, um unterschiedliche Ausprägungen der mathematischen Grundbildung von Schülerinnen und Schülern inhaltlich zu beschreiben. Die Schwierigkeitsstufen der Testaufgaben werden in Kompetenzstufen der Testbearbeiter „übersetzt".

Die fünf Stufen selbst wurden – ebenso wie die Stufen der Lesekompetenz (vgl. Kap. 2) – vom internationalen PISA-Konsortium abgegrenzt[5]. Der internationale Bericht verzichtet allerdings auf eine inhaltliche Beschreibung aller fünf Stufen, weil dies allein aufgrund der 31 international verwendeten Testitems nicht möglich ist. Indem die 86 nationalen Ergänzungsaufgaben ebenfalls auf der PISA-Skala verankert werden – gerecht-fertigt durch den Befund, dass beide Testteile eine gemeinsame Dimension bilden –, ge-lingt es, die Stufen näher zu charakterisieren (vgl. die Beispielaufgaben in den Abb. 3.2 bis 3.4 sowie die Erläuterungen im Abschnitt 6.1).

Stufe I: Rechnen auf Grundschulniveau (Skalenwerte 329–420)
Personen, die dieser Stufe zugeordnet werden, verfügen lediglich über arithmetisches und geometrisches Wissen auf Grundschulniveau. Sie können dieses Wissen abrufen und un-mittelbar anwenden, wenn die Aufgabenstellung von vornherein eine bestimmte Stan-dard-Mathematisierung nahe legt. Begriffliche Modellierungen sind nicht leistbar.

Stufe II: Elementare Modellierungen (Skalenwerte 421–511)
Auf dieser Stufe werden auch einfachste begriffliche Modellierungen vorgenommen, die in einen außermathematischen Kontext eingebettet sind. Personen auf dieser Kompe-tenzstufe können unter mehreren möglichen Lösungsansätzen den passenden finden, wenn durch Graphiken, Tabellen, Zeichnungen usw. eine Struktur vorgegeben ist, die das Modellieren erleichtert. Auch auf dieser Stufe sind allerdings nur die Wissensinhalte der Grundschulmathematik sicher verfügbar.

Stufe III: Modellieren und begriffliches Verknüpfen auf dem Niveau der Sekundarstufe I (Skalenwerte 512–603)
Mit dieser Stufe findet im Vergleich zu Stufe II in mehrfacher Hinsicht ein qualitativer Sprung statt. Schülerinnen und Schüler auf dieser Kompetenzstufe verfügen auch über einfache Wissensinhalte der Sekundarstufe I, also über den Standardstoff der Lehrpläne aller Schulformen. Sie können Konzepte aus unterschiedlichen mathematischen Bereichen verknüpfen und zur Lösung von Problemstellungen nutzen, wenn visuelle Darstellungen den Lösungsprozess unterstützen.

Stufe IV: Umfangreiche Modellierungen auf der Basis anspruchsvoller Begriffe (Skalenwer-te 604–695)
Schülerinnen und Schüler auf dieser Kompetenzstufe bewältigen im technischen Bereich umfangreichere Verarbeitungsprozesse, können also eine Lösung über mehrere Zwischen-ergebnisse hinweg aufbauen. Auch offene Modellierungsaufgaben werden bewältigt, bei denen man unter vielfältigen Lösungswegen einen eigenen finden muss. Verstärkt können auch innermathematische begriffliche Zusammenhänge modelliert werden.

Stufe V: Komplexe Modellierung und innermathematisches Argumentieren (Skalenwerte über 696)
Auf dieser letzten Stufe ist auch anspruchsvolles curriculares Wissen verfügbar. Die Schü-lerinnen und Schüler, die dieser Kompetenzstufe zugeordnet werden, können auch sehr offen formulierte Aufgaben bewältigen, bei denen ein Modell frei gewählt bzw. selbst konstruiert werden muss. Begriffliche Modellierungsleistungen auf dieser höchsten Stufe umschließen häufig Begründungen und Beweise sowie das Reflektieren über den Model-lierungsprozess selbst.

Standard mathematischer Grundbildung

Abschließend soll die Frage gestellt werden, ab welcher Stufe man in begründeter Weise von einem „ausreichenden" Niveau an mathematischer Grundbildung sprechen sollte. Die Lehrpläne und alle Diskussionen um mathematische Allgemeinbildung (BLK, 1997; Heymann, 1996; Winter, 1995) weisen immer wieder darauf hin, dass ausreichende Grundbildung zwar einen Grundstock an technischen Fertigkeiten verlangt, vor allem aber an den Modellierungsfähigkeiten gemessen werden muss. Zentral ist also ein ausreichendes Niveau an Fähigkeiten des Aufstellens bzw. Umgehens mit mathematischen Modellen.

Auf der rechnerischen Ebene sollte man wenigstens mit den grundlegenden Ansätzen der Proportionalität umgehen können, auf der begrifflichen Seite ist wenigstens ein Grundverständnis von Zusammenhängen nötig, wenn diese zum Beispiel in visualisierter Form vorliegen. Umgekehrt kann man wohl die Techniken des Termumformens oder allzu komplexe und selbstständige Modellierungen jenseits einer basalen mathematischen Bildung ansiedeln. Unverzichtbar ist freilich der zentrale mathematische Begriff der Funktion.

Alle diese Gesichtspunkte können mit den Beschreibungen der Aufgabenmerkmale und den Inhalten (die hier nur exemplarisch wiedergegeben werden konnten) auf den fünf Stufen der mathematischen Grundbildung abgeglichen werden. Relativ stabil führen sie zum Urteil, dass man von einem ausreichenden Standard für *Mathematical Literacy* bzw. *mathematische Grundbildung* wohl erst ab Stufe III sprechen sollte. Es wird daher in den folgenden Abschnitten Stufe III als Standard mathematischer Grundbildung betrachtet, der von 15-Jährigen erreicht werden sollte. Im folgenden Abschnitt wird gezeigt, dass dieses Kriterium durch Einschätzungen von Lehrplanexperten der Länder gestützt wird.

Es werden fünf Stufen mathematischer Kompetenz definiert, auf denen die Personen mit ihren Fähigkeiten und die Aufgaben mit ihren Schwierigkeitskennwerten verortet werden. Stufe I entspricht einem bloßen Rechnen auf Grundschulniveau, Stufe III stellt den Standard mathematischer Grundbildung dar, der von 15-Jährigen erreicht werden sollte.

---

5. Der PISA-Test und die Leistungsanforderungen deutscher Lehrpläne

5.1 Fragestellungen

Die Testkonzeption in PISA orientiert sich, wie eingangs ausgeführt wurde, bewusst nicht an den Fachlehrplänen der beteiligten Staaten, sondern an einer Konzeption der mathematischen Grundbildung, die in der Fachdidaktik und bei Experten der Bildungsverwaltungen breiten Konsens gefunden hat. Dennoch erscheint es dem deutschen Konsortium sinnvoll und notwendig, die Zusammenhänge zwischen dem, was PISA in seinen Testaufgaben verlangt, und den Anforderungen, die in unseren Schulen gestellt werden, genauer zu prüfen. Die Sicherung des Lehrplanbezugs der PISA-Aufgaben wird bei der Interpreta-

tion der Befunde und der Suche nach Konsequenzen für unsere Schulausbildung von großem Nutzen sein.

Außerdem werden durch einen solchen Vergleich Leitvorstellungen über mathematische Bildung, die häufig eher implizit die Gestaltung der Lehrpläne bestimmen und ihren
Niederschlag in einer bestimmten Auswahl von Aufgabenstellungen für Unterricht, Tests
und Prüfungen finden, operationalisiert. Differenzen zwischen unterschiedlichen Leitkon-
zepten werden transparent gemacht. Der Vergleich zwischen Anforderungen des PISA-
Tests mit Anforderungen anderer, lehrplanbezogen entwickelter Aufgaben und die Einschätzung des jeweiligen Lehrplanbezugs durch Fachexperten der Länder bilden somit
eine wichtige Grundlage für eine Zieldiskussion in Bezug auf den Mathematikunterricht
an unseren Schulen.

5.2 Methode

Zur Abschätzung der curricularen Validität der PISA-Aufgaben wurde das Testdesign um
Aufgaben aus länderspezifischen Tests und aus TIMSS erweitert. Neben den 31 internationalen und 86 nationalen Aufgaben des PISA-Mathematiktests wurden verschiedenen
Teilgruppen unserer Stichprobe zusätzliche Aufgaben vorgelegt:
- 2.174 Schülerinnen und Schüler berarbeiteten zusätzlich zu den PISA-Aufgaben 15
  TIMSS-Aufgaben. Es werden lediglich einfachere mathematische Kenntnisse der Sekundarstufe I verlangt, aber die kognitiven Anforderungen im Hinblick auf anwen-
  dungsbezogenes mathematisches Denken sind zum Teil anspruchsvoll. Die ausgewählten Aufgaben repräsentieren sehr gut das in TIMSS entwickelte Verständnis von *Mathematical Literacy.*
- 535 Schülerinnen und Schüler bearbeiteten 24 Aufgaben, die in Brandenburg im Rahmen der landesweiten „Qualitätsuntersuchung an Schulen zum Unterricht in Mathematik (QuaSUM)" verwendet worden waren (Lehmann u.a., 2000). Diese Studie bezog
  sich auf die Jahrgangsstufe 9. Unsere Auswahl besteht aus Aufgaben, die in allen
  Schulformen eingesetzt worden waren und somit den QUASUM-Test besonders gut repräsentieren[6].
- 546 Testteilnehmer bearbeiteten zehn Aufgaben aus so genannten Jahresarbeiten, die
  landesweit an Realschulen in Baden-Württemberg durchgeführt wurden. Der Mathematiktest gibt sehr präzise die Anforderungen des Mathematiklehrplans der Jahrgangsstufe 8 wieder. Auch hier wurden besonders repräsentative (trennscharfe) Aufgaben ausgewählt[7].
- 1.078 Schüler bearbeiteten neun Aufgaben, die bayrischen Vergleichsuntersuchungen
  in der Jahrgangsstufe 9 entnommen worden waren. Die Auswahl enthält einen Querschnitt der Anforderungen, die dort an Realschüler gestellt wurden, mit Ergänzungen
  aus dem Mathematiktest für Gymnasien[8].

Im Folgenden werden die insgesamt 43 Aufgaben aus den drei Ländertests zu einer Gruppe zusammengefasst. Es ist an dieser Stelle nicht intendiert und aufgrund der niedrigen
Aufgabenzahlen auch kaum möglich, vergleichende Aussagen über die drei Tests zu machen, sondern im Vordergrund steht der Kontrast zwischen diesen curricular validen, das

heißt in den Lehrplänen und der Unterrichtspraxis verschiedener Länder verankerten Mathematikaufgaben einerseits und den PISA-Aufgaben andererseits.

Kriterien unseres Vergleichs waren die oben (Abschnitt 4) dargestellten Anforderungsmerkmale. Als weitere Datenquelle wird eine Erhebung unter Fachleuten aller 16 Bundesländer genutzt. Jedes Bundesland hatte pro Schulform einen Experten benannt, der sowohl mit dem Lehrplan als auch mit Unterrichtspraxis und typischen Prüfungsanforderungen der jeweiligen Schulform besonders gut vertraut sein sollte. Insgesamt wurden die Aufgaben von 53 Landesexperten nach folgendem Verfahren begutachtet: Es wurde ihnen ein Heft vorgelegt, das sämtliche 175 Aufgaben aus PISA (international und national), TIMSS und den Ländertests in zufälliger Reihenfolge enthielt[9]. Die Experten konnten also die Herkunft der Aufgaben nicht identifizieren. Auf vierstufigen Skalen wurde für jede einzelne Aufgabe eingeschätzt, (a) wie sehr die Schüler mit dem mathematischen Inhalt, der in der Aufgabe behandelt wird, dem „Stoff", vertraut sind, (b) inwieweit die Schüler mit der Art und „Färbung" der Aufgabenstellung – beispielsweise der Verwendung von Formulierungen, Symbolen, Formeln und graphischen Darstellungen oder der Kontextualisierung – vertraut sind, sowie (c) welche Bedeutung die mit dieser Aufgabe geprüfte Fähigkeit für den jeweiligen Abschluss hat. Zusätzlich wurden die Experten gebeten, anzugeben, auf welcher Jahrgangsstufe entsprechende Anforderungen behandelt werden und wie viel Prozent aller Schüler der 9. Jahrgangsstufe die Aufgabe vermutlich korrekt lösen würden[10].

5.3 Anforderungsmerkmale verschiedener Aufgabengruppen

Während die Landestests im Wesentlichen und zu etwa gleichen Anteilen technische Fertigkeiten sowie rechnerisches Modellieren erfordern, legt TIMSS eindeutig seinen Schwerpunkt auf Modellierungsaufgaben. Die von uns ausgewählten TIMSS-Aufgaben konzentrieren sich dabei auf mathematische Anwendungssituationen, in denen die Art des zu verwendenden Modells relativ klar feststeht. Das PISA-Rahmenkonzept setzt demgegenüber den Schwerpunkt auf begriffliche Modellierungen, was sich auch in dem Profil des internationalen PISA-Aufgabenmaterials spiegelt. Der nationale PISA-Test erfüllt offenbar sehr gut seine Ergänzungsfunktion, indem er ein ausgewogenes Verhältnis unterschiedlicher Arten des mathematischen Arbeitens repräsentiert (vgl. Abb. 3.5).

Die Besonderheiten der Ländertests kommen auch in einzelnen Anforderungsmerkmalen zum Ausdruck: Seltener als die PISA-Aufgaben arbeiten die Landestests mit außermathematischen Kontexten. Das curriculare Wissensniveau der Aufgaben liegt etwas höher als bei PISA, aber die erforderlichen Modellierungsprozesse sind deutlich weniger komplex. Lediglich etwa ein Viertel der Länderaufgaben kann der Stufe „Verknüpfungen" zugerechnet werden, kein Item gehört zur Kategorie „Verallgemeinerung". Die Länderaufgaben sind zudem weniger offen, das heißt, seltener als bei PISA lassen sie unterschiedliche Mathematisierungsansätze zu.

Abbildung 3.5: Aufgaben in verschiedenen Tests nach Art des mathematischen Arbeitens

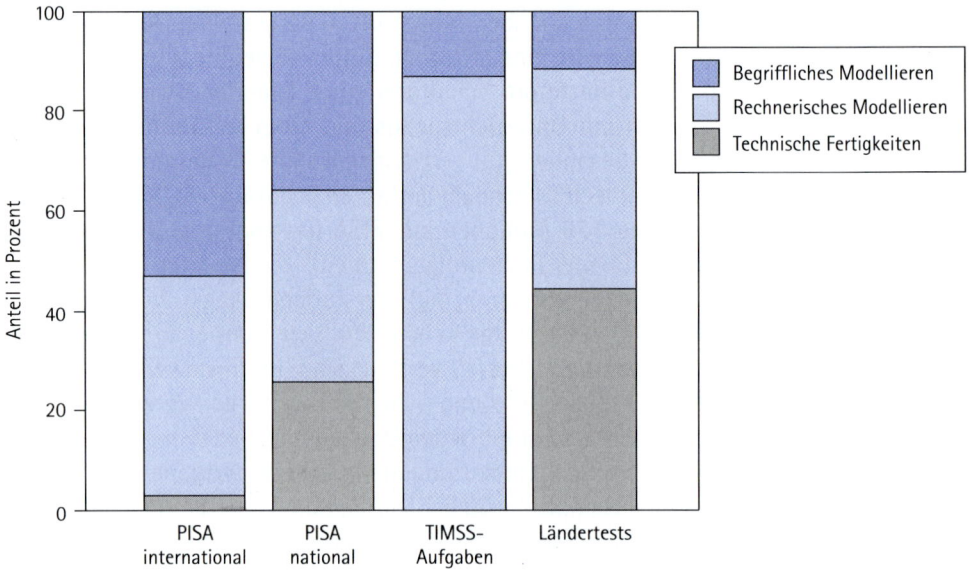

Vertrautheit und Abschlussrelevanz

Die unterschiedlichen Anforderungsprofile von Landestests und PISA-Tests führen dazu, dass die Curriculumexperten der 16 Bundesländer die PISA-Aufgaben, vor allem den internationalen Teil, als weniger vertraut bewerten. Wie Abbildung 3.6 unter „Vertrautheit des Stoffs" zeigt, haben die Länderexperten insgesamt den Eindruck, dass die mathematischen Inhalte beim internationalen PISA-Test den deutschen Schülerinnen und Schülern weniger vertraut sind als bei Landestests, aber auch als bei nationalen PISA-Aufgaben und TIMSS. Die Unterschiede sind jedoch gering, und auch für den internationalen PISA-Test fällt das mittlere Rating nicht unter den Neutralitätspunkt von 2,5. In seltenen Fällen waren Experten der Ansicht, der mathematische Inhalt einer Aufgabe sei gar nicht im Schulcurriculum enthalten. Nur für den Hauptschulbereich war dies bei 5 Prozent der PISA-Aufgaben und bei 5 Prozent der Landesaufgaben die Mehrheitsmeinung; ansonsten wurde mehrheitlich bescheinigt, dass die mathematischen Inhalte zum Curriculum gehören. Sie werden bis zur 10. Jahrgangsstufe, weitestgehend sogar bis zur 9. Jahrgangsstufe in deutschen Schulen behandelt. Der PISA-Test ist daher der Zielgruppe der 15-Jährigen, die in Deutschland überwiegend die Jahrgangsstufe 9 oder 10 besuchen, inhaltlich angemessen. Entsprechendes gilt für TIMSS und die Ländertests.

> Diese Anforderungsanalysen zeigen deutlich: (a) In Lehrplänen und Unterrichtspraxis in Deutschland haben technische Fertigkeiten eine weit höhere Bedeutung, als dies in internationalen Vergleichsuntersuchungen der Fall ist. Die Schwierigkeit von Aufgaben wird in der Praxis unseres Mathematikunterrichts über Wissensanforderungen gesteuert und nicht über die Komplexität des Modellierens. (b) PISA wird seiner Intention, den Schwerpunkt auf Modellierungsleistungen und begriffliches Verständnis zu legen, vollauf gerecht. Damit verfolgt PISA eine Konzeption mathematischer Grundbildung, die durchaus – wie in Abschnitt 2 diskutiert – mit der fachdidaktischen Diskussion in Deutschland in Einklang steht, aber die gängige Realität an den Schulen konterkariert.

Abbildung 3.6: Vertrautheit des Stoffs und der Art der Aufgabenstellung für unterschiedliche Aufgabengruppen

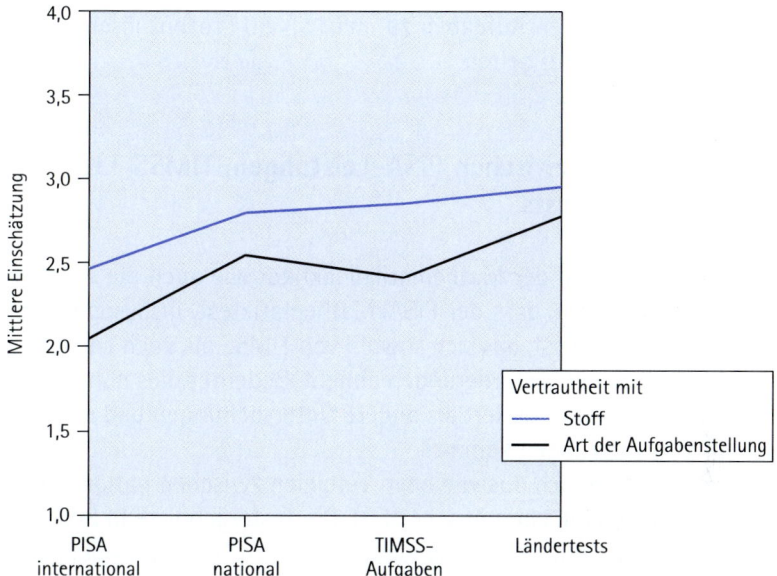

Zurückhaltender als die Vertrautheit mit dem Stoff werden von den Curriculumexperten die Vertrautheit deutscher Schüler mit der Art der Aufgabenstellungen (vgl. ebenfalls Abb. 3.6) sowie – damit zusammenhängend – die Relevanz für den jeweiligen Schulabschluss bewertet. Während aus dem nationalen PISA-Test, den Landestests und aus TIMSS jeweils mindestens die Hälfte der Aufgaben für abschlussrelevant erachtet werden, ist dies im internationalen PISA-Test nur bei jeder fünften Aufgabe der Fall. Allerdings sind die Schulformunterschiede bedeutsam: Im Gymnasium wird auch PISA-international überwiegend als abschlussrelevant eingestuft, in der Hauptschule nur zu 30 Prozent.

Für die Interpretation der PISA-Befunde ist es wichtig, Erwartungen an das zu erreichende Niveau mathematischer Bildung so zu formulieren, dass sie mit curricularen Setzungen übereinstimmen. Wir haben daher unter den 117 nationalen und internationalen PISA-Aufgaben jene 50 Items gesondert betrachtet, bei denen die Curriculumexperten

(a) für jedes der drei Abschlussniveaus (Hauptschulabschluss, mittlere Reife und Berechtigung zum Übergang in die gymnasiale Oberstufe) zu der Überzeugung gelangten, dass die Aufgabe jeweils abschlussrelevant sei[11],

(b) im Durchschnitt angaben, der Stoff werde vor Klasse 9 behandelt, und

(c) der Meinung waren, der Stoff sei deutschen Schülern vertraut.

Auf der Basis der für PISA etablierten Fähigkeitsskala kann nun berechnet werden, mit welcher Wahrscheinlichkeit diese abschlussrelevanten Aufgaben bei gegebenem Fähigkeitsniveau eines Schülers oder einer Schülerin korrekt gelöst werden. Es zeigt sich, dass erst etwas oberhalb des OECD-Mittelwerts 500, also beim Übergang von der zweiten zur dritten Kompetenzstufe, diese Wahrscheinlichkeit auf mehr als 50 Prozent ansteigt. Etwa in der Mitte der Kompetenzstufe III wird eine Lösungswahrscheinlichkeit von 62 Prozent erreicht, die in PISA als Kriterium für „ausreichenden Erfolg" festgelegt wurde. Damit haben wir ein curricular verankertes Leistungskriterium definiert: Wenn man von Schülerinnen und Schülern zumindest erwartet, dass sie die über alle Schulformen hinweg als abschlussrelevant geltenden Aufgaben zu mehr als 50 Prozent lösen können, muss Kompetenzstufe III als Standard gelten.

5.4 Zusammenhänge zwischen PISA-Leistungen, TIMSS-Leistungen und Erfolg in Ländertests

Die Anforderungsanalysen der Mathematikdidaktiker wie auch die Aussagen der Länderexperten machen deutlich, dass der PISA-Mathematiktest, insbesondere sein internationaler Teil, ein Profil aufweist, das sich sowohl von TIMSS als auch von den in Deutschland gängigen unterrichtlichen Anforderungen abhebt. Bedeutet dies nun, dass PISA eine ganz andere Art von Fähigkeiten fordert als andere Untersuchungen und somit möglicherweise zu verzerrten Einschätzungen kommt?

Die Antwort fällt ähnlich aus wie beim Vergleich zwischen nationalen und internationalen PISA-Aufgaben (vgl. oben Abschnitt 3). Die Testergebnisse in PISA[12] korrelieren mit TIMSS zu $r = .91$ sowie mit den drei landesspezifischen Tests zu $r = .89$, $.90$ und $.91$. Diese auch für latente Korrelationen relativ hohen Werte zeigen an, dass die verschiedenen Facetten mathematischer Grundbildung, die in den Aufgabengruppen unterschiedlich gewichtet vorkommen, doch Bestandteile einer gemeinsamen grundlegenden Leistungsdimension sind (zur Begründung vgl. Abschnitt 3).

Erwartete und tatsächliche Aufgabenschwierigkeiten

Dass die verschiedenen Aufgabengruppen trotz der unterschiedlichen Qualität ihrer Anforderungen im Hinblick auf die Erfassung mathematischer Grundbildungsniveaus ähnliche Resultate erbringen, zeigt auch ein Vergleich der Schwierigkeitsindizes für die verschiedenen Aufgabengruppen. Für Abbildung 3.7 wurden die Lösungshäufigkeiten aller Items ermittelt und in Prozentwerten angegeben. Daneben stellt die Abbildung die von den Länderexperten im Durchschnitt erwartete Häufigkeit korrekter Lösungen dar. Es zeigt sich, dass alle Aufgabengruppen – einschließlich des internationalen PISA-Tests – eine mittlere Lösungshäufigkeit von 40 bis 50 Prozent besitzen. Die Einschätzungen der Länderexperten kommen dem relativ nahe: Zwar wird die Lösungswahrscheinlichkeit – ähnlich wie es in der TIMS-Oberstufenstudie festgestellt werden konnte (Klieme, 2000) – von den Experten durchweg überschätzt, aber der Unterschied zu den tatsächlichen empirischen Werten liegt im Mittel bei weniger als 10 Prozentpunkten. Ein weiterer Beleg für die Güte der Einschätzungen der Landesexperten ist die relativ hohe Korrelation von $r = .63$ zwischen der geschätzten und der tatsächlichen Lösungshäufigkeit (Korrelation berechnet über 175 Items, $p < .001$).

Abbildung 3.7: Von Experten erwartete und tatsächlich beobachtete Lösungshäufigkeiten für verschiedene Aufgabengruppen

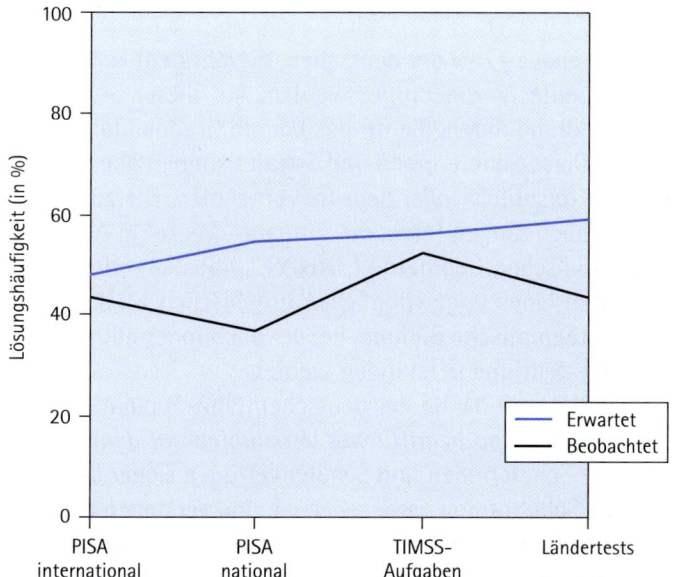

6. Mathematische Grundbildung im internationalen Vergleich

Nachdem in den vergangenen Abschnitten geklärt wurde, was „mathematische Grundbildung" ausmacht, welche Aspekte beim PISA-Konzept im Vordergrund stehen, welche Anforderungen die Testaufgaben im Einzelnen stellen und welchen Bezug dies zu Lehrplänen und Unterrichtspraxis hat, soll nun der Leistungsstand der deutschen Schülerinnen und Schüler beschrieben und im internationalen Vergleich bewertet werden.

Ausgangspunkt der Darstellung sind die Stufen mathematischer Kompetenz, die in Abschnitt 4 eingeführt wurden. Zu prüfen ist, wie sich die Population der 15-Jährigen in Deutschland und in anderen Staaten auf die Kompetenzstufen verteilt. Die Darstellung in Abschnitt 6.1 beschränkt sich zunächst auf einige wichtige Vergleichsländer. In Abschnitt 6.2 wird dann über die Gesamtheit der an PISA teilnehmenden Staaten berichtet. Das mittlere Niveau der mathematischen Grundbildung wird ebenso untersucht wie die Streuung innerhalb der Staaten und die Besetzung von Extremgruppen. Abschnitt 6.3 schließlich diskutiert das Profil mathematischer Leistungen in ausgewählten Ländern.

6.1 Verteilung auf Kompetenzstufen

Mathematische Grundbildung in Deutschland

Eine kleine Spitzengruppe von 15-Jährigen (Anteil in Deutschland: 1,3 %) erreicht die höchste Stufe der mathematischen Grundbildung, Stufe V, die *komplexe Modellierung und innermathematisches Argumentieren* beinhaltet. Diese Schülerinnen und Schüler können Begründungen und Beweise angeben, mathematische Modelle verallgemeinern und über deren Gültigkeit reflektieren (vgl. die jeweils schwierigsten Aufgaben in den Abb. 3.2, 3.3 und 3.4).

Etwa jeder Achte (genau: 12 % der deutschen 15-Jährigen) kann nach seinem Testergebnis der Kompetenzstufe IV zugeordnet werden. Auf dieser Stufe werden die Verallgemeinerungen und Begründungen, die für das höchte Grundbildungsniveau typisch sind, nicht mehr bewältigt. Diese Schülerinnen und Schüler können aber *umfangreiche Modellierungen auf der Basis anspruchsvoller Begriffe* vornehmen. Hierzu gehören zum Beispiel mehrschrittige Prozentrechnungen (etwa die Aufgabe „Miete" in Abb. 3.4), anspruchsvollere Aufgaben der Euklidischen Geometrie („Dreieck", Abb. 3.3) oder das Verstehen, Interpretieren und Validieren eines ungewöhnlichen graphischen Modells. Diese Gruppe verfügt also über eine mathematische Bildung, bei der auch innermathematische begriffliche Zusammenhänge hergestellt und verstanden werden.

Ein knappes Drittel (genau: 31 %) der deutschen PISA-Population lässt sich der Kompetenzstufe III, *Modellieren und begriffliches Verknüpfen auf dem Niveau der Sekundarstufe I,* zuordnen. Diese Schülerinnen und Schüler verfügen sicher über den Standardstoff, der in Lehrplänen aller Schulformen vorgesehen ist, und verstehen Grundbegriffe wie zum Beispiel den Funktionsbegriff. Damit können sie auch rechnerische und begriffliche Modellierungen vornehmen, bei denen es beispielsweise um die Ermittlung eines Prozentsatzes („Glasfabrik 3", Abb. 3.4) oder um das Erkennen einer algebraischen Struktur in geometrischen Mustern geht („Äpfel 1", Abb. 3.2). Von diesen Schülerinnen und Schülern lässt sich aufgrund inhaltlicher Analysen und der Einschätzungen von Lehrplanexperten sagen, dass sie den curricularen Anforderungen für die Klassenstufe 9 genügen. Dasselbe gilt selbstverständlich auch für die Schülerinnen und Schüler auf höheren Kompetenzstufen (IV und V), sodass insgesamt 44 Prozent der Altersgruppe ein ausreichendes Niveau der mathematischen Grundbildung erreichen.

Ein weiteres Drittel der 15-jährigen deutschen Schüler (genau: 32 %) ist der Kompetenzstufe II, *elementare Modellierungen,* zuzuordnen. Sie können Wissen auf Grundschulniveau dazu einsetzen, neuartige Aufgabensituationen zu verstehen und passende Modellierungen auszuwählen. So können sie beispielsweise den Flächeninhalt eines Quadrats auch dann berechnen, wenn man die Kantenlängen in einer komplizierteren geometrischen Skizze erkennen muss (vgl. Abb. 3.3). Außerdem können sie einfache Wissensinhalte der Sekundarstufe I in Standardaufgaben verwenden, beispielsweise mit Klammerausdrücken operieren, Prozent- oder Grundwert berechnen (vgl. Abb. 3.4, „Glasfabrik", Versionen 1 und 2) und Informationen aus Diagrammen entnehmen. Mit diesen Kenntnissen und Fähigkeiten werden die curricularen Standards noch nicht voll eingelöst, aber es lassen sich viele mathematische Aufgaben bewältigen, wie sie von Betrieben und Kammern bei Auswahltests für die Einstellung von Auszubildenden verwendet werden.

17 Prozent der PISA-Schülerinnen und -Schüler erreichen gerade die Kompetenzstufe I, *Rechnen auf Grundschulniveau.* Sie können arithmetisches und geometrisches Wissen, wie es in der Grundschule vermittelt wird, in vertrauten Aufgabenstellungen anwenden, also zum Beispiel durch Dividieren und Multiplizieren einen Preis ermitteln (Aufgabe „Brötchen" in Abb. 3.4) oder den Flächeninhalt eines Rechtecks mit vorgegebenen Kantenlängen berechnen (Aufgabe „Rechteck" in Abb. 3.3). Anforderungen, die über sol-

Abbildung 3.8: Prozentuale Verteilung der Schülerinnen und Schüler auf die Kompetenzstufen der mathematischen Grundbildung in neun Ländern

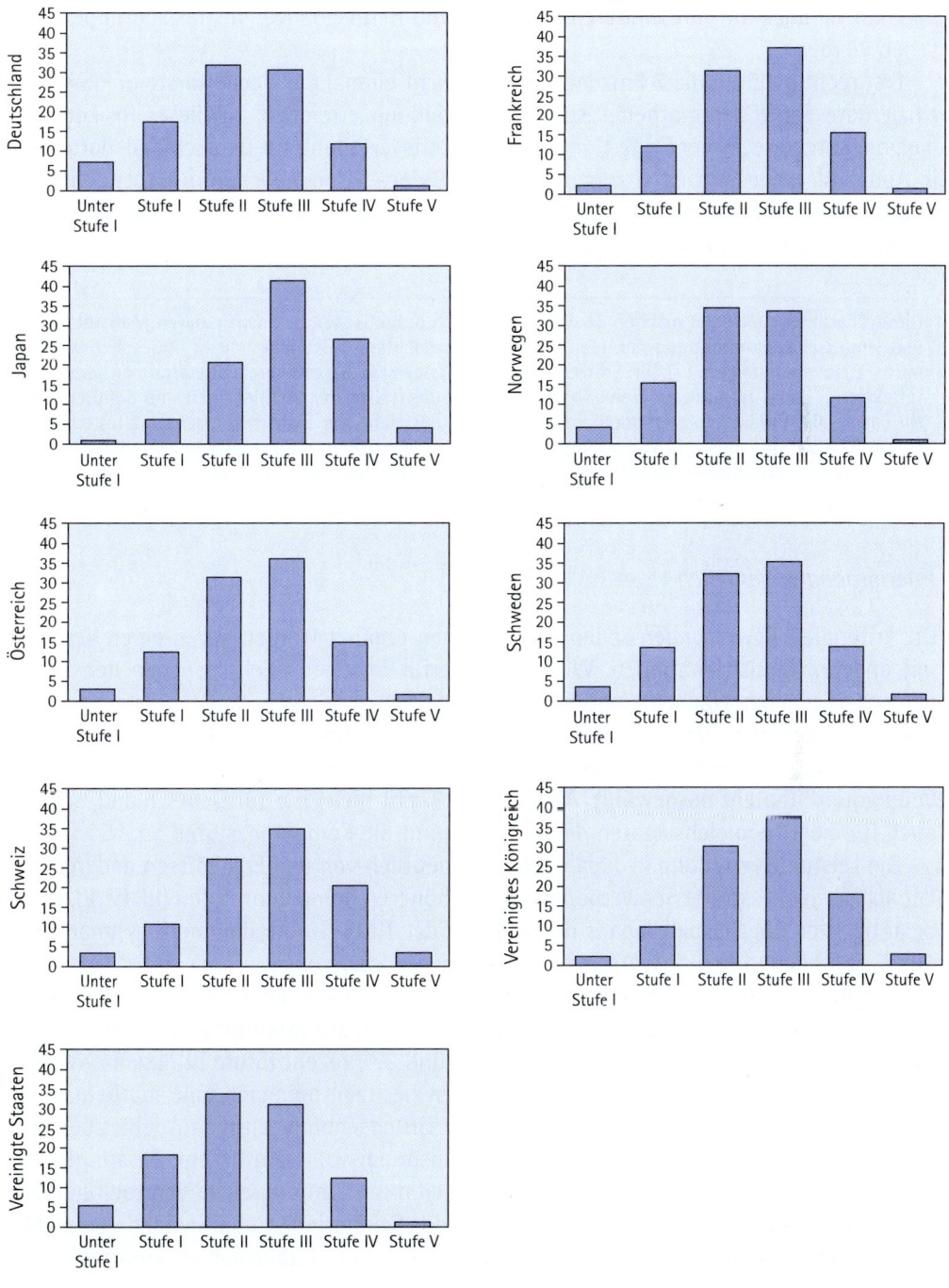

che elementare Standardaufgaben hinausgehen, können sie nicht bewältigen. Damit sind sie zum Beispiel nicht in der Lage, typische mathematische Aufgaben für Ausbildungs-platzbewerber zu lösen. Die Schülerinnen und Schüler auf Kompetenzstufe I müssen dem-nach im Hinblick auf ihre weiteren Bildungs- und Berufschancen als Risikogruppe ange-sehen werden.

Erst recht gehören die 7 Prozent, die noch nicht einmal die elementarste in PISA iden-tifizierbare Stufe der mathematischen Grundbildung erreichen, zu dieser Risikogruppe (vgl. die Kategorie „unter Stufe I" in der Häufigkeitsverteilung für Deutschland, dargestellt in Abb. 3.8). Insgesamt ist also bei etwa jedem vierten Jugendlichen in Deutschland der erfolgreiche Übergang in eine berufliche Ausbildung und Tätigkeit durch Mängel in der mathematischen Grundbildung gefährdet.

> Diese Charakterisierungen machen deutlich, dass nach didaktischen und curricularen Maßstäben die mathematische Grundbildung der 15-Jährigen in Deutschland als unzureichend angesehen werden muss. Zusammengefasst: (a) Die Spitzengruppe, die selbstständig mathematisch argumentieren und reflektieren kann, ist äußerst klein. (b) Weniger als die Hälfte der Schülerinnen und Schüler kann Aufgaben, die zum curricularen Standard gehören, mit ausreichender Sicherheit lösen. Und (c) ein Vier-tel der 15-Jährigen muss als Risikogruppe eingestuft werden, deren mathematische Grundbildung nur bedingt für die erfolgreiche Bewältigung einer Berufsausbildung ausreicht.

Internationaler Vergleich

Die kriterialen Bewertungen sollen im Folgenden ergänzt werden durch einen Vergleich mit anderen Industrienationen. Wir haben hierfür im ersten Schritt neben den beiden deutschsprachigen Nachbarstaaten (Österreich, Schweiz) zwei große westeuropäische Staaten (Frankreich, Vereinigtes Königreich), zwei skandinavische Staaten (Norwegen, Schweden) sowie die beiden wichtigsten außereuropäischen Vergleichsnationen (Japan, Vereinigten Staaten) ausgewählt. Abbildung 3.8 gibt nicht nur für Deutschland, sondern auch für diese Vergleichsstaaten die Verteilung auf die Kompetenzstufen an.

Die Leistungsverteilung in Japan hebt sich deutlich von den Ergebnissen anderer Län-der ab. Nur hier liegt der Schwerpunkt auf den höheren Kompetenzstufen (III, IV, V). Damit bestätigt sich am Beispiel Japans der schon in der TIMS-Studie (Baumert, Lehmann u.a., 1997) gefundene Leistungsvorsprung ostasiatischer Staaten.

Wie in Deutschland, so sind auch in den anderen europäischen Ländern und den Ver-einigten Staaten die Kompetenzstufen II und III die am stärksten besetzten, mit Anteilen zwischen 27 und 34 Prozent (Stufe II) bzw. 30 und 37 Prozent (Stufe III). Etwa zwei Drit-tel der 15-Jährigen in diesen Industrienationen besitzen demnach eine mathematische Grundbildung, die über einfaches Rechnen auf Grundschulniveau hinausgeht, aber noch nicht mit hinreichender Sicherheit gestattet, anspruchsvolle begriffliche Zusammenhän-ge zu verstehen, offene Situationen zu modellieren und umfangreiche Verarbeitungspro-zesse durchzuführen. Dieser großen Mehrheit der Schülerinnen und Schüler ist das Mo-dellieren als Kern von *Mathematical Literacy* zugänglich – aber nur im Zusammenhang mit einfachen Wissensinhalten oder Standardfragestellungen.

Unterschiede zwischen den Ländern lassen sich in Abbildung 3.8 unmittelbar daran festmachen, wo der Schwerpunkt der Verteilung liegt. Deutschland, Norwegen und die

Abbildung 3.9: Anteil der Schüler, die den Grundbildungsstandard erfüllen

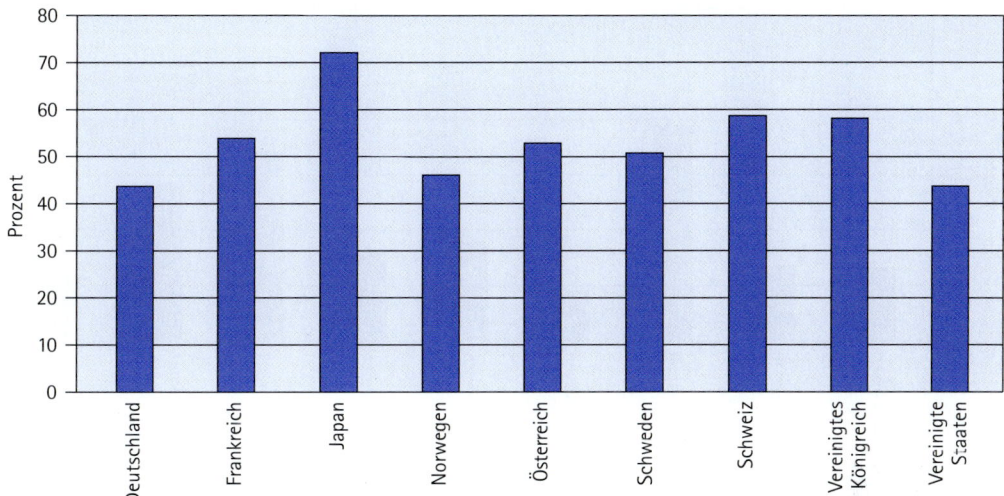

Vereinigten Staaten haben höhere Besetzungen im unteren Leistungsbereich, Schweden, Frankreich, Österreich, Schweiz, das Vereinigte Königreich und Japan im oberen. Um die Unterschiede im internationalen Vergleich noch deutlicher zu illustrieren, sind in den Abbildungen 3.9 bis 3.11 bestimmte Kompetenzstufen herausgehoben: (a) die Stufen, in denen nach didaktischen Maßstäben und nach dem Urteil deutscher Lehrplanexperten ein ausreichendes Niveau mathematischer Grundbildung garantiert ist (III und höher), (b) die so genannten Risikogruppen (Stufe I und darunter) sowie (c) die Spitzengruppe (Stufe V).

Nur wer zumindest die Kompetenzstufe III erreicht, wird den Anforderungen an mathematisches Wissen und Modellieren gerecht, die in den Abschnitten 4 und 5 dieses Kapitels aus der Perspektive deutscher Fachdidaktiker und Lehrplanexperten beschrieben

Abbildung 3.10: Anteil der Risikogruppen

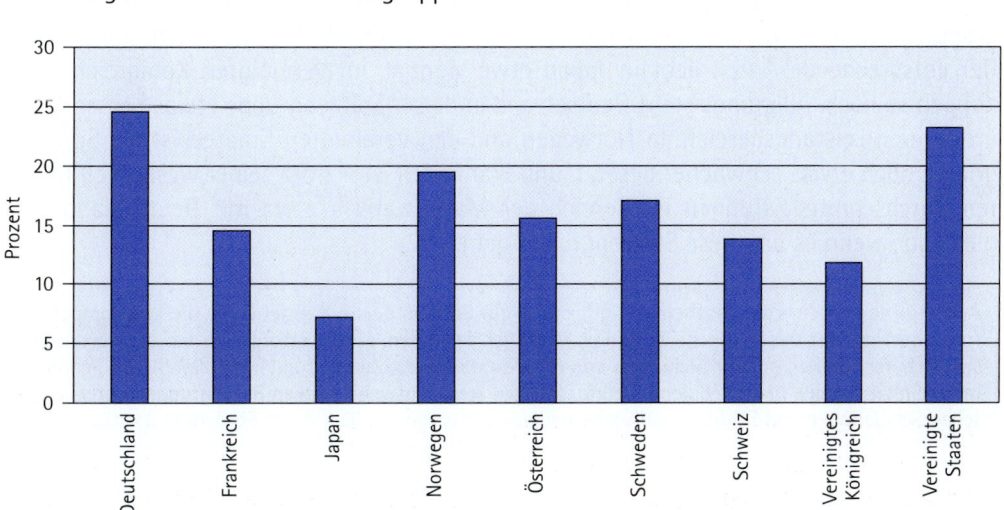

Abbildung 3.11: Anteil der Spitzengruppe

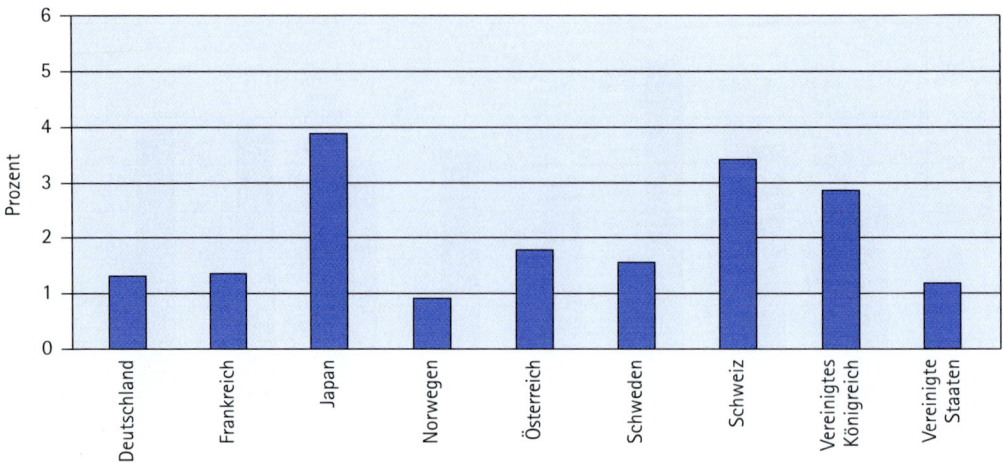

wurden. Gemäß Abbildung 3.9 liegt dieser Anteil in den untersuchten Staaten zumeist um 50 Prozent. Dies illustriert, dass die Zielsetzungen, die nach Ansicht von Experten in deutschen Curricula formuliert sind, auch im internationalen Maßstab als anspruchsvoll gelten können. In den meisten Ländern vermag nur etwa jeder zweite Schüler diese Ansprüche zu erfüllen. Eine Ausnahme bildet lediglich Japan mit einem Anteil von über 70 Prozent. Deutschland liegt gemeinsam mit den Vereinigten Staaten am unteren Ende der Staatengruppe, das heißt, auch und gerade nach den eigenen curricularen Standards sind die Leistungen deutscher Schüler vergleichsweise niedrig, am ehesten noch vergleichbar mit den Befunden aus den Vereinigten Staaten.

Der Anteil der Risikogruppe, deren mathematische Fähigkeiten über das Rechnen auf Grundschulniveau nicht hinausreichen, ist in Deutschland so hoch wie in keinem anderen der hier einbezogenen Länder: doppelt so hoch wie im Vereinigten Königreich und mehr als dreimal so hoch wie in Japan (vgl. Abb. 3.10). Dieses Verhältnis spiegelt sich am oberen Ende der Leistungsskala, in der Kompetenzstufe V (vgl. Abb. 3.11). Zu dieser Spitzengruppe gehören in Deutschland gerade einmal 1,3 Prozent der Schülerinnen und Schüler. Der entsprechende Anteil liegt in Japan etwa viermal, im Vereinigten Königreich etwa doppelt so hoch. Allerdings steht Deutschland in dieser Spitzengruppe etwas besser da als im unteren Leistungsbereich. In Norwegen und den Vereinigten Staaten ist die Spitzengruppe noch etwas schwächer besetzt, und Frankreich ist – trotz seiner wesentlich höheren Durchschnittsleistungen im Bereich der Mathematik – etwa mit Deutschland vergleichbar, wenn es um diese Spitzengruppe geht.

Auch für den Bereich der Mathematik gilt daher ein Befund, der in Kapitel 2 für die Lesekompetenz formuliert wurde: Das deutsche Bildungssystem ist besonders wenig erfolgreich bei der Förderung schwächerer Schüler, bei der Sicherung von Mindeststandards. Zwar ist auch der Anteil von Schülern in der Spitzengruppe unbefriedigend niedrig, aber die vergleichsweise starken Risikogruppen unter deutschen Schülerinnen und Schülern sollten besonderen Anlass geben, über deren Förderung nachzudenken.

6.2 Mittlere Leistung und Streuung in allen PISA-Staaten

Mittlere Leistungen

Die Skala der mathematischen Grundbildung wurde international so normiert, dass über alle OECD-Staaten hinweg der Mittelwert 500 und die Standardabweichung 100 betragen. Deutschland liegt mit einem nationalen Mittelwert von 490 unterhalb des OECD-Durchschnitts. Dieser Unterschied ist statistisch signifikant – anders als etwa im Fall der Vereinigten Staaten, die bei einem nationalen Mittelwert von 493 nicht signifikant vom OECD-Durchschnitt unterscheidbar sind.

Abbildung 3.12 sowie Tabelle 3.3 enthalten die statistischen Informationen, die zum Vergleich der Schülerleistungen über alle 31 Teilnehmerstaaten hinweg erforderlich sind. Graphisch dargestellt und zusätzlich tabelliert sind die Mittelwerte der einzelnen Länder sowie die Standardabweichungen als Maße der Leistungsvariation innerhalb der Länder. Außerdem sind die Kennwerte auf der Skala angegeben, die jeweils von 5, 10, 25, 75, 90 oder 95 Prozent der Schülerinnen und Schüler erreicht oder überschritten werden (so ge-

Tabelle 3.3: Teilnehmerstaaten nach Leistungen in Mathematik

Land	Mittelwert (Standardfehler)	Standard-abweichung	Perzentile					
			5	10	25	75	90	95
Japan	557 (5,5)	87	402	440	504	617	662	688
Korea	547 (2,8)	84	400	438	493	606	650	676
Neuseeland	537 (3,1)	99	364	405	472	607	659	689
Finnland	536 (2,2)	80	400	433	484	592	637	664
Australien	533 (3,5)	90	380	418	474	594	647	679
Kanada	533 (1,4)	85	390	423	477	592	640	668
Schweiz	529 (4,4)	100	353	398	466	601	653	682
Vereinigtes Königreich	529 (2,5)	92	374	412	470	592	646	676
Belgien	520 (3,9)	106	322	367	453	597	646	672
Frankreich	517 (2,7)	89	364	399	457	581	629	656
Österreich	515 (2,5)	92	355	392	455	501	631	661
Dänemark	514 (2,4)	87	366	401	458	575	621	649
Island	514 (2,3)	85	372	407	459	572	622	649
Liechtenstein	514 (7,0)	96	343	380	454	579	635	665
Schweden	510 (2,5)	93	347	386	450	574	626	656
Irland	503 (2,7)	84	357	394	449	561	606	630
OECD-Durchschnitt	**500 (0,7)**	**100**	**326**	**367**	**435**	**571**	**625**	**655**
Norwegen	499 (2,8)	92	340	379	439	565	613	643
Tschechische Republik	498 (2,8)	96	335	372	433	564	623	655
Vereinigte Staaten	493 (7,6)	98	327	361	427	562	620	652
Deutschland	490 (2,5)	103	311	349	423	563	619	649
Ungarn	488 (4,0)	98	327	360	419	558	615	648
Russische Föderation	478 (5,5)	104	305	343	407	552	613	648
Spanien	476 (3,1)	91	323	358	416	540	592	621
Polen	470 (5,5)	103	296	335	402	542	599	632
Lettland	463 (4,5)	103	288	328	393	536	593	625
Italien	457 (2,9)	90	301	338	398	520	570	600
Portugal	454 (4,1)	91	297	332	392	520	570	596
Griechenland	447 (5,6)	108	260	303	375	524	586	617
Luxemburg	446 (2,0)	93	281	328	390	509	559	588
Mexiko	387 (3,4)	83	254	281	329	445	496	527
Brasilien	334 (3,7)	97	179	212	266	399	464	499

> OECD Mittelwert   = OECD Mittelwert   < OECD Mittelwert

Abbildung 3.12: Testleistungen der Schülerinnen und Schüler in den Teilnehmerstaaten: Mathematik

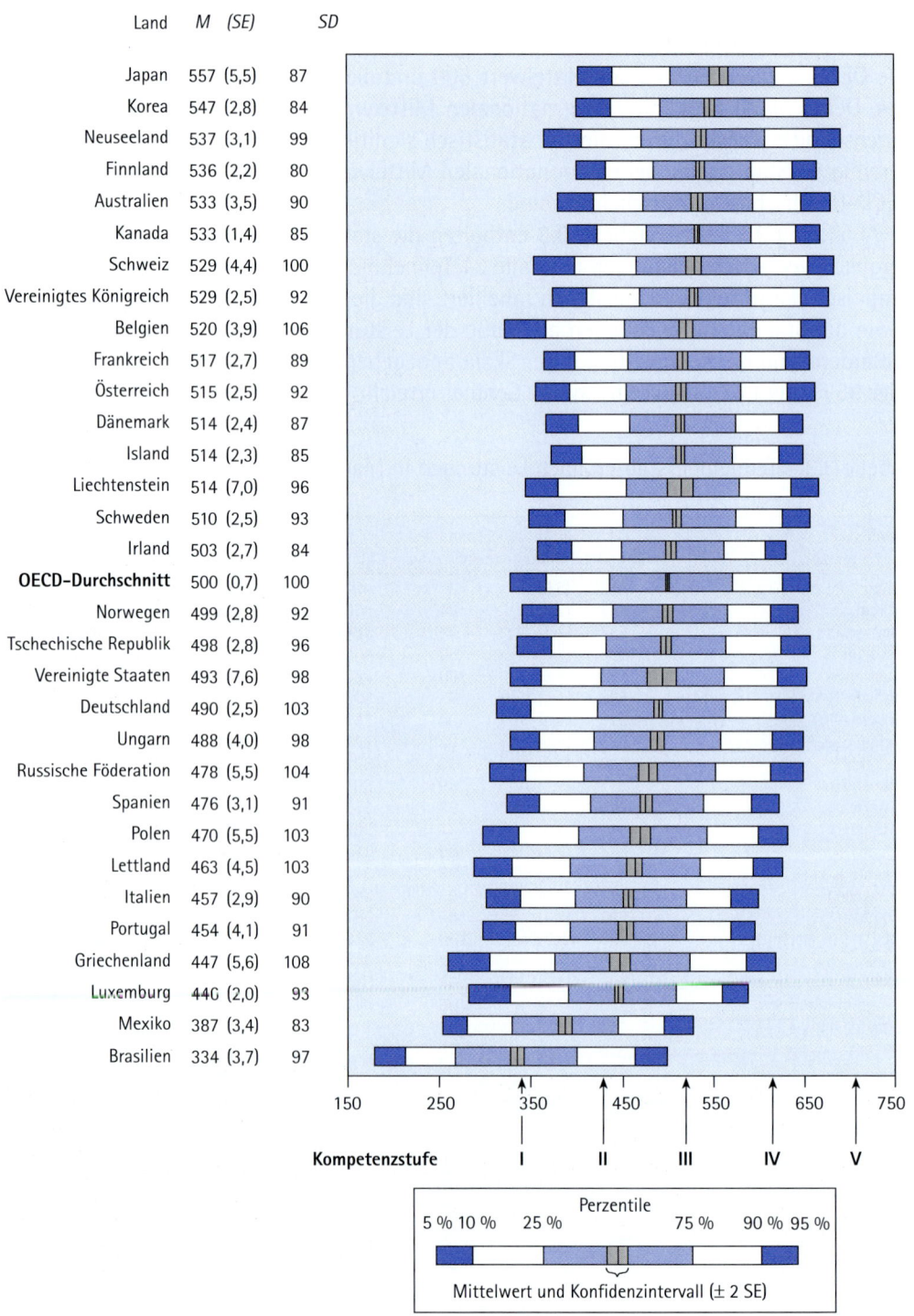

Land	M (SE)	SD
Japan	557 (5,5)	87
Korea	547 (2,8)	84
Neuseeland	537 (3,1)	99
Finnland	536 (2,2)	80
Australien	533 (3,5)	90
Kanada	533 (1,4)	85
Schweiz	529 (4,4)	100
Vereinigtes Königreich	529 (2,5)	92
Belgien	520 (3,9)	106
Frankreich	517 (2,7)	89
Österreich	515 (2,5)	92
Dänemark	514 (2,4)	87
Island	514 (2,3)	85
Liechtenstein	514 (7,0)	96
Schweden	510 (2,5)	93
Irland	503 (2,7)	84
OECD-Durchschnitt	500 (0,7)	100
Norwegen	499 (2,8)	92
Tschechische Republik	498 (2,8)	96
Vereinigte Staaten	493 (7,6)	98
Deutschland	490 (2,5)	103
Ungarn	488 (4,0)	98
Russische Föderation	478 (5,5)	104
Spanien	476 (3,1)	91
Polen	470 (5,5)	103
Lettland	463 (4,5)	103
Italien	457 (2,9)	90
Portugal	454 (4,1)	91
Griechenland	447 (5,6)	108
Luxemburg	446 (2,0)	93
Mexiko	387 (3,4)	83
Brasilien	334 (3,7)	97

Kompetenzstufe   I   II   III   IV   V

Perzentile

5 % 10 %   25 %   75 %   90 % 95 %

Mittelwert und Konfidenzintervall (± 2 SE)

nannte Perzentile). Für den Mittelwert ist zusätzlich der Standardfehler angegeben, der die Genauigkeit der Mittelwertschätzung beschreibt. Dem entspricht in der Abbildung das so genannte Konfidenzintervall (zwei Standardfehler um den Mittelwert herum), innerhalb dessen der „wirkliche", für die gesamte Schülerpopulation des Landes gültige Wert mit 99-prozentiger Wahrscheinlichkeit liegt. Die Schätzgenauigkeit ist so groß, dass beim Vergleich jeweils zweier Staaten in den meisten Fällen deutliche, statistisch signifikante Unterschiede zu Gunsten eines Staates belegt werden können.

Betrachtet man die Länder in der Reihenfolge ihrer Leistungsmittelwerte, wie in Abbildung 3.12 dargestellt, so lassen sich die folgenden Befunde formulieren:

- Deutschland gehört zu einer größeren Mittelgruppe von 16 Nationen mit Leistungsniveaus zwischen 470 und 520, die sich wiederum sehr deutlich in zwei Teilgruppen trennen lässt: Im oberen Mittelfeld liegen (mit Mittelwerten zwischen 499 und 520) die skandinavischen sowie mehrere mitteleuropäische Staaten. Im unteren Mittelfeld (Testwerte 470 bis 498) befinden sich die Vereinigten Staaten, Deutschland, Spanien und die osteuropäischen Länder.

- Die internationale Leistungsspitze wird klar durch die beiden ostasiatischen Länder Japan und Korea gebildet. Ihre Schülerinnen und Schüler erreichen im Durchschnitt ein Leistungsniveau, das etwa eine halbe Standardabweichung über dem OECD-Mittelwert liegt. Zum Vergleich: In Deutschland erreichen nur 29 Prozent der Jugendlichen diesen Wert.

- Zur Spitzengruppe der Teilnehmerstaaten gehören ferner sechs Staaten, deren mathematisches Leistungsergebnis etwa um eine drittel Standardabweichung über dem OECD-Gesamtwert liegt. Es sind dies vier angloamerikanische Staaten (Vereinigtes Königreich, Kanada, Australien und Neuseeland) sowie Finnland und die Schweiz. Das Durchschnittsniveau dieser Staaten erreichen oder übertreffen in Deutschland 35 Prozent aller Schüler.

- Als Staatengruppe mit niedrigeren Leistungen lassen sich die südeuropäischen Länder (außer Spanien) identifizieren, erweitert um Luxemburg, das unter anderem aufgrund seiner Mehrsprachigkeit einen Sonderstatus einzunehmen scheint, und Lettland. Das Leistungsniveau liegt hier etwa eine halbe Standardabweichung unter dem OECD-Durchschnitt. Dieser Wert wird in Deutschland von zwei Drittel der 15-Jährigen erreicht oder übertroffen.

- Die beiden lateinamerikanischen Länder Mexiko und Brasilien erreichen im Durchschnitt nur Leistungen, die mehr als eine Standardabweichung unter dem OECD-Mittelwert liegen.

Auffallend ist, dass sich die Staaten relativ klar nach Regionen bzw. (im Fall der angloamerikanischen Spitzengruppe) kulturellen Traditionen gruppieren. Umso bemerkenswerter ist es, dass Deutschland mit einem Mittelwert von 490 deutlich unter den Werten aller übrigen west- und nordeuropäischen Länder, mit Ausnahme Luxemburgs, bleibt. Nicht nur die Spitzengruppe der ostasiatischen und angloamerikanischen Länder, Finnland und die Schweiz, sondern auch sämtliche westeuropäischen Nachbarstaaten sind in der mathematischen Ausbildung erfolgreicher.

Variation der Schülerleistungen innerhalb der Staaten

Wie Abbildung 3.12 deutlich macht, streuen die Leistungen der Schülerinnen und Schüler innerhalb der Staaten beachtlich. Dies führt dazu, dass sich die Leistungsverteilungen der an PISA teilnehmenden Staaten – bei aller Unterschiedlichkeit im mittleren Niveau – in weiten Teilen überschneiden. Wer beispielsweise in einem der 14 hier aufgeführten Mitgliedsstaaten der Europäischen Union den jeweiligen nationalen Durchschnittswert erreicht, würde in jedem Fall in Deutschland noch zu den mittleren 50 Prozent zählen.

Bemerkenswert ist allerdings, dass die Streuung von Nation zu Nation unterschiedlich stark ausfällt. Das Ausmaß der Streuung ist selbst ein wichtiger Indikator für die Fähigkeit eines Bildungssystems, die mathematische Bildung seiner Schülerpopulation zu homogenisieren. Wie bei der Lesekompetenz gehört auch im Bereich der mathematischen Grundbildung Deutschland zu den Ländern mit besonders großer Streuung. Dies lässt sich zum einen in Abbildung 3.12 bzw. Tabelle 3.3 an dem Wert der Standardabweichungen ablesen. Der nationale Wert von 103 wird nur durch Griechenland, Belgien und die Russische Föderation überboten. Auch wenn man den Abstand zwischen dem 5. und dem 95. Perzentil betrachtet (vgl. letzte Spalte in Tab. 3.3), zeigt sich das gleiche Bild: Zwischen den 5 Prozent schlechtesten und den 5 Prozent besten Schülerinnen und Schülern eines Landes liegen nur in seltenen Fällen so große Unterschiede wie in Deutschland. Hier beträgt der Unterschied 338 Punkte auf der PISA-Skala, das heißt mehr als drei Standardabweichungen; wiederum findet sich nur in Griechenland, Belgien und der Russischen Föderation ein höherer Wert[13].

Offensichtlich gelingt es dem deutschen Bildungssystem relativ schlecht, die Leistungen der Schülerinnen und Schüler zu homogenisieren. Die Probleme des deutschen Bildungssystems scheinen – wie die Auswertung nach Kompetenzstufen bereits zeigte – verstärkt im unteren Leistungsbereich zu liegen.

Dies belegt auch ein Vergleich mit den Vereinigten Staaten anhand von Tabelle 3.3. Am unteren Ende der Skala, bei der 5-Prozent-Marke, beträgt der Abstand zwischen den Vereinigten Staaten und Deutschland 16 Punkte, am oberen Ende, beim 95. Perzentil, hingegen nur 3 Punkte.

Vergleich mit TIMSS

21 der PISA-Teilnehmerstaaten hatten auch an der TIMS-Mittelstufenstudie teilgenommen. Vergleicht man nun ihre Ergebnisse in PISA mit den Resultaten des TIMSS-Tests zur Mathematik (Baumert, Lehmann u.a., 1997, S. 90), so zeigt sich, dass innerhalb dieser 21 Staaten die Position Deutschlands nahezu unverändert ist: Platz 14 bei TIMSS, Platz 16 bei PISA. Die deutlichsten Veränderungen in positiver Richtung ergeben sich für eine Gruppe von angloamerikanischen Staaten (Vereinigtes Königreich, Neuseeland, Kanada und Australien), die bei TIMSS noch im internationalen Mittelfeld lagen, nun aber zur Spitzengruppe gehören. Dies könnte damit zusammenhängen, dass in diesen Ländern in den 1990er Jahren sehr starke Anstrengungen in Richtung auf Qualitätssicherung im Bildungswesen, Definition verbindlicher Curricula und Leistungsstandards unternommen worden sind (OECD, 1995). Zudem hat speziell im Vereinigten Königreich und in Kanada ein pragmatischer Zugang zu Mathematik, der dem in PISA verfolgten Konzept nahe steht, Tradition (Kaiser, 1999).

Die deutlichste „Verlierergruppe" im Vergleich zur TIMS-Mittelstufenstudie bilden die osteuropäischen Staaten (Tschechische Republik, Ungarn und Russische Föderation). Auch hier bieten sich Veränderungen des Bildungswesens und didaktische Traditionen als Erklärungen an: Die Bildungssysteme dieser Staaten befinden sich nach der politischen Wende im Umbruch (Coulby, Cowen & Jones, 2000), und die traditionell dort vorherrschende Methode eines stark lehrergesteuerten, auf Kenntnis mathematischer Fakten ausgerichteten Unterrichts (vgl. etwa Kawanaka, 2000, für die Tschechische Republik) steht möglicherweise im Konflikt mit PISA-typischen Anforderungen.

Auch die 1999 durchgeführte TIMS-Wiederholungsstudie hatte für zwei der hier aufgeführten Länder signifikante Änderungen gegenüber 1994 festgestellt, und zwar gerade für Kanada und die Tschechische Republik. Die Veränderungen gingen in die bei PISA diagnostizierte Richtung, und sie waren in ähnlicher Höhe auch bei Naturwissenschaften zu beobachten (IEA, 2001). Dies spricht dafür, dass es sich bei den Veränderungen nicht nur um Effekte unterschiedlich ausgerichteter Testkonzepte handelt, sondern um substanzielle Veränderungen der Bildungsqualität.

6.3 Relative Stärken und Schwächen verschiedener Länder

Fragestellung und Methode

Abschließend soll untersucht werden, ob sich in den PISA-Staaten – unabhängig von den globalen Unterschieden in Mittelwert und Streuung der mathematischen Kompetenz – inhaltlich bestimmbare Profile zeigen. Solche relativen Stärken und Schwächen eines Landes könnten auf spezifische didaktische Traditionen verweisen. Derartige Informationen stellen eine Rückmeldung dar, die für die Fachdidaktik unmittelbare Bedeutung hat.

Einbezogen werden in diesen Vergleich neben Deutschland die acht Nationen, die bereits in Abschnitt 6.1 näher untersucht wurden. Aus der mathematikdidaktischen Forschung (Henn & Kaiser, 2001; Kaiser, 1997; Schmidt u.a., 1996) und aus TIMSS (Baumert, Klieme & Watermann, 1999; Klieme & Baumert, 2001a; Klieme & Bos, 2000; Neubrand, Neubrand & Sibberns, 1998) verfügen wir bereits über Hypothesen zu den relativen Stärken und Schwächen dieser Länder im Bereich der mathematischen Bildung und zu ihren spezifischen Unterrichtskulturen. Beispielsweise belegten mehrere dieser Studien die starke Kalkülorientierung des deutschen Mathematikunterrichts

Die nachfolgend für PISA berichteten Analysen nutzen die detaillierten Anforderungsanalysen durch Experten und Fachdidaktiker (vgl. Abschnitte 4 und 5) und verknüpfen diese mit differenzierten testtheoretischen Modellen, bei denen für jedes einzelne Land getrennte Effekte berechnet werden. Der Kennwert für die Schwierigkeit einer Aufgabe, der gemäß dem Rasch-Modell ermittelt wird, wird hier zerlegt in eine allgemeine und eine länderspezifische Komponente, die beschreibt, ob die Schülerinnen und Schüler eines Landes bei dem betreffenden Item – gemessen an ihrem Gesamtleistungsniveau – auffällig wenig oder überproportional stark erfolgreich waren[14].

Für jede der neun Nationen und jedes der 31 internationalen PISA-Mathematikitems wurde eine solche länderspezifische Schwierigkeit geschätzt. Anschließend wurden Korrelationen zwischen diesen Kennwerten und den von Experten und Fachdidaktikern eingeschätzten Anforderungsmerkmalen berechnet. Eine hohe Korrelation dieser Art bedeutet, dass die Schülerinnen und Schüler eines Landes bei Aufgaben mit einem bestimmten Merkmal eine auffällige Stärke besitzen[15].

Zusätzlich zu den Anforderungen, die in den Abschnitten 4 und 5 bereits ausführlich diskutiert wurden, sind folgende Merkmale einbezogen worden:
- eine Einschätzung der besonderen Nähe zum *Realistic Mathematics Education*-Ansatz durch Fachdidaktiker sowie
- die Zuordnung zu eher algebraischen bzw. eher geometrischen Inhalten und
- eine Bewertung der Rolle von visuellen Darstellungen („Verständnis für Graphen" und „Repräsentationsformate verbinden") durch trainierte Lehrer.

Ergebnisse

PISA bestätigt im Wesentlichen die Befunde vorangehender Untersuchungen, insbesondere der TIMS-Studie:
- Die deutschen Schülerinnen und Schüler schneiden im internationalen Vergleich bei technischen Aufgaben relativ gut ab; ihre Schwäche liegt in der Modellierung anspruchsvollerer innermathematischer Kontexte. Dieses Leistungsprofil hängt sicherlich mit der in früheren Studien aufgezeigten Kalkülorientierung des deutschen Mathematikunterrichts zusammen. Zudem spiegelt es die Tatsache, dass technische Fertigkeiten in curricular validen Ländertests besonders betont sind (vgl. Abschnitt 5). Eine weitere Stärke hat der deutsche Mathematikunterricht im Umgang mit verschiedenen Repräsentationsformaten (bildliche, verbale und symbolische Informationen) sowie deren

Abbildung 3.13: Aufgabe mit besonders starkem Erfolg deutscher Schüler im internationalen Vergleich

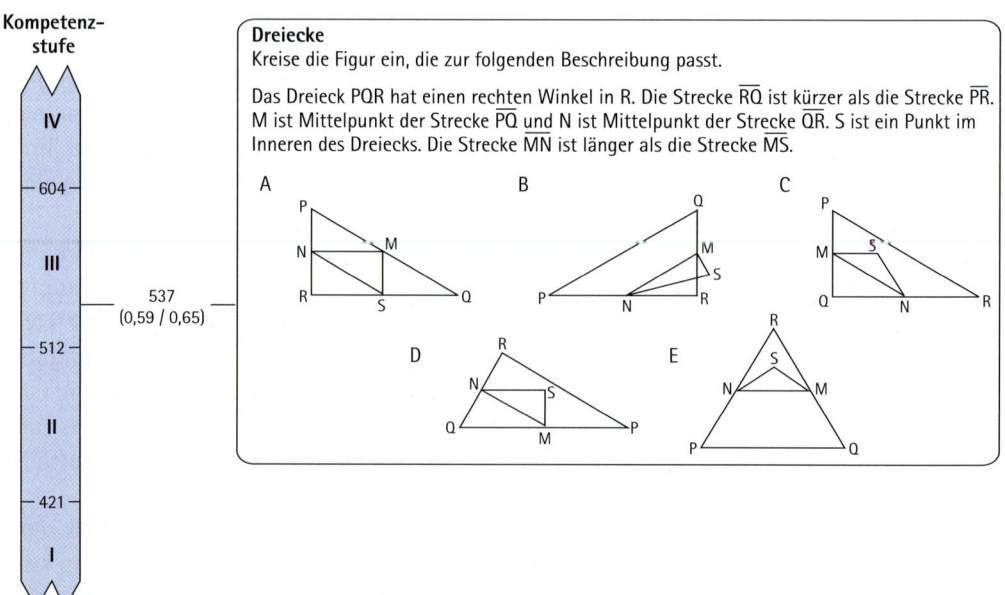

Verknüpfung und Übersetzung; genau dies war auch Ergebnis der TIMS-Oberstufenstudie (Klieme & Baumert, 2001a).

- Der japanische Mathematikunterricht hat seine besondere Stärke bei anspruchsvollen innermathematischen Aufgaben, vor allem aus der Geometrie, eine relative Schwäche hingegen bei anwendungsbezogenen Aufgaben, in denen häufig graphische Darstellungen verwendet werden. Dieser Befund bestätigt entsprechende differenzielle Vergleiche im Rahmen der TIMS-Mittelstufenstudie (Klieme & Bos, 2000).

- Dasselbe Profil zeigt in PISA die Schweiz.

- Auch Frankreich besitzt – ebenso wie in der TIMS-Oberstufenstudie – einen Schwerpunkt im innermathematischen Bereich. Bemerkenswert ist hier jedoch die Akzentuierung auf technische Fertigkeiten und rechnerisches Modellieren, bei gleichzeitigen Schwächen im begrifflichen Modellieren.

- Die beiden skandinavischen Länder (Norwegen, Schweden) bilden gewissermaßen einen Kontrast zu Frankreich. Sie sind im innermathematischen Bereich relativ schwach – auch dies ein Befund, der sich für Schweden schon bei TIMSS fand.

- Schließlich lässt sich nachweisen, dass der Anspruch der *Realistic Mathematics Education* im Vereinigten Königreich und den Vereinigten Staaten stärker eingelöst wird als in anderen Staaten. Interessant ist insbesondere, dass die Schülerinnen und Schüler in den Vereinigten Staaten, die im Durchschnitt das gleiche Leistungsniveau erreichen wie die deutschen, im Profil den Zielen des PISA-Rahmenkonzepts eher entsprechen: Ihre Stärke liegt bei Aufgaben des kognitiven anspruchsvollen Typs „Verallgemeinerung", ihre relative Schwäche hingegen im Bereich „Reproduktion". Ein ähnliches Profil haben Klieme und Baumert (2001a) für Oberstufenschüler in TIMSS beschrieben.

Die relativen Stärken deutscher Schüler lassen sich gut anhand von Abbildung 3.13 illustrieren. Die hier dargestellte Geometrieaufgabe wird – ganz entgegen dem Trend – in Deutschland sogar häufiger richtig gelöst (zu 65 %) als im OECD-Durchschnitt (59 %). Es handelt sich um eine Aufgabe, die klassisches Wissen aus der Euklidischen Geometrie aktiviert. Die eigentliche Anforderung besteht darin, die verbale Beschreibung einer geometrischen Konstruktion mit der bildlichen Darstellung zu verknüpfen. Aus didaktischer Sicht spricht diese Aufgabe eher „technische Fertigkeiten" an.

Die Aussagen zu Leistungsprofilen verschiedener Länder können an dieser Stelle nicht weiter ausdifferenziert werden, da wir uns lediglich auf 31 internationale Items stützen. Angesichts der relativ geringen Aufgabenzahl im internationalen PISA-Test und angesichts der recht großen Homogenität dieses Aufgabensatzes ist aber schon die Tatsache, dass sich überhaupt solche Profile identifizieren lassen, ein interessanter Befund, der auf solide Unterschiede in den didaktischen Kulturen verweist. Auch die Konsistenz mit den Befunden aus TIMSS ist überzeugend. Die Identifikation von Stärken und Schwächen der nationalen Unterrichtskultur stellt eine für die Praxis des Fachunterrichts sehr nützliche Information dar. Es erscheint vielversprechend, derartige Profile im zweiten Zyklus von PISA auf einer breiteren Basis von Aufgaben zu untersuchen.

7. Bedingungsfaktoren der mathematischen Grundbildung

7.1 Gemeinsamkeiten und Unterschiede zwischen den Bildungsgängen

Leistungsverteilung innerhalb der Bildungsgänge

Das deutsche Bildungssystem ist strukturell gekennzeichnet durch seine Gliederung in Bildungsgänge, denen Schüler primär aufgrund ihrer Leistungsfähigkeit zugewiesen werden. Schon seit den 1970er Jahren ist allerdings in vielen Schulleistungsstudien nachgewiesen worden, dass sich die Leistungsverteilungen der Bildungsgänge stark überlappen. Unterschiede *innerhalb* der Schulformen bzw. Bildungsgänge sind größer als die Unterschiede *zwischen* diesen (vgl. etwa Fend, 1998). Die Abbildung 3.14 illustriert, dass dieser Befund auch für die mathematische Grundbildung in PISA gilt. Die Abbildung stellt die Leistungsverteilung getrennt für vier Bildungsgänge dar.

Die durchschnittliche Leistung im Bildungsgang der Realschule liegt mit 496 Punkten auf der PISA-Mathematikskala nahe am Schätzwert für die gesamte deutsche Population (490). Hauptschule ($M = 404$) und Gymnasium ($M = 579$) liegen in etwa gleichem Abstand unter bzw. über dem nationalen Durchschnittswert. Der Mittelwert des Gymnasiums wird noch von 13 Prozent der Realschüler, 8 Prozent der Schüler in integrierten Bildungsgängen und immerhin etwa 1 Prozent der Hauptschüler erreicht oder überschritten. Umgekehrt liegen die Leistungen von 24 Prozent der Schüler in integrierten Bildungsgängen, 11 Prozent der Realschüler und etwa 0,5 Prozent der Gymnasiasten unter dem Durchschnittswert der Hauptschule. Eine besonders starke Streuung der mathematischen Leistungen weisen aufgrund der Heterogenität ihrer Schülerschaft die integrierten Bildungs-

Abbildung 3.14: Mathematische Kompetenz nach Bildungsgang

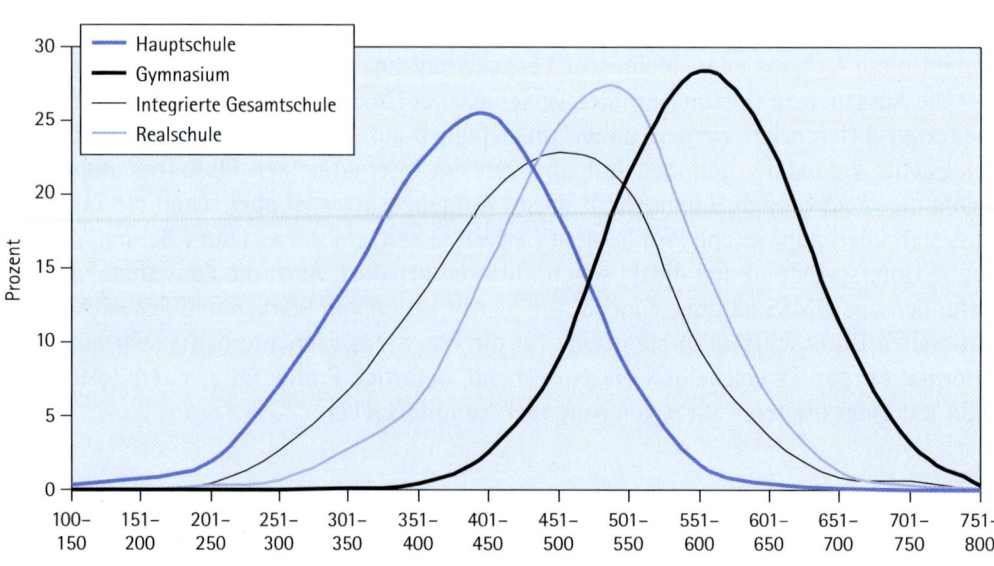

gänge auf, wie die breite Verteilung mit relativ flachem Anstieg in der Abbildung verdeutlicht.

> Deutlich gegeneinander abgrenzen lassen sich auf der gesamtstaatlichen Ebene also nur die Leistungsverteilungen von Hauptschul- und Gymnasialbildungsgängen, während es im Übrigen deutliche Überschneidungen gibt.

Die Qualität der mathematischen Grundbildung innerhalb der Bildungsgänge wird im Folgenden anhand der Verteilung auf Kompetenzstufen verdeutlicht. Anschließend soll durch statistische Analysen gezeigt werden, dass die Unterschiede zwischen Bildungsgängen im Wesentlichen auf die Eingangsselektion beim Übergang in die Sekundarstufe I zurückzuführen sind. Für die pädagogische Arbeit an den Schulen ist schließlich besonders hilfreich, zu verstehen, wo die relativen Stärken und Schwächen von Schülern der unterschiedlichen Bildungsgänge liegen; dies wird abschließend untersucht.

Kompetenzstufen innerhalb der Bildungsgänge

Besonders anschaulich werden die mathematischen Leistungen der Schülerinnen und Schüler, wenn man sie mittels der in Abschnitt 4 identifizierten Stufen mathematischer Kompetenz beschreibt. Abbildung 3.15 weist die entsprechenden Daten getrennt nach Bildungsgängen aus. Die zentralen Befunde lauten:

- Hauptschüler liegen mit ihren mathematischen Fähigkeiten überwiegend auf den Kompetenzstufen I (Rechnen auf Grundschulniveau) oder II (Elementare Modellierungen). Damit bleiben sie unter dem Niveau, bei dem nach unseren obigen Analysen die zentralen mathematischen Begriffe der Sekundarstufe I bekannt und verstanden sind und angewandt werden können. Lediglich 8,8 Prozent der Hauptschüler erreichen oder übertreffen diesen curricularen Standard (Stufe III und höher). Etwa die Hälfte der

Abbildung 3.15: Verteilung von Schülerinnen und Schülern auf Kompetenzstufen der mathematischen Grundbildung nach Bildungsgängen (in %)

		Hauptschule	Integrierte Gesamtschule	Realschule	Gymnasium
Komplexe Modellierung und innermathematisches Argumentieren	V	0,0	0,6	0,5	4,2
Umfangreiche Modellierungen auf der Basis anspruchsvoller Begriffe	IV	0,4	4,1	6,5	31,9
Modellieren und begriffliches Verknüpfen auf dem Niveau der Sekundarstufe I	III	6,5	24,2	36,1	48,0
Elementare Modellierungen	II	37,1	40,7	42,4	14,8
Rechnen auf Grundschulniveau	I	38,6	24,6	12,7	1,1
	< I	17,4	6,2	2,0	0,0

Hauptschüler muss sogar zu den Risikogruppen gezählt werden, die über das mathematische Bildungsniveau der Grundschule nicht hinauskommen.

- Schüler der Realschulbildungsgänge befinden sich überwiegend auf den Kompetenzstufen II und III. Immerhin knapp die Hälfte von ihnen (43 %) erreichen oder übertreffen den curricularen Standard der Stufe III, aber etwa 16 Prozent der Realschüler müssen auch noch als Risikofälle eingestuft werden.

- Die Leistungen der Schüler in integrierten Bildungsgängen streuen etwas breiter zwischen Stufe I und III. Jeweils etwa 28 Prozent erreichen den curricularen Standard (Stufe III und höher) oder bleiben im Risikobereich (Stufe I oder darunter).

- Nur die Schüler in gymnasialen Bildungsgängen erreichen mehrheitlich (insgesamt zu 79 %) den curricularen Standard. Etwa jeder dritte Gymnasiast beherrscht darüber hinaus anspruchsvolle mathematische Begriffe und kann sie in der Modellierung nutzen (Stufe IV). Da jedoch solche anspruchsvollen Techniken als typische gymnasiale Lerninhalte gelten müssen, ist auch dieser Befund eher unbefriedigend. Als Spitzenschüler, die selbstständig komplexe Modellierungen durchführen, mathematische Schlussfolgerungen begründen und komplexe Operationen wie zum Beispiel Auflösung quadratischer Gleichungen durchführen können, können auch im Gymnasium nur 3 Prozent der 15-Jährigen gelten.

Zur Bedeutung der Eingangsselektion für das erreichte Grundbildungsniveau

Rein rechnerisch lässt sich nahezu die Hälfte (43 %) der mathematischen Leistungsvarianz zwischen den Schülern auf die Zugehörigkeit zu unterschiedlichen Bildungsgängen zurückführen. Die Bildungsgangunterschiede sind somit in der Mathematik etwa gleich stark ausgeprägt wie beim Lesen oder in den Naturwissenschaften.

Hinter diesen „Effekten" des Bildungsgangs stehen allerdings die Selektionsprozesse beim Übergang in die Sekundarstufe I, die unter anderem über kognitive Grundfähigkeiten und (wie in Kap. 8 ausgeführt wird) Merkmale der sozialen Herkunft gesteuert sind[16]. Berücksichtigt man diese beiden Einflussgrößen, so sinkt der Varianzanteil, der auf die Zugehörigkeit zu Bildungsgängen zurückgeführt werden kann, drastisch auf 7 Prozent ab. Dies entspricht in der Größenordnung wiederum den beiden anderen Domänen Naturwissenschaft und Lesen.

> Unterschiede zwischen den Bildungsgängen lassen sich im Wesentlichen durch die Auswahlprozesse beim Übergang von der Grundschule in die Sekundarstufe I erklären. Dennoch verbleiben bedeutsame Differenzen: Auch bei gleichen kognitiven Grundfähigkeiten und identischem sozioökonomischem Status ist die Leistung eines Gymnasiasten um 49 Punkte höher als die Leistung eines Hauptschülers. Dieser Unterschied sollte in zukünftigen Analysen – auch auf der Ebene einzelner Schulen – aufgeklärt werden.

Relative Stärken und Schwächen

In einem letzten Analyseschritt haben wir – analog zu den differenziellen Leistungsprofilen der PISA-Staaten – relative Stärken und Schwächen für Hauptschüler einerseits, Gymnasiasten andererseits ermittelt. Es zeigt sich, dass – gemessen an ihrem Gesamtleistungsniveau – Hauptschüler dann etwas besser abschneiden, wenn eine Aufgabe gemäß

Auskunft der Landesexperten nach Art und stofflichem Inhalt vertraut ist. Besondere Schwierigkeiten haben Hauptschüler hingegen mit anspruchsvollen Wissensinhalten (vor allem aus der Algebra), mit innermathematischen Kontexten und mit komplexen Modellierungen vom Typ „Verallgemeinerung".

> Die typische Hauptschuldidaktik im Fach Mathematik konzentriert sich offenbar auf außermathematische Anwendungen zu Standardthemen. Hier könnte eventuell ein Schlüssel liegen für die Anhebung des Leistungsniveaus auch in schwächeren Schülergruppen. Es käme darauf an, auch Hauptschüler in geeigneter Form an Anwendungsaufgaben heranzuführen, die ungewohnte Elemente enthalten und auf einfachem Niveau begriffliches Denken erfordern.

7.2 Mathematische Grundbildung, Lesekompetenz und individuelle Lernvoraussetzungen: Ein Modell zur Erklärung von Leistungsunterschieden

Fragestellung und Methode

Zum Abschluss des Kapitels sollen einige wichtige individuelle Hintergrundmerkmale, von denen das Niveau der mathematischen Grundbildung der Schülerinnen und Schüler abhängt, in einem pfadanalytischen Gesamtmodell zusammengefasst werden. Das Modell erlaubt zwar keine Erklärung der Genese mathematischer Grundbildung, da PISA nicht längsschnittlich angelegt ist, beantwortet jedoch die folgende Frage: Welche persönlichen Merkmale bestimmen in nennenswertem Ausmaß, wie gut eine 15-jährige Schülerin oder ein Schüler im Vergleich zu Gleichaltrigen beim PISA-Mathematiktest abschneidet? Vorab wird anhand theoretischer Überlegungen festgelegt, welche Einflussfaktoren direkt oder auch indirekt auf die mathematische Leistung wirken könnten. Statistisch wird dann die Stärke dieser Effekte geschätzt und geprüft, ob das Modell insgesamt die empirischen Daten ausreichend gut beschreibt.

Erklärungsmodelle für Schulleistungen müssen – unter anderem zur Kontrolle der Eingangsselektion in Schulen bzw. Bildungsgängen – grundsätzlich die kognitiven Eingangsvoraussetzungen der Lernenden und den sozioökonomischen Hintergrund berücksichtigen. Da PISA keine Prüfung des fachlichen, mathematischen Vorwissens beinhaltet, werden hier als eher globaler Indikator der intellektuellen Voraussetzungen die kognitiven Grundfähigkeiten verwendet. Als zusätzliche Erklärungsgröße soll die Lesekompetenz der Schülerinnen und Schüler eingeführt werden, da grundsätzlich davon ausgegangen werden kann, dass die Verarbeitung, Strukturierung und Reflexion von Information aus Texten eine fächerübergreifende Kompetenz ist, die auch fachbezogene, zum Beispiel mathematische Kompetenzen beeinflusst. Dies gilt insbesondere, wenn mathematische Grundbildung – wie in PISA – als Fähigkeit zur Modellierung von Situationen verstanden und mit Aufgaben erfasst wird, die sprachlich anspruchsvoller sind als zum Beispiel übliche Lehrbuchaufgaben. Das PISA-Design gibt die Gelegenheit, den Einfluss der Lesekompetenz auf die so verstandene mathematische Grundbildung und seinen Zusammenhang mit anderen Einflussmerkmalen zu prüfen.

Die pädagogisch-psychologische Literatur legt zudem nahe, dass dem Selbstkonzept der Begabung eine Schlüsselfunktion bei der Erklärung von Fachleistungen zukommt (vgl. etwa Baumert & Köller, 2000). Ein positives Selbstkonzept fördert die mathematische Leistung. Es hängt seinerseits unter anderem von der tatsächlichen Leistung ab, aber auch von den jeweiligen sozialen Vergleichsmaßstäben und dem Anspruchsniveau. Neben dem fachbezogenen Interesse ist daher das Selbstkonzept – das hier mit dem Interesse sehr eng, zu .70, korreliert – eine pädagogisch wichtige Mittlervariable. Wir gehen davon aus, dass sowohl kognitive Grundfähigkeiten als auch das Geschlecht zumindest teilweise vermittelt über das mathematische Selbstkonzept die Leistung beeinflussen.

Die Analysen dieses Abschnitts stützen sich – im Vergleich zu den bisher zum Bereich Mathematik dargelegten Resultaten – auf eine erweiterte Stichprobe. Dies wurde möglich, weil nach unseren Dimensionsanalysen (vgl. oben Abschnitt 3) der internationale und der nationale Testteil eine gemeinsame Dimension bilden. So konnten wir auch jenen Schülern, die lediglich nationale PISA-Mathematikaufgaben bearbeitet haben, einen Fähigkeitswert auf der internationalen Skala zuschreiben. So konnte die Stichprobe für diese Zusammenhangsanalysen auf N = 4.122 erweitert werden.

Ergebnisse

Das in Abbildung 3.16 wiedergegebene Modell vermag einen beträchtlichen Anteil der Unterschiede in der Mathematikleistung zu erklären, nämlich 76 Prozent der Varianz[17]. Alle erwarteten Einflüsse, im Modell durch Pfeile gekennzeichnet, sind statistisch signifikant; sie unterscheiden sich jedoch hinsichtlich der Stärke der Effekte.

Abbildung 3.16: Pfadmodell zur Erklärung der Mathematikleistung

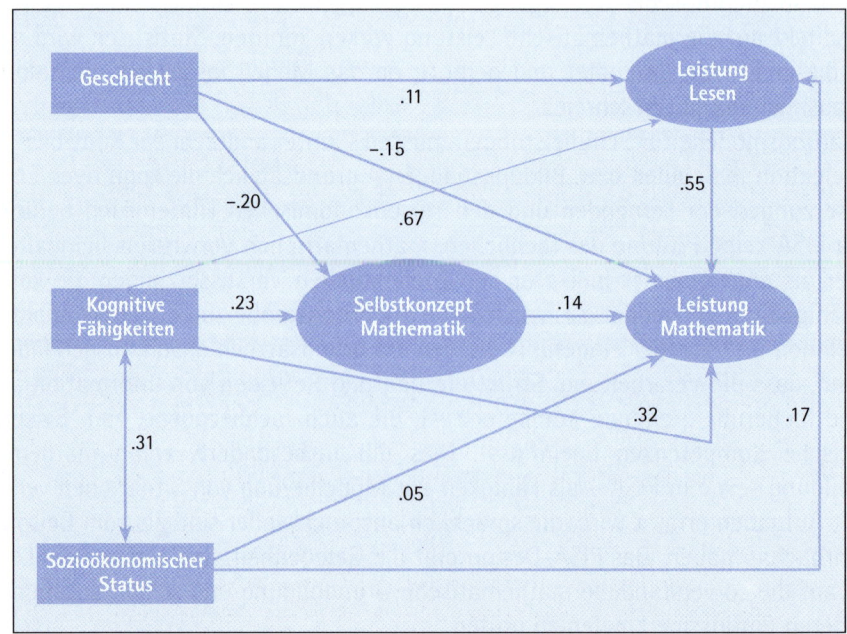

- Der *Zusammenhang zwischen Lese- und Mathematikleistung* ist sehr eng, ablesbar an dem höchsten im Modell vorkommenden Pfadkoeffizienten von $\beta = .55$. Dieser Koeffizient besagt, dass unter ansonsten gleichen Bedingungen (d.h. bei gleichem Geschlecht, sozioökonomischem Status, Selbstkonzept und gleichen kognitiven Grundfähigkeiten) die mathematische Leistung um etwas mehr als eine halbe Standardabweichung steigt, wenn die Leseleistung um eine Standardabweichung wächst. Damit hat die Lesekompetenz – unter den Variablen dieses Modells – das größte relative Gewicht für die Erklärung mathematischer Grundbildung.
- Der Koeffizient für den Einfluss *kognitiver Grundfähigkeiten* liegt mit .32 niedriger. In einem (hier nicht abgebildeten) Alternativmodell ohne das Lesen hatten die kognitiven Fähigkeiten ein ungleich höheres Gewicht ($\beta = .70$). Es zeigt sich demnach, dass ein Großteil des Einflusses kognitiver Hintergrundmerkmale über die Lesekompetenz vermittelt ist.
- Die relativ starken Koeffizienten für die Pfade von Geschlecht und kognitiven Fähigkeiten auf „*Selbstkonzept*" in Abbildung 3.16 belegen, dass das Selbstkonzept von diesen Merkmalen des persönlichen Hintergrunds beeinflusst wird. So haben Mädchen ein niedrigeres mathematisches Selbstkonzept als Jungen. Das Selbstkonzept der mathematischen Begabung hat seinerseits einen bedeutsamen Effekt auf die mathematische Leistung. Es stellt also tatsächlich, wie oben vermutet, eine vermittelnde Variable dar.
- Das *Geschlecht* wirkt in unserem Modell dreifach auf die mathematische Leistung:
  (a) Der direkte Pfad ($\beta = -.15$) bedeutet, dass Mädchen bei ansonsten unveränderten Bedingungen niedrigere Mathematikleistungen haben als Jungen (vgl. auch Kap. 5).
  (b) Zugleich besteht ein indirekter Effekt, vermittelt über das Selbstkonzept. Das schwächere mathematische Selbstbild der Mädchen wirkt sich auch auf ihre Leistungen aus.
  (c) Drittens gibt es einen indirekten Effekt, der über die Leseleistung vermittelt ist: Mädchen können besser lesen als Jungen, und dies wirkt sich positiv auf ihre mathematische Grundbildung aus.
  Die Effekte wirken also in unterschiedliche Richtungen: (a) und (b) zu Gunsten der Jungen, (c) zu Gunsten der Mädchen. Insgesamt ergibt sich ein Leistungsvorsprung der Jungen, der dann besonders deutlich akzentuiert wird, wenn man die mathematische Leistung um den Effekt der Lesekompetenz bereinigt.
- Mit einem höheren *sozioökonomischen Status* ist auch in der Domäne der Mathematik eine höhere Leistung verbunden. Allerdings ist, wie Abbildung 3.16 zeigt, der entsprechende direkte Effekt – bei Kontrolle der übrigen Einflussgrößen – relativ klein ($\beta = .05$).

Festzuhalten bleibt: (a) Die mathematische Grundbildung hängt eng mit der Lesekompetenz zusammen. Dies unterstreicht die zentrale Rolle, die das Lesen beim Wissenserwerb einnimmt. (b) Auch der Einfluss des sozioökonomischen Status ist zum großen Teil über den Umgang mit Texten vermittelt (indirekt). Will man den schulischen Leistungsrückstand von Schülerinnen und Schülern aus sozial schwachen Schichten reduzieren, muss man demnach primär bei der Lesekompetenz ansetzen. (c) Eine wichtige Funktion hat ferner das Selbstkonzept der mathematischen Begabung. Ein Teil der Geschlechterunterschiede und des Einflusses kognitiver Grundfähigkeiten ist über das Selbstkonzept vermittelt. Daraus ergibt sich die pädagogische Aufgabe, das mathematische Selbstkonzept gerade bei Mädchen sowie bei Schülerinnen und Schülern mit schwächeren kognitiven Grundfähigkeiten zu fördern.

8. Fazit und didaktische Konsequenzen

Im Zentrum der mathematischen Grundbildung steht die Modellierungsfähigkeit

Dies ist die wichtigste Aussage des mathematischen Testkonzepts in PISA, und sie wird durch die empirischen Befunde des vorliegenden Kapitels bestätigt: Wie komplex die Modellierungsschritte insgesamt sind, bestimmt ganz wesentlich den Schwierigkeitsgrad einer Aufgabe. Auch „technische", prozedurale Fertigkeiten sind von Modellierungsleistungen nicht trennbar; beide bilden eine gemeinsame Fähigkeitsdimension. Diejenigen Staaten, die im PISA-Mathematiktest besonders gut abschneiden, zeichnen sich zumeist durch eine Betonung von Modellierungsprozessen im Mathematikunterricht aus – sei es mit Schwerpunkt auf innermathematischen Modellierungen, wie in Japan und der Schweiz, sei es mit Schwerpunkt auf pragmatisch-anwendungsbezogenen Problemstellungen wie im angloamerikanischen Bereich.

Wie aber kann das Modellieren als Kern des mathematischen Denkens gefördert werden? Sicherlich reicht es nicht, erlernte mathematische Verfahren bloß anzuwenden. Will man mathematische Grundbildung fördern, so muss man den Schülerinnen und Schülern vermitteln, wie reale Situationen mathematisiert werden, wie auch innerhalb der Mathematik Modelle gebildet werden, wie man sodann innerhalb eines mathematischen Modells Schlussfolgerungen zieht und diese an der Realität überprüft.

Nach Blum (2001) besteht im Interesse einer Sicherung und Stärkung mathematischer Grundbildung Veränderungsbedarf auf folgenden Linien:
- mehr inner- und außermathematische Vernetzungen,
- weniger Verfahren und Kalküle,
- mehr Denkaktivitäten und Eigenkonstruktionen der Schüler,
- mehr Reflexionen,
- flexiblerer Methodeneinsatz.

Diese Liste deckt sich genau mit den Merkmalen, die bei PISA ein höheres Niveau mathematischer Grundbildung beschreiben: Verknüpfung bzw. Verallgemeinerung/Reflexion, weniger Kalkülorientierung, Offenheit der Mathematisierungen, Umgang mit vielfältigen Lösungsmöglichkeiten. Die zentrale Forderung, Mathematik als „Denk-Werkzeug" zur Modellierung zu vermitteln, verbindet PISA mit der TIMS-Studie (Baumert, Bos & Lehmann, 2000; Baumert, Lehmann u.a., 1997).

An welchen Stellen können diese Ziele konkret eingelöst werden? In der Diskussion nach TIMSS (BLK, 1997; Blum, 2001; Blum & Neubrand, 1998), insbesondere im BLK-Modellprogramm „Steigerung der Effizienz des mathematisch-naturwissenschaftlichen Unterrichts" (Baptist, 2001; Prenzel, 2001), wurden dazu folgende Vorschläge entwickelt:
(1) *„Weiterentwicklung einer Aufgabenkultur":* TIMSS wie auch PISA verweisen insbesondere auf die verstärkte Verwendung von anspruchsvollen offenen Aufgaben.
(2) Eine *„neue Unterrichtskultur":* In der TIMS-Videostudie, die Schulklassen des 8. Jahrgangs über ein Schuljahr hinweg untersuchte, zeigte sich beispielsweise, dass in allen Schulformen ein kognitiv anregender Unterricht, gestützt auf stringente Klassenführung, lernwirksam war (Klieme, Schümer & Knoll, 2001).
(3) Neue Ansätze in der Aus- und Weiterbildung von Lehrern, die unter anderem dazu führen könnten, dass Lehrer stärker *im Kollegium kooperieren.*

Nun haben allerdings die Analysen dieses Kapitels ergeben, dass die Problematik des deutschen Mathematikunterrichts vor allem im unteren Leistungsbereich liegt – bei jenem Viertel der 15-Jährigen, die höchstens elementare Rechnungen auf Grundschulniveau bewältigen können. Müssten hier nicht zunächst einfaches Rechnen geübt und elementare Grundbegriffe erlernt werden, bevor Modellierungen in Angriff genommen werden können?

Das PISA-Konzept wendet sich – in Übereinstimmung mit neueren didaktischen und psychologischen Argumenten – dezidiert gegen eine solche Forderung. Ihre Einlösung würde die Kalkülorientierung des deutschen Mathematikunterrichts nur noch mehr befördern. Stattdessen muss versucht werden, auch schwächere Schüler – anhand einfacher mathematischer Inhalte – an Modellierungsprozesse und offenere Aufgaben heranzuführen. Nicht die Reduktion, sondern die Verstärkung des Anspruchsniveaus – nicht des „technischen" Niveaus – ist gefordert. Dies bedeutet vor allem, dass vermehrt auf allen Schulstufen die Gestaltung „substanzieller mathematischer Lernumgebungen" (Wittmann, in press), die das Kennenlernen innermathematischer Strukturen mit Anwendungsfähigkeiten verbinden, angestrebt werden muss. Auch ließe sich beispielsweise mit Stern und Staub (2000) argumentieren, dass im herkömmlichen Unterricht – nicht nur der Grundschule – das verständnisfördernde Potenzial von visuellen Darstellungsformaten noch lange nicht ausgenutzt ist.

Die Stärke der PISA-Studie liegt, wie das vorliegende Kapitel zu zeigen versucht, in der sehr differenzierten Konzeptualisierung mathematischer Kompetenzen und in der Klärung des Einflusses personaler Hintergrundvariablen. In Kombination mit anderen Schulleistungsstudien wie etwa TIMSS, die verstärkt unterrichts- und schulbezogene Variablen erfassen, ergeben sich konkrete Hinweise zur Verbesserung der Unterrichtspraxis.

Anmerkungen

[1]   Wir danken den Mitgliedern der Expertengruppe für die konzeptionellen Diskussionen und Klärungen, für die Entwicklung des nationalen Tests und die Mitwirkung an der Auswertung.

[2]   Es ist jedoch darauf geachtet und auch empirisch geprüft worden, dass die Aufgaben unabhängig voneinander lösbar sind und deshalb messtechnisch als unabhängige Informationen behandelt werden können.

[3]   Dies ist bekannt, weil im PISA-Mathematiktest nicht nur die Korrektheit der Lösung bewertet, sondern auch der Lösungsweg festgehalten wurde.

[4]   Solche stofflichen Einteilungen sind in erheblichem Maße von curricularen Traditionen abhängig. Die hier gewählte Einteilung entspricht deutschen Traditionen und wurde von der nationalen Mathematik-Expertengruppe vorgenommen. Auch das internationale Framework kennt eine Einteilung nach Stoffgebieten, die aber im Zuschnitt abweicht (OECD, 1999).

[5]   Die Logik der Definition von Stufen war dieselbe wie bei der Lesekompetenz: Das gesamte Fähigkeitsspektrum, das in den Testaufgaben abgebildet ist, sollte in fünf gleich große Abschnitte unterteilt werden. Wie breit die Abschnitte sind, ergibt sich aus der Forderung, dass alle Schüler, die zu einer bestimmten Kompetenzstufe gehören, mindestens etwa 50 Prozent der Aufgaben dieser Stufe lösen können. Da die Fähigkeitsskala in der Mathematik stärker gestreckt ist als beim Lesen, sind die Kompetenzstufen hier breiter. Sie umfassen jeweils etwa 90 Punkte, im Lesen hingegen etwa 70 Punkte.

[6]   Es wird Herrn Prof. Rainer Lehmann (Humboldt-Universität zu Berlin) gedankt, der die Aufgaben ausgewählt und uns zur Verfügung gestellt hat.

[7]   Es wird dem Kultusministerium Baden-Württemberg und dem Landesinstitut für Erziehung und Unterricht für die Überlassung des Materials gedankt.

[8]   Es wird dem bayrischen Kultusministerium für die Überlassung des Aufgabenmaterials gedankt.

[9]   Zusätzlich wurden den Experten Aufgaben aus weiteren Schulleistungsstudien vorgelegt, über die an anderer Stelle berichtet werden wird.

[10]   Es wird den Experten für ihre engagierte Unterstützung gedankt.

[11]   Kriterium: mittlere Einschätzung größer als 2,5.

12 In dieser Analyse konnten alle 31 internationalen PISA-Aufgaben sowie 14 Ankeritems aus dem nationalen PISA-Test, also insgesamt 45 PISA-Aufgaben verwendet werden.

13 Belgien stellt einen Sonderfall dar, weil es zwei völlig getrennte Bildungssysteme besitzt, die auch bei internationalen Vergleichen oft getrennt aufgeführt werden. Im PISA-Mathematiktest gehört der flämische Teil Belgiens mit einem Mittelwert von 543 zu der Spitzengruppe, während das Ergebnis für den wallonischen Teil Belgiens mit 491 gleich ausfällt wie in Deutschland. Die Standardabweichung ist nur im wallonischen Teil mit einem Wert von 109 auffällig hoch; im flämischen Teil beträgt sie 98.

14 Derartige differenzielle Aufgabenanalysen nutzen die Tatsache aus, dass ein eindimensionales Testmodell in großen internationalen Studien immer nur näherungsweise gelten kann. Abweichungen von diesem Modell werden nicht einfach als Fehler behandelt, sondern als mögliche systematische Effekte, die durch spezifische Anforderungsmerkmale erklärbar sind. Eine solche inhaltliche Interpretation von differenziellen Aufgabenparametern ist in der neueren Testtheorie üblich (vgl. Keeves & Masters, 1999; Klieme & Baumert, 2001a).

15 Ein Aufgabenmerkmal wird im Folgenden als relative Stärke bzw. Schwäche angeführt, sofern diese Korrelation signifikant ist und mindestens 10 Prozent der Varianz der differenziellen Itemparameter für das jeweilige Land erklärt.

16 Ein weiteres wichtiges Kriterium der Zuweisung zu Bildungsgängen der Sekundarstufe, das Vorwissen am Ende der Grundschulzeit, konnte in PISA nicht erfasst werden.

17 Dieses Modell bildet die empirischen Zusammenhänge gut ab: $\chi^2 = 62{,}32$ ($df = 4$), $RMSEA = .059$, $AGFI = .97$.

Literatur

Bauer, L. (1978). *Mathematische Fähigkeiten in der Sekundarstufe II und ihre Bedeutung für das Lösen von Abituraufgaben.* Paderborn: Schöningh.

Baptist, P. (2001). Aus der Praxis des Modellprogramms: Mathematikunterricht verändern – Verständnis fördern. In E. Klieme & J. Baumert (Hrsg.), *TIMSS: Impulse für Schule und Unterricht. Forschungsbefunde, Reforminitiativen, Praxisberichte und Video-Dokumente* (S. 67–73). Bonn: Bundesministerium für Bildung und Forschung.

Baumert, J., Bos, W. & Lehmann, R. H. (Hrsg.). (2000). *TIMSS/III. Dritte Internationale Mathematik- und Naturwissenschaftsstudie – Mathematisch-naturwissenschaftliche Bildung am Ende der Schullaufbahn* (2 Bde.). Opladen: Leske + Budrich.

Baumert, J., Klieme, E. & Watermann, R. (1999). Jenseits von Gesamttest- und Untertestwerten: Analyse differentieller Itemfunktionen am Beispiel des mathematischen Grundbildungstests der Dritten Internationalen Mathematik- und Naturwissenschaftsstudie der IEA (TIMSS). In H.-J. Herber & F. Hofmann (Hrsg.), *Schulpädagogik und Lehrerbildung. Festschrift zum 60. Geburtstag von Josef Thonhauser* (S. 301–324). Innsbruck: Studien Verlag.

Baumert, J. & Köller, O. (2000). Unterrichtsgestaltung, verständnisvolles Lernen und multiple Zielerreichung im Mathematik- und Physikunterricht der gymnasialen Oberstufe. In J. Baumert, W. Bos & R. H. Lehmann (Hrsg.), *TIMSS/III. Dritte Internationale Mathematik- und Naturwissenschaftsstudie – Mathematische und naturwissenschaftliche Bildung am Ende der Schullaufbahn: Bd. 2. Mathematische und physikalische Kompetenzen am Ende der gymnasialen Oberstufe* (S. 271–315). Opladen: Leske + Budrich.

Baumert, J., Lehmann, R. H., Lehrke, M., Schmitz, B., Clausen, M., Hosenfeld, I., Köller, O. & Neubrand, J. (1997). *TIMSS – Mathematisch-naturwissenschaftlicher Unterricht im internationalen Vergleich: Deskriptive Befunde.* Opladen: Leske + Budrich.

Bund-Länder-Kommission für Bildungsplanung und Forschungsförderung (BLK). (Hrsg.). (1997). *Gutachten zur Vorbereitung des Programms „Steigerung der Effizienz des mathematisch-naturwissenschaftlichen Unterrichts".* Bonn: BLK (Materialien zur Bildungsplanung und Forschungsförderung, 60).

Blum, W. (1996). Anwendungsbezüge im Mathematikunterricht – Trends und Perspektiven. In G. Kadunz, H. Kautschtisch, G. Ossimitz & E. Schneider (Hrsg.), *Trends und Perspektiven – Beiträge zum 7. Internationalen Symposium zur Didaktik der Mathematik in Klagenfurt Sept. 1994* (S. 15–38). Wien: Hölder-Pichler-Tempsky.

Blum, W. (2001). Was folgt aus TIMSS für Mathematikunterricht und Mathematiklehrerausbildung? In E. Klieme & J. Baumert (Hrsg.), *TIMSS: Impulse für Schule und Unterricht. Forschungsbefunde, Reforminitiativen, Praxisberichte und Video-Dokumente* (S. 75–83). Bonn: Bundesministerium für Bildung und Forschung.

Blum, W. & Neubrand, M. (Hrsg.). (1998). *TIMSS und der Mathematikunterricht: Informationen, Analysen, Konsequenzen.* Hannover: Schroedel.

Blum, W. & Wiegand, B. (1998). Wie kommen die deutschen TIMSS-Ergebnisse zustande? In W. Blum & M. Neubrand (Hrsg.), *TIMSS und der Mathematikunterricht* (S. 28–34). Hannover: Schroedel.

Bromme, R., Seeger, F. & Steinbring, H. (1990). *Aufgaben als Anforderungen an Lehrer und Schüler.* Köln: Aulis (IDM-Untersuchungen zum Mathematikunterricht, Bd. 14).

Christiansen, B. & Walther, G. (1986). Task and activity. In B. Christiansen, A. G. Howson & M. Otte (Eds.), *Perspectives on mathematics education* (pp. 243–307). Dordrecht: Reidel.

Cohors-Fresenborg, E. (1996). Mathematik als Werkzeug zur Wissensrepräsentation. In G. Kadunz, H. Kautschtisch, G. Ossimitz & E. Schneider (Hrsg.), *Trends und Perspektiven – Beiträge zum 7. Internationalen Symposium zur Didaktik der Mathematik in Klagenfurt Sept. 1994* (S. 85–90). Wien: Hölder-Pichler-Tempsky.

Coulby, D., Cowen, R. & Jones, C. (Eds.). (2000). *Education in times of transition. World yearbook of education.* London: Kogan Page.

De Lange, J. (1996). Real problems with real world mathematics. In C. Alsina, J. M. Alvarez, M. Niss, A. Pérez, L. Rico & A. Sfard (Eds.), *Proceedings of the 8th International Congress on Mathematical Education, Sevilla July 1996* (pp. 83–110). Sevilla: S.A.E.M. Thales.

Devlin, K. (1997). *Mathematics: The science of patterns.* New York: Freeman.

Fend, H. (1998). *Qualität im Bildungswesen.* Weinheim: Beltz.

Fischer, R. & Malle, G. (1985). *Mensch und Mathematik. Eine Einführung in didaktisches Denken und Handeln.* Mannheim: Bibliographisches Institut.

Freudenthal, H. (1977). *Mathematik als pädagogische Aufgabe* (2 Bde.). Stuttgart: Klett.

Freudenthal, H. (1983). *Didactical phenomenology of mathematical structures.* Dordrecht: Reidel.

Henn, H.-W. & Kaiser, G. (2001). Mathematik – ein polarisierendes Schulfach. *Zeitschrift für Erziehungswissenschaft, 4* (3), 359–380.

Heymann, H. W. (1996). *Allgemeinbildung und Mathematik.* Weinheim: Beltz.

Hiebert, J. (Ed.). (1986). *Conceptual and procedural knowledge: The case of mathematics.* Hillsdale, NJ: Erlbaum.

International Association for the Evaluation of Educational Achievement (IEA). (2001). TIMSS 1999 (TIMSS-R) completed. *IEA Newsletter, 35/36,* 5–7.

Kaiser, G. (1997). Vergleichende Untersuchungen zum Mathematikunterricht im englischen und deutschen Schulwesen. *Journal für Mathematik-Didaktik, 18,* 127–170.

Kaiser, G. (1999). *Unterrichtswirklichkeit in England und Deutschland – Vergleichende Untersuchungen am Beispiel des Mathematikunterrichts.* Weinheim: Deutscher Studienverlag.

Kawanaka, T. (2000). *Comparative case studies of mathematics instruction and learning in three high-achieving European countries (Czech Republic, Switzerland, Netherlands).* PhD Thesis, University of California, Los Angeles.

Keeves, J. P. & Masters, G. N. (1999). Introduction. In G. N. Masters & J. P. Keeves (Eds.), *Advances in measurement in educational research and assessment* (pp. 1–19). Oxford, UK: Pergamon.

Kintsch, W. & Greeno, J. G. (1985). Understanding and solving word arithmetic problems. *Psychological Review, 92,* 109–129.

Klieme, E. (1989). *Mathematisches Problemlösen als Testleistung.* Frankfurt a.M.: Lang.

Klieme, E. (2000). Fachleistungen im voruniversitären Mathematik- und Physikunterricht: Theoretische Grundlagen, Kompetenzstufen und Unterrichtsschwerpunkte. In J. Baumert, W. Bos & R. H. Lehmann (Hrsg.), *TIMSS/III. Dritte Internationale Mathematik-und Naturwissenschaftsstudie – Mathematische und naturwissenschaftliche Bildung am Ende der Schullaufbahn: Bd. 2. Mathematische und physikalische Kompetenzen am Ende der gymnasialen Oberstufe* (S. 57–128). Opladen: Leske + Budrich.

Klieme, E. & Baumert, J. (2001a). Identifying national cultures of mathematics education: Analysis of cognitive demands and differential item functioning in TIMSS. *European Journal of Psychology of Education, 16* (3), 383–400.

Klieme, E. & Baumert, J. (Hrsg.). (2001b). *TIMSS – Impulse für Schule und Unterricht. Forschungsbefunde, Reforminitiativen, Praxisberichte und Video-Dokumente.* Bonn: Bundesministerium für Bildung und Forschung.

Klieme, E., Baumert, J., Köller, O. & Bos, W. (2000). Mathematische und naturwissenschaftliche Grundbildung: Konzeptuelle Grundlagen und die Erfassung und Skalierung von Kompetenzen. In J. Baumert, W. Bos & R. H. Lehmann (Hrsg.), *TIMSS/III. Dritte Internationale Mathematik- und Naturwissenschaftsstudie – Mathematische und naturwissenschaftliche Bildung am Ende der Schullaufbahn: Bd. 1. Mathematische und naturwissenschaftliche Grundbildung am Ende der Pflichtschulzeit* (S. 85–133). Opladen: Leske + Budrich.

Klieme, E. & Bos, W. (2000). Mathematikleistung und mathematischer Unterricht in Deutschland und Japan: Triangulation qualitativer und quantitativer Analysen am Beispiel der TIMS-Studie. *Zeitschrift für Erziehungswissenschaft, 3* (3), 359–379.

Klieme, E., Köller, O. & Stanat, P. (2001). TIMSS und PISA: Von der Untersuchung fachlichen Lernens zur Analyse allgemeiner Kompetenzentwicklung. *Journal für Schulentwicklung, 2,* 18–32.

Klieme, E., Neubrand, M. & Lüdtke, O. (in Vorbereitung). Mathematische Grundbildung: Fähigkeits- und Schwierigkeitsmodelle in PISA. *Unterrichtswissenschaft.*

Klieme, E., Schümer, G. & Knoll, S. (2001). Mathematikunterricht in der Sekundarstufe I: „Aufgabenkultur" und Unterrichtsgestaltung im internationalen Vergleich. In E. Klieme & J. Baumert (Hrsg.), *TIMSS – Impulse für Schule und Unterricht. Forschungsbefunde, Reforminitiativen, Praxisberichte und Video-Dokumente* (S. 43–57). Bonn: Bundesministerium für Bildung und Forschung.

Köller, O. & Klieme, E. (2000). Geschlechtsdifferenzen in den mathematisch-naturwissenschaftlichen Leistungen. In J. Baumert, W. Bos & R. H. Lehmann (Hrsg.), *TIMSS/III. Dritte Internationale Mathematik- und Naturwissenschaftsstudie – Mathematische und naturwissenschaftliche Bildung am Ende der Schullaufbahn: Bd. 2. Mathematische und physikalische Kompetenzen am Ende der gymnasialen Oberstufe* (S. 373–404). Opladen: Leske + Budrich.

Lehmann, R. H., Peek, R., Gänsfuß, R., Lutkat, S., Mücke, S. & Barth, I. (2000). *Qualitätsuntersuchung an Schulen zum Unterricht in Mathematik.* Potsdam: Ministerium für Bildung, Jugend und Sport des Landes Brandenburg.

National Council of Teachers of Mathematics (NCTM). (1989). *Curriculum and evaluation standards for school mathematics.* Reston, VA: NCTM.

National Council of Teachers of Mathematics (NCTM). (2000). *Principles and standards for school mathematics.* Reston, VA: NCTM.

Neubrand, J. (in Druck). *Eine Klassifikation mathematischer Aufgaben zur Analyse von Unterrichtssituationen – Schülerarbeitsphasen und Selbsttätigkeit in den Stunden der TIMSS-Video-Studie.* Dissertation, Freie Universität Berlin.

Neubrand, J., Neubrand, M. & Sibberns, H. (1998). Die TIMSS-Aufgaben aus mathematik-didaktischer Sicht: Stärken und Defizite deutscher Schülerinnen und Schüler. In W. Blum & M. Neubrand (Hrsg.), *TIMSS und der Mathematikunterricht: Informationen, Analysen, Konsequenzen* (S. 17–27). Hannover: Schroedel.

Neubrand, J. & Neubrand, M. (1999). Effekte multipler Lösungsmöglichkeiten: Beispiele aus einer japanischen Mathematik-stunde. In C. Selter & G. Walther (Hrsg.), *Mathematikdidaktik als design science. Festschrift für Erich Christian Wittmann* (S. 148–158). Stuttgart: Klett Grundschulverlag.

Neubrand, M., Blum, W., Cohors-Fresenborg, E., Flade, L., Knoche, N., Lind, D., Löding, W., Möller, G. & Wynands, A. (2001). Grundlagen der Ergänzung des internationalen PISA-Mathematik-Tests in der deutschen Zusatzerhebung. *Zentralblatt für Didaktik der Mathematik, 33* (2), 45–59.

Organisation for the Economic Co-operation and Development (OECD). (Ed.). (1995). *Schools under scrutiny.* Paris: OECD.

Organisation for the Economic Co-operation and Development (OECD). (Ed.). (1999). *Measuring student knowledge and skills. A new framework for assessment.* Paris: OECD [Deutsches PISA-Konsortium (Hrsg.). (2000). *Schülerleistungen im internationalen Vergleich: Eine neue Rahmenkonzeption für die Erfassung von Wissen und Fähigkeiten.* Berlin: Max-Planck-Institut für Bildungsforschung].

Prenzel, M. (2001). Das BLK-Modellprogramm „Steigerung der Effizienz des mathematisch-naturwissenschaftlichen Unterrichts" – Konzeption, Arbeitsthemen und bisherige Ergebnisse. In E. Klieme & J. Baumert, (Hrsg.), *TIMSS: Impulse für Schule und Unterricht. Forschungsbefunde, Reforminitiativen, Praxisberichte und Video-Dokumente* (S. 59–65). Bonn: Bundesministerium für Bildung und Forschung.

Reusser, K. (1992). Kognitive Modellierung von Text-, Situations- und mathematischem Verständnis beim Lösen von Text-aufgaben. In K. Reiss & M. Reiss (Hrsg.), *Maschinelles Lernen – Modellierung von Lernen mit Maschinen* (S. 225–249). Berlin: Springer.

Reusser, K. (1996). From cognitive modeling to the design of pedagogical tools. In S. Vosniadou, E. De Corte, R. Glaser & H. Mandl (Eds.), *International perspectives on the design of technology-supported learning environments* (pp. 81–103). Mahwah, NJ: Erlbaum.

Rost, J. (1996). *Lehrbuch Testtheorie, Testkonstruktion.* Bern: Huber.

Schmidt, W. H., Jorde, D., Cogan, L. S., Barrier, E., Gonzalo, I., Moser, U., Shimizu, K., Sawada, T., Valverde, G. A., McKnight, C., Prawat, R. S., Wiley, D. E., Raizen, S. A., Britton, E. D. & Wolfe, R. G. (1996). *Characterizing pedagogical flow. An investigation of mathematics and science teaching in six countries.* Dordrecht: Kluwer.

Schupp, H. (1988). Anwendungsorientierter Mathematikunterricht in der Sekundarstufe I zwischen Tradition und neuen Impulsen. *Der Mathematikunterricht, 34* (6), 5–16.

Stein, M. K., Grover, B. W. & Henningsen, M. (1996). Building student capacity for mathematical thinking and reasoning: An analysis of mathematical tasks used in reform classrooms. *American Educational Research Journal, 32* (2), 455–488.

Stern, E. & Staub, F. (2000). Mathematik lernen und verstehen: Anforderungen an die Gestaltung des Mathematikunterrichts. In E. Inckermann, J. Kahlert & A. Speck-Hamdan, *Sich Lernen leisten. Grundschule vor den Herausforderungen der Wissenschaft* (S. 90–100). Luchterhand.

Van der Linden, W. J. (1998). A discussion of some methodological issues in international assessments. *International Journal of Educational Research, 29,* 569–577.

Williams, G. & Clarke, D. J. (1997). Mathematical task complexity and task selection. In D. M. Clarke et al. (Eds.), *Mathematics: Imagine the possibilities* (pp. 406–415). Brunswick, Victoria: Mathematics Association of Victoria.

Winter, H. (1995). Mathematikunterricht und Allgemeinbildung. *Mitteilungen der Gesellschaft für Didaktik der Mathematik, 61,* 37–46.

Wittmann, E. C. (in press). Developing mathematics education in a systemic process (plenary lecture at the 9th International Congress on Mathematical Education ICME 9, Tokyo 2000). *Educational Studies in Mathematics.*

Manfred Prenzel
Jürgen Rost
Martin Senkbeil
Peter Häußler
Annekatrin Klopp

4 Naturwissenschaftliche Grundbildung: Testkonzeption und Ergebnisse

Die Leitfrage von PISA lautet, inwieweit die Jugendlichen auf die Herausforderungen der heutigen Wissensgesellschaft vorbereitet werden. Einen erheblichen Teil des gesellschaftlichen Wissens produzieren die Naturwissenschaften; der Zuwachs an Erkenntnissen erfolgt in diesen Disziplinen nach wie vor stark beschleunigt. Die Naturwissenschaften prägen die Wissensgesellschaft aber auch durch einen besonderen Umgang mit Wissen. Das naturwissenschaftliche Forschen und Argumentieren zeichnet sich durch systematische und rationale Verfahren aus, mit denen Wissen gewonnen, geprüft, mitgeteilt und diskutiert wird. Naturwissenschaftliche Erkenntnisse und ihre Anwendungen schaffen die Grundlage für Innovationen, die weit über die Wissenschaft hinaus weisen und alle Lebensbereiche berühren. Die Naturwissenschaften sind auch ein entscheidender Wirtschaftsfaktor. Sie stellen die Wissensbasis bereit für Entscheidungen über die Gestaltung unserer Lebensbedingungen. Damit besitzen die Naturwissenschaften eine Schlüsselrolle für den technologischen und gesellschaftlichen Wandel und für die Sicherung der Lebensgrundlagen auf nationaler wie globaler Ebene. Alles weist darauf hin, dass die Naturwissenschaften und die mit ihnen verbundenen technischen Disziplinen in der absehbaren Zukunft noch mehr an Bedeutung gewinnen werden. Wer den Anschluss an diese sich dynamisch entwickelnden Gebiete verliert, hat wenig Chancen, ihn je wieder zu erlangen.

All dies spricht für eine Berücksichtigung der naturwissenschaftlichen Kompetenz in einer internationalen Vergleichsstudie über die *skills for life*, die Jugendliche gegen Ende der Pflichtschulzeit entwickelt haben. Die Naturwissenschaften bilden deshalb einen der drei Bereiche, die PISA in den bisher geplanten drei Erhebungsrunden untersucht. Unter den übergeordneten Zielstellungen von PISA soll vor allem geklärt werden, inwieweit die Jugendlichen ihre naturwissenschaftliche Kompetenz in lebensnahen Situationen aktivieren und nutzen können. Die durch eine Vorstellung funktionaler Grundbildung bestimmte Konzeption des Naturwissenschaftstests von PISA und dessen Anlage werden am Beginn dieses Kapitels dargelegt, bevor über die Erhebungsmethoden und die Befunde berichtet wird.

1. Vorstellungen von naturwissenschaftlicher Grundbildung: Welche Kompetenz brauchen Jugendliche?

Naturwissenschaftliche Kompetenz ist eine Voraussetzung für die Teilhabe an der Wissensgesellschaft und für eine lebenslange Auseinandersetzung mit einer sich verändernden Welt. Diese Perspektive bestimmt den Ansatz von PISA (OECD, 1999). Die internationale Testkonzeption wird – wie auch in den anderen Bereichen – durch eine Vorstellung funktionaler Grundbildung im Sinne von *Literacy* bestimmt. Für diese Orientierung sprechen viele Gründe. Dennoch bleibt zu klären, ob der Ansatz von PISA breit genug konzipiert ist, um den Bildungsanliegen des naturwissenschaftlichen Unterrichts gerecht zu werden.

Den Stellenwert naturwissenschaftlicher Kompetenz kann man aus unterschiedlichen Perspektiven begründen. Für PISA und angloamerikanische *Literacy*-Ansätze ist die Teilhabe an einer durch Naturwissenschaft und Technik geprägten Kultur der entscheidende Bezugspunkt. Die Tradition deutscher Bildungsvorstellungen hebt die Bedeutung naturwissenschaftlicher Kompetenz für die Entwicklung des Selbst- und Weltverständnisses hervor. Andere Gesichtspunkte betreffen etwa die besonderen Möglichkeiten naturwissenschaftlicher Denk- und Arbeitsweisen zur Schulung des Intellekts oder die Sicherung eines qualifizierten naturwissenschaftlich-technischen Nachwuchses.

Bei aller Unterschiedlichkeit der Perspektiven besteht ein weit reichender Konsens über den Stellenwert naturwissenschaftlicher Kompetenz: Sie ist ein unverzichtbar wichtiger Aspekt von Allgemeinbildung. Naturwissenschaftliche Kompetenz sollte flexibel in unterschiedlichen Situationen genutzt und angewendet werden können. Das naturwissenschaftliche Wissen muss insbesondere anschlussfähig sein, also Kompetenzen umfassen, die für die Aneignung neuer Wissensbestände bzw. für eine Auseinandersetzung mit den Naturwissenschaften über die Lebensspanne erforderlich sind. Unstrittig ist auch die herausragende Rolle der Schule für den systematischen Aufbau grundlegender naturwissenschaftlicher Kompetenz. Die Schule zielt auf naturwissenschaftliche „Grundbildung" ab. Dieser deutsche Begriff entspricht am ehesten dem Bedeutungsgehalt von *Literacy*.

Trotz einer Übereinstimmung in grundsätzlichen Fragen fällt es oft schwer, Kompetenzanforderungen für naturwissenschaftliche Grundbildung genauer zu bestimmen. Ein Grund für diese Probleme liegt im rapiden Erkenntniszuwachs in den Naturwissenschaften. Denn damit verschärft sich die Frage, welche Wissensbestände und Kompetenzen als grundlegend und anschlussfähig gelten können und welches Niveau naturwissenschaftlicher Grundbildung in der Schule erreicht werden kann und soll. Die kognitiven Anforderungen der komplexen und komplizierten naturwissenschaftlichen Betrachtungen relativieren die Möglichkeiten vieler Jugendlicher, wünschenswerte und relevante naturwissenschaftliche Kompetenzen aufzubauen. Vor diesem Hintergrund fanden in den letzten Jahrzehnten in den Naturwissenschaftsdidaktiken und den Naturwissenschaften lebhafte Debatten über naturwissenschaftliche Grundbildung statt (vgl. Gräber & Bolte, 1997).

1.1 Naturwissenschaftliche Kompetenz für alle

Überlegungen zur naturwissenschaftlichen Bildung hatten bis zu den 1970er Jahren in erster Linie den Nachwuchs für naturwissenschaftliche und technische Studiengänge im Blick. Die generelle Bedeutung eines naturwissenschaftlichen Grundverständnisses für jeden als Aspekt von Allgemeinbildung wurde zwar nicht bezweifelt, fand letztlich aber wenig Aufmerksamkeit. So richtete sich das Interesse von Naturwissenschaftlern und Naturwissenschaftsdidaktikern – in Deutschland und international – vorwiegend auf die gymnasiale Oberstufe bzw. die obere Sekundarstufe (vgl. DeBoer, 1997; Fensham, in Druck; Riquarts u.a., 1990–1994). Die Vorstellungen über die anzustrebende Kompetenz orientierten sich an naturwissenschaftlichen Disziplinen und Studiengängen und damit vorwiegend an der Fachsystematik. Wesentliche Anliegen betrafen die intellektuelle Förderung und die Propädeutik für das Studium.

Gegen Ende der 1970er Jahre führte die Wahrnehmung von ökonomischen, sozialen und ökologischen Problemen zu einem Umdenken. Der Stellenwert der Naturwissenschaften als gesellschaftliche Kraft und als Wirtschaftsfaktor rückte stärker in das Bewusstsein. Naturwissenschaftliche Kompetenz wurde nun als Ressource entdeckt, die nicht nur in einem engen beruflichen Segment benötigt wird. Sie ist auch im Alltag erforderlich, um effektiv und verantwortlich handeln, wichtige Fragen beantworten und begründete Entscheidungen über naturwissenschaftliche Vorhaben treffen zu können. Diese deutliche Erweiterung der Perspektive fand ihren Ausdruck im Slogan *Science for All* (American Association for the Advancement of Science, 1989; National Science Foundation, 1983; UNESCO, 1983). Die Forderung „Naturwissenschaft für alle" regte die Debatte über die Orientierung des naturwissenschaftlichen Unterrichts an und löste Kontroversen über die anzustrebende Kompetenz aus. Sie gab zugleich Anlass für die Entwicklung neuer Curricula (vgl. Fensham, in Druck). Typische Beispiele für die veränderte Ausrichtung repräsentieren die so genannten *Science-Technology-Society*-Ansätze (Solomon & Aikenhead, 1994).

Science for All dient in den englischsprachigen Ländern auch heute noch als Bezugsrahmen für die Debatte über *Scientific Literacy* (Bybee & DeBoer, 1994; Gräber & Bolte, 1997; Shamos, 1995) und für die Ausarbeitung von Kompetenzanforderungen (*Benchmarks* bzw. *Standards*) für naturwissenschaftliche Grundbildung (American Association for the Advancement of Science, 1993; National Research Council, 1996). Die Vorstellung „Naturwissenschaft für alle" prägt schließlich auch die aktuellen Bemühungen von Wissenschaftlern und Wissenschaftsorganisationen für ein *Public Understanding of Science (and Humanities)* in den so genannten *PUS*- bzw. *PUSH*-Ansätzen (z.B. Cross & Fensham, 2000; The Royal Society, 1985; Sjøberg & Kallerud, 1997), die in Deutschland unter der Bezeichnung „Wissenschaft im Dialog" firmieren (vgl. Stifterverband für die deutsche Wissenschaft, 1999).

In Anbetracht der aktuellen, nicht nur auf Deutschland begrenzten Diskussion über den Nachwuchsmangel für den naturwissenschaftlich-technischen Bereich kann man fragen, ob die *Science for All*-Bewegung die Nachwuchsförderung in den Hintergrund gedrängt hat. Tatsächlich folgt aber aus der Forderung „Naturwissenschaft für alle" keineswegs eine Vernachlässigung des Nachwuchses. Vielmehr soll frühzeitig bei allen Schülerinnen und Schülern das Verständnis von und für Naturwissenschaften angeregt und unterstützt werden, auch um eine breite Basis für die Nachwuchsgewinnung zu erhalten.

Selbstverständlich braucht eine „Hightech"-Gesellschaft einen hoch qualifizierten naturwissenschaftlichen und technischen Nachwuchs – in der Industrie, in Forschungseinrichtungen und Universitäten, aber auch für den Fachunterricht an Schulen. Naturwissenschaftliche Kompetenz wird jedoch nicht nur von diesen einschlägigen, quantitativ eher kleinen, Berufsgruppen erwartet. Denn ein großer Teil aller Arbeitsplätze (z.B. in den Bereichen Gesundheit oder Neue Technologien) erfordert den Umgang mit Geräten, Aufgaben und Problemen, die naturwissenschaftliches Grundverständnis verlangen – für die Bewältigung des Berufsalltags, für das Anschlusshalten an neue Entwicklungen und für die Wahrung von Karrierechancen (Sjøberg, 2001). Insofern gewinnt naturwissenschaftliche Kompetenz zunehmend an Bedeutung für die *berufliche Qualifikation* vieler Menschen.

Auf den ersten Blick weniger offensichtlich ist die Relevanz naturwissenschaftlicher Kompetenz für das *Alltagsleben*. Der Siegeszug der Technik in Haushalt, Verkehr und vielen Freizeitbereichen erfolgte ja aufgrund ihrer Bedienungsfreundlichkeit, die naturwissenschaftliches oder technisches Verständnis überflüssig zu machen scheint. Dennoch spielt naturwissenschaftliche Kompetenz eine wichtige Rolle für das praktische Handeln in vielen Alltagssituationen, etwa unter den Aspekten Sicherheit, Gesundheit und Hygiene, Ernährung sowie Konsum- und Umweltbewusstsein (Fensham u.a., 2000; Layton u.a., 1993).

Bereits erwähnt wurde der Stellenwert naturwissenschaftlicher Kompetenz für die *gesellschaftliche Partizipation,* für die Beteiligung am Diskurs und an Entscheidungen über naturwissenschaftliche und technische Entwicklungen und ihre Anwendungen. Deren Nutzen, Kosten und Nebenwirkungen betreffen letztlich alle. Freilich stellt diese Funktion hohe Anforderungen an die Kompetenz. Erforderlich ist einschlägiges Grundwissen, ein Verständnis naturwissenschaftlicher Arbeitsweisen und das Bewusstsein der Grenzen des naturwissenschaftlichen Denkens und Wissens (Tenorth, 1998).

Es gibt zahlreiche weitere Aspekte, unter denen naturwissenschaftliche Kompetenz für alle Bedeutung gewinnen kann (vgl. DeBoer, 1997; Häußler u.a., 1980, 1998; Wagenschein, 1965). Naturwissenschaftliche Kompetenz beugt dem Aberglauben vor und gestattet eine Auseinandersetzung mit der natürlichen und technischen Umwelt, die intensive *Erlebnisse,* emotionale und ästhetische Erfahrungen ermöglicht. Diese wiederum beeinflussen die Einstellung gegenüber Natur und Techniken und sind für die Entwicklung persönlicher Interessen bedeutsam. Die Naturwissenschaften repräsentieren einen bestimmten Weg, *eine Methode* zu denken, Wissen zu generieren und zu prüfen sowie Probleme zu lösen. Dieser naturwissenschaftliche Denkansatz kann vielseitig und in verschiedenen Lebensbereichen außerhalb der Naturwissenschaften genutzt werden, um sich Wissen zu erschließen oder Vermutungen kritisch zu prüfen.

In der Diskussion über naturwissenschaftliche Grundbildung bzw. *Scientific Literacy* werden die aufgeführten Gesichtspunkte – zum Teil mit unterschiedlicher Gewichtung – aufgegriffen, um die für alle anzustrebende naturwissenschaftliche Kompetenz genauer zu bestimmen. Die Vorstellung „Naturwissenschaft für alle" betont den Beitrag der Naturwissenschaft zur *Allgemeinbildung* (vgl. Klafki, 1986). Bezogen auf den lebenslangen und nicht abgeschlossenen Bildungsprozess kann und muss die Schule eine naturwissenschaftliche *Grundbildung* anstreben.

1.2 Naturwissenschaftliche Grundbildung als „Literacy"

Der Begriff *Scientific Literacy* drückt eine besondere Anforderung aus: Es soll ein naturwissenschaftliches Verständnis entwickelt werden, das die Teilhabe an einer von Naturwissenschaft und Technik geprägten Kultur gestattet. Diese Anforderung führt zu einem hohen Kompetenzanspruch. Naturwissenschaftliche Grundbildung im Sinne von *Literacy* hat deshalb nur wenig mit der im wörtlichen Sinn bezeichneten Fähigkeit zu tun, lesen und schreiben zu können (z.B. naturwissenschaftliches Vokabular oder naturwissenschaftliche Texte). Im englischen Sprachgebrauch hat sich der Bedeutungsgehalt von *Literacy* in Richtung auf „gebildet sein" erweitert. Dennoch empfiehlt es sich, den Begriff *Scientific Literacy* metaphorisch zu verstehen (Bybee, 1997).

Charakteristisch für *Literacy*-Ansätze ist die Betrachtung naturwissenschaftlicher Kompetenz in ihrer Funktion für eine verständige und verantwortungsvolle Teilnahme am gesellschaftlichen Leben (vgl. Klieme u.a., 2000). Die Partizipationsmöglichkeit setzt – folgt man elaborierten *Literacy*-Konzeptionen (z.B. American Association for the Advancement of Science, 1989; Bybee, 1997; DeBoer, 1997; Fensham, in Druck; Laugksch, 2000; Miller, 1997; Sjøberg, 2001) – vielfältige und anspruchsvolle Kompetenzen voraus. Diese Kompetenzen kann man vier übergeordneten Bereichen zuordnen (vgl. Duit, Häußler & Prenzel, 2001):

– naturwissenschaftliche Begriffe und Prinzipien (Wissen bzw. Verständnis zentraler naturwissenschaftlicher Konzepte),
– naturwissenschaftliche Untersuchungsmethoden und Denkweisen (Verständnis naturwissenschaftlicher Prozesse, grundlegende Fertigkeiten, Denkhaltungen),
– Vorstellungen über die Besonderheit der Naturwissenschaft (Verständnis der *nature of science*, epistemologische Vorstellungen, Wissen über die Grenzen der Naturwissenschaft),
– Vorstellungen über die Beziehungen zwischen Naturwissenschaft, Technik und Gesellschaft (Verständnis des „Unternehmens Naturwissenschaft" im sozialen, ökonomischen und ökologischen Kontext).

Neben diesen Kompetenzen werden auch Einstellungen und Wertorientierungen (Relevanzeinschätzungen, „Faszination Natur und Naturwissenschaften") als Aspekte von *Literacy* betrachtet. Die Kompetenzanforderungen sind insgesamt bestimmt durch hohe Erwartungen an die Anwendbarkeit des Wissens bzw. an den Transfer. Die Kompetenzen sollen situations- und problemgerecht angewendet werden können und anschlussfähig für weiteres Lernen sein.

Systematische Listen mit Beschreibungen von Kompetenzen für naturwissenschaftliche Grundbildung wurden von der *American Association for the Advancement of Science* (1993) und dem *National Research Council* (1996) vorgelegt. In deren Auftrag arbeiteten Expertengruppen für die einzelnen Jahrgangsstufen Kompetenzziele aus, die möglichst alle Schülerinnen und Schüler erreichen sollen. Entsprechende *Benchmarks* oder Standards konkretisieren die Vorstellungen von *Literacy* und helfen bei der Entwicklung von Curricula, Unterrichtskonzeptionen und Tests. Freilich stellt sich die Frage, inwieweit die Expertengruppen tatsächlich (für die gesellschaftliche Teilhabe) funktional notwendige oder vielmehr wünschenswerte Kompetenzen bestimmt haben. Insgesamt gelangen die *Benchmarks* jedenfalls zu einem umfangreichen Katalog anspruchsvoller Kompetenzen.

Von daher überrascht es nicht, dass die Vorstellung von naturwissenschaftlicher Grundbildung als *Literacy* verschiedentlich kritisch diskutiert wurde (vgl. Fensham, in Druck). Insbesondere warnt Shamos (1995) davor, unrealistische Vorstellungen über naturwissenschaftliche Grundbildung zu propagieren („Scientific Literacy als Mythos"). Er verweist auf Befunde (z.B. Miller, 1997), die große Abstände zwischen dem vorfindbaren Stand an Kompetenz und dem Anspruch an *Literacy* belegen, und argumentiert, dass die Notwendigkeit der postulierten Kompetenzen für die Bewältigung des Lebens keineswegs evident sei. Um tatsächlich gut begründet am gesellschaftlichen Diskurs bzw. an Entscheidungen über aktuelle naturwissenschaftliche oder technologische Fragen partizipieren zu können, seien die Kompetenzanforderungen so hoch, dass sie nur von sehr wenigen Personen in engen fachlichen Segmenten erreicht werden könnten (vgl. Baumert, 1997).

Die Frage nach der Erreichbarkeit von Kompetenzzielen muss in der Diskussion über naturwissenschaftliche Bildungskonzeptionen und Curricula berücksichtigt werden. Ebenso müssen sich Untersuchungen zum Stand der naturwissenschaftlichen Grundbildung an einem realistischen Bild erreichbarer Kompetenz orientieren. Doch geht es in solchen Untersuchungen auch gerade darum, ein differenziertes empirisches Bild von der – zum Beispiel in unterschiedlichen Ländern – erreichten Kompetenz und von Kompetenzunterschieden zu erhalten.

Die Diskussion über die Möglichkeit, ein generelles Niveau der naturwissenschaftlichen Grundbildung zu erreichen, legt nahe, *Literacy* als Kontinuum zu begreifen und Stufen einer naturwissenschaftlichen Grundbildung zu unterscheiden. Ein viel zitiertes Modell hat Bybee (1997) vorgeschlagen. Es unterscheidet folgende Stufen:

(1) *Nominelle naturwissenschaftliche Grundbildung (Nominal Scientific Literacy):* Es liegt ein oberflächliches und schmales Wissen vor, das sich auf die Kenntnis von einigen Ausdrücken, einfachen Fakten oder Formeln beschränkt. Deren Gehalt wird aber nicht verstanden. Bei Erklärungsversuchen werden naive Theorien und Fehlvorstellungen sichtbar.

(2) *Funktionale naturwissenschaftliche Grundbildung (Functional Scientific Literacy):* Auf dieser Stufe kann in einem engen Bereich von Situationen und Tätigkeiten naturwissenschaftliches Vokabular passend benutzt werden, doch sind die Begriffe wenig durchdrungen und Zusammenhänge bleiben unverstanden.

(3) *Konzeptuelle und prozedurale naturwissenschaftliche Grundbildung (Conceptual and Procedural Scientific Literacy):* Konzepte, Prinzipien und ihre Zusammenhänge in der Disziplin werden ebenso verstanden wie grundlegende naturwissenschaftliche Denk- und Arbeitsweisen. Naturwissenschaftliche Prozesse (Untersuchungsplanung, Erklärungen formulieren und prüfen) und Konzepte werden situationsgerecht angewendet.

(4) *Mehrdimensionale naturwissenschaftliche Grundbildung (Multidimensional Scientific Literacy):* Auf dieser Ebene können Verbindungen zwischen Disziplinen hergestellt und die Besonderheiten der Naturwissenschaften, ihre Geschichte und ihre Rolle in Kultur und Gesellschaft verstanden werden.

Das Modell von Bybee sieht für die beiden ersten Stufen nur konzeptuelles Wissen vor; Prozesskompetenz kommt auf der dritten Stufe hinzu. Der Wissensumfang steigt von Stufe zu Stufe, und es ändern sich vor allem die Qualität des Umgangs mit Wissen (Wiedergeben, Verstehen, Anwenden), die Komplexität der Zusammenhänge und die Vielfalt der Perspektiven. Das Modell beschreibt einen Entwurf für den Verlauf der Entwicklung naturwissenschaftlicher Kompetenz, der noch einer gründlichen empirischen Prüfung bedarf. Das Modell hat jedoch für die theoretische Präzisierung von *Literacy*, für curriculare Fragen und für die Vorbereitung und Interpretation von Kompetenzmessungen heuristische Bedeutung.

In der internationalen Diskussion über *Scientific Literacy* zeichnet sich eine beträchtliche Übereinstimmung ab. Die Teilhabe an einer durch Naturwissenschaft und Technik geprägten Kultur ist ein anspruchsvolles und interpretationsbedürftiges Kriterium für die Bestimmung von Kompetenzanforderungen. Dennoch lässt sich ein weit reichender Konsens über die Struktur naturwissenschaftlicher Grundbildung und über wesentliche Kompetenzmerkmale feststellen. Die vorliegenden Konzeptionen und die zum Teil recht detaillierten Kompetenzbeschreibungen bieten den Vorteil, dass sie auf eine Operationalisierung hin angelegt sind. Dies stellt einen großen Fortschritt gegenüber traditionellen Debatten über Bildungsziele dar. Gleichzeitig wird in der internationalen Diskussion jedoch immer wieder auf Überlegungen aus der Tradition europäischer und speziell deutscher Bildungstheorien zurückgegriffen (DeBoer, 1997; Oelkers, 1997). Wesentliche Aspekte von Konzeptionen allgemeiner Bildung sind in der Vorstellung von naturwissenschaftlicher Grundbildung im Sinne von *Literacy* aufgehoben. Sie bietet sich als Bezugsrahmen für eine international vergleichende Untersuchung zur naturwissenschaftlichen Kompetenz an.

---

2. Was PISA unter naturwissenschaftlicher Grundbildung versteht

Der Testansatz von PISA beruht in allen drei Bereichen auf einer Grundstruktur, die zwischen Konzepten, Prozessen und Situationen unterscheidet. Im Bereich Naturwissenschaften wird diese Struktur unter Bezugnahme auf Theorien zur *Scientific Literacy* inhaltlich gefasst. Wie die folgenden Abschnitte zeigen, entspricht die Konzeption für die Erhebung der naturwissenschaftlichen Grundbildung in PISA dem aktuellen internationalen Diskussionsstand zur *Scientific Literacy*.

2.1 Definition

PISA verweist auf die aktuellen Diskussionen zur naturwissenschaftlichen Grundbildung und stellt eine weitgehende Übereinstimmung zu den übergeordneten Zielen fest (OECD, 1999). Demnach soll im naturwissenschaftlichen Unterricht an den Schulen ein generelles Verständnis entwickelt werden
- von wichtigen naturwissenschaftlichen Konzepten und Erklärungsmodellen,
- von Methoden, mit denen die Naturwissenschaften ihre Erkenntnisse erzeugen und stützen, und
- von den Möglichkeiten und Grenzen der Naturwissenschaften in der modernen Welt.
Diese Ziele nimmt PISA als Bezugspunkt und betont die Fähigkeit, das damit umschriebene Verständnis in realen, mit naturwissenschaftlichen Fragen verbundenen Situationen anzuwenden. Im Rahmen von PISA wird naturwissenschaftliche Grundbildung *(Scientific Literacy)* wie folgt definiert:

„Naturwissenschaftliche Grundbildung (Scientific Literacy) ist die Fähigkeit, naturwissenschaftliches Wissen anzuwenden, naturwissenschaftliche Fragen zu erkennen und aus Belegen Schlussfolgerungen zu ziehen, um Entscheidungen zu verstehen und zu treffen, welche die natürliche Welt und die durch menschliches Handeln an ihr vorgenommenen Veränderungen betreffen." (OECD, 1999, S. 60)

Diese Definition trifft die zentralen Aspekte von *Literacy* (vgl. Abschnitt 1.2). Naturwissenschaftliche Grundbildung umfasst im Sinne von PISA ein Verständnis von grundlegenden naturwissenschaftlichen Konzepten, von den Grenzen naturwissenschaftlichen Wissens und den Besonderheiten der Naturwissenschaft als ein von Menschen betriebenes kulturelles Unterfangen. Die *Literacy*-Vorstellung von PISA orientiert sich an der dritten Stufe im Modell von Bybee (1997): Bezugspunkt für die Zielgruppe der 15-jährigen Jugendlichen ist eine konzeptuelle und prozedurale naturwissenschaftliche Grundbildung. Sie schließt die Fähigkeit ein, Fragestellungen zu erkennen, die naturwissenschaftlich beantwortet werden können, Informationen und Daten zu interpretieren sowie Schlussfolgerungen kritisch zu prüfen.

Der Untersuchungsansatz zur naturwissenschaftlichen Grundbildung wird in PISA durch folgende drei Aspekte bestimmt (OECD, 1999):
– naturwissenschaftliche Prozesse,
– naturwissenschaftliche Konzepte,
– Anwendungsbereiche.

Mit den naturwissenschaftlichen Konzepten und Prozessen thematisiert PISA zwei Kompetenzbereiche, die explizit in allen wichtigen neueren *Literacy*-Ansätzen unterschieden werden (vgl. Abschnitt 1.2). Dabei werden weitere wichtige Aspekte naturwissenschaftlicher Grundbildung in die Unterscheidung von Konzepten und Prozessen integriert. Vorstellungen über die Besonderheiten der Naturwissenschaften und über ihre Grenzen werden bei PISA der Prozesskomponente zugeordnet. Damit deckt die Studie vom Anspruch her wesentliche Bereiche naturwissenschaftlicher Grundbildung ab. Da für die Naturwissenschaften als Nebenkomponente in PISA 2000 nur eine knappe Testzeit zur Verfügung stand und dies auch in PISA 2003 der Fall sein wird, wird allerdings für den ersten und zweiten Erhebungszyklus noch keine umfassende und systematisch differenzierende Erfassung von Konzeptbereichen, Prozessfacetten und Situationsklassen angestrebt.

2.2 Naturwissenschaftliche Prozesse

Prozesse sind (vorwiegend mentale) Aktivitäten, die etwa beim Konzipieren, Erheben und Interpretieren von Daten eingesetzt werden, um Wissen oder Verständnis aufzubauen. Prozesse, die sich auf naturwissenschaftliche Aspekte der Welt richten und zu einer Erweiterung des naturwissenschaftlichen Verständnisses führen, werden als naturwissenschaftliche Prozesse bezeichnet.

Typische naturwissenschaftliche Prozesse sind Denk-, Herangehens- und Arbeitsweisen, die bei naturwissenschaftlichen Untersuchungen, bei der Erhebung und Interpretation von Belegen oder Daten und bei der Begründung von Schlussfolgerungen ausgeführt werden. Die von der internationalen Expertengruppe kürzlich überarbeitete PISA-Konzeption (OECD, 1999, S. 62) unterscheidet die folgenden naturwissenschaftlichen Prozesse (Science Expert Group, 2001):

(a) *Das Verständnis der Besonderheiten naturwissenschaftlicher Untersuchungen (understanding the nature of scientific investigation)* umfasst die Fähigkeit, Fragestellungen zu erkennen, die naturwissenschaftlich untersucht werden können, und das Wissen über die Anforderungen an solche Untersuchungen. Weitere Aspekte betreffen das Identifizieren von Daten, die benötigt werden, um eine Behauptung oder Erklärung zu überprüfen. Dabei kann es zum Beispiel erforderlich sein, zu bestimmen oder zu erkennen, was verglichen werden muss, welche Variablen verändert oder kontrolliert werden müssen, welche zusätzlichen Informationen benötigt werden und was getan werden muss, um relevante Daten zu erheben.

(b) *Das Umgehen mit Evidenz (using scientific evidence)* bezieht sich auf die Fähigkeit, naturwissenschaftliche Daten und Befunde als Belege für Behauptungen oder Schlussfolgerungen zu verwenden. Dazu gehört, Schlussfolgerungen aus vorliegenden Befunden zu ziehen oder Schlussfolgerungen auszuwählen, die den Daten am besten gerecht werden. Entsprechende Aufgaben können aber auch nach Gründen fragen, die in Anbetracht der gegebenen Evidenz für oder gegen bestimmte Schlussfolgerungen sprechen.

(c) *Das Kommunizieren naturwissenschaftlicher Beschreibungen oder Argumente (communicating scientific descriptions or arguments)* umfasst die Fähigkeit, anderen Personen Beschreibungen, Argumente oder Erklärungen mit naturwissenschaftlichem Gehalt verständlich und zutreffend mitzuteilen. Hierzu zählt unter anderem, bezogen auf eine bestimmte Situation und vorliegende Daten, eventuell auch auf Basis von zusätzlichen relevanten Informationen, eine Argumentation zu entwickeln, die für eine bestimmte Zielgruppe klar und angemessen formuliert ist.

(d) *Das Verständnis naturwissenschaftlicher Konzepte (understanding of science concepts)* wird als Fähigkeit beschrieben, naturwissenschaftliche Ideen bzw. Begriffe anzuwenden, Ereignisse, Zusammenhänge, Phänomene oder Veränderungen zu erklären und Vorhersagen zu treffen (vgl. Abschnitt 2.3, Konzepte und Inhalte).

Entsprechend dieser Unterscheidung hat die Expertengruppe die Items des Naturwissenschaftstests klassifiziert und ihre jeweiligen Kompetenzanforderungen bestimmt (Science Expert Group, 2001).

2.3 Naturwissenschaftliche Konzepte und Inhalte

Schülerinnen und Schüler brauchen konzeptuelles Wissen, um Phänomene der natürlichen und der vom Menschen geschaffenen Welt zu verstehen. PISA zielt auf zentrale und grundlegende Ideen *(big ideas)*, die dazu beitragen, bestimmte Aspekte unserer natürlichen Umwelt zu erklären. Die Fragen betreffen grundlegende Konzepte aus der Physik, der Chemie, der Biologie und aus den Geowissenschaften (aus deutscher Perspektive betreffen mehrere Aufgaben, die den Geowissenschaften zugeordnet wurden, vor allem Themen des Physikunterrichts). Die Konzepte beziehen sich auf eine Reihe von Themengebieten (vgl. OECD, 1999, S. 64), wie zum Beispiel

– Kraft und Bewegung (Kräfte im Gleichgewicht/Ungleichgewicht, Geschwindigkeit, Beschleunigung, Impuls),
– Artenvielfalt (Arten, Genpool, Evolution) oder
– physiologische Veränderungen (Hormone, Elektrolyse, Neurone).

Als Gesichtspunkte für die Auswahl der Konzepte dienen unter anderem die Relevanz für alltägliche Situationen und die Anschlussfähigkeit für nachfolgendes Lernen.

PISA untersucht vor allem das konzeptuelle Verständnis und die angemessene Anwendung von naturwissenschaftlichen Konzepten. Im Blickpunkt steht weniger, inwieweit Schülerinnen und Schüler über Kenntnisse verfügen oder Faktenwissen reproduzieren können. PISA bemüht sich vielmehr, ein konzeptuelles Verständnis zu erfassen, das mit der Anwendung von Alltagskonzepten beginnt und bis zu einem Arbeiten mit naturwissenschaftlichen Modellvorstellungen reicht. Die Testaufgaben zum konzeptuellen Verständnis verlangen von den Schülerinnen und Schülern vor allem, dass sie Beziehungen herstellen, Phänomene oder Ereignisse erklären und Vorhersagen über Veränderungen treffen.

2.4 Anwendungsbereiche

Die Vorstellung von naturwissenschaftlicher Grundbildung, die PISA verfolgt, betont die Anwendung von Prozessen und Konzepten auf realistische Fragestellungen und Probleme. Entscheidend ist, dass die Schülerinnen und Schüler das im Verlauf der Schulzeit erworbene Wissen auch in außerschulischen Situationen nutzen können. Kontexte oder Situationen werden dann „naturwissenschaftlich", wenn sie Problemstellungen repräsentieren, die naturwissenschaftlich bearbeitet werden können. Realitätsnahe Anwendungsbereiche enthalten Probleme, die uns
- als Individuen betreffen können (persönliche Bedeutung),
- als Mitglieder einer lokalen Gemeinschaft (lokale oder kommunale Bedeutung) oder
- als Bürger der Welt (globale Bedeutung).

Alle diese Anwendungsbereiche (sowie zusätzlich Kontexte mit historischer Bedeutung) sind im Aufgabenspektrum von PISA vertreten. Schwerpunkte für die Anwendungsbereiche bilden die Felder *Leben und Gesundheit, Erde und Umwelt* sowie *Naturwissenschaften in Technologien* (vgl. OECD, 1999, S. 69).

> PISA thematisiert mit naturwissenschaftlichen Prozessen und Konzepten zentrale Facetten der naturwissenschaftlichen Grundbildung. Dabei wird betont, dass sich das Verständnis von Konzepten und Prozessen in der Anwendung auf realistische Fragestellungen und Probleme zeigt.

3. Wie PISA naturwissenschaftliche Grundbildung misst

Die theoretische Ausrichtung der Rahmenkonzeption an *Scientific Literacy* und die Unterscheidung der drei Dimensionen naturwissenschaftlicher Prozesse, Konzepte und Anwendungsbereiche bestimmen die Anlage des Tests zur naturwissenschaftlichen Kompetenz. Da die Naturwissenschaften in der ersten Erhebungsrunde eine Nebenkomponente sind (sie werden 2006 das Schwerpunktgebiet sein), ließen die knapp bemessenen Testzeiten nur eine eingeschränkte Untersuchung von Komponenten der naturwissenschaftlichen Grundbildung zu. Nach einem Überblick über die Merkmale der Testkonstruktion werden die Kompetenzstufen der naturwissenschaftlichen Grundbildung vorgestellt. Sie erleichtern eine inhaltliche Interpretation der Leistungskennwerte. An einer Beispielaufgabe aus dem PISA-Test werden die Kompetenzstufen anschaulich dargestellt.

3.1 Der Test im Überblick

In der PISA-Erhebung 2000 stand für die Naturwissenschaften als Nebenkomponente nur eine Testzeit von insgesamt etwa 60 Minuten zur Verfügung. Das für diese Testzeit entwickelte Aufgabenmaterial wurde in Blöcke aufgeteilt und über mehrere Testhefte systematisch verteilt. Aufgrund dieser Rahmenbedingung waren die Spielräume für eine breite und tiefe Umsetzung der theoretischen Konzeption stark eingeengt. Um dennoch einen aussagekräftigen Kennwert für naturwissenschaftliche Grundbildung zu erhalten, wurden bei der Testentwicklung die verschiedenen Aspekte naturwissenschaftlicher Kompetenz in angemessenen Anteilen berücksichtigt, ohne damit jedoch die Breite konzeptuellen Wissens, die Vielfalt von Prozesskompetenzen und die Fülle von lebensnahen Anwendungssituationen abdecken zu können. Die knappe Testzeit bereitet im Bereich Naturwissenschaften (im Vergleich etwa zur Mathematik) deshalb zusätzliche Probleme, weil mehrere naturwissenschaftliche Disziplinen (Biologie, Chemie, Physik, Geowissenschaften) einzubeziehen sind.

Der internationale Test zur naturwissenschaftlichen Kompetenz umfasst insgesamt 13 thematische Aufgaben, die mit 35 Items verbunden sind. Etwa knapp die Hälfte der Items legt den Schwerpunkt auf das konzeptuelle Verständnis, der andere Teil betont die naturwissenschaftlichen Prozesse in einem engeren Sinn. Eine Übersicht über die Verteilung der Items nach Prozessen und Fachgebieten gibt die Tabelle 4.1.

Die Verteilung in der Tabelle belegt, dass der PISA-Test den Vorgaben der Rahmenkonzeption entspricht und die zentralen Aspekte angemessen abdeckt. Für die einzelnen Bereiche innerhalb der jeweiligen Zuordnung nach Prozessen, Fachgebieten und Anwendungsbereichen standen jedoch jeweils maximal 14 Items zur Verfügung. Ordnet man die Items in einer dreidimensionalen Matrix nach Prozessen, Fachgebieten und Anwendungsbereichen, dann bleiben viele Zellen unbesetzt. Damit bestehen keine sinnvollen Möglichkeiten, differenzierte und zuverlässige Aussagen über einzelne Aspekte der naturwissenschaftlichen Grundbildung zu machen. PISA 2000 zielt deshalb darauf, eine einzige Skala zur naturwissenschaftlichen Kompetenz zu bilden und zu berichten. Diese Skala erfasst pauschal die naturwissenschaftliche Grundbildung, in der konzeptuelles Verständnis und die naturwissenschaftlichen Prozesse in einem engeren Sinn zusammengefasst sind. Einen Eindruck vom Erhebungsansatz vermittelt der Abschnitt 3.3, in dem eine Aufgabe aus dem internationalen Naturwissenschaftstest mit den zugehörigen Items vorgestellt wird.

Tabelle 4.1: Verteilung der Items nach Prozess, Fachgebiet, Anwendungsbereich und Itemformat (in %)

	Prozent der Items
Prozesse	
Verständnis der Besonderheiten naturwissenschaftlicher Untersuchungen	25
Umgehen mit Evidenz	25
Kommunizieren naturwissenschaftlicher Beschreibungen oder Argumente	10
Verstehen von naturwissenschaftlichen Konzepten	40
Fachgebiete	
Biologie	35
Geowissenschaften	25
Physik/Chemie	40
Anwendungsbereiche: Naturwissenschaft ...	
in Leben und Gesundheit	35
in Erde und Umwelt	40
in Technologie	25
Itemformate	
Mehrfachwahl *(multiple choice)*	60
Offenes Format	40

3.2 Kompetenzstufen

Für die Interpretation von Befunden aus Schulleistungsstudien hat sich die Bestimmung und Beschreibung von Kompetenzstufen als hilfreich erwiesen, zum Beispiel bei der Auswertung und Veröffentlichung der TIMSS-Ergebnisse (Baumert, Bos & Lehmann, 2000). Das Konstrukt der naturwissenschaftlichen Grundbildung und seine Umsetzung in ein Messverfahren kann anhand charakteristischer Aufgaben und Fähigkeitsanforderungen anschaulich gemacht werden. Weiterhin kann darüber informiert werden, welche Anteile der getesteten Stichproben die einzelnen Kompetenzstufen erreicht haben (vgl. Klieme u.a., 2000). Ein wichtiger Schritt bei der Differenzierung von Kompetenzstufen ist deren inhaltliche Spezifikation.

Im internationalen Bericht über die Ergebnisse von PISA 2000 wird darauf verzichtet, Verteilungen von Schülerinnen und Schülern auf Kompetenzstufen naturwissenschaftlicher Grundbildung im Ländervergleich darzustellen. Bei der Beschreibung der Skala und der Leistungsniveaus sowie bei der Kommentierung von Aufgabenbeispielen greift der Bericht jedoch auf eine Unterscheidung von Kompetenzstufen zurück, die von der internationalen Expertengruppe für den Bereich Naturwissenschaften entwickelt wurde.

Die Expertengruppe hat in einem iterativen Verfahren fünf Kompetenzstufen naturwissenschaftlicher Grundbildung herausgearbeitet (Science Expert Group, 2001). Als Bezugspunkte dienten die theoretische PISA-Konzeption, Itemkennwerte aus der PISA-Hauptstudie, aber auch theoretische Ansätze zu *Scientific Literacy* mit Annahmen über Entwicklungsverläufe und Stufen (z.B. American Association for the Advancement of Science, 1993; Bybee, 1997).

Die vier Aspekte naturwissenschaftlicher Kompetenz (vgl. Abschnitt 2.2), die in PISA konzeptuell unterschieden und getestet werden, wurden zunächst jeweils für sich betrachtet. Ausgehend von Annahmen über die Besonderheiten der jeweiligen Prozesse wurden für die einzelnen Items Fähigkeitsanforderungen beschrieben und eingestuft. Die Zuordnung der Items zu den Stufen wurde dann mit den empirischen Itemkennwerten abgeglichen (Schwellenwerte mit einer Lösungswahrscheinlichkeit von 62 %) und bei Abweichungen überprüft (z.B. im Hinblick auf mögliche Effekte des Itemformats auf die Schwierigkeit). Auf dieser Basis wurde eine Zusammenstellung von abgestuften Fähigkeitsanforderungen erarbeitet, die eine theoretisch gehaltvolle und kohärente Unterscheidung von fünf Kompetenzstufen der naturwissenschaftlichen Grundbildung im Sinne des PISA-Tests gestattet. Die Kompetenzstufen werden in Tabelle 4.2 durch Fähigkeiten beschrieben, die den vier Aspekten naturwissenschaftlicher Grundbildung zugeordnet sind.

Die Aufstellung in Tabelle 4.2 beschreibt zunehmende Anforderungen an die Fähigkeiten der Schülerinnen und Schüler anhand der vier Prozesse der PISA-Rahmenkonzeption. Bestimmte Prozesse beginnen erst auf höheren Stufen der Skala zur naturwissenschaftlichen Grundbildung. So setzt zum Beispiel das Kommunizieren naturwissenschaftlicher Argumente voraus, dass die Schülerinnen und Schüler über naturwissenschaftliche Argumente oder Beschreibungskategorien verfügen. Naturwissenschaftliche Argumentationen in der erforderlichen Qualität können daher nicht auf niedrigeren Kompetenzstufen erwartet werden. Auch das Verständnis naturwissenschaftlicher Untersuchungen verlangt bereits eine entwickelte Vorstellung von den Naturwissenschaften (Kompetenzstufe II).

Die fünf Kompetenzstufen wurden in Tabelle 4.2 mit einer Bezeichnung benannt, die auf Bybees (1997) Unterscheidung von Niveaus naturwissenschaftlicher Grundbildung zurückgreift. Zwei der von Bybee unterschiedenen Ebenen (die funktionale und konzeptuelle/prozedurale Grundbildung) wurden weiter aufgeschlüsselt. Für die Zielgruppe von PISA (15-jährige Jugendliche) ist eine entwickelte konzeptuelle und prozedurale naturwissenschaftliche Grundbildung ein anspruchsvoller, aber realistischer Bezugspunkt.

Am oberen Ende der Skala naturwissenschaftlicher Grundbildung findet man also Schülerinnen und Schüler, die in der Lage sind, Vorhersagen oder Erklärungen bereits auf der Basis konzeptueller Modelle zu geben und mit einem differenzierten Verständnis naturwissenschaftliche Untersuchungen oder Begründungen zu analysieren und präzise zu kommunizieren. Im Sinne von Bybee verfügen die Schülerinnen und Schüler ab der PISA-Kompetenzstufe IV über eine konzeptuelle und prozedurale naturwissenschaftliche Grundbildung. Die Stufen IV und V unterscheiden sich jedoch hinsichtlich der Komplexität, der Systematik und der Präzision. Auf der fortgeschrittenen Kompetenzstufe V arbeiten die Schülerinnen und Schüler bereits mit konzeptuellen Modellen; sie analysieren Untersuchungen systematisch, berücksichtigen mehrere Perspektiven bei der Beurteilung von Evidenz und argumentieren zielgruppenbezogen detailliert und exakt.

Im mittleren Bereich der Skala sind die Schülerinnen und Schüler fähig, naturwissenschaftliche Konzepte für Vorhersagen oder Erklärungen zu nutzen. Sie analysieren natur-

Tabelle 4.2: Kompetenzstufen der naturwissenschaftlichen Grundbildung, aufgegliedert nach Prozessen (Science Expert Group, 2001)

Stufen der naturwissenschaftlichen Kompetenz	Verständnis der Besonderheiten naturwissenschaftlicher Untersuchungen	Umgehen mit Evidenz	Kommunizieren naturwissenschaftlicher Beschreibungen oder Argumente	Verständnis naturwissenschaftlicher Konzepte
V Konzeptuell und prozedural (Modelle)	Naturwissenschaftliche Untersuchungen hinsichtlich Design und getesteten Vermutungen analysieren	Daten als Evidenz benutzen, um alternative Gesichtspunkte oder unterschiedliche Perspektiven zu beurteilen	Naturwissenschaftliche Argumente und/oder Beschreibungen detailliert und präzise kommunizieren	Einfache konzeptuelle Modelle entwickeln oder anwenden, um Vorhersagen zu treffen oder Erklärungen zu geben
IV Konzeptuell und prozedural	Information identifizieren oder formulieren, die man bei einer gegebenen Untersuchung zusätzlich benötigt, um gültige Schlussfolgerungen ziehen zu können	Daten systematisch auf Aussagen über mögliche Schlussfolgerungen beziehen und eine Argumentationskette entwickeln	Einfache naturwissenschaftliche Argumente und/oder Beschreibungen kommunizieren	Elaborierte naturwissenschaftliche Konzepte anwenden, um Vorhersagen zu treffen oder Erklärungen zu geben
III Funktional (naturwissenschaftliches Wissen)	Details einer naturwissenschaftlichen Untersuchung identifizieren; Fragen erkennen, die durch eine naturwissenschaftliche Untersuchung beantwortet werden können	Beim Ziehen oder Bewerten von Schlussfolgerungen zwischen relevanten und irrelevanten Daten unterscheiden oder Argumentationsketten auswählen		Naturwissenschaftliche Konzepte anwenden, um Vorhersagen zu treffen oder Erklärungen zu geben
II Funktional (naturwissenschaftliches Alltagswissen)	Bei Untersuchungen in vereinfachten Zusammenhängen Variablen bestimmen, die man kontrollieren muss; Fragen benennen, die naturwissenschaftlich beantwortet werden können	Schlussfolgerungen unter Verweis auf Daten oder naturwissenschaftliche Information ziehen oder bewerten		Naturwissenschaftliches Alltagswissen anwenden, um Vorhersagen zu treffen oder Erklärungen zu geben
I Nominell		Schlussfolgerungen auf der Basis von naturwissenschaftlichem Alltagswissen ziehen oder bewerten		Einfaches Faktenwissen wiedergeben (z.B. Bezeichnungen, Ausdrücke, Fakten, einfache Regeln)

wissenschaftliche Untersuchungen nach Details und erkennen, welche Fragen naturwissenschaftlich beantwortet werden können. Weiterhin sind sie in der Lage, beim Ziehen von Schlussfolgerungen zwischen relevanten und irrelevanten Daten zu unterscheiden (Kompetenzstufe III: funktionale Grundbildung unter Anwendung von naturwissenschaftlichem Wissen). Die darunter liegende Kompetenzstufe II wurde in Tabelle 4.2 ebenfalls als funktionale Grundbildung eingeordnet, allerdings beruhen die Vorhersagen oder Erklärungen und die Überlegungen zu Untersuchungen noch weitgehend auf einem naturwissenschaftlichen Alltagswissen.

Am unteren Ende der Skala schließlich sind die Jugendlichen in der Lage, einfaches Faktenwissen (Ausdrücke, einfache Regeln) wiederzugeben oder unter Verwendung von Alltagswissen Schlussfolgerungen zu ziehen und zu beurteilen (Kompetenzstufe I: nominelle naturwissenschaftliche Grundbildung). Weitere Ausführungen über die Kompetenzstufen sowie Befunde zur Verteilung von Schülerinnen und Schülern auf diese Stufen folgen in den empirischen Abschnitten dieses Kapitels.

3.3 Ein Aufgabenbeispiel

Die Art und Weise, wie PISA naturwissenschaftliche Kompetenz erfasst, kann man am besten anhand von konkreten Aufgaben zeigen. Eine Reihe von Naturwissenschaftsaufgaben, die den PISA-Ansatz repräsentieren, findet man auf den nationalen und internationalen PISA-Internetseiten und in einer Publikation der OECD (2000). Das Beispiel in Abbildung 4.1 – eine Aufgabe, die im PISA-Haupttest eingesetzt wurde – zeigt ebenfalls die besondere Art der Aufgabenkonstruktion: Mit authentischen Texten wird ein anregender Bezugspunkt für ein Bündel nachfolgender Fragen (Items) hergestellt.

Die Aufgabe bezieht sich auf die Forschung von Semmelweis über die Ursache des Kindbettfiebers. In der Abbildung sind die Items den jeweiligen Kompetenzstufen zugeordnet. Für jedes Item ist außerdem der Fähigkeitswert angegeben, den eine Person erreichen muss, um es mit einer Wahrscheinlichkeit von 62 Prozent lösen zu konnen (für Item 1 liegt dieser Kennwert für die Schwierigkeit der Aufgabe beispielsweise bei 638). Darüber hinaus kann den Werten in Klammern entnommen werden, welcher Anteil der 15-Jährigen die Aufgabe korrekt gelöst hat. Der erste Wert gibt die Lösungshäufigkeit für die OECD-Staaten insgesamt an, der zweite die Häufigkeit für Deutschland.

In Frage 1 des Aufgabenbeispiels sollen die Schülerinnen und Schüler, ausgehend von den Daten, die Semmelweis gesammelt hat, einige Gründe nennen, weshalb Erdbeben als Ursache des Kindbettfiebers unwahrscheinlich sind. Um die volle Punktzahl zu erreichen, müssen die Schülerinnen und Schüler darauf hinweisen, dass die Sterblichkeitsziffer auf beiden Stationen ähnlich sein müsste, wenn Erdbeben die Ursache wären. Bei diesem Item müssen Daten systematisch auf mögliche Schlussfolgerungen bezogen werden, um eine Argumentation zu entwickeln. Das Item ist dem Prozess *Umgehen mit Evidenz* auf der Kompetenzstufe IV zuzuordnen. Einige Schülerinnen und Schüler haben Antworten gegeben, ohne die Befunde von Semmelweis einzubeziehen. Sie haben stattdessen auf bestimmte Merkmale von Erdbeben hingewiesen. Wenn die Antworten die Fähigkeit belegten, eine Schlussfolgerung aus naturwissenschaftlichen Tatsachen zu ziehen, gab es in diesen Fällen einen Teilpunkt. Solche Antworten entsprechen der Kompetenzstufe III.

Abbildung 4.1: Aufgabenbeispiel aus dem internationalen Naturwissenschaftstest (Semmelweis)

Semmelweis' Tagebuch

Text 1

„Juli 1846. Nächste Woche trete ich meine Stelle als ‚Herr Doktor' auf der ersten Station der Entbindungsklinik im Allgemeinen Krankenhaus von Wien an. Ich war entsetzt, als ich vom Prozentsatz der Patienten hörte, die in dieser Klinik sterben. In diesem Monat starben dort sage und schreibe 36 von 208 Müttern, alle an Kindbettfieber. Ein Kind zur Welt zu bringen ist genauso gefährlich wie eine Lungenentzündung ersten Grades."

Diese Zeilen aus dem Tagebuch von Ignaz Semmelweis (1818–1865) illustrieren die verheerenden Auswirkungen des Kindbettfiebers, einer ansteckenden Krankheit, an der viele Frauen nach der Geburt eines Kindes starben. Semmelweis sammelte Daten über die Anzahl der Todesfälle auf Grund von Kindbettfieber in der ersten und zweiten Station des Krankenhauses (siehe Diagramm).

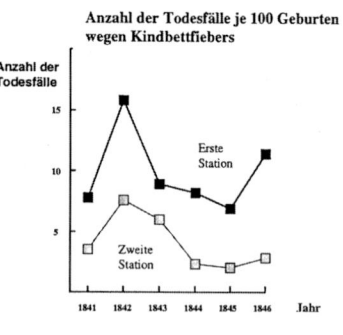

Anzahl der Todesfälle je 100 Geburten wegen Kindbettfiebers

Diagramm

Die Ärzte, darunter auch Semmelweis, tappten in Bezug auf die Ursache des Kindbettfiebers völlig im Dunkeln. Semmelweis schrieb in sein Tagebuch:

„Dezember 1846. Warum sterben so viele Frauen nach einer völlig problemlosen Geburt an diesem Fieber? Seit Jahrhunderten lehrt uns die Wissenschaft, es handle sich um eine unsichtbare Epidemie, die Mütter tötet. Als mögliche Ursachen gelten Veränderungen in der Luft, irgendwelche außerirdischen Einflüsse oder eine Bewegung der Erde selbst, ein Erdbeben."

Heutzutage würde kaum jemand außerirdische Einflüsse oder ein Erdbeben als mögliche Ursachen für Fieber in Erwägung ziehen. Zu Lebzeiten von Semmelweis taten dies allerdings viele, auch Wissenschaftler! Wir wissen heute, dass es etwas mit hygienischen Bedingungen zu tun hat. Semmelweis wusste jedoch, dass außerirdische Einflüsse oder ein Erdbeben als Ursache für Fieber eher unwahrscheinlich waren. Er machte auf die Daten, die er gesammelt hatte, aufmerksam (siehe Diagramm) und versuchte damit seine Kollegen zu überzeugen.

Text 2

Zur Forschung in den Krankenhäusern gehörte das Sezieren. Der Körper einer verstorbenen Person wurde aufgeschnitten, um eine Todesursache zu finden. Semmelweis schrieb, dass auf der Ersten Station tätige Studenten üblicherweise am Sezieren von Frauen teilnahmen, die am Vortag gestorben waren. Direkt anschließend untersuchten sie Frauen, die gerade ein Kind geboren hatten. Sie achteten nicht besonders darauf, sich nach dem Sezieren zu waschen. Manche waren sogar stolz darauf, dass man roch, dass sie vorher in der Leichenhalle gearbeitet hatten, weil man daran ihren Fleiß erkennen konnte!

Ein Freund von Semmelweis starb, nachdem er sich beim Sezieren geschnitten hatte. Beim Sezieren seines Leichnams zeigte sich, dass er dieselben Symptome aufwies wie Mütter, die an Kindbettfieber gestorben waren. Dadurch bekam Semmelweis eine neue Idee.

noch Abbildung 4.1: Aufgabenbeispiel aus dem internationalen Naturwissenschaftstest (Semmelweis)

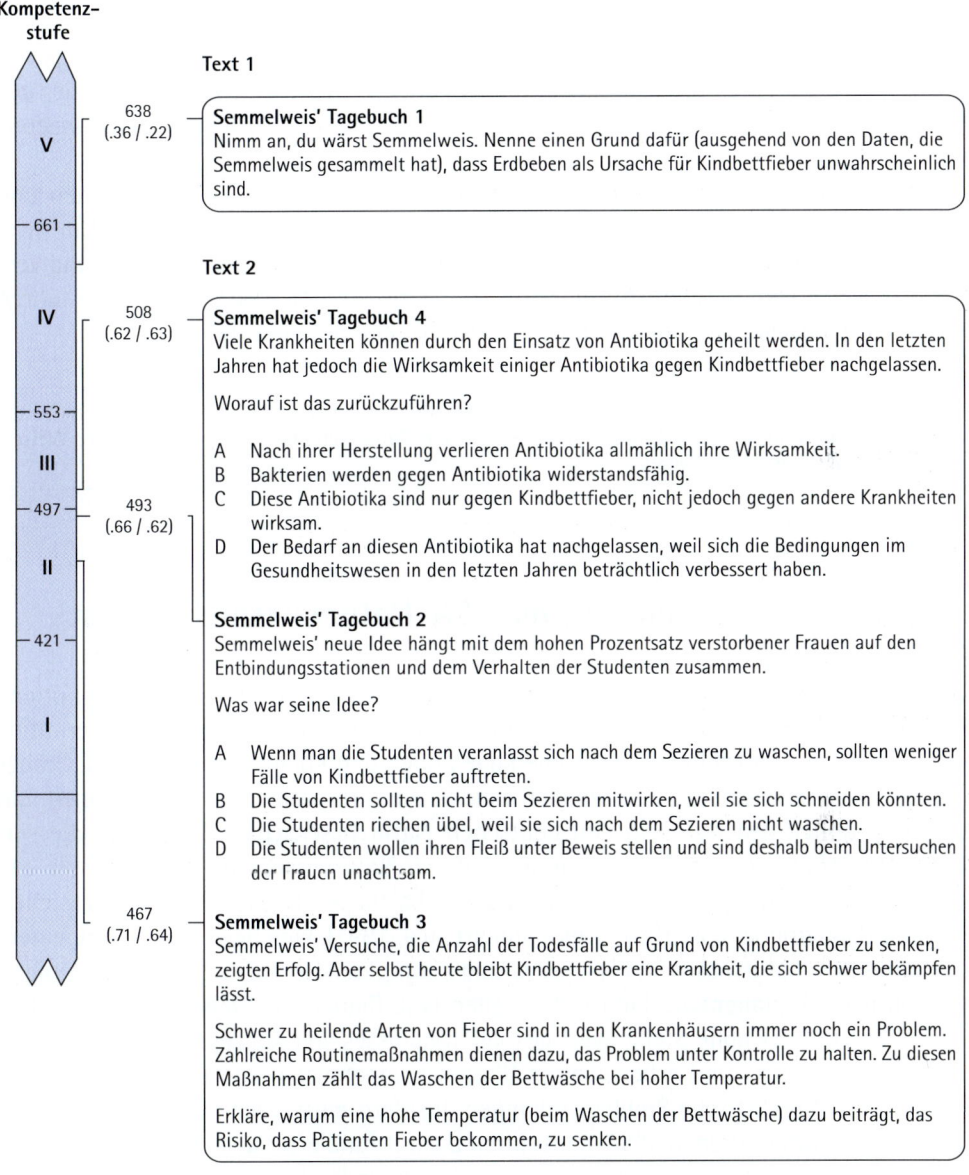

Kompetenz-stufe

Text 1

638
(.36 / .22)

V

Semmelweis' Tagebuch 1
Nimm an, du wärst Semmelweis. Nenne einen Grund dafür (ausgehend von den Daten, die Semmelweis gesammelt hat), dass Erdbeben als Ursache für Kindbettfieber unwahrscheinlich sind.

— 661 —

Text 2

IV

508
(.62 / .63)

Semmelweis' Tagebuch 4
Viele Krankheiten können durch den Einsatz von Antibiotika geheilt werden. In den letzten Jahren hat jedoch die Wirksamkeit einiger Antibiotika gegen Kindbettfieber nachgelassen.

Worauf ist das zurückzuführen?

A Nach ihrer Herstellung verlieren Antibiotika allmählich ihre Wirksamkeit.
B Bakterien werden gegen Antibiotika widerstandsfähig.
C Diese Antibiotika sind nur gegen Kindbettfieber, nicht jedoch gegen andere Krankheiten wirksam.
D Der Bedarf an diesen Antibiotika hat nachgelassen, weil sich die Bedingungen im Gesundheitswesen in den letzten Jahren beträchtlich verbessert haben.

— 553 —

III

— 497 —

493
(.66 / .62)

II

Semmelweis' Tagebuch 2
Semmelweis' neue Idee hängt mit dem hohen Prozentsatz verstorbener Frauen auf den Entbindungsstationen und dem Verhalten der Studenten zusammen.

Was war seine Idee?

A Wenn man die Studenten veranlasst sich nach dem Sezieren zu waschen, sollten weniger Fälle von Kindbettfieber auftreten.
B Die Studenten sollten nicht beim Sezieren mitwirken, weil sie sich schneiden könnten.
C Die Studenten riechen übel, weil sie sich nach dem Sezieren nicht waschen.
D Die Studenten wollen ihren Fleiß unter Beweis stellen und sind deshalb beim Untersuchen der Frauen unachtsam.

— 421 —

I

467
(.71 / .64)

Semmelweis' Tagebuch 3
Semmelweis' Versuche, die Anzahl der Todesfälle auf Grund von Kindbettfieber zu senken, zeigten Erfolg. Aber selbst heute bleibt Kindbettfieber eine Krankheit, die sich schwer bekämpfen lässt.

Schwer zu heilende Arten von Fieber sind in den Krankenhäusern immer noch ein Problem. Zahlreiche Routinemaßnahmen dienen dazu, das Problem unter Kontrolle zu halten. Zu diesen Maßnahmen zählt das Waschen der Bettwäsche bei hoher Temperatur.

Erkläre, warum eine hohe Temperatur (beim Waschen der Bettwäsche) dazu beiträgt, das Risiko, dass Patienten Fieber bekommen, zu senken.

In Frage 2 soll angegeben werden, welche Idee von Semmelweis am besten geeignet ist, um das Vorkommen von Kindbettfieber zu reduzieren. Um diese Frage zu beantworten, müssen die Schülerinnen und Schüler die Untersuchungsidee rekonstruieren (*Verständnis der Besonderheiten naturwissenschaftlicher Untersuchungen,* Kompetenzstufe II).

In Frage 3 sollen die Schülerinnen und Schüler das naturwissenschaftliche Alltagswissen, dass Hitze Bakterien töten kann, verwenden, um die Effektivität von Maßnahmen zur Senkung des Infektionsrisikos zu erklären (*Verständnis naturwissenschaftlicher Konzepte,* Kompetenzstufe II).

Frage 4 schließlich geht über das historische Beispiel hinaus. Die Schülerinnen und Schüler sollen erklären, warum Antibiotika mit der Zeit ihre Wirkung verlieren. Um richtig zu antworten, müssen die Schülerinnen und Schüler wissen, dass der häufige und verbreitete Einsatz von Antibiotika zur Entwicklung resistenter Bakterienstämme führen kann (*Verständnis naturwissenschaftlicher Konzepte,* Kompetenzstufe III).

> Die Validität und Aussagekraft des Gesamtkennwerts für die naturwissenschaftliche Grundbildung wird dadurch sichergestellt, dass alle Prozesskomponenten und Kompetenzstufen in systematischer Weise in den Testitems abgedeckt werden.

4. Nationale Ergänzungen zum PISA-Naturwissenschaftstest

Die PISA-Konzeption zur Untersuchung der naturwissenschaftlichen Grundbildung orientiert sich am internationalen Diskussionsstand zu *Scientific Literacy.* An dieser internationalen Diskussion sind zahlreiche deutsche Kolleginnen und Kollegen beteiligt (vgl. Gräber & Bolte, 1997). Ebenso selbstverständlich fanden die internationalen Konzeptionen von *Scientific Literacy* Beachtung in den deutschen Naturwissenschaftsdidaktiken, die seit langem die Befähigung zur Teilhabe an einer durch Naturwissenschaft und Technik geprägten Kultur in Konzeptionen der naturwissenschaftlichen Grundbildung berücksichtigen (vgl. z.B. Bayrhuber u.a., 1997, 1998; Riquarts u.a, 1991). Eine Bewegung hin zu einem Verständnis von naturwissenschaftlicher Grundbildung als *Literacy* ist auch seit einigen Jahren in der Lehrplanentwicklung festzustellen (vgl. Riquarts & Wadewitz, 1999). Hervorgehoben wird der hohe Stellenwert des Verständnisses von Konzepten, von naturwissenschaftlichen Denk- und Arbeitsweisen (Prozesskompetenzen) und der Anwendbarkeit des Wissens auf realistische Problemstellungen. Insofern muss auch aus einer deutschen Perspektive die internationale PISA-Konzeption als gut fundierter und überzeugender Ansatz zur Untersuchung der naturwissenschaftlichen Grundbildung gelten.

Dennoch gibt es eine Reihe von Fragen, die anknüpfend an PISA verfolgt werden können und sollten. Sie führten zur Ausarbeitung eines Erhebungskonzepts für einen ergänzenden nationalen Naturwissenschaftstest, das im folgenden Abschnitt skizziert wird. Im Anschluss daran werden die Befunde einer Expertenbefragung zur curricularen Validität des nationalen und internationalen Tests vorgestellt.

4.1 Differenzierung des Erhebungskonzepts nach Fächern und kognitiven Anforderungen

Für die Entwicklung eines zusätzlichen nationalen Tests zur naturwissenschaftlichen Grundbildung gab es mehrere Gründe. Pragmatische Überlegungen betrafen vor allem die Sicherung der Akzeptanz einer Untersuchung, die sich stärker an einer Vorstellung von einer erforderlichen naturwissenschaftlichen Grundbildung *(Literacy)* als an den einschlägigen Naturwissenschaftslehrplänen zu orientieren scheint. Wünschenswert war weiterhin die Erweiterung der Informationsgrundlage bei einer international nur knappen Testzeit für die Naturwissenschaften. Das Interesse richtete sich hier zunächst auf Informationen über Kompetenzen, die den drei in Deutschland traditionell unterrichteten naturwissenschaftlichen Fächern zugeordnet werden können. In diesem Zusammenhang bot es sich an, den ergänzenden nationalen Test stärker auf die deutschen Lehrpläne zu beziehen.

Ein erstes Ziel für die Entwicklung eines nationalen Zusatztests bestand also darin, Aufgaben zu entwickeln, die den Schulfächern Biologie, Chemie und Physik zugeordnet werden können. Bei der Zusammenstellung der Aufgaben bemühte sich die Expertengruppe darum, wichtige naturwissenschaftliche Konzepte zu berücksichtigen, die in den Lehrplänen aller Länder in der Bundesrepublik Deutschland für die Sekundarstufe I angesprochen werden und die im internationalen Test für PISA 2000 noch nicht angemessen berücksichtigt werden konnten. Aufgrund der begrenzten Testzeit war es allerdings nicht möglich, alle naturwissenschaftlichen Themengebiete abzufragen, die an den Schulen behandelt werden.

Wissenschaftliche Überlegungen sprachen dafür, den Zusatztest auch zu nutzen, um differenziertere Informationen über die Bausteine der naturwissenschaftlichen Kompetenz und damit über Merkmale von Leistungsunterschieden und Ursachen von Leistungsdefiziten zu erhalten. Hier griff die nationale Expertengruppe den Bezugsrahmen der Unterscheidung von Konzepten und Prozessen zwar auf, richtete den Blick aber stärker auf mentale Anforderungen und Aktivitäten. Das zweite Ziel für die Entwicklung eines nationalen Zusatztests war also, Aufgaben zu entwickeln, die es erlauben, das Leistungsspektrum der Schülerinnen und Schüler nach unterschiedlichen Kompetenzen zu differenzieren. Es sollten kognitive Kompetenzen erfasst werden, die typisch sind für naturwissenschaftliches Denken, Verstehen und Schlussfolgern.

Bei der Konstruktion der Aufgaben für die nationale Zusatzstudie hat die Expertengruppe das internationale Aufgabenformat übernommen. Die Fragen werden jeweils thematisch gruppiert präsentiert (meist vier Items pro Thema). Ein kurzer Vorspann dient zur Einbettung der Aufgabe in einen für die Schülerinnen und Schüler vertrauten und anregenden Kontext. Im Unterschied zur Konstruktion der internationalen Items wurde dabei versucht, über die (äußeren) Merkmale der Testaufgaben zu steuern, welche kognitiven Prozesse bei der Bearbeitung der Aufgabe ablaufen müssen, um diese erfolgreich lösen zu können. Damit sollten die fünf in der nationalen Konzeption unterschiedenen kognitiven Kompetenzen untersucht werden:

- Enthält eine Aufgabe eine Graphik oder ein Diagramm, aus denen bestimmte Werte abgelesen werden müssen, um die Aufgabe lösen zu können, so wird angenommen, dass die Aufgabe (unter anderem) die Kompetenz misst, *graphisch repräsentierte Information* in eine numerische oder verbale Repräsentation zu transformieren.

– Müssen für eine erfolgreiche Aufgabenbearbeitung Begriffe, Bezeichnungen oder spezifische Wissensinhalte aus dem Gedächtnis abgerufen werden, weil sie nicht im Vorspann der Aufgabe dargeboten wurden, so wird angenommen, dass damit die Kompetenz erhoben wird, *naturwissenschaftliche „Fakten" (im weiteren Sinne) aus dem Gedächtnis abzurufen und anzuwenden.* Dieses Aufgabenmerkmal kam bei den internationalen Items selten vor. Es wurde speziell im nationalen Zusatztest berücksichtigt, um auch eine Wissenskomponente zu erfassen, die in herkömmlichen Auffassungen naturwissenschaftlicher Bildung in Deutschland stärker betont wird.

– Eine andere Kompetenz bezieht sich darauf, aus verbal gegebenen Informationen *die richtigen Schlüsse zu ziehen* oder das für die Aufgabenlösung benötigte Wissen aus den gegebenen Informationen abzuleiten. Dieses Aufgabenmerkmal ist typisch für die internationalen Items.

– Eine weitere Fähigkeit betrifft die *Nutzung einer räumlichen Vorstellung bzw. eines mentalen Modells* über einen naturwissenschaftlichen Sachverhalt. Ein solches mentales Modell ist zum Beispiel eine bildhafte Vorstellung des Stromkreises, die herangezogen wird, um bei einer Schaltskizze zu entscheiden, ob ein Kurzschluss vorliegt oder nicht.

– Das letzte hier berücksichtigte Aufgabenmerkmal, das sich auch schon in früheren Studien als differenzierend erwiesen hat, ist die Anforderung, einen *Sachverhalt zu verbalisieren,* wobei die Verbalisierung nur aus einem Wort bestehen kann, meist aber eine längere Erklärung umfasst.

4.2 Aufbau des Tests und Aufgabenbeispiele

Für den ergänzenden nationalen Test wurden neun thematische Aufgabenblöcke mit insgesamt 46 Items entwickelt. Insgesamt bestand der Test aus Aufgabenblöcken für die Fächer Biologie (vier Aufgabenblöcke mit jeweils vier Items), Chemie (ein Aufgabenblock mit acht Items) und Physik (vier Aufgabenblöcke mit jeweils vier bis sechs Items). Um eine valide fachspezifische Auswertung zu ermöglichen, wurden die Aufgabenschwierigkeiten – analog zum internationalen Teil – für jedes der drei Schulfächer systematisch abgestuft. Abbildung 4.2 gibt die empirisch ermittelten Itemparameter wieder und belegt die zufriedenstellende Variabilität der Aufgabenschwierigkeiten innerhalb jedes Fachs.

Wie in Abschnitt 4.1 skizziert, waren bei der Entwicklung der Items für den nationalen Test bestimmte Aufgabenmerkmale variiert worden. Anhand von zwei Aufgabenbeispielen des nationalen Tests (aus den Bereichen Akustik und Pflanzenphysiologie) sollen einige der oben begründeten Aufgabenmerkmale illustriert werden. Auch in dieser Darstellung wurden die Schwierigkeitskennwerte der Items (in diesem Fall allerdings anhand der nationalen Metrik mit einem Mittelwert von 100 und einer Standardabweichung von 30) sowie die relativen Lösungshäufigkeiten für die deutschen Schülerinnen und Schüler angegeben (vgl. Abb. 4.3).

In der Akustik-Aufgabe lautet das Item 4: „Wenn man eine Spieluhr auf eine Tischplatte stellt, dann erklingt sie lauter. Gib bitte eine kurze Begründung!" Hier wird von den Jugendlichen nicht nur eine zutreffende Vermutung über die Ursache des beschriebenen Effekts erwartet, sondern auch die Fähigkeit, diese Vermutung in Worte zu fassen. Das

Abbildung 4.2: Verteilung der Aufgabenschwierigkeiten nach Fächern

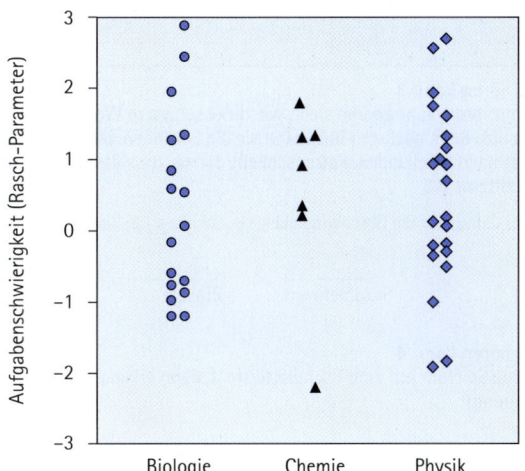

Item 3 der Akustik-Aufgabe erfordert, dass man aus einer gemessenen Zeit und Entfernung die Schallgeschwindigkeit berechnet. Zur Lösung dieser Aufgabe muss der Schüler oder die Schülerin über einen brauchbaren Geschwindigkeitsbegriff – also über Faktenwissen – verfügen, der die Operationalisierung als Quotient aus Weg und Zeit beinhaltet.

Bei der Aufgabe *Können Pflanzen „schwitzen"?* ist die zur Beantwortung benötigte Information in Form einer Graphik gegeben, und die Schüler werden im zweiten und dritten Item gefragt, wann die Menge des aufgenommenen und abgegebenen Wassers gleich bzw. jeweils am größten ist.

Nicht jedes Item weist ein eindeutiges Merkmal auf, das seine Zuordnung zu genau einer kognitiven Kompetenz erlaubt, sodass die Menge der Items, die zur Skalierung dieser Teilkompetenzen zur Verfügung stehen, teilweise recht klein ist. Es ließen sich jedoch auch einige internationale Testaufgaben diesen Aufgabenmerkmalen zuordnen, sodass für eine Skalierung jeweils eine ausreichende Anzahl von Items erreicht wurde. Tabelle 4.3 gibt an, wie viele Items zu den fünf kognitiven Kompetenzen im nationalen und internationalen Test enthalten sind.

Obwohl die zu Grunde liegenden Aufgabenmerkmale sowohl in den Aufgaben des Fachs Biologie als auch im Fach Physik vorkamen, reicht die Anzahl der Items nicht aus, diese Teilkompetenzen fachspezifisch zu skalieren. Auch war es bei der Konstruktion des PISA 2000-Tests noch nicht möglich, ein vollständiges Facettendesign zu realisieren, das inhaltliche Facetten (Fächer oder grundlegende Konzepte) mit prozeduralen Facetten (kognitive Anforderungen) vollständig kombiniert.

Abbildung 4.3: Aufgabenbeispiele aus dem nationalen Naturwissenschaftstest (Akustik und Pflanzenphysiologie)

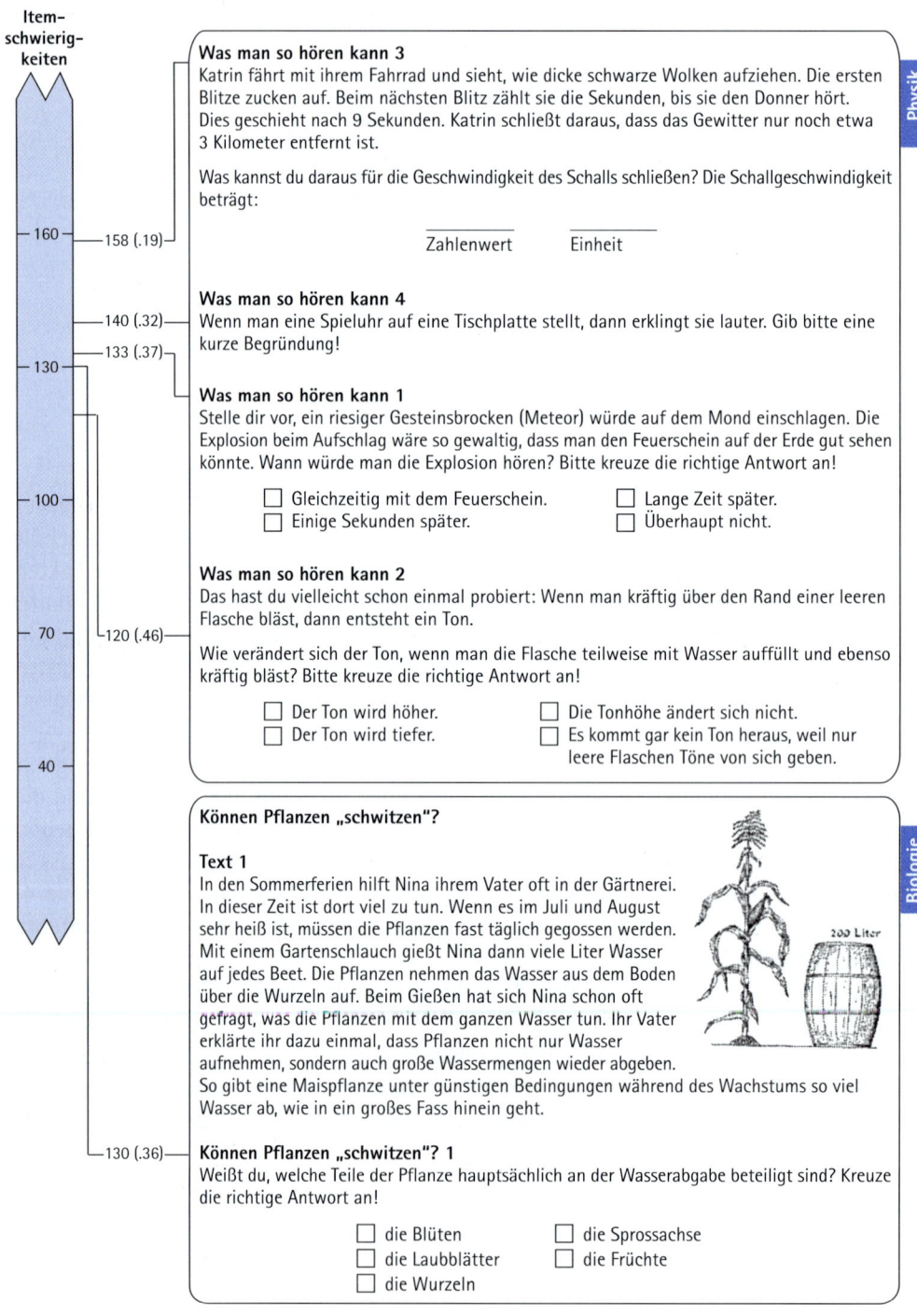

Item-
schwierig-
keiten

160 — 158 (.19)

140 (.32)

133 (.37)

130

100

70 — 120 (.46)

40

130 (.36)

Physik

Was man so hören kann 3
Katrin fährt mit ihrem Fahrrad und sieht, wie dicke schwarze Wolken aufziehen. Die ersten Blitze zucken auf. Beim nächsten Blitz zählt sie die Sekunden, bis sie den Donner hört. Dies geschieht nach 9 Sekunden. Katrin schließt daraus, dass das Gewitter nur noch etwa 3 Kilometer entfernt ist.

Was kannst du daraus für die Geschwindigkeit des Schalls schließen? Die Schallgeschwindigkeit beträgt:

‾‾‾‾‾‾   ‾‾‾‾‾‾
Zahlenwert   Einheit

Was man so hören kann 4
Wenn man eine Spieluhr auf eine Tischplatte stellt, dann erklingt sie lauter. Gib bitte eine kurze Begründung!

Was man so hören kann 1
Stelle dir vor, ein riesiger Gesteinsbrocken (Meteor) würde auf dem Mond einschlagen. Die Explosion beim Aufschlag wäre so gewaltig, dass man den Feuerschein auf der Erde gut sehen könnte. Wann würde man die Explosion hören? Bitte kreuze die richtige Antwort an!

☐ Gleichzeitig mit dem Feuerschein.   ☐ Lange Zeit später.
☐ Einige Sekunden später.   ☐ Überhaupt nicht.

Was man so hören kann 2
Das hast du vielleicht schon einmal probiert: Wenn man kräftig über den Rand einer leeren Flasche bläst, dann entsteht ein Ton.

Wie verändert sich der Ton, wenn man die Flasche teilweise mit Wasser auffüllt und ebenso kräftig bläst? Bitte kreuze die richtige Antwort an!

☐ Der Ton wird höher.   ☐ Die Tonhöhe ändert sich nicht.
☐ Der Ton wird tiefer.   ☐ Es kommt gar kein Ton heraus, weil nur
leere Flaschen Töne von sich geben.

Biologie

Können Pflanzen „schwitzen"?

Text 1
In den Sommerferien hilft Nina ihrem Vater oft in der Gärtnerei. In dieser Zeit ist dort viel zu tun. Wenn es im Juli und August sehr heiß ist, müssen die Pflanzen fast täglich gegossen werden. Mit einem Gartenschlauch gießt Nina dann viele Liter Wasser auf jedes Beet. Die Pflanzen nehmen das Wasser aus dem Boden über die Wurzeln auf. Beim Gießen hat sich Nina schon oft gefragt, was die Pflanzen mit dem ganzen Wasser tun. Ihr Vater erklärte ihr dazu einmal, dass Pflanzen nicht nur Wasser aufnehmen, sondern auch große Wassermengen wieder abgeben. So gibt eine Maispflanze unter günstigen Bedingungen während des Wachstums so viel Wasser ab, wie in ein großes Fass hinein geht.

200 Liter

Können Pflanzen „schwitzen"? 1
Weißt du, welche Teile der Pflanze hauptsächlich an der Wasserabgabe beteiligt sind? Kreuze die richtige Antwort an!

☐ die Blüten   ☐ die Sprossachse
☐ die Laubblätter   ☐ die Früchte
☐ die Wurzeln

noch Abbildung 4.3: Aufgabenbeispiele aus dem nationalen Naturwissenschaftstest (Akustik und Pflanzenphysiologie)

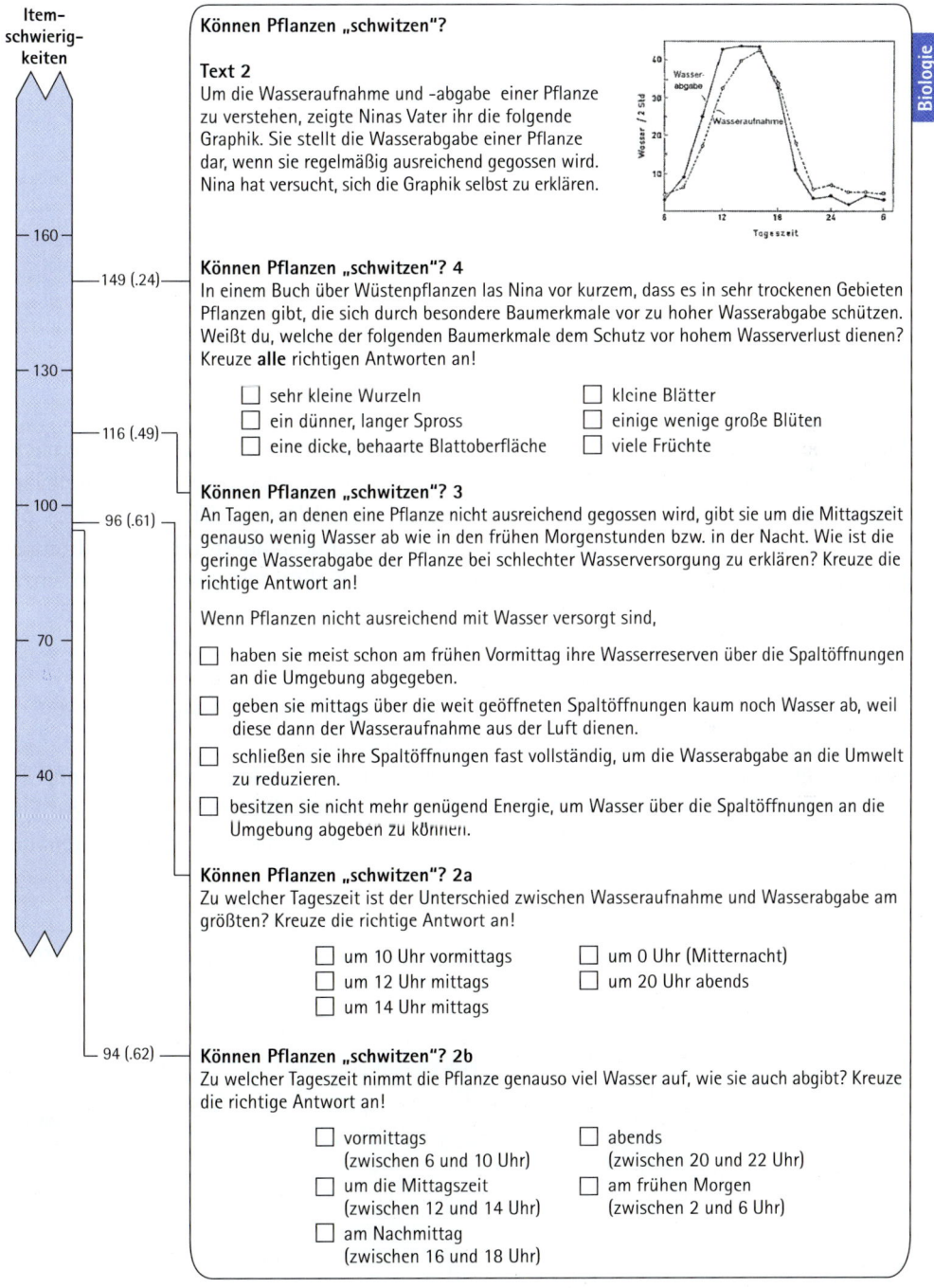

Item-schwierig-keiten

Können Pflanzen „schwitzen"?

Text 2
Um die Wasseraufnahme und -abgabe einer Pflanze zu verstehen, zeigte Ninas Vater ihr die folgende Graphik. Sie stellt die Wasserabgabe einer Pflanze dar, wenn sie regelmäßig ausreichend gegossen wird. Nina hat versucht, sich die Graphik selbst zu erklären.

160

149 (.24)

Können Pflanzen „schwitzen"? 4
In einem Buch über Wüstenpflanzen las Nina vor kurzem, dass es in sehr trockenen Gebieten Pflanzen gibt, die sich durch besondere Baumerkmale vor zu hoher Wasserabgabe schützen. Weißt du, welche der folgenden Baumerkmale dem Schutz vor hohem Wasserverlust dienen? Kreuze **alle** richtigen Antworten an!

130

- [ ] sehr kleine Wurzeln
- [ ] ein dünner, langer Spross
- [ ] eine dicke, behaarte Blattoberfläche
- [ ] kleine Blätter
- [ ] einige wenige große Blüten
- [ ] viele Früchte

116 (.49)

Können Pflanzen „schwitzen"? 3
An Tagen, an denen eine Pflanze nicht ausreichend gegossen wird, gibt sie um die Mittagszeit genauso wenig Wasser ab wie in den frühen Morgenstunden bzw. in der Nacht. Wie ist die geringe Wasserabgabe der Pflanze bei schlechter Wasserversorgung zu erklären? Kreuze die richtige Antwort an!

100

96 (.61)

Wenn Pflanzen nicht ausreichend mit Wasser versorgt sind,

- [ ] haben sie meist schon am frühen Vormittag ihre Wasserreserven über die Spaltöffnungen an die Umgebung abgegeben.
- [ ] geben sie mittags über die weit geöffneten Spaltöffnungen kaum noch Wasser ab, weil diese dann der Wasseraufnahme aus der Luft dienen.

70

- [ ] schließen sie ihre Spaltöffnungen fast vollständig, um die Wasserabgabe an die Umwelt zu reduzieren.
- [ ] besitzen sie nicht mehr genügend Energie, um Wasser über die Spaltöffnungen an die Umgebung abgeben zu können.

40

Können Pflanzen „schwitzen"? 2a
Zu welcher Tageszeit ist der Unterschied zwischen Wasseraufnahme und Wasserabgabe am größten? Kreuze die richtige Antwort an!

- [ ] um 10 Uhr vormittags
- [ ] um 12 Uhr mittags
- [ ] um 14 Uhr mittags
- [ ] um 0 Uhr (Mitternacht)
- [ ] um 20 Uhr abends

94 (.62)

Können Pflanzen „schwitzen"? 2b
Zu welcher Tageszeit nimmt die Pflanze genauso viel Wasser auf, wie sie auch abgibt? Kreuze die richtige Antwort an!

- [ ] vormittags (zwischen 6 und 10 Uhr)
- [ ] um die Mittagszeit (zwischen 12 und 14 Uhr)
- [ ] am Nachmittag (zwischen 16 und 18 Uhr)
- [ ] abends (zwischen 20 und 22 Uhr)
- [ ] am frühen Morgen (zwischen 2 und 6 Uhr)

Biologie

Tabelle 4.3: Zahl der Items, die den kognitiven Kompetenzen zugeordnet sind

Kognitive Kompetenzen	Nationaler Test	Internationaler Test
Aus einer graphischen Repräsentation richtige Informationen ableiten	8	3
Faktenwissen aus dem Gedächtnis abrufen und anwenden	7	0
Aus gegebener Information die richtigen Schlüsse ziehen	2	12
Ein (räumliches) mentales Modell heranziehen	4	2
Einen Sachverhalt verbalisieren	5	8

4.3 Die curriculare Validität der nationalen und internationalen Testaufgaben

Mit einer Studie zur curricularen Validität des PISA-Testmaterials wurde der Frage nachgegangen, inwieweit die nationalen sowie die internationalen Aufgaben lehrplanrelevante Themen der untersuchten Altersstufe in Deutschland erfassen. Wie in Kapitel 1 beschrieben, wurden hierzu Lehrplanexperten aus allen Bundesländern die internationalen und nationalen Testitems mit der Bitte vorgelegt, sie bezüglich folgender Kriterien einzuschätzen:

(1) Klassenstufe, die den im Item angesprochenen Stoff in der Regel behandelt,
(2) Bedeutsamkeit des Stoffs für den Abschluss,
(3) Vertrautheit von Schülerinnen und Schülern der 9. Jahrgangsstufe mit dem Stoff,
(4) Vertrautheit mit der Art und Weise der Aufgabenstellung,
(5) Schätzung, welcher Anteil der getesteten Schülergruppe die Aufgabe lösen kann.

Neben den PISA-Items wurden den Lehrplanexperten auch Aufgaben aus TIMSS zur Einschätzung vorgelegt. Diese TIMSS-Items waren in einer Teilstichprobe (in der so genann-

Tabelle 4.4: Kennwerte zur curricularen Validität der internationalen und nationalen PISA-Items

	Fragen zur curricularen Validität			
	(1) Stoff bis zur 9. Klasse behandelt (in %)	(2) Bedeutsamkeit der Aufgabe für den Schulabschluss[1]	(3) Vertrautheit mit dem Stoff[1]	(4) Vertrautheit mit der Aufgabenstellung[1]
Gymnasium	60	2,57	2,55	2,56
Realschule	68	2,43	2,47	2,61
Integrierte Gesamtschule	78	2,54	2,47	2,55
Hauptschule	65	2,34	2,49	2,52
Insgesamt	68	2,51	2,47	2,55

[1] Mittelwert der Einschätzungen auf Skalen von 1 (niedrige Ausprägung) bis 4 (hohe Ausprägung).

Tabelle 4.5:   Einschätzungen zum Zeitpunkt der Behandlung des Stoffs im Unterricht und zur curricularen Validität für die Aufgaben aus PISA und ausgewählte Aufgaben aus TIMSS im Bereich Naturwissenschaften

	Nationale PISA-Aufgaben		Internationale PISA-Aufgaben		TIMSS-Aufgaben	
	Stoff bis zur 9. Klasse behandelt (in %)	Mittelwert curriculare Validität	Stoff bis zur 9. Klasse behandelt (in %)	Mittelwert curriculare Validität	Stoff bis zur 9. Klasse behandelt (in %)	Mittelwert curriculare Validität
Gymnasium	68	2,70	50	2,52	71	2,80
Realschule	79	2,69	55	2,50	77	2,79
Integrierte Gesamtschule	86	2,75	69	2,57	75	2,68
Hauptschule	75	2,64	52	2,47	76	2,61
Insgesamt	75	2,70	58	2,54	75	2,72

ten Validierungsstichprobe) eingesetzt worden. Damit liegt zur Beurteilung der curricularen Validität der PISA-Items eine zusätzliche externe Referenz vor.

Tabelle 4.4 weist die Kennwerte der PISA-Items für die Fragen (1) bis (4) aus. Für Frage (1) wird berichtet, wie häufig angegeben wurde, dass der Stoff in der Regel bis zur 9. Klasse (einschließlich) behandelt wird. Für die Fragen (2) bis (4) ist jeweils der Mittelwert der Einschätzungen angegeben, der zwischen 1 (niedrige curriculare Validität) und 4 (hohe curriculare Validität) variieren kann. Neben den Gesamtwerten werden auch die Kennwerte für die einzelnen Schulformen berichtet.

Die Ergebnisse zeigen, dass die Mittelwerte der Einschätzungen alle nahe beim Skalenmittelwert von 2,5 liegen. Die Einschätzungen weisen darauf hin, dass im Durchschnitt – über alle Schulformen, Bundesländer und Testaufgaben betrachtet – eine „mittelhohe" curriculare Validität gegeben ist.

Weitergehende statistische Auswertungen der Einschätzungen anhand von Faktorenanalysen zeigen, dass die Kriterien (1) bis (4) von den Experten in hohem Maße gleichsinnig beurteilt wurden. Die Interkorrelationen der vier Kriterien betragen zwischen $r = .32$ und $r = .86$, sodass für diese vier Einschätzungen ein gemeinsamer Kennwert berechnet werden konnte, der die Höhe der curricularen Validität jedes Items widerspiegelt[1]. Dieser Kennwert wurde über alle vier Einschätzungen gemittelt und kann dementsprechend wieder Werte zwischen 1 (geringe curriculare Validität) und 4 (hohe curriculare Validität) annehmen.

Tabelle 4.5 stellt die Einschätzungen der curricularen Validität getrennt für die nationalen und internationalen Testaufgaben dar. Zur differenzierteren Betrachtung wurden die Angaben wieder nach den Schulformen aufgeschlüsselt. Analog wurde für die TIMSS-Items verfahren. Die Tabelle stellt wiederum für jede der Itemgruppen zunächst die Experteneinschätzungen zur Frage dar, ob der im jeweiligen Item angesprochene Stoff normalerweise bis zur 9. Jahrgangsstufe behandelt wird. In der Spalte daneben wird jeweils der mittlere Kennwert für die curriculare Validität berichtet.

Tabelle 4.5 zeigt, dass die Einschätzungen der curricularen Validität für die nationalen Testaufgaben deutlich höher ausfallen als für die internationalen Fragen. Dies gilt für die

Gesamteinschätzung wie auch für die nach Schulformen getrennten Beurteilungen. Die Befunde bestätigen, dass der nationale Zusatztest im Vergleich zum internationalen Test stärker den deutschen Lehrplänen entspricht, so wie es bei der Testkonstruktion angestrebt worden war.

Vergleicht man die Einschätzungen der PISA-Items mit denen der TIMSS-Items, dann zeigt sich (über alle Schulformen), dass die nationalen PISA-Items in der Höhe der curricularen Gültigkeit etwa gleich eingeschätzt werden wie die TIMSS-Aufgaben. Auch in den Einschätzungen, ob der Stoff behandelt wurde, zeigen sich keine nennenswerten Unterschiede zwischen den nationalen PISA-Aufgaben und den TIMSS-Items.

Bei den Einschätzungen zum Zeitpunkt der Behandlung des Stoffs im Unterricht zeichnen sich Differenzen zwischen den Schulformen ab. Hier fällt auf, dass nach Auffassung der Lehrplanexperten der in den Items angesprochene Stoff in den Gymnasien relativ oft noch nicht behandelt wurde (zwischen 50 % und 71 %). Offensichtlich werden im Gymnasium zahlreiche Themen, auf die in den nationalen wie auch in den internationalen Testaufgaben Bezug genommen wird, erst in der Klassenstufe 10 oder in der Sekundarstufe II behandelt. So geben die befragten Experten an, dass 26 Prozent der nationalen PISA-Items auf dem Gymnasium in der Klassenstufe 10 oder 11 behandelt werden. Beim internationalen Test liegt der entsprechende Anteil mit 33 Prozent sogar noch höher. Zu berücksichtigen ist dabei, dass allein schon der späte Beginn des Chemieunterrichts in den Gymnasien (9. Jahrgangsstufe) für die relativ niedrigen Einschätzungen der Stoffbehandlung verantwortlich sein kann.

Insgesamt betrachtet zeigen die Einschätzungen der Lehrplanexperten, dass der internationale Test als Grundbildungstest angelegt ist. Mindestens die Hälfte der internationalen Testaufgaben steht in einem direkten Bezug zu den Lehrplänen. Die Aufgaben erfassen daneben offensichtlich weitere Aspekte naturwissenschaftlicher Kompetenz, die zum Grundwissen zählen und im Alltag (Elternhaus, Medien) erworben werden können. Der nationale Test mit seinem stärkeren Lehrplanbezug ergänzt die internationalen Aufgaben und eröffnet weiterhin die Möglichkeit eines Vergleichs bzw. einer Validierung der Befunde.

4.4 Aufgabenmerkmale der nationalen und internationalen Items

Die Aufgaben der nationalen und internationalen PISA-Tests wurden im Hinblick auf eine Reihe von Merkmalen analysiert (Prenzel u.a., in Druck). Dabei wurden drei Arten von Merkmalen herangezogen:

(1) Formale Aufgabenmerkmale, wie zum Beispiel Länge des Aufgabentextes, Art des „Inputs" (Graphik, Zahlen usw.), Antwortformat (Mehrfachwahlantworten, längere Ausführungen, numerische Antworten usw.).

(2) Merkmale der für das Lösen der Aufgaben erforderlichen Wissensbasis, wie zum Beispiel terminologisches Wissen, Je-Desto-Beziehungen, funktionale Zusammenhänge.

(3) Kognitive Anforderungen beim Lösen der Aufgaben, wie zum Beispiel etwas ausrechnen, ein räumliches Modell aufbauen, divergent denken.

Diese Analyse zeigt zunächst, dass sich der internationale und der nationale Test in verschiedenen Aspekten – zum Beispiel im Hinblick auf ihre Ansprüche an die Wissensbasis – unterscheiden. So erfordern beispielsweise über 60 Prozent aller Items des internationalen Tests die Verarbeitung von lösungsrelevanten Informationen im Aufgabentext (im Vergleich zu 25 % im nationalen Test). Demgegenüber wird im nationalen Test bei etwa 45 Prozent (im internationalen Test 17 %) der Items die Kenntnis eines nicht näher im Aufgabentext erläuterten naturwissenschaftlichen Begriffs vorausgesetzt. Bei den nationalen Aufgaben muss also in höherem Maße als bei den internationalen Items Faktenwissen (z.B. Geschwindigkeit als Quotient aus Weg und Zeit) präsent sein, um eine Aufgabe lösen zu können. Insgesamt belegen die Befunde, dass die beiden Tests in der angestrebten Weise unterschiedliche Akzente setzen.

Die Aufgabenanalysen dienten der Bestimmung von Merkmalen, die zur Erklärung der Schwierigkeit von Naturwissenschaftsaufgaben beitragen. Weiterhin stand die Frage im Vordergrund, welche kognitiven Fähigkeiten sich unterscheiden lassen. Die Ergebnisse dieser Analysen bilden die Grundlage für die Bildung separater Berichtsskalen zu den in Abschnitt 5.3 beschriebenen kognitiven Kompetenzen. Wie auch im Ergebnisteil deutlich werden wird, handelt es sich dabei um sinnvoll abgrenzbare Komponenten naturwissenschaftlicher Kompetenz, deren getrennte Erfassung es ermöglicht, spezifische Stärken und Schwächen von Schülerinnen und Schülern zu identifizieren.

> Der internationale Naturwissenschaftstest wird durch ein nationales Erhebungsinstrument ergänzt. Der nationale Test orientiert sich stärker an den deutschen Lehrplänen und trennt nach den Fächern Biologie, Chemie und Physik. Er differenziert weiterhin zwischen kognitiven Kompetenzen, die für naturwissenschaftliches Denken und Verstehen typisch sind. Die Analysen zur curricularen Validität belegen, dass mindestens die Hälfte der internationalen und über zwei Drittel der nationalen Items direkt auf die deutschen Lehrpläne zu den naturwissenschaftlichen Fächern bezogen sind.

5. Die Skalen zur naturwissenschaftlichen Grundbildung

Die naturwissenschaftliche Kompetenz der Schülerinnen und Schüler lässt sich in verschiedenen Auflösungsgraden skalieren. Den gröbsten Auflösungsgrad hat die Gesamtskala aller naturwissenschaftlichen Items im internationalen Test bzw. in der Ergänzung durch den nationalen Test. Die Ergebnisse der Skalenanalysen zum internationalen Test werden in Abschnitt 5.1 vorgestellt. Der nationale Zusatztest und seine Beziehungen zum internationalen Test werden in Abschnitt 5.2 beschrieben. Dort werden auch die fachbezogenen Kompetenzen diskutiert, die sich aus der Zuordnung der Aufgaben zu den drei (deutschen) Schulfächern Physik, Biologie und Chemie ergeben. Der Abschnitt 5.3 schließlich berichtet über die Skalierung der kognitiven Teilkompetenzen, die anhand der Aufgabenmerkmale unterschieden werden.

Die Leitfragen für die folgenden Ausführungen betreffen die Dimensionalität der Tests, die Messgenauigkeit, die Normierung und – damit verbunden – die Interpretation der Skalenwerte sowie korrelative Zusammenhänge mit anderen Skalen.

5.1 Die internationale Gesamtskala der naturwissenschaftlichen Kompetenz

Die auf den internationalen Items beruhende Gesamtskala der naturwissenschaftlichen Grundbildung ist von zentraler Bedeutung für zahlreiche Analysen von Mittelwertunterschiede (z.B. zwischen Schulformen oder Klassenstufen), für korrelative Zusammenhänge (z.B. mit der Lese- oder Mathematikkompetenz) sowie vor allem für die internationalen Vergleiche. Diese Vergleiche erfordern eine gemeinsame Gesamtskala über alle beteiligten Nationen. Sie muss auf denselben Items beruhen und einer gemeinsamen Normierung unterzogen werden. Die Skalenanalysen sollen aber auch prüfen, ob die naturwissenschaftliche Grundbildung (im Sinne der internationalen PISA-Konzeption) ein im psychometrischen Sinne homogenes Schülermerkmal darstellt und durch die Items des Tests angemessen operationalisiert wurde.

Die gesamte Testanalyse wurde auf der Basis der probabilistischen Testtheorie, speziell mit dem Rasch-Modell und seinen Verallgemeinerungen, durchgeführt (vgl. Kap. 1). Dieser Ansatz bietet derzeit die besten Möglichkeiten für die Überprüfung der Dimensionalität, für die Berechnung der Reliabilität (Messgenauigkeit) und die Normierung (Rost, 1996, 1999). Vor allem aber ist dieser Ansatz in der Lage, die schwierigen psychometrischen Probleme, die mit dem hier verwendeten so genannten multiplen Matrix-Design[2] der Testkonstruktion zusammenhängen, angemessen zu lösen. Bei der internationalen Planung der PISA-Studie hat man sich frühzeitig auf den so genannten *Plausible Values*-Ansatz zur Lösung des *Missing Data*-Problems festgelegt. Das ist derzeit wohl der statistisch eleganteste Weg des Umgangs mit solchen Datenstrukturen (Mislevy u.a., 1992), der allerdings einige Besonderheiten aufweist, auf die an entsprechender Stelle hingewiesen wird.

Dimensionalität

Zur Prüfung der Dimensionalität eines Tests gibt es im Rahmen der probabilistischen Testtheorie eine Vielzahl von Möglichkeiten, von denen aber nicht alle auf die Daten dieser Studie angewendet werden können[3].

Die Überprüfung der Eindimensionalität der Gesamtskala wurde anhand von drei Kriterien vorgenommen:
- Vergleich eines eindimensionalen Modells mit einem zweidimensionalen Modell,
- Kontrolle der so genannten Item-Fit-Maße,
- Kontrolle der Invarianz der Itemparameter in verschiedenen Teilstichproben.

Das eindimensionale Modell für die internationalen Items erwies sich im Vergleich zu konkurrierenden zweidimensionalen Modellen als durchweg überlegen. Diese Überprüfung wurde zentral (beim internationalen Projektmanager ACER) für alle beteiligten Länder durchgeführt. Sie bestätigt die Skalierbarkeit und internationale Vergleichbarkeit des Tests zur naturwissenschaftlichen Grundbildung.

An zentraler Stelle wurde ebenfalls für alle Nationen die Modellverträglichkeit aller Items anhand von Item-Fit-Maßen geprüft (vgl. Kap. 1). Diese Analysen haben in wenigen Fällen zum Ausschluss einzelner Items in einigen Staaten geführt. Die in der Analyse verbliebenen Items haben durchweg eine akzeptable Modellanpassung. Auch die Invarianz der Itemschwierigkeiten über verschiedene Länder und Subpopulationen ist gegeben. Dies belegt auch der Vergleich zwischen den internationalen und nationalen Kennwerten für die Itemschwierigkeit.

Reliabilität

Aufgrund des Matrixdesigns und der *Missing Data* eignen sich herkömmliche Methoden der Reliabilitätsschätzung nicht für die Bestimmung der Messgenauigkeit des Tests. Man kann jedoch eine Reliabilitätsschätzung im Rahmen der *Plausible Values*-Technik vornehmen. Diese Methode führt zu Reliabilitätswerten, die tendenziell über den mit üblichen Methoden berechneten Werten liegen. Unter Verwendung dieser Verfahren weist die Gesamtskala der internationalen Aufgaben in Deutschland eine Reliabilität von .90 auf[4]. Dieser Wert belegt eine sehr hohe Messgenauigkeit der PISA-Gesamtskala.

Normierung

Die von den Schülerinnen und Schülern im Test erreichten Punktwerte wurden über alle Länder normiert, um die internationale Vergleichbarkeit der Testergebnisse sicherzustellen. Der Mittelwert aller Länder wurde bei dieser Skala auf den Wert 500 festgesetzt; die Standardabweichung der Messwerte liegt – wiederum über alle Länder gesehen – auf dem Wert 100. Dies bedeutet zum Beispiel, dass – international betrachtet – etwa 68 Prozent aller Testergebnisse zwischen den Skalenwerten 400 und 600 liegen und 95 Prozent zwischen 300 und 700.

Die Interpretation der Skalenwerte dieser internationalen Skala im Hinblick auf die Lösungswahrscheinlichkeiten der Items geht aus Abbildung 4.4 hervor. Sie zeigt die Verteilung der Items entlang der Gesamtskala, wobei der Skalenwert, in dessen Höhe ein Item liegt, eine Lösungswahrscheinlichkeit von 62 Prozent anzeigt. Das in Abschnitt 3.3 vorgestellte Aufgabenbeispiel „Semmelweis" ist namentlich gekennzeichnet.

Wie in den Abbildungen 4.1 und 4.4 zu erkennen ist, ist die Frage 1 der Semmelweis-Aufgabe am schwierigsten. Schülerinnen und Schüler mit einen Test-Gesamtwert von 638 können diese Aufgabe, die ein systematisches Abgleichen von Daten mit Schlussfolgerungen verlangt, mit einer Wahrscheinlichkeit von 62 Prozent lösen. Dieser Gesamtwert wird in der internationalen Stichprobe nur von einem sehr kleinen Anteil (etwa 6,5 % der Schülerinnen und Schüler) erreicht. Bei niedrigeren Gesamtwerten sinkt die Chance, diese Semmelweis-Frage richtig beantworten zu können.

Aus der Abbildung 4.4 geht weiterhin hervor, dass die Testaufgaben hinsichtlich ihrer Schwierigkeit sehr gut dem Leistungsspektrum entsprechen. Die Aufgaben werden im Mittel von 50 Prozent der Schülerinnen und Schüler in der internationalen Stichprobe gelöst. Die Abbildung zeigt schließlich, dass auch die Varianz der Items dem Spektrum der Fähigkeiten angemessen ist. Um eine inhaltliche Interpretation der Skala zu erleichtern, sind in der Abbildung 4.4 die Kompetenzstufen eingezeichnet, die von der internationalen PISA-Expertengruppe für den Bereich Naturwissenschaften unterschieden wurden. In Anbetracht der relativ geringen Anzahl (35) an Items im internationalen Test ist die Zuordnung von Testleistungen zu Kompetenzstufen mit einer gewissen Vorsicht zu interpretieren. Aus diesem Grund enthält der internationale PISA-Bericht keine Tabelle mit einer Zuordnung der Prozentanteile von Schülerinnen und Schülern für die einzelnen Kompetenzstufen. In der Abbildung 4.4 wurden die Kompetenzstufen an der Stelle der

Abbildung 4.4: Verteilung der Naturwissenschaftsitems in Bezug auf das Fähigkeitsniveau und die Kompetenzstufen

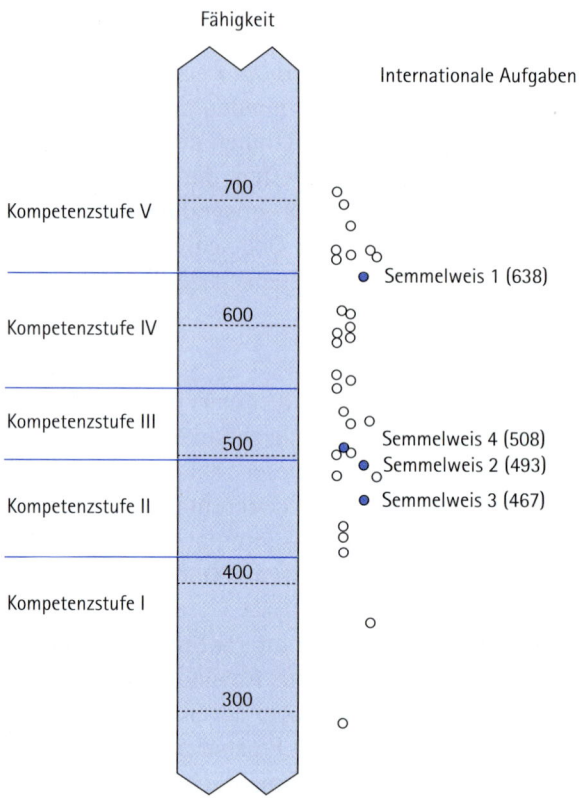

Skala eingetragen, die die Items zweier benachbarter Kompetenzstufen am besten trennt (siehe auch Abb. 4.1). Die Kompetenzstufe I, die in Abschnitt 3.2 als nominelle naturwissenschaftliche Grundbildung bezeichnet wurde, geht also bei einem Skalenwert von 420 über in die nächsthöhere, zweite Kompetenzstufe (funktionale Grundbildung auf der Basis von naturwissenschaftlichem Alltagswissen). Diese Kompetenzstufe wird zum Beispiel durch die Semmelweis-Frage 3 (Skalenwert von 467) charakterisiert (alltagsnahes konzeptuelles Verständnis). Auf der zweiten Kompetenzstufe liegt auch die Semmelweis Frage 2 (Untersuchungsidee rekonstruieren); mit einem Skalenwert von 493 markiert sie den Übergang zur nächsten, dritten Kompetenzstufe (ab 498). Für diese dritte Stufe (funktionale Grundbildung auf der Basis von naturwissenschaftlichem Wissen) ist die Semmelweis-Frage 4 typisch, die erfasst, inwieweit Schülerinnen und Schüler ein naturwissenschaftliches Konzept für Vorhersagen oder Erklärungen nutzen können.

Die vierte Kompetenzstufe der konzeptuellen und prozeduralen Grundbildung (sie beginnt bei 554) kann durch die Semmelweis-Frage 1 charakterisiert werden. Die fünfte Kompetenzstufe (Arbeiten mit Modellen) wird insgesamt durch drei sehr anspruchsvolle Items repräsentiert und nur von sehr wenigen Schülerinnen und Schülern erreicht (ab 661).

Korrelationen der Gesamtskala mit der Lese- und Mathematikkompetenz

Eine wichtige Frage betrifft die Zusammenhänge (Interkorrelationen) zwischen den Skalen für die drei Kompetenzbereiche, die in PISA getestet wurden[5]. Die Korrelationen zwischen den drei Kompetenzbereichen wurden im Rahmen der *Plausible Values*-Technik als *latente* Korrelationen berechnet. Die Kennwerte sind also messfehlerbereinigt und somit höher als die üblicherweise berechneten Korrelationen zwischen Messwerten[6].

Die latente Korrelation der Naturwissenschaftskompetenz mit der Lesekompetenz beträgt in der deutschen Stichprobe $r = .87$ und mit der Mathematikkompetenz $r = .83$. Mathematik- und Lesekompetenz korrelieren untereinander zu $r = .84$.

Die Höhe dieser Interkorrelationen belegt zunächst einmal, dass die drei Kompetenzbereiche eng miteinander verwoben sind und jeder Kompetenzbereich auch Ausdruck einer bereichsübergreifenden Grundbildung ist. Schülerinnen und Schüler mit einer hohen (bzw. geringen) naturwissenschaftlichen Grundbildung haben auch eher eine hohe (bzw. geringe) Mathematik- und Lesekompetenz. Die Werte zeigen allerdings auch, dass die drei Kompetenzbereiche voneinander abgegrenzt sind[7].

Die Interpretation der Höhe der Korrelation zwischen der Naturwissenschafts- und der Lesekompetenz muss beide an der Korrelation beteiligten Variablen einbeziehen: Der Naturwissenschaftstest setzt in einem hohen Maße Lesekompetenz voraus, da alle Aufgaben durch einen längeren Text eingeleitet werden, dessen Verständnis eine wichtige Voraussetzung für die Lösung der Aufgaben darstellt. Auch die einzelnen Items weisen einen sehr hohen sprachlichen Anteil auf, und nicht zuletzt muss die Antwort auf die Frage bei einem großen Teil der Items im sprachlichen Repräsentationsmodus gegeben werden. Auf der anderen Seite wird die Lesekompetenz in einem starken Ausmaß mit Texten erhoben, in denen es auch um naturwissenschaftliches Verständnis geht (expositorische Texte, nicht-kontinuierliche Texte wie Tabellen, Diagramme). Dies führt dazu, dass im Lesetest auch so etwas wie naturwissenschaftliche Kompetenz mit erhoben wird. Inwieweit ein geringerer Anteil an zu lesendem und zu verstehendem Text bei den naturwissenschaftlichen Aufgaben die Korrelation zur Lesekompetenz senkt, kann anhand der nationalen Items geprüft werden (siehe Abschnitt 5.2).

Eine zweite Erklärung für die hohe Interkorrelation der drei Kompetenzbereiche dürfte auch darin liegen, dass mit der Berechnung der Interkorrelationen über alle Schulformen hinweg eine sehr hohe Varianz der Messwerte verbunden ist. Diese Varianz bewirkt, dass eine moderate Korrelation *innerhalb* jeder Schulform künstlich erhöht wird. In Tabelle 4.6 sind daher die schulformspezifischen Interkorrelationen aufgeführt.

Wie aus der Tabelle ersichtlich wird, trifft dieser Erklärungsansatz für alle Korrelationen zu, und zwar am deutlichsten für die beiden Korrelationen mit der Mathematikkompetenz in Gymnasien ($r = .56$ bzw. $r = .58$). In homogeneren Subpopulationen, die innerhalb der Schulformen gegeben sind, ist die Naturwissenschaftskompetenz also deutlich schwächer mit der Mathematik- und der Lesekompetenz korreliert als bei Betrachtung der gesamten Stichprobe.

Tabelle 4.6 zeigt weiterhin die Partialkorrelationen zwischen den drei Kompetenzbereichen. In dieser Berechnung wird jeweils die dritte Variable auspartialisiert (statistisch kontrolliert). Es zeigt sich, dass die Korrelation zwischen Lesen und Naturwissenschaften nur noch .58 beträgt, wenn man die Mathematikkompetenz mit statistischen Mitteln „aus-

Tabelle 4.6: Korrelationen und Partialkorrelationen zwischen Lese-, Mathematik- und Naturwissenschaftskompetenz (internationaler Test)

Korrelation zwischen ...	Nationale Stichprobe insgesamt	Haupt- schule	Integrierte Gesamt- schule	Real- schule	Gymna- sium	Partial- korre- lation
Naturwissenschaft und Mathematik	.83	.65	.71	.63	.56	.36
Naturwissenschaft und Lesen	.87	.75	.78	.74	.70	.58
Mathematik und Lesen	.84	.69	.74	.66	.58	.49

schaltet", also zum Beispiel konstant hält, und die Partialkorrelation zwischen Mathematik und Naturwissenschaften liegt bei Konstanthaltung der Lesekompetenz nur mehr bei .36. Diese Ergebnisse bestätigen, dass mit dem internationalen Lese-, Mathematik- und Naturwissenschaftstest deutlich unterscheidbare Kompetenzbereiche erfasst werden.

5.2 Die Skala der nationalen Testaufgaben im Bereich Naturwissenschaften

Die Konstruktion der nationalen Testaufgaben folgte einerseits der internationalen Rahmenkonzeption der naturwissenschaftlichen Grundbildung, andererseits wurden drei zusätzliche Ziele verfolgt:
- *Erstens* sollte die curriculare Validität der Testaufgaben hinsichtlich der deutschen Lehrpläne und Unterrichtswirklichkeit gegenüber den internationalen Items gestärkt werden. Dass dies gelungen ist, wurde bereits in Abschnitt 4.3 dargestellt.
- *Zweitens* sollte der in Deutschland üblichen Aufteilung des naturwissenschaftlichen Unterrichts in die drei Fächer Physik, Biologie und Chemie stärker Rechnung getragen werden, um fachspezifische Aussagen über den Bildungsstand ableiten zu können. Auf die psychometrischen Eigenschaften der drei fachbezogenen Subskalen wird in diesem Abschnitt eingegangen.
- *Drittens* sollten über die systematische Variation von Aufgabenmerkmalen kognitive Teilkompetenzen erfasst werden, um differenziertere Aussagen über Stärken und Schwächen der Schülerinnen und Schüler treffen zu können (siehe Abschnitt 4.1). Auf die Skalierung dieser Subskalen (auf der Basis der nationalen *und* internationalen Items) wird in Abschnitt 5.3 eingegangen.

In diesem Teilkapitel sind daher folgende Fragen zu beantworten: Wie stellt sich die Dimensionalität und Messgenauigkeit der nationalen Skala dar? Wie hoch korreliert die nationale Skala mit der internationalen Skala und den beiden anderen Kompetenzbereichen? Lassen sich fachbezogene Skalen bilden?

Dimensionalität und Reliabilität

Die Itemkennwerte der nationalen Items sind bei Zugrundelegung eines eindimensionalen Modells zufriedenstellend und ergeben keine Hinweise auf eine systematische Verletzung der Annahme der Eindimensionalität. Der Kennwert für Reliabilität der eindimensionalen Skala beträgt .90 und liegt damit genauso hoch wie für die internationale Skala.

Normierung

Die Skala der nationalen Testaufgaben wurde – zur besseren Unterscheidbarkeit von der internationalen Skala – so normiert, dass beim nationalen Test der Mittelwert 100 und die Standardabweichung 30 beträgt. Aus der Abbildung 4.5 geht hervor, dass die Items hinsichtlich ihrer Schwierigkeit sehr stark streuen. Die schwierigsten Items liegen drei Standardabweichungen über dem Mittelwert.

Beim Vergleich der Streuung der nationalen Items mit der Streuung der internationalen Items ist zu berücksichtigen, dass sich die Standardabweichung der internationalen Skala (*M* = 500, *SD* = 100) auf die internationale Stichprobe bezieht. Da die Streuung der individuellen Leistungen über alle teilnehmenden Staaten hinweg größer ist als innerhalb Deutschlands, repräsentieren 100 Punkte auf der internationalen Skala ein größeres Leistungsspektrum als 30 Punkte auf der nationalen Skala. Dieser Effekt schmälert etwas den

Abbildung 4.5: Verteilung der Itemschwierigkeiten des nationalen und des internationalen Testteils in Bezug auf die jeweilige Skalierung (nationaler Testteil: *M* = 100, *SD* = 30; internationaler Testteil: *M* = 500, *SD* = 100)

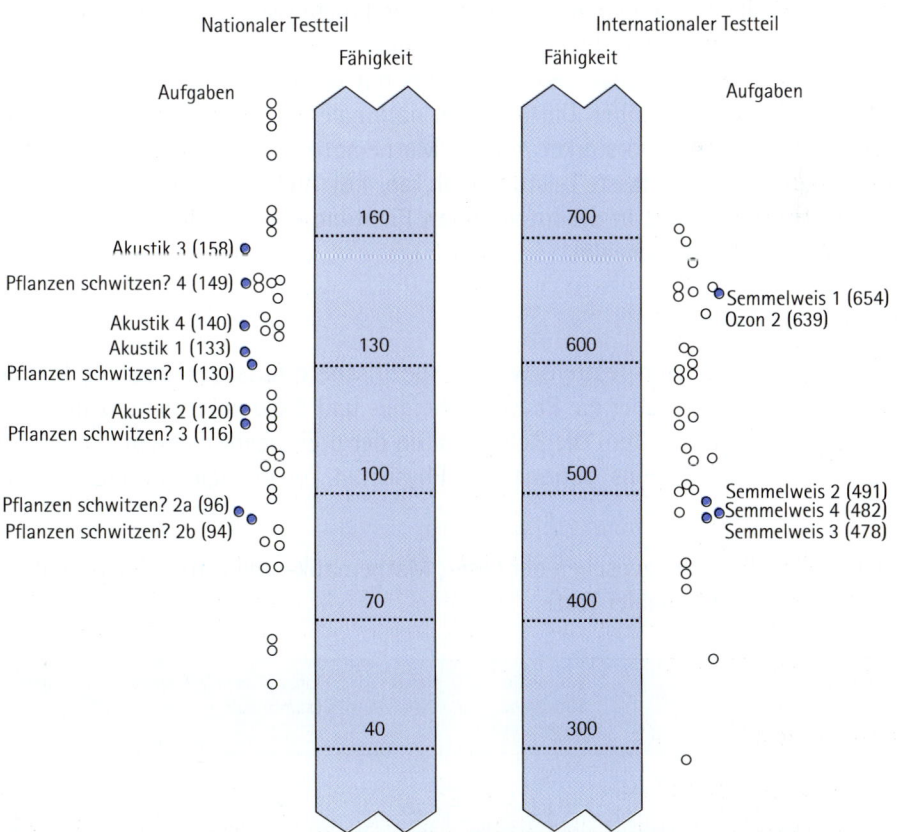

in Abbildung 4.5 zum Ausdruck kommenden Unterschied in der Variation der Itemschwierigkeiten.

Korrelationen zwischen den Kompetenzbereichen

Die Korrelation zwischen der nationalen und der internationalen Naturwissenschaftsskala beträgt .84. Sie liegt also in derselben Größenordnung wie die Korrelationen zwischen den drei Kompetenzbereichen (siehe Abschnitt 5.1). Demnach korrelieren der nationale und der internationale Naturwissenschaftstest etwa in der gleichen Höhe wie der internationale Mathematik- und Naturwissenschaftstest. Der nationale Naturwissenschaftstest korreliert weiterhin mit der internationalen Mathematikskala zu .84 und damit ähnlich hoch wie der internationale Naturwissenschaftstest (.83).

Die Korrelation der nationalen Naturwissenschaftsskala mit der Lesekompetenz beträgt 0.82 und ist damit ewas niedriger als die Korrelation von 0.87 für die internationale Skala. Die Reduktion des Leseaufwands in den nationalen Items gegenüber den internationalen hat also (wie vermutet) einen Effekt auf die Korrelation zur Lesekompetenz. Dieser Unterschied ist aber eher gering und weist darauf hin, dass die Korrelation zwischen der Lese- und Naturwissenschaftskompetenz substanzieller Natur ist und nicht durch das „Oberflächenmerkmal" der Menge des zu lesenden Textes erklärt werden kann.

Schaltet man wiederum die Varianz zwischen den Schulformen bei der Berechnung dieser Korrelationen aus, indem man die Korrelationen *innerhalb* der Schulformen berechnet, so zeigt sich gegenüber den vergleichbaren Ergebnissen des internationalen Tests in Tabelle 4.7 ein interessanter Effekt. Wie aus Tabelle 4.7 hervorgeht, bleiben die Korrelationen des nationalen Naturwissenschaftstests mit der Mathematikleistung innerhalb der Schulformen deutlich höher. Die mit dem nationalen Test gemessene Naturwissenschaftskompetenz hängt also stärker mit der Mathematikleistung zusammen als die mit dem internationalen Test erfasste Leistung (vgl. Tab. 4.6). Auch dies ist ein Hinweis darauf, dass sich der nationale Test in der intendierten Richtung einer größeren Schulnähe vom internationalen Test unterscheidet.

Fachspezifische Skalen

Ein Anliegen des nationalen Testteils war es, spezifischere Aussagen über die fachbezogenen Kompetenzen, also über die Physik-, Chemie- und Biologiekompetenz der Schülerinnen und Schüler zu erhalten. Die Reliabilitäten der drei fachbezogenen Skalen, basierend auf den nationalen Items, betragen für Physik .94, für Biologie .93 und für Chemie

Tabelle 4.7: Korrelationen zwischen der Lese-, Mathematik- und Naturwissenschaftskompetenz (nationaler Test)

Korrelation zwischen ...	Nationale Stichprobe insgesamt	Haupt- schule	Integrierte Gesamtschule	Realschule	Gymnasium
Naturwissenschaft und Mathematik	.84	.73	.82	.76	.69
Naturwissenschaft und Lesen	.82	.72	.77	.68	.64

.89. Ihre Interkorrelationen liegen zwischen .87 und .90 und sind damit höher als die Zusammenhänge zwischen den drei Kompetenzbereichen.

Aus diesen Ergebnissen lässt sich nicht eindeutig ersehen, ob eine fachspezifische Auswertung des Naturwissenschaftstests differenziertere Ergebnisse zu Tage fördern wird. Die meisten der in den folgenden Abschnitten berichteten Analysen wurden auch fachspezifisch durchgeführt, berichtet werden diese Ergebnisse aber nur dort, wo sich signifikante Unterschiede zwischen den Fächern ergeben.

5.3 Kognitive Teilkompetenzen

Während die fachspezifischen Subskalen nach der Zugehörigkeit der in den Aufgaben angesprochenen Wissensinhalte zu den drei Fächern gebildet wurden, ist mit der Unterscheidung der kognitiven Komponenten (vgl. Abschnitt 4.1) der Versuch gemacht worden, Kompetenzen zu messen, die für alle drei naturwissenschaftlichen Fächer relevant werden, und zugleich zwischen verschiedenen kognitiven Anforderungen bei der Lösung naturwissenschaftlicher Aufgaben zu unterscheiden. Diese fünf Skalen sind nicht allein als Subskalen des nationalen Tests konzipiert worden, sondern beziehen Items des internationalen Tests mit ein, die entsprechende Aufgabenmerkmale aufweisen.

Bei der in Abschnitt 4.4 erwähnten Analyse der Itemschwierigkeiten als Funktion von Aufgabenmerkmalen zeigten sich Unterschiede in der Schwierigkeit der kognitiven Anforderungen. Tabelle 4.8 zeigt die für die deutsche Stichprobe berechnete mittlere Schwierigkeit der den Skalen zugeordneten Items.

Es zeigt sich auch hier, dass es den Schülerinnen und Schülern eher leicht fällt, aus Graphiken die richtige Information abzuleiten, während es eine hohe Schwierigkeit darstellt, wenn man zur Lösung einer Aufgabe konzeptuelles und terminologisches Wissen aus dem Gedächtnis abrufen soll. Auch das Arbeiten mit mentalen Modellen bereitet besondere Schwierigkeiten.

Die Abbildung 4.6 gibt die Reliabilitäten und die Interkorrelationen der fünf Subskalen wieder. Danach weisen alle Skalen eine zufriedenstellende Reliabilität auf, während die (latenten) Korrelationen zwischen den kognitiven Teilkompetenzen teilweise sehr viel niedriger sind als die Korrelationen zwischen den fachbezogenen Skalen (vgl. Abschnitt 5.2).

Tabelle 4.8: Mittlere Schwierigkeiten der Items, die den kognitiven Teilkompetenzen zugeordnet sind

Kognitive Teilkompetenzen	Mittlerer Schwierigkeitsparameter
Aus einer graphischen Repräsentation die richtige Information ableiten	-0.35
Faktenwissen aus dem Gedächtnis abrufen und anwenden	1.59
Aus gegebener Information die richtigen Schlüsse ziehen	0.45
Ein (räumliches) mentales Modell heranziehen	1.16
Einen Sachverhalt verbalisieren	0.89

Abbildung 4.6: Reliabilitäten (Rel) und Interkorrelationen der kognitiven Teilkompetenzen

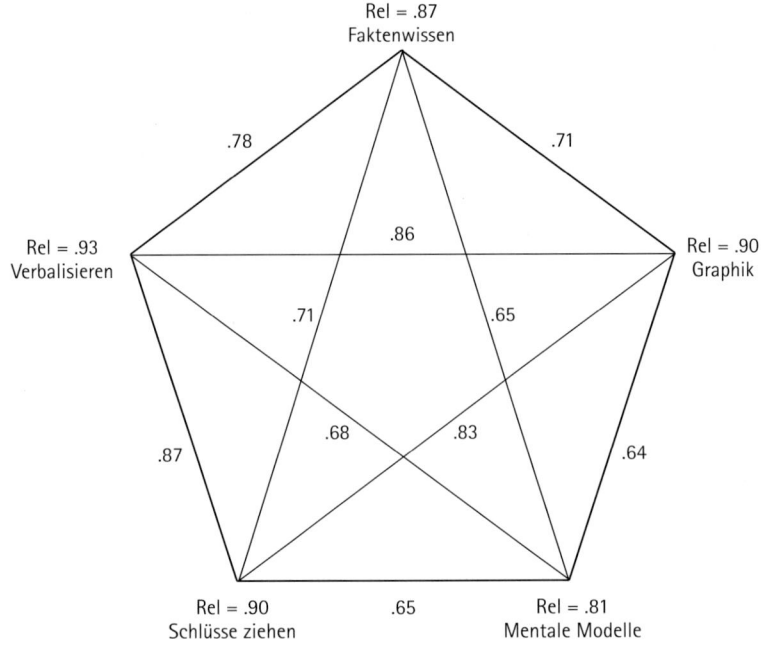

Dies bedeutet, dass es relativ gut gelungen ist, übergreifende, auf spezifische kognitive Operationen bezogene Fähigkeiten zu skalieren, die typisch sind für das Bearbeiten naturwissenschaftlicher Aufgaben. Bei einer näheren Inspektion der Abbildung 4.6 zeigt sich, dass der Gebrauch von mentalen Modellen sowie das Heranziehen von naturwissenschaftlichem Fakten- und Konzeptwissen am ehesten eigenständige Teilkompetenzen darstellen. Diese beiden Skalen korrelieren am niedrigsten mit den anderen Skalen.

Um die korrelative Struktur der fünf Skalen untereinander deutlicher zu machen, wurde eine so genannte multidimensionale Skalierung durchgeführt. Sie spiegelt die Nähe der fünf Kompetenzen im zweidimensionalen Raum wider (siehe Abb. 4.7). Wie erwartet zeigt sich die relative Eigenständigkeit der beiden Skalen Faktenwissen und mentale Modelle, während die anderen drei Skalen relativ dicht beieinander liegen.

Bezeichnenderweise spannen die primär im nationalen Zusatztest vertretenen Items, die den Umgang mit mentalen Modellen und naturwissenschaftlichem Fach- und Faktenwissen betreffen, eigene, wenn auch korrelierte, Dimensionen auf. Diese beiden Dimensionen haben auch den höchsten Schwierigkeitsgrad der zugehörigen Items (vgl. Tab. 4.8). Demgegenüber liegen die Skalen der anderen Kompetenzen – Schlüsse ziehen, Verbalisieren und Graphikverständnis – dicht beieinander, wobei die beiden erstgenannten primär durch Items des internationalen Tests vertreten sind. Das Graphikverständnis, welches überwiegend durch nationale Zusatzitems erhoben wurde, zeichnet sich durch eine hohe Leichtigkeit, also einen sehr niedrigen Schwierigkeitsgrad aus.

Die Ergebnisse beleuchten nochmals den Unterschied zwischen dem internationalen und dem nationalen Testteil aus einer anderen Perspektive und bieten zugleich die Mög-

Abbildung 4.7: Zweidimensionale Anordnung der fünf kognitiven Teilkompetenzen

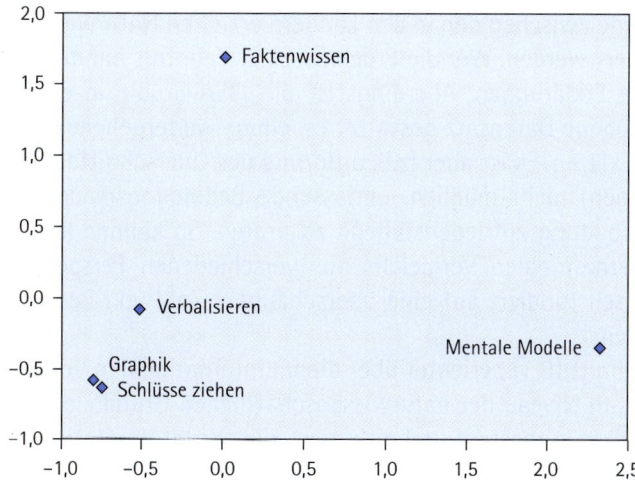

lichkeit einer differenzierteren Analyse der Unterschiede zwischen verschiedenen Schülergruppen in der nationalen Stichprobe (siehe Abschnitt 7). Offenbar sind dabei insbesondere die primär durch den nationalen Zusatztest erhobenen Skalen geeignet, spezifische Stärken und Schwächen der deutschen Schülerinnen und Schüler abzubilden.

> Die Analysen zur Dimensionalität, Reliabilität und Validität der internationalen und nationalen PISA-Tests belegen die erforderliche methodische Qualität der Erhebungsinstrumente zur wissenschaftlichen Grundbildung. Neben den Kennwerten für die naturwissenschaftliche Grundbildung sind auch fünf kognitive Teilleistungen skalierbar, die für eine differenziertere Analyse der Stärken und Schwächen deutscher Schülerinnen und Schüler herangezogen werden können.

6. Naturwissenschaftsleistungen im internationalen Vergleich

Nachdem in den vorangegangenen Abschnitten die Testkonzeption, wichtige Merkmale der Erhebungsinstrumente und die Qualität der Skalen dargestellt und diskutiert wurden, rückt dieser Abschnitt den internationalen Vergleich in den Blick.

Bei diesem Vergleich geht es nicht um einen Wettbewerb im sportlichen Sinne mit dem Ziel, in der Rangordnung vor anderen Ländern zu liegen. Vielmehr richtet sich das Interesse darauf, Informationen über Schwächen und Hinweise auf Entwicklungsmöglichkeiten zu erhalten. Der internationale Vergleich zeigt, welches Niveau naturwissenschaftlicher Grundbildung bei 15-jährigen Jugendlichen heute erreicht werden kann und in den einzelnen Ländern erreicht wird. Auf diese Weise erhält man eine empirisch fundierte Einschätzung, welche Ansprüche an eine naturwissenschaftliche Grundbildung realistisch sind, und Hinweise auf einen möglichen Entwicklungsbedarf. Neben der Frage nach dem

Niveau naturwissenschaftlicher Grundbildung interessieren aber auch die Streuungen der Leistungen, die in den einzelnen Ländern festzustellen sind.

Die Unterschiede zwischen den in den Ländern erzielten Naturwissenschaftsleistungen müssen interpretiert werden. Wer die Ergebnisse zur Kenntnis nimmt, wünscht sich möglichst stichhaltige Erklärungen. Allerdings ist die PISA-Studie in erster Linie deskriptiv angelegt. Der erhobene Datensatz gestattet es, einige weitergehende Fragen nach Bedingungsfaktoren zu klären. Es ist aber (z.B. aufgrund des Querschnittdesigns, keine klassenbasierte Erhebungen) nicht möglich, umfassende Bedingungsmodelle für naturwissenschaftliche Grundbildung zufriedenstellend zu prüfen. So können im Augenblick die Ergebnisse des internationalen Vergleichs aus verschiedenen Perspektiven kommentiert, aber nicht empirisch fundiert auf eine überschaubare Zahl von Bedingungsfaktoren zurückgeführt werden.

Der erste Abschnitt (6.1) berichtet über die im internationalen Vergleich festzustellenden Unterschiede im Niveau der naturwissenschaftlichen Grundbildung. In Abschnitt 6.2 werden dann Aspekte vorgestellt und diskutiert, die zur Interpretation der Ergebnisse des Ländervergleichs dienen. Der dritte Abschnitt (6.3) wendet sich schließlich genauer einem weiteren wichtigen Befund des Ländervergleichs zu, nämlich den Streuungen der Leistungen in den einzelnen Staaten. Hier interessieren unter anderem Hinweise auf mögliche Unterschiede in den Spitzengruppen bzw. eventuellen Problemgruppen am unteren Ende der Skala naturwissenschaftlicher Grundbildung.

6.1 Unterschiede im Niveau der naturwissenschaftlichen Grundbildung

Wie in den anderen Kompetenzbereichen wurden die naturwissenschaftlichen Leistungen über alle beteiligten Staaten hinweg auf einer gemeinsamen Skala gemessen, die den Mittelpunkt bei dem Wert 500 hat und eine Standardabweichung von 100 aufweist. Die Mittelwerte, die jeweils in den einzelnen Ländern erreicht wurden, sind in der Tabelle 4.9 dargestellt, zusammen mit den Standardabweichungen und Perzentilen als Kennwerte für die Streuung. Abbildung 4.8 stellt diese Information zusätzlich graphisch dar.

Für die deutschen Schülerinnen und Schüler liegt der Mittelwert für die Naturwissenschaftsleistungen bei 487 und die Standardabweichung bei 102. Im Naturwissenschaftstest schneiden die deutschen Schülerinnen und Schüler im Mittel also um 13 Punkte schlechter ab als der internationale Durchschnitt. Der Kennwert für die Streuung der Leistung innerhalb Deutschlands (SD = 102) fällt kaum höher aus als die Leistungsstreuung über alle Länder. Der Kennwert besagt, dass die Naturwissenschaftsleistungen von etwa 68 Prozent der deutschen Schülerinnen und Schüler in einem Bereich zwischen 385 und 589 Punkten (487 $\pm$ 102) liegen.

Anhand der Mittelwerte wurden die Länder in Tabelle 4.9 in drei Gruppen angeordnet. Die Grobeinteilung erfolgte nach dem Kriterium, ob die durchschnittlichen Naturwissenschaftsleistungen vom OECD-Durchschnitt abweichen. Die untere Ländergruppe (Brasilien bis Spanien) liegt unter dem internationalen Durchschnitt. Die in der Tabelle oben angeordnete Gruppe (Tschechische Republik bis Korea) wiederum erzielte bessere Leistungen als der OECD-Durchschnitt.

Tabelle 4.9: Mittelwerte und Streuungen der Testwerte in den Teilnehmerstaaten: Naturwissenschaften

Land	Mittelwert (Standardfehler)	Standard-abweichung	Perzentile					
			5	10	25	75	90	95
Korea	552 (2,7)	81	411	442	499	610	652	674
Japan	550 (5,5)	90	391	430	495	612	659	688
Finnland	538 (2,5)	86	391	425	481	598	645	674
Vereinigtes Königreich	532 (2,7)	98	366	401	466	602	656	687
Kanada	529 (1,6)	89	380	412	469	592	641	670
Neuseeland	528 (2,4)	101	357	392	459	600	653	683
Australien	528 (3,5)	94	368	402	463	596	646	675
Österreich	519 (2,6)	91	363	398	456	584	633	659
Irland	513 (3,2)	92	361	394	450	578	630	661
Schweden	512 (2,5)	93	357	390	446	578	630	660
Tschechische Republik	511 (2,4)	94	355	389	449	577	632	663
Frankreich	500 (3,2)	102	329	363	429	575	631	663
Norwegen	500 (2,8)	96	338	377	437	569	619	649
OECD-Durchschnitt	**500 (0,7)**	**100**	**332**	**368**	**431**	**572**	**627**	**657**
Vereinigte Staaten	499 (7,3)	101	330	368	430	571	628	658
Ungarn	496 (4,2)	103	328	361	423	570	629	659
Island	496 (2,2)	88	351	381	436	558	607	635
Belgien	496 (4,3)	111	292	346	424	577	630	656
Schweiz	496 (4,4)	100	332	366	427	567	626	656
Spanien	491 (3,0)	95	333	367	425	558	613	643
Deutschland	487 (2,4)	102	314	350	417	560	618	649
Polen	483 (5,1)	97	326	359	415	553	610	639
Dänemark	481 (2,8)	103	310	347	410	554	613	645
Italien	478 (3,1)	98	315	349	411	547	602	633
Liechtenstein	476 (7,1)	94	314	357	409	543	595	629
Griechenland	461 (4,9)	97	300	334	393	530	585	616
Russische Föderation	460 (4,7)	99	298	333	392	529	591	625
Lettland	460 (5,6)	98	299	334	393	528	585	620
Portugal	459 (4,0)	89	317	343	397	521	575	604
Luxemburg	443 (2,3)	96	278	320	382	510	563	593
Mexiko	422 (3,2)	77	303	325	368	472	525	554
Brasilien	375 (3,3)	90	230	262	315	432	492	531

> OECD Mittelwert   = OECD Mittelwert   < OECD Mittelwert

Betrachtet man die Mittelwerte für die einzelnen Länder, dann fällt die beträchtliche
Leistungsbandbreite auf, die von einem Wert von 375 (Brasilien) bis zum Wert von 552
(Korea) reicht. Deutschland liegt mit seinen Naturwissenschaftsleistungen (487) also um
13 Punkte *unterhalb* des OECD-Durchschnitts, in einer Gruppe mit Spanien, Polen, Dänemark und Italien.

Eine differenziertere Zuordnung ergibt sich, wenn man die Leistungen der einzelnen
Länder anhand der Mittelwertunterschiede (bezogen auf die Standardabweichung von
100) vergleicht. Innerhalb des oberen Leistungssegments bilden Korea ($M = 552$) und
Japan ($M = 550$) die absolute Spitzengruppe. Zu einer zweiten Teilgruppe, die von Finnland ($M = 538$) angeführt wird und bis Australien ($M = 528$) reicht, besteht bereits ein
deutlicher Leistungsabstand. Ein dritter Block im oberen Leistungsbereich umfasst,
wiederum mit klarem Abstand, die Länder Österreich ($M = 519$) bis Tschechische Republik ($M = 511$). Die Länder innerhalb der Mittelgruppe liegen in ihren Leistungskennwer-
ten relativ eng beisammen. Die Ländergruppe mit deutlich unter dem internationalen

Abbildung 4.8: Testleistungen der Schülerinnen und Schüler in den Teilnehmerstaaten: Naturwissenschaften

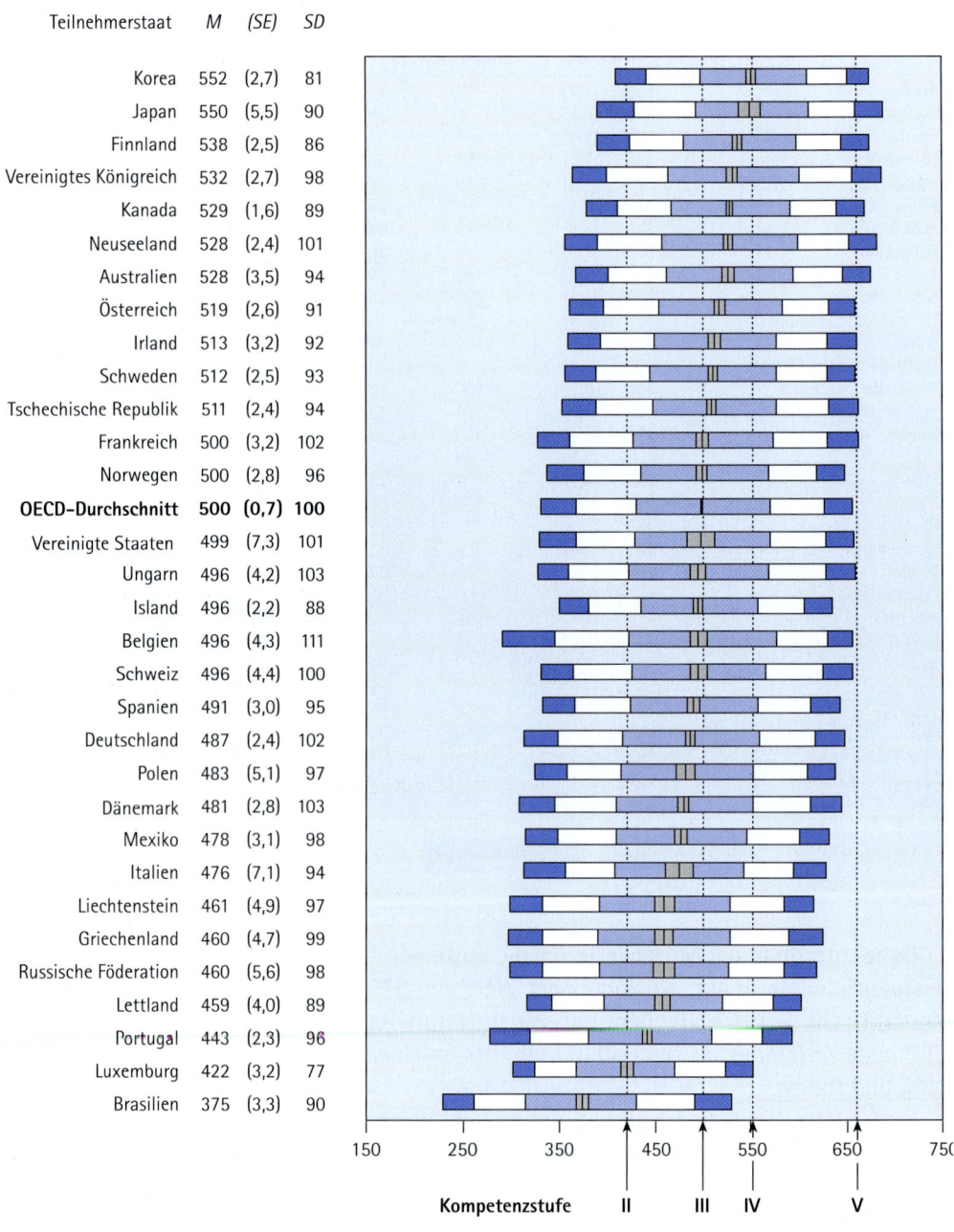

Teilnehmerstaat	M	(SE)	SD
Korea	552	(2,7)	81
Japan	550	(5,5)	90
Finnland	538	(2,5)	86
Vereinigtes Königreich	532	(2,7)	98
Kanada	529	(1,6)	89
Neuseeland	528	(2,4)	101
Australien	528	(3,5)	94
Österreich	519	(2,6)	91
Irland	513	(3,2)	92
Schweden	512	(2,5)	93
Tschechische Republik	511	(2,4)	94
Frankreich	500	(3,2)	102
Norwegen	500	(2,8)	96
OECD-Durchschnitt	**500**	**(0,7)**	**100**
Vereinigte Staaten	499	(7,3)	101
Ungarn	496	(4,2)	103
Island	496	(2,2)	88
Belgien	496	(4,3)	111
Schweiz	496	(4,4)	100
Spanien	491	(3,0)	95
Deutschland	487	(2,4)	102
Polen	483	(5,1)	97
Dänemark	481	(2,8)	103
Mexiko	478	(3,1)	98
Italien	476	(7,1)	94
Liechtenstein	461	(4,9)	97
Griechenland	460	(4,7)	99
Russische Föderation	460	(5,6)	98
Lettland	459	(4,0)	89
Portugal	443	(2,3)	96
Luxemburg	422	(3,2)	77
Brasilien	375	(3,3)	90

Kompetenzstufe II III IV V

Perzentile

5 % 10 % 25 % 75 % 90 % 95 %

Mittelwert und Konfidenzintervall (± 2 SE)

Durchschnitt liegenden Kennwerten weist eine relativ große Streubreite auf, und kann in drei Teilgruppen aufgegliedert werden. Relativ nahe am internationalen Durchschnitt liegen Spanien, Deutschland, Polen, Dänemark, Italien und Liechtenstein. Einen zweiten Block bilden die Länder Griechenland, die Russische Föderation, Lettland und Portugal. Deutlich unterhalb liegen schließlich die Leistungskennwerte für Luxemburg, Mexiko und Brasilien.

Aus deutscher Perspektive geben die Ergebnisse des Ländervergleichs Anlass zur Sorge. Die Naturwissenschaftsleistungen deutscher Schülerinnen und Schüler liegen deutlich unterhalb des Durchschnitts der OECD-Staaten. Die internationale Spitze (Korea, Japan) hat einen Vorsprung von mehr als 60 Punkten, Finnland von 50 Punkten. Die Mittelwerte dieser Länder liegen mehr als eine halbe Standardabweichung über dem deutschen Durchschnitt. Neben dieser Spitzengruppe zeigen zahlreiche weitere (auch europäische) Länder, dass 15-jährige Jugendliche ein im Vergleich zu Deutschland sehr viel höheres Niveau naturwissenschaftlicher Grundbildung erzielen können.

Veränderungen gegenüber TIMSS

Um das durch PISA in Deutschland gemessene Niveau naturwissenschaftlicher Grundbildung besser einordnen zu können, bietet sich ein Rückblick auf die TIMSS-Ergebnisse an. Die TIMSS-Population II (8. Jahrgangsstufe) entspricht vom Alter her gesehen (in der deutschen TIMSS-Stichprobe lag das mittlere Alter der Schülerinnen und Schüler bei 14,8 Jahren) fast der PISA-Stichprobe (15-Jährige). Die Befunde des 1995 durchgeführten Naturwissenschaftstests, die 1997 veröffentlicht wurden (Baumert u.a., 1997), zeigen Deutschland in einem breiten Mittelfeld, mit Leistungen knapp über dem internationalen Durchschnitt.

Sind die deutschen Schülerinnen und Schüler also seit 1995 in den Naturwissenschaften schwächer geworden? Bei dieser Frage ist zu bedenken, dass in TIMSS und PISA unterschiedliche Länder beteiligt sind: PISA vergleicht die relativ homogene Gruppe hoch entwickelter Industriestaaten (vor allem OECD-Mitgliedsstaaten). Demgegenüber beteiligte sich bei TIMSS eine etwas größere Anzahl von Ländern, wobei es sich um Länder aus sehr unterschiedlichen Regionen handelte. Bei PISA sind zum Beispiel Staaten wie der Iran, Kuwait, Kolumbien oder Südafrika nicht vertreten.

Das „Abrutschen" der deutschen Leistungen unter den internationalen Durchschnitt bei PISA kann somit bereits durch die Veränderung der Bezugsgruppe erklärt werden. Der Vergleich wird bei PISA durch die weitgehende Beschränkung auf den Kreis der OECD-Staaten anspruchsvoller als bei TIMSS und zugleich auch interessanter.

In Betracht zu ziehen ist aber ein weiterer Aspekt. TIMSS war konzeptionell bereits an einer Vorstellung von *Scientific Literacy* angelehnt, hat sich dabei aber noch stärker an schulischen Unterrichtsstoffen orientiert. PISA betont gegenüber TIMSS noch stärker das Verständnis von naturwissenschaftlichen Konzepten und Prozessen und insbesondere die Anwendbarkeit des Wissens. Nun zeigten die TIMSS-Analysen ausgeprägte Schwächen deutscher Schülerinnen und Schüler gerade beim naturwissenschaftlichen Verständnis, bei der Wissensanwendung und beim Problemlösen. Die relativen Stärken lagen beim Lösen von Routineaufgaben. Insofern überrascht es nicht, dass der PISA-Test im Vergleich zu TIMSS für deutsche Schülerinnen und Schüler eher schwieriger ausfällt.

Betrachtet man die Ergebnisse von Ländern, die bei PISA *und* TIMSS teilgenommen haben, dann sind einige Punkte bemerkenswert: Korea und Japan liegen bei beiden Vergleichen an der absoluten Spitze. Österreich, Schweden und die Tschechische Republik liegen bei TIMSS und bei PISA über dem internationalen Durchschnitt. Bei PISA sind nun aber weitere Länder in dieser Spitzengruppe zu finden, die bei TIMSS noch im Mittelfeld lagen. Es sind dies das Vereinigte Königreich, Kanada, Australien und Neuseeland. Frankreich und auch Island – bei TIMSS noch deutlich unter dem internationalen Durchschnitt – verbessern ihre Position und liegen nun bei PISA im Mittelfeld. Die Leistungen der Schülerinnen und Schüler aus Frankreich befinden sich bei PISA über dem deutschen Durchschnitt. Deutschland, Spanien und Dänemark (bei TIMSS im Mittelfeld) verändern ihre Position im Ländervergleich und befinden sich jetzt bei PISA in einer Gruppe, die unter dem internationalen Mittelwert abgeschnitten hat. Insgesamt zeigt sich also, dass die veränderte Länderkonstellation in PISA das Bild gegenüber TIMSS verändert hat. Einige Länder sind jedoch sowohl bei TIMSS wie auch bei PISA in der Spitzengruppe zu finden. Die unterschiedliche Akzentuierung der Testkonstruktion bei PISA gegenüber TIMSS scheint für die Schülerinnen und Schüler in diesen Ländern keine Unterschiede in den Leistungen nach sich zu ziehen. Viele angloamerikanische Länder (tendenziell auch die Vereinigten Staaten) konnten jedoch – möglicherweise aufgrund einer stärkeren Betonung der Anwendungsorientierung – ihre relative Position bei PISA gegenüber TIMSS verbessern. Allerdings können für einige dieser Länder auch Befunde aus der TIMSS-Repeat Erhebung in Betracht gezogen werden. Im Vergleich zu 1995 schneidet Kanada beim Wiederholungstest 1999 um 19 Punkte besser ab; im Fall von Australien sind es 14 Punkte und für England 5 Punkte (vgl. IEA-Newsletter 35/36, 2001). Die Befunde weisen auf eine fortschreitende Weiterentwicklung des naturwissenschaftlichen Leistungsniveaus in einigen Ländern hin. Hinweise auf eine solche positive Tendenz in Deutschland fehlen.

6.2 Aspekte eines Ländervergleichs zur naturwissenschaftlichen Grundbildung

PISA zielt darauf ab, Leistungsunterschiede zwischen den Ländern zu beschreiben. Die Befunde zur naturwissenschaftlichen Grundbildung können unter mehreren Perspektiven betrachtet und kommentiert werden. Entsprechende Überlegungen bleiben Vermutungen, die einer soliden empirischen Absicherung noch bedürfen.

Unter Berücksichtigung des Forschungsstands zu Bedingungen von Schulleistungen (generell und speziell im naturwissenschaftlichen Bereich) oder zur Schuleffektivität können Einflussfaktoren auf mehreren Ebenen in Betracht gezogen werden (Fraser u.a., 1987; Helmke & Weinert, 1997; Prenzel u.a., 1999, 2000; Scheerens & Bosker, 1997; Walberg, 1986; Wang, Haertel & Walberg, 1993). Aufschlussreiche Aspekte betreffen etwa

- die gesellschaftliche Wertschätzung von Naturwissenschaften und naturwissenschaftlicher Bildung (auch in den Elternhäusern),
- den relativen Stellenwert der naturwissenschaftlichen Fächer innerhalb eines Schulsystems,
- die Art und Organisation des naturwissenschaftlichen Unterrichts,

– die Ausrichtung und Gestaltung des naturwissenschaftlichen Unterrichts (didaktische Ansätze, Lernunterstützung).

Die gesellschaftliche Wertschätzung der Naturwissenschaften, naturwissenschaftlicher Schulfächer und Studiengänge stellt eine Hintergrundbedingung dar, die in einzelnen OECD-Ländern durchaus unterschiedlich ausgeprägt ist. Dies zeigt sich an der öffentlichen Diskussion über Naturwissenschaften oder am Prestige naturwissenschaftlicher sowie auch technischer Berufe. Ein entscheidender Punkt betrifft die Bedeutung von Naturwissenschaften für Berufs- und Aufstiegschancen. In Ländern wie Korea oder Japan, aber auch in der Tschechischen Republik, genießen die Naturwissenschaften nicht nur hohes Ansehen, sondern sind wichtige Voraussetzungen für Berufserfolg und Aufstieg. In anderen Ländern (z.B. Luxemburg, Liechtenstein, Griechenland oder Dänemark) gewinnen dagegen die Fremdsprachen ein höheres Gewicht für Berufskarrieren.

Die generelle Wertschätzung von Naturwissenschaften und naturwissenschaftlicher Bildung beeinflusst aber auch den Status naturwissenschaftlicher Schulfächer. Ein entscheidendes Signal für Schülerinnen und Schüler wie auch für Eltern wird dann gesetzt, wenn die Naturwissenschaften als Hauptfach eingerichtet sind und Bedeutung für die gesamte Schulkarriere erhalten. Dies gilt nicht nur für die oben genannten Länder mit einer hohen Wertschätzung für die Naturwissenschaften (z.B. Korea oder Japan), sondern auch für fast alle englischsprachigen OECD-Staaten. Dabei ist zu bemerken, dass es bei einem Fach „Science" als Rahmen für unterschiedliche disziplinäre Schwerpunkte leichter fällt, einen Hauptfachstatus zu sichern, als bei einer Aufgliederung in drei bis vier „kleine" Fächer. In dieser Hinsicht sind in Deutschland die Chancen der aufgegliederten naturwissenschaftlichen Schulfächer durchaus geringer, als Hauptfach eingerichtet und wahrgenommen zu werden. Damit verbunden ist auch die Möglichkeit, über einen durchgängigen Naturwissenschaftsunterricht über alle Jahrgangsstufen mehr prinzipielle Beachtung zu erhalten. Einen anderen Lösungsweg hat zum Beispiel Frankreich gewählt, indem es ein naturwissenschaftliches Fach, die Physik, als Hauptfach eingerichtet und hervorgehoben hat. Anzumerken bleibt, dass in Deutschland zumindest ein naturwissenschaftliches Fach, nämlich die Biologie, eine Sonderstellung einnimmt. Im Unterschied zu Physik und Chemie wird sie (fast – in Abhängigkeit vom Bundesland) durchgängig vom Sachunterricht in der Grundschule über die Sekundarstufe I unterrichtet. Dieser deutlich stärker ausgeprägte und sichtbare Anteil der Biologie spiegelt sich jedoch nicht in einem relativen Leistungsvorteil der deutschen Schülerinnen und Schüler im internationalen Naturwissenschaftstest wider, dessen Schwerpunkt in Bereichen der Biologie liegt.

Die Frage der Unterrichtsorganisation (Naturwissenschaften aufgegliedert vs. integriert) ist damit nicht allein ein didaktisches Problem, sondern betrifft zunächst die Sichtbarkeit und den potenziellen Stellenwert des naturwissenschaftlichen Unterrichts. In den englischsprachigen und den meisten skandinavischen Ländern (auch in den Niederlanden, der Tschechischen Republik oder Frankreich) erscheinen die Naturwissenschaften bereits in der Primarstufe als eigenes (integriertes) Fach. In Deutschland werden naturwissenschaftliche Themen im Sachunterricht behandelt (ähnlich wie in Österreich oder Portugal); einige Länder (z.B. Ungarn oder Island) beginnen bereits in der Primarstufe mit einem naturwissenschaftlichen Unterricht in einzelnen Fächern. In den englischsprachigen und den meisten skandinavischen Ländern wird das integrierte Fach Naturwissenschaften über die Sekundarstufe I kontinuierlich weitergeführt. Nennenswerte Abweichungen von einem durchschnittlichen Stundenumfang finden sich vor allem in Ländern, die aufgrund ihrer besonderen Lage oder Tradition den Fremdsprachen ein hohes Gewicht zumessen (z.B. Luxemburg, Griechenland, Dänemark, auch Belgien oder Italien).

Erwähnenswert ist auch der Nebeneffekt eines schulischen Ganztagsbetriebs, der zum Beispiel in England genutzt wird, um zusätzliche, vielfältige und zeitintensive *Hands on*-Aktivitäten anzubieten (Untersuchungen, Experimente, Projekte). An dieser Stelle muss aber betont werden, dass die Anteile des Naturwissenschaftsunterrichts an den Stundentafeln die deutschen Schülerinnen und Schüler nicht von vornherein benachteiligen. Die relativen Stundenanteile für den naturwissenschaftlichen Unterricht liegen in Deutschland etwa auf der gleichen Höhe wie in den skandinavischen oder angloamerikanischen Ländern, die deutlich besser abschneiden (vgl. Robitaille, 1997).

Die didaktische Grundanlage des Unterrichts hängt wiederum von schulischen Traditionen ab, ist aber nicht unabhängig von der Organisationsstruktur des Naturwissenschaftsunterrichts. Der (integrierte) *Science*-Unterricht in den englischsprachigen und skandinavischen Ländern erleichtert die Realisierung eines stärker anwendungsbezogenen und problemorientierten Unterrichts. Demgegenüber lässt sich beim aufgegliederten Fachunterricht (z.B. in Deutschland) eine Tendenz zu einem stärker an der Fachsystematik ausgerichteten fragend-entwickelnden Unterricht feststellen (vgl. Baumert & Köller, 2000; Seidel u.a., in Druck). Aus einer didaktischen Perspektive ist dieser Zusammenhang jedoch keineswegs zwingend. Auch ein nach Fächern differenzierter Naturwissenschaftsunterricht kann konsequent problemorientiert geführt und im Rahmen fachübergreifender und fächerverbindender Ansätze auf interessante Anwendungen bezogen werden (vgl. BLK, 1997). Ein qualitätsvoller integrierter Naturwissenschaftsunterricht auf der anderen Seite müsste sich gezielt um die Herausarbeitung der besonderen Begriffe, Arbeits- und Sichtweisen der jeweiligen naturwissenschaftlichen Disziplinen bemühen.

Nimmt man diese Aspekte zusammen, dann finden sich einige Hinweise auf unterschiedliche Voraussetzungen für einen Unterricht, der naturwissenschaftliche Grundbildung im Sinne von PISA unterstützt. In den Ländern oberhalb des OECD-Durchschnitts haben die Naturwissenschaften als Hauptfach eine höhere Sichtbarkeit bzw. Wertigkeit. In den Spitzenländern (Korea, Japan) kommt eine starke gesellschaftliche Wertschätzung und Funktionalität für die Berufskarriere hinzu. Der durchgängige Naturwissenschaftsunterricht in den meisten englischsprachigen und skandinavischen Ländern ist stärker anwendungsbezogen und problemorientiert. Demgegenüber steht der nach Fächern aufgegliederte deutsche Naturwissenschaftsunterricht in der Gefahr, sich aufgrund der Aufsplitterung nicht als Hauptfach, das durchgängig unterrichtet wird, etablieren zu können. Die deutsche Unterrichtstradition, mit einer Neigung zum fragend-entwickelnden und fachsystematisch orientierten Unterricht unterstützt bisher zu wenig das Interesse an den Naturwissenschaften und die Entwicklung eines tiefer gehenden Verständnisses und flexibel anwendbaren Wissens.

6.3 Bandbreiten und Streuungen der Leistungen in den Ländern

Die Ausführungen zum Ländervergleich konzentrierten sich bisher auf die Unterschiede im Niveau. Eine nicht weniger wichtige Frage betrifft die Verteilungen bzw. Streuungen der Leistungen in den einzelnen Ländern. Die PISA-Ergebnisse zeigen, dass sich die Länder erheblich bezüglich der Homogenität bzw. Heterogenität von Schülerleistungen unterscheiden.

In Tabelle 4.9 und Abbildung 4.8 sind für die einzelnen Länder nicht nur die Mittelwerte, sondern auch die Standardabweichungen als Maße für die Streuung angegeben. Mit einer Standardabweichung von 102 ist Deutschland eines der Länder mit einer hohen Streuung (also Bandbreite) der Naturwissenschaftsleistungen. Deutlich höher liegt der Kennwert für die Streuung nur in Belgien, einem Land mit Naturwissenschaft als Wahlpflichtfach (die Konstellation kein Naturwissenschaftsunterricht vs. umfangreiche Stundenzahl könnte leistungspolarisierend wirken).

Bemerkenswert ist, dass es zum Beispiel in der oberen Leistungsgruppe eine Anzahl von Ländern gibt, die Leistungen auf einem hohen Niveau mit einer relativ geringen Streubreite erzielen. Demgegenüber sind die deutschen Leistungen unterdurchschnittlich und streuen beträchtlich.

Die Leistungsunterschiede im Vergleich zu den PISA-Teilnehmerstaaten werden deutlicher, wenn man die Anteile deutscher Schülerinnen und Schüler für die einzelnen Kompetenzstufen berechnet und sie der mittleren Verteilung für die anderen Länder gegenüberstellt (siehe Tab. 4.10). Dabei werden deutliche Unterschiede erkennbar: Auf den unteren Kompetenzstufen sind die Anteile der Schülerinnen und Schüler in der deutschen Stichprobe größer, auf den höheren Kompetenzstufen kleiner. So befinden sich in Deutschland 26,3 Prozent der Schülerinnen und Schüler auf dem unteren Niveau einer nominellen naturwissenschaftlichen Grundbildung (international: 24,3 %) und nur 3,4 Prozent erreichen das Niveau einer konzeptuellen und prozeduralen Grundbildung auf der Basis eines Denkens mit Modellen (international: 4,1 %). Die Differenzen in den Verteilungen steigen freilich weiter an, wenn man die Verteilung deutscher Schülerinnen und Schüler nicht mit den internationalen Anteilen insgesamt vergleicht, sondern mit den Ländern in der oberen Leistungsgruppe.

Weiteren und noch deutlicheren Aufschluss über die Homogenität bzw. Heterogenität der Leistungen und über die Leistungen an den Rändern der Verteilung liefern Angaben

Tabelle 4.10:   Verteilung der Schülerinnen und Schüler auf die Kompetenzstufen naturwissenschaftlicher Grundbildung (in %)

Stufen der naturwissenschaftlichen Kompetenz	Anteil deutscher Schülerinnen und Schüler	Anteil aller Schülerinnen und Schüler der PISA-Teilnehmerstaaten (ohne Deutschland)
Stufe V (> 661) Konzeptuell und prozedural (Modelle)	3,4	4,1
Stufe IV (554–661) Konzeptuell und prozedural	23,9	25,7
Stufe III (498–553) Funktional (naturwissenschaftliches Wissen)	20,1	20,1
Stufe II (421–497) Funktional (naturwissenschaftliches Alltagswissen)	26,3	25,8
Stufe I (< 421) Nominell	26,3	24,3

Abbildung 4.9: Streuung der Naturwissenschaftsleistungen in ausgewählten Ländern

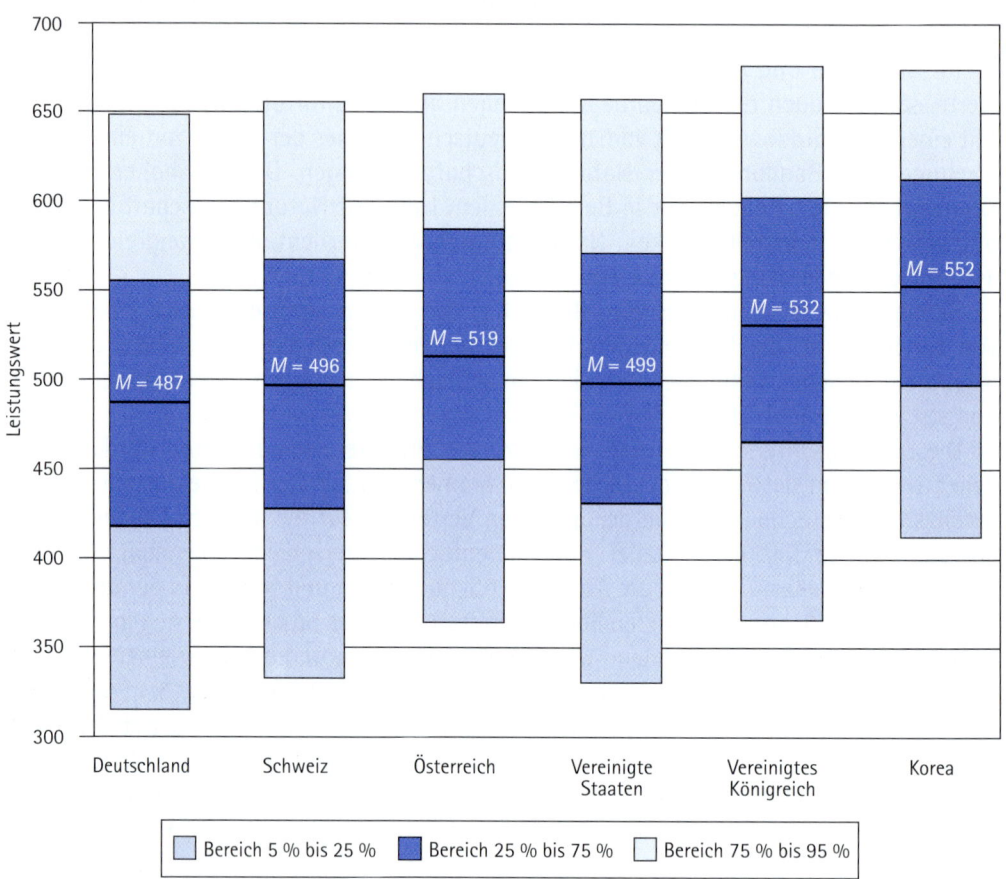

über die Testwerte, die von den besten bzw. schwächsten 5, 10 oder 25 Prozent in den einzelnen Ländern erreicht wurden. Diese Informationen sind ebenfalls in Tabelle 4.9 und Abbildung 4.8 enthalten. Darüber hinaus werden die Kennzahlen von ausgewählten Ländern in Abbildung 4.9 dargestellt. In dieser Abbildung sind drei Bereiche unterschiedlich markiert: der untere Leistungsbereich (Perzentile 5 bis 25), der mittlere Leistungsbereich (Perzentile 25 bis 75) und der obere Leistungsbereich (Perzentile 75 bis 95). Die Abbildung lässt also die Bandbreite der Leistungen jeweils für den unteren, mittleren und oberen Kompetenzbereich erkennen.

In der Darstellung sticht die Besonderheit Koreas hervor: Korea erreicht eine Spitzenleistung mit einer sehr niedrigen Leistungsstreuung. Der untere Leistungsbereich (5. Perzentil) beginnt bei einem Wert von 411; das ist etwa der Kennwert, den der untere Leistungsbereich (25. Perzentil) in Deutschland maximal erreicht. Die Spitzengruppe wiederum (95. Perzentil) liegt in Korea mit einem Kennwert von 674 nicht an der internationalen Spitze. Korea ist damit ein Beispiel für eine gelungene Förderung naturwissenschaftlicher Grundbildung auf einem relativ homogenen hohen Niveau. Das Vereinigte Königreich liegt in den Leistungen zwar im Mittel um etwa 20 Punkte unter Korea, doch endet hier der obere Leistungsbereich (95. Perzentil) auf einem deutlich höheren Niveau (687), auch im Vergleich zu Korea. Die Leistungsstreuung ist insgesamt deutlich höher; offensichtlich scheint es im Vereinigten Königreich eine relativ umfangreiche Spitzengruppe mit ausgezeichneter naturwissenschaftlicher Kompetenz zu geben.

Die Leistungsverteilung für die Vereinigten Staaten ist der deutschen sehr ähnlich. Allerdings fällt bei einer genauen Betrachtung auf, dass auch in den Vereinigten Staaten gerade der untere Leistungsbereich auf einem (im Vergleich zu Deutschland) höheren Niveau beginnt. Noch deutlicher zeigt die Leistungsverteilung für Österreich, dass dort vor allem das untere Leistungsviertel auf einem höheren Niveau liegt als in Deutschland. Der durchschnittliche Leistungsunterschied zwischen Deutschland und Österreich (und auch der Schweiz) beruht zu einem großen Teil auf Leistungsunterschieden im unteren Bereich. Relativ viele Schülerinnen und Schüler in Deutschland erreichen also nur ein niedriges Leistungsniveau. Offensichtlich gelingt es in Deutschland nicht so wie in anderen Ländern, die Problemgruppen schwacher Schülerinnen und Schüler zu fördern. Auf der anderen Seite gibt es aber auch keine Hinweise auf einen überdurchschnittlich großen Anteil von Schülerinnen und Schülern in Deutschland, die Leistungen auf einem Spitzenniveau erbringen. Im Unterschied zum Vereinigten Königreich etwa gibt es in Deutschland keine ausgeprägte Elite.

Ein entscheidender Ansatzpunkt für eine Verbesserung des durchschnittlichen Niveaus naturwissenschaftlicher Grundbildung in Deutschland kann somit im unteren Leistungsbereich gesehen werden. Hier sind verstärkte Anstrengungen zur Förderung erforderlich. Das heißt aber nicht, dass allein mit einer verstärkten Förderung im unteren Leistungssegment schon ein zufriedenstellendes Niveau naturwissenschaftlicher Grundbildung erreicht werden könnte. Der Ländervergleich zeigt, dass inzwischen der größte Teil der OECD-Länder zu einem höheren Niveau in der naturwissenschaftlichen Grundbildung gelangt. Wie viele andere Länderbeispiele zeigen, sind die Möglichkeiten einer Förderung der naturwissenschaftlichen Grundbildung in Deutschland noch lange nicht ausgeschöpft.

> Die Leistungen der deutschen Schülerinnen und Schüler in Naturwissenschaftstests liegen unter dem OECD-Durchschnitt und weisen eine relativ große Streubreite auf. Es zeichnen sich ausgeprägte Defizite im unteren Leistungsbereich ab; relativ kleine Anteile der deutschen Schülerstichprobe liegen auf den höheren Kompetenzstufen.

7. Die Schulformen im Vergleich

7.1 Ergebnisse für den internationalen Naturwissenschaftstest

Die Naturwissenschaftsleistungen deutscher Schülerinnen und Schüler liegen, wie oben beschrieben, mit einem Kennwert von 487 unter dem OECD-Durchschnitt. Der Kennwert für die Standardabweichung (102) bescheinigt weiterhin eine erhebliche Streuung der Leistungen. Welche Leistungen erzielen nun die deutschen Schülerinnen und Schüler in den verschiedenen Schulformen?

Abbildung 4.10: Leistungsunterschiede zwischen den Schulformen im internationalen Test (angegeben sind jeweils Mittelwert und Standardabweichung)

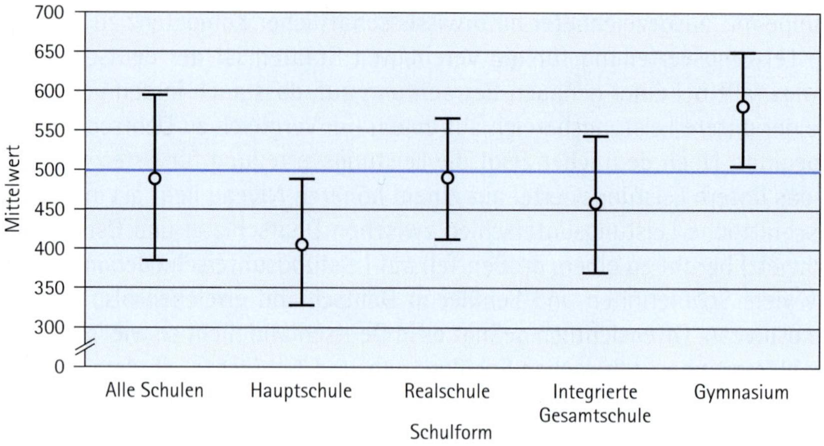

Abbildung 4.10 stellt die Ergebnisse für die vier Schulformen dar, die in Deutschland von der größten Zahl der Schülerinnen und Schüler besucht werden (und über die in diesem Rahmen sinnvoll berichtet werden kann). Während der Mittelwert für die Hauptschule bei etwa 400 liegt, erreichen die Schülerinnen und Schüler im Gymnasium einen Wert von 578. Dazwischen einzuordnen sind die Leistungen der Schülerinnen und Schüler, die die Integrierte Gesamtschule (457) oder die Realschule (492) besuchen.

Die Unterschiede zwischen den Schulformen sind – erwartungsgemäß – beträchtlich. Wie die Abbildung 4.10 erkennen lässt, überlappen sich zum Beispiel nicht einmal die Standardabweichungen der Hauptschüler und Gymnasiasten; nur 1 bis 2 Prozent aller Gymnasiasten liegen auf der Höhe des Mittelwerts für die Hauptschüler. Die Unterschiede zwischen den anderen Schulformen fallen etwas geringer aus, bleiben aber beträchtlich: Die Differenz vom Gymnasium zur Realschule beträgt über 80 Punkte, zur Integrierten Gesamtschule 120 Punkte.

Die Betrachtung der Schulformunterschiede könnte in Versuchung führen, die deutschen Schulformen in der Liste mit dem Vergleich der Teilnehmerstaaten zu lokalisieren. Der Kennwert für die Gymnasien würde dann die Liste anführen, die Realschüler erreichten etwa das durchschnittliche Niveau deutscher Schülerinnen und Schüler insgesamt, die Hauptschule bildete das Schlusslicht. Offensichtlich repräsentieren die Schulformen in Deutschland naturwissenschaftliche Grundbildung auf einem sehr unterschiedlichen Niveau.

Eine Zuordnung der Kennwerte für die Schulformen zur Liste des Ländervergleichs würde jedoch Fehlschlüsse nahe legen: Der Kennwert für deutsche Gymnasien repräsentiert eine ausgewählte Spitzengruppe deutscher Schülerinnen und Schüler, die allenfalls wiederum mit den Spitzengruppen (gleiche Prozentanteile) anderer Länder verglichen werden müsste. Die oben dargestellten Vergleiche der Perzentile zeigen, dass auch im oberen Bereich der Leistungsverteilung in Deutschland keine überdurchschnittlichen Ergebnisse erzielt werden.

Die Befunde über die großen Unterschiede im Niveau naturwissenschaftlicher Grundbildung, die in den verschiedenen Schulformen erreicht werden, belegen eine starke Leistungsdifferenzierung im deutschen Schulsystem. Allerdings scheint die Zuordnung der Schülerinnen und Schüler auf die unterschiedlichen Schulformen nicht mit einem spezifischen Förderungsansatz verbunden zu sein. Der internationale Vergleich zeigt, dass in Deutschland insbesondere die Schülerinnen und Schüler im unteren Leistungsbereich kaum mehr eine förderliche Entwicklungsumgebung vorfinden, die in anderen Ländern offensichtlich durchaus gegeben ist. Aber auch für die anderen Schulformen scheint eine auf das potenzielle Leistungsniveau bezogene Anregung und Unterstützung von Lernprozessen im Bereich naturwissenschaftlicher Grundbildung noch verstärkt werden zu müssen. Für alle Schulformen gilt es, den Stellenwert naturwissenschaftlicher Grundbildung für die Schulkarriere, für Berufschancen und für das eigene Selbst- und Weltverständnis besser sichtbar zu machen. Neben unterrichtsorganisatorischen Maßnahmen bedarf es einer didaktischen Umorientierung in Richtung auf einen stärker problem- und anwendungsorientierten Unterricht.

7.2 Ergebnisse für den nationalen Naturwissenschaftstest

Ein nahezu identischer Befund wie im Vergleich der Schulformen für den internationalen Test ergibt sich, wenn man die Skala der nationalen Aufgaben zu Grunde legt. Abbildung 4.11 zeigt die schulformspezifischen Mittelwerte und Standardabweichungen analog zu Abbildung 4.10, hier jedoch für die nationale Skala.

Die größere Schulnähe des nationalen Tests führt nicht zu einer Steigerung der Mittelwertunterschiede zwischen den Schulformen. Die Befunde sind sowohl hinsichtlich der Mittelwertdifferenzen vergleichbar als auch hinsichtlich der Einschränkung der Varianz innerhalb der Schulformen gegenüber der Gesamtvarianz: Die Standardabweichung von

Abbildung 4.11: Leistungsunterschiede zwischen den Schulformen im nationalen Test (angegeben sind jeweils Mittelwert und Standardabweichung)

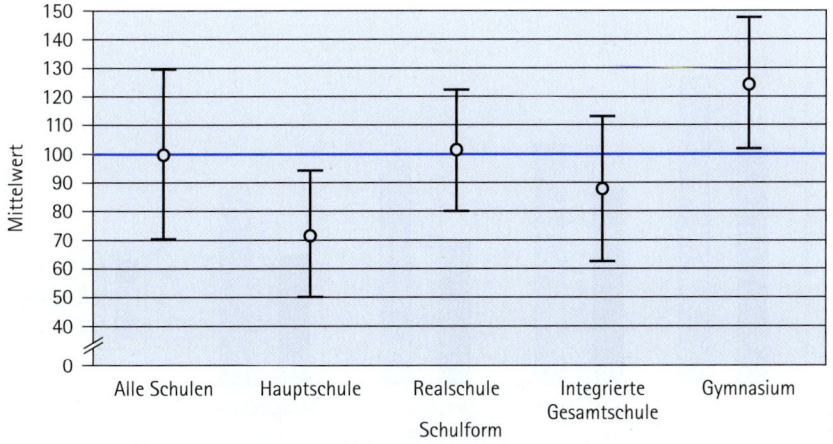

30 Punktwerten in der Gesamtstichprobe reduziert sich auf drei Viertel dieses Werts (22,5 Punkte) innerhalb der Haupt- und Realschulen sowie in Gymnasien und auf 25 Punkte in Integrierten Gesamtschulen. Es ist also trotz der beträchtlichen Unterschiede zwischen den Schulformen noch eine relativ hohe Variation *innerhalb* der Schulformen vorhanden.

7.3 Unterschiede zwischen den Klassenstufen

Eine Ursache für diese Binnenvariation ist in der Definition der untersuchten Population zu sehen, die als Population aller 15-Jährigen festgelegt war und nicht über die Zugehörigkeit der Schülerinnen und Schüler zu einer bestimmten Klassenstufe. Somit basieren die genannten Berechnungen auf einer Stichprobe von Jugendlichen, die mehrheitlich der 9. Klassenstufe, aber zu etwa 15 Prozent einer niedrigeren und zu etwa 20 Prozent einer höheren Klassenstufe angehören. Es ist zu erwarten, dass ein 15-Jähriger, der die Klasse 10 besucht, höhere Leistungen zeigt als ein 15-Jähriger in der 8. Klassenstufe. Die folgende Abbildung 4.12 zeigt die Mittelwertunterschiede zwischen den Schulformen, aufgeschlüsselt nach den Klassenstufen unterhalb und oberhalb der 9. Klassenstufe.

Auf der internationalen Skala betragen die Mittelwertunterschiede zwischen der 8. und 9. Klassenstufe bzw. zwischen der 9. und 10. Klassenstufe jeweils 30 bis 40 Punkte, wobei in den Gymnasien und Integrierten Gesamtschulen die Unterschiede zwischen der 8. und 9. Stufe noch deutlich größer sind. Möglicherweise ist der höhere Anteil an Schülerinnen und Schülern, die eine Klasse wiederholt haben und daher mit 15 Jahren noch die 8. Klassenstufe besuchen, für den größeren Leistungsrückstand dieser Klassenstufe an Gymnasien verantwortlich.

Die in Abbildung 4.12 dargestellten Unterschiede dürfen jedoch nicht als Effekte eines Schuljahres interpretiert werden, weil insbesondere die 8. und die 10. Klassenstufe eine stark verzerrte Stichprobe darstellen. Es sind aus allen Klassenstufen nur die 15-Jährigen getestet worden, was für die Leistungsverteilung in der 9. Klasse repräsentativ sein dürfte, nicht aber für die Leistungen in niedrigeren oder höheren Klassenstufen.

Abbildung 4.12: Leistungen im internationalen Test nach Schulform und Klassenstufe

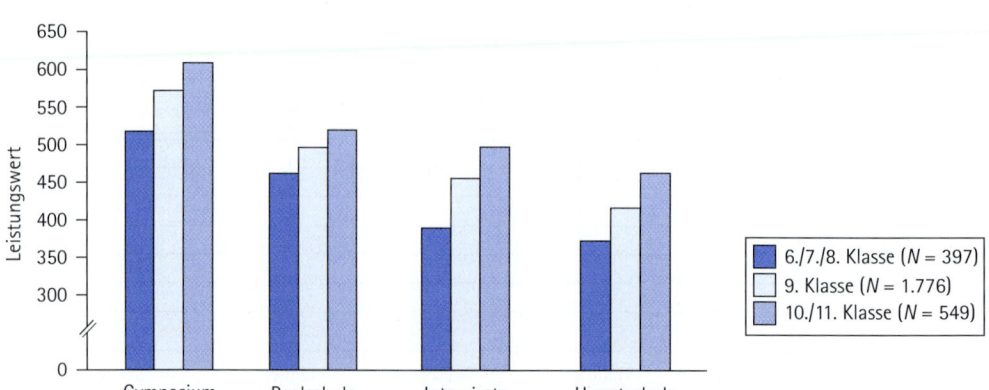

Führt man den Schulformvergleich nur für Schülerinnen und Schüler der 9. Klassenstufe durch, also für diejenigen, deren Klassenstufe ihrem Alter bei regulärem Einschulungsalter und ohne Wiederholung oder Überspringen von Klassenstufen entspricht, so verringern sich die Schulformunterschiede etwas: Die Hauptschüler liegen bei 414 Punkten, die Gymnasiasten bei 571 Punkten.

Diese Befunde sind nahezu identisch, wenn man die nationale Gesamtskala oder die fachspezifischen Skalen zu Grunde legt. Auf deren gesonderte Darstellung wird daher verzichtet. Als Resumee bleibt festzuhalten, dass die Schulformunterschiede beträchtlich sind. Ausgedrückt in Effektstärken, also in Vielfachen der Standardabweichung, betragen die Unterschiede zwischen Haupt- und Realschule $d = 1.29$, zwischen Realschule und Gymnasium $d = 1.04$ und zwischen Hauptschule und Gymnasium $d = 2.35$. Dies bedeutet, dass die 5 Prozent der leistungsstärksten Hauptschüler in ihren Leistungen den 5 Prozent der leistungsschwächsten Gymnasiasten entsprechen. Nur jeder hundertste Hauptschüler reicht mit seinen Leistungen an den Mittelwert der Gymnasiasten heran. Angesichts dieser Ergebnisse stellt sich die Frage, ob eine derart starke Leistungsdifferenzierung in unserem Schulsystem gewünscht ist.

Die Integrierten Gesamtschulen liegen mit ihrem Leistungsspektrum zwischen den Haupt- und Realschulen. Die Effektstärken zwischen Hauptschulen und Integrierten Gesamtschulen betragen $d = 0.73$ und zwischen Realschulen und Integrierten Gesamtschulen $d = 0.53$. Damit liegen die Integrierten Gesamtschulen zwar etwas dichter an den Realschulen als an den Hauptschulen, ihr Konzept, das gesamte Leistungsspektrum der drei klassischen Schulformen abzudecken, drückt sich aber allenfalls in der hohen Leistungsvarianz dieser Schulform, nicht aber im mittleren Leistungsniveau aus.

7.4 Geschlechterdifferenzen

Eine zweite mögliche Quelle der starken Leistungsvarianz innerhalb der Schulformen stellt das Geschlecht der Jugendlichen dar, das sich bereits in vielen empirischen Studien als Prädiktor naturwissenschaftlicher Leistungen erwiesen hat. Wie in Kapitel 5 berichtet wird, zeigt sich das bekannte Bild einer leichten Überlegenheit der Jungen in den Fächern Physik und Chemie gegenüber einer Überlegenheit der Mädchen im Fach Biologie auch in den PISA-Daten, wobei die Effektstärken im Vergleich zu den zuvor berichteten Schulformeffekten jedoch gering sind.

Die Geschlechterdifferenzen in den naturwissenschaftlichen Fächern sind über die Schulformen hinweg relativ stabil. Hinsichtlich der fünf kognitiven Teilkompetenzen ist jedoch eine systematische Variation der Geschlechterdifferenzen zu beobachten. Die Sonderrolle der beiden Subskalen *Nutzung von Fakten- und Konzeptwissen* sowie *Verwendung mentaler Modelle* bestätigt sich hier insofern, als die Überlegenheit der Jungen hinsichtlich dieser beiden Kompetenzen am größten ist (Effektstärken zwischen $d = .36$ und $d = .58$ für die drei traditionellen Schulformen). Dies führt zum Beispiel dazu, dass die männlichen Gesamtschüler hinsichtlich dieser beiden Teilkompetenzen ein vergleichbares Niveau wie die Realschülerinnen erreichen (vgl. Abb. 4.13).

Die Leistungsrückstände der Mädchen sind am geringsten bei der Interpretation von Graphiken und Diagrammen sowie beim Ziehen von Schlussfolgerungen aus gegebenen

Texten. Eine Überlegenheit beim aktiven Verbalisieren von naturwissenschaftlichen Sachverhalten, wie sich aus der vielfach bestätigten sprachlichen Überlegenheit der Mädchen ableiten ließe, zeigt sich jedoch nicht. Die Überlegenheit der Jungen ist allerdings auch hier geringer.

Abbildung 4.13 erlaubt auch einen Vergleich der Schulformen hinsichtlich der kognitiven Teilkompetenzen der Schülerinnen und Schüler. Für die Hauptschule zeigt sich, dass die Interpretation von Graphiken, die Verbalisierung naturwissenschaftlicher Sachverhalte und das Ziehen von Schlüssen aus Texten, also der Umgang mit codifizierter Information, besonders schlecht ausgebildet sind. Mit aller Vorsicht kann hieraus der Schluss gezogen werden, dass Hauptschülerinnen und -schüler besondere Schwächen aufweisen bezüglich der Kompetenz, naturwissenschaftliche Information im graphischen oder sprachlichen Code zu repräsentieren und den Repräsentationsmodus zu wechseln.

Vergleicht man alle genannten Einflussfaktoren auf die Binnenvarianz des naturwissenschaftlichen Bildungsstands, so erweist sich die Schulform am einflussreichsten. Die Effektstärken liegen hier zwischen einer und mehr als zwei Standardabweichungen. Die Zugehörigkeit zu Klassenstufen bei konstant gehaltenem Alter kann Unterschiede in der Größenordnung einer drittel Standardabweichung erklären. Die Geschlechterunterschiede bewegen sich im Schnitt in der Größenordnung einer viertel Standardabweichung. Die Zugehörigkeit der in den Aufgaben angesprochenen Wissensinhalte zu den drei naturwissenschaftlichen Disziplinen klärt per se keine Varianz auf, kehrt jedoch den Geschlechtereffekt in Physik und Chemie zu Gunsten einer Überlegenheit der Mädchen im Fach Biologie um. Hinsichtlich der kognitiven Teilkompetenzen zeigen sich differenzielle Effekte der Schulform und des Geschlechts auf das Leistungsniveau. Die kompetenzspezifischen Mittelwertunterschiede variieren zwischen einer zehntel und einer halben Standardabweichung. Es stellt eine zentrale Aufgabe der nachfolgenden Studie PISA 2003 dar, diese differenziellen Effekte weiter herauszuarbeiten und zu präzisieren.

Abbildung 4.13: Leistungen der deutschen Schülerinnen und Schüler bei Aufgaben zu den kognitiven Komponenten nach Geschlecht und Schulform

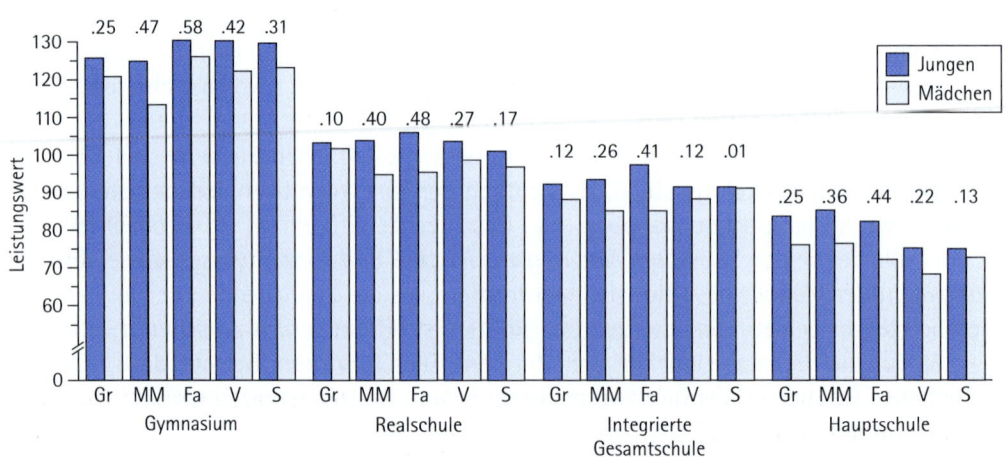

Gr: Graphikverständnis, MM: Mentales Modell, Fa: Faktenwissen, V: Verbalisieren, S: Schlüsse ziehen. Die Ziffern oberhalb der Balken geben die jeweiligen Geschlechtsunterschiede in Standardabweichungen an (Effektstärke).

Versucht man dennoch schon jetzt ein Fazit hinsichtlich didaktischer Implikationen zu ziehen, so ist festzuhalten, dass die beiden, vor allem in den nationalen Testaufgaben berücksichtigten kognitiven Kompetenzen des Umgehens mit mentalen Modellen und der Nutzung von gespeichertem Faktenwissen und konzeptuellem Wissen generell vergleichsweise schwach ausgebildet sind. Die entsprechenden Testaufgaben haben eine hohe Schwierigkeit (siehe Abschnitt 5.3, Tab. 4.8). Bei diesen kognitiven Anforderungen zeigen sich zudem die größten Geschlechterdifferenzen. Dies bedeutet, dass bei einer gezielten Förderung der entsprechenden Denk- und Verstehensleistungen darauf geachtet werden muss, dass sich der Abstand zwischen Jungen und Mädchen nicht noch weiter vergrößert. Es bedarf hier didaktischer Konzeptionen, die die mentale Repräsentation von naturwissenschaftlichem Wissen speziell bei Mädchen fördern (vgl. auch Kap. 5).

Die anderen kognitiven Kompetenzen, die sich primär auf die Nutzung dargebotener Informationen in graphischer oder sprachlich codifizierter Form beziehen, werden offenbar besonders im Bereich der Hauptschule unzureichend gefördert. Didaktische Konzeptionen zur Anhebung der naturwissenschaftlichen Grundbildung im Hauptschulbereich sollten daher neben der „praktischen" Erfahrung naturwissenschaftlicher Phänomene und Sachverhalte auch gezielt den Umgang mit und das Lernen aus Texten und Daten fördern und unterstützen. Dies ist zumindest dann geboten, wenn man sich dem an den Anforderungen einer Wissensgesellschaft orientierten Konzept von *Scientific Literacy* anschließt.

> Die Leistungsverteilungen für die Schulformen weisen nur kleine Überlappungsbereiche auf; die Spannweite der Leistungsunterschiede zwischen Gymnasium und Hauptschule ist sehr groß. Die Ergebnisse zeigen eine Überlegenheit der Jungen in Items, die der Physik und der Chemie zugeordnet werden, wohingegen die Mädchen bei den Biologieaufgaben etwas besser abschneiden. Die Analysen der kognitiven Komponenten weisen auf Geschlechterdifferenzen vor allem beim Umgehen bei mentalen Modellen und bei der Nutzung von Faktenwissen und konzeptuellem Wissen hin.

8. Zusammenfassung und Schlussfolgerungen

PISA geht von einer modernen Konzeption der naturwissenschaftlichen Grundbildung aus, die an den intellektuellen Anforderungen einer Wissensgesellschaft orientiert ist. Diese betont die Verarbeitung dargebotener Informationen deutlich gegenüber dem Abrufen von im Gedächtnis gespeicherten Wissensinhalten. Der für die internationalen Vergleiche konstruierte Test der ersten Erhebungsrunde erwies sich als sehr gut geeignet, diese spezielle Konzeption naturwissenschaftlicher Grundbildung zu operationalisieren und die entsprechenden Kompetenzen der Schülerinnen und Schüler zu messen. Der internationale Test wurde durch ein nationales Testinstrument ergänzt, das eine höhere curriculare Validität aufweist (die mit dem TIMSS-Test vergleichbar ist) und das es erlaubt, zwischen unterschiedlichen kognitiven Anforderungen bei der Lösung naturwissenschaftlicher Aufgaben zu differenzieren.

Im internationalen Vergleich liegen die Naturwissenschaftsleistungen der deutschen Schülerinnen und Schüler deutlich unterhalb des Durchschnitts der OECD-Staaten. Die Jugendlichen in Deutschland erreichen nicht das naturwissenschaftliche Verständnis, das in vielen anderen Industrienationen erzielt wird. Durch die getrennte Erfassung von fünf Teilkompetenzen der naturwissenschaftlichen Grundbildung, die auf der Basis einer Analyse von Aufgabenmerkmalen unterschieden wurden, konnten weiterhin spezifische Schwächen der deutschen Schülerinnen und Schüler identifiziert werden.

Neben diesem Niveauunterschied fällt die vergleichsweise große Streuung der Leistungen in Deutschland auf. Bemerkenswert ist der relativ große Abstand des unteren Leistungsbereichs zum internationalen Durchschnitt. Doch sind auch im oberen Leistungsbereich keine ausgeprägten Spitzengruppen zu entdecken. Der internationale wie der nationale Test lassen erhebliche Schulformdifferenzen in den Naturwissenschaftsleistungen erkennen. Sie weisen auf eine Selektivität des dreigliedrigen Schulsystems hin, die nicht mit didaktischen Konzeptionen oder Fördermaßnahmen verbunden zu sein scheint, die an das jeweilige Leistungsniveau angepasst sind. Offensichtlich gelingt es in anderen Staaten besser, durch differenzielle Maßnahmen leistungsstarke und leistungsschwache Schülergruppen zu fördern.

Zur Erklärung der Unterschiede im Leistungsvergleich kann man mehrere Aspekte in Betracht ziehen:
- die gesellschaftliche Wertschätzung von Naturwissenschaften und naturwissenschaftlicher Bildung (auch in den Elternhäusern),
- den relativen Stellenwert der naturwissenschaftlichen Fächer innerhalb eines Schulsystems,
- die Art und Organisation des naturwissenschaftlichen Unterrichts,
- die Ausrichtung und Gestaltung des naturwissenschaftlichen Unterrichts (didaktische Ansätze, Lernunterstützung).

Die gesellschaftliche Wertschätzung von Naturwissenschaften und naturwissenschaftlicher Bildung stellt eine Hintergrundbedingung dar, die in Deutschland vergleichsweise wenig ausgeprägt ist. Sie spiegelt sich unter anderem im Status der naturwissenschaftlichen Schulfächer wider. Ein entscheidendes Signal für Schülerinnen und Schüler wie auch für Eltern wird gesetzt, wenn die Naturwissenschaften als Hauptfach eingerichtet sind und Bedeutung für die gesamte Schulkarriere erhalten. Dabei scheint es bei einem Fach *Science* als Rahmen für unterschiedliche disziplinäre Schwerpunkte leichter zu fallen, einen Hauptfachstatus zu sichern, im Vergleich zu einer Aufgliederung in drei bis vier „kleine" Fächer. Mit einem Hauptfach *Science* ist auch die Möglichkeit verbunden, durch einen durchgängigen Naturwissenschaftsunterricht über alle Jahrgangsstufen mehr prinzipielle Beachtung zu erhalten und kumulatives Lernen zu unterstützen. Vor diesem Hintergrund sollte eine Verständigung erreicht werden, wie der Stellenwert und die Sichtbarkeit der Naturwissenschaften in deutschen Schulen erhöht werden kann. Die aktuellen Bemühungen von Seiten naturwissenschaftlicher Institute, mit Schulen zusammenzuarbeiten, Schulbesuche oder Experimentaltage in authentischen Forschungsumgebungen anzubieten, bieten gute Voraussetzungen, um die Bedeutung oder die Faszination von Naturwissenschaften hervorzuheben (Ringelband, Prenzel & Euler, 2001).

Die erheblichen Schwierigkeiten, die deutsche Schülerinnen und Schüler im Bereich des naturwissenschaftlichen Verständnisses und bei der Anwendung ihres Wissens haben, weisen darauf hin, dass der naturwissenschaftliche Unterricht in Deutschland noch zu wenig problem- und anwendungsorientiert angelegt ist. Naturwissenschaftliche Denk-

und Arbeitsweisen und ein Verständnis der Besonderheiten der Naturwissenschaften werden im deutschen Unterricht, verglichen mit skandinavischen und angloamerikanischen Ländern, bisher eher selten und unsystematisch berücksichtigt.

Auch ein nach Fächern differenzierter Naturwissenschaftsunterricht kann konsequent problemorientiert geführt und im Rahmen fachübergreifender und fächerverbindender Ansätze auf interessante Anwendungen bezogen werden. Nach wie vor gilt es, die in Deutschland erkennbare Neigung zum fragend-entwickelnden und fachsystematisch orientierten Unterricht zu überwinden und durch Anwendungsbezug, Problemorientierung sowie Betonung mentaler Modelle das Interesse an den Naturwissenschaften und die Entwicklung eines tiefer gehenden Verständnisses und flexibel anwendbarem Wissens zu fördern. Ansätze für eine entsprechende Weiterentwicklung des naturwissenschaftlichen Unterrichts werden im Modellversuchsprogramm der Bund-Länder-Kommission zur „Steigerung der Effizienz des mathematisch-naturwissenschaftlichen Unterrichts" ausgearbeitet und erprobt (vgl. BLK, 1997; Prenzel, 2000). Diese Ansätze können nicht nur auf der Schulebene zur Qualitätssicherung eingesetzt werden, sondern bieten Anregungen und Hilfestellungen für die Curriculumentwicklung und Lehrerbildung in allen drei Phasen.

Anmerkungen

[1] Um alle vier Fragen gemeinsam analysieren zu können, wurde das Item (1) „Stoff behandelt" folgendermaßen umcodiert: 1 = nicht behandelt (niedrige curriculare Validität), 2 = in Klasse 10 oder 11 behandelt, 3 = in Klasse 9 behandelt, 4 = bis zur 8. Klasse (einschließlich) behandelt (hohe curriculare Validität).

[2] „Multiples Matrix-Design" heißt, dass jeder Schüler nur einen Teil der – auf verschiedene Testhefte systematisch verteilten – Items bearbeitet. Die resultierende Datenmatrix (Schüler mal Items) ist daher unvollständig und stellt einen extremen Fall der *Missing Data*-Problematik dar. Hinzu kommen noch „echte" (d.h. nicht Design-bedingte), fehlende Werte, zum Beispiel wenn einzelne Items ausgelassen oder die Testhefte nicht vollständig bearbeitet werden.

[3] Ein prinzipielles Problem, das bislang noch nicht befriedigend gelöst ist, stellt der große Stichprobenumfang dar. Bei globalen Modelltests führt der Stichprobenumfang dazu, dass kleinste Verletzungen der Modellannahmen zu einer statistisch signifikanten Verwerfung der jeweiligen Dimensionalitätsannahme führen (Rost, 1999). Der Stichprobenumfang der deutschen Schülerinnen und Schüler für die Skalenanalysen zu den Naturwissenschaftsitems beträgt $N = 2.855$, da nur solche Schüler einbezogen wurden, die ein Minimalkriterium bearbeiteter Naturwissenschaftsitems erfüllten.

[4] Da diese Reliabilitätsschätzung auf der Methode der *Plausible Values* beruht, stellt der Wert von .90 eine Schätzung der Zuverlässigkeit des Tests für den Fall dar, dass alle Schülerinnen und Schüler alle Items bearbeitet haben. Faktisch jedoch wurde von jeder getesteten Person nur ein Teil der Aufgaben bearbeitet. Die individuelle Messgenauigkeit wird durch den Kennwert also etwas überschätzt. Da die Studie jedoch nicht auf eine Diagnose der individuellen Kompetenz zielt (es sollen allenfalls Schulen miteinander verglichen werden), liefert der Wert von .90 wieder eine realistische Schätzung: Innerhalb einer Schule (und selbstverständlich innerhalb von ganzen Ländern) wurden in zahlreichen Fällen alle Naturwissenschaftsitems bearbeitet.
Bei der Berechnung von Korrelationen mit anderen Skalen, in die normalerweise die individuellen – und damit weniger – reliablen Skalenwerte eingehen, wird ebenfalls die *Plausible Values*-Technik angewendet. Da auch hier die Daten von großen Probandenzahlen eingehen, spielt die Messgenauigkeit der individuellen Skalenwerte wiederum keine Rolle.

[5] Die Skalen für die Lesekompetenz und die Mathematikkompetenz weisen ebenfalls sehr hohe Reliabilitäten auf (Mathematik: .91; Lesen: .94).

[6] Latente Korrelationen haben den Vorteil der besseren Vergleichbarkeit zwischen Skalen unterschiedlicher Messgenauigkeit. Ihre Interpretation erfordert jedoch eine Anpassung des gewohnten Beurteilungsmassstabs für Korrelationskoeffizienten. So kann eine (unmittelbar über die gemessenen Werte errechnete) Korrelation von .75 durch die Messfehlerbereinigung unter normalen Bedingungen auf einen Wert von .90 ansteigen.

[7] Als latente Korrelationen sind die Werte deutlich niedriger als perfekte Korrelationen ($r = 1.0$). Würde man den Messfehler wieder „hineinrechnen", so ergäben sich Interkorrelationen um .77 – eine Größenordnung, die man von Korrelationen zwischen Leistungsvariablen kennt.

Literatur

American Association for the Advancement of Science. (1989). *Science for all Americans: A Project 2061 Report on goals in science, mathematics, and technology.* Washington, DC: American Association for the Advancement of Science.

American Association for the Advancement of Science. (1993). *Benchmarks for science literacy. Project 2061.* New York: Oxford University Press.

Baumert, J. (1997). Scientific literacy – A German perspective. In W. Gräber & C. Bolte (Eds.), *Scientific literacy – An international symposium* (pp. 167–180). Kiel: Institut für die Pädagogik der Naturwissenschaften.

Baumert, J., Bos, W. & Lehmann, R. H. (Hrsg.). (2000). *TIMSS/III. Dritte Internationale Mathematik- und Naturwissenschaftsstudie: Mathematische und naturwissenschaftliche Bildung am Ende der Schullaufbahn* (2 Bde.). Opladen: Leske + Budrich.

Baumert, J., Bos, W. & Watermann, R. (1998). *TIMSS/III. Schülerleistungen in Mathematik und den Naturwissenschaften am Ende der Sekundarstufe II im internationalen Vergleich. Zusammenfassung deskriptiver Ergebnisse.* Berlin: Max-Planck-Institut für Bildungsforschung (Studien und Berichte, 64).

Baumert, J. & Köller, O. (2000). Unterrichtsgestaltung, verständnisvolles Lernen und multiple Zielerreichung im Mathematik- und Physikunterricht der gymnasialen Oberstufe. In J. Baumert, W. Bos & R. H. Lehmann (Hrsg.), *TIMSS/III. Dritte Internationale Mathematik- und Naturwissenschaftsstudie – Mathematische und naturwissenschaftliche Bildung am Ende der Schullaufbahn: Bd. II. Mathematische und physikalische Kompetenzen am Ende der gymnasialen Oberstufe* (S. 271–315). Opladen: Leske + Budrich.

Baumert, J., Lehmann, R. H., Lehrke, M., Schmitz, B., Clausen, M., Hosenfeld, I., Köller, O. & Neubrand, J. (1997). *TIMSS – Mathematisch-naturwissenschaftlicher Unterricht im internationalen Vergleich. Deskriptive Befunde.* Opladen: Leske + Budrich.

Bayrhuber, H., Etschenberg, K., Gebhard, U., Gehlhaar, K.-H., Hedewig, R., Hesse, M., Klautke, S., Klee, R., Mayer, J., Prenzel, M. & Schmidt, E. G. (Hrsg.). (1998). *Biologie und Bildung.* Kiel: Institut für die Pädagogik der Naturwissenschaften.

Bayrhuber, H., Gebhard, U., Gehlhaar, K.-H., Graf, D., Gropengießer, H., Harms, U., Kattmann, U., Klee, R. & Schletter, J. C. (Hrsg.). (1997). *Biologieunterricht und Lebenswirklichkeit.* Kiel: Institut für die Pädagogik der Naturwissenschaften.

Bund-Länder-Kommission für Bildungsplanung und Forschungsförderung (BLK). (Hrsg.). (1997). *Gutachten zur Vorbereitung des Programms „Steigerung der Effizienz des mathematisch-naturwissenschaftlichen Unterrichts".* Bonn: Bund-Länder-Kommission für Bildungsplanung und Forschungsförderung (Materialien zur Bildungsplanung und zur Forschungsförderung, 60).

Bybee, R. W. (1997). Towards an understanding of scientific literacy. In W. Gräber & C. Bolte (Eds.), *Scientific literacy – An international symposium* (pp. 37–68). Kiel: Institut für die Pädagogik der Naturwissenschaften.

Bybee, R. W. & DeBoer, G. (1994). Research on goals for the science curriculum. In D. L. Gabel (Ed.), *Handbook of research on science teaching and learning* (pp. 357–387). Washington, DC: National Science Teachers Association.

Cross, R. T. & Fensham, P. J. (Eds.). (2000). *Science and the citizen. For educators and the public.* Melbourne: Arena Publications.

DeBoer, G. E. (1997). Historical perspectives on scientific literacy. In W. Gräber & C. Bolte (Eds.), *Scientific literacy – An international symposium* (pp. 69–86). Kiel: Institut für die Pädagogik der Naturwissenschaften.

Duit, R. (1996). Lernen als Konzeptwechsel im naturwissenschaftlichen Unterricht. In R. Duit & C. von Rhöneck (Hrsg.), *Lernen in den Naturwissenschaften* (S. 145–162). Kiel: Institut für die Pädagogik der Naturwissenschaften.

Duit, R. & Häußler, P. (1997). Physik und andere naturwissenschaftliche Lernbereiche. In F. E. Weinert (Hrsg.), *Enzyklopädie der Psychologie D/I/3. Psychologie des Unterrichts und der Schule* (S. 427–460). Göttingen: Hogrefe.

Duit, R., Häußler, P. & Prenzel, M. (2001). Schulleistung im Bereich der naturwissenschaftlichen Bildung. In F. E. Weinert, *Leistungsmessungen in Schulen* (169–186). Weinheim: Beltz.

Fensham, P. J. (in press). Time to change drivers for scientific literacy. *Canadian Journal of Science, Mathematics and Technology Education.*

Fensham, P., Law, N., Li, S. & Wei, B. (2000). Public understanding of science as basic literacy. *Melbourne Studies in Education, 41* (2), 145–156.

Fraser, B. J., Walberg, H. J., Welch, W. W. & Hattie, J. A. (1987). Syntheses of educational productivity research. *International Journal of Educational Research, 11,* 145–252.

Gräber, W. & Bolte, C. (Eds.). (1997). *Scientific literacy – An international symposium.* Kiel: Institut für die Pädagogik der Naturwissenschaften.

Häußler, P., Bünder, W., Duit, R., Gräber, W. & Mayer, J. (1998). *Naturwissenschaftsdidaktische Forschung. Perspektiven für die Unterrichtspraxis.* Kiel: Institut für die Pädagogik der Naturwissenschaften.

Häußler, P., Frey, K., Hoffmann, L., Rost, J. & Spada, H. (1980). *Physikalische Bildung: Eine curriculare Delphi-Studie.* Kiel: Institut für die Pädagogik der Naturwissenschaften.

Häußler, P. & Hoffmann, L. (1995). Physikunterricht – an den Interessen von Mädchen und Jungen orientiert. *Unterrichtswissenschaft, 23,* 107–126.

Häußler, P., Hoffmann, L. & Rost, J. (1986). *Zum Stand physikalischer Bildung Erwachsener – Eine Erhebung unter Berücksichtigung des Zusammenhangs mit dem Bildungsgang.* Kiel: Institut für die Pädagogik der Naturwissenschaften.

Helmke, A. & Weinert, F. E. (1997). Bedingungsfaktoren schulischer Leistungen. In F. E. Weinert (Hrsg.), *Enzyklopädie der Psychologie D/I/3. Psychologie des Unterrichts und der Schule* (S. 71–176). Göttingen: Hogrefe.

Klafki, W. (1986). Die Bedeutung der klassischen Bildungstheorien für ein zeitgemäßes Konzept allgemeiner Bildung. *Zeitschrift für Pädagogik, 4,* 455–476.

Klieme, E., Baumert, J., Köller, O. & Bos, W. (2000). Mathematische und naturwissenschaftliche Grundbildung: Konzeptuelle Grundlagen und die Erfassung und Skalierung von Kompetenzen. In J. Baumert, W. Bos & R. H. Lehmann (Hrsg.), *TIMSS/III. Dritte Internationale Mathematik- und Naturwissenschaftsstudie. Mathematische und naturwissenschaftliche Bildung am Ende der Schullaufbahn: Bd. I. Mathematische und naturwissenschaftliche Grundbildung am Ende der Pflichtschulzeit* (S. 85–133). Opladen: Leske + Budrich.

Laugksch, R. C. (2000). Science literacy: A conceptual overview. *Science Education, 84* (1), 71–94.

Layton, D., Jenkins, E., Macgill, S. & Davey, A. (1993). *Inarticulate science? Perspectives on the public understanding of science and some implications for science education.* Driffield: Studies in Science Education.

Miller, J. D. (1997). Civic scientific literacy in the United States: A developmental analysis from middle-school through adulthood. In W. Gräber & C. Bolte (Eds.), *Scientific literacy – An international symposium* (pp. 103–120). Kiel: Institut für die Pädagogik der Naturwissenschaften.

Mislevy, R. J., Beaton, A. E., Kaplan, B. & Sheehan, K. M. (1992). Estimating population characteristics from sparse matrix samples of item responses. *Journal of Educational Measurement, 29* (2), 133–161.

Moore, J. A. (1988). Teaching the sciences as liberal arts – which, of course, they are. *Journal of College Teaching, 17,* 444–451.

National Research Council. (1996). *National science education standards.* Washington, DC: National Academy Press.

National Science Foundation. (1983). *Educating Americans for the twenty first century: Report of the National Science Board Commission on Pre-college Education in Mathematics, Science and Technology.* Washington, DC: National Science Foundation.

Organisation for the Economic Co-operation and Development (OECD). (1996). *Lifelong learning for all.* Paris: OECD.

Organisation for the Economic Co-operation and Development (OECD). (1999). *Measuring student knowledge and skills: A new framework for assessment.* Paris: OECD [Deutsch: Deutsches PISA-Konsortium (Hrsg.). (2000). Schülerleistungen im internationalen Vergleich: Eine neue Rahmenkonzeption für die Erfassung von Wissen und Fähigkeiten. Berlin: Max-Planck-Institut für Bildungsforschung].

Organisation for the Economic Co-operation and Development (OECD). (2000). *Measuring student knowledge and skills: The PISA 2000 assessment of reading, mathematical and scientific literacy.* Paris: OECD/PISA.

Oelkers, J. (1997). How to design and justify scientific literacy for everyone. In W. Gräber & C. Bolte (Eds.), *Scientific literacy – An international symposium* (pp. 87–102). Kiel: Institut für die Pädagogik der Naturwissenschaften.

Prenzel, M. (2000). Steigerung der Effizienz des mathematisch-naturwissenschaftlichen Unterrichts: Ein Modellversuchsprogramm von Bund und Ländern. *Unterrichtswissenschaft, 28,* 103–126.

Prenzel, M., Baumert, J., Blum, W., Lehmann, R. H., Leutner, D., Neubrand, M., Pekrun, R., Rolff, H.-G., Rost, J. & Schiefele, U. (2000). *Angebot für die Übernahme der Funktion eines Nationalen Projekt-Managers (NPM) für das OECD/INES-Projekt: Programme for International Student Assessment (PISA).* Kiel: Institut für die Pädagogik der Naturwissenschaften.

Prenzel, M., Häußler, P., Rost, J. & Senkbeil, M. (in Druck). Der PISA-Naturwissenschaftstest: Lassen sich die Aufgabenschwierigkeiten vorhersagen? *Unterrichtswissenschaft, 30* (2).

Prenzel, M., Merkens, H. & Noack, P. (1999). *Die Bildungsqualität von Schule: Fachliches und fächerübergreifendes Lernen im mathematisch-naturwissenschaftlichen Unterricht in Abhängigkeit von schulischen und außerschulischen Kontexten. Antrag an die DFG.* Kiel: Institut für die Pädagogik der Naturwissenschaften.

Ringelband, U., Prenzel, M. & Euler, M. (Hrsg). (2001). *Lernort Labor. Initiativen zur naturwissenschaftlichen Bildung zwischen Schule, Forschung und Wirtschaft. Bericht über einen Workshop.* Kiel: Institut für die Pädagogik der Naturwissenschaften.

Riquarts, K., Dierks, W., Duit, R., Eulefeld, G., Haft., H. & Stork, H. (1990–1994). *Naturwissenschaftliche Bildung in der Bundesrepublik Deutschland, Bd. I–IV.* Kiel: Institut für die Pädagogik der Naturwissenschaften.

Riquarts, K., Dierks, W., Duit, R., Eulefeld, G., Haft., H. & Stork, H. (Hrsg.). (1991). *Naturwissenschaftliche Bildung in der Bundesrepublik Deutschland, Bd. I–III.* Kiel: Institut für die Pädagogik der Naturwissenschaften.

Riquarts, K. & Wadewitz, C. (1999). *Framework for science education in Germany.* Kiel: Institut für die Pädagogik der Naturwissenschaften.

Robitaille, D. F. (Ed.). (1997). *National contexts for mathematics and science education.* Vancouver: Pacific Educational Press.

Rost, J. (1996). *Testtheorie und Testkonstruktion.* Bern: Huber.

Rost, J. (1999). Was ist aus dem Rasch-Modell geworden? *Psychologische Rundschau, 50* (3), 140–156.

Scheerens, J. & Bosker, R. J. (1997). *The foundations of educational effectiveness.* Oxford, UK: Pergamon.

Science Expert Group. (2001). *Record of meeting.* Brüssel: OECD/PISA.

Seidel, T., Prenzel, M., Duit, R., Euler, M., Geiser, H., Hoffmann, L., Lehrke, M., Müller, C. T. & Rimmele, R. (in Druck). Jetzt bitte alle nach vorne schauen! – Lehr-Lernskripts im Physikunterricht und damit verbundene Bedingungen für individuelle Lernprozesse. *Unterrichtswissenschaft 30* (1).

Shamos, N. (1995). *The myth of scientific literacy.* New Brunswick, NJ: Rutgers University Press.

Sjøberg, S. (2001). *Science and technology in education – Current challenges and possible solutions.* Invited contribution to Meeting of European Ministers of Education and Research, Uppsale, 1-3 March 2001.

Sjøberg, S. & Kallerud, E. (Eds.). (1989). *Science, Technology and Citizenship: The public understanding of science and technology in science education and research policy.* Universitetforlaget, Oslo.

Solomon, J. & Aikenhead, G. (Eds.). (1994). *STS Education: International perspectives on reform.* New York: Teachers College Press.

Stifterverband für die deutsche Wissenschaft. (1999). *Wissenschaft im Dialog.* Bonn: Stifterverband.

Tenorth, H.-E. (1998). Unterricht und Bildung – Biologie und Ironie. Theoretische Grundprobleme und Fragen an den Biologieunterricht. In H. Bayrhuber, K. Etschenberg, U. Gebhard, K.-H. Gehlhaar, R. Hedewig, M. Hesse, S. Klautke, R. Klee, J.

Mayer, M. Prenzel & E. G. Schmidt (Hrsg.), *Biologie und Bildung* (S. 29–43). Kiel: Institut für die Pädagogik der Naturwissenschaften.

The Royal Society. (1985). *The public understanding of science.* London: The Royal Society.

Trefil, J. & Hazen, R. (1995). *Sciences: An integrated approach.* New York: Wiley.

UNESCO. (1983). *Science for all.* Bangkok: UNESCO Office for Education in Asia and the Pacific.

Wagenschein, M. (1965). *Ursprüngliches Verstehen und exaktes Denken.* Stuttgart: Klett.

Walberg, H. J. (1986). Syntheses of research on teaching. In M. C. Wittrock (Ed.), *Handbook of research on teaching* (pp. 214–229). New York: MacMillan.

Wang, M. C., Haertel, G. D. & Wahlberg, H. J. (1993). Towards a knowledge base for school learning. *Review of Educational Research, 63,* 249–294.

Petra Stanat
Mareike Kunter

5 Geschlechterunterschiede in Basiskompetenzen

Unterschiede zwischen Jungen und Mädchen in Schulleistungen stellen nach wie vor eine Herausforderung für schulische Systeme dar. Nach dem Erscheinen von zwei Meta-Analysen schien es Anfang der 1990er Jahre zunächst so, als hätte sich das Problem weitgehend gelöst, da diese Zusammenfassungen von Befunden zahlreicher Studien insgesamt nur sehr geringe Geschlechterdifferenzen in verbalen und mathematischen Fähigkeiten identifizierten (Hyde, Fennema & Lamon, 1990; Hyde & Linn, 1988). In der Folgezeit wurden jedoch immer wieder bedeutsame Schulleistungsunterschiede zwischen Jungen und Mädchen berichtet. Dabei erweisen sich im mathematisch-naturwissenschaftlichen Bereich in der Regel die Jungen, im verbalen Bereich in der Regel die Mädchen als überlegen. Die Größe der Unterschiede variiert jedoch je nach Teilgebiet innerhalb der Bereiche erheblich. So ist beispielsweise der Vorteil der Jungen innerhalb der Mathematik bei Aufgaben zum Problemlösen besonders ausgeprägt, während in der Arithmetik nur geringe Geschlechterunterschiede zu verzeichnen sind (Johnson, 1996; Klieme, 1997), und in den Naturwissenschaften sind die Jungen in der Physik deutlich überlegen, während die Mädchen im Fach Biologie relative Stärken zeigen (Baumert u.a., 1997).

Die überwiegende Mehrheit der Studien zu Geschlechterdifferenzen in kognitiven Leistungen konzentriert sich auf den mathematischen Bereich. Analysen von Unterschieden in verbalen Fähigkeiten und Fertigkeiten nehmen dagegen erheblich weniger Raum ein (Johnson, 1996; Richter & Brügelman, 1994). Es gilt zwar als gesichert, dass Jungen von ausgeprägten Defiziten im verbalen Bereich, wie zum Beispiel der Lese-Rechtschreib-Schwäche, häufiger betroffen sind als Mädchen. Weitgehend offen ist jedoch, inwieweit Mädchen in bestimmten Teilbereichen generell, also nicht nur im unteren Abschnitt der Leistungsverteilung, überlegen sind. Dies gilt insbesondere auch für die Lesekompetenz.

Für den Bereich Lesen ist die Befundlage zu Geschlechterdifferenzen widersprüchlich. Während in einigen Untersuchungen keine Unterschiede zwischen den Leistungen von Mädchen und Jungen nachgewiesen wurden, berichten andere Studien deutliche Vorteile für Mädchen. Die Befunde der *Study of Reading Literacy* der IEA weisen darauf hin, dass die Ergebnisse unter anderem davon abhängen könnten, welche Altersgruppe in die Untersuchung einbezogen wird. In dieser Studie, an der über 30 Staaten teilgenommen haben, waren in der Kohorte der 9-Jährigen[1] noch deutliche, in der Mehrzahl der Teilnehmerstaaten signifikante Geschlechterunterschiede zu Gunsten der Mädchen zu beobachten. In der Kohorte der 14-Jährigen fiel der Unterschied in vielen Ländern dagegen erheblich kleiner aus, und in zwei Staaten war sogar eine signifikante Überlegenheit der Jungen zu verzeichnen. Dies wurde als Hinweis darauf interpretiert, dass Jungen im Laufe der Zeit ihre relative Schwäche im Lesen ausgleichen und mit den Mädchen gleichziehen (Lehmann, 1994; Wagemaker, 1996). Diese Interpretation ist jedoch mit einigen Unsicherheiten behaftet. Die Tests, die in den zwei Kohorten eingesetzt worden sind, bestanden weitgehend aus unterschiedlichen Texten und Aufgaben, sodass die Verschiebungen in den Leistungsdifferenzen zwischen Jungen und Mädchen auch durch Unterschiede in der Auswahl der Aufgaben bedingt sein könnten. Dies gilt insbesondere für die nationalen Messinstrumente, die für die deutsche Teilstudie des IEA *Reading Literacy* Projekts entwickelt wurden (Lehmann u.a., 1995). Hier war im Test für die 8. Klassenstufe der Anteil von Aufgaben zu narrativen Texten wesentlich kleiner und der Anteil von Aufgaben zu Sach- und Gebrauchstexten wesentlich größer als im Test für die 3. Klassenstufe. Da jedoch die Überlegenheit der Mädchen bei narrativen Texten besonders ausgeprägt ist, dürfte die Reduktion der Geschlechterdifferenz im nationalen Gesamttest, die in der älteren Kohorte beobachtet wurde (Lehmann, 1994), zumindest teilweise auch die Veränderung in der Zusammensetzung des Messinstruments widerspiegeln. Darüber hinaus ist zu beachten, dass in der IEA *Reading Literacy Study* zumindest in Deutschland keine Sonderschulen einbezogen worden sind. Damit wurde insbesondere in der Stichprobe der Achtklässler ein Teil der leistungsschwächsten Schülerinnen und Schüler ausgeschlossen. Da jedoch Jungen in Sonderschulen deutlich überrepräsentiert sind, dürfte die in der Studie beobachtete Verringerung des Geschlechterunterschieds auch auf diese Verschiebung in der Zielpopulation zurückzuführen sein.

Inwieweit auch am Ende der Sekundarstufe I noch Leistungsdifferenzen zwischen Mädchen und Jungen im Lesen bestehen, ist also weitgehend noch eine offene Frage, und die PISA-Daten sind in besonderer Weise geeignet, zur Klärung dieser Frage beizutragen. In PISA wurde die Lesekompetenz der Schülerinnen und Schüler sehr breit erfasst, sodass es möglich ist, die spezifischen Stärken und Schwächen von Jungen und Mädchen detailliert zu beschreiben. Weiterhin erlaubt es PISA, die Geschlechterunterschiede in verschiedenen Domänen gleichzeitig zu betrachten und in ihrer relativen Bedeutsamkeit abzuschätzen.

Im ersten Schritt werden im Folgenden zunächst die Geschlechterunterschiede in den erfassten Domänen international vergleichend dargestellt. Anschließend wird die Ebene des Globalvergleichs verlassen, um spezifische Stärken und Schwächen von Jungen und Mädchen innerhalb der Domänen zu beschreiben. Diese Detailvergleiche werden sowohl für die gesamte Stichprobe als auch nach Schulformen getrennt durchgeführt. Im letzten Teil des Kapitels wird schließlich der Frage nachgegangen, inwieweit die Leistungsunterschiede auf motivationale Faktoren zurückzuführen sind.

1. Geschlechterunterschiede im internationalen Vergleich

Abbildung 5.1 stellt die mittleren Differenzen zwischen Jungen und Mädchen in den PISA-Tests international vergleichend dar. Wie diese Graphik zeigt, ist der Geschlechterunterschied im Bereich Lesen deutlich am größten und am konsistentesten. In allen Teilnehmerstaaten erreichen die Mädchen höhere Testwerte als die Jungen, und der Unterschied ist in jedem Land signifikant. Über alle OECD-Mitgliedsstaaten berechnet, beträgt die mittlere Geschlechterdifferenz im Lesen 32 Punkte. Damit liegen die Testwerte der Mädchen im Durchschnitt zwischen einer drittel und einer halben Kompetenzstufe über denen der Jungen. Dies entspricht in etwa dem Unterschied zwischen Deutschland und Schweden bzw. zwischen Deutschland und Lettland im Vergleich der Leistungen aller Schülerinnen und Schüler auf der Gesamtskala im Lesen (vgl. Abb. 2.11 in Kap. 2).

Trotz dieses konsistenten Vorteils für die Mädchen im Bereich Lesen sind erhebliche Unterschiede zwischen den Teilnehmerstaaten zu erkennen. Die deutlich größten Differenzen sind mit 53 bzw. 51 Punkten in Lettland und Finnland zu verzeichnen, gefolgt von Neuseeland, Norwegen und Island. Die kleinsten Unterschiede bestehen in Korea, Brasilien und Mexiko. Es fällt auf, dass einige der Länder mit den größten Geschlechterunterschieden gleichzeitig auch sehr hohe Gesamtleistungen aufweisen und umgekehrt. Dies legt die Vermutung nahe, es bestehe ein positiver Zusammenhang zwischen diesen Aspekten. Bei genauerer Betrachtung der Muster zeigt sich jedoch, dass dies nur bedingt der Fall ist. In einigen der Länder, in denen Schülerinnen und Schüler insgesamt überdurchschnittliche Ergebnisse im Lesen erreichen, liegen zwar auch die Geschlechterunterschiede über dem OECD-Durchschnitt (vor allem Finnland, Neuseeland, Island). Vergleichsweise große Geschlechterunterschiede sind jedoch auch in einigen Ländern zu verzeichnen, deren Mittelwerte im Gesamttest Lesen unter dem Durchschnitt der OECD-Mitgliedsstaaten liegen (vor allem Lettland, Russische Föderation). Relativ selten kommt es allerdings in der Tat vor, dass 15-Jährige in einem Land sehr gute Ergebnisse im Lesetest erzielen und sich die Leistungen von Mädchen und Jungen kaum unterscheiden. Dies ist lediglich in Korea der Fall sowie zumindest tendenziell auch in Österreich und dem Vereinigten Königreich. In Österreich und insbesondere in Korea geht allerdings der vergleichsweise kleine Geschlechterunterschied im Lesen mit relativ ausgeprägten Vorteilen für Jungen in Mathematik und Naturwissenschaften einher. Dieses Muster, das sich ansatzweise auch in anderen Ländern (z.B. Brasilien, Spanien, Dänemark und Portugal) zeigt, weist darauf hin, dass die Reduzierung von Geschlechterunterschieden im Lesen in einigen Ländern möglicherweise durch eine allgemein stärkere Förderung von Jungen erzielt wird, die mit einer größeren Benachteiligung von Mädchen in anderen Fächern einhergehen kann. Sofern diese Hypothese zutrifft, wäre also im Bemühen, die relativen Schwächen des einen Geschlechts auszugleichen, auch darauf zu achten, dass die des anderen Geschlechts nicht gleichzeitig verstärkt werden.

In Deutschland beträgt der Geschlechterunterschied auf der Gesamtskala im Bereich Lesen 35 Punkte und liegt damit nur wenig über dem OECD-Mittelwert. Im Durchschnitt bewegen sich also die Leistungen der Mädchen knapp eine halbe Kompetenzstufe über denen der Jungen.

Im Bereich Mathematik stellt sich das Muster der Geschlechterunterschiede deutlich weniger konsistent dar als im Lesen. In den meisten PISA-Teilnehmerstaaten ist in diesem

Abbildung 5.1: Leistungsunterschiede zwischen Jungen und Mädchen im Gesamttest Lesen, in Mathematik und in den Naturwissenschaften (Differenz der mittleren Testwerte)

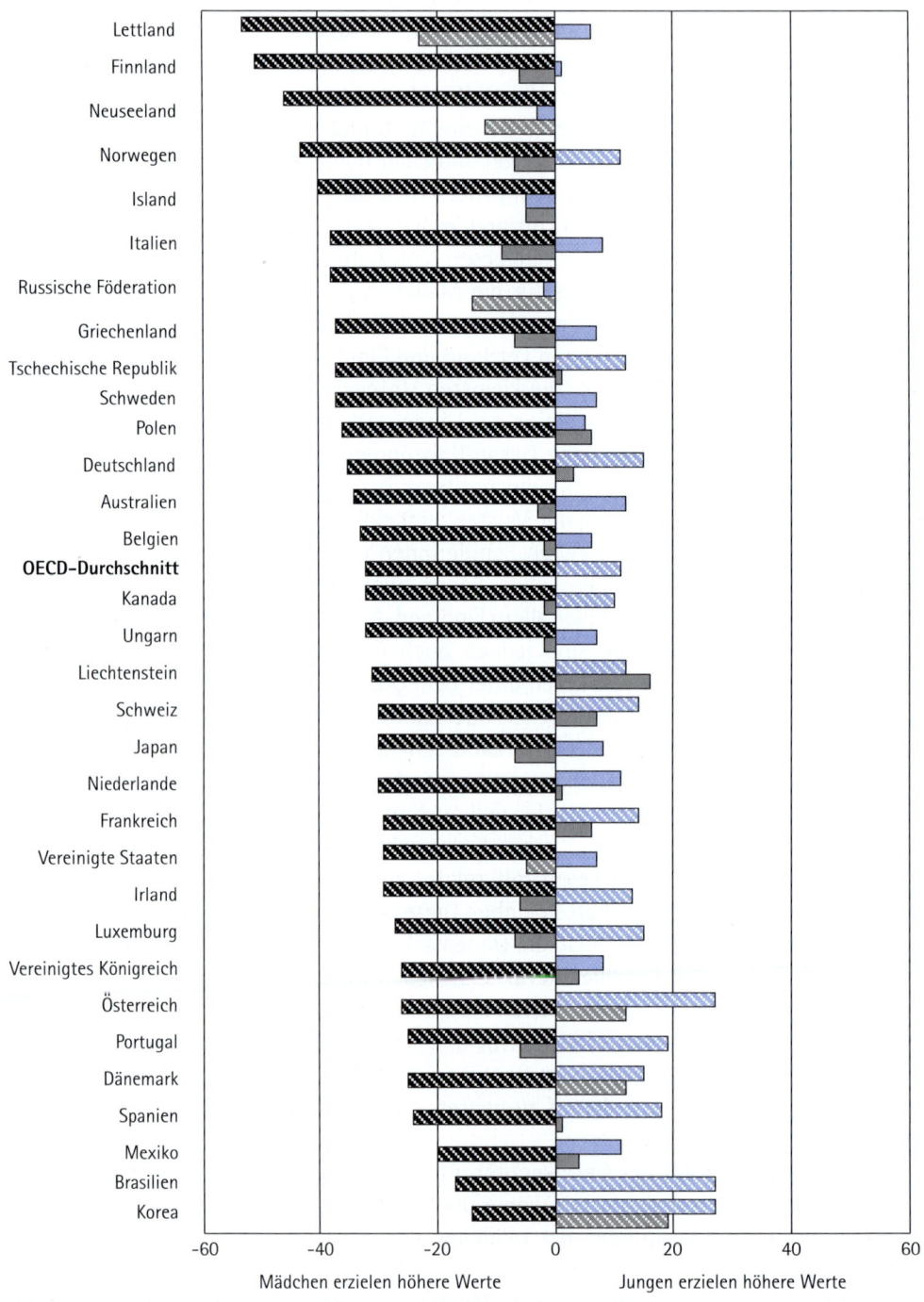

Differenz der mittleren Testwerte
■ im Lesen   ▨ in Mathematik   ▨ in den Naturwissenschaften
Signifikanz wird durch eine schraffierte Fläche gekennzeichnet.

Bereich zwar eine Überlegenheit von Jungen zu verzeichnen, diese ist jedoch erheblich weniger stark ausgeprägt als der Vorteil von Mädchen im Lesen. Im Durchschnitt der OECD-Länder liegt die Geschlechterdifferenz in Mathematik bei 11 Punkten und beträgt also kaum mehr als ein Drittel des entsprechenden Werts im Lesen (32 Punkte). Zudem ist der Unterschied zwischen Jungen und Mädchen in Mathematik in nur knapp der Hälfte der PISA-Teilnehmerstaaten statistisch signifikant, wobei der deutlich höchste Wert (27 Punkte) in Brasilien, Korea und Österreich erreicht wird. Die in Deutschland beobachtete Differenz von 15 Punkten ist ebenfalls signifikant und liegt geringfügig über dem Mittelwert der OECD-Staaten.

Noch inkonsistenter als in der Mathematik stellt sich das Bild im Bereich der Naturwissenschaften dar. Im Durchschnitt der OECD-Staaten ist hier kein signifikanter Unterschied zwischen Jungen und Mädchen zu verzeichnen, und die Differenz wird lediglich in sechs der PISA-Teilnehmerländer signifikant. Dabei erreichen in Korea, Österreich und Dänemark die Jungen höhere Werte, während in Lettland, der Russischen Föderation und Neuseeland die Mädchen bessere Leistungen erzielen. In Deutschland ist der Unterschied zwischen den Leistungen von Mädchen und Jungen im internationalen Naturwissenschaftstest nicht bedeutsam.

> Die größten und konsistentesten Geschlechterunterschiede sind im Bereich Lesen zu beobachten. In allen PISA-Teilnehmerstaaten erreichen die Mädchen im Lesen signifikant höhere Testwerte als die Jungen. In Deutschland entspricht der Leistungsvorsprung ungefähr einer halben Kompetenzstufe und ist in etwa mit der über alle OECD-Staaten gemittelten Differenz vergleichbar. In der Mathematik lassen sich Leistungsvorteile für die Jungen feststellen, diese sind jedoch deutlich kleiner als die Geschlechterdifferenzen im Lesen, und sie werden in nur knapp der Hälfte der PISA-Teilnehmerstaaten (dazu gehört auch Deutschland) statistisch signifikant. In den Naturwissenschaften zeigt sich weder im Durchschnitt der OECD-Staaten noch innerhalb Deutschlands ein signifikanter Leistungsunterschied zwischen Mädchen und Jungen. Es fällt auf, dass in allen Domänen die Geschlechterdifferenzen in den verschiedenen Teilnehmerstaaten unterschiedlich stark ausgeprägt sind. Dabei gelingt es in einigen Ländern offenbar recht gut, hohe Gesamtleistungen zu erreichen und gleichzeitig relativ geringe Leistungsunterschiede zwischen Jungen und Mädchen entstehen zu lassen.

Vergleicht man die PISA-Befunde zu Geschlechterdifferenzen mit den Ergebnissen der TIMSS-Mittelstufenuntersuchung, so lassen sich einige Abweichungen erkennen. Zunächst einmal ergab sich in TIMSS im Globalvergleich für Deutschland kein statistisch nachweisbarer Unterschied zwischen Jungen und Mädchen im Bereich Mathematik, während die in PISA identifizierte Differenz signifikant ist. Für die Naturwissenschaften wurden dagegen in TIMSS erheblich größere Geschlechterunterschiede beobachtet als in PISA. Diese fielen nahezu durchgängig zu Gunsten der Jungen aus und waren nicht nur in Deutschland, sondern auch in den meisten anderen Teilnehmerstaaten signifikant. Solche Abweichungen in den Befunden der beiden Studien dürften vor allem auf Unterschiede in den Schwerpunkten der Tests zurückzuführen sein. So stehen die Anwendung von mathematischen Kenntnissen sowie die konzeptuelle Modellierung im PISA-Mathematiktest noch stärker im Vordergrund als in TIMSS, und es werden somit Teilkompetenzen betont, bei denen sich der Leistungsvorteil der Jungen als vergleichsweise groß erwiesen hat (Klieme, 1997). Die abweichenden Befunde für die Naturwissenschaften sind dadurch zu erklären, dass der PISA-Test stärker den Bereich *Life Science* akzentuiert, also ein Teilgebiet, in dem Mädchen tendenziell relativ gute Leistungen erzielen. So erreichten auch in

TIMSS die Mädchen in Deutschland bessere Ergebnisse in den Aufgaben zur Biologie als die Jungen. Insgesamt lag jedoch der Schwerpunkt des TIMSS-Tests mehr im Bereich Physik, und damit auf einem Fachgebiet, in dem die Nachteile der Mädchen in der Regel besonders ausgeprägt sind (vgl. Johnson, 1996). Dies dürfte den erheblichen Leistungsvorsprung zu Gunsten der Jungen in TIMSS zumindest teilweise verursacht haben.

Diese Diskussion differenzieller Unterschiede zwischen Jungen und Mädchen in verschiedenen Teilbereichen macht deutlich, dass es wichtig ist, über Globalvergleiche hinauszugehen und Geschlechterdifferenzen detaillierter zu beschreiben, um so Hinweise auf spezifische Stärken und Schwächen zu erhalten. Dies soll im Folgenden vor allem für den Bereich Lesen getan werden.

2. Differenzielle Stärken und Schwächen innerhalb der Leistungsbereiche

Differenzielle Stärken und Schwächen von Mädchen und Jungen innerhalb der Domänen sind in Abbildung 5.2 dargestellt. Da einige der Teilskalen nur national gebildet wurden und die anderen Teilnehmerstaaten in die Skalenbildung nicht einbezogen werden konnten, erfolgt die Darstellung auf der nationalen Metrik mit einem Mittelwert von 100 und einer Standardabweichung von 30. Die Differenzwerte in Abbildung 5.2 sind also entsprechend kleiner als die auf der Basis der internationalen Metrik ($M = 500$, $SD = 100$) dargestellten Unterschiede in Abbildung 5.1.

Differenzielle Stärken und Schwächen im Bereich Lesen

Wie im oberen Teil der Abbildung zu sehen ist, steigt der Leistungsvorsprung der Mädchen im internationalen Lesetest über die drei Subskalen an. Bei Aufgaben, die das Ermitteln von Informationen erfordern, beträgt der Vorsprung in der deutschen Stichprobe auf der nationalen Metrik etwa 6 Punkte, beim textbezogenen Interpretieren liegt er bei 8 Punkten und bei Items zum Reflektieren und Bewerten erreicht er 11 Punkte. Auf die internationale Metrik übertragen, beträgt die Differenz auf der Subskala zum Reflektieren und Bewerten etwa zwei Drittel einer Kompetenzstufe. Diese Zunahme des Geschlechterunterschieds über die drei Skalen ist in so gut wie allen PISA-Teilnehmerstaaten zu beobachten. In vielen Ländern scheinen Jungen also insbesondere in der kritischen Auseinandersetzung mit Texten relative Schwächen aufzuweisen.

Eine weitere Differenzierung, die sich für die Identifikation spezifischer Stärken und Schwächen als wichtig erwiesen hat, ist die zwischen verschiedenen Arten von Texten. Bei der Entwicklung des internationalen PISA-Tests wurde grob zwischen kontinuierlichen und nicht-kontinuierlichen Texten unterschieden. Kontinuierliche Texte bzw. Prosatexte bestehen in der Regel aus Sätzen, die wiederum in Absätzen organisiert sind. Hierzu gehören beispielsweise solche Textsorten wie Erzählungen, Kommentare oder Argumentationen. Nicht-kontinuierliche Texte dagegen stellen die Information nicht fortlaufend und auch nicht nur verbal dar. Beispiele hierfür sind Formulare, Tabellen, Graphiken, Diagramme oder Karten. Wie am Anfang dieses Kapitels bereits erwähnt, fand die *Reading Literacy Study* der IEA in der Testgruppe der 14-Jährigen ausgeprägte Leistungsunterschiede zu

Abbildung 5.2:   Leistungsunterschiede zwischen Jungen und Mädchen in Teilbereichen der Domänen: Differenz der mittleren Testwerte (nationale Metrik mit $M = 100$, $SD = 30$)

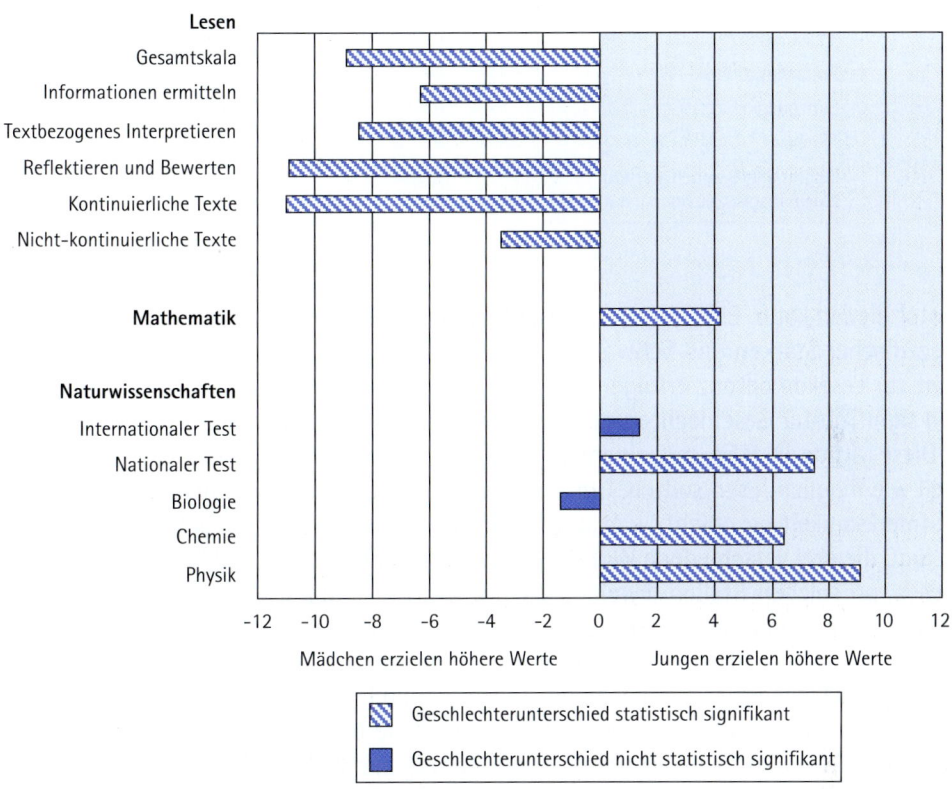

Gunsten der Mädchen vor allem bei Aufgaben zu narrativen Texten, weniger jedoch bei Items, die sich auf Sach- oder Gebrauchstexte beziehen (Elley, 1994; Lehmann u.a., 1995; Wagemaker, 1996). Da es sich bei nicht-kontinuierlichen Texten häufig um Sach- oder Gebrauchstexte handelt, liegt die Vermutung nahe, dass in PISA die Geschlechterdifferenz bei entsprechenden Aufgaben weniger stark ausgeprägt sein dürfte als bei Items zu kontinuierlichen Texten. Wie Abbildung 5.2 zeigt, ist dies tatsächlich der Fall. Während die Geschlechterdifferenz bei kontinuierlichen Texten mehr als eine drittel Standardabweichung beträgt (11 Punkte), liegt sie bei nicht-kontinuierlichen Texten nur knapp über einer zehntel Standardabweichung (3,5 Punkte). Differenziert man weiterhin nach Textsorten und berechnet jeweils den Prozentsatz richtiger Lösungen für Mädchen und Jungen, so stellt sich das Bild wie in Tabelle 5.1 gezeigt dar. Während bei Erzählungen, Argumentationen sowie Darlegungen recht große Geschlechterunterschiede zu Gunsten der Mädchen zu verzeichnen sind, ist die Differenz bei Tabellen erheblich kleiner und bei Diagrammen/Graphen, Karten und schematischen Zeichnungen fast völlig verschwunden. Bei der Interpretation dieser Ergebnisse ist allerdings zu beachten, dass es sich dabei lediglich um erste Anhaltspunkte handelt, da der Prozentsatz richtiger Lösungen nicht die relative Schwierigkeit der einzelnen Aufgaben berücksichtigt und somit nur als grober Leistungs-

Tabelle 5.1: Anteil richtiger Antworten bei Aufgaben zu verschiedenen Sorten von Texten nach Geschlecht (in %)

Textsorte	Mädchen	Jungen
Erzählungen	63	54
Argumentationen	64	56
Darlegungen	63	56
Tabellen	51	48
Diagramme/Graphen, Karten, schematische Zeichnungen	68	67

indikator dienen kann. Eine genauere Beschreibung und Quantifizierung text- und aufgabenspezifischer Stärken und Schwächen von Jungen und Mädchen wird im thematischen Bericht zur Lesekompetenz erfolgen.

Ein signifikanter Geschlechterunterschied zeigt sich weiterhin in der Lesegeschwindigkeit. Diese wurde in PISA mit einem Text erfasst, den die Schülerinnen und Schüler so schnell wie möglich lesen sollten. Um sicherzustellen, dass dies mit einem gewissen Maß an Aufmerksamkeit geschieht, war in etwa jedem dritten bis fünften Satz eine Klammer eingefügt, die drei verschiedene Wörter enthielt. Die Schülerinnen und Schüler waren angewiesen, an solchen Stellen jeweils dasjenige Wort zu unterstreichen, das in den Satz passt. Nach drei Minuten wurden sie aufgefordert, zu kennzeichnen, bis zu welcher Zeile sie gekommen waren. Dabei zeigte sich eine signifikante Überlegenheit der Mädchen: Während die Mädchen im vorgegebenen Zeitraum durchschnittlich bis zur Zeile 651 gelesen hatten, erreichten die Jungen im Mittel nur Zeile 624. In Kapitel 2 wurde gezeigt, dass Lesegeschwindigkeit einen signifikanten Beitrag zur Vorhersage von Lesekompetenz leistet. Um zu prüfen, inwieweit diese grundlegende Fertigkeit auch für Unterschiede zwischen Jungen und Mädchen in der Lesekompetenz verantwortlich ist, sind tiefer gehende Analysen notwendig, in denen die Rolle dieses Faktors gemeinsam mit Effekten anderer Variablen untersucht wird. Solche Analysen sind ebenfalls für den thematischen Bericht zur Lesekompetenz geplant.

Differenzielle Stärken und Schwächen in den Bereichen Mathematik und Naturwissenschaften

Der untere Teil von Abbildung 5.2 zeigt die Leistungsunterschiede zwischen Mädchen und Jungen in den Bereichen Mathematik und Naturwissenschaften, wobei die Ergebnisse in den Naturwissenschaften differenziert nach internationalen und nationalen Tests sowie nach den naturwissenschaftlichen Fächern dargestellt werden. Es zeigt sich, dass der Geschlechterunterschied im nationalen Naturwissenschaftstest deutlich größer ist als im internationalen Test. Während vermutlich aufgrund der inhaltlichen Schwerpunktsetzung des internationalen Naturwissenschaftstests auf *Life Science* hier kein signifikanter Geschlechterunterschied zu verzeichnen ist, erzielen die Jungen im nationalen Test signifikant höhere Werte als die Mädchen. Weiterhin zeigt sich erneut, dass der Leistungsvorteil zu Gunsten der Jungen im Bereich Physik besonders ausgeprägt ist und sie auch in den

Chemieaufgaben bessere Ergebnisse erreichen als die Mädchen. Im Bereich Biologie erzielen die Mädchen zwar etwas höhere Testwerte als die Jungen, dieser Unterschied ist jedoch nicht signifikant.

Ergebnisse von tiefer gehenden Analysen zeigen ferner, dass Jungen und Mädchen auch im Hinblick auf verschiedene kognitive bzw. mathematische Anforderungen differenzielle Stärken und Schwächen aufweisen. Wie in Kapitel 4 dargestellt, variieren die Geschlechterdifferenzen über die fünf dort unterschiedenen naturwissenschaftlichen Teilkompetenzen. Dabei ist der Leistungsvorsprung der Jungen besonders groß, wenn es zur Lösung der Aufgabe erforderlich ist, Faktenwissen aus dem Gedächtnis abzurufen und anzuwenden oder ein mentales Modell heranzuziehen. Bei der Interpretation von Graphiken und Diagrammen, beim Ziehen von Schlussfolgerungen aus gegebener Information sowie beim Verbalisieren naturwissenschaftlicher Schlussfolgerungen ist der Leistungsunterschied zwischen Jungen und Mädchen dagegen weniger ausgeprägt. Auch in der Mathematik zeigen sich in differenziellen Itemanalysen, die von den Autoren des Kapitels 3 durchgeführt wurden, anforderungsspezifische Geschlechterdifferenzen. Während Mädchen ihren Leistungsschwerpunkt bei technischen Aufgaben und bei Aufgaben mit innermathematischem Kontext haben, sind bei den Jungen relative Stärken beim rechnerischen Modellieren zu beobachten sowie bei der Mathematisierung von Situationen, wenn mehrere Lösungsansätze denkbar sind. Da Modellierung und Anwendung zum Kernbereich typischer PISA-Aufgaben im Bereich Mathematik gehören, dürfte die bedeutsame Geschlechterdifferenz im Gesamttest also insbesondere auf diese relativen Stärken der Jungen zurückzuführen sein.

In allen drei Domänen sind spezifische Stärken und Schwächen von Mädchen und Jungen zu beobachten. Im Lesen ist der Leistungsvorsprung der Mädchen bei kontinuierlichen Texten (z.B. Erzählungen, Argumentationen, Darlegungen) besonders ausgeprägt, während bei nicht-kontinuierlichen Texten (z.B. Formularen, Anzeigen, Tabellen, Graphiken) sehr viel geringere Geschlechterunterschiede zu verzeichnen sind. Auch im Hinblick auf die Anforderungen an den Umgang mit Texten zeigen sich spezifische Unterschiede: Im Vergleich zu Mädchen bereitet es Jungen deutlich größere Schwierigkeiten, Texte und ihre Merkmale kritisch zu reflektieren und zu bewerten. Analysen in den Bereichen Mathematik und Naturwissenschaften weisen darauf hin, dass Mädchen insbesondere bei Aufgaben, die den Umgang mit mentalen oder mathematischen Modellen erfordern, relative Schwächen aufweisen.

---

3. Geschlechterunterschiede innerhalb der Bildungsgänge

Globalvergleiche der Schulleistungen von Jungen und Mädchen weisen darauf hin, inwieweit in einem Bereich oder Teilbereich insgesamt eine Benachteilung des einen oder des anderen Geschlechts besteht. Auf dieser Vergleichsebene hat sich gezeigt, dass Jungen im Lesen und Mädchen in Mathematik, Physik und Chemie relative Schwächen aufweisen. Die Identifikation solcher systematischen Benachteiligungen wirft Fragen der Chancengleichheit auf, und insofern erfüllen Globalvergleiche eine wichtige Funktion. In gegliederten Systemen mit unterschiedlichen Mustern der Bildungsbeteiligung von Mädchen und Jungen sagen sie jedoch nichts darüber aus, inwieweit auch im Unterricht Geschlechterunterschiede anzutreffen sind. Wie die folgenden Ergebnisse zeigen werden, sind Geschlechterunterschiede, die auf der globalen Vergleichsebene zu beobachten sind, nicht unbedingt in der gleichen Form auch innerhalb von Schulen derselben Schulform anzutreffen. Dies ist von großer Bedeutung, wenn es um die Identifikation von Ansatzpunkten geht, die für Bemühungen um einen Ausgleich von Benachteiligungen infrage kommen.

Jungen und Mädchen sind in den einzelnen Schulformen bzw. Bildungsgängen unterschiedlich stark vertreten. Während Mädchen in den leistungsstärkeren Schulformen überrepräsentiert sind (etwa 56 % der 15-jährigen Gymnasiasten sind Mädchen), sind Jungen relativ häufiger in leistungsschwächeren Schulformen anzutreffen (etwa 55 % der Hauptschüler und 69 % der Sonderschüler sind Jungen)[2]. Betrachtet man nun die Geschlechterunterschiede über den gesamten Geburtsjahrgang hinweg, so werden die Ergebnisse auch dadurch beeinflusst, wie sich Jungen und Mädchen über die Schulformen verteilen. So wurde beispielsweise in der TIMSS-Mittelstufenuntersuchung im Globalvergleich für Deutschland kein Unterschied zwischen Jungen und Mädchen in den Mathematikleistungen identifiziert. Innerhalb der einzelnen Schulformen hingegen waren deutliche Leistungsvorteile zu Gunsten der Jungen zu erkennen. Auch in Gymnasien zeigten die Mädchen schwächere Leistungen als die Jungen. Durch die zahlenmäßige Überlegenheit der Mädchen in dieser relativ leistungsstarken Schulform wird jedoch der Mittelwert für die Gesamtgruppe aller Mädchen erhöht. Will man also Aussagen über Geschlechterunterschiede treffen, wie sie im Unterricht vorkommen, so ist es bei Betrachtung eines gegliederten Systems mit unterschiedlicher Bildungsbeteiligung von Mädchen und Jungen notwendig, die Analysen auf der Ebene von Schulformen durchzuführen.

Wie in Abbildung 5.3 dargestellt, ist der in TIMSS beobachtete Effekt geschlechtsspezifischer Bildungsbeteiligung auch in PISA wieder deutlich zu erkennen. Während im Globalvergleich der Geschlechterunterschied im internationalen Mathematiktest 4 Punkte beträgt (vgl. Abb. 5.2), steigt die entsprechende Differenz innerhalb der einzelnen Schulformen auf etwa 8 bis 10 Punkte an. Der Leistungsvorteil zu Gunsten der Jungen im internationalen Naturwissenschaftstest, der im Globalvergleich nicht signifikant war, erreicht innerhalb des Gymnasiums und der Realschule nun eine Größenordnung, die statistisch nachweisbar ist. Auch die Unterschiede im nationalen Naturwissenschaftstest sowie in den einzelnen naturwissenschaftlichen Fächern fallen innerhalb der Schulformen deutlich höher aus als im Gesamtvergleich. Dabei fällt insbesondere auf, dass sich die auf der globalen Vergleichsebene beobachtete, statistisch allerdings nicht signifikante Differenz zu Gunsten der Mädchen im Fach Biologie innerhalb der Schulformen in einen Vorteil für Jungen verwandelt, der im Gymnasium und in der Realschule das Signifikanzniveau erreicht.

Im Bereich Lesen wirkt sich die differenzielle Bildungsbeteiligung von Jungen und Mädchen in entgegengesetzter Richtung auf die beobachteten Geschlechterdifferenzen aus (vgl. Abb. 5.4). Hier weisen Jungen in der Tendenz stärkere Leistungsnachteile auf, und dieser Unterschied wird im Globalvergleich aufgrund des höheren Anteils von Jungen in leistungsschwachen Schulformen besonders deutlich. Innerhalb der Schulformen sind dagegen die Differenzen erheblich kleiner, und in einigen Fällen erreichen sie nicht einmal das Signifikanzniveau[3]. So sind die Mädchen den Jungen im Gesamttest nur innerhalb des Gymnasiums und der Realschule überlegen, während die Unterschiede in der Hauptschu-

Abbildung 5.3: Leistungsunterschiede zwischen Jungen und Mädchen in Mathematik und Naturwissenschaften nach Bildungsgängen: Differenz der mittleren Testwerte (nationale Metrik mit *M* = 100, *SD* = 30)

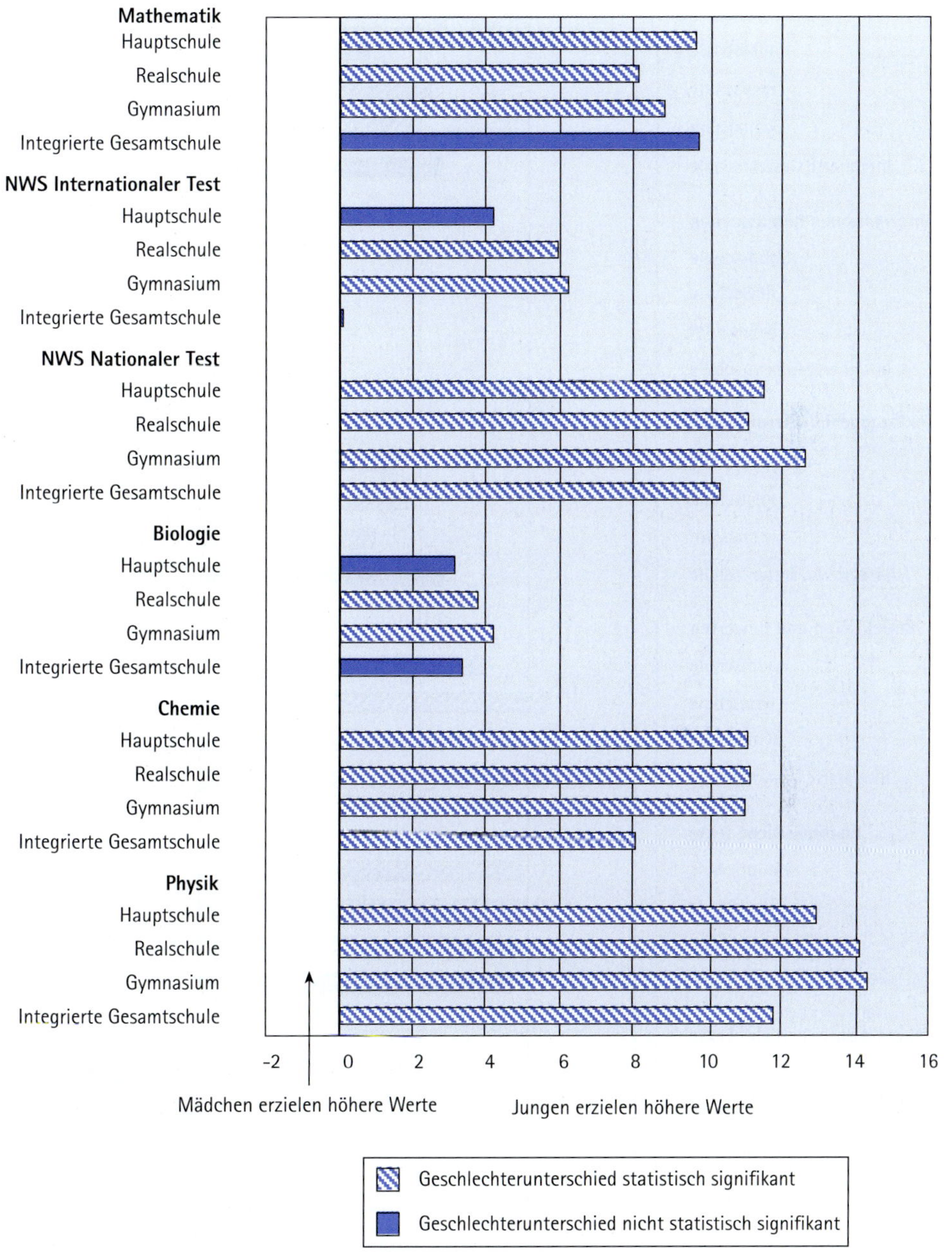

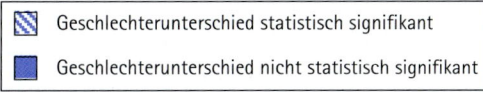

Mathematik
Hauptschule
Realschule
Gymnasium
Integrierte Gesamtschule

NWS Internationaler Test
Hauptschule
Realschule
Gymnasium
Integrierte Gesamtschule

NWS Nationaler Test
Hauptschule
Realschule
Gymnasium
Integrierte Gesamtschule

Biologie
Hauptschule
Realschule
Gymnasium
Integrierte Gesamtschule

Chemie
Hauptschule
Realschule
Gymnasium
Integrierte Gesamtschule

Physik
Hauptschule
Realschule
Gymnasium
Integrierte Gesamtschule

-2   0   2   4   6   8   10   12   14   16

Mädchen erzielen höhere Werte   Jungen erzielen höhere Werte

Geschlechterunterschied statistisch signifikant

Geschlechterunterschied nicht statistisch signifikant

Abbildung 5.4: Leistungsunterschiede zwischen Jungen und Mädchen im Lesen nach Bildungsgängen: Differenz der mittleren Testwerte (nationale Metrik mit $M = 100$, $SD = 30$)

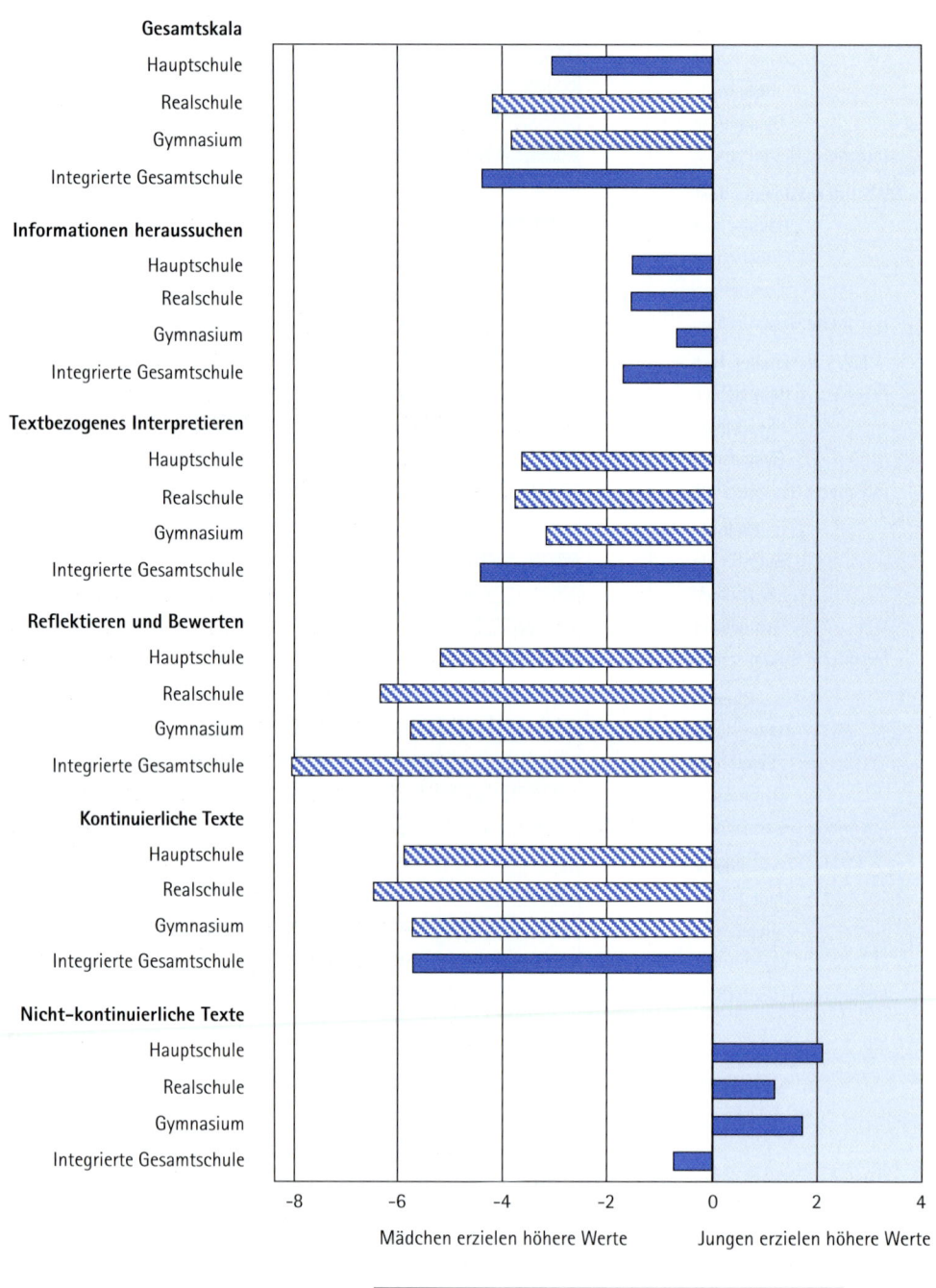

Tabelle 5.2: Anteil von Mädchen und Jungen auf den Kompetenzstufen im internationalen Gesamttest Lesen (in %, Standardfehler in Klammern)

	Mädchen	Jungen
unter Kompetenzstufe I	6,8 (1,1)	12,6 (0,9)
auf Kompetenzstufe I	11,3 (0,9)	13,9 (0,9)
auf Kompetenzstufe II	20,2 (1,2)	24,3 (1,3)
auf Kompetenzstufe III	26,9 (1,2)	26,9 (1,3)
auf Kompetenzstufe IV	23,5 (1,2)	15,6 (1,4)
auf Kompetenzstufe V	11,1 (0,8)	6,7 (0,8)

le und in der Gesamtschule nicht bedeutsam sind. Bei Aufgaben zum Heraussuchen von Informationen ist sogar in keiner Schulform ein signifikanter Geschlechterunterschied nachzuweisen. Dagegen ist die Differenz beim Reflektieren und Bewerten von Texten auch innerhalb der Schulformen relativ ausgeprägt. Während sich weiterhin die Leistungen von Mädchen und Jungen bei Aufgaben zu nicht-kontinuierlichen Texten in keiner Schulform unterscheiden, sind bei Aufgaben zu kontinuierlichen Texten in Hauptschulen, Realschulen und Gymnasien signifikante Leistungsvorteile zu Gunsten der Mädchen zu verzeichnen.

Die relativen Schwächen der Jungen im Lesen sind innerhalb der Schulformen also weniger ausgeprägt als im Globalvergleich. Dies sollte jedoch nicht zu der Schlussfolgerung verleiten, dass die Benachteiligung der Jungen insgesamt zu vernachlässigen ist. Wie Tabelle 5.2 zeigt, sind Jungen auf den unteren Kompetenzstufen (Kompetenzstufe I und darunter) im Lesen deutlich überrepräsentiert und auf den Kompetenzstufen IV und V unterrepräsentiert. Dieses Muster findet sich auch in den anderen PISA-Teilnehmerstaaten (vgl. OECD, 2001). In allen Ländern ist der Anteil der Jungen auf der Kompetenzstufe I und darunter höher als der Anteil der Mädchen, und in zehn Ländern ist der Anteil sogar doppelt so groß oder größer. In der Mathematik ist zwar tendenziell das umgekehrte Muster zu erkennen (vgl. Tab. 5.3), die Verteilungen der Mädchen und Jungen in diesem Bereich unterscheiden sich jedoch insbesondere auf den unteren Kompetenzstufen weniger stark als im Lesen. Möglicherweise trägt der hohe Anteil von Jungen mit ausgeprägten Schwä-

Tabelle 5.3: Anteil von Mädchen und Jungen auf den Kompetenzstufen im internationalen Mathematiktest (in %, Standardfehler in Klammern)

	Mädchen	Jungen
unter Kompetenzstufe I	7,6 (1,2)	6,9 (0,9)
auf Kompetenzstufe I	18,5 (1,5)	15,7 (1,6)
auf Kompetenzstufe II	32,5 (1,4)	31,2 (2,1)
auf Kompetenzstufe III	30,2 (1,5)	30,9 (2,0)
auf Kompetenzstufe IV	10,5 (0,9)	13,3 (1,1)
auf Kompetenzstufe V	0,7 (0,2)	2,0 (0,4)

chen im verbalen Bereich, der beispielsweise auch in der Forschung zur Lese-Rechtschreib-Schwäche bekannt ist, mit dazu bei, dass Jungen in leistungsschwächeren Schulformen überrepräsentiert sind (Lehmann, Peek & Gänsfuß, 1997).

4. Geschlechterunterschiede in Lesegewohnheiten und motivationalen Merkmalen

In der Mehrzahl der PISA-Teilnehmerstaaten ist die Einstellung von Jungen zum Lesen deutlich negativer als die der Mädchen. Im Durchschnitt der OECD-Länder stimmen insgesamt etwa 46 Prozent der Jungen der Aussage zu, dass sie nur lesen, wenn sie müssen, während dies nur 26 Prozent der Mädchen von sich behaupten (vgl. Abb. 5.5). In Deutschland ist der Anteil für die Mädchen mit dem internationalen Wert vergleichbar (ebenfalls 26 %), der Anteil für die Jungen liegt jedoch deutlich höher (52 %). Während in den OECD-Mitgliedsstaaten weiterhin 45 Prozent der Mädchen berichten, Lesen sei eins ihrer liebsten Hobbys, machen diese Angabe insgesamt nur 25 Prozent der Jungen. Die entsprechenden Anteile liegen in Deutschland bei 41 Prozent für die Mädchen und 17 Prozent für die Jungen (siehe Abb. 5.6).

Ihren Einstellungen zum Lesen entsprechend, unterscheiden sich Jungen und Mädchen auch deutlich im Hinblick auf die Zeit, die sie täglich mit Lesen verbringen (vgl. Tab. 5.4). In Deutschland geben 54 Prozent der Jungen an, dass sie überhaupt nicht zum Vergnügen lesen (OECD-Mittelwert: 40 %), während der entsprechende Anteil für die Mädchen bei

Abbildung 5.5: Anteil der Mädchen und Jungen, die auf die Frage, wie genau die Aussage „Ich lese nur, wenn ich muss" für sie zutrifft, mit „stimmt ganz genau" oder „stimmt eher" antworten

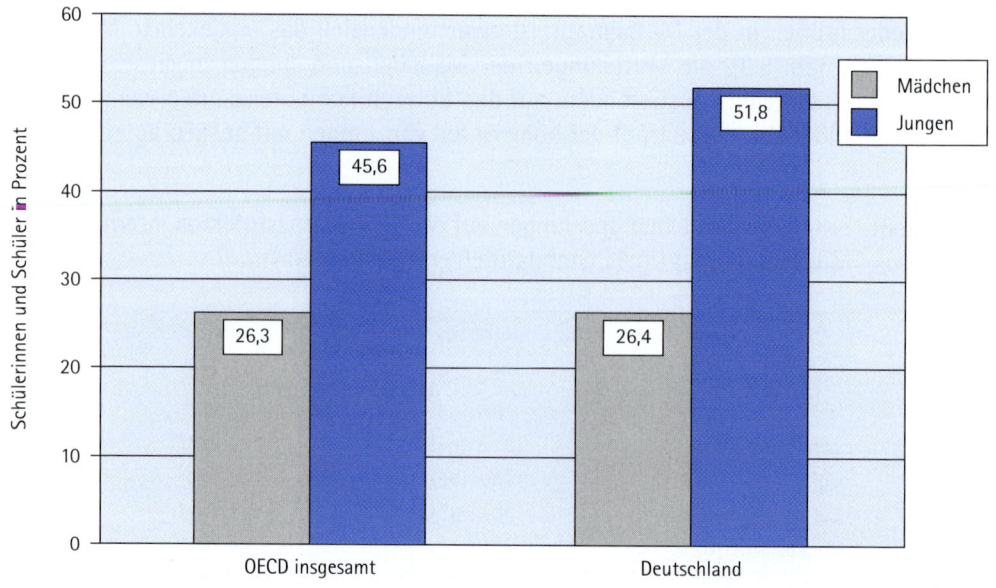

Abbildung 5.6: Anteil der Mädchen und Jungen, die auf die Frage, wie genau die Aussage „Lesen ist eines meiner liebsten Hobbys" für sie zutrifft, mit „stimmt ganz genau" oder „stimmt eher" antworten

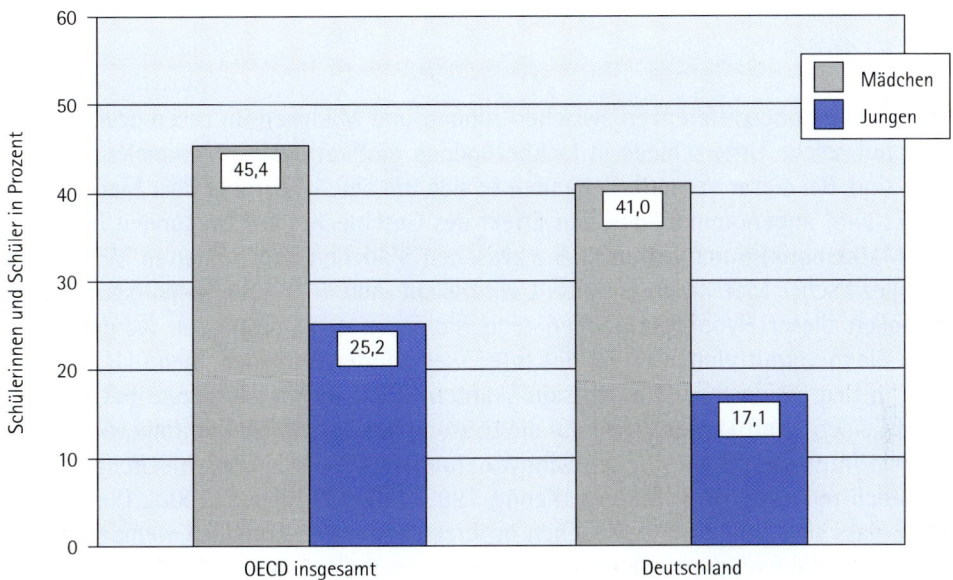

29 Prozent liegt (OECD-Mittelwert: 23 %). Sowohl in Deutschland als auch über alle OECD-Mitgliedsstaaten hinweg berichtet also ein hoher Anteil von Schülerinnen und Schülern, dass sie nicht in ihrer Freizeit lesen. Insbesondere für die Jungen liegt jedoch der Prozentsatz in Deutschland deutlich höher als in den OECD-Ländern insgesamt. Bei den ausgesprochenen Viellesern ist dagegen der Unterschied erheblich kleiner.

Wie im Kapitel zum selbstregulierten Lesen (Kap. 6) dargestellt wird, berichten Jungen in so gut wie allen PISA-Teilnehmerstaaten ein geringeres Interesse am Lesen sowie ein niedrigeres Selbstkonzept im verbalen Bereich als Mädchen, während für das Interesse an Mathematik und für das mathematische Selbstkonzept Geschlechterunterschiede mit umgekehrtem Vorzeichen zu beobachten sind. Da zwischen Interesse und Schulleistungen signifikante Zusammenhänge bestehen (Schiefele, Krapp & Winteler, 1992), wäre es denk-

Tabelle 5.4: Angaben der Schülerinnen und Schüler zur Frage, wie viel Zeit sie jeden Tag damit verbringen, zum Vergnügen zu lesen (in %)

	OECD Gesamt		Deutschland	
	Mädchen	Jungen	Mädchen	Jungen
Ich lese nicht zum Vergnügen	23,3	40,1	29,1	54,5
Bis 30 Minuten täglich	31,7	30,0	30,4	23,7
Zwischen 30 und 60 Minuten täglich	26,1	18,2	23,0	12,7
1 bis 2 Stunden täglich	13,8	8,3	11,6	5,8
Mehr als 2 Stunden täglich	5,1	3,4	5,9	3,3

Abbildung 5.7: Mediationsmodell zur Erklärung von Geschlechterunterschieden im Lesen

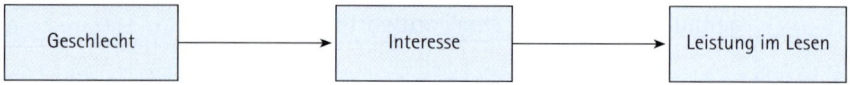

bar, dass die Leistungsdifferenzen zwischen Jungen und Mädchen im Lesen bzw. in Mathematik auf solche Unterschiede in fachbezogenen motivationalen Merkmalen zurückzuführen sind. Bei dieser Vermutung handelt es sich um eine Hypothese über Mediationseffekte: Es wird angenommen, dass der Effekt des Geschlechts auf Leistungen im Lesen (bzw. in Mathematik) durch Unterschiede zwischen Mädchen und Jungen in Merkmalen bereichsspezifischer Motivation vermittelt wird (siehe Abb. 5.7). Erste Anhaltspunkte für die Gültigkeit dieser Hypothese können regressionsanalytisch gewonnen werden. Hinweise für einen vermittelnden Effekt des Interesses würden vorliegen, wenn (1) das Geschlecht im Regressionsmodell einen signifikanten Effekt auf das Interesse hat, (2) das Geschlecht einen signifikanten Effekt auf die Leistung hat und (3) bei Kontrolle von Unterschieden im Interesse der im zweiten Schritt gefundene Effekt des Geschlechts auf Leistung deutlich reduziert wird (Baron & Kenny, 1986; Köller & Klieme, 2000). Dies würde bedeuten, dass sich Jungen und Mädchen in ihren Leistungen erheblich weniger unterscheiden, wenn sie ein vergleichbares Interesse am Lesen (bzw. an der Mathematik) aufweisen. Ein solcher Befund wiederum wäre als Hinweis darauf zu werten, dass die Leistungsdifferenz zumindest teilweise auf Unterschiede im Interesse zurückgehen könnte (wobei allerdings die Kausalitätsfrage – was war zuerst da: das hohe bzw. niedrige Interesse oder die gute bzw. schlechte Leistung? – letztlich nur mit Längsschnittstudien geklärt werden kann).

Die Ergebnisse der Regressionsanalyse für den Gesamttest Lesen sind in Tabelle 5.5 dargestellt. Der Wert in der zweiten Spalte gibt an, wie viele Testpunkte mehr man aufgrund des beobachteten Zusammenhangs zwischen Leistung im Lesen und Geschlecht bei einem Mädchen im Vergleich zu einem Jungen vorhersagen würde. Demnach würde man erwarten, dass die Testleistungen von Mädchen im Durchschnitt 8,4 Punkte über denen der Jungen liegen. Die in der dritten Spalte dargestellten Ergebnisse zeigen, wie sich der Einfluss des Geschlechts ändert, wenn man zusätzlich das Interesse der Schülerinnen und

Tabelle 5.5: Ergebnisse der Regressionsanalysen mit der Leistung im Gesamttest Lesen als Kriterium (unstandardisierte Regressionsgewichte)

Prädiktor	Regressionsgewicht ohne Mediator	Regressionsgewichte bei Berücksichtigung des Interesses am Lesen	Regressionsgewichte bei Berücksichtigung der Freude am Lesen
Geschlecht	8.4***	2.1**	–.63 (ns)
Interesse am Lesen		8.5***	
Freude am Lesen			13.46***
R^2	.020	.106	.152

* $p < .05$, ** $p < .01$, *** $p < .001$.

Tabelle 5.6: Ergebnisse der Regressionsanalysen mit der Leistung im internationalen Mathematiktest als Kriterium (unstandardisierte Regressionsgewichte)

Prädiktor	Regressionsgewicht ohne Mediator	Regressionsgewichte bei Berücksichtigung des Interesses an der Mathematik	Regressionsgewichte bei Berücksichtigung des Selbstkonzepts
Geschlecht	–3.7**	–4.5***	–3.05**
Interesse an Mathematik		4.0***	
Mathematisches Selbstkonzept			6.1***
R^2	.003	.023	.050

* $p < .05$, ** $p < .01$, *** $p < .001$.

Schüler am Lesen berücksichtigt. Wie zu erkennen ist, hat das Interesse einen recht starken Effekt auf die Leistung: Mit jedem Punkt auf der Interessenskala, die zwischen den Werten 1 und 4 variieren kann, steigt die Leistung im Lesetest um 8,5 Punkte. Bei Berücksichtigung des Interesses wird der Einfluss des Geschlechts dagegen erheblich reduziert. Vergleicht man also die Leseleistungen von Jungen und Mädchen, die ein ähnliches Interesse am Lesen aufweisen, so beträgt der Unterschied nicht mehr durchschnittlich 8,4 Punkte, sondern nur noch 2,1 Punkte. Spalte 4 der Tabelle 5.5 schließlich zeigt die Ergebnisse einer weiteren Analyse, in der anstelle des Interesses eine Skala zur Freude am Lesen eingesetzt wurde. Diese Skala besteht aus Items wie zum Beispiel „Lesen ist eins meiner liebsten Hobbys" und „Ich gehe gern in Buchhandlungen oder Büchereien". Das nicht signifikante Regressionsgewicht bedeutet, dass bei Berücksichtigung dieses Faktors der Einfluss des Geschlechts auf die Leistung im Lesen vollkommen verschwindet. Bei vergleichbarer Freude am Lesen sind also keine signifikanten Leistungsunterschiede zwischen Jungen und Mädchen zu erwarten. Diese Befunde weisen darauf hin, dass die Geschlechterdifferenzen im Bereich Lesen zumindest zum Teil durch Unterschiede in motivationalen Merkmalen vermittelt sind.

In einer weiteren Analyse wurde untersucht, inwieweit auch die Geschlechterdifferenzen in den Mathematikleistungen durch motivationale Faktoren erklärt werden. Köller und Klieme (2000) sind dieser Frage bereits in TIMSS/III nachgegangen und konnten keine Hinweise auf Mediationseffekte der einbezogenen motivationalen Merkmale (Interesse, Selbstkonzept und Leistungsangst) identifizieren. Im Gegenteil, die Aufnahme motivationaler Merkmale in das Regressionsmodell führte sogar zu einer Verstärkung der Geschlechterdifferenz in den Mathematikleistungen. Dieser Befund wird durch die PISA-Ergebnisse bestätigt (siehe Tab. 5.6). Bei Berücksichtigung des mathematischen Selbstkonzepts wird der Effekt des Geschlechts auf die Leistungen nur in unerheblichem Maße reduziert; bei Berücksichtigung des Interesses steigt er weiter an. Auch bei ähnlich ausgeprägter fachbezogener Motivation sind Jungen den Mädchen in ihren Mathematikleistungen also überlegen. Dieses Ergebnismuster in den zwei Domänen weist darauf hin, dass der Leistungsvorsprung der Mädchen im Lesen möglicherweise stärker durch motivationale Faktoren verursacht ist als der Vorteil der Jungen in Mathematik. Dies sollte jedoch nicht als Hinweis darauf gewertet werden, dass die relativen Schwächen der Mädchen in mathematischen Leistungen auf Faktoren zurückzuführen sind, die kaum beeinflusst werden können. Wie die Ergebnisse des internationalen Vergleichs zeigen, gelingt es den schulischen Systemen einiger Länder recht gut, bei hohen Gesamtleistungen geringe Geschlechterunterschiede in Mathematik zu erreichen. Um Anhaltspunkte dafür zu gewinnen, welche Faktoren hierfür verantwortlich sein könnten, sind tiefer gehende Analysen notwendig, die unter anderem für thematische Berichte im Rahmen von PISA geplant sind.

In den meisten OECD-Staaten sind Jungen deutlich weniger begeisterte und aktive Leser als Mädchen. Dieser Befund zeigt sich auch in der deutschen Stichprobe. Hier ist das Muster sogar besonders ausgeprägt: Verglichen mit dem OECD-Durchschnitt berichtet ein erheblich größerer Anteil der Jungen in Deutschland, dass sie nicht gerne lesen und dies auch kaum zum Vergnügen tun. Ergebnisse von Mediationsanalysen weisen darauf hin, dass der Leistungsvorsprung der Mädchen im Lesen zumindest teilweise auf motivationale Merkmale (Interesse bzw. Freude am Lesen) zurückzuführen ist. Die Geschlechterdifferenz in Mathematik wird dagegen nicht durch Unterschiede zwischen Jungen und Mädchen im fachbezogenen Interesse oder Selbstkonzept erklärt.

---

5. Schlussfolgerungen

Die in diesem Kapitel dargestellten Befunde weisen darauf hin, dass nach wie vor bedeutsame Geschlechterunterschiede in Schülerleistungen bestehen. Dabei ist vor allem ein vergleichsweise großer Leistungsvorsprung im Lesen zu Gunsten der Mädchen zu beobachten. Die relative Schwäche der Jungen in diesem Bereich betrifft hauptsächlich das Verständnis von kontinuierlichen Texten und scheint insbesondere darauf zurückzuführen sein, dass sie weniger Freude am Lesen haben und seltener freiwillig lesen als Mädchen. Demnach sind Jungen weniger geneigt die Möglichkeiten zu nutzen, die Literatur eröffnet, in fiktive Umwelten einzutreten und sich mit diesen auseinander zu setzen, und es bleiben ihnen damit vielfältige Erfahrungen vorenthalten.

Die relative Schwäche der Jungen im Lesen zeigt sich weiterhin besonders stark bei Aufgaben, die eine kritische Reflexion und Bewertung von Texten erfordern. Es scheint ihnen also vor allem Schwierigkeiten zu bereiten, das Gelesene mit eigenen Erfahrungen, Wissensbeständen und Ideen in Beziehung zu setzen. Um ein tief gehendes Verständnis eines Textes zu erreichen, ist es jedoch notwendig, solche Verknüpfungen zwischen den Inhalten und dem eigenen Vorwissen herzustellen. Nur durch die Einbindung des Gelesenen in vorhandene Strukturen wird es möglich, sich einen Text so zu Eigen zu machen, dass seine Inhalte auch noch zu einem späteren Zeitpunkt im Gedächtnis verfügbar sind und genutzt werden können. Insofern ist es besonders wichtig, diesen Aspekt der Lesekompetenz zu entwickeln.

Die Ergebnisse der Mediationsanalysen weisen darauf hin, dass Bemühungen um einen Ausgleich von Benachteiligungen der Jungen im Lesen insbesondere an der Lesemotivation und an den Leseaktivitäten ansetzen müssen. Der in Kapitel 2 berichtete Befund, dass Jugendliche in Deutschland vergleichsweise negative Einstellungen zum Lesen berichten und relativ wenig lesen, ist in der Gruppe der Jungen besonders deutlich. Unklar ist allerdings, wann dieser Geschlechterunterschied in der Lesemotivation einsetzt. Frühere Studien (z.B. van Krayenoord & Schneider, 1999) weisen darauf hin, dass sich Jungen und Mädchen im Grundschulalter im Hinblick auf ihr Interesse am Lesen noch nicht bedeutsam unterscheiden. Wann genau die Jungen das Interesse stärker zu verlieren beginnen, ist jedoch weitgehend unbestimmt. Um die kritische Phase sowie mögliche Ursachen für das Nachlassen der Lesefreude bei Jungen zu identifizieren und um auf dieser Grundlage Interventionsmaßnahmen zu entwickeln, sind Längsschnittstudien notwendig, in denen die Entwicklung des Interesses von Schülerinnen und Schülern am Lesen im Verlauf analysiert wird.

Von den in Kapitel 2 dargestellten Maßnahmen zur Förderung von Leseaktivitäten und positiven Einstellungen zum Lesen dürften also die Jungen in besonderem Maße profitieren. Dabei erscheint es jedoch wichtig, Leseaktivitäten nicht nur anzustoßen, sondern sie auch aktiv zu begleiten. Um die besonders ausgeprägte relative Schwäche der Jungen beim Reflektieren und Bewerten von Texten auszugleichen, wäre vor allem die Fähigkeit zu fördern, Textinhalte mit bereits vorhandenen Wissensbeständen zu verknüpfen. Hierzu sind die ebenfalls in Kapitel 2 beschriebenen Methoden zur Vermittlung von Lese- und Lernstrategien geeignet. In diesem Zusammenhang sei jedoch nochmals betont, dass eine gezielte Förderung im Bereich Lesen diagnostische Kompetenzen auf Seiten der Lehrkräfte voraussetzt. Die in Kapitel 2 dargestellten Befunde weisen darauf hin, dass möglicherweise auch in dieser Hinsicht verstärkte Bemühungen angezeigt sind.

In den Bereichen Mathematik und Naturwissenschaften sind nach wie vor die Mädchen benachteiligt. Innerhalb der Naturwissenschaften ist dabei die relative Schwäche in Physik und Chemie besonders ausgeprägt. In der Biologie ist dagegen häufig kein Geschlechterunterschied bzw. teilweise sogar ein Vorteil zu Gunsten der Mädchen zu verzeichnen. Darüber hinaus konnten sowohl in den Naturwissenschaften als auch in der Mathematik geschlechtsspezifische Stärken und Schwächen bei verschiedenen Anforderungen identifiziert werden. Diese Ergebnisse weisen darauf hin, dass Leistungsnachteile für Mädchen insbesondere bei Aktivitäten zu beobachten sind, die sich auf Modellierungen beziehen (Heranziehen eines mentalen Modells in den Naturwissenschaften, rechnerisches Modellieren sowie Mathematisierung von Situationen in der Mathematik). Dies wiederum dürfte zumindest teilweise auf die in der Literatur beschriebene relative Schwäche von Mädchen im räumlichen Vorstellungsvermögen zurückzuführen sein. So konnte beispielsweise Klieme (1986) zeigen, dass der Geschlechterunterschied bei mathematischen Modellierungs- bzw. Anwendungsaufgaben auf das bei anderen Arten von Aufgabenstellungen beobachtete Niveau reduziert wird, wenn man die Fähigkeit zum bildlichen Denken kontrolliert (vgl. auch Maier, 1999).

Dieses Befundmuster verdeutlicht nochmals, dass Geschlechterunterschiede in Schülerleistungen differenziert zu betrachten sind. Die Ergebnisse sind weiterhin als Hinweis darauf zu werten, dass die gezielte Förderung von Mädchen in den Naturwissenschaften und der Mathematik, die häufig auf einer relativ globalen Ebene stattfindet (z.B. Förderung des allgemeinen Interesses von Mädchen an der Physik), auch an spezifischen Teilkompetenzen ansetzen sollte. Insbesondere im Hinblick auf die Entwicklung von räumlichem Vorstellungsvermögen und Modellierungsfähigkeiten scheinen verstärkte Bemühungen notwendig zu sein. Eine zentrale Voraussetzung für das Arbeiten mit Modellen ist dabei die Fähigkeit, mit Zeichensystemen umzugehen. Auch hier scheint insbesondere in der Gruppe der Mädchen verstärkter Förderungsbedarf zu bestehen. So fanden Rode und

Stern (in Vorbereitung) beispielsweise Hinweise darauf, dass es Jungen deutlich leichter fällt, auf graphisch-visuelle Veranschaulichungen zurückzugreifen als Mädchen. Die Nutzung solcher Repräsentationsformen ist für das Verständnis naturwissenschaftlicher und mathematischer Konzepte zentral, und es sollte bereits in der Grundschule damit begonnen werden, Kindern dieses Werkzeug an die Hand zu geben (Stern, 2001).

Die dargestellten Befunde weisen darauf hin, dass Bemühungen um einen Ausgleich von Leistungsunterschieden zwischen Jungen und Mädchen an verschiedenen Punkten ansetzen sollten. Im Bereich Lesen erscheint es vor allem wichtig, Jungen stärker zum Lesen zu motivieren. Um die ausgeprägte relative Schwäche der Jungen beim Reflektieren und Bewerten von Texten auszugleichen, wäre weiterhin gezielt die Fähigkeit zu fördern, die Inhalte gelesener Texte mit bereits vorhandenen Wissensbeständen zu verknüpfen. Von den in Kapitel 2 beschriebenen Maßnahmen zur Förderung von Leseaktivitäten und Methoden zur Vermittlung von Lese- und Lernstrategien dürften also die Jungen in besonderem Maße profitieren. Um die Leistungsnachteile von Mädchen in den Bereichen Mathematik und Naturwissenschaften auszugleichen, sollten Bemühungen, die auf der motivationalen Ebene ansetzen, durch eine gezielte Förderung spezifischer Teilkompetenzen (Modellierungsfähigkeiten, Nutzung graphisch-visueller Repräsentationsformen, räumliches Vorstellungsvermögen) ergänzt werden.

Anmerkungen

[1] In der *Study of Reading Literacy* der IEA wurden zwei Gruppen getestet: Schülerinnen und Schüler derjenigen Klassenstufe, in der sich der höchste Anteil der 9-Jährigen befindet (in Deutschland: 3. Klassenstufe), und Schülerinnen und Schüler der Klassenstufe mit dem größten Anteil der 14-Jährigen (in Deutschland: 8. Klassenstufe).

[2] Außer in Korea sind ähnliche Muster in allen PISA-Teilnehmerstaaten mit gegliedertem Schulsystem zu verzeichnen, und die im Folgenden beschriebenen Effekte sind dort in der Tendenz ebenfalls zu beobachten (OECD, 2001).

[3] Auf einigen Skalen ist die Geschlechterdifferenz in der Integrierten Gesamtschule vergleichsweise hoch und dennoch nicht signifikant. Dies ist darauf zurückzuführen, dass weniger Schulen dieser Schulform in der Stichprobe enthalten sind als Gymnasien, Realschulen und Hauptschulen (vgl. Kap. 1). Daher sind die Schätzungen für Integrierte Gesamtschulen mit einer größeren Unsicherheit behaftet als die für die anderen Schulformen, weshalb Entscheidungen über die Signifikanz der Ergebnisse konservativer ausfallen.

Literatur

Baron, R. M. & Kenny, D. A. (1986). The moderator-mediator variable distinction in social psychological research: Conceptual, strategic, and statistical considerations. *Journal of Personality & Social Psychology, 51* (6), 1173–1182.

Baumert, J., Lehmann, R. H., Lehrke, M., Schmitz, B., Clausen, M., Hosenfeld, I., Köller, O. & Neubrand, J. (1997). *TIMSS – Mathematisch-naturwissenschaftlicher Unterricht im internationalen Vergleich: Deskriptive Befunde.* Opladen: Leske + Budrich.

Elley, W. B. (Ed.). (1994). *The IEA Study of Reading Literacy: Achievement and instruction in thirty-two school systems.* Oxford, UK: Pergamon.

Fennema, E. (1996). Mathematics, gender and research. In G. Hanna (Ed.), *Towards gender equity in mathematics education* (pp. 9–26). Dordrecht: Kluwer.

Hyde, J. S., Fennema, E. & Lamon, S. J. (1990). Gender differences in mathematics performance: A meta-analysis. *Psychological Bulletin, 107* (2), 139–155.

Hyde, J. S. & Linn, M. C. (1988). Gender differences in verbal ability: A meta-analysis. *Psychological Bulletin, 104* (1), 53–69.

Johnson, S. (1996). The contribution of large-scale assessment programmes to research on gender differences. *Educational Research and Evaluation, 2* (1), 25–49.

Klieme, E. (1986). Bildliches Denken als Mediator für Geschlechtsunterschiede beim Lösen mathematischer Probleme. In H.-G. Steiner (Hrsg.), *Grundfragen der Entwicklung mathematischer Fähigkeiten* (S. 133–151). Köln: Aulis Verlag.

Klieme, E. (1997). *Gender-related differences in mathematical abilities: Effect size, spatial mediation, and item content.* Paper presented at the 7th Conference of the European Association for Research in Learning and Instruction (EARLI), Athens, Greece.

Köller, O. & Klieme, E. (2000). Geschlechtsdifferenzen in den mathematisch-naturwissenschaftlichen Leistungen. In J. Baumert, W. Bos & R. H. Lehmann (Hrsg.), *TIMSS/III – Dritte Internationale Mathematik- und Naturwissenschaftsstudie: Mathematische und naturwissenschaftliche Bildung am Ende der Schullaufbahn: Bd. 2. Mathematische und physikalische Kompetenzen am Ende der gymnasialen Oberstufe* (S. 373–404). Opladen: Leske + Budrich.

Lehmann, R. H. (1994). Lesen Mädchen wirklich besser? Ergebnisse aus der internationalen IEA-Lesestudie. In S. Richter & H. Brügelmann (Hrsg.), *Mädchen lernen ANDERS lernen Jungen: Geschlechtsspezifische Unterschiede beim Schriftspracherwerb* (S. 99–109). Lengwil: Libelle.

Lehmann, R. H., Peek, R. & Gänsfuß, R. (1997). *Aspekte der Lernausgangslage von Schülerinnen und Schülern der fünften Klassen an Hamburger Schulen – Bericht über die Untersuchung im September 1996.* Hamburg: Behörde für Schule, Jugend und Berufsbildung, Amt für Schule (BSJB).

Lehmann, R. H., Peek, R., Pieper, I. & Stritzky, R. von (1995). *Leseverständnis und Lesegewohnheiten deutscher Schüler und Schülerinnen.* Weinheim: Beltz.

Maier, P. H. (1999). *Räumliches Vorstellungsvermögen: Ein theoretischer Abriss des Phänomens räumliches Vorstellungsvermögen.* Donauwörth: Auer Verlag.

Organisation for the Economic Co-operation and Development (OECD). (2001). *Knowledge and skills for life – First results from PISA 2000.* Paris: OECD.

Richter, S. & Brügelmann, H. (Hrsg.). (1994). *Mädchen lernen ANDERS lernen Jungen: Geschlechtsspezifische Unterschiede beim Schriftspracherwerb.* Lengwil: Libelle.

Rode, C. & Stern, E. (in prep.). *Availability and accessibility of diagrammatic tools in male and female secondary school students.*

Schiefele, U., Krapp, A. & Winteler, A. (1992). Interest as predictor of academic achievement: A meta-analysis of research. In K. A. Renninger, S. Hidi & A. Krapp (Eds.), *The role of interest in learning and development* (pp. 183–212). Hillsdale, NJ: Erlbaum.

Stern, E. (2001). Wie abstrakt lernt das Grundschulkind? Neuere Ergebnisse der entwicklungspsychologischen Forschung. In H. Petillon (Hrsg.), *Handbuch Grundschulforschung* (Bd. 5, S. 1–21). Leverkusen: Leske + Budrich.

Van Kraayenoord, C. E. & Schneider, W. (1999). Reading achievement, metacognition, reading self-concept and interest: A study of German students in grades 3 and 4. European *Journal of Psychology and Education, 14*, 305–324.

Wagemaker, H. (Ed.). (1996). *Are girls better readers? Gender differences in reading literacy in 32 countries.* Amsterdam: IEA.

Cordula Artelt
Anke Demmrich
Jürgen Baumert

6 Selbstreguliertes Lernen

1. Was ist selbstreguliertes Lernen?

Hinsichtlich der funktionalen Bestimmung selbstregulierten Lernens herrscht in der Forschungsliteratur weitgehend Einigkeit: Lernende, die ihr eigenes Lernen regulieren, sind in der Lage, sich selbstständig Lernziele zu setzen, dem Inhalt und Ziel angemessene Techniken und Strategien auszuwählen und sie auch einzusetzen. Ferner halten sie ihre Motivation aufrecht, bewerten die Zielerreichung während und nach Abschluss des Lernprozesses und korrigieren – wenn notwendig – die Lernstrategie (Simons, 1992). Die Selbstregulation des Lernens beruht demnach auf einem flexibel einsetzbaren Repertoire von Strategien zur Wissensaufnahme und Wissensverarbeitung sowie zur Überwachung der am Lernen beteiligten Prozesse. Ergänzt werden diese Formen der Informationsverarbeitung durch motivationale Prozesse wie beispielsweise Techniken der Selbstmotivierung und der realistischen Zielsetzung. In der konkreten Auseinandersetzung mit Lernanforderungen kann die Regulation dabei mehr oder weniger gut gelingen. Beim selbstregulierten Lernen handelt es sich nicht um eine Fähigkeit, die – einmal erworben – in allen potenziellen Situationen und bezogen auf verschiedene Inhaltsbereiche zur Anwendung kommt und dabei notwendigerweise zu guten Leistungen führt. Selbstregulation ist vielmehr ein vor dem Hintergrund der jeweiligen Ziele, Anforderungen und Voraussetzungen optimaler Zustand. Im Unterschied zu fachbezogenen, kognitiven Kompetenzen beruht selbstreguliertes Lernen auf einer Handlungskompetenz, bei der die insgesamt notwendigen und/oder verfügbaren kognitiven, motivationalen und sozialen Voraussetzungen für erfolgreiches Handeln und Leisten zusammenwirken (vgl. Weinert, 1999).

Modelle des selbstregulierten Lernens gehen in der Regel davon aus, dass sich die Selbstregulation als ein dynamisches Wechselspiel zwischen kognitiven, metakognitiven und motivationalen Aspekten des Lernens beschreiben lässt. Eines der bekanntesten und theoretisch gut begründeten Modelle hat Boekaerts (1999) vorgelegt (vgl. Abb. 6.1). Sie unterscheidet die Regulation der Informationsverarbeitung, die metakognitive Steuerung

Abbildung 6.1: Drei-Schichten-Modell des selbstregulierten Lernens nach Boekaerts

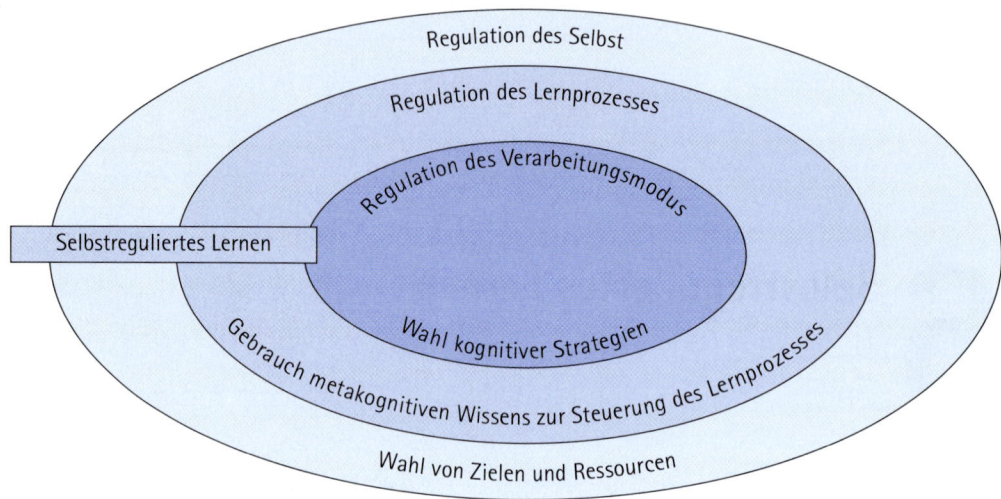

des Lernens und die Regulation der Motivation. Die drei Ebenen sollen im Folgenden genauer gekennzeichnet werden.

Wahl kognitiver Strategien (Regulation des Verarbeitungsmodus)

Ohne die Kenntnis von Strategien der Informationsverarbeitung, verbunden mit Wissen um deren Wert und Nutzen, ist selbstreguliertes Lernen kaum denkbar, da diese Kenntnis Lerner erst in die Lage versetzt, ihr eigenes Lernen aktiv zu gestalten. Strategien können bereichsspezifisch oder allgemein sein und sie müssen vom Lernenden nicht unbedingt bewusst angewendet werden (Friedrich & Mandl, 1992). Unter einer Strategie in diesem Sinne versteht man eine prinzipiell bewusstseinsfähige, häufig aber automatisierte Handlungsfolge, die unter bestimmten situativen Bedingungen aus dem Repertoire abgerufen und situationsadäquat eingesetzt wird, um Lern- oder Leistungsziele optimal zu erreichen. Idealerweise steht ein breites Repertoire an Strategien zur Verfügung, aus dem Lernende situationsangemessen auswählen.

Gebrauch metakognitiven Wissens zur Steuerung des Lernprozesses (Regulation des Lernprozesses)

Ein wichtiges Merkmal selbstregulierten Lernens ist die Fähigkeit, Lernstrategien auszuwählen, zu kombinieren und zu koordinieren. Damit kommen Strategien höherer Ordnung, so genannte metakognitive Strategien, ins Spiel. Hierzu zählen Planung (z.B. des Lernziels und der Mittel, die zur Zielerreichung notwendig sind), Überwachung (z.B. des Lernfortschritts), Steuerung (z.B. durch Veränderung der Mittel) und Evaluation (Bewertung der Zielerreichung). Diese regulierenden Aktivitäten können sich sowohl auf die Überwachung des Verstehensprozesses, als auch auf die Überwachung der Angemessenheit des Vorgehens beziehen (Schneider & Pressley, 1997). Zur adäquaten Steuerung des Lernprozesses und für den effektiven Gebrauch von Strategien ist es weiterhin notwendig, hinreichendes Wissen darüber zu haben, was effektive Lernprozesse kennzeichnet, und die eigenen Stärken und Schwächen beim Lernen zu kennen.

Wahl von Zielen und Ressourcen (Regulation des Selbst)

Im motivationalen Bereich zeichnen sich selbstregulierte Lerner durch ihre Bereitschaft und Fähigkeit aus, sich selbstständig Ziele zu setzen, sich selbst zu motivieren und Erfolge und Misserfolge angemessen zu verarbeiten. Willensgesteuerte Regulationstechniken sind zum Beispiel die Umsetzung von Wünschen in Absichten sowie die Abschirmung der Lernvorgänge gegen konkurrierende Handlungsintentionen. Hinreichende Motivation, die sich zum Beispiel im inhaltlichen Interesse äußern kann, ist Voraussetzung dafür, dass Lernprozesse überhaupt begonnen und ausgeführt werden.

2. Erfassung der Voraussetzungen selbstregulierten Lernens in PISA

Mit dem Vorhaben, fächerübergreifende Kompetenzen von Schülerinnen und Schülern zu erfassen, hat PISA als internationale Vergleichsstudie Neuland betreten. Die Entscheidung, selbstreguliertes Lernen in PISA zu untersuchen, beruht auf der Überlegung, dass man das Potenzial zum selbstregulierten Lernen einer Person annäherungsweise beschreiben kann, wenn man weiß, inwieweit die Person über die notwendigen Voraussetzungen der Selbstregulation verfügt (Baumert u.a., 1999). Dieses Potenzial ist nicht mit der aktuellen Selbstregulation in gegebenen Lernsituationen identisch, als Bedingung der Möglichkeit jedoch von großer Bedeutung.

Die Kenntnis und Verfügbarkeit von Lern- und Problemlösestrategien sind wichtige kognitive Voraussetzungen selbstregulierten Lernens. In PISA wurde die Nutzungshäufigkeit folgender Lernstrategien erhoben: Elaborationsstrategien, Wiederholungsstrategien und Kontrollstrategien (vgl. Kasten 1). Elaborations- und Wiederholungsstrategien stellen kognitive Strategien dar. Elaborationsstrategien dienen dazu, einen Lerngegenstand zu verstehen und die Bedeutung des Gelernten herauszuarbeiten. Dazu werden etwa beim Lesen auf der Basis einzelner Textteile Vorhersagen über weitere Abschnitte gemacht, aus dem Gelesenen Schlussfolgerungen gezogen oder nach Verbindungen zwischen einzelnen Textteilen untereinander sowie dem Text und Phänomenen aus der Wirklichkeit gesucht. Durch die aktive Verarbeitung des Gelesenen wird das neue Wissen in bereits vorhandenes Vorwissen integriert.

Wiederholungsstrategien zielen hingegen darauf ab, einen Stoff möglichst wortgetreu auswendig zu lernen. Hierzu ist es nicht notwendig, das Gelesene tatsächlich zu verstehen. Anhand verschiedener Techniken wie etwa dem Einprägen durch lautes Wiederholen ist es möglich, lange Texte, Gedichte, Listen von Zahlen usw. abzuspeichern und zu späteren Zeitpunkten wieder korrekt abzurufen.

Als dritte Gruppe von Lernstrategien wurden Kontrollstrategien erhoben. Hierbei handelt es sich um im eigentlichen Sinne regulierende Strategien. Die Skala zur Nutzung von

Kontrollstrategien bildet ab, wie intensiv die Befragten bei der Bearbeitung von Aufgaben und beim Lernen generell den jeweils erreichten Lernfortschritt überwachen. Der so gemessene habituelle Einsatz von Kontrollstrategien gibt Auskunft darüber, inwiefern Lernaktivitäten aktiv gesteuert werden. Kontrollstrategien sind damit auf der mittleren Ebene des in Abbildung 6.1 dargestellten Rahmenmodells anzusiedeln.

Kasten 1: Erläuterung zur Messung der Lernstrategien

Ingesamt bilden die Lernstrategieskalen die von den Schülern eingeschätzte Häufigkeit ihres Einsatzes von Strategien (Nutzungsintensität) beim Lernen ab. Hierzu bewerteten die Schülerinnen und Schüler jeweils vier Aussagen zum Einsatz von Strategien auf einer vierstufigen Skala, die von „fast nie (1)" über „manchmal (2)" und „oft (3)" bis „fast immer (4)" reicht.

Beispielaussagen zu den einzelnen Strategien:
Elaborationsstrategien: *Wenn ich lerne, überlege ich, wie der Stoff mit dem zusammenhängt, was ich schon gelernt habe.*
Wiederholungsstrategien: *Wenn ich lerne, versuche ich alles auswendig zu lernen, was drankommen könnte.*
Kontrollstrategien: *Wenn ich lerne, versuche ich beim Lesen herauszufinden, was ich noch nicht verstanden habe.*

Der Skalenwert pro Schüler wurde über den Mittelwert der Bewertung der vier Aussagen gebildet, sodass sich ein Wert von zum Beispiel 1 wieder im Sinne der ursprünglichen Skala als seltener („fast nie") Einsatz dieser Strategien, ein Wert von 3,5 hingegen als recht häufiger Einsatz (zwischen „oft" und „fast immer") interpretieren lässt. Eine weitere Möglichkeit der Veranschaulichung bietet sich über eine Einteilung in Lerngelegenheiten. Ein Wert von 2,5 kann dabei als Hinweis auf die Verwendung dieser Strategie in der Hälfte der Lerngelegenheiten gesehen werden, während 2 für ca. ein Viertel und 3 für ca. drei Viertel der potenziellen Lerngelegenheiten steht. Diese Interpretation der Schülerangaben ist mit den Annahmen der Skala vereinbar. Es fragt sich jedoch, inwiefern die Schüler bei der Beurteilung der Aufgaben tatsächlich alle potenziellen Lernsituationen berücksichtigen (siehe auch Artelt, 2000; Winne & Perry, 2000), sodass eine gewisse Vorsicht bei der Interpretation der absoluten Skalenwerte ratsam ist. Die hier genannten drei Lernstrategiemaße basieren auf Selbstauskünften der Schülerinnen und Schüler über ihr typisches Lernvorgehen. In Ergänzung zu dieser Art der Erfassung von Lernstrategiewissen wurde ein Test zum Lernstrategiewissen durchgeführt (Artelt, Schiefele & Schneider, 2001; Schlagmüller & Schneider, 1999). Da dieser Test jedoch nur bei den Schülern der deutschen Stichprobe erhoben wurde, werden das zu Grunde liegende Konzept wie auch die Ergebnisse erst bei der Darstellung der nationalen Befunde (Abschnitt 4.1) besprochen.

Ein weiteres zentrales Merkmal selbstregulierten Lernens ist die Regulation der Motivation. In dem in Abbildung 6.1 dargestellten Rahmenmodell liegen die motivationalen Merkmale auf der äußersten Ebene. Sie stellen eine allgemeine Voraussetzung für die Initiierung von Lernprozessen dar. Selbst bei einer ausreichenden Wissensbasis (z.B. im Sinne von Lernstrategiewissen) kann eine erfolgreiche Umsetzung dieses Wissens daran scheitern, dass zu wenig Interesse am Inhaltsbereich oder der konkreten Tätigkeit besteht. Der Einsatz insbesondere von zeitintensiven Strategien macht aus subjektiver Sicht nur dann Sinn, wenn das damit verbundene Ziel einen Wert hat, der Anstrengung als lohnend erscheinen lässt. Der persönliche Wert bestimmter Lern- und Arbeitsziele kann entweder im Lernen selbst liegen (z.B. dann, wenn starkes Interesse an einem konkreten Inhaltsbereich besteht) oder aber in den mit dem Erreichen des Ziels erwarteten Konsequenzen (z.B. in Form von Belohnung, Gratifikationen usw.).

Die motivationalen Präferenzen von Schülerinnen und Schülern wurden in PISA differenziert erhoben. Im Rahmen dieses Bandes soll jedoch nur über die Ergebnisse der Analysen zum gegenstandsspezifischen Interesse berichtet werden. Unter Interesse versteht man in der pädagogischen und psychologischen Forschung eine stabile Person-Gegenstandsbeziehung, die sich durch drei Merkmale auszeichnet: die Beschäftigung mit dem Gegenstand ist subjektiv hoch bedeutsam – sie kann Teil der Identität werden –, emotional befriedigend bis hin zum *Flow*-Erleben und selbstintentional. Gegenstandsspezifische Interessen, zum Beispiel das Interesse am Lesen oder an Mathematik, beeinflussen die Kontinuität und Intensität des Engagements in Lernsituationen und die erreichbare Verstehenstiefe (Krapp, 1992; Schiefele, 1996; Schiefele & Wild, 2000).

Weitere motivationale Merkmale, die Art und Qualität des Lernens in erheblichem Maße steuern, sind selbstbezogene Kognitionen. Auf das Lernen bezogen bestehen diese aus Erklärungszuschreibungen über eigene Lernprozesse bzw. über Lernprozesse allgemein, die, integriert in eine subjektive Theorie des Lernens, das eigene Lernen leiten. Die subjektiven Theorien, die eine Person über das eigene Lernen entwickelt, enthalten Annahmen über die eigene Kompetenz, über die Effektivität von Anstrengung sowie über Aufgabenmerkmale und die zur Lösung der Aufgaben notwendigen Strategien. In der Forschungsliteratur lassen sich zahlreiche Belege dafür finden, dass selbstbezogene Kognitionen, die sich auf die eigenen Fähigkeiten beziehen, erheblichen Einfluss auf Zielsetzungen, Strategieanwendungen und Lernerfolge haben (vgl. Köller, 2001). Im Rahmen dieses Bandes werden Ergebnisse von Analysen zum verbalen und mathematischen Selbstkonzept von Schülerinnen und Schülern berichtet (vgl. Kasten 2).

Kasten 2:   Interpretation der Interessen- und Selbstkonzeptskalen

Die Interessenskalen beruhen auf Selbsteinschätzungen der Schülerinnen und Schüler zu verschiedenen, Interesse veranschaulichenden Aussagen (z.B. beim Interesse am Lesen: Wenn ich lese, vergesse ich manchmal alles um mich herum). Diese Aussagen, wie auch die zum Selbstkonzept, wurden jeweils auf einer vierstufigen Skala von „trifft nicht zu" über „trifft eher nicht zu" und „trifft eher zu" bis „trifft zu" bewertet. Ein hoher Wert auf der Interessenskala entspricht einem stark ausgeprägten inhaltlichen Interesse. Ein geringer Wert auf der Interessenskala kann hingegen als Desinteresse interpretiert werden. Entsprechend ist ein mittlerer Wert als indifferent zu betrachten: Weder das Interesse noch das Desinteresse ist sonderlich ausgeprägt.

Die Skalen zum Selbstkonzept sind analog zu interpretieren. Hohe Werte entsprechen einem positiven Selbstkonzept und dem damit verbundenen Gefühl, die geforderte Anforderung meistern zu können, niedrige Werte deuten auf ein negatives Selbstkonzept hin.

Verwendet man zur Veranschaulichung wiederum das Vertrauen, gestellten Anforderungen gewachsen zu sein, drückt sich ein mittlerer Wert auf der Selbstkonzeptskala in einem eher verhaltenen Vertrauen aus.

Eine Beispielaussage zum verbalen Selbstkonzept lautet zum Beispiel „Im Fach Deutsch lerne ich schnell."

	Skalenwert			
	1	2	3	4
Desinteresse	-- ——————— 0 ——————— ++			Interesse
Negatives Selbstkonzept	-- ——————— 0 ——————— ++			Positives Selbstkonzept

---

3.   Selbstreguliertes Lernen im internationalen Vergleich

3.1 Möglichkeiten und Grenzen des Vergleichs

Bei der Darstellung der Befunde zum selbstregulierten Lernen steht zunächst der internationale Vergleich im Vordergrund. Daran anschließend werden ergänzende nationale Ergebnisse dargestellt. Die Analysen werden für die einzelnen Komponenten separat durchgeführt, da sich die einzelnen Merkmale nicht sinnvoll zu einem Gesamtwert der Regulation verbinden lassen.

Nicht bei allen als Voraussetzung selbstregulierten Lernens erfassten Merkmalen kann man annehmen, dass die absoluten Ausprägungen der Skalen über verschiedene Kulturen hinweg vergleichbar sind. So können etwa bei der Einschätzung der eigenen mathematischen Befähigung kulturell unterschiedliche Bescheidenheitsregeln eine Rolle spielen, die zu systematischen Verschiebungen der mittleren Selbstbeurteilung führen. Ein Mittelwertvergleich wird daher auch international nicht für alle Skalen vorgenommen. Für den internationalen Vergleich werden nur solche Skalen ausgewählt, bei denen die Schülerinnen und Schüler verhaltensnahe Aussagen zu treffen haben, ohne auf Konzepte zurückgreifen zu müssen, die im Rahmen von kulturellen Kontexten definiert oder zumindest stark von diesen geprägt sind (wie z.B. den Selbstwert)[1]. Skalen, die dafür infrage kommen, sind die drei Lernstrategieskalen (Wiederholungsstrategien, Elaborationsstrategien, Kontrollstrategien) und das bereichsspezifische Interesse (Lesen und Mathematik). Keine Mittelwerte werden hingegen für die selbstbezogenen Kognitionen berichtet.

An der Option, Voraussetzungen selbstregulierten Lernens zu erfassen, nahmen die folgenden Länder teil: Australien, Belgien, Brasilien, Dänemark, Deutschland, Finnland, Vereinigtes Königreich, Irland, Island, Italien, Korea, Lettland, Liechtenstein, Luxemburg, Mexiko, Neuseeland, Niederlande[2], Norwegen, Österreich, Portugal, Russische Föderation, Schweden, Schweiz, Tschechische Republik, Ungarn und die Vereinigten Staaten.

3.2 Gibt es eine bevorzugte Art des Lernens? – Lernstrategien im internationalen Vergleich

Mit dem Einsatz von Elaborations- und Wiederholungsstrategien sind unterschiedliche Ziele verbunden. Während Elaborationsstrategien auf ein tieferes Verstehen des Lernmaterials abzielen, dienen Wiederholungsstrategien vorrangig dem Auswendiglernen. Sowohl der Einsatz von Elaborations- als auch von Wiederholungsstrategien kann in Abhängigkeit von den gestellten Anforderungen adäquat sein. Durch den internationalen Vergleich der Nutzungsintensität dieser Strategien ergeben sich Rückschlüsse auf die von den Schülerinnen und Schülern bevorzugten und auch auf die durch die jeweiligen schulischen Anforderungen geforderten und geförderten Strategien.

Die Skalen zum habituellen Einsatz von Lernstrategien reichen von 1 bis 4. Während der Wert 1 zum Ausdruck bringt, dass diese Strategien fast nie verwendet werden, deutet der höchste Wert (4) darauf hin, dass diese Strategien in fast allen Lernsituationen zur Anwendung kommen (vgl. Kasten 1). Die Werte lassen sich entsprechend als Nutzungsintensität interpretieren. Sowohl für die Elaborationsstrategien als auch für die Wiederholungsstrategien liegt der durchschnittliche Skalenwert aller Länder bei 2,5 ($SD = 0,6$ und 0,7). Dieser Wert entspricht einem regelmäßigen Einsatz dieser Strategien. Insgesamt ist die Variationsbreite der mittleren Strategiewerte über die Länder hinweg nicht sonderlich groß. Besonders bei den Elaborationsstrategien liegen die Werte aller Länder im Bereich zwischen 2 und 3. Demnach scheinen diese Strategien ungefähr bei einem Viertel bis drei Vierteln der Lernanlässe zum Einsatz zu kommen.

Die Nutzungsintensität von Elaborationsstrategien (Mittelwert: 2,6) liegt in Deutschland über dem internationalen Durchschnitt. Wiederholungsstrategien werden in Deutschland hingegen genauso oft eingesetzt wie im internationalen Durchschnitt ($M = 2,5$).

In fast allen Ländern finden sich beim habituellen Einsatz von Elaborations- und Wiederholungsstrategien deutliche Geschlechterunterschiede: In 16 der 25 Länder, unter anderem in Deutschland, verwenden Mädchen mehr Wiederholungstrategien als Jungen. Im Gegensatz dazu zeigt sich hinsichtlich des Einsatzes von Elaborationsstrategien ein umgekehrtes Muster. In 13 Ländern – darunter auch Deutschland – verwenden Jungen mehr Elaborationsstrategien als Mädchen.

Aufschluss über Präferenzen in den einzelnen Teilnehmerstaaten ergibt der direkte Vergleich zwischen dem Einsatz von Elaborations- und Wiederholungsstrategien. Tabelle 6.1 zeigt im oberen Teil die Länder, in denen Elaborationsstrategien signifikant häufiger als Wiederholungsstrategien eingesetzt werden. Unabhängig von der absoluten Häufigkeit der Anwendung werden in diesen Ländern auf tieferes Verstehen ausgerichtete Strategien bevorzugt verwendet. Das umgekehrte Muster, also ein häufigerer Einsatz von Wiederholungsstrategien, ist in den neun Ländern nachweisbar, die im unteren Teil der Tabelle aufgelistet sind. Dies könnte darauf hindeuten, dass in diesen Ländern Auswendig-

Tabelle 6.1: Liste der Länder, in denen entweder Elaborations- oder Wiederholungsstrategien bevorzugt eingesetzt werden

Land	Lernstrategie			
	Wiederholung		Elaboration	
	Mittelwert	Standardfehler	Mittelwert	Standardfehler
Österreich	2.47	.02	2.62**	.02
Italien	2.00	.02	2.44**	.02
Korea	2.37	.02	2.50**	.03
Mexiko	2.53	.02	2.73**	.02
Norwegen	2.08	.02	2.37**	.02
Portugal	2.50	.02	2.61**	.02
Schweiz	2.48	.02	2.57**	.02
Brasilien	2.66	.02	2.84**	.02
Tschechische Republik	2.44	.02	2.57**	.02
Australien	2.59**	.02	2.56	.02
Belgien	2.52**	.02	2.40	.02
Dänemark	2.51**	.01	2.43	.02
Neuseeland	2.66**	.02	2.57	.02
Ungarn	3.14**	.02	2.62	.02
Schweden	2.61**	.02	2.52	.02
Irland	2.69**	.02	2.45	.02
Lettland	2.61**	.01	2.53	.02
Russische Föderation	2.76**	.02	2.60	.02

** Signifikant häufigere Anwendung dieser Strategie ($p \leq .01$).

lernen eine verbreitetere Praxis ist. In Deutschland findet sich keine deutlich ausgeprägte Präferenz für die eine oder die andere Strategie.

Als dritte Gruppe von Lernstrategien wurden Kontrollstrategien erhoben. Auch bezüglich des durchschnittlichen Einsatzes von Kontrollstrategien liegen die Mittelwerte aller Länder im Bereich zwischen 2 und 3 bei einem internationalen Mittel von 2,7 (*SD* = 0,62). In Deutschland werden Kontrollstrategien häufiger verwendet als im internationalen Durchschnitt. Wie schon bei den Wiederholungsstrategien zeigt sich über die meisten Länder hinweg (15 von 20) ein häufigerer Einsatz dieser regulierenden Strategien bei Mädchen. Offenbar nehmen in den meisten Ländern Mädchen beim Lernen eine stärkere Selbstbewertungsperspektive ein als Jungen.

Auch wenn es zwischen den Ländern statistisch nachweisbare Unterschiede in den Mittelwerten der Skalen gibt, sollten diese Unterschiede mit Vorsicht interpretiert werden. Man darf nicht ohne weiteres von einer unter dem internationalen Durchschnitt liegenden Nutzungsintensität der Elaborationsstrategien auf ein Defizit schließen. Bis zu einem gewissen Grad scheinen jedoch die Angaben der Schülerinnen und Schüler die präferierten Lehr- und Lernmethoden widerzuspiegeln.

Zusätzliche Hinweise auf eventuelle Stärken und Schwächen im Einsatz von Lernstrategien kann man durch eine Analyse der Zusammenhänge zwischen berichtetem Strategieeinsatz und Testleistungen erhalten. Abbildung 6.2a verdeutlicht den Zusammenhang, indem die Lesekompetenz von Schülerinnen und Schülern mit häufiger und seltener Nutzung von Kontrollstrategien gegenübergestellt wird. Abbildung 6.2a zeigt, dass in fast allen Ländern enge Zusammenhänge zwischen dem Einsatz von Kontrollstrategien und der Leseleistung bestehen. Besonders auffällig ist dieser Zusammenhang in Portugal. Hier beträgt der Unterschied in der Lesekompetenz zwischen Schülerinnen und Schülern, die über häufigen Einsatz von Kontrollstrategien berichten (oberstes Quartil der Kontrollstrategieskala), und jenen, bei denen Kontrollstrategien eher selten zum Einsatz kommen

Abbildung 6.2a: Lesekompetenz in Abhängigkeit vom Einsatz von Kontrollstrategien

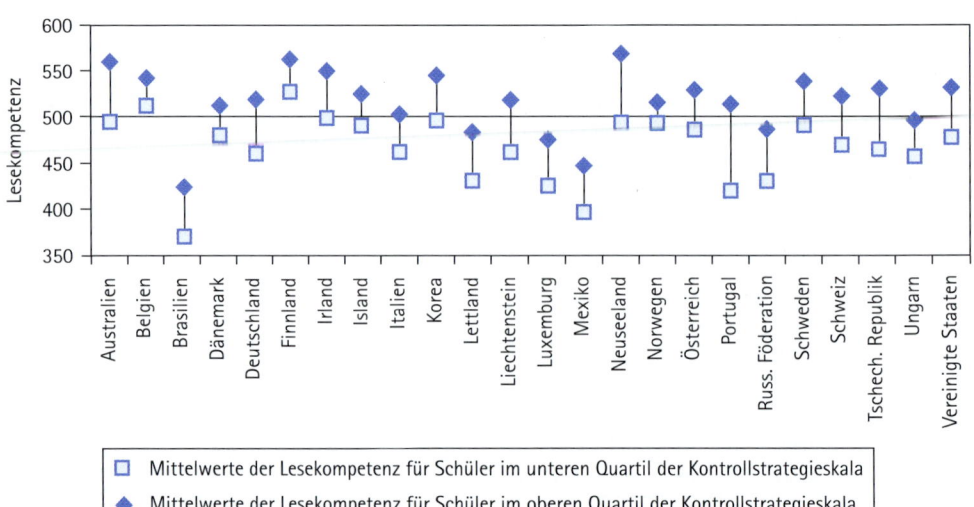

(unterstes Quartil), knapp eine Standardabweichung (96 Skalenpunkte). Der regelmäßige Einsatz von Kontrollstrategien geht in Portugal mit vergleichsweise hohen Leseleistungen einher. Neben Portugal bestehen noch in Australien, Neuseeland, der Tschechischen Republik und Deutschland enge Zusammenhänge zwischen der Nutzung von Kontrollstrategien und der erreichten Leseleistung, die sich in Differenzen von deutlich über einer halben Standardabweichung auf der Lesekompetenzskala ausdrücken. In Deutschland beträgt der Abstand zwischen Schülerinnen und Schülern, die einen häufigen Einsatz von Kontrollstrategien berichten, und jenen, die diese Strategien eher selten anwenden, 60 Punkte.

Ähnlich wie die Kontrollstrategien weisen auch die Elaborationsstrategien durchgängig positive Zusammenhänge zur Leistung auf (siehe Abb. 6.2b). Die höchsten Zusammenhänge finden sich in Korea und Portugal, wo jeweils mehr als 50 Punkte auf der Lesekompetenzskala zwischen Schülerinnen und Schülern mit häufigem und seltenem Einsatz von Elaborationsstrategien liegen. Auch in Deutschland liegen 51 Punkte zwischen diesen beiden Schülergruppen.

Im Unterschied zu den über fast alle Länder hinweg gefundenen Zusammenhängen zwischen dem Einsatz von tiefer gehenden Lernstrategien und der in PISA gemessenen Leseleistung zeigen sich für den Einsatz von Wiederholungsstrategien keine konsistenten länderübergreifenden Befunde. Die Zusammenhänge sind generell niedrig und können überdies in der Richtung variieren.

Bei den hier dargestellten Zusammenhängen zwischen selbstberichteter Strategieanwendung und Lesekompetenz ist zu beachten, dass die Leistungen jeweils auf dem landesspezifischen Niveau betrachtet wurden. Die Niveauunterschiede zwischen den Ländern gehen auch aus den Abbildungen 6.2a und 6.2b hervor. Beim Vergleich der Werte für Mexiko und Neuseeland kann man sehen, dass Personen mit vergleichsweise häufigem Einsatz von Kontrollstrategien in Mexiko weitaus niedrigere Werte auf der Lesekompetenz-

Abbildung 6.2b: Lesekompetenz in Abhängigkeit vom Einsatz von Elaborationsstrategien

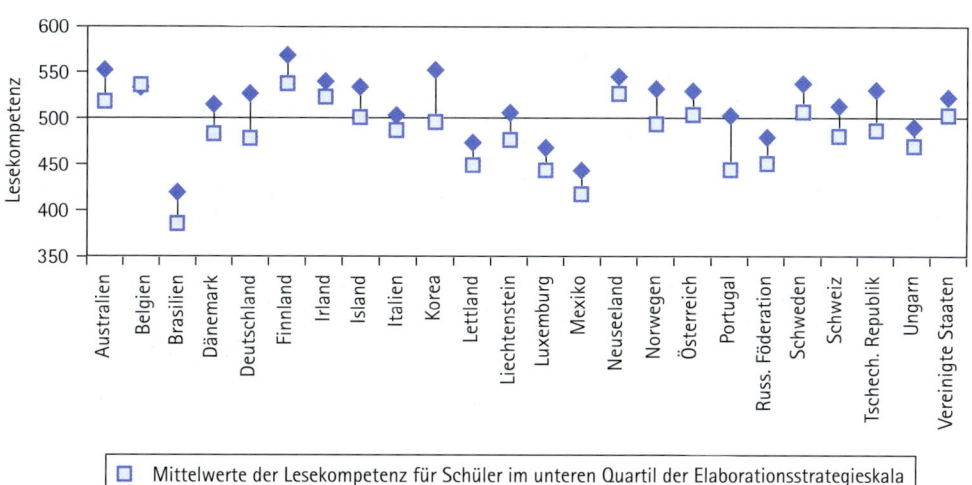

skala aufweisen als Personen mit niedrigem Kontrollstrategieeinsatz in Neuseeland (vgl. Abb. 6.2a). Selbst wenn innerhalb eines Landes straffe Zusammenhänge bestehen, kann man daraus nicht folgern, dass der Einsatz von Strategien allein zu guten Leistungen führt. Innerhalb eines Bildungssystems kann der Gebrauch von Elaborations- und Kontrollstrategien Schülerinnen und Schülern durchaus helfen, ihre Lernziele zu erreichen. Dennoch stellt der überdurchschnittlich häufige Gebrauch dieser Strategien nicht in allen Ländern denselben relativen Vorteil dar. Viele Faktoren beeinflussen die Leseleistungen. Der Einsatz von Strategien ist nur ein Teil davon.

Sofern verstehensorientiertes Lernen ein explizites Lernziel darstellt, können aus der gleichzeitigen Betrachtung der Nutzungshäufigkeit von Elaborations- und Kontrollstrategien und der jeweiligen Korrelationen zur Lesekompetenz praktische Schlussfolgerungen gezogen werden. Eindeutig ist dieses Bild in Ländern mit niedrigen Lernstrategiemittelwerten und einer gleichzeitig niedrigen Korrelation zur Lesekompetenz: Strategien werden seltener angewendet und sind auch wenig effektiv. Hier besteht offensichtlicher Förderungsbedarf. Aber auch hohe Lernstrategiemittelwerte bei gleichzeitig niedrigen Korrelationen zur Lesekompetenz deuten darauf hin, dass es den Schülerinnen und Schülern nicht gelingt, die Strategien effektiv anzuwenden (z.B. weil sie über zu wenig Erfahrung mit diesen Strategien verfügen). Als ein Indiz für effektive Strategiennutzung kann hingegen ein Muster angesehen werden, bei dem die Verwendung von Strategien mit der in PISA gemessenen Lesekompetenz korreliert und diese gleichzeitig intensiv genutzt werden. In Ländern, in denen ein geringer Strategiegebrauch berichtet wird, aber eine hohe Korrelation zur Leistung besteht, scheinen die typischen Lerngelegenheiten von Schülerinnen und Schülern eher wenig strategisches Lernen zu erfordern.

Die Ergebnisse des internationalen Vergleichs lassen sich folgendermaßen zusammenfassen: Der Einsatz von Elaborations- und Kontrollstrategien schlägt sich in fast allen Ländern in besseren Leseleistungen nieder. Für Wiederholungsstrategien lassen sich hingegen keine konsistenten Zusammenhänge nachweisen. Vor dem Hintergrund dieser Befunde ist die in fast allen Ländern gefundene niedrigere Nutzungshäufigkeit von Kontrollstrategien durch Jungen ein Nachteil für die männlichen Jugendlichen. Umgekehrt weisen Mädchen, die in fast allen Ländern einen geringeren Einsatz von Elaborationsstrategien angeben, Defizite in einer intentional eingesetzten tieferen Verarbeitung des Lernmaterials auf.

In Deutschland findet sich hinsichtlich der Effektivität und Häufigkeit des Lernstrategieeinsatzes von Schülerinnen und Schülern im internationalen Vergleich ein positives Ergebnis. Die Mittelwerte der Kontroll- und Elaborationsstrategien liegen oberhalb des Durchschnitts aller an PISA teilnehmenden Staaten und der Einsatz dieser Strategien hat Auswirkungen auf den erzielten Lernerfolg; im Vergleich zu anderen Ländern bestehen in Deutschland relativ hohe Zusammenhänge zwischen Elaborations- und Kontrollstrategien und der im PISA-Test erzielten Lesekompetenz. Wie auch in den meisten anderen Ländern berichten Mädchen in Deutschland über einen häufigeren Einsatz von Kontroll- und Wiederholungsstrategien und einen selteneren Einsatz von Elaborationsstrategien als Jungen.

3.3 Interesse und selbstbezogene Fähigkeitskognitionen im internationalen Vergleich

Wie stark ist das Interesse 15-jähriger Schülerinnen und Schüler am Lesen und an Mathematik ausgeprägt?

Das Interesse an Mathematik und Lesen wurde im Anschluss an die von Krapp u.a. entwickelte pädagogische Interessentheorie operationalisiert. Danach zeichnen sich interessengeleitete Handlungen durch drei Merkmale aus: Sie sind für die Person bedeutsam, emotional befriedigend und haben ihren Zweck in sich. Interessen stellen relativ stabile Personenmerkmale dar. Die Bedeutung des Leseinteresses ist in einer Vielzahl von Studien belegt worden. Unter anderem hat sich in der letzten IEA-Lesestudie (Elley, 1994) gezeigt, dass in den Ländern, in denen die Lehrerinnen und Lehrer Wert darauf legen, dass ihre Schülerinnen und Schüler ein anhaltendes Interesse am Lesen entwickeln, durchgängig höhere Leistungen in der Lesekompetenz zu verzeichnen waren als in Ländern, in denen dies nicht der Fall war. Vor diesem Hintergrund und der oft bestätigten Annahme, dass sich Interesse sowohl in der Häufigkeit als auch in der Qualität des Lesens positiv nieder-

Abbildung 6.3a: Leseinteresse in Abhängigkeit vom Geschlecht und vom Land (Mittelwerte)[1]

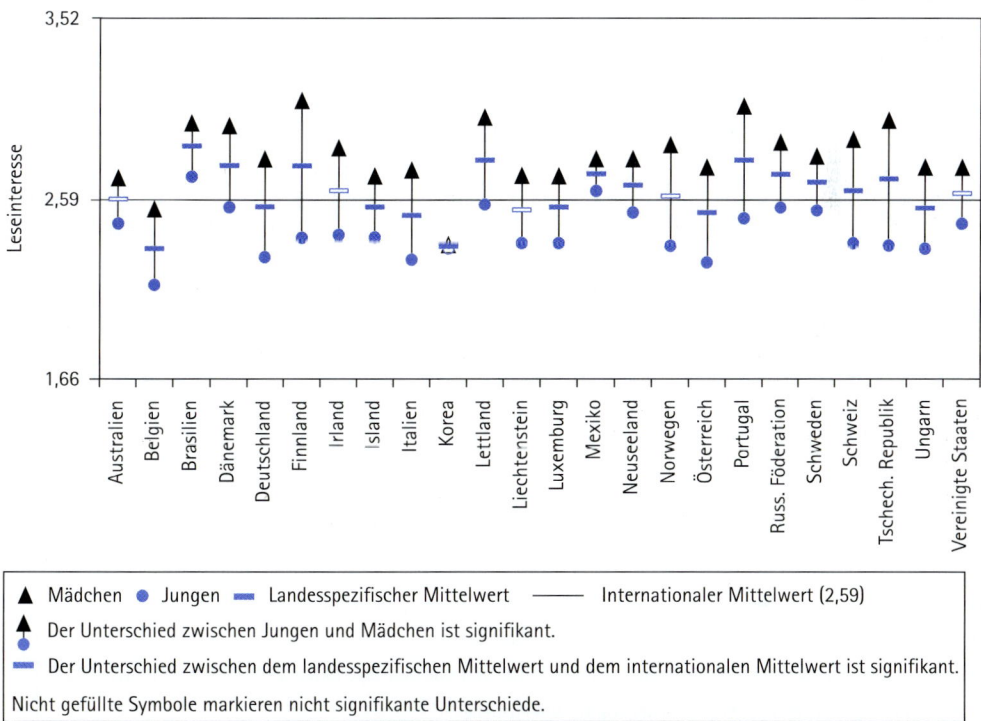

---

[1] An der Größenachse sind drei Werte abgetragen. Der mittlere Wert kennzeichnet den internationalen Mittelwert der jeweiligen Skala. Innerhalb des Bereichs zwischen dem oberen und unteren Wert der Skala liegen jeweils zwei Drittel der Werte der Schüler (±1 Standardabweichung).

schlägt, erscheint ein Vergleich der relativen Ausprägung des Lese- und Mathematikinteresses in den an PISA teilnehmenden Staaten vielversprechend.

Brasilien, Portugal, Lettland und Finnland sind die Länder, in denen die 15-jährigen Schülerinnen und Schüler das stärkste Leseinteresse aufweisen (vgl. Abb. 6.3a). Das Leseinteresse von Schülerinnen und Schülern in Deutschland ist im Vergleich zu dem Interesse von Schülerinnen und Schülern anderer Staaten vergleichsweise gering. Der deutsche Mittelwert liegt unterhalb des internationalen Mittelwerts und ungefähr auf dem theoretischen Mittelpunkt der Skala. Ähnlich niedrige Werte wie bei den deutschen Schülerinnen und Schülern zeigen sich auch in Ungarn, Luxemburg, Österreich und Island.

Bezüglich Mathematik weisen die Schülerinnen und Schüler aus Brasilien, Dänemark, Lettland, Mexiko und Portugal sehr hohe Interessenswerte auf. In Norwegen, Korea und Österreich findet sich hingegen das geringste Interesse an Mathematik. Das Mathematikinteresse der Schülerinnen und Schüler in Deutschland liegt – wie auch ihr Leseinteresse – ebenfalls unter dem internationalen Mittelwert. Neben Deutschland kommen nur in vier weiteren Ländern (Luxemburg, Österreich, Korea und Belgien) sowohl beim Mathematik- als auch beim Leseinteresse unterdurchschnittliche Werte vor. Im Vergleich dazu gibt es acht Länder (u.a. Brasilien, Portugal, Dänemark und die Russische Föderation; vgl.

Abbildung 6.3b: Mathematisches Interesse in Abhängigkeit vom Geschlecht und vom Land (Mittelwerte)[1]

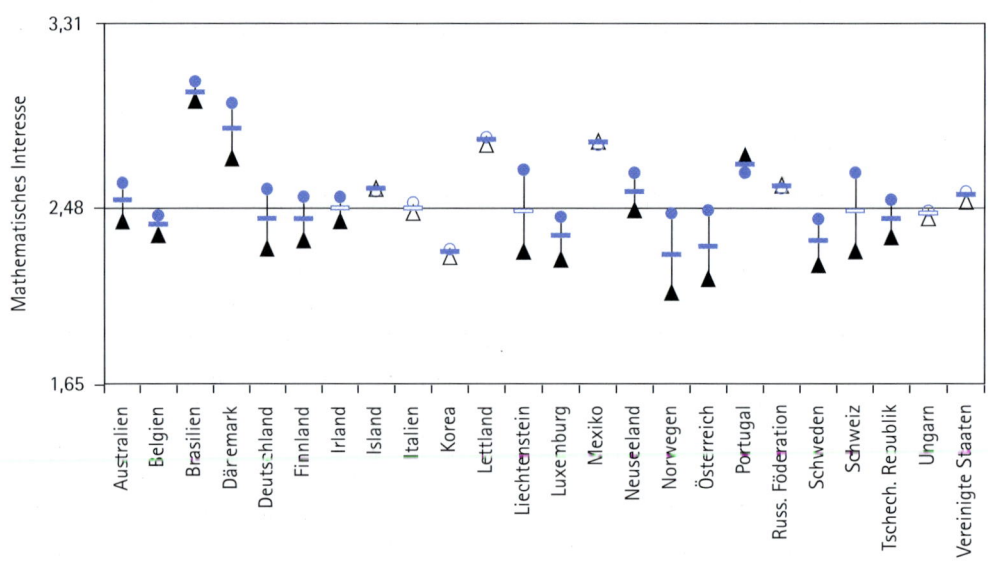

[1] An der Größenachse sind drei Werte abgetragen. Der mittlere Wert kennzeichnet den internationalen Mittelwert der jeweiligen Skala. Innerhalb des Bereichs zwischen dem oberen und unteren Wert der Skala liegen jeweils zwei Drittel der Werte der Schüler (±1 Standardabweichung).

Abb. 6.3b), in denen die Schülerinnen und Schüler sowohl am Lesen als auch an Mathematik überdurchschnittliches Interesse aufweisen. Neben diesen Ländern mit gleichermaßen niedrigem bzw. hohem Interesse zeigt sich in drei weiteren Ländern das Muster, dass Schülerinnen und Schüler über ein überdurchschnittliches Leseinteresse und ein unterdurchschnittliches Mathematikinteresse berichten. Dies ist in Finnland, Schweden sowie in der Tschechischen Republik der Fall. Besonders stark ausgeprägtes Mathematikinteresse bei gleichzeitig unterdurchschnittlichem Leseinteresse kommt hingegen nur in einem Land – Island – vor.

In allen Ländern mit Ausnahme von Korea haben Mädchen ein signifikant höheres Interesse am Lesen als Jungen. Für das Interesse an Mathematik zeigt sich ein umgekehrtes Bild: In fast allen Ländern haben Jungen höheres Interesse an Mathematik als Mädchen. Statistisch absichern lässt sich dieser Unterschied in 13 Ländern (vgl. Abb. 6.3b).

Die innerhalb der Länder nachzuweisenden Geschlechterunterschiede beim Interesse am Lesen sind in der Regel groß. In fast allen Ländern sind sie stärker als die zwischen den Ländern gefundenen Unterschiede. Die größten Geschlechterunterschiede im Leseinteresse bestehen in Finnland und Portugal, also den Ländern, in denen das Leseinteresse generell am stärksten ausgeprägt ist. Es sind also die finnischen und portugiesischen Mädchen, die im internationalen Vergleich über das ausgeprägteste Leseinteresse verfügen. Im Vergleich dazu gibt es in Korea keinen Geschlechterunterschied im Interesse am Lesen: Das Leseinteresse ist sowohl bei Jungen als auch bei Mädchen sehr gering ausgeprägt. Während beim Interesse am Lesen innerhalb der Länder große Unterschiede bestehen, sind diese beim Mathematikinteresse relativ klein. Die Geschlechterunterschiede im Mathematikinteresse sind bis auf wenige Ausnahmen kleiner als die Länderunterschiede.

Interesse und Leistung

Das Interesse am Lesen ist ein guter Prädiktor für die von den Schülerinnen und Schülern erzielte Leseleistung. Leseinteresse hängt in fast allen Ländern mit Leseleistung zusammen. Besonders ausgeprägt ist dieser Zusammenhang in Finnland, Australien und Norwegen. Gering ausgeprägte Zusammenhänge bestehen hingegen in Mexiko und Brasilien. Die Korrelationen schwanken in der ersten Ländergruppe zwischen $r = .34$ und $r = .42$, in der zweiten zwischen $r = .08$ und $r = .10$. In Deutschland liegt der entsprechende Wert bei $r = .33$. Wie auch schon bei den Lernstrategien kann man diese Zusammenhänge veranschaulichen, indem man die Lesekompetenz von Schülerinnen und Schülern im oberen und unteren Quartil der Interessenskala miteinander vergleicht (vgl. Abb. 6.4a). Demnach bestehen in Finnland, Australien und Norwegen mehr als 90 Punkte Differenz im Lesen zwischen Schülerinnen und Schülern des oberen und unteren Quartils des Leseinteresses. In Deutschland liegen 84 Punkte auf der Lesekompetenzskala zwischen den Schülergruppen mit niedrigem und starkem Leseinteresse. Dieser Unterschied spiegelt einen engen Zusammenhang wider. Bei der Interpretation sollte wiederum beachtet werden, dass die Leseleistungen der Schülerinnen und Schüler mit hohem und niedrigem Leseinteresse zwischen den Ländern erheblich variieren. Besonders deutlich zeigt sich dies in Brasilien und Mexiko im Vergleich zu anderen Ländern. Aber auch in Ländern, in denen stärkere Zusammenhänge zwischen dem Interesse am Lesen und der Leseleistung bestehen, bleiben Schülerinnen und Schüler mit deutlich ausgeprägtem Leseinteresse unter dem Leseniveau

Abbildung 6.4a: Lesekompetenz in Abhängigkeit vom Leseinteresse

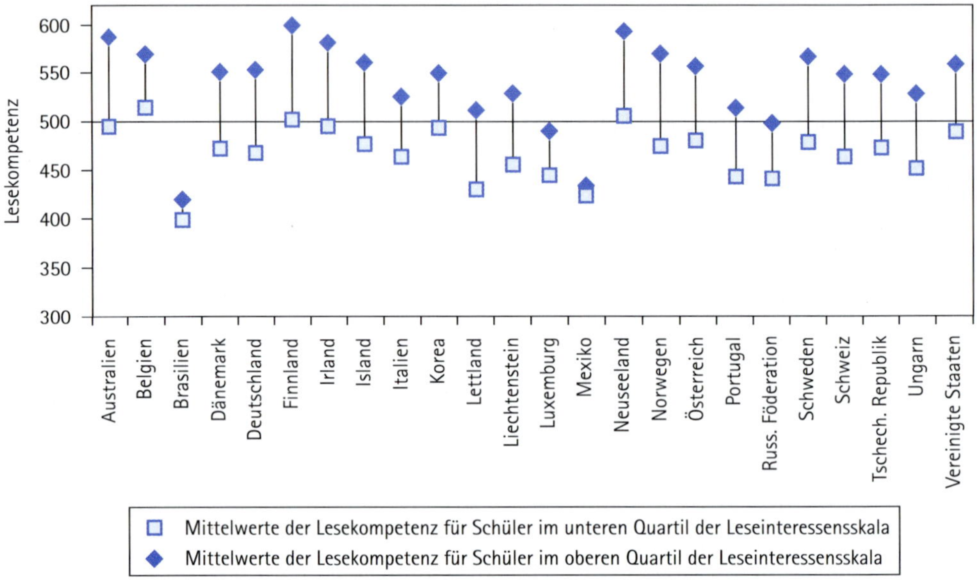

□ Mittelwerte der Lesekompetenz für Schüler im unteren Quartil der Leseinteressensskala
◆ Mittelwerte der Lesekompetenz für Schüler im oberen Quartil der Leseinteressensskala

von Schülerinnen und Schülern anderer Länder, die lediglich über ein geringes Interesse verfügen. Innerhalb der einzelnen Länder weisen jedoch die Schülerinnen und Schüler mit stark ausgeprägtem Interesse gegenüber ihren wenig interessierten oder desinteressierten Mitschülern deutliche Leistungsvorsprünge auf.

Die Zusammenhänge zwischen dem Interesse an Mathematik und der Mathematikleistung sind wesentlich geringer als die zwischen dem Leseinteresse und der Lesekompetenz (vgl. Abb. 6.4a und 6.4b). Die meisten Korrelationen liegen unter $r = .20$. Eine Ausnahme bilden Korea, Norwegen und Finnland. Hier zeigen Schülerinnen und Schüler mit ausgeprägtem Interesse an Mathematik über eine halbe Standardabweichung (50 Punkte) bessere Mathematikleistungen als ihre weniger interessierten Mitschüler. In der Regel sind die Zusammenhänge jedoch schwächer. Auch in Deutschland besteht keine starke Assoziation zwischen Mathematikinteresse und Mathematikleistung. Der Unterschied auf der Mathematikskala für wenig und für stark interessierte Schülerinnen und Schüler liegt in Deutschland lediglich bei 17 Punkten.

Ein Grund für diesen Unterschied könnte darin bestehen, dass Lesekompetenz nicht allein im Deutschunterricht erworben wird. Sowohl in anderen Fächern als auch außerhalb der Schule bestehen vielfältige Leseanlässe und -gelegenheiten, deren Nutzung vom Leseinteresse abhängt. Mathematisches Interesse hingegen bezieht sich auf den schulischen Mathematikunterricht. Ein außerschulischer Umgang mit Mathematik dürfte – auch bei gegebenem Interesse an Mathematik – im Vergleich zum freiwilligen Lesen eher selten sein und sich daher auch weniger auf die mathematischen Kompetenzen auswirken.

Abbildung 6.4b: Mathematische Kompetenz in Abhängigkeit vom mathematischen
Interesse

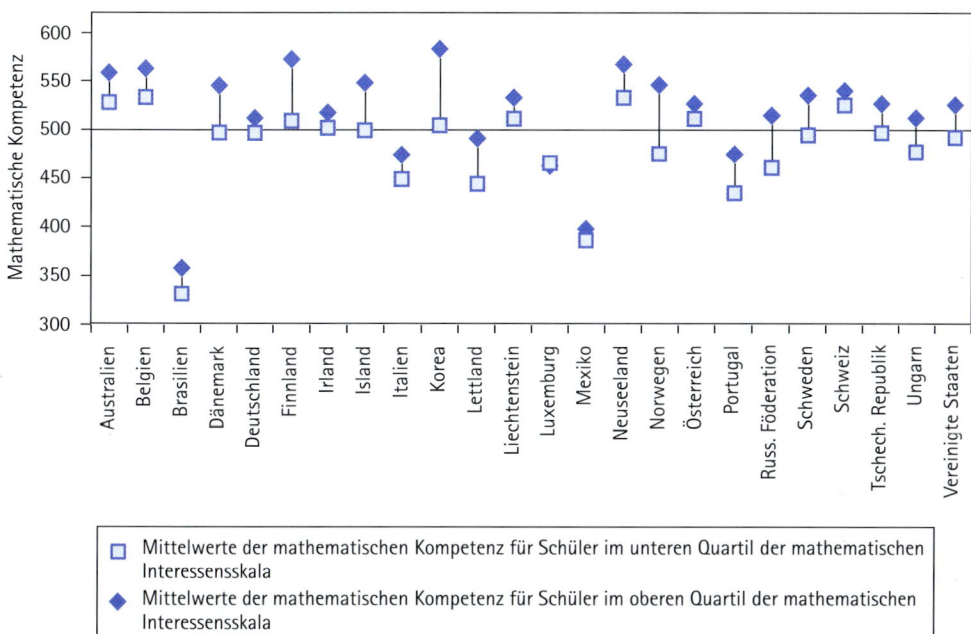

☐ Mittelwerte der mathematischen Kompetenz für Schüler im unteren Quartil der mathematischen
Interessensskala
◆ Mittelwerte der mathematischen Kompetenz für Schüler im oberen Quartil der mathematischen
Interessensskala

*Über welche generalisierten Überzeugungen bezüglich ihres eigenen Lernens verfügen
Schülerinnen und Schüler?*

Die Ausprägungen des verbalen und mathematischen Selbstkonzepts transkulturell zu
vergleichen, ist problematisch. Denn man kann nicht ausschließen, dass die Skalen aufgrund kulturell unterschiedlicher Regeln der Selbstdarstellung systematisch gegeneinan-
der verschoben sind. Deshalb werden im Folgenden auch keine Ländermittelwerte berichtet. Die Unterschiede im Selbstkonzept zwischen Jungen und Mädchen innerhalb eines
Landes lassen sich hingegen über Länder hinweg vergleichen.

Im Lesen verfügen Mädchen in fast allen Ländern über ein positiveres verbales Selbstkonzept als Jungen. Am stärksten sind die Geschlechterunterschiede in der Russischen Föderation, Lettland und Deutschland ausgeprägt. Damit entsteht ein konsistentes Gesamtbild: Geschlechterunterschiede zu Gunsten der Mädchen zeigen sich über fast alle Länder
hinweg sowohl in der Leseleistung (vgl. Kap. 5), dem Interesse am Lesen als auch im verbalen Selbstkonzept. Lediglich Korea stellt eine Ausnahme dar, da sich hier weder beim
verbalen Selbstkonzept noch beim Interesse signifikante Geschlechterunterschiede finden.
Entsprechend ist auch der Geschlechterunterschied in den Leseleistungen in Korea vergleichsweise gering (vgl. Kap. 5).

Während Jungen in nahezu allen Ländern beim verbalen Selbstkonzept deutlich niedrigere Werte als Mädchen aufweisen, zeigt sich beim mathematischen Selbstkonzept ein
umgekehrtes Muster. Mit Ausnahme der Vereinigten Staaten, Koreas, Mexikos und der
Russischen Föderation, in denen keine signifikanten Geschlechterunterschiede bestehen,

finden sich in allen anderen Ländern bei Jungen signifikant positivere Ausprägungen des mathematischen Selbstkonzepts. Die größten Geschlechterunterschiede sind in Liechtenstein, Norwegen, der Schweiz und in Deutschland zu beobachten.

Selbstkonzept und Leistung

In den meisten Ländern bestehen enge Zusammenhänge zwischen den bereichsspezifischen Selbstkonzepten und den Leistungen im entsprechenden PISA-Test. Wie aus Abb. 6.5a hervorgeht, zeigen sich in vier Ländern Leistungsunterschiede von über 90 Skalenpunkten in Mathematik zwischen dem obersten und dem untersten Quartil der Selbstkonzeptskala. Diese Länder sind Finnland, Island, Neuseeland und Norwegen. In Norwegen liegen sogar 107 Punkte zwischen Schülerinnen und Schülern mit einem niedrigen und einem hohen mathematischen Selbstkonzept. Dieser Unterschied entspricht einer Standardabweichung. Die Unterschiede zwischen diesen Schülergruppen innerhalb von Ländern sind erheblich größer als die Leistungsunterschiede zwischen den Ländern. In Deutschland ist der Zusammenhang zwischen dem mathematischen Selbstkonzept und der Mathematikleistung etwas geringer als in Finnland, Island, Neuseeland und Norwegen. Schülerinnen und Schüler mit einem sehr positiven mathematischen Selbstkonzept erzielen in Deutschland Testwerte, die 47 Punkte über denen von Schülerinnen und Schülern mit einem negativen mathematischen Selbstkonzept liegen.

Im Lesen bestehen ebenfalls in allen Ländern enge Zusammenhänge zwischen dem tätigkeitsspezifischen Selbstkonzept und der Leistung im PISA-Test (vgl. Abb. 6.5b). Auch hier betragen in drei Ländern (Finnland, Deutschland und Vereinigte Staaten) die Leis-

Abbildung 6.5a: Mathematische Kompetenz in Abhängigkeit vom mathematischen Selbstkonzept

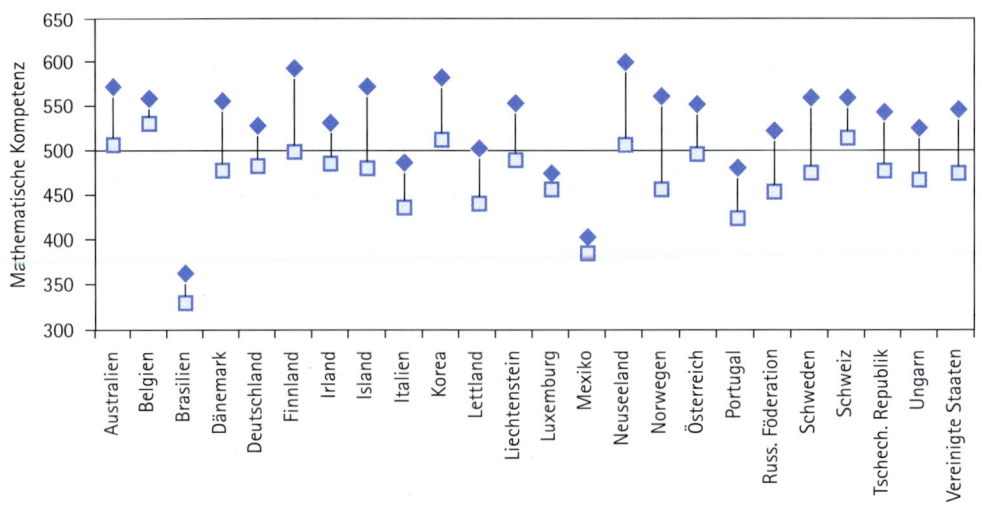

□ Mittelwerte der mathematischen Kompetenz für Schüler im unteren Quartil der Skala zum mathematischen Selbstkonzept

◆ Mittelwerte der mathematischen Kompetenz für Schüler im oberen Quartil der Skala zum mathematischen Selbstkonzept

Abbildung 6.5b: Lesekompetenz in Abhängigkeit vom verbalen Selbstkonzept

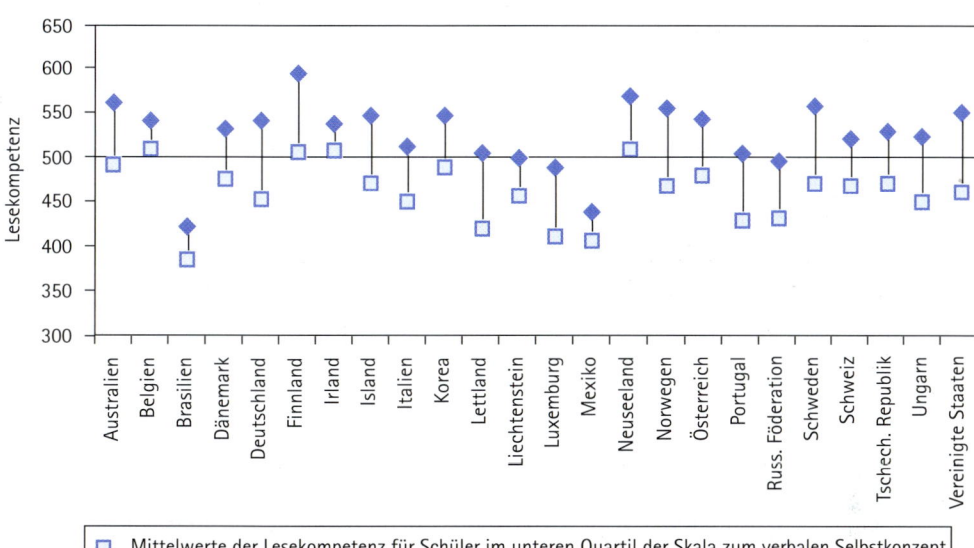

□ Mittelwerte der Lesekompetenz für Schüler im unteren Quartil der Skala zum verbalen Selbstkonzept
◆ Mittelwerte der Lesekompetenz für Schüler im oberen Quartil der Skala zum verbalen Selbstkonzept

tungsunterschiede mehr als 90 Skalenpunkte. Der mittlere Unterschied zwischen Schülerinnen und Schülern mit einem positiv ausgeprägten Selbstkonzept im Lesen und jenen mit deutlich negativem verbalem Selbstkonzept macht im Lesetest 64 Punkte aus und erreicht damit eine dem mittleren Unterschied in Mathematik vergleichbare Größe (62 Punkte; siehe Abb. 6.5a).

Die Befunde des internationalen Vergleichs lassen sich folgendermaßen zusammenfassen: Die Zusammenhänge zwischen dem verbalen und mathematischen Selbstkonzept und den jeweils entsprechenden Leistungsmaßen sind in allen Ländern relativ straff. Im Bereich des Lesens liegen sie in einer vergleichbaren Höhe wie die Zusammenhänge zwischen Leseinteresse und Lesekompetenz. Im Bereich der Mathematik sind dagegen die Zusammenhänge zwischen dem mathematischen Selbstkonzept und der Mathematikleistung enger als zwischen Mathematikinteresse und Mathematikleistung. Diese Befunde sind über die Länder hinweg konsistent.

4. Selbstreguliertes Lernen im nationalen Vergleich

4.1 Lernstrategiewissen, Strategienutzung und Lesekompetenz

Neben der Erfassung von Voraussetzungen selbstregulierten Lernens anhand von Selbsteinschätzungen zum habituellen Strategieeinsatz wurde bei den deutschen Schülerinnen und Schülern ein weiterer Test zum Wissen über Lernstrategien verwendet (Schlagmüller & Schneider, 1999). Das erhobene Lernstrategiewissen bezieht sich dabei auf Strategien, die beim Lesen, Verstehen und Wiedergeben von Textinformationen wichtig sind. Den Befragten wurden sechs verschiedene Lernszenarien dargeboten. Für jedes Szenario sollten sie die Qualität und Nützlichkeit von fünf verschiedenen Vorgehensweisen zur Erreichung eines vorgegebenen Lernziels bewerten. Die sich aus diesen Bewertungen ergebende Rangordnung der Vorgehensweisen wurde mit einer von Experten (Lehrkräfte und pädagogische Psychologinnen und Psychologen) erstellten Rangordnung verglichen. Das Ausmaß der Übereinstimmung zwischen Schüler- und Expertenrangfolge drückt sich im Testwert aus. Hohe Werte werden als Indikator für ausgeprägtes Wissen über effektive Strategien zum Behalten und Verstehen von gelesenen Textinformationen interpretiert.

Diese ergänzende Messung bietet die Möglichkeit, Lernstrategiewissen zu untersuchen. Zwar kann man nicht davon ausgehen, dass sich das Wissen über effektives Lernen notwendigerweise in jeder geeigneten Situation in entsprechenden Handlungen niederschlägt. Bereits Flavell und Wellman (1977) haben auf dieses „Handeln wider besseres Wissen" hingewiesen. Dennoch ist die Kenntnis von Lernstrategien eine notwendige, wenn auch nicht hinreichende Bedingung ihres Einsatzes. Im Vergleich zur Befragung von Schülerinnen und Schülern, welche Lernstrategien sie generell, über viele Lernanlässe hinweg bevorzugt einsetzen, besitzt das bei dieser ergänzenden Erhebung gewählte Vorgehen den Vorzug, Strategiewissen sehr situationsspezifisch zu erfassen.

Um die Bedeutung des Strategiewissens für eine erfolgreiche und effektive Nutzung von Lernstrategien zu prüfen, wurden vier Schülergruppen gebildet, die sich in ihrem Strategiewissen (hoch vs. niedrig) und der Häufigkeit der Nutzung von Elaborationsstrategien (häufig vs. selten) unterscheiden. Die Gruppeneinteilung wurde durch die Trennung am Median vorgenommen. Abbildung 6.6 gibt die Vier-Felder-Tafel und die Besetzung der einzelnen Zellen wieder.

Eine varianzanalytische Prüfung des Zusammenhangs zwischen Gruppenzugehörigkeit und Lesekompetenz zeigt, dass der Einsatz von Elaborationsstrategien in Abhängigkeit vom verfügbaren Lernstrategiewissen unterschiedlich effektiv ist. Abbildung 6.7 vergleicht die mittlere Lesekompetenz der vier Schülergruppen. Personem mit hohem Lernstrategiewissen und häufiger Nutzung von Elaborationsstrategien erreichen die besten Leistungen im Lesetest. Die Leistungen dieser Gruppe liegen deutlich über den Ergebnissen der Per-

Abbildung 6.6: Strategiewissen und Nutzung von Elaborationsstrategien (in %)

		Nutzung von Elaborationsstrategien	
		hoch	niedrig
Strategiewissen	hoch	35,4 %	18,1 %
	niedrig	25,7 %	20,8 %

Abbildung 6.7:   Leistungsmittelwerte im Lesekompetenztest in Abhängigkeit vom Lernstrategiewissen und der Nutzung von Elaborationsstrategien[1]

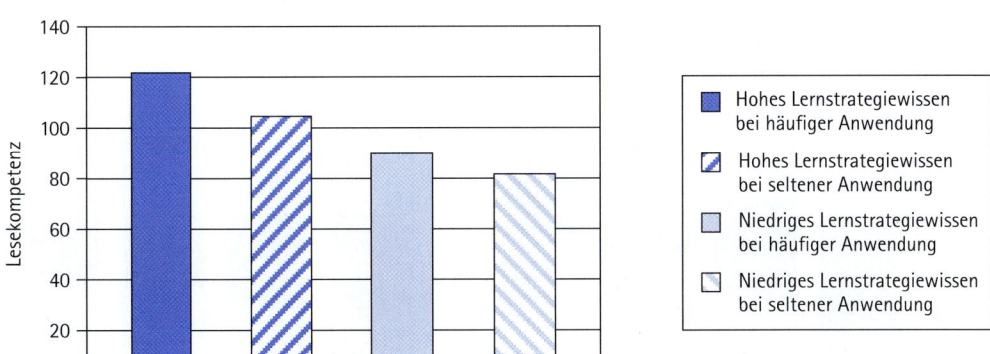

¹ Alle vier Gruppen unterscheiden sich signifikant ($p \leq .05$) bezüglich ihrer Lesekompetenz.

sonen, die zwar über hohes Lernstrategiewissen verfügen, Elaborationsstrategien jedoch nur selten anwenden. Das nächstniedrigere Kompetenzniveau findet sich bei Schülerinnen und Schülern, die zwar angeben, Elaborationsstrategien häufig einzusetzen, aber lediglich über ein niedriges Lernstrategiewissen verfügen. Die geringsten Leistungen weist die Gruppe auf, die lediglich über ein niedriges Lernstrategiewissen verfügt und Elaborationsstrategien selten anwendet.

4.2 Lernstrategiewissen und Lernstrategienutzung nach Bildungsgang

Im Folgenden werden die bildungsgangspezifischen Verteilungen der international erhobenen Strategieskalen (Elaborations-, Kontroll- und Wiederholungsstrategien) zusammen mit dem nur in Deutschland erhobenen Maß für das Lernstrategiewissen dargestellt. Abbildung 6.8 zeigt zentrale Kennwerte der Verteilungen.

Sowohl für das Lernstrategiewissen als auch für den habituellen Einsatz von Kontrollstrategien zeigen sich bedeutsame Unterschiede zwischen den vier Bildungsgängen. Gymnasiasten erreichen hier die höchsten Werte, es folgen die Realschüler, Gesamtschüler und schließlich die Hauptschüler (vgl. Abb. 6.8). Der Mittelwert von 3, den Realschüler auf der Skala für Strategiewissen erreichen, besagt, dass Realschüler im Durchschnitt in drei Viertel der Fälle in ihren Urteilen über die Effektivität von bestimmten Lernstrategien mit den Urteilen von Experten übereinstimmen.

Ähnlich starke Unterschiede zwischen den Bildungsgängen finden sich beim habituellen Einsatz von Kontrollstrategien. Zwar liegen die durchschnittlichen Werte von Schülerinnen und Schülern aller Bildungsgänge über 2,5, was darauf hindeutet, dass Kontrollstrategien in mehr als der Hälfte der Fälle zur Anwendung kommen, der Wert der Gymnasiasten liegt jedoch auch hier deutlich über dem der Schülerinnen und Schüler anderer Bildungsgänge. Die Mittelwerte von Realschülern und Gesamtschülern unterscheiden sich

Abbildung 6.8: Lernstrategiewissen und Lernstrategienutzung nach Bildungsgang

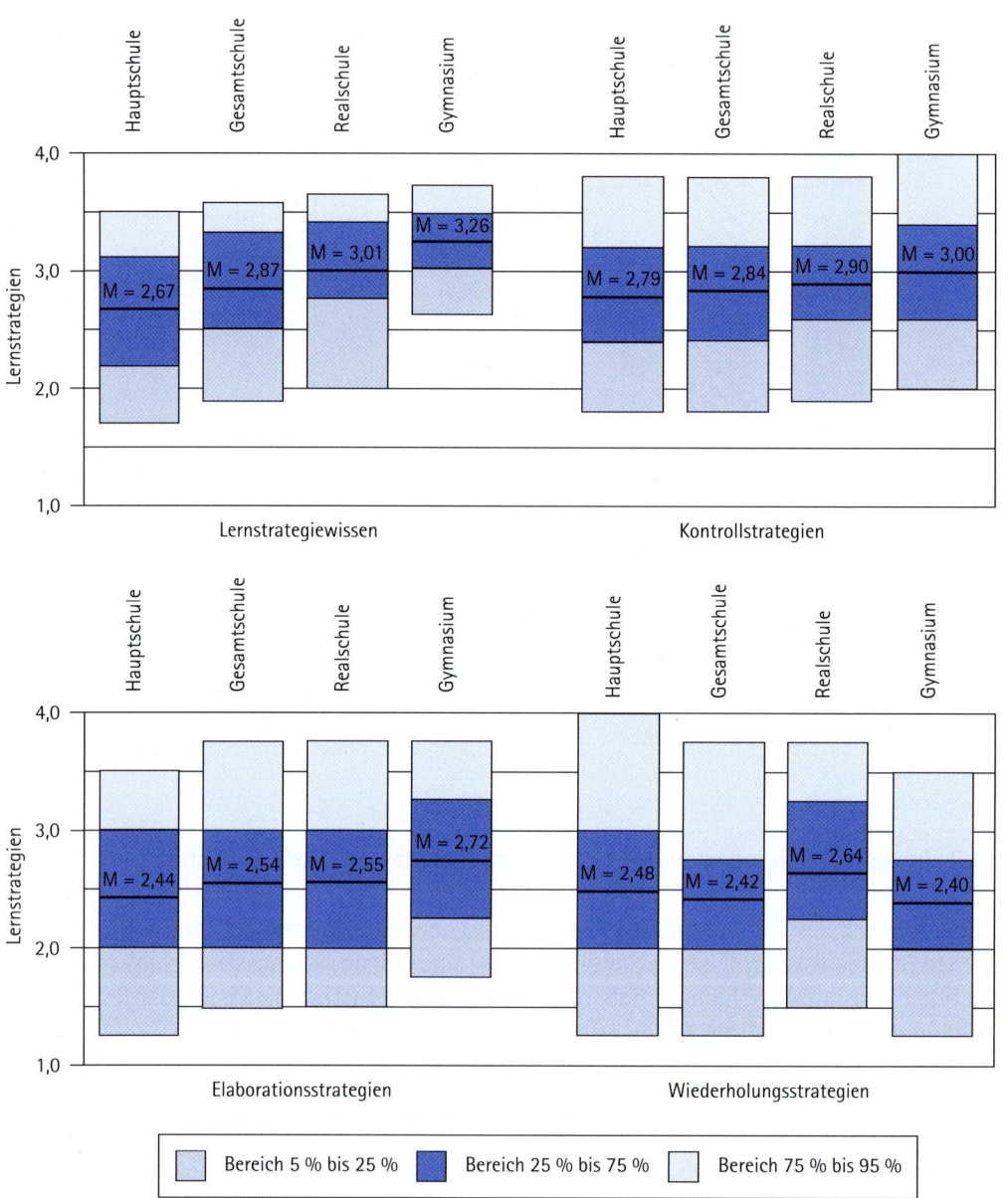

auf dieser Skala nicht; der Mittelwert der Hauptschüler liegt unter dem der Schülerinnen und Schüler der übrigen Bildungsgänge.

Auch für den habituellen Einsatz von Elaborationsstrategien lassen sich deutliche Unterschiede zwischen den Bildungsgängen nachweisen (vgl. Abb. 6.8). Ähnlich wie bei den Kontrollstrategien finden sich jedoch keine Unterschiede zwischen Schülerinnen und Schülern aus Gesamt- und Realschulen. Elaborationsstrategien werden in Gymnasien am häufigsten, in Hauptschulen hingegen seltener (in weniger als der Hälfte der Fälle) genutzt.

Bei den auf Auswendiglernen abzielenden Wiederholungsstrategien finden sich kaum Unterschiede zwischen den Bildungsgängen. Lediglich der vermehrte Einsatz dieser Strategien bei Realschülern lässt sich statistisch absichern.

Betrachtet man den Einsatz von Strategien sowie das Strategiewissen getrennt nach Bildungsgängen, ergibt sich folgendes Bild: Während in Gymnasien und Integrierten Gesamtschulen der Schwerpunkt auf den kognitiv anspruchsvollen Strategien liegt, stehen in Realschulen eher repetitive Strategien im Vordergrund. Der für die Gesamtstichprobe berichtete Befund, dass in Deutschland keine Präferenz für Elaborations- oder Wiederholungsstrategien bestehe, ändert sich also, wenn man nach Bildungsgängen differenziert. Allerdings sollte bei der Interpretation beachtet werden, dass die Unterschiede in der Nutzungsintensität von Strategien eher klein sind.

In Gymnasien verfügen die Schülerinnen und Schüler über ein differenziertes Lernstrategiewissen. Im Vergleich dazu ist das Lernstrategiewissen in Hauptschulen gering ausgeprägt. Schülerinnen und Schüler aus Integrierten Gesamtschulen und Realschulen nehmen hierbei eine mittlere Position ein. Da das lernstrategische Wissen eine Voraussetzung für die erfolgreiche Strategieanwendung ist, deuten die Unterschiede zwischen den Bildungsgängen auf potenziellen Förderbedarf hin.

4.3 Interesse und selbstbezogene Fähigkeitskognitionen nach Bildungsgang

Das Interesse deutscher Schülerinnen und Schüler am Lesen und an Mathematik befindet sich im internationalen Vergleich auf einem relativ niedrigen Niveau – deutlich unter dem Mittelwert der PISA-Teilnehmerstaaten. Um ein differenziertes Bild zu erhalten, werden im Folgenden die Interessen- und Selbstkonzeptausprägungen deutscher Schülerinnen und Schüler in Abhängigkeit vom Bildungsgang dargestellt. Schülerinnen und Schüler aus Gymnasien, Gesamtschulen, Real- und Hauptschulen unterscheiden sich in ihrem mathematischen Interesse nicht voneinander. In allen Bildungsgängen ist das mathematische Interesse relativ gering. Auch für das Interesse am Lesen finden sich kaum bildungsgangspezifische Muster. Lediglich das Leseinteresse der Gymnasiasten liegt deutlich über dem der Schülerinnen und Schüler aus anderen Bildungsgängen und über dem Neutralitätspunkt der Skala. Die Tatsache, dass die Mittelwerte auf den Interessenskalen mit Ausnahme des Leseinteresses der Gymnasiasten nicht über 2,5 liegen, belegt ein tendenzielles Desinteresse an Mathematik und am Lesen.

Wie beim Interesse an Mathematik lassen sich auch im mathematischen Selbstkonzept keine Unterschiede zwischen den Bildungsgängen nachweisen. Das mathematische Selbstkonzept liegt in allen Schulformen ungefähr auf dem Neutralitätspunkt der Skala. Im Vergleich zum mathematischen Selbstkonzept ist das verbale Selbstkonzept in allen Bildungsgängen stärker positiv ausgeprägt – am deutlichsten an Gymnasien.

Die auch hier gefundenen geringen Bildungsgangunterschiede in den fähigkeitsbezogenen Selbstkonzepten der Schülerinnen und Schüler sind in der Literatur unter dem Namen „Big-Fish-Little-Pond-Effekt" bekannt (siehe auch Köller, Schnabel & Baumert, 2000; Marsh, 1987). Diesem Effekt zur Folge haben zwei Schüler mit gleicher individueller Leistungsfähigkeit, die aber Klassen oder Schulen mit unterschiedlichem Leistungsniveau besuchen, unterschiedliche Selbstwahrnehmungen der eigenen Fähigkeiten. Schüle-

Abbildung 6.9: Interesse und Selbstkonzept nach Bildungsgang

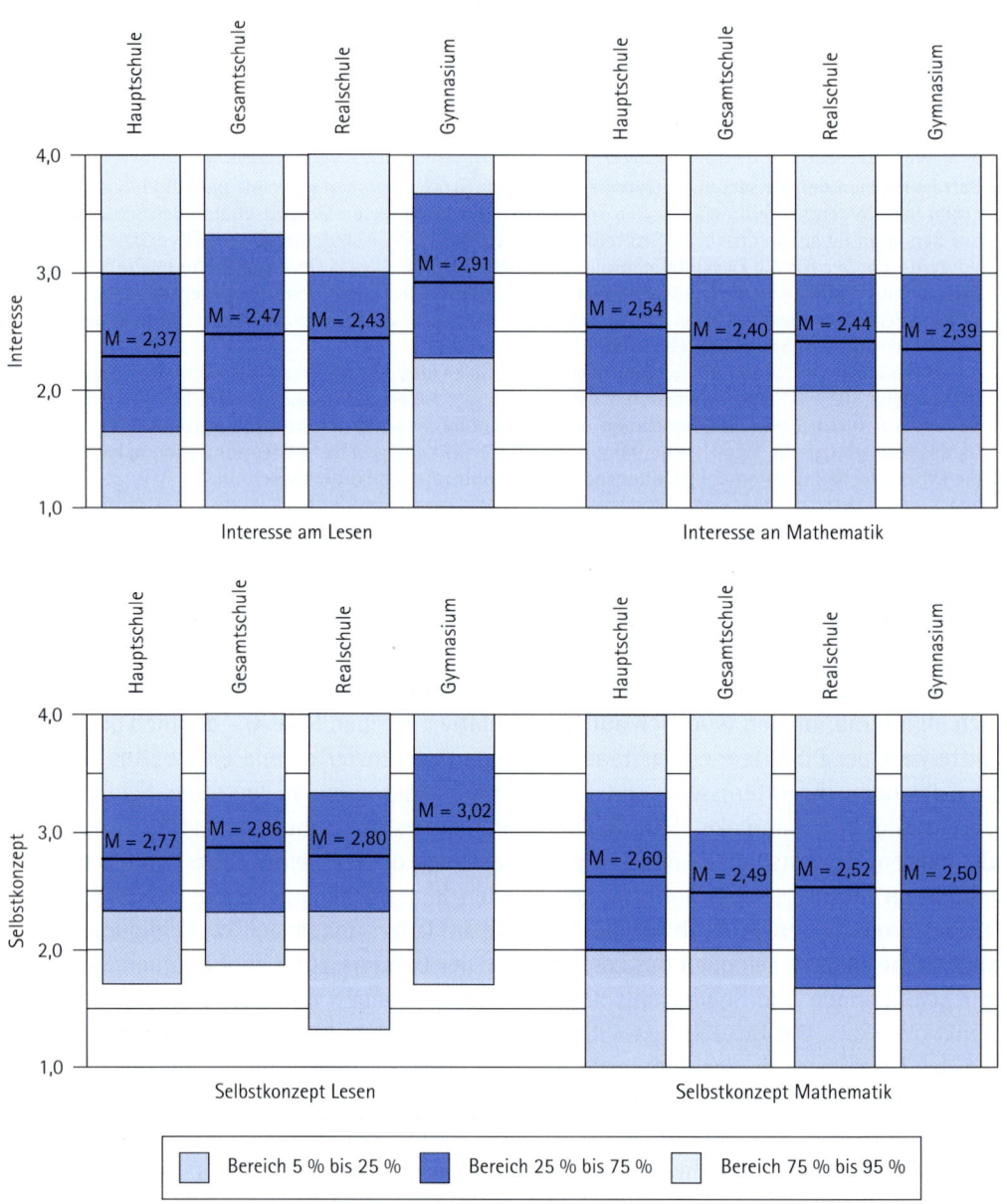

rinnen und Schüler in schwächeren Schulen sollten bei gleicher Fähigkeit eine höhere Wahrnehmung eigener Fähigkeiten haben als gleich fähige Personen in leistungsstärkeren Schulen. Offenbar liegt der Einschätzung eigener Fähigkeiten kein objektiver Fähigkeitsmaßstab, sondern der Vergleich in der jeweiligen Bezugsgruppe zu Grunde. Obwohl Gymnasiasten bekannt ist, dass ihre Leistungen über denen von Hauptschülern liegen, verfügen sie keineswegs über ein entsprechend höheres Selbstkonzept. Für diesen Effekt gibt es eine Reihe von Erklärungen, die sich mit der Art sozialer Vergleichsprozesse, dem gewählten Bezugsrahmen, der Richtung von Vergleichen und ihren motivationalen und emotionalen Auswirkungen beschäftigen (Köller, 2001).

Während zwischen den Schulformen kaum Unterschiede im Interesse und der Einschätzung der eigenen Fähigkeit zu finden sind, treten die schon im internationalen Vergleich berichteten Geschlechterunterschiede auch innerhalb der Bildungsgänge wieder auf. Mädchen haben auch innerhalb der einzelnen Bildungsgänge ein deutlich stärkeres Interesse am Lesen und ein deutlich positiveres verbales Selbstkonzept als Jungen. Hingegen weisen Jungen in allen Bildungsgängen ein höheres Interesse und ein positiveres Selbstkonzept im mathematischen Bereich auf.

4.4 Selbstreguliertes Lernen und Kompetenzerwerb

Bislang wurden verschiedene Komponenten des selbstregulierten Lernens jeweils getrennt betrachtet. Im Folgenden sollen diese Komponenten in einem Modell zur Erklärung der Lesekompetenz simultan analysiert werden. Das in Abbildung 6.10 wiedergegebene Erklärungsmodell geht von der Annahme aus, dass gutes Strategiewissen, ausgeprägtes Leseinteresse und hohe Einschätzung der eigenen Lesekompetenz positive Einflüsse auf die Lesefähigkeit ausüben. Diese Einflüsse werden in der Abbildung 6.10 jeweils durch direkte, auf die Lesekompetenz gerichtete Pfeile symbolisiert. Das Modell postuliert aber auch, dass die genannten Merkmale die Nutzungshäufigkeit von Lernstrategien beeinflussen und diese wiederum positiv auf die Lesekompetenz wirkt. Diese Beziehungen sind durch die entsprechend gerichteten Pfeile im Erklärungsmodell ausgewiesen. Die Doppelpfeile geben korrelative nicht gerichtete Beziehungen wieder.

Das theoretische Modell ist mit den empirischen Daten hinreichend verträglich, sodass die geschätzten Koeffizienten interpretiert werden können. Die ausgewählten Prädiktoren erklären insgesamt 36 Prozent der Variabilität der Lesekompetenz. Den stärksten Einfluss übt das Lernstrategiewissen auf die Lesekompetenz aus. Aber auch das Leseinteresse und das Selbstkonzept der eigenen Fähigkeit haben - bei gleichzeitiger Berücksichtigung des Strategiewissens und der Nutzungshäufigkeit von Lernstrategien – substanzielle Effekte. Die Nutzungsintensität von Lernstrategien ist vom Strategiewissen, dem Leseinteresse und dem Selbstkonzept der Lesefähigkeit abhängig. Bei gleichzeitiger Berücksichtigung dieser Einflussgrößen ist der direkte Effekt der Nutzungshäufigkeit von Lernstrategien jedoch sehr gering. Dies deutet darauf hin, dass der von den Schülerinnen und Schülern selbst berichtete situationsübergreifende Strategieeinsatz kein guter Indikator für ihre lernstrategische Kompetenz ist (Artelt, 2000).

Das in Abbildung 6.10 wiedergegebene Modell gibt Auskunft über den relativen Beitrag, den die einzelnen Selbstregulationskomponenten zur Erklärung von Unterschieden in der Lesekompetenz leisten. Wahrscheinlich können jedoch die einzelnen Komponenten auf verschiedene Art zusammenwirken und dennoch zu ähnlichen Leseleistungen führen. Bei einer so komplexen Tätigkeit wie der Regulation von Lernprozessen ist zu erwarten, dass es unterschiedliche, aber ähnlich effektive Herangehensweisen und unterschiedliche Wirk- und Kompensationsmechanismen gibt. Um dies zu veranschaulichen, wurden mittels einer Clusteranalyse Gruppen von Personen gebildet, die sich im Hinblick auf die

Abbildung 6.10: Selbstreguliertes Lernen als Voraussetzung für effektive Lernprozesse

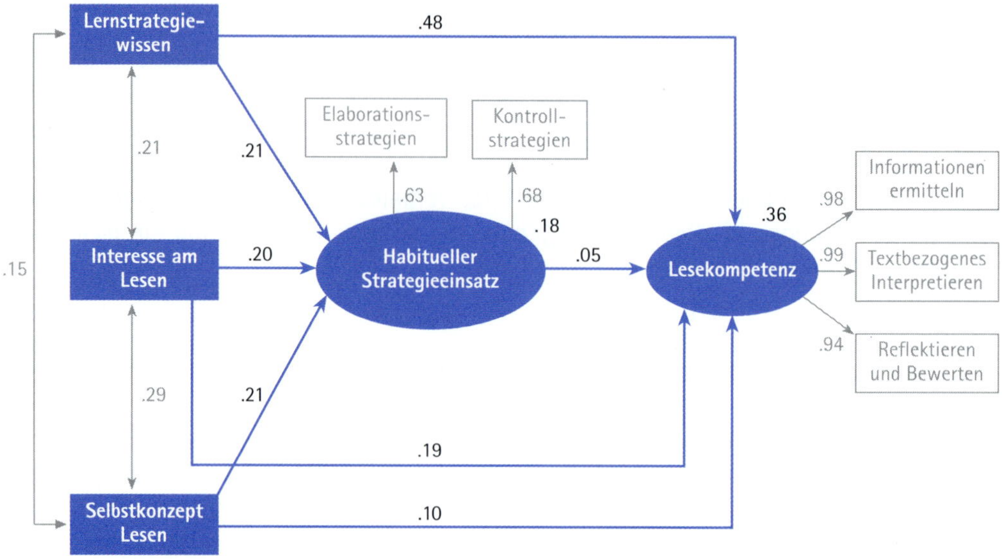

Komponenten der Selbstregulation möglichst ähnlich sind. In die Analysen gingen neben den bisher behandelten Variablen als weitere motivationale Merkmale die instrumentelle Lernmotivation, die allgemeine Disposition zu Anstrengung und Ausdauer und die aktuelle Bereitschaft, sich im PISA-Test anzustrengen, ein.

In Abbildung 6.11 sind die Profile von vier clusteranalytisch identifizierten Personengruppen abgetragen, die jeweils ähnliche Kombinationen der Selbstregulationskomponenten aufweisen. Die Skalenwerte wurden standardisiert, sodass die Mittelwerte bei 0 und die Standardabweichungen bei 1 liegen. Tabelle 6.2 gibt ergänzend Auskunft über die Zusammensetzung der Gruppen hinsichtlich Bildungsgangzugehörigkeit und Lesekompetenz.

Vergleicht man die Merkmalsprofile der vier Gruppen, erkennt man leicht unterschiedlich effiziente Lern- und Arbeitsstile. Die kompetentesten Leserinnen und Leser finden sich in den Clustern 2 und 3. Ihre mittleren Lesekompetenzwerte liegen etwa eine halbe bzw. fast eine ganze Standardabweichung über den entsprechenden Werten der Gruppen 1 und 4. Die Schülerinnen und Schüler der erfolgreichen Cluster 2 und 3 verfügen gleichermaßen über ein weit überdurchschnittliches Lernstrategiewissen, sind am Lesen hoch interessiert und kennen ihre guten Lesefähigkeiten. Beide Gruppen unterscheiden sich aber auch. Die erfolgreichsten Leser, die sich im Clusters 2 befinden, machen moderaten Gebrauch von anspruchsvollen Lernstrategien und setzen Wiederholungsstrategien selten ein. Sie sind wenig extrinsisch-instrumentell motiviert bei gleichzeitig durchschnittlicher Anstrengungsbereitschaft. Diese Schülerinnen und Schüler, die zu etwa 50 Prozent ein Gymnasium besuchen, scheinen effektiv zu lernen, indem sie ihr Lernen dosieren und auf Anforderungen bezogen variieren.

Personen des Clusters 3 weisen bei fast allen Merkmalen des selbstgesteuerten Lernens die höchsten Werte auf. Ihr Profil deutet auf besonderes Bemühen und auf hohe An-

Abbildung 6.11: Schülergruppen (*N* = 4) mit ähnlichen Kombinationen von Komponenten selbstregulierten Lernens[1]

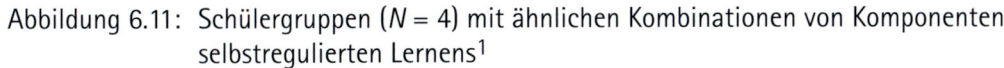

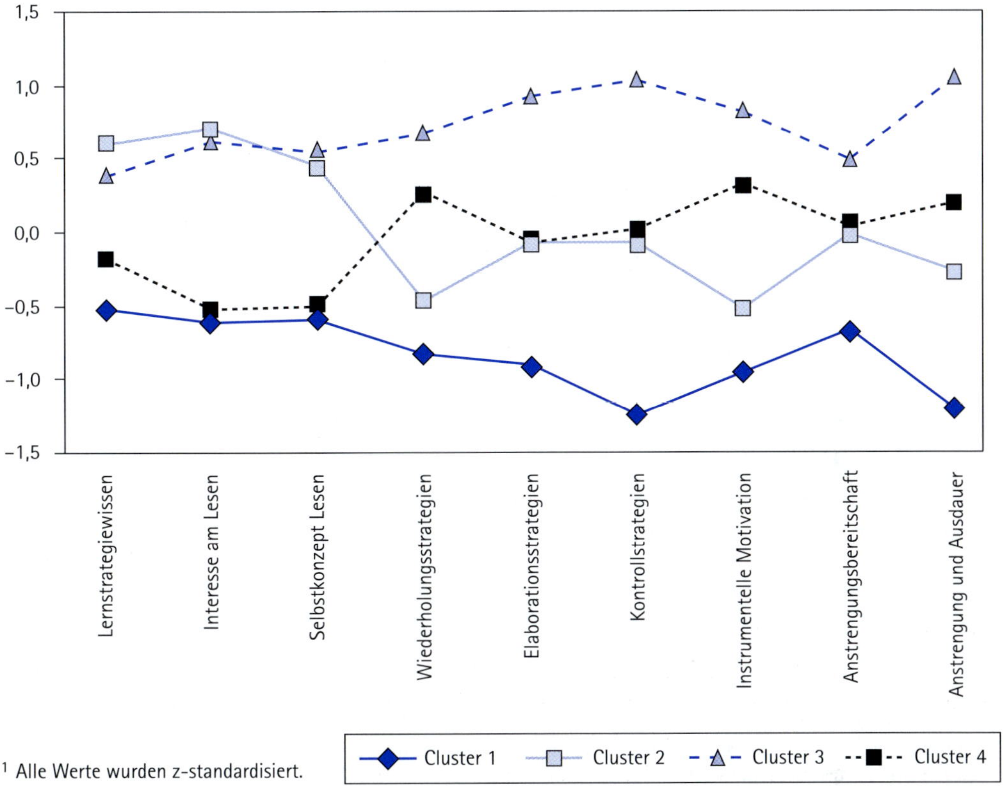

strengungsbereitschaft hin. Der Lern- und Arbeitsstil dieser Gruppe, der durch maximalen Einsatz aller Ressourcen gekennzeichnet ist, scheint – wie die Leseergebnisse zeigen – durchaus erfolgreich zu sein. Er ist möglicherweise jedoch weniger effizient und ökonomisch als das differenzierte Vorgehen, das im Profil des Clusters 2 zum Ausdruck kommt. Die Gruppe 3 setzt sich zu fast gleichen Anteilen aus Schülerinnen und Schülern aller Bildungsgänge zusammen.

Die verbleibenden beiden Cluster 1 und 4, deren Lesekompetenz unterdurchschnittlich ist, weisen spiegelbildliche Profile auf, allerdings auf einem deutlich niedrigerem Niveau. Die Angehörigen beider Gruppen haben ein unzureichendes Strategiewissen, geringes Leseinteresse und wenig Vertrauen in ihre Lesefähigkeiten. Sie unterscheiden sich jedoch deutlich im Strategiegebrauch und in der Motivation. Schülerinnen und Schüler der anteilsmäßig größten Gruppe – Gruppe 4 - sind eher bereit sich anzustrengen. Sie berichten auch, Strategien häufiger einzusetzen, obwohl ihr Wissen über effektive Methoden des Lernens gering ist. So ist auch der besonders häufige Einsatz von Memorierstrategien nicht verwunderlich. Sie sind insbesondere instrumentell durch externe Anforderungen, weniger durch die Sache selbst motiviert. Diese Gruppe setzt sich zu je einem Drittel aus Hauptschülern, Gesamtschülern und Realschülern zusammen.

Tabelle 6.2: Mittlere Lesekompetenz von Schülergruppen mit ähnlichen Kombinationen von Komponenten selbstregulierten Lernens sowie Verteilung auf verschiedene Bildungsgänge

Cluster	N	Lese-kompetenz M	SD	Haupt-schule	Integrierte Gesamtschule	Real-schule	Gym-nasium
1	657	87,77	28,42	28,9	23,7	19,5	11,1
2	900	116,40	23,95	12,2	21,9	19,2	44,0
3	831	107,75	26,91	19,0	20,9	26,1	26,4
4	1.046	92,82	26,99	39,9	33,5	35,2	18,5

Schülerinnen und Schüler der Gruppe 1, die sich im Mittel auf dem niedrigsten Lesekompetenzniveau befinden, haben ein relativ konsistentes Profil, das durch geringes Strategiewissen, seltenen Einsatz von Lernstrategien und niedrige Anstrengungsbereitschaft und Motivation gekennzeichnet ist. Die Angehörigen dieser Gruppe stammen aus allen Bildungsgängen - hauptsächlich jedoch aus Hauptschulen, Gesamtschulen und Realschulen.

Die Ergebnisse der Clusteranalysen weisen Lernstrategiewissen, Leseinteresse und ein positives Selbstkonzept der Lesekompetenz als zentrale Komponenten der Selbstregulation des Lernens aus. Fehlen diese Voraussetzungen selbstregulierten Lernens, ist der Mangel auch nicht durch häufige, undifferenzierte Strategienutzung und hohe instrumentelle Motivation zu kompensieren. Sind diese Bedingungen erfolgreicher Selbstregulation erfüllt, scheint sich der erfolgreichste Lernstil, der durch das Profil des Clusters 2 beschrieben wird, durch den dosierten und auf die jeweiligen Anforderungen abgestimmten Einsatz anspruchsvoller Lernstrategien und motivationaler Ressourcen auszuzeichnen. Bei diesem Lernstil scheinen auch externe Anreizsysteme eine geringere Rolle zu spielen.

5. Zusammenfassung und Ausblick auf Interventions-möglichkeiten

Die PISA-Ergebnisse machen deutlich, dass eine solide Wissensbasis im Hinblick auf Lernstrategien eine zentrale Voraussetzung für erfolgreiches selbstreguliertes Lernen ist. Das Wissen über effektive Lernstrategien erwies sich im Vergleich mit den anderen Voraussetzungen als der beste Prädiktor der Lesekompetenz. Je besser Schülerinnen und Schüler einschätzen können, worin die Schwierigkeit von Aufgaben und Anforderungen besteht, desto eher können sie ihr Vorgehen auf diese Besonderheiten abstimmen. Effektives selbstgesteuertes Lernen, das auf tieferes Verstehen zielt, bedarf der intentionalen und strategischen Steuerung des Lernprozesses. Allerdings gibt es verschiedene Wege, um gute Leseleistungen zu erzielen. Wissen über effektive Lernstrategien führt nicht notwendigerweise auch zur Anwendung dieser Strategien. Die erfolgreiche Selbstregulation des Lernens besteht unter anderem darin, auf Basis der Aufgabenanforderungen und des eigenen Wissens einzuschätzen, inwiefern der Einsatz von Strategien sinnvoll ist und die mit dem Einsatz von Strategien einhergehenden Anstrengungen zur Verwirklichung der eigenen Ziele beitragen. Insofern sind die motivationalen Variablen wie Interesse am Gegenstand oder instrumentelle Motivation von großer Bedeutung.

Im Wissen über effektive Lernstrategien unterscheiden sich Schülerinnen und Schüler unterschiedlicher Bildungsgänge sehr. Gymnasiasten besitzen das größte Wissensrepertoire, gefolgt von Realschülern, Gesamtschülern und Hauptschülern. Weitere Unterschiede zwischen Bildungsgängen bestehen in der Häufigkeit des Einsatzes von Kontroll- und Elaborationsstrategien; diese werden am häufigsten von Gymnasiasten und am seltensten von Hauptschülern verwendet. Generell bestätigt sich der Eindruck, dass Mädchen kompetenter lernen; sie verfügen über besseres Lernstrategiewissen als Jungen und wenden häufiger Kontrollstrategien an.

Das Interesse am Lesen und an Mathematik ist in allen Bildungsgängen gering; lediglich Gymnasiasten haben ein etwas höheres Leseinteresse. Hinsichtlich des Selbstkonzepts der eigenen Fähigkeiten gibt es keine nachweisbaren Unterschiede zwischen den Bildungsgängen.

Bezüglich der Lesekompetenz von Schülerinnen und Schülern besteht erheblicher Förderbedarf (siehe auch Christmann & Groeben, 1999; Weinert, 1994). Schülerinnen und Schüler benötigen konkretes Wissen und Erfahrung, wann und unter welchen Umständen die Nutzung bestimmter Techniken und Strategien effektiv ist, welcher Nutzen damit verbunden ist und wie Aufgabenanforderungen adäquat eingeschätzt werden können (Schneider, 1989). Wissen über gelingende Lese- und Lernprozesse wird durch vielfältige Lern- und Leseerfahrungen erworben.

Erfolgreiche Selbstregulation des Lernens besteht unter anderem darin, auf der Basis der Aufgabenanforderungen und des eigenen Kenntnisstandes einzuschätzen, welche Mittel (Strategien) für die Zielerreichung angemessen sind. Die Anleitung zur bewussten und reflexiven Steuerung des eigenen Lernens kann auch zur Ausbildung eines positiven Selbstkonzepts und damit zu einer produktiven Beziehung zu sich selbst als Lernendem beitragen. Die Ergebnisse zeigen aber auch, dass eine Förderung einzelner Komponenten selbstregulierten Lernens durchaus vielversprechend ist. Diese sollte neben dem Strategiewissen auch die Prozesse der Zielsetzung und Sicherung der Zielerreichung sowie die situative Angemessenheit der von Schülerinnen und Schülern eingesetzten Strategien berücksichtigen.

Anmerkungen

[1]   Die Vergleichbarkeitsprobleme beziehen sich lediglich auf den Vergleich von absoluten Skalenausprägungen. Aufgrund der nachgewiesenen strukturellen Äquivalenz (Van de Vijver & Leung, 1997) der Skalen erweisen sich Vergleiche, die auf Zusammenhangsanalysen beruhen bzw. Vergleiche, die Mittelwertdifferenzen zwischen Subgruppen eines Landes betreffen, als unproblematisch.

[2]   Aufgrund der geringen Beteiligungsrate in den Niederlanden werden die Ergebnisse nicht berichtet.

Literatur

Artelt, C. (2000). *Strategisches Lernen.* Münster: Waxmann.

Artelt, C., Schiefele, U. & Schneider, W. (2001). Predictors of reading literacy. *European Journal of the Psychology of Education, 16* (3), 363–383.

Baumert, J., Klieme, E., Neubrand, M., Prenzel, M., Schiefele, U., Schneider, W., Tillmann, K.-J. & Weiß, M. (1999). *Fähigkeit zum Selbstregulierten Lernen als fächerübergreifende Kompetenz.* PISA Konsortium. [http://www.mpib-berlin.mpg.de/pisa/pdfs/CCCdt.pdf].

Boekaerts, M. (1999). Self-regulated learning: Where we are today. *International Journal of Educational Research, 31,* 445–457.

Christmann, U. & Groeben, N. (1999). Psychologie des Lesens. In B. Franzmann, K. Hasemann, D. Löffler & E. Schön (Hrsg.), *Handbuch Lesen* (S. 145–223). München: Saur.

Elley, W. B. (1994). *The IEA study of reading literacy: Achievement and instruction in 32 school systems.* Oxford, UK: Pergamon Press.

Flavell, J. H. & Wellman, H. M. (1977). Metamemory. In R. Kail & W. Hagen (Eds.), *Perspectives on the development of memory and cognition* (pp. 3–31). Hillsdale, NJ: Erlbaum.

Friedrich, H. F. & Mandl, H. (1992). Lern- und Denkstrategien – ein Problemaufriß. In H. Mandl & H. F. Friedrich (Hrsg.), *Lern- und Denkstrategien: Analyse und Intervention* (S. 3–54). Göttingen: Hogrefe.

Köller, O. (2001). *Leistungsgruppierungen, soziale Vergleiche und selbstbezogene Fähigkeitskognitionen in der Schule.* Habilitationsschrift, Universität Potsdam.

Köller, O., Schnabel, K. U. & Baumert, J. (2000). Der Einfluß der Leistungsstärke von Schulen auf das fachspezifische Selbstkonzept der Begabung und das Interesse. *Zeitschrift für Entwicklungspsychologie und Pädagogische Psychologie, 32* (2), 70–80.

Krapp, A. (1992). Das Interessenkonstrukt. Bestimmungsmerkmale der Interessenhandlung und des individuellen Interesses aus der Sicht einer Person-Gegenstands-Konzeption. In A. Krapp & M. Prenzel (Hrsg.), *Interesse, Lernen, Leistung: Neuere Ansätze der pädagogisch-psychologischen Interessenforschung* (S. 297–329). Münster: Aschendorff.

Marsh, H. W. (1987). The big-fish-little-pond effect on academic self-concept. *Journal of Educational Psychology, 79* (3), 280–295.

Schiefele, U. (1996). *Motivation und Lernen aus Texten.* Göttingen: Hogrefe.

Schiefele, U. & Wild, K.-P. (2000). *Interesse und Lernmotivation: Untersuchungen zu Entwicklung, Förderung und Wirkung.* Münster: Waxmann.

Schlagmüller, M. & Schneider, W. (1999). *Metacognitive knowledge about text processing: A questionnaire.* University of Würzburg (unpubl. manuscript).

Schneider, W. (1989). *Zur Entwicklung des Meta-Gedächtnisses bei Kindern.* Bern: Huber.

Schneider, W. & Pressley, M. (1997). *Memory development between two and twenty.* Mahwah, NJ: Erlbaum.

Simons, P. R. J. (1992). Lernen selbständig zu lernen – ein Rahmenmodell. In H. Mandl & H. F. Friedrich (Hrsg.), *Lern- und Denkstrategien. Analyse und Intervention* (S. 251–264). Göttingen: Hogrefe.

Van de Vijver, F. & Leung, K. (1997). Methods and data analysis of comparative research. In J. W. P. Y. H. Berry (Ed.), *Handbook of cross-cultural psychology* (Vol. 1, pp. 257–300). Needham Heights, MA: Allyn & Bacon.

Weinert, F. E. (1994). Lernen lernen und das eigene lernen verstehen. In K. Reusser & M. Reusser-Weyeneth (Hrsg.), *Verstehen. Psychologischer Prozess und didaktische Aufgabe* (S. 183–205). Bern: Huber.

Weinert, F. E. (1999). *Konzepte der Kompetenz.* Paris: OECD.

Winne, P. H. & Perry, N. E. (2000) Measuring self-regulated learning. In M. Boekaerts, P. R. Pintrich & M. Zeidner (Eds.), *Handbook of self-regulation* (pp. 531–568). San Diego, CA: Academic Press.

Petra Stanat
Mareike Kunter

7 Kooperation und Kommunikation

Dem Bereich Kooperation und Kommunikation wird in der aktuellen Diskussion über fächerübergreifende Kompetenzen eine hohe Bedeutung beigemessen. So wird häufig argumentiert, dass aufgrund der zunehmenden Heterogenität sozialer Umwelten und der steigenden Verbreitung von Teamarbeit soziale Kompetenzen für eine erfolgreiche Lebensführung immer wichtiger werden (Bungard, 1990; Seyfried, 1995). Entsprechend fanden Didi u.a. (1993), dass in der berufspädagogischen Literatur das Konzept der Schlüsselqualifikation am häufigsten im Sinne von Kommunikationsfähigkeit und am zweithäufigsten im Sinne von Kooperationsfähigkeit verwendet wird, und eine Analyse von knapp 4.000 Stellenanzeigen ergab, dass Kommunikations- und Teamfähigkeit zu den überfachlichen Qualifikationen gehören, die Arbeitgeber am häufigsten von zukünftigen Mitarbeiterinnen und Mitarbeitern erwarten (Dietzen, 1999).

In Aussagen über Kooperations- und Kommunikationsfähigkeit schwingt häufig implizit die Annahme mit, es handele sich dabei um ein einheitliches, isolierbares Persönlichkeitsmerkmal, das man entweder „hat" oder „nicht hat". Soziales Verhalten ist jedoch in hohem Maße situationsabhängig. Es hat sich daher als wenig fruchtbar erwiesen, Fähigkeiten im sozialen Bereich auf einer globalen Ebene definieren und erfassen zu wollen. So war beispielsweise der Versuch, „soziale Intelligenz" zu beschreiben und zu messen, wenig erfolgreich (O'Sullivan & Guilford, 1975; vgl. auch Schmidt, 1995), und auch das durch die Arbeiten von Goleman (1995) populär gewordene Konzept der „emotionalen Intelligenz" konnte empirisch bislang noch nicht zufriedenstellend belegt werden. Dies gilt ganz besonders auch für die Anwendung dieses Konstrukts auf den pädagogischen Kontext (Mayer & Cobb, 2000). In der Psychologie werden daher soziale Kompetenzen in der Regel als Ausdruck eines komplexen Zusammenspiels verschiedener Voraussetzungen gefasst, die eine Person mit sich bringt. Demnach handelt es sich bei der Fähigkeit, mit anderen zu kooperieren und zu kommunizieren, um eine vielschichtige und facettenreiche Handlungskompetenz, die durch verschiedene Fähigkeiten, Fertigkeiten, Wissensstrukturen, motivationale Tendenzen, Einstellungen, Werthaltungen usw. bestimmt wird (Bungard, 1990; Döpfner, 1989; Rose-Krasnor, 1997; Weinert, 1999).

Für die Entwicklung von kooperativen und kommunikativen Verhaltensweisen spielt die Institution Schule eine wichtige Rolle. Schule stellt einen Lebensraum dar, der Schülerinnen und Schülern Gelegenheit für vielfältige soziale Erfahrungen bietet. Die ständige Interaktion mit Gleichaltrigen eröffnet den Jugendlichen zahlreiche Möglichkeiten, Kontakte zu knüpfen, Beziehungen aufrecht zu erhalten und Konflikte zu lösen. Lehrkräfte und vor allem auch ältere Mitschülerinnen und Mitschüler können dabei als Modelle wirken und bieten so die Möglichkeit für soziales Lernen. Der Klassenverband stellt ein soziales Setting dar, innerhalb dessen verschiedene Verhaltensweisen erprobt werden können. Durch Anerkennung oder Ablehnung der Mitschülerinnen und Mitschüler untereinander und durch Rückmeldungen seitens der Lehrkräfte erhalten die Jugendlichen unmittelbares Feedback über die Angemessenheit des eigenen Verhaltens. Schule stellt sich den Jugendlichen weiterhin als ein System dar, in dem Leistungsziele und soziale Ziele gekoppelt sein können: Durch positive Beziehungen zu Mitschülerinnen und Mitschülern sowie zu Lehrkräften schaffen sich die Jugendlichen qualitativ hochwertige Lerngelegenheiten, die für den Austausch von Informationen und Ressourcen hilfreich sind (Bierhoff, 1998; Fend & Stöckli, 1998; Wentzel, 1991).

Diese Überlegungen betreffen den Einfluss, den Schule als Institution auf die Entwicklung von Voraussetzungen für Kooperation und Kommunikation hat und der über Einzelschulen hinweg weitgehend gleichförmig wirkt. Dieser Einfluss dürfte erheblich sein. Um ihn sichtbar zu machen und zu quantifizieren, wären Vergleiche zwischen beschulten und unbeschulten Kindern und Jugendlichen notwendig, die unter ansonsten ähnlichen Bedingungen aufwachsen. Da in modernen Industriegesellschaften jedoch nahezu jeder Heranwachsende eine schulische Sozialisation durchläuft, ist ein solcher Vergleich praktisch ausgeschlossen.

Möglich ist es dagegen, differenzielle Wirkungen von Schulsystemen und Teilsystemen sowie von einzelnen Schulen zu untersuchen. So haben beispielsweise die Gesamtschulstudien und Analysen zur Schulqualität von Fend (2001) sowie die Studie *Bildungsverläufe und psychosoziale Entwicklung* (BIJU) des Max-Planck-Instituts für Bildungsforschung (Baumert & Köller, 1998) darauf hingewiesen, dass sich Schulformen und Einzelschulen im Hinblick auf die Förderung sozialer Kompetenzen von Schülerinnen und Schülern unterscheiden. Dieser Fragestellung soll in PISA weiter nachgegangen werden. In der Studie wurden verschiedene Aspekte von Kooperation und Kommunikation erhoben, die im Folgenden zunächst beschrieben und im Hinblick auf ihre Validität analysiert werden sollen. Vor diesem Hintergrund wird anschließend untersucht, welche Rolle Merkmalen von Schülerinnen und Schülern sowie Schulen in diesem Bereich zukommt.

1. Kooperation und Kommunikation als komplexe Handlungskompetenz: In PISA erfasste Aspekte

Als komplexe Handlungskompetenz, die durch zahlreiche Voraussetzungen bestimmt wird, lässt sich die Fähigkeit, zu kooperieren und zu kommunizieren, nicht durch einen einzelnen Indikator abbilden. Es müssen vielmehr kognitive, emotionale und motivationale Aspekte unterschieden werden, von denen jeweils nur eine Auswahl erfasst werden kann.

Ebenfalls relevant sind weiterhin Werthaltungen, die als eine Art Wegweiser Verhalten in sozialen Situationen in bestimmte Bahnen lenken. In PISA wurde der Versuch unternommen, einen breiten Kranz von zentralen Aspekten von Kooperation und Kommunikation zu untersuchen. Das Modell der Handlungskompetenz, das dabei zu Grunde gelegt wurde, ist in Kasten 1 dargestellt. Bei den dort aufgeführten Aspekten handelt es sich um Konzepte, die sich sowohl in theoretischer als auch in empirischer Hinsicht gut bewährt haben.

Die Förderung sozialer Kompetenzen als ein Erziehungsziel von Schulen wird häufig in pädagogischen Leitlinien bzw. Präambeln von Lehrplänen thematisiert. Dabei werden Bereiche wie zum Beispiel Hilfsbereitschaft, Verständnis für andere Denkweisen, Verantwortungsübernahme, gemeinschaftliches Lernen und Arbeiten genannt. Die in PISA getroffene Auswahl von Aspekten von Kooperation und Kommunikation greift einige dieser Bereiche auf und knüpft somit an die Vorstellungen deutscher Lehrpläne an. Darüber hinaus orientiert sich die Auswahl an der einschlägigen psychologischen und pädagogischen Literatur, die zum Bereich der sozialen Kompetenzen vorliegt.

Kognitive Aspekte von Kooperation und Kommunikation

Kognitive Aspekte von Kooperation und Kommunikation umfassen „sowohl das Wissen über die Welt sozialer Geschehnisse als auch den Prozess des Verstehens von Menschen, ihrer Beziehungen sowie der sozialen Gruppen und Institutionen, an denen sie teilhaben" (Silbereisen, 1995, S. 823). Es handelt sich dabei also um Grundfertigkeiten, die nötig sind, um soziale Informationen zu entschlüsseln und angemessen zu interpretieren. Im weiteren Sinne gehört zu den kognitiven Aspekten von Kooperation und Kommunikation auch das Wissen über eigene Fähigkeiten und Fertigkeiten im sozialen Bereich, einschließlich spezifischer Stärken und Schwächen.

Als ein zentraler kognitiver Aspekt von Kooperation und Kommunikation wird in PISA Perspektivenübernahme untersucht, also die Fähigkeit und Bereitschaft, Situationen aus

---

Kasten 1: In PISA zu Grunde gelegtes Modell der Handlungskompetenz für den Bereich Kooperation und Kommunikation

1. Kognitive Aspekte
   - Perspektivenübernahme
   - Soziale Selbstwirksamkeitsüberzeugungen

2. Emotionale und motivationale Aspekte
   - Empathie
   - Soziale Orientierungen:
     - individualistische Tendenzen
     - egalitäre Tendenzen
     - aggressive Tendenzen
   - Soziale Ziele bezogen auf Verhalten in der Schule und gegenüber Gleichaltrigen:
     - Unterstützung von Mitschülerinnen und Mitschülern bei unterrichtsbezogenen Aktivitäten
     - Unterstützung von Gleichaltrigen bei Problemen
     - Einhaltung arbeitsbezogener Normen im Klassenzimmer
     - Einhaltung von Versprechen gegenüber Gleichaltrigen

3. Werthaltungen
   - Verantwortungsübernahme
   - Verantwortungsabwehr

der Sicht anderer Personen zu betrachten und auf diese Weise ihre Reaktionen (Handlungen, Gedanken, Gefühle und Motive) zu verstehen. Perspektivenübernahme stellt eine grundlegende Voraussetzung sozial kompetenten Verhaltens dar, die in nahezu jeder Interaktionssituation eine wichtige Rolle spielt und unter anderem mit Kontrolle aggressiver Verhaltensimpulse zusammenhängt (Richardson, 1998). Als selbstbezogene Kognitionen wurden soziale Selbstwirksamkeitsüberzeugungen erfasst, und zwar insbesondere solche, die sich auf das Knüpfen von sozialen Kontakten beziehen (z.B. Freunde finden, Gespräche initiieren). Wie im Leistungsbereich wird auch sozialen Selbstwirksamkeitsüberzeugungen eine wichtige handlungsregulierende Funktion zugeschrieben. Unabhängig von den tatsächlich vorhandenen Fähigkeiten kann die Einschätzung der eigenen Kompetenz entscheidend dafür sein, welche Aktivitäten gewählt und mit wie viel Anstrengung Ziele verfolgt werden (Zimmerman, 2000).

Emotionale und motivationale Aspekte

Die Fähigkeit, soziale Informationen zu decodieren und zu interpretieren, ist zwar eine notwendige, aber keine hinreichende Bedingung für konstruktives Sozialverhalten. Eine Person, die es versteht, das Verhalten anderer richtig zu deuten und ihre eigenen Fähigkeiten angemessen einzuschätzen, kann diese Information zur Erreichung mehr oder weniger positiver Ziele einsetzen. Daher sind in Analysen sozialer Kompetenzen auch emotionale und motivationale Tendenzen zu berücksichtigen, die Sozialverhalten in bestimmte Bahnen lenken. Hierzu gehören Tendenzen, mit anderen mitzuempfinden und verschiedene Arten von sozialen Zielen zu verfolgen.

Als zentraler emotionaler Aspekt von Kooperation und Kommunikation wird in PISA Empathie untersucht. Während Perspektivenübernahme das Verstehen psychischer Vorgänge in anderen Personen beschreibt, handelt es sich bei Empathie eher um das Miterleben und Mitfühlen emotionaler Reaktionen anderer. Befunde zahlreicher Studien weisen darauf hin, dass empathische Reaktionen eine Vorbedingung für altruistisches Hilfeverhalten darstellen (z.B. Batson u.a., 1991).

Zu den motivationalen Aspekten von Kooperation und Kommunikation, die in PISA untersucht werden, gehören verschiedene soziale Orientierungen. Dabei handelt es sich um generalisierte Tendenzen, in sozialen Situationen bestimmte Ziele zu verfolgen. In der Psychologie werden unter anderem egalitäre, individualistische und aggressive Tendenzen unterschieden, die auch im Rahmen von PISA erfasst wurden.

Zusätzlich zu generalisierten sozialen Orientierungen werden in PISA auch einige konkretere Ziele der Schülerinnen und Schüler analysiert. Diese Ziele beziehen sich auf verantwortliche und prosoziale Verhaltensweisen im Klassenkontext und gegenüber Gleichaltrigen. Konkret wurden Tendenzen erfasst, Mitschülerinnen und Mitschülern bei unterrichtsbezogenen Aktivitäten zu helfen, Gleichaltrige bei persönlichen Problemen zu unterstützen, arbeitsbezogene Normen im Klassenzimmer einzuhalten und Versprechen gegenüber Gleichaltrigen einzulösen. Jugendliche, die von sich berichten, solche sozialen Ziele anzustreben, verhalten sich auch, wie Studien von Wentzel (1991, 1993, 1994) zeigen, stärker unterstützend und weniger aggressiv im Unterricht. Darüber hinaus sind sie bei ihren Mitschülerinnen und Mitschülern beliebter und werden auch von ihren Lehrerinnen und Lehrern positiver eingeschätzt.

Werthaltungen: Gerechtigkeitsbezogene Orientierungen

Die Bedingungen des Aufwachsens von Jugendlichen haben sich in den letzten 30 Jahren stark geändert. Es wird von einem Strukturwandel der Jugendphase gesprochen, der unter anderem eine Loslösung von traditionellen Gemeinschafts- und Wertbindungen beinhaltet (Abels, 1993). Damit sind Jugendliche heute stärker auf sich selbst gestellt, wenn es darum geht, ihr Leben zu gestalten. Angesichts dieser Individualisierung von Orientierungsrahmen stellt sich die Frage, inwieweit Jugendliche dennoch Gerechtigkeitsorientierungen entwickeln, die eine Grundlage für solidarisches Handeln bilden (Krettenauer, 1998). Gerechtigkeitssolidarische Verantwortung manifestiert sich unter anderem in Reaktionen auf strukturelle Benachteiligungen anderer Personen. Dabei kann nach dem Ansatz von Krettenauer (1998) zwischen Verantwortungsübernahme und Verantwortungsabwehr unterschieden werden. Verantwortungsübernahme umfasst Gefühle der Schuld, Empörung und Betroffenheit angesichts struktureller Benachteiligungen, die Bewertung der Situation als ungerecht sowie die Aufforderung an sich selbst, etwas zur Verbesserung der Lage beizutragen. Verantwortungsabwehr beinhaltet dagegen Vorwürfe der Selbstverschuldung und Ärger über diese Selbstverschuldung, Leugnung der Notlage sowie Rechtfertigung eigener Privilegien (Krettenauer, 1998, S. 152 f.). Wie Krettenauer zeigen konnte, hängt vor allem Verantwortungsübernahme mit der Bereitschaft von Jugendlichen zusammen, sich in prosozialer Weise zu engagieren (z.B. Geld für den Umweltschutz zu spenden oder aktiv in einer Gruppe mitzuarbeiten, die sich gegen Ausländerfeindlichkeit wendet).

Bei der Fähigkeit, mit anderen zu kooperieren und kommunizieren, handelt es sich um eine komplexe Handlungskompetenz, die durch zahlreiche Voraussetzungen bestimmt wird und sich nicht durch einen einzelnen Indikator abbilden lässt. In PISA wurden kognitive, emotionale und motivationale Aspekte von Kooperation und Kommunikation sowie ausgewählte Werthaltungen erfasst. Die getroffene Auswahl orientiert sich an der psychologischen und pädagogischen Forschung zum Bereich sozialer Kompetenz und knüpft an Vorstellungen an, die in pädagogischen Leitlinien und Lehrplänen enthalten sind.

---

2. Erhebungsinstrumente

Die Erfassung der beschriebenen Aspekte von Kooperation und Kommunikation erfolgte in PISA weitgehend mit Selbstberichtverfahren. Bei diesen Verfahren werden die Jugendlichen als Experten herangezogen, die ihre eigenen Reaktionen in zahlreichen verschiedenartigen sozialen Situationen erlebt haben. Anders als bei einmaligen Beobachtungen oder Verhaltensstichproben ist es damit möglich, Auskunft über allgemeinere, situationsübergreifende Tendenzen zu erhalten.

Selbstberichtverfahren können jedoch auch mit Nachteilen verknüpft sein. So ist es möglich, dass die befragten Personen nicht wahrheitsgemäß antworten und die Ergebnisse durch Antworttendenzen (z.B. durch die Tendenz, sich selbst möglichst positiv darstellen zu wollen) verzerrt werden. Um sicherzustellen, dass die eingesetzten Skalen tatsächlich das erfassen, was sie erfassen sollen, wurden die Selbsteinschätzungen der Schülerinnen und Schüler mit Fremdurteilen durch Lehrkräfte, Mitschülerinnen und Mitschüler sowie Schulleitungen verglichen. Die Ergebnisse dieser Analysen, die im Anschluss an die Beschreibung der in PISA eingesetzten Fragebogenskalen dargestellt werden, weisen darauf hin, dass sich die Selbsteinschätzungen der Schülerinnen und Schüler in den Wahrnehmungen anderer Personen widerspiegeln.

2.1 Verwendete Skalen

Bei den meisten der in PISA eingesetzten Skalen handelt es sich um gängige Selbstberichtsverfahren, die in Fragebogenform vorgelegt wurden. Dabei werden die Schülerinnen und Schüler gebeten, anzugeben, inwieweit sie vorgegebenen Aussagen zustimmen bzw. wie häufig sie ein bestimmtes Verhalten zeigen. Die entsprechenden Einzelaussagen werden dann jeweils zu einer Skala zusammengefasst. Die verwendeten Fragebögen sind bereits in anderen Studien eingesetzt worden und wurden teilweise aufgrund der Feldtestanalysen für die PISA-Studie optimiert. In Kasten 2 ist für jeden Aspekt von Kooperation und Kommunikation jeweils ein Beispielitem aufgeführt.

Zur Erfassung der Werthaltungen (Verantwortungsübernahme und Verantwortungsabwehr) wurden den Schülerinnen und Schülern zwei Texte vorgegeben, in denen die Situ-

Kasten 2:	Beispielitems für die in PISA erhobenen Aspekte von Kooperation und Kommunikation	
Aspekt	**Beispielitem**	**Antwortformat**
Perspektivenübernahme	Bevor ich Leute kritisiere, versuche ich mir vorzustellen, wie es mir ginge, wenn ich an ihrer Stelle wäre.	1 *trifft völlig zu*, 2 *trifft eher zu*, 3 *trifft eher nicht zu*, 4 *trifft überhaupt nicht zu*
Soziale Selbstwirksamkeits-überzeugungen	Wenn es darum geht, Freundschaften anzuknüpfen, bin ich ziemlich begabt.	
Empathie	Ich habe of Mitgefühl mit Leuten, die weniger Glück haben als ich.	
Unterstützung von Mitschülern bei unterrichtsbezogenen Aktivitäten	Wie oft versuchst du deinen Mitschülern bei einer Aufgabe zu helfen, die du schon gelöst hast?	1 *nie*, 2 *selten*, 3 *manchmal*, 4 *oft*, 5 *nie*
Unterstützung von Gleichaltrigen bei Problemen	Wie oft versuchst du nett zu anderen Jugendlichen zu sein, wenn ihnen etwas Schlimmes passiert ist?	
Einhaltung arbeitsbezogener Normen im Klassenzimmer	Wie oft versuchst du leise zu sein, wenn andere versuchen zu lernen?	
Einhaltung von Versprechen gegenüber Gleichaltrigen	Wie oft versuchst du Dinge zu tun, die du anderen Jugendlichen versprochen hast?	
Verantwortungsübernahme	Es macht mir zu schaffen, dass ich – verglichen mit diesen Menschen – in einer besseren Lage bin.	Diese Aussage entspricht meinen Gedanken und Gefühlen: 1 *ganz genau*, 2 *weitgehend*, 3 *teilweise*, 4 *eher nicht*, 5 *weitgehend nicht*, 6 *überhaupt nicht*
Verantwortungsabwehr	Die Leute haben sich das selbst zuzuschreiben, weil sie häufig nicht bereit sind, sich ausbilden zu lassen.	

ation von Jugendlichen in Entwicklungsländern und die Lage osteuropäischer Arbeiter, die illegal in Deutschland arbeiten, beschrieben wurden. Im Anschluss sollten die Schülerinnen und Schüler eine Reihe von Aussagen im Hinblick darauf beurteilen, inwieweit sie den eigenen Gedanken und Gefühlen entsprechen (Beispiele sind in Kasten 2 aufgeführt). Die Aussagen werden situationsübergreifend zu den Skalen Verantwortungsübernahme und Verantwortungsabwehr zusammengefasst.

Für die Erhebung der sozialen Orientierungen schließlich wurde eine Methode gewählt, die stark von den anderen Verfahren abweicht. Anstelle von Selbstbeurteilungen wurde hier mit Verhaltensstichproben in vorgegebenen Situationen gearbeitet. Diese Situationen zeichnen sich durch einen Konflikt zwischen dem eigenen Nutzen und dem Nutzen anderer Beteiligter aus. Den Schülerinnen und Schülern wurden Abbildungen vorgelegt, die Verteilungen von Punkten für sie selbst und eine andere Person zeigen. Es wurden immer zwei mögliche Verteilungen nebeneinander dargestellt, aus denen jeweils eine Alternative ausgewählt werden sollte (vgl. Kasten 3). Anschließend wurde ermittelt, wie häufig der Schüler oder die Schülerin Verteilungen bevorzugte, die den eigenen Nutzen maximieren, den Nutzen der anderen Person minimieren oder den Nutzen für beide Personen egalisieren. Auf diese Weise lassen sich Indikatoren für die drei sozialen Orientierungen bilden. Dieses Verfahren wurde von Knight und Mitarbeitern entwickelt und erprobt (Chao, Knight & Dubro, 1986; Knight & Chao, 1991; Knight & Dubro, 1984). In einer Reihe von Studien konnten sie zeigen, dass die so gemessenen Orientierungen tatsächlich in verschiedenen sozialen Kontexten in Erscheinung treten und mit unterschiedlichen Verhaltensweisen zusammenhängen. Eine Stärke dieses Verfahrens liegt darin, dass kaum zu durchschauen ist, was damit erfasst werden soll und es somit schwierig sein dürfte, gezielt in sozial erwünschter Weise zu antworten.

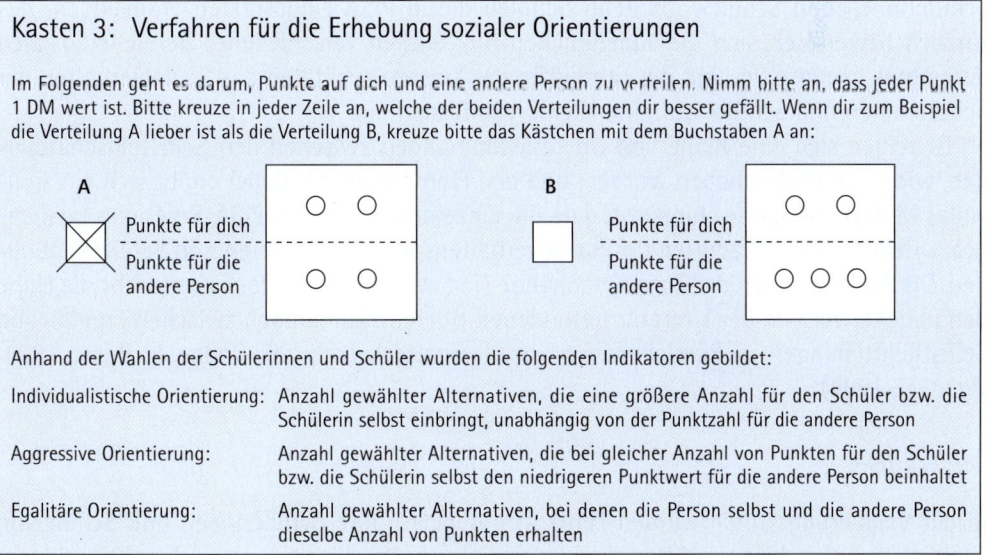

Kasten 3: Verfahren für die Erhebung sozialer Orientierungen

Im Folgenden geht es darum, Punkte auf dich und eine andere Person zu verteilen. Nimm bitte an, dass jeder Punkt 1 DM wert ist. Bitte kreuze in jeder Zeile an, welche der beiden Verteilungen dir besser gefällt. Wenn dir zum Beispiel die Verteilung A lieber ist als die Verteilung B, kreuze bitte das Kästchen mit dem Buchstaben A an:

A — Punkte für dich / Punkte für die andere Person
B — Punkte für dich / Punkte für die andere Person

Anhand der Wahlen der Schülerinnen und Schüler wurden die folgenden Indikatoren gebildet:

Individualistische Orientierung: Anzahl gewählter Alternativen, die eine größere Anzahl für den Schüler bzw. die Schülerin selbst einbringt, unabhängig von der Punktzahl für die andere Person

Aggressive Orientierung: Anzahl gewählter Alternativen, die bei gleicher Anzahl von Punkten für den Schüler bzw. die Schülerin selbst den niedrigeren Punktwert für die andere Person beinhaltet

Egalitäre Orientierung: Anzahl gewählter Alternativen, bei denen die Person selbst und die andere Person dieselbe Anzahl von Punkten erhalten

Zur Bedeutung der Skalenwerte im Bereich Kooperation und Kommunikation

Alle Skalen wurden so gebildet, dass ein hoher Zahlenwert eine hohe Ausprägung in dem gemessenen Merkmal widerspiegelt. Ein Problem bei der Darstellung von Ergebnissen im Bereich Kooperation und Kommunikation sowie in anderen Bereichen, die mit ähnlichen Erhebungsverfahren arbeiten, liegt darin, dass die Höhe der Skalenkennwerte an sich nur einen geringen Aussagegehalt hat. So ist zum Beispiel die Angabe, dass der Mittelwert aller Schülerinnen und Schüler auf der Empathie-Skala 2,84 Punkte beträgt, kaum informativ. Damit wird zwar gesagt, dass die Werte im Durchschnitt leicht oberhalb des theoretischen Skalenmittelpunkts von 2,5 Punkten und deutlich unter dem maximal erreichbaren Wert von 4,0 liegen, aber was dies inhaltlich bedeutet, ist nur schwer vorstellbar. Inhaltlich bedeutsamer als solche rein deskriptiven Beschreibungen sind Aussagen, die sich auf differenzielle Ausprägungen in verschiedenen Gruppen oder auf Zusammenhänge zwischen den Merkmalen beziehen. Dabei wurden aus Gründen der Darstellbarkeit alle Skalen im Bereich Kooperation und Kommunikation mittels linearer Transformation auf eine gemeinsame Metrik gebracht. In den folgenden Darstellungen beträgt der Mittelwert für die Skalen jeweils 50 Punkte mit einer Standardabweichung von 10.

2.2 Validität der Skalen

Um die Validität der in PISA erhobenen Informationen über Aspekte von Kooperation und Kommunikation weiter gehend zu überprüfen, als es in der schon vorhandenen Literatur geschehen ist, wurden diese in einer Zusatzstudie mit Fremdbeurteilungen durch Lehrkräfte sowie Mitschülerinnen und Mitschüler verglichen. Insgesamt bearbeiteten 304 Schülerinnen und Schüler aus neun Schulen die in PISA eingesetzten Fragebögen. Zusätzlich bewerteten sich die Jugendlichen hinsichtlich verschiedener Bereiche sozialen Verhaltens gegenseitig, und die Lehrkräfte der Klassen schätzten das Sozialverhalten der Schülerinnen und Schüler auf einer Reihe von Skalen ein.

Es zeigen sich eine Reihe von Übereinstimmungen zwischen den Selbsteinschätzungen, wie sie in PISA erhoben wurden, und den Fremdurteilen[1]. Dabei ergibt sich ein sinnvolles Muster, das darauf hinweist, dass die einzelnen Skalen der PISA-Erhebung tatsächlich unterschiedliche Facetten des Sozialverhaltens von Schülerinnen und Schülern abbilden. Die Ausprägungen der Zusammenhänge sind zwar moderat, doch entspricht die Höhe den üblicherweise in der Literatur gefundenen Übereinstimmungen zwischen Fremd- und Selbstbeurteilungen in Bereichen des Sozialverhaltens (vgl. z.B. Dodge & Price, 1994; Wentzel, 1994).

Lehrerurteile

In der Validierungsstudie wurden Lehrkräfte gebeten, ihre Schülerinnen und Schüler im Hinblick auf verschiedene Aspekte ihres Sozialverhaltens zu bewerten. Ergebnisse einer Hauptkomponentenanalyse zeigten, dass sich die folgenden drei Verhaltensbereiche unterscheiden lassen: (1) soziale Kompetenz und prosoziales Verhalten, (2) Durchsetzungsvermögen sowie (3) die Fähigkeit, in Gruppen zu arbeiten.

Tabelle 7.1: Korrelationen zwischen den in PISA eingesetzten Fragebogenskalen und Einschätzungen des Sozialverhaltens von Schülerinnen und Schülern durch ihre Lehrerinnen und Lehrer: Ergebnisse einer Zusatzuntersuchung

		Lehrerurteil	
	Soziale Kompetenz und prosoziales Verhalten	Durchsetzungs- vermögen	Kann gut in Gruppen arbeiten
Perspektivenübernahme	.13*	.07	.08
Soziale Selbstwirksamkeitsüberzeugungen	–.01	.39***	.11
Empathie	.12*	.07	.10
Unterstützungsverhalten: Unterricht	.23***	.16*	.18**
Unterstützungsverhalten: Gleichaltrige	.25***	.15*	.20**
Normeinhaltung: Unterricht	.33***	.01	.23***
Normeinhaltung: Gleichaltrige	.24***	.03	.17**
Individualistische Orientierung	–.18**	.02	–.08
Egalitäre Orientierung	.19**	.00	.11
Aggressive Orientierung	.01	.07	–.05

* $p < .05$, ** $p < .01$, *** $p < .001$.

Zwischen diesen Fremdbeurteilungen durch die Lehrkräfte und den in PISA eingesetzten Selbstberichtskalen zeigen sich differenzielle Zusammenhänge, die für die Validität der PISA-Instrumente sprechen (siehe Tab. 7.1). Schülerinnen und Schüler, die von ihren Lehrkräften als sozial kompetent und prosozial eingeschätzt werden, weisen höhere Werte auf den Skalen zu sozialen Zielen auf und zeigen höhere Ausprägungen auf den Skalen zur Erfassung von Perspektivenübernahme und Empathie. Auch einige der sozialen Orientierungen spiegeln sich in den Lehrerurteilen wider: Individualistische Tendenzen korrelieren negativ, egalitäre Orientierungen dagegen positiv mit den Einschätzungen der sozialen Kompetenz und des prosozialen Verhaltens der Jugendlichen durch die Lehrkräfte.

Für die Einschätzungen des Durchsetzungsvermögens zeigen sich erwartungsgemäß andere Zusammenhänge: Es bestehen zwar auch hier signifikante Zusammenhänge mit den Skalen zum Unterstützungsverhalten im Unterricht und gegenüber Gleichaltrigen, diese fallen aber niedriger aus als die bereits beschriebenen Korrelationen mit den Lehrereinschätzungen der sozialen Kompetenz und des prosozialen Verhaltens. Besonders auffällig ist hier ferner die hohe Übereinstimmung zwischen der selbst angegebenen Selbstwirksamkeit und dem durch Lehrkräfte eingeschätzten Durchsetzungsvermögen: Schülerinnen und Schüler, die von sich meinen, gut in sozialen Situationen zurechtzukommen, können sich laut Lehrerurteil gut durchsetzen. Die Lehrereinschätzungen zur Fähigkeit, in Gruppen zu arbeiten, hängen schließlich vor allem mit den sozialen Zielen der Jugendlichen zusammen.

Urteile von Mitschülerinnen und Mitschülern

Die in PISA eingesetzten Verfahren wurden weiterhin an gegenseitigen Einschätzungen von Schülerinnen und Schülern validiert. Zu diesem Zweck wurden die Jugendlichen in der Zusatzuntersuchung gebeten, Mitschülerinnen oder Mitschüler zu nennen, die sie auf be-

Tabelle 7.2: Korrelationen zwischen den in PISA eingesetzten Fragebogenskalen und
gegenseitigen Einschätzungen der Schülerinnen und Schüler:
Ergebnisse einer Zusatzuntersuchung

	Mitschülerurteil			
	Sympathie	Vertrauen	Popularität	Unbeliebtheit
Perspektivenübernahme	.05	.19**	0,01	−.04
Soziale Selbstwirksamkeitsüberzeugungen	.17**	.06	.30***	−.28***
Empathie	.02	.07	−.12*	−.03
Unterstützungsverhalten: Unterricht	.10	.24**	.02	−.10
Unterstützungsverhalten: Gleichaltrige	.12*	.15*	−.07	−.09
Normeinhaltung: Unterricht	.06	.21**	−.10	−.01
Normeinhaltung: Gleichaltrige	.01	.18*	−.07	−.05
Individualistische Orientierung	−.05	−.13	.09	−.10
Egalitäre Orientierung	.17*	.30***	.02	−.03
Aggressive Orientierung	−.01	−.04	−.06	−.07

* $p < .05$, ** $p < .01$, *** $p < .001$.

stimmte Weise einschätzen oder für bestimmte Arten von Sozialkontakten auswählen würden. Für jede der vorgegebenen Kategorien wurde anschließend ausgezählt, wie häufig die Schülerinnen und Schüler jeweils genannt wurden. Aufgrund der Ergebnisse von Hauptkomponentenanalysen wurden diese soziometrischen Wahlen zu den vier Skalen Sympathie, Vertrauen, Popularität und Unbeliebtheit zusammengefasst.

Die soziometrischen Wahlen geben Aufschluss über die Stellung der Jugendlichen in ihrer Klasse und korrespondieren in sinnvoller Weise mit den in PISA eingesetzten Skalen (siehe Tab. 7.2). Jugendliche, die von relativ vielen Mitschülerinnen und Mitschülern Sympathieurteile erhalten, weisen egalitäre Tendenzen auf und neigen dazu, Unterstützungsverhalten gegenüber Gleichaltrigen zu zeigen. Die Anzahl von Vertrauensurteilen durch Mitschülerinnen und Mitschüler hängt ebenfalls mit Selbstangaben zu Unterstützungsverhalten und Normeinhaltung zusammen und korreliert weiterhin mit der Bereitschaft, Perspektiven anderer zu übernehmen. Besonders auffällig ist hier jedoch der Zusammenhang zwischen egalitärer Orientierung und Vertrauen: Jugendliche mit egalitären Tendenzen werden von Mitschülerinnen und Mitschülern deutlich häufiger als potenzielle Vertrauenspersonen genannt.

Jugendliche, die von anderen als beliebt und als häufig im Mittelpunkt stehend beschrieben werden, weisen eher negative Ausprägungen auf der Empathieskala auf. Bei diesen Jugendlichen besteht weiterhin ein ausgeprägt positiver Zusammenhang mit sozialen Selbstwirksamkeitsüberzeugungen. Diesen im sozialen Bereich selbstsicheren und beliebten Jugendlichen steht eine andere Gruppe von Schülern gegenüber, die von ihren Mitschülerinnen und Mitschülern eher als Außenseiter gesehen werden: Bei ihnen sind tendenziell niedrigere Werte auf der Selbstwirksamkeitsskala zu beobachten.

Dieses Muster von Zusammenhängen zwischen Selbsteinschätzungen von Jugendlichen einerseits und Fremdeinschätzungen durch Lehrkräfte sowie Mitschülerinnen und Mitschüler andererseits weist darauf hin, dass innerhalb von Klassen bzw. Schulen geteil-

Tabelle 7.3:   Korrelationen zwischen den in PISA eingesetzten Fragebogenskalen und Beeinträchtigungen des Lernens aus Sicht der Schulleitungen (Partialkorrelationen bei Kontrolle der Schulform)

	Urteil der Schulleitungen		
	Beeinträchtigung des Lernens aufgrund von Störungen des Unterrichts durch Schüler/innen	Beeinträchtigung des Lernens durch fehlenden Respekt der Schüler/innen vor den Lehrkräften	Beeinträchtigung des Lernens durch Einschüchtern oder Schikanieren von Schülern/Schülerinnen durch Mitschüler/innen
Perspektivenübernahme	–.21**	–.11	–.06
Soziale Selbstwirksamkeitsüberzeugungen	.08	.23**	.11
Empathie	–.32***	–.10	–.19*
Unterstützungsverhalten: Unterricht	.01	.15*	.15*
Unterstützungsverhalten: Gleichaltrige	–.20**	.03	–.27**
Normeinhaltung: Unterricht	.04	–.13	.03
Normeinhaltung: Gleichaltrige	–.20**	–.01	–.10
Individualistische Orientierung	.25**	.26**	.30***
Egalitäre Orientierung	–.21**	–.05	–.27***
Aggressive Orientierung	.33***	.17*	.18*
Verantwortungsübernahme	–.22**	–.20**	–.07
Verantwortungsabwehr	.31***	.30***	.21**

* $p < .05$, ** $p < .01$, *** $p < .001$.

te Normen für soziales Verhalten bestehen. Obwohl einige der in PISA erfassten Aspekte von Kooperation und Kommunikation vor allem mit den Urteilen durch Lehrkräfte, andere stärker mit den Einschätzungen durch Mitschülerinnen und Mitschüler zusammenhängen, bestehen deutliche Übereinstimmungen in den Bewertungen. So scheinen sich Lehrkräfte und Jugendliche beispielsweise darüber einig zu sein, dass Unterstützungsverhalten im Unterricht und gegenüber Gleichaltrigen positiv zu bewerten ist. Diese Art von Verhalten wird von Lehrkräften offenbar als sozial kompetent und prosozial beurteilt und von Mitschülerinnen und Mitschülern mit Vertrauen belohnt. Das Vorliegen solcher geteilten Normen spiegelt unter anderem den allgemeinen Einfluss, den Schule auf die Entwicklung sozialer Kompetenzen hat, wider.

Beeinträchtigungen des Lernens aus Sicht der Schulleitungen

Weitere Hinweise auf die Validität der Maße im Bereich Kooperation und Kommunikation ergeben sich aus Analysen von Zusammenhängen zwischen diesen Skalen und Angaben der Schulleitungen zum Ausmaß von Beeinträchtigungen des Lernens durch Schülerverhalten, wie sie im PISA-Schulleiterfragebogen erfragt wurden. Für diese Analysen wurden die Skalenwerte der Schülerinnen und Schüler einer Schule jeweils gemittelt und mit den Einschätzungen der Schulleitungen korreliert. Da systematische Unterschiede zwischen den Schulformen auf diesen Variablen bestehen, wurde dieser Einfluss statistisch kontrolliert. Die Partialkorrelationen sind in Tabelle 7.3 aufgeführt. Es zeigt sich, dass die mittleren Werte der Schülerinnen und Schüler für Verantwortungsabwehr, individualistische Orientierung und aggressive Orientierung signifikant mit allen drei Urteilen der Schulleitungen zum Verhalten von Schülerinnen und Schülern zusammenhängen. Auch für alle anderen Variablen sind eine Reihe von signifikanten Korrelationen mit den Einschätzungen der Schulleitungen zu verzeichnen. Demnach scheinen also in Schulen, in denen die Schülerinnen und Schüler auf den in PISA erfassten Aspekten von Kooperation und Kommunikation Ausprägungen aufweisen, die in Richtung positiver sozialer Orientierung tendieren, weniger Beeinträchtigungen des Lernens durch Schülerverhalten vorzukommen.

> Analysen zur Validität der Messinstrumente weisen darauf hin, dass die in PISA eingesetzten Skalen im Bereich Kooperation und Kommunikation Aspekte erfassen, die sich im Sozialverhalten von Jugendlichen im Schulkontext niederschlagen. Vergleicht man die Selbstberichte mit Fremdurteilen, wird deutlich, dass die Ausprägungen auf den PISA-Skalen mit den Verhaltenseinschätzungen durch Lehrkräfte, Mitschülerinnen und Mitschüler sowie Schulleitungen zusammenhängen. Diese Übereinstimmung mit den Urteilen verschiedener Personengruppen stellt eine wechselseitige Bestätigung ihrer Angaben dar und weist darauf hin, dass mit den in PISA eingesetzten Skalen sozial geteilte Wahrnehmungen erfasst werden. Dabei zeigen sich differenzielle Zusammenhänge für verschiedene Verhaltenskategorien, die ein sinnvolles Muster ergeben. Es kann somit davon ausgegangen werden, dass es in PISA gelungen ist, Indikatoren für Aspekte von Kooperation und Kommunikation zu erheben, die verschiedene Dimensionen dieses Konstrukts in zufriedenstellender Weise abbilden.

Nach dieser ausführlichen Darstellung der verwendeten Instrumente werden im Folgenden die Analysen der PISA-Stichprobe dargestellt. Es sollen Zusammenhänge der Aspekte von Kooperation und Kommunikation mit Merkmalen auf der individuellen Ebene und auf der Schulebene untersucht werden. Im ersten Schritt werden die Ergebnisse zu Geschlechterunterschieden beschrieben. Anschließend wird geklärt, inwieweit sich Schülerinnen und Schüler unterschiedlicher Schulformen in ihren Kooperations- und Kommunikationsfähigkeiten unterscheiden. Anhand einer Mehrebenenanalyse wird schließlich der Frage nachgegangen, welche relative Bedeutung dem individuellen Hintergrund von Schülerinnen und Schülern sowie Schulmerkmalen für Aspekte von Kooperation und Kommunikation zukommt.

3. Geschlechterunterschiede

Die Analysen von Geschlechterunterschieden im Bereich Kooperation und Kommunikation ergeben in PISA ein Muster, wie es aufgrund von Befunden, die in der Literatur zu sozialen Kompetenzen berichtet werden, zu erwarten ist (vgl. z.B. Bierhoff, 1998; Ford, 1982). Diese Befunde weisen darauf hin, dass Mädchen stärker sozial orientiert sind und mehr Hilfsbereitschaft zeigen. Jungen dagegen neigen in der Tendenz eher zu aggressivem Verhalten als Mädchen (Coie & Dodge, 1998). Coie und Dodge (1998) beispielsweise interpretieren diese Befunde als eine Interaktion zwischen Prädisposition und Rollenerwartungen. Ihre Ergebnisse weisen unter anderem darauf hin, dass aggressives Verhalten bei Jungen weniger sanktioniert wird als bei Mädchen. Solche Unterschiede spiegeln sich auch in den PISA-Daten wider. Wie in Abbildung 7.1 zu erkennen ist, sind im Bereich Kooperation und Kommunikation besonders ausgeprägte Geschlechterunterschiede für Empathie

Abbildung 7.1:   Geschlechterunterschiede in Aspekten von Kooperation und
Kommunikation

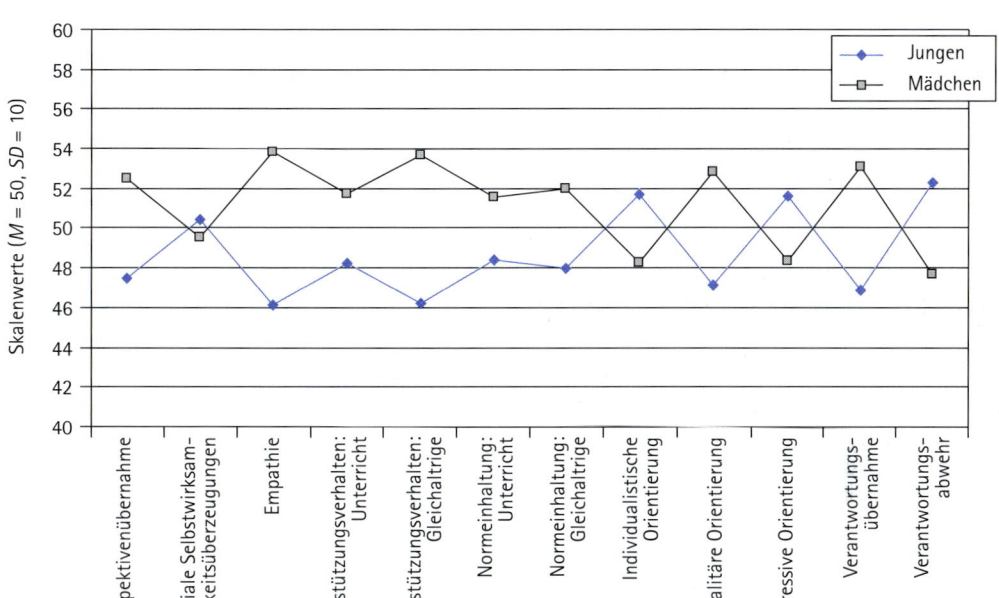

und Unterstützung Gleichaltriger zu verzeichnen. Auf diesen Skalen erreichen die Mädchen Werte, die etwa 0,75 Standardabweichungen über den Ergebnissen der Jungen liegen. Aber auch die Neigung, Situationen aus der Perspektive anderer Personen zu betrachten, Verantwortung für strukturelle Ungerechtigkeiten zu übernehmen sowie sich bei Konflikten zwischen dem eigenen Nutzen und dem Nutzen anderer für egalitäre Lösungen zu entscheiden, ist bei Mädchen ausgeprägter als bei Jungen. Jungen dagegen neigen stärker als Mädchen zu individualistischen und aggressiven Orientierungen, und sie tendieren eher dazu, auf strukturelle Ungerechtigkeiten mit Verantwortungsabwehr zu reagieren. Einzig die sozialen Selbstwirksamkeitsüberzeugungen sind bei Mädchen und Jungen nahezu gleich stark ausgeprägt. Die geringfügige Abweichung zu Gunsten der Jungen wird im Globalvergleich aller 15-Jährigen zwar signifikant, die Differenz ist jedoch vergleichsweise klein (0,09 Standardabweichungen). Im Hinblick auf die Überzeugung, soziale Situationen gut meistern zu können, scheinen sich 15-jährige Jungen und Mädchen also kaum zu unterscheiden.

Insgesamt bewegen sich die Geschlechterunterschiede im Bereich Kooperation und Kommunikation in ihrer Größenordnung auf einem ähnlichen Niveau wie die entsprechenden Differenzen in fachbezogenem Interesse und Selbstkonzept. So betragen die Unterschiede zu Gunsten der Mädchen im Interesse am Lesen und im verbalen Selbstkonzept etwa 0,6 bzw. 0,3 Standardabweichungen, und die Werte für Interesse und Selbstkonzept im Bereich Mathematik liegen bei Jungen 0,3 bzw. 0,4 Standardabweichungen über denen der Mädchen.

Die in den Selbstberichten vorgefundenen Geschlechterunterschiede im Bereich Kooperation und Kommunikation spiegeln sich weiterhin auch in den Beurteilungen des Sozialverhaltens von Schülerinnen und Schülern durch Lehrkräfte wider. In der oben beschriebenen Validierungsstudie wurden Mädchen von ihren Lehrerinnen und Lehrern auf fast allen Skalen positiver beurteilt als Jungen. Lediglich im Hinblick auf ihr Durchsetzungsvermögen unterscheiden sich die Geschlechter nach Einschätzung der Lehrkräfte nicht bedeutsam. Diese Parallelität in den Befunden für die Selbstberichte und Fremdurteile kann als weiterer Hinweis auf die Validität der in PISA eingesetzten Skalen gewertet werden.

> Die aus der Literatur bekannten Befunde zu Geschlechterunterschieden im Bereich Kooperation und Kommunikation werden auch durch die PISA-Daten bestätigt. Demnach sind Mädchen im Durchschnitt stärker prosozial orientiert und zeigen geringere individualistische und aggressive Tendenzen als Jungen. Diese Unterschiede entsprechen in ihrer Größenordnung beispielsweise den Geschlechterdifferenzen im fachbezogenen Interesse (Interesse am Lesen und an der Mathematik).

4. Unterschiede zwischen Schulformen und Schulen

Unterschiede zwischen Schülerinnen und Schülern in verschiedenen Schulformen wurden für den Bereich Kooperation und Kommunikation bislang kaum systematisch untersucht. Die wenigen Vergleiche, die durchgeführt wurden, fanden zwar signifikante Differenzen, diese waren jedoch vergleichsweise klein (Baumert & Köller, 1998; Fend, 2001). Dieser Befund wird durch die PISA-Ergebnisse, die einen breiteren Kranz von Aspekten sozialer Kompetenz abdecken, bestätigt.

In Tabelle 7.4 werden die Muster signifikanter Differenzen zwischen Schülerinnen und Schülern in den verschiedenen Schulformen dargestellt[2], wobei eine –1 bedeutet, dass Schülerinnen und Schüler, die der in der Zeile eingetragenen Schulform angehören, niedrigere Werte erreichen als Schülerinnen und Schüler der Schulform, die in der Spalte steht, während eine 1 Abweichungen in entgegengesetzter Richtung kennzeichnet. In der Tabelle sind vor allem drei Muster zu erkennen, die sich bei verschiedenen Aspekten von Kooperation und Kommunikation wiederholen. Zunächst einmal fällt auf, dass für drei Skalen keinerlei Schulformunterschiede zu verzeichnen sind. Dies gilt für die beiden kognitiven Aspekte von Kooperation und Kommunikation, die im Rahmen von PISA erhoben wurden (Perspektivenübernahme und soziale Selbstwirksamkeitsüberzeugungen), sowie für die Tendenz, bei Konflikten zwischen dem eigenen Nutzen und dem Nutzen einer anderen Person Situationen zu bevorzugen, die den eigenen Nutzen maximieren (individualistische Orientierung).

Ein weiteres Muster besteht darin, dass die Werte der Gymnasiasten bei vielen Variablen von den Ergebnissen der Schülerinnen und Schüler anderer Schulformen abweichen. Dabei fällt allerdings auf, dass in den meisten Fällen keine signifikanten Unterschiede zwischen Gymnasien und Integrierten Gesamtschulen zu verzeichnen sind. Konsistente Differenzen zwischen Gymnasien und allen anderen Schulformen wurden lediglich für die Einhaltung von Versprechen gegenüber Gleichaltrigen sowie für Verantwortungsabwehr

Tabelle 7.4: Schulformunterschiede in Aspekten von Kooperation und Kommunikation

Perspektivenübernahme

	HS	MBG	RS	IGS	GY
HS					
MBG	0				
RS	0	0			
IGS	0	0	0		
GY	0	0	0	0	

Soziale Selbstwirksamkeitsüberzeugungen

	HS	MBG	RS	IGS	GY
HS					
MBG	0				
RS	0	0			
IGS	0	0	0		
GY	0	0	0	0	

Empathie

	HS	MBG	RS	IGS	GY
HS					
MBG	0				
RS	0	0			
IGS	0	0	0		
GY	1	1	1	0	

Unterstützung: Unterricht

	HS	MBG	RS	IGS	GY
HS					
MBG	0				
RS	1	0			
IGS	1	1	0		
GY	1	1	1	0	

Unterstützung: Gleichaltrige

	HS	MBG	RS	IGS	GY
HS					
MBG	0				
RS	1	0			
IGS	1	1	0		
GY	1	1	1	0	

Normeinhaltung: Unterricht

	HS	MBG	RS	IGS	GY
HS					
MBG	0				
RS	1	0			
IGS	1	0	0		
GY	1	1	0	0	

Normeinhaltung: Gleichaltrige

	HS	MBG	RS	IGS	GY
HS					
MBG	1				
RS	1	0			
IGS	1	0	0		
GY	1	1	1	1	

Individualistische Orientierung

	HS	MBG	RS	IGS	GY
HS					
MBG	0				
RS	0	0			
IGS	0	0	0		
GY	0	0	0	0	

Egalitäre Orientierung

	HS	MBG	RS	IGS	GY
HS					
MBG	1				
RS	1	0			
IGS	1	1	0		
GY	1	1	1	0	

Aggressive Orientierung

	HS	MBG	RS	IGS	GY
HS					
MBG	0				
RS	0	−1			
IGS	−1	−1	−1		
GY	−1	−1	−1	0	

Verantwortungsübernahme

	HS	MBG	RS	IGS	GY
HS					
MBG	−1				
RS	0	1			
IGS	0	0	0		
GY	0	0	0	0	

Verantwortungsabwehr

	HS	MBG	RS	IGS	GY
HS					
MBG	0				
RS	−1	0			
IGS	0	0	0		
GY	−1	−1	−1	−1	

HS = Hauptschule, MBG = Schule mit mehreren Bildungsgängen, RS = Realschule, IGS = Integrierte Gesamtschule, GY = Gymnasium. Diese Tabelle zeigt, ob sich die Schülerinnen und Schüler verschiedener Schulformen in den Aspekten von Kooperation und Kommunikation signifikant voneinander unterscheiden. Eine −1 bedeutet, dass Jugendliche, die der in der Zeile eingetragenen Schulform angehören, niedrigere Werte auf dem jeweiligen Merkmal aufweisen als Schülerinnen und Schüler der Schulform, die in der Spalte steht, während eine 1 Abweichungen in entgegengesetzter Richtung kennzeichnet. War für eine Variable kein signifikanter Unterschied zwischen zwei Schulformen zu verzeichnen, so wurde in die entsprechende Zelle eine 0 eingetragen.

gefunden. Bei fünf weiteren Variablen weichen Gymnasiasten zwar signifikant von Schülerinnen und Schülern aus Hauptschulen, Realschulen und Schulen mit mehreren Bildungsgängen ab, nicht jedoch von Jugendlichen, die Integrierte Gesamtschulen besuchen.

Ein drittes sich wiederholendes Muster schließlich besteht in signifikanten Unterschieden zwischen Hauptschülern und Schülerinnen und Schülern anderer Schulformen. Interessanterweise ist jedoch dieses Muster etwas weniger konsistent als der Effekt des Gymnasiums. Durchgängige Unterschiede zwischen Hauptschulen und allen anderen Schulformen finden sich für die Einhaltung von Normen gegenüber Gleichaltrigen sowie für egalitäre Orientierungen. Bei anderen Variablen lassen sich Hauptschulen und Schulen mit mehreren Bildungsgängen nicht unterscheiden, und zum Teil werden zusätzlich auch die Unterschiede zu anderen Schulformen nicht signifikant.

Wie die Befunde früherer Studien weisen also auch die Ergebnisse von PISA darauf hin, dass im Bereich Kooperation und Kommunikation signifikante Unterschiede zwischen Schülerinnen und Schülern verschiedener Schulformen bestehen. Diese gehen in erster Linie auf die Ergebnisse von Gymnasiasten zurück, die auf eine ausgeprägtere soziale Orientierung in dieser Gruppe hinweisen, sowie auf die Werte der Hauptschüler (sowie zum Teil der Schülerinnen und Schüler aus Schulen mit mehreren Bildungsgängen), die in die entgegengesetzte Richtung tendieren. Bei der Bewertung dieser Ergebnisse ist jedoch zu bedenken, dass es sich um Momentaufnahmen handelt, die keine Rückschlüsse auf die Ursachen der gefundenen Unterschiede zwischen den Schulformen erlauben. Es ist also nicht möglich zu bestimmen, inwieweit die Differenzen auf Selektivitätseffekte oder auf Effekte differenzieller Entwicklungsbedingungen in Schulen verschiedener Schulformen zurückgehen (Baumert & Köller, 1998).

Weitaus bemerkenswerter als der Befund, dass sich Schülerinnen und Schüler in den verschiedenen Schulformen in einzelnen Aspekten von Kooperation und Kommunikation voneinander unterscheiden, ist jedoch, dass diese Unterschiede sehr klein ausfallen. In Tabelle 7.5 sind die Anteile der Variabilität von Messwerten für die verschiedenen Variablen dargestellt, die auf die Schulform und auf Schulen innerhalb von Schulformen zurückgeführt werden können. Die Bedeutung dieser Kennwerte wird anhand eines Beispiels in Kasten 4 erläutert. Wie zu erkennen ist, variiert der Anteil der Unterschiedlichkeit zwischen Schülerinnen und Schülern, der durch ihre Zugehörigkeit zu unterschiedlichen Schulformen erklärt werden kann, bei den Aspekten von Kooperation und Kommunikation zwischen 0 und 8 Prozent. Der höchste Wert ist für Verantwortungsabwehr zu verzeichnen (8 %), gefolgt von Einhalten von Versprechen gegenüber Gleichaltrigen (4,5 %). Bei allen anderen Variablen liegt der Anteil der durch Schulformzugehörigkeit erklärten Varianz deutlich unter 5 Prozent.

Um die Größenordnung dieser Anteile einzuordnen, wurden in den letzten drei Zeilen von Tabelle 7.5 zum Vergleich die entsprechenden Schätzungen für Leistungen in den internationalen PISA-Tests eingetragen. Diese sind mit knapp 42 Prozent für Naturwissenschaften, 43 Prozent für Mathematik und 46 Prozent für Lesen deutlich höher als die Werte für Aspekte von Kooperation und Kommunikation. Verglichen mit Schulformunterschieden in den Schulleistungen sind also die Differenzen im Bereich Kooperation und Kommunikation sehr klein.

Im Hinblick auf die Anteile der Variabilität, die auf einzelne Schulen innerhalb von Schulformen zurückzuführen sind, stellt sich das Bild etwas anders dar. Hier geht es um

Tabelle 7.5: Anteile der Varianz in Aspekten von Kooperation und Kommunikation, die auf Unterschiede zwischen Schulformen und zwischen Schulen innerhalb von Schulformen zurückgeführt werden können (in %)

	Anteil Schulform	Anteil Schulen innerhalb von Schulformen
Perspektivenübernahme	0,0	6,4
Soziale Selbstwirksamkeitsüberzeugungen	0,2	4,6
Empathie	0,9	6,2
Unterstützungsverhalten: Unterricht	1,7	7,2
Unterstützungsverhalten: Gleichaltrige	1,8	6,5
Normeinhaltung: Unterricht	1,1	6,2
Normeinhaltung: Gleichaltrige	4,5	5,3
Individualistische Orientierung	0,2	6,8
Egalitäre Orientierung	2,8	8,6
Aggressive Orientierung	2,5	7,8
Verantwortungsübernahme	0,6	7,6
Verantwortungsabwehr	8,0	8,9
Leistung im Lesen	46,0	10,5
Leistung in Mathematik	43,1	14,0
Leistung in Naturwissenschaften	41,7	10,7

die Frage, inwieweit die Unterschiedlichkeit zwischen Schülerinnen und Schülern durch ihre Zugehörigkeit zu bestimmten Schulen erklärt werden kann. Wenn sich beispielsweise die Schülerinnen und Schüler innerhalb einzelner Hauptschulen im Hinblick auf ihre Leistungen im PISA-Mathematiktest sehr ähnlich wären und sich gleichzeitig von den Schülerinnen und Schülern anderer Hauptschulen stark unterscheiden würden, wäre ein relativ hoher Anteil der Variabilität in den Leistungen auf die Zugehörigkeit der Jugendlichen zu einzelnen Schulen zurückzuführen. Wie hoch der jeweilige Anteil für die einzelnen Aspekte von Kooperation und Kommunikation ist, kann der dritten Spalte von Tabelle 7.5 entnommen werden. Diese Werte bewegen sich in einer Größenordnung von 4,6 bis 8,9 Prozent und variieren somit deutlich weniger als die entsprechenden Prozentwerte für die Schulformunterschiede. Weiterhin zeigt sich, dass die durch Schulzugehörigkeit erklärten Varianzanteile für Aspekte von Kooperation und Kommunikation zwar ebenfalls kleiner sind als die entsprechenden Ergebnisse für die Testleistungen. Die Differenz ist jedoch erheblich geringer als für die Schulformunterschiede.

Wie die Befunde früherer Studien weisen auch die Ergebnisse von PISA darauf hin, dass sich die Schülerinnen und Schüler verschiedener Schulformen im Hinblick auf Aspekte von Kooperation und Kommunikation unterscheiden. Verglichen mit entsprechenden Kennwerten für Leistungen im Lesen, in der Mathematik und den Naturwissenschaften sind jedoch die Schulformunterschiede im sozialen Bereich sehr klein. Die Unterschiede zwischen Schulen innerhalb von Schulformen dagegen sind etwas ausgeprägter und nur wenig geringer als die entsprechenden Leistungsdifferenzen.

Kasten 4: Bestimmung des Anteils von Unterschieden zwischen Schülerinnen und Schülern, der auf Zugehörigkeit zu bestimmten Gruppen zurückgeführt werden kann (Erläuterung von Tab. 7.5)

Schülerinnen und Schüler unterscheiden sich voneinander im Hinblick auf Leistungen, motivationale Merkmale, Aspekte von Kooperation und Kommunikation usw. Gruppiert man sie anhand von bestimmten Merkmalen (z.B. Geschlecht, Schulformzugehörigkeit) und führt Vergleiche zwischen den Gruppen durch, so stellt man implizit die Frage, ob ein Teil der gesamten Unterschiedlichkeit auf die Zugehörigkeit zu einer Gruppe zurückgeht. Dies sei anhand eines hypothetischen Beispiels illustriert:

Ein Student fragte zehn zufällig ausgewählte Jugendliche danach, wie häufig sie in der vergangenen Woche einem Mitschüler oder einer Mitschülerin bei den Hausaufgaben geholfen haben, und kam zu folgenden Ergebnissen:

Jugendlicher	Häufigkeit der Hilfe	Geschlecht Variante 1	Geschlecht Variante 2
1	2	m	m
2	4	w	m
3	4	w	w
4	2	m	w
5	4	w	w
6	2	m	m
7	4	w	w
8	4	w	w
9	4	w	w
10	2	m	m

Die befragten Jugendlichen unterscheiden sich darin, wie oft sie anderen bei den Hausaufgaben helfen: Während manche zweimal in der vergangenen Woche jemanden unterstützten, leisteten andere viermal Hilfe (im wirklichen Leben hätte der Student natürlich mehr Variabilität gefunden, aber für die Zwecke dieses Beispiels ist dies ausreichend). Der Student fragt sich nun, wie viel der gesamten Unterschiedlichkeit zwischen den Jugendlichen auf ihre Geschlechtszugehörigkeit zurückzuführen ist. Wie anhand der dritten Spalte zu erkennen ist, sind alle Jugendlichen, die zweimal in der letzten Woche jemandem halfen, männlichen Geschlechts, während alle Personen, die vier Gelegenheiten angegeben haben, Mädchen sind. Dies bedeutet, dass 100 Prozent der Unterschiedlichkeit zwischen den Messwerten auf das Geschlecht der Befragten zurückzuführen ist. Hätte die Verteilung wie in Variante 2 (Spalte 4) ausgesehen, würde die Geschlechtszugehörigkeit hingegen nur 34 Prozent der Variabilität im Hilfeverhalten erklären (Berechnung von η^2).

Nach diesen Befunden bestehen also zwischen den einzelnen Schulen einer Schulform größere Unterschiede in den Ausprägungen von Aspekten von Kooperation und Kommunikation der Schülerinnen und Schüler als zwischen den Schulformen. Nun ist zu fragen, worauf die beobachteten Unterschiede zwischen den Einzelschulen zurückzuführen sind. Dies soll im folgenden Abschnitt untersucht werden, in dem versucht wird, mithilfe von Zusammenhangsanalysen Anhaltspunkte für mögliche Ursachen dieser Unterschiede zu erhalten. In der Rezeption der Befunde ist jedoch zu bedenken, dass diese lediglich erste Hinweise darauf liefern können, welche Faktoren eine Rolle spielen könnten, und dass es aufgrund der querschnittlichen Anlage der Studie nicht möglich ist, Kausalaussagen abzuleiten.

5. Vorhersage von Aspekten von Kooperation und Kommunikation: Die Bedeutung von Schüler- und Schulmerkmalen

Findet man bei einer einmaligen Erhebung Unterschiede zwischen den Schülerinnen und Schülern verschiedener Schulen, so kann dies zwei Arten von Ursachen haben. Zum einen können die Differenzen darauf zurückzuführen sein, dass die Schulen differenziell selektiv sind und sich daher im Hinblick auf die Voraussetzungen ihrer jeweiligen Schülerschaft unterscheiden (Selektionseffekte). Zum anderen können die Befunde durch Struktur- oder Prozessmerkmale der Schulen bedingt sein (Schuleffekte). Um Anhaltspunkte dafür zu erhalten, inwieweit die Unterschiede zwischen den Schulen im Bereich Kooperation und Kommunikation auf Selektions- oder Schuleffekte zurückgehen, wurden Mehrebenenanalysen durchgeführt[3]. Dabei wurde zunächst der Einfluss von Hintergrundmerkmalen der Schülerinnen und Schüler auf ausgewählte Aspekte von Kooperation und Kommunikation untersucht. Anschließend wurde geprüft, ob darüber hinaus Merkmale von Schulen identifiziert werden können, die zur Erklärung von Unterschieden beitragen. Ergebnisse früherer Studien, in denen die Rolle von Schule für das Sozialverhalten von Schülerinnen und Schülern thematisiert wurde, weisen darauf hin, dass insbesondere Aspekte des Schulklimas von Bedeutung sein könnten (vgl. Fend, 2001; Holtappels u.a., 1997; Kuperminc, 2001). Im Rahmen der Mehrebenenmodelle wurde daher auf Schulebene der Stellenwert dieses Merkmals untersucht.

Vorhersage aggressiver Orientierungen

Der linke Teil von Tabelle 7.6 zeigt die Ergebnisse der mehrebenenanalytischen Vorhersagemodelle für aggressive Orientierungen. In die Spalten wurden die Regressionskoeffizienten eingetragen, die das Ausmaß der Vorhersagekraft des jeweiligen Merkmals („Prädiktor") beschreiben. Bei der Interpretation dieser Koeffizienten ist zu beachten, dass sie die Bedeutung des Prädiktors bei Kontrolle aller anderen im Modell enthaltenen Merkmale erfassen. So ist beispielsweise der signifikante Koeffizient für die Beziehung zwischen Schülern und Lehrkräften in Modell 1 so zu interpretieren, dass bei zwei Jugendlichen desselben Geschlechts, mit ähnlich ausgeprägten kognitiven Grundfähigkeiten und vergleichbarem familiärem Hintergrund, diejenige Person etwas weniger aggressiv orientiert sein wird, die das Verhältnis zwischen Schülern und Lehrkräften als positiver wahrnimmt. Dabei ist jedoch weiterhin zu bedenken, dass der Regressionskoeffizient für das Schüler-Lehrer-Beziehung sehr klein ist, und der Effekt daher relativ schwach zu sein scheint. Weiterhin bleibt selbstverständlich offen, wer hier wen beeinflusst, also ob Jugendliche, die sich besser mit ihren Lehrerinnen und Lehrern verstehen, weniger ausgeprägte aggressive Orientierungen entwickeln oder umgekehrt, ob sich weniger aggressiv orientierte Schülerinnen und Schüler besser mit ihren Lehrerinnen und Lehrern verstehen. Solche Fragen nach der Kausalität lassen sich nur mithilfe von längsschnittlichen Analysen mit mindestens zwei Messzeitpunkten klären.

In Modell 1 wurden zunächst ausschließlich zentrale Hintergrundmerkmale der Schülerinnen und Schüler aufgenommen. Wie aufgrund der in Abschnitt 3 berichteten Befunde zu erwarten ist, erweist sich das Geschlecht der Schülerinnen und Schüler dabei als der erklärungsmächtigste Prädiktor (Regressionskoeffizient = –.15). Das negative Vorzeichen

Tabelle 7.6: Befunde von Mehrebenenanalysen zur Vorhersage einzelner Aspekte von Kooperation und Kommunikation (Regressionskoeffizienten und Residualvarianzen)

Prädiktor	Abhängige Variable			
	Aggressive Orientierung		Unterstützung von Mitschülern im Unterricht	
	Modell 1	Modell 2	Modell 1	Modell 2
Individualebene				
Geschlecht	−.15***	−.15***	.14***	.14***
Kognitive Grundfähigkeit	−.06*	−.04	.09***	.08**
SES	−.09***	−.08**	.02	.02
Geburtsland Eltern: Deutschland	.03	.03	−.01	−.01
Geburtsland Eltern: Ausland	−.03	−.03	.07	.07
Kommunikation mit Eltern	−.05**	−.05**	.13***	.13***
Lehrer–Schüler–Beziehung	−.09***	−.09***	.12***	.12***
Schulebene				
Gymnasium		−.17**		.12*
Hauptschule		--		--
Lehrer–Schüler–Beziehung		−.08		.03
Residualvarianz[1]	.95	.95	.92	.92

[1] Anteil der Varianz, die nicht durch die Prädiktoren erklärt wird.

$*\ p < .05,\ **\ p < .01,\ ***\ p < .001.$

des Koeffizienten besagt, dass Mädchen weniger aggressiv orientiert sind als die Jungen. Ein ebenfalls signifikanter, aber nur schwacher Prädiktor für aggressive Orientierung ist die kognitive Grundfähigkeit der Schülerinnen und Schüler (Regressionskoeffizient = −.06). Betrachtet man zwei Schülerinnen oder Schüler, die im Hinblick auf die anderen im Modell enthaltenen Merkmale vergleichbar sind, so wird der Jugendliche mit den höheren kognitiven Grundfähigkeiten etwas weniger aggressiv orientiert sein als der Jugendliche, der weniger ausgeprägte kognitive Grundfähigkeiten aufweist.

Auch zwei der im Modell enthaltenen Merkmale der familiären Herkunft (sozioökonomischer Status und Kommunikation mit den Eltern) erweisen sich als signifikante Prädiktoren für aggressive Orientierungen. In der Tendenz sind Schülerinnen und Schüler aus Familien mit höherem sozioökonomischem Status und guter Kommunikation etwas weniger aggressiv orientiert als Jugendliche aus weniger privilegierten Verhältnissen (vgl. auch Kap. 8). Das Geburtsland der Eltern spielt dagegen keine bedeutsame Rolle. Inwieweit Jugendliche aggressiv orientiert sind, ist – bei Kontrolle der anderen im Modell enthaltenen Hintergrundmerkmale – also unabhängig davon, ob ihre Eltern in Deutschland oder im Ausland geboren sind.

In Modell 2 wurden zusätzlich zu den individuellen Merkmalen der Schülerinnen und Schüler zur Vorhersage aggressiver Orientierungen auch Merkmale der Schule aufgenommen. Aufgrund der in Abschnitt 4 berichteten Befunde wurde zunächst ein Indikator für die Schulformzugehörigkeit der Einzelschulen eingeführt, wobei zwischen Gymnasien und

Nicht-Gymnasien unterschieden wurde[4]. Wie erwartet, trägt dieser Prädiktor signifikant zur Vorhersage der aggressiven Orientierung von Jugendlichen bei. Auch bei Konstanthaltung individueller Hintergrundmerkmale sind also Schülerinnen und Schüler aus Gymnasien in der Tendenz weniger aggressiv orientiert als Schülerinnen und Schüler anderer Schulformen. Dies stützt die Hypothese, dass die Schulformen differenzielle Entwicklungsmilieus darstellen, die sich auch im Bereich des sozialen Lernens niederschlagen (Baumert & Köller, 1998). Wie bereits in Abschnitt 4 beobachtet, ist der Effekt im sozialen Bereich allerdings relativ klein, und entsprechend ist der Anteil der Varianz, der durch die Schulform erklärt wird, eher gering.

Modell 1 weist darauf hin, dass eine gute Beziehung zwischen Schülerinnen und Schülern und Lehrkräften auf der individuellen Ebene negativ mit aggressiven Orientierungen zusammenhängt (Regressionskoeffizient = –.09). Mit Modell 2 wird gefragt, ob sich dieser Zusammenhang auch auf der Ebene von Schulen zeigt – ob also Jugendliche weniger aggressiv orientiert sind, wenn sie Schulen besuchen, in denen zwischen Schülerschaft und Lehrkräften insgesamt relativ positive Beziehungen bestehen. Um dieser Frage nachzugehen, wurden die Angaben der Schülerinnen und Schüler zur Beziehung mit ihren Lehrkräften auf Schulebene gemittelt und in das Modell aufgenommen. Der Regressionskoeffizient für diesen Prädiktor wird jedoch nicht signifikant, und das Merkmal klärt keine zusätzliche Varianz auf. In einer weiteren Analyse wurden die Angaben der Jugendlichen zur Beziehung zwischen Schülerinnen und Schülern und Lehrkräften durch entsprechende Einschätzungen durch die Schulleiterinnen und Schulleiter ersetzt, aber auch hier verfehlte der Regressionskoeffizient das Signifikanzniveau.

Das dargestellte Modell klärt insgesamt nur einen geringen Teil der Variabilität in der aggressiven Orientierung der Schülerinnen und Schüler auf (5 %). Die relativ besten Prädiktoren sind dabei das Geschlecht der Schülerinnen und Schüler sowie die Schulformzugehörigkeit. Einflüsse des familiären Hintergrunds und der Schüler-Lehrer-Beziehung sind zwar ebenfalls zu verzeichnen, diese sind jedoch vergleichsweise schwach ausgeprägt.

Vorhersage von Unterstützungsverhalten

Ein möglicher Grund für die geringe Vorhersageleistung des Schulmerkmals in der Mehrebenenanalyse könnte sein, dass solche relativ persönlichkeitsnahen Faktoren wie aggressive Orientierungen vergleichsweise stabil sind und sich Schulen deshalb in ihrem Einfluss kaum unterscheiden. Bei Aspekten, die stärker schulspezifisch sind, könnten die differenziellen Effekte einzelner Schulen dagegen stärker ausgeprägt sein. Um dieser Frage nachzugehen, wurde auch ein relativ verhaltens- und schulnaher Aspekt, nämlich die Tendenz, Mitschülern bei unterrichtsbezogenen Aktivitäten zu unterstützen, mehrebenenanalytisch untersucht. Wie eingangs erwähnt, haben bereits andere Studien Zusammenhänge zwischen diesem Merkmal und schulischen Variablen nachgewiesen. Die Befunde dieser Auswertung sind im rechten Teil von Tabelle 7.6 dargestellt.

Ähnlich wie in der Analyse aggressiver Orientierungen, werden auch im Vorhersagemodell für die Unterstützung von Mitschülerinnen und Mitschülern im Unterricht die Regressionskoeffizienten für Geschlecht, kognitive Grundfähigkeiten, Kommunikation mit den Eltern und positive Beziehung mit Lehrkräften signifikant. Als nicht bedeutsam erweist sich hingegen der Einfluss des sozioökonomischen Hintergrunds. Der Kommunikation mit den Eltern und insbesondere der Beziehung zwischen Schülern und Lehrkräften kommt dagegen in der Vorhersage des Unterstützungsverhaltens im Unterricht größere Bedeutung zu als in der Prädiktion aggressiver Orientierungen. Das Geburtsland der Eltern spielt wiederum keine statistisch signifikante Rolle. Allerdings ist eine marginal signifikante Tendenz dahingehend zu verzeichnen, dass Schülerinnen und Schüler mit vergleichbaren Ausprägungen auf den anderen im Modell enthaltenen Merkmalen *mehr* Unterstützungsverhalten zeigen, wenn ihre Eltern im Ausland geboren sind ($p = .062$). Dieser Befund, der sich auch in anderen Analysen der PISA-Daten zu Kooperation und Kommunikation tendenziell immer wieder zeigt, widerspricht dem häufig anzutreffenden Vorurteil, Kinder ausländischer Herkunft würden im sozialen Bereich problematischeres Verhalten zeigen als deutsche Schülerinnen und Schüler. Es ist vielmehr zu vermuten, dass solche Gruppenunterschiede, sofern sie überhaupt bestehen, durch andere Merkmale der familiären Herkunft (z.B. sozioökonomischen Status) bedingt sind.

Als Schulformvariable in Modell 2 wurde auch in dieser Analyse zwischen Gymnasien und anderen Schulformen unterschieden. Demnach sind Gymnasiasten eher geneigt, andere im Unterricht zu unterstützen, als Schülerinnen und Schüler anderer Schulformen, und zwar auch dann, wenn sie im Hinblick auf die im Modell enthaltenen individuellen Hintergrundmerkmale vergleichbar sind. Die auf Schulebene aggregierte Einschätzung der Beziehung zwischen Schülern und Lehrkräften verfehlt hingegen wiederum das Signifikanzniveau. Auch für diesen relativ verhaltens- und schulnahen Aspekt von Kooperation und Kommunikation scheint also die wahrgenommene Qualität der Beziehungen zwischen Schülerschaft und Lehrkräften keine statistisch nachweisbare Rolle zu spielen. Wie bereits in der Analyse aggressiver Orientierungen bleibt dieser Befund auch dann bestehen, wenn anstelle der Schülereinschätzungen entsprechende Urteile der Schulleitungen verwendet werden. Es sei allerdings noch einmal daran erinnert, dass dies keineswegs bedeutet, dass die Qualität von Lehrer-Schüler-Beziehungen für Unterstützungsverhalten im Unterricht bedeutungslos ist. Das Muster der Befunde weist jedoch darauf hin, dass dieser Einfluss, vor allem auf der individuellen Ebene, in der Interaktion zwischen einzelnen Jugendlichen und ihren Lehrkräften wirksam wird.

Befunde von Mehrebenenanalysen weisen darauf hin, dass für Aspekte von Kooperation und Kommunikation die individuellen Voraussetzungen von Schülerinnen und Schülern größere Bedeutung haben als Schulmerkmale. Neben familiären Einflussfaktoren sind vor allem starke Geschlechterunterschiede beobachten. Zwischen den Schulformen sind zwar signifikante Unterschiede in Aspekten von Kooperation und Kommunikation zu verzeichnen, doch verglichen mit den Schulformeffekten auf die Leistungen im Lesen, in der Mathematik und in den Naturwissenschaften sind diese Differenzen sehr klein (siehe oben). Weiterhin zeigen die Befunde, dass gute Beziehungen zwischen Jugendlichen und ihren Lehrkräften mit positiven Tendenzen im sozialen Bereich einhergehen. Dieser Einfluss, der wechselseitig sein dürfte, scheint seine Wirksamkeit jedoch hauptsächlich auf der individuellen Ebene zu entfalten, also in den Interaktionen zwischen einzelnen Jugendlichen und ihren Lehrkräften. Ein zusätzlicher Effekt der Lehrer-Schüler-Beziehungen auf der Schulebene, im Sinne eines allgemeines Schulklimas, ist nicht zu verzeichnen.

Die in diesem Kapitel dargestellten Befunde legen den Schluss nahe, dass der Einfluss der Institution Schule auf kooperative und kommunikative Kompetenzen weitgehend gleichförmig wirkt und Schulen ihren Erziehungsauftrag in vergleichbarem Maße erfüllen. Sicherlich wäre es möglich, das Potenzial von Schule für die Entwicklung sozialer Kompetenzen noch weiter auszubauen. Um jedoch Effekte zu erzielen, die über die ohnehin sehr starken Wirkungen von Schule hinausgehen, wären vermutlich umfassende Programme notwendig, in denen soziale Erfahrungsräume systematisch erweitert und explizit formulierte Lernziele im sozialen Bereich planvoll gefördert werden. Bemühungen in diese Richtung wären am ehesten innerhalb eines Ganztagsbetriebs, mit den damit verbundenen Möglichkeiten für außercurriculare Aktivitäten zu realisieren. Schulversuche, in denen entsprechende Programme entwickelt und fortlaufend evaluiert werden, könnten hier einen ersten Ansatz bieten.

Anmerkungen

[1] Die Korrelationen basieren auf Werten, die innerhalb der jeweiligen Klassen standardisiert wurden. Sie bilden demnach die innerhalb dieser Lerngruppen vorgefundenen Zusammenhänge zwischen Selbst- und Fremdurteilen ab. Da Variationen zwischen Schülerinnen und Schülern unterschiedlicher Klassen nicht in die Koeffizienten eingehen, ist dies eine konservative Vorgehensweise, mit der die tatsächlichen Zusammenhänge eher unterschätzt werden.

[2] Die Befunde basieren auf Varianzanalysen und post hoc-Tests mit Bonferroni- bzw. Games-Howell-Korrektur für multiple Vergleiche.

[3] In diese Analysen wurden Hauptschulen, Schulen mit mehreren Bildungsgängen, Realschulen, Integrierte Gesamtschulen und Gymnasien einbezogen.

[4] Es wurde auch versucht, die Unterscheidung zwischen Hauptschulen und Nicht-Hauptschulen als weiterer Prädiktor in das Modell aufzunehmen, dieser wurde jedoch nicht signifikant.

Literatur

Abels, H. (1993). *Jugend vor der Moderne: Soziologische und psychologische Theorien des 20. Jahrhunderts.* Opladen: Leske + Budrich.

Batson, C. D., Batson, J. G., Slingsby, J. K., Harrell, K. L., Peekna, H. & Todd, R. M. (1991). Empathic joy and the empathy-altruism hypothesis. *Journal of Personality and Social Psychology, 61,* 413–426.

Baumert, J. & Köller, O. (1998). Nationale und internationale Schulleistungsstudien: Was können sie leisten, wo sind ihre Grenzen? *Pädagogik, 50* (6).

Bierhoff, H. W. (1998). Prosoziales Verhalten in der Schule. In D. H. Rost (Hrsg.), *Handwörterbuch Pädagogische Psychologie* (S. 410–414). Weinheim: Psychologie Verlags Union.

Bungard, W. (1990). Team- und Kooperationsfähigkeit. In W. Sarges (Hrsg.), *Management-Diagnostik* (S. 315–324). Göttingen: Hogrefe.

Chao, C.-C., Knight, G. P. & Dubro, A. F. (1986). Information processing and age differences in social decision-making. *Developmental Psychology, 22* (4), 500–508.

Coie, J. D. & Dodge, K. A. (1998). Aggression and antisocial behavior. In D. William & N. Eisenberg (Eds.), *Handbook of child psychology* (Vol. 3, pp. 779–862). New York: Wiley.

Didi, H. J., Fay, E., Kloft, C. & Vogt, H. (1993). *Einschätzungen von Schlüsselqualifikationen aus psychologischer Perspektive.* Bonn: Institut für Bildungsforschung.

Dietzen, A. (1999). Zur Nachfrage nach überfachlichen Qualifikationen und Kompetenzen in Stellenanzeigen. In Bundesinstitut für Berufsbildung (Hrsg. d. Serie), L. Alex & H. Bau (Hrsg. d. Bd.), *Wandel beruflicher Anforderungen: Der Beitrag des BIBB zum Aufbau eines Früherkennungssystems Qualifikationsentwicklung* (S. 33–59). Bielefeld: Bertelsmann.

Dodge, K. A. & Price, J. M. (1994). On the relation between social information processing and socially competent behavior in early school-aged children. *Child Development, 65* (5), 1385–1897.

Döpfner, M. (1989). Soziale Informationsverarbeitung – ein Beitrag zur Differenzierung sozialer Inkompetenzen. *Zeitschrift für Pädagogische Psychologie, 3* (1), 1–8.

Fend, H. (2001). *Qualität im Bildungswesen: Schulforschung zu Systembedingungen, Schulprofilen und Lehrerleistung* (2. Aufl.). Weinheim: Juventa.

Fend, H. & Stöckli, G. (1998). Der Einfluß des Bildungssystems auf die Humanentwicklung: Entwicklungspsychologie der Schulzeit. In F. E. Weinert (Hrsg.), *Enzyklopädie der Psychologie: Psychologie des Unterrichts und der Schule* (Bd. 3, S. 1–35). Göttingen: Hogrefe.

Ford, M. E. (1982). Social cognition and social competence in adolescence. *Developmental Psychology, 18* (3), 323–340.

Goleman, D. (1995). *Emotional intelligence.* New York: Bantam Books.

Holtappels, H. G., Heitmeyer, W., Melzer, W. & Tillmann, K.-J. (Hrsg.). (1997). *Forschung über Gewalt an Schulen: Erscheinungsformen und Ursachen, Konzept und Prävention.* Weinheim: Juventa.

Knight, G. P. & Chao, C.-C. (1991). Cooperative, competitive, and individualistic social values among 8- to 12-year-old siblings, friends, and acquaintances. *Personality and Social Psychology Bulletin, 17* (2), 201–211.

Knight, G. P. & Dubro, A. F. (1984). Cooperative, competitive, and individualistic social values: An individualized regression and clustering approach. *Journal of Personality and Social Psychology, 46* (1), 98–105.

Krettenauer, T. (1998). *Gerechtigkeit als Solidarität: Entwicklungsbedingungen sozialen Engagements im Jugendalter.* Weinheim: Deutscher Studien Verlag.

Kuperminc, G. P., Leadbeater, B. J. & Blatt, S. J. (2001). School social climate and individual differences in vulnerability to psychopathology among middle school students. *Journal of School Psychology, 39* (2), 141–159.

Mayer, J. D. & Cobb, C. D. (2000). Educational policy on emotional intelligence: Does it make sense? *Educational Psychology Review, 12* (2), 163–183.

O'Sullivan, M. & Guilford, J. P. (1975). Six factors of behavioral cognition: Understanding other people. *Journal of Educational Measurement, 12* (4), 255–271.

Richardson, D. R., Green, L. R. & Lago, T. (1998). The relationship between perspective-taking and nonaggressive responding in the face of an attack. *Journal of Personality, 66* (2), 235–256.

Rose-Krasnor, L. (1997). The nature of social competence: A theoretical review. *Social Development, 6* (1), 111–135.

Schmidt, J. U. (1995). Psychologische Meßverfahren für soziale Kompetenzen. In Bundesinstitut für Berufsbildung (Hrsg. d. Serie) & B. Seyfried (Hrsg. d. Bd.), *„Stolperstein" Sozialkompetenz: Was macht es so schwierig, sie zu erfassen, zu fördern und zu beurteilen?* (S. 117–135) Bielefeld: Bertelsmann (Berichte zur beruflichen Bildung, Bd. 179).

Seyfried, B. (1995). Einleitung: Problemfeld Sozialkompetenz. In Bundesinstitut für Berufsbildung (Hrsg. d. Serie) & B. Seyfried (Hrsg. d. Bd.), *„Stolperstein" Sozialkompetenz: Was macht es so schwierig, sie zu erfassen, zu fördern und zu beurteilen?* (S. 7–13) Bielefeld: Bertelsmann (Berichte zur beruflichen Bildung, Bd. 179).

Silbereisen, R. K. (1995). Soziale Kognition: Entwicklung von sozialem Wissen und Verstehen. In R. Oerter & L. Montada (Hrsg.), *Entwicklungspsychologie* (S. 823–861). Weinheim: Psychologie Verlags Union.

Weinert, F. E. (1999). *Konzepte der Kompetenz. Gutachten zum OECD Projekt „Definition and Selection of Competencies: Theoretical and Conceptual Foundations (DeSeCo)".* Neuchâtel: Bundesamt für Statistik.

Wentzel, K. R. (1991). Social competence at school: Relation between social responsibility and academic achievement. *Review of Educational Research, 61* (1), 1–24.

Wentzel, K. R. (1993). Does being good make the grade? Social behavior and academic competence in middle school. *Journal of Educational Psychology, 85* (2), 357–364.

Wentzel, K. R. (1994). Relations of social goal pursuit to social acceptance, classroom behavior, and perceived social support. *Journal of Educational Psychology, 86* (2), 173–182.

Zimmerman, B. J. (2000). Self-efficacy: An essential motive to learn. *Contemporary Educational Psychology, 25* (1), 82–91.

Jürgen Baumert
Gundel Schümer

8 Familiäre Lebensverhältnisse, Bildungsbeteiligung und Kompetenzerwerb

1. Die Konkurrenz von Gleichheit und Freiheit

Zu den wichtigsten bildungspolitischen Zielen demokratischer Gesellschaften gehört es, allen Heranwachsenden gleich gute Bildungschancen zu geben, sie individuell optimal zu fördern und gleichzeitig soziale, ethnische und kulturelle Disparitäten der Bildungsbeteiligung und des Bildungserfolgs auszugleichen. Jürgen Mittelstraß schreibt dazu im dritten Abschnitt seiner Abhandlung „Flug der Eule":

> „Moderne Gesellschaften, die sich als aufgeklärte Gesellschaften dem Projekt der Moderne verpflichtet fühlen, sind durch die Dialektik zweier Prinzipien konstituiert. Das eine, das Prinzip Gleichheit, verleiht dem Postulat ‚sei gleich!', ‚verwirkliche den allgemeinen Willen!', Ausdruck, das andere, das Prinzip Freiheit, dem Postulat ‚sei verschieden!', ‚verwirkliche den subjektiven Willen!' Beide Prinzipien gehören zusammen und beide Prinzipien sind auch das Wesen demokratischer Gesellschaften als Gesellschaften nicht nur politisch gleicher, sondern auch ungleich individuierter Bürger. Sie lassen zugleich erkennen, worin die sensible Problematik eines vernünftigen Bildungssystems beruht. Wenn nämlich sowohl *Gleichheitsstrukturen* (Prinzip Gleichheit) als auch *Individualitätsstrukturen* (Prinzip Freiheit) zum Wesen demokratischer Gesellschaften gehören, dann hat die Gesellschaft, dann hat der Staat die Voraussetzungen nicht nur der einen, sondern auch der anderen zu schaffen. (...) Demgegenüber kommt es darauf an, einen institutionellen Weg zu finden, der die Konkurrenz der Prinzipien Gleichheit und Freiheit nicht schon institutionell entscheidet, bevor sie überhaupt zur Geltung kommt." (Mittelstraß, 1989, S. 47)

So treffend das Wechselspiel der beiden regulativen Ideen der Aufklärung beschrieben ist, so schwierig ist es aber auch zu beurteilen, welche der beiden Seiten durch vorfindliche institutionelle Lösungen begünstigt wird und welcher Spielraum jeweils bleibt, um unterschiedliche Gesichtspunkte distributiver Gerechtigkeit auszubalancieren. Es ist nicht einmal sicher, ob Mittelstraß' Beispiele für institutionelle Vorentscheidungen empirisch zutreffend sind. Während konservative Gesellschaften seiner Ansicht nach dazu neigten, das gesamte Bildungssystem auf Elitenbildung abzustimmen, tendierten sozialistische Gesellschaften dazu, im Bildungssystem das Gleichheitsprinzip im Sinne gleicher Zugangsmöglichkeiten und gleicher, unvermeidlich relativ niedriger Leistungsniveaus durchzusetzen (Mittelstraß, 1989, S. 47). Die Befunde, die wir im Rahmen von PISA berichten, setzen eher eine Reihe von Fragezeichen. Weitaus schwieriger ist es, sich über die erreichte und wünschenswerte Balance unterschiedlicher Maßstäbe verteilender Gerechtigkeit zu verständigen. Wie viel Gleichheit benötigt eine demokratische Gesellschaft und wie viel Ungleichheit erträgt sie? Wie viel Ungleichheit ist wünschenswert, um die produktiven Prinzipien von Leistung und Verdienst zur Geltung zu bringen? Und wann ist es geboten, ausgleichende Gerechtigkeit zu üben und das Bedürftigkeitsprinzip greifen zu lassen? Die Justierung dieser Balance ist ein dynamischer Prozess und eine unabschließbare Daueraufgabe in vielen Lebensbereichen, in denen die Verteilung knapper oder knapp gehaltener Güter ansteht. Ein rationaler Diskurs, der mehr als ein Austausch von Meinungen sein soll, setzt auch ausreichende empirische Informationen über faktische Verteilungsverhältnisse voraus.

Zugang zu und Teilnahme an formalisierten Bildungsprozessen sind besonders sensible Bereiche distributiver Gerechtigkeit. Denn in modernen Gesellschaften haben formalisierte Bildungsprozesse typischerweise das Doppelgesicht von Status- und Kompetenzerwerb. Sie bereiten soziale Platzierung vor, indem sie individuellen Kompetenzerwerb, der zur gesellschaftlichen Teilhabe befähigt, systematisch eröffnen und kultivieren und damit gleichzeitig Differenz erzeugen. Die Zertifizierung von Abschlüssen erfolgt nicht unabhängig von den interindividuellen Unterschieden des Kompetenzerwerbs – und wo dies geschieht, wird es in hohem Maße als ungerecht empfunden. Schon in den 1950er Jahren hat Helmut Schelsky in einer Denkschrift für den „Deutschen Ausschuss für das Erziehungs- und Bildungswesen" die Schule in einer berühmt gewordenen Passage als „nahezu einzige soziale Dirigierungsstelle für Rang, Stellung und Lebenschancen des einzelnen in unserer Gesellschaft" bezeichnet. Nach Schelskys Ansicht ist die Schule in Gefahr, zu einer „bürokratischen Zuteilungsapparatur von Lebens-Chancen" zu werden und damit ihre eigentliche, mit der Familie geteilten Erziehungsaufgabe zu verfehlen (Schelsky, 1962, S. 18). Um die Schule von dem schädlichen Selektionsdruck zu entlasten, empfiehlt er – gewissermaßen als kleineres Übel – eine begrenzte Öffnung der weiterführenden Bildungsgänge, in der Hoffnung, damit eine Lockerung des Berechtigungssystems zu erreichen. Folgen wir Ulrich Beck und seiner Diagnose der Risikogesellschaft (Beck, 1986), so ist Schelskys Rechnung, allerdings mit einem ganz anderen Ergebnis als dem intendierten, aufgegangen. Dreißig Jahre später und nach der Bildungsexpansion seien infolge der Inflation von Bildungszertifikaten Bildungs- und Beschäftigungssystem praktisch entkoppelt. Das Bildungssystem habe seine statusverteilende Funktion eingebüßt und an die betrieblichen Personalabteilungen abgegeben. Die Folge sei allerdings nicht eine Verstärkung der Bildungs- und Erziehungsfunktion von Schule, sondern ein universalisierter sinnloser Wettbewerb um Bildungspatente als notwendige, aber nicht hinreichende Voraussetzung für Statuserwerb. Danach gibt es kein Zuteilungsamt für Sozialchancen mehr, sondern das Risiko für Erfolg und Scheitern ist dem Einzelnen und seinem individuellen Lebenslauf überantwortet.

Die empirische Unterfütterung dieser, wie Walter Müller (1998) sagt, „Generaldiagnose der Gesellschaft" ist nicht sonderlich solide. Müller kommt nach der Durchsicht neuerer Untersuchungen zu dem erdrückenden Ergebnis, dass die Befunde ein Bild zeichnen, das weder Begriffe von Bildungsinflation oder von Entkopplung zwischen Bildungs- und Beschäftigungssystemen noch die Vorstellung von Strukturbrüchen oder Zäsuren rechtfertigt. Eine sehr allgemeine Charakterisierung lege eher nahe, von einem hohen Grad an Stabilität in den prägenden Grundstrukturen auszugehen – auch wenn es bedeutsame Differenzierungen im Detail gebe. Folgende Ergebnisse wollen wir im Anschluss an Müller (1998, S. 95–97) festhalten:

- In der langfristigen Entwicklung ist der Zusammenhang zwischen erworbener Bildung und dem Statusniveau der beruflichen Erstplatzierung enger geworden. Beruflicher Status lässt sich heute wesentlich besser durch Bildungsabschlüsse vorhersagen als noch in der Vorkriegszeit oder im ersten Nachkriegsjahrzehnt. Die Zunahme der Vorhersagbarkeit von beruflichem Status durch Bildung war bis zum Ende der 1960er Jahre besonders ausgeprägt. Seither verbleibt sie mehr oder weniger konstant auf hohem Niveau (Baumert, 1991; Mayer & Blossfeld, 1990; Müller, 1999).
- Überwiegende Konstanz kennzeichnet auch die Entwicklung der Einkommensrelationen zwischen verschiedenen Bildungsgruppen. Allenfalls deutet sich an, dass bei Hochschulabsolventen das Einpendeln der Einkommen auf das hergebrachte Niveau etwas länger dauert (Bellmann, Reinberk & Tessaring, 1994) und dass unter Umständen auch mit abnehmenden Einkommensrenditen zu rechnen ist (Hannan, Schömann & Blossfeld, 1990). Gleichzeitig gibt es Hinweise auf eine Verschiebung der Lage einzelner Bildungsgruppen zum Durchschnittseinkommen. Ohne dass es zu Veränderungen in Einkommensabständen zwischen den Bildungsgruppen gekommen wäre, laufen – aufgrund des Wandels in der Struktur der Einkommensbezieher – den Beschäftigten mit niedrigen und mittleren Qualifikationen die Durchschnittseinkommen davon (Butz, 1998).

Vor dem Hintergrund dieser Befunde haben Disparitäten der Bildungsbeteiligung, des Bildungserfolgs und des Kompetenzerwerbs nicht nur nach wie vor große Bedeutung, sondern sie verdienen im Hinblick auf die Verteilung von Lebenschancen allergrößte Aufmerksamkeit.

Wenn man die Doppelperspektive von Status- und Kompetenzerwerb im Auge behält, wird man Bildungsungleichheiten in mehreren Dimensionen betrachten. Dazu gehören die Verteilung auf Bildungsprogramme, der Verlauf von Bildungskarrieren, die Verteilung von Abschlüssen und Berechtigungen und schließlich die Performanz, wie sie in den erworbenen Kompetenzen, Orientierungen und Haltungen zum Ausdruck kommt. PISA kann dieses Spektrum nicht vollständig abbilden, da Abschlüsse und Berechtigungen nicht erfasst wurden. Im Folgenden wollen wir uns auf die Dimensionen der Bildungsbeteiligung und des Kompetenzerwerbs konzentrieren. Die Analyse der Bildungskarrieren ist dem Kapitel 9 vorbehalten.

Die Auswahl der Disparitäten konstituierenden Merkmale geschieht immer vor einem normativen Hintergrund, der Gleichheitserwartungen aufspannt. Disparitätsmerkmale, die immer wieder untersucht wurden, sind: das Geschlecht, die körperliche Verfassung, die ethnische und soziale Herkunft, die Religionszugehörigkeit und schließlich Strukturmerkmale der Region, vor allem Stadt-Land-Unterschiede. Den Geschlechterdisparitäten ist ein eigenes Kapitel gewidmet (Kap. 5). Die wichtige Frage, wie das Bildungssystem mit Gleichheit und Differenz bei Personen mit Behinderungen umgeht, kann man nur mit Spezialuntersuchungen beantworten. PISA kann dafür aber sehr wohl die Referenz bilden. Die Religionszugehörigkeit, die in der Peisertschen Kunstfigur der katholischen Arbeitertochter vom Lande noch ein diskriminierendes Merkmal war (Peisert, 1967), ist heute kein Thema mehr – wenn es denn bei multivariater Betrachtung je eines war und nicht nur ein Epiphänomen der sozialen und regionalen Lage und der Familienstruktur. Die Fragen regionaler Ungleichheiten in der Bildungsbeteiligung, die zuletzt von Henz und Maas (1995) behandelt wurden, wird auf der Basis der Stichprobe der PISA-Erweiterung aufgenommen werden. Die folgenden Analysen sollen sich auf herkunftsbedingte Disparitäten sozialer und ethnischer Art konzentrieren.

2. Erfassung der sozialen Herkunft

2.1 Theoretische und methodische Orientierungen

Die soziale Herkunft von Schülerinnen und Schülern wird üblicherweise mithilfe der sozioökonomischen Stellung ihrer Familien bestimmt, das heißt mithilfe von Daten zur relativen Position ihrer Eltern in einer sozialen Hierarchie, deren Ordnungsprinzipien in der Verfügung über finanzielle Mittel, Macht oder Prestige bestehen. Da Informationen über Einkommensverhältnisse, Macht und soziale Anerkennung von Individuen nicht einfach zu erhalten sind, wird die sozioökonomische Stellung in aller Regel über die Berufstätigkeit erfasst, die Hinweise auf jeden der drei Aspekte ihrer Stellung in der sozialen Hierarchie geben kann. Daten zum Beruf und zur beruflichen Stellung des Vaters oder beider Eltern waren auch in der Bildungsforschung immer die wichtigsten Kriterien, mit deren Hilfe die soziale Herkunft von Schülern bestimmt wurde. Erst seit einigen Jahren werden – im Anschluss an die Arbeiten von Bourdieu (1972, 1982, 1983) und Coleman (1987, 1988, 1990, 1996) – zuweilen auch andere Aspekte der sozialen Herkunft berücksichtigt, und zwar das kulturelle und soziale Kapital der Familien, aus denen die Schülerinnen und Schüler kommen. Sie werden auch in PISA zusätzlich zum sozioökonomischen Status der Herkunftsfamilien erfasst.

Die Begriffe „kulturelles Kapital" und „soziales Kapital" werden von Bourdieu bzw. von Coleman für alle kulturellen und sozialen Ressourcen benutzt, die die Handlungsmöglichkeiten von Personen erweitern und folglich auch ihre sozioökonomische Stellung positiv beeinflussen können. Bourdieu und Coleman entwickeln ihre theoretischen Konzepte in Anlehnung an die Bildungsökonomie, die die ökonomische Vorstellung von Kapital, wie es in Werkzeugen, Maschinen usw. verkörpert ist, erweitert hat und von Humankapital spricht, wenn es um die von Individuen erworbenen Fähigkeiten, Fertigkeiten und Kenntnisse geht, die diesen neue Produktions- oder Erwerbsmöglichkeiten eröffnen. Bourdieu prägt den Begriff „kulturelles Kapital" und zeigt, dass auch Kulturgüter – sei es Humankapital, seien es Sachgüter (z.B. Kunstwerke) oder symbolische Repräsentationen der herrschenden Kultur (z.B. Bildungszertifikate) – den Handlungsspielraum ihrer Besitzer vergrößern und folglich ökonomisch verwertet werden können (Bourdieu, 1983). Coleman schlägt unter Hinweis auf den Begriff „Humankapital" vor, soziale Beziehungen ebenfalls als Kapital zu begreifen, da sie Handlungen ermöglichen oder erleichtern können, die im Interesse der handelnden Personen liegen und ihren Zielen dienen, kurz, da sie zur Bildung von Humankapital und zur Akkumulation von ökonomischem Kapital beitragen können (Coleman, 1988). „Kulturelles Kapital" und „soziales Kapital" sind demnach weder für Bourdieu noch für Coleman bloße Metaphern. Beide betonen, dass kulturelles und soziales Kapital in ökonomisches Kapital konvertierbar sind und dass sie nur dort gebildet werden, wo Zeit und Kraft investiert werden, und das heißt auch, wo die entsprechenden ökonomischen Voraussetzungen gegeben sind.

Sozioökonomische Stellung der Eltern

Die sozioökonomische Stellung der Familien wird – wie in der Sozialforschung üblich – auch in PISA in erster Linie auf der Basis von Angaben zur Berufsausübung der Eltern bestimmt. Diese Angaben wären aufgrund der unterschiedlichen ökonomischen Verhältnisse in den an PISA beteiligten Ländern kaum miteinander vergleichbar, wenn es keine entsprechenden Vorarbeiten zur internationalen Berufsklassifikation und zur Einordnung der Berufe in Modelle der Sozialstruktur gäbe. PISA kann sich auf die Arbeiten des internationalen Arbeitsamts (1971) stützen, das bereits 1968 eine internationale Standardklassifikation der Berufe herausgegeben hat (*International Standard Classification of Occupations,* ISCO-68), die 1988 an die Veränderungen der Arbeitswelt in den Industrienationen angepasst wurde (ISCO-88; siehe International Labor Office, 1990). Die revidierte Fassung ist in allen an PISA teilnehmenden Ländern die Grundlage der Berufsvercodung. Auf der Basis der so genannten ISCO-Codes lassen sich international valide Berufsrangskalen und Kategoriensysteme bilden, mit deren Hilfe die Stellung von Personen in der sozialen Hierarchie einer Gesellschaft bestimmt werden kann.

Die Klassifizierung oder Skalierung von Berufen nach sozialstrukturell bedeutsamen Kriterien ist in der soziologischen Forschung seit mehr als drei Jahrzehnten üblich. Die längste Tradition haben wahrscheinlich Berufsprestigemaße, die auf der Einschätzung der gesellschaftlichen Anerkennung von Berufen beruhen. Verschiedentlich ist die Verwendung von Prestigemaßen für die Analyse von Gesellschaftsstrukturen kritisiert worden, da sie weitgehend offen lassen, welche sozialstrukturell relevanten Gesichtspunkte in die Beurteilung der Reputation von Berufen eingehen (Wegener, 1988). Trotzdem gehören Prestigemaße auch heute noch zum Standardrepertoire sozialwissenschaftlicher Umfragen und werden unter Hinweis auf Treiman auch theoretisch gerechtfertigt (Ganzeboom u.a., 1992). Der von Treiman entwickelte *Standard Index of Occupational Prestige Scores* (SIOPS), der auch als Treiman-Index bezeichnet wird, ist das bekannteste und wohl am häufigsten verwendete Prestigemaß für Berufe. Treiman (1977) konnte aufgrund von Umfragen in über 50 verschiedenen Ländern zeigen, dass der Prestigerang von Berufen weitgehend unabhängig vom untersuchten Land ist. Da sich der Treiman-Index auf der Basis von ISCO-Codes erzeugen lässt, ist es möglich, ihn in PISA einzusetzen.

Als eine Weiterentwicklung der Berufsprestigeskalen sind verschiedene sozioökonomische Indizes zu betrachten, die auf den grundlegenden Arbeiten Duncans zur US-amerikanischen Sozialstruktur basieren (Duncan, 1961a, 1961b) und die Reputation von Berufen anhand der Bildung und des Einkommens der Berufstätigen schätzen. Diese Indizes werden kritisiert, weil sie theoretisch unbefriedigend sind und zu zirkulären Interpretationen führen, wenn sie zur Analyse von Bildungs- und Einkommensentwicklungen genutzt werden. Dagegen besitzt der von Ganzeboom u.a. (1992) entwickelte sozioökonomische Index (*International Socio-Economic Index,* ISEI) den Vorzug, die ökonomische Stellung vom Berufsprestige zu trennen. Die Autoren gehen davon aus, dass Schul- und Berufsbildung über Berufe in Einkommen und in Chancen zur Teilhabe an Macht umgesetzt werden; da Berufe bestimmte Qualifikationen voraussetzen und zu bestimmten Einkommen führen, sind sie als Vermittler zwischen Bildungsabschlüssen und Einkommenslagen zu betrachten. Demgemäß ordnen die Autoren Berufe so auf einer linearen Skala an, dass in einem pfadanalytischen Modell der indirekte Einfluss der Bildung auf das Einkommen maximiert und der direkte Einfluss gleichzeitig minimiert wird. Der Internationale Sozioökonomische Index, der auf der Basis von Daten zu Bildung, Beruf und Einkommen von 74.000 Beschäftigten aus 16 Ländern auf diese Weise erzeugt worden ist, hat sich in Vergleichsuntersuchungen bewährt. Er wird in PISA bei allen internationalen Vergleichen als Standardindikator verwendet.

Während die Prestigemaße und die sozioökonomischen Indizes von relativ feinen Unterschieden zwischen Berufen ausgehen und diese in eine eindimensionale kontinuierliche Ordnung bringen, basieren andere Ansätze zur Erfassung der sozioökonomischen Stellung auf Gesellschaftstheorien, die die qualitativen Differenzen zwischen sozialen Schichten oder Klassen hervorheben. Diese Differenzen bestehen beispielsweise in der Verfügung über Kapital oder Arbeitskraft, akademische oder praktische Bildung. Da die verschiedenen Schichten oder Klassen einen je spezifischen Zugang zu Einkommen, Macht, Bildung und gesellschaftlicher Anerkennung haben, bieten sie der nachwachsenden Generation auch ganz unterschiedliche Entwicklungschancen; innerhalb einer Schicht oder Klasse sind die entsprechenden Unterschiede gering. Zu den Kategoriensystemen, die auf solchen Überlegungen basieren, gehört zum Beispiel das Schichtungsmodell von Kleining und Moore (1968), das in Deutschland häufig in der Bildungsforschung eingesetzt wurde (Fend, 1982; Tillmann u.a., 1979). In der soziologischen Forschung hat sich jedoch das von Goldthorpe u.a. (1978) für Großbritannien ausgearbeitete Klassifikationsmodell durchgesetzt, das von Erikson, Goldthorpe und Portocarero (1979) für den internationalen Vergleich weiterentwickelt worden ist. Das Erikson-Goldthorpe-Portocarero-Modell (EGP) ist ein Kategoriensystem, das Berufe nach folgenden Gesichtspunkten ordnet: der Art der Tätigkeit (manuell, nicht manuell, landwirtschaftlich), der Stellung im Beruf (selbstständig, abhängig beschäftigt), den Weisungsbefugnissen (keine, geringe, große) und den zur Berufsausübung erforderlichen Qualifikationen (keine, niedrige, hohe). Im vollständigen Modell werden elf Klassen voneinander unterschieden; in der Forschungspraxis werden diese häufig zu weniger Klassen zusammengefasst.

Die EGP-Klassifikation ist theoretisch besser fundiert als die Berufsprestigeskalen und die sozioökonomischen Indizes und erlaubt – im Unterschied zu diesen – anschauliche Beschreibungen konkreter Personengruppen. Im Übrigen besitzt sie den besonders für Schuluntersuchungen wichtigen Vorzug, erhebungstechnisch von Bildungs- und Einkommensmaßen unabhängig zu sein. Die wichtigste Anwendung hat das EGP-Schichtungsmodell im Projekt CASMIN gefunden *(Comparative Analysis of Social Mobility in Industrial Nations)*, einer der wenigen großen Studien, die die Bedeutung der sozialen Herkunft für den Bildungserfolg und die intergenerationelle soziale Mobilität international vergleichend untersuchen (Erikson & Goldthorpe, 1993; Müller, 1996). Die Gewähr dafür, dass das Modell in gleicher Weise verwendet wird, ist allerdings erst gegeben, seit Ganzeboom, Luijkx und Treiman (1989) in Zusammenarbeit mit Erikson und Goldthorpe ein Recodiersystem entwickelt haben, das die Erzeugung der EGP-Klassen auf der Basis von ISCO-68- oder ISCO-88-Codes gestattet, vorausgesetzt, es sind zusätzliche Informationen zur beruflichen Stellung und zu den Weisungsbefugnissen der Berufstätigen vorhanden. Da wir in Deutschland aufgrund einer Elternbefragung über die entsprechenden Informationen verfügen, wird, immer wenn dies möglich ist, auf das EGP-Modell zurückgegriffen. Bei internationalen Vergleichen ist man auf den weniger anschaulichen Internationalen Sozioökonomischen Index angewiesen.

Kulturelles Kapital der Familie

Bourdieu und Passeron haben schon in den 1960er Jahren die Aufmerksamkeit darauf gelenkt, wie eng der Bildungserfolg der Heranwachsenden mit ihrer Teilhabe an der herrschenden Kultur zusammenhängt, die – als bürgerliche Kultur – keineswegs unabhängig von den gegebenen sozialen Strukturen ist (Bourdieu & Passeron, 1964). Die Theorie des Verhältnisses der Gesellschaftsstruktur zur Struktur schulischen Lernens ist für die Schulforschung von großem Interesse, denn hier wird an den Bedingungen und Inhalten des schulischen Lernens selbst der Vermittlungsprozess thematisiert, durch den die herrschende Kultur erhalten und tradiert wird. Dass der Zugang zu Bildungseinrichtungen und der Erfolg, mit dem sie absolviert werden, von der Sozialschicht der Schülerinnen und Schüler abhängen, ist für Bourdieu und Passeron vornehmlich ein Ergebnis kultureller Passung. Dies zeigt sich besonders deutlich an den Schulproblemen ausländischer Kinder und Jugendlicher, die mit der Sprache und Kultur in ihrem Aufenthaltsland oft nur ungenügend vertraut sind (Schrader u.a., 1976). Es zeigt sich ferner an den Schwierigkeiten von Schülerinnen und Schülern, die sich bewusst einer Gegenkultur zur bürgerlichen Kultur von Elternhaus und Schule verschrieben haben.

Das Konzept des kulturellen Kapitals ist von Bourdieu weiterentwickelt worden, um die Reproduktion der Sozialstruktur in Frankreich zu analysieren (Bourdieu, 1982, 1989; Krais, 1989). Im Vergleich zu den vielen soziologischen Arbeiten, die sozioökonomische Indizes berücksichtigen, ist der Umfang der empirischen Forschungsarbeiten, die das Konzept des kulturellen Kapitals im Sinne von Bourdieu nutzen, nicht gerade groß. Sicher gibt es etliche Arbeiten, die, um die Frage nach den sozialen Bedingungen von Schülerleistungen zu beantworten, das in der Herkunftsfamilie vorhandene Humankapital, sprich: die Schul- oder Berufsbildung der Eltern, berücksichtigen. Andere Aspekte der Theorie Bourdieus spielen in der Regel aber nur in qualitativen Studien eine Rolle (Zinnecker & Silbereisen, 1996), obschon sie – als Ergänzung zu Indizes der sozioökonomischen Stellung – im Rahmen von quantitativen bildungssoziologischen Untersuchungen aufgrund ihrer Prozessnähe besonders sinnvoll wären. In Deutschland haben Wessel u.a. (1997) Bourdieus Konzept zu operationalisieren versucht.

Bourdieu zufolge sind unter kulturellem Kapital alle Kulturgüter und kulturellen Ressourcen zu verstehen, die – als symbolische Machtmittel – dazu beitragen, dass in einem sozialen System die Qualifikationen, Einstellungen und Wertorientierungen vermittelt werden, die das System zu seiner Bestandserhaltung braucht. Bei Kulturgütern und kulturellen Ressourcen handelt es sich keineswegs nur um Sachgüter wie Kunstwerke oder Literatur, sondern auch um institutionalisierte Formen potenzieller Macht wie zum Beispiel Bildungszertifikate oder Titel. Insbesondere gehören zu den kulturellen Ressourcen die Wahrnehmungs-, Denk- und Handlungsschemata, die eine Person verinnerlicht hat. Das System von Regeln, das zur Ausbildung der eben aufgeführten Wahrnehmungs-, Deutungs- und Handlungsmuster führt, wird von Bourdieu und Passeron als Habitus bezeichnet.

Nach Bourdieu ist die Schule eine Mittelschichtinstitution, die einen Habitus verlangt und honoriert, wie er im Normalfall in Mittelschichtfamilien ausgebildet wird (siehe auch Lütkens, die die deutsche Schule bereits 1959 als „Mittelklasseninstitution" beschrieben hat). Zu diesem Habitus gehören schulrelevante Kenntnisse und Interessen, wie sie im

Rahmen gemeinsamer Aktivitäten von Eltern und Kindern oder durch das elterliche Vorbild vermittelt werden. Ein gutes Beispiel dafür ist im Kontext von PISA das Interesse am Lesen, das Kindern und Jugendlichen die Aneignung weiterer Kulturgüter ermöglicht und deshalb eine Schlüsselstellung in der Vermittlung kulturellen Kapitals einnimmt.

Das Konzept des kulturellen Kapitals lässt sich unter strukturellem und funktionalem Aspekt betrachten. Zu seiner strukturellen Seite gehören vor allem formale Bildungspatente und der Besuch prestigereicher Einrichtungen, wie etwa der *Grandes Ecoles* in Frankreich oder der *Ivy League Universities* in den USA. Unabhängig von den tatsächlich erreichten Kompetenzen ist der Nachweis einer privilegierten Bildungsgeschichte ein symbolisches kulturelles Gut, das sich in Sozialstatus tauschen lässt. Zur funktionalen Seite des kulturellen Kapitals gehören die bereits erwähnten Wertorientierungen, Einstellungen und Kompetenzen, die die Grundlage für eine regelmäßige Teilhabe an der bürgerlichen Kultur sind.

Soziales Kapital der Familie

Coleman und seine Mitarbeiter haben den Begriff „soziales Kapital" im Rahmen der Analyse der berühmten US-amerikanischen Längsschnittstudie „Highschool and Beyond" entwickelt (Coleman u.a., 1982), die gezeigt hat, dass Schülerinnen und Schüler, die katholische Privatschulen besuchen, vergleichbaren Schülerinnen und Schülern öffentlicher Schulen in ihren Schulleistungen überlegen zu sein scheinen. Die Autoren führen den Leistungsvorsprung der Privatschüler darauf zurück, dass diese über ein höheres Maß an sozialem Kapital verfügen als die Schülerinnen und Schüler öffentlicher Schulen. Das heißt unter anderem, dass sie seltener als jene aus strukturell oder funktional beeinträchtigten Familien kommen und ihre Eltern mit den Eltern ihrer Mitschüler und mit den Lehrkräften der Schule in sozialen Beziehungen stehen, die zum Fortbestand der schulischen und kirchlichen Normen beitragen.

In nachfolgenden Arbeiten hat Coleman immer wieder darauf hingewiesen, welch bedeutende Rolle soziales Kapital bei der Bildung von Humankapital spielt. Coleman geht davon aus, dass Bildungseinrichtungen nur dann erfolgreich arbeiten können, wenn die Kinder und Jugendlichen soziales Kapital besitzen, das heißt, wenn sie in einem Netzwerk sozialer Beziehungen groß geworden sind, das die Übernahme sozial anerkannter Ziele, Werte und Einstellungen fördert und unterstützt. Normalerweise wird soziales Kapital in der Familie gebildet, in Verwandtschafts- und Nachbarschaftsgruppen, in religiösen oder ethnischen Gruppen, in Vereinen, Betrieben oder politischen Parteien. Durch die Struktur der sozialen Beziehungen in diesen Gemeinschaften wird ein Netz aus wechselseitigen Erwartungen und Verpflichtungen erzeugt, das Vertrauen bildet und Zusammenarbeit ermöglicht. In diesem Netz werden Informationen ausgetauscht, Normen gebildet und Normverletzungen geahndet.

Selbstverständlich gibt es auch soziale Gemeinschaften oder Subkulturen, in denen andere Normen gelten oder in denen die Normen der bürgerlichen Welt, die Eltern und Schule normalerweise durchzusetzen suchen, bewusst infrage gestellt oder außer Kraft gesetzt werden. Die bereits erwähnte internationale Jugendkultur, die sich in den letzten Jahrzehnten entwickelt hat, kann als eine solche Alternativkultur verstanden werden, die die von Elternhaus und Schule geforderten und erbrachten Anstrengungen in ihrer Wirkung beeinträchtigen kann. Deshalb sind Informationen über die Bedeutung, die Jugend-kulturen im Leben der untersuchten Schülerinnen und Schüler spielen, aus deutscher Sicht von besonderem Interesse.

Wie beim kulturellen Kapital lässt sich auch beim sozialen Kapital ein struktureller von einem funktionalen Aspekt unterscheiden. Zum strukturellen Aspekt gehört die Verfüg-barkeit sozialer Netzwerke innerhalb der Familie, das heißt, Eltern (und andere Familien-mitglieder) müssen existent und präsent sein und Zeit für die Kinder haben. Zum funktio-nalen Aspekt sind Stil und Intensität der Kommunikation innerhalb und außerhalb der Fa-milie zu rechnen. Mit der Analyse der Kommunikationsgewohnheiten in der Familie nähert sich Coleman den theoretischen Konzeptionen der Erziehungsstilforschung (Krohne & Hock, 1998; Schneewind, 1991).

2.2 Indikatoren der sozialen Herkunft

Die soziale Herkunft der Schülerinnen und Schüler wird in der PISA-Hauptuntersuchung mithilfe von drei Untersuchungsinstrumenten erfasst:
- dem internationalen Schülerfragebogen,
- dem in Deutschland entwickelten Schülerfragebogen, der den internationalen Schü-lerfragebogen ergänzt, und
- dem in Deutschland entwickelten Elternfragebogen, der ebenfalls der Ergänzung des internationalen Schülerfragebogens dient.

Um auch diejenigen Eltern zu erreichen, die nicht oder nur wenig Deutsch sprechen, ist der Elternfragebogen in die Sprachen der Migranten- und Einwanderergruppen übersetzt worden, die am stärksten in Deutschland vertreten sind. Nach dem Statistischen Jahrbuch 1999 für die Bundesrepublik kommen die größten Gruppen aus der Türkei, aus dem ehe-maligen Jugoslawien und der ehemaligen Sowjetunion, aus Italien, Griechenland und Polen. Die Migranten und Flüchtlinge aus dem früheren Jugoslawien werden in ihrer je-weiligen Sprache, das heißt auf bosnisch, kroatisch oder serbisch angesprochen. Der El-ternfragebogen liegt damit in insgesamt acht verschiedenen Übersetzungen vor.

Indikatoren für die sozioökonomische Stellung der Eltern

(1) Berufstätigkeit der Eltern: Mithilfe des internationalen Schülerfragebogens wurde der Erwerbstätigkeitsstatus beider Eltern erfasst sowie der Beruf, den sie ausüben oder zu-letzt ausgeübt haben. Um die Berufe möglichst gut klassifizieren zu können, wurde nicht nur die Berufsbezeichnung, sondern auch eine Tätigkeitsbeschreibung verlangt. Mithilfe des in Deutschland eingesetzten Schülerfragebogens wurde zusätzlich die be-rufliche Stellung der Eltern erhoben, und zwar der deutschen Sozialversicherungsklas-sifikation entsprechend, die sehr häufig zur Bestimmung der sozialen Herkunft von Schülerinnen und Schülern verwendet wird. Zur Validierung der Schülerangaben wur-den alle eben aufgeführten Angaben in Deutschland auch von den Eltern erbeten. Außerdem wurden die Eltern nach der Zahl ihrer Untergebenen gefragt, um ein Maß dafür zu bekommen, welche Weisungsbefugnisse sie in ihrem Beruf besitzen.

Die Angaben zur beruflichen Stellung und zu den Weisungsbefugnissen waren notwendig im Hinblick auf die geplante EGP-Klassifikation und um die Vergleichbarkeit der Befunde mit Ergebnissen deutscher Untersuchungen zu gewährleisten. Die Angaben zum Beruf, den die Eltern ausüben, wurden in allen Teilnehmerstaaten nach ISCO-88 vercodet und in den international validen sozioökonomischen Index ISEI transformiert. Auf der Basis der ISCO-Codes sowie der Informationen zur beruflichen Stellung und den Weisungsbefugnissen war in Deutschland außerdem die Erzeugung der EGP-Klassen möglich.

Die Angaben zum Erwerbstätigkeitsstatus der Eltern, das heißt dazu, ob sie voll- oder teilzeitbeschäftigt sind, ob sie arbeitslos oder aus anderen Gründen nicht erwerbstätig sind, lassen sich auch unabhängig von den übrigen Informationen zur Berufstätigkeit nutzen, und zwar unter zwei Aspekten:

- Längere Arbeits- oder Erwerbslosigkeit – vor allem des Hauptverdieners – führt in der Regel zu einer empfindlichen Verschlechterung der ökonomischen und sozialen Lebensverhältnisse einer Familie und gehört daher für viele Heranwachsende zu den objektiv und subjektiv kritischen Lebensereignissen, die sich negativ auf ihr Bildungsverhalten auswirken können.
- Wie Coleman verschiedentlich betont hat, kann die Vollbeschäftigung beider Eltern zu einem Mangel an Zeit zur Bildung sozialen Kapitals innerhalb und außerhalb der Familie führen. Mithilfe der Daten zum Erwerbstätigkeitsstatus kann geprüft werden, ob diese Annahme auch im Fall 15-jähriger Schülerinnen und Schüler gültig ist.

(2) *Relativer Wohlstand der Familie:* Die sozioökonomische Stellung der Familie wurde im internationalen Schülerfragebogen auch anhand von Angaben zu den Wohnverhältnissen der Familie und zu ihrem Besitz von Gebrauchsgütern mit hohen Anschaffungskosten erfasst. Welche Besitztümer sich in allen an PISA teilnehmenden Ländern als Indikatoren für den relativen Wohlstand der Familie eignen, wurde im Feldtest erprobt. Da etliche der betrachteten Indikatoren tatsächlich nicht in allen Ländern gleich aussagekräftig waren, mussten die Listen für die Hauptuntersuchung revidiert werden. Der Häufigkeit von bestimmten Vorschlägen aus den beteiligten Ländern entsprechend wurden die Schülerinnen und Schüler in der Hauptuntersuchung danach gefragt, ob sie ein eigenes Zimmer haben und wie viele Badezimmer es bei ihnen zu Hause gibt, ob ihre Familie über eine Geschirrspülmaschine oder einen Internetanschluss verfügt und wie viele Autos, Computer, Fernseher und Handys sie besitzt. Ob die Wohlstandsskalen, die aus den Items gebildet werden, tatsächlich transkulturell äquivalent sind, ist ohne Validierungsuntersuchungen schwer zu beurteilen.

Indikatoren für das kulturelle Kapital der Familie

(1) *Nationale Herkunft der Schüler und ihrer Eltern:* Um Auskunft über die Vertrautheit der Schülerinnen und Schüler mit der in ihrem Aufenthaltsland vorherrschenden Kultur zu bekommen, wurde – international – das Geburtsland der Jugendlichen und der Eltern erfasst und nach der Sprache gefragt, die in der Familie „normalerweise" gesprochen wird. Der in Deutschland entwickelte Schülerfragebogen enthielt als Ergänzung dazu Fragen nach der Dauer ihres Aufenthalts in Deutschland, nach der Anzahl der Jahre,

die die Schülerinnen und Schüler in einer Schule im Ausland verbracht haben, und nach ihrer Muttersprache. Der Elternfragebogen ergänzt die Daten zur nationalen Herkunft um eine Angabe zum Land, in dem der Sohn oder die Tochter eingeschult wurde.

(2) Humankapital der Eltern: Im internationalen Schülerfragebogen wurden vier in vielen empirischen Untersuchungen bewährte Indikatoren für das Humankapital der Familie verwendet, und zwar die Schulbildung und die Berufsausbildung beider Eltern. Sie wurden international mithilfe der *International Standard Classification of Education* (ISCED) erfasst (OECD, 1999), in Deutschland aber wesentlich differenzierter erhoben. Zur Kontrolle der Schülerangaben wurden ihre Eltern ebenfalls um diese Angaben gebeten. Die ausländischen Eltern wurden zusätzlich nach der Zahl ihrer Schulbesuchsjahre gefragt, um Schwierigkeiten bei der Interpretation der außerhalb Deutschlands erworbenen Bildungsabschlüsse zu vermeiden.

(3) Kulturelle Praxis der Familie: Die Nähe zur bürgerlichen Kultur wurde – international – mithilfe von Fragen nach dem Besitz von Kulturgütern (Musikinstrumenten, Kunstwerken, klassischer Literatur und Gedichten) erfasst; dazu kamen Fragen nach schulrelevanten Besitztümern wie beispielsweise Taschenrechnern, Internetanschlüssen, Wörterbüchern oder Enzyklopädien und dem Besitz von Büchern. Außerdem gab es Fragen zum kulturellen Leben in der Familie (z.B. gemeinsam mit den Eltern klassische Musik hören oder über Bücher diskutieren) und zur Teilhabe der Schülerinnen und Schüler an sozial hoch bewerteten Formen der Kultur (z.B. Theater- oder Museumsbesuche). Der Elternfragebogen ergänzte den internationalen Schülerfragebogen um Angaben zur Häufigkeit, mit der sie ihrem Kind in seiner Vorschulzeit vorgelesen haben.

Indikatoren für das soziale Kapital der Familie

(1) Struktur, Größe und Erwerbstätigkeitsstatus der Familie: Mithilfe des internationalen Schülerfragebogens wurde erfasst, aus welchen Personen der Haushalt besteht, in dem die Jugendlichen leben, wie viele Geschwister sie haben und an welcher Stelle in der Geschwisterreihe sie stehen. Dazu kam die bereits bei der Berufstätigkeit aufgeführte Frage danach, ob ihre Eltern voll- oder teilzeitbeschäftigt sind oder keiner Erwerbstätigkeit nachgehen, das heißt, die Frage nach Indikatoren für einen strukturell bedingten Mangel an Zeit oder Gelegenheit zur Bildung sozialen Kapitals innerhalb und außerhalb der Familie.

(2) Eltern-Kind-Beziehungen: Der internationale Schülerfragebogen des Feldtests erfasste verschiedene Aspekte der Eltern-Kind-Beziehungen, die mit der Bildung von sozialem Kapital zusammenhängen, unter anderem den Erziehungsstil des Elternhauses, die Häufigkeit, mit der sich die Eltern um das Fortkommen ihres Kindes in der Schule kümmern und es bei den Schularbeiten unterstützen.

2.3 Problem fehlender Werte

Nicht alle Schülerinnen und Schüler beantworten alle ihnen gestellten Fragen. Obwohl die Fragebogen in Deutschland im allgemeinen sehr sorgfältig bearbeitet wurden, fehlen für

3,1 Prozent der Befragten die Sozialschichtangaben der Eltern. Im Vergleich zu anderen Ländern und anderen Untersuchungen ist diese geringe Fehlquote ein ausgezeichnetes Ergebnis. Dennoch stellen fehlende Werte auch in PISA ein erhebliches methodisches Problem dar. So hat sich in eigens durchgeführten Selektivitätsanalysen herausgestellt, dass in PISA fehlende Werte in den Variablen zur sozialen Herkunft mit den individuellen Leistungen negativ korreliert sind. Bei leistungsschwächeren Personen fehlen also häufiger Angaben zur Sozialschicht. Will man beispielsweise die individuellen Leistungen der Schülerinnen und Schüler durch deren soziale Herkunft vorhersagen, verringert der Ausschluss von Personen ohne gültige Werte in diesen Variablen die Validität der Ergebnisse. Ebenso überschätzt man Leistungsmittelwerte, wenn man nur Schülerinnen und Schüler berücksichtigt, für die Angaben zur Sozialschichtzugehörigkeit verfügbar sind. Mittlerweile hat sich die Einsicht durchgesetzt, dass der Einsatz leistungsstarker Algorithmen zur nachträglichen Schätzung fehlender Werte gegenüber dem paar- oder fallweisen Ausschluss der Daten eindeutig zu bevorzugen ist (vgl. Little & Rubin, 1987). Daher wurden mithilfe des im Programm AMELIA (Honaker u.a., 2000) implementierten EM-Algorithmus die fehlenden Werte in den sozialen Hintergrundvariablen geschätzt *(missing data imputation)*. Die Schätzungen erfolgten getrennt für jedes an PISA teilnehmende Land.

3. Die Familien der 15-Jährigen

3.1 Allgemeine Strukturmerkmale der Familien

Die in PISA 2000 international untersuchten Jugendlichen wurden zwischen Februar 1984 und Januar 1985 geboren und waren zum Untersuchungstermin im Frühjahr 2000 überwiegend 15 Jahre alt. In welchen familiären Verhältnissen leben diese Jugendlichen in Deutschland? Im Rahmen von PISA kann man keine familiensoziologische Studie erwarten. Wir werden uns im Folgenden auf zentrale familiäre Kennziffern beschränken, die Auskunft über die Familienstruktur und das Anregungs- und Unterstützungspotenzial geben, auf das die Kinder und Jugendlichen in ihrer Entwicklungsgeschichte zurückgreifen konnten. Um die Struktur familiärer Milieus besser verständlich zu machen, werden wir an die unterschiedliche Bildungsgeschichte der Elterngeneration der 15-Jährigen in der ehemaligen DDR und der alten Bundesrepublik erinnern und auf die besonderen Bedingungen des Aufwachsens in Familien, die eine Migrationsgeschichte haben, eingehen (vgl. Tab. 8.1).

Nach einer Reanalyse des Mikrozensus von 1997 gehören gut zwei Drittel der Väter der untersuchten Jugendlichen den Geburtsjahrgängen 1949 bis 1961 an. Die Mehrzahl der Mütter gehören zu den Geburtskohorten 1953 bis 1963. Zum Untersuchungszeitpunkt betrug das mittlere Alter der Väter 45 Jahre; die Mütter waren mit einem mittleren Alter von 42 Jahren im Durchschnitt drei Jahre jünger. Die 20 Prozent der 15-Jährigen, die in den neuen Bundesländern wohnen, haben jüngere Eltern. Das mittlere Alter ihrer Väter beträgt 43 Jahre und das ihrer Mütter 40 Jahre. Die große Mehrzahl der Jugendlichen lebt mit ihren leiblichen Eltern zusammen. In den neuen Ländern sind dies 73, in den alten Ländern 77 Prozent. Unter den Familien, in denen beide Eltern nicht in Deutschland geboren sind, ist der Anteil dieser „Normalfamilien" mit 84 Prozent noch höher. Rund 16 Prozent der Jugendlichen leben mit einem allein erziehenden Elternteil – in 88 Prozent der Fälle der Mutter – zusammen. Bemerkenswerterweise ist der Anteil der Alleinerziehenden auch in Familien mit Migrationshintergrund kaum geringer. Die übrigen Jugendlichen leben überwiegend in anderen Familienformen, sei es, dass Vater oder Mutter eine neue Partnerin oder einen neuen Partner gefunden haben, die Familie der Großeltern den sozialen Rahmen bietet oder eine Stieffamilie das Zuhause ist. Teil der Normalität des Familienlebens sind auch Geschwister. In mehr als 85 Prozent der Familien ist dies mindestens ein Geschwister; in 40 Prozent der Familien sind es zwei oder mehr. Auch für Kinder allein erziehender Mütter oder Väter ist das Aufwachsen mit Geschwistern die Regel (80 %) (vgl. Tab. 8.1).

In rund zwei Dritteln der Familien mit 15-jährigen Kindern gehört die zumindest teilzeitliche Berufstätigkeit der Mutter heute ebenfalls zum Alltag. In den alten Ländern liegt der Anteil berufstätiger Mütter bei 69 Prozent. Auch in Familien mit Migrationshintergrund ist die Berufstätigkeit der Mutter kaum seltener anzutreffen. In den neuen Ländern ist der Prozentsatz berufstätiger Frauen nach der Vereinigung zwar zurückgegangen, beträgt aber bei Müttern mit 15-jährigen Kindern immer noch rund 82 Prozent.

Zeitweilige Arbeitslosigkeit des Vaters oder noch schwerwiegender: länger andauernde Beschäftigungslosigkeit, sind immer einschneidende Ereignisse, die Familien ökonomisch, sozial und psychisch belasten. Dies gilt in vielen Fällen auch – möglicherweise in abgemilderter Form –, wenn der Vater gezwungen ist, eine Teilzeitbeschäftigung aufzunehmen. Dieses kritische Lebensereignis trifft Väter im Alter zwischen 40 und 50 Jahren – in einem Lebensabschnitt, in dem normalerweise die Berufskarriere das endgültige Profil erhält –, besonders hart. Zur Zeit der Befragung waren zwischen 9 Prozent der Familien in den alten Ländern und rund 12 Prozent in den neuen Ländern der Belastung aus-

Tabelle 8.1: Strukturmerkmale von Familien mit 15-jährigen Kindern im Jahr 2000 nach Herkunft der Familie

Herkunft der Familie	Anteil der Familien mit 15-Jährigen	Mittleres Alter[1] von Vater	Mutter	Familientyp (in %)			Kinderzahl (in %)				Mutter erwerbstätig (in %)	Vater arbeitslos oder nicht vollzeitlich erwerbstätig (in %)
				Familie mit leibl. Kindern	Allein erzieh. Eltern	Andere Familienformen	1	2	3	4+		
Region												
Alte Länder	80,0	45,6	42,4	76,5	16,4	7,1	11,6	43,0	27,0	18,3	69,2	9,0
Neue Länder	20,0	42,5	40,0	73,1	15,6	11,3	17,4	51,9	18,8	12,0	81,6	11,8
Migrationsstatus												
Ein Elternteil im Ausland geboren	6,4	nv	nv	64,9	22,1	13,0	14,9	38,8	27,5	18,8	72,7	13,3
Beide Eltern im Ausland geboren	15,3	nv	nv	83,8	13,7	2,4	8,4	36,0	26,6	27,2	62,6	15,9
Familie ohne Migrationsgeschichte	78,3	nv	nv	76,2	15,4	8,4	13,5	47,7	25,1	13,6	73,9	7,9

[1] Auswertung des Mikrozensus 1997 für Familien mit 12-jährigen Kindern; nv = nicht verfügbar.

gesetzt, dass der Vater arbeitslos oder zumindest nicht vollzeitlich erwerbstätig war. Der Unterschied zwischen Ost und West ist in der Altersgruppe, der die Väter der PISA-Jugendlichen angehören, bemerkenswert gering. In besonderem Maße waren Familien betroffen, in denen der Vater nicht in Deutschland geboren ist. In 15 Prozent der Familien mit Migrationsgeschichte war der Vater zum Untersuchungszeitpunkt arbeitslos. Besonders kritisch wird Arbeitslosigkeit dann, wenn Eltern allein erziehend sind. Hier können sich Notlagen einstellen, sodass die Familien auf Sozialhilfe angewiesen sind und unter der Armutsgrenze leben. Für jene 24 Prozent der allein erziehenden Mütter, die arbeits- oder erwerbslos sind, wird dies in vielen Fällen zutreffen. Bei allein erziehenden Vätern ist der Anteil der Risikofamilien nur wenige Prozentpunkte geringer.

Die große Mehrzahl der 15-Jährigen lebt im Jahr 2000 in stabilen Familienverhältnissen – überwiegend mit den leiblichen Eltern – und mit einem oder mehreren Geschwistern zusammen. Auch bei den Jugendlichen, die mit einem allein erziehenden Elternteil aufwachsen – dies trifft für 16 Prozent der Jugendlichen zu –, ist die Mehr-Kinder-Situation die Regel. Die verbreitete Vorstellung vom Strukturwandel der Kindheit und der Familie, nach der das isoliert aufwachsende Einzelkind aus aufgelöster Familie das modale Schicksal der nachwachsenden Generation ist, dramatisiert die Verhältnisse. Risse erhält dieses insgesamt intakte Bild, wenn man an den hohen Anteil jener ökonomisch und sozial gefährdeten Familien denkt, deren Hauptverdiener arbeits- oder erwerbslos ist.

3.2 Bildungsniveau der Familien

Die Eltern der 15-Jährigen gehören einer Generation an, die in der DDR von der Konsolidierung der Polytechnischen Oberschule (POS) und in der alten Bundesrepublik vom Ausbau des Sekundarschulsystems und einer sich beschleunigenden Bildungsexpansion profitierte. Besondere Gewinner waren in der alten Bundesrepublik die Mütter, die in der Bildungsbeteiligung gleichzuziehen begannen – ein Prozess, der in der DDR schon früher abgeschlossen war. In den alten Ländern wechselten die Väter und Mütter der Befragten je nach Geburtskohorte überwiegend zwischen 1961 und 1974 in die Sekundarschule – also in einer Zeit der anlaufenden Bildungsreform. In der ehemaligen DDR kam die Elterngeneration zwischen 1965 und 1978 in die voll etablierte Oberstufe der POS, die nach vierjährigem Besuch und einer obligatorischen Prüfung am Ende der 10. Jahrgangsstufe zum einheitlichen Schulabschluss führte. Sowohl in der DDR als auch in der BRD war in den älteren Geburtsjahrgängen der Elterngeneration der PISA-Teilnehmer der Anteil derjenigen, die ohne formalen Abschluss die allgemein bildende Schule verließen, mit knapp 20 Prozent noch sehr hoch. Der Anteil verringerte sich jedoch von Jahr zu Jahr deutlich – und zwar im Osten wie im Westen gleichermaßen (Arbeitsgruppe Bildungsbericht, 1994).

Ein Blick auf Abbildung 8.1 zeigt, dass sich in dieser Elterngeneration eine faktische Neudefinition der bürgerlichen Grundbildung auf dem Niveau des mittleren Abschlusses bereits durchgesetzt hat. Rund 70 Prozent der Väter und Mütter der 15-Jährigen haben mindestens einen mittleren Schulabschluss und/oder Fachschulabschluss erreicht. In 80 Prozent der Familien verfügt mindestens einer der Partner über dieses Bildungsniveau. Der Anteil der gering Qualifizierten mit oder ohne Hauptschulabschluss und ohne abgeschlossene Berufsausbildung liegt bei den Vätern bei rund 8 Prozent und den Müttern bei

Abbildung 8.1:   Mindestens erreichte Bildungsabschlüsse der Eltern der 15-Jährigen

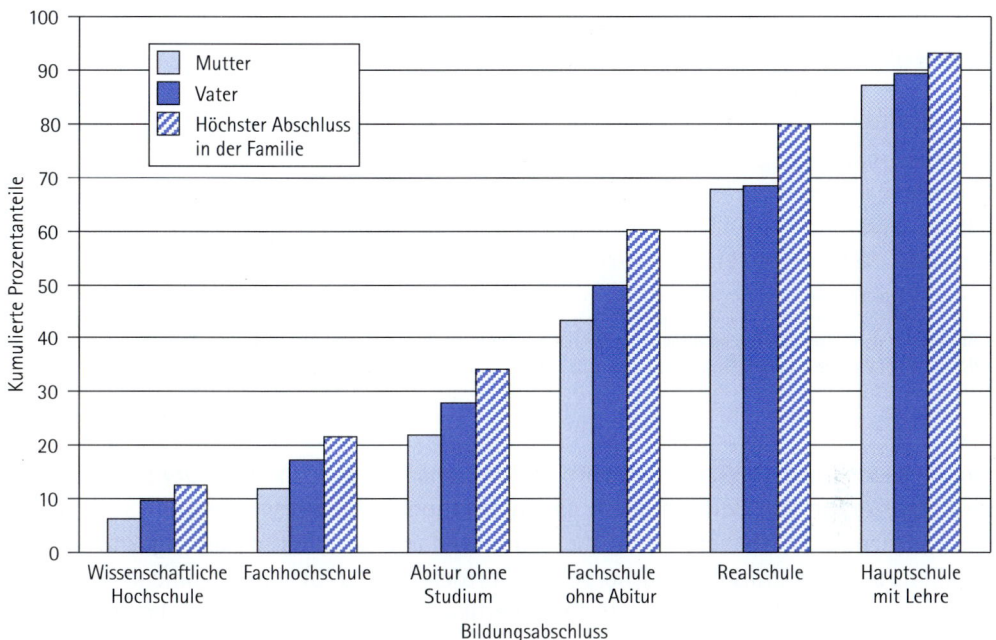

rund 13 Prozent. Ein nennenswerter Anteil dieser formal unqualifizierten Personen ist im Ausland geboren. Sie haben die Pflichtschule entweder in ihrem Heimatland besucht oder, wenn sie als Kinder oder Jugendliche nach Deutschland gekommen sind, als Seiteneinsteiger die deutsche Schule nicht vollständig und überwiegend auch nicht erfolgreich durchlaufen.

> Im Vergleich zur Großelterngeneration der PISA-Teilnehmer ist der Strukturwandel der Bildungsbeteiligung in der Elterngeneration durchgreifend. Dies kann kaum ohne Konsequenzen für das Aufwachsen der nachfolgenden Generation sein. Schon aus Gründen des Statuserhalts sorgen die erhöhte Bildungsbeteiligung und die damit implizit verbundene Modernisierung der Frauenrolle für steigende Bildungsaspirationen für die Kindergeneration. Man erwartet von den Kindern einen mindestens gleichwertigen Bildungsabschluss oder möglicherweise auch mehr. Erkennbar ist aber auch, dass die Neujustierung einer normalen Bildungsbiographie und die Durchsetzung des mittleren Abschlusses als faktische Familiennorm soziale Milieus tangieren müssen. Man darf erwarten, dass sich im Ineinandergreifen von wachsendem Wohlstand und erhöhter Bildungsbeteiligung auch traditionell bildungsferne Milieus kulturell wandeln.

3.3 Soziale Lage und Bildungsniveau

Wie steht es mit der sozioökonomischen Lage der Familien der 15-Jährigen? Um die sozioökonomische Lage von Familien zu beschreiben, werden im Rahmen von PISA und seinen nationalen Erweiterungen zwei unterschiedliche Maße benutzt. Dies ist einmal der

Tabelle 8.2: Eltern der 15-Jährigen nach Sozialschichtzugehörigkeit (in %; Standardfehler in Klammern)

Sozialschicht der Eltern (EGP)	Vater	Mutter	Bezugsperson im Haushalt[1]
Obere Dienstklasse (I)	20,7 (0,6)	7,4 (0,3)	19,1 (0,6)
Untere Dienstklasse (II)	16,5 (0,7)	22,8 (0,7)	16,2 (0,7)
Routinedienstleistungen in Handel und Verwaltung (III)	4,9 (0,4)	39,4 (0,8)	7,6 (0,4)
Selbstständige (IV)	12,5 (0,5)	5,9 (0,5)	13,1 (0,5)
Facharbeiter und Arbeiter mit Leitungsfunktion (V, VI)	26,0 (0,8)	7,3 (0,4)	24,2 (0,8)
Un- und angelernte Arbeiter, Landarbeiter (VII)	19,5 (0,8)	17,1 (0,7)	19,7 (0,8)

[1] Angabe für den Vater oder, wenn diese fehlt, für die Mutter bzw. deren Ersatzperson; fehlende Angaben für 3,1 Prozent der Familien imputiert (siehe Abschnitt 8.2).

von Ganzeboom u.a. (1992) entwickelte *International Socio-Economic Index* (ISEI), der auf der Klassifikation von Berufen durch das internationale Arbeitsamt beruht (ISCO-Codes; vgl. Ganzeboom & Treiman, 1996). Anschaulicher und soziologisch aussagekräftiger ist allerdings eine von Erikson, Goldthorpe und Portocarero (1979) vorgenommene Einteilung in soziale Klassen, die ebenfalls auf die Klassifikation von Berufen durch das internationale Arbeitsamt zurückgreift, aber zusätzlich Angaben über die Art des Beschäftigungsverhältnisses (Stellung im Beruf) und das Ausmaß der Weisungsbefugnisse berücksichtigt. Die so genannten EGP-Klassen verbinden eine hierarchische Abstufung von Berufen mit einer typologischen Klassifikation (siehe Abschnitt 2 in diesem Kapitel).

Tabelle 8.2 weist für die Eltern der 15-Jährigen die EGP-Klassenzugehörigkeit getrennt für Vater und Mutter sowie für die Bezugsperson im Haushalt aus. Die Tabelle illustriert die unterschiedliche soziale Klassenlage von Frauen und Männern im mittleren Erwachsenenalter, sofern diese eine Familie mit 15-jährigen Kindern haben. Frauen sind in der oberen Dienstklasse deutlich unterrepräsentiert, und zwar auch, wie man zeigen kann, bei gleichem Bildungsabschluss. Ferner sind die Klassen III bzw. V und VI bei Frauen und Männern in charakteristischer Weise unterschiedlich stark besetzt. Während die Gruppe der Facharbeiter und der Arbeiter mit Leitungsfunktionen unter den Männern die größte soziale Gruppe ausmacht, ist dies bei Frauen die Gruppe derjenigen, die Routinedienstleistungen in Handel und Verwaltung ausführen. In dieser Klasse konzentrieren sich die typischen (einfachen) Frauenberufe.

Verbindet man die Einteilung in soziale Klassen mit dem sozioökonomischen Index, wie dies in Tabelle 8.3 geschieht, ist erkennbar, dass die sozialen Klassen zwar hierarchisch gestuft sind, die Abstände zwischen den Klassen jedoch nicht gleich groß sind (siehe Tab. 8.3, Spalte 2). Die Abstände zwischen den beiden Dienstklassen untereinander und zu den übrigen Klassen sind relativ groß, während die Klassen III und IV sowie die beiden Arbeiterklassen VI und VII relativ dicht beieinander liegen. Kombiniert man die Schichtzugehörigkeit der Bezugsperson des Haushalts mit dem erreichten Bildungsabschluss, so ist zunächst der erwartete straffe Zusammenhang zwischen Schichtzugehörigkeit und Bildungsabschluss augenfällig. Etwa 50 Prozent der Angehörigen der oberen Dienstklasse besitzen einen akademischen Abschluss, während rund 60 Prozent der Arbeiter und ein-

EGP-Klassen nach Erikson u.a. (1979)

I Obere Dienstklasse
Zur oberen Dienstklasse gehören die Angehörigen von freien akademischen Berufen, führende Angestellte und höhere Beamte, selbstständige Unternehmer mit mehr als zehn Mitarbeitern und alle Hochschul- und Gymnasiallehrer. Ausschlaggebend für die Zuordnung zur oberen Dienstklasse sind Merkmale wie Verantwortung (auch für die Tätigkeit anderer), Entscheidungsbefugnis und Autonomie der Tätigkeit.

II Untere Dienstklasse
Die Angehörigen der unteren Dienstklasse schließen im Einkommen an die Ränge der oberen Dienstklasse an. Sie verfügen jedoch in geringerem Ausmaß über Macht, Verantwortung und Autonomie in der Tätigkeitsausübung. Zu dieser Klasse zählen Angehörige von Semiprofessionen, Angehörige des mittleren Managements, Beamte im mittleren und gehobenen Dienst und technische Angestellte mit nicht manueller Tätigkeit.

IIIa und b Routinedienstleistungen in Handel und Verwaltung
Zur Klasse IIIa zählen die klassischen Büro- und Verwaltungsberufe mit Routinetätigkeiten; der Klasse IIIb werden Berufe mit niedrig qualifizierten, nicht manuellen Tätigkeiten wie zum Beispiel Verkaufs- und Servicetätigkeiten zugeordnet. Diese Tätigkeiten erfordern oftmals keine Berufsausbildung.

IVa–c Selbstständige („Kleinbürgertum") und selbstständige Landwirte
Zu der Klasse der Selbstständigen zählen alle Selbstständigen aus manuellen Berufen mit und ohne Mitarbeiter. Freiberufler werden dieser Klasse zugeordnet, wenn sie keinen hoch qualifizierten Beruf ausüben. In der Klasse der Selbstständigen können das Einkommen und die materielle Sicherheit abhängig von der Marktlage stark variieren. Gemeinsam ist den Personen eine hohe Autonomie der Beschäftigungssituation. Die Klasse wird bei Erikson und Goldthorpe (1992) dreifach unterteilt in Selbstständige mit Mitarbeitern, Selbstständige ohne Mitarbeiter und selbstständige Landwirte.

V–VI Facharbeiter und Arbeiter mit Leitungsfunktionen sowie Angestellte in manuellen Berufen
In der EGP-Klasse V werden untere technische Berufe zusammengefasst. Dazu gehören Vorarbeiter, Meister, Techniker, die in manuelle Arbeitsprozesse eingebunden sind, sowie Aufsichtskräfte im manuellen Bereich. Zur EGP-Klasse VI gehören abhängig Beschäftigte mit manueller Tätigkeit und abgeschlossener Berufsausbildung oder vergleichbarer Qualifikation.

VIIa und b Un- und angelernte Arbeiter sowie Landarbeiter
Der Klasse VIIa werden alle un- und angelernten Berufe aus dem manuellen Bereich sowie einige Dienstleistungstätigkeiten mit weitgehend manuellem Charakter und geringem Anforderungsniveau zugeordnet. Zur Klasse VIIb zählen alle Arbeiter, gelernt oder ungelernt, in der Land-, Forst- und Fischwirtschaft sowie der Jagd.

fachen Angestellten in manuellen Berufen einen Hauptschulabschluss erreicht haben. Der Assoziationskoeffizient Cramers liegt bei $CI = .32$. Der Zusammenhang ist substanziell, aber nicht deterministisch. So verfügen etwa 40 Prozent der Bezugspersonen in Arbeiterfamilien mindestens über einen Realschulabschluss. Darin kommt einerseits die Ausdifferenzierung von Facharbeiterberufen hinsichtlich der Qualifikationsvoraussetzungen zum Ausdruck, andererseits wird darin aber auch die Brüchigkeit von Berufskarrieren sichtbar: Ein nennenswerter Anteil an qualifizierten Personen ist offensichtlich nicht in den gelernten Berufen, sondern als Angelernte beschäftigt. Aber auch in den sozialen Klassen I bis III ist die bildungsmäßige Durchmischung beträchtlich.

Tabelle 8.3: Bezugsperson in den Familien der 15-Jährigen nach Sozialschichtzugehörigkeit (EGP und ISEI) und Bildungsabschluss (Standardfehler in Klammern)

Sozialschicht der Bezugsperson[1] (EGP)	Sozioökonomischer Index (ISEI) (Mittelwert)	Bildungsabschluss (in %)			
		Hauptschulabschluss/ohne Abschluss	Realschulabschluss/Abschluss der POS	Hochschulreife ohne Studium	Fachhochschule oder wiss. Hochschule
Obere Dienstklasse (I)	66,0 (0,4)	15,5 (1,5)	19,8 (1,5)	17,5 (1,1)	47,2 (1,8)
Untere Dienstklasse (II)	55,1 (0,3)	22,6 (1,8)	32,1 (1,9)	19,9 (1,5)	25,4 (1,8)
Routinedienstleistungen in Handel und Verwaltung (III)	43,8 (0,4)	43,2 (2,9)	36,6 (2,3)	13,5 (1,8)	6,8 (1,5)
Selbstständige (IV)	39,7 (0,5)	45,1 (2,2)	30,1 (1,9)	15,9 (1,5)	8,8 (1,1)
Facharbeiter und Arbeiter mit Leitungsfunktion (V, VI)	34,1 (0,1)	58,8 (1,5)	32,1 (1,5)	6,4 (0,7)	2,7 (0,4)
Un- und angelernte Arbeiter, Landarbeiter (VII)	27,9 (0,2)	63,1 (1,8)	28,5 (2,0)	5,1 (0,7)	3,3 (1,0)
Insgesamt	43,8[a] (0,3)	42,5 (1,1)	29,1 (0,9)	12,2 (0,6)	16,1 (0,6)

[a] Der mittlere ISEI der Bezugsperson im Haushalt mit 12-jährigen Kindern beträgt im Mikrozensus 1997 44,3.
[1] Angabe für den Vater oder, wenn diese fehlt, für die Mutter bzw. deren Ersatzperson; fehlende Angaben für 3,1 Prozent der Familien imputiert (siehe Abschnitt 8.2).

> Insgesamt ergibt sich ein Bild, das die Vorstellung von sozial und bildungsmäßig homogenen Milieus, wenn überhaupt, nur begrenzt stützt. Die sozialen Klassen sind in der Generation der Eltern der 15-Jährigen hinsichtlich des familiären Bildungsniveaus mehr oder weniger heterogen. Soweit dies für die Arbeiterschichten zutrifft, ist dies ein Ergebnis des gesellschaftlichen Modernisierungsprozesses der letzten Jahrzehnte und des durchgreifend veränderten Bildungsverhaltens der Bevölkerung. Interpretiert man die verbesserte Bildungsbeteiligung im Sinne von Inglehart (1989, 1998) als Indikator für kognitive Mobilisierung, bedeutet allein die verstärkte bildungsmäßige Durchmischung der Sozialschichten eine Neuverteilung kultureller Ressourcen.

3.4 Familien mit Migrationsgeschichte

Seit 1955 hat sich Deutschland – oder besser die alte Bundesrepublik – allmählich und in Wellen, aber in übersehbarer Faktizität zu einem Einwanderungsland entwickelt. Wenn auch die Dynamik der Zu- und Abwanderung immer erheblich war, überwiegt im Saldo die Zuwanderung. Die Schule ist der beste Spiegel dieses Trends. Die multi-ethnisch zusammengesetzte Klasse ist in vielen Schulen die Regel. Ein substanzieller Teil der schulpflichtigen Schüler und Schülerinnen stammt aus Familien, in denen zumindest ein Elternteil nicht in Deutschland geboren wurde. Um die quantitative Verteilung von Jugendlichen aus Familien mit Migrationshintergrund einigermaßen zuverlässig beschreiben zu können, genügt der Rückgriff auf die amtliche Statistik, die Schülerinnen und Schüler nicht deutscher Staatsangehörigkeit ausweist, nicht mehr. Dies hat zwei Gründe. Im Falle der Einbürgerung – dies ist besonders bei national gemischten Ehen häufiger der Fall – ist der Migrationshintergrund eines Schülers oder einer Schülerin nicht mehr erkennbar. Vor allem aber werden die Kinder der deutschstämmigen Aussiedler aus Rumänien, Polen und

Tabelle 8.4:   Nicht in Deutschland geborene Eltern der 15-Jährigen nach Region (in % der 15-Jährigen insgesamt, Standardfehler in Klammern)

Elternteil	Region		Insgesamt
	Alte Länder	Neue Länder	
Vater	23,1 (1,0)	2,9 (0,6)	19,0 (0,9)
Mutter	22,2 (1,0)	2,0 (0,5)	18,0 (0,9)
Beide Eltern	19,2 (0,9)	1,6 (0,4)	15,3 (0,8)
Mindestens ein Elternteil	27,1 (1,1)	3,8 (0,6)	21,7 (0,9)

den Ländern der ehemaligen Sowjetunion in der Schulstatistik nicht gesondert ausgewiesen. Quantitative Auskünfte über diese Gruppe gibt nur die Einreisestatistik. In den meisten anderen Staaten, die an PISA teilnehmen, ist die Ausländerstatistik ebenfalls ungeeignet, wenn man Auskünfte über die kulturelle Herkunft von Schülerinnen und Schülern erhalten möchte. Deshalb wurde in PISA nach dem Geburtsland der Eltern und der 15-Jährigen und nach der Verkehrsprache in der Familie gefragt. In Deutschland haben wir zusätzlich die Muttersprache und die Verweildauer der Befragten in Deutschland erfasst.

Tabelle 8.4 weist getrennt für die alten und neuen Länder den Anteil der nicht in Deutschland geborenen Eltern der 15-Jährigen aus, die im Jahre 2000 eine allgemein bildende oder berufliche Schule besuchten. Die Tabelle lässt die völlig unterschiedliche Situation in den alten und neuen Ländern erkennen. Sie zeigt aber zugleich die Normalität der Migration in der alten Bundesrepublik. 27 Prozent der 15-Jährigen stammen hier aus Familien, in denen mindestens ein Elternteil nicht in Deutschland geboren wurde. In 19 Prozent der Familien sind beide Eltern zugewandert.

Um die in sich differenzierte familiäre Situation der Jugendlichen aus Familien mit Migrationshintergrund zu verstehen, muss man sich die Geschichte der Zuwanderung vergegenwärtigen. Es lassen sich grob vier Migrationsgruppen von unterschiedlichem quantitativem Gewicht unterscheiden:
- Arbeitsmigranten aus den süd- und südosteuropäischen ehemaligen Anwerbeländern,
- deutschstämmige Aussiedler aus Rumänien, Polen und Ländern der ehemaligen Sowjetunion,
- Bürgerkriegsflüchtlinge (Kontingentflüchtlinge) und Asylbewerber und
- Zuwanderer aus Ländern der EU sowie sonstige Personen, die im Rahmen der internationalen Arbeitsmobilität nach Deutschland kommen.

Die Väter der PISA-Jugendlichen waren zum Untersuchungszeitpunkt in der Mehrzahl zwischen 40 und 50 Jahre alt, die Mütter drei Jahre jünger. Ein erheblicher Teil der aus den süd- und südosteuropäischen Ländern stammenden Eltern war bereits zusammen mit ihren Eltern in den Jahren zwischen 1955 und 1973 – teilweise auch etwas später im Rahmen der Familienzusammenführung – nach Deutschland gekommen. Sie wurden in der Regel als Seiteneinsteiger in eine deutsche Schule eingeschult und haben ihre Schulpflicht in Deutschland erfüllt. Mag die Eheschließung auch noch im Heimatland erfolgt sein, so wurde die Familie in der Regel in Deutschland gegründet. Die Kinder dieser Familien leben als dritte Generation von Geburt an in Deutschland.

Ein weiterer Teil der aus Süd- und Südosteuropa stammenden Eltern sind im jungen Erwachsenenalter selbst als Arbeitssuchende nach Deutschland gekommen, nachdem sie die Pflichtschulzeit in ihrem Heimatland abgeschlossen hatten. In der Mehrheit sind diese Personen vor dem Anwerbestopp 1973 auf Wanderschaft gegangen. Es mag sein, dass ein größerer Teil dieser Gruppe ihre Familien noch im Herkunftsland gegründet hat. Die Familienzusammenführung erfolgte jedoch im überwiegenden Teil der Fälle bis spätestens zur Einschulung der Kinder. Die große Mehrzahl der Kinder dieser Familien hat die deutsche Schule, oft auch schon den Kindergarten vollständig durchlaufen.

Die größte Gruppe der Familien mit Migrationsgeschichte stellen die deutschstämmigen Aussiedler aus Rumänien, Polen und den Ländern der ehemaligen Sowjetunion dar. Sie wanderten in der Mehrzahl erst in den letzten 15 Jahren zu. Ihre Kinder wurden überwiegend im Herkunftsland geboren und beherrschten bei der Einreise die deutsche Sprache überwiegend gar nicht oder wenn, dann nur unzureichend. Waren die Kinder bei der Einreise im schulpflichtigen Alter, ist ihre Schulkarriere, die mit einem Seiteneinstieg begann, formal derjenigen ähnlich, die jene Gruppe von Eltern aus ehemaligen Anwerbeländern durchlaufen hat, die sich am längsten in Deutschland aufhalten. Hinsichtlich der Aufenthaltsperspektive unterscheiden sich die Gruppen jedoch grundsätzlich. Die Integrationsperspektive ist für die Aussiedlerkinder mit der deutschen Staatsangehörigkeit von vornherein vorgezeichnet.

Die dritte Hauptzuwanderergruppe bilden Bürgerkriegsflüchtlinge, vor allem aus dem ehemaligen Jugoslawien, und Asylbewerber. Diese Gruppe ist in sich außerordentlich heterogen. Gemeinsam ist ihnen allerdings die unsichere Aufenthaltsperspektive. Gerade dies dürfte für die Beschulung von mitgebrachten Kindern und Jugendlichen konsequenzenreich sein.

Schließlich gibt es eine eher kleinere Gruppe von Familien mit schulpflichtigen Kindern, die sich im Rahmen internationaler beruflicher Mobilität, zu der auch die Freizügigkeit innerhalb der EU beiträgt, in Deutschland aufhalten. In der Regel dürfte es sich hier um vorübergehende, wenn auch mehrjährige Aufenthalte handeln.

Tabelle 8.5 gibt, soweit dies die internationale PISA-Stichprobe zulässt, in differenzierter Weise Auskunft über Strukturmerkmale von Migrationsfamilien mit Kindern, die im Jahr 2000 15 Jahre alt waren. Trotz der großen PISA-Stichprobe – die Zahl der Familien mit Migrationsgeschichte beträgt immerhin 1.056 Fälle – werden die Untergruppen bei genauer Betrachtung schnell sehr klein. Deshalb können die folgenden Ausführungen nur explorativen Anspruch haben, die der Überprüfung in der größeren PISA-Erweiterung bedürfen. Schon die deskriptiven Befunde sind in verschiedener Hinsicht bemerkenswert. Der Tabelle 8.5 ist zu entnehmen, dass die aus Osteuropa zugewanderten deutschstämmigen Aussiedler mit 38 Prozent mittlerweile die größte Gruppe unter den Familien mit Migrationshintergrund bilden. In rund 90 Prozent der Fälle sind die Eltern gemeinsam und zusammen mit ihren im Herkunftsland geborenen Kindern im Zeitraum von 1985 bis 1998 nach Deutschland gekommen. Als nächstgrößere Gruppe folgen die Familien türkischer Herkunft (16,9 %) und Familien aus den Ländern des ehemaligen Jugoslawiens (8,2 %). In der Größenordnung schließen sich dann Familien italienischer, griechischer und mit deutlichem Abstand spanischer und portugiesischer Abstammung an. In Tabelle 8.5 wurden diese und die Familien aus den übrigen nicht erwähnten Länder aus Gründen der Stichprobengröße zu zwei Gruppen zusammengefasst.

Tabelle 8.5:   15-Jährige aus Familien mit Migrationshintergrund nach Geburtsland des Vaters und der Mutter, Verweildauer in Deutschland und Umgangssprache in der Familie (Standardfehler in Klammern)

Herkunftsland der Familien	Vater[1]	Mutter[1]	Verweildauer des Jugendlichen in Deutschland (in % der jeweiligen Migrantengruppe)				Umgangssprache in der Familie ist deutsch
			Seit Geburt	Zuwanderung vor Schulbeginn	Zuwanderung während der Grundschulzeit	Zuwanderung während der Sekundarschulzeit	
Griechenland/Italien	9,2 (1,3)	6,1 (1,1)	76,6 (4,5)	11,7 (3,6)	10,4 (3,4)	1,3 (0,9)	65,9 (7,5)
Türkei	16,9 (1,7)	16,5 (1,8)	69,1 (4,2)	18,8 (3,2)	7,2 (2,2)	4,9 (2,3)	26,5 (5,2)
Polen/ehemalige Sowjetunion	38,1 (2,5)	40,7 (2,4)	13,2 (2,0)	39,7 (2,9)	32,8 (3,1)	14,2 (1,7)	53,4 (3,8)
Ehemaliges Jugoslawien	8,2 (2,3)	8,1 (1,6)	51,8 (11,4)	26,8 (13,3)	14,3 (4,6)	7,1 (4,5)	16,7 (9,1)
Andere Länder	27,6 (1,7)	28,7 (1,8)	63,0 (3,6)	20,1 (2,8)	13,2 (2,5)	3,7 (1,5)	64,2 (5,1)
Familien mit Migrationsgeschichte insgesamt	100,0	100,0	45,6 (1,9)	27,0 (2,0)	19,3 (1,6)	8,1 (0,8)	50,4 (3,3)

[1]   In Prozent der Familien mit Migrationsgeschichte insgesamt.

Als zweite wichtige Botschaft vermittelt Tabelle 8.5, dass fast die Hälfte aller 15-Jährigen, deren Vater nicht in Deutschland geboren ist, selbst bereits seit der Geburt in Deutschland leben. Mehr als 70 Prozent haben vom Kindergarten bis zum Ende der Pflichtschulzeit durchgehend Bildungseinrichtungen in Deutschland besucht. Seiteneinsteiger finden sich bei den 15-Jährigen in nennenswertem Umfang nur noch bei Aussiedler- und Flüchtlings-/Asylbewerberfamilien. Aber auch hier ist in der Mehrzahl der Fälle die Einschulung in das deutsche Schulsystem bereits im Grundschulalter vollzogen worden. Das Abflauen der Zuzüge von Aussiedlern, die Auswirkungen der beruhigten Lage in den Balkanstaaten und die Wirkung des Schengener Abkommens sind unmittelbar erkennbar. Quereinstiege in Sekundarschulen aufgrund der beruflichen Mobilität von Eltern im Rahmen der EU sind selten. Die für die griechischen und italienischen Minderheiten verfügbaren Daten zeigen, dass die Zuwanderungsrate innerhalb von fünf Jahren bei rund 1 Prozent dieser Familien liegt.

Weitergehende Analysen können wichtige Hinweise auf sich vollziehende Integrationsprozesse geben. In rund 20 Prozent der Familien mit Vätern nicht deutscher Abstammung ist die Mutter in Deutschland geboren. Der Anteil dieser deutsch-ausländischen Familien kann sich je nach Herkunftsland des Vaters auf über 40 Prozent erhöhen. Der Anteil national gemischter Ehen, bei denen nicht notwendigerweise ein Partner aus Deutschland stammen muss, liegt insgesamt bei knapp 30 Prozent. Ferner: In 50 Prozent der Familien mit Migrationsgeschichte scheint die Hauptverkehrssprache – jedenfalls nach den Auskünften der Jugendlichen – mittlerweile Deutsch zu sein. Bei gemischten Ehen steigt der Anteil auf rund 65 Prozent. Von diesem Muster weichen Familien türkischer oder jugoslawischer Herkunft in auffälliger Weise ab. Obwohl die Aufenthaltsdauer der Familien in Deutschland – wie die Angaben zur Verweildauer der Jugendlichen anzeigen – hoch ist, gibt es nur wenig gemischte Ehen. Ebenso ist der Anteil deutschsprachiger Familien relativ niedrig. Im Falle der Familien jugoslawischer Herkunft ist dieser An-

Tabelle 8.6: Familien der 15-Jährigen nach Sozialschichtzugehörigkeit und Geburtsland der Bezugsperson im Haushalt (in % bzw. Mittelwert, Standardfehler in Klammern)

Sozialschicht der Bezugsperson im Haushalt[1] (EGP)/Sozioökonomischer Index (ISEI)	Geburtsland der Bezugsperson im Haushalt[1]		Insgesamt
	Deutschland	Ausland	
Obere Dienstklasse (I)	20,9 (0,6)	10,5 (1,0)	19,1 (0,6)
Untere Dienstklasse (II)	17,9 (0,8)	8,5 (1,0)	16,2 (0,7)
Routinedienstleistungen in Handel und Verwaltung (III)	8,0 (0,4)	6,0 (0,8)	7,6 (0,4)
Selbstständige (IV)	13,4 (0,6)	11,6 (1,0)	13,1 (0,5)
Facharbeiter und Arbeiter mit Leitungsfunktion (V, VI)	22,2 (0,8)	33,5 (1,8)	24,2 (0,8)
Un- und angelernte Arbeiter, Landarbeiter (VII)	17,5 (0,7)	29,9 (2,1)	19,7 (0,8)
Sozioökonomischer Index (ISEI) (Mittelwert)	45,1 (0,3)	37,9 (0,6)	43,8 (0,3)

[1] Angabe für den Vater oder, wenn diese fehlt, für die Mutter bzw. deren Ersatzperson; fehlende Angaben für 3,1 Prozent der Familien imputiert (siehe Abschnitt 8.2).

teil vermutlich infolge des Zustroms der Bürgerkriegsflüchtlinge noch einmal herabgesetzt. Interpretiert man diese Befunde als das Ergebnis längerfristiger Entwicklungen, so lassen sich zwei entgegengesetzte Trends ausmachen: Es gibt einerseits Anzeichen für eine langfristige Integration, die in einem relativ hohen Anteil gemischter Ehen und einem bedeutenden, von der Verweildauer in Deutschland abhängigen Anteil deutschsprachiger Familien zum Ausdruck kommt. Andererseits scheinen gerade bei den beiden am stärksten besetzten Einzelgruppen Gemeinschaftsbildung und ethnische Schließung aus möglicherweise ganz unterschiedlichen Gründen erkennbar zu sein. Die türkischen Gemeinden sind offensichtlich vielerorts groß genug, um eine eigene relativ autarke ökonomische und kulturelle Infrastruktur tragen zu können. Dies spricht für die Entstehung einer stabilen eigenständigen Migrantenkultur zwischen der Kultur des Herkunftslandes und der des Aufenthaltslandes, die sich mittlerweile sogar für offizielle Kontakte mit der Majoritätskultur professioneller muttersprachlicher Vermittler bedienen kann. Im Falle der aus dem ehemaligen Jugoslawien stammenden Familien ist die Sachlage komplizierter und auch verworrener. Sieht man einmal von den Bürgerkriegsflüchtlingen ab, die keine sichere Bleibeperspektive in Deutschland haben, scheint gerade die über zehn Jahre instabile Situation in den Balkanländern in ganz unterschiedlicher Weise zur Verstärkung der solidarischen Bindungen an die engere Herkunftsregion zu sorgen, ohne dass die Bildung größerer Gemeinden in Deutschland erkennbar wäre.

Die Entwicklung der Lage der Aussiedlerfamilien ist zurzeit noch nicht gut absehbar. Ihre Einkommens- und Beschäftigungssituation ist sehr prekär (Büchel & Frick, 2000). Dennoch kann man wohl davon ausgehen, dass Integrationsbereitschaft und Integrationsdruck in diesen Familien besonders groß sein werden. 28 Prozent der 15-Jährigen aus diesen Familien haben Deutsch – in der Regel vermutlich in Dialektform – bereits als Muttersprache gelernt. Sie leben auch jetzt in Haushalten, in denen nach ihren Angaben Deutsch Umgangssprache ist. Der Anteil der deutschsprachigen Familien ist mittlerweile auf über 50 Prozent gestiegen, sodass ein nennenswerter Teil der Jugendlichen, die primär polnisch- oder russischsprachig aufgewachsen sind, zum Erhebungszeitpunkt nach

Tabelle 8.7:   Familien mit Migrationsgeschichte nach Geburtsland und sozioökonomischem Status (ISEI) der Eltern (Mittelwerte, Standardfehler in Klammern)

Geburtsland	Sozioökonomischer Status (ISEI)		
	Vater	Mutter	Bezugsperson im Haushalt[1]
Deutschland (gemischte Ehe)	48,5 (1,6)	42,6 (1,4)	49,0 (1,6)
Griechenland/Italien	39,7 (1,5)	33,0 (1,7)	39,7 (1,5)
Türkei	34,1 (1,0)	26,7 (1,0)	34,1 (1,0)
Ehemaliges Jugoslawien	34,7 (3,9)	32,7 (4,5)	34,7 (3,9)
Polen/ehemalige Sowjetunion	36,2 (0,5)	35,0 (0,7)	36,2 (0,5)
Anderes Land	43,1 (1,1)	38,8 (1,4)	43,1 (1,1)
Insgesamt	39,3 (0,7)	35,6 (0,7)	39,4 (0,7)

[1]   Angabe für den Vater oder, wenn diese fehlt, für die Mutter bzw. deren Ersatzperson; fehlende Angaben für 3,1 Prozent der Familien imputiert (siehe Abschnitt 8.2).

eigenen Angaben in einer überwiegend deutschsprachigen Familienumwelt lebte. Inwieweit diese Angaben überhöht sind, ist ungewiss. Ebenso ist unklar, ob sich hieraus ein stabiler Trend entwickelt. Qualitative Studien geben auch Hinweise, dass sich das Russische zur Lingua franca der Kinder dieser zugewanderten Familien entwickeln könnte (Rosenberg, 1999).

Es ist mittlerweile gut belegt, dass es sich bei Familien mit Migrationshintergrund – vor allem wenn die Familien aus ehemaligen Anwerbeländern stammen – um eine im Vergleich zur durchschnittlichen Bevölkerung der Herkunftsregion positiv ausgelesene Gruppe handelt. Dies gilt für Gesundheit, Bildung und Mobilitätsbereitschaft. Darüber hinaus unterliegt diese Gruppe einem nochmaligen selektiven Remigrationsprozess: In Deutschland erfolglose Personen wandern relativ schnell wieder zurück (Hopf, 1987; Hopf & Tenorth, 1994). Dennoch unterscheiden sich die Zuwandererfamilien noch deutlich in der Sozialstruktur von der deutschen Bevölkerung. Wie Tabelle 8.6 ausweist, sind fast zwei Drittel der nicht in Deutschland geborenen Bezugspersonen der Familien als Arbeiter oder Arbeiterinnen beschäftigt, von denen wiederum knapp die Hälfte Anlerntätigkeiten ausübt. Nutzt man den Internationalen Sozioökonomischen Index (ISEI) der Bezugsperson, so beträgt die Differenz zwischen dem mittleren Sozialschichtindex von Familien mit Migrationshintergrund und von Familien ohne Migrationshintergrund 7,2 Punkte; das ist fast eine halbe Standardabweichung. Ferner muss man berücksichtigen, dass die Familien mit Migrationsgeschichte je nach Herkunftsland noch einmal in sich sozial stratifiziert sind. Tabelle 8.7 zeigt, dass bei gemischten Ehen der Sozialschichtindex im mittleren Bereich deutscher Familien oder, wenn der Vater deutscher Herkunft ist, sogar darüber liegt. Dagegen sind Familien, die aus der Türkei oder dem ehemaligen Jugoslawien stammen, ebenso wie Aussiedlerfamilien, sozial deutlich schlechter gestellt. Mit Abstand die ungünstigste soziale Platzierung haben die türkischen Mütter. Vor dem Hintergrund dieser großen sozialstrukturellen Differenzen kann man die Bedeutung, die schulisch erworbene Kompetenzen und Zertifikate für Kinder aus Migrationsfamilien haben, gar nicht überschätzen.

Das mehr oder minder selbstverständliche Zusammenleben von Familien mit und ohne Migrationsgeschichte ist zumindest in den alten Bundesländern ein nicht mehr wegzudenkendes Merkmal unseres Alltags. 27 Prozent der 15-Jährigen, die an der PISA-Untersuchung in den alten Ländern teilgenommen haben, stammen aus Familien, in denen mindestens ein Elternteil nicht in Deutschland geboren wurde. Trotz der unterschiedlichen Lebenslagen der verschiedenen Zuwanderergruppen, die bei vielen Fragestellungen getrennter Betrachtung bedürfen, muss man herausstellen, dass rund die Hälfte aller 15-Jährigen, deren Vater nicht in Deutschland geboren wurde, selbst bereits seit der Geburt in Deutschland leben. Mehr als 70 Prozent der Jugendlichen haben vom Kindergarten bis zum Ende der Pflichtschulzeit durchgehend Bildungseinrichtungen in Deutschland besucht. Bei einigen Anwerbeländern kann diese Quote sogar auf fast 90 Prozent steigen. Seiteneinsteiger finden sich bei den 15-Jährigen in nennenswertem Umfang nur noch bei Aussiedler- und Flüchtlings-/Asylbewerberfamilien. Aber auch hier ist in der Mehrzahl der Fälle die Einschulung bereits im Grundschulalter vollzogen worden. Die Analyse der Lesekompetenz erlaubt also bei der Mehrzahl der 15-jährigen Jugendlichen aus Familien mit Migrationshintergrund Rückschlüsse auf den Gesamteffekt institutioneller Förderung.

Trotz langer Verweildauer unterscheiden sich die Zuwandererfamilien noch deutlich in der Sozialstruktur von der deutschen Bevölkerung. Fast zwei Drittel der nicht in Deutschland geborenen Bezugspersonen dieser Familien sind als Arbeiter oder Arbeiterinnen beschäftigt, von denen wiederum knapp die Hälfte Anlerntätigkeiten ausübt. Die Differenz zwischen dem mittleren Sozialschichtindex von Familien mit und ohne Migrationshintergrund beträgt fast eine halbe Standardabweichung. Vor diesem Hintergrund lässt sich die Bedeutung von schulisch erworbenen Kompetenzen und Zertifikaten für Kinder aus Migrationsfamilien ermessen.

3.5 Sozialstrukturelle Merkmale der Familien im internationalen Vergleich

Stellt man die beschriebenen Familienmuster in einen internationalen Vergleich im Rahmen der an PISA teilnehmenden OECD-Länder, ist der Gesamteindruck, den die verfügbaren Indikatoren vermitteln, der einer weitgehenden Unauffälligkeit. Die in Deutschland vorfindlichen Familienstrukturen scheinen – wenn man die üblichen Schwankungen von Indikator zu Indikator unberücksichtigt lässt – charakteristisch für moderne Industriestaaten zu sein. Das gilt für den sozioökonomischen Status, im Prinzip auch für die Bildungsstruktur, den vorherrschenden Familientyp, die Anzahl der Kinder und die Erwerbsquoten von Vater und Mutter. Besonderer Betrachtung bedarf allerdings die Lage der Familien mit Migrationsgeschichte. Hier sind die historisch und geographisch bedingten Unterschiede gravierend.

Die Angaben für den sozioökonomischen Status von Vater und Mutter liegen in Deutschland sowohl hinsichtlich der zentralen Tendenz als auch der Streuung im mittleren Bereich der OECD-Staaten. Auch die Differenz zwischen dem Sozialstatus der beiden Ehepartner ist unauffällig. Das mittlere sozioökonomische Niveau der Familien der 15-Jährigen liegt – nimmt man den jeweils höchsten Status in der Familie als Referenz – deutlich höher in Neuseeland, Norwegen und den Vereinigten Staaten. Auf sichtbar niedrigerem Sozialniveau finden sich die Familien in den ehemaligen Ostblockstaaten, aber auch in Spanien und Portugal. Bemerkenswert ist der Befund, dass in einer Reihe von Ländern der mittlere Sozialstatus der Mütter mittlerweile höher als der der Väter ist. Dies ist keineswegs nur in solchen Ländern der Fall, in denen nur eine kleine Gruppe der Frauen erwerbstätig ist. In Australien oder der Russischen Föderation sind sowohl die Erwerbsquote als auch der mittlere Sozialstatus hoch. Generell gilt jedoch, dass die Mütter einen niedrigeren Sozialstatus als die Väter erreichen. Besonders auffällig ist die Differenz – wenn man einmal von Brasilien absieht – in Belgien, Liechtenstein, Luxemburg, Portugal, der Schweiz und Spanien.

Betrachtet man die in Tabelle 8.8 ausgewiesenen Prozentanteile der Väter und Mütter der 15-Jährigen, die mindestens für zwölf Jahre eine allgemein bildende Schule besucht und damit in der Regel die Hochschulzugangsberechtigung erlangt haben, wiederholt sich das aus anderen OECD-Untersuchungen bekannte Bild. In Deutschland ist in der Elterngeneration der 15-Jährigen die Quote derjenigen, die dieses Bildungsniveau erreichen, mit 30 Prozent für die Väter und 23 Prozent für die Mütter relativ niedrig. Berücksichtigt man aber gleichzeitig den Indikator für den Besuch von Bildungseinrichtungen im tertiären Bereich, so wird die begrenzte Aussagefähigkeit der international in PISA erhobenen Kennziffern deutlich. Nach der internationalen Konvention gehört zur Bildungsteilnahme im tertiären Bereich auch der Fachschulbesuch. Dies hat zur Folge, dass die entsprechende Quote für die Väter in Deutschland auf knapp 39 Prozent steigt, und Deutschland damit in den Bereich der bildungsintensiven Länder einrückt. Besser interpretierbar und vergleichbar sind wahrscheinlich die Differenzen der Bildungsbeteiligung von Vätern und Müttern im allgemein bildenden Bereich. Hier ist ganz unübersehbar, dass Deutschland – zusammen mit einigen anderen europäischen Ländern – mit der Bildungsbeteiligung von Frauen in der Elterngeneration der 15-Jährigen international noch hinterherhinkt. Große Differenzen zwischen Männern und Frauen finden sich auf dem Niveau des Hochschulzugangs oder des Hochschulbesuchs auch in Griechenland, Liechtenstein, Luxemburg, Mexiko, den Niederlanden, Österreich, der Schweiz und Korea.

Die Erwerbsquoten der Väter der 15-Jährigen liegen in Deutschland im mittleren Bereich der OECD-Staaten. Es gibt eine Reihe europäischer Länder, die mit deutlich größeren Arbeitsmarktproblemen konfrontiert sind, als dies in Deutschland trotz der prekären Situation in den neuen Ländern der Fall ist. Hinsichtlich der Erwerbstätigkeit der Mütter im Alter zwischen 38 und 50 Jahren hat Deutschland mittlerweile international aufgeschlossen. Wenn man die Teilzeit- und Vollzeitbeschäftigten zusammen betrachtet, liegt die Quote in Deutschland in der PISA-Stichprobe bei 71,2 Prozent. Höher ist die Erwerbsbeteiligung der Frauen in den skandinavischen Ländern und überwiegend in den ehemaligen Ostblockstaaten. Dort macht nur Polen eine Ausnahme, das auch auf dem Arbeitsmarkt der Männer mit extremen Problemen zu kämpfen hat. Bemerkenswert ist die unterschiedliche Struktur der Erwerbstätigkeit der Mütter. In den skandinavischen Ländern, in den ehemaligen Ostblockstaaten sowie in Kanada und den Vereinigten Staaten liegt die Quote der vollzeitlich erwerbstätigen Frauen deutlich höher als in den anderen Ländern. Die Erwerbstätigkeit der Mütter, aber auch die Struktur ihrer Erwerbstätigkeit variieren – wie Prüfungen zeigen – praktisch unabhängig von der Familienstruktur und der Kinderzahl. In Deutschland liegt der Anteil der Kernfamilien mit 75 Prozent im mittleren Bereich der OECD-Staaten. Auffällig sind nur die Vereinigten Staaten, in denen der Anteil der Kernfamilien in dramatischer Weise auf 51 Prozent zurückgegangen ist. Deutschland gehört, wenn man Familien vergleicht, in denen überhaupt ein schulpflichtiges 15-jähriges Kind lebt, zu dem Drittel der OECD-Staaten, in denen die Ein- oder Zwei-Kinder-Familien deutlich überwiegen.

Weitaus differenzierter stellt sich die Lage der Familien mit Migrationsgeschichte dar. Hier sind die historischen, ethnischen und geographischen Unterschiede so groß, dass ein direkter internationaler Vergleich nicht möglich ist. Damit erübrigt sich jedoch nicht die

Tabelle 8.8: Sozialstrukturelle Kennziffern der Familien der 15-Jährigen nach PISA-Teilnehmerländern

Land	Sozioökonomischer Status (ISEI) (Mittelwert; in Klammern Standardfehler*) Vater	Mutter	Differenz	Abschluss eines akademischen Programms in der Sekundarstufe II/ Hochschulzugangsberechtigung (ISCED 3A) (in %) Vater	Mutter	Differenz	Tertiäre Bildung einschl. Fachschulbesuch (ISCED 5A, 5B, 6) (in %) Vater	Mutter	Eltern nicht im Testland geboren (in %) Mindestens ein Elternteil	Beide Eltern	Umgangssprache der Familie ist nicht Testsprache (in %)	Kernfamilie (in %)	Erwerbsquote (in %) Vater	Mutter	Kinderzahl (in %) 1	2	3	4+
Australien	45,8 (0,5)	46,9 (0,4)	-1,1	51,7	52,0	-0,3	33,6	31,1	41,9	22,8	17,0	72,5	87,1	70,2	34,6	32,7	16,6	11,4
Belgien	45,3 (0,4)	42,8 (0,4)	2,5	64,6	61,2	3,4	39,5	33,4	23,7	12,0	4,9	76,3	88,4	63,6	38,6	25,5	12,1	11,0
Brasilien	41,1 (0,6)	36,7 (0,6)	4,4	34,9	33,3	1,7	16,2	12,2	1,5	0,4	0,8	68,8	76,1	48,6	24,6	31,2	16,4	21,4
Dänemark	44,8 (0,5)	43,2 (0,4)	1,6	44,4	53,0	-8,6	37,1	52,0	13,5	6,1	6,7	68,7	90,3	83,2	40,4	28,9	12,5	11,4
Deutschland	44,3 (0,3)	43,1 (0,3)	1,2	30,2	23,1	7,1	38,9	22,5	21,8	15,3	7,9	74,5	91,7	71,2	44,8	23,3	8,0	6,0
Finnland	44,7 (0,5)	43,4 (0,4)	1,3	27,6	39,0	-11,4	25,8	27,2	3,5	1,2	1,3	72,2	85,8	80,7	35,5	32,3	14,5	11,1
Frankreich	44,1 (0,4)	42,6 (0,4)	1,5	38,0	40,6	-2,6	36,7	32,9	25,1	12,0	4,0	74,7	88,6	68,1	38,1	30,3	10,8	10,9
Griechenland	43,9 (0,6)	45,2 (0,6)	-1,3	37,7	47,1	-9,5	37,2	25,3	10,6	4,8	2,8	87,9	91,9	49,3	48,5	23,1	9,0	5,8
Irland	42,6 (0,5)	43,2 (0,4)	-0,6	45,7	56,5	-10,8	27,7	28,0	11,7	2,3	0,9	83,7	87,8	61,1	37,5	25,0	13,1	13,6
Island	46,7 (0,3)	44,8 (0,3)	1,9	41,1	41,4	-0,3	29,1	22,1	6,3	0,8	1,9	72,6	95,7	86,0	19,5	21,5	21,5	26,1
Italien	43,5 (0,3)	44,7 (0,4)	-1,2	43,2	43,3	0,0	15,3	13,8	5,0	0,9	0,7	73,8	93,2	56,8	17,4	38,4	21,8	19,9
Japan	43,5 (0,7)	47,7 (0,6)	-4,2	92,7	95,9	-3,2	100,0	100,0	0,5	0,1	0,3	87,6	97,4	74,6	51,4	22,7	5,6	2,6
Kanada	45,6 (0,2)	47,3 (0,2)	-1,7	79,5	84,3	-4,8	52,7	50,2	31,3	20,5	9,4	72,0	92,0	78,0	46,6	34,7	6,3	1,7
Korea	41,7 (0,4)	37,4 (0,4)	4,3	52,3	44,5	7,8	25,6	13,0	-	-	-	87,8	85,8	38,3	40,9	27,8	12,3	10,1
Lettland	40,1 (0,5)	46,2 (0,5)	-6,1	80,6	86,5	-5,9	29,9	36,2	40,4	21,6	0,0	64,7	75,9	70,0	42,9	21,6	9,5	8,7
Liechtenstein	44,4 (1,0)	39,7 (0,9)	4,7	17,9	7,2	10,7	31,4	7,6	45,7	20,2	20,7	79,1	96,0	53,9	39,0	37,2	8,4	7,2
Luxemburg	42,8 (0,3)	38,1 (0,3)	4,7	35,0	33,4	1,6	26,6	14,9	49,1	34,2	18,3	77,4	91,2	55,7	44,7	25,6	19,7	36,4
Mexiko	40,2 (0,7)	41,5 (0,8)	-1,3	25,2	17,7	7,5	19,1	12,3	5,7	3,6	0,2	74,9	91,3	40,1	14,6	26,3	17,1	17,8
Neuseeland	45,3 (0,4)	46,3 (0,3)	-1,0	41,0	36,5	4,5	42,9	44,1	37,3	19,7	9,6	66,0	89,9	75,6	29,0	29,9	13,1	11,0
Niederlande	47,3 (0,5)	41,2 (0,4)	6,1	50,8	43,2	7,6	33,7	19,6	18,1	11,8	6,3	83,1	90,9	63,5	39,8	31,0	14,3	13,3
Norwegen	48,8 (0,4)	46,4 (0,4)	2,4	53,2	57,1	-3,9	45,5	43,2	10,9	4,6	5,3	71,8	91,6	83,3	31,3	34,2	9,7	6,2
Österreich	45,9 (0,3)	43,1 (0,3)	2,8	27,0	22,2	4,9	22,4	18,2	16,2	9,7	6,7	77,8	92,9	68,1	41,2	24,8	9,9	10,2
Polen	39,8 (0,4)	43,2 (0,5)	-3,4	54,6	65,6	-11,0	17,2	18,3	2,0	0,3	0,5	86,8	76,1	62,6	44,5	26,6	7,2	8,6
Portugal	41,7 (0,5)	38,5 (0,6)	3,2	25,9	25,0	0,9	16,8	14,5	10,0	3,1	1,5	81,6	90,7	68,1	44,6	18,1	6,7	13,7
Russische Föderation	40,6 (0,5)	45,9 (0,4)	-5,3	83,2	88,4	-5,2	32,9	35,8	13,7	4,4	7,3	70,2	84,5	78,0	45,2	17,0	15,8	17,5
Schweden	45,7 (0,4)	45,3 (0,3)	2,4	61,4	65,2	-3,8	44,6	48,8	21,4	10,5	6,7	70,9	90,7	84,2	31,4	29,7	10,5	6,0
Schweiz	45,6 (0,6)	42,2 (0,3)	3,4	23,3	20,0	3,3	34,9	17,3	36,8	20,5	13,6	77,6	94,7	65,4	44,6	28,7		
Spanien	42,8 (0,6)	38,3 (0,6)	4,5	39,3	33,2	6,1	23,0	16,6	5,9	2,0	1,2	78,5	91,6	55,3	49,3	23,9	8,2	6,1
Tschechische Republik	42,8 (0,3)	43,5 (0,3)	-0,7	50,3	57,8	-7,5	18,4	14,0	8,3	1,0	0,8	77,6	91,3	82,3	60,1	16,0	4,1	3,8
Ungarn	42,1 (0,5)	46,0 (0,4)	-3,9	47,4	56,3	-8,8	20,7	21,3	3,8	1,7	0,0	72,1	80,8	70,5	55,3	23,2	7,2	5,4
Vereinigtes Königreich	46,9 (0,4)	44,2 (0,3)	2,7	31,7	28,7	3,0	38,1	39,2	18,6	9,2	4,1	67,3	89,1	74,7	27,6	24,4	16,2	23,4
Vereinigte Staaten	47,0 (1,0)	47,3 (0,5)	-0,3	84,3	83,7	0,6	47,3	42,1	19,5	13,6	10,8	53,6	92,6	77,5	51,2	22,4	7,1	6,0

Frage, ob sich Länder mit ähnlicher Zuwanderungsstruktur identifizieren lassen. Systematisch kann man vier große Ländergruppen unterscheiden, die in ganz unterschiedlicher Weise von Migration betroffen sind. Zur ersten Gruppe gehören die ehemaligen Kolonialmächte, die in unterschiedlicher Intensität und Kontinuität die Verbindung mit ihren ehemaligen Kolonien aufrechterhalten haben. In Belgien, Frankreich, im Vereinigten Königreich und den Niederlanden machen die aus den ehemaligen Kolonien zugewanderten Familien auch einen quantitativ bedeutsamen Bevölkerungsanteil aus. Die Niederlande sind darüber hinaus auch ein Zielland der ost- und südosteuropäischen Arbeitsmigration geworden. Die Anteile der Familien mit Migrationshintergrund schwanken in dieser Ländergruppe, wie Tabelle 8.9 ausweist, zwischen 18 Prozent in den Niederlanden und 25 Prozent in Frankreich. Die Mehrzahl der zugewanderten Familien hat mittlerweile die Verkehrssprache des Aufnahmelandes als Umgangssprache angenommen. Aber auch in diesen Ländern sind rund 5 Prozent der Familien mit 15-Jährigen allein aufgrund der familiären Umgangssprache als einer Migrantenkultur zugehörig zu betrachten. Tabelle 8.9 gibt auch über die soziale Lage der Migrantenfamilien Auskunft. Sie ist in Belgien, Frankreich und den Niederlanden im Mittel deutlich schlechter als die der einheimischen Familien. Dies ist im Wesentlichen auf jenen kleineren Anteil zugewanderter Familien zurückzuführen, deren Umgangssprache nicht die Hauptverkehrssprache des jeweiligen Landes ist. Sobald die Landessprache zum täglichen Kommunikationsmedium geworden ist, verwischen sich die sozialen Unterschiede. Eine interessante Beobachtung ist in dieser Ländergruppe im Vereinigten Königreich zu machen. Das Vereinigte Königreich hat offensichtlich mehrheitlich eine außerordentlich positiv selegierte Zuwanderung zu verzeichnen. Der soziale Aufstieg von englischsprachigen Familien, die überwiegend aus dem Commonwealth zugewandert sind, ist gerade im Vergleich zu den einheimischen Familien bemerkenswert. Die Haupttrennungslinie zwischen erfolgreichen und weniger erfolgreichen Zuwanderern liegt zwischen den indischen und karibischen Bevölkerungsteilen.

Die zweite große Gruppe bilden die klassischen Einwanderungsländer Australien, Kanada, Neuseeland und die Vereinigten Staaten. Der Anteil der Familien mit 15-Jährigen, in denen zumindest ein Elternteil nicht im Land geboren ist, beträgt in Australien und Neuseeland rund 40 und in den Vereinigten Staaten rund 20 Prozent. In Kanada liegt die Quote bei 30 Prozent. In Australien und den Vereinigten Staaten ist der Anteil unter den Familien mit Migrationsgeschichte, die Englisch nicht als Familiensprache sprechen, besonders groß. Vergleicht man die mittleren Sozialschichtindizes der Familien mit und ohne Migrationshintergrund, so wird deutlich, dass in Kanada und Neuseeland und in der Tendenz auch in Australien die zugewanderten Familien im Durchschnitt sozial besser gestellt sind als die einheimischen. Der soziale Erfolg der Zuwandererfamilien wird vor allem in Kanada und Neuseeland dann substanziell, wenn Englisch die Familiensprache ist oder geworden ist. Dies gilt nur eingeschränkt für die Vereinigten Staaten, in denen der große Anteil der Zuwanderer aus spanisch sprechenden Ländern sich in einer sozial ungünstigen Lage befindet. Aber auch hier scheint der soziale Angleichungsprozess über die Übernahme des Englischen als des Hauptkommunikationsmittels zu laufen.

Die dritte große Gruppe – zu ihr gehört auch Deutschland – sind die Zielländer der jüngeren europäischen Arbeitsmigration. Dies sind gleichzeitig die Länder, die auch für Flüchtlinge besonders interessant sind. Zu dieser Gruppe muss man Dänemark, Deutschland, Liechtenstein, Norwegen, Österreich, Schweden, die Schweiz und Luxemburg rech-

Tabelle 8.9: Familien mit Migrationshintergrund nach sozioökonomischem Status (ISEI) in Staaten mit substanzieller fremdsprachiger Zuwanderung[1] (Standardfehler in Klammern)

Staat	Migrationsstatus (in %)		Sozioökonomischer Status (ISEI) (Mittelwert)			
	Mindestens ein Elternteil nicht im Testland geboren	Umgangssprache der Familie ist nicht Testsprache	Mindestens ein Elternteil nicht im Testland geboren	Umgangssprache der Familie ist nicht Testsprache	Familie mit Migrationsgeschichte, aber Umgangssprache ist Testsprache	Beide Eltern im Testland geboren
Ehemalige Kolonialmächte						
Belgien	23,7 (1,3)	4,9 (0,6)	41,2 (0,7)	34,6 (1,0)	43,7 (0,9)	45,7 (0,4)
Frankreich	25,1 (1,1)	4,0 (0,5)	42,0 (0,7)	35,7 (1,2)	44,0 (0,7)	44,2 (0,5)
Vereinigtes Königreich	18,6 (1,5)	4,1 (0,7)	48,4 (1,0)	40,8 (1,7)	50,8 (1,0)	45,6 (0,4)
Niederlande	18,1 (1,9)	6,3 (1,1)	41,4 (1,0)	37,4 (1,1)	43,9 (1,6)	47,9 (0,5)
Traditionelle Einwanderungsländer						
Australien	41,9 (1,6)	17,0 (1,6)	45,5 (0,7)	43,8 (1,0)	46,7 (0,8)	45,2 (0,6)
Kanada	31,3 (1,1)	9,4 (0,6)	48,2 (0,4)	46,3 (0,7)	49,2 (0,4)	44,2 (0,2)
Neuseeland	37,3 (1,1)	9,7 (0,6)	48,4 (0,7)	48,5 (1,4)	48,7 (0,7)	43,0 (0,5)
Vereinigte Staaten	19,5 (2,7)	10,8 (2,4)	43,0 (2,0)	38,2 (1,9)	47,7 (1,6)	46,5 (0,8)
Zielländer für europäische Arbeitsmigranten und Flüchtlinge						
Dänemark	13,5 (0,7)	6,7 (0,4)	43,2 (0,9)	41,2 (1,4)	44,7 (1,1)	44,4 (0,5)
Deutschland	21,8 (0,9)	7,9 (0,8)	39,2 (0,6)	35,8 (1,1)	44,2 (0,9)	45,5 (0,3)
Griechenland	10,6 (1,1)	2,8 (0,6)	44,9 (1,6)	41,6 (2,3)	45,8 (1,7)	43,6 (0,5)
Liechtenstein	45,7 (2,9)	20,7 (2,2)	38,0 (1,2)	37,0 (2,0)	42,0 (1,6)	48,2 (1,2)
Luxemburg	49,1 (0,8)	18,3 (0,7)	37,6 (0,4)	32,5 (0,6)	41,7 (0,5)	45,7 (0,4)
Norwegen	10,9 (0,6)	5,3 (0,4)	47,9 (0,9)	44,8 (1,3)	49,3 (1,2)	48,4 (0,4)
Österreich	16,2 (1,1)	6,7 (0,7)	42,4 (0,9)	37,1 (0,8)	49,0 (1,1)	46,2 (0,3)
Schweden	21,4 (1,0)	6,7 (0,6)	43,4 (0,7)	41,5 (1,3)	45,4 (0,7)	45,7 (0,5)
Schweiz	36,8 (1,1)	13,6 (0,6)	42,9 (0,7)	37,5 (0,8)	47,9 (0,9)	46,7 (0,6)

[1] Substanzielle Zuwanderung: mindestens 10 Prozent Familien mit Migrationshintergrund und mindestens 2,5 Prozent Familien, deren Umgangssprache nicht Testsprache ist.

nen. Der Anteil der Familien mit Migrationshintergrund schwankt in diesen Ländern zwischen 13 Prozent im Falle von Dänemark und knapp 50 Prozent im Falle von Luxemburg. Die Schweiz hat mit 36 Prozent der Familien ebenfalls eine extrem hohe Zuwanderungsrate zu verzeichnen. Deutschland ist quantitativ am ehesten mit Schweden vergleichbar. Lässt man die Aussiedler aus Polen und der ehemaligen Sowjetunion außer Acht, rückt Deutschland näher an Dänemark und Österreich heran. Der Anteil der Familien mit Migrationshintergrund, in denen die Verkehrssprache des Aufenthaltslandes nicht familiäre Umgangssprache ist, schwankt je nach Land zwischen 30 und mehr als 50 Prozent. Im Falle der Schweiz, Liechtensteins und Luxemburgs dürften die etwas niedrigeren Raten in erster Linie auf Zuwanderung aus Nachbarländern zurückzuführen sein. Die soziale Lage der Zuwandererfamilien ist, solange die Sprachdistanz besteht, in der Regel deutlich ungünstiger als die der einheimischen Familien. Umso bemerkenswerter sind die relativ geringen Unterschiede in Dänemark, Norwegen und Schweden. Griechenland hat eine kleine Minderheit nicht griechisch sprechender Familien, unterschiedlicher nationaler Herkunft. Dazu gehören in erster Linie die türkischen Minderheiten, aber auch Flüchtlingsfamilien, die infolge der Balkanunruhen zugezogen sind. Auffällig ist der relativ geringe soziale Abstand dieser Familien zur griechischen Durchschnittsfamilie.

Zur vierten Gruppe lassen sich die übrigen nicht in Tabelle 8.9 aufgeführten Länder zusammenfassen, die entweder überhaupt keine quantitativ bedeutsame Zuwanderung kennen oder zumindest aufgrund ihrer besonderen Beziehungen zu Nachbarstaaten keine nennenswerte Zuwanderung fremdsprachiger Bevölkerungsanteile, wie etwa im Falle von Irland, Island, Italien, Portugal oder der Tschechischen Republik. Wenn diese Länder Zuwanderung zu verzeichnen haben, ist sie hinsichtlich der sozialen Herkunft unauffällig.

> Die in Deutschland anzutreffenden Familienmuster sind im Vergleich zu den an PISA teilnehmenden OECD-Ländern weitgehend unauffällig. Die Familienstrukturen scheinen charakteristisch für moderne Industriestaaten zu sein. Das gilt für den sozioökonomischen Status, im Prinzip auch für die Bildungsstruktur, den vorherrschenden Familientyp, die Anzahl der Kinder und die Erwerbsquoten von Vater und Mutter.
>
> Besonderer Aufmerksamkeit bedarf allerdings die Lage der Familien mit Migrationsgeschichte. Deutschland gehört zu einer größeren Gruppe von Ländern, die Ziele der jüngeren europäischen Arbeitsmigration sind. Dies sind gleichzeitig auch bevorzugte Aufnahmeländer für Bürgerkriegsflüchtlinge und politisch Verfolgte. Zu dieser Gruppe gehören Dänemark, Deutschland, Liechtenstein, Luxemburg, Norwegen, Österreich, Schweden und die Schweiz. In gewisser Weise könnte man auch die früheren Kolonialmächte Belgien und die Niederlande hinzuzählen. Der Anteil der Familien mit Migrationshintergrund schwankt in diesen Ländern zwischen 13 und knapp 50 Prozent. Deutschland ist bezüglich der Zuwanderungsraten am ehesten mit Schweden vergleichbar. Der Anteil unter den Familien mit Migrationshintergrund, in denen die Verkehrssprache des Aufenthaltslandes nicht familiäre Umgangssprache ist, schwankt je nach Land zwischen einem Drittel und mehr als der Hälfte. Die soziale Lage der Zuwandererfamilien ist, solange die Sprachdistanz besteht, in der Regel deutlich ungünstiger als die der einheimischen Familien. Umso bemerkenswerter sind die relativ geringen Unterschiede in Dänemark, Norwegen und Schweden.

4. Soziale Herkunft und Bildungsbeteiligung

4.1 Die Reproduktion herkunftsbedingter Ungleichheiten im Schulsystem

Die familiären Lebensverhältnisse, unter denen Kinder und Jugendliche aufwachsen, sind wichtige kulturelle und soziale Ressourcen, die Bildungswege nicht vom Kindergarten an festlegen, wohl aber mehr oder weniger anbahnen können. Soziale Lebensverhältnisse kovariieren mit Bildungsaspirationen, Bildungsbeteiligung, den erbrachten Schulleistungen, Bildungsabschlüssen und schließlich auch mit Lebensplänen und Lebenschancen. Die Erwartungen, die Eltern an den Bildungsabschluss ihrer Kinder haben, sind in den letzten Jahrzehnten auch in Deutschland gestiegen. In den vergangenen zehn Jahren haben sich der mittlere Abschluss und die Hochschulreife zu gleich prominenten Wünschen entwickelt (Kanders, 2000). Dennoch unterscheiden sich die Schulabschlusswünsche erheblich je nach Berufs- und Bildungshintergrund der Eltern. So kann Kanders (2000) zeigen, dass 29 Prozent der Eltern mit Hauptschulabschluss für ihre Kinder das Abitur erhoffen, während dieser Anteil bei Eltern mit Hochschulreife bei 76 Prozent liegt. Ebenso weisen neuere bildungssoziologische Untersuchungen auch für die jüngeren Geburtskohorten einen straffen Zusammenhang zwischen Merkmalen der sozialen Herkunft und der Bildungsbeteiligung bzw. den erreichten Bildungsabschlüssen nach (Blossfeld, 1993; Köhler, 1992; Mayer & Blossfeld, 1990; Mayer, Henz & Maas, 1991; Meulemann, 1992; Rodax, 1995). Internationale Vergleichsstudien weisen auf eine hohe Stabilität des Grundmusters sozialstruktureller Disparitäten hin (Shavit & Blossfeld, 1993). Bei einer Analyse längerer Entwicklungszeiträume lässt sich für einzelne Länder gleichwohl eine Lockerung dieses Zusammenhangs nachweisen. In Schweden wurde dieser Prozess zuerst und am deutlichsten sichtbar (Erikson & Jonsson, 1996b; Jonsson, Mills & Müller, 1996; Müller, 1996). Auch für Deutschland konnte eine Reduktion des Zusammenhangs von Merkmalen der sozialen Herkunft und der Bildungsbeteiligung belegt werden, die in der unmittelbaren Nachkriegszeit und in den 1950er Jahren – also vor der Periode der Bildungsreform – besonders ausgeprägt war (Henz, 1996; Henz & Maas, 1995; Müller, 1998; Müller & Haun, 1994), sich aber in den jüngeren Geburtsjahrgängen, wie eine neuere Studie zeigt (Schimpl-Neimanns, 2000), noch fortsetzt.

Trotz des Nachweises eines langsamen Entkopplungsprozesses – dieser Nachweis ist deshalb so wichtig, weil er an die grundsätzliche Modifizierbarkeit des Zusammenhangs erinnert – muss man von einer hohen Stabilität der Grundstruktur sozialer Disparitäten in der Bildungsbeteiligung sprechen (Bofinger, 1990; Ditton, 1995; Leschinsky & Mayer, 1999; Schnabel & Schwippert, 2000). Dies legt es nahe, die Institution Schule selbst als Ursache der Disparitäten zu identifizieren und dann eine nach wie vor bestehende „soziale Diskriminierung von Arbeiterkindern" im Bildungssystem zu diagnostizieren (Rolff, 1997). Diese relativ weitgehende Deutung muss man allerdings nicht notwendigerweise als grobe These der aktiven Benachteiligung von sozial Schwächeren interpretieren. Für die Benachteiligung von Kindern unterer Sozialschichten können feinere Mechanismen verantwortlich sein. Die Bourdieusche Vermutung, dass die Schule gerade durch ihre institutionalisierte Wertordnung, den verlangten Sprachcode und die Verkehrsformen – Merkmale, die an den Normen der Mittelschicht orientiert seien – sozial diskriminierend wirke, hat viele Anhänger gefunden (Bourdieu, 1973, 1982; Wessel, Merkens & Dohle, 1997; Zinnecker & Silbereisen, 1996).

Die empirischen Belege für diese These sind allerdings ausgesprochen schwach. Die Befunde von Längsschnittuntersuchungen, die überhaupt erst eine Überprüfung der theoretischen Annahme zulassen, liefern wenig Unterstützung. Anhand einer Langzeitstudie an amerikanischen Grundschulen konnten Entwisle und Mitarbeiter (Alexander & Entwisle, 1996; Entwisle & Alexander, 1992, 1994; Entwisle, Alexander & Olson, 1997) zeigen, dass die Schule im Vergleich zum Lernen in sozialen Milieus geradezu eine disparitätsmindernde Rolle spielt. Die Leistungsentwicklung von Kindern unterschiedlicher Sozialschichten verläuft während der Schulzeit parallel, während sich die Leistungsschere erst in der schulfreien Sommerpause öffnet – einer Zeit, in der Kinder unterer sozialer Schichten im Leistungsniveau zurückfallen, während Kinder aus privilegierteren Elternhäusern den erreichten Leistungsstand halten oder sogar verbessern können. Der Wechsel zwischen homogenen institutionellen Lerngelegenheiten und unterschiedlichem Anregungspotenzial in sozialen Milieus wirkt über die Schuljahre hinweg kumulativ auf die Entwicklung sozial bestimmter Leistungsunterschiede. Heyns (1978) konnte zeigen, dass dieses „Sommerloch" sogar die Entwicklung kognitiver Grundfertigkeiten beeinträchtigte. Anhand einer deutschen Längsschnittstudie in Sekundarschulen konnten Baumert und Köller (1998) und Baumert, Köller und Schnabel (2000) nachweisen, dass Merkmale der sozialen Herkunft nach Kontrolle des Vorwissens und der kognitiven Grundfähigkeiten praktisch keinen Einfluss auf die Leistungsentwicklung von der 7. bis zur 10. Jahrgangsstufe hatten. Sie identifizierten allerdings schulformspezifische Entwicklungsmilieus, die infolge der ungleichen Verteilung von Schülerinnen und Schülern unterschiedlicher Sozialschichten auf die weiterführenden Schulformen zu einer Vergrößerung sozialer Disparitäten führen. Dieses Ergebnis deckt sich mit den Befunden von Wiese (1986) und Meulemann und Wiese (1984), die schon früher an einem Gymnasiallängsschnitt zeigen konnten, dass es an Gymnasien selbst keine Benachteiligung von Arbeiterkindern gab, bei den Anschlussentscheidungen Merkmale der sozialen Herkunft aber wieder relevant wurden (vgl. auch Schnabel & Schwippert, 2000).

Die soziologischen Disparitätsuntersuchungen, die in der Regel auf Bevölkerungsumfragen beruhen, analysieren ausschließlich den korrelativen Zusammenhang zwischen Merkmalen der sozialen Herkunft und der Bildungsbeteiligung bzw. der Bildungsabschlüsse. Die Studien untersuchen also *Ergebnisse* von Bildungsentscheidungen und Bildungsverläufen, aber keine *Bildungsprozesse*. Die Autoren dieser Untersuchungen sind institutionellen Zuschreibungen gegenüber auch ausgesprochen skeptisch. Ihr Erklärungsmodell ist in der Regel handlungstheoretisch begründet. In diesen Modellen spielen Wahlentscheidungen eine zentrale Rolle, die die Akteure – seien es Eltern, Jugendliche oder junge Erwachsene – an Gelenkstellen von Bildungskarrieren treffen.

Am ehesten scheinen Ergebnisse von Studien, die das Empfehlungsverhalten von Lehrerinnen und Lehrern am Ende der Grundschulzeit untersuchen, die These systematischer, freilich nicht notwendigerweise bewusster Benachteiligung von Kindern unterer Sozialschichten zu bestätigen. Ditton (1992) sowie Lehmann, Peek und Gänsfuß (1997) konnten zeigen, dass Kinder unterer Sozialschichten bei gleicher Schulleistung seltener als Kinder aus privilegierten Elternhäusern eine Gymnasialempfehlung erhielten. Die Leistungshürden waren also für diese Schülerinnen und Schüler höher gesetzt. Diese Befunde sind aussagekräftig, weil die Studien vor dem Übergang bestehende Leistungsunterschiede mit der Erfassung von Schulleistungen kontrollierten. Um dieses Ergebnis allerdings im systemischen Zusammenhang zu beurteilen, bedarf es des Vergleichs mit einer Übergangssituation, in der Grundschulempfehlungen ihre bindende Kraft eingebüßt haben oder durch Elternentscheidungen ersetzt wurden. Baumert u.a. (1996) konnten zeigen, dass unter diesen Bedingungen soziale Disparitäten zunehmen, da die an Schulleistungen gebundene regulierende Funktion von Übergangsempfehlungen gegenüber Bildungsaspirationen von Eltern höherer Sozialschichten verloren geht.

Um weitgehenden und vor allem institutionenbezogenen Interpretationen von PISA-Befunden vorzubeugen, soll noch einmal daran erinnert werden, welchen Status die in PISA erfassten Kompetenzen und Orientierungen haben. Wenn wir in PISA versuchen, die Struktur und Verteilung von Kompetenzen und Orientierungen zu analysieren, untersuchen wir das Ergebnis eines langjährigen, vom Kindergarten bis zum Ende der Vollzeitschulpflicht dauernden kumulativen Prozesses, bei dem individuelle Anlagen, das Anregungs- und Unterstützungspotenzial der Familie und ihres sozialen Netzes, die unterschiedlichen Entwicklungsmilieus von Bildungseinrichtungen und die aktive Auswahl und Nutzung von Opportunitäten durch Kinder und Jugendliche selbst ineinander greifen. Mit der Analyse des Zusammenhangs von familiären Lebensverhältnissen und erworbenen Kompetenzen erfassen wir also ein Zustandsbild am Ende der Pflichtschulzeit. Die Genese dieses Zusammenhangs ist aufgrund der querschnittlichen Anlage von PISA nicht wirklich zu rekonstruieren. In der Forschung ist man sich mittlerweile allerdings darüber einig, dass die entscheidenden Situationen der Entstehung von Bildungsungleichheiten die Gelenkstellen von Bildungskarrieren sind, an denen *primäre Ungleichheiten* – also Unterschiede in den bis dahin erworbenen und für die nächste Etappe vorausgesetzten Kompetenzen, die von der sozialen Herkunft nicht unabhängig sind – und sekundäre soziale Ungleichheiten zusammenwirken. Als *sekundäre Ungleichheiten* bezeichnen Breen und Goldthorpe (1997) im Anschluss an Boudon (1974) Disparitäten, die aus einem je nach sozialer Lage der Familien unterschiedlichen Entscheidungsverhalten entstehen. Von entscheidender Bedeutung sind hierbei die je nach Sozialschicht differenziellen Auswirkungen des Motivs des intergenerationellen Statuserhalts, unterschiedliche Erfolgserwartungen und die sozialschichtabhängigen Kosten-Nutzen-Relationen von Bildungsentscheidungen. Bei Familien unterer Sozialschichten liegt die Messlatte des Statuserhalts niedriger. Ferner sind Entscheidungen für weiterführende Bildungsgänge häufig (subjektiv) riskanter und im Verhältnis zu den verfügbaren Ressourcen mit höheren Kosten behaftet (vgl. Schnabel & Schwippert, 2000). Je früher und häufiger institutionelle Übergangsentscheidungen vorgesehen sind, desto enger sollte der Zusammenhang zwischen Merkmalen der sozialen Herkunft und der Bildungsbeteiligung werden. Sofern mit der Entscheidung über Bildungsgänge auch differenzielle Chancen des Kompetenzerwerbs verbunden sind, ergibt sich daraus wiederum eine Straffung des Zusammenhangs zwischen sozialen Lebenslagen und Schulerfolg. Wir werden also im Folgenden besonderes Augenmerk auf die langfristigen Folgen von institutionellen Verteilungsprozessen richten.

Retrospektiv im Hinblick auf die Erklärung der Genese von Bildungsungleichheiten ist die Leistungsfähigkeit von PISA begrenzt, auch wenn man den Beitrag korrelativer Analysen zum Verständnis des Zusammenhangs von familiären Lebensverhältnissen und Bildungsergebnissen nicht unterschätzen darf. *Prospektiv* ist die Untersuchung sozialstruktureller und ethnisch-kultureller Unterschiede in den erworbenen Kompetenzen allerdings von großer Bedeutung. Denn in der ungleichen Verteilung von Kompetenzen am Ende der Pflichtschulzeit manifestieren sich – unabhängig davon, ob die Kompetenzunterschiede mit sozialen Lebenslagen kovariieren oder nicht – im Hinblick auf die weitere Bildungs- und Lebensplanung primäre Disparitäten, die Aspirationen beeinflussen, unterschiedliche Abschlüsse legitimieren, Berufsentscheidungen und Berufschancen vorstrukturieren und langfristig auch Lebenschancen mitbestimmen. Auch wenn noch relativ wenig über die Vorhersagegültigkeit von schulisch erworbenen Kompetenzen bekannt ist, wäre es angesichts des derzeitigen Wissensstands leichtfertig, die langfristige Bedeutung sowohl von erreichten Kompetenzniveaus als auch von Kompetenzunterschieden herunterzuspielen (Zedler, 2000). Vor dem Hintergrund dieser Einschränkungen und Relativierungen soll im Folgenden der Zusammenhang der Familienverhältnisse mit dem verfügbaren sozioökonomischen, sozialen und kulturellen Kapital einerseits und der Bildungsbeteiligung und den erworbenen Kompetenzen andererseits untersucht werden.

4.2 Sozialschichtzugehörigkeit und Bildungsbeteiligung

Die bildungssoziologischen Studien haben gezeigt, dass das Grundmuster herkunftsbedingter Bildungsungleichheiten relativ stabil, aber nicht unveränderbar ist. Auch in Deutschland hat sich der Zusammenhang zwischen Merkmalen der sozialen Herkunft und der Bildungsbeteiligung – auch wenn er immer noch eng ist – vor allem in den beiden Nachkriegsjahrzehnten gelockert. Ebenso variiert die Straffheit dieses Zusammenhangs zwischen den nationalen Bildungssystemen. Wenn wir in PISA die Bildungsbeteiligung differenziert nach Sozialschicht untersuchen, erfassen wir mit der Bildungsgangzugehörigkeit von 15-Jährigen das Ergebnis von Übergangsentscheidungen, die je nach Bundesland zwischen dem Ende der 4. und der 6. Jahrgangsstufe getroffen wurden, sowie die Auswirkungen der späteren durch Schulformwechsel erfolgten Korrekturen. In der PISA-Stichprobe berichten 11 Prozent der Befragten nach erfolgtem Übergang in die Sekundarstufe einen nochmaligen Schulformwechsel, der mit einem Abstieg in eine weniger anspruchsvolle Schulform verbunden war. 5,8 Prozent der Schülerinnen und Schüler gaben einen Aufstieg durch Schulformwechsel in der Sekundarstufe I an. In dieser Quote sind auch jene Personen enthalten, die aus der Hauptschule am Ende der 6. Jahrgangsstufe einen regulären Wechsel in die Realschule vollzogen, wie dies in Bayern zur Zeit der PISA-Erhebung noch der Fall war. Diese nachträglichen Korrekturen sind jedoch für das sozialstrukturelle Muster der Bildungsbeteiligung unerheblich. Die quantitativen Auswirkungen auf das Gesamtbild sind zu vernachlässigen. In PISA erfassen wir also mit der differenziellen Bildungsbeteiligung von Schülern und Schülerinnen unterschiedlicher sozialer Schichten in erster Linie die sozialstrukturell beeinflussten Übergangsentscheidungen am Ende der Grundschulzeit (vgl. Kap. 9, Abschnitt 4).

Abbildung 8.2: 15-Jährige nach Sozialschichtzugehörigkeit und Bildungsgang

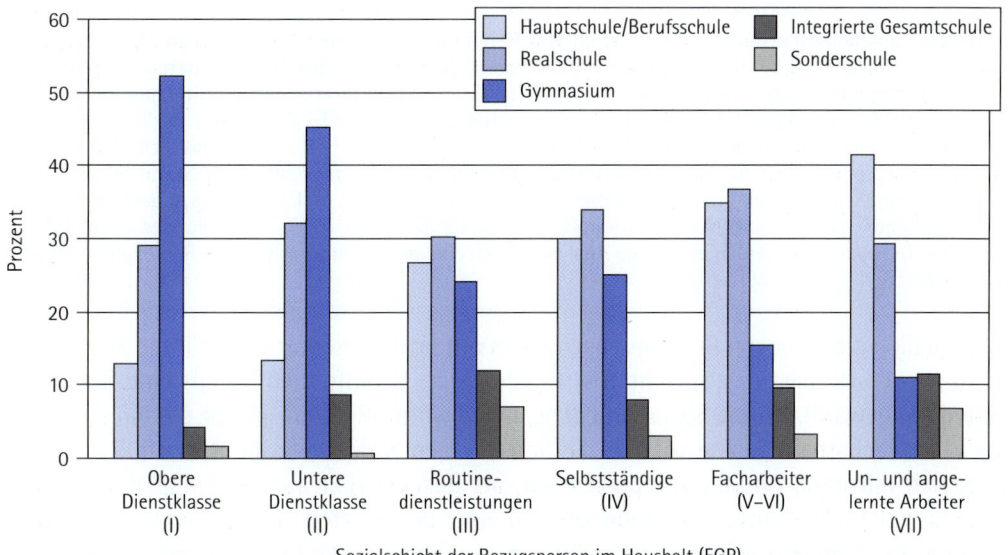

Abbildung 8.2, aus der die Verteilung der 15-Jährigen auf die Bildungsgänge der Sekundarstufe I differenziert nach Sozialschichtzugehörigkeit zu entnehmen ist, vermittelt einen ersten Gesamteindruck. Unübersehbar ist, dass der Gymnasialbesuch, der bei 15-Jährigen aus Familien der oberen Dienstklasse 50 Prozent beträgt, mit niedriger werdender Sozialschicht auf 10 Prozent in Familien von ungelernten und angelernten Arbeitern sinkt. Das Pendant dazu ist der Hauptschulbesuch, der von gut 10 Prozent in der oberen Dienstklasse auf rund 40 Prozent in der Gruppe der Kinder aus Familien von ungelernten Arbeitern ansteigt. Dagegen zeigt sich eine annähernde Gleichverteilung im Realschulbesuch. An den Befunden für die Integrierte Gesamtschule erkennt man, dass diese Schulform in der oberen Dienstklasse deutlich weniger nachgefragt wird. Im Hauptschulbesuch und im Besuch des Gymnasiums werden die zentralen sozialen Disparitäten der Bildungsbeteiligung sichtbar.

Abbildung 8.2 vermittelt einen intuitiven Gesamteindruck von den ungleich verteilten Beteiligungschancen. Um genauere Auskünfte über das Ausmaß der sozialen Disparitäten zu geben, sollen im Folgenden schichtspezifische Beteiligungschancen miteinander verglichen werden.

Erläuterung zur Quantifizierung relativer Beteiligungschancen

Beteiligungschancen werden in ganzzahligen Verhältnissen ausgedrückt. So beträgt zum Beispiel die Chance eines Jugendlichen aus einem Facharbeiterhaushalt, ein Gymnasium anstelle einer anderen Schulform zu besuchen, ungefähr 3:17. Auf drei Gymnasiasten kommen 17 Besucher anderer Schulformen. Diese Beteiligungschancen sind das Äquivalent des Verhältnisses der Wahrscheinlichkeit und Gegenwahrscheinlichkeit eines Gymnasialbesuchs. Dieses Verhältnis wird überlicherweise mit dem englischen Begriff *odds* bezeichnet. Rechnerisch lassen sich die Beteiligungschancen leicht in das Verhältnis von Wahrscheinlichkeit und Gegenwahrscheinlichkeit überführen, indem man die Beteiligungs- und Nichtbeteiligungsfälle durch die Gesamtzahl der Fälle dividiert. In unserem Fall beträgt die Wahrscheinlichkeit eines Jugendlichen aus einer Facharbeiterfamilie, ein Gymnasium zu besuchen, $p = .15$ (3/20) und die Gegenwahrscheinlichkeit $p = .85$ (17/20). Für Jugendliche, die aus Familien der oberen Dienstklasse stammen, betragen die Chancen, ein Gymnasium statt einer anderen Schulform zu besuchen, in etwa 1:1. Setzt man die beiden Beteiligungschancen *(odds)* zueinander ins Verhältnis (indem man mit dem Kehrwert multipliziert), sieht man, dass die Chancen des Gymnasialbesuchs für den Jugendlichen aus der Familie der oberen Dienstklasse 5,7-mal so hoch sind wie die Beteiligungschancen des Jugendlichen aus einem Arbeiterhaushalt. Diese Relation von Beteiligungschancen bezeichnet man als *odds ratio*. Dieses Verhältnis der Beteiligungschancen darf man nicht mit dem Verhältnis der Beteiligungswahrscheinlichkeiten verwechseln, auch wenn dies selbst in der Fachliteratur gelegentlich geschieht. Das Verhältnis der Beteiligungschancen ist im angeführten Beispiel 17:3 (= 5,7), während das Verhältnis der Beteiligungschancen .50:.15 (= 3,3) beträgt. In der Ungleichheitsforschung hat sich ebenso wie in der epidemiologischen Risikoforschung die Verwendung von *odds ratios* als Standardmaß zur Beschreibung von relativen Chancen und Risiken eingebürgert, da diese im Unterschied zu dem Verhältnis von bedingten Wahrscheinlichkeiten den großen Vorzug besitzen, von den Randverteilungen unabhängig zu sein. Die *odds ratios* werden in unseren Analysen durch eine multinomiale logistische Regressionsanalyse geschätzt.

Um die Vergleiche der Beteiligungschancen gut interpretierbar durchführen zu können, wird sowohl für die Sozialschichten als auch für die Schulformen jeweils eine Referenzkategorie gewählt. Für die Sozialschicht schlagen wir als Referenzgruppe die am stärksten besetzte Facharbeiterklasse vor. Für die Schulformen wählen wir die Realschule, die den modalen mittleren Abschluss repräsentiert, als Bezugspunkt aus. Im Folgenden werden also die relativen Chancen von Jugendlichen einer bestimmten Sozialschicht, eine andere Schulform als die Realschule zu besuchen, im Vergleich zu den Chancen von Jugendlichen

Tabelle 8.10: Relative Chancen des Sekundarschulbesuchs in Abhängigkeit von der Sozialschichtzugehörigkeit (Verhältnisse der Beteiligungschancen *[odds ratios]*)[1]

Sozialschicht der Bezugsperson im Haushalt[2] (EGP)	Bildungsgang (Referenz: Realschule; Referenz für die Sonderschule: Hauptschule)									
	Hauptschule Modell[3]			Gymnasium Modell[3]			Integrierte Gesamtschule Modell[3]			Sonderschule Modell[3]
	I	II	III	I	II	III	I	II	III	I
Obere Dienstklasse (I)	.49	.55	.71	4.28	3.40	2.96	.56	.61	.64	ns
Untere Dienstklasse (II)	.46	.54	.62	3.34	2.75	2.38	ns	ns	ns	ns
Routinedienstleistungen (III)	ns	ns	ns	1.80	1.83	1.79	ns	ns	ns	ns
Selbstständige (IV)	ns	ns	ns	1.87	1.79	1.61	ns	ns	ns	
Facharbeiter (V, VI)	Referenzklasse (*odds* = 1)									
Un- und angelernte Arbeiter (VII)	1.50	1.33	ns	ns	ns	ns	1.51	1.52	1.42	1.70

[1] Nur statistisch signifikante Befunde ausgewiesen.
[2] Angabe für den Vater oder, wenn diese fehlt, für die Mutter bzw. deren Ersatzperson; fehlende Angaben für 3,1 Prozent der Familien imputiert (siehe Abschnitt 8.2).
[3] Modell I: Ohne Kontrolle von Kovariaten; Modell II: Kontrolle von kognitiven Grundfähigkeiten; Modell III: Kontrolle von kognitiven Grundfähigkeiten und Lesekompetenz.

aus Facharbeiterhaushalten beschrieben. Ein *odds ratio* von zum Beispiel 4.28 für den Gymnasialbesuch eines Jugendlichen aus einer Oberschichtfamilie besagt dann, dass für Jugendliche dieser Schicht die Chancen, statt der Realschule ein Gymnasium zu besuchen, 4.28-mal so hoch sind wie die Chancen eines Arbeiterkindes (siehe Tab. 8.10).

Für die Analyse des relativen Risikos, eine Sonderschule zu besuchen, wird als Referenzschulform nicht die Realschule, sondern die Hauptschule herangezogen. Aus Gründen der Zellenbesetzungen sind ferner die obere und untere Dienstklasse sowie die Routine-dienstleistenden und Selbstständigen jeweils zu einer sozialen Gruppe zusammengefasst. Tabelle 8.10 stellt die Ergebnisse der Analysen dar.

Betrachten wir zunächst die blau unterlegten Spalten. In der ersten farbig unterlegten Spalte werden die relativen Chancen von Jugendlichen unterschiedlicher Sozialschichten, anstelle der Realschule eine Hauptschule zu besuchen, verglichen. Wenn für die Tochter oder den Sohn einer Facharbeiterfamilie die Chancen des Real- und Hauptschulbesuchs 1:1 stehen, halbiert sich in etwa die Chance des Hauptschulbesuchs für Kinder der oberen und unteren Dienstklasse (*odds ratios* = .49 bzw. .46). Dagegen ist die Chance für einen Jugendlichen aus dem Haushalt eines ungelernten Arbeiters, mit 15 Jahren eine Hauptschule zu besuchen, um 50 Prozent größer als die seines Alterskameraden aus einer Facharbeiterfamilie (*odds ratio* = 1.50). Noch weitaus größer fallen die sozialen Dispari-täten beim Vergleich von Realschulbesuch und dem Besuch des Gymnasiums aus (zwei-te blau unterlegte Spalte): Im Vergleich zu Kindern aus Facharbeiterfamilien ist die Chan-ce des Gymnasialbesuchs für Kinder der oberen Dienstklasse mehr als vier- und für die der unteren Dienstklasse mehr als dreimal so groß (*odds ratios* = 4.28 bzw. 3.34). Für Kinder, die Familien der sozialen Klassen III und IV angehören, liegen die Chancen des Gymna-sialbesuchs noch fast doppelt so hoch wie für Arbeiterkinder (*odds ratios* = 1.80 bzw. 1.87). Im Vergleich zu den übrigen Sozialschichten haben die Familien von Facharbeitern und ungelernten Arbeitern offensichtlich die gleiche Distanz zum Gymnasium – die *odds*

Tabelle 8.11: Relatives Risiko der Zurückstellung bei der Einschulung in Abhängigkeit von der Sozialschichtzugehörigkeit (Verhältnisse der Beteiligungschancen *[odds ratios]*)

Sozialschicht der Bezugsperson im Haushalt[1] (EGP)	Zurückstellung bei der Einschulung
Obere Dienstklasse (I)	.45
Untere Dienstklasse (II)	.62
Routinedienstleistungen (III)	ns
Selbstständige (IV)	.76
Facharbeiter (V, VI)	Referenzklasse (*odds* = 1)
Un- und angelernte Arbeiter (VII)	ns

[1] Angabe für den Vater oder, wenn diese fehlt, für die Mutter bzw. deren Ersatzperson; fehlende Angaben für 3,1 Prozent der Familien imputiert (siehe Abschnitt 8.2).

ratio weicht nicht signifikant von 1 ab. Im Hinblick auf den Besuch von Integrierten Gesamtschulen im Vergleich zur Realschule unterscheiden sich nur die oberste und die unterste soziale EGP-Klasse von Facharbeiterfamilien. Für die obere Dienstklasse ist die Gesamtschule weniger attraktiv (*odds ratio* = .56), während Familien, in denen die Bezugsperson im Haushalt ungelernter Arbeiter ist, im Vergleich zu Facharbeiterfamilien der Gesamtschule den Vorzug vor der Realschule geben (*odds ratio* = 1.51).

Beim Vergleich der Chancen eines Sonderschulbesuchs im Vergleich zum Besuch der Hauptschule zeigt sich, dass nur Kinder aus Familien unqualifizierter Arbeiter ein deutlich erhöhtes Risiko des Sonderschulbesuchs haben. Die übrigen Sozialschichten, die aus Gründen der Besetzungszahlen zu jeweils zwei Gruppen zusammengefasst werden mussten, unterscheiden sich im Sonderschulbesuch nicht.

Konsistent mit den theoretischen Annahmen von Breen und Goldthorpe (1997) ist das Auftreten von sozialen Disparitäten kein Spezifikum der Übergangsentscheidung zum Beginn der Sekundarstufe I, auch wenn sie hier besonders gravierend ausfallen. Anhand der PISA-Stichprobe lassen sich soziale Disparitäten bereits bei der Einschulung nachweisen. Das Risiko, bei der Einschulung in die Grundschule zurückgestellt zu werden, ist sozial ungleich verteilt, wie Tabelle 8.11 zu entnehmen ist.

Bei der Entstehung sozialer Disparitäten im Rahmen der Übergangsentscheidung von der Grundschule in eine weiterführende Schule wirken primäre und sekundäre Ungleichheitsursachen zusammen. Maßgeblich ist für die Bildungsentscheidung zunächst die durch Schulleistungen belegte Eignung des Schülers oder der Schülerin. Der zweite Faktor sind die Elternwünsche, die selbst wiederum durch die Leistungsgeschichte ihres Kindes in der Grundschule beeinflusst, aber nicht determiniert werden. Eine vermittelnde Rolle übernimmt die Lehrerin, wenn sie beratend tätig wird oder in formalisierter Form die Grundschulempfehlung ausstellt. Schulleistungen, Elternaspirationen und nicht zuletzt auch das Empfehlungs- und Beratungsverhalten der Grundschullehrerin hängen mit Merkmalen der sozialen Herkunft des Schülers oder der Schülerin zusammen. Gerade bei Untersuchungen sozialer Disparitäten in der Bildungsbeteiligung ist aber die Trennung von primären, durch Leistung gedeckten Ungleichheiten und sekundären, sozialschichtbedingten Ungleichheiten von großem Interesse (Breen & Jonsson, 2000; Cameron & Heckman, 1998; Mare, 1993). Um die spezifischen und konfundierten Einflussgrößen zu trennen, bedarf es im Prinzip längsschnittlich angelegter Untersuchungen. Dennoch besteht im Rahmen des PISA-Designs eine Möglichkeit, in konservativer Weise eine Minimalschätzung der beim Übergang in die weiterführenden Schulen sekundären sozialen Disparitäten vorzunehmen. In PISA können die relativen Chancen der Bildungsbeteiligung in Abhängigkeit von der Sozialschichtzugehörigkeit auch unter Kontrolle kognitiver Grundfähigkeiten und schulisch erworbener Kompetenzen geschätzt werden. Dies wurde in zwei Modellrechnungen, deren Ergebnisse in Tabelle 8.10 in den nicht unterlegten Spalten wiedergegeben sind, durchgeführt. Im Modell II wurden nur die kognitiven Grundfähigkeiten als relativ unzureichender Indikator der erreichten Fähigkeiten am Ende der Grundschulzeit kontrolliert. In Modell III wird zusätzlich die Lesekompetenz, die im Alter von 15 Jahren erreicht wurde, konstant gehalten. Da bekannt ist, dass die Schulformen unterschiedliche akademische Entwicklungsmilieus darstellen, werden im Laufe der Sekundarschulzeit Zusammenhänge zwischen Schulleistung und Sozialschicht verstärkt (Baumert, Köller & Schnabel, 2000). Wenn bei den querschnittlich erhobenen PISA-Daten dann die erworbene Lesekompetenz kontrolliert wird, werden die beim Übergang in die Sekundarschule entstehenden sekundären Disparitäten systematisch unterschätzt. Die in Tabelle 8.10 wiedergegebenen Ergebnisse der Modellrechnung III veranschlagen also die sekundären Disparitäten zu niedrig, während das Modell I mit Sicherheit eine Überschätzung darstellt. Der wahre Wert wird zwischen diesen beiden Extremen liegen. An diesen Befunden ändert sich auch nichts wesentlich, wenn zusätzliche Kompetenzen in Mathematik und den Naturwissenschaften kontrolliert werden.

Die Ergebnisse der logistischen Regressionsanalyse zeigen insgesamt, dass die sozialen Disparitäten beim Gymnasialbesuch besonders ausgeprägt sind. Die Trennungslinie verläuft hier zwischen der Arbeiterschicht insgesamt und den übrigen Sozialschichten. Bei der Alternative eines Haupt- und Realschulbesuchs sind die sozialen Unterschiede nicht aufgehoben, aber deutlich abgemildert (vgl. Schimpl-Neimanns, 2000).

Das relative Risiko eines verzögerten Schulbeginns ist ähnlich verteilt wie die relativen Chancen eines Hauptschulbesuchs im Vergleich zum Realschulbesuch. Für Kinder aus Familien der oberen und unteren Dienstklasse ist das Risiko, zurückgestellt zu werden, nur halb so groß wie für Kinder aus Arbeiterfamilien.

Die an Gelenkstellen von Bildungslaufbahnen auftretenden sozialen Disparitäten addieren sich über die Bildungskarriere hinweg. Sind mit den Verteilungsentscheidungen differenzielle Lerngelegenheiten verbunden, die wiederum mit der Sozialschicht kovariieren, ergibt sich ein weiterer kumulativer Effekt, der zur schrittweisen Vergrößerung von sozialen Disparitäten führt.

Betrachtet man vor diesem Hintergrund die *odds ratios* der Modelle II und III, ist deutlich zu erkennen, wie gravierend im deutschen Schulsystem sozialstrukturelle Merkmale bei Übergangsentscheidungen im frühen Alter unabhängig von Leistungsmerkmalen zu Buche schlagen. Bei den sozial ungleich verteilten Chancen, eine Hauptschule anstelle einer Realschule zu besuchen, scheinen Leistungsgesichtspunkte eine geringe Rolle zu spielen. Die *odds ratios* unterscheiden sich von Modell zu Modell relativ wenig. Den Eltern höherer sozialer Schichten scheint es offenbar, auch bei gleich schwacher Leistung ihrer Kinder, häufiger zu gelingen, die Hauptschule zu vermeiden. Aber auch bei den relativen Chancen des Gymnasialbesuchs schlägt die Sozialschichtzugehörigkeit selbst bei konservativer Kontrolle von Leistungsmerkmalen durch. Auch hier ist das Grundmuster des dritten Modells nicht völlig von dem des ersten Modells verschieden.

> Die Analyse sozialer Disparitäten auf der Grundlage der PISA-Daten ergibt, dass es am Ende der Grundschulzeit beim Übergang in die weiterführenden Schulformen zu gravierenden sekundären sozialen Disparitäten der Bildungsbeteiligung kommt. Sie treten infolge der differenziellen Förderung in den einzelnen Bildungsgängen am Ende der Sekundarschulzeit als verstärkter Zusammenhang zwischen Sozialschicht und den gemessenen Kompetenzen in Erscheinung.

4.3 Soziale Herkunft und erworbene Kompetenzen

Überblick

Im Mittelpunkt des ersten Zyklus von PISA steht die Lesekompetenz als basales Kulturwerkzeug, dessen relativ flexible Beherrschung Voraussetzung jedes selbstständigen Lernens innerhalb oder außerhalb der Schule ist (Schön, 1997). Mit der Erfassung der mathematischen und naturwissenschaftlichen Kompetenz rückt PISA näher an die Fächerstruktur der Schule heran, auch wenn es erklärtes Ziel von PISA ist, nicht in erster Linie Schulstoffe abzuprüfen, sondern zu erfassen, wie Jugendliche das schulisch erworbene Wissen in annähernd authentischen Situationen nutzen. Darüber hinaus berücksichtigt PISA – vor allem in den nationalen Ergänzungen – ein breites Spektrum fächerübergreifender Kompetenzen und Orientierungen *(Cross-Curricular Competencies)*, das vom Problemlösen bei Planungsaufgaben über Merkmale selbstregulierten Lernens und selbstbezogene Kognitionen bis hin zu sozialen Orientierungen reicht. Für die Entwicklung der unterschiedlichen Kompetenzen und Orientierungen sind Familie und Schule aller Wahrscheinlichkeit nach nicht gleichbedeutend; vielmehr lassen sich je nach Kompetenzbereich unterschiedlich markante Entwicklungskontexte identifizieren.

Für die Entwicklung grundlegender Lesekompetenz besitzt zweifellos die Grundschule eine Schlüsselstellung. Dennoch hat auf die Schnelligkeit, Güte und Sicherheit des Schriftspracherwerbs auch der Anregungsreichtum des häuslichen Milieus einen erheblichen Einfluss (Groeben & Vorderer, 1988; Oerter, 1999; Schneider, 1989). Verstärkt gilt dies wahrscheinlich für die Habitualisierung der Lesetätigkeit bis zum Beginn der Adoleszenz (Franz u.a., 1999; Hurrelmann, Hammer & Nieß, 1995). Gerade weil der Erwerb von Leseexpertise nach dem Schriftspracherwerb zunehmend selbstreguliert erfolgt, ist zu erwarten, dass auch am Ende der Sekundarschulzeit relativ straffe Zusammenhänge zwischen Lesekompetenz und Merkmalen der sozialen Herkunft zu finden sind. Dieser Zusammenhang sollte in allen Industriestaaten mit vergleichbarer Sozialstruktur in ähnlicher Weise nachweisbar sein. Variiert der Zusammenhang im internationalen Vergleich in nennenswerter Weise, ist dies ein starker Hinweis auf die Vermittlungsfunktion von Bildungseinrichtungen.

Dagegen dürfte der Erwerb von mathematischen und naturwissenschaftlichen Kompetenzen in stärkerem Maße vom Unterrichtsmonopol der Schule abhängen. Die Schule ist praktisch der einzige Ort der systematischen Begegnung mit diesen in modernen Kulturen strukturbildenden Wissensdomänen. In diesen Bereichen sollte der Zusammenhang zwischen sozialer Herkunft und Kompetenzerwerb weniger straff und stärker institutionell vermittelt sein.

Problemlösekompetenzen wiederum, die nicht in das Raster des Schulkanons fallen, sollten enger an Alltagserfahrung und Weltwissen – und natürlich an kognitive Grundfähigkeiten – gebunden sein. Diese Alltagserfahrungen, zum Beispiel mit praktischen Planungsaufgaben, müssen in modernen Gesellschaften nicht unterschiedlich über soziale Strata verteilt sein. In diesem Fall wird also ein relativ schwacher Einfluss der sozialen Herkunft zu erwarten sein.

In den folgenden Analysen wird ausschließlich der Zusammenhang zwischen Sozialschicht und dem Erwerb kognitiver Kompetenzen im engeren Sinne, also dem Leseverständnis, den mathematischen und naturwissenschaftlichen Fähigkeiten und den Problemlösekompetenzen, untersucht werden. Die Auswertungen für selbstbezogene Kognitionen und motivationale Orientierungen sind einem gesonderten Bericht vorbehalten.

Soziale Herkunft und Lesekompetenz

Mit dem Zusammenhang zwischen sozialer Schicht und Lesekompetenz am Ende der Sekundarstufe I werden im Hinblick auf die weitere Bildungsentwicklung soziale Disparitäten primärer Art erfasst. Sind die Unterschiede in dieser Basisqualifikation erheblich, dürfte dies nicht ohne Konsequenzen für die Verteilung von Entwicklungschancen sein. Von Bedeutung sind wahrscheinlich sowohl die jeweils erreichten Niveaus der Kompetenzen als auch das Ausmaß der Unterschiede zwischen ihnen. Beide Gesichtspunkte sollen im Folgenden berücksichtigt werden.

Tabelle 8.12 gibt – differenziert nach Sozialschichtzugehörigkeit – sowohl Auskunft über die erreichten Niveaus als auch über die Variabilität der Lesekompetenz von 15-Jährigen. Auf den ersten Blick ist sichtbar, dass die Leistungsdifferenzen zwischen den sozialen Schichten erheblich sein können. Der Unterschied der Leseleistung zwischen Jugendlichen, die Familien der oberen Dienstklasse entstammen, und Jugendlichen aus dem

Tabelle 8.12: Lesekompetenz der 15-Jährigen nach Sozialschichtzugehörigkeit (internationaler Test und nationaler Ergänzungstest)

| Sozialschicht der Bezugsperson im Haushalt[1] (EGP) | Lesekompetenz | | | | |
| | Internationaler Test | | | Nationaler Ergänzungstest | |
	Mittelwert (Standardfehler)	Standardabweichung	Mittelwert unter Kontrolle der Bildungsgangszugehörigkeit	Mittelwert[2] (Standardfehler)	Standardabweichung
Obere Dienstklasse (I)	538 (3,4)	94	501	118 (3,0)	24,2
Untere Dienstklasse (II)	531 (4,0)	93	499	113 (3,3)	26,6
Routinedienstleistungen (III)	470 (6,4)	109	482	95 (4,5)	31,4
Selbstständige (IV)	480 (5,2)	94	483	–[3]	
Facharbeiter (V, VI)	459 (4,4)	104	475	96 (3,9)	29,8
Un- und angelernte Arbeiter (VII)	432 (3,9)	111	468	86 (3,8)	28,9
η^2	.13		.55	.10	

[1] Angabe für den Vater oder, wenn diese fehlt, für die Mutter bzw. deren Ersatzperson; fehlende Angaben für 3,1 Prozent der Familien imputiert (siehe Abschnitt 8.2).
[2] Populationsmittelwert 100, Standardabweichung 30.
[3] Aufgrund zu geringer Fallzahlen in der Validierungsstichprobe wurde kein Wert ermittelt.

Abbildung 8.3: Verteilung der Lesekompetenz innerhalb der Sozialschichten (Perzentilbänder und Kompetenzstufen im internationalen Test)

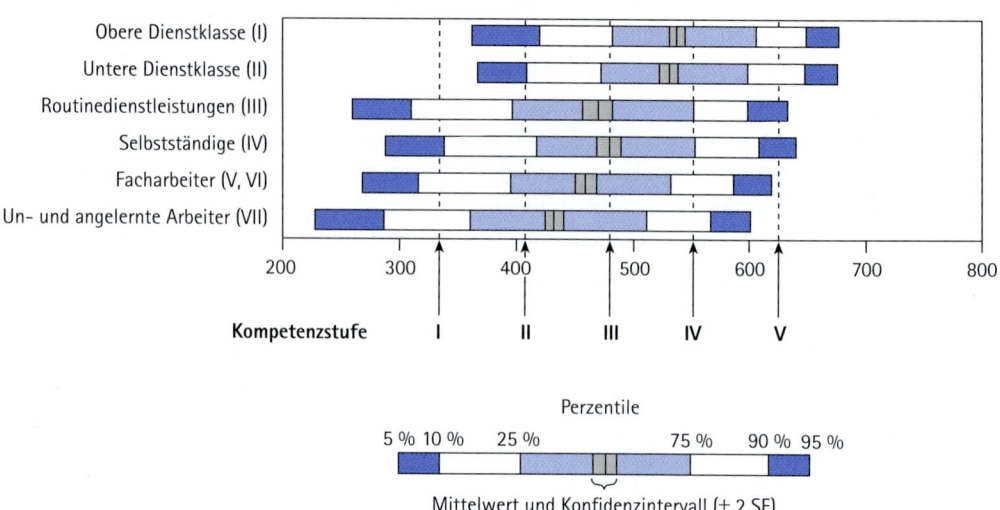

(unqualifizierten) Arbeitermilieu beträgt rund 100 Punkte oder eine Standardabweichung. Dies entspricht der Differenz des mittleren Leistungsniveaus an Hauptschulen und an Realschulen. Insgesamt erklärt die Sozialschichtzugehörigkeit 13 Prozent der Variabilität der Leseleistung. Gleichzeitig fällt aber auch auf, dass die Abstände der Leseleistung zwischen den Sozialschichten nicht gleich sind. Während sich Jugendliche der oberen und unteren Dienstklasse in ihrer mittleren Lesekompetenz kaum unterscheiden, ist ein deutlicher Sprung zwischen diesen beiden Sozialschichten einerseits und der Klasse der Routinedienstleistenden und dem Arbeitermilieu andererseits zu erkennen. Nicht unerheblich ist aber auch der Leistungsunterschied zwischen Jugendlichen aus Facharbeiterfamilien und Jugendlichen aus Familien wenig qualifizierter Arbeiter. Wenn wir zur Beschreibung der Unterschiede die in Kapitel 2 (Lesen) vorgestellte und an Beispielen erläuterte Einteilung in Kompetenzstufen heranziehen, beträgt der Unterschied zwischen der obersten und untersten Sozialschicht eine ganze Kompetenzstufe, wobei der Sprung von der zweiten zur dritten Kompetenzstufe erfolgt.

Abbildung 8.3 veranschaulicht die Verteilung der Lesekompetenz innerhalb der einzelnen Sozialschichten. Die Abbildung verdeutlicht nicht nur die Leistungsunterschiede zwischen Jugendlichen unterschiedlicher sozialer Herkunft, sondern stellt mindestens ebenso eindrücklich die breiten Überlappungen der Leistungsverteilungen in unterschiedlichen Sozialschichten dar. Bei einem Vergleich der Perzentilbänder erkennt man, dass die Überlappungen größer als die Unterschiede sind. Besonders auffällig ist ferner, dass die Leistungsstreuung bei Jugendlichen aus der Sozialschicht der ungelernten Arbeiter mit 111 Punkten sehr groß ist. Der Abstand zwischen dem 25. und 75. Perzentil beträgt in dieser Gruppe 152 Punkte. Dies warnt auch davor, Sozialschichtzugehörigkeit und Schulformbesuch gleichzusetzen. Vergleicht man die Leistungsmittelwerte der Jugendlichen unterschiedlicher Sozialschichten mit den Leistungsniveaus der Schulformen, so liegt die

Abbildung 8.4:   15-Jährige nach Sozialschichtzugehörigkeit und mindestens erreichter Kompetenzstufe im Lesen

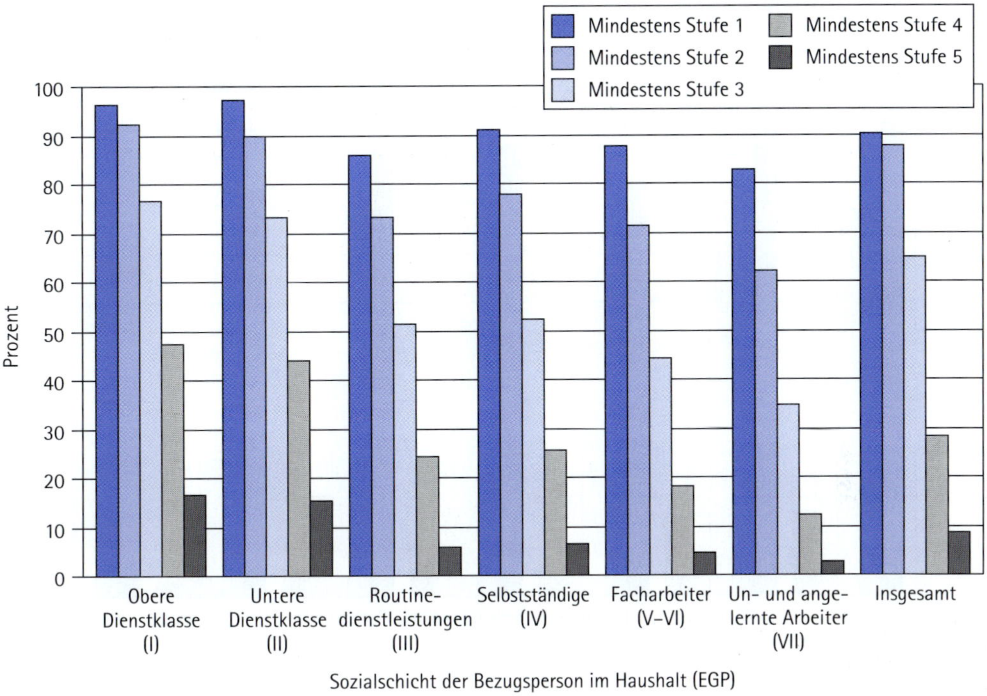

mittlere Kompetenz von Jugendlichen aus Arbeiterfamilien deutlich über dem Haupt-schulniveau und die durchschnittliche Kompetenz von Jugendlichen aus Familien der obe-ren Dienstklasse deutlich unter dem Gymnasialniveau.

Um differenzierte Auskünfte über die erreichten Kompetenzniveaus zu geben, wird in Abbildung 8.4 der Anteil der 15-Jährigen aufgeschlüsselt nach Sozialschichtzugehörigkeit und mindestens erreichter Kompetenzstufe im Lesen ausgewiesen. Etwas mehr als 90 Pro-zent der 15-Jährigen erreichen mindestens die Kompetenzstufe I oder eine höhere Kom-petenzstufe. Dies heißt aber auch, dass knapp 10 Prozent der 15-Jährigen in Deutschland unter einem Leseniveau bleiben, das in PISA als *Minimum* eines halbwegs verständigen Umgangs mit authentischen Texten definiert wird. Diese Jugendlichen sind gleichwohl keine Analphabeten. Sie besitzen elementare Lesefertigkeiten, die jedoch einer prakti-schen Bewährung in lebensnahen Kontexten nicht standhalten. Der Anteil dieser Risiko-personen ist in der Sozialschicht, die durch Familien ungelernter Arbeiter bestimmt wird, am größten.

Auffälliger und bedenklicher ist aber das große sozial bedingte Gefälle im Anteil der-jenigen Jugendlichen, die die zweite Kompetenzstufe erreichen. Es wird nämlich gleich-zeitig sichtbar, wie stark der Anteil jener Jugendlichen in Abhängigkeit von der sozialen Herkunft variiert, die nicht über die erste, elementare Kompetenzstufe hinauskommen. Das Erreichen der Stufe I garantiert ausschließlich das Verständnis einfachster Texte. Die Stufe I entspricht weder den Erwartungen, die in den Standards für den mittleren Ab-schluss der KMK zum Ausdruck kommen, noch den Lehrplanvorgaben für die 9. Jahr-

Abbildung 8.5: 15-Jährige nach Sozialschichtzugehörigkeit und mindestens erreichter Kompetenzstufe im Lesen (nur Schüler aus Familien *ohne* Migrationshintergrund)

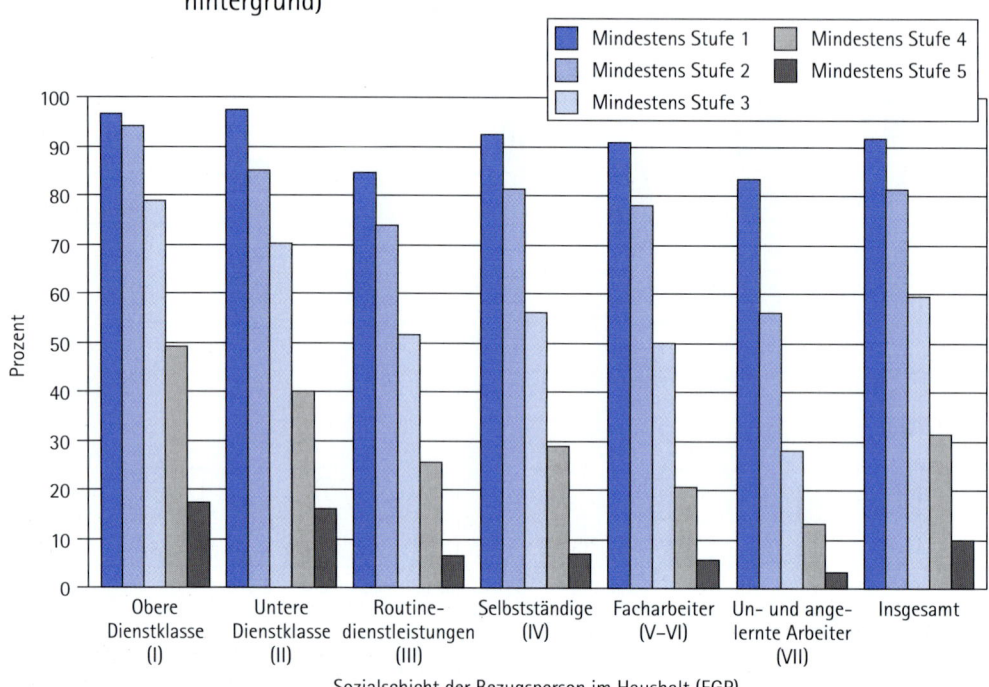

gangsstufe an Hauptschulen. Nimmt man diese als Referenz, muss man den Kreis schwacher Leser weiter ziehen. Von Jugendlichen, die aus den sozialen Klassen III, V–VI und VII stammen, überschreiten zwischen 25 und 35 Prozent nicht die erste Kompetenzstufe im Lesen.

Abbildung 8.5, in der dieselben Informationen wie in Abbildung 8.4, allerdings ausschließlich für Familien ohne Migrationshintergrund gegeben werden, differenziert dieses Bild noch einmal. In Kombination mit Abbildung 8.4 zeigt Abbildung 8.5, dass die Gruppe der extrem schwachen Leser (unter Kompetenzstufe I) zu einem erheblichen Teil aus Jugendlichen besteht, die aus Familien mit Migrationsgeschichte und niedrigem Sozialstatus stammen. Die Abbildung macht aber ebenso deutlich, dass auch unter den Jugendlichen, deren Eltern beide in Deutschland geboren wurden und den sozialen Klassen III, V–VI und VII angehören, der Anteil der schwachen Leser, die Kompetenzstufe I nicht überschreiten, mit je nach Sozialschicht 20 bis 40 Prozent erheblich ist.

Die Frage liegt nahe, inwieweit der straffe Zusammenhang zwischen Lesekompetenz und sozialer Herkunft durch unterschiedliche Schulformzugehörigkeit vermittelt wird. Ist die Kovariation von sozialer Herkunft und erworbenen Kompetenzen ausschließlich eine Folge der Verteilung auf unterschiedliche Schulformen, bei der primäre und sekundäre Ungleichheiten zusammenwirken, und des unterschiedlichen Anregungspotenzials der Schulformen, oder wiederholt sich der Zusammenhang von Sozialschicht und Kompetenz auch innerhalb der Schulformen? Ein nochmaliger Blick auf Tabelle 8.12 gibt eine erste

Antwort. In dieser Tabelle sind in der Spalte 4 die korrigierten Mittelwerte der Lesekompetenz für die einzelnen Sozialschichten unter Kontrolle der Bildungsgangzugehörigkeit ausgewiesen. Dies sind die Leistungswerte, die bei einer Gleichverteilung von Jugendlichen unterschiedlicher Sozialschichten auf die einzelnen Bildungsgänge erwartet werden können. Die Befunde zeigen, dass die Kompetenzunterschiede in der Tat erheblich schrumpfen: Der Abstand der beiden Extremgruppen verringert sich von 100 auf rund 30 Punkte – die Differenz geht also von einer Standardabweichung auf etwa eine drittel Standardabweichung zurück. Die Unterschiede bleiben aber gleichwohl signifikant und praktisch bedeutsam. In einer Varianzanalyse mit der Lesekompetenz als abhängiger Variablen und der Sozialschichtzugehörigkeit und dem Bildungsgang als Faktoren ergeben sich sowohl signifikante Haupteffekte als auch eine signifikante ordinale Interaktion. Dies bedeutet, dass der Zusammenhang zwischen sozialer Herkunft und Lesekompetenz innerhalb der Schulformen – allerdings deutlich abgeschwächt und in unterschiedlicher Stärke – reproduziert wird. Dieser Zusammenhang wird im übernächsten Abschnitt eingehender dargestellt.

Zusammengefasst ergibt sich folgendes Bild: Jugendliche unterschiedlicher sozialer Herkunft unterscheiden sich in ihrer Lesekompetenz gegen Ende der Vollzeitschulpflicht substanziell. Die Abstände der Leseleistung zwischen den Sozialschichten sind allerdings nicht gleich groß. Während sich Jugendliche aus Familien der oberen und unteren Dienstklasse in ihrer mittleren Lesekompetenz kaum unterscheiden, ist ein deutlicher Abstand zwischen diesen beiden Sozialschichten einerseits und der Klasse der Routinedienstleistenden und dem Arbeitermilieu andererseits zu erkennen.

Ebenso kennzeichnend sind aber auch die Überlappungen der Leistungsverteilungen in unterschiedlichen Sozialschichten. Insgesamt sind die Überlappungen weitaus größer als die Unterschiede der zentralen Tendenzen. Vorstellungen geschlossener Sozialschichten sind also unangebracht. Leseexperten und schwache Leser sind in jeder Sozialschicht zu finden. Allerdings ist auch nicht zu übersehen, dass die Gruppe potenzieller Risikopersonen, deren Lesekompetenz die elementare Stufe I nicht überschreitet, in den unteren Sozialschichten besonders groß ist.

Der Zusammenhang zwischen Lesekompetenz und sozialer Herkunft wird im Wesentlichen durch die Schulformzugehörigkeit vermittelt. Er ist aber auch innerhalb der Schulformen, wenn auch deutlich abgeschwächt und mit unterschiedlicher Stärke, nachweisbar.

Soziale Herkunft und mathematische und naturwissenschaftliche Kompetenzen

Aufgrund der Forschungslage darf man erwarten, dass sprachliche Leistungen stärker vom familiären Anregungspotenzial und damit von den sozialen Lebensverhältnissen abhängen als mathematische und naturwissenschaftliche Kompetenzen, die – wenn sie über allgemeines Weltwissen hinausgehen – primär in der Schule erworben werden. Für gegliederte Schulsysteme müssen diese generellen Befunde jedoch nicht unbedingt gelten. Wenn die Bildungsbeteiligung nach Sozialschicht variiert und die Schulformen unterschiedliche akademische Entwicklungsmilieus darstellen, kann man auch mit einer Verstärkung des Zusammenhangs zwischen sozialer Herkunft und mathematischen und naturwissenschaftlichen Kompetenzen rechnen. Dieser Zusammenhang sollte jedoch dann auch in höherem Ausmaß durch die Schulformzugehörigkeit vermittelt sein. Wie sehen die Befunde in PISA aus?

Der blau unterlegten Spalte 2 der Tabelle 8.13 sind die mittleren Leistungsergebnisse zu entnehmen, die 15-Jährige mit unterschiedlicher sozialer Herkunft im internationalen

Tabelle 8.13: Mathematische Kompetenz der 15-Jährigen nach Sozialschichtzugehörigkeit (internationaler Test und nationaler Ergänzungstest)

| Sozialschicht der Bezugs-person im Haushalt[1] (EGP) | Mathematische Kompetenz | | | | |
| | Internationaler Test | | | Nationaler Ergänzungstest | |
	Mittelwert (Standard-fehler)	Standard-abweichung	Mittelwert unter Kon-trolle der Bil-dungsgangs-zugehörigkeit	Mittelwert[2] (Standard-fehler)	Standard-abweichung
Obere Dienstklasse (I)	540 (4,0)	88,6	507	113 (1,0)	28,8
Untere Dienstklasse (II)	532 (4,5)	93,3	505	110 (1,1)	28,0
Routinedienstleistungen (III)	486 (9,0)	94,7	497	94 (1,7)	29,2
Selbstständige (IV)	491 (6,5)	98,8	494	97 (1,4)	29,0
Facharbeiter (V, VI)	466 (5,0)	97,2	480	92 (1,1)	27,6
Un- und angelernte Arbeiter (VII)	438 (4,4)	95,3	467	85 (0,8)	26,5
η^2	.14		.47	.12	

[1] Angabe für den Vater oder, wenn diese fehlt, für die Mutter bzw. deren Ersatzperson; fehlende Angaben für 3,1 Prozent der Familien imputiert (siehe Abschnitt 8.2).
[2] Populationsmittelwert 100, Standardabweichung 30.

Mathematiktest erreicht haben. Die Befunde ähneln in verblüffender Weise den Leseergebnissen. Die Leistungsunterschiede zwischen den beiden sozialen Extremgruppen betragen wiederum eine Standardabweichung oder mehr als eine ganze Kompetenzstufe. Die Sozialschichtzugehörigkeit erklärt 14 Prozent der Leistungsvarianz. Kontrolliert man die Schulformzugehörigkeit, schrumpft der Leistungsabstand – parallel zur Lesekompetenz – auf gut eine drittel Standardabweichung ($d = .38$ SD). Aber auch die Überlappungen der Leistungsverteilungen der einzelnen Sozialschichten zeigen ein paralleles Muster, wie der Abbildung 8.6 zu entnehmen ist. Die Überschneidungen der Verteilungen der mathematischen Kompetenzen in den einzelnen Sozialschichten sind weitaus größer als die Unterschiede zwischen den zentralen Tendenzen.

Für den mathematischen Bereich liegt ein nationaler Zusatztest vor, der den internationalen PISA-Test um eine curriculums- und unterrichtsnähere Komponente ergänzt. Ein Blick in Spalte 5 der Tabelle 8.13 zeigt, dass die Sozialschichtunterschiede in diesem Test etwas geringer ausfallen. Die Differenzen zwischen den Extremwerten liegen bei knapp einer Standardabweichung, und die durch Sozialschichtzugehörigkeit erklärte Varianz sinkt von 14 auf 12 Prozent. Kontrolliert man die Schulformzugehörigkeit, reduziert sich der Abstand zwischen den beiden sozialen Extremgruppen auf 9 Punkte oder $d = .30$ Standardabweichungen. Dies liegt unter dem Wert, der für den internationalen Mathematiktest gefunden wurde. Der internationale Mathematiktest scheint also sozialschicht-sensitiver als der deutsche unterrichtsnähere Ergänzungstest zu sein. Als Erklärung dafür wird man an die stärkere Sprachbetontheit des internationalen PISA-Tests denken, die eine Folge der Anwendungsorientierung unter Nutzung möglichst authentischer Situationen ist. Wenn man mathematische Aufgaben in realistischen Kontexten situieren will, bedarf es sprachlicher Mittel. Die unterschiedlichen Korrelationen zwischen der erfassten Lesekompetenz und den Ergebnissen des internationalen und nationalen Mathematiktests

Abbildung 8.6: Verteilung der mathematischen Kompetenz innerhalb der Sozialschichten (Perzentilbänder und Kompetenzstufen im internationalen Test)

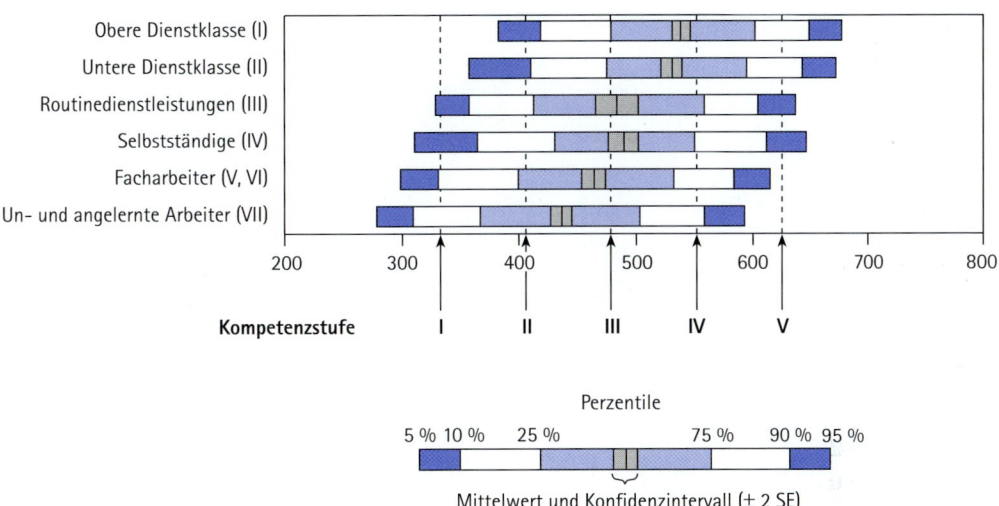

(mit *r* = .85 für den internationalen bzw. *r* = .78 für den nationalen Test) stützen diese Vermutung, wenngleich beide (messfehlerbereinigte) Korrelationen hoch sind.

Die Befunde für die Naturwissenschaften sind im Grundmuster ähnlich, zeigen aber auch einige interessante Differenzen (siehe Tab. 8.14). Die Unterschiede zwischen den naturwissenschaftlichen Leistungen von Jugendlichen unterschiedlicher Sozialschichten sind zwar, wie im Fall der Lesekompetenz und der mathematischen Kompetenz, beträchtlich, aber doch etwas geringer. Die Abstände der sozialen Extremgruppen liegen unter einer Standardabweichung, und die Sozialschichtzugehörigkeit erklärt statt 14 nur 12 Prozent der Leistungsvarianz. Bei Kontrolle des Bildungsgangs schrumpfen die Leistungsunterschiede zwischen Jugendlichen aus Familien der oberen Dienstklasse und Jugendlichen aus Arbeiterfamilien auf knapp eine drittel Standardabweichung. Die Ergebnisse des naturwissenschaftlichen nationalen Ergänzungstests, der die einzelnen naturwissenschaftlichen Fächer gleichmäßiger und unterrichtsnäher abdeckt, ergeben ein identisches Bild. Analysiert man die naturwissenschaftlichen Fächer jeweils getrennt, zeigen sich zwischen sozialer Herkunft und Leistungsergebnissen differenzielle Zusammenhänge. Der straffste Zusammenhang zwischen dem Internationalen Sozioökonomischen Index und den im nationalen Ergänzungstest erfassten Kompetenzen ist im Fach Biologie mit *r* = .36 zu finden; im Fach Physik beträgt die Korrelation dagegen *r* = .32 und im Fach Chemie *r* = .31. Je später ein Fach in der Sekundarstufe I einsetzt, desto geringer scheint die Kovariation zwischen Sozialschicht und Fachleistung zu sein. Man kann vermuten, dass die differenzierenden Schulformeinflüsse in den später einsetzenden Fächern verzögert zur Wirkung kommen.

Tabelle 8.14: Naturwissenschaftliche Kompetenz der 15-Jährigen nach Sozialschichtzugehörigkeit (internationaler Test und nationaler Ergänzungstest)

| Sozialschicht der Bezugsperson im Haushalt[1] (EGP) | Naturwissenschaftliche Kompetenz | | | | |
| | Internationaler Test | | | Nationaler Ergänzungstest | |
	Mittelwert (Standardfehler)	Standardabweichung	Mittelwert unter Kontrolle der Bildungsgangszugehörigkeit	Mittelwert[2] (Standardfehler)	Standardabweichung
Obere Dienstklasse (I)	534 (4,1)	94,9	504	112 (1,1)	28,9
Untere Dienstklasse (II)	528 (5,2)	93,1	496	110 (1,2)	27,8
Routinedienstleistungen (III)	480 (9,2)	108,6	484	95 (1,6)	30,7
Selbstständige (IV)	482 (5,4)	92,2	486	97 (1,3)	29,3
Facharbeiter (V, VI)	462 (4,8)	98,5	475	91 (1,1)	29,3
Un- und angelernte Arbeiter (VII)	444 (4,6)	97,7	473	84 (1,0)	29,5
η^2	.12		.44	.12	

[1] Angabe für den Vater oder, wenn diese fehlt, für die Mutter bzw. deren Ersatzperson; fehlende Angaben für 3,1 Prozent der Familien imputiert (siehe Abschnitt 8.2).
[2] Populationsmittelwert 100, Standardabweichung 30.

Die Ergebnisse für den mathematischen und naturwissenschaftlichen Bereich lassen sich folgendermaßen resümieren:

Die Analysen des internationalen Mathematiktests replizieren in frappierender Weise die Leseergebnisse. Die Leistungsunterschiede zwischen den beiden sozialen Extremgruppen betragen mehr als eine ganze Kompetenzstufe, und die Sozialschichtzugehörigkeit erklärt 14 Prozent der Leistungsvarianz. Entgegen den theoretischen Ausgangsannahmen ist der Zusammenhang zwischen sozialer Herkunft und den gegen Ende der Vollzeitschulpflicht erworbenen mathematischen Kompetenzen nicht geringer. Allerdings lockert sich der Zusammenhang etwas, wenn man den weniger sprachabhängigen nationalen mathematischen Ergänzungstest analysiert. Kontextuiert man den Mathematikunterricht im Sinne der didaktischen Konzeption von PISA, hat man wahrscheinlich mit einer Öffnung der Leistungsschere zwischen den Sozialschichten zu rechnen, so lange es nicht gleichzeitig gelingt, die Lesekompetenz gerade von Schülern und Schülerinnen unterer Sozialschichten auf ein befriedigendes Niveau anzuheben.

Die Befunde für die Naturwissenschaften weisen dasselbe Grundmuster auf, auch wenn die Unterschiede zwischen den naturwissenschaftlichen Leistungen von Jugendlichen unterschiedlicher Sozialschichten etwas geringer sind als im Fall der Lesekompetenz und des mathematischen Verständnisses. Bei einer Betrachtung der einzelnen naturwissenschaftlichen Fächer zeigt sich, dass der Zusammenhang zwischen sozialer Herkunft und Fachleistung umso straffer ausfällt, je länger ein Fach in differenzierten Schulformen unterrichtet wird.

Soziale Herkunft und fächerübergreifende Kompetenzen

Neben dem Leseverständnis als einer kulturellen Basiskompetenz erfasst PISA weitere schulfächerübergreifende Personmerkmale. Dazu gehören Problemlösekompetenzen bei Planungsaufgaben, selbstbezogene Kognitionen als wichtige Komponenten des Selbstbildes und der Identität sowie soziale Orientierungen als Regulative zwischenmenschlichen Handelns.

Die Hoffnung, den generell guten Problemlöser zu finden und seine Kompetenzen beschreiben zu können, hat sich nicht erfüllt. Problemlösekompetenzen sind bereichsspezifisch und in hohem Maße vorwissensabhängig. Um Probleme erfolgreich bearbeiten zu können, muss man sich Expertise im Gegenstandsbereich erwerben (Frensch & Funke, 1995; Friedrich & Mandl, 1992). Für Heuristiken und Strategien des Problemlösens gilt ein Bandbreiten-Effektivitätsdilemma: Je vielfältiger Problemlösemethoden eingesetzt werden können, desto weniger wirksam sind sie; je wirksamer Problemlösemethoden sind, desto bereichsspezifischer werden sie. Für die Erfassung von Problemlösekompetenzen wurden in PISA komplexe Planungsaufgaben ausgewählt, die fächerübergreifend, aber gleichwohl schulbezogen sind und für 15-jährige Schülerinnen und Schüler eine Herausforderung darstellen. Zwei Planungsaufgaben, die sich bereits in früheren Untersuchungen bewährt hatten, wurden adaptiert und weiterentwickelt (Klieme u.a., 2001; Klieme, Stanat & Artelt, 2000). Die erste Aufgabe heißt „Energiesparen in der Schule", die zweite „Wir legen einen Schulgarten an". Beiden Aufgaben liegt ein Problemverständnis zu Grunde, das an die Arbeiten von Dörner (1979) anschließt. Eine Aufgabe soll dann und nur dann als Problem bezeichnet werden, wenn der Bearbeiter diese nicht im ersten Zugriff unter Nutzung einer eingeübten Routine lösen kann, sondern zuvor eine Barriere überwinden muss. Diese Barriere kann sowohl in einer erforderlichen Zielbestimmung als auch in der Identifikation, Auswahl und Sequenzierung geeigneter Mittel und Wege oder in der Kombination von beidem liegen (vgl. Baumert, 1996). Ob eine Aufgabe für eine Person ein Problem darstellt oder nicht, hängt vom verfügbaren Vorwissen ab, sodass es keine allgemeine, personunabhängige Definition eines Problems geben kann. Eine Aufgabe, die für eine 15-jährige Schülerin ein nahezu unlösbares Problem ist, kann für ihren Lehrer eine Routineaufgabe und damit problemlos sein.

Bei den beiden in PISA verwendeten Planungsaufgaben liegen die Hürden vornehmlich im Bereich der Auswahl und Koordination der Mittel, in gewissem Maße aber auch bei der noch notwendigen Zielklärung. Beide Aufgaben stellen für 15-Jährige komplexe Anforderungen hinsichtlich des sprachlichen Verständnisses, der Raumvorstellung, Problempräzisierung und der Maßnahmenkoordination dar. Die Planungsaufgaben sind im Fächergefüge der Schule nicht zu verorten. Sie nehmen technische, ökonomische, physikalische und biologische Fragestellungen im weitesten Sinne auf – insofern sind sie nicht schulunabhängig –, verlangen aber kein spezifisches Fachwissen. Ihre Bearbeitung erfordert die Aktualisierung von Weltwissen, dessen Erwerb in modernen Gesellschaften nicht an spezifische Kulturen oder Lebensverhältnisse gebunden ist. Insofern sollte der Zusammenhang zwischen sozialer Herkunft und den in PISA erfassten Problemlösekompetenzen relativ schwach sein.

Tabelle 8.15 weist die Ergebnisse aus. Ein Blick auf den Effektstärkenindex η^2 zeigt, dass der Zusammenhang zwischen sozialer Herkunft und Problemlösekompetenz deutlich schwächer ist, als dies für die im engeren Sinne akademischen Kompetenzen der Fall ist. Die Sozialschichtzugehörigkeit erklärt 7 Prozent der Variabilität. Im Vergleich zur Lesekompetenz geht die Effektstärke um fast die Hälfte zurück. Die Performanzunterschiede zwischen den beiden sozialen Extremgruppen betragen 22 Punkte und damit zwei drittel Standardabweichungen. Kontrolliert man die Lesekompetenz, lassen sich keine sozialen Unterschiede mehr nachweisen. Die Korrelation zwischen der Leseleistung und der Problemlösekompetenz ist mit $r = .72$ straff. Sie zeigt, dass Gestaltungsaufgaben, wie sie in PISA vorgelegt wurden, in hohem Maße sprachbasiert sind und ein gutes Verständnis sowohl graphischer Darstellungen als auch schriftlicher Expositionen verlangen.

Tabelle 8.15: Fächerübergreifende Kompetenzen der 15-Jährigen nach Sozialschicht-zugehörigkeit (Mittelwerte, Standardfehler in Klammern)

Sozialschicht der Bezugsperson im Haushalt[1] (EGP)	Problemlöse-kompetenz bei Planungsaufgaben (Energiesparen u. Schulgarten anlegen)[2]	Problemlöse-kompetenz unter Kontrolle der Lese-fähigkeit
Obere Dienstklasse (I)	112 (0,9)	102
Untere Dienstklasse (II)	108 (1,4)	102
Routinedienst-leistungen (III)	101 (2,3)	105
Selbstständige (IV)	100 (1,6)	102
Facharbeiter (V, VI)	96 (1,2)	102
Un- und angelernte Arbeiter (VII)	90 (1,2)	101
η^2	.07*	

[1] Angabe für den Vater oder, wenn diese fehlt, für die Mutter bzw. deren Ersatzperson; fehlende Angaben für 3,1 Prozent der Familien imputiert (siehe Abschnitt 8.2).
[2] Populationsmittelwert 100, Standardabweichung 30.

Soziale Herkunft und Kompetenzen innerhalb von Bildungsgängen

Ein zentraler Befund der bislang vorgelegten Analysen besagt, dass der Zusammenhang zwischen Sozialschichtzugehörigkeit und erworbenen Kompetenzen am Ende der Sekundarstufe I im Wesentlichen über die Schulformen bzw. Bildungsgänge der Sekundarstufe vermittelt wird. Bei der Übergangsentscheidung am Ende der Grundschulzeit greifen primäre soziale Disparitäten, die im unterschiedlichen Leistungsstand von Kindern aus Familien unterschiedlicher Sozialschichten zum Ausdruck kommen und sich während der Grundschulzeit entwickelt oder schon vorher bestanden haben, und sekundäre soziale Disparitäten, die durch unterschiedliche sozialschichtbedingte Übergangskalküle zu Stande kommen, wechselseitig verstärkend ineinander. Bildungsaspirationen beeinflussen Schulleistungen und umgekehrt. Die am Beginn der Sekundarschulzeit bestehenden sozialschichtspezifischen Leistungsdifferenzen vergrößern sich bis zum Ende der Pflichtschulzeit allein aufgrund des schulformspezifischen Entwicklungspotenzials (Baumert & Köller, 1998; Baumert, Köller & Schnabel, 2000). Kontrolliert man im Rahmen von PISA bei der Analyse des Zusammenhangs von sozialer Herkunft und erworbenen Kompetenzen die Bildungsgangzugehörigkeit, reduziert sich die Bedeutung der sozialen Herkunft drastisch. Innerhalb der einzelnen Bildungsgänge erklärt die Sozialschichtzugehörigkeit relativ gleichmäßig über alle untersuchten Fachgebiete hinweg zwischen 1 und 2 Prozent der Leistungsvarianz. Auch wenn der Zusammenhang gering ist, lässt er sich doch systematisch bei allen erfassten Kompetenzen nachweisen. Ein Teil dieses Zusammenhangs geht unmittelbar auf unterschiedliche Rekrutierungsprozesse der einzelnen Schulen zurück, die von der Sozialstruktur ihrer Einzugsgebiete abhängig sind. Das gilt für Hauptschulen wie für Gymnasien. Die verbleibende Kopplung von Sozialschicht und Performanz innerhalb der einzelnen Schulen einer Schulform ist nachweisbar, aber gering.

Tabelle 8.16:   Streuung sozialer und kognitiver Merkmale innerhalb von Bildungsgängen und Zusammenhang zwischen sozialer Herkunft und Kompetenzen[1]

Bildungsgang	Standardabweichung		Zusammenhang zwischen EGP-Klassen und Kompetenzen (η)			
	Sozioöko-nomischer Index (ISEI)	Kognitive Grund-fähig-keiten (KFT)	Lese-kompe-tenz	Mathema-tische Kom-petenz	Naturwis-senschaft-liche Kom-petenz	Problem-lösen
Hauptschule	13,3	24,2	.14	.20	.13	.11
Realschule	14,8	23,3	.18	.17	.16	.11
Gymnasium	17,2	22,3	.13	.14	.16	.08
Integrierte Gesamtschule	13,8	26,3	.26	.29	.25	.22

[1]   Die Standardabweichungen innerhalb der Bildungsgänge sind nicht homogen (Levene-Test); η-Koeffizienten ohne Kennzeichnung mindestens auf dem 5 %-Niveau signifikant.

Von Interesse ist allerdings der Befund, dass bei gleichzeitiger Berücksichtigung von Sozialschicht und Bildungsgang eine signifikante Wechselwirkung zwischen Sozial-schicht- und Bildungsgangzugehörigkeit auftritt: Innerhalb der Bildungsgänge ist mit dif-ferenziellen Zusammenhängen zwischen sozialer Herkunft und erworbenen Kompetenzen zu rechnen.

Tabelle 8.16 weist die Zusammenhänge zwischen sozialer Herkunft und Kompetenzen gegen Ende der Sekundarstufe I aus. Da die Sozialschicht mit den EGP-Klassen wiederum kategorial erfasst wird, wird als Zusammenhangsmaß der so genannte η-Koeffizient ver-wendet, der wie ein Korrelationskoeffizient zu lesen ist. Gleichzeitig gibt Tabelle 8.16 Aus-kunft über die soziale und kognitive Heterogenität bzw. Homogenität der Schülerschaft des jeweiligen Bildungsgangs. Als Indikatoren werden die Standardabweichungen des Internationalen Sozioökonomischen Index (ISEI) und der kognitiven Grundfähigkeiten be-richtet. Zunächst wird deutlich, dass entgegen weit verbreiteter Vorstellungen das Gym-nasium mittlerweile die sozial heterogenste Schulform ist, aber dennoch die hinsichtlich ihrer kognitiven Grundfähigkeiten homogenste Schülerschaft besitzt. Das Pendant stellt die Integrierte Gesamtschule dar, deren Schülerschaft sozial homogener, aber in ihren kognitiven Grundfähigkeiten weitaus heterogener ist. Die Leistungsheterogenität der Schülerschaft dieser Schulform, die sie deutlich von den anderen Bildungsgängen unter-scheidet, hat unmittelbare Konsequenzen für die Kopplung von Sozialschichtzugehörig-keit und Leistungsergebnissen. Die Kovariation von sozialer Herkunft und erworbenen Kompetenzen ist an Gesamtschulen weitaus enger, als dies an anderen Schulformen der Fall ist. Dies ist in erster Linie eine Folge der Rekrutierung einer leistungsheterogeneren Schülerschaft. Die Befunde zeigen aber auch, wie schwierig eine Entkopplung von sozia-ler Herkunft und Leistung auf Sekundarschulniveau ist, die ja pädagogisch vertretbar nur gelingen kann, wenn interindividuelle Leistungsunterschiede durch die besondere Förde-rung leistungsschwächerer Schüler und Schülerinnen verringert werden (vgl. Weinert, 2001c).

Die bisher vorgelegten Analysen belegen einen straffen Zusammenhang zwischen Sozialschichtzugehörigkeit und erworbenen Kompetenzen über alle untersuchten Domänen hinweg. Die Sozialschichtzugehörigkeit wurde anhand einer von Erikson, Goldthorpe und Portocarero (1979) entwickelten Klassifikation von Berufen bestimmt. Die Ergebnisse werden bei Verwendung des Internationalen Sozioökonomischen Index (ISEI) repliziert.

Im Unterschied zu früheren Studien, die in der Regel einen besonders starken Einfluss der sozialen Herkunft auf *sprachliche* Leistungen berichten, fällt in PISA bei Verwendung der internationalen Leistungsmaße der Zusammenhang zwischen Schichtzugehörigkeit und Lesekompetenz bzw. mathematischer Kompetenz gleich straff aus. Benutzt man den nationalen, weniger sprachabhängigen Mathematiktest als Referenz, wird der Zusammenhang etwas lockerer. Folgt man der in PISA vertretenen didaktischen Konzeption, in der Mathematisierung den Kern des Mathematikunterrichts zu sehen und damit Anwendungsorientierung und Modellbildung in den Mittelpunkt zu stellen (OECD, 2000), erhalten die umgangssprachliche Kommunikation und das Leseverständnis größere Bedeutung. In diesem Fall muss man wahrscheinlich auch mit einer zumindest vorübergehenden Öffnung der Leistungsschere zwischen sozialen Schichten rechnen.

Die Entwicklung des Zusammenhangs von sozialer Herkunft und Leistung scheint ein kumulativer Prozess zu sein, der lange vor der Grundschule beginnt und an Nahtstellen des Bildungssystems verstärkt wird. Soweit die Schulformen der Sekundarstufe I unterschiedliche Entwicklungsmilieus darstellen, tragen sie zu einer engeren Kopplung von sozialer Herkunft und Kompetenzerwerb bei. Je länger ein Fach in differenzierten Schulformen unterrichtet wird, desto straffer scheint der Zusammenhang zwischen sozialer Herkunft und Fachleistung auszufallen, wie die differenziellen Befunde für die Fächer Biologie, Physik und Chemie belegen, die derselben Fächergruppe angehören, aber zu unterschiedlichen Zeitpunkten in der Sekundarstufe einsetzen.

5. Jugendliche aus Migrationsfamilien

5.1 Überblick

Im dritten Abschnitt dieses Kapitels haben wir versucht, die Lebensverhältnisse von Jugendlichen, die aus Migrationsfamilien stammen, anhand der verfügbaren PISA-Daten zu beschreiben. Dabei wurde deutlich, dass trotz der relativ großen Substichprobe von 1.056 Fällen Analysen aufgrund der Heterogenität der Zuwandererfamilien schnell an Grenzen vertretbarer Stichprobengrößen kommen. Das gilt insbesondere für den Leistungsbereich, wenn Kompetenzmaße nicht für alle Untersuchungsteilnehmer vorliegen, wie etwa im Falle von Mathematik und den Naturwissenschaften. Auch hier können die Analysen nur explorativen Ansprüchen genügen. Eine systematische Überprüfung der Befunde wird in einem thematischen Bericht auf der Basis der größeren PISA-Erweiterungsstichprobe vorgenommen werden. Diesem Bericht sind auch regionale Analysen vorbehalten. Im Folgenden sollen zunächst die Ergebnisse der Untersuchungen zur Bildungsbeteiligung vorgelegt werden. Daran schließt sich ein Überblick über den Zusammenhang von Zuwanderungsmerkmalen und Kompetenzerwerb an.

5.2 Bildungsbeteiligung der Jugendlichen aus Migrationsfamilien

Abbildung 8.7 stellt die Verteilung der 15-Jährigen auf die Bildungsgänge der Sekundarstufe I differenziert nach dem Migrationsstatus der Familie vor. Unterschieden werden Familien, in denen beide Eltern, ein Elternteil oder kein Elternteil in Deutschland geboren wurden. Schon ein erster Blick auf die Abbildung lässt einen strukturellen Unterschied in der Bildungsbeteiligung zwischen Kindern aus deutschen und gemischten Ehen und Kindern, deren beide Eltern nach Deutschland zugewandert sind, erkennen. Die Bildungsbeteiligung von Jugendlichen aus den beiden zuerst genannten Familientypen unterscheidet sich untereinander nur wenig. Die einzige nennenswerte Differenz liegt im relativen Anteil des Haupt- und Realschulbesuchs. Dagegen findet man bei Jugendlichen aus reinen Zuwandererfamilien eine Bildungsbeteiligung, wie sie in Deutschland etwa 1970 anzutreffen war. Der Hauptschulbesuch beträgt noch knapp 50 Prozent, und ein relativer Gymnasialbesuch von 15 Prozent macht die Distanz zu dieser Schulform sichtbar.

Wo liegen die Hürden im Zugang zu weiterführenden Schulen – in der Sozialstruktur, einer Distanz gegenüber der Majoritätskultur und/oder in der unzureichenden Beherrschung der Verkehrssprache? Um das Ausmaß der Disparitäten in der Bildungsbeteiligung genauer zu beschreiben und potenzielle Einflussfaktoren in ihrem Gewicht zu bestimmen, werden die relativen Chancen des Sekundarschulbesuchs von 15-Jährigen aus Familien mit unterschiedlichem Migrationshintergrund verglichen. Dabei sollen schrittweise sowohl die Sozialschichtzugehörigkeit als auch die erreichte Lesekompetenz kontrolliert werden. Zur Quantifizierung der relativen Chancen bedienen wir uns wiederum eines Kennwertes, der das Verhältnis von Beteiligungschancen angibt *(odds ratio)*. Das Verfahren ist in Abschnitt 4 beschrieben worden. Im Folgenden werden die Jugendlichen, deren beide Eltern zugewandert sind, als Referenzgruppe gewählt, mit der Jugendliche aus deutschen und gemischten Familien verglichen werden. Gegenstand des Vergleichs sind die Chancen, am Ende der Vollzeitschulpflicht eine andere Schulform als die Hauptschule zu besuchen (Tab. 8.17).

Abbildung 8.7: 15-Jährige nach Migrationshintergrund der Familie und Bildungsgang ohne Sonderschüler (in %)

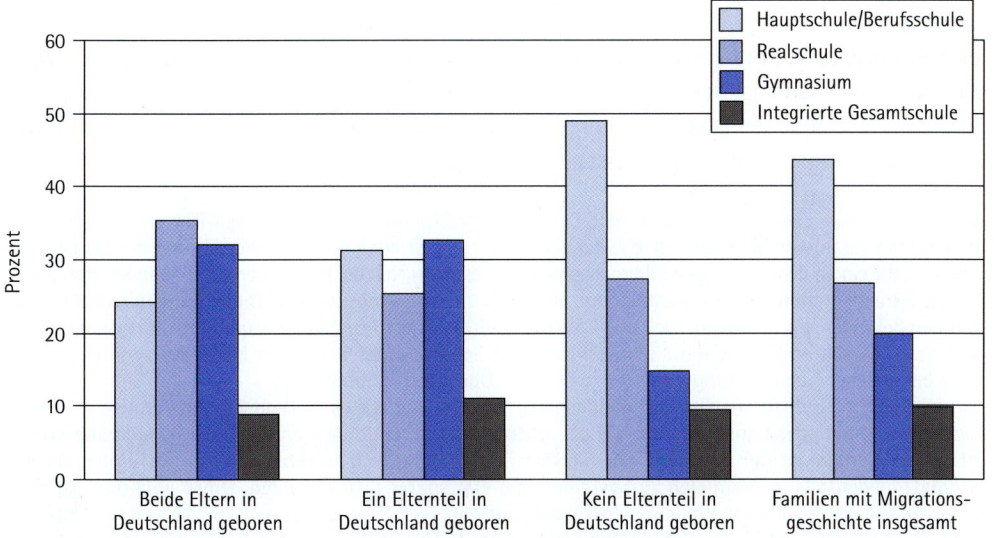

Tabelle 8.17: Relative Chancen des Sekundarschulbesuchs in Abhängigkeit vom Migrationsstatus der Familie (Verhältnisse der Beteiligungschancen [odds ratios])[1]

Migrationsstatus der Familie	Bildungsgang (Referenz: Hauptschule)											
	Realschule				Gymnasium				Integrierte Gesamtschule			
	Modell[2]				Modell[2]				Modell[2]			
	I	II	III	IV	I	II	III	IV	I	II	III	IV
Beide Eltern in Deutschland geboren	2.64	2.19	ns	ns	4.42	2.69	ns	ns	1.92	1.71	ns	ns
Ein Elternteil in Deutschland geboren	1.46	ns	ns	ns	3.46	2.10	ns	ns	1.86	1.76	ns	ns
Kein Elternteil in Deutschland geboren	Referenzklasse (odds = 1)											

[1] Nur statistisch signifikante Befunde ausgewiesen.
[2] Modell I: Ohne Kontrolle von Kovariaten; Modell II: Kontrolle von Sozialschichtzugehörigkeit; Modell III: Kontrolle von Lesekompetenz; Modell IV: Kontrolle von Sozialschichtzugehörigkeit und Lesekompetenz.

Die in den blau unterlegten Spalten der Tabelle 8.17 ausgewiesenen Ergebnisse der multinomialen logistischen Regressionsanalyse quantifizieren die in Abbildung 8.7 erkennbaren Disparitäten. Jugendliche, die aus einem Elternhaus stammen, in dem beide Eltern in Deutschland geboren wurden, haben im Vergleich zu ihren Altersgleichen aus reinen Zuwanderungsfamilien weitaus günstigere Chancen, anstelle einer Hauptschule eine andere weiterführende Schule zu besuchen. Die relativen Chancen eines Gesamtschulbesuchs liegen etwa um das Doppelte, eines Realschulbesuchs um das 2,6fache und eines Gymnasialbesuchs um das 4,4fache höher. Die Beteiligungschancen von Jugendlichen aus gemischten Ehen nehmen eine mittlere Position ein, liegen aber näher an den Chancen von Jugendlichen aus Familien, in denen beide Eltern in Deutschland geboren wurden. Es gilt aber auch festzuhalten, dass die Differenzen der Beteiligungschancen zwischen Jugendlichen aus Familien mit und ohne Migrationsgeschichte weitaus geringer sind als die Disparitäten zwischen Jugendlichen unterschiedlicher Sozial- oder Bildungsschichten.

Die Ergebnisse der Modellrechnung II zeigen, dass sich Unterschiede in den Chancen der Bildungsbeteiligung verringern, wenn die Sozialschicht der Familien kontrolliert wird. Den eigentlich überraschenden Befund liefert jedoch das Modell III: Vergleicht man Jugendliche mit gleicher Lesekompetenz, ist keine Benachteiligung von Jugendlichen aus Zuwandererfamilien mehr nachweisbar.

Weder die soziale Lage noch die kulturelle Distanz als solche sind primär für Disparitäten der Bildungsbeteiligung verantwortlich; von entscheidender Bedeutung ist vielmehr die Beherrschung der deutschen Sprache auf einem dem jeweiligen Bildungsgang angemessenen Niveau. Für Kinder aus Zuwandererfamilien ist die Sprachkompetenz die entscheidende Hürde in ihrer Bildungskarriere. Dieses Ergebnis deckt sich mit den Befunden, die Lehmann, Peek und Gänsfuß (1997) aus der Hamburger Studie zur Lernausgangslage von Sekundarschülern berichten. Schülerinnen und Schüler nicht deutscher Muttersprache erhielten dort bei gleicher Schulleistung einen Bonus für die Übergangsempfehlung.

In einem früh differenzierenden gegliederten System, wie wir es in Deutschland kennen, ergeben sich daraus praktische Konsequenzen. Müssen Übergangsentscheidungen am Ende der 4. Jahrgangsstufe getroffen werden, ist der Zeitraum, der für verteilungsrelevante Interventionen zur Verfügung steht, schmal – jedenfalls im Vergleich zu Systemen, die erst später differenzieren. Umso wichtiger ist die frühe und früheste Förderung in jenen Kompetenzbereichen, die für Laufbahnentscheidungen maßgeblich sind. Wird am Ende der 4. bzw. in einigen Ländern der 6. Grundschulklasse kein befriedigendes Niveau der Beherrschung der Verkehrssprache erreicht, sind spätere Kompensationen schwierig.

5.3 Migration und Kompetenzerwerb

Es ist eine der Leitannahmen von PISA, dass Lesekompetenz auf anspruchsvollem Niveau in modernen Gesellschaften eine Basisqualifikation darstellt, die für alle Lebensbereiche zunehmende Bedeutung hat. So gut wie jedes selbstständige und systematische Lernen ist sprachbasiert. Ernsthafte Defizite in der Sprachbeherrschung können durch Leistungsstärken in anderen Bereichen nicht kompensiert werden. Diese Annahme, für die es eine wachsende Zahl von Belegen gibt, wird nicht von allen geteilt. Gerade in der Diskussion um das Aufwachsen in multikulturellen Gesellschaften wird die Frage der Sicherheit der Beherrschung der Verkehrssprache vom Kompetenzerwerb in anderen Domänen getrennt. Dahinter steht die Überzeugung, dass Defizite der Sprachbeherrschung nicht auf die Leistungen in den Sachfächern durchschlagen müssen, jedenfalls wenn diese nicht „sprachlastig" unterrichtet werden. Durch die Zusammenschau mehrerer Kompetenzbereiche lässt sich im Rahmen von PISA die Plausibilität dieser Annahme prüfen.

Abbildung 8.8 weist getrennt für Familien mit unterschiedlichem Migrationsstatus die über die Kompetenzstufen kumulierten Prozentanteile der 15-Jährigen aus. Jede höhere Kompetenzstufe schließt also die Leistungen der niedrigeren Stufen ein. Diese Ertragskurven *(yield curves)* geben einen anschaulichen Eindruck der Leistungsverteilung. Nutzt man die qualitativen Einteilungen in Kompetenzstufen, wird zunächst sichtbar, dass sich Jugendliche aus Familien, in denen beide Eltern in Deutschland geboren wurden, und aus national gemischten Familien in ihrer Verteilung auf die Kompetenzstufen nicht unter-

Abbildung 8.8: 15-Jährige nach Migrationsstatus der Familie und mindestens erreichter Kompetenzstufe im Lesen (in %)

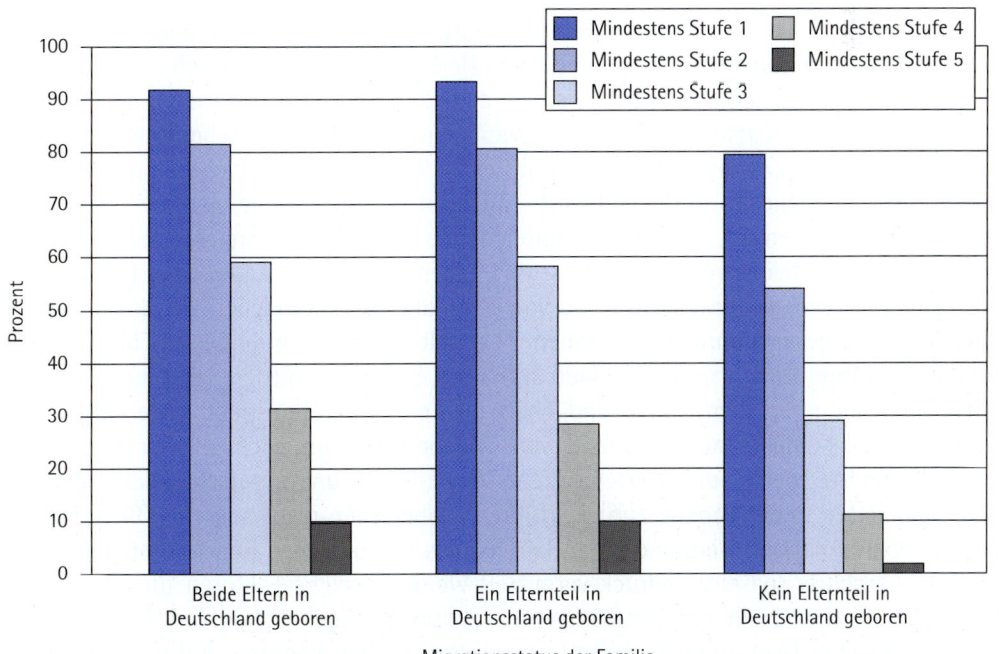

scheiden. Weder im Bereich der Risikogruppe extrem schwacher Leser noch bei Spitzen-
leistungen gibt es nennenswerte Unterschiede. Die Extremgruppen sind jeweils mit 10
oder knapp 10 Prozent der 15-Jährigen besetzt. Ganz anders sehen die Verhältnisse bei
den Jugendlichen aus, die aus einem Elternhaus kommen, wo beide Eltern zugewandert
sind. Der Anteil extrem schwacher Leser, die durch das authentische PISA-Material praktisch überfordert sind, steigt auf 20 Prozent. Exzellente Beherrschung der deutschen Sprache und die souveräne Bewältigung auch schwieriger Texte sind nur noch bei 2 Prozent
anzutreffen. Besonders auffällig ist das Ergebnis, dass fast 50 Prozent der Jugendlichen
aus zugewanderten Familien die elementare Kompetenzstufe I im Lesen nicht überschreiten. Dieser Befund ist bemerkenswert, wenn man sich an den in Abschnitt 3 berichteten
Tatbestand erinnert, dass über 70 Prozent dieser Jugendlichen die gesamte Schulzeit in
Deutschland absolviert haben.

Dass die Ergebnisse für das Leseverständnis nicht domänenspezifisch sind, zeigt Tabelle 8.18, die einen bereichsübergreifenden Vergleich erlaubt. Erwartungswidrig wird hier
sichtbar, dass Kompetenzunterschiede zwischen Jugendlichen aus Familien mit unterschiedlicher Migrationsgeschichte im mathematischen und naturwissenschaftlichen Bereich nicht geringer werden, sondern wachsen. Die erklärte Varianz steigt von $\eta^2 = .05$ für
das Leseverständnis über $\eta^2 = .07$ für die mathematische Kompetenz auf $\eta^2 = .09$ für die
naturwissenschaftliche Kompetenz. Sprachliche Defizite scheinen sich kumulativ in Sachfächern auszuwirken. Selbst die kleinen, nicht einmal zufallskritisch absicherbaren Unterschiede im Leseverständnis zwischen Jugendlichen aus Familien, in denen beide Eltern in
Deutschland geboren wurden, und gemischten Familien nehmen um beachtliche 20 Punkte auf eine fünftel Standardabweichung in Mathematik und den Naturwissenschaften zu.
Personen mit unzureichendem Leseverständnis sind vermutlich in allen akademischen Domänen in ihrem Kompetenzerwerb beeinträchtigt.

Die in Tabelle 8.19 zusammengefassten Ergebnisse sollen daran erinnern, dass das bislang gezeichnete Bild die übergeneralisierte Darstellung einer weitaus komplexeren Sachlage ist. Bei Betrachtung der unterschiedlichen Herkunftsländer zeigen sich nennenswerte
Unterschiede im Kompetenzerwerb, die auf den Zeitpunkt der Zuwanderung, die Ver-
bleibssicherheit in Deutschland und den jeweiligen kulturellen und religiösen Lebenszu-
sammenhang zurückzuführen sind. Von größter Bedeutung ist offensichtlich die Verweildauer eines Jugendlichen in Deutschland – auch wenn die Tatsache, dass eine Person in
Deutschland geboren ist, noch keine hinreichende Bedingung ausreichender Literalität
darstellt. Quereinsteiger in die Sekundarstufe I haben allerdings in kaum einer Domäne realistische Chancen, das Leistungsniveau von Jugendlichen zu erreichen, die das deutsche
Schulwesen insgesamt durchlaufen haben. Aber selbst wenn sich Kinder aus Migrationsfamilien seit ihrer Geburt in Deutschland aufhalten, bleibt das mittlere Leistungsniveau in
allen Bereichen unter dem von Jugendlichen, die keine Migrationsgeschichte haben. Die
feststellbaren Kompetenzunterschiede von Jugendlichen unterschiedlicher nationaler
Herkunft sind teilweise auf unterschiedliche Verweildauer und unterschiedliche Sprach-
gepflogenheiten in der Familie zurückzuführen – aber eben nicht ausschließlich darauf.
Eingehendere Analysen werden erst im Rahmen des thematischen Berichts möglich sein.

Zum Abschluss soll ein Eindruck vermittelt werden, welche Faktoren für die festgestellten Unterschiede in der Lesekompetenz zwischen Jugendlichen aus Familien mit
unterschiedlicher Migrationsgeschichte verantwortlich sein könnten. Aufgrund der For-

Tabelle 8.18: Kompetenzen von 15-Jährigen nach Migrationshintergrund der Familie

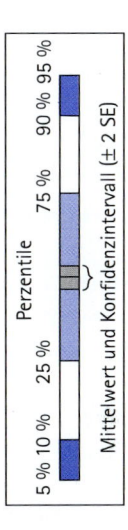

Kompetenzen/Migrationsstatus	Mittelwert (Standardfehler)	Standardabweichung	Perzentilbänder und Kompetenzstufen
Beide Eltern in Deutschland geboren	495 (2,6)	109,1	
Ein Elternteil in Deutschland geboren	492 (6,3)	104,0	
Kein Elternteil in Deutschland geboren	421 (6,1)	102,1	
η^2	.05		
Mathematische Kompetenz			
Beide Eltern in Deutschland geboren	503 (2,6)	97,1	
Ein Elternteil in Deutschland geboren	480 (8,9)	106,4	
Kein Elternteil in Deutschland geboren	426 (7,2)	101,2	
η^2	.07		
Naturwissenschaftliche Kompetenz			
Beide Eltern in Deutschland geboren	501 (2,5)	97,7	
Ein Elternteil in Deutschland geboren	486 (9,6)	103,2	
Kein Elternteil in Deutschland geboren	414 (6,8)	101,8	
η^2	.09		

Tabelle 8.19: Kompetenzen von 15-Jährigen aus Familien mit Migrationsgeschichte nach Migrationsstatus der Familie, Herkunftsland des Vaters, Verweildauer des Jugendlichen in Deutschland und Umgangssprache in der Familie (Mittelwerte, Standardfehler in Klammern)

Migrationsmerkmale	Kompetenzen (Mittelwerte)			
	Lesen	Mathematik	Naturwissen-schaften	Problemlösen bei Planungs-aufgaben
Referenz: Familien ohne Migrationsgeschichte	495 (2,6)	503 (2,6)	501 (2,5)	102 (0,9)
Migrationsstatus				
Ein Elternteil in Deutschland geboren	492 (6,3)	480 (8,9)	486 (9,6)	96 (2,2)
Kein Elternteil in Deutschland geboren	421 (6,1)	426 (7,2)	414 (6,8)	78 (2,3)
Herkunftsland des Vaters				
Deutschland	507 (8,6)	501 (11,7)	485 (13,7)	100 (3,0)
Griechenland/Italien	464 (11,6)	451 (15,1)	471 (17,5)	88 (3,9)
Türkei	389 (10,5)	377 (17,1)	396 (10,4)	70 (2,5)
Ehem. Jugoslawien	407 (29,1)	421 (27,4)	383 (28,0)	63 (10,9)
Polen und ehem. Sowjetunion	432 (7,3)	439 (9,4)	426 (7,9)	84 (2,9)
Andere Länder	463 (9,1)	457 (11,7)	454 (13,5)	86 (2,8)
Verweildauer in Deutschland				
Seit Geburt	469 (6,1)	461 (7,6)	464 (8,8)	89 (1,8)
Zuwanderung im Vorschulalter	431 (11,1)	433 (12,2)	421 (11,4)	81 (4,5)
Zuwanderung im Grundschulalter	419 (8,7)	426 (10,3)	410 (10,3)	80 (3,1)
Zuwanderung in Sekundarstufe I	367 (11,1)	383 (17,1)	368 (13,6)	63 (4,0)
Umgangssprache in der Familie				
Deutsch	465 (5,2)	459 (6,7)	458 (7,4)	89 (1,7)
Nicht Deutsch	396 (8,8)	400 (10,0)	392 (9,4)	70 (3,4)

Tabelle 8.20: Lesekompetenz von 15-Jährigen nach Migrationshintergrund der Familie vor und nach Kontrolle von Sozialschichtzugehörigkeit der Eltern (EGP), Verweildauer in Deutschland und Umgangssprache in der Familie (Mittelwerte)

Migrationsstatus	Lesekompetenz			
	Unkorrigierte Werte	Unter Kontrolle von Sozialschicht-zugehörigkeit (EGP)	Unter Kontrolle von Sozialschicht-zugehörigkeit und Verweildauer in Deutschland	Unter Kontrolle von Sozialschicht-zugehörigkeit, Verweildauer und Umgangssprache in der Familie
Beide Eltern in Deutschland geboren	495 (2,6)	492	488	484 (ns)
Ein Elternteil in Deutschland geboren	492 (6,3)	489	492	490 (ns)
Kein Elternteil in Deutschland geboren	422 (6,1)	439	459	479 (ns)
η^2	.05	.16	.17	.19

schungslage und unseren bisherigen Analysen sind Kandidaten dafür die Sozialschichtzugehörigkeit der Herkunftsfamilie, die Verweildauer des Jugendlichen in Deutschland und schließlich die Umgangssprache in der Familie. In Tabelle 8.20 sind die Ergebnisse von multiplen Klassifikationsanalysen zusammengestellt, die benutzt wurden, um Leistungsmittelwerte von Jugendlichen aus Familien mit unterschiedlicher Migrationsgeschichte schrittweise um die Ergebnisse von Kontextfaktoren zu korrigieren. Die Differenz zwischen den unkorrigierten Mittelwerten der Extremgruppen beträgt 73 Punkte, also etwas mehr als zwei drittel Standardabweichungen oder eine ganze Kompetenzstufe. Der Migrationsstatus der Familie erklärt 5 Prozent der Leistungsvarianz. Berücksichtigt man als zweiten Faktor die Sozialschichtzugehörigkeit, verringern sich die Unterschiede auf 52 Punkte. Die durch Migrationsstatus und Sozialschichtzugehörigkeit der Familie gemeinsam erklärte Leistungsvarianz beträgt 16 Prozent. Nach zusätzlicher Kontrolle der Verweildauer des Jugendlichen in Deutschland schrumpfen die Abstände auf 33 Punkte, also eine drittel Standardabweichung – dennoch bleibt der Unterschied statistisch signifikant und praktisch bedeutsam. Berücksichtigt man als letzten Faktor schließlich die Umgangssprache der Familie, sind keine Unterschiede mehr nachweisbar. Alle vier Kontextmerkmale zusammen erklären 19 Prozent der Variation der Lesekompetenz.

Für Benachteiligungen in der Bildungsbeteiligung von Jugendlichen aus Zuwandererfamilien sind primär weder die soziale Lage noch die kulturelle Distanz der Familie als solche verantwortlich; von entscheidender Bedeutung ist vielmehr die Beherrschung der deutschen Sprache auf einem dem jeweiligen Bildungsgang angemessenen Niveau. Betrachtet man die am Ende der Vollzeitschulpflicht erreichte Lesekompetenz von Jugendlichen aus Familien mit Migrationshintergrund, wird zunächst sichtbar, dass sich Jugendliche aus Familien, in denen beide Eltern in Deutschland geboren wurden, und aus national gemischten Familien in ihrer Verteilung auf die Kompetenzstufen im Lesen nicht unterscheiden. Anders sehen die Verhältnisse bei den Jugendlichen aus, die aus einem Elternhaus kommen, wo beide Eltern zugewandert sind. Der Anteil extrem schwacher Leser steigt auf 20 Prozent. Fast 50 Prozent der Jugendlichen aus Zuwandererfamilien überschreiten im Lesen nicht die elementare Kompetenzstufe I, obwohl über 70 Prozent von ihnen die deutsche Schule vollständig durchlaufen haben. Nach den Befunden scheinen sich sprachliche Defizite kumulativ in Sachfächern auszuwirken, sodass Personen mit unzureichendem Leseverständnis in allen akademischen Bereichen in ihrem Kompetenzerwerb beeinträchtigt sind.

---

6.   Soziale Herkunft und Kompetenzerwerb im internationalen Vergleich

6.1 Vergleichbarkeit der Indikatoren

Nach den theoretischen Ausgangsannahmen von PISA tragen die soziale Lage, das Bildungsniveau, die kulturellen Ressourcen und Aktivitäten sowie der Migrationsstatus von Familien sowohl gemeinsam als auch in jeweils besonderer Weise zur Entstehung und Weitergabe von Ungleichheiten in der Bildungsbeteiligung und im Kompetenzerwerb bei. In den beiden vorangegangenen Abschnitten haben wir den Zusammenhang von familiären Lebensverhältnissen und Bildungsbeteiligung bzw. Kompetenzerwerb am Beispiel von

Merkmalen der sozialen und ethnischen Herkunft untersucht. Um Entwicklungs- und Veränderungschancen abzuschätzen, ist es von großem Interesse zu erfahren, wie stabil diese Zusammenhänge über unterschiedliche Kulturen und Schulsysteme hinweg sind. Aus internationalen Vergleichsstudien zu sozialstrukturellen Disparitäten ist bekannt, dass sich die Zusammenhänge von sozialer Herkunft und Bildungsbeteiligung über die Geburtskohorten hinweg ändern können und soziale Disparitäten sich von Land zu Land sowohl im synchronen Vergleich als auch bei der Betrachtung von Veränderungsraten unterscheiden (Erikson & Jonsson, 1996). Es ist unklar, ob dies für die anderen Indikatoren familiärer Lebensverhältnisse wie Bildung, Kultur und ethnische Herkunft in gleicher Weise gilt und wie die Vermittlungsprozesse zum Kompetenzerwerb beschaffen sind. Eine Prüfung setzt voraus, dass die verwendeten Indikatoren transkulturell vergleichbar sind und sich auf vergleichbare Sachverhalte beziehen. In der kulturvergleichenden Forschung gibt es dafür mittlerweile ein hohes methodisches Bewusstsein (van de Vijver & Tanzer, 1998). Auch wenn die Probleme in vielen Fällen nicht wirklich lösbar sind, weiß man über die unterschiedliche Belastbarkeit von interkulturell vergleichenden Befunden zunehmend besser Bescheid.

Mit der Verwendung von internationalen Sozialschichtindikatoren bewegt man sich, wie Validierungsuntersuchungen belegen, auf einigermaßen sicherem Boden. Dass PISA – im Unterschied zu anderen internationalen Schulleistungsstudien – auch in dieser Hinsicht Anschluss an den Stand der Forschung gefunden hat, ist ein großer Gewinn. Ebenso ist der Versuch, Indikatoren für soziales und kulturelles Kapital zu entwickeln, ein mutiger Schritt. Bei der Erhebung des Bildungsniveaus der Eltern als eines Maßes für kulturelles Kapital übernimmt PISA die internationalen Konventionen zur Standardisierung von Bildungsabschlüssen – die so genannten ISCED-Klassen. Die Analysen im Rahmen der Feldstudie von PISA haben gezeigt, dass diese Klassifikation von Abschlüssen der Eltern zur Vorhersage von Leistungen der nachwachsenden Generation durchaus geeignet ist. Dennoch bleiben bei einem genauen Vergleich der Systeme und Abschlüsse Zweifel, ob der Nachweis, dass der Zusammenhang zwischen Bildungsabschluss der Eltern und Schulleistung der Kinder zwischen Staaten variiert, tatsächlich als Beleg für die unterschiedliche Kopplung von kulturellen Ressourcen und Kompetenzerwerb interpretiert werden darf oder ob er ein Artefakt unterschiedlicher Messeigenschaften des Indikators sein könnte. Derartige Bedenken gelten verstärkt bezüglich der transkulturellen Äquivalenz der übrigen Indikatoren für ökonomisches, soziales und kulturelles Kapital wie den Besitz von Wohlstands- und Kulturgütern, kulturellen Aktivitäten oder Kommunikationsgepflogenheiten in der Familie. Wenn man sich der begrenzten Belastbarkeit der Befunde bewusst bleibt, können Analysen mit diesen Indikatoren wichtige explorative Funktionen erfüllen. Offensichtlich ist die Notwendigkeit, Zurückhaltung bei Interpretationen zu üben, wenn die Leistungsergebnisse von Schülerinnen und Schülern aus Familien mit Migrationshintergrund international vergleichend betrachtet werden. Schon im deskriptiven dritten Abschnitt wurde darauf aufmerksam gemacht, dass hinter dem Migrationsstatus einer Familie ganz unterschiedliche Sachverhalte stehen können. Dennoch steht außer Zweifel, dass internationale Vergleiche für das differenzierte Verständnis von Zuwanderung nur förderlich sein können.

Im Folgenden werden wir uns zunächst auf die Analyse des Zusammenhangs zwischen sozialer Lage von Familien und Kompetenzerwerb konzentrieren. Damit lassen sich Fragen zur Variabilität und Stärke des Zusammenhangs zwischen sozialer Herkunft und Bildungserfolg am solidesten beantworten. Anschließend werden wir versuchen, einen Eindruck von den erwartungsgemäß unterschiedlichen Befunden zum Migrationsstatus zu vermitteln. Dabei wird uns auch die Frage leiten, ob es in Nachbarländern eine strukturell ähnliche Zuwanderung gibt, die von den jeweiligen Bildungssystemen aber unterschiedlich aufgefangen wird.

Der Abschnitt wird mit einer komplexen multivariaten Analyse schließen. In allen teilnehmenden Staaten gibt es Jugendliche, die aufgrund ihrer geringen Lesekompetenz, die häufig auch mit schwachen Leistungen in anderen Domänen verbunden ist, zu einer potenziellen Risikogruppe gehören. Wie in Kapitel 2 gezeigt wurde, unterscheidet sich der quantitative Umfang dieser Gruppe zwischen den PISA-Teilnehmerstaaten erheblich. Ziel unserer Analyse ist es, Risikofaktoren zu identifizieren und in ihrem relativen Gewicht abzuschätzen, die zu einer solchen Gefährdung beitragen können.

6.2 Transkulturell variierende Bedeutung sozialer Unterschiede

Wie erfolgreich sind Schülerinnen und Schüler aus sozial privilegierten Familien im Vergleich zu Altersgleichen, die aus Familien unterer sozialer Schichten stammen? Sind die Differenzen zwischen den Schichten in allen OECD-Staaten gleich groß? Um diese Frage zu beantworten, werden in Abbildung 8.9 die im internationalen PISA-Test erreichten Leseleistungen von 15-Jährigen aus Familien des oberen Viertels und aus Familien des unteren Viertels der Verteilung des sozioökonomischen Status gegenübergestellt. Als Maß für den sozioökonomischen Status verwenden wir den höchsten in einer Familie erreichten sozioökonomischen Index (*Highest International Socio-Economic Index,* HISEI), da die EGP-Klassen mit den international verfügbaren Daten nicht gebildet werden können. Der Wechsel des Indikators ist unproblematisch, da alle zuvor berichteten Befunde in der Substanz unter Nutzung des Internationalen Sozioökonomischen Index (ISEI) repliziert werden können. Der Tabelle 8.3 ist überdies eine Synopse von EGP-Klasse und mittlerem sozioökonomischen Index zu entnehmen. In Deutschland wird das obere Viertel der Sozialstruktur – wie sie im Internationalen Sozioökonomischen Index abgebildet wird – zum größten Teil durch die Angehörigen der oberen Dienstklasse besetzt, während zum unteren Viertel im Wesentlichen die niedrigeren Strata der Arbeiterschicht gehören. Betrachtet man zunächst die Ergebnisse für die Kinder der Oberschicht, so ergibt sich im internationalen Vergleich ein insgesamt günstiges Bild. Diese Jugendlichen erreichen – wenn man einmal von den Ausnahmen Mexiko und Brasilien absieht – im Mittel mindestens die Kompetenzstufe III und in neun Staaten – die Reihe reicht von Finnland bis zu den Vereinigten Staaten – sogar die Kompetenzstufe IV. Beide Kompetenzstufen stehen für ein überdurchschnittliches bis hervorragendes Leseniveau. Die deutschen Schülerinnen und Schüler nehmen innerhalb dieser Sozialschicht einen mittleren Platz ein. Ganz anders sieht der Befund für Kinder aus Arbeiterhaushalten aus. In mehreren Ländern erreichen Schülerinnen und Schüler dieser sozialen Gruppe im Mittel gerade den unteren Rand der Kompetenzstufe II. Allerdings ist auch zu erkennen, dass in einigen Ländern Jugendliche aus unteren Sozialschichten sicher auf die Kompetenzstufe III gelangen. In Deutschland ist das Leseniveau dieser Gruppe auffällig niedrig. Nur in Luxemburg, Mexiko und Brasi-

Abbildung 8.9: Mittlere Lesekompetenz von 15-Jährigen aus Familien des oberen und unteren Viertels der Sozialstruktur nach Staaten

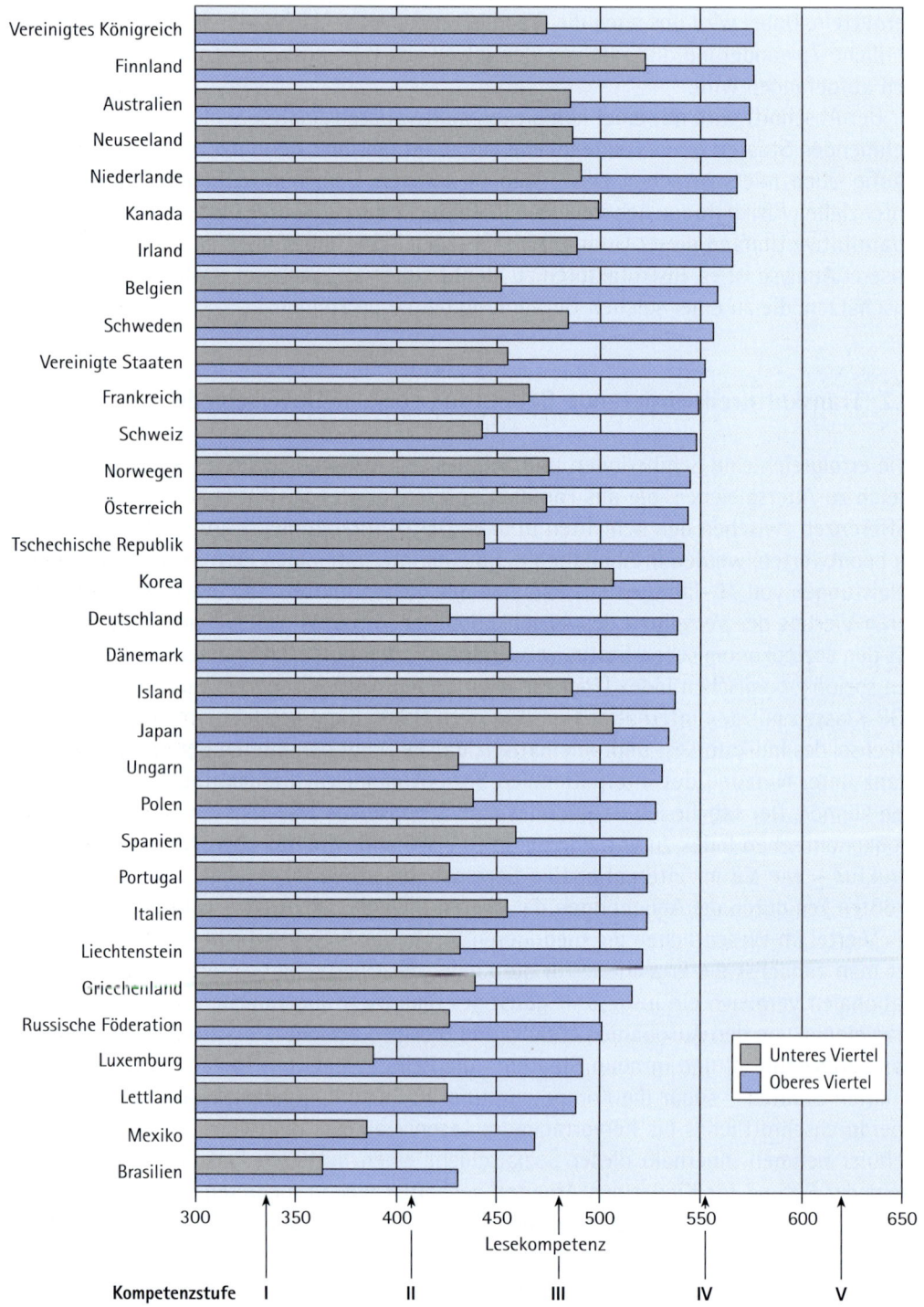

lien werden von Jugendlichen des unteren sozialen Quartils schwächere Leseleistungen erbracht.

Abbildung 8.9 macht deutlich, dass in allen an PISA beteiligten Staaten soziale Disparitäten im Erwerb von Lesekompetenz auftreten, aber in unterschiedlichem Ausmaß. Dies ist der erste Hinweis auf die transkulturelle Variabilität der Kopplung von sozialer Herkunft und Bildungserfolg. Abbildung 8.10 stellt diese Informationen systematisch zusammen, indem die Teilnehmerstaaten nach der Differenz zwischen der mittleren Lesekompetenz von 15-Jährigen aus Familien des oberen und unteren Viertels der Sozialstruktur angeordnet werden. Der Befund wird für viele, auch mit der Disparitätsforschung vertraute Leser überraschend sein: Deutschland und die Schweiz sind die beiden Länder mit den größten Unterschieden in der Lesekompetenz von Jugendlichen aus höheren und niedrigeren Sozialschichten. Die Differenz beträgt in Deutschland mehr als eineinhalb Kompetenzstufen oder 1,2 Standardabweichungen. Selbst die Vereinigten Staaten, die immer wieder als Beispiel für große soziale Disparitäten in den Bildungschancen angeführt werden, weisen zwar immer noch beträchtliche, aber signifikant niedrigere sozial bedingte Leistungsunterschiede auf. Wie groß der Spielraum für die Entkopplung von sozialer Herkunft und dem Erwerb zentraler Basisqualifikationen wie Lesekompetenz international ist, zeigt ein Blick auf das andere Ende der Verteilung, an dem sich zwei europäische und zwei südostasiatische Staaten befinden. In Finnland und Island – zwei Staaten mit überragenden bzw. guten Leistungsergebnissen – betragen die sozialen Disparitäten, wenn man Jugendliche aus Familien des oberen und unteren Quartils der Sozialstruktur vergleicht, etwa 50 Punkte oder eine halbe Standardabweichung – also weniger als die Hälfte des deutschen Werts. In Korea sinken die Disparitätswerte auf 36 Punkte und in Japan auf 27 Punkte, wohlgemerkt bei gleich großer sozialer Heterogenität der Elternhäuser: Die Standardabweichung des Internationalen Sozioökonomischen Index (HISEI) beträgt in Deutschland 15,7 und in Japan 16,0; in Korea ist die Sozialstruktur mit einer Standardabweichung von 14,5 homogener. In Finnland und Island sind die Unterschiede in den sozialen Lagen der Familien sogar noch etwas größer als in Deutschland.

Dass gerade Länder mit guten oder ausgezeichneten Ergebnissen bei der Sicherung der Basiskompetenz Lesen zugleich auch geringe soziale Disparitäten im Bildungserfolg aufweisen können, ist ein besonders bemerkenswerter Befund. Dieses Muster ist keineswegs auf den Erwerb von Lesekompetenz beschränkt. Tabelle 8.21, in der die Parallelinformationen für Mathematik und die Naturwissenschaften zusammengefasst sind, belegt, dass sich das Grundmuster auch in anderen Domänen wiederholt, auch wenn in einzelnen Staaten die sozialen Disparitäten im mathematischen und naturwissenschaftlichen Bereich geringer ausfallen können, als dies für das Lesen der Fall ist. Insgesamt zeigt schon die erste deskriptive Darstellung eine internationale Variabilität herkunftsbedingter Ungleichheiten im Kompetenzerwerb, die zu weiteren Analysen Anlass gibt.

Abbildung 8.10: Unterschiede zwischen der mittleren Lesekompetenz von 15-Jährigen aus Familien des oberen und unteren Viertels der Sozialstruktur (höchster Sozialstatus [HISEI] von Vater oder Mutter)

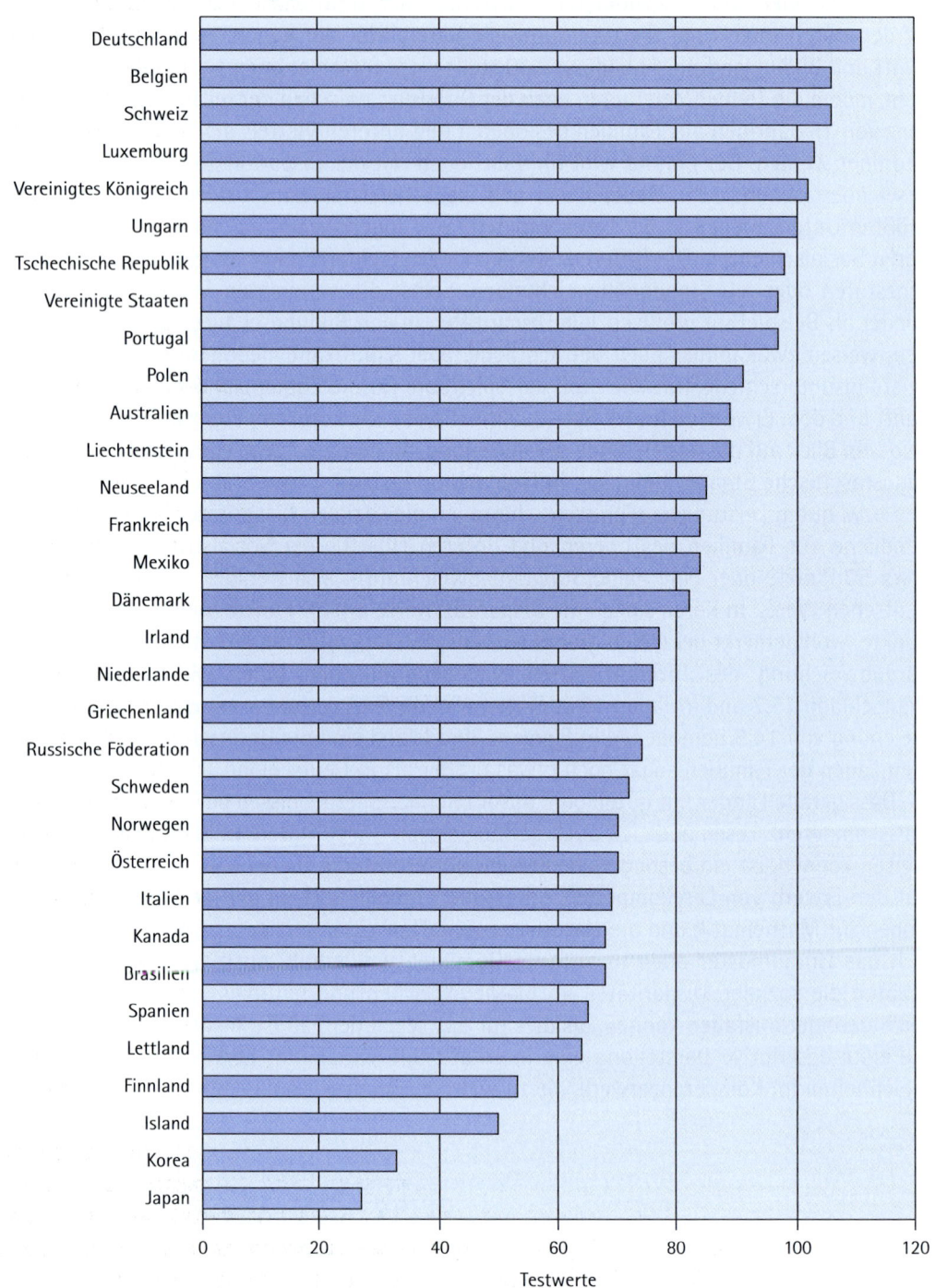

Tabelle 8.21: Kompetenzen von 15-Jährigen nach Staaten und Sozialschicht (Mittelwerte des oberen und unteren Viertels der Sozialstruktur [HISEI[1]] und Differenzen der Mittelwerte)

Staat	Lesekompetenz			Mathematische Kompetenz			Naturwissenschaftliche Kompetenz		
	Oberes Quartil der Sozialstruktur (HISEI)	Unteres Quartil der Sozialstruktur (HISEI)	Differenz	Oberes Quartil der Sozialstruktur (HISEI)	Unteres Quartil der Sozialstruktur (HISEI)	Differenz	Oberes Quartil der Sozialstruktur (HISEI)	Unteres Quartil der Sozialstruktur (HISEI)	Differenz
Australien	574 (5,3)	486 (3,7)	89 (6,0)	577 (5,7)	491 (4,4)	85 (7,1)	569 (5,9)	494 (4,7)	75 (7,2)
Belgien	558 (3,3)	452 (6,1)	106 (6,1)	573 (4,2)	468 (6,7)	105 (7,5)	551 (4,0)	439 (8,0)	111 (7,8)
Brasilien	431 (4,3)	363 (4,0)	68 (5,4)	375 (7,1)	296 (4,9)	80 (9,2)	412 (6,2)	344 (5,6)	68 (9,0)
Dänemark	538 (3,5)	456 (4,3)	82 (5,2)	548 (4,7)	481 (4,3)	67 (6,2)	527 (5,0)	438 (4,7)	89 (6,7)
Deutschland	**538 (3,8)**	**427 (4,0)**	**111 (5,4)**	**539 (4,4)**	**437 (4,6)**	**102 (5,9)**	**537 (4,0)**	**439 (4,7)**	**98 (6,3)**
Finnland	576 (3,4)	522 (4,2)	53 (4,3)	564 (3,8)	512 (3,4)	52 (4,3)	565 (4,4)	517 (4,0)	49 (5,5)
Frankreich	549 (3,6)	465 (4,1)	84 (5,2)	556 (3,7)	482 (4,6)	73 (6,0)	550 (4,6)	456 (4,2)	94 (6,0)
Griechenland	516 (5,6)	439 (5,5)	76 (7,0)	497 (7,5)	410 (6,5)	87 (9,2)	504 (7,0)	431 (5,6)	73 (8,3)
Irland	566 (3,8)	489 (4,1)	77 (4,7)	535 (4,3)	472 (3,8)	63 (5,5)	551 (4,5)	477 (4,7)	74 (5,8)
Island	537 (2,6)	487 (2,5)	50 (3,5)	537 (3,8)	498 (3,7)	40 (5,2)	517 (4,1)	483 (3,8)	34 (5,7)
Italien	523 (4,0)	455 (4,1)	69 (5,1)	486 (4,9)	428 (4,6)	57 (6,0)	513 (3,9)	449 (5,0)	64 (6,0)
Japan	534 (5,5)	507 (6,2)	27 (5,4)	573 (6,7)	545 (6,1)	28 (6,1)	562 (6,1)	536 (7,0)	26 (6,2)
Kanada	567 (2,1)	499 (2,4)	68 (2,9)	561 (2,2)	506 (2,1)	55 (3,0)	559 (2,3)	499 (2,9)	60 (3,6)
Korea	540 (3,2)	507 (4,4)	33 (5,0)	572 (4,0)	517 (5,2)	55 (6,5)	572 (4,4)	534 (4,7)	39 (6,2)
Lettland	489 (6,1)	425 (6,3)	64 (6,5)	483 (6,0)	435 (6,9)	48 (7,9)	488 (7,5)	430 (6,6)	59 (8,2)
Liechtenstein	521 (7,8)	432 (10,7)	89 (-3,7)	542 (14,4)	482 (12,9)	60 (19,6)	519 (12,1)	425 (15,2)	94 (19,4)
Luxemburg	492 (2,8)	389 (3,8)	103 (4,8)	490 (3,9)	403 (4,7)	87 (5,7)	487 (5,2)	399 (5,1)	89 (7,4)
Mexiko	469 (5,8)	385 (3,9)	84 (6,6)	431 (6,6)	357 (3,9)	75 (8,0)	460 (6,2)	391 (3,5)	69 (6,9)
Neuseeland	572 (4,4)	487 (3,9)	85 (5,6)	569 (3,5)	483 (7,4)	87 (7,9)	573 (4,0)	487 (4,6)	86 (6,2)
Norwegen	545 (4,2)	475 (3,6)	70 (5,2)	532 (4,1)	471 (6,0)	62 (7,1)	534 (4,4)	474 (4,3)	61 (6,0)
Österreich	544 (3,5)	474 (3,2)	70 (4,4)	551 (5,8)	486 (3,5)	64 (7,0)	555 (4,2)	487 (4,1)	68 (5,8)
Polen	528 (6,4)	438 (5,7)	91 (7,7)	523 (7,1)	441 (5,7)	82 (7,2)	528 (7,7)	445 (6,0)	83 (8,9)
Portugal	523 (4,9)	427 (5,0)	97 (6,6)	503 (4,9)	419 (4,9)	84 (6,5)	501 (5,2)	423 (4,6)	79 (6,5)
Russische Föderation	501 (3,8)	427 (5,6)	74 (5,6)	511 (4,3)	438 (10,4)	74 (9,5)	500 (5,5)	431 (5,6)	69 (6,5)
Schweden	556 (3,2)	484 (2,7)	72 (3,8)	558 (4,2)	470 (4,2)	88 (6,0)	552 (3,7)	484 (3,6)	68 (5,0)
Schweiz	548 (5,3)	442 (4,5)	106 (6,4)	580 (5,4)	486 (4,8)	94 (6,7)	552 (5,9)	446 (5,0)	106 (6,8)
Spanien	524 (2,8)	459 (3,6)	65 (4,3)	522 (5,0)	450 (3,8)	72 (6,3)	528 (3,9)	453 (4,4)	75 (5,9)
Tschechische Republik	541 (2,9)	443 (3,4)	98 (4,6)	524 (3,6)	440 (5,7)	84 (6,3)	558 (3,7)	467 (4,2)	91 (5,6)
Ungarn	531 (5,6)	431 (4,7)	100 (6,6)	543 (6,8)	436 (4,7)	106 (7,8)	552 (6,0)	442 (5,9)	111 (8,6)
Vereinigtes Königreich	576 (3,5)	474 (3,3)	102 (4,6)	574 (3,8)	483 (3,4)	91 (5,2)	586 (3,9)	484 (4,3)	102 (5,9)
Vereinigte Staaten	552 (6,1)	455 (8,0)	97 (7,7)	546 (6,5)	546 (8,6)	104 (8,6)	548 (8,0)	452 (8,3)	97 (8,4)

[1] Höchster sozialökonomischer Status in der Familie.

6.3 Sozialschichtzugehörigkeit und Erwerb von Lesekompetenz

Wie kann der in Abschnitt 6.2 visuell vermittelte Eindruck der Variabilität des Zusammenhangs zwischen sozialer Herkunft und Lesekompetenz genauer quantifiziert werden? Abbildung 8.11 stellt den Zusammenhang zwischen sozioökonomischem Status der Familie und erreichter Lesekompetenz der 15-Jährigen über alle PISA-Teilnehmerstaaten hinweg graphisch dar. Für jeden Untersuchungsteilnehmer werden der sozioökonomische Status der Familie und die erreichte Lesekompetenz abgetragen. Dabei steht jedes der kleinen Quadrate für etwa 100 Teilnehmer. Um die Vergleichbarkeit mit Deutschland zu erleichtern, wurde der Index für den sozioökonomischen Status der Familie an den deutschen Werten standardisiert. Der Nullpunkt der Abszisse liegt genau am deutschen Mittelwert für den höchsten sozioökonomischen Status einer Familie (HISEI: 48,6). Die Einheit des Maßes für den Sozialstatus ist jetzt die Standardabweichung, die in Deutschland 15,7 Punkte beträgt. Um den Zusammenhang zwischen sozialer Herkunft und Lesekompetenz möglichst ökonomisch zu beschreiben, suchen wir nach der Funktion, bei der die Abweichungen der beobachteten Messwerte von den vorhergesagten Werten minimiert werden. Diese Funktion erlaubt dann, bei gegebenem Sozialstatus eine optimale Vorhersage der erreichten Lesekompetenz. Die dazugehörige Kurve soll als *sozialer Gradient der Lesekompetenz* bezeichnet werden.

In Abbildung 8.11 werden zwei Vorschläge für die Modellierung des Zusammenhangs vorgelegt. Der einfachste Fall ist eine lineare Funktion, der in Abbildung 8.11 die Regressionsgerade entspricht. Im zweiten Modell wurde eine quadratische Komponente hinzugefügt, um zu prüfen, ob der Anstieg der Lesekompetenz im unteren Bereich der Sozial-

Abbildung 8.11: Sozialer Gradient der Lesekompetenz

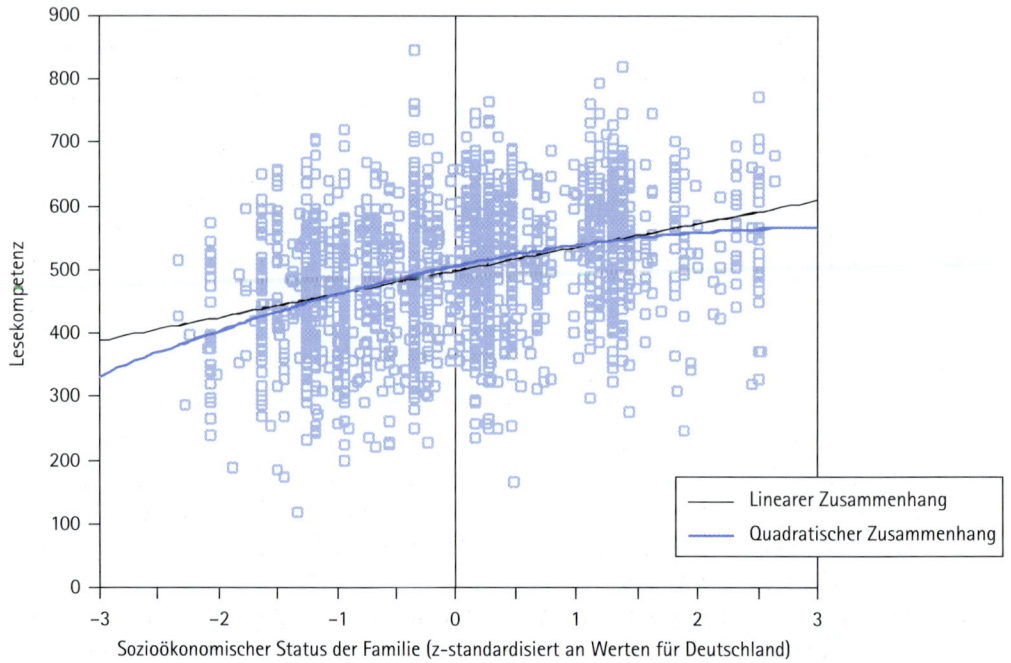

struktur steiler und im oberen eventuell flacher verläuft. Man kann leicht sehen, dass der Zusammenhang zwischen sozialer Herkunft und Lesekompetenz über weite Strecken praktisch linear ist; und in der Tat verbessert eine quadratische Funktion die Vorhersage nur geringfügig. Der Zusammenhang zwischen sozioökonomischem Status der Familie und Lesekompetenz von 15-Jährigen wird angemessen durch eine lineare Funktion beschrieben. Dies gilt auch für Analysen auf der Ebene der einzelnen Staaten. Die durch eine quadratische Funktion erreichte Verbesserung der Anpassung ist in Österreich und Deutschland am größten, aber immer noch nicht nennenswert. Wir werden uns also im Folgenden auf die Darstellung linearer Zusammenhänge beschränken.

Um die Lage des sozialen Gradienten im Koordinatensystem zu bestimmen, benötigt man eine Angabe über sein Niveau – dies leistet der Ordinatenabschnitt – und die Veränderungsrate der Lesekompetenz in Abhängigkeit vom sozioökonomischen Status – die Steigung der Geraden. In unserem Fall liegt der Ordinatenabschnitt bei einem Leseniveau von 499 Punkten. Personen, deren soziale Lage genau der mittleren Sozialschicht in Deutschland entspricht, erreichen im Durchschnitt aller PISA-Teilnehmer diesen Lesewert. In Deutschland liegt der entsprechende Wert mit 484 Punkten deutlich niedriger. Der Ordinatenabschnitt gibt uns also Auskunft über das mittlere Leistungsniveau bei gleichzeitiger Kontrolle der Sozialschichtzugehörigkeit. Die Steigung der Regressionsgeraden beträgt 37 Punkte: Verändert sich der Sozialstatus um eine Standardabweichung, steigt oder fällt – je nach Richtung der Veränderung des Sozialstatus – die Lesekompetenz um 37 Punkte. Die Genauigkeit der Vorhersage wird durch den Bestimmtheitskoeffizienten angegeben. Ein Wert von $R^2 = .12$ besagt, dass 12 Prozent der internationalen Variabilität der Lesekompetenz durch den sozioökonomischen Status der Familien der an PISA beteiligten Jugendlichen erklärt werden. Da in diesem Fall der Sozialstatus der einzige Prädiktor für die Lesekompetenz ist, entspricht dieser Wert dem Quadrat der Korrelation zwischen sozioökonomischem Status und Lesekompetenz ($r = .34$).

Zusammengefasst lautet die Aussage der Abbildung 8.11: Unter Nutzung des gesamten internationalen Datensatzes zeigt sich ein positiver Zusammenhang zwischen sozialer Herkunft und Lesekompetenz. Jugendliche aus Familien gehobener Sozialschichten erreichen bessere Leseleistungen. Der Zusammenhang ist weitgehend linear. Trotz des systematischen Zusammenhangs ist die Kopplung von Sozialschicht und Kompetenzerwerb begrenzt. Es gibt genügend Jugendliche aus unteren Sozialschichten mit exzellenten Leseleistungen und umgekehrt. Wir haben es also mit keinem deterministischen Verhältnis von sozialer Herkunft und Schulerfolg zu tun. Bei einer genauen Betrachtung von Abbildung 8.11 erkennt man eine leichte Konvergenz der Punkte im Bereich der oberen Sozialschicht. Dies weist darauf hin, dass die Leistungsheterogenität bei Jugendlichen niedriger sozialer Herkunft international größer ist.

Der soziale Gradient der Lesekompetenz lässt sich nun nicht nur über alle Länder hinweg, sondern auch für jedes Land getrennt schätzen. Um den Überblick zu erleichtern, wurden in Abbildung 8.12 die sozialen Gradienten zunächst für einige ausgewählte Nachbarstaaten graphisch dargestellt. Der Gradient der Vereinigten Staaten wurde hinzugefügt, da die Vereinigten Staaten gerade in Deutschland häufig als Beispiel großer sozialer Disparitäten im Bildungsbereich angeführt werden. Die Gradienten der einzelnen Länder vermitteln jeweils drei Informationen:

- Das Niveau des Gradienten – bestimmt durch den Ordinatenabschnitt – gibt Auskunft über das mittlere Leistungsniveau eines Landes, das erwartet werden kann, wenn die soziale Herkunft der Jugendlichen der mittleren Sozialschicht in Deutschland entspricht.

– Die Steigung des Gradienten bildet die Veränderungsrate ab, mit der die Lesekompetenz der Änderung der Sozialschicht um eine Standardabweichung folgt. Die Steigung ist ein Indikator für den Anteil der Ungleichheit in der Lesekompetenz, der auf die soziale Herkunft zurückgeführt werden kann.

– An der Länge des Gradienten schließlich ist die Spannweite der sozialen Unterschiede zwischen dem 5. und 95. Perzentil der Verteilung des Internationalen Sozioökonomischen Indexes ablesbar. Sie gibt einen ungefähren Eindruck von der Heterogenität der Sozialstruktur eines Landes.

Abbildung 8.12 gibt ein eindrucksvolles Bild von der Variabilität sowohl des Niveaus als auch der Steigungen der sozialen Gradienten bei weitgehend vergleichbarer Sozialstruktur der Länder. Die Unterschiede werden besonders deutlich, wenn man die beiden am Rande liegenden Gradienten für Finnland und Deutschland vergleicht. In Finnland liegt das mittlere Leistungsniveau von 15-Jährigen bei einer mit Deutschland vergleichbaren Sozialstruktur bei 545 Punkten; dies entspricht dem oberen Bereich der dritten Kompetenzstufe. Gleichzeitig beträgt die Steigung des Gradienten knapp 20 Punkte; bei Veränderung der Sozialschicht um eine Standardabweichung steigt oder sinkt die Lesekompetenz um 20 Punkte – also um etwas mehr als eine viertel Kompetenzstufe. In Deutschland liegt das mittlere Leistungsniveau bei konstanter Sozialschicht bei 484 Punkten und damit

Abbildung 8.12: Soziale Gradienten der Lesekompetenz für ausgewählte Staaten

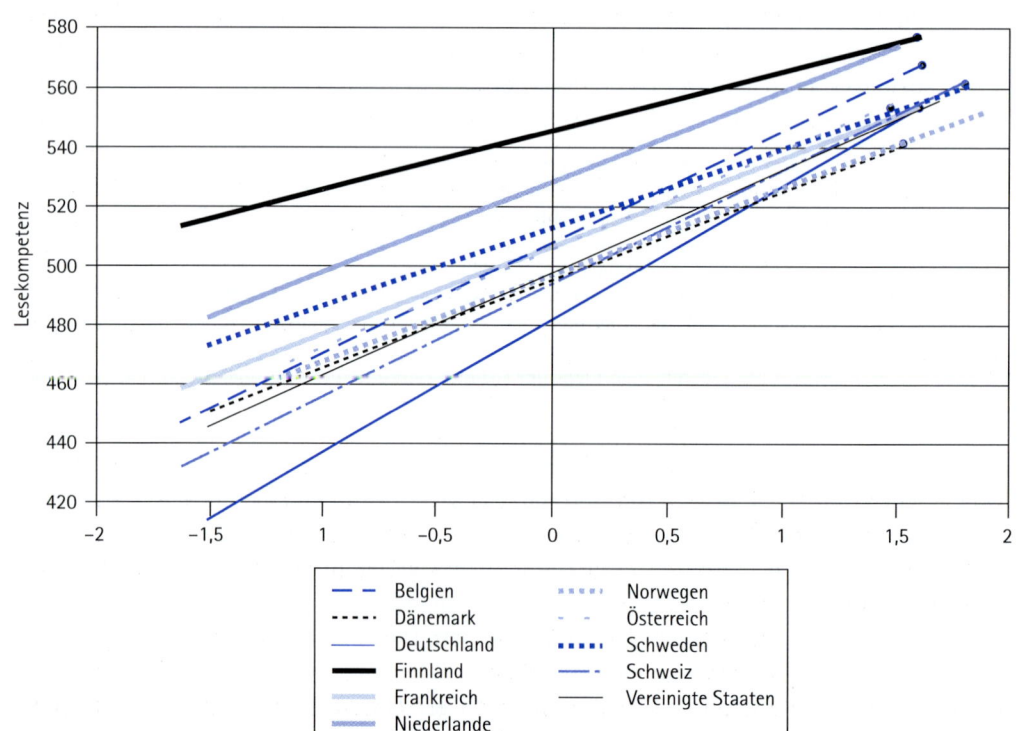

am unteren Rand der dritten Stufe der Lesekompetenz. Die Leistungsdifferenz zwischen den 15-Jährigen in Finnland und Deutschland beträgt bei Kontrolle der Sozialschichtzugehörigkeit fast eine Kompetenzstufe. Gleichzeitig hat der soziale Gradient in Deutschland die steilste Steigung. Verändert sich die Sozialschichtzugehörigkeit in Deutschland um eine Standardabweichung, folgt die Lesekompetenz mit knapp 45 Punkten – das ist mehr als der doppelte Wert, der für Finnland nachgewiesen wurde. Zieht man die übrigen Länder mit in die Betrachtung ein, ist zu erkennen, dass die Schweiz und Belgien ebenfalls steile soziale Gradienten, allerdings auf etwas höherem Niveau, aufweisen. Für viele Leser dürfte es überraschend sein, dass der soziale Gradient selbst in den Vereinigten Staaten auf höherem Niveau flacher verläuft, als dies in Deutschland der Fall ist. Abbildung 8.12 ist weiterhin zu entnehmen, dass die sozialen Gradienten im oberen Bereich der Sozialstruktur deutlich konvergieren. Die Unterschiede in der Lesekompetenz zwischen den Staaten verringern sich, wenn man Jugendliche mit privilegierter Herkunft vergleicht, während sich die Schere im unteren sozialen Bereich öffnet.

> Diese Befunde legen zwei wichtige Schlussfolgerungen nahe:
> (1) Eine Entkopplung von sozialer Herkunft und Kompetenzerwerb muss offensichtlich nicht mit einem Niveauverlust erkauft werden. Im Gegenteil: Es deutet sich eine positive Beziehung zwischen Leseniveau und Lockerung des Zusammenhangs von sozialer Herkunft und Schulerfolg an.
> (2) Eine Optimierung beider Gesichtspunkte – Sicherung eines hohen Kompetenzniveaus und Verminderung sozialer Disparitäten – hängt maßgeblich vom Erreichen eines befriedigenden Niveaus der Lesekompetenz in den *unteren* Sozialschichten ab.

Erweitert man den Blick von den ausgewählten Vergleichsstaaten auf alle PISA-Teilnehmerländer, erhält das vorgestellte Bild noch schärfere Konturen. Abbildung 8.13 zeigt, dass in Deutschland im Vergleich zu allen anderen OECD-Staaten die soziale Lage der Herkunftsfamilie den stärksten Effekt auf die gegen Ende der Vollzeitschulpflicht erreichte Lesekompetenz hat. In Deutschland, gefolgt von den beiden ehemaligen sozialistischen Staaten Tschechische Republik und Ungarn, sowie der Schweiz, Luxemburg und Belgien, können am Ende der Sekundarstufe I soziale Disparitäten der Lesekompetenz nachgewiesen werden, wie sie in anderen Ländern – allen voran Japan, Korea, Island oder Finnland – kaum denkbar sind. In Deutschland ist die Steilheit des sozialen Gradienten sowohl auf den vergleichsweise engen Zusammenhang zwischen sozialer Herkunft und Lesekompetenz – die Korrelation beträgt $r = .41$ – als auch auf die extrem große Leistungsstreuung der 15-Jährigen ($SD = 110,7$), nicht aber auf eine ungewöhnlich heterogene Sozialstruktur der Bevölkerung zurückzuführen. In Deutschland verbindet sich darüber hinaus mit der relativ engen Kopplung von sozialer Herkunft und Kompetenzerwerb ein im internationalen Vergleich unterdurchschnittliches Leistungsniveau. Kontrolliert man die Sozialschichtzugehörigkeit, fallen die deutschen Jugendlichen im internationalen Vergleich noch einmal etwas zurück, ohne dass sich das internationale Gesamtbild änderte. Die einzelnen Kennwerte sind in Tabelle 8.22 ausgewiesen.

Abbildung 8.14 schließlich gibt im Vergleich der PISA-Teilnehmerstaaten genauere Auskunft über den Zusammenhang zwischen der Kopplung von sozialer Herkunft und Kompetenzerwerb einerseits und dem Niveau der erreichten Lesekompetenz andererseits. Die Steigung des sozialen Gradienten und die in den PISA-Teilnehmerstaaten erreichte

Abbildung 8.13: Steigung des sozialen Gradienten der Lesekompetenz nach Staaten

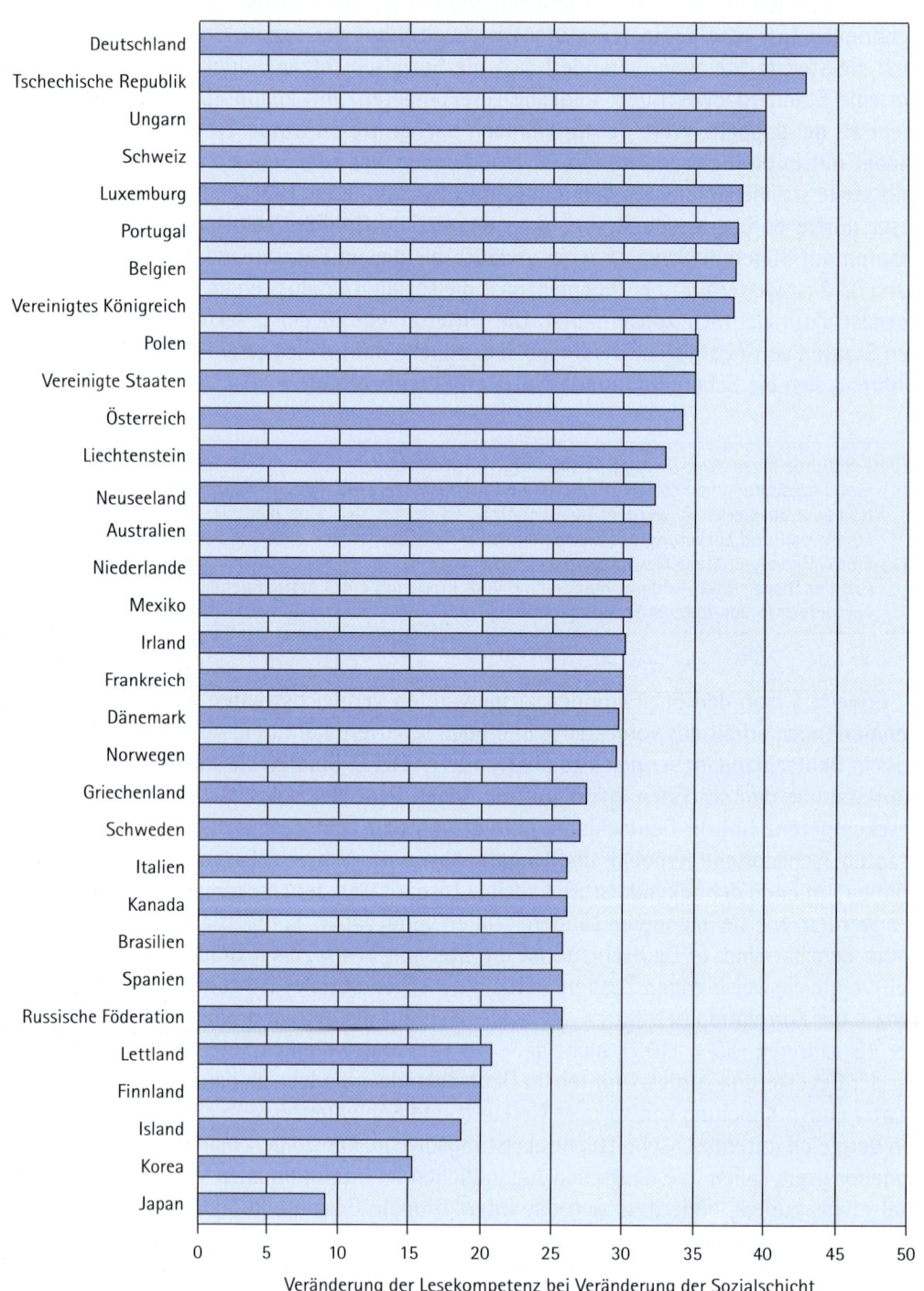

Veränderung der Lesekompetenz bei Veränderung der Sozialschicht
um eine Standardabweichung

Tabelle 8.22: Sozioökonomischer Status (HISEI¹) und Lesekompetenz von 15-Jährigen nach Staaten (Mittelwerte, Standardabweichungen sowie unstandardisierte und standardisierte Regressionskoeffizienten)

Staat	Sozioökonomischer Status		Lesekompetenz		Sozialer Gradient der Lesekompetenz		
	Mittelwert	Standardabweichung	Mittelwert (unkorrigiert)	Standardabweichung	Lesekompetenz (adjustiert)²	Veränderungsrate (Steigung)	Stärke des Zusammenhangs (Korrelation)
Deutschland	**48.6 (0.3)**	**15,7**	**484 (2.5)**	**110,7**	**484 (2.1)**	**45.1 (2.1)**	**0.41 (0.02)**
Tschechische Republik	48.1 (0.3)	13,9	492 (2.4)	95,9	493 (2.0)	42.9 (1.7)	0.40 (0.01)
Ungarn	49.1 (0.5)	15,9	480 (4.0)	94,9	478 (3.1)	40.0 (2.2)	0.43 (0.02)
Schweiz	49.0 (0.5)	16,4	494 (4.2)	102,6	494 (3.4)	38.9 (2.1)	0.40 (0.02)
Luxemburg	44.4 (0.3)	16,5	441 (1.6)	100,8	451 (1.5)	38.4 (1.7)	0.40 (0.01)
Belgien	48.5 (0.4)	16,7	507 (3.6)	107,2	508 (3.2)	37.9 (2.2)	0.38 (0.02)
Portugal	43.5 (0.6)	16,0	470 (4.5)	97,5	482 (3.5)	38.0 (2.0)	0.40 (0.02)
Vereinigtes Königreich	50.8 (0.3)	16,1	523 (2.6)	100,3	518 (2.1)	37.8 (1.6)	0.39 (0.01)
Polen	45.7 (0.4)	15,6	479 (4.5)	99,8	486 (4.2)	35.2 (2.8)	0.35 (0.02)
Vereinigte Staaten	51.4 (0.9)	16,6	504 (7.0)	104,9	498 (5.3)	35.1 (2.7)	0.35 (0.02)
Österreich	49.6 (0.3)	14,1	507 (2.4)	92,5	505 (2.4)	34.2 (2.0)	0.33 (0.02)
Liechtenstein	47.0 (1.0)	15,6	483 (4.1)	97,9	486 (4.4)	33.0 (4.8)	0.34 (0.05)
Neuseeland	51.8 (0.4)	16,9	529 (2.8)	107,3	522 (2.5)	32.3 (2.0)	0.32 (0.02)
Australien	52.0 (0.5)	16,4	528 (3.5)	101,8	521 (2.7)	31.9 (2.0)	0.33 (0.02)
Mexiko	42.1 (0.6)	17,0	422 (3.3)	85,8	434 (2.9)	30.6 (2.1)	0.39 (0.03)
Niederlande	50.5 (0.5)	16,2	532 (3.4)	89,3	528 (3.1)	30.6 (2.5)	0.35 (0.03)
Irland	48.2 (0.5)	15,7	527 (3.2)	94,1	527 (2.8)	30.0 (1.8)	0.32 (0.02)
Frankreich	47.9 (0.5)	16,9	505 (2.7)	91,6	506 (2.3)	30.0 (1.7)	0.35 (0.02)
Dänemark	49.3 (0.4)	16,4	497 (2.4)	97,7	495 (2.1)	29.6 (2.1)	0.32 (0.02)
Norwegen	53.7 (0.4)	15,4	505 (2.8)	103,0	496 (2.6)	29.5 (1.8)	0.28 (0.02)
Griechenland	47.6 (0.6)	18,0	474 (5.0)	97,2	476 (4.3)	27.4 (2.3)	0.32 (0.02)
Schweden	50.4 (0.4)	16,2	516 (2.2)	92,1	512 (1.8)	27.0 (1.3)	0.30 (0.02)
Italien	46.9 (0.3)	15,9	487 (2.9)	91,4	490 (2.8)	26.1 (1.9)	0.29 (0.02)
Kanada	52.6 (0.2)	16,1	534 (1.6)	94,5	528 (1.5)	26.1 (0.9)	0.28 (0.01)
Brasilien	43.5 (0.6)	17,1	396 (3.1)	85,9	404 (2.7)	25.8 (1.7)	0.33 (0.02)
Spanien	44.8 (0.6)	16,5	493 (2.7)	84,2	499 (2.1)	25.7 (1.5)	0.32 (0.02)
Russische Föderation	49.2 (0.4)	17,1	462 (4.2)	91,6	461 (3.6)	25.7 (1.6)	0.30 (0.02)
Lettland	49.9 (0.5)	18,6	458 (5.3)	101,7	457 (4.8)	20.7 (2.2)	0.24 (0.02)
Finnland	49.9 (0.4)	16,3	546 (2.6)	89,4	545 (2.3)	20.0 (1.6)	0.23 (0.02)
Island	52.7 (0.3)	16,6	507 (1.5)	92,4	502 (1.4)	18.7 (1.3)	0.21 (0.01)
Korea	42.7 (0.4)	14,5	525 (2.4)	69,3	531 (2.3)	15.3 (2.0)	0.20 (0.03)
Japan	49.9 (0.3)	16,0	522 (5.2)	86,5	521 (5.1)	9.2 (1.7)	0.11 (0.02)

¹ Höchster sozioökonomischer Status in der Familie.
² Der sozioökonomische Index (HISEI) wurde am deutschen Mittelwert und der deutschen Standardabweichung standardisiert, sodass der Ordinatenabschnitt die Lesekompetenz angibt, die jeweils bei einem Sozialstatus erreicht wird, die dem deutschen mittleren Sozialstatus entspricht.

Abbildung 8.14: Staaten nach mittlerer Leseleistung und sozialem Gradienten der Lesekompetenz (z-standardisierte Werte)

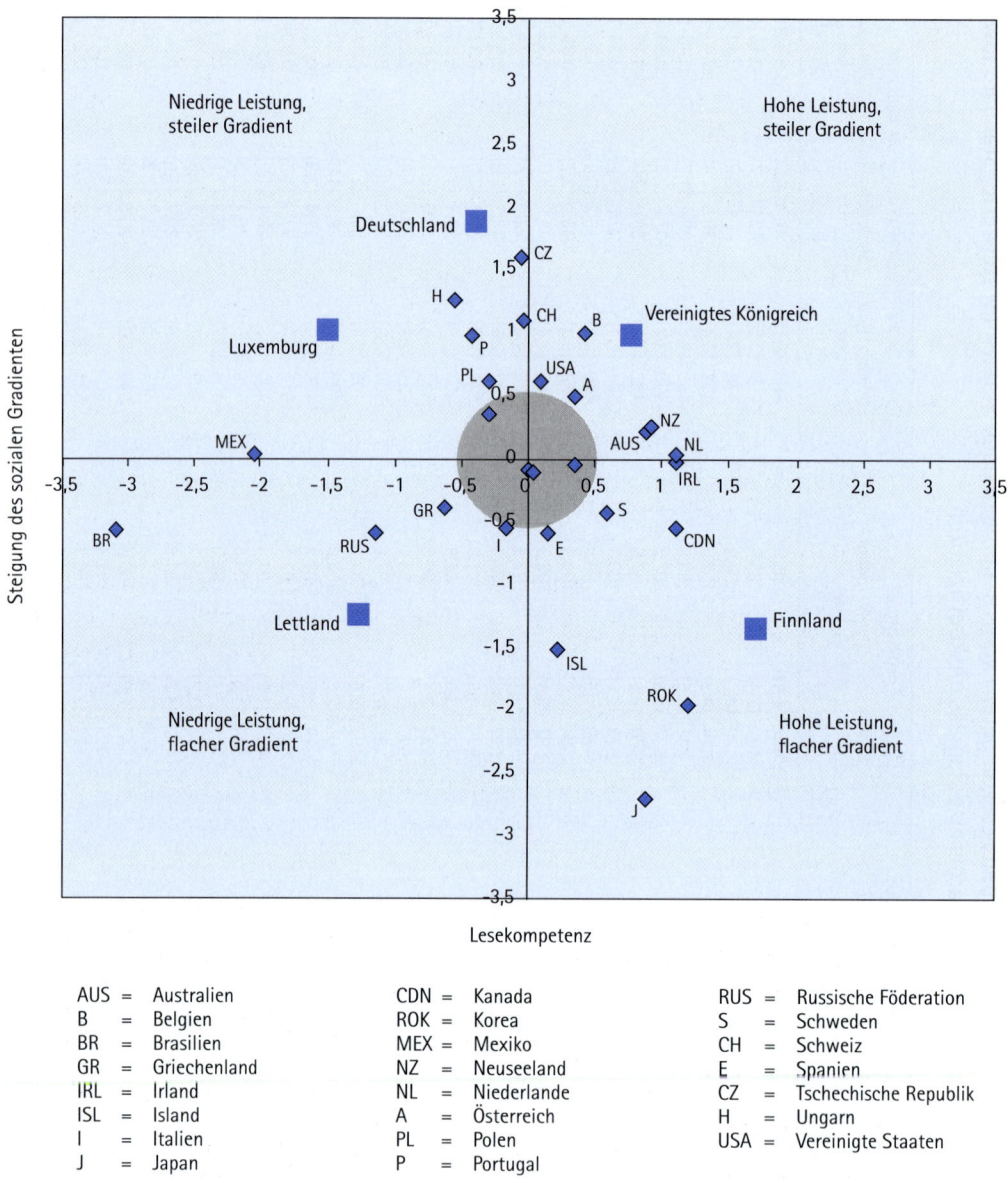

AUS	=	Australien	CDN	=	Kanada	RUS	=	Russische Föderation
B	=	Belgien	ROK	=	Korea	S	=	Schweden
BR	=	Brasilien	MEX	=	Mexiko	CH	=	Schweiz
GR	=	Griechenland	NZ	=	Neuseeland	E	=	Spanien
IRL	=	Irland	NL	=	Niederlande	CZ	=	Tschechische Republik
ISL	=	Island	A	=	Österreich	H	=	Ungarn
I	=	Italien	PL	=	Polen	USA	=	Vereinigte Staaten
J	=	Japan	P	=	Portugal			

mittlere Lesekompetenz wurden standardisiert, um einen einheitlichen Vergleichsmaßstab zu erhalten. Der Mittelwert der Länder liegt jetzt jeweils bei 0, und die Standardabweichung der Länderwerte beträgt 1. Abbildung 8.14 zeigt vier Quadranten, die jeweils für unterschiedliche Kombinationen unter- bzw. überdurchschnittlicher Ausprägung der beiden Merkmale stehen. Die Verteilung der Punkte lässt einen schwachen negativen Zusammenhang zwischen Steigung des sozialen Gradienten und Lesekompetenz erkennen;

und in der Tat beträgt die Korrelation zwischen beiden Merkmalen $r = -.19$. Tendenziell steigt also die Lesekompetenz bei einer Entkopplung von sozialer Herkunft und Kompetenzerwerb.

Ein näherer Blick auf die Lage der Kennwerte einzelner PISA-Staaten ist informativ. Dabei sollen die Staaten nahe am Neutralitätspunkt des Koordinatensystems – Abbildung 8.14 weist einen Indifferenzkreis von einer halben Standardabweichung aus – unberücksichtigt bleiben. Hohe Lesekompetenz bei gleichzeitig relativ geringen sozialen Disparitäten wird in Finnland, Japan, Kanada, Schweden und Korea erreicht. In diesen Ländern gelingt es, Jugendliche auch unterer Sozialschichten bis zum Ende der Vollzeitschulpflicht im Mittel auf ein befriedigendes Niveau der Lesekompetenz zu bringen. Die inverse Gruppe mit unterdurchschnittlicher Lesekompetenz und großen sozialen Disparitäten wird durch Luxemburg markiert. Zu dieser Gruppe gehören außerdem Deutschland, Portugal, die Schweiz, die Tschechische Republik und Ungarn. Deutschland fällt in dieser Gruppe durch den steilsten sozialen Gradienten auf. Die dritte relativ stark besetzte Gruppe bilden die Teilnehmerstaaten, in denen überdurchschnittliche Lesekompetenz unter Inkaufnahme relativ großer sozialer Disparitäten erreicht wird. Das Vereinigte Königreich ist für diese Kombination prototypisch. Es fällt auf, dass der vierte Quadrant wenig besetzt ist. Lettland ist im Grunde das einzige markante Beispiel für soziale Nivellierung auf niedrigem Leistungsniveau.

In Deutschland ist der enge Zusammenhang zwischen sozialer Herkunft und Kompetenzerwerb – wie in Abschnitt 4 gezeigt wurde – im Wesentlichen über die Schulformzugehörigkeit und – wie aus anderen Untersuchungen bekannt ist – durch die differenziellen Entwicklungsmilieus, die Schulformen darstellen, bestimmt. Inwieweit hier auch regionale Unterschiede eine Rolle spielen, kann anhand der internationalen PISA-Stichprobe nicht untersucht werden. Es steht jedoch nach den bisherigen Befunden außer Frage, dass sich die praktische Aufmerksamkeit auf die Sicherung von Basiskompetenzen der leistungsschwächeren Schüler richten sollte, und zwar nicht erst am Ende der Sekundastufe I. Der internationale Vergleich zeigt, dass es genügend Spielraum für Interventionen gibt.

In allen Ländern ist ein substanzieller, aber nicht deterministischer Zusammenhang zwischen sozialer Herkunft und der am Ende der Sekundarstufe I erworbenen Lesekompetenz nachweisbar.

Die transkulturelle Variabilität dieses Zusammenhangs ist jedoch erstaunlich groß. Während in Deutschland die Kopplung von sozialer Lage der Herkunftsfamilie und dem Kompetenzerwerb der nachwachsenden Generation ungewöhnlich straff ist, gelingt es in anderen Staaten ganz unterschiedlicher geographischer Lage und kultureller Tradition, trotz ähnlicher Sozialstruktur der Bevölkerung, die Auswirkungen der sozialen Herkunft zu begrenzen. Dies ist in der Regel auf eine erfolgreichere Förderung von Kindern und Jugendlichen aus sozial schwächeren Schichten zurückzuführen.

Eine stärkere Entkopplung von sozialer Herkunft und Kompetenzerwerb muss nicht mit einer Absenkung des Niveaus verbunden sein. Im Gegenteil: Eher deutet sich eine Tendenz an, dass bei einer Verminderung sozialer Disparitäten auch das Gesamtniveau steigt, ohne dass in der Leistungsspitze Einbußen zu verzeichnen wären.

6.4 Zuwanderung und Lesekompetenz

Im Abschnitt 5 dieses Kapitels wurde herausgearbeitet, dass die Beherrschung der Verkehrssprache eines Landes wahrscheinlich eine Basisqualifikation für gesellschaftliche Teilhabe, zumindest aber für erfolgreiche Bildungsbeteiligung darstellt. Alles hängt an der Verfügung über eine bildungsgangsangemessene Sprachkompetenz. Es ist auch deutlich geworden, dass in Deutschland Jugendliche aus Migrationsfamilien, je nach ethnischer Herkunft, familiärem Kontext und Verweildauer in Deutschland, in ihrer Lesekompetenz am Ende der Sekundarstufe I hinter Jugendlichen zurückfallen, die aus Familien stammen, in denen beide Eltern in Deutschland geboren wurden. Auch bei Jugendlichen, die in Deutschland aufgewachsen sind und ihre gesamte Schullaufbahn in diesem Land absolviert haben, können die Rückstände sehr groß sein. Einen nicht unerheblichen Teil von Jugendlichen aus Migrationsfamilien, deren Lesekompetenz unter dem von PISA definierten Mindestniveau bleibt, muss man zu einer Gruppe potenzieller Risikopersonen rechnen. Wie werden Zuwanderer in anderen OECD-Ländern aufgenommen? Allein aufgrund der historischen, geographischen und kulturellen Unterschiede ist zu erwarten, dass sich die Chancen der zugewanderten Familien, an der jeweiligen Mehrheitskultur teilzuhaben und gleichzeitig die eigene kulturelle Identität zu bewahren und weiterzuentwickeln, sehr unterscheiden werden. Im folgenden internationalen Vergleich – soweit dieser auf der Grundlage der verfügbaren Informationen sinnvoll durchführbar ist – sollen nur Staaten berücksichtigt werden, die eine substanzielle fremdsprachige Zuwanderung zu verzeichnen haben.

Abbildung 8.15 weist die Unterschiede in der Lesekompetenz von 15-Jährigen aus Familien mit und ohne Migrationshintergrund in Staaten mit fremdsprachiger Zuwanderung aus. Es sind nur Länder berücksichtigt, in denen mindestens 2,5 Prozent der 15-Jährigen aus Familien stammen, in denen die Umgangssprache nicht mit der Testsprache identisch ist. Für die Bestimmung des Migrationsstatus von Familien wurden zwei unterschiedliche Merkmale verwendet. Im einen Fall werden Jugendliche aus Familien, deren beide Eltern im jeweiligen Land geboren wurden, mit Altersgleichen verglichen, die aus Familien stammen, in denen mindestens ein Elternteil zugewandert ist. Für den zweiten Vergleich wird ein strengeres Kriterium herangezogen. 15-Jährige werden danach unterschieden, ob die Umgangssprache ihrer Familie die jeweilige Testsprache ist oder nicht. In Abbildung 8.15 sind die PISA-Staaten nach dem strengeren Kriterium geordnet. Ein erster Blick auf die Ergebnisse zeigt außerordentlich große transkulturelle Unterschiede. Stellt man die Extremfälle Belgien und Australien gegenüber, so beträgt der Abstand der Lesekompetenz von Jugendlichen aus fremdsprachigen Familien in Belgien im Vergleich zu Australien grob das Vierfache. Gut 30 Differenzpunkte stehen 120 Punkten, die mehr als eineinhalb Kompetenzstufen ausmachen, gegenüber. Bei genauerer Betrachtung erkennt man, dass die Kompetenzunterschiede in jenen Ländern am höchsten ausfallen, die im dritten Abschnitt dieses Kapitels als Zielländer der jüngeren europäischen Arbeitsmigration und als Aufnahmeländer für politische und Bürgerkriegsflüchtlinge identifiziert worden waren. Auch die ehemaligen Kolonialmächte Belgien und Niederlande gehören zu dieser Gruppe. Auffällig ist weiterhin, dass Schweden und Norwegen, die ebenfalls Aufnahmeländer für Flüchtlinge aus Krisenregionen sind und ebenfalls eine mehr oder weniger offene Arbeitszuwanderung zu verzeichnen haben, offensichtlich zu einer besseren Balance zwischen Umgangssprache in der Familie und Beherrschung der Verkehrssprache gelangen.

Abbildung 8.15: Unterschiede in der Lesekompetenz von 15-Jährigen aus Familien mit und ohne Migrationshintergrund in Staaten mit substanzieller fremdsprachiger Zuwanderung

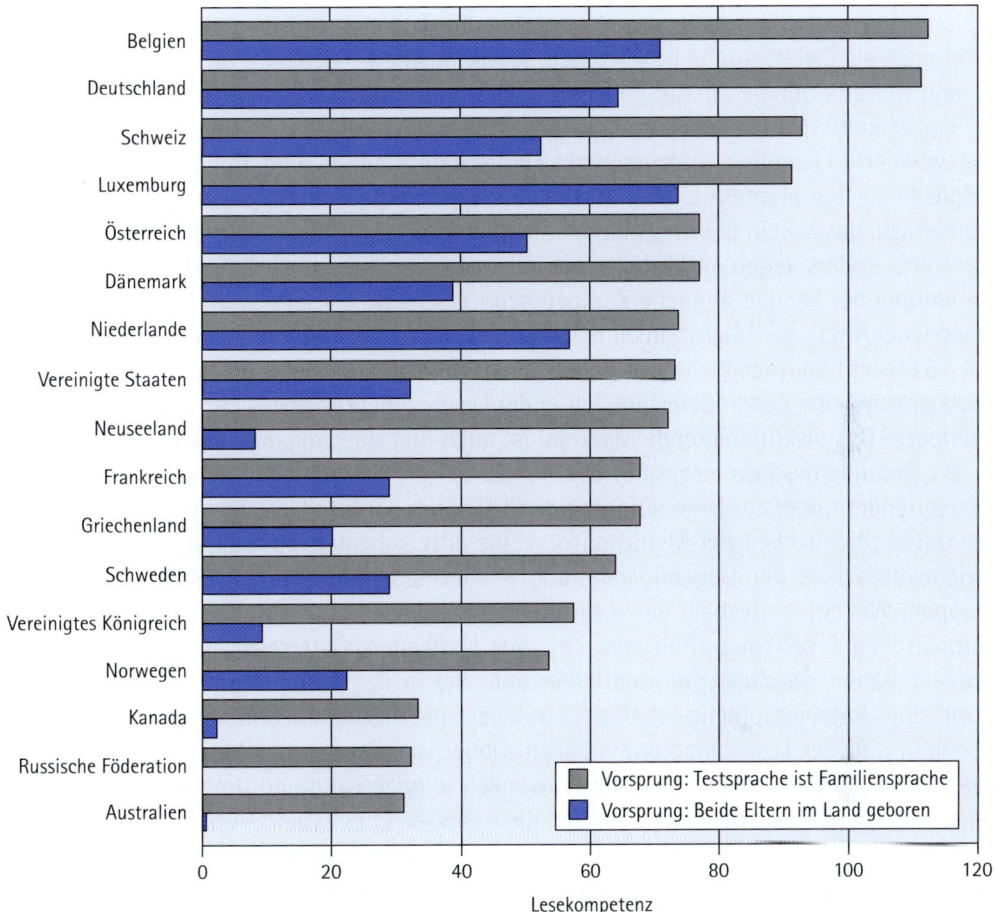

In den klassischen Einwanderungsländern sind Rückstände in der Lesekompetenz von Jugendlichen aus Familien mit einer von der Verkehrssprache abweichenden Umgangssprache tendenziell geringer. Allerdings gibt es auch hier bemerkenswerte Unterschiede. Während in Kanada und Australien die Differenzen eher klein sind, erreichen sie in den Vereinigten Staaten und Neuseeland eine mittlere Größenordnung. Eine mittlere Position nehmen auch die ehemaligen Kolonialmächte Frankreich und das Vereinigte Königreich ein. Sondersituationen sind in Griechenland und der Russischen Föderation aufgrund der historisch bedingten, regionalen Wanderungsprozesse gegeben.

Nimmt man als Definitionsmerkmal für den Migrationshintergrund einer Familie die Tatsache, dass mindestens ein Elternteil außerhalb des Untersuchungslandes geboren wurde, so ergibt sich ein durchaus abweichendes Bild, das Rückschlüsse auf die jeweilige Zuwanderung erlaubt. In den Zielländern der europäischen Arbeitsmigration markiert das

Merkmal der Zuwanderung mindestens eines Elternteils größere Unterschiede in der Lesefähigkeit, die bis zu einer Kompetenzstufe reichen können. Ausnahmen stellen wiederum Norwegen und Schweden dar – Länder, in denen die Kompetenzunterschiede geringer ausfallen. Im Falle der klassischen Einwanderungsländer Australien, Kanada und Neuseeland, aber auch im Falle des Vereinigten Königreichs, dessen Zuwanderer Englisch zumindest als Zweitsprache beherrschen, diskriminiert die einfache Tatsache der Zuwanderung weitaus weniger. In diesen Ländern liegt die trennende Schwelle bei der Übernahme der Verkehrssprache als Familiensprache. In den Vereinigten Staaten ist die Quote der zugewanderten Familien, in denen nicht Englisch gesprochen wird, mit gut 50 Prozent im Vergleich zu den anderen Einwanderungsländern relativ hoch. Insofern ist es nicht verwunderlich, dass allein die Tatsache der Zuwanderung zu größeren Kompetenzunterschieden führt. Anders liegen die Verhältnisse in Frankreich. Hier indiziert das Merkmal der Zuwanderung der Familie ähnliche Kompetenzunterschiede wie in den Vereinigten Staaten, obwohl der Anteil der Migrationsfamilien, in denen Französisch nicht Umgangssprache ist, mit 16 Prozent deutlich kleiner ist. In der Russischen Föderation sind Jugendliche aus russisch sprechenden Zuwandererfamilien in der Lesekompetenz den Nichtzuwanderern eher überlegen. Das diskriminierende Merkmal ist auch hier die Umgangssprache der Familie.

Die Befunde machen insgesamt deutlich, dass sich die Problemlagen in den PISA-Teilnehmerländern in erster Linie aufgrund der historisch, kulturell und geographisch bedingten Unterschiedlichkeit der Migrationsprozesse unterscheiden. Für aussagekräftigere Vergleiche bedarf es der Gegenüberstellung einigermaßen vergleichbarer Zuwanderungsgruppen. Wir haben deshalb einen differenzierteren Vergleich unter den Zielländern der europäischen Arbeitsmigration versucht. Aus Norwegen, Österreich, Schweden und der Schweiz haben wir Zusatzinformationen über die in den Familien der 15-Jährigen gesprochene Umgangssprache erhalten[*]. Für zwei Sprachgruppen sind Vergleiche der Sozialschicht und der Lesekompetenz möglich. Dabei ist allerdings zu berücksichtigen, dass die Fallzahlen relativ klein sind – sie schwanken je nach Land und Umgangssprache zwischen 30 und 100 Jugendlichen –, sodass die Analysen eher explorativen Charakter haben. Tabelle 8.23 fasst die Ergebnisse zusammen. Als ersten Eindruck vermittelt die Tabelle, dass 15-Jährige, die aus Familien stammen, in denen serbisch, kroatisch oder bosnisch bzw. türkisch oder kurdisch gesprochen wird und die in Deutschland eine Schule besuchen, über geringere Lesekompetenz verfügen als die Vergleichsgruppen in Norwegen, Österreich, Schweden und der Schweiz. Die Kompetenzunterschiede können zwischen einer zehntel und mehr als einer halben Standardabweichung betragen. In Österreich besetzen die zugewanderten Familien, in denen die Muttersprache der Eltern weiterhin Umgangssprache ist, eine soziale Nische im unteren Bereich der Sozialstruktur. Dennoch erreichen die Jugendlichen, die aus diesen Familien kommen, in Österreich tendenziell oder sichtbar bessere Leseleistungen. Dieses Bild wiederholt sich in der Schweiz, wo Kinder aus türkisch sprechenden Familien, die sich sozial auch besser eingegliedert haben, ebenfalls höhere Leseleistungen erreichen. Auffallend ist die insgesamt günstigere Situation in Norwegen und Schweden. Auch wenn die Zuwandererfamilien an ihrer Herkunftssprache festhalten,

---

[*]   Für ihre freundliche Hilfe danken wir den PISA-Projektmanagern der Partnerländer.

Tabelle 8.23: Sozialschicht und Lesekompetenz von 15-Jährigen aus Familien, deren Umgangssprache nicht Testsprache ist, nach ausgewählten Staaten und Umgangssprache der Familie (Mittelwerte und Standardfehler in Klammern)

| Staat | Umgangssprache der Familie | | | |
| | Serbisch/kroatisch/bosnisch | | Türkisch/kurdisch | |
	Sozialschicht[1]	Lesekompetenz	Sozialschicht[1]	Lesekompetenz
Deutschland	42,9 (3,8)	408 (31,1)	33,6 (1,0)	360 (20,1)
Norwegen	44,9 (3,2)	449 (17,2)	46,7 (3,4)	444 (19,7)
Österreich	37,1 (1,1)	434 (12,5)	35,6 (1,6)	389 (12,7)
Schweden	41,5 (2,6)	445 (10,4)	43,7 (2,5)	436 (11,7)
Schweiz	36,6 (1,2)	416 (8,8)	40,9 (2,1)	421 (14,7)

[1] Höchster sozioökonomischer Status der Familie (HISEI).

gelingt es ihnen, einen höheren Sozialstatus als in Deutschland zu erreichen. Ebenso erfolgreich sind die Jugendlichen, die aus diesen Familien kommen. Ihre Lesekompetenz im Norwegischen oder Schwedischen liegt zwischen einer drittel und mehr als einer halben Standardabweichung über dem Niveau der deutschen Vergleichsgruppe. Diese Differenz entspricht etwa einer halben bis fast einer ganzen Kompetenzstufe.

Die Analysen zum Zusammenhang von Zuwanderung und Lesekompetenz zeigen insgesamt, dass sich die Problemlagen in den PISA-Teilnehmerländern in erster Linie aufgrund der historisch, kulturell und geographisch bedingten Unterschiedlichkeit der Migrationsprozesse unterscheiden. Für aussagekräftige Vergleiche bedarf es der Gegenüberstellung ungefähr vergleichbarer Zuwanderungsgruppen.

Ein Vergleich der Lesekompetenz von Jugendlichen aus Familien, die serbisch, kroatisch oder bosnisch bzw. türkisch oder kurdisch sprechen und in Deutschland, Norwegen, Österreich, Schweden oder der Schweiz wohnen, zeigt bemerkenswerte Unterschiede. Jugendliche dieser Sprachgruppen, die in Deutschland eine Schule besuchen, verfügen über geringere Lesekompetenz als die Vergleichsgruppen in den anderen ausgewählten Ländern. Die Kompetenzunterschiede können zwischen einer zehntel und mehr als einer halben Standardabweichung betragen.

Auffallend ist die insgesamt günstigere Situation von Zuwanderern in Norwegen und Schweden. Auch wenn die Zuwandererfamilien an ihrer Herkunftssprache festhalten, sind sie sozial besser integriert, und ihre Kinder erreichen deutlich bessere Leseleistungen. Diese Ergebnisse legen es nahe, die norwegischen oder schwedischen Unterstützungsprogramme für Zuwanderer genau zu studieren.

6.5 Schwache Lesekompetenz: Das Zusammenspiel von Risikofaktoren

Jugendliche, die am Ende der Pflichtschulzeit das erste, elementare Kompetenzniveau im Lesen nicht überschreiten, werden in modernen Dienstleistungsgesellschaften in der Regel Schwierigkeiten haben, einen zukunftsfähigen Beruf mit relativ stabilen Beschäftigungsaussichten zu finden. Das Erreichen der Kompetenzstufe I garantiert ausschließlich das Verständnis einfachster kontinuierlicher oder nicht-kontinuierlicher Texte. Damit sind die

Voraussetzungen für relativ selbstständiges Lernen und Weiterlernen in allen schriftab-hängigen Kontexten ausgesprochen ungünstig. Es fehlt also eine wichtige Voraussetzung für das, was Tenorth (1994) „Kultivierung der Lernfähigkeit" genannt hat. In Wissensge-sellschaften könnte man diese jungen Menschen sogar zu einer potenziellen Risikogrup-pe rechnen (vgl. Kap. 2). Wie groß die Beeinträchtigung der Lebenschancen infolge schwa-cher Lesekompetenz tatsächlich ist, hängt nicht zuletzt von der Beschäftigungsstruktur einer Gesellschaft und von der Lage auf dem Arbeitsmarkt ab. In Gesellschaften, die grö-ßere Nischen für schwach qualifizierte Personen besitzen, dürfte die Gefährdung deutlich geringer sein, auch wenn die Wahrscheinlichkeit diskontinuierlicher Beschäftigungsver-läufe infolge konjunktureller Schwankungen und struktureller Modernisierungsprozesse hoch bleibt (vgl. Büchel & Pollmann-Schult, 2001; OECD, 2000). Wenn man die Anteile schwacher Leser an der Alterskohorte international vergleicht, wird man also bei der Be-urteilung des Risikopotenzials auch die unterschiedliche Wirtschaftsstruktur der PISA-Teilnehmerstaaten zu berücksichtigen haben.

Tabelle 8.24 zeigt die große Variabilität der Besetzung dieser potenziellen Risikogrup-pe. In sechs Staaten ganz unterschiedlicher geographischer Lage, Geschichte und Kultur macht diese Gruppe weniger als 10 Prozent der Alterskohorte aus, während in sechs Staa-ten diese Quote 25 Prozent teilweise weit überschreitet. Dabei macht es sicherlich einen Unterschied, ob in Brasilien und Mexiko über 40 Prozent der 15-Jährigen das elementare Leseniveau nicht überschreiten oder ob in Luxemburg, einem Brennpunkt europäischer Mobilität und Sprachenvielfalt, der Anteil potenziell gefährdeter Jugendlicher bei fast 35 Prozent liegt, die in der Regel drei- oder im Falle von Migrationsfamilien viersprachig aufwachsen und keine Schriftsprache adäquat beherrschen. Deutschland gehört mit Liechtenstein, Polen und Ungarn zu einer Staatengruppe mit einem hohen, über 20 Pro-zent liegenden Anteil an 15-Jährigen, die im Lesen Kompetenzstufe I nicht überschreiten. Gerade deshalb muss es in Deutschland von größtem Interesse sein, Näheres über potenzielle Risikofaktoren, deren Bedeutung und internationale Variabilität in Erfahrung zu bringen.

Tabelle 8.24: PISA-Teilnehmerstaaten nach dem Anteil von 15-Jährigen, die Kompetenz-stufe I im Lesen nicht überschreiten

Besetzung der Gruppe schwacher Leser in Prozent der Alterskohorte				
Unter 10 Prozent	10 bis unter 15 Prozent	15 bis unter 20 Prozent	20 bis unter 25 Prozent	Über 25 Prozent
Finnland	Australien	Belgien	Deutschland	Brasilien
Irland	Frankreich	Dänemark	Griechenland	Lettland
Japan	Island	Italien	Liechtenstein	Luxemburg
Kanada	Neuseeland	Norwegen	Polen	Mexiko
Korea	Österreich	Schweiz	Ungarn	Portugal
	Schweden	Spanien		Russische Föderation
	Vereinigtes Königreich	Tschechische Republik		
		Vereinigte Staaten		

In den vorangegangenen Abschnitten dieses Kapitels wurde gezeigt, dass die soziale Lage und die Migrationsgeschichte einer Familie mit den am Ende der Sekundarstufe I erworbenen Lesekompetenzen der nachwachsenden Generation kovariieren. Im Kapitel 5 wurden ferner die Unterschiede in der Lesekompetenz zwischen Jungen und Mädchen herausgestellt, die weit über den Differenzen liegen, die mit umgekehrtem Vorzeichen aus dem mathematisch-naturwissenschaftlichen Bereich bekannt sind. Soziale Herkunft, Bildungsniveau des Elternhauses, Zuwanderungsgeschichte der Familie und Geschlecht sind auch für die Analyse des relativen Risikos der Zugehörigkeit zur Gruppe der 15-Jährigen mit schwacher Lesekompetenz heranzuziehen. Im Folgenden soll versucht werden, die Zugehörigkeit zu dieser Gruppe mithilfe dieser Merkmale vorherzusagen und das relative Gewicht, mit dem die Merkmale zur Vorhersage beitragen, zu schätzen. Um die Analysen anschaulicher zu machen, werden die Risikofaktoren dichotom (trifft zu/trifft nicht zu) codiert. Als Risikofaktoren sollen gelten:

- die Stellung der Familie im unteren Viertel der Sozialstruktur,
- ein Bildungsniveau der Familie mit maximal einem Sekundarstufen-I-Abschluss ohne Berufsausbildung,
- die Zuwanderung mindestens eines Elternteils und schließlich
- ein Junge zu sein.

Analog zu dem in Abschnitt 4 vorgestellten Verfahren werden wiederum die relativen Chancen – oder besser: die relativen Risiken –, zur Gruppe der schwachen Leser zu gehören, betrachtet, wenn eines dieser Merkmale – bei Kontrolle aller anderen Merkmale – zutrifft. Die relativen Risiken wurden getrennt für jeden PISA-Teilnehmerstaat mit einer logistischen Regressionsanalyse geschätzt, deren Ergebnisse *(odds ratios)* in Tabelle 8.25 ausgewiesen sind. Im Folgenden soll der Leser durch die Befunde der Tabelle geleitet werden. Betrachten wir zunächst die Ergebnisse für Deutschland. Aus Spalte 2 der Tabelle 8.25 ist zu ersehen, dass in Deutschland 22,5 Prozent der 15-Jährigen zur potenziellen Risikogruppe der schwachen Leser gehören. In den folgenden Spalten schließen sich die Ergebnisse der Regressionsanalyse an. Stammt eine Jugendliche oder ein Jugendlicher in Deutschland aus einer Familie, die zum unteren Viertel der Sozialstruktur und damit in der Regel zur Arbeiterschicht gehört, so ist das Risiko, zur definierten Problemgruppe zu gehören, fast zweieinhalbmal so groß wie für einen Gleichaltrigen, der in einer Familie mit höherem Sozialstatus geboren wurde – und zwar bei gleichem Bildungsniveau der Familie, gleicher Migrationsgeschichte und gleichem Geschlecht. Eine ähnliche oder sogar größere Bedeutung hat das Risiko einer niedrigen sozialen Herkunft in Belgien, im Vereinigten Königreich, Liechtenstein, den Niederlanden, Österreich, Portugal und der Schweiz.

In ähnlicher Größenordnung liegt in Deutschland der Risikofaktor, Eltern mit Hauptschulbesuch und ohne Berufsabschluss zu haben. Im Vergleich zu einer Familie, in der Vater oder Mutter eine abgeschlossene Berufsausbildung nicht akademischer Art besitzen, ist für diese Jugendlichen das relative Risiko, zur leseschwachen Gruppe zu gehören, zweieinhalbmal so groß. Wählt man als Vergleich die Familie, in der Vater oder Mutter eine Fachschule, Fachhochschule oder Hochschule besucht haben, wächst das relative Risiko auf das Vierfache. Im internationalen Vergleich ist die Herkunft aus der unteren Bildungsschicht in Deutschland ein verhältnismäßig großer Risikofaktor, auch wenn er bei weitem nicht eine so starke Bedeutung wie etwa in Ungarn erreicht. Es sei allerdings

Tabelle 8.25: Relatives Risiko der Zugehörigkeit zur Gruppe der 15-Jährigen, die im Lesen Kompetenzstufe I nicht überschreiten, in Abhängigkeit von Sozialschicht, Bildungsniveau und Migrationshintergrund der Familie und Geschlecht der 15-Jährigen (Verhältnisse des relativen Risikos [odds ratios])

Staat	15-Jährige, die im Lesen Kompetenzstufe I nicht überschreiten (ir %)	Stellung der Familie im unteren Viertel der Sozialstruktur (ISEI)	Höchster Bildungsabschluss der Familie, maximal Sekundarstufe I (ohne formale Berufsausbildung) Modell I: Vergleichsgruppe Sekundarstufe II	Modell II: Vergleichsgruppe Tertiäre Bildung	Familie mit Migrationshintergrund (mindestens ein Elternteil im Ausland geboren)	Geschlecht männlich	Pseudo-R² (Nagelkerke) für Modell I
Australien	12,2	2,28	1,77	2,56	ns	2,04	,09
Belgien	18,8	2,73	2,13	1,72	3,20	1,95	,11
Brasilien	56,3	1,92	1,94	2,18	–	1,44	,09
Dänemark	18,0	1,44	2,47	6,03	2,27	2,22	,16
Deutschland	**22,5**	**2,45**	**2,52**	**4,02**	**2,62**	**1,69**	**,18**
Finnland	6,9	1,79	1,46	2,72	–	3,62	,10
Frankreich	15,2	2,19	1,66	1,57	1,73	2,02	,09
Griechenland	24,4	1,77	1,90	2,17	2,18	2,27	,11
Irland	10,6	2,55	ns	ns	–	1,71	,05
Island	14,6	1,53	1,69	1,77	–	2,85	,08
Italien	18,6	1,72	1,63	2,16	–	2,33	,08
Japan	10,1	–	–	–	–	–	–
Kanada	9,5	2,07	1,74	2,54	1,35	2,37	,08
Korea	5,4	–	–	–	–	–	–
Lettland	29,7	2,25	2,67	2,96	–	3,02	,13
Liechtenstein	21,1	3,07	1,45	1,61	2,98	1,79	,21
Luxemburg	34,8	2,09	1,43	2,24	3,40	1,81	,22
Mexiko	43,8	1,87	2,65	3,48	–	1,81	,18
Neuseeland	14,0	2,26	ns	1,74	1,47	2,76	,10
Norwegen	17,5	2,13	1,50	1,65	1,55	2,59	,09
Österreich	14,7	2,61	1,52	2,90	2,65	1,97	,15
Polen	22,7	2,13	1,92	5,08	–	2,25	,12
Portugal	26,2	2,57	ns	2,21	–	1,80	,10
Russische Föderation	26,6	2,27	2,24	2,21	ns	2,44	,09
Schweden	12,6	2,30	1,68	1,48	1,68	2,44	,09
Schweiz	20,4	2,70	2,31	2,58	2,43	1,90	,20
Spanien	16,4	1,84	2,56	2,91	–	2,16	,12
Tschechische Republik	17,4	2,19	2,49	5,35	–	2,44	,10
Ungarn	22,7	2,17	4,74	11,74	–	2,29	,17
Vereinigtes Königreich	12,8	3,09	1,82	2,19	1,42	1,86	,10
Vereinigte Staaten	18,0	2,29	1,27	2,34	1,67	2,13	,12

daran erinnert, dass internationale Unterschiede hinsichtlich des Gewichts des höchsten Bildungsabschlusses der Familie mit Vorsicht zu interpretieren sind, da man nicht in allen Fällen von einer Äquivalenz der Abschlussdefinitionen ausgehen kann.

Erwartungsgemäß stellt auch der Umstand, aus einer Familie mit Migrationsgeschichte zu kommen, einen Risikofaktor dar, und zwar auch dann, wenn Sozialschichtzugehörigkeit und das Bildungsniveau der Familie konstant gehalten werden. Das Risiko, zur Gruppe mit schwacher Lesekompetenz zu gehören, beträgt in diesem Fall in Deutschland das 2,6fache im Vergleich zu Jugendlichen, deren beide Eltern in Deutschland geboren wurden. Dies ist ein Wert, der mit Ausnahme Schwedens und Norwegens auch in anderen Zielländern der europäischen Arbeitsmigration nachgewiesen werden kann.

Schließlich ist auch die Tatsache, ein Junge zu sein, im Hinblick auf die Zugehörigkeit zur Gruppe schwacher Leser in allen PISA-Teilnehmerstaaten ein Risiko, allerdings unterschiedlicher Größenordnung. Jungen gehören in allen Sozial- und Bildungsschichten eher zu dieser Problemgruppe. In Deutschland liegen die relativen Risiken von Jungen, zur Gruppe schwacher Leser zu gehören, um etwa 70 Prozent höher als für Mädchen – ein im internationalen Vergleich durchaus moderater Wert. Frappierend hoch ist das relative Risiko von Jungen im Vergleich zu dem von Mädchen in Finnland (*odds ratio* = 3,62).

Die letzte Spalte der Tabelle 8.25 erlaubt einen groben Vergleich des relativen Gewichts der Risikofaktoren insgesamt für die Vorhersage der Zugehörigkeit zur Gruppe derjenigen 15-Jährigen, die im Lesen die Kompetenzstufe I nicht überschreiten. Das Pseudo-R^2 kann allerdings nicht direkt mit dem multiplen Determinationskoeffizienten R^2 der Regressionsanalyse verglichen werden. Größen von Pseudo-R^2 = .20 indizieren bereits relativ straffe Zusammenhänge. Ein Vergleich der Spalteneinträge zeigt, dass Deutschland neben Liechtenstein, Luxemburg und der Schweiz zu den Ländern gehört, in denen die identifizierten Risikofaktoren insgesamt relativ große Bedeutung haben.

Deutschland gehört zu den Staaten, in denen die potenzielle Risikogruppe schwacher und extrem schwacher Leser relativ groß ist. Ihr Anteil an der Alterskohorte beträgt in Deutschland rund 23 Prozent. Als Risikofaktoren, die die Wahrscheinlichkeit der Zugehörigkeit zu dieser Gruppe erhöhen, erweisen sich niedrige Sozialschicht, niedriges Bildungsniveau und Migrationshintergrund der Herkunftsfamilie sowie männliches Geschlecht. Diese Faktoren tragen gemeinsam *und* jeweils spezifisch zur Vorhersagbarkeit der Zugehörigkeit zur Gruppe der schwachen Leser bei. In Deutschland ist der Zusammenhang zwischen diesen Merkmalen und der Zugehörigkeit zur potenziellen Risikogruppe relativ straff, ohne dass ein spezifisches Merkmal besonders auffällig wäre.

Insgesamt weisen die Befunde darauf hin, dass in Deutschland die gezielte und frühzeitige Identifikation und Förderung von schwachen Lesern zu einer erheblichen Verkleinerung der potenziellen Risikogruppe am Ende der Vollzeitschulpflicht führen könnten.

Die international vergleichenden Analysen erlauben folgendes Resümee:
In allen PISA-Teilnehmerländern lässt sich ein substanzieller, aber nicht deterministischer Zusammenhang zwischen sozialer Herkunft und der am Ende der Sekundarstufe I erworbenen Lesekompetenz nachweisen. In keinem Land ist dieser Zusammenhang aufgehoben. Dennoch ist die transkulturelle Variabilität des Einflusses der sozialen Herkunft erstaunlich groß. Vergleicht man die Lesekompetenz von Jugendlichen aus Familien des oberen und unteren Quartils der Sozialstruktur, kann die Differenz zwischen knapp einer drittel Standardabweichung in Japan und 1,2 Standardabweichungen in Deutschland oder der Schweiz schwanken. Dementsprechend stark variieren auch die sozialen Gradienten der Lesekompetenz. In Finnland etwa beträgt die Steigung des Gradienten knapp 20 Punkte; das heißt, bei Veränderung der Sozialschicht um eine Standardabweichung steigt oder sinkt die Lesekompetenz um diesen Wert – also um etwas mehr als eine viertel Kompetenzstufe. In Deutschland dagegen hat der soziale Gradient die steilste Steigung von allen OECD-Staaten. Verändert sich die Sozialschichtzugehörigkeit hier um eine Standardabweichung, folgt die Lesekompetenz mit knapp 45 Punkten – das ist mehr als eine Verdopplung des Werts, der in Finnland nachgewiesen werden konnte. In Deutschland ist die Steilheit des sozialen Gradienten sowohl auf den vergleichsweise engen Zusammenhang zwischen sozialer Herkunft und Lesekompetenz – die Korrelation beträgt $r = .41$ – als auch auf die extrem große Leistungsstreuung unter den 15-Jährigen, nicht aber auf eine ungewöhnliche heterogene Sozialstruktur der Bevölkerung zurückzuführen.

Betrachtet man das Niveau und den sozialen Gradienten der Lesekompetenz gleichzeitig, gehört Deutschland zu den Ländern, in denen die 15-Jährigen ein unterdurchschnittliches Kompetenzniveau erreichen und in denen gleichzeitig die engste Kopplung von sozialer Herkunft und Kompetenzerwerb nachweisbar ist. Im internationalen Vergleich steigt tendenziell die Lesekompetenz mit einer sich lockernden Kopplung von sozialer Herkunft und Kompetenzerwerb. Die Optimierung beider Gesichtspunkte – Sicherung eines hohen Kompetenzniveaus und Verminderung sozialer Disparitäten – hängt maßgeblich vom Erreichen eines befriedigenden Niveaus der Lesekompetenz in den unteren Sozialschichten ab.

In Deutschland ist die potenzielle Risikogruppe schwacher und extrem schwacher Leser im internationalen Vergleich groß: Sie macht rund 23 Prozent der Alterkohorte der 15-Jährigen aus. Soziale Herkunft, Bildungsniveau des Elternhauses, Zuwanderungsgeschichte der Familie und Geschlecht beeinflussen das relative Risiko der Zugehörigkeit zu dieser potenziell gefährdeten Gruppe. In Deutschland ist der Gesamtzusammenhang zwischen diesen Merkmalen und der Risikogruppenzugehörigkeit enger als in vielen anderen OECD-Staaten, die gerade bei der Förderung von Kindern unterer sozialer Schichten erfolgreicher sind.

Literatur

Alexander, K. L. & Entwisle, D. R. (1996). Schools and children at risk. In A. Booth & J. F. Dunn (Eds.), *Family-school links. How do they affect educational outcomes?* (pp. 67–88) Mahwah, NJ: Erlbaum.

Arbeitsgruppe Bildungsbericht. (1994). *Das Bildungswesen in der Bundesrepublik Deutschland. Strukturen und Entwicklungen im Überblick.* Reinbek: Rowohlt.

Argyle, M. (1999). Causes and correlates of happiness. In D. Kahnemann, E. Diener, et al. (Eds.), *Well-being: The foundations of hedonic psychology* (pp. 353–373). New York: Sage.

Baltes, P. B. & Mayer, K. U. (1999). *The Berlin aging study. Aging from 70 to 100.* Cambridge, UK: Cambridge University Press.

Bandura, A. (1986). *Social foundations of thought and action: A social cognitive theory.* Englewood Cliffs, NJ: Prentice Hall.

Bandura, A. (1997). *Self-efficacy: The exercise of control.* New York: Freeman.

Baumert, J. (1991). Langfristige Auswirkungen der Bildungsexpansion. Unterrichtswissenschaft. *Zeitschrift für Lernforschung, 19* (4), 333–349.

Baumert, J. (1996). Technisches Problemlösen im Grundschulalter: Zum Verhältnis von Alltags- und Schulwissen – Eine kulturvergleichende Studie. In A. Leschinsky (Hrsg.), *Die Institutionalisierung von Lehren und Lernen* (S. 187–209). Weinheim: Beltz (Zeitschrift für Pädagogik, 34. Beiheft).

Baumert, J. (2001). Vergleichende Leistungsmessung im Bildungsbereich. In J. Oelkers (Hrsg.), *Zukunftsfragen der Bildung* (S. 13–36). Weinheim: Beltz (Zeitschrift für Pädagogik, 43. Beiheft).

Baumert, J. & Köller, O. (1998). Nationale und internationale Schulleistungsstudien. Was können sie leisten, wo sind ihre Grenzen? *Pädagogik, 50,* 12–18.

Baumert, J., Köller, O. & Schnabel, K. U. (2000). Schulformen als differentielle Entwicklungsmilieus – Eine ungehörige Fragestellung? In Gewerkschaft Erziehung und Wissenschaft GEW (Hrsg.), *Messung sozialer Motivation. Eine Kontroverse* (S. 28–68). Frankfurt a.M.: Bildungs- und Förderungswerk der GEW (Schriftenreihe des Bildungs- und Förderungswerks der GEW, Nr. 14).

Baumert, J., Lehmann, R. H., Lehrke, M., Schmitz, B., Clausen, M., Hosenfeld, I., Köller, O. & Neubrand, J. (1997). *TIMSS – Mathematisch-naturwissenschaftlicher Unterricht im internationalen Vergleich. Deskriptive Befunde.* Opladen: Leske + Budrich.

Baumert, J., Roeder, P. M., Gruehn, S., Heyn, S., Köller, O., Rimmele, R., Schnabel, K. & Seipp B. (Mitarbeiter). (1996). Bildungsverläufe und psychosoziale Entwicklung im Jugendalter (BIJU). In *Methoden und Anwendungen empirischer pädagogischer Forschung* (S. 170–180). Münster: Waxmann.

Beck, U. (1986). *Risikogesellschaft. Auf dem Weg in eine andere Moderne.* Frankfurt a.M.: Suhrkamp.

Bellenberg, G. (1999). *Individuelle Schullaufbahnen: Eine empirische Untersuchung über Bildungsverläufe von der Einschulung bis zum Abschluß.* Weinheim: Juventa.

Bellenberg, G. & Klemm, K. (1998). Von der Einschulung bis zum Abitur. Zur Rekonstruktion von Schullaufbahnen in Nordrhein-Westfalen. *Zeitschrift für Erziehungswissenschaft, 1,* 577–596.

Bellmann, L., Reinberg, A. & Tessaring, M. (1994). Bildungsexpansion, Qualifikationsstruktur und Einkommensverteilung – Eine Analyse mit Daten des Mikrozensus und der Beschäftigtenstatistik. In R. Lüdeke (Hrsg.), *Bildung, Bildungsfinanzierung und Einkommensverteilung* (S. 13–70). Berlin: Duncker & Humblot.

Block, R. & Klemm, K. (1997). *Lohnt sich Schule: Aufwand und Nutzen: Eine Bilanz.* Reinbek: Rowohlt.

Blossfeld, H.-P. (1993). Changes in educational opportunities in the Federal Republic of Germany: A longitudinal study of cohorts born between 1916 and 1965. In Y. Shavit & H.-P. Blossfeld (Eds.), *Persistent inequality: Changing educational attainment in thirteen countries* (pp. 51–74). Boulder, CO: Westview Press.

Blossfeld, H.-P. & Shavit, Y. (1993). Dauerhafte Ungleichheiten. Zur Veränderung des Einflusses der sozialen Herkunft auf die Bildungschancen in dreizehn industrialisierten Ländern. *Zeitschrift für Pädagogik, 30,* 25–52.

Boekaerts, M. (1997). Self-regulated learning: A new concept embraced by researchers, policy makers, educators, teachers, and students. *Learning and Instruction, 7* (2), 161–186.

Bofinger, J. (1990). *Neuere Entwicklungen des Schullaufbahnverhaltens in Bayern: Schulwahl und Schullaufbahnen an Gymnasien, Real- und Wirtschaftsschulen von 1974/75 bis 1986/87.* München: Ehrenwirth.

Boudon, R. (1974). *Education, opportunity and social inequality.* New York: Wiley.

Bourdieu, P. (1972). *Esquisse d'une théorie de la pratique: précédé de troie études d'ethnologie kabyle.* Genf: Droz.

Bourdieu, P. (1973). Kulturelle Reproduktion und soziale Reproduktion. In P. Bourdieu, *Grundlagen einer Theorie der symbolischen Gewalt* (S. 88–139). Frankfurt a.M.: Suhrkamp.

Bourdieu, P. (1982). *Die feinen Unterschiede: Kritik der gesellschaftlichen Urteilskraft.* Frankfurt a.M.: Suhrkamp.

Bourdieu, P. (1983). Ökonomisches Kapital, kulturelles Kapital, soziales Kapital. In R. Kreckel (Hrsg.), Sozial Ungleichheiten (S. 183–198). Göttingen: Schwartz (Soziale Welt, Sonderband 2).

Bourdieu, P. (1989). *La noblesse d'état: grandes écoles et esprit de corps.* Paris: Éd. de Minuit.

Bourdieu, P. & Passeron, J.-C. (1964). *Die Illusion der Chancengleichheit. Untersuchungen zur Soziologie des Bildungswesens am Beispiel Frankreichs.* Stuttgart: Klett.

Braun, M. & Müller, W. (1997). Measurement of education in comparative research. *Comparative Social Research, 16,* 163–201.

Breen, R. & Goldthorpe, J. H. (1997). Explaining educational differentials. Towards a formal rational action theory. *Rationality and Society, 9* (3), 275–305.

Breen, R. & Goldthorpe, J. H. (1999). Class inequality and meritocracy: A critique of Saunders and an alternative analysis. *British Journal of Sociology, 50* (1), 1–27.

Breen, R. & Jonsson, J. O. (2000). A multinomial transition model for analyzing educational careers. *American Sociological Review, 65,* 754–772.

Büchel, F. & Frick, J. R. (2000). *The income portfolio of immigrants in Germany – Effects of ethnic origin and assimilation or: Who gains from income re-distribution?* Bonn: Forschungsinstitut zur Zukunft der Arbeit.

Büchel, F. & Pollmann-Schult, M. (2001). *Overeducation and human capital endowment. The role of school achievement and vocational training quality.* Bonn: Forschungsinstitut zur Zukunft der Arbeit (IZA Discussion Paper No. 337).

Butz, M. (1998). *Lohnt sich Bildung noch? Die Einkommensungleichheit der unterschiedlichen Bildungsklassen in der Bundesrepublik Deutschland.* Universität Mannheim: Lehrstuhl für Methoden der empirischen Sozialforschung und angewandte Soziologie (Manuskript).

Bybee, R. W. (1997). Towards an understanding of scientific literacy. In W. Gräber & C. Bolte (Eds.), *Scientific literacy: An international symposium* (pp. 357–387). Washington, DC: National Science Teachers Association.

Cameron, S. & Heckman, J. J. (1998). Life cycle schooling and dynamic selection bias: Models and evidence for five cohorts of American males. *Journal of Political Economy, 106* (2), 262–333.

Coleman, J. S. (1987). Families and schools. *Educational Researcher, 16,* 32–38.

Coleman, J. S. (1988). Social capital in the creation of human capital. *American Journal of Sociology, 94,* 95–120.

Coleman, J. S. (1990). *Foundations of social theory.* Cambridge, MA: Belknap Press.

Coleman, J. S. (1996). Der Verlust sozialen Kapitals und seine Auswirkungen auf die Schule. *Zeitschrift für Pädagogik, Beiheft 34,* 99–105.

Coleman, J. S., Hoffer, T. & Kilgore, S. (1982). *Public, catholic and private schools compared.* New York: Basic Books.

Ditton, H. (1992). *Ungleichheit und Mobilität durch Bildung: Theorie und empirische Untersuchung über sozialräumliche Aspekte von Bildungsentscheidungen.* Weinheim: Juventa.

Ditton, H. (1995). Ungleichheitsforschung. In H.-G. Rolff (Hrsg.), *Zukunftsfelder von Schulforschung* (S. 89–124). Weinheim: Deutscher Studienverlag.

Dörner, D. (1979). *Problemlösen und Informationsverarbeitung.* Stuttgart: Kohlhammer.

Dreeben, R. (1980). *Was wir in der Schule lernen.* Frankfurt a.M.: Suhrkamp.

Duncan, O. D. (1961a). Properties and characteristics of the socioeconomic index. In A. J. Reiss, Jr. (Ed.), *Occupations and social status* (pp.139–161). New York: The Free Press.

Duncan, O. D. (1961b). A socio-economic index for all occupations. In A. J. Reiss, Jr. (Ed.), *Occupations and social status* (pp.109–138). New York: The Free Press.

Entwisle, D. R. & Alexander, K. L. (1992). Summer setback: Race, poverty, school composition, and mathematics achievement in the first two years of school. *American Sociological Review, 57,* 72–84.

Entwisle, D. R. & Alexander, K. L. (1994). Winter setback: School racial composition and learning to read. *American Sociological Review, 59,* 446–460.

Entwisle, D. R., Alexander, K. L. & Steffel Olson, L. (1997). *Children, schools, and inequality.* Boulder, CO: Westview Press.

Erikson, R. & Jonsson, J. O. (Eds.). (1996a). *Can education be equalized? The Swedish case in comparative perspective.* Oxford, UK: Westview Press.

Erikson, R. & Jonsson, J. O. (1996b). Explaining class inequality in education: The Swedish test case. In R. Erikson & J. O. Jonsson (Eds.), *Can education be equalized? The Swedish case in comparative perspective* (pp. 1–63). Oxford, UK: Westview Press.

Erikson, R. & Goldthorpe, J. H. (1993). *The constant flux. A study of class mobility in industrial societies.* Oxford, UK: Clarendon Press.

Erikson, R., Goldthorpe, J. H. & Portocarero, L. (1979). Intergenerational class mobility in three Western European societies: England, France and Sweden. *British Journal of Sociology, 30,* 341–415.

Fend, H. (1982). *Gesamtschule im Vergleich. Bilanz der Ergebnisse des Gesamtschulversuchs.* Weinheim: Beltz.

Fend, H. (1994). *Die Entdeckung des Selbst und die Verarbeitung der Pubertät.* Bern: Huber.

Fend, H. (1997). *Der Umgang mit Schule in der Adoleszenz.* Bern: Huber.

Fend, H. (1998). *Qualität im Bildungswesen. Schulforschung zu Systembedingungen, Schulprofilen und Lehrerleistung.* Weinheim: Juventa.

Fend, H., Knörzer, W., Nagl, W., Specht, W. & Väth-Szusdziara, R. (1976). *Sozialisationseffekte der Schule.* Weinheim: Beltz.

Flammer, A. (1990). *Erfahrung der eigenen Wirksamkeit. Einführung in die Psychologie der Kontrollmeinung.* Bern: Huber.

Franz, K., Franzmann, B., Payrhuber, F.-J. & Schön, E. (1999). Muß-Lektüre versus Lust-Lektüre? In N. Groeben (Hrsg.), *Lesesozialisation in der Mediengesellschaft* (S. 78–88). Tübingen: Max Niemeyer Verlag (10. Sonderheft Internationales Archiv für Sozialgeschichte der deutschen Literatur).

Frensch, P. A. & Funke, J. (Eds.). (1995). *Complex problem solving. The European perspective.* Hillsdale, NJ: Erlbaum.

Freudenthal, H. (1977). *Mathematik als pädagogische Aufgabe* (Bd. 1 und 2) Stuttgart: Klett.

Freudenthal, H. (1983). *Didactical phenomenology of mathematical structures.* Dordrecht: Reidel.

Friedrich, H. F. & Mandl, H. (1992). Lern- und Denkstrategien – Ein Problemaufriß. In H. Mandl & H. F. Friedrich (Hrsg.), *Lern- und Denkstrategien* (S. 3–54). Göttingen: Hogrefe.

Funke, J. (1986). *Komplexes Problemlösen – Bestandsaufnahme und Perspektiven.* Heidelberg: Springer.

Ganzeboom, H. B. G., Luijkx, R. & Treiman, D. J. (1989). Intergenerational class mobility in comparative perspective. *Research in Social Stratification and Mobility, 8,* 3–84.

Ganzeboom, H. B. G., de Graaf, P. M., Treiman, D. J. & de Leeuw, J. (1992). A standard international socio-economic index of occupational status. *Social Science Research, 21,* 1–56.

Ganzeboom, H. B. G. & Treiman, D. J. (1996). Internationally comparable measures of occupational status for the 1988 International Standard Classification of Occupations. *Social Science Research, 25,* 201–239.

Goldthorpe, J. H. (1980). *Social mobility and class structure in modern Britain.* Oxford, UK: Clarendon Press.

Goldthorpe, J. H. (1996). Class analysis and the reorientation of class theory: The case of persisting differentials in educational attainment. *British Journal of Sociology, 45* (3), 481–506.

Goldthorpe, J. H., Payne, C. & Llewellyn, C. (1978). Trends in class mobility. *Sociology, 12,* 441–468.

Groeben, N. & Vorderer, P. (1988). *Leserpsychologie: Lesemotivation – Lektürewirkung.* Münster: Aschendorff.

Haertel, G. D., Walberg, H. J. & Weinstein, T. (1983). Psychological models of educational performance: A theoretical synthesis of construct. *Review of Educational Research, 53,* 75–91.

Hannan, M. T., Schömann, K. & Blossfeld, H.-P. (1990). Sex and sector differences in the dynamics of wage growth in the Federal Republic of Germany. *American Sociological Review, 44,* 694–713.

Helmke, A. (1992). *Selbstvertrauen und schulische Leistungen.* Göttingen: Hogrefe.

Henz, U. (1996). *Intergenerationale Mobilität. Methodische und empirische Untersuchungen.* Berlin: Max-Planck-Institut für Bildungsforschung (Studien und Berichte, 63).

Henz, U. & Maas, I. (1995). Chancengleichheit durch die Bildungsexpansion. *Kölner Zeitschrift für Soziologie und Sozialpsychologie, 47,* 605–633.

Heyns, B. (1978). *Summer learning and the effects of schooling.* New York: Academic Press.

Hillmert, S. & Kröhnert, S. (ohne Jahr). *EG-Klassifikation auf der Basis von Angaben zu Beruf (ISCO 68) und beruflicher Stellung.* Berlin: Max-Planck-Institut für Bildungsforschung (unveröff. Arbeitsbericht).

Honaker, J., Joseph, A., King, G. & Scheve, K. (2000). *Amelia: A program for missing data (Version 2.0).* Harvard University.

Hopf, D. (1987). *Herkunft und Schulbesuch ausländischer Kinder: Eine Untersuchung am Beispiel griechischer Schüler.* Berlin: Max-Planck-Institut für Bildungsforschung (Studien und Berichte, 44).

Hopf, D. & Tenorth, H.-E. (1994). Migration und kulturelle Vielfalt: zur Einleitung in das Themenheft. *Zeitschrift für Pädagogik, 40* (1), 3–7.

Hurrelmann, B., Hammer, M. & Nieß, F. (1995). *Leseklima in der Familie* (2. Aufl.). Gütersloh: Bertelsmann Stiftung (Lesesozialisation, Bd. 1).

Inglehart, R. (1977). *The silent revolution. Changing values and political styles among Western publics.* Princeton, NJ: Princeton University Press.

Inglehart, R. (1989). *Kultureller Umbruch. Wertwandel in der westlichen Welt.* Frankfurt a.M.: Campus.

Inglehart, R. (1998). *Modernisierung und Postmodernisierung: Kultureller, wirtschaftlicher und politischer Wandel in 43 Gesellschaften.* Frankfurt a.M.: Campus.

Internationales Arbeitsamt (1971). *Internationale Standardklassifikation der Berufe. Ausgabe 1968.* Stuttgart: Kohlhammer.

International Labor Office (1990). *International standard classification of occupations. ISCO-88.* Geneva: International Labor Office.

Jonsson, J. O., Mills, C. & Müller, W. (1996). A half century of increasing educational openness? Social class, gender and educational attainment in Sweden, Germany and Britain. In R. Erikson & J. O. Jonsson (Eds.), *Can education be equalized? The Swedish case in comparative perspective* (pp. 183–206). Oxford, UK: Westview Press.

Kaase, M. & Marsh, A. (1979). Distribution of political action (pp. 167–201). In S. H. Barnes & M. Kaase et al. (Eds.), *Political action. Mass participation in five Western democracies.* Beverly Hills, CA: Sage.

Kanders, M. (2000). *Das Bild der Schule aus der Sicht von Schülern und Lehrern II.* Dortmund: IFS-Verlag (Beiträge zur Bildungsforschung und Schulentwicklung, 14).

Kintsch, W. (1994). Kognitionspsychologische Modelle des Textverstehens: Literarische Texte. In K. Reusser & M. Reusser-Weyeneth (Hrsg.), *Verstehen* (S. 39–54). Bern: Huber.

Kintsch, W. (1998). *Comprehension. A paradigm for cognition.* Cambridge, UK: Cambridge University Press.

Kirsch, I., Jungeblut, A. & Mosenthal, P. B. (1998). The measurement of adult literacy. In T. I. Murray, I. S. Kirsch & L. Jenkins (Eds.), *Adult literacy in OECD countries: Technical report on the First International Adult Literacy Survey* (pp. 105–134). Washington, DC: U.S. Department of Education, National Center for Education Statistics.

Kleining, G. & Moore, H. (1968). Soziale Selbsteinstufung (SSE). Ein Instrument zur Messung sozialer Schichten. *Kölner Zeitschrift für Soziologie und Sozialpsychologie, 20,* 502–552.

Klieme, E., Funke, J., Leutner, D., Reimann, P. & Wirth, J. (2001). Problemlösen als fächerübergreifende Kompetenz. Konzeption und erste Resultate aus einer Schulleistungsstudie. *Zeitschrift für Pädagogik, 47* (2), 179–200.

Klieme, E., Stanat, P. & Artelt, C. (2000). Fächerübergreifende Kompetenzen: Konzepte und Indikatoren. In F. E. Weinert (Hrsg.), *Leistungsmessungen in Schulen* (S. 203–218). Weinheim: Beltz.

Knight, G. P. & Chao, C.-C. (1991). Cooperative, competitive, and individualistic social values among 8- to 12-year-old siblings, friends, and acquaintances. *Personality and Social Psychology Bulletin, 17* (2), 201–211.

Köhler, H. (1992). *Bildungsbeteiligung und Sozialstruktur in der Bundesrepublik: Zu Stabilität und Wandel der Ungleichheit von Bildungschancen.* Berlin: Max-Planck-Institut für Bildungsforschung (Studien und Berichte, 53).

Köller, O. (2000). *Leistungsgruppierungen, soziale Vergleiche und selbstbezogene Fähigkeitskognitionen in der Schule.* Unveröff. Habilitationsschrift, Universität Potsdam.

Köller, O. & Baumert, J. (2001). Leistungsgruppierungen in der Sekundarstufe I und ihre Konsequenzen für die Mathematikleistung und das mathematische Selbstkonzept der Begabung. *Zeitschrift für Pädagogische Psychologie, 15,* S. 99–110.

Köller, O., Baumert, J. & Schnabel, K. U. (1999). Wege zur Hochschulreife. Offenheit des Systems und Sicherung vergleichbarer Standards. Analysen am Beispiel der Mathematikleistungen von Oberstufenschülern an Integrierten Gesamtschulen und Gymnasien in Nordrhein-Westfalen. *Zeitschrift für Erziehungswissenschaft, 2* (3), 385–422.

Krais, B. (1989). Soziales Feld, Macht und kulturelle Praxis. Die Untersuchungen Bourdieus über die verschiedenen Fraktionen der „herrschenden Klasse" in Frankreich. In K. Eder (Hrsg.), *Klassenlage, Lebensstil und kulturelle Praxis* (S. 47–70). Frankfurt a.M.: Suhrkamp.

Krappmann, L. & Oswald, H. (1995). *Alltag der Schulkinder. Beobachtungen Analysen von Interaktionen und Sozialbeziehungen.* Weinheim: Juventa.

Krohne, H. W. & Hock, M. (1998). Erziehungsstil. In D. H. Rost (Hrsg.), *Handwörterbuch Pädagogische Psychologie* (S. 105–110). Weinheim: Beltz.

Lehmann, R. H., Peek, R. & Gänßfuß, R. (1997). *Aspekte der Lernausgangslage von Schülerinnen und Schülern der fünften Klassen an Hamburger Schulen.* Hamburg: Behörde für Schule, Jugend und Berufsbildung.

Lenhardt, G. (1984). *Schule und bürokratische Rationalität.* Frankfurt a.M.: Suhrkamp.

Leschinsky, A. & Mayer, K. U. (Eds.). (1999). *The comprehensive school experiment revisited: Evidence from Western Europe.* Frankfurt a.M.: Lang.

Little, R. J. & Rubin, D. B. (1987). *Statistical analysis with missing data.* New York: Wiley.

Lütkens, C. (1959). Die Schule als Mittelklasseninstitution. In P. Heintz (Hrsg.), *Soziologie der Schule* (S. 22–39) Opladen: Westdeutscher Verlag.

Maag, G. (1991). *Gesellschaftliche Werte – Strukturen, Stabilität und Funktion.* Opladen: Westdeutscher Verlag.

Mare, R. D. (1993). Educational stratification on observed and unobserved components of family background. In Y. Shavit & H.-P. Blossfeld (Eds.), *Persistent inequality. Changing educational attainment in thirteen countries* (pp. 351–376). Boulder, CO: Westview Press.

Marsh, H. W. (1994). Using the National Longitudinal Study of 1988 to evaluate theoretical models of self-concept: The self-description questionnaire. *Journal of Educational Psychology, 86,* 439–456.

Marsh, H. W., Köller, O. & Baumert, J. (2001). Reunification of East and West German school systems: Longitudinal multilevel modeling study of the big-fish-little-pond effect on academic self-concept. *American Educational Research Journal, 38* (2), 321–350.

Mayer, K. U. & Blossfeld, H.-P. (1990). Die gesellschaftliche Konstruktion sozialer Ungleichheit im Lebensverlauf. In P. A. Berger & S. Hradil (Hrsg.), *Lebenslagen, Lebensläufe, Lebensstile* (S. 297–318). Göttingen: Schwartz (Soziale Welt: Sonderband 7).

Mayer, K. U., Henz, U. & Maas, I. (1991). *Social mobility between generations and across the working life: Biographical contingency, time dependency and cohort differentiation – Results from the German Life History Study.* Berlin: Max Planck Institute for Human Development.

Meeks, S. & Murrell, S. A. (2001). Contribution of education to health and life satisfaction in older adults mediated by negative affect. *Journal of Aging & Health, 13* (1), 92–119.

Meulemann, H. (1992). Expansion ohne Folgen? Bildungschancen und sozialer Wandel in der Bundesrepublik. In W. Glatzer (Hrsg.), *Entwicklungstendenzen der Sozialstruktur* (S. 123–157). Frankfurt a.M.: Campus.

Meulemann, H. & Wiese, W. (1984). Bildungsexpansion und Bildungschancen. *Zeitschrift für Sozialisationsforschung und Erziehungssoziologie, 4,* 287–306.

Meyer, J. W., Ramirez, F. O., Rubinson, R. & Boli-Bennet, J. (1977). The world educational revolution, 1950–1970. *Sociology of Education, 50,* 242–258.

Meyer, J. & Scott, W. (1983). *Organizational environments: Ritual and rationality.* Beverly Hills, CA: Sage.

Mittelstraß, J. (1989). *Der Flug der Eule. Von der Vernunft der Wissenschaft und der Aufgabe der Philosophie.* Frankfurt a.M.: Suhrkamp.

Mittelstraß, J. (2000). Die Zukunft der Bildung. Über die Modernität der klassischen Bildung in einer lernenden Gesellschaft. In U. P. Trier (Hrsg.), *Bildungswirksamkeit zwischen Forschung und Politik* (S. 385–393). Zürich: Rüegger.

Mookherjee, H. N. (1992). A comparative assessment of life satisfaction in the United States: 1978–1988. *Journal of Social Psychology, 132* (3), 407–409.

Müller, W. (1996). Class inequalities in educational outcomes: Sweden in comparative perspective. In R. Erikson & J. O. Jonsson (Eds.), *Can education be equalized? The Swedish case in comparative perspective* (pp. 145–182). Oxford, UK: Westview Press.

Müller, W. (1998). Erwartete und unerwartete Folgen der Bildungsexpansion. *Kölner Zeitschrift für Soziologie und Sozialpsychologie,* 81–112 (Sonderheft 38: Die Diagnosefähigkeit der Soziologie).

Müller, W. (1999). Institutional context and labour market outcomes of education in Germany. In A. Jasinska-Kania, M. L. Kohn & K. M. Slmoczynski (Eds.), *Power and social structure. Essays in honor of Wlodzimierz Wesolowski* (pp. 82–116). Warschau: Wydawnictwa Uniwersytetu Warszawskiego.

Müller, W. & Haun, D. (1994). Bildungsungleichheit im sozialen Wandel. *Kölner Zeitschrift für Soziologie und Sozialpsychologie, 46,* 1–42.

National Council of Teachers of Mathematics (NCTM). (1989). *Curriculum and evaluation standards for school mathematics.* Reston, VA: NCTM.

National Council of Teachers of Mathematics (NCTM). (1991). *Professional standards for teaching mathematics.* Reston, VA: NCTM.

National Council of Teachers of Mathematics (NCTM). (2000). *Principles and standards for school mathematics.* Reston, VA: NCTM.

Oerter, R. (1999). Theorien der Lesesozialisation – Zur Ontogenese des Lesens. In N. Groeben (Hrsg.), *Lesesozialisation in der Mediengesellschaft* (S. 27–55). Tübingen: Max Niemeyer Verlag (10. Sonderheft Internationales Archiv für Sozialgeschichte der deutschen Literatur).

Organisation for the Economic Co-Operation and Development (OECD). (1999). *Classifying educational programmes. Manual for ISCED-97 implementation in OECD countries.* Paris: OECD.

Organisation for the Economic Co-operation and Development (OECD). (Ed.). (1999). *Measuring student knowledge and skills: A new framework for assessment.* Paris: OECD [Deutsch: Deutsches PISA-Konsortium (Hrsg.). (2000). Schülerleistungen im internationalen Vergleich: Eine neue Rahmenkonzeption für die Erfassung von Wissen und Fähigkeiten. Berlin: Max-Planck-Institut für Bildungsforschung].

Organisation for the Economic Co-Operation and Development (OECD). (2000). *Literacy in the information age. Final report of the International Adult Literacy Survey.* Paris and the Minister of Industry, Canada.

Peisert, H. (1967). *Soziale Lage und Bildungschancen in Deutschland.* München: Piper.

Pinquart, M. & Sörensen, S. (2000). Influences of socioeconomic status, social network, and competence on subjective well-being in late life: A meta-analysis. *Psychology & Aging, 15* (2), 187–224.

Reynolds, J. R. & Ross, C. E. (1998). Social stratification and health: Education's benefit beyond economic status and social origins. *Social Problems, 45* (2), 221–247.

Rheinberg, F. (2001). Bezugsnormen und schulische Leistungsbeurteilung. In F. E. Weinert (Hrsg.), *Leistungsmessungen in Schulen* (S. 59–71). Weinheim: Beltz.

Robinsohn, S. B. (1971). *Bildungsreform als Revision des Curriculums: und Ein Strukturkonzept für Curriculumentwicklung* (3. erw. Aufl.). Neuwied: Luchterhand.

Rodax, K. (1995). Soziale Ungleichheit und Mobilität durch Bildung in der Bundesrepublik Deutschland. *Österreichische Zeitschrift für Soziologie, 20* (1), 3–27.

Rolff, H.-G. (1997). *Sozialisation und Auslese durch die Schule.* Weinheim: Juventa.

Rolff, H.-G., Bos, W., Klemm, K., Pfeiffer, H. & Schulz-Zander, R. (Hrsg.). (2000). *Jahrbuch der Schulentwicklung, Bd. 11.* Weinheim: Juventa.

Rosenberg, P. (1999). *Mehrsprachigkeit fördern heißt: Mehrere Sprache fördern – auch das Deutsche. Zur sprachlichen Integration und Ihren Voraussetzungen bei russlanddeutschen Schülern.* Hamburg: Behörde für Schule, Jugend und Berufsbildung.

Ross, C. E. & Vanwilligen, M. (1997). Education and the subjective quality of life. *Journal of Health & Social Behavior, 38* (3), 275–297.

Schelsky, H. (1962). *Schule und Erziehung in der industriellen Gesellschaft* (4. Aufl.). Würzburg: Werkbund Verlag.

Schimpl-Neimanns, B. (2000). Soziale Herkunft und Bildungsbeteiligung. *Kölner Zeitschrift für Soziologie und Sozialpsychologie, 4* (52), 637–669.

Schnabel, K. U. & Schwippert, K. (2000). Einflüsse sozialer und ethnischer Herkunft beim Übergang in die Sekundarstufe II und den Beruf. In J. Baumert, W. Bos & R. H. Lehmann (Hrsg.), *TIMSS/III. Dritte Internationale Mathematik- und Naturwissenschaftsstudie – Mathematische und naturwissenschaftliche Bildung am Ende der Schullaufbahn: Bd. 1. Mathematische und naturwissenschaftliche Grundbildung am Ende der Pflichtschulzeit* (S. 261–300). Opladen: Leske + Budrich.

Schneewind, K. A. (1991). *Familienpsychologie.* Stuttgart: Kohlhammer.

Schneider, W. (1989). Zur frühen Vorhersage von Leseleistungen. *Zeitschrift für Pädagogische Psychologie, 3,* 157–168.

Schön, E. (1997). Entwicklung des Lesens – Zukunft des Lesens. In H. Balhorn & H. Niemann (Hrsg.), *Sprachen werden Schrift* (S. 132–136). Lengwil, CH: Libelle.

Schrader, A., Nikles, B. & Griese, H. (1976). *Die zweite Generation. Sozialisation und Akkulturation ausländischer Kinder in der Bundesrepublik.* Kronberg i.T.: Athenaeum.

Scott, W. & Meyer, J. (1994). *Institutional environments and organizations: Structural complexity and individualism.* Thousand Oaks, CA: Sage.

Sekretariat der Ständigen Konferenz der Kultusminister der Länder in der Bundesrepublik Deutschland (Hrsg.). (1995). *Weiterentwicklung der Prinzipien der gymnasialen Oberstufe und des Abiturs. Abschlussbericht der von der Kultusministerkonferenz eingesetzten Expertenkommission.* Kiel: Schmidt & Klaunig.

Shavit, Y. & Blossfeld, H.-P. (1993). *Persistent inequality: Changing educational stratification in thirteen countries.* Boulder, CO: Westview Press.

Skinner, E. A. (1995). *Perceived control, motivation & coping.* Thousand Oaks, CA: Sage.

Statistisches Bundesamt. (1999). *Statistisches Jahrbuch 1999.* Wiesbaden.

Tenorth, H.-E. (1994). *„Alle alles zu lehren": Möglichkeiten und Perspektiven allgemeiner Bildung.* Darmstadt: Wissenschaftliche Buchgesellschaft.

Tillmann, K.-J., Bussigal, M., Philipp, E. & Rösner, E. (1979). *Kooperative Gesamtschule. Modell und Realität. Eine Analyse schulischer Innovationsprozesse.* Weinheim: Beltz.

Treiman, D. J. (1977). *Occupational prestige in comparative perspective.* New York: Academic Press.

Uehlinger, H.-M. (1988). *Politische Partizipation in der Bundesrepublik. Strukturen und Erklärungsmodelle.* Opladen: Westdeutscher Verlag.

Van de Vijver, F. & Tanzer, N. K. (1998). Bias and equivalence in cross-cultural assessment: An overview. *European Review of Applied Psychology, 47,* 263–279.

Van Dijk, T. A. & Kintsch, W. (1983). *Strategies of discourse comprenhension.* New York: Academic Press.

Wagner, J. W. L. (1999). *Soziale Vergleiche und Selbsteinschätzungen.* Münster: Waxmann.

Wagner, J. W. L. (2000). *Bezugsgruppeneffekte und soziale Vergleiche: Eine empirische Studie.* Landau: Verlag Empirische Pädagogik.

Wang, M. C., Haertel, G. D. & Walberg, H. J. (1993). Toward a knowledge base for school learning. *Review of Educational Research, 63,* 249–294.

Wegener, B. (1988). *Kritik des Prestiges.* Opladen: Westdeutscher Verlag.

Weinert, F. E. (1998). Neue Unterrichtskonzepte zwischen gesellschaftlichen Notwendigkeiten, pädagogischen Visionen und psychologischen Möglichkeiten. In Bayerisches Staatsministerium für Unterricht, Kultus, Wissenschaft und Kunst (Hrsg.), *Wissen und Werte für die Welt von morgen. Dokumentation zum Bildungskongress des Bayerischen Staatsministerium für Unterricht, Kultus, Wissenschaft und Kunst am 29./30. April 1998 in der Ludwig-Maximilians-Universität München* (S. 101–125). München.

Weinert, F. E. (Hrsg.). (2001a). *Leistungsmessungen in Schulen.* Weinheim: Beltz.

Weinert, F. E. (2001b). Schulleistungen – Leistungen der Schule *oder* der Schüler? In F. E. Weinert (Hrsg.), *Leistungsmessungen in Schulen* (S. 73–86). Weinheim: Beltz.

Weinert, F. E. (2001c). Vergleichende Leistungsmessung in Schulen – eine umstrittene Selbstverständlichkeit. In F. E. Weinert (Hrsg.), *Leistungsmessungen in Schulen* (S. 17–31). Weinheim: Beltz.

Wessel, A., Merkens, H. & Dohle, K. (1997). *Entscheidung ins Ungewisse. Schulwahlverhalten von Eltern und Schülern in Berlin und Brandenburg.* Berlin: Freie Universität, Institut für Allgemeine Pädagogik.

Wiese, W. (1986). Schulische Umwelt und Chancenverteilung. *Zeitschrift für Soziologie, 15* (3), 188–209.

Zedler, P. (2000). Wandlungen des Reformdiskurses. Konfliktlinien leitender Orientierungs- und Bewertungsmaßstäbe in der Schulentwicklung. In H.-H. Krüger & H. Wenzel (Hrsg.), *Schule zwischen Effektivität und sozialer Verantwortung* (S. 15–41). Opladen: Leske + Budrich.

Zinnecker, J. & Silbereisen, R. K. (1996). *Kindheit in Deutschland. Aktueller Survey über Kinder und ihre Eltern.* Weinheim: Juventa.

9 Lebens- und Lernbedingungen von Jugendlichen

Die OECD verfolgt mit dem Projekt PISA nicht zuletzt das Ziel, zur Aufklärung der Kontextbedingungen beizutragen, die für Leistungsunterschiede zwischen und in den einzelnen Ländern verantwortlich sind. Die Befunde zum Zusammenhang der Leistungen mit bestimmten Rahmenbedingungen sollen dazu dienen, unser Verständnis der Entwicklung von Schulleistungen zu erweitern und unsere Einsichten in die Möglichkeiten und Grenzen der schulischen Förderung von Leistungen zu vertiefen.

Im Rahmen von PISA 2000 wird nur ein kleiner Teil der Kontextbedingungen genauer erfasst, die die schulische Entwicklung der 15-Jährigen bestimmt haben und einen Beitrag zur Erklärung ihrer Testleistungen liefern können. Der Schwerpunkt der internationalen Schülerbefragung liegt auf den ökonomischen und soziokulturellen Bedingungen, unter denen die Jugendlichen in ihren Familien aufwachsen. Die in Deutschland zusätzlich durchgeführte Schülerbefragung konzentriert sich auf die sozialen Beziehungen der 15-Jährigen zu Jugendlichen derselben Altersgruppe und auf ihre Freizeitaktivitaten, insbesondere ihren Umgang mit modernen Medien. Im Übrigen befasst sich PISA – international und national – mit den Lernmöglichkeiten, die die 15-Jährigen in ihren Schulen vorfinden. Dazu gehören sowohl die Rahmenbedingungen, unter denen die Schulen arbeiten, als auch die schulischen Bemühungen um eine optimale Ausgestaltung des vorgegebenen Rahmens.

Die soziale Herkunft der Schülerinnen und Schüler ist im 8. Kapitel ausführlich dargestellt worden. Das 9. Kapitel konzentriert sich auf die Bildungsinstitutionen, in denen gelernt wird. Im ersten Abschnitt werden ausgewählte institutionelle Bedingungen schulischen Lernens international vergleichend behandelt. Der zweite Abschnitt thematisiert zunächst die extern vorgegebenen Bedingungen in den Schulen der verschiedenen Schulformen, die das deutsche Schulsystem kennzeichnen, und konzentriert sich dann auf die Frage, wie die Schulen ihre Handlungsspielräume pädagogisch nutzen und sich um Qualitätsentwicklung und Qualitätssicherung bemühen. Da die in Schülerleistungen gemessenen Erfolge von Schulen in hohem Maße von der Zusammensetzung ihrer Schülerpopulationen abhängig sind, werden die Lernmilieus, die durch die Schülerinnen und Schüler selbst konstituiert werden, im dritten Abschnitt des Kapitels gesondert dargestellt und nicht im Zusammenhang mit den übrigen Rahmenbedingungen behandelt. Der vierte Abschnitt untersucht die außerschulischen Lebens- und Lernbedingungen der 15-Jährigen und ihre Bedeutung für die schulformspezifischen Lernmilieus und geht dann genauer auf das Schul- und Unterrichtsklima ein, das für sie kennzeichnend ist.

Die Frage, welche institutionellen Bedingungen für Leistungsunterschiede zwischen und in den einzelnen Ländern verantwortlich sind, wird im Kapitel 9 nicht beantwortet, sondern es werden lediglich Hypothesen dazu gebildet. Ihre Überprüfung ist auf der Basis der zurzeit verfügbaren Daten nicht möglich, und zwar aus folgenden Gründen:

(1) In PISA 2000 sind die Kontextbedingungen der Entwicklung von Schülerleistungen im Querschnitt erfasst worden. Die Daten zu den Schulen, die die 15-Jährigen zum Zeitpunkt der Erhebung besucht haben, sind folglich kaum zur Rekonstruktion der institutionellen Bedingungen zu nutzen, die ihre Lerngeschichte beeinflusst haben. Sicher lassen sich verschiedene Schulformen, wie es sie in Deutschland gibt, als spezifische, weitgehend selektionsbedingte Lernmilieus beschreiben, deren langfristige Bedeutung für die Leistungsentwicklung der Schülerinnen und Schüler nicht zu unterschätzen ist. Andere als schulformspezifische Merkmale der Bildungsinstitutionen zur Interpretation von Leistungsunterschieden heranzuziehen, ist aber problematisch, denn man muss davon ausgehen, dass die 15-Jährigen nicht immer unter institutionellen Bedingungen gelernt haben, wie sie an den zurzeit der Datenerhebung besuchten Schulen gegeben waren.

(2) Im Rahmen der Studie sind die verschiedenen Schulsysteme und ihre Einbettung in die Erziehungs- und Bildungssysteme der Teilnehmerländer nicht systematisch untersucht worden, und man hat auch davon abgesehen, Daten zu ihren ökonomischen, politischen und sozialen Grundlagen zu erheben, ihre kulturellen Traditionen zu erfassen und ihre historische Entwicklung nachzuzeichnen. Der Verzicht auf die Untersuchung der systemischen Bedingungen mithilfe eigener Instrumente bedeutet nicht, dass diese Bedingungen unberücksichtigt bleiben sollten. Vielmehr war von Anfang an geplant, sie anhand von Dokumenten genauer zu betrachten und Daten aus Sekundärstatistiken und anderen Quellen zu ihrer Untersuchung heranzuziehen. Zum Teil stehen Daten dieser Art bereits zur Verfügung (OECD, 1992 ff.), zum Teil müssen sie erst noch gesammelt und für Kontextanalysen im Rahmen von PISA 2000 aufbereitet werden.

(3) Für PISA 2000 sind keine repräsentativen Stichproben von Schulen, sondern repräsentative Stichproben von Schülerinnen und Schülern gezogen worden. Das heißt, die zufällig gezogenen Schulen, aus denen die Schülerinnen und Schüler stammen, sind lediglich die primären Stichprobeneinheiten der Untersuchung; sie sind nicht notwendigerweise repräsentativ für die Gesamtheit der Schulen der verschiedenen Länder, sondern nur für die von 15-Jährigen besuchten Schulen. (Zur Stichprobenbildung und zur Gewichtung der Schul- und Schülerdaten siehe Kap. 1.) Dazu kommt, dass für die Bildung der Schülerstichproben in den einzelnen Teilnehmerländern in der Regel nur rund 150 Schulen erforderlich waren. Für differenzierte Schuluntersuchungen ist die Zahl der Schulen zu klein. Problematisch ist dies insbesondere im Fall von gegliederten Systemen, das heißt, wenn Schulformvergleiche unumgänglich sind. Aufgrund der kleinen Fallzahlen können die Ergebnisse solcher Vergleiche nur als Hypothesen betrachtet werden, die im Rahmen größerer Untersuchungen zu überprüfen sind. In Deutschland bietet die PISA-Ergänzungsstudie die Möglichkeit dazu.

(4) Da in PISA 2000 15-Jährige, nicht aber Schülerinnen und Schüler bestimmter Klassenstufen und Klassen untersucht werden, stehen Unterrichtsmerkmale im Zentrum, die als Hinweise auf schul- und fachspezifische Prinzipien und Formen des Unterrichtens interpretierbar sind. Mit didaktischen und methodischen Aspekten wird sich der zweite PISA-Zyklus im Jahr 2003 intensiv befassen.

Aufgrund der Datenlage kann das vorliegende Kapitel in vieler Hinsicht nur explorative Funktionen erfüllen. Dies gilt insbesondere für die ersten beiden Abschnitte. Die Fragen, die dort aufgeworfen werden, sollen im thematischen Bericht mithilfe von umfassenderen Informationen zu den Teilnehmerländern bzw. auf der Basis von Daten zu rund 1.500 deutschen Schulen beantwortet werden.

Gundel Schümer

1. Institutionelle Bedingungen schulischen Lernens im internationalen Vergleich

1.1 Einleitung

Zurzeit stehen noch nicht genügend Informationen zur Verfügung, um die Erziehungs- und Bildungssysteme der an PISA beteiligten Länder sowie ihre gesellschaftlichen und kulturellen Grundlagen genauer darzustellen und zur Interpretation von Leistungsunterschieden zu nutzen. Trotzdem sollen schon jetzt einige der institutionellen Bedingungen dargestellt werden, unter denen Jugendliche in anderen Ländern lernen. Dabei handelt es sich durchweg um Bedingungen, deren Leistungsrelevanz in den innerdeutschen Diskussionen der vergangenen Jahre nur selten infrage gestellt wurde, deren Bedeutung angesichts der Ergebnisse der ländervergleichenden Studie aber erneut zur Debatte steht. Diese Debatte soll allerdings erst dann geführt werden, wenn mehr Daten zu den systemischen Bedingungen vorliegen, die den Stellenwert der institutionellen Regelungen bestimmen.

Die institutionellen Bedingungen, unter denen die 15-Jährigen in verschiedenen Ländern lernen, werden hier also vorwiegend deskriptiv und nicht zur Erklärung von Differenzen zwischen den Schülerleistungen in den Teilnehmerländern genutzt. Ein Grund dafür, wenigstens Deskriptionen vorzulegen, ist, dass die bildungspolitisch interessierte Öffentlichkeit entsprechende Informationen erwartet, die ihr nicht vorenthalten werden sollen. Dazu kommt, dass die vorgelegten Daten Bewegung in ideologisch festgefahrene Diskussionen bringen können: Erstens zeigen die zu den institutionellen Bedingungen vorliegenden Untersuchungsergebnisse, dass vieles, was uns altvertraut und darum selbstverständlich ist, in anderen Ländern ganz anders geregelt ist, und dass dies offenbar keine negativen Folgen für die Leistungsentwicklung der Heranwachsenden hat. Zweitens verweisen die Ergebnisse darauf, dass einzelne Bedingungsfaktoren im Hinblick auf die Testergebnisse nicht besonders aussagekräftig sind, sondern sowohl mit guten als auch mit schlechten Leistungen einhergehen können. Kurz, die Befunde machen deutlich, dass unterschiedliche institutionelle Bedingungen funktional äquivalent sein können und dass die Bedeutung vergleichbarer institutioneller Rahmenbedingungen mit dem Kontext variieren kann.

1.2 Verteilung der 15-Jährigen auf verschiedene Klassenstufen

Im Rahmen von PISA 2000 werden nicht wie bei früheren internationalen Schulleistungsstudien Schülerinnen und Schüler bestimmter Klassenstufen untersucht, sondern es ist eine Stichprobe von 15-Jährigen gebildet worden. Eine der ersten Fragen der bildungspolitisch interessierten Öffentlichkeit in Deutschland dürfte folglich die Frage danach sein, welche Klassenstufe die 15-Jährigen in den verschiedenen Teilnehmerländern erreicht haben, das heißt, ob sie hinsichtlich ihrer Schul- und Unterrichtserfahrungen miteinander vergleichbar sind.

Die für PISA untersuchten 15-Jährigen verteilen sich auf neun verschiedene Klassenstufen (siehe Tab. 9.1). Deutschland gehört zu der relativ kleinen Gruppe von Teilnehmerländern, in denen die Mehrzahl der 15-Jährigen die 9. Klasse besucht. Nur ein knappes Viertel der in Deutschland erfassten Jugendlichen befindet sich bereits in der 10. Klasse, die übrigen sind noch in der 8. oder sogar noch in der 7. oder 6. Klasse. In den meisten anderen OECD-Ländern ist der Besuch der 10. Klasse die Norm, im Vereinigten Königreich und in Neuseeland die 11. Klasse. Deutschland gehört ferner zu den Ländern, in denen sich die 15-Jährigen besonders stark auf mehrere Klassenstufen verteilen; zu diesen Ländern zählen neben Brasilien und Mexiko auch Luxemburg, Portugal und die Schweiz. Von ihnen heben sich die Länder deutlich ab, in denen so gut wie alle Schülerinnen und Schüler ein und dieselbe Klassenstufe besuchen, wie es in Japan und Korea, Island, Norwegen und Polen der Fall ist, oder in denen sie sich auf nur zwei, allenfalls drei verschiedene Stufen verteilen, wie zum Beispiel in Finnland, dem Vereinigten Königreich oder Neuseeland.

Die von Land zu Land variierende Verteilung der 15-Jährigen auf die verschiedenen Klassenstufen hängt in erster Linie mit Unterschieden im Einschulungsalter und in der Versetzungspraxis zusammen. Dazu kommen länderspezifische Stichtage für den Beginn der Schulpflicht und länderspezifische Regelungen der Zurückstellung und der vorzeitigen Einschulung von Kindern. (Die wenigen empirischen Untersuchungen, die in Deutschland zur Problematik der Späteinschulungen und Klassenwiederholungen durchgeführt wurden, werden im vierten Abschnitt dieses Kapitels diskutiert.) Schließlich haben die Kinder in manchen Ländern auch die Möglichkeit oder sogar das Recht, bereits ein oder zwei Jahre vor Beginn ihrer Schulpflicht eine Schule bzw. eine Vorschule zu besuchen.

Einschulungsalter

In den meisten Ländern werden die Sechsjährigen eingeschult. In manchen Ländern beginnt die Schulpflicht aber schon mit vier oder fünf Jahren, zum Beispiel in Irland bzw. im Vereinigten Königreich; in anderen ist der Schulbesuch erst mit sieben Jahren obligatorisch, so in einigen nordischen Ländern und in einigen Staaten der USA. Die aufnehmende Institution ist nicht überall die Schule, sondern es gibt auch Länder, die den Besuch eines Kindergartens zur Pflicht machen, wie beispielsweise Luxemburg. Schon deshalb

Tabelle 9.1:   15-Jährige nach Land, Dauer der Pflichtschulzeit und Klassenstufe

Land[1]	Dauer der Pflicht- schulzeit[2] von ... Jahren	15-Jährige aus Klassenstufe ... (in %)			
		5, 6, 7 oder 8	9	10	11, 12 oder 13
Australien	6–15 bzw. 16	0,1	6,8	75,8	17,3
Belgien[3]	6–18	5,6	28,1	65,4	0,9
Brasilien	7–14	42,3	48,9	8,9	–
Dänemark	7–16	5,9	91,3	2,8	–
Deutschland[3]	6–18	15,9	60,5	23,5	0,1
Finnland	7–16	11,2	88,8	–	–
Frankreich	6–16	7,4	36,5	53,3	2,7
Griechenland	6–15	2,5	5,6	76,1	15,9
Irland	4–16	3,4	62,0	16,0	18,7
Island	6–16	–	–	100,0	–
Italien	6–15	1,3	16,3	76,6	5,8
Japan	6–15	–	–	100,0	–
Kanada	6 bzw. 7–16	2,3	13,0	83,1	1,5
Korea	6–15	–	0,9	98,5	0,6
Lettland	7–16	10,5	38,9	50,2	0,5
Liechtenstein[4]	7–15	17,5	79,1	3,5	–
Luxemburg	5–15	18,8	56,2	25,1	–
Mexiko	6–16	14,7	31,3	53,8	0,2
Neuseeland	6–17	–	–	6,9	93,1
Niederlande	6–16	6,1	44,9	48,9	0,1
Norwegen	6–16	0,0	0,8	98,4	0,8
Österreich	6–15	5,0	46,3	48,6	0,0
Polen[5]	7–14	–	100,0	–	–
Portugal	6–15	19,6	28,1	52,0	0,3
Russische Föderation[6]	7–15	2,1	27,2	70,1	0,6
Schweden	7–16	2,1	97,5	0,4	–
Schweiz	6–15 bzw. 7–16	20,6	65,2	14,0	0,2
Spanien	6–16	2,3	25,3	72,4	0,0
Tschechische Republik	6–15	2,6	43,5	53,8	–
Ungarn	6–16	7,7	57,2	35,1	–
Vereinigtes Königreich	4 bzw. 5–16	–	0,0	33,7	66,3
Vereinigte Staaten	5, 6 bzw. 7–16 bzw. 18	3,6	39,6	56,4	0,4
OECD-Durchschnitt	in der Regel 6–16	5,6	37,1	48,9	8,4

[1] Die Angaben zur Verteilung der Schüler auf die verschiedenen Klassenstufen in den einzelnen Ländern basieren auf den für die 15-Jährigen der Länder repräsentativen, gewichteten Daten der Stichproben. Die Angaben zum OECD-Durchschnitt basieren auf einer Zufallsauswahl von 1.000 Schülern pro Land aus der jeweiligen Stichprobe; die Niederlande wurden ausgeschlossen. Die Modalwerte der Länder sind weiß hinterlegt.

[2] Die Angaben entstammen dem Internet: International Association of Universities: Higher Education (http://www.unesco.org/iav/ whed-2000.html; abgerufen am 1.11.2001). Ergänzend wurde die Darstellung von Robitaille (1997) herangezogen. Soweit sie bekannt sind, sind unterschiedliche Regelungen in verschiedenen Regionen einzelner Länder in der Tabelle ausgewiesen. Dagegen bleibt unberücksichtigt, in welche Institution (Kindergarten, Vorschule, Grundschule) die Schulpflichtigen aufgenommen werden.

[3] Die Vollzeitschulpflicht endet mit 16 Jahren, danach besteht Teilzeitschulpflicht.

[4] Die Angaben gelten für die 15-Jährigen, die an PISA teilgenommen haben. Inzwischen endet die Schulpflicht mit 16 Jahren.

[5] Die Angaben gelten für die 15-Jährigen, die an PISA 2000 teilgenommen haben. Inzwischen beginnt die Schulpflicht mit 6 und endet mit 16 Jahren.

[6] Die Angaben gelten für die 15-Jährigen, die an PISA 2000 teilgenommen haben. Inzwischen beginnt die Schulpflicht mit 6 Jahren.

lassen die Informationen zur Klassenstufe und dem Einschulungsalter keinen eindeutigen Schluss darauf zu, wie viele Jahre die untersuchten 15-Jährigen in Bildungsinstitutionen verbracht haben. Dazu kommt, dass in manchen Ländern sehr viele oder sogar fast alle Kinder eines Altersjahrgangs bereits ein Jahr vor Beginn ihrer Schulpflicht in die 1. Klasse gehen; Beispiele dafür sind die Russische Föderation und Neuseeland, wo über 70 Prozent bzw. über 90 Prozent der erfassten 15-Jährigen eine höhere als die zum Beginn ihrer Schulpflicht passende Klasse besuchen.

Auch aus einem anderen Grund wird das Ausmaß institutionalisierten Lernens leicht unterschätzt: In manchen Ländern gehen so gut wie alle Kinder freiwillig in eine Vorschule oder einen Kindergarten; in der Regel geschieht dies im letzten Jahr vor Eintritt in die Schule, es gibt aber auch Länder, in denen praktisch alle Vierjährigen oder sogar schon alle Dreijährigen vorschulische Einrichtungen besuchen, zum Beispiel in den Niederlanden, in Frankreich und im Vereinigten Königreich. In etlichen Ländern haben die Kinder einen Rechtsanspruch auf einen Platz in einem Kindergarten, einer Vorschule oder den Vorklassen einer Primarschule, den sie offensichtlich geltend machen. Schließlich gibt es auch Länder wie zum Beispiel Polen, die den Beginn der Schulpflicht um ein Jahr vorverlegt haben, aber das erste Schuljahr als „Klasse Null" nicht mitzählen.

Dagegen zeigt sich in Deutschland eine Tendenz, Kinder lieber ein Jahr später als ein Jahr „zu früh" einzuschulen. Zwölf Prozent aller in Deutschland im Rahmen von PISA erfassten 15-Jährigen wurden zunächst einmal vom Schulbesuch zurückgestellt, das heißt erst als Siebenjährige eingeschult, und sind aus diesem Grund noch nicht in der 9. oder 10. Klasse (vgl. Tab. 9.16), in die sie ihrem Alter entsprechend eigentlich gehören. Auch in anderen Ländern besteht die Möglichkeit, schulpflichtige Kinder wegen mangelnder Schulreife oder aufgrund ihres Gesundheitszustands vom Schulbesuch zurückzustellen, doch scheint man diese Möglichkeit nicht überall genauso häufig wie in Deutschland zu nutzen. Wie die hier vorgelegten Untersuchungsergebnisse zeigen, gibt es einzelne Länder, in denen von dieser Möglichkeit so gut wie kein Gebrauch gemacht wird. Andernfalls könnte nicht der ganze Altersjahrgang ein und dieselbe Klassenstufe besuchen, wie es in Island, Japan und Polen der Fall ist; dort ist die Frage nach der zum Zeitpunkt der Untersuchung besuchten Klassenstufe gar nicht erst in den Schülerfragebogen aufgenommen worden.

Versetzungspraxis

Der Hauptgrund für den hohen Anteil an Schülerinnen und Schülern, die eine niedrigere als die ihrem Altersjahrgang entsprechende Klassenstufe besuchen, ist allerdings eine vergleichsweise restriktive Versetzungspraxis. Unter den in Deutschland erfassten 15-Jährigen gibt es – zusätzlich zu den 12 Prozent Zurückgestellten – 24 Prozent, die mindestens einmal im Verlauf ihrer Schulzeit eine Klasse wiederholt haben. Dass insgesamt 36 Prozent der in der Bundesrepublik erfassten 15-Jährigen die Schule nicht regulär begonnen oder durchlaufen haben, bleibt in Tabelle 9.1 verdeckt; das heißt, etliche Neuntklässler könnten bereits in der 10. Klasse sein, wenn sie nicht zurückgestellt worden oder „sitzengeblieben" wären. (Wie sich die verspätet Eingeschulten und die Wiederholer auf die verschiedenen Schulformen und Klassenstufen verteilen, wird im Abschnitt 4.1 dieses Kapitels genauer dargestellt.)

Die Angaben in Tabelle 9.1 zeigen, dass sich die Versetzungsordnungen der Teilnehmerländer nicht unerheblich voneinander unterscheiden. Am einen Ende der Skala finden sich Länder, die entweder die Regelversetzung eingeführt haben und ziemlich konsequent durchsetzen oder die Jahrgangsklassen zu Gunsten eines flexiblen Kurssystems aufgegeben haben. Zu ihnen gehören nicht nur Japan und Korea, Island, Norwegen, Polen und Schweden, sondern auch eine Reihe von Ländern, in denen sich die 15-Jährigen – den geltenden Stichtagen für den Beginn der Schulpflicht entsprechend – auf zwei Klassenstufen verteilen; Beispiele dafür sind Finnland, die Tschechische Republik und das Vereinigte Königreich. Am anderen Ende der Skala finden sich Länder wie die Schweiz und Deutschland, Portugal, Luxemburg, Liechtenstein und Mexiko, in denen zwischen 15 und 20 Prozent der 15-Jährigen allenfalls die Klassenstufe 8 erreicht haben. In allen anderen Ländern (mit Ausnahme von Brasilien) geht man offensichtlich wesentlich zurückhaltender mit der Möglichkeit von Klassenwiederholungen um.

Dauer der Schulpflicht

Aus Tabelle 9.1 geht hervor, dass die Pflichtschulzeit in etlichen Teilnehmerländern bereits mit der Vollendung des 14. oder 15. Lebensjahres endet. Die im Rahmen von PISA untersuchten 15-Jährigen sind hier also bereits nicht mehr schulpflichtig, sondern besuchen freiwillig Schulen der Sekundarstufe II. Das heißt aber nicht, dass in diesen Ländern nur Schülerinnen und Schüler mit höheren Bildungsaspirationen erfasst worden sind. Da der Besuch weiterführender Schulen über die Pflichtschulzeit hinaus heute in fast allen an PISA beteiligten Ländern die Norm ist, befinden sich auch in den Ländern mit vergleichsweise kurzer Pflichtschuldauer noch mindestens 95 Prozent der Zielpopulation der 15-Jährigen in der Schule. Die einzigen OECD-Staaten, für die dies nicht zutrifft, sind Polen und Luxemburg. In Brasilien und Liechtenstein, die nicht Mitglieder der OECD sind, liegt der Anteil der 15-Jährigen, die noch zur Schule gehen, bei 53 bzw. 79 Prozent.

15-Jährige aus verschiedenen Ländern sind hinsichtlich ihrer Schul- und Unterrichtserfahrungen schwer miteinander vergleichbar. Dasselbe gilt allerdings auch für Schülerinnen und Schüler, die die gleiche Klassenstufe besuchen. Wie sich an der Bereitstellung und Nutzung von vorschulischen Bildungseinrichtungen sowie am Beginn und der Dauer der Pflichtschulzeit ablesen lässt, gibt es große Unterschiede zwischen den Teilnehmerländern in der Bedeutung, die dem institutionalisierten Lernen beigemessen wird. In vielen Ländern, deren Schülerinnen und Schüler überdurchschnittliche Leistungen in den Lese- und Mathematiktests gezeigt haben, sind die meisten 15-Jährigen auf der 10. oder sogar schon auf der 11. Klassenstufe. Zurückstellungen vom Schulbesuch und Klassenwiederholungen spielen in diesen Ländern allenfalls eine untergeordnete Rolle. Dass die in der 10. Klasse getesteten 15-Jährigen ein Jahr länger beschult worden sind als die meisten der in Deutschland erfassten Schülerinnen und Schüler, ist allerdings keine hinreichende Erklärung für ihren Leistungsvorsprung, denn es gibt auch Länder, in denen die Mehrheit der 15-Jährigen ebenfalls erst auf der 9. Klassenstufe ist und trotzdem überdurchschnittliche Testleistungen erbracht hat (vgl. Abschnitt 3 in Kap. 2). Ein Beitrag zur Erklärung dafür könnte sein, dass die Vorschulerziehung in vielen OECD-Ländern eine wesentlich größere Bedeutung besitzt als in Deutschland.

1.3 Unterrichtszeit und Lernzeit der 15-Jährigen in und außerhalb der Schule

Die Frage nach der Vergleichbarkeit der Schul- und Unterrichtserfahrungen beschränkt sich nicht auf die Klassenstufe, die die 15-Jährigen erreicht haben. Von Interesse ist auch, ob sie gleich viel Unterricht und gleich viele Hausaufgaben bekommen und in oder außerhalb der Schule zusätzlichen Unterricht oder Nachhilfestunden gehabt haben. Aus der Lehr-Lern-Forschung ist bekannt, dass die aktive Lernzeit von Schülerinnen und Schülern zu den entscheidenden Prädiktoren ihrer Fachleistungen gehört (Helmke & Weinert, 1997; Treiber, 1982). Die Daten, die in PISA erhoben wurden, beziehen sich in erster Linie auf die nominelle Lernzeit und sind deshalb wenig geeignet, Leistungsdifferenzen zwischen Schülerinnen und Schülern zu erklären. Dazu kommt, dass nicht bekannt ist, wie viel Unterricht die 15-Jährigen im Verlauf ihrer neun oder zehn Schuljahre hatten und wie viele Stunden insgesamt auf die untersuchten Fächer entfielen. Der Zeitaufwand für Hausaufgaben und zusätzlichen Unterricht in und außerhalb der Schule ist ebenfalls nur punktuell erfasst worden. Wie Untersuchungen zur Unterrichtszeit (von der 1. bis zur 8. Klasse) von Achtklässlern in den Naturwissenschaften und in Mathematik gezeigt haben (Baumert, Bos & Watermann, 2000; Ramseier, 1997), reichen auch genauere Angaben zur nominellen Unterrichtszeit nicht dazu aus, Länderunterschiede in den Schülerleistungen zu erklären. Solange zur Nutzung der Zeit – das heißt der Qualität des Unterrichts, der regelmäßigen Anwesenheit der Schülerinnen und Schüler und ihrer Aufmerksamkeit – keine ausreichenden Informationen vorliegen, haben die Daten zur Unterrichts- und Lernzeit der Schüler in erster Linie den Status von Indikatoren für die Bedeutung, die dem institutionalisierten Lernen beigemessen wird.

Unterrichtsstunden pro Schuljahr

Die an PISA partizipierenden Länder unterscheiden sich nicht unerheblich voneinander im Umfang des Unterrichts, der in den Stundenplänen für die 15-Jährigen vorgesehen ist. Dies gilt auch, wenn man nur OECD-Länder betrachtet, die hinsichtlich ihres Wohlstands miteinander vergleichbar sind. Da es große Differenzen zwischen ihnen gibt, was die Dauer einer Unterrichtsstunde, die wöchentliche Stundenzahl der Klassen mit dem höchsten Anteil an 15-Jährigen und die Zahl der Unterrichtswochen pro Schuljahr angeht, wurden diese Daten mithilfe der Schulleiterfragebogen genau erhoben und in Schulstunden à 60 Minuten umgerechnet. In den OECD-Ländern (mit Ausnahme der Niederlande) sind in den Klassen, die von der Mehrheit der 15-Jährigen besucht werden, im Durchschnitt 951 Stunden Unterricht vorgesehen; die Standardabweichung beträgt 159 Stunden (siehe Tab. 9.2). Wie streng die Stundenpläne eingehalten werden, wie gewissenhaft der Unterricht besucht und wie gut die verfügbare Zeit von den Lehrenden und Lernenden genutzt wird, bleibt bei dieser und den folgenden Berechnungen offen.

Deutschland liegt mit einem Mittelwert von 909 Stunden pro Schuljahr um 42 Stunden unter dem OECD-Durchschnitt, das entspricht – bei rund 30 Stunden à 45 Minuten pro Woche – einem Minus von knapp zwei Wochen Unterricht im Schuljahr. (Im Hinblick auf die Qualität der Daten wird diese geringe Differenz hier nicht interpretiert.) Andere Länder weichen zum Teil wesentlich stärker vom Mittelwert ab: Wie aus Tabelle 9.2 her-

Tabelle 9.2: Durchschnittliche Anzahl an Schulstunden pro Schuljahr, Zeitaufwand für Hausaufgaben und Anteil der 15-Jährigen mit regelmäßigem außerschulischem Ergänzungs- oder Nachhilfeunterricht

Land[1]	Durchschnittliche Anzahl an Schulstunden pro Schuljahr[2]		Zeitaufwand der Schüler für Hausaufgaben	Schüler mit regelmäßigem Unterricht außerhalb der Schule (in %)	
	Mittel-wert	Standard-abweichung		Ergänzungs-unterricht	Nachhilfe-unterricht
Australien	1.003	66	mittel	6,1	10,5
Belgien	983	120	mittel	4,4	4,5
Brasilien	806	235	mittel	3,7	12,1
Dänemark	899	167	mittel	3,1	3,8
Deutschland	909	76	mittel	3,0	14,1
Finnland	855	3	sehr gering	0,5	1,9
Frankreich	1.022	174	mittel	8,6	10,9
Griechenland	790	86	sehr groß	k.A.	10,7
Irland	943	69	groß	8,6	16,0
Island	840	98	mittel	3,9	8,7
Italien	1.030	142	groß	0,6	11,1
Japan	1.011	129	sehr gering	57,5	11,6
Kanada	966	215	mittel	3,3	8,0
Korea	985	164	mittel	36,0	24,5
Lettland	852	104	groß	14,8	14,5
Liechtenstein	1.036	57	gering	4,2	8,8
Luxemburg	990	0	gering	6,7	10,6
Mexiko	1.097	294	groß	11,2	9,2
Neuseeland	965	96	mittel	3,5	15,1
Niederlande	1.029	68	mittel	k.A.	5,4
Norwegen	k.A.	k.A.	mittel	1,1	2,7
Österreich	1.127	237	sehr gering	2,2	8,2
Polen	870	148	groß	18,1	19,8
Portugal	902	125	mittel	5,7	15,1
Russische Föderation	859	122	sehr groß	15,1	8,3
Schweden	894	142	sehr gering	1,3	2,0
Schweiz	969	115	gering	2,4	11,4
Spanien	973	112	groß	13,1	27,6
Tschechische Republik	947	71	gering	6,8	7,4
Ungarn	871	78	sehr groß	25,0	19,1
Vereinigtes Königreich	952	57	groß	6,3	9,5
Vereinigte Staaten	994	285	mittel	5,1	6,1
OECD-Durchschnitt	951	159	mittel	9,4	11,1

[1] Die Angaben zu den einzelnen Ländern basieren auf den für die 15-Jährigen der Länder repräsentativen, gewichteten Daten der Stichproben. Die Angaben zum OECD-Durchschnitt basieren auf einer Zufallsauswahl von 1.000 Schülern pro Land aus der jeweiligen Stichprobe; die Niederlande wurden ausgeschlossen.

[2] Die Angaben der Schulleiter zur Zahl der Unterrichtswochen pro Schuljahr, der Zahl der Unterrichtsstunden (der Klassenstufe mit der Mehrzahl der 15-Jährigen) pro Woche und der Dauer einer Unterrichtsstunde in Minuten wurden in Stunden à 60 Minuten umgerechnet. Extrem hohe Werte sind weiß hinterlegt; extrem niedrige Werte sind dunkel hinterlegt.

vorgeht, schwankt die durchschnittliche Anzahl an Schulstunden pro Schuljahr im Fall der OECD-Länder zwischen rund 840 Stunden (in Island) und rund 1.130 Stunden (in Österreich). Die Differenz von 290 Stunden wäre in Deutschland – das heißt bei 30 Stunden à 45 Minuten pro Woche – gleichbedeutend mit einer Differenz von etwa 12 Wochen Unterricht. Geht man davon aus, dass es im Fall der anderen Klassenstufen vergleichbar große Unterschiede gibt, und addiert sie von der 1. bis zur 9. oder 10. Klassenstufe, kommt man auf Differenzen von zweieinhalb bis drei Schuljahren. Dass sich die Schülerleistungen in beiden Ländern nicht in der erwarteten Richtung voneinander unterscheiden, bestätigt erneut, dass die nominelle Unterrichtszeit wenig Erklärungskraft besitzt, solange die Stundentafeln, die Zeitnutzung und andere Kontextfaktoren außer Acht bleiben.

Unterricht in der Testsprache, in Mathematik und den Naturwissenschaften

Die Stundentafeln für die in PISA betrachteten Fächer wurden mithilfe des Schülerfragebogens erfasst. Die Schülerinnen und Schüler hatten angegeben, wie viele Unterrichtsstunden sie in der letzten vollen Schulwoche in der Testsprache, in Mathematik und in den Naturwissenschaften hatten, und ob der Fachunterricht in der fraglichen Woche jeweils dem Stundenplan entsprach. Die Daten zum regulären Unterricht wurden mithilfe der Angaben in den Schulleiterfragebogen in 60-Minuten-Stunden pro Schuljahr umgerechnet. Der Anteil der in Deutschland erfassten 15-Jährigen, die ihrem Stundenplan entsprechend Deutsch- und Mathematikunterricht hatten, ist mit 86 bis 87 Prozent den Mittelwerten der OECD-Länder insgesamt (mit Ausnahme der Niederlande) vergleichbar. Der Wert für den Anteil der 15-Jährigen mit plangemäßem Unterricht in den Naturwissenschaften liegt mit rund 60 Prozent wesentlich niedriger, unter anderem wohl weil der Bedarf an Lehrkräften im naturwissenschaftlichen Bereich weniger gut gedeckt ist.

Im Durchschnitt waren für die in PISA getesteten 15-Jährigen im Schuljahr 1999/2000 bzw. 2000/01 die folgenden Stunden im Stundenplan vorgesehen:

- 131 Stunden (à 60 Minuten) Unterricht in der Testsprache,
- 125 Stunden (à 60 Minuten) Unterricht in Mathematik und
- 128 Stunden (à 60 Minuten) naturwissenschaftlicher Unterricht.

Deutschland liegt mit 110 Stunden Deutsch und 112 Stunden Mathematik deutlich unter den internationalen Mittelwerten, mit 144 Stunden in den naturwissenschaftlichen Fächern dagegen deutlich darüber. Diese Differenzen sind nicht unerheblich: Wollte man sie in Schulstunden (à 45 Minuten) umrechnen und über neun oder zehn Schuljahre addieren, käme man bei vier Wochenstunden pro Fach[1] auf ein Minus von mehr als einem Schuljahr im Sprachunterricht und mehr als einem halben Jahr im Mathematikunterricht. Das Plus in den Naturwissenschaften betrüge – selbst wenn man den Sachunterricht in der Grundschule unberücksichtigt ließe – fast ein ganzes Schuljahr. Betrachtet man dieses Ergebnis im Zusammenhang mit den Leistungen der in Deutschland getesteten Schülerinnen und Schüler, wird deutlich, wie wichtig es ist, den vorgegebenen zeitlichen Rahmen einzuhalten und sinnvoll zu nutzen. (Selbstverständlich handelt es sich bei diesen Befunden nur um grobe Schätzungen, da die Daten, die im Schuljahr der PISA-Tests erhoben wurden, nichts über den Umfang des Unterrichts auf den früher besuchten Klassenstufen aussagen.)

Die zur Debatte stehenden Fächer haben in anderen Ländern zum Teil wesentlich größere Bedeutung in den Stundenplänen der 15-Jährigen als in Deutschland. Das gilt zunächst einmal für einige Länder, in denen man sich – bei wenig Unterricht insgesamt – auf die in PISA erfassten Kernfächer konzentriert, wie es in Griechenland und Brasilien, in Dänemark, der Russischen Föderation und Ungarn der Fall ist; hier macht der Unterricht in den Kernfächern annähernd die Hälfte des Unterrichts insgesamt aus. Vergleichbar hoch ist der entsprechende Anteil aber auch in einigen Ländern mit viel Unterricht insgesamt, zum Beispiel in einigen der klassischen Einwanderungsländer. Ein Extremfall unter ihnen ist Kanada, wo die 15-Jährigen im Durchschnitt 202 Stunden in der Testsprache, 197 Stunden in Mathematik und 191 Stunden in den Naturwissenschaften unterrichtet werden. Der Anteil dieser Stunden am Unterricht insgesamt macht 61 Prozent aus; in Deutschland beträgt der entsprechende Anteil nur 40 Prozent, obwohl die Gesamtzahl der Unterrichtsstunden pro Schuljahr hier deutlich niedriger ist als in Kanada.

Wöchentlicher Zeitaufwand für Hausaufgaben

Zu den Rahmenbedingungen, die im Zusammenhang mit dem zeitlichen Umfang des Unterrichts zu betrachten sind, gehören auch der Zeitaufwand für Hausaufgaben, die Teilnahme an zusätzlichem Unterricht in der Schule und an außerschulischem Ergänzungs- oder Nachhilfeunterricht. Um abschätzen zu können, wie viel Zeit – zusätzlich zum regulären Unterricht – in etwa gelernt wird, war unter anderem danach gefragt worden, wie viele Stunden die Schülerinnen und Schüler wöchentlich mit Hausaufgaben für den Unterricht in der Testsprache, in Mathematik und den Naturwissenschaften zubringen. Die Zeiten für Hausaufgaben in den drei Fächern wurden addiert und auf Länderebene aggregiert. Die Angaben in Tabelle 9.3 können näherungsweise in Stunden ausgedrückt werden:

- „sehr gering" entspricht maximal 3 1/2 Stunden pro Woche;
- „gering" entspricht mehr als 3 1/2 Stunden bis maximal 4 Stunden pro Woche;
- „mittel" entspricht mehr als 4 Stunden bis maximal 5 Stunden pro Woche;
- „groß" entspricht mehr als 5 Stunden bis maximal 5 1/2 Stunden pro Woche und
- „sehr groß" entspricht mehr als 5 1/2 Stunden pro Woche.

Wie viel Zeit in freiwilliges Lernen für die Schule investiert wird und wie viel Zeit in den verschiedenen Ländern für Schularbeiten in den Ferien erübrigt werden muss, wurde nicht erfasst. Außerdem ist nicht bekannt, ob es länderspezifische Differenzen in der Art und Qualität der Hausaufgaben und im Arbeitsverhalten der 15-Jährigen gibt und wie stark sie sind. Wie Trautwein, Köller und Baumert (2001) gezeigt haben, sind diese Einflussgrößen aber entscheidend dafür, ob Hausaufgaben leistungssteigernd wirken. Folglich können die in PISA erhobenen Daten zum Zeitaufwand der 15-Jährigen für Hausaufgaben nur grobe Indikatoren für die Bedeutung sein, die dem selbstständigen Lernen und Arbeiten in den verschiedenen Ländern beigemessen wird.

Die Zeit, die die in Deutschland erfassten 15-Jährigen in Hausaufgaben investieren, entspricht in etwa dem Mittelwert für die OECD-Länder (ohne die Niederlande). „Sehr groß" ist der Zeitaufwand für Schularbeiten nur in Griechenland, der Russischen Föderation und Ungarn, drei Teilnehmerstaaten, in denen vergleichsweise wenig Unterricht vorgesehen ist; hier lernen die 15-Jährigen zu Hause im Durchschnitt sechs bis sieben Stunden wöchentlich für die genannten Fächer. Auch in den anderen ehemals sozialistischen Ländern (mit Ausnahme der Tschechischen Republik) wird die verhältnismäßig niedrige Zahl an Unterrichtsstunden durch ein hohes Maß an Hausaufgaben kompensiert. Umgekehrt haben die 15-Jährigen in anderen Ländern zwar viel Unterricht, aber wenig Hausaufgaben, zum Beispiel in den Niederlanden und in Österreich. Mindestens ebenso häufig kommt es vor, dass sie viel Unterricht und viel Hausaufgaben haben, beispielsweise in Italien und Mexiko, oder dass sie weder innerhalb noch außerhalb der Schule zeitlich belastet sind. Letzteres gilt für die 15-Jährigen in Finnland und Schweden, zwei Länder, die sich durch hohe Durchschnittsleistungen ihrer Schülerinnen und Schüler in den PISA-Tests auszeichnen. Wie die niedrigen Anteile der 15-Jährigen mit regelmäßigem Zusatzunterricht außerhalb der Schule zeigen, wird das außerschulische Lernen in Finnland und Schweden auch nicht – wie in Japan oder Korea – in kommerzielle Bildungseinrichtungen verlagert.

Außerschulischer Ergänzungs- und Nachhilfeunterricht

Um festzustellen, wie verbreitet professionell angeleiteter Ergänzungs- und Nachhilfeunterricht ist und wie stark er sich auf den Lernerfolg auswirkt, waren die Schülerinnen und Schüler danach gefragt worden, ob sie in den letzten drei Jahren in bzw. außerhalb der Schule zusätzlichen Unterricht hatten, um ihre Leistungen zu verbessern. Vorgegeben waren die verschiedensten Arten von Ergänzungsunterricht, Förderkursen und Nachhilfestunden, und die Schülerinnen und Schüler sollten jeweils angeben, ob sie „nie", „gelegentlich" oder „regelmäßig" daran teilgenommen hatten. Die Daten zu den Zusatzangeboten und zum Förderunterricht in der Schule wurden nicht ausgewertet, da in vielen Fällen fraglich war, ob es sich um Neigungs- oder Hobbykurse handelte bzw. ob der Förderunterricht zusätzlich zum regulären Unterricht oder als Ersatz für ihn besucht wurde. Was den außerschulischen Unterricht angeht, so wurde nur berücksichtigt, ob mindestens ein Kurs regelmäßig besucht wurde.

Aus Tabelle 9.2 geht hervor, dass es hinsichtlich der regelmäßigen Teilnahme an außerschulischem Ergänzungs- und Nachhilfeunterricht große Unterschiede zwischen den Teilnehmerländern gibt. Wie schon erwähnt, sind Japan und Korea Extremfälle; hier besuchen mehr als 60 Prozent der 15-Jährigen kontinuierlich kommerzielle Bildungsinstitutionen, in Japan häufig viele Jahre lang (Schümer, 1998). Sehr hohe Anteile an Schülerinnen und Schülern mit regelmäßigem Zusatzunterricht findet man auch in den ehemals sozialistischen Ländern (mit Ausnahme der Tschechischen Republik) und in Spanien. In den übrigen Ländern bewegen sich die Anteile zwischen 2 Prozent und rund 20 Prozent; auffallend niedrig sind sie in den nordischen Ländern. Der Anteil der in Deutschland erfassten 15-Jährigen mit Ergänzungsunterricht liegt deutlich unter dem Mittelwert für die OECD-Länder (ohne die Niederlande), der Anteil derer mit Nachhilfeunterricht liegt dagegen etwas darüber. Dass nur 14 Prozent der in Deutschland befragten 15-Jährigen Nachhilfestunden bekommen, erscheint wenig, wenn man sich die Befunde anderer Untersuchungen vergegenwärtigt (Abele & Liebau 1998; Behr 1990; Langemeyer-Krohn & Krohn, 1987); der wesentliche Grund für die Prozentwertdifferenzen besteht darin, dass sich die eben angeführten Untersuchungen auf alle Fächer beziehen und dass Nachhilfeunterricht in den Fremdsprachen sehr häufig ist.

Versuche, die zur Unterrichts- und Lernzeit vorhandenen Variablen gleichzeitig zu betrachten und zu prüfen, ob sich die Summe aller nominellen Zeiten in höheren Leistungen niederschlägt, verliefen unbefriedigend: Clusteranalysen ergaben, dass sich einzelne Länder extrem stark vom Rest der Länder unterscheiden und dass die Gruppen vergleichbarer Länder hinsichtlich der Schülerleistungen keineswegs homogen sind. Das heißt, ohne Hinweise auf die Zeitnutzung ist auch die Summe der nominellen Unterrichts- und Lernzeiten zur Erklärung der Leistungsdifferenzen zwischen den Ländern nicht ausreichend.

Was die durchschnittliche Anzahl an Schulstunden pro Schuljahr, den Zeitaufwand für Hausaufgaben und die Anteile der 15-Jährigen mit regelmäßigem außerschulischem Unterricht angeht, ist Deutschland vergleichsweise unauffällig. Ergänzungsunterricht kommt etwas seltener, Nachhilfeunterricht dagegen etwas häufiger als in anderen Ländern vor; der Zeitaufwand für Hausaufgaben entspricht dem OECD-Durchschnitt. Dass die Zahl der Schulstunden der Neuntklässler pro Schuljahr um 42 Stunden (à 60 Minuten) – das sind, in Schulstunden à 45 Minuten umgerechnet, knapp zwei Unterrichtswochen – unter dem Mittelwert der OECD-Länder liegt, dürfte ebenfalls wenig bedeutsam sein, gewinnt aber ein anderes Gesicht, wenn man die relativ geringe Zahl der Stunden in den in PISA erfassten Fächern betrachtet. Um sie angemessen zu bewerten, müsste man allerdings auch die Stundentafeln der früheren Schuljahre kennen und wissen, wie gut Lehrende und Lernende die Unterrichtszeit genutzt haben und wie viel Zeit in all den Jahren außerhalb der Schule für die in PISA getesteten Fächer aufgebracht worden ist.

1.4 Schulstandorte, Schul- und Klassengrößen

Die Größe der Schulorte, genauer: der Anteil der Schulen im ländlichen Raum zählt ebenso wie die Größe der Schulen und Klassen zu den institutionellen Bedingungen, die von Land zu Land variieren und unter dem Aspekt diskutiert werden, ob sie einen potenziellen Beitrag zur Aufhellung von Leistungsdifferenzen zwischen Ländern liefern können. Sieht man von globalen Stadt-Land-Vergleichen ab, haben die Standorte der Schulen in der Forschung nur wenig Beachtung gefunden. Dagegen liegen zur Größe der Schulen und Klassen etliche empirische Untersuchungen vor, deren Ergebnisse aber zum Teil widersprüchlich sind: Einige Befunde deuten darauf hin, dass Schülerinnen und Schüler großer Schulen häufiger fehlen, mehr Problemverhalten zeigen, sich seltener an außerunterrichtlichen Aktivitäten beteiligen und häufiger ohne Abschluss von der Schule abgehen (vgl. die Literaturüberblicke: Rutter u.a., 1979; Texas Education Agency, 1999); in anderen Studien wurde kein Zusammenhang der Schulgröße mit den eben aufgeführten Schülermerkmalen gefunden (Galloway, 1976; Rutter u.a., 1979), oder es wurde darauf hingewiesen, dass die Schulgröße nur in Interaktion mit anderen Merkmalen der Schule oder nur im Fall von benachteiligten Schülergruppen Bedeutung hat (Barker & Gump, 1964; Friedkin & Necochea, 1988; Knapp, 1985; Lee & Smith, 1997).

Größe der Schulorte

Wie groß der Anteil der Kinder oder Jugendlichen ist, die in Dörfern oder sehr kleinen Ortschaften zur Schule gehen, gibt nicht nur Auskunft über die Gesellschaftsstruktur eines Landes, sondern auch über seine Schulpolitik. In manchen Ländern legen Schülerinnen und Schüler in Schulbussen sehr lange Wege zu großen Schulen mit einem breiten Unterrichts- und Kursangebot zurück, in anderen gibt man kleinen Schulen den Vorzug und entscheidet sich häufiger dafür, zwei oder mehr Klassenstufen gemeinsam zu unterrichten.

Wie Tabelle 9.3 zeigt, gibt es in etlichen Teilnehmerstaaten relativ hohe Anteile an 15-Jährigen, die in Ortschaften mit maximal 3.000 Einwohnern zur Schule gehen. Sieht man von Mexiko und Neuseeland ab, handelt es sich durchweg um europäische Länder mit größeren dünn besiedelten Regionen – zum Beispiel Lettland oder die Russische Föderation – bzw. um Länder mit einem größeren Anteil an Ortschaften mit schlechter Verkehrsanbin-

Tabelle 9.3: Anteil der 15-Jährigen aus kleinen Schulorten und ungegliederten Schulen; durchschnittliche Größe der Schulen und durchschnittliche Klassenfrequenzen

Land[1]	Anteil der Schüler aus Dörfern mit max. 3.000 Einwohnern (in %)	Anteil der Schüler aus ungegliederten Schulen (in %)	Durchschnittliche Anzahl an Schülern pro Schule		Durchschnittliche Klassengröße im Unterricht in der Testsprache	
			Mittelwert	Standardabweichung	Mittelwert	Standardabweichung
Australien	5,8	2,5	870	339	24,3	5,1
Belgien	4,8	5,5	669	332	18,6	5,8
Brasilien	2,2	k.A.	1.636	1.239	38,8	9,7
Dänemark	30,1	k.A.	406	217	17,4	3,8
Deutschland	7,2	–	631	393	24,1	5,0
Finnland	17,0	1,0	372	157	19,5	4,0
Frankreich	6,6	5,9	894	532	27,2	5,9
Griechenland	4,8	6,7	315	154	24,8	5,0
Irland	28,9	–	560	228	24,1	5,7
Island	k.A.	k.A.	413	206	19,3	6,2
Italien	2,0	k.A.	768	402	22,0	4,3
Japan	–	–	973	433	38,8	5,4
Kanada	k.A.	12,9	k.A.	k.A.	25,7	6,4
Korea	1,8	k.A.	1.335	527	37,6	10,8
Lettland	23,7	0,7	574	448	21,4	7,0
Liechtenstein	20,6	10,7	255	204	14,8	3,5
Luxemburg	–	–	1.484	696	20,7	5,1
Mexiko	15,0	3,6	863	1.100	35,0	11,8
Neuseeland	12,8	k.A.	960	483	25,0	5,3
Niederlande	–	–	894	494	23,8	5,1
Norwegen	39,6	k.A.	225	115	22,7	5,4
Österreich	8,2	k.A.	596	471	22,6	7,9
Polen	3,1	2,1	612	425	29,4	5,4
Portugal	5,2	k.A.	965	594	22,2	5,3
Russische Föderation	31,3	12,9	719	399	23,5	6,1
Schweden	22,2	19,5	487	194	21,2	5,5
Schweiz	13,3	18,5	475	381	18,2	4,7
Spanien	1,6	k.A.	752	378	24,4	6,3
Tschechische Republik	8,5	1,4	490	293	24,8	5,0
Ungarn	2,3	5,7	494	268	28,1	6,4
Vereinigtes Königreich	8,6	7,0	1.018	409	24,9	5,7
Vereinigte Staaten	7,5	12,9	1.185	791	23,5	7,5
OECD-Durchschnitt	10,3	4,6	723	549	24,6	8,1

[1] Die Angaben zu den einzelnen Ländern basieren auf den für die 15-Jährigen der Länder repräsentativen, gewichteten Daten der Stichproben. Die Angaben zum OECD-Durchschnitt basieren auf einer Zufallsauswahl von 1.000 Schülern pro Land aus der jeweiligen Stichprobe; die Niederlande wurden ausgeschlossen. Extrem hohe Werte sind weiß hinterlegt; extrem niedrige Werte sind dunkel hinterlegt.

dung, wie es sie in abgelegenen Tälern oder auf kleinen Inseln immer noch gibt; zu diesen Ländern gehören Dänemark und Norwegen, Österreich, die Schweiz und Griechenland.

Größe der Schulen

Erwartungsgemäß trifft man in Ortschaften mit maximal 3.000 Einwohnern häufig auf kleine oder sehr kleine Schulen mit höchstens 200 bzw. höchstens 100 Schülerinnen und Schülern. Die sehr kleinen Schulen sind in der Regel ungegliedert, das heißt, in ihnen werden mehrere Schülerjahrgänge gemeinsam unterrichtet. Vergleichsweise oft findet man sie in Schweden und der Schweiz, in Kanada, den Vereinigten Staaten und der Russischen Föderation. Mindestens ebenso häufig gibt es in den kleinen Ortschaften ausgebaute Schulen mit mehreren 100 oder sogar mit bis zu 1.000 und mehr Schülerinnen und Schülern. In diesen Fällen handelt es sich um Mittelpunktschulen mit relativ großen Einzugsbereichen. Auffällig viele von ihnen findet man im Vereinigten Königreich und in Neuseeland.

Sicher ist die Schulgröße in manchen Ländern stark von demographischen Gegebenheiten abhängig. In anderen Ländern scheint die Größe der Schulen aber eher ein Ergebnis der bildungspolitischen Entscheidung für Schulen mit einem breiten Unterrichts- und Kursangebot zu sein. So gibt es im dicht besiedelten Japan zwar viele große Schulen mit annähernd 1.000 Schülerinnen und Schülern, aber keine extrem großen Institutionen wie in Korea, wo zwei Drittel der 15-Jährigen in Schulen gehen, die von 800 bis 1.900 Schülerinnen und Schülern besucht werden. Auch in Brasilien und Luxemburg, dem Vereinigten Königreich und den Vereinigten Staaten hat man sich für relativ große Institutionen entschieden. Wie die Zusammensetzung von Ländergruppen mit vergleichbaren Mittelwerten der Schulgröße zeigt, tragen die Befunde der PISA-Studie nichts zur Debatte um die – im Hinblick auf die Leistungsförderung von Schülerinnen und Schülern – optimale Größe von Schulen der Sekundarstufe I bei.

Klassengröße

Ähnlich verhält es sich im Fall der Klassengröße. Die Befunde empirischer Untersuchungen geben keine eindeutige Antwort auf die Frage nach der – im Hinblick auf die Schülerleistungen – optimalen Größe von Schulklassen (Hanushek, 1986). Sie zeigen vielmehr, dass die Effekte der Klassengröße mit dem Alter, den Fähigkeiten und dem sozialen Hintergrund der Schülerinnen und Schüler variieren (Rice, 1999) und in hohem Maße davon abhängen, wie sich die Lehrkräfte auf die Größe ihrer Lerngruppen einstellen (Betts & Shkolnik, 1999; Rice, 1999). Angesichts der großen Unterschiede in den Erziehungs- und Unterrichtsstilen, die in den verschiedenen Teilnehmerländern verbreitet sind, ist folglich nicht zu erwarten, dass sich Zusammenhänge der Klassenfrequenzen mit den Schülerleistungen zeigen.

Tatsächlich variieren die Testleistungen der 15-Jährigen weitgehend unabhängig von den Klassengrößen (siehe Tab. 9.3). Sehr große Klassen mit Durchschnittsfrequenzen von weit über 30 Schülerinnen und Schülern kommen nicht nur in Brasilien und Mexiko vor, wo die Schülerleistungen weit unter den OECD-Mittelwerten der PISA-Testleistungen liegen, sondern auch in Japan und Korea, das heißt in Ländern, die in internationalen Vergleichsuntersuchungen in aller Regel sehr gut abgeschnitten haben. Mäßig große Klassen mit durchschnittlich 25 bis 30 Schülerinnen und Schülern gibt es nicht nur in Ländern wie Polen oder Ungarn, in denen weniger gute Testleistungen erbracht wurden, sondern auch in leistungsstarken Ländern wie Kanada oder Neuseeland. Entsprechendes gilt für verhältnismäßig kleine Klassen, die ebenfalls etwa gleich häufig in Ländern mit hohen und niedrigen Leistungen anzutreffen sind. Eine Ausnahme von dieser „Regel" bilden die Länder mit durchschnittlichen Klassenfrequenzen von weniger als 20 Schülerinnen und Schülern: Ihre 15-Jährigen haben zumindest in Mathematik, zum Teil aber auch im Lesen überdurchschnittliche Leistungen gezeigt. Sieht man von Belgien ab, handelt es sich durchweg um Länder mit größeren dünn besiedelten Regionen, die ihren Kindern und Jugendlichen nicht beliebig lange Schulwege zumuten können und deshalb kleine Schulen und Klassen beibehalten haben.

Innerhalb der Länder trifft man häufiger auf kleine Klassen mit relativ schlechten Leistungen. Da sozial benachteiligte oder lernschwache Schülerinnen und Schüler in kleinen Lerngruppen leichter unterrichtet und besser gefördert werden können (Finn & Achilles, 1999), ist man in vielen Ländern dazu übergegangen, in Schulen oder Schulzweigen mit verhältnismäßig vielen leistungsschwachen Schülerinnen und Schülern die Lerngruppen kleiner als sonst zu halten. So sind in Deutschland die Klassen in Haupt- und Sonderschulen sehr klein, in Gymnasien dagegen relativ groß. Dass in den meisten an PISA beteiligten Ländern ähnliche Steuerungsmaßnahmen wirken, lässt sich an hoch signifikanten positiven Korrelationen der Klassenfrequenzen mit den Leistungen ablesen, das heißt, gute Leistungen findet man häufiger in großen und schlechte häufiger in kleinen Klassen. Deutschland gehört mit einem Korrelationskoeffizienten von $r = .33$ zur Gruppe der Länder, in denen der geschilderte Zusammenhang relativ eng ist. Zu dieser Ländergruppe gehören auch Frankreich ($r = .52$) und Belgien ($r = .42$) sowie Liechtenstein, Luxemburg, die Schweiz, Österreich, Korea und Irland; in den zuletzt genannten Ländern liegen die Korrelationskoeffizienten zwischen $r = .31$ und $r = .38$. Alle hier wiedergegebenen Werte beziehen sich auf die Leistungen in den Leseverständnistests und die Klassenfrequenzen im Unterricht in der Testsprache; im Fall der Leistungen in Mathematik und den Naturwissenschaften sind die Zusammenhänge mit der Größe der Lerngruppen etwas schwächer.

Unter den Ländern mit relativ großen Anteilen an ländlichen bzw. ungegliederten Schulen finden sich ebenso häufig Länder mit überdurchschnittlichen wie Länder mit unterdurchschnittlichen Schülerleistungen. Die mittlere Größe der Schulen und Klassen in den verschiedenen Ländern scheint ebenfalls nicht mit dem Niveau der Testleistungen zusammenzuhängen. Das heißt freilich nicht, dass die Klassengröße ohne Bedeutung für die Durchführung von Unterricht und die Förderung von Schülerleistungen ist. Wie sich bei der Betrachtung der einzelnen Länder an positiven Korrelationen der Klassenfrequenzen mit den Testleistungen zeigt, versucht man vielerorts, die Lernmotivation und die Leistungen schwacher Schülerinnen und Schüler mithilfe kleinerer Lerngruppen zu fördern. Mit welchem Erfolg dies in Deutschland geschieht, lässt sich erst prüfen, wenn die Daten der PISA-Ergänzungsstudie zur Verfügung stehen.

1.5 Schul- und Unterrichtsorganisation

Die bildungspolitisch interessierte Öffentlichkeit wird nicht zuletzt danach fragen, wie die Schulsysteme in anderen Ländern beschaffen sind und welche Bedeutung die Schul- und Unterrichtsorganisation für die Entwicklung der Schülerleistungen hat. Die Schulsysteme verschiedener Länder so zu erfassen, dass sie miteinander verglichen werden können, ist freilich nicht einfach. In PISA wird mit der *International Standard Classification of Education* (ISCED) in der Ausgabe von 1997 gearbeitet (OECD, 1999). Das Modell berücksichtigt alle Formen institutionalisierten Lernens, die es in den einzelnen Ländern für Kinder, Jugendliche und Erwachsene gibt, vorausgesetzt, die Lernformen zeichnen sich durch eine gewisse Dauer und Kontinuität aus. Selbstverständlich können in einem solchen Modell nicht alle Arten der äußeren Differenzierung angemessen berücksichtigt werden, die es im

Bildungswesen der einzelnen Länder gibt. Um trotzdem Vergleichbarkeit herzustellen, hat man sich auf ein Stufenmodell beschränkt, das sechs Stufen voneinander unterscheidet.

In allen Teilnehmerstaaten besuchen die im Rahmen von PISA erfassten 15-Jährigen Bildungsinstitutionen der Sekundarstufe I oder II. Ob sie sich noch auf der Sekundarstufe I oder bereits auf der Sekundarstufe II befinden, die im allgemeinen vertikal gegliedert ist, hängt vom Beginn und der Dauer der Schulpflicht sowie von der Einschulungs- und Versetzungspraxis in den einzelnen Ländern ab. Aus diesen Gründen sind die Verteilungen der Schülerinnen und Schüler auf die beiden Schulstufen kaum miteinander vergleichbar und lassen sich nicht im Hinblick auf Länderunterschiede in den Testleistungen interpretieren. Solange länderspezifische schulorganisatorische Regelungen nicht berücksichtigt werden, ist es auch problematisch, die Varianz der Schülerleistungen innerhalb und zwischen Schulen zu errechnen und international vergleichend zu behandeln, wie dies im Bericht der OECD über PISA geschieht (OECD, 2001b, S. 200). Dort kommt es zu Fehlinterpretationen der Bedeutung, die die soziale Zusammensetzung der Schülerpopulationen für die individuellen Leistungen hat, weil nicht beachtet wird, dass die soziale Zusammensetzung selbst ein Effekt von Selektionsprozessen ist, bei denen die kognitiven Voraussetzungen der Schülerinnen und Schüler die entscheidende Rolle gespielt haben.

Da sich die ISCED-Klassifikation nicht zur Unterscheidung der Bildungsgänge eignet, denen Kinder und Jugendliche in vertikal gegliederten Schulsystemen zugewiesen werden, sind einige Informationen zur Niveaugliederung der öffentlichen Schulen zusammengetragen worden, soweit sie zum Pflichtschulbereich der betrachteten Länder gehören. In den Jahrzehnten nach dem Zweiten Weltkrieg sind die herkömmlichen hierarchisch gegliederten Schulsysteme in sehr vielen Staaten durch integrierte Systeme ersetzt worden, jedenfalls im Pflichtschulwesen, das in der Regel mit der Sekundarstufe I endet. Auf der Sekundarstufe II sind Formen der äußeren Differenzierung nach Leistung und Neigung allgemein üblich. Etliche Länder, die an PISA 2000 beteiligt sind, haben auf der Sekundarstufe I keine selektiven Schulen oder nur für einen sehr kleinen Teil ihrer Schülerpopulationen; andere haben die vertikale Gliederung ihrer Schulsysteme beibehalten, aber für Durchlässigkeit zwischen den verschiedenen Schulformen gesorgt und Weiterbildungsmöglichkeiten geschaffen. (Die Informationen zum Schulwesen der Teilnehmerländer entstammen den folgenden Quellen: International Association of Universities, 2000; OECD, 1995; Robitaille, 1997). Vertikal gegliederte Systeme gibt es noch in folgenden Ländern:

(1) In Deutschland, der Schweiz und Liechtenstein; sieht man von regionalen Unterschieden ab, können die Kinder in diesen Ländern bereits nach Abschluss der 4. Klasse (in Liechtenstein nach der 5. Klasse) Schulen verschiedener Schulformen besuchen.

(2) In Österreich, der Russischen Föderation, der Tschechischen Republik und Ungarn; hier besteht ebenfalls bereits nach der 4. Klasse (in der Tschechischen Republik nach der 5. Klasse) die Möglichkeit zum Besuch eines Gymnasiums, die aber nur von einem relativ kleinen Teil der Schülerschaft wahrgenommen wird: Die Differenzierung größerer Schülergruppen beginnt erst nach der 8. Klasse (in der Russischen Föderation nach der 9. Klasse). In Österreich und der Russischen Föderation sind die Schülerinnen und Schüler dann schon nicht mehr schulpflichtig und besuchen bereits die Sekundarstufe II.

(3) In Belgien, Luxemburg und Mexiko; hier beginnt die Gliederung in allgemein bildende und berufsvorbereitende Schulen nach der 6. Klasse. Auch in Irland und im Vereinig-

ten Königreich kann man nach der 6. Klasse auf Schulen verschiedener Schulformen gehen. In Irland unterscheiden sie sich – aufgrund einheitlicher Lehrpläne – in der Praxis aber nur noch wenig voneinander, und im Vereinigten Königreich werden die Schulen des traditionellen Systems nur noch von einem kleinen Teil der Jugendlichen besucht.

(4) In den Niederlanden; auf der Sekundarstufe I, die mit der 8. Klasse beginnt, gibt es vier verschiedene Schulformen. Die 7-jährige Grundschule ist nicht gegliedert.

(5) In Italien, Portugal und Polen; die Schülerinnen und Schüler werden hier bis zum Abschluss der 8. Klasse gemeinsam unterrichtet und erst danach auf zwei bzw. vier verschiedene Schulformen aufgeteilt. Der Zeitpunkt der Differenzierung fällt mit dem Übergang von der Sekundarstufe I auf die freiwillig besuchte Sekundarstufe II zusammen.

(6) In Frankreich; die Differenzierung nach Leistung und Neigung beginnt hier erst nach der 9. Klasse, das heißt, mit dem letzten Jahr der Pflichtschule.

Dass es in den übrigen Teilnehmerstaaten in der Regel nur integrierte Schulen gibt, heißt freilich nicht, dass dort auf jegliche Form der äußeren Differenzierung nach Leistung verzichtet wird. Beispielsweise haben die Schulen der Sekundarstufe I in Australien, Kanada, Neuseeland und den Vereinigten Staaten häufig mehrere Züge oder *tracks,* die den verschiedenen Schulzweigen und Schulformen der gegliederten Systeme nicht unähnlich sind, oder sie bieten in etlichen Fächern eine Vielzahl verschiedener Kurse an, die hinsichtlich ihrer inhaltlichen und kognitiven Anforderungen dem Fachunterricht in verschiedenen Schulformen entsprechen. Wo die Aufnahme in bestimmte Kurse das erfolgreiche Absolvieren anderer Kurse voraussetzt, kommt es innerhalb der integrierten Systeme im Verlauf der Schulzeit zum Teil zu einem beträchtlichen Leistungsgefälle unter den Schülerinnen und Schülern. Beispielsweise erwerben manche ihre für den erfolgreichen Abschluss der Schule erforderlichen Leistungsnachweise in Mathematik in Grundkursen, während andere bereits Kurse besuchen, deren erfolgreicher Abschluss einem Leistungsnachweis der Sekundarstufe II entspricht. Da über die Verbreitung von funktionalen Äquivalenten für traditionelle Formen der Niveaugliederung im Schulwesen derzeit noch zu wenig bekannt ist, wird die Behandlung dieses Themas vorläufig zurückgestellt. Darüber sollte nicht vergessen werden, dass die genaue Kenntnis solcher Äquivalente zur adäquaten Einschätzung der schulorganisatorischen Regelungen in anderen Ländern erforderlich ist.

In den Ländern mit integrierten Schulsystemen, in denen es weder verschiedene Schulzweige oder *tracks* noch Kurssysteme (mit nach Leistung differenziertem Unterricht in einzelnen Fächern) gibt, werden zum Teil informelle Möglichkeiten zur Bildung von Niveaugruppen genutzt, die in diesem Rahmen ebenfalls nicht näher betrachtet werden können. Wo der Verband der leistungsheterogenen Jahrgangsklasse beibehalten wird, bemüht man sich in der Regel um die gezielte Förderung der schwächeren Schülerinnen und Schüler. Das geschieht zum Teil in der Schule, sei es mithilfe von zusätzlichem Förder- oder Nachhilfeunterricht, sei es durch die Verpflichtung der Lehrkräfte, Lernschwachen im Rahmen des Ganztagsbetriebs individuell zu helfen, sei es dadurch, dass man Schüler als Tutoren einsetzt. Zum Teil geschieht es auch auf Initiative der Eltern, die ihre Kinder zu Hause intensiv beim Arbeiten für die Schule unterstützen, sie von Privatlehrern unterrichten lassen oder in kommerzielle Ergänzungs- oder Nachhilfeschulen schicken, wenn sie selbst nicht über die Zeit oder die Kompetenzen zur schulischen Betreuung ihrer Kinder verfügen. Die Bedeutung schulorganisatorischer Maßnahmen für die Leistungsentwicklung von Kindern und Jugendlichen lässt sich nur im Zusammenhang mit Kontextbedingungen dieser Art angemessen interpretieren.

Aufgrund der Schwierigkeiten, die verschiedenen Formen der Schul- und Unterrichtsorganisation adäquat zu erfassen, ist es nicht möglich, eindeutige Aussagen zu ihrer Bedeutung für die Entwicklung der Schülerleistungen zu machen. Offensichtlich variieren die durchschnittlichen Schülerleistungen in den verschiedenen Teilnehmerländern unabhängig von den hier erfassten Formen der Schul- und Unterrichtsorganisation. Dieses Ergebnis bestätigt die Befunde älterer internationaler Schulleistungsstudien, die ebenfalls keinen Zusammenhang der Leistungen mit der Schulorganisation feststellen konnten (Baumert, Bos & Watermann, 2000).

In vielen Ländern, die an PISA teilgenommen haben, gibt es im Pflichtschulbereich – im Unterschied zur freiwilligen Sekundarstufe II – keine selektiven Schulen. In den wenigen Ländern mit gegliederten Systemen werden die Schulpflichtigen in der Regel nicht schon nach der 4. Klasse, sondern erst später auf Schulen mit unterschiedlichem Anspruchsniveau aufgeteilt. Auch in den Ländern mit integrierten Systemen wird häufig nicht auf Formen der äußeren Differenzierung nach Leistung verzichtet. Teils gibt es in den Schulen dieser Länder unterschiedlich anspruchsvolle Schulzweige bzw. *tracks* oder sie haben flexible Kurssysteme eingeführt, in denen die Schülerinnen und Schüler in den einzelnen Fächern ihrem Lerntempo entsprechend vorrücken. Teils kommt es in Ländern mit nicht selektiven Schulsystemen informell zur Bildung von Niveaugruppen. Teils wird in diesen Ländern aber auch die Regelversetzung praktiziert, ohne den Verband der Jahrgangsklasse aufzugeben. Dies ist im Fall von Ländern mit egalitären, gesamtschulähnlichen Bildungseinrichtungen sicher nur deshalb möglich, weil schwächere Schülerinnen und Schüler intensiv gefördert werden.

Manfred Weiß
Brigitte Steinert

2. Institutionelle Vorgaben und ihre aktive Ausgestaltung – Die Perspektive der deutschen Schulleitungen

2.1 Einleitung

Schulische Lernbedingungen sind neben familiären und individuellen Schülermerkmalen als institutionelle Kontextbedingungen für Schulleistungen relevant. Dazu liegen Daten aus dem nationalen und internationalen Schulleitungsfragebogen vor. Ihnen kommt die Funktion zu, eine Interpretationshilfe für die gefundenen Leistungsunterschiede zu liefern und Analysen zur Bearbeitung politikrelevanter Fragestellungen zu ermöglichen. Leitend für den Einsatz eines zusätzlichen nationalen Leitungsfragebogens war die Absicht, die internationale Erhebung von Daten zu schulischen Bedingungsfaktoren um Aspekte zu ergänzen, die besser auf die Situation in Deutschland zugeschnitten sind, und um Themen zu erweitern, die aus deutscher Sicht besonderes Interesse verdienen. Dabei ist zum Teil auf erprobte Instrumente der empirischen Schulforschung zurückgegriffen worden, um die Anschlussfähigkeit der Ergebnisse an den Stand der Forschung herzustellen und den Vergleich mit Befunden anderer Untersuchungen zu ermöglichen.

Für die Interpretation der im Folgenden präsentierten Ergebnisse ist der Hinweis wichtig, dass das internationale PISA-Stichprobendesign (vgl. dazu Abschnitt 1 im Anhang A) keine repräsentativen Daten über Schulen in Deutschland, sondern für 15-Jährige in deutschen Schulen liefert. Des Weiteren muss beachtet werden, dass bei einer Stichprobe von bundesweit 220 Schulen der Stichprobenfehler sehr groß ist und selbst Rückschlüsse auf die Grundgesamtheit, die durch die PISA-Stichprobe repräsentiert wird, eingeschränkt sind. Als Folge der geringen Stichprobengröße ist es auch nicht möglich, bei der Berechnung von Unterschieds- und Zusammenhangsanalysen den Einfluss von Drittvariablen (z.B. Bundesland) zu kontrollieren. Aus diesem Grund wird hier darauf verzichtet, Zusammenhangsmaße (z.B. Korrelationskoeffizienten) zu berichten. Aber auch bei den dargestellten Mittelwertunterschieden (z.B. Ausstattungsunterschiede zwischen den Schulformen) können Drittvariablen in ihrem Einfluss derzeit noch nicht angemessen überprüft werden. Aufgrund der geringen Fallzahlen werden jene Schulformen, die nur ein relativ geringer Anteil der 15-Jährigen besucht (Integrierte Gesamtschulen, Schulen mit mehreren Bildungsgängen, Sonderschulen, Berufsschulen), zunächst nicht in die Auswertung einbezogen. Dies wird zumindest für die Integrierten Gesamtschulen und die Schulen mit mehreren Bildungsgängen in der Ergänzungsstudie zu PISA 2000 (PISA-E) nachgeholt. Auch bietet die dann verfügbare größere Stichprobe von etwa 1.500 Schulen erst die Voraussetzung für eine Weiterverarbeitung der Schuldaten in komplexeren Zusammenhangsanalysen. Im Blick auf die genannten Einschränkungen wird es verständlich, wenn die Auswertung der Schulleitungsbefragungen der internationalen Stichprobe in PISA 2000 nur einen explorativen Anspruch erfüllen kann. Sie liefert erste Hinweise auf Fragestellungen, die im geplanten thematischen Bericht auf der Basis der größeren Stichprobe der Ergänzungsstudie eingehender bearbeitet werden sollen.

In den Analysen des internationalen Schuldatensatzes durch die OECD stehen institutionelle Rahmenbedingungen von Schulen im Vordergrund, die im internationalen Kontext die nötige Varianz für Zusammenhangsanalysen aufweisen. Es handelt sich um Bedingungen, die der bildungspolitischen Gestaltung unterliegen, nämlich um schulische Ressourcen, um die Organisation der Schulpraxis, um die Personalstruktur, um Lehrerqualifikationen und um die Zentralisierung bzw. Dezentralisierung von Entscheidungen. Wegen der vielfach fehlenden oder geringen Varianz dieser Faktoren *innerhalb* der einzelnen Länder (z.B. in Bezug auf den einzelschulischen Autonomiegrad) ist es nicht möglich, entsprechende Analysen im nationalen Kontext vorzunehmen.

Im internationalen Bericht werden jeweils Ergebnisse für das Schulsystem insgesamt referiert. Im Blick auf die schulstrukturelle Besonderheit gegliederter Schulsysteme werden differenziertere Informationen benötigt. Die systematische Variation von Schulmerkmalen mit der Schulform, dem zentralen Ordnungsprinzip des deutschen Schulsystems, ist empirisch hinreichend belegt (z.B. Fend, 1998). Diesem Aspekt wird hier durch eine nach Schulformen differenzierte Ergebnisdarstellung Rechnung getragen. Im internationalen

Bericht erschöpft sich die Kontextualisierung der dargestellten bivariaten Zusammenhänge von Schulmerkmalen und Schülerleistungen auf den Hinweis einer möglichen Konfundierung mit differenten Bildungsgängen und einer damit einhergehenden Selektion der Schülerschaft nach Leistung und Sozialschicht. Explizit werden in diesem Zusammenhang Österreich und Deutschland als Beispiele angeführt[2]. Der Schulform als strukturellem Kontextmerkmal deutscher Schulen und ihrer lernmilieuprägenden Bedeutung gilt das Augenmerk in Abschnitt 2.2.

Die Lern- und Arbeitsbedingungen von Schulen sind einerseits das Ergebnis externer Vorgaben und – insbesondere schulstruktureller – Präformierung, andererseits sind sie aber auch das Resultat aktiver Gestaltung durch die einzelnen Schulen. Beide Aspekte sind bei der Suche nach aussichtsreichen strategischen Ansatzpunkten zur Performanzverbesserung in den Blick zu nehmen. Aus bildungspolitischer Perspektive interessieren erstens als wesentlicher Gestaltungsparameter die schulischen Ressourcen. Sie stellen in PISA 2000 einen Erhebungsschwerpunkt dar. Er gründet sich eher auf den hohen politischen und öffentlichen Aufmerksamkeitswert, der den schulischen Ressourcen entgegengebracht wird, als auf das besondere Erkenntnisinteresse der Schulforschung. Beim Aufspüren von Varianzquellen im Leistungsbereich wird „distalen" Bedingungsfaktoren schulischen Lernens wie den Ressourcen allgemein wenig Bedeutung beigemessen (vgl. im Einzelnen Abschnitt 2.3). Neuere Untersuchungen zur Ressourcenwirksamkeit, die unter der Leitfrage „How money matters" stehen, legen jedoch eine differenziertere Bewertung nahe. Die aus der Schulleitungsbefragung vorliegenden Ergebnisse zur materiellen und personellen Ausstattung der Schulen werden in Abschnitt 2.3 im Kontext einer um finanzstatistische Daten erweiterten Situationsbeschreibung referiert. Diese Ausweitung des Referenzrahmens ist wegen des eingeschränkten Aussagegehalts subjektiver Indikatoren wichtig, zumal diese nur auf einer Informationsquelle, der Sichtweise der Schulleiterinnen und Schulleiter, basieren.

Das aktuelle Interesse der Bildungspolitik gilt zweitens den institutionellen Arrangements, den verhaltenssteuernden Regelsystemen, die in den letzten Jahren mit der Dezentralisierung von Entscheidungskompetenzen und der Einführung von Konzepten der Neuen Steuerung im Schulbereich eine grundlegende Änderung erfahren haben. Die daran geknüpfte Erwartung nachhaltiger Effizienzgewinne ist bislang erfahrungswissenschaftlich nicht hinreichend abgesichert. PISA 2000 bietet die Möglichkeit, den Einfluss von Unterschieden im Autonomiegrad – differenziert nach Entscheidungsbereichen (z.B. Personalentscheidungen, schulinterne Budgetverwendung, Auswahl von Lehrbüchern, curricular-inhaltliche Entscheidungen) – auf der Basis internationaler Daten zu untersuchen. Die bisher dazu im OECD-Bericht vorliegenden Ergebnisse einfacher Zusammenhangsanalysen legen eine eher zurückhaltende Einschätzung der von Dezentralisierung zu erwartenden Erträge im Leistungsbereich nahe. Für einzelne Autonomieaspekte zeigt sich zwar ein Zusammenhang mit Schülerleistungen im Lesen, doch warnt die OECD selbst vor voreiligen Kausalinterpretationen und stellt resümierend fest: „It is hard to link levels of autonomy with performance" (OECD, 2001b, S. 177).

Der Aspekt der Schulautonomie wird hier nicht unter der Fragestellung eines möglichen Einflusses formal unterschiedlicher Entscheidungsspielräume auf die Schülerleistungen thematisiert – dem stünde schon das Problem relativer Invarianz der institutionellen Bedingungen entgegen. Vielmehr richtet sich im Folgenden das Augenmerk auf das

Ergebnis der Nutzung vorhandener Handlungsspielräume durch die Schulen, das Ergebnis ihrer „Verarbeitung" der vorgegebenen Rahmenbedingungen und ihrer Gestaltung der Lern- und Arbeitssituation. Unterschiede in den Gestaltungsspielräumen der Schulen sind nur zum geringen Teil auf differente formale (z.B. schulgesetzliche) Rahmenbedingungen zurückzuführen, sondern vor allem auf die schulstrukturelle Präformierung. Deshalb kann die Frage der Gestaltung schulischer Umwelten und ihrer Wirkungen nur kontextualisiert, unter Berücksichtigung der schulstrukturellen Gegebenheiten, angemessen bearbeitet werden. Für die Auswahl der Aspekte war ausschlaggebend, ob ihre Relevanz als potenzielle Schulleistungsprädiktoren durch vorliegende theoretische und empirische Forschungsbefunde gestützt wird. Sie erfolgte unter Rückgriff auf verschiedene disziplinäre Theorieansätze und Ergebnisse vor allem der Schuleffektivitäts- und Schulorganisationsforschung. In Abschnitt 2.4 werden Befunde zu wichtigen schulischen Gestaltungsbereichen vorgestellt: Netzwerkeinbindung und Ressourcenmobilisierung, Lern- und Förderangebote, Problemwahrnehmung und Maßnahmen der Qualitätssicherung sowie reformorientierter Unterricht. In dem sich daran anschließenden Abschnitt (2.5) werden die wesentlichen Ergebnisse der Schulleitungsbefragung zu Dimensionen des Schulklimas dargestellt (Schülerschaft: verhaltensbedingte Lernbeeinträchtigungen und Überforderung; Lehrerschaft: Arbeitsmoral und Kohäsion). In Abschnitt 2.6 geht es schließlich um die im „Positionierungserfolg" einer Schule zum Ausdruck kommende Außenwirkung ihrer profilbildenden Gestaltungsmaßnahmen. Der Beitrag schließt mit einem knappen Resümee der wichtigsten Ergebnisse (Abschnitt 2.7).

2.2 Die Schulform als strukturelles Kontextmerkmal deutscher Schulen

Im internationalen Vergleich ist der nach Schulformen hierarchisch gegliederte Sekundarbereich auffälligstes Merkmal des deutschen Schulsystems. Zeichnet man die quantitative Entwicklung der einzelnen Schulformen auf der Basis der amtlichen Statistik nach, dann zeigt sich in Bezug auf die sie – neben dem demographischen Faktor – determinierende Bildungsbeteiligung folgendes Bild (vgl. Tab. 9.4): Dargestellt am relativen Schulbesuch in der 8. Klassenstufe lässt sich bundesweit eine steigende Nachfrage nach Schulformen feststellen, die differenziert (Realschule, Gymnasium) oder teilintegriert (Gesamtschulen, Schulen mit mehreren Bildungsgängen) mittlere und höhere Abschlüsse vergeben. Die Bildungsbeteiligung hat bundesweit zwischen 1960 und 1980 von rund 16 auf 20 Prozent in den Realschulen, in den Gymnasien von 21 auf knapp 30 Prozent zugenommen. Die 8. Klassenstufe wird in Schulen mit mehreren Bildungsgängen seit Beginn der 1990er Jahre von etwa 7 Prozent der Schülerinnen und Schüler besucht, in Gesamtschulen von gut 9 Prozent (1980: 4 %). Einen deutlichen Rückgang des relativen Schulbesuchs haben die Hauptschulen zu verzeichnen: Die Bildungsbeteiligung hat sich hier zwischen 1960 und 1991 von 64 auf 31 Prozent nahezu halbiert. Bis dahin war die Hauptschule die Schulform, die von der Mehrheit der Achtklässler besucht wurde. Bis 1999 hat sich ihr Anteil weiter reduziert auf nunmehr 23 Prozent. Bundesweit ist damit das Gymnasium die meist besuchte Schulform, gefolgt von der Realschule und der Hauptschule. Stabil geblieben ist der Anteil der Sonderschülerinnen und -schüler, der bei knapp 5 Prozent liegt. Eine getrennte Beschulung in diesem Umfang ist in anderen Ländern nicht anzutreffen,

Tabelle 9.4:   Die Entwicklung des relativen Schulbesuchs in Klassenstufe 8 (nach Schulform) von 1960 bis 1990[1] und von 1991 bis 1999[2] in Deutschland (in %)

Jahr	Haupt-schule	Schule mit mehreren Bildungs-gängen	Real-schule	Gymna-sium	Integrierte Gesamt-schule	Freie Waldorf-schule	Sonder-schule
1960	63,6	–	15,6	20,5	–	–	–
1970	55,4	–	21,5	23,1	–	–	–
1980	40,3	–	28,2	27,5	4,0	–	–
1990	34,2	–	28,8	30,8	6,2	–	–
1991	30,8	–	26,7	29,3	7,2	0,6	5,4
1992	25,0	7,6	24,8	30,0	8,6	0,5	3,6
1993	24,5	7,6	24,9	30,0	8,5	0,5	4,5
1994	24,4	6,5	25,3	30,1	8,6	0,5	4,5
1995	24,0	6,6	25,5	29,9	8,8	0,5	4,7
1996	23,7	6,8	25,6	29,6	9,1	0,5	4,7
1997	23,4	7,1	25,9	28,9	9,3	0,6	4,8
1998	22,8	7,1	26,3	29,0	9,3	0,6	4,8
1999	22,6	6,9	26,4	29,3	9,4	0,6	4,8

[1] Die Angaben von 1960 bis 1990 beziehen sich auf die Bundesrepublik Deutschland vor der Wiedervereinigung. Die Anteilwerte für den relativen Schulbesuch bis 1990 umfassen die Schüler in der 7. bis 9. Klasse bzw. Klassenstufe 8.
[2] Die Angaben ab 1991 umfassen die alten und neuen Länder in der Bundesrepublik Deutschland und beziehen sich auf die Schüler in der 8. Klassenstufe.
Quelle: Der Bundesminister für Bildung und Wissenschaft (2001).

weil dort ein Großteil der Schülerinnen und Schüler mit besonderen Förderbedürfnissen in das Regelschulsystem integriert ist. Zwar gibt es seit einigen Jahren auch in Deutschland Ansätze für den gemeinsamen Unterricht von behinderten und nicht behinderten Kindern, doch schlagen sich diese nicht in einer sinkenden Sonderschulquote nieder.

Hinter dem bundesweiten Bedeutungsverlust der Hauptschule stehen allerdings regional höchst unterschiedliche Entwicklungen. In drei Bundesländern des früheren Bundesgebiets ist die Hauptschule mit deutlich über 30 Prozent immer noch die meist besuchte Schulform, während sie in den meisten neuen Bundesländern strukturell gar nicht vorkommt. Erhebliche strukturbedingte Differenzen in den Expansionsraten zeigen sich vice versa bei den Schulen mit mehreren Bildungsgängen, den Gesamtschulen und in zwei Ländern bei den Realschulen. Die strukturell homogenste Schulform ist das Gymnasium, das in allen Bundesländern angeboten wird. Bei den Gymnasien sind die Unterschiede in den Beteiligungsquoten am geringsten. Bei einer bundesweiten Beteiligungsquote von 29,3 Prozent streut der relative Schulbesuch zwischen 26,3 und 34,4 Prozent.

Durch die Schulform sind für die einzelne Schule über differente curriculare Programme und pädagogische Konzeptionen zentrale systemische Kontextbedingungen definiert, die die institutionellen Arbeits- und Lernbedingungen mehr oder weniger stark präformieren. Die soziale Zusammensetzung der Schülerschaft, das durchschnittliche Aspirationsniveau, das kognitive Anforderungs- und Leistungsniveau prägen die Lernmilieus einzelner Schulen in schulformspezifischer Weise (vgl. dazu Abschnitt 3 dieses Kapitels).

Auch wenn es in den letzten beiden Jahrzehnten durch die curriculare Angleichung von Bildungsgängen zur partiellen Entkopplung von Schulform und Schulabschlüssen gekommen ist, haben sich die Lernmilieus durch eine größere Durchlässigkeit zwischen den Schulformen nur wenig angeglichen. Gleichwohl ist zu sehen, dass durch die Möglichkeit, innerhalb einer Schulform mehrere Abschlüsse zu erlangen, dort die Heterogenität zugenommen hat.

> In den internationalen Schulleistungsuntersuchungen – so auch in PISA 2000 – geht es vor allem um eine Standortbestimmung der Leistungsfähigkeit von Schulsystemen in ihrer Gesamtheit, eine differenzierte Analyse ihrer Stärken und Schwächen in ausgewählten Leistungsdomänen und bei spezifischen Schülerpopulationen sowie die Verknüpfung von Leistungsdaten mit System-, Schul- und Individualmerkmalen. Binnenstrukturelle Differenzierungen gegliederter Schulsysteme sind dabei für den internationalen Vergleich von geringem Interesse. Umso wichtiger sind sie für Analysen, die Steuerungsinformationen für die nationale Bildungspolitik liefern sollen.

2.3 Schulische Ressourcen

Ausgaben je Schüler

Für die Qualität von Schule und Unterricht kommt den schulischen Ressourcen nach weit verbreiteter Einschätzung besondere Bedeutung zu. Daher rührt auch das Interesse an internationalen Vergleichszahlen zur Finanzausstattung der Schulsysteme, wie sie die OECD seit einigen Jahren in „Education at a Glance" („Bildung auf einen Blick") bereitstellt (aktuell OECD, 2001a). Deutschland gab danach 1998 im Sekundarbereich mit rund 6.200 US $ (kaufkraftbereinigt) einen um 17 Prozent über dem Mittel der 25 Berichtsländer liegenden Betrag aus (5.294 US $). In diesem Betrag sind kalkulatorische Versorgungsbezüge und Beihilfeaufwendungen für das beamtete Personal enthalten. Die Zahlen für die Sekundarstufe II umfassen auch die Kosten für die Ausbildung in den Betrieben. Ohne diese Ausbildungskosten würden die Ausgaben je Schüler im Sekundarbereich in Deutschland 6 Prozent unter dem OECD-Mittel liegen (Hetmeier & Weiß, 2001). Unterdurchschnittlich fallen auch die Aufwendungen je Schüler im Sekundarbereich I aus: Mit einem Betrag von 4.640 US $ gab Deutschland knapp 9 Prozent weniger aus als die anderen OECD-Staaten (5.083 US $).

Für das nationale Berichtssystem liegen seit 1995 die der OECD vom Statistischen Bundesamt bereitgestellten Daten zu den Ausgaben je Schüler auch in einer Differenzierung nach Bundesland, Schulform und Ausgabearten vor. 1998 wurden danach im Durchschnitt für Hauptschulen 9.200 DM, für Realschulen 8.300 DM, für Gymnasien 10.000 DM und für Integrierte Gesamtschulen 10.200 DM je Schüler aufgewendet (vgl. BLK, 2001; Hetmeier & Weiß, 2001). Diese Schulformdifferenzen sind vor allem das Ergebnis von Unterschieden in der Besoldung und in der Schüler-Lehrer-Relation.

Der Vergleich zwischen den OECD-Ländern liefert keine Anhaltspunkte dafür, dass geringere Ausgaben je Schüler automatisch mit geringeren Schulleistungen einhergehen.

„Es wäre irreführend, geringe Ausgaben pro Schüler (...) allgemein mit einer geringen Qualität des Bildungsangebots gleichzusetzen. Japan, Korea und die Niederlande sind Beispiele für Länder, in denen bei vergleichsweise geringen Ausgaben je Schüler (...) Achtklässler mit die besten Leistungen in Mathematik aufzuweisen haben." (OECD, 2001a, S. 62)

Die Untersuchung des Einflusses der pro Kopf aufgewendeten Ausgaben auf die Leistungen ist im nationalen Kontext nur dort sinnvoll möglich, wo – wie in den Vereinigten Staaten – eine hinreichend große Variationsbreite in der Finanzausstattung anzutreffen ist. Die empirischen Befunde vermitteln ein inkonsistentes Bild. In der aktualisierten Auswertung amerikanischer Untersuchungen durch Hanushek (1997) liefern lediglich 34 Prozent der geprüften 163 Effektschätzungen zum schülerbezogenen Mitteleinsatz statistisch signifikante Koeffizienten. Immerhin weisen davon aber fast 80 Prozent ein erwartungskonformes positives Vorzeichen auf. In einer metaanalytischen Neuauswertung eines Teils des von Hanushek analysierten Datenmaterials durch Hedges, Laine und Greenwald (1994) wird für die globale Kategorie der Schulausgaben ein praktisch bedeutsamer Effekt festgestellt: Eine Erhöhung der Ausgaben je Schüler um 500 Dollar ist mit einem beträchtlichen Leistungszuwachs (0,7 Standardabweichungen) verbunden. Unklar bleibt indes, welche konkrete Mittelverwendung sich hinter diesem Ausgabeneffekt verbirgt. Theoretisch zu begründen ist ein Leistungseinfluss von Ausgabenverwendungen, die das Angebot an Lerngelegenheiten, die Qualität des Unterrichts und die Nutzung der Lerngelegenheiten durch die Schülerinnen und Schüler verbessern. Empirische Bestätigung findet dies durch einige neuere Wirkungsstudien, in denen auf der Basis von Strukturgleichungsmodellen der Einfluss von Bildungsausgaben zusammen mit differenten Verwendungsmöglichkeiten untersucht wird (z.B. Elliott, 1998; Wenglinsky, 1997). Im internationalen Kontext stehen solche Analysen noch aus. Der Vergleich der wichtigsten Ausgabendeterminanten (Lehrergehälter, Klassengröße, jährliche Unterrichtsstundenzahl der Lehrkräfte und jährliche Unterrichtsstundenzahl der Schülerinnen und Schüler) zeigt erheblich differierende Prioritätensetzungen bei der Mittelverwendung, die zu höchst unterschiedlichen „Faktorkombinationen" führen. Während einige Staaten, so vor allem auch Deutschland, bei der Mittelverwendung im Sekundarbereich I Prioritäten bei den Lehrergehältern setzen, investieren andere OECD-Staaten stärker in das „Mengengerüst", das heißt eine bessere Personalausstattung. Hinweise auf Effektivierungspotenziale bei der Ausgabenpolitik im Schulbereich liefern solche Vergleiche nicht. Dazu müssten die faktorspezifischen Effektstärken („Grenzproduktivitäten") bekannt sein.

So lange dies aussteht, kann ersatzweise auf Daten zurückgegriffen werden, die die Angemessenheit der Ressourcenausstattung in der Einschätzung der schulischen Akteure zum Ausdruck bringen. PISA 2000 liefert solche Daten, indem Schulleiterinnen und Schulleiter danach befragt wurden, ob sie in ihren Schulen Beeinträchtigungen des Lernens der 15-Jährigen durch Defizite in der *materiellen* (Sachmittel, räumliche Situation, Ausstattung: Computer, Bibliothek, Fachräume usw.) und *personellen Ausstattung* (Lehrerversorgung, Ausmaß fachfremd erteilten Unterrichts) sehen. Ergänzend zu diesen Einschätzungen wurden über den internationalen Schulleitungsfragebogen quantitative Daten zur Computerausstattung, differenziert nach Verwendungszecken, und zur Qualifikationsstruktur der Lehrerschaft erhoben.

Materielle Ausstattung

Um einen umfassenden Indikator zur Beurteilung der *materiellen Ausstattung* zu erhalten, ist eine Skala aus insgesamt acht Items gebildet worden (Cronbachs α = .87). Sie umfasst die Ausstattungsmerkmale Unterrichtsräume, Unterrichtsmaterialien, Computer für den

Unterricht, Unterrichtsmaterialien in der Bibliothek, Multimedia-Ausstattung für den Unterricht, Laborausstattung sowie Ausstattung für den Kunstunterricht und Ausstattung für den Musikunterricht. Die zu Grunde liegende Ausgangsfrage „Wie sehr wird das Lernen der 15-Jährigen in Ihrer Schule durch folgende Probleme beeinträchtigt?" sollte für die einzelnen Ausstattungsitems jeweils mittels einer Intensitätsskala (1 = gar nicht, 2 = kaum, 3 = etwas oder 4 = sehr) eingeschätzt werden.

In der Einschätzung der Schulleiterinnen und Schulleiter stellen Mängel in der materiellen Ausstattung insgesamt kaum ein Problem für das Lernen der 15-Jährigen dar. Die Mittelwerte der Ausstattungsskala differieren nicht signifikant zwischen den Schulformen und liegen alle unterhalb des theoretischen Mittelwerts von 2,5. Von einer systematischen Schlechterstellung bestimmter Schulformen bei der materiellen Ausstattung, wie sie vielfach vermutet wird, kann folglich – zumindest nach den Angaben der Schulleitungen – keine Rede sein. Auch variieren die Mittelwerte nicht signifikant mit der Schulgröße und dem Schulstandort. Das positive Bild beim Vergleich der Mittelwerte sollte jedoch nicht den Blick dafür verstellen, dass – wie die Standardabweichungen zeigen – innerhalb einzelner Schulformen zum Teil beträchtliche Disparitäten zwischen den Schulen in der Wahrnehmung der Situation zu bestehen scheinen[3].

Den materiellen Ressourcen wird in der Forschungsliteratur als „distalen" Bedingungsvariablen schulischen Lernens kaum Bedeutung als Varianzquelle im Leistungsbereich beigemessen – zumindest nicht innerhalb der in den meisten Industriestaaten anzutreffenden Variationsbereiche (vgl. Hanushek, 1997). Umso mehr muss es überraschen, dass sowohl bei den Hauptschulen (in Lesen und Mathematik) als auch bei den Realschulen[4] (in allen drei Domänen) von den Schulleiterinnen und Schulleitern als relativ schlecht eingeschätzte unterrichtsbezogene Ausstattungsbedingungen mit einem niedrigeren mittleren Leistungsstand der Schülerinnen und Schüler einhergehen. Erst die für den thematischen Bericht vorgesehenen differenzierteren Analysen unter Einbeziehung von hier noch nicht kontrollierten Drittvariablen werden Aufschluss darüber geben, ob hinter diesen Zusammenhängen Wirkungsbeziehungen stehen. Hinweise auf einen Zusammenhang zwischen der Qualität schulischer Ressourcen und den Leseleistungen von 15-Jährigen fin-

Abbildung 9.1: Computer in der Schule (je 100 Schüler) nach Schulform (Mittelwert und Standardabweichung)

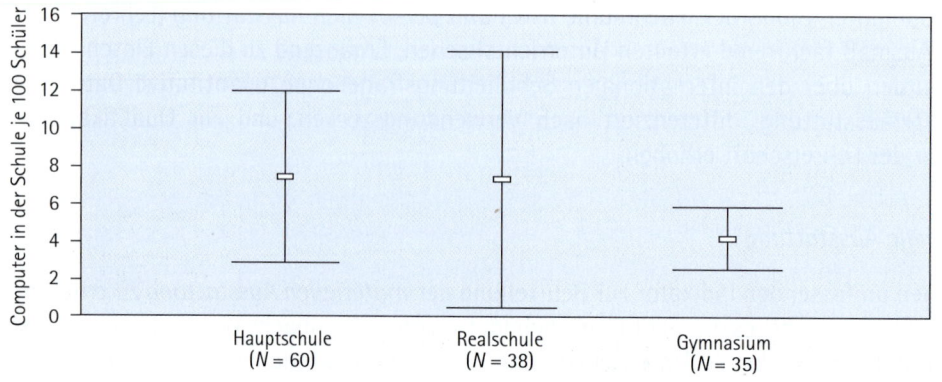

Abbildung 9.2:   Computer mit Internetanschluss in der Schule (je 100 Schüler) nach Schulform (Mittelwert und Standardabweichung)

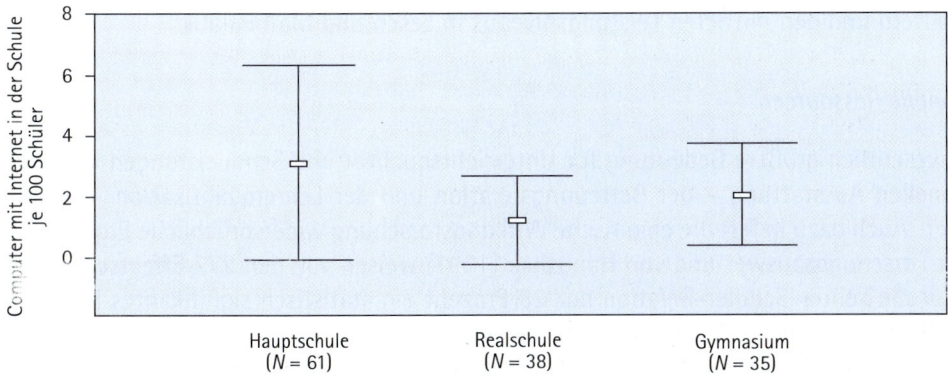

den sich auch im internationalen Bericht: In 13 OECD-Staaten zeigen sich signifikante Leistungsunterschiede im Lesen zwischen dem oberen und unteren Quartil des Indexes der unterrichtsbezogenen Ressourcen (OECD, 2001b, S. 174). Auch dieser Befund steht freilich unter dem Vorbehalt einer möglichen Konfundierung mit anderen Faktoren.

Bei der Beurteilung der materiellen Rahmenbedingungen der Schulen wird der *Ausstattung mit Computern* besondere Aufmerksamkeit geschenkt. Die dazu vorliegenden Ergebnisse aus der Schulleitungsbefragung vermitteln folgendes Bild (vgl. Abb. 9.1 und 9.2): Während sich an Hauptschulen durchschnittlich etwa 13 Schülerinnen und Schüler einen Computer und 32 Schülerinnen und Schüler einen Computer mit Internetanschluss teilen, sind dies an Realschulen 14 bzw. 83 und an Gymnasien 24 bzw. 50 Schülerinnen und Schüler. Die Unterschiede in der Computerausstattung hängen auch mit der Schulgröße und dem regionalen Standort zusammen: Kleine Schulen und Schulen in den alten Bundesländern sind besser ausgestattet. Die Befunde zur Ausstattung korrespondieren mit den Schülerangaben zum Zugang zu einem Computer und zur Nutzung von Computern in der Schule. Hauptschülerinnen und -schüler nutzen den Computer intensiver als die Schülerinnen und Schüler der anderen Schulformen (vgl. Abb. 9.3).

Abbildung 9.3: Computernutzung nach Schulform (Mittelwert und Standardabweichung)

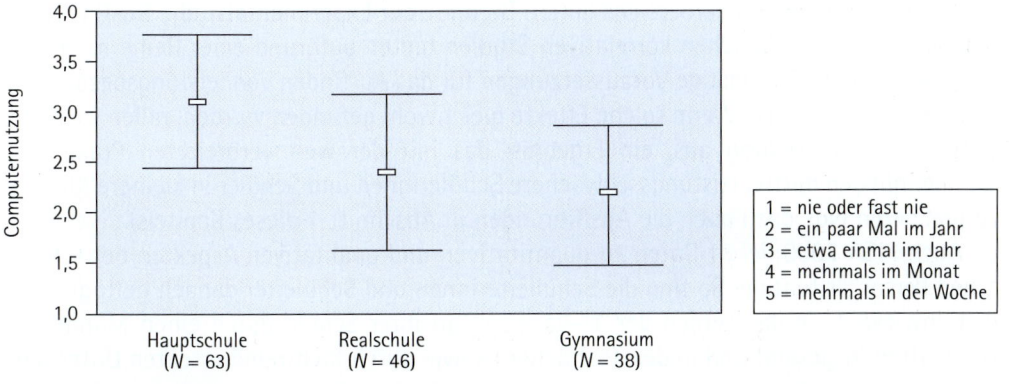

Wie schon bei der Einschätzung der materiellen Ausstattung durch die Schulleiterinnen und Schulleiter, so zeigt sich auch hier für die Hauptschulen (nach Kontrolle von Region, Schulstandort und Schulgröße) ein Zusammenhang zwischen der Verfügbarkeit von Computern und den mittleren Leistungsniveaus in Lesen und Mathematik.

Personelle Ressourcen

Eine wesentlich größere Bedeutung für Unterrichtsqualität und Schulleistungen wird der personellen Ausstattung – der Betreuungsrelation und der Lehrerqualifikation – beigemessen. Auch dazu liefert die empirische Wirkungsforschung widersprüchliche Ergebnisse. In der Forschungsauswertung von Hanushek (1997) weisen von den 277 Effektschätzungen für die Lehrer-Schüler-Relation nur 28 Prozent ein statistisch signifikantes Ergebnis auf, 15 Prozent mit erwartungskonformem positivem, 13 Prozent mit erwartungswidrig negativem Vorzeichen. Für das formale Qualifikationsniveau der Lehrkräfte werden statistisch signifikante positive Koeffizienten (9 % von 171 Effektschätzungen) seltener als für andere Merkmale der Lehrerqualität (Berufserfahrung, Abschneiden in einem Eignungs- oder Kompetenztest) festgestellt: Ein statistisch signifikanter positiver Zusammenhang zwischen Berufserfahrung (Anzahl der Jahre im Schuldienst) und Schulleistungen oder anderen Effektivitätskriterien zeigt sich bei 29 Prozent der Effektschätzungen; bei der mithilfe von Tests gemessenen Lehrerqualifikation sind es 37 Prozent. Auch liegt bei diesen beiden Merkmalen der Anteil der Schätzungen mit erwartungskonformer Effektrichtung deutlich über dem Anteil der Schätzungen mit erwartungswidriger Effektrichtung. An dem Bild ändert sich selbst dann wenig, wenn nur methodisch anspruchsvollere *Value Added*-Studien, die den Leistungszuwachs von Schülerinnen und Schülern untersuchen, ausgewertet werden.

Die kontrovers geführte Debatte um die Wirksamkeit personeller Ressourcen hat sich vor allem an divergierenden Vorstellungen von Wissenschaft und Praxis über die Wichtigkeit der Klassengröße als Determinante der Unterrichtsqualität entzündet. Von pädagogischer Seite werden von kleinen Klassen bessere Schulleistungen, geringere Disziplinprobleme und intensivere Sozialkontakte erwartet. Einer überzeugenden theoretischen Begründung dieser Erwartungen (z.B. Petillon, 1985; Moser, 1997) stehen jedoch empirische Befunde gegenüber, die – insbesondere in Bezug auf Leistungskriterien – eine entsprechende Eindeutigkeit vermissen lassen (z.B. von Saldern, 1998). Anhaltspunkte für einen leistungsfördernden, nachhaltig wirksamen Einfluss kleiner Klassen in den unteren Jahrgangsstufen des Primarbereichs liefern Befunde der Experimentalstudie STAR (Finn & Achilles, 1999). Die üblichen korrelativen Studien bieten aufgrund einer Reihe methodischer Mängel wenig günstige Voraussetzungen für das Auffinden von leistungsbezogenen Klassengrößeneffekten. Wenn solche Effekte gleichwohl gefunden wurden, fallen sie nicht selten erwartungswidrig aus, ein Ergebnis, das mit der weit verbreiteten Praxis zusammenhängen dürfte, leistungsschwächere Schülerinnen und Schüler in kleinere Klassen zu platzieren (vgl. dazu auch die Ausführungen in Abschnitt 1 dieses Kapitels).

Auch PISA 2000 liefert Daten zu quantitativen und qualitativen Aspekten der schulischen Personalsituation. So sind die Schulleiterinnen und Schulleiter danach gefragt worden, inwieweit sie das Lernen der 15-Jährigen an ihrer Schule durch einen Mangel an Lehrkräften insgesamt und in den Testfächern sowie durch fachfremd erteilten Unterricht beeinträchtigt sehen. Daneben sind über den Schulleitungsfragebogen Daten zur Qualifikationsstruktur der Lehrerschaft erhoben und aus den Lehrer- und Schülerzahlen schulspezifische Betreuungsrelationen berechnet worden[5]. Ferner liegen aus den Schülerfragebogen Daten zur durchschnittlichen Größe der von 15-Jährigen besuchten Klassen vor (vgl. dazu Abschnitt 1 dieses Kapitels).

Die im Folgenden zur schulischen Personalsituation berichteten Auswertungsergebnisse beschränken sich auf die von den Schulleiterinnen und Schulleitern wahrgenommenen Lernbeeinträchtigungen. Es sei an dieser Stelle nochmals betont, dass aufgrund intersubjektiv differierender Bezugsnormen objektiv identische Bedingungen unterschiedlich eingeschätzt werden. In besonders augenfälliger Weise zeigt sich dies im internationalen Kontext: So weisen einige Länder, in denen die Schulleiterinnen und Schulleiter überdurchschnittlich kritisch die Personalsituation an ihrer Schule einschätzen (z.B. Griechenland, Italien, Norwegen), mit die günstigsten Schüler-Lehrer-Relationen unter den Mitgliedsstaaten der OECD auf (OECD, 2001b, S. 172).

Die von der Befürchtung einer sich verschärfenden Engpasssituation auf dem Lehrerarbeitsmarkt geprägte aktuelle bildungspolitische Diskussion in Deutschland findet auch durch die PISA-Befunde zum Teil argumentative Unterstützung. Von den Schulleiterinnen und Schulleitern der Hauptschulen und der Realschulen sehen immerhin jeweils über 40 Prozent das Lernen der 15-Jährigen an ihren Schulen durch einen *Mangel an Lehrkräften oder fachfremd erteilten Unterricht* etwas oder sehr beeinträchtigt (vgl. Tab. 9.5). Deutlich besser fällt das Ergebnis für die Gymnasien aus: Lediglich etwa jeder achte Schulleiter äußert sich kritisch zur Personalsituation an seiner Schule. Ein Mangel an Fachlehrerinnen und Fachlehrern in den naturwissenschaftlichen Fächern wird von jedem dritten (Chemie) bzw. jedem vierten (Physik) Schulleiter an einer Hauptschule als Problem genannt. Schulleiterinnen und Schulleiter von Realschulen bringen dagegen Lernbeeinträchtigungen häufiger mit einem Mangel an Fachlehrern in Deutsch (21,6 %) und Mathematik (16,2 %) in Verbindung.

Wenn im internationalen Bericht beim Vergleich der Quartilswerte eines Indexes des Fachlehrermangels für Deutschland ein signifikanter Unterschied in den Leseleistungen festgestellt wird (OECD, 2001b, S. 172 und 211), dann hängt dies mit den evidenten Schul-

Tabelle 9.5: Probleme aufgrund eines Mangels an Lehrkräften (bzw. aufgrund von fachfremd erteiltem Unterricht) nach Schulform (in %)

Mangel an Lehrkräften	Hauptschule (N = 61)		Realschule (N = 43)		Gymnasium (N = 38)	
	gar nicht, kaum	etwas, sehr	gar nicht, kaum	etwas, sehr	gar nicht, kaum	etwas, sehr
Allgemein	57,3	42,7	59,6	40,4	87,2	12,8
In Deutsch	85,6	14,4	78,4	21,6	96,4	3,6
In Mathematik	96,9	3,1	83,8	16,2	97,2	2,8
In Biologie	92,3	7,7	93,3	5,7	94,4	5,6
In Chemie	67,5	32,5	84,2	15,8	95,8	4,2
In Physik	75,3	24,7	90,2	9,8	98,8	1,2

formunterschieden bei der fachspezifischen Personalstruktur zusammen. Ob sich ein solcher Zusammenhang auch innerhalb der einzelnen Schulformen nachweisen lässt, wird auf der Basis des umfangreicheren Datensatzes der nationalen Ergänzungsstudie zu prüfen sein.

> Alles in allem liefert das auf der Basis subjektiver und objektiver Indikatoren gewonnene Bild über die Schulressourcen wenig Anlass, in den schulischen Ausstattungsbedingungen einen besonderen Problembereich zu sehen. Doch wird in weiteren Analysen zu prüfen sein, inwieweit die innerhalb einzelner Schulformen festgestellten Disparitäten eine Varianzquelle im Leistungsbereich darstellen.

2.4 Aktive Gestaltung von Schulumwelten

Durch die Schulform sind für die einzelne Schule wesentliche Kontextbedingungen definiert, die mehr oder weniger stark die binnenschulischen Arbeits- und Lernbedingungen präformieren. Innerhalb des generellen Kontextes „Schulform" gibt es wiederum Variationen, die sich einmal aus den Bedingungen des jeweiligen regionalen (Bundesland) und lokalen Schulstandorts (Sozialstruktur des Einzugsbereichs, Urbanität, schulische Angebotssituation) ergeben. Zum anderen sind solche Variationen aber auch das Ergebnis gestalterischen Handelns der Schulen und ihrer spezifischen „Verarbeitung" der vorgegebenen Bedingungen. Die Möglichkeiten dazu sind im Gefolge des „Paradigmenwechsels der Steuerungsphilosophie" durch die Übertragung von Handlungskompetenzen auf die Einzelschule erweitert worden. Leitend dafür ist die Erwartung, dass Schulen besser auf kontextspezifische Gegebenheiten reagieren. Wie die Schulen diesen Spielraum nutzen und inwieweit dabei die Schulform wiederum prägend wirkt, wird im Folgenden für verschiedene Handlungsfelder anhand ausgewählter Gestaltungsparameter dargestellt, die zugleich begründet den Status potenzieller Schulleistungsprädiktoren einnehmen.

Netzwerkeinbindung und Ressourcenmobilisierung

Die in der nationalen Zusatzerhebung gewonnenen Daten über bestehende Kooperationen und Netzwerke der Schulen (Schulpartnerschaften, Kooperationen mit Schulen und anderen Einrichtungen) sowie über das Aufkommen an privaten Finanzmitteln dienen vor allem der Klärung der Frage, inwieweit es Schulen gelingt, in ihrem lokalen und regionalen Umfeld „soziales Kapital" als institutionelle Handlungsressource zu mobilisieren und zu nutzen. Als individuelle Ressource ist die Wichtigkeit des sozialen Kapitals in Form familiärer und außerfamiliärer Stützsysteme für den Schulerfolg durch eine Vielzahl von Studien belegt (zusammenfassend Hofferth, Boisjoly & Duncan, 1998). Als institutionelle Ressource ist das Sozialkapital im schulischen Anwendungskontext indes bislang nur vereinzelt untersucht worden. Einen Zusammenhang mit Schülerleistungen konnten Sun (1999) und Morgan und Sørensen (1999) in den Vereinigten Staaten auf der Basis von Daten der *National Education Longitudinal Study* (NELS) feststellen. Die Befunde der zweiten Studie verweisen darauf, dass die Wirksamkeit sozialen Kapitals nicht nur in der lernfördernden Durchsetzung von Normen ihren Ausdruck finden kann, sondern auch in der Schaffung zusätzlicher Lerngelegenheiten („Horizonterweiterung") durch die Pflege intensiver Außenkontakte. Im Zuge der geforderten stärkeren Lebensweltorientierung der Schule wird die Investition in Sozialkapital durch den Aufbau funktionaler Netzwerke eine wichtiger werdende erfolgbestimmende Organisationsaufgabe von Schulen. Auch wachsende Budgetzwänge erhöhen die Notwendigkeit einer verstärkten „Ressourcenbündelung" durch Kooperation.

Die *Kooperationsintensität*[6] differiert nicht signifikant zwischen den Schulformen. Bei Erstellung eines *Kooperationsprofils* zeigen sich weitgehend identische Spitzenwerte (Werte zwischen „häufig" und „regelmäßig") bei der Kooperation mit Einrichtungen der Berufsberatung und mit Betrieben. Hohe Werte erreichen Hauptschulen und Realschulen bei der Kooperation mit Einrichtungen der Erziehungsberatung, Gymnasien bei Schulpartnerschaften im Ausland.

Ob einer Schule Erträge im Leistungsbereich durch intensive Außenkontakte entstehen, dürfte entscheidend von der Art der Kooperation abhängen. Erste Ergebnisse explorativer Zusammenhangsanalysen stützen die Vermutung, dass leistungsfördernde Wirkungen von Kooperationen zu erwarten sind, die das Angebot an Lerngelegenheiten erweitern und Ressourcendefizite kompensieren. Solche Zusammenhänge kehren sich bei Kooperationen um, die – wie im Falle der Zusammenarbeit mit Einrichtungen der Erziehungsberatung – eher ein Indikator für eine problembelastete Schulsituation sind.

Vor dem Hintergrund der prekären Finanzlage der öffentlichen Haushalte und der Dezentralisierung von Ressourcenverantwortung wird – wenn auch unausgesprochen – von den Schulen in letzter Zeit eine aktivere Rolle bei der *Mittelaufbringung durch die Erschließung zusätzlicher Finanzierungsquellen* erwartet. In einer ganzen Reihe von Bundesländern sind dafür inzwischen die rechtlichen Voraussetzungen geschaffen worden.

In der nationalen Zusatzerhebung sind Schulleiterinnen und Schulleiter nach Art und Umfang akquirierter „Drittmittel" gefragt worden. Danach verfügen 82 Prozent der Schulen (Hauptschulen, Realschulen Gymnasien) über Einnahmen aus privaten Quellen (Elternspenden, Sponsorengelder, Sachspenden und Einnahmen aus Schulaktivitäten usw.). Die in der Höhe der Zusatzeinnahmen zum Ausdruck kommende „Ressourcenmobilisierungsfähigkeit" fällt für die einzelnen Schulformen – aber auch für die Schulen innerhalb

Abbildung 9.4: Drittmitteleinnahmen je Schüler nach Schulform (Mittelwert und Standardabweichung)

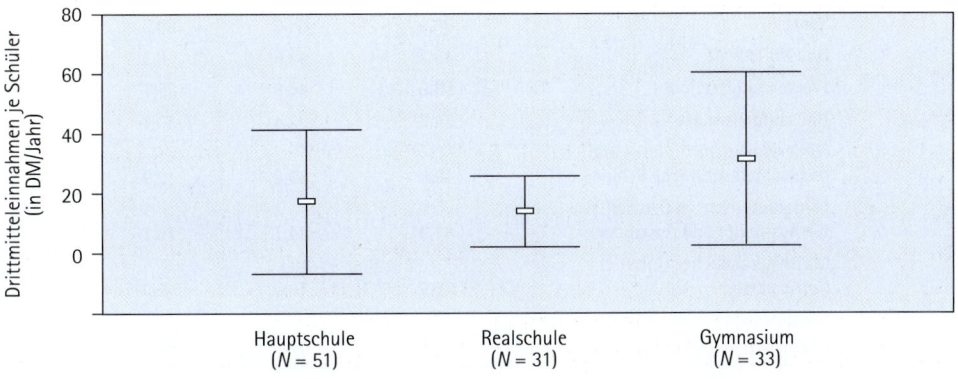

der einzelnen Schulformen – höchst unterschiedlich aus. Diese zeigen die Mittelwerte und Standardabweichungen der Einnahmen je Schüler (vgl. Abb. 9.4); mit über 30 DM je Schüler nehmen die Gymnasien die erwartete Spitzenposition ein. Die mittleren Werte der Hauptschulen und Realschulen liegen um etwa die Hälfte unter diesem Wert. Wenn lediglich knapp 9 Prozent der Varianz in den Pro-Kopf-Einnahmen auf Unterschiede zwischen den Schulformen entfallen, dann lässt dies darauf schließen, dass die Gründe für die beträchtlichen Unterschiede in den Zusatzeinnahmen im unmittelbaren Umfeld der Schulen oder in differenten schulspezifischen Fähigkeiten der Mitteleinwerbung zu suchen sind.

Lern- und Förderangebote

Schulen können über die Bereitstellung zusätzlicher Lerngelegenheiten im unterrichtlichen und außerunterrichtlichen Bereich motivations- und leistungsfördernde Bedingungen schaffen. Begründet kann insbesondere erwartet werden, dass sich zusätzliche Lern- und Förderangebote in den Testfächern in höheren Leistungen niederschlagen. Dass zum Beispiel Investitionen in eine lesefördernde Infrastruktur lohnend sein können, zeigen Analysen von IEA-Daten durch Postlethwaite und Ross (1992). Die Befunde der deutschen

Tabelle 9.6: Unterrichtliche und außerunterrichtliche Angebote der Schulen nach Schulform (in %)

	Hauptschule (N = 58)	Realschule (N = 34)	Gymnasium (N = 33)
Mathematik und Naturwissenschaften	49,1	50,9	93,1
Deutsch und Literatur	35,2	26,2	51,0
Fremdsprachen	26,8	42,6	70,1
Interkulturelles Lernen	28,0	40,3	90,6
Musik und Kunst	94,8	76,1	100,0
Schülerzeitung	58,3	54,0	88,4
Neue Technologien	91,1	84,4	98,8
Berufsorientierung	54,6	75,6	61,8
Wirtschaft und Recht	4,5	22,5	31,6
Philosophie und Ethik	7,6	20,5	37,0
Sport	66,9	64,5	89,3
Hauswirtschaft	49,7	43,6	8,3
Werken und Technik	58,6	46,8	29,7
Hausaufgabenhilfe	24,7	22,4	10,1
Förderunterricht für lese- und rechtschreibschwache Schüler	48,8	39,5	12,9
Förderunterricht in Deutsch für Aussiedler und Ausländer	61,9	24,1	16,1
Muttersprachlicher Unterricht für Ausländer	32,5	16,0	9,0
Sozialpädagogische und sozialpsychologische Dienste	37,1	33,1	42,5

IEA-Lesestudie (Lehmann u.a., 1995) verweisen jedoch auf die Wichtigkeit einer adäquaten Nutzung, ohne die günstige infrastrukturelle Bedingungen wirkungslos bleiben. Sie
wird sich umso eher erreichen lassen, je besser es einer Schule gelingt, sich in ihrer An-
gebotsgestaltung auf die Erwartungen und Bedürfnisse ihrer Schülerschaft einzustellen
(Mack, 1999). Ein Indikator dafür ist deren Zufriedenheit mit den schulischen Einrichtungen und außerunterrichtlichen Angeboten, die im nationalen Schülerfragebogen ermittelt
wurde.

Die *Angebotsvielfalt* wurde daran gemessen, wie viele der 18 vorgegebenen Kategorien
von den Schulleiterinnen und Schulleitern angekreuzt wurden. In den Mittelwertunterschieden zwischen den Schulformen schlägt sich vor allem der Einfluss der Schulgröße
nieder. Bei Betrachtung der *Angebotsstruktur* (vgl. Tab. 9.6) zeigen sich verschiedene
Schwerpunkte mit zum Teil höchst unterschiedlicher Gewichtung zwischen den drei
Schulformen als Folge differenter Lernmilieus. Sie manifestiert sich vor allem in Ange-
botsunterschieden in den Bereichen Deutsch bzw. Literatur, im fremdsprachlichen und im
mathematisch-naturwissenschaftlichen Bereich. Klientelbedingte Schulformunterschiede
zeigen sich darüber hinaus bei den Förderangeboten (Förderunterricht für lese- und rechtschreibschwache Schülerinnen und Schüler, Förderunterricht in Deutsch für Ausländer).

Die in der Angebotsstruktur sichtbar werdenden Akzentsetzungen spiegeln sich in den
Schulleiterangaben zum *Schulprofil* wider (vgl. Abb. 9.5). Während die Leiter von Hauptschulen und Realschulen das Profil ihrer Schulen vor allem außerhalb der Kernfächer
sehen (berufs- und praxisbezogener Unterrichtsbereich, neue Technologien, musisch-
künstlerischer Bereich), geben Schulleiterinnen und Schulleiter von Gymnasien wesentlich

Abbildung 9.5: Schulprofile nach Schulform (in %)

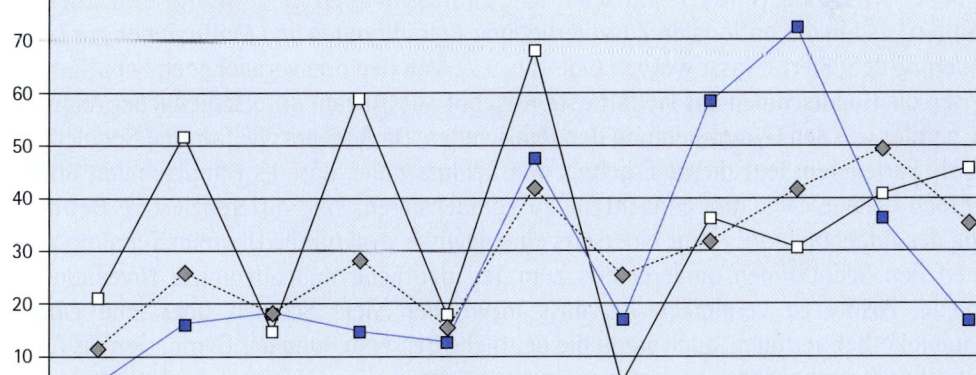

Tabelle 9.7: Einrichtungen und Maßnahmen zur Leseförderung nach Schulform (in %)

Einrichtungen und Maßnahmen	Hauptschule (N = 62)	Realschule (N = 45)	Gymnasium (N = 37)
Schulbibliothek	60,3	61,7	92,7
AG „Lesen" und AG „Literatur"	11,5	3,8	18,9
AG „Theater"	52,9	53,5	84,2
Leseclubs	0,0	0,0	7,6
Klassenbüchereien	68,8	42,1	37,8
Bücherzeitung	1,6	0,8	1,4
Projekt „Zeitung in der Schule"	44,6	34,0	58,6
Schülerzeitung oder Jahrbuch	49,8	50,4	86,7
Schreibwerkstatt, Schuldruckerei	13,7	0,0	10,9
Förderkurse für lese- und rechtschreibschwache Schüler	62,4	46,8	11,5
Zusatzunterricht in Deutsch	72,8	49,4	32,2

häufiger Schwerpunkte in den Fremdsprachen und in den Naturwissenschaften an, obwohl die meisten Nennungen auch bei ihnen auf den musisch-künstlerischen Bereich entfallen.

Die nahe liegende Vermutung, dass Schwerpunkte in den Testfächern in höheren durchschnittlichen Kompetenzniveaus zum Ausdruck kommen, findet durch bivariate Zusammenhangsanalysen keine Bestätigung. Doch zeigen sich in einem Fall *Trade off*-Beziehungen: In Hauptschulen mit einem Schwerpunkt im musisch-künstlerischen Bereich ist der Leistungsstand im Lesen und in Mathematik niedriger als in Hauptschulen mit anderen Schwerpunkten. Auch dieser Befund wird noch genauer zu prüfen sein.

In der Erwartung, Hinweise auf schulische Einflussfaktoren für Leistungen im Lesen zu erhalten, sind in der nationalen Zusatzerhebung *Einrichtungen und Maßnahmen zur Leseförderung* detailliert erfasst worden (vgl. Tab. 9.7). Von den drei verglichenen Schulformen weisen die Hauptschulen das vielfältigste Angebot auf (Anzahl unterschiedlicher Angebote), gefolgt von den Gymnasien und den Realschulen. Da Angebotsvielfalt und Schülerzahl positiv korrelieren, legt dieses Ergebnis den Schluss nahe, dass es Hauptschulen offensichtlich gelingt, Schulgrößennachteile zu kompensieren. Eine differenziertere Betrachtung des *Angebotsprofils* zeigt einerseits eine gewisse strukturelle Übereinstimmung zwischen den Schulformen, andererseits zum Teil deutliche milieubedingte Niveauunterschiede. Positiv zu vermerken ist, dass inzwischen viele Schulen über eine eigene Schulbibliothek verfügen, auch wenn die deutliche Besserstellung der Gymnasien ins Auge fällt. Über Klassenbüchereien verfügen immerhin mehr als zwei Drittel der Hauptschulen.

Die Schulformspezifik im lesefokussierten Angebots- und Nachfrageprofil kommt darin zum Ausdruck, dass an Hauptschulen und – in geringerem Umfang – an Realschulen wesentlich häufiger Zusatzunterricht in Deutsch und Förderkurse für lese- und rechtschreibschwache Schülerinnen und Schüler angeboten werden. Zur Standardeinrichtung an Gymnasien gehören dagegen eine Theater-AG und eine Schülerzeitung. Bei der explorativen Überprüfung von Zusammenhängen mit Leistungsdaten zeigt sich, dass Hauptschulen und Realschulen höhere mittlere Leistungsniveaus im Lesen aufweisen, wenn sie

Abbildung 9.6: Mittleres schulisches Aktivitätsniveau nach Schulform (Mittelwert und Standardabweichung)

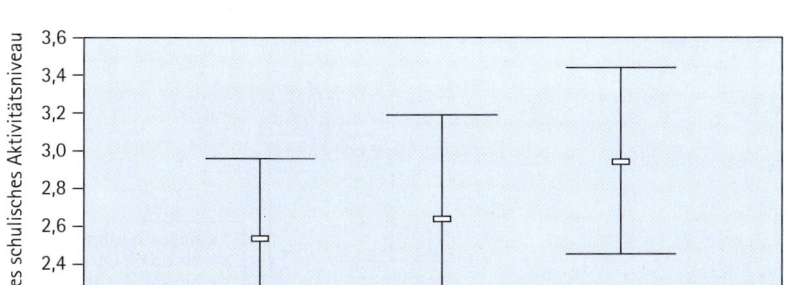

über Klassenbüchereien verfügen. Zur Begründung ließe sich anführen, dass Schülerinnen und Schüler unmittelbar Zugang zu einer Klassenbücherei haben und sich die Literaturauswahl stärker an deren Interessen und an den didaktisch-methodischen Anforderungen des Unterrichts ausrichten lässt.

Erwartungskonform fallen die Schulformunterschiede beim *schulischen Aktivitätsniveau* aus[7] (vgl. Abb. 9.6). Das höchste Aktivitätsniveau weisen die Gymnasien auf, das niedrigste die Hauptschulen. Auch in Bezug auf einzelne *Aktivitätsdimensionen* (vgl. Abb. 9.7) sind Schulformunterschiede auszumachen: Kulturelle, sportliche und politische Veranstaltungen, zu denen die Öffentlichkeit eingeladen wird, finden an Gymnasien we-

Abbildung 9.7: Mittleres schulisches Aktivitätsniveau nach Schwerpunkten und nach Schulform

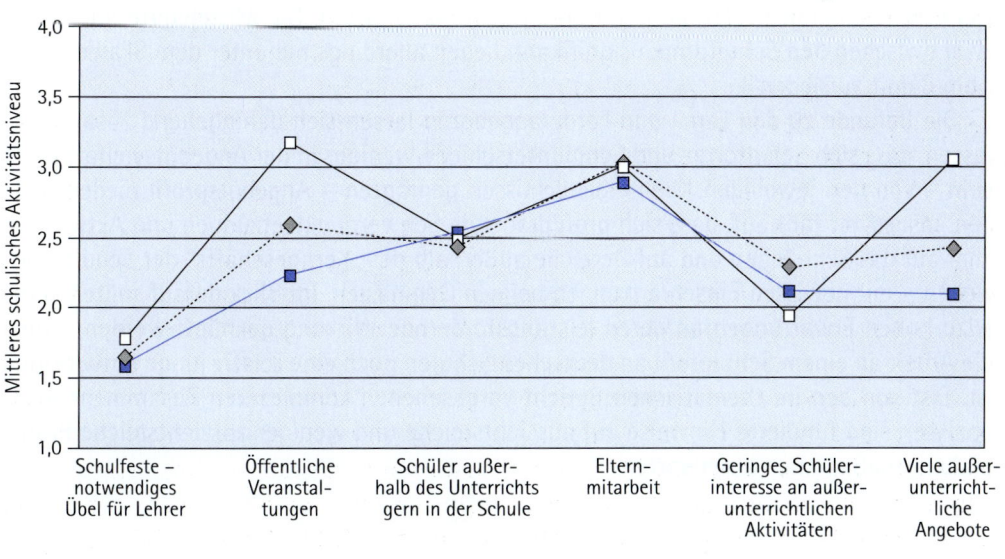

Abbildung 9.8: Durchschnittliche Zufriedenheit mit Schulangeboten nach Schulform (Mittelwert und Standardabweichung)

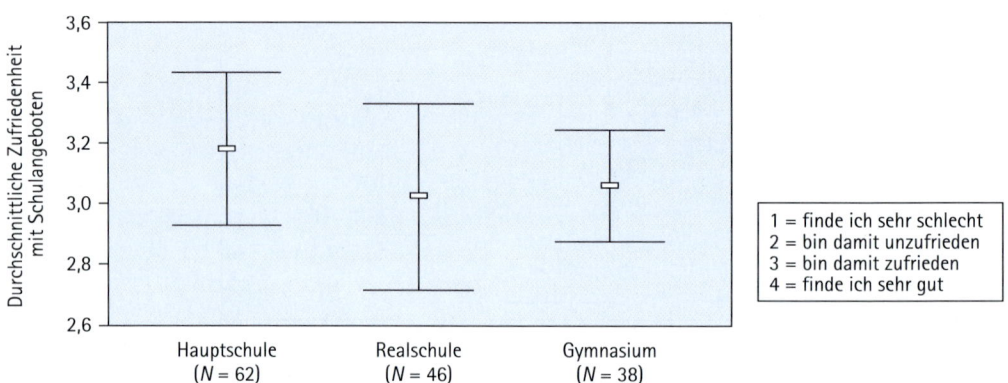

sentlich häufiger statt als an den Schulen der übrigen beiden Schulformen. Realschulen und insbesondere Hauptschulen bieten ihren Schülerinnen und Schülern auch weit weniger Möglichkeiten, sich außerhalb des regulären Unterrichts – zum Beispiel in Sport-, Hobby- und Arbeitsgruppen – zu betätigen. Die Gymnasien nehmen hier eine Spitzenposition ein, ein Befund, der auch im Zusammenhang mit günstigeren Bedingungen großer Schulen zu sehen ist.

Im Blick auf die Schulformunterschiede beim Aktivitätsniveau liegt die Vermutung nahe, dass sich dies in entsprechenden Differenzen bei der *Zufriedenheit* der Schülerinnen und Schüler mit dem „Lebensraum Schule" widerspiegelt. Wie in Abbildung 9.8 deutlich wird, sind 15-Jährige im Großen und Ganzen zufrieden mit dem, was an ihrer Schule zur Gestaltung des Schullebens angeboten wird (Klassenfahrten, Schulfeste, Projektwochen, Raumangebot für außerunterrichtliche Aktivitäten). Die Mittelwerte differieren zwar zwischen den Schulformen signifikant, liegen allerdings nie unter dem Skalenwert 3 („bin damit zufrieden").

Die Befunde zu den Lern- und Förderangeboten lassen sich dahingehend zusammenfassen, dass sich Schulform- und Schulunterschiede weniger in der Angebotsvielfalt als in dem – von den jeweiligen Klientelbedürfnissen geprägten – Angebotsprofil niederschlagen. Insgesamt fällt auf, dass sich profilprägende Schwerpunktsetzungen und Aktivitäten eher auf das Schulleben und auf Bereiche außerhalb des „Kerngeschäfts" der Schulen beziehen – mit gewissen Einschränkungen bei den Gymnasien. Im Blick darauf sollten keine allzu hohen Erwartungen an deren leistungsfördernde Wirkung geknüpft werden, zumal die Arbeit an einem Schulprofil an deutschen Schulen noch eine relativ junge Entwicklung ist. Erst von den im thematischen Bericht vorgesehenen komplexeren Zusammenhangsanalysen sind fundierte Hinweise auf aussichtsreiche und weniger aussichtsreiche Profilbildungsmaßnahmen zu erwarten.

Problemdiagnose und Qualitätssicherung

Im Gefolge der Verlagerung von Entscheidungskompetenzen und Verantwortung auf die einzelinstitutionelle Ebene und der gestiegenen Qualitätsanforderungen an die Bildungseinrichtungen ist ein verstärktes Bemühen der Schulen um die Schaffung einer „Qualitätskultur" zu beobachten. Dies äußert sich in einer Vielzahl von Initiativen der Qualitätssicherung und -entwicklung und ihrer Fundierung durch die Diagnose von Schwachpunkten. In der nationalen Zusatzerhebung ist nach solchen einzelschulischen Initiativen in der Erwartung gefragt worden, Hinweise auf die von Schulleiterinnen und Schulleitern wahrgenommenen Stärken und Schwächen ihrer Schule sowie einen Überblick über die praktizierten Maßnahmen der Qualitätssicherung und -entwicklung zu erhalten.

Die Ergebnisse, die die nationale Schulleitungsbefragung dazu liefert, lassen auf eine hohe Sensibilität für Qualitätsfragen in den Schulen schließen. Das hat jedoch nicht überall zu konsolidierten Konzepten der Qualitätssicherung und -entwicklung geführt. Viele Schulen dürften sich noch in einer explorativen Phase befinden. Deshalb wäre es zum gegenwärtigen Zeitpunkt verfrüht, die Frage nach dem leistungsfördernden Potenzial einzelner Konzepte zu stellen, insbesondere wenn sie sich noch – wie zum Beispiel Schulprogramme – in einem Erprobungsstadium befinden. Wie auch immer das Ergebnis ausfallen wird: Einzelschulische Initiativen, so wichtig sie sind, können kein Ersatz sein für institutionelle, für alle Schulen verbindliche Regelungen. International haben dabei zentrale Leistungsüberprüfungen einen Bedeutungszuwachs erfahren. Der in Reanalysen des TIMSS II-Datensatzes gefundene positive Zusammenhang mit mathematisch-naturwissenschaftlichen Leistungen der Schülerinnen und Schüler (Bishop, 1997; Wößmann, 2000) legt nahe, die Bedeutung zentraler Leistungsprüfungen für die Performanz von Schulsystemen auch in PISA 2000 als Forschungsfrage zu thematisieren.

Wie Tabelle 9.8 verdeutlicht, wird an den Schulen viel für die *Sicherung und Entwicklung der Qualität* getan. Dabei zeigt sich, dass zum Teil auch innovative Konzepte wie die

Tabelle 9.8:   Praktizierte Maßnahmen zur Qualitätsentwicklung und -sicherung nach Schulform (in %)

Praktizierte Maßnahmen	Hauptschule (N = 62)	Realschule (N = 45)	Gymnasium (N = 37)
Schriftliches Leitbild oder Schulprofil	55,3	46,8	67,8
Vereinbarte Entwicklungsprioritäten	76,9	73,4	61,8
Diskussion aktueller Probleme	90,5	98,7	96,2
Einsatz standardisierter Leistungstests	6,8	20,2	19,7
Schriftliche Festlegung von Leistungsstandards	38,4	23,8	29,0
Systematische Bestandsaufnahme wichtiger Daten	78,1	68,2	63,4
Qualitätsindikatoren zur Überprüfung der Zielerreichung	13,7	12,9	17,7
Schulprogramm	42,9	48,7	40,5

Erstellung vollständiger Schulprogramme oder zumindest eines schriftlichen Leitbildes mittlerweile zum Alltag vieler Schulen gehören. Ausgenommen davon sind standardisierte Schulleistungstests, die im Mittel nicht einmal an jeder fünften Schule eingesetzt werden, obwohl sich eine deutliche Mehrheit der Schulleiterinnen und Schulleiter[8] für die verpflichtende Einführung solcher Tests – primär für Zwecke der Selbstevaluation – in den Kernfächern ausspricht.

Die deutlich gewordene Sensibilität der Schulen für Fragen der Qualitätssicherung und -entwicklung korrespondiert mit den Befunden zur *Problemdiagnose*. In der nationalen Zusatzerhebung wurden Schulleiterinnen und Schulleiter danach gefragt, in welchen Bereichen sie in ihrer Schule Schwachpunkte sehen und eine Verbesserung der pädagogischen Arbeit für notwendig erachten. Durchschnittlich etwa jede dritte Schulleitung hält dies in den Kernfächern Mathematik, Naturwissenschaften, Deutsch und Fremdsprachen für erforderlich. Fasst man die Antwortkategorien „trifft zu" und „trifft eher zu" zusammen, dann sieht an Hauptschulen mehr als die Hälfte (52,3 %) der Schulleiterinnen und Schulleiter Defizite in den Naturwissenschaften. In den Nebenfächern sind es vor allem die Bereiche „Neue Technologien" und „Wirtschaft", die als besonders defizitär eingeschätzt werden. Hohe Werte ergaben sich daneben bei den Gymnasien in den berufs- und praxisbezogenen Unterrichtsbereichen (48,2 %), bei den Hauptschulen im außerunterrichtlichen Bereich (65 %). Für am wenigsten verbesserungsbedürftig halten die Schulleiterinnen und Schulleiter der Gymnasien die pädagogische Arbeit in den Fremdsprachen (28 %) und in Deutsch (22,6 %).

Reformorientierter Unterricht

Die Gestaltungsmöglichkeiten, die Schulen als „pädagogische Handlungseinheiten" haben, kommen in besonders augenfälliger Weise in den von ihnen praktizierten pädagogischen und organisatorischen Reformkonzepten zum Ausdruck. Unterschiede in der Reformorientierung des Unterrichts dürften auch – zumindest soweit sie sich auf die Arbeit im Fachunterricht beziehen – im Leistungsbereich ihren Niederschlag finden.

Tabelle 9.9: Reformorientierung der Schulen nach Schulform (in %)

Praktizierte pädagogische und organisatorische Konzepte	Hauptschule (N = 62)			Realschule (N = 45)			Gymnasium (N = 37)		
	nie	gelegent-lich	regel-mäßig	nie	gelegent-lich	regel-mäßig	nie	gelegent-lich	regel-mäßig
Fächerübergreifendes Lernen	0,0	42,2	57,8	3,7	56,3	40,0	1,9	65,3	32,7
Gemeinsame Unterrichtsvorbereitung	10,3	59,8	29,9	13,2	68,2	18,6	18,4	73,3	8,3
Gemeinsame Unterrichtsdurchführung	31,0	53,3	15,7	43,4	50,3	6,3	48,1	49,2	2,7
Unterrichtsbezogene Exkursionen	0,0	58,5	41,5	0,0	38,9	61,1	0,0	49,3	50,7
Freiarbeit	12,2	60,4	27,4	17,8	69,1	13,2	17,7	55,1	27,2
Projektlernen	1,4	74,5	24,1	1,4	73,9	24,7	5,8	76,7	17,5
Projektwochen	13,8	33,7	52,5	24,6	31,6	44,0	34,3	41,4	24,3
Schüler als Tutoren	70,5	27,7	1,8	78,8	20,6	0,7	51,3	28,4	20,2

Insgesamt gesehen kann den Schulen eine ausgeprägte Reformorientierung attestiert werden (vgl. Tab. 9.9): Unterrichtsbezogene Exkursionen, fächerübergreifendes Lernen, Freiarbeit, Projektwochen, Projektlernen und gemeinsam von mehreren Lehrkräften vorbereiteter Unterricht werden von der weit überwiegenden Mehrzahl der Schulen gelegentlich oder regelmäßig praktiziert. Mit Einschränkungen gilt dies für *team teaching*. Wenig verbreitet ist an den Schulen indes der regelmäßige Einsatz von Schülerinnen und Schülern als Tutoren. Die durch die selegierte Schülerschaft und die Oberstufe gegebenen günstigeren Voraussetzungen an Gymnasien dürften eine Erklärung dafür bieten, dass bei dieser Schulform *peer tutoring* immerhin an jeder fünften Schule regelmäßig vorkommt.

Vorläufige Zusammenhangsanalysen legen die – noch näher zu prüfende – These nahe, dass von den unmittelbar unterrichtsbezogenen Reformaktivitäten zum Teil Erträge im Leistungsbereich zu erwarten sind. So ist zum Beispiel in Hauptschulen das mittlere Leistungsniveau im Lesen und in der Mathematik umso höher, je häufiger fächerübergreifendes Lernen praktiziert wird. Auch Freiarbeit steht in einem deutlichen Zusammenhang mit den Leseleistungen. Bei den Realschulen geht die häufige gemeinsame Unterrichtsvorbereitung durch mehrere Lehrkräfte mit einem höheren Leistungsstand im Lesen einher, *peer tutoring* mit besseren Leistungen in Mathematik und Lesen. Aktivitäten, die – wie zum Beispiel die rituelle Durchführung von Projektwochen in vielen Schulen – vorrangig den Zweck erfüllen, den Unterrichtsalltag aufzulockern und das Schulleben zu bereichern, können dagegen unter Leistungsaspekten unter Umständen sogar kontraproduktiv sein, wenn die dafür eingesetzten Zeitressourcen zu Lasten des Kernunterrichts gehen. Diese Interpretation legt jedenfalls der für Hauptschulen und Realschulen gleichermaßen in allen drei Domänen gefundene negative Zusammenhang zwischen mittlerem Leistungsniveau und Häufigkeit von Projektwochen nahe.

Die binnenschulischen Lern- und Arbeitsbedingungen sind einerseits das Ergebnis schulstruktureller Präformierung; andererseits manifestiert sich darin die spezifische „Verarbeitung" der vorgegebenen Bedingungen durch die Schulen. Der dafür vorhandene Gestaltungsspielraum wird von ihnen intensiv genutzt: für Kooperationen, die Erschließung zusätzlicher Finanzierungsquellen, Initiativen der Qualitätssicherung, die Anwendung reformorientierter Unterrichtskonzepte und insbesondere für die Bereitstellung eines vielfältigen zusätzlichen Angebots an Lerngelegenheiten und Fördermaßnahmen. Profilprägende Schwerpunktsetzungen beziehen sich eher auf Bereiche außerhalb des „Kerngeschäfts" der Schulen – mit gewissen Einschränkungen bei den Gymnasien. Sowohl bei den Akivitäten zur Qualitätssicherung und -entwicklung als auch bei den praktizierten Reformkonzepten fällt eher die Vielfalt als ihre gezielte Ausrichtung auf die Verbesserung des Fachunterrichts ins Auge. Für einzelne schulische „Gestaltungsparameter" zeigen sich in explorativen Analysen Zusammenhänge mit aggregierten Schülerleistungen. Erst von den für den thematischen Bericht vorgesehenen differenzierteren Analysen sind jedoch Hinweise darauf zu erwarten, ob dahinter Wirkungsbeziehungen stehen.

2.5 Schulklima: Die Sicht der Schulleiterinnen und Schulleiter

Die Schulqualitätsforschung hat vor allem das Schulklima in den Blick genommen, und zwar sowohl als eigenständige Qualitätsdimension des Erfahrungs- und Lebensraums Schule als auch als Bedingungsvariable für Lernleistungen. Unterschiedliche Aspekte des Schulklimas sind in zahlreichen Untersuchungen als konstitutive Merkmale „guter Schulen" herausgestellt worden (zusammenfassend z.B. Eder, 1998; Fend, 1998). In Ergänzung zu den bei den Schülerinnen und Schülern erhobenen Klimadaten werden im Folgenden die wichtigsten Ergebnisse der im nationalen und internationalen Schulleitungsfragebogen erfassten Einschätzungen der – die Schüler- und Lehrerschaft betreffenden – schulklimatischen Bedingungen durch die Schulleiterinnen und Schulleiter skizziert.

Schülerschaft: Verhaltensbedingte Lernbeeinträchtigung, Überforderung

Störungen durch Schülerinnen und Schüler sowie Absentismus sind nicht nur ein Indikator für ein sozial belastetes Schulmilieu, sondern auch für leistungsrelevante Beeinträchtigungen des Unterrichts. Von den Schulleiterinnen und Schulleitern sind Angaben darüber erbeten worden, inwieweit sie für das Lernen der 15-Jährigen in ihrer Schule solche Beeinträchtigungen sehen. Belastend für das Schulklima wirkt sich weiterhin eine Schulsituation aus, die durch eine dauerhafte Überforderung eines Teils der Schülerinnen und Schüler gekennzeichnet ist. Auch dazu sind die Schulleiterinnen und Schulleiter in der nationalen Zusatzerhebung befragt worden.

Die Klimadimension *„Lernbeeinträchtigungen durch die Schülerschaft"* wird durch eine Skala aus sechs Items repräsentiert (Cronbachs α = .79). Sie setzt sich aus den folgenden Items zusammen: häufige Abwesenheit von Schülerinnen und Schülern, fehlende elterliche Unterstützung beim Lernen zu Hause, Störung des Unterrichts, Schwänzen, fehlender Respekt vor den Lehrkräften, Schülerinnen und Schüler aus sozial benachteiligten Verhältnissen. Die zu Grunde liegende Ausgangsfrage „Wie sehr wird das Lernen von 15-Jährigen in Ihrer Schule durch Folgendes beeinträchtigt?" sollte für die einzelnen Items mithilfe einer Intensitätsskala (1 = gar nicht, 2 = kaum, 3 = etwas oder 4 = sehr) eingeschätzt werden.

Erwartungskonform zeigen sich statistisch signifikante Mittelwertunterschiede zwischen den Schulformen (vgl. Abb. 9.9). Die ungünstigsten Werte weisen die Hauptschulen auf, die günstigsten die Gymnasien. Die Milieubedingtheit der damit erfassten schulischen Problemlage zeigt sich darin, dass immerhin knapp ein Viertel der Gesamtvarianz auf die Schulform entfällt und sich kein Zusammenhang mit der Schulgröße nachweisen lässt. Wohl aber macht bei den Hauptschulen der Schulstandort einen wichtigen Unterschied. Schulen in Großstädten sind, wie zu erwarten, stärker problembelastet. Bei Betrachtung einzelner Items zeigt sich, dass Schulleiterinnen und Schulleiter von Hauptschulen vor allem die fehlende elterliche Unterstützung beim Lernen zu Hause als gravierendes Problem erachten: Fast zwei Fünftel sehen darin das Lernen von 15-Jährigen in ihrer Schule sehr beeinträchtigt. Störungen des Unterrichts werden an zweiter Stelle genannt (16,6 %), gefolgt von Beeinträchtigungen aufgrund einer sozial benachteiligten Schülerschaft, die jeder achte Schulleiter anführt. Der Konsum von Alkohol und illegalen Drogen wird dagegen nur sehr selten als Grund für Lernbeeinträchtigungen angegeben.

Abbildung 9.9: Einschätzung der Lernbeeinträchtigungen 15-Jähriger nach Schulform (Mittelwert und Standardabweichung)

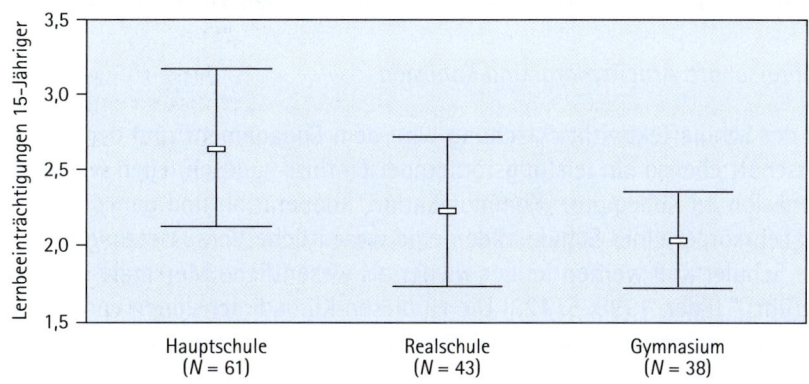

Zur Erfassung der *Überforderung der Schülerinnen und Schüler* aus der Schulleitungssicht ist eine Skala aus den folgenden Items gebildet worden (Cronbachs α = .73): „Die Leistungsvoraussetzungen unserer Schülerinnen und Schüler haben sich in den vergangenen Jahren verschlechtert." „Ein wachsender Teil unserer Schülerinnen und Schüler ist kaum noch zur Mitarbeit in der Schule zu motivieren." „Die Lehrpläne überfordern einen großen Teil unserer Schülerinnen und Schüler." Die Ausgangsfrage lautet: „Treffen die folgenden Feststellungen auf die Situation in Ihrer Schule zu?" (Antwortskala: 1 = trifft nicht zu, 2 = trifft eher nicht zu, 3 = trifft eher zu, 4 = trifft zu).

Auch in dieser Klimadimension manifestieren sich die unterschiedlichen selektionsbedingten Lernmilieus: An den Hauptschulen ist – abweichend von den Einschätzungen der 15-Jährigen (vgl. Abschnitt 4 dieses Kapitels) – die Überforderung der Schülerschaft in der Wahrnehmung der Schulleiterinnen und Schulleiter am höchsten, an den Gymnasien am geringsten (vgl. Abb. 9.10). Im Blick auf die perzipierte Überforderung fallen die Konse-

Abbildung 9.10: Einschätzung der Überforderung der Schüler nach Schulform (Mittelwert und Standardabweichung)

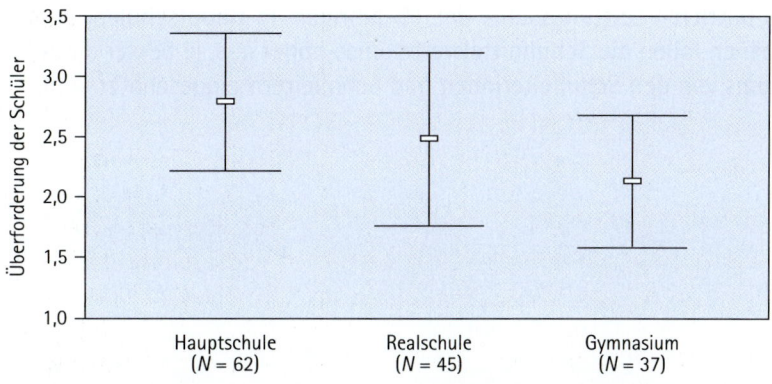

quenzen für die Leistungsanforderungen erwartungswidrig aus, gibt doch ein Großteil der Schulleiterinnen und Schulleiter an, es werde an ihrer Schule wieder stärker das Leistungsprinzip betont (Gymnasium: 39 %, Hauptschule: 65,6 %, Realschule: 59 %).

Lehrerschaft: Arbeitsmoral und Kohäsion

In der Schuleffektivitätsforschung wird dem Engagement und der Arbeitsmoral der Lehrerschaft ebenso ein leistungsfördernder Einfluss zugeschrieben wie der Kooperation und Kohäsion im Kollegium: „Kommunikation, Kooperation und gemeinsame Entscheidungen im Lehrkörper einer Schule bilden eine wesentliche Voraussetzung ihrer Wirksamkeit auf die Schüler und werden immer wieder als wesentliche Merkmale wirksamer Schulen angeführt." (Eder, 1998, S. 428) Die zu diesen Klimadimensionen vorliegenden Befunde aus der nationalen und internationalen Schulleitungsbefragung vermitteln ein insgesamt positives Bild – mit einigen „dunklen Flecken".

Relativ hohe Übereinstimmung besteht bei den Schulleiterinnen und Schulleitern der verschiedenen Schulformen darüber, dass von der Lehrerschaft keine substanziellen Lernbeeinträchtigungen der Schülerinnen und Schüler ausgehen. Niedrige Erwartungen, häufiger Lehrerwechsel, ein schlechtes Schüler-Lehrer-Verhältnis und Widerstand des Kollegiums gegen Veränderungen stellen in der Einschätzung der Schulleiterinnen und Schulleiter offensichtlich kein gravierendes interventionsbedürftiges Problem an den Schulen dar. Ebenso wird von der weit überwiegenden Mehrzahl der Schulleiterinnen und Schulleiter den Lehrkräften an ihrer Schule eine hohe *Arbeitsmoral*[9] bescheinigt. Mehrheitlich positiv eingeschätzt werden insgesamt auch *Kohäsion und Konsens*[10] im Kollegium.

In Bezug auf einzelne Dimensionen sind jedoch Differenzierungen vorzunehmen, die das positive Gesamturteil etwas relativieren: Immerhin sieht ein Viertel der Schulleiterinnen und Schulleiter die Zusammenarbeit in ihrem Kollegium durch Meinungsverschiedenheiten beeinträchtigt. Eine offene Diskussion über solche Differenzen vermisst jeder vierte Schulleiter von Gymnasien. Etwa gleich hoch ist der Anteil der dort tätigen Schulleiterinnen und Schulleiter, die – unabhängig von der Schulgröße – das Fehlen von Geschlossenheit, Wir-Gefühl und Konsens über schulische Ziele in ihrem Kollegium beklagen. Hauptschulen und Realschulen fallen demgegenüber durch eine weniger ausgeprägte informelle Kommunikationsstruktur auf.

Für die aus den Items der Fragen zur Lehrerschaft gebildeten Skalen zeigen sich zum Teil (z.B. für die Arbeitsmoral im Kollegium) erwartungskonforme Zusammenhänge mit dem mittleren Leistungsstand der 15-Jährigen an Hauptschulen. In allen drei Leistungsdomänen fallen die Schulmittelwerte umso höher aus, je besser die Arbeitsmoral des Kollegiums von den Schulleiterinnen und Schulleitern eingeschätzt wird.

In Bezug auf die den „roten Faden" darstellende Frage, wie stark die Schulform präformierend wirkt, lässt sich festhalten, dass die Ergebnisse unterschiedlich ausfallen: Bei den Lernbeeinträchtigungen durch deviantes Schülerverhalten und der perzipierten Überforderung der Schülerschaft zeigen sich deutliche milieubedingte Unterschiede zwischen den Schulformen. Die durch die Schulklimaforschung gestützte Vermutung (z.B. Eder, 1998), dass deprivierte Milieus auch auf das Klima in den Kollegien – die Arbeitsmoral und Kohäsion – ausstrahlen, findet indes keine Bestätigung. Bei insgesamt positiver Einschätzung durch die Schulleiterinnen und Schulleiter gibt es zwar einige Schwachstellen, die aber nicht systematisch zwischen den Schulformen diskriminieren. Aufgrund des Verzichts auf eine Lehrerbefragung bietet PISA 2000 keine Möglichkeit, die Aussagen zum Schulklima auf eine breitere Basis zu stellen.

2.6 „Marktpositionierung" und Selbstselektivität

Die Entstehung selektionsbedingter Lernmilieus hängt wesentlich von Schulform und Schulstandort ab. Diese Kontingenz können Schulen nicht durchbrechen. Doch können auch sie Einfluss auf die Zusammensetzung der Schülerschaft durch Maßnahmen der „Marktpositionierung" nehmen. Dem Schulprofil kommt dabei besondere strategische Bedeutung zu. Auch bei uns wird dies zunehmend mit der Erwartung in Verbindung gebracht, dass von dem darüber entstehenden Wettbewerb zwischen Schulen positive Impulse für die Qualitätsentwicklung des gesamten Schulwesens ausgehen (vgl. zum internationalen Forschungsstand Weiß, 2001).

Ein Indikator erfolgreicher Marktpositionierung ist der Anteil der Schülerinnen und Schüler, die eine bestimmte Schule besuchen, obwohl eine andere Schule mit gleichem Bildungsgang leichter erreichbar gewesen wäre. Danach sind in der deutschen Zusatzerhebung die Schulleiterinnen und Schulleiter ebenso befragt worden wie nach den wesentlichen Gründen, die nach ihrer Einschätzung Eltern veranlasst haben, ihre Schule gezielt zu wählen.

Der Anteil der Schulen mit *selbstselegierter Schülerschaft* differiert beträchtlich zwischen den Schulformen: 86 Prozent der Schulleiterinnen und Schulleiter von Gymnasien, 63 Prozent von Realschulen und 41 Prozent von Hauptschulen geben an, dass ihre Schule von Schülerinnen und Schülern besucht wird, für die eine andere Schule mit gleichem Bildungsgang leichter erreichbar gewesen wäre. Bei den Hauptschulen beträgt der mittlere Anteil dieser Schülerinnen und Schüler an der gesamten Schülerschaft 11 Prozent (SD = 14), bei den Realschulen 21 Prozent (SD = 22), bei den Gymnasien 26 Prozent (SD = 31) (vgl. Abb. 9.11).

Von den (als Kategorien vorgegebenen) Hauptgründen für die *elterliche Schulwahl* werden die gute Verkehrsanbindung der Schule (53,4 %), ihre Tradition (51,8 %) und ihr besonderer Leistungsanspruch (47,3 %) am häufigsten von den Schulleiterinnen und Schulleitern genannt (vgl. im Einzelnen Tab. 9.10). Aufschlussreich ist das Ergebnis, dass auch Hauptschulen – trotz zum Teil noch bestehender fester Einzugsbereiche – gezielt von Eltern gewählt werden. Schulen, deren Leiter der Ansicht sind, dass dabei die Tradition den Ausschlag gegeben hat, weisen in allen Domänen höhere Leistungsniveaus auf. Sollte dieses Ergebnis auch nach ausreichender Kontrolle von Drittvariablen noch Bestand haben, dann ließe sich daraus folgern, dass durch Selbstselektivität leistungsfördernde Milieus entstehen können. Aus der empirischen Forschung ist bekannt, dass die Schulzufriedenheit jener Eltern größer ist, die gezielt eine Schule gewählt haben (z.B. Peterson, 1998). Vermutlich ist dies nicht bloß ein dissonanztheoretisch zu erklärendes Phänomen, zeigen sich doch bei den Hauptschulen wie bei den Realschulen jeweils in zwei Domänen signifikante positive Zusammenhänge zwischen der Zufriedenheit der Eltern mit der Schule und den mittleren Schülerleistungen.

Abbildung 9.11: Einschätzung der Selbstselektivität[1] der Schulen nach Schulform (Mittelwert und Standardabweichung)

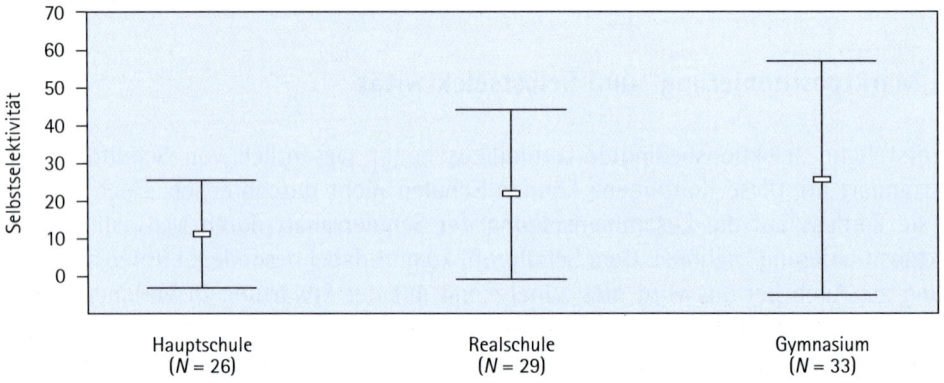

[1] Anteil der Schüler, die die Schule besuchen, obwohl sie eine andere Schule mit gleichem Bildungsgang leichter erreichen könnten.

Tabelle 9.10: Die wichtigsten Gründe für die Wahl der Schule nach Schulform (in %)

Gründe für die Wahl der Schule	Hauptschule (N = 26)	Realschule (N = 29)	Gymnasium (N = 33)
Besonderes fachliches Angebot	10,0	30,3	68,8
Außerunterrichtliches Angebot	26,7	30,0	37,2
Besondere Förderangebote	34,3	21,3	33,2
Besonderer Leistungsanspruch der Schule	38,3	53,3	53,3
Tradition der Schule	40,5	52,0	62,5
Gute Ausstattung	19,7	28,0	37,1
Gute Verkehrsanbindung	48,8	63,7	47,7

Die hervorgehobenen Werte repräsentieren die in den einzelnen Schulformen am häufigsten genannten Schulwahlgründe.

2.7 Resümee

Die Schulform als strukturelle Ordnungsgröße des deutschen Schulsystems beeinflusst in vielfältiger Weise die Arbeits- und Lernbedingungen an den Schulen. Die Tatsache, dass die von der Schulform jeweils erklärte Varianz jedoch mehr oder weniger stark von dem auf Intragruppenunterschiede entfallenden Varianzanteil übertroffen wird, verweist auf Heterogenitäten innerhalb der einzelnen Schulformen, die auf unterschiedliche Einflussfaktoren zurückzuführen sind: differente bildungspolitische Grundpositionen in den einzelnen Bundesländern, schulstandortspezifische Bedingungen und nicht zuletzt auch Unterschiede in der einzelschulischen Ausgestaltung der Handlungsspielräume. Die Möglichkeiten dazu sind durch die Übertragung von Handlungskompetenzen auf die Schulen erweitert worden. Die Befunde aus der Schulleitungsbefragung lassen darauf schließen, dass der vergrößerte Gestaltungsspielraum intensiv genutzt wird: durch Investitionen in „soziales Kapital" (Kooperationen) und die Erschließung privater Finanzierungsquellen, die Bereitstellung zusätzlicher Lern- und Förderangebote, Initiativen der Qualitätssicherung und die Erprobung und Implementation von Reformkonzepten.

In sämtlichen Schulformen zeigt sich ein hohes Engagement bei der Bereitstellung zusätzlicher Lerngelegenheiten und Förderangebote, deren Profil indes zum Teil deutliche schulformspezifische Akzente trägt. Dass sich über alle Schulformen hinweg eine ausgeprägte Sensibilität für Qualitätsprobleme in den Schulen herausgebildet hat, verdeutlicht die Vielzahl von Initiativen der Qualitätssicherung und -entwicklung. Allerdings drängt sich der Eindruck auf, dass diese Aktivitäten noch nicht zu einer konsistenten Gesamtstrategie geführt haben. Die Voraussetzungen für eine Verbesserung der pädagogischen Arbeit durch die Diagnose von Schwachpunkten sind an den Schulen durchaus gegeben. Ein ähnliches Bild wie bei der Qualitätssicherung und -entwicklung vermitteln die Befunde zur Reformorientierung im Unterricht. Auch hier sind mannigfaltige Aktivitäten zu verzeichnen, doch lassen diese häufig eine Fokussierung auf die Weiterentwicklung des Fachunterrichts vermissen, sodass im Leistungsbereich keine unmittelbaren Erträge davon zu erwarten sind.

In Bezug auf die schulklimatischen Bedingungen zeigen sich zwar deutliche milieubedingte Unterschiede bei den von den Schulleiterinnen und Schulleitern wahrgenommenen Lernbeeinträchtigungen durch deviantes Schülerverhalten und bei der perzipierten Überforderung der Schülerinnen und Schüler. Solche Unterschiede sind jedoch nicht mehr beim Klima in den Kollegien auszumachen. Arbeitsmoral und Kohäsion werden von den Schulleiterinnen und Schulleitern insgesamt positiv eingeschätzt und variieren unabhängig von schulformspezifischen Milieubelastungen.

Die Befunde zu den in PISA 2000 im Mittelpunkt des Interesses stehenden Schulressourcen geben – auch bei Heranziehung eines um Finanzdaten erweiterten Referenzrahmens – alles in allem keinen Anlass, in den schulischen Ausstattungsbedingungen einen besonderen Problembereich zu sehen. Doch sollten die festgestellten Disparitäten innerhalb einzelner Schulformen und deren mögliche Bedeutung als Varianzquelle im Leistungsbereich im Auge behalten und zum Gegenstand weiterer Analysen gemacht werden.

Entsprechend dem explorativen Charakter der auf der Basis der internationalen Stichprobe vorgenommenen Auswertung der Schulleitungsbefragungen stehen die hier berichteten Ergebnisse unter dem Vorbehalt der Vorläufigkeit. Ihnen kommt vor allem die Funktion zu, Hinweise auf Fragestellungen zu liefern, die in der Ergänzungsstudie eingehender untersucht werden sollen.

Jürgen Baumert
Gundel Schümer

3. Schulformen als selektionsbedingte Lernmilieus

3.1 Leistungshomogenisierung in Schulformen und die Überlappung von Leistungsverteilungen

Ein strukturbildendes Merkmal der Mittelstufe des Schulwesens in Deutschland ist die Gliederung in unterschiedliche Schulformen. Die besonders frühe Verteilung von Schülerinnen und Schülern auf unterschiedliche Bildungsgänge nach Maßgabe von Leistung und Eignung ist ein Spezifikum der deutschsprachigen Länder (vgl. Abschnitt 1 dieses Kapitels). Österreich etwa trennt in der 5. Jahrgangsstufe die Allgemeinbildenden Höheren Schulen (AHS) von den Hauptschulen. Die Schweiz differenziert – zumindest in einigen Kantonen – ebenfalls früh unterschiedliche Bildungsgänge. Andere europäische Länder kennen die Differenzierung in Schulformen auch; sie setzt jedoch erst in der 7., 8. oder 9. Jahrgangsstufe ein, wie dies in Belgien, Luxemburg, den Niederlanden oder der Tschechischen Republik der Fall ist (vgl. Abschnitt 1 dieses Kapitels). Sichtbarster Effekt der Gliederung eines Systems in Schulformen ist die Homogenisierung der Schulleistungen innerhalb der einzelnen Schule. In Deutschland wird der durch die Zuweisung erzielte Effekt noch einmal durch die häufig praktizierten Klassenwiederholungen und Schulformwechsel verstärkt (vgl. Abschnitt 4 dieses Kapitels). Dies führt dazu, dass die in PISA erfassten Kompetenzen von Schülerinnen und Schülern der 9. Jahrgangsstufe innerhalb einer Einzelschule im internationalen Vergleich bemerkenswert homogen ausfallen. Die Standardabweichung der Leseleistungen der deutschen Neuntklässler beträgt bei einem Mittelwert von 485 in der gesamten Stichprobe $SD = 97,8$. Die mittlere Streuung der Leseleistungen von Neuntklässlern innerhalb einer einzelnen Schule liegt bei $SD = 59,9$. Sie schwankt – wenn man einmal die Sonderschulen außer Acht lässt – zwischen $SD = 60,4$ an Gymnasien und $SD = 73$ an Gesamtschulen (vgl. Tab. 9.11). Der entsprechende Wert ist in nicht gegliederten Systemen erheblich höher. In Schweden etwa beträgt die mittlere Streuung der Leseleistung von Neuntklässlern innerhalb einer einzelnen Schule $SD = 85,9$.

> Vergegenwärtigt man sich diesen Sachverhalt, muss die in Deutschland häufig zu hörende Klage über die zu große Leistungsheterogenität in Sekundarschulen verblüffen. Im internationalen Vergleich gibt es kaum leistungshomogenere Sekundarschulen als in Deutschland. Dies gilt im Übrigen auch – wenngleich abgeschwächt – für Integrierte Gesamtschulen.

Trotz der Leistungshomogenisierung in den einzelnen Schulformen sind die Überlappungen der Leistungsverteilungen auf individueller Ebene, wie in den Kapiteln 2, 3 und 4

Tabelle 9.11: Durchschnittliche Streuung der Lesekompetenz in Schulen nach Ländern und Schulformen (mittlere Standardabweichung)

Land/Schulform	15-Jährige	Neuntklässler
Schweden	85,9	83,9
Deutschland	66,1	59,9
Hauptschule	72,0	64,8
Schule mit mehreren Bildungsgängen	77,3	66,5
Integrierte Gesamtschule	79,8	73,0
Realschule	62,5	60,0
Gymnasium	62,3	60,4
Sonderschule	52,1	46,6

gezeigt wurde, sehr groß. Die Kompetenzverteilungen leistungsmäßig benachbarter Schulformen reichen jeweils in den Kernbereich der anderen Schulform hinein. Dies ist kein Fehler des Systems, wie gelegentlich behauptet wird, sondern eine Folge der notwendigerweise eingeschränkten Zuverlässigkeit der Übergangsdiagnostik und der Plastizität menschlicher Entwicklung. Eine Antwort darauf ist weniger die Hoffnung auf eine Erhöhung der Durchlässigkeit der Schulformen als vielmehr das Offenhalten der Abschlüsse im System. Ob mit dem individuellen Verteilungsmuster auch institutionelle Verhältnisse beschrieben werden, ist aber keineswegs sicher. Trotz der Überlappung der Verteilungen der individuellen Kompetenzen können sich in den Schulen unterschiedlicher Schulformen in der jeweils zentralen Tendenz sehr unterschiedliche institutionelle Lernmilieus ausbilden.

3.2 Institutionelle Lernmilieus

In welchem Ausmaß werden die institutionellen Bedingungen des Zusammenlebens und Lernens in der Schule durch leistungsbezogene und soziodemographische Merkmale der Zusammensetzung der Schülerschaft bestimmt? Hier stellt sich zunächst die Frage, wie gut die internationale Stichprobe der 15-Jährigen geeignet ist, die Zusammensetzung von Lerngruppen in Einzelschulen zu beschreiben. Die Generalisierbarkeit von Befunden der altersbasierten Stichprobe auf institutionelle Lernmilieus hängt einmal von der leistungsmäßigen und soziodemographischen Vergleichbarkeit von Lerngruppen über Jahrgangsstufen und Klassen hinweg ab, zum anderen aber auch davon, inwieweit die Altersstichprobe über Jahrgangsstufen streut. Verteilen sich die 15-Jährigen als Folge von schulischen Selektionsmaßnahmen über mehrere Jahrgangsstufen, ist die Stichprobe weniger tauglich, um institutionelle Lernmilieus zu beschreiben. Letzteres gilt außer für Luxemburg und Portugal insbesondere für Deutschland, wo der größte Teil der 15-Jährigen auf drei Jahrgangsstufen zu finden ist. Da in Deutschland jedoch auch eine Stichprobe von Neuntklässlern untersucht wurde, lässt sich das Ausmaß der Verzerrung abschätzen. Ein Vergleich der Stichproben zeigt, dass mit der altersbasierten Stichprobe das Niveau von

Abbildung 9.12: Schulen nach Schulform und mittlerer Lesekompetenz der 15-Jährigen (in %)

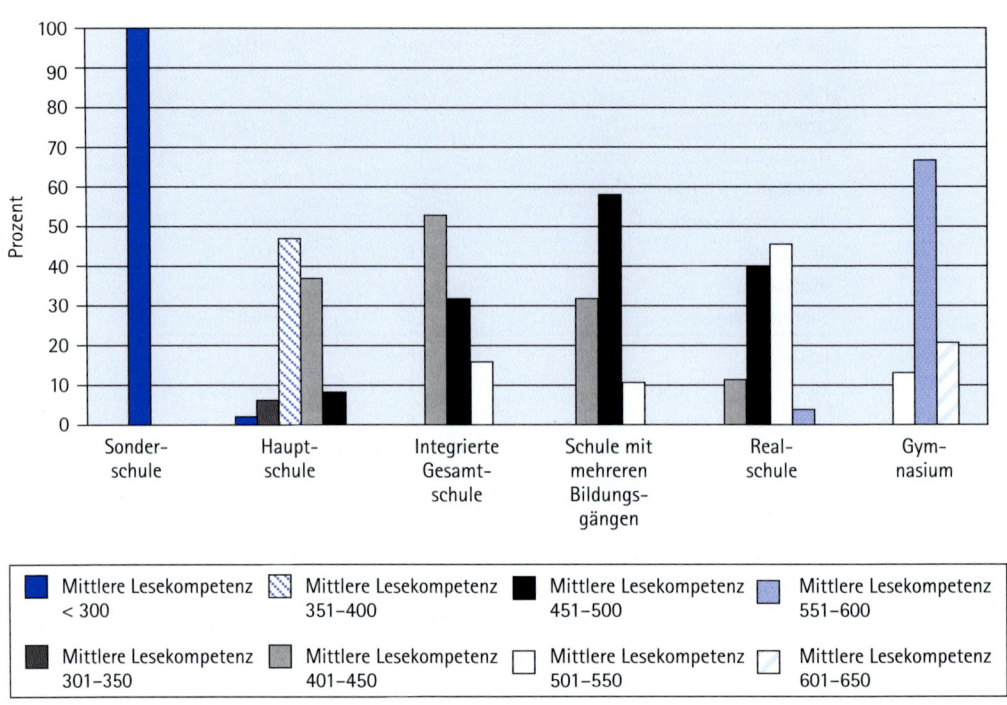

| Mittlere Lesekompetenz < 300 | Mittlere Lesekompetenz 351–400 | Mittlere Lesekompetenz 451–500 | Mittlere Lesekompetenz 551–600 |
| Mittlere Lesekompetenz 301–350 | Mittlere Lesekompetenz 401–450 | Mittlere Lesekompetenz 501–550 | Mittlere Lesekompetenz 601–650 |

Lerngruppen in Hauptschulen unterschätzt und die Leistungsvariabilität in Realschulen und Gymnasien überschätzt werden. Insgesamt sind diese Verzerrungen jedoch begrenzt, sodass die Nutzung der internationalen Stichprobe zu Vergleichszwecken vertretbar ist.

Gruppiert man Schulen nach Schulform und mittlerer Lesekompetenz der 15-Jährigen, ergibt sich in der zentralen Tendenz ein Bild unterschiedlicher, institutionell definierter Lernumwelten. Zugleich zeigen sich aber auch bemerkenswerte Überschneidungen in den Randbereichen. Betrachtet man Abbildung 9.12 von links nach rechts, fällt zunächst die klare Trennung der Sonderschulen auf, die gerade hinsichtlich des Leseverständnisses eine eigene schwierige Klientel bedienen. (Unter den von PISA erfassten Hauptschulen befindet sich eine Schule, deren Schülerschaft nur das mittlere sprachliche Leistungsniveau einer Sonderschule erreicht). Im mathematischen Bereich rücken die beiden Schulformen näher zusammen, da zwei Sonderschulen mittlere Leistungsergebnisse aufzuweisen haben, die klar im Hauptschulbereich liegen. Die leistungsstärkeren Hauptschulen wiederum – sie machen fast 50 Prozent aus – sind in ihrem Niveau der Leseleistungen mit etwas schwächeren Integrierten Gesamtschulen oder Schulen mit mehreren Bildungsgängen vergleichbar. Eine kleine Gruppe sehr leistungsstarker Hauptschulen liegt im Kernbereich der Realschule. Gesamtschulen und Schulen mit mehreren Bildungsgängen, die eine leistungsstärkere Schülerschaft an sich binden können, erreichen ohne weiteres das Leseniveau typischer Realschulen. Die leistungsstärksten dieser Schulen wiederum schließen mit schwächeren Gymnasien auf. Dennoch ist die Trennung zwischen Gymnasien und den übrigen Schulformen ausgeprägt. Eine kleine Anzahl an Realschulen erreicht gleichwohl ein typisch gymnasiales Niveau.

Dieses Muster scheint für gegliederte Schulsysteme nicht untypisch zu sein. Dies gilt für beide Sekundarstufen. Um einen quantitativen Eindruck von den unterschiedlichen Lernbedingungen an Einzelschulen zu erhalten, kann man die Varianz der Leseleistungen aufteilen, und zwar in eine Komponente, mit der die Leistungsstreuung zwischen den Schulen, und eine zweite Komponente, mit der die Leistungsvariabilität innerhalb von Schulen angegeben wird. Je größer der Varianzanteil zwischen den Schulen ist, desto stärker unterscheiden sich die einzelnen Schulen und – konstante Gesamtvarianz vorausgesetzt – desto homogener ist das Leistungsmilieu innerhalb der einzelnen Schule. Die folgenden Analysen beschränken sich auf die Lesekompetenz, da sich die Grundmuster der Ergebnisse in den anderen Leistungsbereichen wiederholen.

Die obere Reihe der Abbildung 9.13 vergleicht die Aufteilung der Varianzen in gegliederten Systemen. Als Beispiele für gegliederte Mittelstufen stehen Deutschland und Bel-

Abbildung 9.13: Aufteilung der Varianz der Lesekompetenz in Anteile zwischen und innerhalb von Schulen (in %)[1]

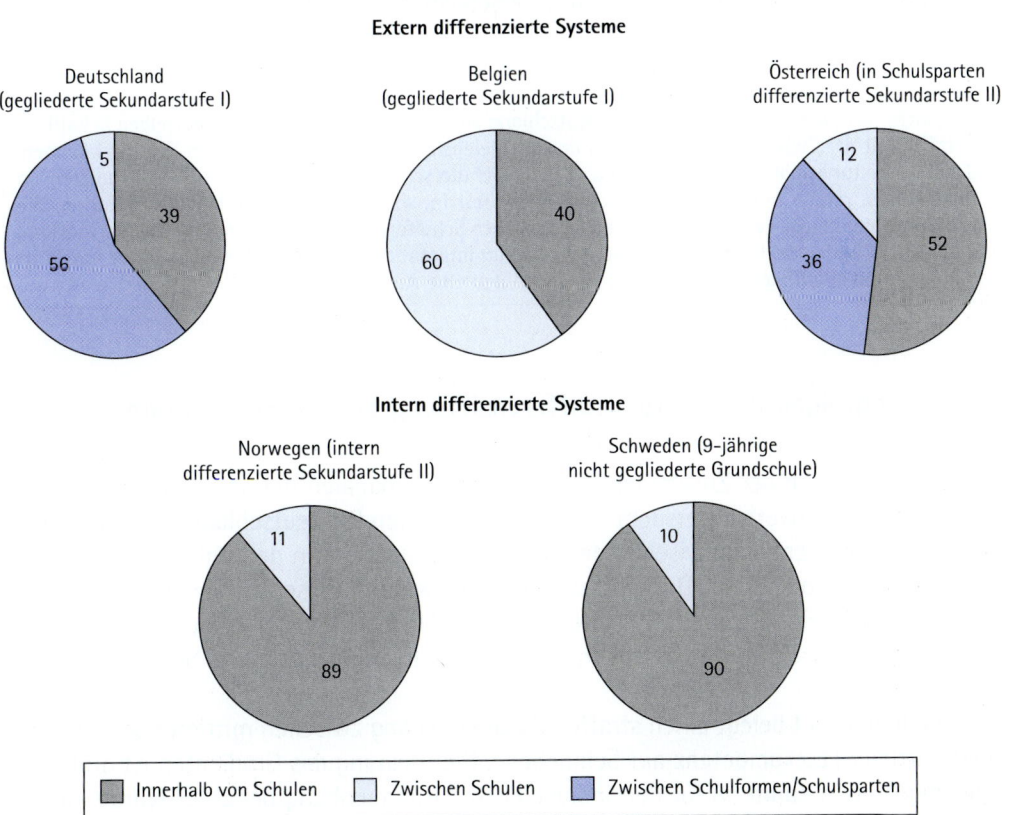

gien. (Die Niederlande und die Schweiz sind für einen Vergleich ungeeignet, da man dort die unterschiedlichsten Kombinationen von Bildungsgängen in einer Schule antreffen kann.) Als Beispiel für eine Gliederung der Sekundarstufe II kann Österreich herangezogen werden. In Deutschland beträgt die Varianz der Lesekompetenz, die zwischen den Schulen liegt, rund 60 Prozent. 40 Prozent der Leistungsvarianz bleiben innerhalb der Einzelschulen. 55 Prozent der Gesamtvarianz binden wiederum die Schulformen, während nur 5 Prozent der Varianz zwischen Schulen derselben Schulform liegen. Ein vergleichbarer Befund ist in Belgien anzutreffen (hier sind jedoch die Angaben für die Schulformen nicht zugänglich). Betrachtet man die Verhältnisse in der Sekundarstufe II in Österreich, die durch eine Differenzierung in fünf Schulsparten gekennzeichnet ist, erkennt man ein ähnliches Muster, das aber auch bemerkenswerte Abweichungen aufweist. Trotz der relativ starken Differenzierung ist der Varianzanteil zwischen den Schulen mit 48 Prozent deutlich niedriger als in Deutschland. Ebenso binden die so genannten Schulsparten mit 36 Prozent weniger Varianz, sodass die Schulen derselben Sparte heterogener sind.

Als Kontraste werden in Abbildung 9.13 auch die Ergebnisse der Varianzzerlegung für nicht gegliederte Systeme dargestellt. In der schwedischen neunjährigen Grundschule ist die leistungsmäßige Zusammensetzung der Schülerschaft in den einzelnen Schulen extrem heterogen. 90 Prozent der Variabilität der Lesekompetenz liegen innerhalb von Schulen und nur 10 Prozent zwischen den Schulen. Ein nahezu identisches Bild ergibt sich für die norwegische Oberstufe, die intern unterschiedliche Bildungsprogramme ausdifferenziert.

Vergleicht man den Varianzanteil, der in Deutschland auf die Einzelschulen ein und derselben Schulform entfällt, mit der Zwischenschulvarianz in den Vergleichsländern, muss man zu dem Schluss kommen, dass die leistungsmäßige Zusammensetzung der Schülerschaft der Schulen derselben Schulform in Deutschland relativ homogen ist, und zwar nicht nur in, sondern auch zwischen den Schulen. Die Leistungsunterschiede zwischen Einzelschulen derselben Schulform, die im Rahmen von Schulentwicklung in der Regel besonders herausgestellt werden, sind im internationalen Vergleich eher klein. In Abschnitt 3.4 wird man allerdings sehen, dass die Hauptschulen eine Ausnahme machen.

3.3 Nebenfolgen der Leistungsdifferenzierung: Soziale Segregation

In Kapitel 8 wurde der Zusammenhang zwischen Merkmalen der sozialen Herkunft und dem Kompetenzerwerb untersucht. Die Analysen zeigten für Deutschland einen besonders straffen Zusammenhang zwischen der Sozialschicht und der in den untersuchten Domänen erreichten Kompetenz. Dieser Zusammenhang wird im Wesentlichen durch die Schulformzugehörigkeit vermittelt: Ein unerwünschter Nebeneffekt der frühen Verteilung auf institutionell getrennte Bildungsgänge ist die soziale Segregation von Schülerinnen und Schülern.

Abbildung 9.14 belegt einen straffen Zusammenhang zwischen mittlerer Sozialschicht und mittlerer Lesekompetenz auf Schulebene. Die Steigung des Gradienten ist größer als diejenige, die in Kapitel 8 für den individuellen Zusammenhang berichtet wurde. Der individuelle Gradient ist zur Information noch einmal in Abbildung 9.14 eingefügt worden. Gleichzeitig gibt die Abbildung einen ersten Eindruck vom Grad der sozialen Segregation,

Abbildung 9.14: Zusammenhang zwischen mittlerer Sozialschicht und mittlerer Lesekompetenz auf Schulebene (Quadratische Regression)

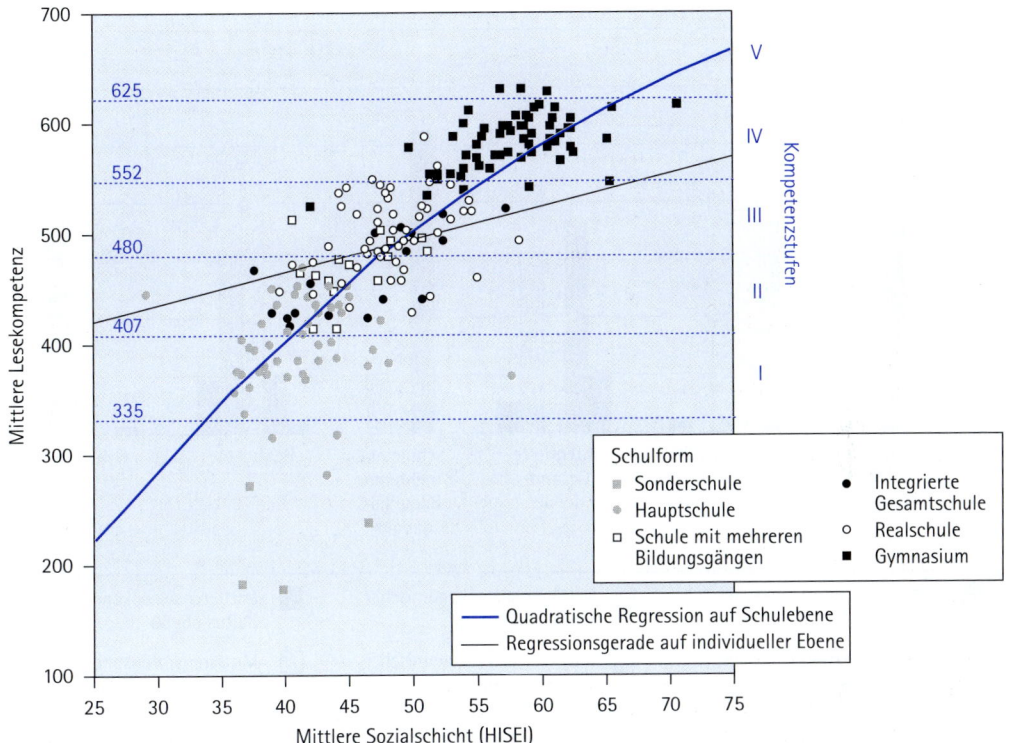

die sich in der separaten Klumpung von Schulen derselben Schulform zeigt. Im mittleren Sozialschichtbereich sind große Überschneidungen der sozialen Zusammensetzung von Hauptschulen, Schulen mit mehreren Bildungsgängen, Integrierten Gesamtschulen und Realschulen zu erkennen. Sichtbar wird die soziale Segregation im Bereich von Haupt- und Sonderschulen einerseits und den Gymnasien andererseits.

Zur Verdeutlichung gruppiert Abbildung 9.15 Schulen nach Schulform und mittlerer Sozialschicht. Die Abbildung verdeutlicht, dass sich Schulen jeder Schulform nicht unerheblich hinsichtlich der sozialen Zusammensetzung ihrer Schülerschaft unterscheiden können. Entsprechend hoch ist auch die Überlappung zwischen Schulen unterschiedlicher Schulformen. Es ist bemerkenswert, dass etwa 15 Prozent der Gymnasien eine Schülerschaft aufnehmen, die in ihrer sozialen Zusammensetzung für Integrierte Gesamtschulen oder Realschulen typisch ist. Dagegen weist ein deutlich geringerer Anteil der Real- und Gesamtschulen eine das Gymnasium kennzeichnende soziale Zusammensetzung der Schülerschaft auf. Klare Differenzierungen zeichnen sich in den Extrembereichen ab. 30 Prozent der Gymnasien haben eine Schülerschaft, die in der Mehrheit der Oberschicht angehört; umgekehrt konzentrieren sich in Sonderschulen und einem Teil der Hauptschulen Kinder sozial schwacher Familien, die dann auch das soziale Gefüge einer Einzelschule bestimmen.

Abbildung 9.15: Schulen nach Schulform und mittlerer Sozialschicht (in %)

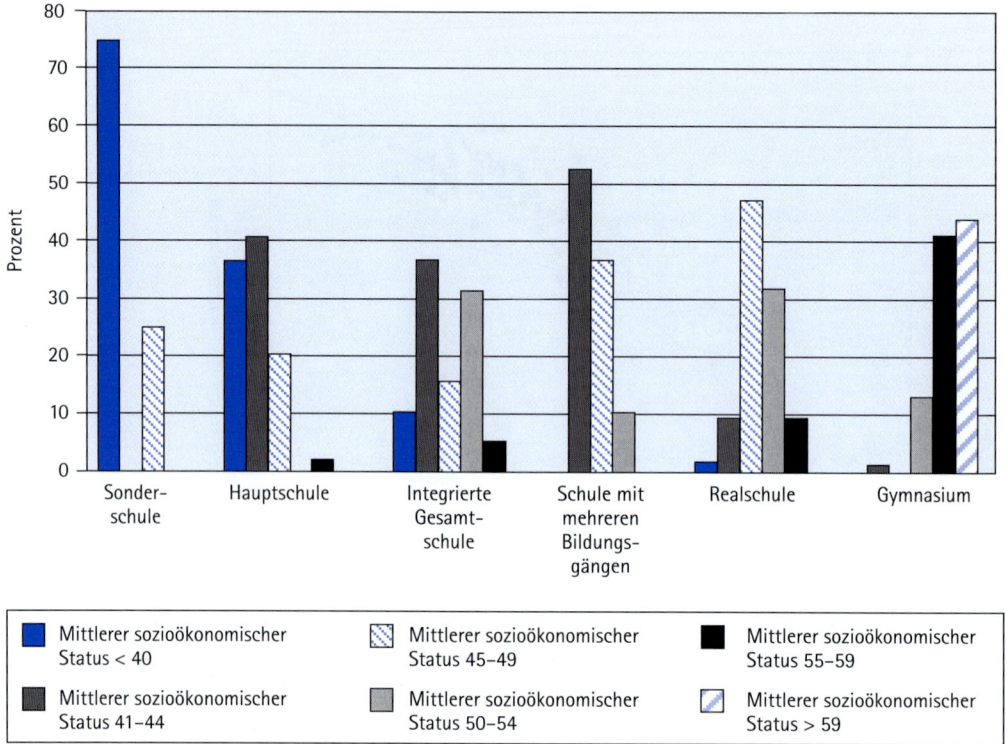

Im internationalen Vergleich scheint die im gegliederten Schulwesen in Deutschland anzutreffende soziale Segregation charakteristisch für extern differenzierende Systeme in Europa zu sein. Zerlegt man wiederum die Varianz – in diesem Fall der Sozialschichtzugehörigkeit – in Komponenten, die zwischen und innerhalb der Einzelschulen liegen, beträgt in Deutschland der Anteil der Varianz zwischen den Schulen 22 Prozent. In Belgien und Österreich betragen die entsprechenden Anteile 24 bzw. 22 Prozent. Einen bemerkenswerten Sonderfall stellt Japan dar. Nach der undifferenzierten Mittelstufe verteilen sich in Japan die Schülerinnen und Schüler auf Schulen der Sekundarstufe II, die nach Leistung und Reputation stark stratifiziert sind. Dennoch scheint diese intensive Leistungsdifferenzierung nur in einem geringen Maße mit sozialer Segregation einherzugehen. Nur 4 Prozent der Varianz der Sozialschichtzugehörigkeit liegen in Japan zwischen den Schulen der Oberstufe – wohlgemerkt bei einer mit Deutschland vergleichbaren Sozialstruktur der Bevölkerung.

Als Kontrast wiederum gibt Abbildung 9.16 einen Eindruck vom Grad der sozialen Segregation in Systemen, die auf externe Differenzierung verzichten. Hier kommen in der unterschiedlichen sozialen Zusammensetzung von Schulen im Wesentlichen regionale Unterschiede in der Sozialstruktur und lokale Differenzen in der sozialen Zusammensetzung von Wohnquartieren zum Ausdruck.

Abbildung 9.16:   Aufteilung der Varianz der Sozialschichtzugehörigkeit (HISEI) in Anteile
zwischen und innerhalb von Schulen (in %)[1]

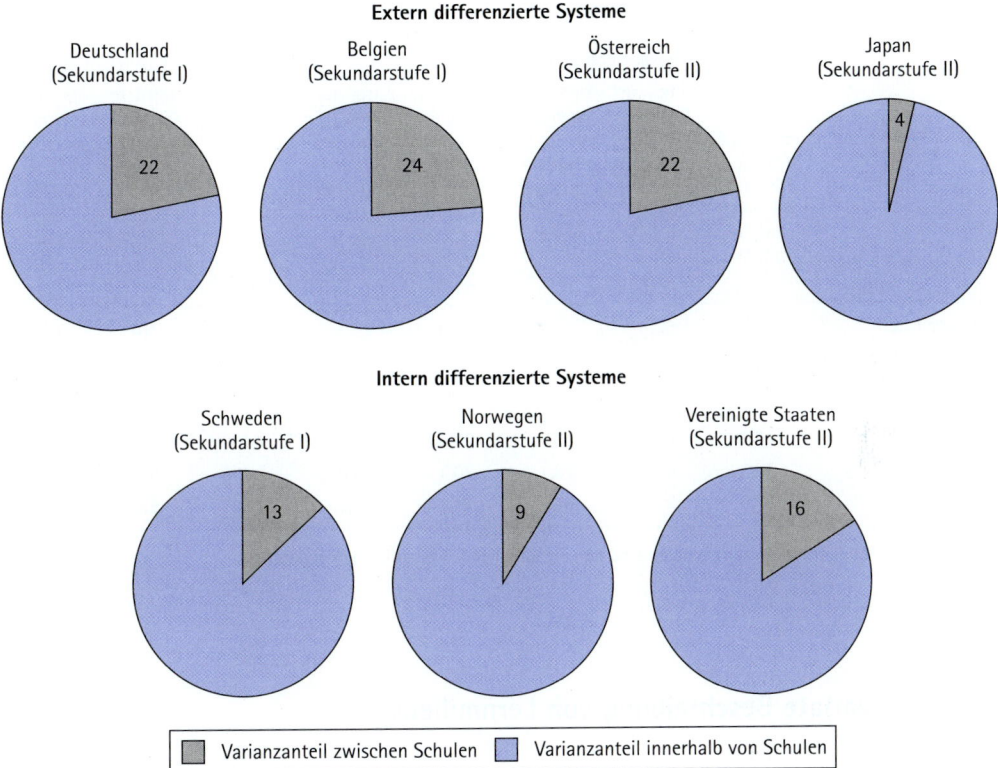

[1]   *Maximum likelihood*-Schätzung der Varianzkomponenten.

Die entsprechenden Varianzanteile liegen in Schweden bei 13 Prozent und in Norwegen bei 9 Prozent.
Um die Bedeutung von Strukturentscheidungen in sozialer Hinsicht zu verdeutlichen, werden in Abbildung
9.16 auch die Ergebnisse für die Vereinigten Staaten ausgewiesen. Trotz der großen sozialen Variabilität
von Wohngebieten und damit auch der Schuleinzugsbereiche, die besonders für die Städte der Vereinigten
Staaten kennzeichnend ist, sind die Schulen sozial weniger segregiert als in europäischen Ländern mit
extern differenzierten Bildungssystemen.

Tabelle 9.12: Zusammensetzung der Schülerschaft an Schulen unterschiedlicher Schulformen (mittlere Schulwerte)

| Schulform[1] | Merkmale der Zusammensetzung der Schülerschaft | | | | | | | |
| | Soziodemographische Merkmale | | | | | Leistungsmerkmale | | |
	Mittlere sozioökonomische Stellung der Eltern (höchster Index: HISEI)	Anteil von Arbeiterfamilien (mittlerer Prozentwert)	Anteil von Familien mit Hochschulreife (mittlerer Prozentwert)	Anteil von Familien mit Migrationshintergrund (mittlerer Prozentwert)	Anteil von allein erziehenden Eltern (mittlerer Prozentwert)	Mittlere Lesekompetenz	Mittlere mathematische Kompetenz	Mittlere naturwissenschaftliche Kompetenz
Hauptschule	41,4	62,9	13,3	40,0	18,7	397	407	403
Schule mit mehreren Bildungsgängen	44,7	63,2	27,5	7,2	17,3	464	470	469
Integrierte Gesamtschule	46,0	51,4	35,9	23,4	19,9	460	463	457
Realschule	48,3	42,5	28,1	20,3	14,0	498	500	495
Gymnasium	57,9	21,7	61,5	13,7	13,2	581	579	576

[1] Die Zweige kooperativer Gesamtschulen sind den entsprechenden Schulformen zugeordnet.

3.4 Multivariate Beschreibung von Lernmilieus

Mit der sozioökonomischen Stellung variieren auf individueller Ebene weitere soziodemographische Merkmale, wie Bildungsniveau, Migrationsgeschichte oder Familienstruktur. Dies gilt in ähnlicher Weise auch für Schulen. Tabelle 9.12 beschreibt die Zusammensetzung der Schülerschaft an Schulen unterschiedlicher Schulformen anhand mehrerer soziodemographischer und leistungsbezogener Merkmale. Man erkennt leicht, dass Schulen unterschiedlicher Schulformen in verschiedener Hinsicht differenzielle Lern- und Leistungsumgebungen darstellen. Der Anteil der Jugendlichen aus Arbeiterfamilien kann zwischen 22 Prozent an Gymnasien und 63 Prozent an Hauptschulen oder Schulen mit mehreren Bildungsgängen variieren. Umgekehrt beträgt der mittlere Anteil der Eltern mit Hochschulreife an Gymnasien 62 Prozent und an Hauptschulen 13 Prozent. Der Anteil der Jugendlichen aus Familien mit Migrationshintergrund beläuft sich in einer durchschnittlichen Hauptschule auf 40 Prozent, während er in einem „normalen" Gymnasium knapp 14 Prozent erreicht. Gleichzeitig unterscheiden sich die Jugendlichen, obwohl sie in beiden Schulformen aus Migrationsfamilien stammen, systematisch in ihrer sozialen Herkunft.

Im Folgenden soll versucht werden, Schulen derselben Schulform clusteranalytisch zu Gruppen zusammenzufassen, die hinsichtlich der Zusammensetzung ihrer Schülerschaft möglichst homogen sind. Als Gruppierungsmerkmale werden die in Tabelle 9.12 ausgewiesenen soziodemographischen Merkmale der Schülerschaft und ihre mittleren kognitiven Grundfähigkeiten herangezogen. Die in PISA gemessenen Kompetenzen in den Bereichen Leseverständnis, Mathematik und Naturwissenschaften werden dagegen nicht als gruppenbildende Merkmale benutzt. Die optimalen Lösungen der Clusteranalysen führen im Fall der Hauptschulen zur Bildung von drei, im Fall der übrigen Schulformen von jeweils zwei Untergruppen. Bei der Interpretation der Ergebnisse ist zu berücksichtigen, dass die Zahl der Schulen mit mehreren Bildungsgängen und die Zahl der Gesamtschulen mit jeweils 19 Schulen gering ist, sodass die Analysen nur explorative Aufgaben erfüllen können. Insgesamt bedürfen die Clusteranalysen einer Validierung anhand der größeren Schulstichprobe, die mit der nationalen PISA-Zusatzerhebung bereitgestellt wird (PISA-E). Tabelle 9.13 fasst die Ergebnisse der Clusteranalysen zusammen.

Bei den Hauptschulen lassen sich clusteranalytisch drei unterschiedlich große Gruppen unterscheiden. Gruppenbildende Variablen sind im Wesentlichen nur Migrationsmerkmale. Es sind zwei gleich stark besetzte Gruppen zu erkennen, die gleichsam zwei Varianten der Hauptschulnormalität repräsentieren. An Schulen der einen Variante (Cluster 1) beträgt der mittlere Anteil der Jugendlichen, die aus Migrationsfamilien stammen, rund 20 Prozent. Der Anteil der Zuwandererfamilien, in denen nicht Deutsch gesprochen wird, ist dabei relativ gering. In diesen Schulen scheint sich eine günstige Situation des Zusammenlebens abzuzeichnen. In Schulen der zweiten Variante (Cluster 3) beträgt der mittlere Anteil der Jugendlichen mit Migrationsgeschichte rund 50 Prozent, und der Anteil der Familien, in denen nicht Deutsch gesprochen wird, steigt auf 16 Prozent. Die dritte Gruppe von Hauptschulen ist vorwiegend in innerstädtischen Ballungsgebieten zu finden. Der mittlere Anteil der Jugendlichen, die aus Zuwandererfamilien kommen, liegt hier über 70 Prozent, und der Anteil der Migrantenfamilien, in denen Deutsch nicht die Verkehrssprache ist, beträgt 50 Prozent. Etwa 15 Prozent aller Hauptschulen gehören zu diesem Cluster. Hier wird man sich fragen müssen, ob Deutsch noch die dominante Verkehrssprache in diesen Schulen ist.

Bemerkenswerterweise unterscheiden sich die Hauptschulen der drei Cluster nicht in der sozialen Zusammensetzung ihrer Schülerschaft, während das mittlere Kompetenzniveau erheblich differiert. Das durchschnittliche Leistungsniveau von Hauptschulen der verschiedenen Cluster kann sich um mehr als zwei Drittel einer Standardabweichung der gesamten PISA-Stichprobe unterscheiden. Dies sind für Schuldifferenzen sehr große Unterschiede. Sie belegen, dass ganze Schulen in die in Kapitel 2, 3 und 4 definierten Risikobereiche geraten können. Im Hinblick auf Interventionsmöglichkeiten weist dieses Ergebnis auf institutionelle Brennpunkte hin, die bei einer adäquaten Leistungsdiagnostik und offenen Rechenschaftslegung von Schulen klar zu identifizieren sind.

Der Anteil der Jugendlichen aus Migrationsfamilien ist in Verbindung mit dem familiären Bildungsniveau auch differenzierendes Merkmal der beiden Untergruppen innerhalb der Schulen mit mehreren Bildungsgängen und der Integrierten Gesamtschulen. Dennoch sind klare Unterschiede der Differenzierung zu erkennen. Schulen mit mehreren Bildungsgängen sind überwiegend in den neuen Ländern zu finden. Dementsprechend ist der geringe Anteil der Jugendlichen in Schulen des Clusters 1 eine Beschreibung der normalen Schulsituation in diesen Ländern. Im Cluster 2 werden dagegen Schulen zusammengefasst, deren Zuwandereranteil im Durchschnitt höher liegt. Gleichzeitig steigt in diesen Schulen das Bildungsniveau der Eltern, und der Anteil Alleinerziehender reduziert sich um mehr als die Hälfte. In diesen Schulen trifft man also Zuwanderer, die sich hinsichtlich Bildungsniveau und Stabilität der familiären Lebensverhältnisse auch von der eingesessenen

Tabelle 9.13: Gruppierung von Schulen nach Schulform und Merkmalen der Zusammensetzung der Schülerschaft (Gruppenmittelwerte)

| Schulform[1]/ Cluster | Zahl der Schulen (in Klammern %) | Merkmale der Zusammensetzung der Schülerschaft (mittlere Schulwerte) | | | | | | | |
| | | Soziodemographische Merkmale | | | | | Leistungsmerkmale | | |
		Mittlere sozioökonomische Stellung der Eltern (höchster Index: HISEI)	Anteil von Familien mit Hochschulreife	Anteil von Migrationsfamilien	Anteil von Familien mit nicht deutscher Verkehrssprache	Anteil allein erziehender Eltern	Mittlere Lesekompetenz	Mittlere mathematische Kompetenz	Mittlere naturwissenschaftliche Kompetenz
Hauptschule	48								
Cluster 1: mittlerer Migrantenanteil	21 (43,8)	42,8	15,6	21,3*	6,4*	18,6	418*	433*	423*
Cluster 2: hoher Migrantenanteil	20 (41,7)	40,9	12,3	49,8*	16,1*	18,6	389*	401*	395*
Cluster 3: sehr hoher Migrantenanteil	7 (14,6)	39,0	11,2	72,5*	50,4*	20,2	363*	355*	364*
Schule mit mehreren Bildungsgängen	19								
Cluster 1: sehr geringer Migrantenanteil	13 (68,4)	43,9	24,0*	4,0*	0,4*	21,3*	461	470	468
Cluster 2: geringer Migrantenanteil, höheres Bildungsniveau	6 (31,6)	46,7	34,9*	14,1*	10,3*	8,6*	468	470	470
Integrierte Gesamtschule	19								
Cluster 1: hoher Migrantenanteil, mittleres Bildungsniveau	6 (31,6)	42,6	25,7*	42,0*	8,3	19,0	444	438(*)	429*
Cluster 2: geringer Migrantenanteil, hohes Bildungsniveau	13 (68,4)	47,6	40,6*	14,8*	3,5	20,2	467	474(*)	471*
Realschule	53								
Cluster 1: hoher Migrantenanteil	10 (18,9)	47,9	29,4	54,2*	25,4*	16,6	490	476*	479
Cluster 2: niedriger Migrantenanteil	43 (81,1)	48,4	27,8	12,4*	3,2*	13,4	500	506*	499
Gymnasium	68								
Cluster 1: niedriger Migrantenanteil, hohes Bildungsniveau	39 (57,4)	56,0	54,6*	8,2*	2,3	11,5*	579	579	575
Cluster 2: mittlerer Migrantenanteil, sehr hohes Bildungsniveau	29 (42,6)	60,6	70,7*	21,0*	2,4	15,4*	583	579	579

[1] Die Zweige der kooperativen Gesamtschulen sind den entsprechenden Schulformen zugeordnet.
* Signifikante Unterschiede mindestens auf dem 5 %-Niveau; (*) Knapp oberhalb des 5 %-Niveaus.

Bevölkerung positiv unterscheiden. Beide Schulgruppen sind in ihren mittleren Leistungsergebnissen völlig vergleichbar.

Auch die Integrierten Gesamtschulen lassen sich in zwei Untergruppen zusammenfassen, die sich durch den Anteil der Jugendlichen aus Migrationsfamilien und das mittlere Bildungsniveau der Eltern unterscheiden. Auf die größere Gruppe entfallen rund zwei Drittel der Schulen. In diesen Schulen liegt der Anteil der Jugendlichen aus Zuwandererfamilien mit knapp 15 Prozent ungefähr auf Realschulniveau. Gleichzeitig ist der Anteil der Eltern mit Hochschulreife mit 41 Prozent ungewöhnlich hoch. Das mittlere Sozialschichtniveau der Schülerinnen und Schüler ist mit dem der Schülerschaft an Realschulen vergleichbar. Zur kleineren Gruppe der Integrierten Gesamtschulen zählen Schulen, deren Zuwandereranteil sich dem einer Hauptschule nähert. Das mittlere Bildungsniveau der Eltern an diesen Gesamtschulen ist jedoch deutlich günstiger als an Hauptschulen. Dass sich die beiden Gesamtschulcluster in den erreichten Kompetenzniveaus nicht deutlicher unterscheiden, ist überraschend. Auffällig wird dieser Befund, wenn man das zweite Gesamtschulcluster mit dem entsprechenden Cluster der Realschulen vergleicht. Dabei ist zu berücksichtigen, dass der an Gesamtschulen erhöhte Anteil allein erziehender Eltern bei Kontrolle von Sozialschichtzugehörigkeit und Bildungsniveau nicht mit den Leistungen zusammenhängt (vgl. Abschnitt 4 dieses Kapitels).

Auch bei den Realschulen ist der Anteil der Jugendlichen aus Migrationsfamilien das eigentlich differenzierende Merkmal. Mittlerweile gibt es offensichtlich unter den Realschulen in Ballungsgebieten eine nicht unbeträchtliche Zahl von Schulen, die erfolgreiche Kinder aus sozial besser gestellten Zuwandererfamilien aufnehmen (Cluster 1). Bemerkenswerterweise muss die Bewahrung der Sprache des Heimatlandes als Umgangssprache der Familie dem Erfolg der Jugendlichen in diesen Schulen nicht im Wege stehen. Das zweite Cluster scheint in allen sozialen Merkmalen die modale Realschule abzubilden. Hinsichtlich der erreichten Kompetenzniveaus unterscheiden sich die beiden Realschulgruppen tendenziell in erwarteter Richtung. Signifikant werden die Unterschiede aber nur in Mathematik.

Im Gymnasialbereich lassen sich zwei unterschiedlich stark besetzte Gruppen unterscheiden. Das erste Cluster scheint so etwas wie das „normale" Gymnasium zu repräsentieren, das vor allem durch das Bildungsniveau und die Sozialschichtzugehörigkeit der Schülereltern gekennzeichnet ist. Zum zweiten, etwas kleineren Cluster gehören Gymnasien in sozial privilegierter Lage, die ganz überwiegend Akademikerkinder anziehen und für Zuwandererfamilien mit hohem Sozialstatus und Bildungsniveau besonders attraktiv sind. In diesen Gymnasien beträgt der mittlere Anteil der Jugendlichen, die aus Familien stammen, in denen mindestens ein Elternteil nicht in Deutschland geboren wurde, 21 Prozent. Beide Gymnasialgruppen unterscheiden sich nicht in ihren Leistungsresultaten.

3.5 Soziale Zusammensetzung der Schülerschaft und Kompetenzerwerb

Ein bemerkenswertes Ergebnis der Clusteranalysen ist der Befund, dass in keinem Fall die sozioökonomische Stellung der Familie primär gruppenbildendes Merkmal innerhalb einer Schulform ist. Dies gilt auch für den Hauptschulbereich, in dem sich die drei identifizierten Schulcluster deutlich im mittleren Kompetenzniveau ihrer Schülerinnen und Schüler unterscheiden. Dieser Befund erinnert noch einmal nachdrücklich daran, dass der in Abbildung 9.14 dargestellte Zusammenhang zwischen der sozialen Zusammensetzung der Schülerschaft einer Schule und den in PISA gemessenen Kompetenzniveaus keinesfalls in der Weise interpretiert werden darf, dass die *soziale* Zusammensetzung einer Schule ursächlich für den mehr oder minder erfolgreichen Kompetenzerwerb der Schülerinnen und Schüler sei. Ebenso wenig darf man aus der unterschiedlichen Steigung des individuellen und institutionellen sozialen Gradienten den Schluss ziehen, dass der Effekt der institutionellen sozialen Komposition größer sei als der Einfluss, den die individuelle soziale Herkunft auf den Kompetenzerwerb ausübt, solange man nicht systematisch das für die Schulzuweisung oder den Besuch einer Schule primär verantwortliche Vorwissen kontrollieren kann. Die querschnittliche Anlage von PISA erlaubt eine derartige Kontrolle aber nicht.

In der deutschen Zusatzerhebung wurden jedoch auch kognitive Grundfähigkeiten erfasst, von denen man weiß, dass sie ausleserelevant sind und mit den Fachleistungen kovariieren. Mit Vorbehalt kann man dieses Maß als Statthalter des nicht erfassten Vorwissens verwenden, um eine konservative Abschätzung des sozialen Kompositionseffektes von

Tabelle 9.14: Befunde (Regressionskoeffizienten) aus Mehrebenenanalysen zur Vorhersage der Lesekompetenz[1]

Prädiktoren Determinationskoeffizient	Modell I β	Modell I p	Modell II β	Modell II p	Modell III β	Modell III p
Prädiktoren (Ebene 1: Individuum)						
Sozioökonomischer Status	10.8	< .01	7.0	< .01	7.0	< .01
Kognitive Grundfähigkeiten			49.3	< .01	49.3	< .01
Prädiktoren (Ebene 2: Schule)						
Sozioökonomischer Status	120.5	< .01	15.7	< .01	10.9	ns
Kognitive Grundfähigkeiten			49.3	< .01	34.1	< .01
Schulform						
Hauptschule					−20.0	< .01
Schule mit mehreren Bildungsgängen					−5.6	ns
Integrierte Gesamtschule					−11.8	ns
Gymnasium					9.81	ns
R^2		.41		.65		.66

[1] β: Regressionskoeffizient (im Falle kontinuierlicher Prädiktoren standardisiert, für die Dummy-Variablen der Schulform unstandardisiert; Realschüler sind Referenzkategorie), die abhängige Variable Lesekompetenz ging unstandardisiert in die Berechnungen ein.

Schulen zu ermöglichen. In einem mehrebenenanalytischen Vorgehen (siehe Tab. 9.14) wurde auf der individuellen Ebene innerhalb von Schulen der Zusammenhang zwischen kognitiven Grundfähigkeiten und Sozialschichtzugehörigkeit einerseits und Lesekompetenz andererseits geschätzt. Simultan wurde auf der zweiten, institutionellen Ebene der Zusammenhang zwischen sozialer Zusammensetzung der Schülerschaft und dem mittleren Kompetenzniveau der Schule modelliert – zunächst ohne die leistungsmäßige Zusammensetzung der Schülerschaft zu berücksichtigen. (Die Schätzung erfolgte mit dem Programm HML; vgl. Raudenbush u.a., 2000.) Das Ergebnis weist einen starken Zusammenhang zwischen sozialer Zusammensetzung der Einzelschule und dem erreichten Kompetenzniveau aus. Verändert sich der mittlere sozioökonomische Status der 15-jährigen Schülerschaft einer Schule um eine Standardabweichung, folgt das Kompetenzniveau mit 120 Punkten – also mit mehr als einer Standardabweichung. Bei dieser Schätzung sind jedoch die soziale Zusammensetzung der Schülerschaft und die Auswirkungen der leistungsbezogenen Übergangsauslese vermischt. Schätzt man ein zweites Modell, in dem die leistungsmäßige Zusammensetzung der Schülerschaft einer Schule durch das mittlere Niveau der kognitiven Grundfähigkeiten mitberücksichtigt wird, ist ein großer Effekt des mittleren Fähigkeitsniveaus nachweisbar, während sich der Einfluss der sozialen Komposition mit 16 Punkten auf ein Achtel des ursprünglichen Wertes reduziert. Berücksichtigt man in einem dritten Modell ferner die Schulformzugehörigkeit als Indikator für das Vorwissen, ist innerhalb von Schulformen ein Effekt der sozialen Zusammensetzung der Schülerschaft von Einzelschulen nicht mehr nachweisbar. Nicht die soziale Zusammensetzung einer Schule bestimmt das Lernmilieu, sondern das Niveau der kognitiven Voraussetzungen – oder besser: des Vorwissens, an das Lehrkräfte der weiterführenden Schulen anschließen können. Diese Befunde stimmen mit Ergebnissen überein, die Baumert und Köller (1998) und Baumert, Köller und Schnabel (2000) auf der Grundlage einer Längsschnittstudie berichtet haben. Die Ergebnisse verdeutlichen, wie wichtig es im Fall von internationalen Vergleichen ist, bei allen institutionellen Analysen nicht schematisch zu verfahren, sondern die jeweils spezifischen Kontextbedingungen der verglichenen Länder zu berücksichtigen.

Klaus-Jürgen Tillmann
Ulrich Meier

4. Schule, Familie und Freunde – Erfahrungen von Schülerinnen und Schülern in Deutschland

Die Beschreibung der verschiedenen Schulformen als selektionsbedingte Lernmilieus im vorigen Abschnitt hat deutlich gemacht, wie stark sich die Schulformen der Sekundarstufe in der Zusammensetzung ihrer Schülerpopulationen voneinander unterscheiden. Dies trifft für die sozioökonomische Stellung der Eltern und ihren Bildungsabschluss genauso zu wie für den Anteil der Kinder nicht deutscher Herkunft. Dabei findet sich eine deutliche Parallele zwischen einer günstigen sozialen Zusammensetzung und relativ hohen Fachleistungen (im Gymnasium) und einer eher ungünstigen sozialen Zusammensetzung und erheblich geringeren Fachleistungen (insbesondere in der Hauptschule). In Kapitel 8 und im 3. Abschnitt dieses Kapitels wurde vor allem gezeigt, wie stark die fachlichen Leistungen der Schülerinnen und Schüler im gegliederten Schulwesen mit sozialen Selektionsprozessen zusammenhängen. Zugleich zeigen die Daten aber auch, dass es breite Überschneidungen zwischen den Schülerpopulationen der verschiedenen Schulformen gibt. Das gilt insbesondere für Hauptschulen, Realschulen und Integrierte Gesamtschulen und bezieht sich auf die Leistungsergebnisse genauso wie auf die soziale Herkunft. Selbst zwischen Hauptschulen und Gymnasien gibt es in dieser Hinsicht noch Gemeinsamkeiten. Im 2. Abschnitt dieses Kapitels wurde anhand der Schulleitungsbefragung aufgezeigt, ob und wie sich diese Schulformunterschiede in der Ressourcenausstattung, der Angebotsvielfalt, im Leitungsmanagement und in der Kooperation der Lehrkräfte widerspiegeln.

Der folgende Abschnitt will diese Analysen von Unterschieden und Gemeinsamkeiten zwischen den Schulformen fortsetzen und erweitern. Dabei werden nicht nur die Variablen des sozioökonomischen Hintergrunds betrachtet, sondern es werden auch die verschiedenen Lebenskontexte der Heranwachsenden in den Blick genommen: die Schule, die Familie, die gleichaltrigen Freunde und der Freizeitbereich. Die Absicht dabei ist eine doppelte: Zum einen soll deskriptiv dargestellt werden, wie sich die Lebens- und Lernbedingungen der verschiedenen Schülerpopulationen – über den sozioökonomischen Status ihrer Eltern hinaus – voneinander unterscheiden. Zum anderen soll analysiert werden, ob und in welchem Zusammenhang diese je spezifischen Bedingungen zu den erworbenen Kompetenzen stehen. Auf diese Weise sollen Anhaltspunkte für Faktoren gefunden werden, die sich innerhalb der verschiedenen Lebensbereiche eher günstig oder eher ungünstig auf die Entwicklung von Fachleistungen auswirken. Dabei wird auf den familiären Kontext nur sehr knapp eingegangen, weil er bereits ausführlich in Kapitel 8 behandelt wurde. Umso genauer werden der schulische Kontext (Schulklima, Schulqualität), die Freunde und der Freizeitbereich der Schülerinnen und Schüler betrachtet. Eine solche Perspektive lässt sich in den seit langem etablierten Forschungsstrang zu den Bedingungsfaktoren schulischer Leistungen einordnen. Hierzu liegen für den schulischen und den familiären Kontext umfassende empirische Ergebnisse aus der deutschen und der internationalen Forschung vor (vgl. z.B. Helmke & Weinert, 1997), während bisher kaum untersucht wurde, wie stark die

Einbindung in Freundesgruppen schulinterne Prozesse beeinflusst (vgl. Helsper, 1993, S. 351). Im Folgenden wird die Forschungslage zu den jeweiligen Bereichen knapp dargestellt, um sodann die Ergebnisse zu präsentieren. Dabei kann diese Arbeit nur einen bescheidenen Beitrag zur Erweiterung der Kenntnisse über die Bedingungen schulischer Leistungen liefern; denn der Querschnittansatz von PISA erlaubt keine Kausalaussagen, sondern lediglich die Plausibilitätsprüfung von Modellannahmen (etwa durch Regressionsanalysen). Und die Stichprobenkonstruktion von PISA erlaubt keinen Rückschluss auf Lerngruppen (Klassen), sondern bestenfalls auf Jahrgänge an Einzelschulen.

Der Erkenntniswert einer solchen Analyse für die weiterführende erziehungswissenschaftliche Theoriebildung ist damit begrenzt (vgl. Klieme, Baumert & Schwippert, 2000, S. 394), für die Erklärung von Leistungsunterschieden im Rahmen dieser PISA-Stichprobe ist er jedoch beträchtlich; denn es kann aufgezeigt werden, in welcher Weise sich die Lern- und Lebensbedingungen in den verschiedenen Schulformen (und ihren Populationen) unterscheiden – und welcher Zusammenhang zwischen diesen Kontextfaktoren und den Schülerleistungen besteht. Mit dieser Auswertungsperspektive wird im Folgenden dargestellt, welche Unterschiede sich zwischen den Schulformen (bzw. Bildungsgängen) finden, wenn man bei der jeweiligen Schülerschaft die bisherige Schullaufbahn, das erlebte Schulklima und die erlebte Unterrichtsqualität sowie ihre Freundesgruppen und ihre Freizeitaktivitäten betrachtet. Dies soll ausführlich geschehen, um dabei jeweils Bezüge zu den erworbenen Kompetenzen aufzuzeigen. Was den familiären Kontext angeht, wird ergänzend zum Kapitel 8 auf einen einzigen Aspekt eingegangen: auf die Frage nach der Bedeutung des Aufwachsens in unterschiedlichen familiären Konstellationen (leibliche Eltern, Alleinerziehende, Stieffamilien) für den Kompetenzerwerb. In den folgenden Abschnitten werden Bezüge zu den Leistungen der Schülerinnen und Schüler in Lesen und Mathematik hergestellt, weil nur für diese beiden Domänen auch Schülereinschätzungen zur Unterrichtsqualität (Deutsch- und Mathematikunterricht) vorliegen.

4.1 Bisherige Schullaufbahn

Im deutschen Schulsystem erfolgt nach dem 4. (bzw. 6.) Schuljahr eine Aufteilung der Kinder auf verschiedene Schulformen. Neben dem Gymnasium, das als anspruchsvollste Schulform in allen Bundesländern angeboten wird, finden sich in den meisten Bundesländern Hauptschulen, Realschulen und Gesamtschulen. Doch von dieser Struktur gibt es in den Ländern vielfältige Abweichungen (z.B. keine Gesamtschulen, keine Hauptschulen, Verbindung von Haupt- und Realschulen), die hier nicht im Einzelnen dargestellt werden können. Wenn die Schülerinnen und Schüler als 15-Jährige befragt werden, befinden sie sich mehrheitlich in der 9., zum Teil bereits in der 10. Klasse einer Sekundarschule und haben eine Schullaufbahn hinter sich, die entweder kontinuierlich oder aber mehr oder weniger gebrochen verlaufen sein kann. Wie sich dies in den verschiedenen Schulformen darstellt, soll im Folgenden nachgezeichnet werden.

Klassenwiederholungen, Zurückstellungen und die Altersstruktur der Schülerschaft

Im Unterschied zu vielen ausländischen Schulsystemen wird in deutschen Schulen bei auftretenden Leistungsproblemen durchgängig mit dem Verfahren des „Sitzenbleibens" gearbeitet. Schülerinnen und Schüler, deren Leistungen in zwei oder mehr Fächern mit „mangelhaft" bewertet werden, werden nicht in die nächste Klasse versetzt, sondern müssen den Stoff des alten Jahres im nachrückenden Klassenverband wiederholen. Eine solche Nichtversetzung wird von den meisten Schülerinnen und Schülern als massiver Misserfolg erlebt, er ist mit einem erzwungenen Wechsel der Lerngruppe verbunden. Die amtliche Schulstatistik (für 1995/96) weist aus, dass in bundesdeutschen Schulen jährlich etwa 3 Prozent der Schülerinnen und Schüler sitzen bleiben (vgl. Bellenberg, 1999, S. 61 ff.). Da dieses Risiko der Nichtversetzung jedes Jahr neu besteht, ergeben sich daraus bei den 15-Jährigen beträchtliche Anteile von Schülern, die im Laufe ihrer bisherigen Schullaufbahn mindestens einmal sitzen geblieben sind. Hinzu kommen diejenigen, die aus ganz unterschiedlichen Gründen eine Klasse „freiwillig" wiederholen. Bellenberg (1999, S. 63) hat hierzu die nordrhein-westfälische Schulstatistik analysiert und eine Quote von etwa 2 Prozent „freiwilliger" Wiederholungen pro Jahr in der Grundschule festgestellt. Ob solche Zurückstellungen und Wiederholungen einen positiven oder einen negativen Einfluss auf die soziopsychische Situation und den Schulerfolg der Betroffenen ausüben, ist vor allem in den 1960er und 1970er Jahren eingehend untersucht worden, während in jüngerer Zeit nur Bellenberg (1999) dieses Thema empirisch bearbeitet hat.

Was die pädagogische Wirksamkeit von Späteinschulungen angeht, so gehen die Untersuchungsbefunde überwiegend in die gleiche Richtung: Kemmler (1976, S. 122 ff.) stellt fest, dass rund ein Drittel der vom Schulbesuch zurückgestellten Kinder nach spätestens drei Jahren wieder zu den Versagern gehört. Fischer (1982) arbeitet heraus, dass ein Drittel der verspätet Eingeschulten mit einer ungünstigen Beurteilung in der Anfangsklasse und einer nachfolgenden Versetzungsgefährdung beginnen. Und Bellenberg (1999) weist nach, dass die Späteinschulungen insgesamt nicht zu einem geringeren Sitzenbleiberrisiko führen (S. 48), zugleich aber einen hohen Prognosewert für den künftigen Besuch einer Hauptschule und einer Sonderschule besitzen (S. 47 f.). Dass Späteinschulungen besonders häufig bei Kindern aus einfachen sozialen Schichten vorgenommen werden, wurde anhand der PISA-Daten bereits in Kapitel 8 aufgezeigt. Ob sich die mit diesem Rückstellungsverfahren verbundenen Kompensationshoffnungen auch einlösen lassen, muss angesichts der skizzierten Forschungslage als höchst zweifelhaft gelten.

Ähnlich sehen die Forschungsergebnisse zum „Sitzenbleiben" aus: Ingenkamp hat in den 1960er Jahren die pädagogischen Wirkungen von Klassenwiederholungen untersucht und ist dabei zu dem Ergebnis gekommen, „daß die Repetenten durchschnittlich nicht den Anschluß an den Leistungsstand der Versetzten finden" (1969, S. 157). Und sowohl Kemmler (1976) als auch Belser und Küsel (1976) weisen nach, dass Sitzenbleiber spätestens nach zwei Schuljahren ganz überwiegend wieder zu den schlechtesten Schülern gehören – dass die Wiederholung also nicht zu einer dauerhaften Leistungsangleichung führt. Einsiedler und Glumpler (1989) zeigen bei einem Vergleich zwischen Repetenten und gleich leistungsschwachen „Vorrückern" auf, dass für die Wiederholer kein zusätzlicher Lerneffekt entsteht. Es kommt hinzu, dass in etlichen dieser Studien (vgl. z.B. Jeske, 1981; Kemmler, 1976; Starck, 1974) immer wieder auf die negativen soziopsychischen Auswirkungen des Sitzenbleibens (Wechsel der vertrauten Lerngruppe, Schwächung des Selbstwertgefühls, Stigmatisierung usw.) hingewiesen wird. Vor dem Hintergrund dieser Forschungslage werden die pädagogischen Wirkungen der Klassenwiederholungen in der Erziehungswissenschaft ganz überwiegend negativ eingeschätzt (vgl. Glumpler, 1994).

Abbildung 9.17: Prozentuale Anteile der 15-Jährigen mit und ohne Klassenwiederholung (nach Schulform)

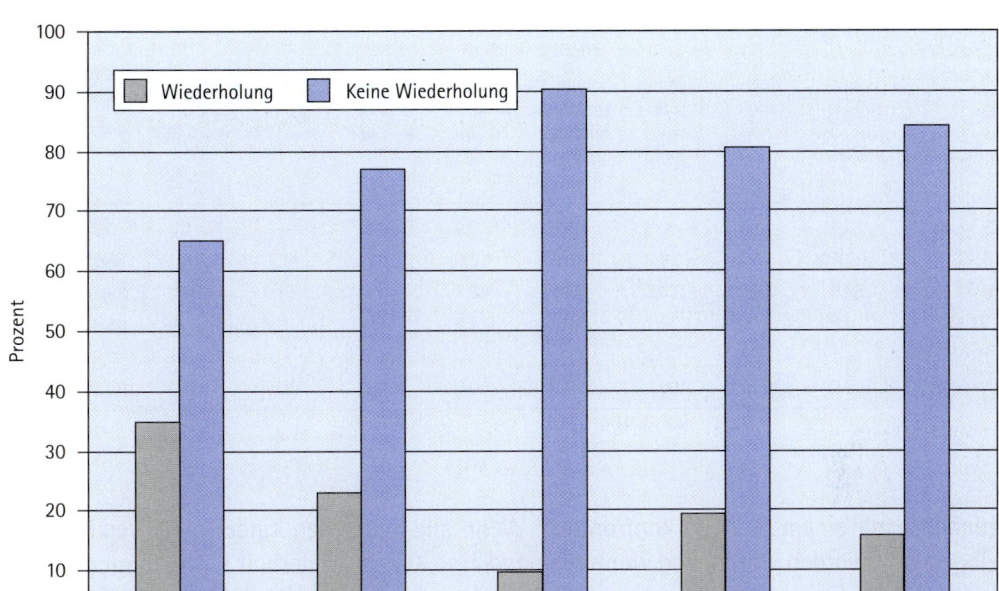

Abbildung 9.17 zeigt, dass in der PISA-Stichprobe die verschiedenen Schulformen von den erzwungenen wie den freiwilligen Klassenwiederholungen in sehr unterschiedlichem Ausmaß betroffen sind. Während sich unter den 15-Jährigen in der Hauptschule 35,0 Prozent Wiederholer befinden, sind es in den Gymnasien nur 9,6 Prozent. Die anderen Schulformen (Realschule: 22,9 %, Schule mit mehreren Bildungsgängen: 19,3 %, Integrierte Gesamtschule: 15,9 %) nehmen mittlere Positionen ein. Dabei handelt es sich um kumulative Werte, die auch das Sitzenbleiben in der Grundschule mit einschließen. Die hohe Quote in der Hauptschule erklärt sich nicht nur, aber auch daraus, dass Schülerinnen und Schüler nach einem ein- oder mehrfachen „Sitzenbleiben" in Gymnasien oder Realschulen in die Hauptschulen wechseln und dort dann bis zum Schluss ihrer Schullaufbahn verbleiben. Nun führen aber nicht nur die Klassenwiederholungen zu verzögerten Schullaufbahnen, sondern auch die verspäteten Einschulungen haben hier erhebliche Effekte: Laut amtlicher Statistik wird in Deutschland ein beachtlicher Anteil der Kinder (1995 zwischen 4 % in Bayern und 15,9 % in Bremen) nicht regelhaft mit sechs Jahren, sondern erst verspätet eingeschult (vgl. Bellenberg, 1999, S. 29). All dies führt zu einer Verzögerung der Schullaufbahnen und damit zu einem relativ hohen Alter der Schülerinnen und Schüler in deutschen Sekundarschulen.

Tabelle 9.15 weist im Einzelnen aus, in welchen Klassenstufen sich die 15-Jährigen befinden. Sie lässt erkennen, dass 15,9 Prozent der 15-Jährigen die 9. Klasse noch gar nicht erreicht haben. Dieser Anteil liegt besonders hoch in der Hauptschule (31,2 %), besonders niedrig im Gymnasium (6,3 %). Um die Relevanz dieser Daten zu erschließen, werden sie

Tabelle 9.15: 15-Jährige nach Schulform und Klassenstufe (in %); Vergleich mit Nachbarländern

| Erreichte Klassenstufe | Schulform | | | | | | | | Nachbarländer im Vergleich[1] | |
	Hauptschule $n = 991$	Realschule $n = 1.297$	Gymnasium $n = 1.443$	Schule m. mehreren Bildungsgängen $n = 427$	Integr. Gesamtschule $n = 433$	Berufsschule $n = 287$	Sonderschule $n = 179$	BRD Gesamt $n = 5.057$	Belgien	Österreich
5.–7. Kl.	4,1	1,1	0,3	2,8	0,4	–	–	1,2	0,3	0,4
8. Kl.	27,1	15,7	6,0	12,8	12,0	–	48,6	14,7	5,3	4,6
9. Kl.	63,9	66,2	63,5	64,7	62,7	–	43,0	60,5	28,1	46,3
10. Kl.	4,9	17,0	30,1	19,7	24,8	99,1	8,4	23,5	65,4	48,6
11.–12. Kl.	–	–	0,2	–		0,9	–	0,1	0,9	–
Insgesamt	100,0	100,0	100,0	100,0	100,0	100,0	100,0	100,0	100,0	100,0

[1] Vgl. Tabelle 9.1.

zunächst mit einem *Sollwert* konfrontiert: Wenn alle deutschen Kinder ohne Verzögerung eingeschult worden wären, und wenn niemand eine Klasse wiederholt hätte, dann müssten aufgrund des Einschulungsstichtags (30. Juni) 40,6 Prozent der 15-Jährigen der Stichprobe die Schule seit 1991 besucht haben. Diese Schülerinnen und Schüler hätten dann zum Erhebungszeitpunkt in der 10. Klasse sein müssen. 59,4 Prozent der Stichprobe hätten regulär ein Jahr später (1992) eingeschult werden müssen, zum Zeitpunkt der Erhebung hätten sie dann die 9. Klasse erreicht. Da jedoch nicht 100 Prozent, sondern nur 64 Prozent der Schülerinnen und Schüler ihre Schullaufbahn ohne Verzögerung durchlaufen haben (vgl. Tab. 9.16), ergeben sich massive Abweichungen von diesem Sollwert, die beim Schüleranteil der 10. Klassenstufe fast zu einer Halbierung führen (Soll: 40,6 %, Ist: 23,5 %).

Die Brisanz dieser Datenlage erschließt sich jedoch erst im internationalen Vergleich, der im ersten Abschnitt dieses Kapitels (Tab. 9.1) komplett für alle 32 beteiligten Länder geboten wird. Es werden davon in Tabelle 9.15 zwei Deutschland benachbarte Länder herausgegriffen, weil bei diesen sowohl die kulturellen wie (die in diesem Punkt relevanten) schulrechtlichen Differenzen gering sind: In Belgien und Österreich werden die Kinder – wie in Deutschland – mit dem 6. Lebensjahr eingeschult. Und auch das Verfahren des „Sitzenbleibens" (also der zwangsweisen Wiederholung einer Klasse aufgrund schlechter Leistungen) ist in beiden Ländern rechtlich vorgesehen. Doch selbst wenn man Deutschland nur mit den – in diesem Sinne – „ähnlichen" Ländern vergleicht, zeigen sich im Ergebnis massive Unterschiede: Während die Schülerinnen und Schüler in Deutschland mit 15 Jahren zum größten Teil (aber längst nicht alle) die 9. Klasse erreicht haben, befinden sich die 15-Jährigen in den beiden anderen Ländern mehrheitlich bereits in der 10. oder einer höheren Klassenstufe (66 % in Belgien, 49 % in Österreich, aber nur 24 % in Deutschland). Dies liegt zum Teil daran, dass die Stichtage der Einschulungen so liegen, dass die Kinder im Durchschnitt einige Monate früher als in Deutschland eingeschult werden. Es liegt zum erheblichen Teil aber auch daran, dass von den Zurückstellungen bei regulärer Einschulung und vom Sitzenbleiben weit weniger Gebrauch gemacht wird als in Deutschland. Am Beispiel Österreich lautet hierzu die Rechnung wie folgt: Weil dort der

Stichtag für die reguläre Einschulung auf den 31. August festgelegt wurde, müssten sich bei unverzögertem Durchlauf etwa 58 Prozent aller Kinder im 10. Jahrgang befinden – tatsächlich sind es knapp 49 Prozent. Die Differenz von 9 Prozentpunkten erklärt sich durch Zurückstellungen und Klassenwiederholungen. In Deutschland (Stichtag: 30. Juni) lautet der Sollwert für die Zehntklässler 40,6 Prozent; der Istwert beträgt 23,5 Prozent. Die Differenz, die durch Zurückstellungen und Klassenwiederholungen entsteht, ist mit 17,1 Prozentpunkten fast doppelt so hoch wie in Österreich.

Kurz: Der Anteil der Heranwachsenden, der in Belgien und Österreich ohne Verzögerung die Schule durchläuft, ist wesentlich höher als der entsprechende Anteil in Deutschland, weil dort von den Möglichkeiten verspäteter Einschulungen und Klassenwiederholungen weit seltener als in Deutschland Gebrauch gemacht wird. Zum Teil sind dort in den letzten Jahren (z.B. in Belgien) auch gezielt Regelungen eingeführt worden, um die Sitzenbleiberquote zu senken. Insgesamt ergibt sich aus dieser verschobenen Altersstruktur der deutschen Schülerinnen und Schüler, die schon bei TIMSS festgestellt wurde (vgl. Baumert, Lehmann u.a., 1997, S. 52), im internationalen Vergleich ein erheblicher Leistungsnachteil des deutschen Schulsystems. Geht man davon aus, dass Schülerinnen und Schüler sich in aller Regel nur die fachlichen Kenntnisse aneignen können, die ihnen im Unterricht präsentiert werden, so bedeutet das: Aufgrund der zeitlichen Verzögerungen ist ein erheblicher Teil der 15-Jährigen mit dem Unterrichtsstoff der altersmäßig eigentlich erreichbaren Klassenstufe noch gar nicht konfrontiert worden.

Wie hoch der Anteil der Schülerinnen und Schüler ist, die das deutsche Schulsystem verzögert durchlaufen, wird in Tabelle 9.16 genau dargestellt[11]. Dabei wird zwischen Schülerinnen und Schülern unterschieden, die

- die Schule bisher regulär (also ohne Verzögerungen) durchlaufen haben.
- bei der Einschulung um ein Jahr zurückgestellt wurden.
- schon ein- oder mehrfach eine Klasse wiederholt haben, und zwar als Sitzenbleiber oder freiwillig.

Die Analyse zeigt, dass von den 15-Jährigen nur 64 Prozent ihre Schullaufbahn ohne Verzögerung absolviert haben, dass sich jedoch 36 Prozent aufgrund von Verzögerungen in

Tabelle 9.16: Schullaufbahnen und ihre Verzögerungen bei 15-jährigen Schülerinnen und Schülern

Klassenstufe	Schullaufbahn						
	Regulärer Durchlauf Anzahl (% der Klassenstufe)		Zurückgestellt Stichtag 30.6.2000 Anzahl (% der Klassenstufe)		Klasse wiederholt[1] Anzahl (% der Klassenstufe)		Insgesamt (% der Gesamtzahl)
7. Klassenstufe	–	(–)	21	(31,7)	47	(68,3)	68 (1,4)
8. Klassenstufe	–	(–)	211	(28,2)	536	(71,8)	747 (14,8)
9. Klassenstufe	2.055	(67,6)	375	(12,3)	611	(20,1)	3.041 (59,7)
10. Klassenstufe	1.180	(98,5)	–	(–)	18	(1,5)	1.198 (24,0)
11. Klassenstufe	3	(100,0)	–	(–)	–	(–)	3 (0,1)
Insgesamt	3.238	(64,0)	607	(12,0)	1.212	(24,0)	5.057 (100,0)

[1] Einschließlich der Schülerinnen und Schüler, die zurückgestellt wurden *und* wiederholt haben (ca. 2 %).

Tabelle 9.17: Fachleistungen (Mittelwerte) bei „Wiederholern und Zurückgestellten" und bei „regulären Durchläufern" im 9. und 10. Jahrgang

Fachleistung		Schulform				
		Hauptschule Mittelwert Anzahl	Realschule Mittelwert Anzahl	Gymnasium Mittelwert Anzahl	Schule mit mehreren Bildungsgängen Mittelwert Anzahl	Integrierte Gesamtschule Mittelwert Anzahl
Lesen	Wiederholer und Zurückgestellte 9. Jg.	76,72 256	99,73 305	124,68 203	85,93 84	84,82 89
	Regulärer Durchlauf 9. Jg.	83,13 371	104,40 565	124,10 714	97,51 190	95,33 181
	Regulärer Durchlauf 10. Jg.	89,30 47	115,06 217	134,25 427	111,79 85	103,04 109
Mathematik	Wiederholer und Zurückgestellte 9. Jg.	78,73 153	100,39 167	122,45 120	89,55 41	88,90 50
	Regulärer Durchlauf 9. Jg.	84,06 197	104,88 307	124,97 387	99,97 106	96,68 102
	Regulärer Durchlauf 10. Jg.	89,14 26	113,83 120	134,36 242	109,75 47	102,27 62

Signifikante Mittelwertsunterschiede:

$p < .05$, $p < .01$, $p < .001$.

einer niedrigeren Klassenstufe befinden. Dabei entstehen zwei Drittel der Verzögerungen aus Klassenwiederholungen und ein Drittel aus Zurückstellungen. Weil die fachlichen Kompetenzen der Schülerinnen und Schüler aber auch abhängig sind von der Anspruchshöhe des Curriculums, das bisher bewältigt werden musste, liegt an dieser Stelle ein deutlicher Leistungsnachteil des deutschen Schulsystems. Je stärker einzelne Schulformen vom „Sitzenbleiben" betroffen sind, je mehr Späteinschulungen und Zurückstellungen bei ihrer Klientel zu verzeichnen sind, desto stärker wirken sich dort diese Nachteile aus.

Um die Zusammenhänge zwischen Bildungskarrieren und fachlichen Leistungen zu klären, wurde eine multivariate, dreifaktorielle Varianzanalyse durchgeführt. Sie bezieht die Faktoren Schulform, regulärer versus verzögerter Durchlauf[12] und Bildungsgangwechsel mit ein und bezieht sich sowohl auf die Lese- als auch auf die Mathematikleistungen als abhängige Variablen. Im Ergebnis zeigt sich, dass bei der multivariaten Testung alle drei Haupteffekte und die Interaktion zwischen Schulform und Durchlauf signifikante Befunde liefern. Für die Lese- und die Mathematikleistung wurden anschließend getrennt voneinander univariate Signifikanztests durchgeführt. Bei der Mathematikleistung sind nur zwei Haupteffekte (Schulformzugehörigkeit und Durchlauf) statistisch bedeutsam, Interaktionseffekte liegen nicht vor. Bei der Lesekompetenz sind alle drei Haupteffekte signifikant, außerdem die Wechselwirkung der Faktoren Schulformzugehörigkeit und Durchlauf[13].

Vor diesem varianzanalytischen Hintergrund werden in Tabelle 9.17 die Gruppenunterschiede in den Lese- und Mathematikleistungen nach Schulform und regulärem versus verzögertem Durchlauf[14] präsentiert. In der 9. Klasse finden sich sowohl Sitzenbleiber und Späteinschuler als auch Schülerinnen und Schüler ohne verzögerten Durchlauf. Wer sich aber im 16. Lebensjahr bereits im 10. Schuljahr befindet, muss die Schule ohne Verzögerungen durchlaufen haben. Tabelle 9.17 zeigt, dass innerhalb der verschiedenen Schulformen zwischen diesen drei Gruppen systematische und ganz überwiegend signifikante Unterschiede bestehen: Die besten Leistungen werden stets von den Schülerinnen und Schülern erbracht, die nach einem nicht verzögerten Durchlauf bereits die 10. Klasse erreicht haben. Sie unterscheiden sich signifikant von den nur wenig Jüngeren, die aufgrund einer späteren (aber regulären) Einschulung erst die 9. Klasse erreicht haben. Dies gilt für Leseleistungen in allen Schulformen und für die Mathematikleistungen in Realschulen, Gymnasien und Schulen mit mehreren Bildungsgängen. Damit wird deutlich, dass auch bei Schülerinnen und Schülern, die sich im gleichen Lebensalter befinden, die Zugehörigkeit zu einem höheren Schuljahrgang mit einem erheblichen Kompetenzvorsprung verknüpft ist.

Die Leistungen derjenigen, die sich nach einem regulären Durchlauf in der 9. Klasse befinden, sind in den meisten Schulformen besser als die Leistungen derjenigen, die diese Klasse aufgrund von Wiederholungen oder Zurückstellungen erst ein Jahr später erreicht haben. Diese Unterschiede sind in der Hauptschule (Mathematik), der Realschule (Lesen), den Schulen mit mehreren Bildungsgängen (Lesen und Mathematik) und den Integrierten Gesamtschulen (Lesen) signifikant. Dies bedeutet: Der verzögerte Durchlauf durch die Schule führt bestenfalls dazu, dass die betroffenen Schülerinnen und Schüler auf dem niedrigeren Niveau des jüngeren Jahrgangs (hier: der 9. statt der 10. Klasse) „gleichziehen". Sehr häufig gelingt jedoch nicht einmal dies, vielmehr zeigen sich bei den Sitzenbleibern und Späteinschulern auch gegenüber diesem jüngeren Jahrgang signifikante Leistungsnachteile.

Damit wird an diesen Daten auch deutlich, dass hier eine längere Schulbesuchszeit nicht zu besseren Leistungen führt. Dies erklärt sich aus der Kumulierung von zwei leistungsbehindernden Faktoren: Zum einen sind Wiederholer im Durchschnitt mit weniger guten kognitiven Voraussetzungen ausgestattet (in den kognitiven Grundfertigkeiten zeigen sich signifikante Unterschiede), zum zweiten wird ihnen aber auch die Befassung mit den anspruchsvolleren fachlichen Inhalten der nächsten Klassenstufen verwehrt. Und dies gilt für alle Fächer – und damit auch für solche, in denen ihnen im vorangegangenen Schuljahr eine erfolgreiche Mitarbeit bescheinigt wurde. Hierzu ein Beispiel: Wenn ein Schüler am Ende der 9. Klasse wegen schlechter Leistungen in Deutsch und Geschichte sitzenbleibt, muss er auch in Mathematik den Stoff dieses Schuljahrs wiederholen, obwohl er in diesem Fach überhaupt nicht „versagt" hat. Weil er sich aber den Stoff der 10. Klasse noch nicht aneignen konnte, wird er dann wahrscheinlich auch im PISA-Mathematiktest schlechter abschneiden. Das bedeutet: Je größer der Schüleranteil mit einer verzögerten Schullaufbahn ist, desto stärker wird dadurch der mittlere Leistungswert gedrückt.

Insgesamt sind diese Ergebnisse geeignet, die Zweifel an der pädagogischen Wirksamkeit von verspäteten Einschulungen und Klassenwiederholungen weiter zu verstärken. Jedenfalls gilt: Wenn es gelingen könnte, die im internationalen Vergleich auffällig hohen zeitlichen Verzögerungen im Durchlauf durch die Primar- und Sekundarstufe zu minimieren, so hätte dies einen deutlich leistungssteigernden Effekt. Allein die Angleichung an das kulturell und schulorganisatorisch nahe stehende Österreich würde bedeuten, den Anteil der 15-Jährigen in der 10. Klassenstufe mehr als zu verdoppeln.

Wechsel zwischen Schulformen und Bildungsgängen

15-Jährige müssen in ihrer Schullaufbahn mindestens einmal die Schule wechseln, und zwar wenn sie die Grundschule verlassen und in die Sekundarschule eintreten. Darüber hinaus kann es persönliche Gründe (z.B. Umzug) geben, die zu einem Schulwechsel innerhalb der gleichen Schulform führen. Wird während der Sekundarschulzeit nicht nur die Schule, sondern gleichzeitig auch die Schulform gewechselt, so ist damit der Aspekt der „Durchlässigkeit" angesprochen. Damit wird der Anspruch des gegliederten Schulsystems bezeichnet, Schülerinnen und Schülern bei einer dauerhaften Veränderung ihres Leistungsbildes einen Wechsel in die dann „angemessene" Schulform zu ermöglichen (vgl. Mauthe & Rösner, 1998). Die wenigen Studien, die es zu diesem Anspruch und seiner Realisierung gibt, zeichnen anhand der amtlichen Schulstatistik die Prozesse der Aufwärts- und Abwärtsmobilität nach und kommen dabei zu übereinstimmenden Ergebnissen: Die Schulformwechsel innerhalb der Sekundarstufe I verlaufen vor allem von „oben" nach „unten", von Gymnasium und Realschule in die jeweils weniger anspruchsvollen Bildungsgänge. In einer Bremer Studie beträgt die Relation zwischen Aufstieg und Abstieg 1:18 (vgl. Kemnade, 1989, S. 419 f.), die auf Nordrhein-Westfalen bezogene Studie von Bellenberg (1999, S. 419 f.) weist eine Relation von etwa 1:11 aus. Mit dieser Dominanz der „Rückläufer" verbinden sich spezifische Aufnahmeprobleme vor allem in den 7. Klassen von Hauptschulen und Realschulen, die als pädagogisches Problem zwar diskutiert werden (vgl. Bastian & Furck, 1991; Behörde für Schule, Jugend und Berufsbildung Hamburg, 2000), zu denen aber bisher kaum Forschungsergebnisse vorliegen.

Die Daten erlauben es zunächst einmal nachzuzeichnen, wie groß die Anteile solcher Wechsler in den einzelnen Bildungsgängen sind (vgl. Tab 9.18). Dabei wurde für die Analyse die 7. Klasse als Ausgangspunkt gewählt, weil von diesem Zeitpunkt an in allen Bundesländern die Aufteilung der Schülerinnen und Schüler auf die Schulformen und Bildungsgänge erfolgt ist. Tabelle 9.18 zeigt erneut den vielfach belegten Sachverhalt, dass sich ein solcher Wechsel zwischen der 7. und der 9./10. Klasse vor allem als „Abstieg" vollzieht: 15,6 Prozent aller Schülerinnen und Schüler des Hauptschulbildungsgangs sind seit dem 7. Schuljahr aus Realschulen und Gymnasien zugewandert, und 9,4 Prozent aller Lernenden im Realschulbildungsgang stammen aus dem Gymnasium. Der Bildungsgang Hauptschule wird – wenn überhaupt – lediglich in Richtung Integrierte Gesamtschule ver-

Tabelle 9.18: Wechsel zwischen den Bildungsgängen seit der 7. Klassenstufe (in %)

Bildungsgang in der 7. Klassenstufe	Bildungsgang der 15-Jährigen			
	Hauptschule n = 758	Realschule n = 1.166	Gymnasium n = 1.354	Integrierte Gesamtschule n = 353
Hauptschule	81,9	1,3	–	7,1
Realschule	14,8	87,6	0,1	7,7
Gymnasium	0,8	9,4	99,4	9,1
Integrierte Gesamtschule	0,7	1,0	0,1	75,0
Andere Schulform, weiß nicht	1,8	0,7	0,4	1,1
Insgesamt	100,0	100,0	100,0	100,0

lassen (7,1 % aller Schülerinnen und Schüler in Gesamtschulen). Das bedeutet, dass alle nicht-gymnasialen Schulformen zwischen der 7. und der 9./10. Klassenstufe eine größere Zahl an Hinzukommenden zu integrieren haben: 25 Prozent an Integrierten Gesamtschulen, 18 Prozent im Hauptschulbereich, 12 Prozent im Realschulbereich. Lediglich das Gymnasium ist hier ein Hort der Stabilität: 99,4 Prozent seiner 15-Jährigen waren auch in der 7. Klasse schon in dieser Schulform.

Vor dem Hintergrund der weiter vorne bereits angesprochenen Varianzanalyse wird die Tabelle 9.19 präsentiert. Dort werden in den Hauptschul- und den Realschulbildungsgängen die Leistungen der seit der 7. Klasse dauerhaft vorhandenen Schülerinnen und Schüler („Konstante") mit den Leistungen derjenigen verglichen, die durch Abstieg aus anderen Schulformen hinzugekommen sind („Rückläufer"). Dabei zeigt sich ein klarer Leistungsvorsprung dieser „Rückläufer". Der Unterschied ist sowohl in Realschulen als auch in Hauptschulen in beiden Kompetenzbereichen (Lesen, Mathematik) signifikant, die Effektstärken liegen im mittleren Bereich. Damit bestätigen diese Daten die vielfach von Lehrkräften artikulierte Erfahrung, dass die „Rückläufer" in ihren neuen Schulformen jeweils zu den Leistungsstärkeren zählen. Zugleich ist mit diesen Schulformwechseln aber auch eine leistungsbezogene Homogenisierung der Gymnasialschülerschaft verbunden, denn immerhin 11,2 Prozent der Gymnasialschülerinnen und -schüler[15] wechseln zwischen dem 7. und dem 9./10. Schuljahr in einen anderen Bildungsgang der Sekundarstufe. Diese Prozesse der Abwärtsmobilität führen insgesamt dazu, dass die Leistungsmittelwerte im Gymnasium angehoben und die Streuungen reduziert werden. Gleichzeitig wird aber auch das Leistungsniveau der aufnehmenden Schule angehoben, ohne allerdings die Leistungsstreuungen zu tangieren.

Tabelle 9.19:   Fachleistungen (Mittelwerte) von 15-Jährigen mit kontinuierlicher und wechselnder Bildungsgangzugehörigkeit in Hauptschulen und Realschulen

| Fachleistung | Bildungsgang | | | |
| | Hauptschule | | Realschule | |
	Konstante[1]	Rückläufer[2]	Konstante[3]	Rückläufer[4]
Mathematik	77,39 (*n* = 602)*	81,41 (*n* = 116)*	104,36 (*n* = 1.004)*	108,30 (*n* = 108)*
Lesen	76,75 (*n* = 327)**	84,68 (*n* = 74)**	104,64 (*n* = 559)*	111,70 (*n* = 53)*

Signifikante Unterschiede zwischen „Konstanten" und „Rückläufern" innerhalb eines Bildungsgangs: * $p < .05$, ** $p < .01$. Effektstärken auf Grundlage des *t*-Tests: Hauptschule Lesen: $d = 0,20$, Mathematik: $d = 0,40$; Realschule Lesen: $d = 0,20$, Mathematik: $d = 0,32$.

[1]   Seit der 7. Klasse in der Hauptschule.
[2]   In der 7. Klasse in der Realschule oder dem Gymnasium.
[3]   Seit der 7. Klasse in der Realschule.
[4]   In der 7. Klasse im Gymnasium.

4.2 Familienstruktur

Die Bedeutung der familiären Lebenssituation, insbesondere deren Einbindung in ein System sozialer Ungleichheit, wurde in Kapitel 8 ausführlich dargestellt, sie braucht deshalb hier nicht erneut thematisiert zu werden. Das Gleiche gilt für die unterschiedlichen Migrationshintergründe von Familien und deren Bedeutung für den Kompetenzerwerb der Heranwachsenden. Im nationalen Bericht wurde bisher aber die Frage noch nicht behandelt, welche Bedeutung das Aufwachsen in unterschiedlichen Familienkonstellationen für die Ausbildung fachlicher Leistungen besitzt. Weil diese Frage – insbesondere was die Erziehungsleistung von „Alleinerziehenden" angeht – umstritten ist und weil hier gewisse Ergänzungen zum internationalen Bericht sinnvoll sind, soll dies im Folgenden genauer betrachtet werden.

Familientypen, Schulformzugehörigkeit und Schulleistungen

Bei der Befragung der Schülerinnen und Schüler wurde differenziert erhoben, mit welchen weiteren Personen sie in einer Familie zusammenlebten. Dabei wird zwischen drei Familientypen (Familien mit leiblichen Eltern, Alleinerziehende, Stieffamilien) unterschieden. Die Verteilung auf die Schulformen wird in der Tabelle 9.20 dargestellt. Die Daten zeigen, dass insgesamt mehr als drei Viertel der Heranwachsenden in ihrer (biologischen) Herkunftsfamilie leben und dass der Anteil der Alleinerziehenden bei 16 Prozent liegt. In „Stieffamilien" (in denen nach einer Trennung der Eltern ein anderer Mensch die Vater- bzw. Mutterrolle einnimmt) leben knapp 8 Prozent der Jugendlichen. Diese Verteilung in der PISA-Stichprobe kommt den Ergebnissen des amtlichen Mikrozensus für die 15- bis 17-Jährigen sehr nahe (vgl. Engstler, 2001, S. 37). Kinder deutscher Muttersprache leben zu 76 Prozent, Kinder nicht deutscher Muttersprache zu 82 Prozent bei ihren leiblichen Eltern (ohne Tab.), die Unterschiede sind damit eher gering. Insgesamt verdeutlichen diese Zahlen erneut, dass die „vollständige" Familie nach wie vor die dominierende Lebenssituation für das Aufwachsen von Kindern ist; andere Lebensformen sind zwar hinzugetreten und haben in den letzten Jahren auch quantitativ an Bedeutung gewonnen, sie haben aber die Herkunftsfamilie keinesfalls abgelöst (vgl. Lenz & Tillmann, 1997). Zum zweiten fällt bei dieser Form des Vergleichs auf, dass Unterschiede zwischen den Schulformen zwar nicht sehr gravierend ausfallen, aber dennoch nicht übersehen werden dürfen: In Re-

Tabelle 9.20: Familientyp der Schülerinnen und Schüler nach Schulform (in %)

Familientyp	Schulform					
	Hauptschule $n = 981$	Realschule $n = 1.292$	Gymnasium $n = 1.436$	Schule mit mehreren Bildungsgängen $n = 424$	Integrierte Gesamtschule $n = 429$	Insgesamt $n = 4.562$
Familie mit leiblichen Eltern	71,0	79,4	81,4	69,8	68,5	76,3
Alleinerziehende	19,4	14,0	13,0	17,9	18,4	15,8
Stieffamilie	9,6	6,5	5,6	12,3	13,1	7,9
Insgesamt	100,0	100,0	100,0	100,0	100,0	100,0

Tabelle 9.21:   Anteil der allein erziehenden Eltern pro Einzelschule

Anteil der allein erziehenden Eltern pro Schule	Schulform					
	Hauptschule Anzahl (%)	Realschule Anzahl (%)	Gymnasium Anzahl (%)	Schule mit mehreren Bildungsgängen Anzahl (%)	Integrierte Gesamtschule Anzahl (%)	Insgesamt Anzahl (%)
Bis 10 %	8 (16)	21 (39)	30 (48)	3 (16)	3 (16)	65 (32)
11 % bis 20 %	21 (43)	20 (38)	25 (40)	9 (47)	10 (52)	85 (42)
21 % bis 30 %	14 (29)	10 (19)	8 (12)	5 (26)	3 (16)	40 (20)
Mehr als 30 %	6 (12)	2 (4)	–	2 (11)	3 (16)	13 (6)
Insgesamt	49 (100)	53 (100)	63 (100)	19 (100)	19 (100)	203 (100)

Weil hier die Verteilung von *Schulen* mitgeteilt wird, sind die Zellen sehr gering besetzt. Die Prozentwerte sind nur Vergleichshilfen.

alschulen und Gymnasien liegt der Anteil der Kinder aus „vollständigen" Familien mit etwa 80 Prozent um etwa 10 Prozentpunkte höher als in den anderen drei Schulformen. Bedenkt man aber, wie immens ansonsten die sozialen, kulturellen und ökonomischen Differenzen etwa zwischen der Elternschaft der Hauptschule und der des Gymnasiums sind, so erscheinen die Unterschiede in der Verteilung der Familientypen eher gering.

Etwas anders stellt sich das Bild allerdings dar, wenn man die Daten auf Schulebene aggregiert, um die Frage zu stellen: Wie hoch ist der Anteil der allein erziehenden Eltern in den einzelnen Schulen und finden sich hier Schulformunterschiede? Tabelle 9.21 zeigt, dass sich hier vor allem die Gymnasien (aber auch die Realschulen) von den anderen Schulformen unterscheiden: Ein Anteil von unter 11 Prozent der Kinder, die mit allein erziehenden Eltern groß werden, findet sich bei 48 Prozent der Gymnasien. Bei Hauptschulen, Integrierten Gesamtschulen und Schulen mit mehreren Bildungsgängen zeigt sich ein solch geringer Anteil Alleinerziehender hingegen nur bei 16 Prozent der Schulen. Spiegelbildlich findet sich ein hoher Anteil von Alleinerziehenden (mehr als 20 %) nur bei 12 Prozent der Gymnasien, aber bei 41 Prozent der Hauptschulen. Kurz: Ob in den einzelnen Schulen eher ein hoher oder eher ein niedriger Anteil von Kindern allein erziehender Eltern anzutreffen ist, ist in dem geschilderten Maße von der Schulform abhängig.

Die Frage, wie sich das Leben in der jeweiligen Familienform auf die Entwicklung der Kinder auswirkt, ist in der psychologischen und erziehungswissenschaftlichen Forschung häufig untersucht worden; jüngere Sammelreferate finden sich bei Huss und Lehmkuhl (1997), Fthenakis (1993) und Offe (1992). Dabei wird überwiegend festgestellt, dass Kinder, die eine diskontinuierliche Elternschaft erlebt haben, auch einen geringeren Bildungserfolg aufweisen. Dabei gilt die Situation, bei einem allein erziehenden Elternteil (fast immer der Mutter) aufzuwachsen, als besonders entwicklungs- und damit auch leistungsgefährdend. Gespräche mit Lehrkräften zeigen, dass auch bei ihnen eine solche Sichtweise weit verbreitet ist (vgl. Biermann & Tillmann, 2001). Nun macht demgegenüber Bohrhardt (2000, S. 192 ff.) deutlich, dass die meisten Studien, auf die sich solche Aussagen stützen, methodisch höchst problematisch sind, weil sie in aller Regel nur bivariate Zusammenhänge aufzeigen und damit andere soziokulturelle Faktoren – etwa die soziale Schicht – außer Acht lassen. In einer eigenen empirischen Studie zeigt er auf, dass in der Bundesrepublik ein Zusammenhang zwischen Familientyp und Schulerfolg *nicht* besteht, während er sich für die USA klar nachweisen lässt (S. 200 ff.). Für Deutschland gilt, dass „der Einfluss sozialer, kultureller und ökonomischer Ressourcen der Herkunftsfamilie (...) den Einfluss der elterlichen Trennung z. T. deutlich überlagert" (S. 203).

Betrachtet man vor diesem Hintergrund den internationalen PISA-Bericht (Kap. 6), so werden dort für alle Länder bivariate Berechnungen angestellt. In der Mehrheit der Länder (z.B. Niederlande, Vereinigtes Königreich, Vereinigte Staaten) finden sich bei den Kindern von Alleinerziehenden signifikant schlechtere Leseleistungen (vgl. Tab. 6.9 international). Deutschland gehört jedoch zur Gruppe der Länder, bei denen ein solcher Unterschied im bivariaten Vergleich nicht auftritt. Doch Bohrhardts Methodenkritik verweist darauf, dass solche Ergebnisse mit Vorbehalt zu betrachten sind: Es ist nicht in allen Fällen auszuschließen, dass weitere Variablen (z.B. Sozialschicht, in Deutschland auch Schulform) hier unentdeckte Einflüsse ausüben. Dies kann dazu führen, dass dem Familientyp Effekte zugeschrieben werden, die durch das Mitwirken anderer Faktoren zu Stande kommen. Das könnte im deutschen Fall aber auch bedeuten, dass tatsächlich vorhandene Unterschiede zwischen den Familientypen durch den Einfluss weiterer Faktoren verdeckt werden. Um solche Fehlinterpretationen auszuschließen, wurden die deutschen Daten mit multivariaten Verfahren vertieft analysiert.

Gerechnet wurde eine multivariate, zweifaktorielle Kovarianzanalyse, in der als Faktoren Bildungsgang und Familientyp und als Kovariate Sozialschicht berücksichtigt wurden. Dabei wurden die Lese- und die Mathematikleistungen als abhängige Variablen gemeinsam in die Analyse aufgenommen. Im Ergebnis zeigt sich, dass für beide Leistungsbereiche sowohl die Kovariate Sozialschicht als auch der Haupteffekt Bildungsgang signifikant sind, während für den Faktor Familientyp keine Signifikanz festzustellen ist. Außerdem besteht eine signifikante hybride Interaktion der beiden Faktoren (Bildungsgang, Familientyp). Bei der univariaten Signifikanztestung zeigt sich, dass Sozialschicht und Bildungsgang signifikante Bedeutung sowohl für die Lese- als auch für die Mathematikleistung haben, während die hybride Interaktion von Familientyp und Bildungsgang nur für Mathematik signifikant ist.

Dieser varianzanalytische Befund lässt sich inhaltlich wie folgt beschreiben: Ob die Heranwachsenden in „vollständigen" oder in anderen Familien leben, hat – für sich genommen – weder einen Einfluss auf die Mathematik- noch auf die Leseleistung. Bei der Leseleistung unterscheiden sich die verschiedenen Bildungsgänge voneinander, signifikante Unterschiede nach Familientyp sind überhaupt nicht festzumachen. Bei der Mathematikleistung findet sich der gleiche dominierende Einfluss des Bildungsgangs, zugleich gibt es ein in sich gegenläufiges Ergebnis beim Familientyp: In Hauptschulen und Realschulen schneiden die Kinder von Alleinerziehenden leicht (aber signifikant) schlechter ab, in Gymnasien und Gesamtschulen sind ihre Leistungen hingegen leicht (aber signifikant) besser. Zusammengefasst: Die These, dass Kinder, die bei allein erziehenden Müttern oder Vätern aufwachsen, aufgrund problematischerer Lebensbedingungen auch zu schlechteren Schulleistungen gelangen, kann für die PISA-Stichprobe *nicht* bestätigt werden.

Um diesen Sachverhalt des fehlenden eigenständigen Einflusses des Familientyps auf die Leistungen nachvollziehbar zu illustrieren, wird Tabelle 9.22 präsentiert. Sie weist für die drei Familientypen (leibliche Eltern, Alleinerziehende, Stieffamilien) die Mittelwerte der Leseleistungen aus – und zwar getrennt nach den Bildungsgängen Hauptschulen, Re-

Tabelle 9.22: Leseleistung der 15-Jährigen (Mittelwert) nach Familientyp und Schulform

Familientyp	Bildungsgang		
	Hauptschule Mittelwert (Anzahl)	Realschule Mittelwert (Anzahl)	Gymnasium Mittelwert (Anzahl)
Familie mit leiblichen Eltern	75,22 (694)	103,90 (1.027)	126,22 (1.168)
Alleinerziehende	78,10 (188)	102,65 (230)	128,09 (186)
Stieffamilie	77,66 (102)	102,31 (127)	124,86 (80)

Die Leistungsunterschiede zwischen den Schülerinnen und Schülern aus verschiedenen Familientypen sind nicht signifikant.

alschulen und Gymnasien[16]. In allen drei Bildungsgängen liegen die Werte dicht beieinander, die Leistungen der Kinder aus „normalen" Familien (leibliche Eltern) unterscheiden sich in keinem einzigen Fall signifikant von denjenigen, die bei allein erziehenden Müttern oder Vätern leben; das Gleiche gilt für Kinder aus Stieffamilien. Damit entsprechen die Ergebnisse denen, die Lehmann u.a. (1997) für die Hamburger Grundschulen gefunden haben. Auch dort zeigte sich, dass allein die „Vollständigkeit" oder „Unvollständigkeit" einer Familie in keinem Zusammenhang zu den Testleistungen der Schülerinnen und Schüler steht. Der im internationalen Bericht für die Mehrheit der OECD-Länder konstatierte Leistungsvorteil (Lesen) von Kindern aus „vollständigen" Familien findet sich in der deutschen Stichprobe somit auch dann nicht, wenn man die Zusammenhänge mit komplexen multivariaten Verfahren analysiert.

Auch die PISA-Daten tragen dazu bei, das verbreitete Stereotyp vom „Zerfall der Familie" zurechtzurücken. Denn mehr als drei Viertel aller 15-Jährigen wachsen in ihrer biologischen Herkunftsfamilie auf, dabei sind die Anteile in Gymnasien und Realschulen etwas höher als in den anderen Schulformen. Und auch das Klischee von benachteiligten Trennungskindern bedarf dringend der Überprüfung: Wenn Schulform und Sozialschicht kontrolliert werden, weisen Kinder von Alleinerziehenden genauso gute Schulleistungen auf wie Kinder aus „vollständigen" Familien. Dies spricht dafür, dass Lehrerinnen und Lehrer viel stärker als bisher unabhängig von der Zusammensetzung der Herkunftsfamilie nach den individuellen Stärken und Schwächen der Schülerinnen und Schüler fragen sollten.

4.3 Freunde, Freizeit, Medien

In der PISA-Studie werden 15-jährige Jugendliche befragt. Es handelt sich somit um eine Altersgruppe, für die sich neue Entwicklungsaufgaben stellen, die auch in Konkurrenz zu den Belangen der Schule treten können. Die Gruppe der Altersgleichen hat inzwischen eine prominente Orientierungsfunktion übernommen, dabei werden auch Erfahrungen in gegengeschlechtlichen Beziehungen gewonnen. Im Zusammenhang mit der Bearbeitung dieser jugendspezifischen Entwicklungsthemen können sich auch explizit schuldistanzierte oder gar lernfeindliche Haltungen entwickeln (vgl. Hurrelmann, 1994). Aus einer Vielzahl von Jugendstudien der 1980er und 1990er Jahre ist bekannt, dass gleichaltrige Freunde bei Heranwachsenden mit zunehmendem Alter eine immer größere Rolle spielen, dass inzwischen die große Mehrheit der Heranwachsenden sich einer Clique zurechnet und dass Mädchen in ihrer Cliqueneinbindung inzwischen gleichgezogen haben. Damit einher geht die „Selbstsozialisation", also die Selbstgestaltung von Stilen, Verhaltensweisen, Identitätsentwürfen, die in Gruppen gleichaltriger Jugendlicher eine große Bedeutung besitzt und bei der eine jugendspezifische Mediennutzung eine erhebliche Rolle spielt (vgl. Jugendwerk der Deutschen Shell, 1992, 1997, 2000). Dies bedeutet auch, dass gerade bei den 14- bis 16-Jährigen der aktuelle Einfluss von Schule und Familie schwindet, der der Freunde hingegen zunimmt (vgl. Fend, 1990, S. 239 ff.). Vor dem Hintergrund dieser jugendtheoretischen Erkenntnisse wurden in den nationalen Schülerfragebogen etliche Fragen aufgenommen, die den Bereich der Freizeitaktivitäten, der Einbindung in Freundesgruppen und der damit verbundenen Mediennutzung erhellen können.

In der bisherigen Forschung ist das Verhältnis zwischen außerschulischen Aktivitäten und dem schulischen Verhalten von Jugendlichen nicht sehr umfassend bearbeitet worden. Die wenigen Studien, die dazu vorliegen, beschreiben entweder mit einem eher jugendsoziologischen Ansatz vor allem die Herausbildung schuldistanzierter Cliquen und deren Formen des abweichenden Verhaltens (vgl. z.B. Willis, 1979), oder sie sind eher entwicklungspsychologisch orientiert und zeichnen vor allem die Veränderungsprozesse im Selbstkonzept nach (vgl. insbesondere Fend, 1997). Doch Arbeiten, die einen Zusammenhang zwischen jugendtypischen Formen des Verhaltens und dem (schulischen) Kompetenzerwerb herstellen, liegen – so weit wir sehen – bisher nicht vor. So gesehen wird mit der folgenden Analyse der PISA-Daten in empirischer wie in theoretischer Hinsicht Neuland betreten. Was die theoretische Konzipierung angeht, so darf nicht übersehen werden, dass bei den Merkmalen des jugendlichen Verhaltens (z.B. Art des Medienkonsums) immer nur einzelne Indikatoren erhoben werden, die jeweils auf eine umfassendere jugendkulturelle Einbindung schließen lassen. Diese Einbindung kann eher abweichend-schuldistanzierte oder eher bildungsorientierte Formen annehmen und – so die Vermutung – in ihrer jeweiligen Gesamtheit eine leistungsbedeutsame Wirkung entfalten. Die folgende Datenanalyse versteht sich als explorative Annäherung an diese These.

Wertorientierungen und die Zugehörigkeit zu Cliquen

Was die Einbindung der Schülerinnen und Schüler in informelle Cliquen angeht, so lassen sich mit den PISA-Daten die angesprochenen Ergebnisse der Jugendforschung nur bestätigen: 77 Prozent der Befragten gaben an, einer solchen Clique anzugehören (60 % einer geschlechtsgemischten, 17 % einer geschlechtshomogenen). Dabei liegt der Mädchenanteil sogar höher als der der Jungen (83 % zu 71 %), zwischen den Schulformen sind die Unterschiede minimal. In diesen Cliquen verbringen die Jugendlichen einen ganz erheblichen Teil der Freizeit: 60 Prozent geben an, mehr als vier Stunden pro Woche etwas mit Freunden oder Freundinnen zu unternehmen (ohne Tab.). Die aktuelle Jugendforschung zeigt, dass in solchen Cliquen sehr unterschiedliche Wertorientierungen, Interessen und kulturelle Präferenzen gelten können. Dabei reicht die Spannbreite von aggressiven, antiintellektuellen Straßengangs bis hin zu Zirkeln, in denen die eigene literarische Produktion einen hohen Identitätswert besitzt (vgl. Behnken u.a., 1997; Ferchhoff & Neubauer, 1997). Die Vermutung ist, dass solch unterschiedliche Cliqueneinbindungen auch mit Konsequenzen für die Lernbereitschaft und insbesondere für die Leseaktivitäten verbunden

Abbildung 9.18: Aggressive Orientierung in der Freundesgruppe (Mittelwert und Standardabweichung)

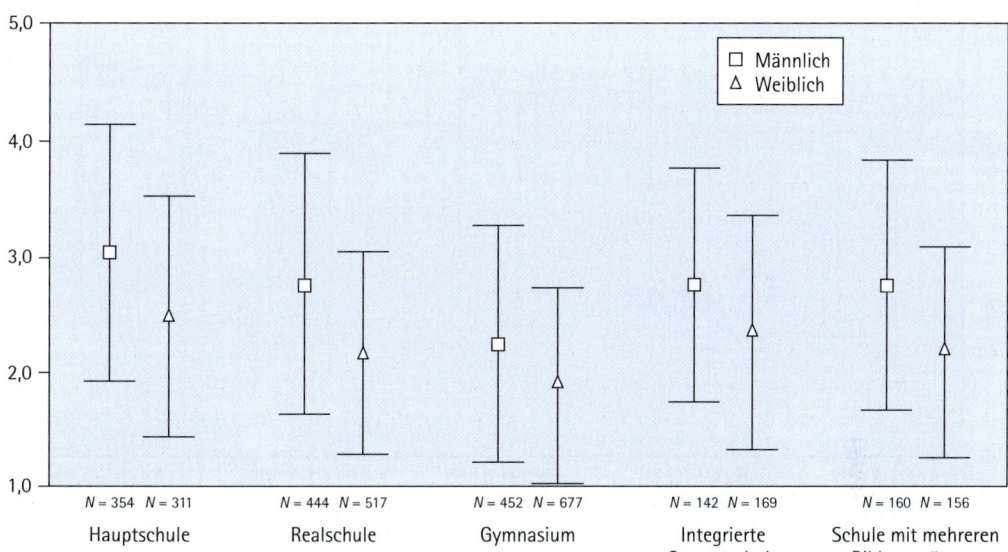

Die Effektstärken der Faktoren Schulform ($\eta^2 = .06$) und Geschlecht ($\eta^2 = .04$) sind gering.

sind, und dass sie auf diesem Weg auch den Kompetenzerwerb beeinflussen können. Es
wird dieser Spur nachgegangen, indem zwei unterschiedliche (womöglich gegensätzliche)
Wertorientierungen solcher Cliquen analysiert werden, die als „aggressive Orientierung"
und als freizeitbezogene „Freude am Lesen" bezeichnet werden. Die Skala „Aggressive
Orientierung in der Freundesgruppe" umfasst drei Items (Cronbachs $\alpha = .68$):
„Wenn wir Probleme mit anderen Gruppen haben, lösen wir die nicht mit Diskutieren."
„Um die Ziele und Interessen unserer Gruppe durchzusetzen, pfeifen wir auch schon mal
aufs Gesetz."
„Im letzten Jahr hat es mit anderen Gruppen Kämpfe, Prügeleien oder ähnliche Ausein-
andersetzungen gegeben."
   Die Ergebnisse zeigen, dass die Jugendlichen in sehr unterschiedlichem Maße in Cli-
quen mit solchen Wertorientierungen eingebunden sind, und dass dabei – bei großen
Überlappungen – systematische Unterschiede sowohl zwischen den Schulformen wie zwischen den Geschlechtern bestehen[17] (Abb. 9.18). Es zeigt sich, dass vor allem männliche
Hauptschüler über ein besonders aggressives Cliquenklima berichten, während sich Gymnasiastinnen in den „friedlichsten" Cliquen befinden. Weil die Einbindung in Cliquen mit
aggressiven Orientierungen häufig mit einer ausgeprägten Anti-Schulhaltung verbunden
ist, kann man vermuten, dass sie in einem negativen Verhältnis zu den Leistungen stehen.
Diese Hypothese lässt sich zunächst einmal korrelationsstatistisch bestätigen: In allen
Schulformen (außer der Hauptschule) finden sich signifikante negative Korrelationen zur
Leseleistung: Bei den Mädchen zwischen $r = -.18$ (Gymnasium) und $r = -.27$ (Schule mit
mehreren Bildungsgängen), bei den Jungen zwischen $r = -.15$ (Integrierte Gesamtschule)

Abbildung 9.19: Freude am Lesen (Mittelwert und Standardabweichung)

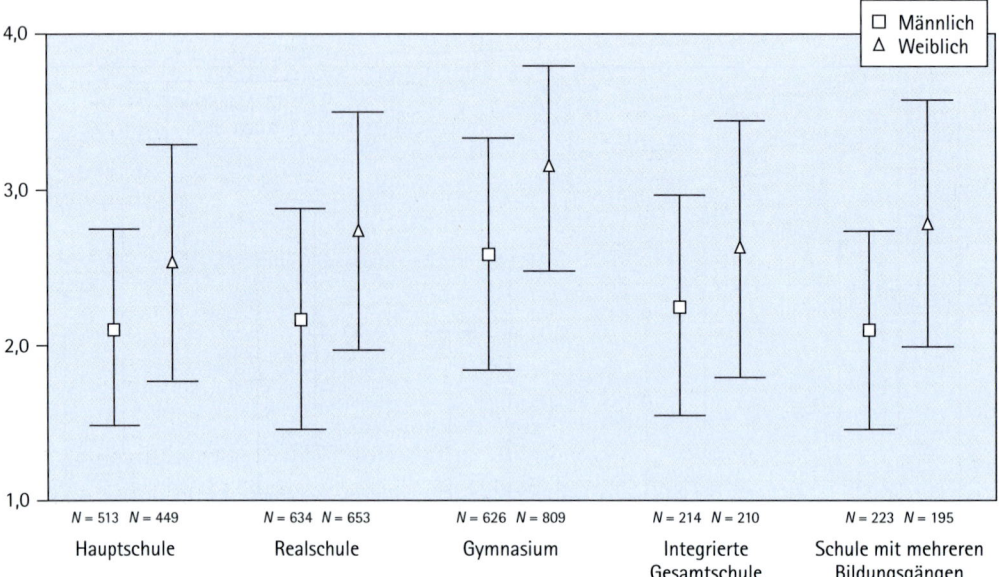

Die Effektstärken der Faktoren Schulform (η^2 = .08) und Geschlecht (η^2 = .07) sind gering.

und r = −.30 (Schule mit mehreren Bildungsgängen). Damit deutet sich an, dass es bei 15-Jährigen Formen der Freizeit- und Cliqueneinbindung gibt, die mit geringeren fachlichen Leistungen einhergehen.

Dieser Strang wird weiter verfolgt, indem eine andere, eher gegenteilige Orientierung betrachtet wird, die sich ebenfalls auf den Freizeitbereich bezieht: Während die „aggressive Orientierung" eine schuldistanzierte, subkulturorientierte Einstellung beschreibt, geht es bei der „Freude am Lesen" eher um eine Einstellung, die kulturelles Interesse und Bildungsorientierung signalisiert. Diese Skala (Cronbachs α = .90) besteht aus neun Items, beispielhaft seien hier zwei genannt.

„Für mich ist Lesen Zeitverschwendung."

„Ich spreche gerne mit anderen Leuten über Bücher."

Auch bei dieser freizeitorientierten Leseorientierung findet sich erneut folgendes – nun bereits bekanntes – Ergebnisbild: eine recht breite Streuung bei systematischen Schulform- und Geschlechterunterschieden (siehe Abb. 9.19).

Die Darstellung zeigt hier durchgängige geschlechtsspezifische Unterschiede. In allen Schulformen artikulieren die Mädchen eine größere Freude daran, sich freiwillig und aktiv mit Lesestoff – insbesondere mit Büchern – auseinander zu setzen. Dabei gilt: Die Lesefreude der Mädchen in Hauptschulen ist genauso ausgeprägt wie die der Jungen in Gymnasien. Weil sich hier durchgängige Zusammenhänge insbesondere zur Leseleistung, erstaunlicherweise aber auch zur Mathematikleistung zeigen, werden die Ergebnisse der Korrelationsberechnungen in Tabelle 9.23 differenziert mitgeteilt: In allen zehn Subgruppen (nach Schulform und Geschlecht) finden sich signifikante Korrelationen zwischen der „Freude am Lesen" und den Leseleistungen, dabei erreichen die Werte vor allem im Gym-

Tabelle 9.23: Korrelationen der Fachleistungen mit „Freude am Lesen"

Fachleistung	Schulform									
	Hauptschule		Realschule		Gymnasium		Schule mit mehreren Bildungsgängen		Integrierte Gesamtschule	
	Männl.	Weibl.	Männl.	Weibl.	Männl.	Weibl.	Männl.	Weibl.	Männl.	Weibl.
Lesen	.11*	.27***	.26***	.31***	.41***	.36***	.15*	.41***	.34***	.36***
	($n = 510$)	($n = 447$)	($n = 634$)	($n = 653$)	($n = 626$)	($n = 809$)	($n = 222$)	($n = 195$)	($n = 212$)	($n = 210$)
Mathematik	.03	.27***	.10	.28***	.23***	.27***	.07	.19+	.14+	.16
	($n = 267$)	($n = 264$)	($n = 356$)	($n = 356$)	($n = 336$)	($n = 463$)	($n = 113$)	($n = 106$)	($n = 122$)	($n = 114$)

+ $p < .10$ (Tendenz), * $p < .05$, ** $p < .01$, *** $p < .001$.

nasium mit .36 bzw. .41 eine beachtliche Stärke. Darüber hinaus verweisen die zwar geringeren, aber ebenfalls durchgängig positiven Korrelationen zur Mathematikleistung darauf, dass die Dimension der „Lesefreude" wohl generelle Aspekte von Motivation und Lernfreude anspricht, die für verschiedene fachliche Leistungen von Bedeutung sein dürften.

Freizeitaktivitäten

Im Jugendalter spielen Freizeitaktivitäten – die oft in der Clique stattfinden – eine große Rolle. Sie sind von erheblicher Bedeutung sowohl für die Gewinnung und den Erhalt sozialer Bindungen als auch für die Entwicklung der eigenen Identität. Es kommt hinzu, dass mit der Ausübung bestimmter Aktivitäten zugleich Gruppenstile und Weltsichten präsentiert werden (vgl. Jugendwerk der Deutschen Shell, 1997, S. 347 ff.). In Anlehnung an die jugendsoziologische Freizeitforschung wird zunächst ermittelt, welche Freizeitaktivitäten mit welcher Häufigkeit von den Schülerinnen und Schülern betrieben werden. Dazu werden insgesamt 14 Aktivitäten mit der Bitte vorgegeben, die Häufigkeit dieser Tätigkeiten anzugeben: Sechs dieser Aktivitäten lassen sich als „typisch" für die befragten 15-Jährigen bezeichnen, weil sie von etwa drei Viertel der Jugendlichen regelmäßig (d.h. mit wöchentlich mindestens einer Stunde) betrieben werden.

- Musik hören
- Fernsehen oder Video schauen
- Zeitungen und Zeitschriften lesen
- Sport treiben
- Veranstaltungen besuchen
- Etwas mit Freunden oder Freundinnen unternehmen

Diese Aktivitäten wurden zu der Skala „jugendtypisches Freizeitverhalten" zusammengefasst (Cronbachs α = .73). Daneben finden sich Aktivitäten, die nur von einer Minderheit (weniger als 20 %) regelmäßig praktiziert werden und insofern als wenig jugendtypisch gelten können: Dazu gehören zum Beispiel Musikinstrumente spielen, an Automaten spielen, etwas für die Kirche tun. Das „Bücherlesen" nimmt eine mittlere Position ein: 32 Prozent lesen „nie" Bücher, aber 17 Prozent lesen regelmäßig mehr als drei Stunden in der Woche. Dabei bestehen massive Schulform- und Geschlechterunterschiede in der bekannten Richtung. Dass die Häufigkeit des Bücherlesens (stark vermittelt über soziale

Abbildung 9.20: Jugendtypisches Freizeitverhalten (Mittelwert und Standardabweichung)

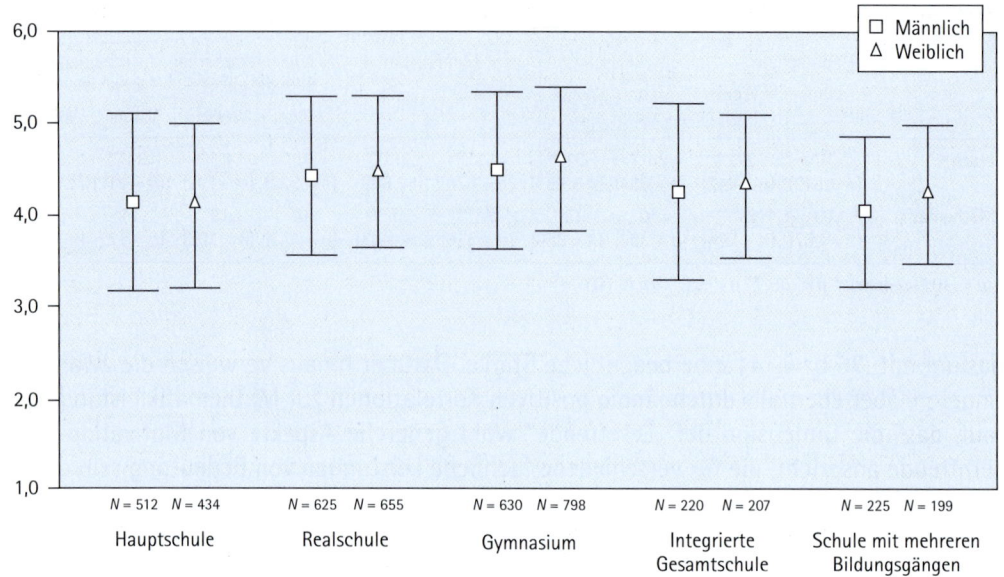

Die Effektstärken der Faktoren Schulform (η^2 = .04) und Geschlecht (η^2 = .01) sind gering.

Herkunft) mit der Leseleistung in Beziehung steht, kann nicht verwundern. Erstaunlicher sind hingegen die Zusammenhänge mit dem „jugendtypischen Freizeitverhalten", die deshalb im Folgenden näher betrachtet werden.

Vergleicht man die Schulform- und Geschlechterunterschiede, so stößt man zunächst auf erstaunlich geringe Differenzen (Abb. 9.20). Die „typischen" Formen jugendlichen Freizeitverhaltens finden sich etwa in der gleichen Verteilung in allen Schulformen und bei Mädchen wie bei Jungen. Allerdings zeigen sich bei einigen der Einzelaktivitäten geschlechtsspezifische Unterschiede: Deutlich mehr Jungen als Mädchen treiben besonders intensiv Sport; auf der anderen Seite verbringen Mädchen mehr Zeit als Jungen mit „Musik hören" und bei „Unternehmungen mit Freunden/-innen" (ohne Tab.). Bei den anderen Aktivitäten gibt es keine geschlechtsspezifischen Unterschiede. Dieser Befund deckt sich mit anderen jüngeren Untersuchungen, die eher geringe geschlechtsspezifische Differenzen in den Freizeitinteressen und im Freizeitverhalten von Jugendlichen aufzeigen (vgl. z.B. Nolteernsting, 1998, S. 130 ff.). Betrachtet man die Schulformen, so zeigt sich: Gymnasiasten sind nur leicht aktiver, Schülerinnen und Schüler an Hauptschulen und an Integrierten Gesamtschulen sind etwas zurückhaltender. Innerhalb der meisten Subgruppen besteht jeweils ein deutlicher Zusammenhang zwischen der Gesamtskala und den Leistungsvariablen: Schülerinnen und Schüler, die in ihrer Freizeit besonders aktiv sind, zeigen auch die besseren Leseleistungen. Entsprechende korrelative Zusammenhänge finden sich in allen Schulformen außer dem Gymnasium, sie liegen bei den Mädchen zwischen r = .16 (Hauptschule) und r = .23 (Realschule), bei den Jungen zwischen r = .17 (Realschule) und r = .25 (Integrierte Gesamtschule). Ein bestimmtes Aktivitäts- und Interessenniveau bei Jugendlichen scheint somit die Lesekompetenz mit einzuschließen.

Mediennutzung

Eine für den hier betrachteten Zusammenhang besonders wichtige Form der Freizeitbeschäftigung ist die Häufigkeit, Intensität und inhaltliche Ausrichtung der Beschäftigung mit elektronischen Medien[18]. Dabei hat schon die bisherige Forschung gezeigt, dass nicht so sehr die zeitliche Nutzung der Bildschirmmedien, sondern deren kulturelle und soziale Bedeutung sozialisatorisch relevant ist (vgl. Hurrelmann, 1993, S. 35 ff.). Deshalb wird nicht nur nach der Medienausstattung und der Zeitverwendung, sondern auch nach den Inhalten des Fernseh- und Videokonsums gefragt.

Was die zeitliche Nutzung angeht, zeigen sich die erwarteten Differenzen zwischen den Schulformen (siehe Tab. 9.24): Die durchschnittlichen Fernseh- und Videozeiten sind unter den Hauptschülerinnen und Hauptschülern am höchsten und unter den Gymnasialschülerinnen und Gymnasialschülern am geringsten – die anderen drei Schulformen liegen dazwischen. Es ist plausibel, an dieser Stelle einen deutlichen Zusammenhang anzunehmen zwischen den Fernseh- und Videozeiten auf der einen und den Zeiten, die in der Freizeit mit Lesen verbracht werden, auf der anderen Seite. Kurz: Wer viel fernsieht, wird wenig lesen.

Tabelle 9.25 zeigt, dass dieser Zusammenhang zwar besteht ($r = -.14$), aber keineswegs so eng ist, wie häufig unterstellt wird: Denn von der Regel „viel fernsehen = wenig lesen" gibt es viele Abweichungen: Die „Wenigseher" (bis zu 1 Std. täglich) sind in ihrer Mehrheit keineswegs „Vielleser" (29,6 % von ihnen lesen überhaupt nicht, weitere 28,9 % weniger als eine Stunde täglich), und auch unter den „Vielsehern" (mehr als 5 Std. täglich) gibt es noch einen Anteil von 10,7 Prozent, der täglich mehr als eine Stunde liest.

Ob es einen Zusammenhang zwischen dem Zeitverbrauch bei Fernsehen/Video und den fachlichen Kompetenzen gibt, wurde ebenfalls zunächst korrelationsstatistisch untersucht (ohne Tab.). Die nach Schulformen und Geschlecht errechneten Korrelationen zur Leseleistung liegen in sieben von zehn Fällen zwischen $r = .00$ und $r = -.10$; nur in einer Subgruppe (Mädchen in Integrierten Gesamtschulen: $r = -.25$) wird ein höherer Wert erreicht. Bei den Mathematikleistungen sind die Korrelationen noch niedriger. Es zeigt sich somit erneut, dass die Nutzungszeiten allein in keinem Zusammenhang mit dem Kompetenzerwerb stehen. Nicht die Zeiten vor dem Bildschirm, sondern die konsumierten Inhalte sind hier von Bedeutung. Besonders große schulform-, aber insbesondere geschlechtsspezifi-

Tabelle 9.24:   Durchschnittliche Fernsehzeiten am Tag nach Schulform (in %)

Tägliche Fernsehzeit	Schulform					
	Hauptschule (n = 939)	Realschule (n = 1.270)	Gymnasium (n = 1.420)	Schule mit mehreren Bildungsgängen (n = 426)	Integrierte Gesamtschule (n = 425)	Insgesamt (n = 4.480)
Bis 1 Stunde	5,2	7,7	15,1	7,7	9,9	9,7
1 bis 3 Stunden	39,3	47,7	55,1	46,0	41,5	47,5
3 bis 5 Stunden	27,3	26,4	19,6	27,7	26,6	24,6
Mehr als 5 Stunden	28,2	18,2	10,2	18,5	22,1	18,2
Insgesamt	100,0	100,0	100,0	100,0	100,0	100,0

Tabelle 9.25: Zusammenhang der durchschnittlichen Lesezeiten[1] mit den durchschnittlichen Fernsehzeiten am Tag (in %)

Tägliche Lesezeit	Tägliche Fernsehzeit				
	Bis 1 Stunde (n = 425)	1–3 Stunden (n = 2.108)	3–5 Stunden (n = 1.142)	Mehr als 5 Stunden (n = 831)	Insgesamt (n = 4.519)
Lese nicht zum Vergnügen	29,6	36,4	44,8	57,4	41,8
Unter 30 Minuten	28,9	27,8	29,2	21,9	27,2
31 bis 60 Minuten	21,6	22,3	13,7	10,0	17,8
1 bis 2 Stunden	11,3	9,6	8,8	4,7	8,7
Mehr als 2 Stunden	8,5	3,8	3,4	6,0	4,5
Insgesamt	100,0	100,0	100,0	100,0	100,0

Die Korrelation (Pearson) zwischen täglichen Fernsehzeiten und täglichen Lesezeiten beträgt $r = -.14$**.

[1] Frage: Wie viel Zeit verbringst du normalerweise jeden Tag damit, zu deinem Vergnügen zu lesen?

sche Unterschiede finden sich bei zwei Filmsparten: bei Porno-, Horror- und Gewaltfilmen einerseits, bei informativen Sendungen andererseits. Ein Blick auf die Häufigkeit des Konsums von Porno-, Horror- und Gewaltfilmen zeigt vor allem die massiven geschlechtsspezifischen Differenzen (siehe Abb. 9.21).

Mädchen konsumieren diese Filme in allen Schulformen extrem viel seltener als ihre männlichen Klassenkameraden. Dabei zeigen sich – auf unterschiedlichem Niveau – auch bei ihnen die gleichen Schulformunterschiede wie bei den Jungen. Dass solche inhalt-

Abbildung 9.21: Medienkonsum: Porno-, Horror-, Gewaltfilme (Mittelwert und Standardabweichung)

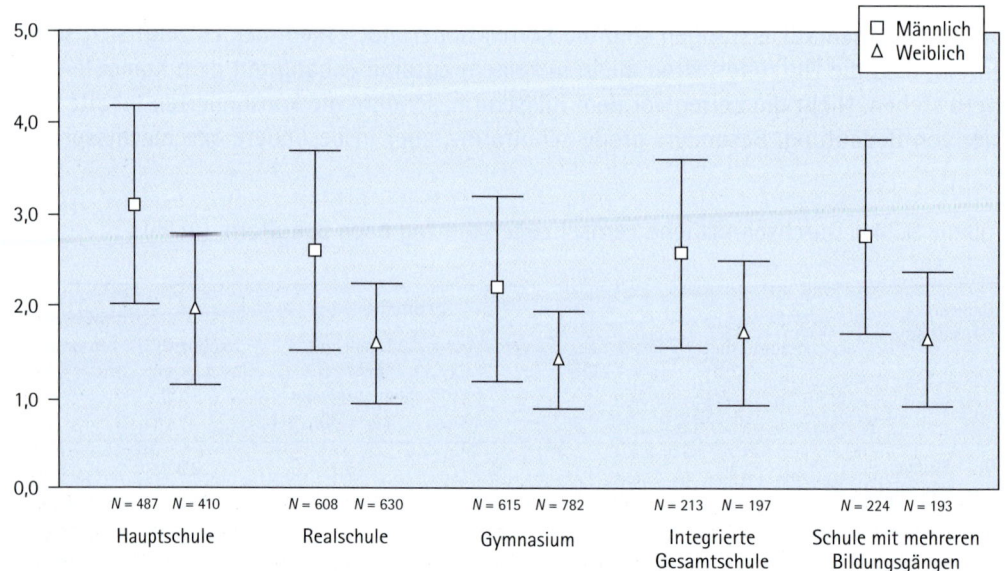

Die Effektstärke des Faktors Schulform ist gering ($\eta^2 = .08$), die des Geschlechts ($\eta^2 = .17$) mittelstark.

Tabelle 9.26: Partialkorrelationen der Leseleistungen mit dem Medienkonsum (Porno, Horror, Gewalt) unter Kontrolle der Sozialschicht

Schulform	Pearsons r
Hauptschule	
männlich (n = 404)	–.20***
weiblich (n = 336)	–.20***
Realschule	
männlich (n = 544)	–.18***
weiblich (n = 580)	–.11**
Gymnasium	
männlich (n = 568)	–.23***
weiblich (n = 732)	–.10**
Schule mit mehreren Bildungsgängen	
männlich (n = 178)	–.19*
weiblich (n = 168)	–.05
Integrierte Gesamtschule	
männlich (n = 175)	–.18*
weiblich (n = 163)	–.30***

* $p < .05$, ** $p < .01$, *** $p < .001$.

lichen Interessen in einem negativen Zusammenhang mit der Leseleistung stehen, zeigt Tabelle 9.26. Errechnet wurden Partialkorrelationen zwischen dem Konsum von solchen Filmen und der Leseleistung – bei Kontrolle des Faktors Sozialschicht. Die Tabelle zeigt, dass sich in den Schulform- und Geschlechtergruppen (mit einer Ausnahme) signifikante Korrelationen (zwischen $r = -.10$ und $r = -.30$) finden. Damit deutet sich an, dass ein bestimmtes inhaltliches Interesse – nämlich das an Horror, Porno und Gewalt – mit den Leseleistungen in Zusammenhang steht, während dies für die reinen Fernsehzeiten nicht gilt. Ein vergleichbares Muster der schulform- und geschlechtsspezifischen Unterschiede zeigt sich beim Konsum von informativen Sendungen. Dazu wurden hier „Nachrichten", „Sportsendungen" und „politische Magazine" gerechnet. Solche Sendungen werden von Jungen signifikant häufiger gesehen als von Mädchen, von Gymnasialschülerinnen und Gymnasialschülern häufiger als von Hauptschülerinnen und Hauptschülern (ohne Tab.). Der erwartete korrelative Zusammenhang zu den fachlichen Kompetenzen findet sich hier jedoch nicht: Ein informationsorientiertes Fernsehverhalten steht weder in Beziehung zur Lese- noch zur Mathematikleistung.

Insgesamt weist die Einbindung der 15-Jährigen in Freundesgruppen mit bestimmten Freizeitaktivitäten deutliche Bezüge zu den erworbenen Fachkompetenzen auf, und zwar auch dann, wenn die Faktoren „Geschlecht" und „Sozialschicht" kontrolliert werden. Die Zugehörigkeit zu schuldistanzierten Gruppen (z.B. aggressive Cliquen) und problematische Formen der Mediennutzung (z.B. häufiger Konsum von Porno- und Horrorfilmen) sind in allen Schulformen mit schlechteren Leistungen verknüpft, während ein entfaltetes „jugendtypisches Freizeitverhalten" und eine entsprechende Leseorientierung mit besseren Leistungen einhergehen. Dieses Ergebnis verweist vor allem auf die Notwendigkeit, die Erziehungsleistung der Schule gerade gegenüber schuldistanzierten und nicht immer „einfachen" Jugendlichen zu stärken (sowohl durch Zuwendung als auch durch Grenzziehung). Lehrkräfte können und sollen nicht direkt in außerschulische soziale Strukturen eingreifen, aber die Schule kann gerade für die Altersgruppe der 15-Jährigen im Freizeit- und Medienbereich attraktive Angebote machen. Dafür dürften die Möglichkeiten einer Ganztagsschule besonders günstig sein.

4.4 Schulklima und Unterrichtsqualität

Während die im 2. Abschnitt dieses Kapitels angesprochenen schulischen Bedingungen als distale Faktoren vor allem die personellen und materiellen Ressourcen, die organisatorischen Strukturen und die Kooperation der Lehrerkollegien beschreiben, geht es im Folgenden um proximale Variablen des kommunikativen Handelns, die sich unmittelbar auf das schulische Lernen beziehen: um das Schulklima und die Unterrichtsqualität. Beide Dimensionen der schulischen Umwelt wurden in der PISA-Studie fast ausschließlich auf dem Wege der Schülerbefragung erhoben[19]. Es geht also um die Wahrnehmungen und Bewertungen der Schul- und Unterrichtspraxis durch die Schülerinnen und Schüler. Damit kann hier nur eine von mehreren möglichen (und bedeutsamen) Perspektiven in die empirische Analyse einbezogen werden. So ließe sich Unterrichtsqualität auch durch eine Selbstbewertung der Lehrkräfte oder durch ein Urteil beobachtender Experten erheben. Solche Daten stehen hier aber nicht zur Verfügung.

Was die Schülerdaten betrifft, lässt es die PISA-Stichprobe leider nicht zu, diese Bewertungen auf einzelne Lerngruppen (Klassen) zu beziehen. Für die Analyse von Schulklima und Unterrichtsqualität ist dies besonders bedauerlich, weil sich in der bisherigen Forschung gezeigt hat, dass Schülerinnen und Schüler diese Aussagen auf einen konkreten Klassenkontext beziehen und dass sich auf dieser Klassenebene auch Zusammenhänge sowohl zu fachlichen Leistungen (vgl. Gruehn, 1998) als auch zu überfachlichen Sozialisationseffekten (vgl. Tillmann u.a., 1999, S. 274 ff.) finden. Bei den nachfolgenden Analysen kann man Aggregationen aber lediglich auf der Schul- und der Schulformebene vornehmen. Zudem ist gerade an dieser Stelle erneut darauf zu verweisen, dass sich aufgrund der Querschnittanlage der PISA-Studie eine verkürzte institutionenbezogene Interpretation verbietet (vgl. Kap. 8): Die Kompetenzen, die hier erhoben wurden, sind das Ergebnis eines langfristigen, kumulativen Lernprozesses. Die erhobenen Merkmale der Unterrichtsqualität und des Schulklimas bilden hingegen – gleichsam „blitzlichtähnlich" – die Situation ab, die die 15-Jährigen aktuell in ihrer Klasse erleben. Allein diese verschobene Zeitstruktur lässt es unwahrscheinlich erscheinen, dass hier enge statistische Zusammenhänge zwischen dem aktuellen Kontext und der langfristig aufgebauten Kompetenz auftreten.

Schulklima

Beim Schulklima handelt es sich um ein zentrales Qualitätsmerkmal des pädagogischen Prozesses, das sowohl das didaktisch-methodische Arrangement des Fachunterrichts durchdringt als auch darüber hinausgeht. Dabei geht es nicht um eine irgendwie geartete „objektive" Bedingung, sondern um die von Schülerinnen und Schülern subjektiv empfundene Umwelt: Wie erleben die Schülerinnen und Schüler ihre Kommunikation miteinander, wie nehmen sie die Kommunikation mit den Lehrkräften wahr? Entwickeln sie ein positives Zugehörigkeitsgefühl zur Schule und zu ihrer Klasse, oder erleben sie eher Abweisung und Distanz?

Es handelt sich hierbei um eine seit vielen Jahren betriebene Forschungsrichtung, die inzwischen einen höchst vielfältigen Kenntnisstand produziert hat (vgl. die Sammelreferate von Fend, 1998; Tillmann, 1995; Ulich, 1991). Dabei wurden sowohl die Entstehungsbedingungen für ein positives Schulklima (vgl. Fend, 1998, S. 139 ff.) als auch die negativen Auswirkungen (z.B. hohes Gewaltniveau) bei einem schlechten Schulklima herausgearbeitet (vgl. Tillmann u.a., 1999, S. 298 ff.). Im Rahmen der PISA-Studie wird vor allem danach gefragt, ob und wie sich Unterschiede im Schulklima auf den Erwerb der fachlichen Kompetenzen auswirken. Dabei liegt die Hypothese nahe, dass Schülerinnen und Schüler, die in einer sozioemotional angenehmen Umwelt lernen, auch zu besseren fachlichen Leistungen kommen. Allerdings ist zugleich zu betonen, dass ein positives Schulklima nicht allein – nicht einmal vorwiegend – durch einen solchen Leistungseffekt legitimiert wird, sondern einen davon unabhängigen pädagogischen Wert besitzt: Dass Schülerinnen und Schüler in einer freundlich-unterstützenden, möglichst angstfreien Atmosphäre lernen sollen, dass sie dabei Kooperation, Solidarität und persönliche Akzeptanz erfahren sollen, dies alles sind Anforderungen an eine humane Schule in einer demokratischen Gesellschaft. Sie begründen sich aus dem Anspruch der Schule, junge Menschen auf ihrem Weg zur Selbstständigkeit und Handlungsfähigkeit zu unterstützen, haben also unabhängig von einem möglichen Leistungseffekt ihre grundlegende Berechtigung. Vor diesem Hintergrund sind dann auch die Ergebnisse der wenigen Studien zu bewerten, in denen sowohl Fachleistungen als auch Schulklimawahrnehmungen erhoben wurden: Weder in Fends Schulleistungsstudie der späten 1970er Jahre (vgl. Fend, 1998, S. 148 ff.) noch in den entsprechenden Analysen der BIJU-Daten (vgl. Gruehn, 1998, S. 156 ff.) fanden sich durchgängige Zusammenhänge zwischen den Schulklimadimensionen und den fachlichen Leistungen.

Im Folgenden werden zunächst die Ausprägungen des Schulklimas in den verschiedenen Schulformen deskriptiv dargestellt, um sodann nach möglichen „Wirkungen" zu fragen. Im nationalen Schülerfragebogen wurde das Schulkima zunächst mit drei Items zur „allgemeinen Schulzufriedenheit" ermittelt (Cronbachs α = .68):

Abbildung 9.22: Allgemeine Schulzufriedenheit (Mittelwert und Standardabweichung)

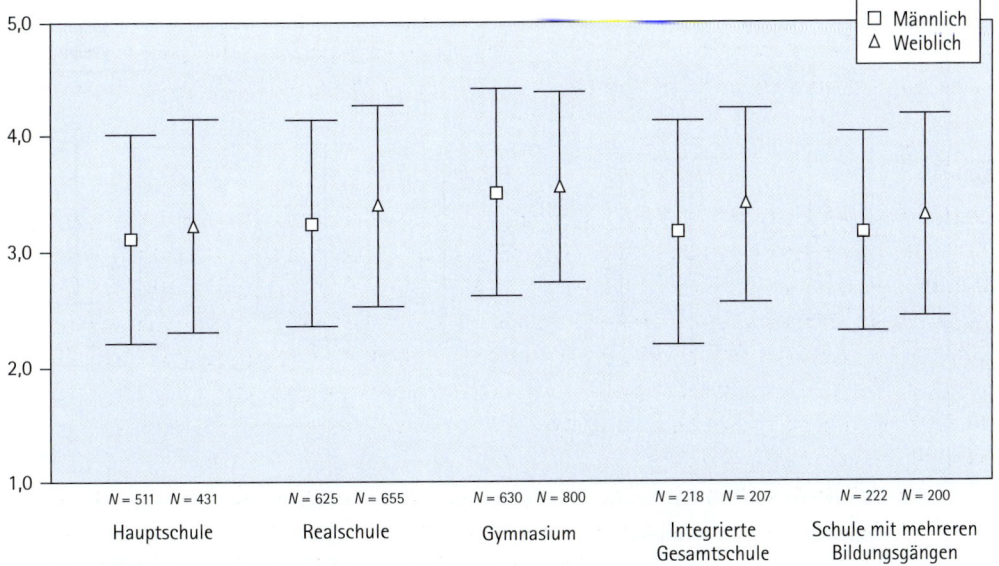

Die Effektstärken der Faktoren Schulform (η^2 = .02) und Geschlecht (η^2 = .01) sind gering.

„Ich gehe gern zur Schule."

„Wenn ich könnte, würde ich lieber in eine andere Schule gehen."

„Ich fühle mich in unserer Schule gut aufgehoben."

Die Ergebnisse (siehe Abb. 9.22) zeigen nur leichte schulform- und geschlechtsspezifische Unterschiede: Die höchste Schulzufriedenheit herrscht bei den Jungen und Mädchen in den Gymnasien, die geringste bei den Jungen in den Integrierten Gesamtschulen. Die Mittelwerte liegen in allen Schulformen jenseits des theoretischen Mittelpunkts der Skala (3,0), sie signalisieren damit insgesamt deutlich mehr Zufriedenheit als Unzufriedenheit. Allerdings ist die Streuung recht groß; das bedeutet, dass in allen Schulformen (und bei beiden Geschlechtern) sowohl recht zufriedene als auch unzufriedene Schülerinnen und Schüler anzutreffen sind.

Als zweite Dimension wurde mit sechs Items die Qualität der Schüler-Lehrer-Beziehung („Einschätzung der Lehrkräfte") erhoben. Dabei geht es vor allem um die Frage, ob die Schülerinnen und Schüler bei den Lehrkräften ein Interesse am Lernen und an ihrer Person wahrnehmen (Cronbachs α = .76). Beispielitems:

„Die meisten meiner Lehrer/Lehrerinnen interessieren sich für das, was ich zu sagen habe."

„Den meisten Lehrern/Lehrerinnen ist es wichtig, dass die Schüler/innen sich wohl fühlen."

Auch bei dieser Dimension finden sich nur leichte schulformspezifische Unterschiede, diesmal aber in die andere Richtung (siehe Abb. 9.23): Die Beziehungen zu den Lehrkräften werden von den Schülerinnen und Schülern an Hauptschulen etwas besser eingeschätzt als von denen an Realschulen und Gymnasien. Hier liegen die Mittelwerte der Jungen in den verschiedenen Schulformen sehr nahe am theoretischen Mittelpunkt (2,5), die Werte der Mädchen sind durchgängig etwas positiver. Damit signalisieren die Schülerin-

Abbildung 9.23: Schülerwahrnehmung der Lehrer (Mittelwert und Standardabweichung)

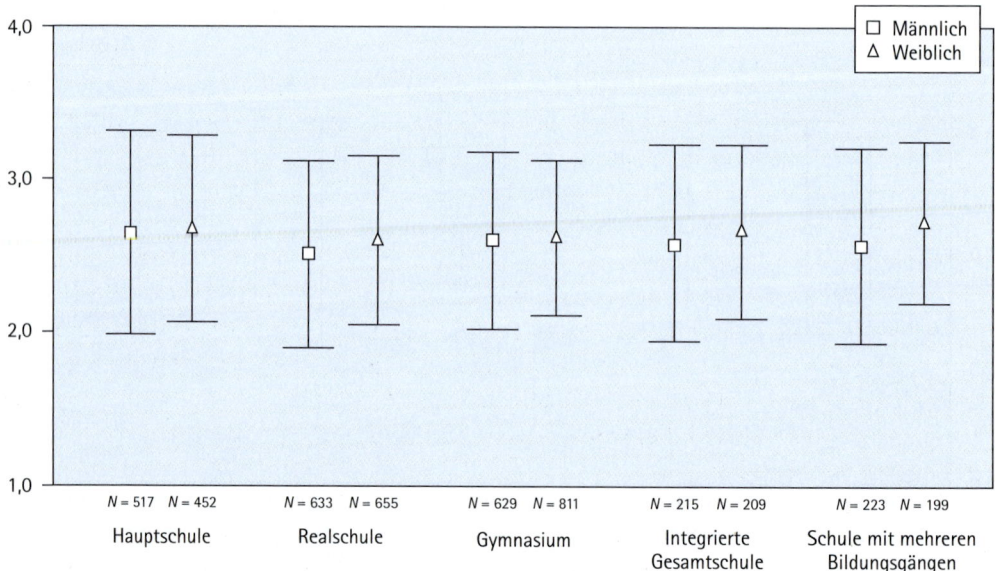

Die Effektstärken der Faktoren Schulform (η^2 = .01) und Geschlecht (η^2 = .01) sind gering.

Tabelle 9.27: Korrelationen der Wahrnehmung des Schulklimas mit Formen des devianten Verhaltens bei männlichen Schülern

Deviantes Verhalten	Schulklima	
	Schülerwahrnehmung der Lehrer	Allgemeine Schulzufriedenheit
Physische Gewalt gegen Sachen und Personen		
Schulform		
Hauptschule	−.24***	−.23***
Realschule	−.15***	−.11**
Gymnasium	−.21***	−.11**
Schule mit mehreren Bildungsgängen	−.37***	−.14*
Integrierte Gesamtschule	−.06	−.19**
Fehlen, Schwänzen, Zuspätkommen		
Schulform		
Hauptschule	−.27***	−.14**
Realschule	−.16**	−.12**
Gymnasium	−.25***	−.21***
Schule mit mehreren Bildungsgängen	−.28***	−.24***
Integrierte Gesamtschule	−.01	−.14*

* $p < .05$, ** $p < .01$, *** $p < .001$.

nen und Schüler eine eher ambivalente Bewertung ihres Verhältnisses zu den Lehrkräften. Allerdings sind auch hier in allen Schulformen die Streuungen (und damit die unterschiedlichen Einschätzungen) recht groß. Insgesamt überrascht bei diesen Ergebnissen, wie wenig sich bei den Schülerwahrnehmungen schulformspezifische Muster herausbilden.

Wie bereits angemerkt, wurde die Erwartung, dass sich ein positives Schulklima auch positiv auf die fachlichen Leistungen auswirkt, in der vorliegenden Forschung nicht bestätigt. Und auch die PISA-Ergebnisse weisen aus, dass Schulklima und fachliche Leistungen voneinander unabhängige Variablen sind: Die Korrelationen zwischen beiden Klimadimensionen und den Fachleistungen (Lesen, Mathematik) liegen in allen Schulformen[20] zwischen 0 und .11 (ohne Tab.). Und unter Vorgriff auf den nachfolgenden Abschnitt kann schon mitgeteilt werden, dass auch die Regressionsrechnungen keinerlei Einflüsse des Schulklimas auf die Fachkompetenzen abbilden. Das bedeutet: Gute (aber auch schlechte) Fachleistungen sind sowohl unter den Bedingungen eines positiven als auch unter den Bedingungen eines negativen Schulklimas möglich.

Wenn auch die Schulklimadimensionen keine Bezüge zu den fachlichen Leistungen haben, so deuten sich doch interessante Zusammenhänge zu einem anderen Bereich an, nämlich zum devianten Verhalten in der Schule: Jugendliche, die das Schulklima positiv einschätzen, nehmen regelmäßiger als andere am Unterricht teil[21] und neigen seltener zu körperlichen Gewalthandlungen[22]. Diese Zusammenhänge finden sich vor allem bei den männlichen Schülern, weil diese weit häufiger solche Formen des abweichenden Verhaltens zeigen (siehe Tab. 9.27).

Auch wenn ein positives Schulklima sich hier als nicht leistungsrelevant erweist, so verbinden sich damit doch wichtige Qualitätsaspekte im Bereich des sozialen Umgangs. Damit wird darauf verwiesen, dass dem Schulklima in der Diskussion um Schulqualität ein eigenständiger, von der Fachleistung unabhängiger Wert zugesprochen werden muss: Von der Schule wird erwartet, dass sie den Heranwachsenden eine zugewandte, identitäts-stützende und sozial angenehme Lernumwelt bietet. Damit verbindet sich auch die Vorstellung, durch möglichst egalitäre Formen der Kommunikation demokratische Verkehrs-formen einzuüben. Die referierten Ergebnisse zeigen, dass dies erreicht werden kann, ohne damit einen Leistungsabfall in Kauf nehmen zu müssen.

> In allen Schulformen wird das Schulklima von den Schülerinnen und Schülern individuell recht unterschiedlich wahrgenommen; dabei überwiegen die positiven Bewertungen, schulformspezifische Unterschiede zeigen sich nicht. Während sich eine Beziehung zwischen einem guten Schulklima und einer geringeren Devianzbelastung andeutet, ist ein Zusammenhang zwischen einem guten Schulklima und höheren Fachleistungen nicht nachweisbar. Allerdings kommt dem Schulklima davon unabhängig ein Wert als eigenständiges Qualitätsmerkmal zu.

Unterrichtsqualität

Im internationalen Schülerfragebogen wurden die Jugendlichen nach ihrer Einschätzung der Unterrichtsqualität in Deutsch gefragt; im nationalen Fragebogen wurden die gleichen Items für den Mathematikunterricht verwendet. Dies geschah mit umfangreichen Fragebatterien in insgesamt sechs Dimensionen[23]:

(a) Leistungserwartungen (4 Items), Beispiel:
„Unser Lehrer/unsere Lehrerin will, dass wir uns richtig anstrengen."
(b) Lehrerunterstützung (7 Items), Beispiel:
„Unser Lehrer/unsere Lehrerin erklärt etwas so lange, bis wir es verstehen."
(c) Disziplinprobleme (6 Items), Beispiel:
„Unser Lehrer/unsere Lehrerin muss lange warten, bis Ruhe eintritt."
(d) Klarheit und Regeltreue (5 Items), Beispiel:
„Alles, was wir machen, ist sorgfältig geplant."
(e) Überforderung (5 Items), Beispiel:
„Für mich ist die Zeit zu kurz, um mit der Arbeit fertig zu werden."
(f) Individuelle Bezugsnormorientierung (3 Items), Beispiel:
„Unser Lehrer/unsere Lehrerin lobt auch die schlechten Schüler, wenn er/sie merkt, dass sie sich verbessern."
Nur für das Fach Mathematik wurde außerdem die folgende Dimension erhoben:
(g) „Anspruchsvolles Üben"[24] (3 Items; Cronbachs $\alpha = .58$), Beispiel:
„In unserem Mathematikunterricht wenden wir, wenn wir üben, das Gelernte oft auf andere Dinge an."

Hinter solchen Operationalisierungen stehen theoretische Konzepte und empirische Ergebnisse einer psychologisch ausgerichteten Unterrichtsforschung, in der (neben anderen Variablen) die Ausprägungen des Lehr-Lernarrangements als *ein* wesentlicher Faktor des Lernerfolgs angesehen werden. Als weitere – keineswegs unwichtigere Faktoren – gelten dabei zum Beispiel die Vorkenntnisse, die Motivation, die Unterrichtszeiten (vgl. z.B. Walberg, 1986). Wie stark der Einfluss dieser verschiedenen Faktoren auf die Schülerleistung ist, und welche Aspekte der Unterrichtsqualität dabei von Bedeutung sind, wurde vor allem in Projekten zum mathematisch-naturwissenschaftlichen Unterricht erforscht. Sofern dabei angemessene, längsschnittlich angelegte Forschungsdesigns realisiert wurden, konnte aufgezeigt werden, dass „Qualitätsunterschiede des Unterrichts (...) für die Schulleistungen von begrenzter, aber erheblicher Wichtigkeit" sind (Helmke & Weinert, 1997, S. 126). Allerdings ist deren Erklärungsbeitrag erheblich geringer als etwa der der kognitiven Eingangsvoraussetzungen. Als relevante Merkmale eines leistungsfördernden Unterrichts werden in dieser Forschung vor allem herausgearbeitet: ausgeprägte Aufgabenorientierung, effiziente Klassenführung, klare Strukturierung des Lernstoffs, gute Zeitnutzung des Unterrichts und ein förderndes Engagement der Lehrkraft (vgl. Helmke & Schrader, 1998, S. 63). Die oben angegebenen Skalen knüpfen an diese Forschung an und operationalisieren die Qualitätsaspekte des Unterrichts, bei denen am ehesten Auswirkungen auf die Schulleistungen erwartet werden können.

Es werden im Folgenden – für Deutsch und Mathematik getrennt – die Ergebnisse dieser Erhebung von Unterrichtsqualitätsmerkmalen präsentiert. Damit wird zunächst einmal deskriptiv dargestellt, wie die Schülerinnen und Schüler ihren Fachunterricht in den verschiedenen Schulformen zum Erhebungszeitpunkt einschätzen.

Unterrichtsqualität Deutsch

Um die Vielzahl der Ergebnisse im Überblick darstellen zu können, wird in Abbildung 9.24 ein Schulformprofil präsentiert:

Der besseren Übersichtlichkeit wegen enthält diese Abbildung nicht fünf, sondern nur drei Schulformen (Hauptschule, Gymnasium, Integrierte Gesamtschule). Dabei finden sich die größten Unterschiede in aller Regel zwischen Hauptschule und Gesamtschule einerseits und dem Gymnasium andererseits; die hier nicht abgebildeten Schulformen (Real-

Abbildung 9.24: Merkmale des Deutschunterrichts (Mittelwerte nach Schulform)

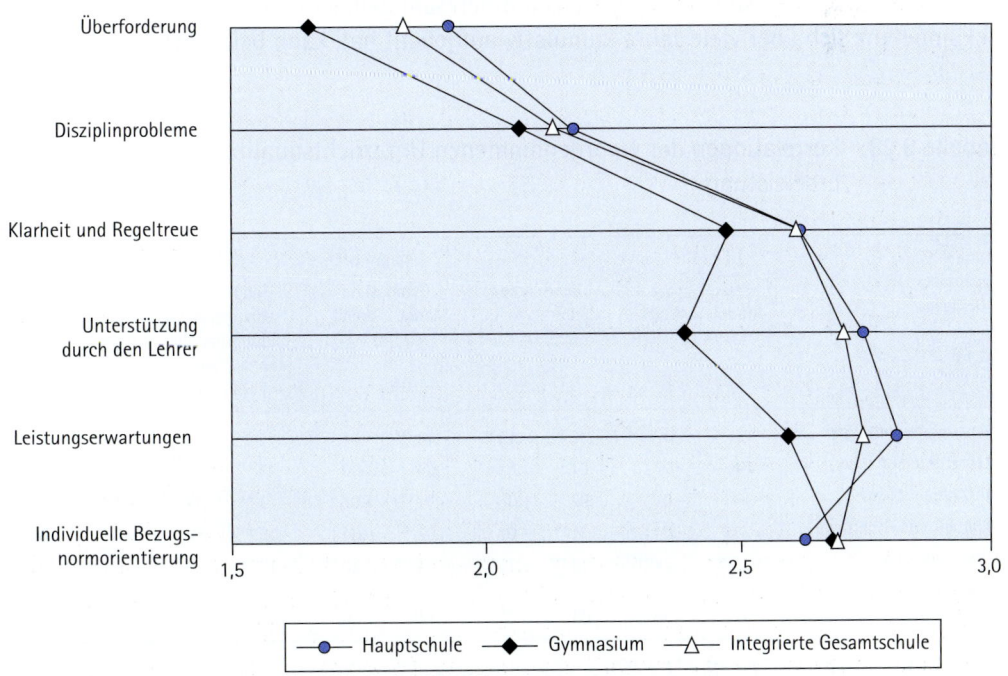

schule, Schule mit mehreren Bildungsgängen) nehmen fast immer eine mittlere Position ein. Es zeigt sich zunächst einmal, dass der Deutschunterricht in allen Schulformen von den Schülerinnen und Schülern überwiegend positiv eingeschätzt wird: Bei den unerwünschten Unterrichtsmerkmalen „Überforderung" und „Disziplinprobleme" liegen die Schulformmittelwerte weit unter dem theoretischen Mittelpunkt (2,5) der Skala. Die Schülerinnen und Schüler machen damit deutlich, dass sie sich im Deutschunterricht relativ selten überfordert fühlen. Dies gilt für alle Schulformen, dabei unterscheiden sich die besonders niedrigen Werte des Gymnasiums allerdings noch einmal signifikant von allen anderen (vgl. auch Abb. 9.26). Auch die Werte für „Disziplinprobleme" bewegen sich insgesamt im unteren Bereich. Spiegelbildlich stellen sich die Ergebnisse bei den wünschenswerten Unterrichtsmerkmalen „Klarheit und Regeltreue", „Unterstützung durch Lehrer", „Leistungserwartungen" und „individuelle Bezugsnormorientierung" dar. Hier erklären die Schülerinnen und Schüler in allen Schulformen mehrheitlich, dass sie es eher bemerken, dass diese Qualitätsmerkmale vorhanden sind als dass sie fehlen. Allerdings liegen die Mittelwerte nur knapp über dem theoretischen Mittelpunkt (2,5), sie bleiben in allen Fällen deutlich unter 3,0. Damit wird deutlich, dass die Positivbewertung des Deutschunterrichts doch sehr verhalten ausfällt. In allen Dimensionen bestehen aus der Sicht der Schülerinnen und Schüler noch erhebliche Verbesserungsmöglichkeiten. Diese Aussagen gelten für alle Schulformen – einen signifikanten Schulformunterschied gibt es nur in einem einzigen Punkt: Eine Unterstützung durch die Lehrkräfte nehmen die Gymnasiasten signifikant seltener wahr als die Schülerinnen und Schüler aller anderen Schulformen. Insgesamt überwiegen jedoch die Übereinstimmungen der Ergebnisse, sodass sich schulformspezifische Formen des Deutschunterrichts *nicht* aufzeigen lassen.

Bei der Frage, welche Zusammenhänge sich zwischen den bisher dargestellten Qualitätsmerkmalen des Deutschunterrichts und den Leseleistungen zeigen, muss erneut auf die Problematik eines solchen Vorgehens aufmerksam gemacht werden: Während die Lesekompetenz sich über viele Jahre kumulativ aufgebaut hat, kann bei der Unterrichtsqua-

Tabelle 9.28: Korrelationen der wahrgenommenen Unterrichtsqualität (Deutsch) mit der Leseleistung

Unterrichts-qualität (Deutsch)	Schulform									
	Hauptschule		Realschule		Gymnasium		Schule mit mehreren Bildungsgängen		Integrierte Gesamtschule	
	Männl. ($n = 510$)	Weibl. ($n = 429$)	Männl. ($n = 625$)	Weibl. ($n = 646$)	Männl. ($n = 623$)	Weibl. ($n = 803$)	Männl. ($n = 216$)	Weibl. ($n = 195$)	Männl. ($n = 210$)	Weibl. ($n = 204$)
Leistungserwartungen	.03	.06	−.08 *	−.13 **	−.14 ***	−.01	.13 *	.04	−.01	.01
Lehrerunterstützung	.08	−.07	−.07 +	.01	.04	.00	.11	.06	−.08	.04
Disziplinprobleme	−.04	−.01	−.02	−.06	−.11 **	−.07 +	−.14 *	−.12 +	−.04	−.17 *
Klarheit und Regeltreue	.11 *	−.04	−.11 **	−.01	.02	−.04	.19 **	−.02	−.11	.09
Überforderung	−.17 ***	−.24 ***	−.19 ***	−.20 ***	−.24 ***	−.20 ***	−.17 **	−.33 ***	−.21 **	−.28 ***
Individuelle Bezugs-normorientierung	.17 ***	.09	.03	.01	.14 ***	.06	.14 *	.14 +	.21 **	.22 **

+ $p < .10$ (Tendenz), * $p < .05$, ** $p < .01$, *** $p < .001$.

lität nur die aktuelle Situation zum Erhebungszeitpunkt – und damit leider keine langfristigen Unterrichtserfahrungen – erfasst werden. Die korrelativen Zusammenhänge werden in Tabelle 9.28 dargestellt.

Die Ergebnisse sind eindeutig: Die aktuelle Qualitätswahrnehmung des Deutschunterrichts durch die Schülerinnen und Schüler steht mit ihren Leseleistungen (fast) in keinem Zusammenhang: Ob Leistungserwartungen, Lehrerunterstützung, Disziplinprobleme oder Klarheit und Regeltreue – die Korrelationen in den Subgruppen unterscheiden sich kaum von 0. Lediglich bei der Dimension „Überforderung" stellt sich die Lage anders dar: Schülerinnen und Schüler, die den Unterricht als überfordernd wahrnehmen, weisen in allen Subgruppen schlechtere Leseleistungen (Korrelationen zwischen –.17 und –.33) auf. Der Verdacht, dass sich dies lediglich aus einem schwächeren individuellen Leistungsvermögen erklärt, kann für Hauptschulen, Realschulen und Gymnasien zurückgewiesen werden: Die Jugendlichen mit hohen Werten bei den kognitiven Grundfertigkeiten fühlen sich etwa gleich häufig überfordert wie die Jugendlichen mit niedrigen Werten. Anders hingegen in Integrierten Gesamtschulen und in Schulen mit mehren Bildungsgängen: Dort finden sich signifikante Unterschiede in der erwarteten Richtung.

Unterrichtsqualität Mathematik

Die Schülerinnen und Schüler wurden gebeten, ihren Mathematikunterricht hinsichtlich der Dimensionen „Leistungserwartungen", „Lehrerunterstützung", „Disziplinprobleme", „Klarheit und Regeltreue", „Überforderung" und „individuelle Bezugsnormorientierung" einzuschätzen; hinzu kam das mathematikspezifische „anspruchsvolle Üben". Ob und welche Schulformunterschiede bei diesen sieben Dimensionen der Qualität des Mathematikunterrichts bestehen, zeigt Abbildung 9.25.

Betrachtet man diese Profilabbildung, so fällt zunächst die weitgehende Übereinstimmung mit den Ergebnissen des Deutschunterrichts auf: Insgesamt finden sich verhalten positive Bewertungen bei allen Kriterien, dabei bestehen nur geringe Differenzen zwischen den Schulformen. Auch hier liegen die meisten Mittelwerte nicht sehr weit vom theoretischen Skalenmittelpunkt (2,5) entfernt, sodass auch im Mathematikunterricht die Schülerinnen und Schüler noch ein weites Feld für Qualitätsverbesserungen sehen. Auch im Mathematikunterricht gibt es nur einen einzigen signifikanten Schulformunterschied (und zwar den gleichen wie im Deutschunterricht): Im Gymnasium werden die Lehrkräfte signifikant seltener als in allen anderen Schulformen als unterstützend wahrgenommen. Insgesamt gilt aber, dass das Bild des Mathematikunterrichts in den verschiedenen Schulformen sehr ähnlich gezeichnet wird, sodass sich schulformspezifische Unterrichtskulturen auch hier nicht feststellen lassen.

Ob und welche Zusammenhänge zur Mathematikleistung bestehen, wurde zunächst wieder korrelationsstatistisch analysiert. Dabei zeigt sich das gleiche Bild wie beim Deutschunterricht: Korrelationen um 0 bei den meisten Dimensionen; Zusammenhänge deuten sich nur bei zwei Dimensionen an. Auch hier steht die „Überforderung" noch am ehesten in Zusammenhang mit den Leistungen, die Korrelationen bewegen sich zwischen –.15 (männliche Hauptschüler) und –.32 (männliche Gymnasiasten). Allerdings muss hier relativierend erwähnt werden, dass im Mathematikunterricht die „Überforderung" in allen Schulformen am ehesten von den Schülerinnen und Schülern wahrgenommen wird, die

Abbildung 9.25: Merkmale des Mathematikunterrichts (Mittelwerte nach Schulform)

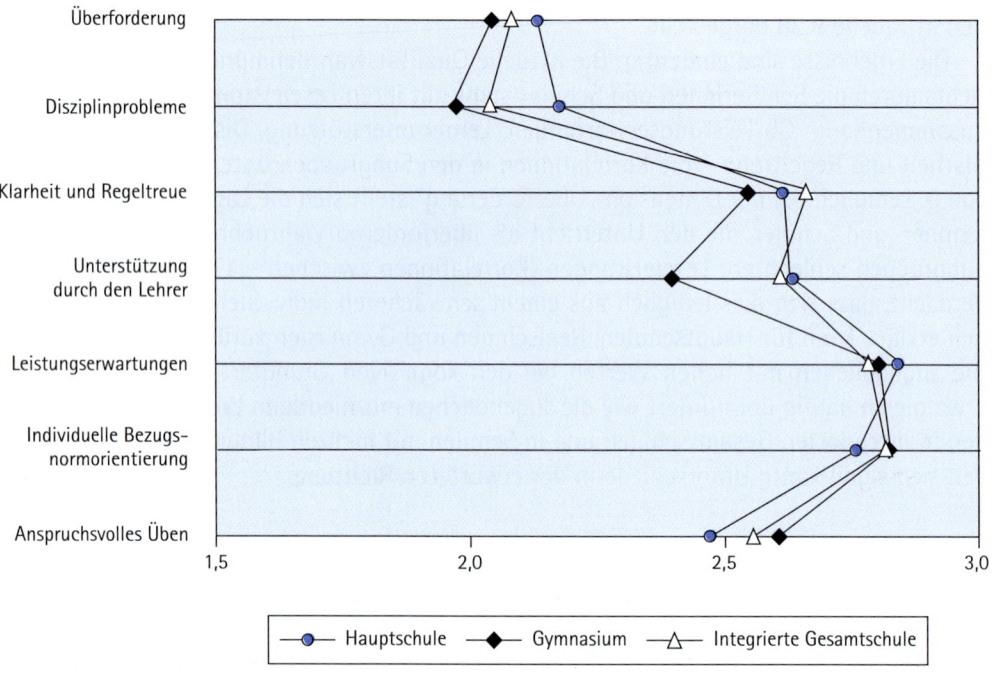

bei den kognitiven Grundfertigkeiten geringere Werte erreicht haben. Ein weiterer Bezug zwischen der wahrgenommenen Unterrichtsqualität und den Mathematikleistungen deutet sich bei den „Disziplinproblemen" an, hier schwanken die Korrelationen zwischen 0 (Jungen in Hauptschulen) und $r = -.29$ (Jungen in Schulen mit mehreren Bildungsgängen).

> Die Einschätzung der Unterrichtsqualität durch die Schülerinnen und Schüler fällt verhalten positiv aus – und zwar in Deutsch wie in Mathematik. Überwiegend bestehen keine Schulformunterschiede, doch wird in Gymnasien eine signifikant geringere Lehrerunterstützung wahrgenommen. Insgesamt lassen die Ergebnisse den Schluss zu, dass es aus der Schülersicht noch erhebliche Möglichkeiten zur Qualitätsverbesserung des Unterrichts gibt.

Überforderung

Die Frage, in welchem Ausmaß sich die Schülerinnen und Schüler im Unterricht überfordert fühlen und welche Auswirkungen dies haben könnte, soll noch einmal überprüft werden. Erstmals wurde dieser Aspekt ja in Abschnitt 2 dieses Kapitels thematisiert. Dort wurde berichtet, dass die Schulleitungen von Hauptschulen signifikant häufiger eine Überforderung ihrer Schülerinnen und Schüler beobachten als die Schulleitungen von Gymnasien. Um dieses Ergebnis mit den Daten der Schülerbefragung in Beziehung zu setzen, wird Abbildung 9.26 präsentiert. Dort wird für beide Fächer – und im Vergleich der Schulformen – aufgezeigt, in welchem Maße die Lernenden den Unterricht als überfor-

Abbildung 9.26: Überforderung im Deutsch- und Mathematikunterricht (Mittelwerte nach Schulform)

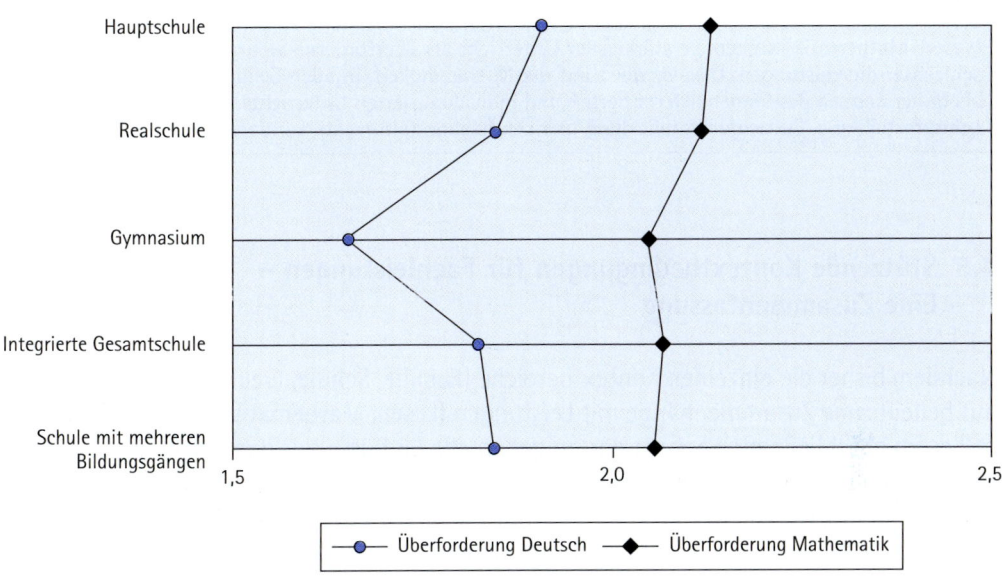

Signifikante Differenzen im Lesen: Gymnasium gegenüber den anderen Schulformen ($p < .001$); in Mathematik keine signifikanten Unterschiede.
Die Effektstärke des Faktors Schulform ist im Deutschunterricht gering ($\eta^2 = .04$); in Mathematik kein Effekt.

dernd erleben. Auffällig ist zunächst, dass zwischen der links verlaufenden Linie für den Deutschunterricht und der weiter rechts verlaufenden Linie für den Mathematikunterricht ein deutlicher Abstand besteht. Daran wird deutlich, dass sich die Schülerinnen und Schüler aller Schulformen im Fach Mathematik wesentlich häufiger überfordert fühlen als im Fach Deutsch. Unterschiede zwischen den Schulformen gibt es nicht – mit einer einzigen Ausnahme: Bei den ohnehin sehr niedrigen Überforderungswerten für den Deutschunterricht weist das Gymnasium einen extrem niedrigen Wert auf, der gegenüber allen anderen Schulformwerten signifikant ist. Betrachtet man die Hauptschule gesondert, so unterscheidet sie sich in ihren Überforderungswerten der Mathematik von keiner der anderen Schulformen und in Deutsch liegt sie gleich mit allen anderen nicht-gymnasialen Schulformen. Nimmt man hinzu, dass auch die korrelativen Zusammenhänge zwischen der wahrgenommenen Überforderung und der Leseleistung in den Hauptschulen nicht anders ausfallen als in den anderen Schulformen (vgl. Tab. 9.28), so ergibt sich daraus insgesamt: Die Aussage der Schulleitungen, die Überforderung der Schülerinnen und Schüler an Hauptschulen sei besonders groß, wird durch die Ergebnisse der Schülerbefragung nicht bestätigt.

> Im Fach Mathematik erleben sich die Schülerinnen und Schüler aller Schulformen wesentlich häufiger als überfordert als im Fach Deutsch. Durchgängige Schulformunterschiede in der unterrichtlichen Überforderung sind nicht auszumachen. Bemerkenswert ist allerdings, dass die individuellen Unterschiede bei der erlebten Überforderung in einem konsistenten Zusammenhang zu den fachlichen Leistungen (Lesen, Mathematik) stehen: Je stärker der Unterricht als überfordernd wahrgenommen wird, desto schlechter die Leistungen. Dies verweist auf die Notwendigkeit, in allen Schulformen noch häufiger als bisher Formen des binnendifferenzierten und individualisierten Unterrichts zu praktizieren und die Lehrerfortbildung, Curriculumentwicklung und Lehrbuchgestaltung stärker darauf auszurichten.

4.5 Stützende Kontextbedingungen für Fachleistungen – Eine Zusammenfassung

Nachdem bisher die einzelnen Kontextbereiche (Familie, Schule, Freunde) jeweils getrennt auf bedeutsame Zusammenhänge mit Leistungen (Lesen, Mathematik) betrachtet wurden, soll es im abschließenden Schritt darum gehen, die Einflüsse aus den einzelnen Bereichen mithilfe eines Strukturgleichungsmodells gemeinsam zu betrachten. Um dieses Modell zu erstellen, gehen wir von den bisher präsentierten, überwiegend bivariaten Ergebnissen aus (z.B. Zusammenhang zwischen Schulformzugehörigkeit und Leseleistung) und bilden von dort aus Annahmen, welche Kontextfaktoren die fachlichen Leistungen – direkt oder indirekt – beeinflussen. So lassen die bisher analysierten Daten zum Beispiel den Schluss zu, dass die aggressive Cliquenorientierung bei Mädchen seltener anzutreffen ist als bei Jungen. Auf diese Weise könnte die Geschlechtszugehörigkeit einen indirekten Einfluss auf die Schülerleistungen nehmen. Auf Basis dieser und weiterer Annahmen wurden für Lesen und Mathematik Modelle spezifiziert und empirisch geprüft. Für beide Modelle ergab sich eine befriedigende Modellanpassung. Die standardisierten direkten und indirekten Effekte sind in den nachfolgenden Abbildungen 9.27 und 9.28 dargestellt.

Als *exogene Variablen* wurden einbezogen
- die Sozialschicht,
- die Muttersprache (Deutsch = 2, alle anderen Sprachen = 1),
- das Geschlecht (männlich = 1, weiblich = 2).

Als *vermittelnde Variablen* erscheinen zentrale Faktoren der von uns untersuchten drei Kontexte: Schule, Familie, Freizeit und Freunde. Wie an verschiedenen Stellen dieses Berichts dargestellt, ist die Schulformzugehörigkeit (Gymnasium nein = 1, ja = 2) von besonders großer Bedeutung für die Leistungen. Was den familiären Kontext angeht, so erweist sich die „kulturelle Praxis" als besonders relevant. Was für Freunde man hat und wie man seine Freizeit verbringt, hat sowohl über „abweichende Orientierungen" als auch über die freizeitbezogene „Freude am Lesen"[25] Einfluss auf die Leistungen. Bei der „kulturellen Praxis" und bei der „abweichenden Orientierung" handelt es sich um latente Variablen, die jeweils aus zwei Indikatoren (oder Skalen) bestehen. Die „kulturelle Praxis" setzt sich zusammen aus
- den „kulturellen Aktivitäten" der Jugendlichen (Besuch von Kino, Konzert, Theater usw.; Cronbachs α = .64) und
- dem „kulturellen Besitz" in der Familie (Vorhandensein von Literatur, Musikinstrumenten, Anzahl der Bücher; Cronbachs α = .70).

Theoretisch gesehen handelt es sich hier um eine Variable, die das „kulturelle Kapital" der Herkunftsfamilie (vgl. Kap. 8) sehr gut abbildet.

Als *abhängige Variable* wird im ersten Modell die Lesekompetenz, im zweiten die Mathematikleistung betrachtet. Bei den in den Modellen eingesetzten Werten handelt es sich um standardisierte Regressionskoeffizienten (β). Sie bilden ab, wie stark der Einfluss des einen Faktors auf den anderen ist. Es wird im Folgenden eine solche Analyse zunächst für die Lesekompetenz und danach für die Mathematikleistungen vorgestellt, um sodann beide Modelle vergleichend zu interpretieren.

Lesen

In Abbildung 9.27 wird das Pfadmodell dargestellt, das die direkten und die indirekten Einflüsse auf die Lesekompetenz abbildet. Betrachtet man die (vermittelnden) Kontextvariablen, so zeigt sich, dass sie alle einen erheblichen Einfluss auf die Leseleistung ausüben: Der stärkste Pfad geht von der Schulform aus (.39), der zweitstärkste beschreibt die familiär eingebundene „kulturelle Praxis" (.22). Was Freizeit und Freunde betrifft, geht eine „abweichende Orientierung" (Einbindung in aggressive Cliquen usw.) mit schlechteren Leseleistungen einher (–.13), während die freizeitbezogene „Freude am Lesen" sich positiv auf die Lesekompetenz (.16) auswirkt. Damit wird deutlich, dass bei 15-Jährigen nicht nur Familie und Schule, sondern auch die Einbindung in Freundesgruppen die Lesekompetenz beeinflusst.

Abbildung 9.27: Pfadanalyse zur Erklärung der Lesekompetenz für die Gesamtstichprobe der 15-Jährigen

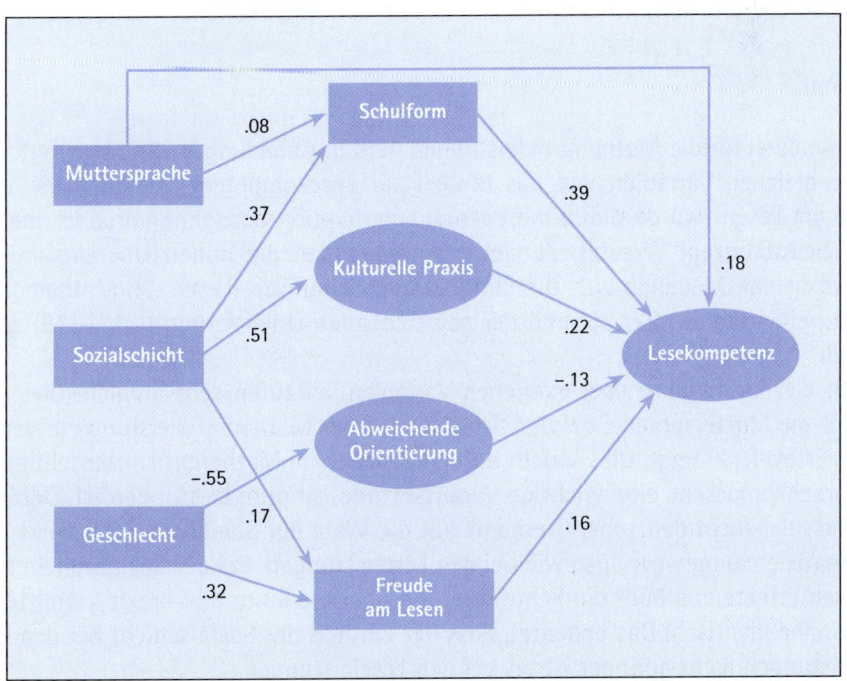

Was die exogenen Variablen (Muttersprache, Sozialschicht, Geschlecht) angeht, so entfalten sie ihre Wirkung vor allem, indem sie die soeben angesprochenen Kontexte unterschiedlich günstig gestalten: So besteht bei der Sozialschicht ein enger Zusammenhang zur Wahl der Schulform (.37) und ein noch engerer zur „kulturellen Praxis" (.51). Beide indirekten Effekte machen deutlich, dass die Unterschiede in der Lesekompetenz in erheblichem Maße von der Sozialschichtzugehörigkeit abhängig sind.

Ähnlich stellt sich der Zusammenhang zur Geschlechtszugehörigkeit dar; dabei ist hier ein deutlicher Kompetenzvorsprung der Mädchen beim Lesen zu erklären (vgl. Kap. 6). Dieser Einfluss ist vor allem vermittelt über den Umgang mit Gleichaltrigen und über freizeitbezogene Motivationen: Weil Mädchen wesentlich seltener als Jungen zu „abweichenden Orientierungen" im Cliquenbereich neigen (–.55), sind sie von den damit verbundenen negativen Einflüssen auf die Leseleistung (–.13) seltener betroffen. Und weil sie weit häufiger als Jungen ihre „Freude am Lesen" (.32) artikulieren und sich in ihrer Freizeit entsprechend verhalten, genießen sie auch stärker die damit verbundenen Leistungsvorteile (.16).

Etwas anders stellt sich der Einfluss der Muttersprache auf die Lesekompetenz dar: Hier findet sich ein starker direkter Pfad (.18), der sich in seiner Bedeutung gut erklären lässt: Die Daten sprechen dafür, dass der Erwerb von Deutsch als Zweit- bzw. Fremdsprache häufig nicht zu der Lesekompetenz führt, die bei einem Erstsprachenerwerb im Durchschnitt erreicht wird, und dass sich diese Nachteile des Spracherwerbs auch bei 15-Jährigen noch deutlich bemerkbar machen. Zusätzlich wird hier wirksam, dass sich die nicht deutsche Herkunft auch negativ auf den Zugang zum Gymnasium auswirkt (.08).

Insgesamt erlaubt es dieses Strukturgleichungsmodell, die relativen Stärken der verschiedenen Kontexteinflüsse einzuschätzen – und zugleich die Einflusslinien der exogenen Variablen nachzuzeichnen. Das Modell erklärt insgesamt 47 Prozent der Varianz der Lesekompetenz und kommt damit zu einem sehr zufriedenstellenden Ergebnis.

Mathematik

Das Pfadmodell für die Mathematikleistungen wird in Abbildung 9.28 präsentiert. Es enthält die gleichen Variablen wie das Modell zur Lesekompetenz, lediglich die Variable „Freude am Lesen" wurde durch die ebenfalls motivationsbezogene Variable „mathematisches Selbstkonzept" ersetzt. Zunächst einmal fallen die hohen Übereinstimmungen zwischen beiden Modellen auf: Die Einflüsse der Schulform (Lesen .39/Mathematik .41), der kulturellen Praxis (.22/.25) und der abweichenden Orientierung (–.13/–.15) sind fast identisch.

Auch die Einflusslinien der exogenen Variablen verlaufen sehr ähnlich. Dies gilt vor allem für die Muttersprache, bei der sich auch bei der Mathematikleistung ein deutlicher direkter Effekt (.17) zeigt. Dies spricht dafür, dass auch im Mathematikunterricht die deutsche Sprachkompetenz eine wichtige Voraussetzung für gute Leistungen ist. Der indirekte Einfluss der nicht deutschen Herkunft auf die Wahl der Schulform (.08) wirkt bei den Mathematikleistungen genauso wie bei den Leseleistungen. Bei der Sozialschicht sind die indirekten Effekte, die über die Schulform und über die kulturelle Praxis vermittelt werden, beinahe identisch. Das bedeutet, dass der Einfluss der Sozialschicht bei den Mathematikleistungen nicht geringer ist als bei den Leseleistungen.

Abbildung 9.28: Pfadanalyse zur Erklärung der Mathematikleistung für die Gesamtstichprobe der 15-Jährigen

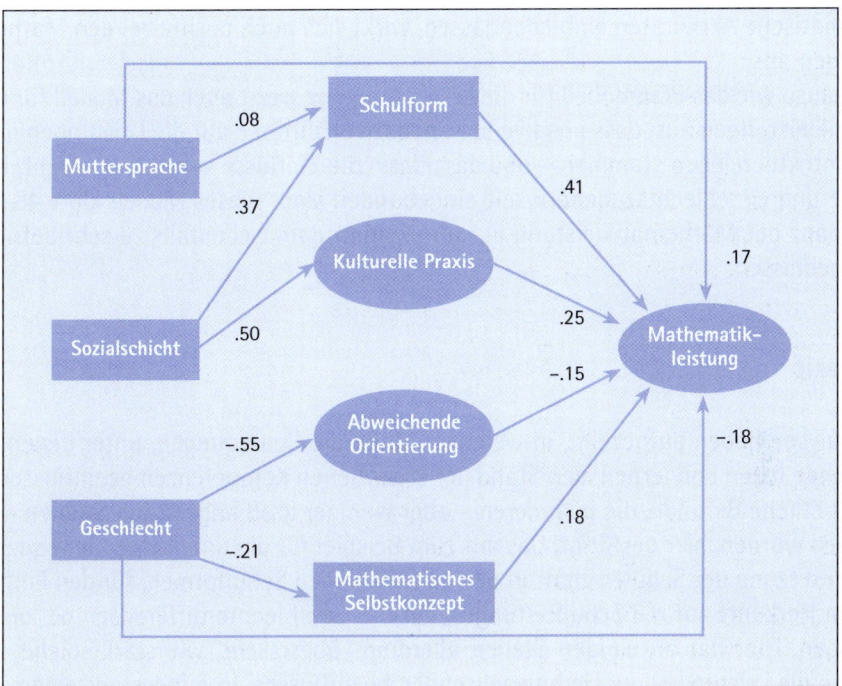

Ein modifiziertes Bild findet sich allerdings beim Einfluss der Geschlechtszugehörigkeit. Dies liegt zunächst einmal daran, dass nicht (wie beim Lesen) ein Leistungsvorsprung der Mädchen, sondern einer der Jungen zu erklären ist. Allerdings ist in der Stichprobe der weibliche Kompetenzvorsprung beim Lesen deutlich größer als der männliche in der Mathematik (vgl. Kap. 6). Das Modell zeigt einen direkten Effekt der Geschlechtszugehörigkeit auf die Mathematikleistung von –.18 bei den Mädchen. Vor dem Hintergrund der vorliegenden Forschung (vgl. aktuell Jahnke-Klein, 2001) lässt sich dies interpretieren als ein Sozialisationseffekt, der eng mit der gesellschaftlich früh einsetzenden Zuschreibung von Mathematik als „männlich" und der damit verbundenen Stereotypisierung zusammenhängt (vgl. Keller, 1998, S. 138 ff.). Da in der Erhebung diese diffizilen Aspekte geschlechtstypischer Lebens- und Erfahrungswelten nur in Ansätzen erfasst werden konnten, wird hier ein direkter Pfad abgebildet, der aber auf vermittelnde sozialisatorische Mechanismen verweist. Diese Interpretation wird bestätigt durch den Zusammenhang zwischen der Geschlechtszugehörigkeit und dem „mathematischem Selbstkonzept" (–.21), das sich wiederum auf die Mathematikleistung auswirkt (.18). Hier liegt genau ein solch indirekter sozialisatorisch vermittelter Effekt vor. In anderen Studien wurde aufgezeigt, dass ähnliche indirekte Effekte über Variablen wie fachspezifisches Selbstvertrauen, Rigidität von Geschlechtskonzepten, aber auch stereotypes Lehrerverhalten vermittelt sind (vgl. z.B. Tatre & Fennema, 1995, Tiedemann, 1995). Solche Zusammenhänge konnten hier aber nicht untersucht werden. Schließlich ist anzumerken, dass – genau wie bei der Lese-kompetenz – ein indirekter Geschlechtereinfluss zu Gunsten der Mädchen besteht, der durch abweichende Orientierungen vermittelt ist: Dass Mädchen sich seltener in solch problematische Aktivitäten einbinden lassen, wirkt sich auch positiv bei den Mathematik-leistungen aus.

Genauso wie das Pfadmodell für die Lesekompetenz weist auch das Modell für die Ma-thematikleistungen aus, dass positive bzw. negative Einflüsse auf die Leistungen aus allen drei Kontextbereichen stammen – und dass darin die Einflüsse von Sozialschicht, Mutter-sprache und Geschlechtszugehörigkeit eingebunden sind. Dieses Modell klärt 46 Prozent der Varianz der Mathematikleistung auf und kommt damit ebenfalls zu sehr befriedigen-den Ergebnissen.

4.6 Fazit

Die Analysen haben aufgezeigt, in welchem Maße die Bedingungen, unter denen Heran-wachsende leben und lernen, den Stand der erworbenen Kompetenzen beeinflussen. Dabei wurden etliche Befunde, die in anderen – aber weniger groß angelegten Studien – bereits gefunden wurden, hier bestätigt. Das gilt zum Beispiel für die unterschiedliche soziale Zu-sammensetzung der Schülerschaft in den verschiedenen Schulformen, für den Einfluss der sozialen Herkunft auf die Schulleistungen, für die Geschlechterdifferenzen bei den Fach-leistungen. Hier hat an einigen Stellen allerdings überrascht, wie stark solche sozialen Faktoren die Leistungen der Heranwachsenden beeinflussen. In mindestens einem Bereich wurden Befunde präsentiert, die in dieser Weise noch nicht vorgelegt wurden: Es konnte gezeigt werden, dass bei 15-Jährigen nicht nur Familie und Schule, sondern auch die Ein-bindung in Gruppen von Gleichaltrigen auf den Kompetenzerwerb Einfluss nimmt, und zwar in geschlechtsspezifisch deutlich unterschiedlicher Weise.

Während in den genannten Feldern die verschiedenen Kontexteinflüsse sehr gut nach-gezeichnet werden konnten, stellt sich dies für die Faktoren, die die innerschulischen Kommunikationsprozesse erfassen, deutlich anders dar: Weder für das Schulklima noch für die meisten Merkmale der Unterrichtsqualität konnte in dieser Studie ein statistischer Zusammenhang zu den fachlichen Kompetenzen nachgewiesen werden. Nun muss aber davor gewarnt werden, hieraus voreilige Schlüsse zu ziehen. Denn in dieser PISA-Studie konnte lediglich – wie mehrfach angesprochen – der Zusammenhang zwischen Variablen abgebildet werden, die querschnittlich erhoben worden sind. Um jedoch die Bedeutung der Unterrichtsqualität für den Kompetenzerwerb zu analysieren, sind wesentlich kom-plexere Forschungsdesigns erforderlich. Zum Ersten ist es notwendig, die Qualität des Unterrichts für die einzelnen Lerngruppen (Klassen) gesondert zu erheben und die weite-ren Analysen auf der Ebene dieser Lerngruppen durchzuführen; zum Zweiten bedarf es der längsschnittlichen Anlage einer solcher Studie und der Erhebung des Lern*zuwachses,* um diesen dann in Beziehung zu setzen zu den zwischenzeitlich wirksamen Unterrichtsmerk-malen. Im Rahmen der BIJU-Studie wurde ein solches Forschungsdesign realisiert. Dabei zeigt sich dann auch, dass im mathematisch-naturwissenschaftlichen Unterricht Quali-tätsmerkmale wie „Regelklarheit" und „konstruktivistischer Unterricht" erheblich positive, Merkmale wie „Sprunghaftigkeit" und „repetitives Üben" erheblich negative Auswirkungen auf den Lernzuwachs haben. Der Lernzuwachs ist in Klassen mit „hoher Unterrichtsqualität" deutlich größer als in solchen mit „niedriger Unterrichtsqualität" (vgl. Gruehn, 1998, S. 180 f.).

Dieser Verweis auf die Ergebnisse komplexer angelegter Forschungsprojekte soll abschließend verdeutlichen, dass insbesondere die unterrichtsbezogenen Ergebnisse von PISA nicht ohne Bezug zum Stand der Unterrichtsforschung interpretiert und auch praktische Folgerungen nicht ohne eine solche erweiterte Orientierung gezogen werden sollten.

Anmerkungen

1 In etlichen Bundesländern und Schulformen wird sowohl in Deutsch als auch in Mathematik und den Naturwissenschaften weniger Unterricht erteilt. Das heißt, die Berechnungen unterschätzen die Differenzen zwischen Deutschland und dem OECD-Durchschnitt.

2 „In many education systems students are allocated to different types of school or programme on the basis of factors which include their ability. For example, in (...) Austria and Germany differences in school performance between schools derive mainly from the allocation of students to general and vocational school programmes. Assignment to these tracks is influenced by student performance which, in turn, is intwined with social background." (OECD, 2001a, S. 119)

3 Für die einzelnen Schulformen wurden die folgenden Mittelwerte und Standardabweichungen (in Klammern) ermittelt: Hauptschulen 2,2 (0,75), Realschulen 2,1 (0,67), Gymnasien 1,9 (0,59).

4 Während sich dies bei den Hauptschulen auf den umfassenden Indikator der materiellen Ausstattungsbedingungen bezieht, zeigt sich bei den Realschulen ein negativer Zusammenhang lediglich bei dem Einzelitem „Mangel an Unterrichtsmaterialien".

5 Aufgrund von Problemen bei der Erfassung von Teilzeit-Lehrkräften sind die schulspezifischen Schüler-Lehrer-Relationen nicht hinreichend zuverlässig zu ermitteln. Aus diesem Grund ist in der nationalen Auswertung auf die Berechnung dieser Kennzahl verzichtet worden.

6 Summenscore der Fragen 1 bis 3 im nationalen Schulleiterfragebogen: „In welchen Bereichen kooperiert Ihre Schule mit anderen Schulen in der Gemeinde?", „Kooperiert Ihre Schule mit Schulen außerhalb Ihrer Gemeinde?", „Kooperiert Ihre Schule mit anderen Einrichtungen in Ihrer Gemeinde/Region?"

7 In Bezug auf die Situation an ihrer Schule sollten die Schulleiterinnen und Schulleiter zu folgenden Aussagen ihre Meinung äußern: a) „Für viele Lehrkräfte dieser Schule sind Klassenfahrten und Schulfeste nur ein notwendiges Übel, das man eben hinter sich zu bringen hat"; b) „An dieser Schule finden häufig kulturelle, sportliche und politische Veranstaltungen statt, zu denen auch die Öffentlichkeit eingeladen wird"; c) „Viele Schüler/innen halten sich gerne auch dann in der Schule auf, wenn sie unterrichtsfrei haben"; d) „Eine Reihe von Eltern arbeitet aktiv an den Belangen und Problemen der Schule mit"; e) „Was an dieser Schule außerhalb des Unterrichts angeboten wird, findet bei den Schüler/innen wenig Interesse"; f) „Die Schule bietet den Schüler/innen eine Menge Möglichkeiten, sich auch außerhalb des regulären Unterrichts (in Sport-, Hobby- oder Arbeitsgruppen) zu betätigen". Die Antwortvorgaben sind folgendermaßen skaliert: 1 = trifft nicht zu, 2 = trifft eher nicht zu, 3 = trifft eher zu, 4 = trifft zu.

8 Im Durchschnitt votieren 68 Prozent der Schulleiter der drei Schulformen für die verpflichtende Einführung standardisierter Tests zur regelmäßigen Messung von Schulleistungen in den Kernfächern (Hauptschule: 61,7 %, Realschule: 65 %, Gymnasium: 78,3 %). Deutlich häufiger wird dies von ihnen in Mathematik (78,6 %) als in den anderen Fächern gewünscht (Deutsch: 62,6 %, Naturwissenschaften: 65,5 %, Fremdsprachen: 66,4 %). Für die Durchführung von Leistungsmessungen mithilfe der standardisierter Tests im Rahmen der Selbstevaluation würde sich ebenfalls eine klare Mehrheit (82,6 %) der Schulleiterinnen und Schulleiter einsetzen (Hauptschule: 77 %, Realschule: 82,6 %, Gymnasium: 88,2 %).

9 Die Skala Arbeitsmoral (Cronbachs α = .72) setzt sich aus den folgenden Items zusammen: a) „Stimmung und Arbeitshaltung der Lehrkräfte sind in dieser Schule gut"; b) „Die Lehrkräfte arbeiten mit großem Engagement"; c) „Die Lehrkräfte sind stolz auf diese Schule"; d) „Die Lehrkräfte legen Wert auf schulische Leistung". Die zu Grunde liegende Ausgangsfrage lautet: „Wenn Sie an die Lehrkräfte an Ihrer Schule denken, wie sehr stimmen Sie dann den folgenden Aussagen zu?" Die Antwortvorgaben sind folgendermaßen skaliert: 1 = stimme überhaupt nicht zu, 2 = stimme eher nicht zu, 3 = stimme eher zu, 4 = stimme ganz zu.

10 Dazu ist eine Skala „Konsens" (Cronbachs α = .83) aus den folgenden Items gebildet worden: a) „Unter den Lehrkräften in unserem Kollegium herrscht Konsens über die Schulphilosophie"; c) „In unserer Schule gibt es ein gemeinsames ‚Wir-Gefühl'"; d) „Wir zeigen als Kollegium Geschlossenheit"; e) „Unser Kollegium ist sich darüber einig, was unsere Schule erreichen will"; i) „In unserem Kollegium gibt es viele Konflikte". Die zu Grunde liegende Ausgangsfrage lautet: „Wenn Sie an das Lehrpersonal Ihrer Schule denken, stimmen Sie dann den folgenden Aussagen zu oder lehnen Sie

diese ab? Die Antwortvorgaben sind folgendermaßen skaliert: 1 = lehne stark ab, 2 = lehne ab, 3 = stimme eher zu, 4 = stimme stark zu.

[11] Die Daten in Abbildung 9.16 und Tabelle 9.16 stimmen nicht völlig überein, weil in Tabelle 9.16 auch die Sonderschülerinnen und Sonderschüler und die Berufsschülerinnen und Berufsschüler einbezogen sind.

[12] Unter „verzögerten Durchläufern" werden Klassenwiederholer und Späteingeschulte verstanden.

[13] Die hybride Interaktion dieser beiden Faktoren lässt eine eindeutige Interpretation des Faktors Durchlauf zu, während der Haupteffekt des Faktors Schulform nicht interpretiert werden sollte.

[14] Die Zusammenhänge zwischen Schulform und Bildungsgangwechsel folgen in Tabelle 9.19.

[15] Berechnet als Anteil an den 15-Jährigen, die sich zum Zeitpunkt der Befragung im Gymnasium befanden.

[16] Auf die Darstellung der Ergebnisse für die Integrierten Gesamtschulen wird hier verzichtet, weil die Zellenbesetzung bei „Alleinerziehenden" und „Stieffamilien" sehr gering ist.

[17] Hier sind nur die Jugendlichen enthalten, die angegeben haben, Mitglied einer Clique zu sein.

[18] Über die Nutzung von Computern wird an anderer Stelle berichtet.

[19] Zum Schulklima gibt es außerdem einige wenige Items im Schulleitungs- und im Elternfragebogen.

[20] Eine Ausnahme mit $r = .21$ bildet die Korrelation zwischen Schulzufriedenheit und Leseleistung in Schulen mit mehreren Bildungsgängen.

[21] Skala „Fehlen, Schwänzen, Zuspätkommen". Internationaler Schülerfragebogen, Frage 29. Reliabilität nach Cronbachs $\alpha = .55$.

[22] Skala „Physische Gewalt gegen Sachen und Personen". Nationaler Schülerfragebogen, Frage 31. Reliabilität nach Cronbachs $\alpha = .89$.

[23] Reliabilität nach Cronbachs $\alpha =$ (a) .54, (b) .84, (c) .83, (d) .78, (e) .54, (f) .83.

[24] Reliabilität nach Cronbachs $\alpha = .58$.

[25] Bei dem Modell für die Mathematikleistungen tritt an die Stelle dieser lesebezogenen Variable das „Selbstkonzept Mathematik".

Literatur

Abele, A. & Liebau, E. (1998). Nachhilfeunterricht. Eine empirische Studie an bayerischen Gymnasien. *Die Deutsche Schule, 90* (1), 37–49.

Bandura, A. (1986). *Social foundations of thought and action: A social cognitive theory.* Englewood Cliffs, NJ: Prentice Hall.

Bandura, A. (1997). *Self-efficacy: The exercise of control.* New York: Freeman.

Barker, R. G. & Gump, P. V. (1964). *Big school, small school: High school size and student behavior.* Stanford, CA: Stanford University Press.

Bastian, J. & Furck, C. L. (1991). *Zur Zukunft der Hauptschule in Hamburg.* Fachbereich Erziehungswissenschaft der Universität Hamburg (Manuskript).

Baumert, J., Bos, W. & Watermann, R. (2000). Mathematische und naturwissenschaftliche Grundbildung im internationalen Vergleich. In J. Baumert, W. Bos & R. Lehmann (Hrsg.), *TIMSS/III. Dritte Internationale Mathematik- und Naturwissenschaftsstudie – Mathematische und naturwissenschaftliche Bildung am Ende der Schullaufbahn: Bd. 1. Mathematische und naturwissenschaftliche Grundbildung am Ende der Pflichtschulzeit* (S. 135–197). Opladen: Leske + Budrich.

Baumert, J., Lehmann, R. H., Lehrke, M., Schmitz, B., Clausen, M., Hosenfeld, I., Köller, O. & Neubrand, J. (1997). *TIMSS – Mathematisch-naturwissenschaftlicher Unterricht im internationalen Vergleich. Deskriptive Befunde.* Opladen: Leske + Budrich.

Behnken, I., Messner, R., Rosenbrock, C. & Zinnecker, J. (1997). *Lesen und Schreiben aus Leidenschaft. Jugendkulturelle Inszenierung von Schriftkultur.* Weinheim: Juventa.

Behörde für Schule, Jugend und Berufsbildung Hamburg. (2000). *Bericht über den Schulversuch Integrierte Haupt- und Realschule.* Hamburg (Manuskript)

Behr, M. (1990). Nachhilfeunterricht: Verbreitung, pädagogische Bedeutung und bildungspolitische Bewertung. *Die Deutsche Schule, 82* (1), 81–94.

Bellenberg, G. (1999). *Individuelle Schullaufbahnen. Eine empirische Untersuchung über Bildungsverläufe von der Einschulung bis zum Abschluß.* Weinheim: Juventa.

Belser, H. & Küsel, G. (1976). Zum Sitzenbleiberproblem an Volksschulen. In R. Biermann (Hrsg.), *Schulische Selektion in der Diskussion* (S. 101–115). Bad Heilbrunn: Klinkhardt.

Betts, J. R. & Shkolnik, J. L. (1999). The behavioral effects of variations in class size: The case of math teachers. *Educational Evaluation and Policy Analysis, 21* (2), 193–213 (Special Issue).

Biermann, C. & Tillmann, K. J. (2001). Der Lehrerblick aufs Elternhaus. In I. Behnken u.a. (Hrsg.), *Familie* (S. 114–117). Velber: Friedrich-Verlag (Themenheft in der Reihe „Schüler").

Bishop, J. H. (1997). The effect of national standards and curriculum-based exams on achievement. *American Economic Review, 87* (2), 260–264.

Bohrhardt, R. (2000). Familienstruktur und Bildungserfolg. Stimmen die alten Bilder? *Zeitschrift für Erziehungswissenschaft, 2,* 189–207.

Bund-Länder-Kommission für Bildungsplanung und Forschungsförderung (BLK). (2001). *BLK-Bildungsfinanzbericht 1999/2000, Bd. I.* Bonn: BLK.

Eder, F. (1998). Schul- und Klassenklima. In D. H. Rost (Hrsg.), *Handwörterbuch der Pädagogischen Psychologie* (S. 424–430). Weinheim: Beltz/Psychologie Verlags Union.

Einsiedler, W. & Glumpler, E. (1989). Analysen zur Entwicklung des Sitzenbleibens in der Grundschule. *Die Deutsche Schule, 1,* 248–257.

Elliott, M. (1998). School finance and opportunities to learn: Does money well spent enhance student achievement? *Sociology of Education, 71,* 232–245.

Engstler, H. (2001). *Die Familie im Spiegel der amtlichen Statistik,* hrsg. v. Bundesministerium für Familie, Senioren, Frauen und Jugend. Berlin.

Entwisle, D. R. & Alexander, K. L. (1994). Winter setback: School racial composition and learning to read. *American Sociological Review, 59,* 446–460.

Fend, H. (1990). *Vom Kind zum Jugendlichen. Der Übergang und seine Risiken.* Bern: Huber.

Fend, H. (1994). *Die Entdeckung des Selbst und die Verarbeitung der Pubertät.* Bern: Huber.

Fend, H. (1997). *Der Umgang mit Schule in der Adoleszenz.* Bern: Huber.

Fend, H. (1998). *Qualität im Bildungswesen. Schulforschung zu Systembedingungen, Schulprofilen und Lernleistung.* Weinheim: Juventa.

Fend, H., Knörzer, W., Nagl, W., Specht, W. & Väth-Szusdziara, R. (1976). *Sozialisationseffekte der Schule.* Weinheim: Beltz.

Ferchhoff, W. & Neubauer, G. (1997). *Patchwork-Jugend. Eine Einführung in postmoderne Sichtweisen.* Opladen: Leske + Budrich.

Finn, J. D. & Achilles, C. M. (1999). Tennessee's class size study: Findings, implications, misconceptions. *Educational Evaluation and Policy Analysis, 21* (2), 97–109.

Fischer, R. (1982). Zur Bedeutung von Schulanfang und Grundschulzeit für späteres Schulversagen. In R. Fischer, *Hauptschulversagen. Bedingungsanalyse und pädagogische Konsequenzen* (S. 69–96). Saarbrücken.

Flammer, A. (1990). *Erfahrung der eigenen Wirksamkeit. Einführung in die Psychologie der Kontrollmeinung.* Bern: Huber.

Friedkin, N. & Necochea, J. (1988). School system size and performance: A contingency perspective. *Educational Evaluation and Policy Analysis, 10,* 237–249.

Fthenakis, W. E. (1993). Kindliche Reaktionen auf Trennung und Scheidung. In M. Markefka & B. Nauck (Hrsg.), *Handbuch der Kindheitsforschung* (S. 601–615). Neuwied: Luchterhand.

Galloway, D. (1976). Size of school, socio-economic hardship, suspension rates and persistent unjustified absence from school. *British Journal of Educational Psychology, 46,* 40–47.

Glumpler, E. (1994). Sitzenbleiben. In R. Keck & W. Sandfuchs (Hrsg.), *Wörterbuch Schulpädagogik* (S. 316–317). Bad Heilbrunn: Klinkhardt.

Gruehn, S. (1998). *Unterricht und schulisches Lernen. Schüler als Quelle der Unterrichtsbeschreibung.* Dissertation, Freie Universität Berlin.

Hanushek, E. A. (1986). The economics of schooling: Production and efficiency in public schools. *Journal of Economic Literature, 24,* 1141–1177.

Hanushek, E. A. (1997). Assessing the effects of school resources on student performance: An update. *Educational Evaluation and Policy Analysis, 19* (2), 141–164.

Hedges, L. V., Laine, R. D. & Greenwald, R. (1994). Does money matter? A meta-analysis of studies of the effects of differential school inputs on student outcomes. *Educational Researcher, 23* (3), 5–14.

Helmke, A. & Schrader, F. W. (1998). Determinanten der Schulleistung. In H. D. Rost (Hrsg.), *Handwörterbuch Pädagogische Psychologie* (S. 60–67). Weinheim: Beltz/Psychologie Verlags Union.

Helmke, A. & Weinert, F. E. (1997). Bedingungsfaktoren schulischer Leistungen. In F. E. Weinert (Hrsg.), *Psychologie des Unterrichts und der Schule* (Bd. 3, S. 71–176). Göttingen: Hogrefe.

Helsper, W. (1993). Jugend und Schule. In H. H. Krüger (Hrsg.), *Handbuch der Jugendforschung* (2. Aufl., S. 351–382). Opladen: Leske + Budrich.

Hetmeier, H.-W. & Weiß, M. (2001). Bildungsausgaben. In W. Böttcher, K. Klemm & T. Rauschenbach (Hrsg.), *Bildung und Soziales in Zahlen* (S. 39–55). Weinheim: Juventa.

Hofferth, S. L., Boisjoly, J. & Duncan, G. J. (1998). Parents' extrafamilial resources and children's school attainment. *Sociology of Education, 71,* 246–268.

Hurrelmann, B. u.a. (1993). *Leseklima in der Familie.* Gütersloh: Bertelsmann-Stiftung (Lesesozialisation, Bd. 1).

Hurrelmann, K. (1994). *Lebensphase Jugend.* Weinheim: Juventa.

Huss, M. & Lemkuhl, U. (1997). Folgen von Trennung und Scheidung – Eine Literaturübersicht. In G. Lehmkuhl & U. Lehmkuhl (Hrsg.), *Scheidung – Trennung – Kindeswohl* (S. 13–25). Weinheim: Deutscher Studien-Verlag.

Ingenkamp, K. H. (1969). *Zur Problematik der Jahrgangsklasse.* Weinheim: Beltz.

International Association of Universities. (2000). *Higher education.* (http://www.unesco.org/iau/whed-2000.html; abgerufen am 1.11.2001).

Jahnke-Klein, S. (2001). *Sinnstiftender Mathematikunterricht für Mädchen und Jungen.* Baltmannsweiler: Schneider-Verlag Hohengehren.

Jeske, W. (1981). Versetzen oder Sitzenbleiben – Das Problem der Leistungsversager. In W. Twellmann (Hrsg.), *Handbuch Schule und Unterricht* (Bd. 1, S. 361–377). Düsseldorf: Pädagogischer Verlag Schwann.

Jugendwerk der Deutschen Shell (1992). *Jugend '92. Lebenslagen, Orientierungen und Entwicklungsperspektiven im vereinigten Deutschland, Bd. 1.* Opladen: Leske + Budrich.

Jugendwerk der Deutschen Shell (1997). *Jugend '97. Zukunftsperspektiven, gesellschaftliches Engagement, politische Orientierungen.* Opladen: Leske + Budrich.

Jugendwerk der Deutschen Shell (2000). *Jugend 2000* (2 Bde.). Opladen: Leske + Budrich.

Keller, C. (1976). *Geschlechterdifferenz in der Mathematik: Prüfung von Erklärungsansätzen.* Dissertation, Universität Zürich.

Kemmler, L. (1976). *Schulerfolg und Schulversagen.* Göttingen: Hogrefe.

Kemnade, I. (1989). *Schullaufbahn und Durchlässigkeit in der Sekundarstufe I. Empirische Untersuchung von Schülerkarrieren in der Stadt Bremen.* Frankfurt a.M.: Lang.

Klieme, E., Baumert, J. & Schwippert, K. (2000). Schulbezogene Evaluation und Schulleistungsvergleiche – eine Studie im Anschluss an TIMSS. In H. G. Rolff u.a. (Hrsg.), *Jahrbuch der Schulentwicklung* (Bd. 11, S. 387–420). Weinheim: Juventa.

Knapp, A. (1985). Leiden Schüler unter großen Schulen? *Zeitschrift für Pädagogik, 31* (2), 239–254.

Langemeyer-Krohn, R. & Krohn, D. (1987). Nachhilfe – Der Unterricht nach der Schule. *Die Deutsche Schule, 79,* 491–505.

Lee, V. & Smith, J. (1997). High school size: Which works best and for whom? *Educational Evaluation and Policy Analysis, 19,* 205–227.

Lehmann, R. H., Peek, R., Pieper, I. & Stritzky, R. von (1995). *Leseverständnis und Lesegewohnheiten deutscher Schüler und Schülerinnen.* Weinheim: Beltz.

Lehmann, R. H. u.a. (1999). *Aspekte der Lernausgangslagen und der Lernentwicklung von Schülerinnen und Schülern an Hamburger Schulen, Klassenstufe 7.* Hamburg: Behörde für Schule, Jugend und Berufsbildung.

Lenz, M. & Tillmann, K. J. (1997). Zerfall oder neue Vielfalt? Familienformen im Spiegel empirischer Daten. *Pädagogik, 7–8* (49. Jg.), 11–14

Mack, W. (1999). Schule ist mehr als Unterricht. *DJI Bulletin, 49,* 6–9.

Mauthe, A. & Rösner, E. (1998). Schulstruktur und Durchlässigkeit. In H. G. Rolff u.a. (Hrsg.), *Jahrbuch der Schulentwicklung* (Bd. 10, S. 87–126). Weinheim: Beltz.

Moser, U. (1997). Unterricht, Klassengröße und Lernerfolg. In U. Moser u.a. (Hrsg.), *Schule auf dem Prüfstand* (S. 181–214). Chur: Rüegger.

Nolteernsting, E. (1998). *Jugend, Freizeit, Geschlecht.* Opladen: Leske + Budrich.

Morgan, S. L. & Sørensen, A. B. (1999). Parental networks, social closure, and mathematics learning: A test of Coleman's social capital explanation of school effects. *American Sociological Review, 64,* 661–681.

Offe, H. (1992). Empirische Scheidungsfolgen-Forschung. Ein Überblick über neuere Ergebnisse. In J. Hahn, B. Lomberg & H. Offe (Hrsg.), *Scheidung und Kindeswohl* (S. 25–53). Heidelberg: Asanger.

Organisation for the Economic Co-operation and Development (OECD). (1992). *Education at a glance. OECD Indicators.* Paris: OECD.

Organisation for the Economic Co-operation and Development (OECD). (1995). *Entwicklung kompakt. OECD-Indikatoren.* Paris: OECD.

Organisation for the Economic Co-operation and Development (OECD). (1999). *Classifying educational programmes: Manual for ISCED-97 implementation in OECD countries.* Paris: OECD.

Organisation for Economic Co-Operation and Development (OECD). (2001a). *Bildung auf einen Blick – OECD-Indikatoren.* Paris: OECD.

Organisation for Economic Co-Operation and Development (OECD). (2001b). *Knowledge and skills for life. First results from the OECD Programme for International Student Assessment (PISA) 2000.* Paris: OECD.

Peterson, P. E. (Ed.). (1998). *Learning from school choice.* Washington, DC: The Brookings Institution.

Petillon, H. (1985). Klassenfrequenz: Überlegungen zu einem systematischen Erklärungsansatz. In K. Ingenkamp, H. Petillon & M. Weiß, *Klassengröße: Je kleiner desto besser?* (S. 147–189) Weinheim: Beltz.

Postlethwaite, T. N. & Ross, K. N. (1992). *Effective schools in reading: Implications for educational planners.* Hamburg: IEA.

Ramseier, E. (1997). *Naturwissenschaftliche Leistungen in der Schweiz. Vertiefende Analyse der nationalen Ergebnisse in TIMSS.* Bern: Amt für Bildungsforschung.

Rice, J. K. (1999). The impact of class size on instructional strategies and the use of time in high school mathematics and science courses. *Educational Evaluation and Policy Analysis, 21* (2), 215–229 (Special Issue).

Robitaille, D. F. (Ed.). (1997). *National contexts for mathematics and science education. An encyclopedia of the education systems participating in TIMSS.* Vancouver: Pacific Educational Press.

Rutter, M., Maughan, B., Mortimore, P. & Ouston, J. (1979). *Fifteen thousand hours: Secondary schools and their effects on children.* London: Butler & Tanner Ltd.

Saldern, M. von (1998). Klassengröße. In D. H. Rost (Hrsg.), *Handwörterbuch der Pädagogischen Psychologie* (S. 239–242). Weinheim: Beltz/Psychologie Verlags Union.

Schümer, G. (1998). Mathematikunterricht in Japan. Ein Überblick über den Unterricht in öffentlichen Grund- und Mittelschulen und privaten Ergänzungsschulen. *Unterrichtswissenschaft, 26* (3), 195–228.

Skinner, E. A. (1995). *Perceived control, motivation & coping.* Thousand Oaks, CA: Sage.

Starck, W. (1974). *Die Sitzenbleiberkatastrophe.* Stuttgart: Klett.

Sun, Y. (1999). The contextual effects of community social capital on academic performance. *Social Science Research, 28* (4), 403–426.

Tatre, L. A. & Fennema, E. (1995). Mathematics achievements and gender: A longitudinal study of selected cognitive and affective variables (grades 6–12). *Educational Studies in Mathematics, 28,* 199–217.

Texas Education Agency. (1999). *School size and class size in Texas public schools* (Policy Research Report, No. 12). (http://www.tea.state.tx.us/research/abs2.htm; abgerufen am 25.10.2001)

Tiedemann, J. (1995). Geschlechtstypische Erwartungen von Lehrkräften im Mathematikunterricht der Grundschule. *Zeitschrift für Pädagogische Psychologie, 9,* 153–161.

Tillmann, K. J. (1995). Schulische Sozialisationsforschung. In H. G. Rolff (Hrsg.), *Zukunftsfelder von Schulforschung* (S. 181–210). Weinheim: Deutscher Studien-Verlag.

Tillmann, K. J., Holler-Nowitzki, B., Holtappels, H. G., Meier, U. & Popp, U. (1999). *Schülergewalt als Schulproblem.* Weinheim: Juventa.

Trautwein, U., Köller, O. & Baumert, J. (2001). Lieber oft als viel: Hausaufgaben und die Entwicklung von Leistung und Interesse im Mathematik-Unterricht der 7. Jahrgangsstufe. *Zeitschrift für Pädagogik, 1* (5), 703–724.

Treiber, B. (1982). Lehr- und Lernzeiten im Unterricht. In B. Treiber & F. E. Weinert (Hrsg.), *Lehr-Lernforschung* (S. 12–36). München: Urban & Schwarzenberg.

Ulich, K. (1991). Schulische Sozialisation. In K. Hurrelmann & D. Ulich (Hrsg.), *Neues Handbuch der Sozialisationsforschung* S. 377–396). Weinheim: Beltz.

Wagner, J. W. L. (1999). *Soziale Vergleiche und Selbsteinschätzungen.* Münster: Waxmann.

Wagner, J. W. L. (2000). *Bezugsgruppeneffekte und soziale Vergleiche: Eine empirische Studie.* Landau: Verlag Empirische Pädagogik.

Walberg, H. (1986). Sytheses of research on teaching. In M. Wittrock (Ed.), *Handbook of research on teaching* (pp. 214–229). New York: Macmillan.

Weiß, M. (2001). Quasi-Märkte im Schulbereich. Eine ökonomische Analyse. In J. Oelkers (Hrsg.), Zukunftsfragen der Bildung. *43. Beiheft der Zeitschrift für Pädagogik,* 69–85.

Wenglinsky, H. (1997). *When money matters.* Princeton, NJ: Educational Testing Service.

Willis, P. (1979). *Spaß am Widerstand. Gegenkultur in der Arbeiterschule.* Frankfurt a.M.: Syndikat.

Wößmann, L. (2000). *Schooling, resources, educational institutions, and student performance: The international evidence.* Kiel: Institute of World Economics.

Anhang A

Heiko Sibberns
Jürgen Baumert

1. Stichprobenziehung und Stichprobengewichtung

1.1 Stichprobenplan

Im Unterschied zu den bisher in Deutschland durchgeführten internationalen Vergleichsuntersuchungen wurden in PISA nicht vollständige Klassen als Stichprobeneinheit gezogen, sondern Schülerinnen und Schüler einer Alterskohorte. Da jedoch einzelne 15-jähri-
ge Schüler und Schülerinnen nicht identifizierbar sind und sich viele Fragestellungen in
PISA mit der Organisationseinheit Schule befassen, wurden in einem ersten Schritt nach
internationalen Vorgaben Schulen als primäre Stichprobeneinheiten bestimmt. Anschließend wurde in jeder der zufällig ausgewählten Schulen eine Stichprobe von 15-jährigen
Schülerinnen und Schülern gezogen. Da in Deutschland das Untersuchungsdesign auch
eine Stichprobe von Neuntklässlern vorsah, war es notwendig, zusätzlich zu den bereits in
der Stichprobe befindlichen 15-jährigen Neuntklässler zehn weitere nicht 15-jährige
Neuntklässler zufällig auszuwählen, um so für diese Klassenstufe auch die übrigen in ihr
befindlichen Altersgruppen zu repräsentieren.

Stichproben, in denen nicht einzelne Personen die primären Ziehungseinheiten bilden,
sondern soziale Einheiten, deren Mitglieder jeweils vollständig oder in einer Stichprobe
untersucht werden, bezeichnet man als Cluster- oder Klumpenstichprobe. Klumpenstichproben führen im Vergleich zu gleich großen Zufallsstichproben einzelner Personen zu
präziseren Schätzungen von Populationsmerkmalen, wenn die einzelnen Klumpen die
Grundgesamtheit möglichst gleichmäßig repräsentieren (Bortz & Döring, 1995; Kish,
1995). Dies ist jedoch bei Schulen typischerweise *nicht* der Fall. Schulen unterscheiden
sich leistungsmäßig in Deutschland allein aufgrund der Gliederung des Schulwesens erheblich: Schüler und Schülerinnen innerhalb einer Schule sind sich ähnlicher als Schülerinnen und Schüler unterschiedlicher Schulen, insbesondere wenn die Schulen unterschiedlichen Schulformen angehören. Ein Maß für die Homogenität sozialer Einheiten ist
die so genannte Intraklassenkorrelation. Dieser Koeffizient liegt in Deutschland für die Leseleistung von 15-Jährigen bei $\rho = .60$. In Ländern, in denen das Schulsystem nicht ge-

gliedert ist, liegt der Wert deutlich niedriger. Die Differenz zu Schweden, wo aufgrund der PISA-Stichprobe eine Intraklassenkorrelation von $\rho = .10$ zu finden ist, ist zunächst frappierend. Allerdings berücksichtigt die Intraklassenkorrelation, die über alle Schulen hinweg berechnet wird, nicht die Gliederung nach Schulformen und Bundesländern. Innerhalb der Schulformen eines Bundeslandes liegt die Intraklassenkorrelation deutlich unter diesem Wert. Schulen innerhalb einer Schulform eines Bundeslandes sind erwartungsgemäß homogener. Die Intraklassenkorrelationen schwanken in diesem Fall je nach Schulform und Bundesland zwischen $\rho = .10$ und $\rho = .20$. Unter den Bedingungen der Abhängigkeit der Stichprobenelemente innerhalb von Stichprobenclustern ist die Ziehung von Klumpenstichproben ein im Vergleich zu einer einfachen Zufallsstichprobe weniger effizientes, aber aufgrund des Forschungsdesigns oder aufgrund nicht zur Verfügung stehender Stichprobenlisten ein nicht zu vermeidendes Verfahren. Der Effizienzverlust – der so genannte Cluster- oder Designeffekt – hängt von der Homogenität und der Größe der einzelnen Cluster ab. Je unterschiedlicher Schulen hinsichtlich der Schulleistungen sind, desto mehr Schulen müssen bei Ziehung der gleichen Anzahl Schüler in den Schulen in die Untersuchung einbezogen werden, um eine vorgegebene Messgenauigkeit zu erreichen.

Man kann die Nachteile einer solchen Klumpenstichprobe jedoch zumindest teilweise durch Stratifizierungsgewinne wieder ausgleichen. Wenn es gelingt, die Grundgesamtheit in einige – gemessen am Untersuchungskriterium – möglichst homogene, größere Teilgruppen zu zerlegen und innerhalb der definierten Gruppen die Untersuchungsklumpen per Zufall auszuwählen, wird die Genauigkeit der Schätzung von Populationsparametern wiederum verbessert (Bortz & Döring, 1995; Kish, 1995). In diesem Fall spricht man von geschichteten oder stratifizierten Clusterstichproben. Strata sind in der erziehungswissenschaftlichen Forschung häufig Gebietseinheiten, Bildungsgänge oder Schulformen und deren Kombinationen. Die Strata können in der Stichprobe entsprechend ihrer Verteilung in der Grundgesamtheit repräsentiert sein. Man redet dann von einer proportional geschichteten Stichprobe, die selbstgewichtend ist. Es können aber auch einzelne Strata, die von besonderem Untersuchungsinteresse sind, in der Stichprobe überrepräsentiert werden – etwa wenn Interesse daran besteht, kleinere Gebietseinheiten zu vergleichen. In diesem Fall wird disproportional geschichtet. Umgekehrt können Strata auch unterrepräsentiert werden, wenn sie zu einem Schätzer für die Gesamtpopulation beitragen sollen, die Strata aber nicht separat analysiert werden sollen. In beiden Fällen müssen die dadurch entstehenden Verzerrungen bei Analysen über die gesamte Stichprobe hinweg durch entsprechende Gewichte wieder ausgeglichen werden. Bei der Stichprobenziehung für PISA wurden in Deutschland alle Arten der Stratifizierung eingesetzt. Dabei muss man berücksichtigen, dass die in den internationalen Vergleich eingehenden Schulen nur eine Substichprobe aller im Rahmen von PISA in Deutschland getesteten Schulen darstellen. Die Größe der Gesamtstichprobe wurde durch den in Deutschland zusätzlich geplanten intranationalen Ländervergleich bestimmt (PISA-Erweiterung). Dies führte zu einem komplizierten Stichprobenplan, der sich folgendermaßen zusammenfassend beschreiben lässt: *Bei der Stichprobe für den internationalen Vergleich handelt es sich um eine zufällig gezogene Substichprobe einer mehrfach stratifizierten Wahrscheinlichkeitsstichprobe von Schulen, in denen eine zufällig ausgewählte Anzahl von 15-Jährigen untersucht wurde.*

Die PISA-Stichprobe wurde in folgenden Schritten gezogen:

- Im ersten Schritt wurde die Stichprobe einerseits nach den Schulformen (Gymnasien, Integrierte Gesamtschulen, Schulen mit mehreren Bildungsgängen, Realschulen, Hauptschulen, berufliche Schulen und Sonderschulen), andererseits nach Bundesländern proportional zur Anzahl der im Jahre 1984 Geborenen stratifiziert. Es wurden sowohl Schulen in öffentlicher als auch Schulen nicht öffentlicher Trägerschaft berücksichtigt. Die starke Variation in den Populationsanteilen bereitete bei der Stratifizierung erhebliche Probleme: Wenn in einigen Bundesländern einzelne Schulformen nur mit einem sehr kleinen Anteil an der Gesamtpopulation vertreten waren, konnte ihnen bei der Stichprobenzuweisung keine Schule zugeteilt werden. Um den Schulen solcher Schulformen dennoch eine von Null verschiedene Ziehungswahrscheinlichkeit zu geben, wurden einige Schulformen während der Stichprobenziehung zusammengefasst. In den betroffenen Bundesländern wurde daher vorerst nur die Gesamtzahl der zu ziehenden Schulen bestimmt, jedoch noch nicht die Verteilung auf die Schulformen. Bei den Zahlen für die Sonderschulen wurden nur Schulen für verhaltensauffällige und lernbehinderte Schülerinnen und Schüler berücksichtigt. Schulen für Körperbehinderte, geistig Behinderte, in der Sinneswahrnehmung beeinträchtigte Schülerinnen und Schüler sowie Schulen für Kranke wurden ausgeschlossen.
- Im zweiten Schritt wurde die so erstellte Schulzuordnung disproportional verändert, indem die Zahl der vorgesehenen beruflichen Schulen und Sonderschulen um elf Schulen verringert, die Anzahl der übrigen Schulen um sechs erhöht wurde. Diese Neuordnung hatte zur Folge, dass auch die Verteilung der beruflichen Schulen und Sonderschulen auf die Bundesländer, wie in Schritt drei beschrieben, noch einmal durchgeführt werden musste. Die dadurch entstandenen Verzerrungen mussten durch entsprechende Gewichtung ausgeglichen werden.
- Im dritten Schritt wurde pro Bundesland die Anzahl der in der Stichprobe befindlichen beruflichen Schulen und Sonderschulen auf der Basis von kumulierten, nach Größe der Bundesländer geordneten Listen zufällig bestimmt. Die Ziehungswahrscheinlichkeit eines Bundeslandes ist proportional zu seiner Größe. Damit hatte jedes Bundesland die Chance, mit mindestens einer Schule in der Stichprobe vertreten zu sein. Große Länder wurden entsprechend ihrer Größe häufiger getroffen, ihnen wurden dementsprechend mehr Schulen zugeordnet.
- Im vierten Schritt wurden in den Strata auf der Basis von kumulierten, nach Schulgröße sortierten Schullisten die Schulen der gesamten PISA-Stichprobe zufällig gezogen. Die Schulgröße wurde definiert durch die Anzahl der im Jahre 1984 Geborenen im Schuljahr 1998/99. Wenn diese Zahlen für das Schuljahr vor der Erhebung nicht vorlagen, wurden als beste Approximation die 1983 Geborenen aus dem Schuljahr 1997/98 genommen. Standen Zahlen für einen Geburtsjahrgang in der amtlichen Statistik nicht zur Verfügung, wurde die Anzahl Neuntklässler für die Stichprobenziehung zu Grunde gelegt. Diese Vorgehensweise ist legitim, da die Stichprobenziehungen in den Strata unabhängig voneinander vorgenommen werden und die Anteile der 15-Jährigen einer Schule an der Gesamtpopulation gut durch die angegebenen Hilfsgrößen angenähert werden können. In der Stichprobenziehung wurden durch das angewandte Verfahren (Zufallsstart und gleiche Intervalle) Schulen mit der Ziehungswahrscheinlichkeit proportional zu ihrer Größe gezogen (*Probability Proportional to Size Sampling*, PPS).

- Im fünften Schritt wurden die für die internationalen Vergleich vorgesehenen Schulen aus den im vierten Schritt ermittelten gezogen. Im Unterschied zu Schritt eins erfolgte die Ziehung jedoch mit gleicher Wahrscheinlichkeit für alle Schulen, da sonst die Größe fälschlicherweise doppelt berücksichtigt würde und große Schulen überproportional vertreten wären. Um alle Schulformen in die Zufallsauswahl aufzunehmen, wurden sehr kleine Strata zusammengelegt. Anschließend erfolgte die Ziehung einer Schule mit gleicher Wahrscheinlichkeit aus den Schulen mehrer Schulformen.
- Im sechsten Schritt wurden die Untersuchungseinheiten in den Schulen bestimmt. In den beruflichen Schulen wurden alle 15-Jährigen gezogen, in den Integrierten Gesamtschulen 35 15-Jährige, in allen übrigen Schulen 28 15-Jährige. Dazu wurden alle Schüler, die zwischen dem 1. Februar 1984 und dem 31. Januar 1985 geboren waren, nach Klassenstufe alphabetisch gelistet. Die Auswahl der Schülerinnen und Schüler erfolgte wie bei den Schulen mit Zufallsstart und gleichem Ziehungsintervall. So wurde gewährleistet, dass die Anteile der 15-Jährigen an den verschiedenen Klassenstufen korrekt abgebildet werden. Anschließend wurden aus den nicht 15-Jährigen Neuntklässlern zehn weitere Schülerinnen und Schüler gezogen.

1.2 Realisierte Stichprobe

Die realisierte Stichprobe beruht auf der Schulebene auf allen für den internationalen Vergleich gezogenen Schulen. Da keine Schule die Teilnahme verweigerte, musste auch keine Ersatzschule ermittelt werden. Nachträglich wurde eine Schule aus der Stichprobe ausgeschlossen, weil die Teilnahmequote auf Schülerebene unter 50 Prozent der Sollzahl lag. Damit beträgt die Ausschöpfungsquote auf Schulebene 95 Prozent. Die Teilnahmequote auf Schülerebene liegt insgesamt bei 86 Prozent. 14 Prozent der Schülerinnen und Schüler nahmen wegen Krankheit, Schwänzen oder fehlender Elterngenehmigung nicht an der Erhebung teil. Die Ausschöpfungsquote der Stichprobe ist auf Schulebene im internationalen Vergleich hoch. Die Ausschöpfungsquote auf Schülerebene ist befriedigend und genügt ohne weiteres den internationalen Vorgaben. In den meisten anderen PISA-Teilnehmerstaaten liegt jedoch die Schülerbeteiligung höher. In Tabelle 1 ist die Untersuchungsbeteiligung der Schülerinnen und Schüler in Deutschland in Prozent der Sollzahlen nach Schulform angegeben. Vom Test ausgeschlossene Schülerinnen und Schüler sind nicht mit in die Untersuchungsbeteiligung eingerechnet worden. Ausgeschlossen wurden Schülerinnen und Schüler innerhalb der Schulen dann, wenn sie als Zuwanderer weniger als ein Jahr in Deutschland Deutschunterricht hatten, ihnen aufgrund einer körperlichen oder

Tabelle 1: Untersuchungsbeteiligung von Schülern nach Schulart in Prozent der Sollzahlen (Ausschöpfungsgrad der Stichprobe in Deutschland)

Sonderschule	Hauptschule	Realschule	Gymnasium	Schule mit mehreren Bildungsgängen	Integrierte Gesamtschule	Berufliche Schulen
66,2	84,3	88,3	92,1	87,0	76,3	44,0

mentalen Beeinträchtigung die Teilnahme am Test nicht möglich war oder wenn sie andere Schülerinnen und Schüler bei der Testbearbeitung erheblich beeinträchtigt hätten.

1.3 Gewichtung

Die im Stichprobenplan festgelegte disproportionale Schulverteilung sowie die Mehrstufigkeit der Stichprobe machen es notwendig, die unterschiedlichen Ziehungswahrscheinlichkeiten durch komplexe Gewichtungsverfahren auszugleichen. Die Gewichtung erfolgte getrennt nach Strata und wurde in jedem Stratum separat in mehreren Schritten vorgenommen.

Im ersten Schritt wurden nach Schulformen und Bundesländern getrennt Schulgewichte berechnet, die sich aus der Wahrscheinlichkeit ergeben, in die gesamte PISA-Stichprobe zu kommen. Im zweiten Schritt wurde für die in den internationalen Vergleich eingehenden Schulen ein Korrekturfaktor ermittelt, der die Wahrscheinlichkeit berücksichtigt, aus der gesamten PISA-Stichprobe in die internationale Stichprobe gezogen zu werden. Im dritten Schritt wurde ein Schülergewicht berechnet, das sowohl die Ziehungswahrscheinlichkeit in der Schule berücksichtigt, als auch für die Beteiligungsrate in der Schule einen schulspezifischen Korrekturfaktor enthält. Die Gewichte wurden unter Einbeziehung der bei der Stichprobenziehung verwendeten Daten zentral bei WESTAT berechnet. Eine Überprüfung der bei WESTAT errechneten Gewichte ergab, dass die Populationsverhältnisse durch die Gewichte sehr gut abgebildet werden.

1.4 Stichprobenfehler, Designeffekte und effektive Stichprobengrößen

Die Schätzung von Populationskennwerten aus Stichproben ist immer fehlerbehaftet. Die Größe des Schätzfehlers – die Variabilität der Parameterschätzung – hängt von der Variabilität des jeweiligen Merkmals in der Population und der Größe der Stichprobe ab. Da man die Variabilität eines Merkmals in der Grundgesamtheit in der Regel nicht kennt, schätzt man diese aufgrund der Variabilität des Merkmals in der Stichprobe. So wird üblicherweise etwa die Varianz der Schätzung eines Populationsmittelwerts als Verhältnis der Varianz des Merkmals in der Stichprobe zur Stichprobengröße bestimmt. Die Quadratwurzel aus diesem Wert wird als Standardfehler der Schätzung des Populationskennwerts bezeichnet *(SE)*. Bei der Darstellung unserer Ergebnisse berichten wir als Maß der Zuverlässigkeit unserer Schätzungen immer auch Standardfehler. Als Grundregel gilt, dass der wahre Populationskennwert mit einer 5-prozentigen Irrtumswahrscheinlichkeit im Intervall von ± zwei Standardfehlern liegt. Um also in einem ersten Zugriff zu prüfen, ob sich zum Beispiel berichtete Mittelwerte überzufällig unterscheiden, empfiehlt sich die Inspektion der Standardfehler als erster Schritt.

Die übliche Berechnung des Standardfehlers führt jedoch nur unter der Voraussetzung einer einfachen Zufallsstichprobe, bei der die Stichprobenelemente voneinander unabhängig sind, zu vertretbar genauen Schätzungen. Bei mehrstufigen Klumpenstichproben führt diese Berechnung in der Regel zu einer systematischen Unterschätzung des Stichprobenfehlers. Das Ausmaß der Unterschätzung hängt von der Homogenität der Cluster

– als Kennziffer hatten wir dafür die intraklassliche Korrelation eingeführt – und der Clustergröße ab. Nun gibt es allerdings eine Reihe von Verfahren, Stichprobenfehler zu schätzen, die ohne die Annahme einfacher Zufallsstichproben auskommen und das komplexe Stichprobendesign berücksichtigen. Die bekanntesten Verfahren sind die so genannten *Jackknife*-Methoden (Wolter, 1985). Sie basieren auf dem Grundgedanken, die Variabilität der Schätzung von Populationskennwerten durch das wiederholte Schätzen dieser Kennziffern aus Substichproben zu bestimmen. Dies führt zu konservativen Schätzungen, da so die Anzahl der Freiheitsgrade reduziert wird. In PISA wurde mit der *Methode nach Fay* ein der *Jackknife*-Methode verwandtes Verfahren eingesetzt (zu näheren Details siehe Judkins, 1990).

Komplexe Stichproben, wie sie in PISA gezogen wurden, führen in der Regel zu größeren Stichprobenfehlern als einfache Zufallsstichproben derselben Größe. Diese Stichproben sind also weniger effektiv; die verfügbare Testpower zur Prüfung von Unterschiedshypothesen ist dementsprechend herabgesetzt. Als Maß der Reduktion der Stichprobeneffizienz gegenüber einer einfachen Zufallsstichprobe wurde der so genannte Designeffekt (DEFF) eingeführt, der als Verhältnis der unter Berücksichtigung der Schachtelung bestimmten Varianz der Schätzung von Populationskennwerten zu der unter der Annahme einfacher Zufallsstichproben berechneten Varianz zu bestimmen ist (Kish, 1995). Mithilfe des Designeffekts lässt sich die so genannte effektive Stichprobengröße bestimmen, die den Stichprobenumfang bezeichnet, der bei einer einfachen Zufallsstichprobe zu gleich präzisen Schätzungen führt. In PISA ist der mit dem Programm WesVar 4.0 (Barrett u.a., 2000) berechnete Designeffekt innerhalb der nationalen Stichprobe mit Größenordnungen von 2.3 (Leseverständnis), 1.8 (mathematische Kompetenz) und 1.4 (naturwissenschaftliche Kompetenz) zu veranschlagen. Im Falle der Lesekompetenz würde man demnach mit einer Zufallsstichprobe von etwa $N = 2.225$ 15-Jährigen zu ähnlich präzisen Schätzungen kommen.

Erstaunlicherweise wird bei fast allen Untersuchungen der Schulforschung, die mit Klassen- oder Schulstichproben arbeiten, das Problem der effektiven Stichprobengröße nicht thematisiert und bei der statistischen Prüfung von Unterschieden oder Zusammenhängen die Unabhängigkeit der Stichprobenelemente vorausgesetzt (vgl. kritisch dazu Baumert, 1992). In diesem Bericht werden wir – soweit dies statistisch möglich und vom rechnerischen Aufwand her vertretbar ist – bei Signifikanztests grundsätzlich durch die Replikationstechnik (Methode nach Fay) geschätzte Standardfehler zu Grunde legen. Dieses konservative Verfahren wird bei allen Aussagen, die hohe deskriptive Bedeutung haben und entsprechend belastbar sein müssen, ausschließlich benutzt. Alle Vergleiche von Gebietseinheiten oder organisationsstrukturellen Merkmalen werden inferenzstatistisch auf der Basis der Replikationstechnik abgesichert. Bei multivariaten Zusammenhangsanalysen, bei denen nicht Mittelwerte, sondern Konfigurationen interessieren, ist dieses Verfahren nicht ohne weiteres anwendbar, mit unvertretbar großem Aufwand verbunden oder durch die Reduktion von Freiheitsgraden extrem konservativ, sodass die Wahrscheinlichkeit der Entdeckung von Zusammenhängen stark verringert wird. Bei multivariaten Analysen berichten wir deshalb die üblichen Prüfstatistiken, die Unabhängigkeit der Stichprobenelemente voraussetzen. In diesen Fällen wird der α-Fehler systematisch unterschätzt. Bei den meisten multivariaten Analysen ist dieses Vorgehen jedoch unproblematisch, da die Befunde auch auf der Basis der effektiven Stichprobengröße zufallskritisch abgesichert werden können.

Olaf Köller
Rainer Watermann
Jürgen Baumert

2. Skalierung der Leistungstests in PISA

Wie in vergangenen internationalen Schulleistungsstudien (z.B. TIMSS) basieren die in PISA verwendeten Modelle zur Bestimmung individueller Leistungsscores auf der *Item Response Theory* (IRT) (vgl. Fischer & Molenaar, 1995; Hambleton & Swaminathan, 1989; Kubinger, 1989; Rost, 1996). Im Deutschen spricht man üblicherweise von der *Probabilistischen Testtheorie,* deren bekanntester Vertreter das Rasch-Modell (Rasch, 1960) ist. Ein Vorzug der IRT-Modelle gegenüber der *Klassischen Testtheorie* (Lord & Novick, 1968) liegt darin, dass sich Personen, auch wenn sie unterschiedliche Aufgaben bearbeitet haben, in ihren Leistungen auf einer gemeinsamen Skala abbilden lassen. Diese Eigenschaft ist für PISA von entscheidender Bedeutung, da das Testkonzept des *Multi-Matrix Sampling* vorsieht, einzelnen Schülerinnen und Schülern nur relativ wenige Testaufgaben vorzugeben, gleichzeitig jedoch durch mehrere Testversionen Stoffgebiete breit abzudecken. Im Folgenden soll das in PISA verwendete Skalierungsverfahren dargestellt werden. Die Basis bildet das eindimensionale Rasch-Modell. Der methodisch versierte und interessierte Leser sei an dieser Stelle allerdings auf detailliertere Ausführungen bei Adams, Wu und Macaskill (1997) hingewiesen.

2.1 Theoretische Grundlagen

Zentral in der klassischen wie auch probabilistischen Testtheorie ist die Trennung zwischen beobachtbaren *manifesten* und nicht beobachtbaren, so genannten *latenten* Variablen. Die Reaktion von Personen auf Testaufgaben ist beobachtbar, sie lösen ein oder mehrere Items richtig oder falsch. Die mit einem Test gemessene Leistung (z.B. Anzahl der gelösten Aufgaben) stellt ebenfalls eine beobachtbare Variable dar. Die Fähigkeit einer Person, die für dieses Testergebnis verantwortlich ist, ist dagegen nicht direkt beobachtbar, sondern muss über die Testleistung erschlossen werden. Deswegen stellt also die Fähigkeit eine latente Variable dar.

Das eindimensionale Raschmodell

Das eindimensionale Rasch-Modell ist ein *Latent Trait*-Modell mit einer latenten Variable. Die Itemparameter wie auch Personenparameter unterscheiden sich nur hinsichtlich ihrer quantitativen Ausprägung voneinander. Im einfachsten Fall, dem *dichotomen Rasch-Mo-*

dell, wird versucht, die manifeste Reaktion auf jedes Item (gelöst vs. nicht gelöst) auf eine kontinuierliche latente Personfähigkeit und Itemschwierigkeit zurückzuführen. Da diese Variablen kategorial sind, das heißt nur die Werte 0 oder 1 annehmen können, und auch die Lösungswahrscheinlichkeiten $p(x = 1)$ auf das 0-1-Intervall beschränkt sind (und daher auch nicht adäquat additiv zerlegt werden können), wird die Zerlegung auf Logits bezogen, die *logarithmierte Wettquotienten* darstellen:

$$1n \left(\frac{p(x_{vi})}{1 - p(x_{vi})} \right) = \Theta_v + \xi_i. \tag{1}$$

Die Wahrscheinlichkeit $p(x_{vi})$, dass eine Person v das Item i löst, bzw. der Logit dieser Wahrscheinlichkeit lässt sich additiv zerlegen in einen Personenparameter (Fähigkeit) Θ_v und einen Itemparameter (Schwierigkeit) ξ_i. Durch die Logarithmierung des Wettquotienten erreicht man, dass die ehemals auf den 0-1-Bereich beschränkte Anwortwahrscheinlichkeit jetzt zwischen $-\infty$ und $+\infty$ variiert. Die Beziehung zwischen dem latenten Fähigkeitsmerkmal Θ und der Antwortwahrscheinlichkeit kann für jede Testaufgabe mithilfe der *Item Characteristic Curve* (ICC) graphisch dargestellt werden. Dabei ergibt sich in weiten Bereichen ein beinahe linearer Zusammenhang zwischen latenter und manifester Variable (vgl. Abb. 1).

Die Schwierigkeit eines Items ist üblicherweise durch den Wendepunkt der ICC definiert, bei dem die Lösungswahrscheinlichkeit $p(x_{vi} = 1)$ genau .5 wird. Durch diese Definition liegen Item- und Personenparameter auf demselben latenten Kontinuum. Abweichend vom üblichen Vorgehen wurden in PISA die Itemschwierigkeiten (nach entsprechender Transformation) durch den Wert auf der latenten Fähigkeitsdimension definiert,

Abbildung 1: Item-Charakteristik-Kurven für zwei Items im Rasch-Modell

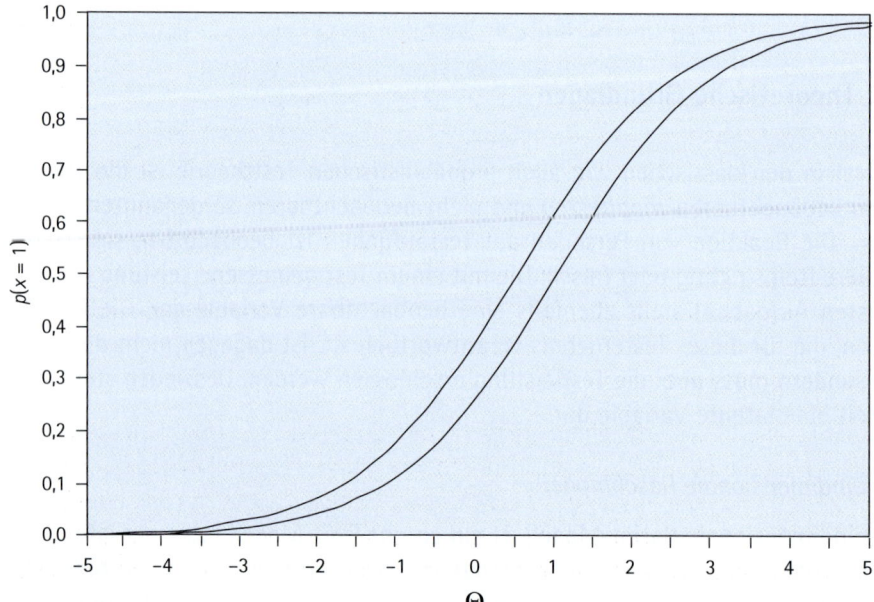

bei dem die Lösungswahrscheinlichkeit $p(x_{vi} = 1)$ einer Testaufgabe genau .62 ist. Mit dieser pragmatischen Entscheidung wurde beabsichtigt, dass Personen, deren Fähigkeit Θ_v der Itemschwierigkeit ξ_i entspricht, dieses Item mit hinreichender Sicherheit (eben $p(x_{vi} = .62$ statt nur $p(x_{vi} = .50)$) lösen.

Fundamentale Annahmen im Rasch-Modell sind die *lokale stochastische Unabhängigkeit* der Items, wonach die Assoziationen zwischen den manifesten Variablen bei Kontrolle der latenten Personenfähigkeit verschwinden, die *Personenhomogenität,* nach der die Bestimmung der Itemparameter unabhängig von der gewählten Personenstichprobe sein soll, und die *spezifische Objektivität,* die eine Bestimmung der Personenparameter unabhängig von der Itemstichprobe erlaubt. Personenhomogenität und spezifische Objektivität ermöglichen also (sofern das Rasch-Modell für einen empirischen Datensatz gilt) die Bestimmung von Personenparametern bei Auswahl beliebiger Testaufgaben und die Bestimmung von Itemparametern bei Bearbeitung dieser Aufgaben durch beliebige Substichproben von Personen. Durch diese Eigenschaften können Personen, die unterschiedliche Aufgaben bearbeitet haben, auf einer gemeinsamen Fähigkeitsdimension Werte erhalten und miteinander verglichen werden.

Das Partial Credit-Modell

Das Rasch-Modell ist als so genanntes *Partial Credit*-Modell auch auf manifeste Variablen mit mehr als zwei Lösungskategorien anwendbar. Eine Reihe von offenen Aufgaben in PISA sind zum Beispiel mit 0 für *falsche,* 3 für *vollständig richtige* und 1 bzw. 2 für *teilrichtige* Antworten codiert. Die entscheidenden Beiträge zu der Erweiterung des Rasch-Modells auf mehr als zwei Lösungskategorien stammen von Andrich (1978, 1982) und Masters (1982). Die Logik der ordinalen Rasch-Modelle lässt sich anhand verallgemeinerter ICCs zeigen. Im Falle von drei geordneten Antwortkategorien eines Items benötigt man für jede Kategorie eine Kurve, die *Category Characteristic Curves* (CCC). Wandert man nun auf der latenten Leistungsdimension von links nach rechts, so ist zunächst die Wahrscheinlichkeit für eine falsche Antwort am höchsten. Diese sinkt dann zuschends ab, und die Wahrscheinlichkeit einer teilrichtigen Lösung steigt zeitgleich an. Schreitet man weiter auf dem latenten Kontinuum fort, so sinkt auch diese Wahrscheinlichkeit wieder bei gleichzeitigem Anstieg der Wahrscheinlichkeit für die richtige Lösung. Die CCCs werden durch die *Schwellen,* das heißt die Schnittpunkte zweier benachbarter CCCs, parametrisiert. In diesem Schnittpunkt sind die Antwortwahrscheinlichkeiten für beide Kategorien gleich groß. Bemerkenswert ist, dass die Schwellen geordnet sind: Die Schwelle zu Kategorie x liegt auf dem latenten Kontinuum rechts von der Schwelle zu Kategorie $x - 1$. Die Rangordnung der Kategorien spiegelt sich also in der Ordnung der Schwellen wider.

Das mehrdimensionale Rasch-Modell

Das dichotome Rasch-Modell und das *Partial Credit*-Modell können analog zu latenten Variablenmodellen in der klassischen Testtheorie auch mehrere latente Dimensionen beinhalten (Adams, Wilson & Wang, 1997). Für *mehrdimensionale Rasch*-Modelle gilt die Annahme, dass die Assoziationen zwischen den manifesten Variablen eines Tests nicht durch eine einzige, sondern durch mehrere latente kontinuierliche Personenvariablen erklärt werden können.

Abbildung 2: Graphische Darstellung eines mehrdimensionalen IRT-Modells mit drei latenten und jeweils drei manifesten Variablen

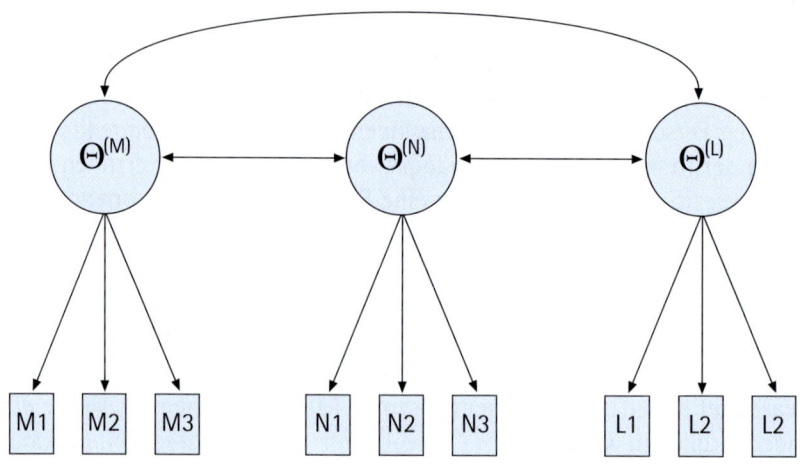

Die Abbildung 2 zeigt in vereinfachter Form ein mehrdimensionales Rasch-Modell mit drei latenten Variablen. In diesem Modell werden die manifesten Reaktionen auf die Items M1 bis M3 nur auf die latente Personfähigkeit $\Theta^{(M)}$ und die Itemschwierigkeit zurückgeführt. Die manifesten Variablen N1 bis N3 beziehen sich hingegen nur auf die latente Personfähigkeit $\Theta^{(N)}$, die Variablen L1 bis L3 nur auf die latente Personfähigkeit $\Theta^{(L)}$. Neben der Möglichkeit der simultanen – und damit effizienteren – Bestimmung von Personenparametern in mehreren Dimensionen bieten mehrdimensionale Modelle den Vorteil der Schätzung von Korrelationen zwischen mehreren Domänen auf der latenten Ebene (siehe die Doppelpfeile zwischen den latenten Variablen in Abb. 2). Bei diesen so genannten latenten Korrelationen handelt es sich um messfehlerkorrigierte Maße, bei denen beachtet werden muss, dass sie in der Regel höher ausfallen, als dies etwa für Korrelationen zwischen Personenwerten der Fall ist, die jeweils aus eindimensionalen Modellen resultieren. Dies sei an einem Beispiel verdeutlicht: Zwei getrennt skalierte Tests mit Reliabilitäten von .58 bzw. .43 korrelieren zu $r = .40$ miteinander. Korrigiert man diesen Zusammenhang um die Messungenauigkeit beider Tests (*„correction for attenuation"*, Lord & Novick, 1968, S. 138), erhält man einen Zusammenhang von $r = .80$, welcher in etwa der Korrelation zwischen beiden Tests entspricht, die man bei der Anwendung eines zweidimensionalen Rasch-Modells erhalten würde. Wenn wir in diesem Bericht latente Korrelationen beispielsweise zwischen der mathematischen und der Lesekompetenz mitteilen, handelt es sich immer um messfehlerbereinigte Zusammenhänge.

2.2 Skalierung

In PISA wurde die internationale Skalierung der Leistungstests auf der Basis einer Stichprobe von 13.500 Schülerinnen und Schülern vorgenommen. Hierzu wurden aus jedem Teilnehmerland mit Ausnahme Luxemburgs – die Daten waren zum Zeitpunkt der Skalierung nicht verfügbar – stratifizierte Zufallsstichproben mit jeweils 500 Personen gezogen. In einem ersten Schritt wurden anhand eindimensionaler Rasch-Modelle Itemparameter für jede Domäne (Lesen, Mathematik, Naturwissenschaften) berechnet. Die Itemparameter wurden dann in einem zweiten Schritt zur Berechnung von Personenparametern für alle Schülerinnen und Schüler des internationalen Datensatzes verwendet. Dabei kam das mehrdimensionale Rasch-Modell zur Anwendung.

Wie in TIMSS basieren die individuellen Leistungswerte der Schülerinnen und Schüler nicht auf den herkömmlichen Personenparametern des Rasch-Modells, da diese bei unvollständigen Datenmatrizen, wie sie bei einem Testdesign des *Multi-Matrix Sampling* entstehen, zwar zu erwartungstreuen Schätzungen der Populationsmittelwerte, nicht jedoch zu korrekten Schätzungen der Populationsvarianz führen. Um dennoch zu erwartungstreuen Schätzungen sowohl von Populationsmittelwerten als auch von Populationsvarianzen zu gelangen, wurde in PISA die aus der TIMS-Studie bekannte *Plausible Value*-Technik verwendet (Mislevy u.a., 1992; Mislevy, Johnson & Muraki, 1992). Vereinfacht ausgedrückt tragen *Plausible Values* dem Sachverhalt Rechnung, dass die Schülerinnen und Schüler jeweils nur einen Teil der Aufgaben bearbeitet haben und die Schätzungen von Personenparametern daher mit Unsicherheit behaftet sind. Aus diesem Grund bestimmt man unter Nutzung von Hintergrundmerkmalen der Schüler jeweils eine individuelle Wahrscheinlichkeitsverteilung des Fähigkeitsparameters, aus der man dann per Zufall unendlich viele Werte (mit Zurücklegen) ziehen kann (zu den Details siehe Adams, Wu & Macaskill, 1997). In PISA wurden für jede Person fünf solcher „plausibler" Werte gezogen, die zwar nicht die besten Schätzer des individuellen Fähigkeitsparameters sind, aber sowohl zu einer erwartungstreuen Schätzung des Populationsmittelwerts als auch der Populationsvarianz führen.

Für die Auswertung der Leistungsdaten ist die Verwendung von *Plausible Values* folgenreich. In kleineren Personengruppen können die Mittelwerte der fünf *Plausible Values* nicht unerheblich variieren. Jeder Mittelwert für sich ist zwar ein erwartungstreuer, aber fehlerbehafteter Schätzer des Erwartungswerts in der entsprechenden Subpopulation. Der Standardfehler des Mittelwerts wird umso größer, je kleiner die berücksichtigte Substichprobe ist. Die Testung von Hypothesen – zum Beispiel über Mittelwertsvergleiche – sollte deshalb immer unter Berücksichtigung aller fünf *Plausible Values* durchgeführt werden. Dabei kann es vorkommen, dass etwa bei zwei von fünf Werten ein Gruppenvergleich signifikant wird, bei den anderen aber nicht. Einen Ausweg aus diesem potenziellen Dilemma bietet das von Rubin (1987) beschriebene Vorgehen, bei dem die Ergebnisse der über die fünf *Plausible Values* durchgeführten Analysen zu einem einzigen Ergebnis verbunden und dann auf Signifikanz getestet werden. Sofern Ergebnisse über alle fünf Werte homogen sind, stellt sich dieses Problem nicht. Bei allen Leistungsergebnissen, die in diesem Band berichtet werden, wurde das folgende Vorgehen gewählt: Bei deskriptiven Auswertungen wird grundsätzlich das kombinierte Ergebnis aus den fünf *Plausible Values,* in multivariaten Zusammenhangsanalysen hingegen das Ergebnis des ersten *Plausible Values* mitgeteilt. Werden Inhomogenitäten festgestellt, wird auch hier das von Rubin (1987) vorgeschlagene Verfahren gewählt.

Abbildung 3: Zusammenhang von Testwerten und Prozenträngen unter der Annahme von Normalverteiltheit

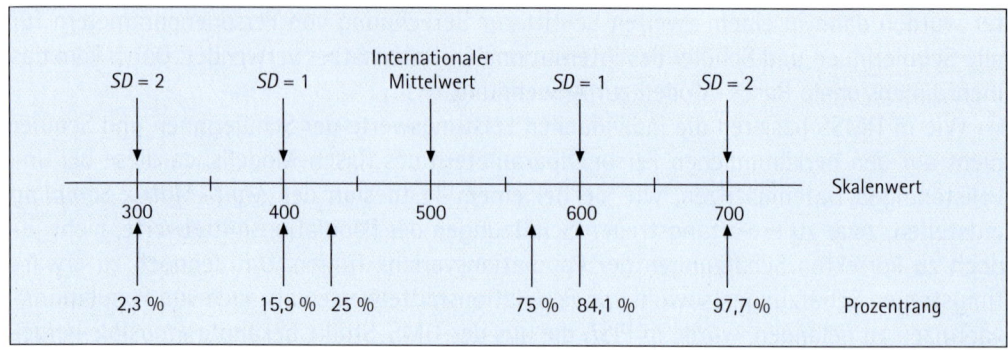

2.3 Interpretation der Testwerte in PISA

Die ermittelten Testleistungen wurden auf einer Leistungsdimension abgetragen, die jeweils durch einen internationalen Mittelwert von 500 und eine Standardabweichung von 100 definiert waren. Diese Definition ist natürlich vollständig beliebig. Beispielsweise erreichten deutsche Schülerinnen und Schüler auf dieser Skala im Mittel $M = 484$ (Lesekompetenz), $M = 490$ (mathematische Kompetenz) bzw. $M = 487$ (naturwissenschaftliche Kompetenz). Um Leistungsunterschiede in ihrer Größenordnung auf diesem Maßstab einordnen zu können, bedarf es üblicherweise einiger Interpretationshilfen. Abbildung 3, die den Zusammenhang zwischen Skalenwerten und Prozenträngen bei normal verteilten Leistungswerten zeigt, gibt eine erste Interpretationshilfe.

Der internationale Mittelwert ist hier bei 500 definiert, im Wertebereich zwischen 400 und 600 Punkten ± eine Standardabweichung = SD) liegen die Fachleistungen von ungefähr zwei Dritteln aller in PISA untersuchten Schülerinnen und Schüler. Ein erzielter Wert von genau 400 Punkten weist demnach aus, dass der betreffende Schüler im Test besser als 15,9 Prozent der übrigen PISA-Teilnehmer abgeschnitten hat. Umgekehrt bedeutet eine Leistung von 600 Punkten, dass lediglich noch 15,9 Prozent über diesem Wert liegen. Von besonderer Bedeutung bei der Definition von Leistungsmaßen in PISA ist die Eigenschaft, dass Personen und Aufgaben auf derselben Metrik angeordnet werden können. Eine Aufgabenschwierigkeit von 600 bedeutet, dass Personen mit einer Fähigkeit von 600 diese Aufgabe mit hinreichender Sicherheit lösen (Lösungswahrscheinlichkeit $p = .62$). Auf dieser Eigenschaft beruht die im Folgenden vorgestellte kriteriumsorientierte Testinterpretation.

Die für die nationalen Ergänzungstests ermittelten Leistungsmaße in den Sachgebieten Leseverständnis, Mathematik, Naturwissenschaften, Problemlösen und schlussfolgerndes Denken wurden jeweils auf einer Metrik mit einem nationalen Mittelwert von 100 und einer Standardabweichung von 30 verankert. Auf dieser Metrik liegen im Wertebereich zwischen 70 und 130 Punkten (± eine Standardabweichung = SD) die Fachleistungen von ungefähr zwei Dritteln aller in PISA untersuchten deutschen Schülerinnen und Schüler.

2.4 Kriteriumsorientierte Testinterpretation durch inhaltliche Verankerung der Skalen: Definition von Fähigkeitsniveaus

Testwerte, wie oben geschehen, normorientiert zu interpretieren, verlangt lediglich anzugeben, wie viel Prozent einer Vergleichspopulation über bzw. unter dem erreichten Testwert liegen. Aus einer stärker didaktischen, aber auch psychologischen Perspektive ist eine kriteriumsorientierte Interpretation von Testwerten erheblich aufschlussreicher. In PISA wird dazu die Eigenschaft des zu Grunde liegenden testtheoretischen Modells genutzt, dass sich Personen und Aufgaben auf demselben Maßstab anordnen lassen, sodass anhand der Aufgaben, die eine Person mit hinreichender Sicherheit löst, geschlossen werden kann, über welches Kenntnisniveau (Kompetenzniveau) bzw. welche kognitiven Operationen diese Person verfügt. Die Kompetenz einer Person wird somit an dem Kriterium wohldefinierter Operationen gemessen, die sie beherrscht. Ein solches verhaltensnahes Kriterium lässt sich am besten spezifizieren, indem man Aufgabenklassen beschreibt, die von Personen der betreffenden Kompetenzstufe erfolgreich bearbeitet werden, und sie von jenen Aufgabenklassen abgrenzt, die auf der betreffenden Stufe noch nicht mit hinreichender Sicherheit gelöst werden können. Dieses aus der TIMS-Studie bekannte Verfahren (vgl. Klieme, 2000; Watermann, 2001) wird auch in PISA zur kriteriumsorientierten Interpretation von Testwerten genutzt.

Literatur

Adams, R. J., Wilson, M. R. & Wang, W. C. (1997). The multidimensional random coefficients multinomial logit *Applied Psychological Measurement, 21,* 1–24.

Adams, R. J., Wu, M. L. & Macaskill, G. (1997). Scaling methodology and procedures for the mathe-matics and science scales. In M. O. Martin & D. L. Kelly (Eds.), *Third International Mathematics and Science Study. Technical report: Vol. II. Implementation and analysis. Primary and middle school years* (Chap. 7, pp. 111–146). Chestnut Hill, MA: Boston College.

Andrich, D. (1978). A rating formulation for ordered response categories. *Psychometrika, 43,* 561–573.

Andrich, D. (1982). An extension of the Rasch model for ratings providing both location and dispersion parameters. *Psychometrika, 47,* 105–113.

Barrett, B., Brick, M., Ewald, M., James, P., Murphy, A., Rogers, J. & Valliant, R. (2000). *WesVarTM 4.0 Users Guide.* Westat: Rockville.

Baumert, J. (1992). Koedukation oder Geschlechtertrennung? *Zeitschrift für Pädagogik, 38* (1), 83–110.

Bortz, J. & Döring, N. (1995). *Forschungsmethoden und Evaluation* (2., vollst. überarb. u. akt. Aufl.). Berlin: Springer.

Fischer, G. H. & Molenaar, I. W. (Eds.). (1995). *Rasch models. Foundation, recent developments, and applications.* New York: Springer.

Hambleton, R. K. & Swaminathan, H. (1989). *Item response theory. Principles and applications.* Boston, MA: Kluwer.

Judkins, D. (1990). Fay's Method for Variance Estimation. *Journal of Official Statistics, 6,* 223–240.

Kish, L. (1995). *Survey sampling.* New York: Wiley.

Klieme, E. (2000). Fachleistungen im voruniversitären Mathematik- und Physikunterricht: Theoretische Grundlagen, Kompetenzstufen und Unterrichtsschwerpunkte. In J. Baumert, W. Bos & R. H. Lehmann (Hrsg.), *Dritte Internationale Mathematik- und Naturwissenschaftsstudie - Mathematische und naturwissenschaftliche Bildung am Ende der Schullaufbahn. Kapitel II in Band II: TIMSS - Mathematische und physikalische Kompetenzen am Ende der gymnasialen Oberstufe* (S. 57–128). Opladen: Leske + Budrich.

Kubinger, K. D. (Hrsg.). (1989). *Moderne Testtheorie.* Weinheim: Beltz.

Lord, F. M. & Novick, M. R. (1968). *Statistical theories of mental test scores.* Reading, MA: Addison-Wesley.

Masters, G. N. (1982). A Rasch model for partial credit scoring. *Psychometrika, 47,* 149–174.

Mislevy, R. J., Beaton, A. E., Kaplan, B. & Sheehan, K. M. (1992). Estimating population characteris-tics from sparse matrix samples of item responses. *Journal of Educational Measurement, 29* (2), 133–161.

Mislevy, R. J., Johnson, E. G. & Musaki, E. (1992). Scaling procedures in NAEP. *Journal of Educational Statistics, 17* (2), 131–154.

Rasch, G. (1960). *Probabilistic models for some intelligence and attainment tests.* Copenhagen: Nielsen & Lydicke.

Rost, J. (1996). *Lehrbuch Testtheorie, Testkonstruktion.* Bern: Huber.

Rubin, D. B. (1987). *Multiple imputation for nonresponse in surveys.* New York: Wiley.

Scheerens, J. & Bosker, R. J. (1997). T*he foundations of educational effectiveness.* Oxford, UK: Pergamon.

Watermann, R. (2001). *Die Erfassung fachlicher Kompetenz jenseits eindimensionaler Leistungsskalen: Latent-Class-Model-le für Kompetenzstufen in der voruniversitären Mathematik.* Vortrag auf der 60. Tagung der Arbeitsgruppe für Empiri-sche Pädagogische Forschung in Bamberg, März.

Wolter, K. M. (1985). *Introduction to variance estimation.* New York: Springer.

Anhang B
Abbildungen und Tabellen zum
Kapitel 2: Lesekompetenz

Abbildung 2.1: Aufgabenstamm „Fühl dich wohl in deinen Turnschuhen"

14 Jahre lang wurden am Sportmedizinischen Zentrum Lyon (Frankreich) die Verletzungen junger Amateur- und Profisportler untersucht. Die Studie beweist, dass Vorbeugung ... und gute Schuhe ... der beste Schutz sind.

Stöße, Stürze und Verschleiß ...

Achtzehn Prozent der Spieler im Alter von 8 bis 12 haben bereits Verletzungen an den Fersen. Der Knorpel im Knöchel eines Fußballers steckt Erschütterungen schlecht weg. 25 % der Profis haben am eigenen Leibe herausgefunden, dass dies ein besonderer Schwachpunkt ist. Der Knorpel des empfindlichen Kniegelenks kann ebenfalls irreparabel geschädigt werden, und wenn man nicht bereits von Kindheit an aufpasst (im Alter von 10-12 Jahren), kann dies zu frühzeitiger Arthrose führen. Auch die Hüfte bleibt von Schaden nicht verschont, und ein Spieler, besonders wenn er müde ist, läuft Gefahr, sich bei einem Sturz oder Zusammenstoß Knochenbrüche zuzuziehen.

Die Untersuchung besagt, dass sich bei Fußballern, die seit mehr als zehn Jahren spielen, Knochenauswüchse am Schienbein oder an der Ferse entwickeln. Dies ist der sogenannte „Fußballerfuß", eine Deformierung, die durch Schuhe mit zu flexiblen Sohlen und Knöchelbereichen entsteht.

Schützen, stützen, stabilisieren, dämpfen

Wenn ein Schuh zu steif ist, schränkt er die Bewegung ein. Wenn er zu flexibel ist, vergrößert sich das Verletzungs- und Verstauchungsrisiko. Ein guter Sportschuh sollte vier Kriterien erfüllen:

Erstens muss er *äußeren Schutz bieten:* gegen Stöße durch den Ball oder einen anderen Spieler schützen, Bodenunebenheiten ausgleichen und den Fuß warm und trocken halten, selbst wenn es eiskalt ist und regnet.

Er muss *den Fuß und besonders das Knöchelgelenk stützen,* um Verstauchungen, Schwellungen und andere Probleme zu vermeiden, die sogar das Knie betreffen können.

Er muss dem Spieler auch eine gute *Stabilität* bieten, so dass er auf nassem Boden oder einem zu trockenen Belag nicht rutscht.

Schließlich muss er *Stöße dämpfen,* besonders bei Volleyball- und Basketballspielern, die permanent springen.

Trockene Füße

Um kleinere, aber schmerzhafte Beschwerden, wie z.B. Blasen und sogar Risswunden oder Pilzinfektionen zu verhindern, muss der Schuh das Verdunsten von Schweiß ermöglichen und äußere Feuchtigkeit am Eindringen hindern. Das ideale Material hierfür ist Leder, das imprägniert werden kann, um zu verhindern, dass der Schuh beim ersten Regen durchnässt wird.

Abbildung 2.2: Aufgabenstamm „Die Struktur der erwerbstätigen Bevölkerung"

Das folgende Baumdiagramm zeigt die Struktur der erwerbstätigen Bevölkerung bzw. der „Bevölkerung im Erwerbsalter" eines Landes. Die Gesamtbevölkerung des Landes betrug 1995 etwa 3,4 Millionen.

Die Struktur der erwerbstätigen Bevölkerung, Stand: 31. März 1995 (in Tsd.)[1]

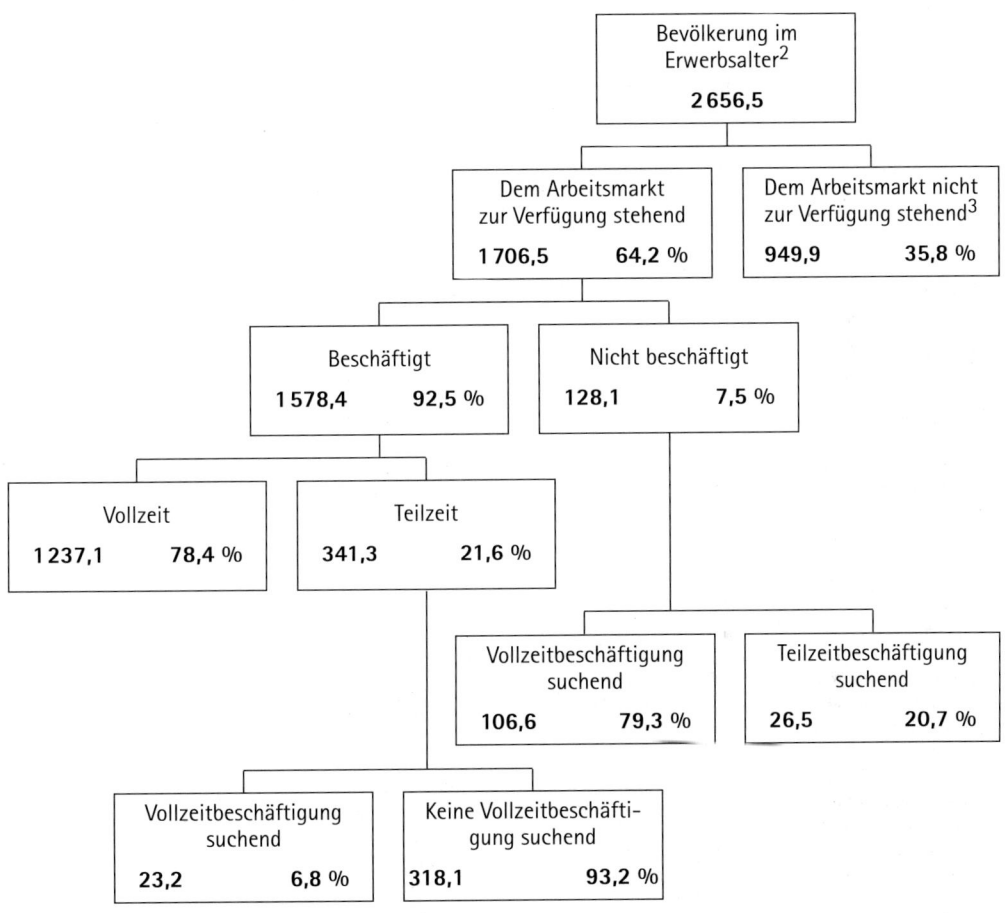

Anmerkungen

[1] Anzahl der Personen in Tausend (Tsd.).
[2] Die Bevölkerung im Erwerbsalter ist definiert als Menschen zwischen 15 und 65 Jahren.
[3] „Dem Arbeitsmarkt nicht zur Verfügung stehend" bezieht sich auf Personen, die nicht aktiv Arbeit suchen und/oder für Arbeit nicht zur Verfügung stehen.

Abbildung 2.3: Aufgabenstamm „Graffiti"

Graffiti

Ich koche vor Wut, die Schulwand wird nämlich gerade zum vierten Mal gereinigt und frisch gestrichen, um Graffiti wegzubekommen. Kreativität ist bewundernswert, aber die Leute sollten Ausdrucksformen finden, die der Gesellschaft keine zusätzlichen Kosten aufbürden.

Warum schädigt ihr den Ruf junger Leute, indem ihr Graffiti malt, wo es verboten ist? Professionelle Künstler hängen ihre Bilder doch auch nicht in den Straßen auf, oder? Stattdessen suchen sie sich Geldgeber und kommen durch legale Ausstellungen zu Ruhm.

Meiner Meinung nach sind Gebäude, Zäune und Parkbänke an sich schon Kunstwerke. Es ist wirklich armselig, diese Architektur mit Graffiti zu verschandeln, und außerdem zerstört die Methode die Ozonschicht. Wirklich, ich kann nicht begreifen, warum diese kriminellen Künstler sich so viel Mühe machen, wo ihre „Kunstwerke" doch bloß immer wieder beseitigt werden und keiner sie mehr sieht.

Helga

Über Geschmack lässt sich streiten. Die Gesellschaft ist voll von Kommunikation und Werbung. Firmenlogos, Ladennamen. Große, aufdringliche Plakate in den Straßen. Sind sie akzeptabel? Ja, meistens. Sind Graffiti akzeptabel? Manche Leute sagen ja, manche nein.

Wer zahlt den Preis für die Graffiti? Wer zahlt letzten Endes den Preis für die Werbung? Richtig! Der Verbraucher.

Haben die Leute, die Reklametafeln aufstellen, dich um Erlaubnis gebeten? Nein. Sollten also die Graffiti-Maler dies tun? Ist das nicht alles nur eine Frage der Kommunikation – der eigene Name, die Namen von Banden und die großen Kunstwerke auf offener Straße?

Denk mal an die gestreiften und karierten Kleider, die vor ein paar Jahren in den Läden auftauchten. Und an die Skibekleidung. Die Muster und die Farben waren direkt von den bunten Betonwänden geklaut. Es ist schon komisch, dass die Leute diese Muster und Farben akzeptieren und bewundern, während sie Graffiti in demselben Stil scheußlich finden.

Harte Zeiten für die Kunst.

Sophia

Abbildung 2.4: Aufgabenstamm „Tschadsee"

Abbildung 1 zeigt die Schwankungen des Wasserstandes des Tschadsees in der Sahara in Nordafrika. Während der letzten Eiszeit, etwa 20 000 v. Chr., verschwand der Tschadsee vollständig. Um etwa 11 000 v. Chr. entstand er wieder neu. Heute hat er etwa den gleichen Wasserstand wie im Jahre 1 000 n. Chr.

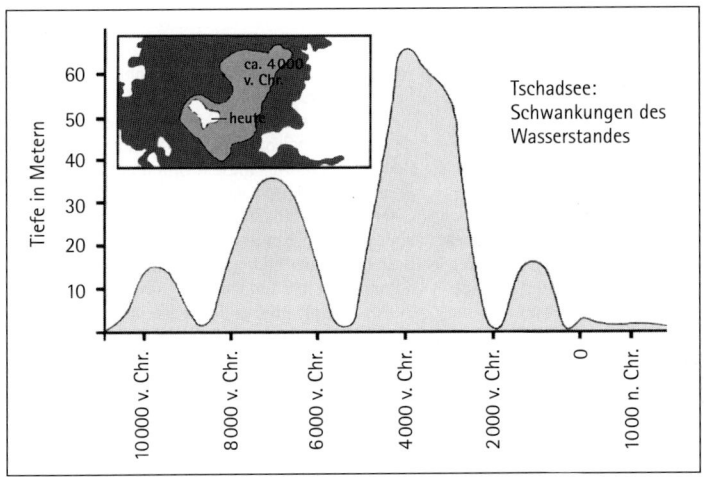

Abbildung 1

Abbildung 2 zeigt Felsmalereien (alte Zeichnungen oder Malereien, die an den Wänden von Höhlen gefunden wurden) aus der Sahara und Veränderungen in der Struktur der Tierwelt.

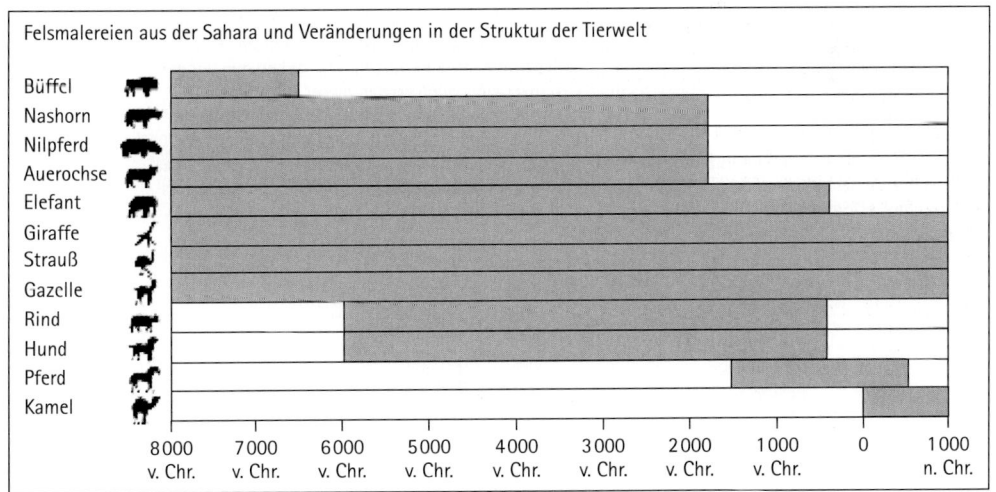

Abbildung 2

Abbildung 2.5: Aufgabenstamm „Technologie erfordert neue Regeln"

LEITARTIKEL

Technologie erfordert neue Regeln

DIE WISSENSCHAFT ist oft schon einen Schritt weiter als Gesetzgebung und Ethik. Das begann 1945 mit der lebenszerstörenden Atombombe, und nun passiert das gleiche im Zusammenhang mit den lebensschaffenden Technologien, die menschliche Unfruchtbarkeit überwinden sollen.

Die meisten von uns freuten sich zusammen mit der englischen Familie Brown, als Louise, das erste Retortenbaby, geboren wurde. Und wir haben erst kürzlich die Geburt gesunder Babys bestaunt, die einst eingefrorene Embryonen waren und den günstigsten Zeitpunkt für die Implantation in ihre zukünftige Mutter abwarteten.

In Australien haben zwei solcher Embryonen eine Flut von rechtlichen und ethischen Fragen ausgelöst. Diese Embryonen sollten Ela Rios, der Frau von Mario Rios, eingepflanzt werden. Die Rioses hatten, nachdem der erste Versuch fehlgeschlagen war, um eine zweite Chance gebeten, Eltern zu werden. Bevor der zweite Versuch jedoch durchgeführt werden konnte, kamen die Rioses bei einem Flugzeugabsturz ums Leben.

Wie sollte das australische Krankenhaus mit den eingefrorenen Embryonen verfahren? Könnten sie jemand anderem implantiert werden? Dafür gab es zahlreiche Bewerberinnen. Waren die Embryonen auf irgendeine Art Bestandteil des Nachlasses der Rioses? Oder sollten sie beseitigt werden? Die Rioses hatten verständlicherweise keine Vorsorge für die Zukunft der Embryonen getroffen.

Die Australier beriefen eine Kommission ein, um diese Angelegenheit zu untersuchen. Letzte Woche legte diese Kommission ihren Bericht vor. Sie fordert, dass die Embryonen aufgetaut werden sollen, da ihre Weitergabe an andere die Einwilligung der „Erzeuger" erfordere. Diese liege jedoch nicht vor. Die Kommission vertritt weiterhin die Ansicht, die Embryonen hätten in ihrem derzeitigen Zustand weder Leben noch Rechte und könnten folglich beseitigt werden.

Die Kommission ist sich dessen bewusst, dass sie sich auf unsicherem rechtlichen und ethischen Boden bewegt. Aus diesem Grund hat sie eine dreimonatige Frist ausgesetzt, in der die Öffentlichkeit Einspruch gegen ihre Entscheidung einlegen kann. Sollte es starke Proteste gegen die Beseitigung der Embryonen geben, wird die Kommission ihre Entscheidung überdenken.

In Zukunft müssen Paare, die in Sydney im Queen Victoria Krankenhaus am Programm für künstliche Befruchtung teilnehmen, festlegen, wie mit den Embryonen verfahren werden soll, falls ihnen etwas zustößt.

Dies soll sicherstellen, dass ein ähnlicher Fall wie der der Rioses nicht noch einmal auftritt. Aber was ist mit anderen schwierigen Fragen? In Frankreich musste zum Beispiel eine Frau erst kürzlich für die Erlaubnis, ein Kind von dem gefrorenen Sperma ihres verstorbenen Mannes auszutragen, vor Gericht gehen. Wie soll solch ein Ersuchen behandelt werden? Was sollte geschehen, wenn eine Leihmutter ihren Vertrag bricht und sich weigert, das Kind, das sie für jemand anderen ausgetragen hat, nach der Geburt herauszugeben?

Bis heute ist es der Gesellschaft nicht gelungen, wirksame Gesetze gegen das zerstörerische Potential der Atomkraft zu erlassen. Wir stehen nun vor den schwerwiegenden Folgen dieser Unterlassung. Wissenschaftliche Forschung auf dem Gebiet der künstlichen Fortpflanzung unterliegt immer der Gefahr von Missbrauch. Es bedarf hierfür eindeutiger ethischer und gesetzlicher Regelungen – bevor es zu spät ist.

Abbildung 2.6: Aufgabenstamm „Amanda und die Herzogin"

Text 1: Amanda und die Herzogin

Zusammenfassung: Seit Léocadias Tod ist der Prinz, der in sie verliebt war, untröstlich. In einem Geschäft mit Namen *Réséda Soeurs* ist die Herzogin, die die Tante des Prinzen ist, auf eine junge Verkäuferin namens Amanda gestoßen, die Léocadia verblüffend ähnlich sieht. Die Herzogin will, dass Amanda ihr hilft, den Prinzen von seinen quälenden Erinnerungen zu befreien.

Eine Wegkreuzung im Schlosspark, eine runde Bank um einen kleinen Obelisken herum ... es wird Nacht ...

AMANDA
Ich verstehe noch immer nicht. Was könnte ich für ihn tun, Madame? Ich kann nicht glauben, dass Sie wirklich dachten ... Und warum ich? Ich bin nicht besonders hübsch. Und selbst wenn jemand sehr hübsch wäre – wer könnte sich so einfach unvermittelt zwischen ihn und seine Erinnerungen drängen?

DIE HERZOGIN
Niemand anders als du.

AMANDA, *ehrlich überrascht*
Ich?

DIE HERZOGIN
Die Welt ist so töricht, mein Kind. Sie sieht nur Paraden, Gesten, Rangabzeichen ... wahrscheinlich hat man es dir deshalb nie gesagt. Doch mein Herz hat mich nicht getäuscht – ich musste einen Aufschrei unterdrücken, als ich dich in Réséda Soeurs zum ersten Mal sah. Für jemanden, der mehr von ihr kannte als nur ihre öffentliche Erscheinung, bist du Léocadias lebendes Abbild.

Stille. Die Abendvögel lösen nun die vom Nachmittag in ihrem Gesang ab. Der Park ist angefüllt von Schatten und Gezwitscher.

AMANDA, *sehr sanft*
Ich glaube wirklich nicht, dass ich es kann, Madame. Ich habe nichts, ich bin nichts, und jene Liebenden ... das war **mein** Traum, verstehen Sie?

Sie steht auf. Sie nimmt ihren kleinen Koffer, als wolle sie gehen.

DIE HERZOGIN, *auch sanft und sehr müde*

Natürlich, meine Liebe. Ich bitte um Verzeihung.

Sie steht nun auch auf, mühsam wie eine alte Frau. Man hört eine Fahrradklingel in der Abendluft; sie schrickt zusammen.

Hörst du? ... Das ist er! Du sollst dich ihm nur zeigen, an diesen kleinen Obelisken gelehnt, wo er sie zum ersten Mal traf. Lass ihn dich sehen, auch wenn es nur dieses eine Mal ist, lass ihn irgendetwas ausrufen, sich plötzlich interessieren für diese Ähnlichkeit, diese List, die ich ihm morgen gestehen werde und für die er mich hassen wird – alles, nur nicht dieses tote Mädchen, das ihn mir eines schönen Tages fort nehmen wird, da bin ich sicher ... *(sie hält sie am Arm fest).* Du tust das doch für mich? Ich bitte dich inständig, Mädchen. *(Sie sieht sie flehend an und fügt rasch hinzu:)* Und immerhin siehst du ihn so auch. Und ... ich spüre, dass ich schon wieder rot werde, wie ich dies zu dir sage – das Leben ist einfach verrückt! Das ist das dritte Mal in sechzig Jahren und das zweite Mal in zehn Minuten, dass ich rot werde – du siehst ihn, und wenn er je (warum nicht er, denn er sieht gut aus und hat Charme, und er wäre nicht der erste ...?) wenn er je das Glück haben sollte, für sich und für mich, für einen Augenblick dein Traum zu sein ... *Die Klingel ertönt erneut aus dem Schatten, nun aber sehr nahe.*

AMANDA, *flüsternd*
Was soll ich zu ihm sagen?

DIE HERZOGIN, *fasst sie am Arm*
Sage einfach: „Verzeihen Sie, mein Herr, können Sie mir den Weg zum Meer zeigen?"

Sie verbirgt sich im tiefen Schatten der Bäume. Gerade noch rechtzeitig. Eine fahle, nebelhafte Erscheinung. Es ist der Prinz auf seinem Fahrrad. Er fährt sehr nahe an die fahle, nebelhafte Erscheinung Amandas am Obelisken heran. Sie spricht leise.

AMANDA
Verzeihen Sie, mein Herr, ...

Er hält an, steigt vom Fahrrad, nimmt seinen Hut ab und sieht sie an.

DER PRINZ
Ja?

AMANDA
Können Sie mir den Weg zum Meer zeigen?

DER PRINZ
Die zweite Straße links.

Er verbeugt sich, traurig und höflich, steigt wieder auf sein Fahrrad und fährt davon. Die Klingel ertönt erneut in der Ferne. Die Herzogin tritt aus dem Schatten, sie wirkt nun sehr alt.

AMANDA, *sanft, nach einer Weile*
Er hat mich nicht erkannt ...

DIE HERZOGIN
Es war dunkel ... Und wer weiß schließlich, welches Gesicht er ihr nun geben mag, in seinen Träumen? *(Sie fragt schüchtern:)* Der letzte Zug ist fort, mein Kind. Möchtest du nicht trotz allem heute nacht im Schloss bleiben?

AMANDA, *mit seltsamer Stimme*
Ja, Madame.

Es ist vollkommen dunkel. Beide sind im Schatten nicht mehr zu sehen, und nur der Wind ist zu hören, wie er durch die hohen Bäume des Parks weht.

VORHANG

(Der Originaltext enthält noch ein Glossar zu den Definitionen von verschiedenen Theaterberufen.)

Abbildung 2.7: Aufgabenstamm „PLAN International"

PLAN International. Projektergebnisse für das Geschäftsjahr 1996

Region östliches und südliches Afrika   **RÖSA**

Gesund aufwachsen

	ÄGYPTEN	ÄTHIOPIEN	KENIA	MALAWI	SUDAN	TANSANIA	UGANDA	SAMBIA	SIMBABWE	GESAMT
Gesundheitsstationen mit 4 oder weniger Räumen gebaut	1	0	6	0	7	1	2	0	9	26
Gesundheitsarbeiter 1 Tag lang geschult	1 053	0	719	0	425	1 003	20	80	1 085	4 385
Kinder, die Zusatznahrung erhielten > 1 Woche	10 195	0	2 240	2 400	0	0	20	0	251 402	266 237
Kinder finanziell für ärztliche/zahnärztliche Behandlung unterstützt	984	0	396	0	305	0	581	0	17	2 283

Lernen

	ÄGYPTEN	ÄTHIOPIEN	KENIA	MALAWI	SUDAN	TANSANIA	UGANDA	SAMBIA	SIMBABWE	GESAMT
Lehrer 1 Woche lang geschult	0	0	367	0	970	115	565	0	303	2 320
Schulübungsbücher gekauft/durch Schenkung	667	0	0	41 200	1 182	69 106	0	150	0	111 123
Schultextbücher gekauft/durch Schenkung	0	0	45 650	9 600	2 000	8 769	7 285	150	58 387	131 023
Uniformen gekauft/angefertigt/durch Schenkung	8 897	0	5 761	0	154	6 040	0	0	434	23 132
Kindern mit Schulgeld/Stipendien geholfen	12 321	0	1 598	0	1 564	0	0	0	2 014	16 087
Schultische gebaut/gekauft/durch Schenkung	3 200	0	3 689	250	93	1 725	1 794	0	4 109	16 331
Dauerhafte Klassenräume gebaut	44	0	50	8	0	31	45	0	82	353
Klassenräume renoviert	0	0	34	0	0	14	0	0	33	81
Erwachsene, die Schreib-/Leseunterricht in diesem Geschäftsjahr erhielten	1 160	0	3 000	568	3 617	0	0	0	350	8 695

Habitat

	ÄGYPTEN	ÄTHIOPIEN	KENIA	MALAWI	SUDAN	TANSANIA	UGANDA	SAMBIA	SIMBABWE	GESAMT
Latrinen oder Toiletten ausgehoben/gebaut	50	0	2 403	0	57	162	23	96	4 311	7 102
Häuser an ein neues Abwassersystem angeschlossen	143	0	0	0	0	0	0	0	0	143
Brunnen gegraben/saniert (oder Quellen gefasst)	0	0	15	0	7	13	0	0	159	194
Neue positive Wasserbohrungen durchgeführt	0	0	8	93	14	0	27	0	220	362
Zisternensysteme für Trinkwasserversorgung gebaut	0	0	28	0	1	0	0	0	0	29
Trinkwassersysteme repariert/verbessert	0	0	392	0	2	0	0	0	31	425
Häuser mit PLAN-Projekt verbessert	265	0	520	0	0	0	1	0	2	788
Neue Häuser für Bewohner gebaut	225	0	596	0	0	2	6	0	313	1 142
Gemeindehallen gebaut oder ausgebessert	2	0	2	0	3	0	3	0	2	12
Gemeindevertreter 1 oder mehr Tage geschult	2 214	95	3 522	232	200	3 575	814	20	2 693	13 365
Kilometer von Straßen verbessert	1,2	0	26	0	0	0	0	0	53,4	80,6
Brücken gebaut	0	0	4	2	11	0	0	0	1	18
Familien, die direkt vom Erosionsschutz profitieren	0	0	1 092	0	1 500	0	0	0	18 405	20 997
Häuser neu an das Elektrifizierungsprojekt angeschlossen	448	0	2	0	0	0	0	0	44	494

Tabelle 2.1: Mittelwerte und Streuungen der Testwerte in den Teilnehmerstaaten: Lesekompetenz Subskala „Informationen ermitteln"

Land	Mittelwert (Standardfehler)	Standard- abweichung	Perzentile					
			5	10	25	75	90	95
Finnland	556 (2,8)	102	377	423	492	627	682	713
Niederlande	548 (3,7)	101	364	420	485	621	679	696
Australien	536 (3,7)	108	351	393	462	612	671	704
Neuseeland	535 (2,8)	116	326	377	460	616	677	708
Kanada	530 (1,7)	102	355	397	463	601	657	690
Korea	530 (2,5)	82	386	421	476	588	631	655
Japan	526 (5,5)	97	352	397	468	592	644	674
Irland	524 (3,3)	100	348	392	462	595	647	675
Vereinigtes Königreich	523 (2,5)	105	342	384	455	597	656	687
Schweden	516 (2,4)	104	335	378	448	590	645	676
Frankreich	515 (3,0)	101	335	376	449	588	638	668
Belgien	515 (3,9)	120	293	343	437	603	656	685
Norwegen	505 (2,9)	110	307	356	437	583	637	667
Österreich	502 (2,3)	96	332	374	440	571	619	648
Island	500 (1,6)	103	319	362	433	572	628	659
Vereinigte Staaten	499 (7,4)	112	302	348	427	577	638	671
OECD-Durchschnitt	**498 (0,7)**	**111**	**303**	**349**	**426**	**576**	**634**	**667**
Schweiz	498 (4,4)	113	295	344	423	578	636	668
Dänemark	498 (2,8)	105	313	359	429	572	626	657
Liechtenstein	492 (4,9)	106	299	345	422	566	620	651
Italien	488 (3,1)	104	309	352	422	560	617	649
Spanien	483 (3,0)	92	320	361	424	549	597	623
Deutschland	483 (2,4)	114	273	331	415	563	621	652
Tschechische Republik	481 (2,7)	107	294	343	415	555	614	647
Ungarn	478 (4,4)	107	293	333	404	555	613	645
Polen	475 (5,0)	112	278	324	401	557	615	648
Portugal	455 (4,9)	107	268	311	383	534	588	621
Lettland	451 (5,7)	117	250	296	373	535	599	633
Russische Föderation	451 (4,9)	108	269	309	378	526	587	624
Griechenland	450 (5,4)	109	259	306	378	527	585	617
Luxemburg	433 (1,6)	109	243	290	364	513	567	598
Mexiko	402 (3,9)	101	239	270	331	472	533	570
Brasilien	365 (3,4)	97	203	239	300	428	489	524

Tabelle 2.2: Mittelwerte und Streuungen der Testwerte in den Teilnehmerstaaten: Lesekompetenz Subskala „Textbezogenes Interpretieren"

Land	Mittelwert (Standardfehler)		Standard-abweichung	Perzentile					
				5	10	25	75	90	95
Finnland	555	(2,9)	97	390	429	496	622	671	701
Niederlande	535	(3,5)	94	365	418	473	603	660	677
Kanada	532	(1,6)	95	368	406	469	599	651	682
Australien	527	(3,5)	104	349	389	456	601	659	689
Irland	526	(3,3)	97	354	396	464	595	646	676
Neuseeland	526	(2,7)	111	332	376	453	606	665	699
Korea	525	(2,3)	69	404	434	480	574	609	629
Schweden	522	(2,1)	96	355	393	458	590	641	669
Japan	518	(5,0)	83	370	406	467	575	618	643
Island	514	(1,4)	95	349	387	451	581	633	664
Vereinigtes Königreich	514	(2,5)	102	341	380	445	586	644	678
Belgien	512	(3,2)	105	322	363	440	591	638	665
Österreich	508	(2,4)	93	347	384	447	575	624	650
Frankreich	506	(2,7)	92	345	381	443	571	621	649
Norwegen	505	(2,8)	104	322	364	438	579	633	662
Vereinigte Staaten	505	(7,1)	106	322	363	435	579	640	672
OECD–Durchschnitt	**501**	**(0,6)**	**100**	**330**	**368**	**435**	**571**	**625**	**656**
Tschechische Republik	500	(2,4)	96	330	374	440	568	619	649
Schweiz	496	(4,2)	101	320	359	429	569	622	653
Dänemark	494	(2,4)	99	324	362	430	563	617	647
Spanien	491	(2,6)	84	346	380	435	551	595	619
Italien	489	(2,6)	86	343	376	432	549	598	624
Deutschland	488	(2,5)	109	294	340	417	564	623	654
Liechtenstein	484	(4,5)	94	319	356	418	551	597	626
Polen	482	(4,3)	97	314	350	418	552	604	632
Ungarn	480	(3,8)	90	327	359	418	545	594	621
Griechenland	475	(4,5)	89	322	356	415	538	588	615
Portugal	473	(4,3)	93	315	348	408	541	591	617
Russische Föderation	468	(4,0)	92	313	346	404	531	586	615
Lettland	459	(4,9)	95	294	332	395	528	580	611
Luxemburg	446	(1,6)	101	271	314	381	518	571	600
Mexiko	419	(2,9)	78	294	319	363	472	521	550
Brasilien	400	(3,0)	84	264	295	345	455	511	543

Tabelle 2.3:   Mittelwerte und Streuungen der Testwerte in den Teilnehmerstaaten: Lesekompetenz Subskala „Reflektieren und Bewerten"

Land	Mittelwert (Standardfehler)		Standard- abweichung	Perzentile					
				5	10	25	75	90	95
Kanada	542	(1,6)	96	377	416	481	609	661	691
Vereinigtes Königreich	539	(2,5)	99	369	408	473	608	664	695
Irland	533	(3,1)	90	373	414	478	595	642	671
Finnland	533	(2,7)	91	373	415	480	595	640	665
Japan	530	(5,4)	100	352	397	469	598	651	680
Neuseeland	529	(2,9)	107	340	387	460	605	662	692
Australien	526	(3,4)	100	355	393	459	596	651	683
Korea	526	(2,6)	76	395	428	479	577	619	642
Niederlande	525	(3,1)	85	379	421	472	585	637	654
Österreich	512	(2,7)	100	335	379	449	582	633	663
Schweden	510	(2,3)	95	343	382	449	576	626	654
Vereinigte Staaten	507	(7,1)	105	323	367	438	580	638	669
Norwegen	506	(3,0)	108	312	357	439	582	636	667
Spanien	506	(2,8)	91	346	383	446	570	618	646
OECD-Durchschnitt	**502**	**(0,7)**	**106**	**315**	**361**	**435**	**576**	**630**	**661**
Island	501	(1,3)	93	337	378	442	567	616	645
Dänemark	500	(2,6)	102	320	365	436	571	625	657
Belgien	497	(4,3)	114	283	336	425	579	629	656
Frankreich	496	(2,9)	98	325	365	432	566	618	649
Griechenland	495	(5,6)	115	293	343	418	577	638	674
Schweiz	488	(4,8)	113	291	336	413	568	629	663
Tschechische Republik	485	(2,6)	103	304	354	422	557	611	641
Italien	483	(3,1)	101	307	348	417	554	607	636
Ungarn	481	(4,3)	100	307	347	413	553	606	635
Portugal	480	(4,5)	101	304	342	411	554	607	634
Deutschland	478	(2,9)	124	253	311	401	566	627	662
Polen	477	(4,7)	110	279	328	406	556	613	642
Liechtenstein	468	(5,7)	108	276	323	398	547	603	632
Lettland	458	(5,9)	113	261	305	381	538	598	634
Russische Föderation	455	(4,0)	98	289	326	389	522	580	611
Mexiko	446	(3,7)	109	267	303	370	521	586	624
Luxemburg	442	(1,9)	115	243	293	371	523	581	613
Brasilien	417	(3,3)	93	264	298	355	480	536	569

Tabellenverzeichnis

Anhang

Abbildungsverzeichnis

Anhang